CURSO DE Direitos Humanos

Grupo Editorial Nacional

O GEN | Grupo Editorial Nacional – maior plataforma editorial brasileira no segmento científico, técnico e profissional – publica conteúdos nas áreas de concursos, ciências jurídicas, humanas, exatas, da saúde e sociais aplicadas, além de prover serviços direcionados à educação continuada.

As editoras que integram o GEN, das mais respeitadas no mercado editorial, construíram catálogos inigualáveis, com obras decisivas para a formação acadêmica e o aperfeiçoamento de várias gerações de profissionais e estudantes, tendo se tornado sinônimo de qualidade e seriedade.

A missão do GEN e dos núcleos de conteúdo que o compõem é prover a melhor informação científica e distribuí-la de maneira flexível e conveniente, a preços justos, gerando benefícios e servindo a autores, docentes, livreiros, funcionários, colaboradores e acionistas.

Nosso comportamento ético incondicional e nossa responsabilidade social e ambiental são reforçados pela natureza educacional de nossa atividade e dão sustentabilidade ao crescimento contínuo e à rentabilidade do grupo.

SILVIO BELTRAMELLI NETO

CURSO DE Direitos Humanos

6ª edição revista e atualizada

gen | atlas

- O autor deste livro e a editora empenharam seus melhores esforços para assegurar que as informações e os procedimentos apresentados no texto estejam em acordo com os padrões aceitos à época da publicação, e todos os dados foram atualizados pelo autor até a data de fechamento do livro. Entretanto, tendo em conta a evolução das ciências, as atualizações legislativas, as mudanças regulamentares governamentais e o constante fluxo de novas informações sobre os temas que constam do livro, recomendamos enfaticamente que os leitores consultem sempre outras fontes fidedignas, de modo a se certificarem de que as informações contidas no texto estão corretas e de que não houve alterações nas recomendações ou na legislação regulamentadora.

- Fechamento desta edição: *16.03.2021*

- O Autor e a editora se empenharam para citar adequadamente e dar o devido crédito a todos os detentores de direitos autorais de qualquer material utilizado neste livro, dispondo-se a possíveis acertos posteriores caso, inadvertida e involuntariamente, a identificação de algum deles tenha sido omitida.

- **Atendimento ao cliente: (11) 5080-0751 | faleconosco@grupogen.com.br**

Editora Atlas Ltda.
Uma editora integrante do GEN | Grupo Editorial Nacional
Rua Conselheiro Nébias, nº 1384
São Paulo / SP – CEP 01203-904
www.grupogen.com.br

- Capa: Joyce Matos

- A partir da 6ª edição esta obra passou a ser publicada pela Editora Atlas.

- **CIP – BRASIL. CATALOGAÇÃO NA FONTE.**
SINDICATO NACIONAL DOS EDITORES DE LIVROS, RJ.

B392c
Beltramelli Neto, Silvio

Curso de Direitos Humanos / Silvio Beltramelli Neto. – 6. ed. – São Paulo: Atlas, 2021.

Inclui bibliografia e índice
ISBN 978-85-97-02822-5

1. Direitos humanos. 2. Direitos humanos – História. 3. Direitos humanos – Brasil. 4. Direitos fundamentais – Brasil. I. Título.

21-69827 CDU: 342.7

Camila Donis Hartmann – Bibliotecária – CRB-7/6472

"A raça humana é a ferida acesa
Uma beleza, uma podridão
O tempo eterno e a morte
A morte e a ressurreição"
(*Gilberto Gil* - "*A Raça Humana*")

"E tudo, tudo, tudo, tudo que nós tem é nós"
(*Emicida* - "*Principia*")

Dedico este livro a todas e todos que estão neste plano terreno e aos que por ele passaram sob o julgo da opressão econômica, colonial, patriarcal e cultural, impingida pelo modelo de sociedade vigente, que desiguala, exclui, dilacera e extermina em larga escala, desejando, ademais, que as páginas que se seguem possam contribuir, de alguma forma, para o fortalecimento disputas jurídicas orientadas à resistência.

Dedico-o, ainda, a meus filhos Rafael e Felipe, com todo meu amor e com acesa esperança de que sejam pessoas conscientes de seus privilégios (que também são meus) e inconformados com as feridas sociais que não lhes acometem.

AGRADECIMENTOS

Apresento, com sincera humildade, este Curso à sociedade como expressão de minha mais profunda esperança no agir humano transformador, que não se confunde com uma fé cega e inabalável em uma (pseudo)força emancipatória dos direitos humanos. Me fio nessa esperança porque não há outra alternativa, diante desta quadra histórica absolutamente crucial para os destinos da raça humana.

A escrita desta obra se encerrou precisamente no dia 16 de março de 2021, quando mais de 2.600.000 (dois milhões e seiscentas mil) vidas já haviam sido ceifadas pela pandemia de Covid-19, das quais quase 300.000 (trezentas mil) apenas em território brasileiro, estatísticas essas patentemente subdimensionadas. Embora no dia 17 de janeiro do mesmo ano tenha sido, aqui, aplicada a primeira dose de vacina contra o maligno vírus da ocasião, após autorização, em caráter emergencial, pela agência reguladora, a notícia mais impactante, naquela data, era a morte de inúmeras pessoas, no Estado do Amazonas, asfixiadas dentro de unidades hospitalares, por falta de suprimento de oxigênio. Daí em diante, o País se viu imerso no pior momento da pandemia, com média diária nacional de óbitos altíssima (mais de 1.800 em 15 de março), bem como colapso de leitos e lentidão na aquisição e aplicação de vacinas sentidos em todo território.

A Humanidade que enfrenta a Covid-19 é a mesma que, antes mesmo da catastrófica crise sanitária desencadeada no final ano de 2019, já experimentava a ascensão constante do hedonismo, do egoísmo, do ódio, da intolerância, do desemprego estrutural, da exclusão social, do racismo, da xenofobia, da homotransfobia, da corrupção, da livre e atroz concorrência pessoal, da concentração de renda, da mudança climática e das políticas nacional e internacional de cariz autocrático e fascista. A pandemia de Covid-19 agudizou todo esse cenário e nele encontrou combustível para sua disseminação, ao mesmo tempo em que escancarou, como haviam feito as duas Guerras Mundiais do século XX, a imprescindibilidade dos direitos humanos, ainda que como instrumento de resistência.

Escrever sobre Direitos Humanos neste contexto se tornou, pessoalmente, um desafio à minha própria capacidade de confiar no ser humano do século XXI e de enxergar razão e sentido para enfrentar esta tarefa literária, em um momento tão grave. A confiança e o sentido arrefecidos afloraram, então, da força da luta das desprivilegiadas e desprivilegiados, os quais, com a vida oprimida que levam, ainda encontram energia para resistir e reivindicar. Essa massacrante condição de vida faz da tarefa de escrever um livro, desde o absoluto conforto da minha casa – habitada pelas pessoas que amo, em condição de saúde e segurança – mais um de meus inúmeros privilégios.

Por outro lado, testemunhar este capítulo trágico da História, que escancara a finitude e a falta de solidariedade humanas com tamanha crueza, em especial vivendo em um País cuja população (sobretudo a população vulnerável), mesmo assolada por todas aquelas vicissitudes, ainda se vê politicamente abandonada e radicalmente fraturada pela polarização ideológica artificialmente insuflada, faz do esforço de escrita deste Curso uma tentativa, ainda que demasiadamente limitada, de contribuir para um mundo menos desigual e opressor.

A consecução desta obra é resultado de contribuições diretas e indiretas de muitas pessoas e os agradecimentos são mais do que um imperativo de educação; são, na verdade, um ato de reconhecimento e de profunda gratidão, que me proponho a fazer com viva emoção.

Começo agradecendo a Renata, minha companheira da vida, minha amiga e meu amor, mulher sem a qual não seria quem sou, tampouco poderia realizar o que realizo. Renata me dá apoio, segurança e suporte para desenvolver meus projetos pessoais. Espero que venha conseguindo ser para você e seus projetos de vida um companheiro à altura do que fizeste e faz por mim.

Minha gratidão a meus pais, Regina e Antonio Carlos, os quais, a despeito das dificuldades, sempre privilegiaram a educação de qualidade para seus filhos em face de qualquer outro interesse próprio. Com isso, permitiram a mim e à minha irmã Raquel – a quem também agradeço o apoio incondicional – a mais importante das conquistas: a verdadeira autonomia crítica e esclarecida.

Agradeço a Faculdade de Direito da PUC-Campinas, minha segunda casa, por me permitir descobrir-me como profissional e, depois, como professor e pesquisador, concedendo-me rara oportunidade da docência, quando ainda era um jovem egresso da graduação, assim como a honrosa confiança na assunção da disciplina de Direitos Humanos. Permito-me agradecer a todo o corpo docente e de funcionários da Universidade nas pessoas de duas figuras cruciais para minha trajetória pessoal e acadêmica, inclusive para a confecção deste livro, assim como são para a própria história da PUC-Campinas. Refiro-me aos mais do que admirados Professores Paulo de Tarso Barbosa Duarte e Renan Severo Teixeira da Cunha. Seus irretocáveis exemplos me guiam em todas as esferas da minha vida.

Dirijo um agradecimento especialmente carinhoso às alunas e alunos, orientandas e orientandos e monitoras e monitores que cruzaram minha vida, nestes dezoito anos de docência. Este livro, mais do que construído para vocês, é, na realidade, resultado das ricas experiências que me ofereceram. Experiências de vida e trocas que constroem minha personalidade e dão sentido à minha estada na universidade.

Especificamente em função desta edição, diversos agradecimentos são necessários.

Ao irmão de alma com que a vida me presenteou, Cesar Henrique Kluge, agradeço o auxílio direto nas reflexões sobre a estrutura do livro e na revisão do capítulo sobre o Sistema Interamericano de Proteção dos Direitos Humanos. Seu conhecimento sobre o tema foi fundamental.

À querida Mônica Nogueira Rodrigues, sou grato pela disponibilização de conteúdo específico sobre direitos humanos e empresas e pela revisão dos capítulos sobre os Sistemas Global, Europeu e Africano de proteção dos direitos humanos, além do capítulo sobre o Tribunal Penal Internacional. Sua disponibilidade e compromisso desinteressados jamais serão esquecidos.

Ao jovem e brilhante Luiz Felipe Mendes, agradeço, imensamente, pela pesquisa e sistematização de informações sobre os direitos humanos em espécie. A Parte III deste livro é consequência direta de seu completo empenho e de sua imensurável generosidade.

Ao Leandro Faria Costa, mais um pesquisador jovem, competente e de reflexões aguçadas, sou grato pelas informações sistematizadas sobre direito à moradia.

Minha sincera gratidão também a Bianca Braga Menacho e a Maria Gabriela Vicente Henrique de Melo, pela revisão e colheita de dados para atualização das jurisprudências nacional e internacional usadas ao longo do texto.

Ao Professor Mario Thiago Moreira, agradeço a amizade, confiança e tempo dedicados ao oferecimento de texto-base contendo preciosas informações acerca da atuação da Defensoria Pública em prol dos direitos humanos.

Registro, ademais, afetuoso agradecimento ao admirável Professor Luís Renato Vedovato, que contribuiu, diretamente, na construção do capítulo sobre a formação histórica dos direitos, tendo aceito, sem pensar, o convite para prefaciar este livro. Minha experiência acadêmica com os direitos humanos, lecionando e escrevendo, se confunde com o nosso encontro.

Não poderia jamais deixar de agradecer também ao Ministério Público do Trabalho, instituição da qual orgulhosamente faço parte, desde 2006. Não haveria a menor possibilidade de meu encantamento pelo estudo e pesquisa em direitos humanos, com um olhar social e culturalmente sensível, não fosse o desempenho da valorosa missão do MPT, uma das poucas instituições públicas independentes, no Brasil, que têm por razão de existir a luta por uma sociedade menos desigual pela via dos direitos sociais. O diuturno enfrentamento da chaga da exploração desumana da força de trabalho, ao tempo em que me realiza profissionalmente me dá a oportunidade de cultivar senso de realidade no exercício de minhas atividades acadêmicas. Ademais, louvo o MPT pelo incentivo e apoio que oferece a todos os membros que se enveredam pela vida acadêmica, vislumbrando uma retroalimentação virtuosa que procuro manter em ambos os espaços profissionais que ocupo com muita honra e satisfação.

Por fim, minha gratidão ao Professor Alexandre Gialluca, cuja intermediação viabilizou a apresentação do projeto desta edição ao Grupo Editorial Nacional (GEN), ao qual também agradeço em nome do estimado, gentil e competente Professor Henderson Fürst.

Campinas, 16 de março de 2021.

Silvio Beltramelli Neto

SOBRE O AUTOR

Silvio Beltramelli Neto

Professor Titular da Pontifícia Universidade Católica de Campinas (PUC-Campinas), vinculado à Faculdade de Direito e ao Programa de Pós-Graduação *Stricto Sensu* em Direito – linha de pesquisa "Cooperação Internacional e Direitos Humanos", grupo de pesquisa Direito num Mundo Globalizado (CNPQ/PUC-Campinas). Pós-doutorado em Desenvolvimento Econômico pelo Instituto de Economia da Universidade Estadual de Campinas - UNICAMP, integrando o Centro de Estudos Sindicais e de Economia do Trabalho - CESIT. Doutor em Direito pela Universidade de São Paulo - USP. Mestre em Direito pela Universidade Metodista de Piracicaba - UNIMEP. Membro do Ministério Público do Trabalho (Procurador do Trabalho em Campinas/SP).

PREFÁCIO À PRIMEIRA EDIÇÃO

Recebi, entre surpreso e gratificado, a honrosa incumbência de articular algumas palavras à guisa de introdução ao trabalho com que nos brinda o Professor Silvio Beltramelli Neto.

O itinerário acadêmico e profissional do autor justifica bem o teor e o propósito da obra vertente. Bacharel em Direito e Especialista em Direito e Processo do Trabalho, pela Faculdade de Direito da Pontifícia Universidade Católica de Campinas, iniciou-se nos encargos do magistério superior e do exercício da advocacia com foco preponderante na análise dos dissídios individuais suscitados pelas relações de emprego e no encaminhamento de soluções adequadas ao respectivo deslinde. Para logo, entretanto, deu-se conta da dimensão mais abrangente e poderosa das pendências laborais de natureza coletiva, e prontamente orientou seus estudos de pós-graduação na busca dos limites imponíveis à flexibilização de direitos trabalhistas que a autonomia da vontade intente operar nesse campo; sua dissertação a respeito valeu-lhe o título de Mestre em Direito, pela Universidade Metodista de Piracicaba, redundando no livro *Limites da Flexibilização dos Direitos Trabalhistas*, publicado em 2008.

Sua inquietude de homem sensível às exigências do tempo presente e sua vocação de pesquisador com elas comprometido vieram a impor-lhe, porém, uma ainda maior ampliação de seus horizontes de investigação e operação do Direito. Da banca privada à banca pública, já agora Procurador do Trabalho, e por isso mesmo igualmente responsável pela cura diligente do interesse geral, Silvio Beltramelli Neto submeteu-se inteligentemente às influências da escolha política da Constituição Brasileira, que arrolara os direitos dos trabalhadores urbanos e rurais entre os direitos sociais e, pois, entre os direitos e garantias fundamentais de que cuida o seu Título II: de um lado, em proveito da disciplina Direitos Humanos, do Curso de Graduação da Faculdade de Direito da Pontifícia Universidade Católica de Campinas, deixou de vez a docência da disciplina Direito do Trabalho, por cujo ministério também zelava; de outro lado, conquistou, na Faculdade de Direito da Universidade de São Paulo, o título de Doutor em Direito do Trabalho, desenvolvendo, no âmbito da linha de pesquisa "Direitos Sociais no Contexto dos Direitos Humanos", instigante tema concernente ao direito do trabalhador migrante à habitação adequada.

Dando conta deste último mister, o autor associou as implicações do "Tridimensionalismo Jurídico Concreto e Dinâmico", de MIGUEL REALE, às consistentes reflexões de RONALD DWORKIN e ROBERT ALEXY, para afinal admitir, em atenção ao princípio da dignidade da pessoa humana e independentemente de sua previsão em regra de lei ou cláusula de acordo coletivo, a direta subjetivação do direito à moradia condigna sob a titularidade do obreiro que se desloca territorialmente estimulado por oferta de trabalho de índole sazonal ou de duração em si mesma limitada no tempo.

Não era ainda o bastante, contudo. A militância teórica e prática em defesa dos Direitos Humanos e de seu reconhecimento como substrato radical da ordem jurídica contemporânea impunha-se a Silvio Beltramelli Neto como um imperativo de consciência e foi isso certamente o que o levou a acolher, sem hesitações, convite para o trato sistemático do assunto e a sua consequente divulgação por meio das considerações postas neste momento à disposição do público leitor.

Nelas, não se restringe o autor a precisar conceitos, a historiar as etapas da correspondente formação ou a realçar, nesse peculiar terreno, o aspecto fundante do princípio da dignidade da pessoa humana, nem ainda a detalhar as mais recentes transformações experimentadas pela compreensão do Direito como objeto cultural e seus decorrentes reflexos sobre a dúplice atividade de interpretação e aplicação das normas jurídicas às diferentes contingências da vida social, máxime sob a perspectiva dos assim denominados pós-positivismo e neoconstitucionalismo. Vai mais além, destacando o papel dinâmico do ativismo judicial na construção gradativa da supremacia da Constituição e, bem assim, as repercussões dos conflitos bélicos que assolaram o mundo no século recém-findo sobre a edificação de organismos internacionais voltados à preservação da paz e à proteção das pessoas quaisquer que sejam sua nacionalidade e sua cidadania, para enfim rematar com a indicação minuciosa dos mecanismos supraestatais atualmente dedicados ao controle e apenamento de violações a direitos humanos.

Completa-se a obra com esquemas gráficos elucidativos, além de uma indispensável referência à casuística da matéria, pondo em relevo uma equivalente dimensão utilitária de cuja ausência têm-se ressentido outras publicações de análogo desiderato.

Há muito, ainda, o que esperar da inspiração criadora de Silvio Beltramelli Neto; sua determinação e sua juventude são, nada obstante, garantia segura de que o futuro não frustrará, quanto ao ponto, os que se dedicam à ciência e à técnica do Direito.

Campinas, 6 de janeiro de 2014.

Paulo de Tarso Barbosa Duarte

Procurador de Justiça do Estado de São Paulo, aposentado. Advogado. Professor de Direito Civil da Faculdade de Direito da Pontifícia Universidade Católica de Campinas, desde 1968; foi seu Vice-Reitor Pro Tempore *para Assuntos Administrativos (1980), Vice-Reitor para Assuntos Acadêmicos (1985-1988) e Pró-Reitor de Extensão e Assuntos Comunitários (2006-2009). Ocupou cargo de Assessor Técnico Procurador do Tribunal de Contas do Estado de São Paulo (1993-2008).*

PREFÁCIO À 6ª EDIÇÃO

Os direitos humanos vistos como um corpo único: o direito internacional e o direito interno em sintonia

O convite do professor e amigo Silvio Beltramelli Neto para prefaciar a 6ª edição de sua obra, doravante intitulada "Curso de Direitos Humanos", é uma honra indescritível. Antes de mais nada, quero dizer que certamente não estou à altura de tão importante atribuição, porém, a felicidade é tão grande, que ignorei minhas limitações e, com a coragem para disfarçá-las, apresento essas linhas em prefácio.

Destaco que meu entusiasmo não se dá apenas por conhecer o autor, mas por conhecer a obra, que dá um passo extraordinário para se consolidar como material de referência tanto para a Academia quanto para o exercício da Advocacia, da Magistratura, da atuação do Ministério Público, da Defensoria e, inclusive, para preparação para provas de ingresso em programas de pós-graduação e concursos.

No seu Curso de Direitos Humanos – 6.ª edição, o Professor Silvio Beltramelli Neto oferece uma abordagem inovadora, que traz uma nova tendência de pesquisa dos direitos humanos, amalgamando as principais correntes mundiais sobre o tema e construindo a sua própria teoria, trazendo, dessa forma, contribuição significativa para o campo da pesquisa jurídica, que a cada dia se mostra pronta para dialogar com outros ramos do conhecimento. Essa nova forma de encarar os direitos humanos é somada à construção feita até o momento na área, demonstrando a seriedade com que o Professor Silvio trabalha por toda esta obra, com especial destaque para o Capítulo III e para o tópico 1 do Capítulo V.

Enfatizar a dignidade humana, como é feito no Capítulo III, revela a importância que o autor dá a ela, reconhecendo que é um dos eixos centrais dos fundamentos dos direitos humanos, impulsionando, como Silvio assevera, a sua universalidade. De forma brilhante, também são pavimentados caminhos para se afastar as normas violadoras da dignidade criadas no âmbito nacional, com base no fortalecimento da universalidade e da igualdade, como afirma o Autor.

Silvio se mostra dos principais pesquisadores e autores de direitos humanos no Brasil, fazendo conexões e demonstrando fundamentações sempre calcadas na melhor técnica e, invariavelmente, com os mais bem desenvolvidos arcabouços jurídicos, em diálogo constante com outras áreas do conhecimento, como a História, a Filosofia, a Sociologia, a Economia, a Educação e tantos outros pontos que tão bem desenvolve e são necessários para se compreender todo o cenário atual dos desafios dos direitos humanos no planeta.

O livro é também um *roadmap* para conhecer os direitos humanos, mas é mais que isso, pois serve de microscópio para entender profundamente os temas da disciplina e as principais questões debatidas nos tribunais. Dividido em três partes muito bem construídas, trata da Teoria Geral dos Direitos Humanos, passa pelos Sistemas Internacionais de Proteção dos

Direitos Humanos e chega aos Direitos Humanos em Espécie. Em todas as partes, os capítulos são bem concatenados e estruturados, demonstrando uma preocupação com a organização do conhecimento e respeito a quem for se formar pela obra de conteúdo de extrema importância e qualidade para o amparo de pesquisas e estudos.

Quero também destacar o Capítulo V, no qual Silvio, com a segurança dos grandes pesquisadores, discorre sobre o *corpus juris* de direitos humanos, o qual, segundo esclarece, "designa um verdadeiro sistema de proteção de direitos humanos, cujas normas, apesar de não advirem de um único centro de poder – usualmente identificado na figura do Estado-nação –, apresentam evidente coerência de sentido e comunhão de finalidade, alinhavados pela salvaguarda da dignidade humana em todas as suas dimensões".

Assim, Silvio busca resolver questão de grande relevância para os direitos humanos, qual seja, a multiplicidade de fontes, contribuindo para que haja uma coerência e lógica sistêmica na relação entre direito internacional e direito interno.

De fato, o Curso de Direitos Humanos – 6.ª edição, do Professor SILVIO BELTRAMELLI NETO, vem em momento crucial, não apenas para trazer mais uma obra de fôlego, entre as poucas existentes, com elementos relevantes para pesquisadores, mas também para auxiliar atores do direito a enfrentarem os constantes desafios com que cotidianamente se deparam.

Nesse sentido, reforço meu agradecimento pela oportunidade de prefaciar a presente obra e ressalto a generosidade do Silvio, ao me conceder essa imensa honra. Nesse momento, tenho certeza, o Curso já é referência para estudantes e atores em todo o Brasil.

Muito Obrigado e Parabéns, Meu Amigo!

Campinas, 22 de janeiro de 2021.

Luís Renato Vedovato
Advogado, Doutor em Direito Internacional pela Faculdade de Direito da Universidade de São Paulo, Professor Doutor da PUC-Campinas e da Universidade Estadual de Campinas (UNICAMP). Pesquisador da Fundação de Amparo à Pesquisa do Estado de São Paulo (FAPESP). Autor do Livro "O Van Gogh Esquecido" (2020).

APRESENTAÇÃO DO CURSO

As páginas que se seguem são o resultado de mais de 10 (dez) anos de dedicação ao estudo, à pesquisa e ao ensino dos direitos humanos, que se iniciam ainda ao tempo em que realizei investigações de Mestrado e, depois, Doutorado, mas que se intensificaram, verdadeiramente, a partir do momento em que assumo a disciplina de Direitos Humanos, na Faculdade de Direito da PUC-Campinas, por ocasião de sua incorporação à grade curricular do curso, no ano de 2010.

Repetindo a história de boa parte dos discentes da área jurídica, minha aproximação com os direitos humanos inicia-se pelos direitos fundamentais na Constituição Federal para então, diante da necessidade de adensamento e expansão da compreensão de vasta matéria, deparar com o Direito Internacional dos Direitos Humanos e, assim, com um oceano de possibilidades normativas, jurisprudenciais e teóricas, de cunho dogmático ou crítico.

Nestes anos de aprendizado e de troca com alunas e alunos, a percepção de que o ensino dos direitos humanos, como de resto de todo o Direito, deve ser cada vez mais interdisciplinar, realisticamente contextualizado e afastado de concepções estanques a respeito das fontes normativas foi se assentando e, gradativamente, se consolidando em minha compreensão da matéria, com isso provocando profundas mudanças na maneira como apreendo, reflito e compartilho todo conteúdo pertinente aos direitos humanos.

É a partir dessas premissas da interdisciplinaridade, da facticidade, da dogmática sem abandono da crítica e da pluralidade interativa das fontes normativas que a 6.ª edição desta obra, agora apresentada na forma de um Curso, tem seu conteúdo robustamente ampliado e completamente reorganizado em três partes, cuidadosamente concebidas e alinhavadas para que não apenas quem estude o Direito, mas qualquer pessoa que se interesse pelo assunto se aproprie de suas tecnicalidades jurídicas e controvérsias de diferentes naturezas (políticas, sociais, econômicas, culturais e jurisprudenciais), tomadas em sentido amplo, isto é, não enviesado por tendências reducionistas de qualquer matiz.

A **Parte I** congrega, sob o título "Teoria Geral dos Direitos Humanos", temas basilares para a compreensão expandida dos direitos humanos em termos conceituais e dogmáticos, devidamente contextualizados pelos aspectos históricos, sociais, políticos, culturais e econômicos que lhes afetam. Inicia-se com a abordagem das questões terminológica e histórica, ao que se segue um capítulo especialmente dedicado a uma investigação detida e interdisciplinar do conteúdo do Princípio da Dignidade da Pessoa Humana. A opção pelo tratamento mais extenso desse assunto encontra explicação no que considero um crescente movimento de leviano descrédito em relação ao princípio fulcral do Direito contemporâneo, protagonizado por parcela nada desprezível da própria comunidade jurídica. A seguir, cuidam-se das diferentes classificações dos direitos humanos.

Ainda dentro da Parte I, o Capítulo V ajuda a marcar o perfil desta obra, caracterizado pela abordagem plural, interativa e ampliativa dos direitos humanos, ao examinar as diferentes fontes normativas de interesse e o modo como se articulam, não sem antes apresentar à leitora e ao leitor, de modo pormenorizado – e, uma vez mais, empiricamente contextualizado – as razões pelas quais o estudo dos direitos humanos reclamam o abandono de vetustas concepções jurídicas radicalmente nacionalistas.

Passa-se, então, ao Capítulo VI, dedicado à apresentação do alcance subjetivo dos direitos humanos ou, dito de outro modo, indicando atores que são titulares e obrigados em razão desses direitos e a natureza e extensão dessas obrigações.

O Capítulo VII mergulha na aplicação dos direitos humanos em casos práticos, para tanto elegendo concepções hermenêuticas bem definidas e detalhadamente apresentadas, sempre com a preocupação de fazê-lo com rigorosa observância da organicidade que deve ser percebida entre as fontes normativas de distintas origens, bem como da teleologia dos direitos humanos, a qual, ao fim e ao cabo, deve servir apenas e tão somente à consecução da proteção da dignidade humana, tanto quanto seja possível em termos fáticos e jurídicos.

A **Parte II** tem por título seu exato objeto: "Os Sistemas Internacionais de Proteção dos Direitos Humanos". As especificidades próprias desses sistemas justificam sua abordagem apartada, observada a contínua relação com a dinâmica normativa e jurisdicional nacional. Assim que, após uma visão panorâmica dos pontos comuns que conformam o processo internacional dos direitos humanos replicados nos diferentes sistemas examinados, a ênfase, nesta segunda parte, passa à descrição de seus mecanismos de monitoramento e apuração de violação de direitos humanos, sobretudo os órgãos e procedimentos que compõem os sistemas internacionais Global (ONU), Europeu (Conselho Europeu), Interamericano (OEA) e Africano (UA) de proteção de direitos humanos. Reservaram-se, outrossim, capítulos específicos para o exame dos mecanismos da Organização Internacional do Trabalho e do Tribunal Penal Internacional, diante de seu protagonismo mundial quanto aos assuntos que lhes incumbe fazer frente, assuntos esses, em essência, de direitos humanos. Há um esforço de maior detalhamento em relação aos sistemas internacionais aos quais o Estado brasileiro rende contas, quais sejam, os Sistemas Global e Interamericano.

Por fim, a **Parte III** congrega capítulos dedicados a direitos humanos específicos. É preciso advertir que não se trata de análise exaustiva de cada direito abordado, senão apenas uma oportunidade para que a leitora e o leitor possam se aproximar de cada qual, tendo contato com a transcrição dos principais dispositivos normativos nacionais e internacionais correlatos e com apontamentos doutrinários e jurisprudenciais não exaurientes, realizados com o único intuito de permitir uma compreensão propedêutica do conteúdo de cada direito humano, sua aplicação e as mais significativas controvérsias que os envolve, na atualidade.

Finaliza a obra um apêndice contendo uma breve ficha descritiva comentada de decisões internacionais proferidas em casos envolvendo o Estado brasileiro, no âmbito dos sistemas internacionais aos quais o Brasil se submete, como forma de estimular o conhecimento da jurisprudência internacional e a percepção das possibilidades de sua utilização nos distintos campos de luta pela afirmação de direitos humanos, com isso também facilitando a naturalização da consideração deste tipo de conteúdo nas reflexões jurídicas rotineiras.

Cumpre registrar, ademais, que a proposta de um estudo "de mãos dadas com a realidade", indisputavelmente, traz para a exposição e para as reflexões apresentadas alta carga de sensibilidade social para com as opressões econômicas e culturais que sufocam um enorme grupo de pessoas vulneráveis, a mobilizar todos os olhares que se dirija aos temas tratados, manifestando-se ora de modo explícito, ora subliminarmente. Reflexo disso é a importância conferida aos direitos humanos econômicos, sociais, culturais e ambientais, ao longo de todo o escrito, circunstância que pode ser percebida desde o sumário, com os diferentes tópicos dedicados aos chamados DESCA e a descrição dos mecanismos de atuação da OIT.

Definitivamente, não se trata de um livro que esgota quaisquer dos assuntos a que se propõe a examinar. É, pois, confessadamente imperfeito. Em verdade, adiante esperam pela leitora e pelo leitor linhas não iludidas por falsas promessas de emancipação social pela via dos direitos humanos, todavia, carregadas da esperança de que possam contribuir para o manejo dos direitos humanos como instrumento de resistência, potencialmente orientada a abrir caminhos para a ação social verdadeiramente transformadora.

LISTA DE SIGLAS

AGE	–	Assembleia Geral
AIDEF	–	Associação Interamericana de Defensorias Públicas
BNDES	–	Banco Nacional de Desenvolvimento Econômico e Social
CDI	–	Carta Democrática Interamericana
CIJ	–	Corte Internacional de Justiça
CIT	–	Conferência Internacional do Trabalho
CF	–	Constituição Federal brasileira
CF/88	–	Constituição Federal brasileira de 1988
CIDH	–	Comissão Interamericana de Direitos Humanos
CLS	–	Comitê de Liberdade Sindical
CLT	–	Consolidação das Leis do Trabalho
CNDH	–	Conselho Nacional de Direitos Humanos
CNJ	–	Conselho Nacional de Justiça
Corte EDH	–	Corte Europeia de Direitos Humanos
Corte IDH	–	Corte Interamericana de Direitos Humanos
CPIJ	–	Corte Permanente de Justiça Internacional
CPP	–	Código de Processo Penal
CS	–	Conselho de Segurança da ONU
CVDT	–	Convenção de Viena sobre o Direito dos Tratados
DESCA	–	Direitos Econômicos, Sociais, Culturais e Ambientais
DIDH	–	Direito Internacional dos Direitos Humanos
DPI	–	Defensoria Pública Interamericana
DUDH (em inglês, UDHR)	–	Declaração Universal dos Direitos Humanos de 1948
ECA	–	Estatuto da Criança e do Adolescente
ECI	–	Estado de Coisas Inconstitucional
ECOSOC	–	Conselho Econômico e Social da ONU
EUA	–	Estados Unidos da América
FAO	–	Organização das Nações Unidas para a Alimentação e a Agricultura
IDH	–	Índice de Desenvolvimento Humano
LDB	–	Lei de Diretrizes e Bases da Educação Nacional
LGPD	–	Lei Geral de Proteção de Dados Pessoais
LOAS	–	Lei Orgânica da Assistência Social
LPNMA	–	Lei de Política Nacional do Meio Ambiente

LRT – Lei da Reforma Trabalhista
MP – Ministério Público
ODM – Objetivos do Milênio da ONU
ODS – Objetivos do Desenvolvimento Estratégico da ONU
OCDE – Organização para a Cooperação e Desenvolvimento Econômico
OEA – Organização dos Estados Americanos
OIT – Organização Internacional do Trabalho
ONU – Organização das Nações Unidas
ONG – Organização Não Governamental
OUA – Organização da Unidade Africana
PAREAII – Projeto de Artigos sobre a Responsabilidade dos Estados por Atos Internacionalmente Ilícitos da Comissão de Direito Internacional da ONU
PIDCP – Pacto Internacional sobre Direitos Civis e Políticos da ONU
PIDESC – Pacto Internacional sobre Direitos Econômicos, Sociais e Culturais da ONU
PNUD – Programa das Nações Unidas para o Desenvolvimento
POEDH – Princípios Orientadores sobre Empresas e Direitos Humanos da ONU
Proced. CLS – Procedimentos Especiais da Organização Internacional do Trabalho para o exame de queixas baseadas em violação ao exercício da Liberdade Sindical
REDESCA – Relatoria Especial sobre Direitos Econômicos, Sociais, Culturais e Ambientais
RPU – Revisão Periódica Universal
SIDH – Sistema Interamericano de Proteção dos Direitos Humanos
SPT – Subcomitê de Prevenção da Tortura e outros Tratamentos ou Penas Cruéis, Desumanos ou Degradantes da ONU
STF – Superior Tribunal Federal
STJ – Superior Tribunal de Justiça
SUS – Sistema Único de Saúde
TPI – Tribunal Penal Internacional
UA – União Africana

SUMÁRIO

PARTE I
TEORIA GERAL DOS DIREITOS HUMANOS

PARTE II
SISTEMAS INTERNACIONAIS DE PROTEÇÃO DOS DIREITOS HUMANOS

PARTE III
DIREITOS HUMANOS EM ESPÉCIE

APÊNDICE: JURISPRUDÊNCIA INTERNACIONAL SELECIONADA E COMENTADA (ENVOLVENDO O ESTADO BRASILEIRO)

PARTE I

TEORIA GERAL DOS DIREITOS HUMANOS

Capítulo I

DIREITOS HUMANOS: UMA APROXIMAÇÃO TERMINOLÓGICA

A expressão "direitos humanos" tem servido para abrigar distintos conteúdos, variando o seu emprego de acordo com a área do conhecimento (direito, filosofia, ciências sociais e suas vertentes, economia etc.) ou o contexto geopolítico (relações internacionais ou nacionais).

Mesmo na seara jurídica, o termo está longe de ser unívoco, ante a ausência de uniformidade terminológica, não apenas no âmbito do pensamento brasileiro, mas também no espaço da comunidade jurídica internacional. Tal situação só faz dificultar as reflexões acerca do assunto, porquanto essa ambiguidade acaba por prejudicar até mesmo a prestação jurisdicional, ao embaraçar o caminho do fundamento racional da decisão, desde os enunciados normativos até o juízo concreto.

Há, contudo, quem não devote sequer alguma importância ao ato da conceituação dos direitos humanos, como NORBERTO BOBBIO, que recomenda seja conferida preocupação mais ao efetivo desfrute desses direitos do que à sua mera definição[1].

Sem embargo, é do próprio BOBBIO uma das mais singelas e esclarecedoras referências conceituais, embora despida de natureza técnico-jurídica: "(...) os direitos humanos são coisas desejáveis, isto é, fins que merecem ser seguidos, e de que, apesar de sua desejabilidade, não foram ainda todos eles (por toda parte e em igual medida) reconhecidos".[2]

São múltiplos os termos utilizados, indiscriminadamente, para a designação desses direitos e de suas derivações (para quem as admita), como por exemplo: direitos naturais, direitos humanos, direitos do homem, direitos fundamentais, direitos do cidadão, direitos individuais, direitos civis, direitos públicos subjetivos, liberdades fundamentais, liberdades públicas, liberdades individuais, direitos e garantias fundamentais e direitos fundamentais do homem, entre outras.[3]

J.J. GOMES CANOTILHO envidou esforço para distinguir várias dessas expressões, examinando-as aos pares e chegando, entre outras, às seguintes conclusões:

- **Direitos do Homem e Direitos do Cidadão** → distinção presente na "Declaração dos Direitos do Homem e do Cidadão" de 1789, editada como corolário da Revolução Francesa, segundo a qual os Direitos do Homem são direitos individuais, pertencendo-lhe "enquanto tal", ou seja, são inerentes à condição humana, ao passo que os Direitos

---

1 BOBBIO, Norberto. **A era dos direitos**. Trad. Carlos Nelson Coutinho. Rio de Janeiro: Elsevier, 2004. p. 29.

2 Id. Ibid., p. 35-36.

3 Cf. SILVA, José Afonso da. **Curso de direito constitucional positivo**. 11. ed. São Paulo: Malheiros Ed., 1996. p. 174; CANOTILHO, J. J. Gomes. **Direito constitucional e teoria da constituição**. 7. ed. Coimbra: Almedina, 2003, p. 393-398.

do Cidadão são direitos políticos, que pertencem ao homem "enquanto ser social, isto é, como indivíduo vivendo em sociedade", e perante o Estado;

- **Direitos Naturais e Direitos Civis** → distinção próxima da anterior, encontrada no Título I da Constituição Francesa de 1791, consoante a qual os Direitos Naturais são inerentes ao indivíduo e os Direitos Civis são os que lhe cabem enquanto cidadão, encontrando-se proclamados nas constituições e leis infraconstitucionais;
- **Direitos Políticos e Direitos Individuais** → entre os Direitos Civis destacam-se, de um lado, os Direitos Políticos, correspondentes a uma parcela atribuída apenas a determinado grupo de indivíduos, dotando-os de aptidão para "tomar parte ativa na formação dos poderes públicos"; o que remanesce, naquela categoria, depois de apartados dela os Direitos Políticos, são Direitos Individuais;
- **Direitos e Liberdades Públicas** → os Direitos Civis admitem, ainda, um outro tipo de categorização, que coloca, de um lado, as Liberdades Públicas, consistentes em direitos dos indivíduos contra a intervenção do Estado (e são também conhecidos como "direitos negativos" ou "direitos de abstenção"), e, de outro, simplesmente os Direitos (ou "direitos positivos"), que conferem ao indivíduo status ativo frente ao Estado, quer porque tenha a prerrogativa de participar ativamente da vida política (direito a votar e a ser votado), quer porque goze da possibilidade de exigir as "prestações necessárias ao desenvolvimento pleno da existência individual" (denominados "direitos à prestação").[4]

As expressões arroladas por CANOTILHO encerram conteúdos limitados, que não dão conta de alcançar todo o arcabouço dos múltiplos direitos (e situações a que esses dizem respeito) que conformam os direitos humanos. É o caso de **liberdades públicas**, termo difundido na França, mas que alude a direitos que impõem limites ao poder estatal, portanto exigindo sua abstenção, noção que não contempla, por conseguinte, outros direitos básicos da pessoa humana que a fazem credora de ações positivas do Estado, como se vê decorrer de direitos econômicos, sociais e culturais, tais como trabalho, educação, cultura, saúde, moradia e transporte. Também assim se verifica com o termo **direitos individuais**, cujo conteúdo não abarca direitos da pessoa humana de titularidade atribuível a uma coletividade, por vezes sequer previamente determinável, a exemplo dos direitos ambientais. Isso para não falar da evolução jurisprudencial mundial, no sentido de reconhecer alguns Direitos Humanos a pessoas jurídicas (agentes ficcionais), como o direito à propriedade, à honra, à imagem, à proteção de dados, entre outros.

Não se encontra desejável unidade terminológica sequer dentro de documentos normativos, do que são exemplos as traduções para o idioma português das normas internacionais matriciais de direitos humanos e a Constituição Federal brasileira de 1988.

Assim podem ser sistematizadas as múltiplas terminologias empregadas por documentos normativos de direitos humanos:

Declaração Universal dos Direitos Humanos	
"direitos do homem" e "direitos do homem e da mulher"	Preâmbulo
Declaração Americana dos Direitos e Deveres do Homem	
"direitos essenciais do homem" e "direitos do homem"	Preâmbulo

continua

---

[4] Id. Ibid.

continuação

Pacto Internacional sobre Direitos Civis e Políticos	
"direitos e liberdades do homem" "direitos humanos fundamentais" "direitos humanos" "direitos humanos e liberdades fundamentais"	Preâmbulo Art. 5º, 2 Arts. 28; 42, 7, "b"; 44 Art. 41, 1, "e"
Pacto Internacional sobre Direitos Econômicos, Sociais e Culturais	
"direitos e liberdades do homem" "direitos humanos" "direitos humanos fundamentais" "direitos humanos e liberdades fundamentais"	Preâmbulo Art. 2º, 3 Art. 5º, 2 Arts. 13, 1; 18; 19
Convenção Americana sobre Direitos Humanos	
"direitos essenciais do homem"	Preâmbulo
"direitos humanos"	Art. 34; 41; 45; 48, 1, "f"; 52; 64
Constituição Federal de 1988	
"direitos humanos" "direitos e garantias fundamentais" "direitos e liberdades fundamentais" "direitos e liberdades constitucionais" "direitos civis" "direitos fundamentais da pessoa humana" "direitos da pessoa humana" "direitos e garantias individuais" "direito público subjetivo"	Arts. 4º, II; 5º, § 3º; 109, V-A e § 5º; 134 Título II; Art. 5º, § 1º Art. 5º, XLI Art. 5º, LXXI Art. 12, § 4º, II, "b" Art. 17 Art. 34, VII, "b" Art. 60, § 4º, IV Art. 208, § 1º

Fonte: elaborada pelo autor

Muitas vezes, as expressões até aqui mencionadas são empregadas como sinônimas. É o que se verifica corriqueiramente com as designações **direitos do homem, direitos humanos e direitos fundamentais**, provavelmente as mais utilizadas.

Em que pese constar do título ou do conteúdo de importantes, mas antigos documentos normativos internacionais, o termo **direitos do homem** vem propositalmente caindo em desuso, em razão de denotar, simbolicamente, uma representação masculina da espécie humana, em evidente desconformidade com o inabalável compromisso dos direitos humanos com a não discriminação de gênero.

Contemporaneamente, é possível perceber certa preferência no uso das expressões **direitos humanos** e **direitos fundamentais**, não sem que seja admitida sua distinção, ainda que com diferentes intensidades, tendência verificada na doutrina brasileira especializada.

Constitucionalistas brasileiros costumam demonstrar apreço por uma distinção forte entre direitos humanos e direitos fundamentais. INGO SARLET, repelindo a ideia dos direitos humanos como direitos naturais (no sentido jusnaturalista), os toma por direitos forjados no plano internacional, com pretensão de universalidade (aplicação global), assim cerrando fileira com os doutrinadores que tratam por direitos fundamentais aqueles direitos da pessoa humana consagrados espacial e temporalmente no texto de uma dada Constituição Federal.[5]

De outro lado, jusinternacionalistas dedicados ao estudo dos direitos humanos preferem ressaltar que qualquer distinção terminológica, incluindo entre as expressões direitos humanos e direitos fundamentais, não podem contribuir para uma visão fragmentária e parcelar dos direitos humanos, baseada em sua origem nacional ou internacional. É que a emergência histórica de uma rede global de proteção dos Direitos Humanos, como será possível perceber adiante, afirma-se, no pós-Guerras Mundiais, a partir de um intenso e evidente movimento de retroalimentação positiva entre consensos normativos alcançados em espaços internacionais multilaterais e mudanças constitucionais nas searas nacionais, cujos pontos de contato encontram-se textualmente evidenciados em ambas as esferas normativas, o que será estudado em detalhes, neste curso.

É exatamente a integração normativa típica dos Direitos Humanos que anima relevantes proposições teóricas, como a da existência de um **Direito Constitucional Internacional** de Flavia Piovesan[6], o **Transconstitucionalismo** de Marcelo Neves[7] e a **Transnormatividade** de WAGNER MENEZES.[8]

Cônscio dessa compreensão, ANDRÉ DE CARVALHO RAMOS sustenta que a hodierna disseminação normativa e doutrinária da expressão "direitos humanos fundamentais"[9] mostra que aquela distinção entre as normas de direito internacional e aquelas positivadas em Constituições e leis nacionais "perde a importância, ainda mais na ocorrência de um processo de aproximação e mútua relação entre direito internacional e o direito interno na temática dos direitos humanos", aproximação essa contemplada pelo art. 5º, §§ 2º e 3º, da Constituição Federal. Assumindo o que se pode classificar como uma distinção fraca entre as expressões direitos humanos e direitos fundamentais, CARVALHO RAMOS afirma que os direitos fundamentais "espelham" os direitos humanos.[10]

As disciplinas específicas inseridas nas grades curriculares das Faculdades de Direito e os editais de concurso público, em regra, têm dado preferência ao termo "direitos humanos" em sentido genérico, sob o qual são abordados tópicos pertinentes tanto ao direito internacional, quanto ao direito nacional (sobretudo constitucional).

---

5 SARLET, Ingo W.; MARINONI, Luiz Guilherme; MITIDIERO, Daniel. **Curso de Direito Constitucional**. 9. ed. São Paulo: Saraiva Educação, 2020, p. 312-316. Para uma distinção próxima desta, mas adotando para as categorias descritas, respectivamente, os termos "direitos do homem", "direitos humanos" e "direitos fundamentais", *vide*, no Brasil: DIMOULIS, Dimitri; MARTINS, Leonardo. **Teoria geral dos direitos fundamentais**. 2. ed. São Paulo: Ed. Revista dos Tribunais, 2009, p. 35-36; MARMELSTEIN, George. **Curso de direitos fundamentais**. 2. ed. São Paulo: Atlas, 2009, p. 25-26; MENDES, Gilmar; COELHO, Inocêncio Mártires; BRANCO, Paulo Gustavo Gonet. **Curso de direito constitucional**. 5. ed. São Paulo: Saraiva, 2010, p. 320.

6 PIOVESAN, Flávia. **Direitos Humanos e o Direito Constitucional Internacional**. 11. ed. São Paulo: Saraiva, 2010.

7 NEVES, Marcelo. **Transconstitucionalismo**. São Paulo: WMF Martins Fontes, 2009.

8 MENEZES, Wagner. O direito internacional contemporâneo e a teoria da transnormatividade. **Pensar – Revista de Ciências Jurídicas**, v. 12, n. 1, p. 134–144, 2007.

9 FERREIRA FILHO, Manoel Gonçalves. **Direitos Humanos Fundamentais**. São Paulo: Saraiva, 1998; MOARES, Alexandre de. **Direitos Humanos Fundamentais**: teoria geral, comentários aos arts. 1º a 5º da Constituição da República Federativa do Brasil, doutrina e jurisprudência. 9. ed. São Paulo: Atlas, 2011.

10 RAMOS, André de Carvalho. **Curso de Direitos Humanos**. 7. ed. São Paulo: Saraiva Educação, 2020, p. 53-56.

Ante este quadro de divergência, o presente trabalho adotará, por questão de conveniência pedagógica, mas também de sintonia com o desenvolvimento doutrinário integrador das normas nacionais e internacionais, a distinção fraca entre as designações **Direitos Humanos** atribuída a todos direitos que tutelem, diretamente, quaisquer das dimensões da dignidade da pessoa humana, independentemente de sua positivação e de sua gênese nacional ou internacional; **Direito Internacional dos Direitos Humanos** atinente aos Direitos Humanos contemplados em normas internacionais; e **Direitos Fundamentais** alusivos àqueles direitos humanos assegurados, dentro do ordenamento jurídico interno, pelas autoridades político-legislativas de cada Estado-nação.

Tal distinção, todavia, se justifica sobretudo por seu proveito pedagógico, jamais podendo justificar percepções equivocadas sobre correspondência de cada uma daquelas três designações a diferentes espaços de vigência ou efetivação, porquanto, como se poderá captar da totalidade da abordagem apresentada neste curso, a efetividade dos direitos humanos, em espacial nos espaços institucionalizados de administração e deliberação sobre o interesse público – do qual faz parte campo jurídico –, depende de uma consideração interativa e orgânica das normas de Direito Internacional dos Direitos Humanos e de Direitos Fundamentais para o tratamento de casos concretos.

Pensa-se que, conquanto não seja capaz de exaurir o debate terminológico – sendo, como todas as demais, passível de críticas –, a distinção adotada é aquela que, com mais simplicidade e clareza, atende à percepção de SVEN PETERKE, segundo a qual os direitos de que aqui se trata nascem da reflexão filosófica para, posteriormente, tornarem-se exigências políticas, por vezes elevadas à condição de obrigações contempladas no direito positivo[11].

---

11 PETERK, Sven. Doutrinas gerais. In: PETERKE, Sven (Coord.). **Manual Prático de Direitos Humanos Internacionais**. Brasília: Escola Superior do Ministério Público da União, 2010, p. 88.

Capítulo II

FORMAÇÃO HISTÓRICA DOS DIREITOS HUMANOS

1. O PERÍODO ANTERIOR À SEGUNDA GUERRA MUNDIAL

1.1. Hamurábi e a Grécia Antiga

É possível imaginar-se que os direitos humanos foram fruto da Segunda Guerra Mundial. No entanto, apesar de o estudo sistemático dos direitos humanos ter ganho importância depois daquele conflito global, a evolução desse ramo do Direito começou muito tempo antes da descoberta do massacre étnico que se deu sob os domínios da Alemanha Nazista. De fato, a preocupação internacional com os direitos humanos não é nova.

Inicialmente, pode-se lembrar que, nos primórdios da escola espanhola de direito internacional (Vitória[1] e Suarez[2]), pensou-se em direitos a serem garantidos para todos os seres humanos em todas as circunstâncias, com especial referência ao tratamento dispensado pelos colonizadores espanhóis aos nativos habitantes da América.

Porém, é fato que a atuação internacional concentrou-se, até 1945, em solucionar caso a caso as violações dos direitos humanos, sempre com foco no âmbito interno de cada nação.

Já na Antiguidade, é possível encontrar instrumentos que podem ser equiparados a normas de proteção aos direitos humanos, como é o caso do Código de Hamurábi, visto por JOHN GILISSEN como "o monumento jurídico mais importante da Antiguidade antes de Roma", e a Lei de Talião, que trouxe uma restrição à vingança, especialmente no ponto seguinte:

> 196. Se alguém vazou um olho de um homem livre, ser-lhe-á vazado o olho.
> 197. Se ele partiu um osso de um homem livre, ser-lhe-á partido o osso.[3]

As violações aos direitos humanos partiam de particulares, o que levou a restringir-se o direito de vingança, como uma embrionária maneira de garantirem-se parcialmente aqueles direitos, nessa época.

---

1 VITORIA, Francisco de. **La ley**. Estudio preliminar y traducción de Luis Frayle Delgado. Madrid: Tecnos, 1995, p. 58.

2 LOPES, José Reinaldo de Lima. **O Direito na História**: *Lições Introdutórias*. São Paulo: Max Limonad, 2000, p. 187.

3 GILISSEN, John. **Introdução Histórica ao Direito**. Trad. de A.M. Hespanha e L. M. Macaísta Malheiros. 2. ed. Lisboa: Fundação Calouste Gulbenkian, 1995, p. 61 e 66.

Como exemplo, na literatura clássica da Grécia Antiga do Séc. V a.C.[4], demonstram-se crenças no poder exercido pelos deuses em uma sociedade humana baseada no Direito, com princípios que pairavam sobre as obrigações e normas impostas pelos líderes da comunidade, como escrito por Sófocles na cena em que Antígona se dirige a seu tio e carrasco, o rei de Tebas, Creonte, dizendo: "Eu não creio que teus decretos, escritos pela mão de um mortal, possam ser superiores às leis não escritas e imutáveis dos deuses. Elas não são de hoje nem de ontem, mas são eternas, vigoram em todos os tempos e ninguém sabe quando nasceram"[5].

Aqui, é possível serem identificadas regras impostas por governantes confrontando-se com regras superiores.

Ademais, nos primeiros estágios da Filosofia Grega, pode-se constatar o surgimento da ideia de justiça como um princípio, sendo um guia não apenas para limitar as ações particulares, mas também para influenciar os rumos da sociedade.

1.2. Roma

Muitos outros avanços significativos aconteceram também na Idade Antiga, como é o caso da *Lex Poetelia Papiria,* em Roma, que aboliu a execução da obrigação sobre a pessoa do devedor[6]. Como ensina CAIO MÁRIO DA SILVA PEREIRA, "com a *Lex Poetelia Papiria*, de 428 a.C., foi abolida a execução sobre a pessoa do devedor, projetando-se a responsabilidade sobre os seus bens (*pecuniae creditae bona debitoris, non corpus obnoxium esse*), o que constitui verdadeira revolução no conceito obrigacional"[7]. Poder-se-ia completar, dizendo que a evolução não se restringiu ao direito obrigacional, mas espalhou-se por toda a teoria do Direito, pois acabou com a possibilidade de se violar o corpo do ser humano, por motivo de não cumprimento de obrigação pecuniária.

Foi em Roma, também, que Ulpiano conceituou justiça, nos seguintes termos: "*honeste vivere, alterum non laedere, suum cuique tribuere*" ("viver honestamente, não ferir ninguém, dar a cada um o que é seu"). Muitos outros avanços podem ser identificados em Roma, como o início do conceito de boa-fé, além de inúmeras regras aplicáveis ao Direito Privado[8].

1.3. A Idade Média e a Igreja Católica

A atuação da Igreja Católica, na Idade Média, é de suma importância, especialmente no que diz respeito à sistematização do Direito Natural, base, para muitos doutrinadores, dos direitos humanos. Além disso, ela foi responsável pela recuperação de muitos textos de direito, pelo "interesse da Cúria Pontifícia em restabelecer a herança imperial da Sé Romana"[9].

---

4 LOPES, José Reinaldo de Lima, op. cit., p. 29 e ss.

5 SÓFOCLES. **Antígona**. Trad. Domingos Paschoal Cegalla. 4 ed. Rio de Janeiro: Difel, 2011, p. 46-47.

6 "Não está na natureza do direito ser absoluto e imutável. O direito modifica-se e evolui, como qualquer obra humana. Cada sociedade tem seu direito, com ela se formando e se desenvolvendo, com ela se transformando e, enfim, com ela seguindo sempre a evolução de suas instituições, de seus costumes e de suas crenças" (COULANGES, Fustel de. **A Cidade Antiga**. Trad. Jonas Camargo Leite e Eduardo Fonseca. 12. ed. São Paulo: Editora Hemus, 1996, p. 246).

7 PEREIRA, Caio Mário da Silva. **Instituições de Direito Civil** - *Vol. II*. 13. ed. Rio de Janeiro: Editora Forense, 1994, p. 8.

8 CAENEGEM, R. C. van. **Uma Introdução Histórica ao Direito Privado**. Trad. Carlos Eduardo Lima Machado. 2. ed. São Paulo: Martins Fontes, 2000, p. 25.

9 LOPES, José Reinaldo de Lima, op. cit., p. 115.

Fundamental a atuação de Santo Agostinho e de Santo Tomás de Aquino, responsáveis pela reflexão sobre a superioridade da lei eterna e da lei natural comparadas às leis terrenas.

A crença no Direito Natural como superior, acima do sistema positivo, era uma questão pacífica na filosofia jurídica da Igreja Católica da Idade Média. No entanto, no caso em que o Rei Henrique IV, da França, foi morto por um católico chamado Ravaillac, defendeu a Igreja ser possível tirar a vida de um tirano, pois ele não poderia estar naquela posição[10].

Nesse período, não houve o surgimento de instrumento normativo relevante; porém, inegável a sua importância na estruturação da teoria sobre a superioridade normativa. Assim, esse período veio trazer uma sistematização à resposta a uma das inquietudes humanas: "é algo manifesto que a felicidade do gênero humano consiste em saber o que deve querer e até que ponto é lícito e possível o que quer"[11].

1.4. Movimentos no mundo da *common law*: da Carta Magna de 1215 à independência estadunidense

A Carta Magna de 1215 e a Declaração de Direitos da Virgínia, de 1776, são marcos na afirmação histórica dos direitos humanos, conquanto focados tão só no direito interno.

A Carta Magna foi assinada pelo Rei João Sem Terra, da Inglaterra, sendo confirmada sem alterações importantes por seus sete sucessores. Tal norma trouxe, pela primeira vez, a vinculação entre os atos do monarca e as leis editadas por ele, traduzindo, na verdade, uma convenção entre o rei e a nobreza, que teria privilégios especiais, sendo, por isso, reconhecida como um foral[12].

Para COMPARATO, esse documento não significa delegação de poderes reais, devendo ser entendido como uma forma de reconhecimento de que o poder do rei passava a ser limitado por benefícios aos integrantes das ordens privilegiadas[13]. Também assim LEWANDOWSKI, para quem tal documento não constitui uma afirmação universal de direitos, oponíveis a qualquer governo, porquanto adstrito apenas à definição de direitos de barões e prelados ingleses[14].

O real desenvolvimento de uma tal proteção de direitos, no entanto, pode ser visto nos instrumentos que se seguiram à Carta Magna, principalmente no século XVII, com a *Petition of Rights*, de 1628; o *Habeas-Corpus Act*, de 1679; e a *Bill of Rights*, de 1689. A *Petition of Rights*, redigida pelo Parlamento e chancelada por Carlos I, representou uma tentativa de recobrar as tradicionais liberdades contempladas na Magna Carta[15]. Já o *Habeas-Corpus Act* instituiu garantia judicial, criada para proteger a liberdade de locomoção, tornando-se a matriz de todas as que vieram a ser criadas posteriormente, visando a proteção de outras liberdades fundamentais[16]. Finalmente, a *Bill of Rights*, pioneiramente, pôs termo ao regime de monarquia absoluta, segundo o qual todo poder emana do rei e em seu nome é exercido,

---

10 CASTBERG, Frede. Natural Law and Human Rights. An Idea-historical survey. In. **International Protection of Human Rights**. Estocolmo: Interscience Publishers, 1967, p. 16.

11 LEIBNIZ, Gottfried Wilhelm. **Los Elementos del Derecho Natural**. Trad. Tomás Guillén Vera. Madrid: Tecnos, 1991, p. 67.

12 AIETA, Vânia Siciliano. **A Garantia da Intimidade como Direito Fundamental**. Rio de Janeiro: Lumen Juris, 1999, p. 11; e COMPARATO, Fábio Konder COMPARATO, Fábio Konder. **A afirmação histórica dos direitos humanos**. 7. ed. São Paulo: Saraiva, 2010, p. 91-92.

13 Id. Ibid., p. 65.

14 LEWANDOWSKI, Enrique R. **Proteção dos Direitos Humanos na Ordem Interna e Internacional**. Rio de Janeiro: Editora Forense, 1984, p.43.

15 Id. Ibid., op. cit., p. 45.

16 COMPARATO, Fábio Konder, op. cit., p. 101.

representando, ademais, "a institucionalização da permanente separação de poderes no Estado, à qual se referiu elogiosamente Montesquieu meio século depois"[17].

Adiante no tempo, mas ainda dentro da tradição jurídica da *common law*, evento histórico decisivo para a afirmação dos direitos humanos foi a independência estadunidense, que produziu a Declaração de Direitos da Virgínia e a Declaração de Independência Americana, ambas de 1776, e sua Constituição de 1787. São tais documentos pioneiros na enunciação dos direitos do homem, com inspiração marcadamente iluminista e jusnaturalista, dedicados à proteção enfática das liberdades individuais e, de modo vanguardista, à instituição dos princípios democráticos, sem descurar da salvaguarda da propriedade privada, à feição dos interesses da sociedade burguesa típica das treze colônias norte-americanas, desde então reunidas[18]. Tanto na forma quanto no conteúdo, as Declarações de 1776 e a Constituição de 1787 influenciaram, largamente, o porvir em matéria de proteção jurídica da dignidade humana.

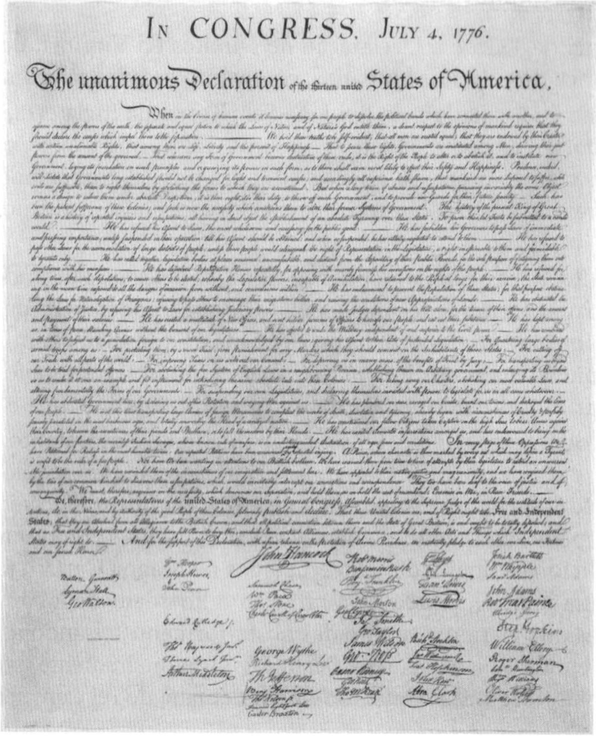
IN CONGRESS, JULY 4, 1776.

The unanimous Declaration of the thirteen united States of America,

Reprodução de versão manuscrita da Declaração de Independência dos EUA.

Fonte: https://pt.wikipedia.org/wiki/Declara%C3%A7%C3%A3o_da_Independ%C3%AAncia_dos_Estados_Unidos#/media/Ficheiro:United_States_Declaration_of_Independence.jpg

---

17 Id. Ibid., p. 105.

18 Id. Ibid., p. 118. BOBBIO, Norberto, op. cit., p. 102-105 e 124-125. Diz o artigo 1º da Declaração de Direitos do Bom Povo da Virgínia de 1776: "Que todos os homens são, por natureza, igualmente livres e independentes, e têm certos direitos inatos, dos quais, quando entram em estado de sociedade, não podem por qualquer acordo privar ou despojar seus pósteros e que são: o gozo da vida e da liberdade com os meios de adquirir e de possuir a propriedade e de buscar e obter felicidade e segurança".

1.5. A Revolução Francesa

Sob a influência da independência estadunidense, a Revolução Francesa de 1789 marcou de forma profunda a história da Humanidade.

Para BOBBIO, ela e a Declaração dos Direitos do Homem e do Cidadão, de 26 de agosto de 1789, são daqueles momentos decisivos que marcam o fim de uma época e o início de outra, proclamando a liberdade, a igualdade e a soberania popular, ao abolir o Antigo Regime[19]. Isso porque a Declaração dos Direitos do Homem e do Cidadão, tais como sua antecessora estadunidense, é marcadamente centrada no estabelecimento das liberdades públicas, ou seja, na consagração da preservação da esfera particular dos indivíduos em face do poder abusivo do Estado Absolutista, com isso limitando seu poder de ação em diferentes esferas, tais como o poder de polícia (e de prisão), a tributação e a propriedade privada. Quanto às últimas dimensões citadas, não se pode deixar de perceber que as declarações estadunidense e francesa também abriram caminho para a afirmação plena da autonomia privada e do direito de propriedade como direitos intangíveis, com isso estabelecendo a segurança jurídica necessária para a expansão e consolidação do capitalismo como um modelo societal, nos séculos seguintes. Não à toa, os movimentos das treze colônias estadunidenses e francês do século XVIII também são conhecidos como "revoluções burguesas".

Direitos proclamados pela Declaração dos Direitos do Homem e do Cidadão	
"Os homens nascem e são livres e iguais em direitos" (art. 1º)	"Todo acusado é considerado inocente até ser declarado culpado e, se julgar indispensável prendê-lo, todo o rigor desnecessário à guarda da sua pessoa deverá ser severamente reprimido pela lei" (art. 9º)
"A finalidade de toda associação política é a conservação dos direitos naturais e imprescritíveis do homem. Esses direitos são a liberdade, a propriedade a segurança e a resistência à opressão" (art. 2º)	"Ninguém pode ser molestado por suas opiniões, incluindo opiniões religiosas, desde que sua manifestação não perturbe a ordem pública estabelecida pela lei" (art. 10)
"O princípio de toda a soberania reside, essencialmente, na nação" (art. 3º)	"A livre comunicação das ideias e das opiniões é um dos mais preciosos direitos do homem" (art. 11)
A liberdade consiste em poder fazer tudo que não prejudique o próximo (art. 4º)	"A garantia dos direitos do homem e do cidadão necessita de uma força pública (...) instituída para fruição por todos, e não para utilidade particular daqueles a quem é confiada" (art. 12)
"Tudo que não é vedado pela lei não pode ser obstado e ninguém pode ser constrangido a fazer o que ela não ordene", art. 5º)	"Para a manutenção da força pública e para as despesas de administração é indispensável uma contribuição comum que deve ser dividida entre os cidadãos de acordo com suas possibilidades" (art. 13)

continua

19 BOBBIO, Norberto. op. cit., p. 99.

continuação

Direitos proclamados pela Declaração dos Direitos do Homem e do Cidadão	
"A lei é a expressão da vontade geral. Todos os cidadãos têm o direito de concorrer, pessoalmente ou através de mandatários, para a sua formação. Ela deve ser a mesma para todos, seja para proteger, seja para punir" (art. 6º)	"Todos os cidadãos têm direito de verificar, por si ou pelos seus representantes, da necessidade da contribuição pública, de consenti-la livremente, de observar o seu emprego e de lhe fixar a repartição, a coleta, a cobrança e a duração" (art. 14)
"Ninguém pode ser acusado, preso ou detido senão nos casos determinados pela lei e de acordo com as formas por esta prescritas" (art. 7º)	"A sociedade tem o direito de pedir contas a todo agente público pela sua administração" (art. 15)
A lei apenas deve estabelecer penas estrita e evidentemente necessárias e ninguém pode ser punido senão por força de uma lei estabelecida e promulgada antes do delito e legalmente aplicada" (art. 8º)	"A sociedade em que não esteja assegurada a garantia dos direitos nem estabelecida a separação dos poderes não tem Constituição" (art. 16)
"Como a propriedade é um direito inviolável e sagrado, ninguém dela pode ser privado, a não ser quando a necessidade pública legalmente comprovada o exigir e sob condição de justa e prévia indenização" (art. 17)	

Fonte: elaborada pelo autor

A Declaração de 1789 é a mais conhecida de todas as declarações e está em vigor até os dias atuais na França. Faz parte do Bloco Constitucional Francês, sendo modelo para declarações de direito desde então.[20]

Apesar de fortemente inspirada pela independência estadunidense, a Revolução Francesa diferenciou-se daquela na sua aspiração à universalidade. Enquanto a independência das treze colônias produziu uma declaração de direitos voltada à construção política do novo país, a Declaração de Direitos do Homem e do Cidadão editada na França tinha, assumidamente, o propósito de levar ao mundo a ideia de liberdade ("os revolucionários de 1789 julgavam-se apóstolos de um novo mundo").

[20] COMPARATO, Fábio Konder. op. cit., p. 146.

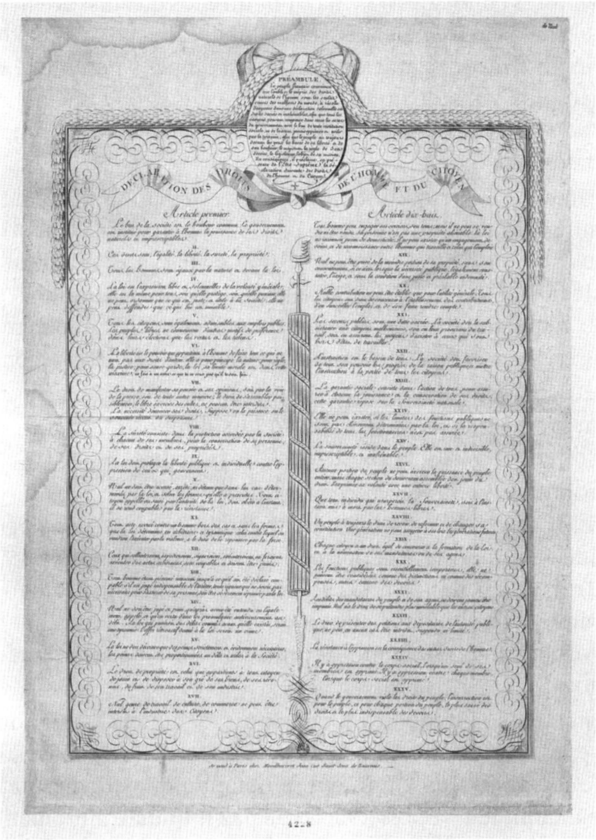
PRÉAMBULE
DÉCLARATION DES DROITS DE L'HOMME ET DU CITOYEN
Article premier.
Article dix-huit.

Reprodução da primeira edição impressa da
Declaração Francesa dos Direitos do Homem e do Cidadão de 1789.

Fonte: https://www.wdl.org/en/item/14430/

1.6. A Primeira Guerra, o constitucionalismo social e o direito internacional do trabalho

O início do século XX testemunhou, sobretudo na Europa, a explosão de violentos conflitos sociais em muito impulsionados pela desigualdade material decorrente do modelo econômico liberal então em voga. A drástica intensificação da exploração de mão de obra impingida pelas novas dinâmicas tecnológicas e organizacionais da produção capitalista em expansão, oportunizadas pela Segunda Revolução Industrial (havida no período entre meados do século XIX e meados do século XX), trouxe à lume um vasto cartel de situações limítrofes de vulnerabilidades contextualizadas pelo modelo de venda da força de trabalho, tais como extensas jornadas de trabalho, má remuneração, acidentes laborais e trabalho feminino e infantil, sem qualquer contraponto legal ou amparo social por parte do Estado.

Tal cenário escancarou o descumprimento da promessa moderna de igualdade, insculpida nas declarações de direitos do século XVIII, propiciando a afirmação da consciência da classe trabalhadora, desperta pela sua condição precária de sobrevivência, e, com ela, a mobilização por melhores condições de vida e por direitos que dissessem respeito justamente a essa condição material da existência, para além da declaração de igualdade formal perante o Estado e a lei. Em verdade, declarar que "todos são iguais perante a lei" e "todos devem participar da formação da vontade do Estado" não se mostrou suficiente para a melhora da condição humana, pois faltava assegurar equidade na experimentação concreta das liberdades, dependentes do n fator econômico.

O final da Primeira Guerra Mundial impôs à Alemanha a assinatura do Tratado de Versalhes, que fez surgir a Constituição Alemã de 1919, a chamada **Constituição de Weimar**, aprofundando o que se nomeia constitucionalismo social, por enfatizar, juntamente com a **Constituição Mexicana de 1917**, o rol de direitos sociais, inaugurando o período das constituições econômicas. É que tais direitos exigem atuação estatal, o que se reflete no orçamento e na necessidade de recursos, trazendo, por isso, inevitáveis reflexos econômicos.[21]

A Constituição de Weimar, apesar de sua vigência exígua, até a ascensão do nazismo, em 1933, assegurou grandes avanços à proteção dos direitos humanos, tendo acrescido, de forma explícita, os direitos sociais às liberdades individuais.

O vínculo incontornável da efervescência social do início do século XX com a chaga da exploração econômica desmedida da força de trabalho não deu azo apenas ao constitucionalismo social, tendo sua importância outrossim evidenciada pela criação da **Organização Internacional do Trabalho (OIT)**, em 1919, por força do mesmo Tratado de Versalhes. Com composição tripartite, a OIT abriga Estados Membros representados não apenas por agentes dos respectivos governos, mas também por representantes de trabalhadores e de empregadores de cada nação.

Ora, é absolutamente sintomática a constituição, àquela altura, de uma organização internacional interestatal de construção dialogada tripartite de consensos globais regulatórios das relações de trabalho, ainda mais em se notando que, na mesma ocasião, a Liga das Nações foi criada e incumbida da preservação da paz mundial. Sintomática porque, naquele momento, a criação da OIT representou o reconhecimento da centralidade da tensão capital *versus* trabalho para o modo societal àquela época já disseminado e que se perpetua até nossos dias, a despeito de suas crises e subsequentes reestruturações.

Sua natureza tripartite, seus instrumentos regulatórios e seus mecanismos de monitoramento serão mais adiante estudados, mas não é exagero pontuar que a OIT, desde sempre ostentando o *slogan* "trabalho não é mercadoria", é precursora dos sistemas internacionais de proteção de direitos humanos que viriam a se estabelecer com alcances global (ONU) e regionais (Conselho da Europa, Organização dos Estados Americanos e União Africana), a partir de 1945. Filhos do mesmo tempo, o constitucionalismo social mexicano e de Weimar, juntamente com a Liga das Nações, logo sucumbiram, sendo notável e paradigmático que a centenária OIT siga sendo protagonista no campo da proteção internacional das relações de trabalho, dimensão crucial dos direitos humanos.

1.7. O entre guerras

Até a Segunda Guerra Mundial, não havia um sistema internacional de proteção de direitos humanos, mas, lembra THOMAS BUERGENTHAL que os antecedentes históricos desse sistema existiram sob a forma de inúmeras doutrinas jurídicas e instituições. Os antece-

---

21 Os direitos sociais não são os únicos que trazem exigências econômicas ao Estado, tendo em vista que esse deve ter uma estrutura mínima para garantir quaisquer direitos, mas é possível afirmar que há uma maior relevância nos direitos sociais à necessidade de recursos orçamentários para sua efetivação.

dentes mais importantes, entre outros, foram a (i) intervenção humanitária, com fundamento no direito humanitário, surgido com a preocupação com a proteção dos não combatentes dos conflitos armados; (ii) a responsabilidade dos Estados por agressões aos estrangeiros; (iii) a proteção das minorias e o direito humanitário internacional, além dos (iv) sistemas de Mandatos e de Minorias da Liga das Nações.[22]

Na **intervenção humanitária**, já defendida por Hugo Grotius, no século XVII, reconhece-se como legal a intervenção de um Estado em outro, com a finalidade específica de defender a população que estiver sendo vítima de um tratamento desumano ou de um massacre perpetrado por seu próprio país. Tal instituto demonstra uma relativização importante da soberania para proteção dos direitos humanos. A crítica está no mecanismo de determinação dessa intervenção, que pode abrir espaço para escolhas não relacionadas diretamente à violação a direitos humanos.

Outro antecessor do direito internacional dos direitos humanos é o sistema de mandatos da Liga das Nações, além do sistema de proteção de minorias, também por ela instituído.

Para entender o **Sistema de Mandatos**, mister se faz lembrar que os Estados subjugados na Primeira Guerra Mundial perderam as suas colônias, que passaram, então, a ser dirigidas, de acordo com o artigo 22 da Convenção que instituiu a Liga das Nações, pelo sistema de Mandatos. Assim, permitia-se que as ex-colônias passassem por um estágio intermediário para conseguir alcançar a sua independência, pois, dessa forma, a região não seria simplesmente abandonada à sua sorte e poderia ser beneficiada por esse curto espaço de tempo destinado à construção da possibilidade de se tornar um país que pudesse caminhar com as próprias pernas e também, ao mesmo tempo, zelar pela proteção de sua população.

Com fundamento em um conjunto de tratados interestatais posteriores à Primeira Guerra Mundial, o **Sistema das Minorias** permitia à Liga das Nações instituir novos Estados, dentro dos pré-existentes, com a finalidade de proteger as minorias que estavam neles contidas.

Nessa esteira de proteção aos direitos humanos, o direito internacional tradicional vinha reconhecendo, havia algum tempo, a responsabilidade dos Estados por agressões a estrangeiros, sendo necessário que a eles fosse garantida uma gama mínima de direitos, compatíveis de alguma forma com padrões de civilização e justiça.

O maior desenvolvimento dos direitos humanos se deu depois do final da Segunda Guerra Mundial (1939-1945). Os Estados aliados se viram frente a frente com as atrocidades do Holocausto e, com a criação da Organização das Nações Unidas, em 1945, intensificaram-se esforços no sentido da proteção internacional de tais direitos.

2. A SEGUNDA GUERRA MUNDIAL E SUAS CONSEQUÊNCIAS

Comumente, defende-se que o receio de que as atrocidades nazistas voltassem a acontecer e a certeza de que elas poderiam ter sido evitadas – se houvesse, anteriormente, um engajamento internacional no sentido de defenderem-se, de forma global, os direitos humanos – fez nascer o que se chama de o moderno direito dos direitos humanos[23], que visa a proteção do ser humano **não apenas no âmbito interno dos países, mas também, aonde quer que ele vá**. Os direitos humanos não existem, dessa forma, porque dado país os positiva, mas sim porque quem os conclama é um ser humano.

---

[22] BUERGENTHAL, Thomas. **International Human Rights.** St. Paul: West Publishing, 1995, p. 1.

[23] Id. Ibid., p. 21.

Todavia, infelizmente, os esforços conjuntos internacionais para se combater o problema só aconteceram após a descoberta do desastre. Não houve - e comumente não há - uma tentativa de prevenir-se o acontecido, pois um problema geralmente torna-se o objetivo principal da ação internacional apenas após a cristalização de um evento dramático. Por exemplo, como lembra JACK DONNELLY, a descoberta do buraco na camada de ozônio contribuiu significativamente para o surgimento da ação internacional para a proteção do meio ambiente.[24] O catalisador que transformou os direitos humanos em uma preocupação para a política mundial foi o Holocausto, que designa a morte sistemática de milhões de civis inocentes pela Alemanha durante a Segunda Guerra Mundial.

É facilmente identificável o descaso pela proteção dos direitos humanos antes da Segunda Guerra, verificável no fato de que muitos judeus pediram, antes de 1939, refúgio em muitos dos Estados Aliados, reconhecidos depois como os vitoriosos na batalha, certo que tais pedidos foram, na grande parte das vezes, negados, até mesmo pelos EUA, o que indica, quando comparada com o jogo geopolítico, pouca preocupação com a proteção das pessoas, inclusive por parte dos fundadores do Direito Internacional dos Direitos Humanos pós 1945.

Não houve, durante a Segunda Guerra, a tentativa dos aliados de minimizarem os massacres. De fato, não foi sequer aventada a hipótese de se atacarem as linhas férreas que serviam de caminho para se levarem milhares de judeus a campos de concentração, como Auschwitz.

Por outro lado, como relata LEWANDOWSKI, todas as organizações internacionais que surgiram após a Segunda Guerra vieram a demonstrar preocupação com os direitos e liberdades fundamentais do ser humano.[25]

O mundo, principalmente a Europa, foi extremamente modificado em um curto espaço de tempo, como consequência das duas grandes guerras. Como assevera HANS MORGENTHAU, duas guerras mundiais dentro de uma geração e as potencialidades de uma nova guerra mundial transformaram o estabelecimento de uma ordem internacional e a preservação da paz internacional nos principais objetivos da civilização ocidental.[26] E isso não poderia deixar de lado a proteção aos direitos humanos.

O impacto é percebido já na Carta das Nações Unidas, de 1945, que, em seu preâmbulo, numa demonstração de que a proteção internacional dos direitos humanos começava a ser um dos maiores objetivos de sua criação, diz o seguinte:

> Nós, os povos das Nações Unidas, resolvidos a preservar as gerações vindouras do flagelo da guerra, que por duas vezes, no espaço da nossa vida, trouxe sofrimentos indizíveis à humanidade, e a reafirmar a fé nos direitos fundamentais do homem, da dignidade e no valor do ser humano, na igualdade de direito dos homens e das mulheres, assim como das nações grandes e pequenas, e a estabelecer condições sob as quais a justiça e o respeito às obrigações decorrentes de tratados e de outras fontes do direito internacional possam ser mantidos, e a promover o progresso social e melhores condições de vida dentro de uma liberdade mais ampla (...).[27]

---

24 DONNELLY, Jack. **International Human Rights**. 2. ed. Colorado: Westview Press; 1998, p. 14.

25 LEWANDOWSKI, Enrique R, op. cit., p. 84.

26 MORGENTHAU, Hans J. **Politics Among Nations**: *The Struggle for Power and Peace*. Revised by Kenneth W. Thompson. Chicago: McGraw Hill. 1993, p. 277.

27 CAMPINOS, Jorge. **Direito Internacional dos Direitos do Homem**. Coimbra: Coimbra Editora, 1984, p. 36.

O avanço inicial foi dado com a criação do chamado Tribunal de Nuremberg, que funcionou nessa cidade alemã, de 1945 a 1946. Tal Corte tinha a função de julgar os nazistas por crimes de guerra e contra a humanidade, novidade para a época, já que a Convenção da Liga das Nações não mencionava direitos humanos, que vieram à baila apenas com o surgimento das Nações Unidas.[28]

2.1. O surgimento da ONU

O surgimento da ONU deve-se à guerra, pois pode ser visto como uma tentativa de se evitarem novos conflitos e de se iniciar o caminho para a criação de um sistema que concretizasse a preocupação mundial pela proteção dos direitos humanos.

O sucesso da criação de tal organização internacional relaciona-se, principalmente, ao apoio norte-americano à ideia, que se tornou claro, em 5 de novembro de 1943, com a adoção da Resolução *Connally*, pela Comissão de Relações Exteriores do Senado norte-americano, que veio reconhecer:

> (...) a necessidade de que se crie uma Organização Internacional, no menor tempo possível, baseada no princípio da igualdade soberana de todos os Estados amantes da paz e aberta à participação de todos os Estados, grandes e pequenos, para a manutenção da paz e da segurança internacional."[29]

Dessa forma, os EUA, que, ficando à margem da Liga das Nações, levaram-na ao naufrágio, podem ser vistos como os principais artífices da nova organização, contribuindo de forma decisiva para seu sucesso inicial. De fato, após a guerra, os EUA surgiam no mundo como principal protagonista, sendo impensável o sucesso da organização sem a sua participação.

Também merece destaque o esforço para evitar reações que pudessem colocar por terra a criação da ONU. De fato, diferentemente da experiência anterior, a Carta das Nações Unidas foi feita de maneira mais aberta que o Pacto da Liga das Nações, permitindo-se a criação de organizações regionais, como é o caso da Organização dos Estados Americanos e da Liga Árabe.

Em momento anterior, já se podiam perceber a tendência e os esforços que aspiravam à criação de uma nova Organização Internacional, para colocar um fim à Liga das Nações, que se demonstrava sem força alguma no final da Segunda Guerra. Esforços esses que culminaram com a Conferência de São Francisco, na qual se firmou a Carta das Nações Unidas, tratado criador da ONU.

A Conferência, convocada pelas grandes potências mundiais, iniciou-se quando o fim do conflito mundial estava próximo. A Carta é de 26 de junho de 1945, e a guerra só terminou no Japão, em 15 de agosto do mesmo ano, com a tragédia do lançamento das bombas nucleares, supostamente justificada pelos EUA como sendo a saída menos dolorosa, pois a guerra poderia ter continuado ainda por anos e levar a vida de milhares de soldados. No entanto,

---

[28] Para melhor entender os fundamentos do Tribunal de Nuremberg, cf. FONSECA, José Roberto Franco da. Especificidades das Regras Jurídicas Internacionais. In: Casella, Paulo Borba (Coord.). **Dimensão Internacional do Direito**. São Paulo: LTr, 2000, p. 202-210; e FALK, Richard. **Human Rights and State Sovereignty**. New York: Holmes & Meier Publishers Inc., 1981, p. 195.

[29] SALCEDO, Juan Antonio Carrillo. **El Derecho Internacional en Perspectiva Histórica**. Madrid: Tecnos, 1991, p. 72.

pode-se entender a atitude estadunidense como a demonstração do receio de que a União Soviética tomasse a iniciativa de invadir o Japão. Começava aí a Guerra Fria.

Conferência de São Francisco – Solenidade de assinatura da Carta da ONU.
Aprovação: 26 de fevereiro de 1945, São Francisco, EUA.

Fonte: https://news.un.org/pt/story/2015/06/1516631-carta-da-onu-faz-70-anos-e-ban-pede--maior-cooperacao-entre-nacoes

De se notar que, na qualidade de órgão vital da ONU, o Conselho de Segurança, que dá direito de veto aos seus membros permanentes – que representam os vencedores da Segunda Guerra: EUA, Rússia, Grã-Bretanha, França e China – pode ser tido como uma contradição no caminho da ONU para acabar com as diferenças entre as nações, mas é justificada como uma forma de atrair as potências mundiais para dela fazerem parte.

Em 10 de dezembro de 1948, a Assembleia Geral da ONU aprovou o texto da Declaração Universal dos Direitos Humanos (DUDH ou, em inglês, UDHR). Não houve votos contrários, porém, o Bloco Comunista, liderado pela União Soviética, não votou por entender que estava se dando pouca ênfase aos direitos econômicos e sociais. Abstiveram-se, também, a África do Sul e a Arábia Saudita, respectivamente, em virtude do *apartheid* e da diferença de tratamento entre homens e mulheres. A DUDH é, portanto, uma resolução da Assembleia Geral da ONU, conhecida como Declaração de Paris, cidade em que foi adotada. Também é tida como fonte costumeira de Direito Internacional, por isso, com força vinculante.

Eleanor Roosevelt exibe cartaz contendo a Declaração Universal dos Direitos Humanos.
Aprovação: 10 de dezembro 1948, Assembleia Geral da ONU, Paris, França.

Fonte: https://commons.wikimedia.org/wiki/File:Eleanor_Roosevelt_UDHR.jpg

Destaca-se, também, que, no dia 11 de dezembro de 1948, foi assinada a Convenção para a Prevenção e a Repressão do Crime de Genocídio, em Paris, na II Assembleia Geral das Nações Unidas. Percebia-se, assim, que o cenário internacional, no pós-guerra, estava completamente alterado, o que levaria ao surgimento de um condomínio mundial[30], dividido pelas duas grandes potências nascidas depois do conflito, EUA e União Soviética, sob as sombras da Guerra Fria.

Nascia, naquele momento, um mundo que viveu sob a ameaça constante da guerra nuclear, trazendo consequências às gerações que se seguiram. Fruto do colapso da ordem estabelecida pelo Pacto da Sociedade das Nações, a Segunda Guerra é um marco para a história da humanidade e do direito internacional, assim como a Guerra Fria que a sucedeu.

2.2. A proteção dos direitos humanos ganha contorno internacional

As violações aos direitos humanos dentro da Alemanha fizeram nascer a exigência de que os Estados tivessem suas ações controladas por regras internacionais. Tal ideia não era,

---

30 SARAIVA, José Flávio Sombra. Dois Gigantes e um Condomínio: da Guerra Fria à Coexistência Pacífica. In. **Relações Internacionais Contemporâneas de 1815 a nossos dias:** *Da Construção do Mundo Liberal à Globalização*. Brasília: Paralelo 15 Editores, 1997, p. 241.

no entanto, recente. De fato, pensadores como Hugo Grotius, Vattel, Pufendorf, entre outros, viam a fundamentação desses direitos no direito internacional.[31]

O que se pretendia, no entanto, no final da Segunda Guerra, era erigir um sistema que pudesse declarar o direito e aplicar sanções aos violadores. Certamente, o direito internacional tem papel fundamental na construção e na implantação de tal sistema.

Os sistemas internacionais de proteção dos direitos humanos nasceram, pois, após a Segunda Guerra, sendo a internacionalização dos direitos humanos uma de suas consequências mais diretas, tomando rosto e forma, assumindo seu nome e iniciando "uma carreira mais agressiva de submissão das nações a compromissos mínimos de proteção e garantia efetiva dos direitos da pessoa"[32].

2.3. A Guerra Fria e os tratados de direitos humanos

Mesmo com o impulso dos acontecidos durante a Segunda Guerra, o desenvolvimento da proteção internacional dos direitos humanos, que tinha sido grande nos anos imediatamente posteriores a ela, teve uma desaceleração com o surgimento da Guerra Fria, embate geopolítico e ideológico entre União Soviética e EUA, as duas potências mundiais da segunda metade do século XX.

Esse confronto não mais tinha como objetivo a efetiva proteção dos direitos humanos. As potências desses se utilizavam para impor a sua ideologia ou desmoralizar a rival. Havia uma luta pela conquista ideológica de territórios ou, ao menos, para que houvesse a manutenção da hegemonia sobre os territórios já influenciados. Nas palavras de ERIC HOBSBAWN:

> Os 45 anos que vão do lançamento das bombas atômicas até o fim da União Soviética não formam um período homogêneo único na história do mundo. (...) dividem-se em duas metades, tendo como divisor de águas o início da década de 1970. Apesar disso, a história desse período foi reunida sob um padrão único pela situação internacional peculiar que o dominou até a queda da URSS: o constante confronto das duas superpotências que emergiam da Segunda Guerra Mundial na chamada "Guerra Fria". [33]

Assim, tornaram-se frequentes as ações que visavam impedir o crescimento da influência ideológica da outra parte. Elas foram, na maioria das vezes, desastrosas para a proteção internacional dos direitos humanos, perpetuando as violações. Como exemplos, vale lembrar

---

31 Cf. VATTEL, Emmerich de. **Droit des gens:** *principes de la loi naturelle appliqués à la conduite et aux affaires des nations et des souverains.* Washington: Carnegie Institution, 1916; e MARTINS, Pedro Baptista. **Da Unidade do Direito e da Supremacia do Direito Internacional**. Atualizado por Luís Ivani de Amorim Araújo. Rio de Janeiro: Editora Forense, 1998, p. 9. Contrário a essa ideia: HELLER, Hermann. **La Soberanía**: *Contribución a la teoría del derecho estatal y de derecho internacional.* Traducción y estudio preliminar de Mario de la Cueva. México, D. F.: Fondo de Cultura Econômica, 1995, p. 277. Todavia, a soberania deve ter limites no campo internacional; doutra forma, a convivência entre os Estados seria impossível, cf. MARTINS, Pedro Baptista, op. cit., p. 24.

32 STEINER, Sylvia Helena de Figueiredo. **A Convenção Americana sobre Direitos Humanos e sua Integração ao Processo Penal Brasileiro**. São Paulo: RT, 2000, p. 33.

33 HOBSBAWN, Eric J. **Era dos Extremos**: *O Breve Século XX - 1914-1991*. Trad. Luciano Costa Neto. 2. ed. São Paulo: Companhia das Letras, 1996, p. 223.

os casos da Guatemala, que, em 1954, viu os EUA deporem o governo de Jacobo Arbenz Guzmán, eleito de forma direta pela população; e da Hungria, a qual, em 1956, sofreu intervenção militar da União Soviética, com a intenção de colocar um final às reformas que visavam liberalizar o regime.

A evolução, no pós-Segunda Guerra, foi impulsionada pelo medo de novas atrocidades; no entanto, teve a sua marcha freada pela existência da Guerra Fria. Porém, mesmo durante esse embate geopolítico, temas relacionados à proteção internacional dos direitos humanos não deixaram de ser discutidos.

O processo de descolonização, iniciado, no pós-guerra, em 1947, com a independência da Índia e da Indonésia, trouxe novo ânimo às discussões sobre direitos humanos. Os novos Estados tinham interesse em fazer progredir tais discussões, pois vinham de um longo período de dominação colonial. Esses países foram seguidos pelos latino-americanos e pelos Estados da Europa Ocidental, fazendo com que a ONU recomeçasse o tratamento do tema. Os países de independência recente buscavam, assim, a legitimação internacional de seus atos e, por isso, nasceram visando a construção do sistema internacional de proteção[34].

Sob esse quadro mundial, em 1965, foi aberta para assinatura a **Convenção Internacional para a Eliminação de Todas as Formas de Discriminação Racial**, que entrou em vigor em 1969. Ela determina que discriminação racial é:

> (...) qualquer distinção, exclusão, restrição ou preferência baseada em raça, cor, descendência ou origem nacional ou étnica, que tenha por objeto ou resultado anular ou restringir o reconhecimento, gozo ou exercício em um mesmo plano (em igualdade de condição) de direitos humanos e liberdades fundamentais.

Nas palavras de J.A. LINDGREN ALVES:

> Se no final dos anos 40 e na década de 50, o grande incentivo à adoção de dispositivos antidiscriminatórios foi a lembrança do Holocausto judeu sob os regimes nazifascistas, nos anos 60 seu principal motor foi o grande movimento de emancipação das antigas colônias europeias.[35]

Em dezembro de 1966, mais precisamente no dia 16, foram assinados o **Pacto Internacional Sobre Direitos Econômicos, Sociais e Culturais** e o **Pacto Internacional Sobre Direitos Civis e Políticos**, que entraram em vigor, após a 35ª ratificação, respectivamente, em 03 de janeiro de 1976 e em 23 de março de 1976.

Assim, a Declaração Universal dos Direitos Humanos (DUDH), o Pacto Internacional Sobre Direitos Civis e Políticos (PIDCP) e o Pacto Internacional Sobre Direitos Econômicos, Sociais e Culturais (PIDESC), em conjunto, formam a chamada de **Carta Internacional de Direitos Humanos** (*The International Bill of Human Rights*), que reconhece os seguintes direitos:

---

34 Id. Ibid., op. cit., p. 337.

35 ALVES, J. A. Lindgren. **Os Direitos Humanos como Tema Global**. São Paulo: Editora Perspectiva, Funag, 1994, p. 54.

Direitos Reconhecidos pela Carta Internacional de Direitos Humanos		
DUDH + PIDCP + PIDESC	➔ Igualdade de direitos sem discriminação ➔ Vida ➔ Liberdade e Segurança da Pessoa ➔ Proteção contra Escravidão ➔ Proteção contra tortura e a punição cruel e desumana ➔ Acesso a remédios legais contra violações de direitos ➔ Proteção contra prisão ou detenção arbitrárias ➔ Audiência por parte de um tribunal justo e imparcial ➔ Presunção de Inocência ➔ Princípio da reserva legal ➔ Proteção da privacidade, da família e do lar ➔ Liberdade de locomoção e de fixação de residência ➔ Procurar asilo contra a perseguição ➔ Nacionalidade ➔ Casar e formar família ➔ Propriedade ➔ Liberdade de pensamento, consciência e religião	➔ Liberdade de opinião, expressão e de imprensa ➔ Liberdade de reunião e associação ➔ Participação Política ➔ Segurança Social ➔ Trabalho, sob condições favoráveis ➔ Livres uniões comerciais ➔ Descanso e lazer ➔ Alimentação, vestuário e habitação ➔ Assistência à Saúde e Serviços Sociais ➔ Proteção especial à Criança ➔ Educação ➔ Participação na vida cultural ➔ Uma ordem social e internacional para efetivação desses direitos ➔ Autodeterminação ➔ Tratamento humano quando aprisionado ou detido ➔ Proteção contra a expulsão arbitrária de estrangeiros ➔ Proteção contra a propaganda de ódio racial ou religioso ➔ Proteção às culturas minoritárias

Fonte: elaborada pelo autor

Os anos sessenta e setenta também viram o surgimento e o fortalecimento de Organizações Não Governamentais (ONGs) que visam a proteção dos direitos humanos.[36] O auge desse fenômeno se deu em 1977, ano em que a Anistia Internacional ganhou o Prêmio Nobel da Paz. Essa Organização Não Governamental, fundada em 1961, tem como finalidade investigar as violações aos direitos humanos, alertando o mundo para tais fatos.

A não vinculação a nenhum Estado faz com que as ONGs possam agir de forma independente, não se prendendo a políticas internas de cada país e estando, por essa aparente imparcialidade, mais capacitadas para clamar pelo tema da proteção dos direitos humanos. A ação das ONGs foi relevante para a aprovação dos tratados de direitos humanos, nos anos 1970 e seguintes, no marco da ONU.

Em 1979, foi assinada a **Convenção para a Eliminação de Todas as Formas de Discriminação Contra a Mulher**, que entrou em vigor internacionalmente em 1981. A exemplo da Convenção Internacional para a Eliminação de Todas as Formas de Discriminação Racial, ela permite a chamada discriminação positiva, ou ação positiva, que consiste na "adoção de certas medidas especiais de proteção ou incentivo a grupos ou indivíduos com vistas a promover sua ascensão na sociedade até um nível de equiparação com os demais".

36 DONNELLY, Jack, op. cit., p. 10-11.

O avanço no sentido de se incrementar o sistema internacional de proteção dos direitos humanos caminhou a passos largos nos anos oitenta. Além da proteção aos direitos da mulher, a ONU, em 1984, adotou a **Convenção Contra Tortura e outros Tratamentos e Punições Cruéis, Desumanas e Degradantes**, vindo a entrar em vigor internacionalmente em 1987.

As ONGs têm até hoje uma atuação marcante no cenário internacional de proteção dos direitos humanos. Essa atuação deu os seus primeiros passos efetivos na discussão do texto sobre a **Convenção contra a Tortura** e a expressão desse início pode ser encontrada na redação final da Convenção[37], que, aprovada também em 1984 (entrando em vigor a partir de 1987), sofreu influência direta das ONGs. Além disso, tais Organizações tiveram papel importante no combate às violações aos direitos humanos perpetradas nas diversas ditaduras existentes no mundo todo, principalmente na América Latina; os seus relatórios anuais foram cruciais para a desestabilização ou, pelo menos, o embaraço de tais governos em caso de necessidade de conseguirem empréstimos no Exterior.

Apesar de todo o esforço da ONU e das ONGs, as ditaduras latino-americanas continuavam demonstrando, aparentemente, certa impenetrabilidade ante esses avanços internacionais na proteção dos direitos humanos. A título de exemplo, somente em 1989 (obviamente por conta da ditadura então vigente no País), aconteceu a ratificação brasileira ao texto da Convenção contra a Tortura, e a lei que tipifica o crime de tortura só surgiu em 1997 (Lei 9.455, de 07 de abril de 1997).

Se a ratificação não foi o resultado imediato dos esforços dos organismos de proteção dos direitos humanos, é certo que essa batalha ajudou em muito para o término de tais regimes autoritários no mundo todo e, também, no Brasil.

Em 1989, foi elaborada pela ONU a **Convenção Sobre os Direitos da Criança**, que entrou em vigor em 1990. Por essa Convenção, os países signatários se comprometem a fazer com que todo ser humano com menos de 18 anos de idade receba proteção contra todas as formas de discriminação, além da concessão da assistência apropriada. Há uma ressalva para o caso da maioridade, em alguns Estados, ser atingida antes dos 18 anos, hipótese em que a proteção recai apenas sobre os que não atingiram a idade determinada pela lei interna.

Em 21 de novembro de 1990, o Brasil ratificou o texto dessa Convenção, que foi fruto de uma longa discussão iniciada em 1979, Ano Internacional da Criança. Tal documento serviu de base para o Estatuto da Criança e do Adolescente, na legislação interna brasileira, que entrou em vigor em 1991.

Em 2006, foi celebrada a **Convenção sobre os Direitos das Pessoas com Deficiência**, à qual o Brasil se vinculou em 2009, devendo ressaltar-se que essa foi, juntamente com seu protocolo facultativo, o primeiro tratado internacional aprovado internamente pelo Brasil pelo rito congressual especial do art. 5º, parágrafo 3º, da Constituição Federal.

Além dos importantes documentos citados acima, muitos outros vieram à tona no pós-Segunda Grande Guerra Mundial. Porém, os maiores avanços vieram depois da I Conferência Mundial de Direitos Humanos das Nações Unidas, que aconteceu, em 1968, em Teerã. O evento foi o ponto de transição entre a fase legislativa e a fase de implementação da proteção internacional dos direitos humanos.

A criação de sistemas que garantissem o cumprimento das várias convenções sobre direitos humanos foi facilitada pela gradual perda de força da Guerra Fria, fazendo com que as lutas, nos inúmeros foros de debates, ficassem restritas efetivamente à proteção dos direitos

---

37 ALVES, J. A. Lindgren, op. cit., p. 58-59.

humanos, dando-se menos importância, ou uma importância relativamente menor, aos debates ideológicos, tendência que cresceu, principalmente, nos anos oitenta.[38]

2.4. A I Conferência Mundial de Direitos Humanos

Em 1968, vinte anos depois de aprovada a Declaração Universal dos Direitos Humanos, aconteceu, em Teerã, de 22 de abril a 13 de maio, a I Conferência Mundial de Direitos Humanos das Nações Unidas, que serviu para avaliar a experiência mundial na proteção internacional dos direitos humanos.

Era uma fase de transição entre a formação da proteção internacional e a sua consolidação, na qual caminhava-se para o abandono da simples criação normativa, em direção a se efetivar tal proteção por meio de mecanismos processuais que pudessem garantir o direito material exposto nas várias declarações precedentes.

No que toca às declarações de direito, os resultados conseguidos, naquele momento, ainda não se efetivavam, pois a ONU, a despeito de todas essas convenções, não tinha como fazer valer internamente tais direitos em cada país. Por conta disso, o mundo continuava a vislumbrar violações, como as ocorridas no Brasil, de 1964 a 1985, e, na maioria dos países sul-americanos, naquela mesma época, com destaque especial para o Chile, que, em 1973, sofreu um golpe militar que depôs o presidente democraticamente eleito, Salvador Aliende, fazendo Augusto Pinochet tomar o poder e impor uma das mais sangrentas ditaduras do século.

2.5. A queda do Muro de Berlim

A abertura política dos países da Cortina de Ferro, impulsionada pela manifestação pacífica da população, principalmente na Hungria e na antiga Checoslováquia, a queda do muro de Berlim e o consequente final da Guerra Fria foram os fatores mais importantes para a implementação do sistema de proteção internacional dos direitos humanos, acontecida após o início da década de 90.[39]

Para que esses acontecimentos terem se tornado realidade, a atuação de Mikhail Gorbachev foi essencial.[40] Eleito Secretário-geral do Partido Comunista Soviético, em 1985, ele iniciou, com os EUA, debates sobre o desarmamento nuclear e sobre a abertura político-econômica da União Soviética, implantando a *Glasnost* e a *Perestroika*, a primeira tendo como objetivo a abertura política e a segunda visando a reestruturação econômica do império soviético.

A verdade é que até mesmo o Secretário-geral do Partido Comunista, naquele momento, tinha dúvidas quanto ao futuro do império soviético e do comunismo. A situação era incômoda, pois, apesar de as mudanças estarem em curso, não se sabia para onde elas levariam a União Soviética. E o tempo disse que o caminho era o do esfacelamento, fazendo nascer esse que foi o fato mais importante dos anos noventa, indubitavelmente.

A desintegração da União Soviética aconteceu em 1991[41], após o insucesso de um golpe militar desastroso. A Guerra Fria, que já havia terminado com a queda do Muro de Berlim, estava definitivamente enterrada. Uma demonstração de força e importância da proteção internacional dos direitos humanos foi a execração mundial do Governo Chinês, depois do massacre da Praça da Paz Celestial (Tienanmen), em 1989, fazendo com que a popularidade

---

38 DONNELLY, Jack, op. cit., p. 11.

39 Id. Ibid., p. 13.

40 HOBSBAWN, Eric, op. cit., p. 461.

41 Id. Ibid., p. 470.

do governo de Pequim caísse entre os intelectuais e expondo ao mundo os problemas que o país enfrentava. O Estado Chinês há muito se fechara para os avanços na proteção contra as violações dos direitos humanos[42]. A economia, no entanto, ainda é um entrave à proteção aos direitos humanos.

As consequências para os países comunistas do século XX, com exceção da China, como se sabe, vieram mais tarde, na forma de enormes dificuldades financeiras, como a enfrentada por Cuba. "A tragédia da Revolução de Outubro foi precisamente a de que ela só pôde produzir seu tipo de socialismo de comando implacável e brutal"[43].

Depois da queda do Muro de Berlim, o mundo se alterou profundamente, deixando o período de Guerra Fria e sua constante bipolaridade, para tornar comum a palavra globalização.[44] O campo estava preparado para a II Conferência Mundial sobre Direitos Humanos, que aconteceu em Viena, em 1993.

2.6. A II Conferência Mundial de Direitos Humanos

Fazer um balanço geral dos avanços alcançados no campo da proteção internacional dos direitos humanos foi a função da II Conferência Mundial. Além disso, a tentativa do encontro de soluções para os vários problemas foi impulsionada pela recém-iniciada Guerra da Bósnia, que tinha em seus motivos a limpeza étnica.

Não resta dúvida de que a convocação da II Conferência Mundial de Direitos Humanos, para junho de 1993, criou um clima propício a uma ampla reavaliação da experiência acumulada até o presente na implementação internacional dos direitos humanos.[45]

Os vários mecanismos de proteção internacional dos direitos humanos operavam, até então, por meio de três sistemas: o de petições; o de relatórios; e o de determinação dos fatos ou de investigação. Um dos grandes avanços, obtidos em 1993, foi o de determinar a importância de que esses vários métodos não ficassem compartimentados; havia e há a necessidade de que todos eles trabalhem em conjunto, para que a proteção que almejam possa ser mais efetiva.

2.7. A proteção regional dos direitos humanos

Em paralelo à construção de um sistema global de proteção de direitos humanos, capitaneada pela ONU, sistemas regionais (continentais) de proteção foram sendo instituídos também desde o final da Segunda Guerra Mundial, não sem influência dos debates e deliberações havidas no espaço onusiano.

Em verdade, a própria Carta da ONU, seu documento normativo constitutivo, reconhece e estimula a existência de organizações internacionais regionais, a teor do seu art. 52, item 1:

> Nada na presente Carta impede a existência de acordos ou de entidades regionais, destinadas a tratar dos assuntos relativos à manutenção da paz e da segurança internacionais que forem suscetíveis de uma ação regional, desde que tais acordos ou entidades regionais e suas atividades sejam compatíveis com os Propósitos e Princípios das Nações Unidas.

---

42 Id. Ibid, p. 471.

43 Id. Ibid., p. 482.

44 Sobre globalização, cf. IANNI, Octavio. **Teorias da Globalização**. 8. ed. Rio de Janeiro: Civilização Brasileira, 2000, p. 76.

45 CANÇADO TRINDADE, Antônio Augusto. **Tratado de Direito Internacional dos Direitos Humanos** – Vol. I. 2. ed. Porto Alegre: Sérgio Antonio Fabris Editor, 2003, p. 96.

Um sistema regional de proteção pode ser reconhecido pela existência de normas internacionais específicas de direitos humanos, órgãos internacionais atuantes dedicados ao monitoramento e apuração de violação dessas normas e procedimentos próprios para tal acompanhamento, vigentes no contexto de uma organização internacional interestatal. Segundo estes critérios, até o momento, é possível identificar apenas 3 (três) sistemas regionais de proteção de direitos humanos em plena atividade: Europeu, Interamericano e Africano.

A Europa logrou celeridade e consistência na criação e desenvolvimento de seu sistema protetivo, o que se explica, de um lado, pela urgência em evitar mais um conflito armado de enormes proporções em seu território e, de outro, pelos obstáculos que a Guerra Fria impôs ao avanço do Sistema Global de Proteção dos Direitos Humanos. O **Sistema Europeu de Proteção dos Direitos Humanos** está instituído no âmbito do Conselho Europeu (ou Conselho da Europa), criado em 1949, com natureza jurídica de organização internacional intergovernamental e sede na região francesa de Estrasburgo. Advirta-se: o Conselho da Europa não se confunde com a União Europeia.

Diferentemente do caminho adotado pela ONU, o Conselho Europeu edifica o Sistema Europeu de Proteção de Direitos Humanos a partir não de uma Declaração (*soft law*), mas de um tratado internacional aberto a ratificação dos Estados europeus e com caráter vinculante mais denso (*hard law*), evidenciando que o clima político favorável a compromissos rígidos com os direitos humanos tinha se manifestado com mais rapidez em solo europeu. Assim, em 1950 é assinada e em 1953 entra em vigora a Convenção Europeia de Direitos Humanos, a partir da qual o sistema europeu se expande, tendo, atualmente, na Corte Europeia de Direitos Humanos (ou Tribunal Europeu de Direitos Humanos) seu mais relevante órgão.

Nas Américas, a trajetória do **Sistema Interamericano de Direitos Humanos,** sob os auspícios da Organização dos Estados Americanos (OEA), assemelha-se à do Sistema Global da ONU. Sua norma de direitos humanos inaugural é Declaração Americana de Direitos e Deveres do Homem, aprovada em 1948 (mesmo ano da Declaração Universal dos Direitos Humanos), que veio a ser complementada e densificada – isto é, tornada vinculante aos Estados obrigados por meio de ratificação – com a aprovação, em 1969, e entrada em vigor em 1978, da Convenção Americana sobre Direitos Humanos ("Pacto de San José da Costa Rica"), ratificada pelo Brasil em 1992. Esses permanecem sendo os documentos jurídicos nucleares do Sistema Interamericano. Comissão Interamericana de Direitos Humanos, sediada em Washington (EUA) e Corte Interamericana de Direitos Humanos, sita em San José (Costa Rica), são os órgãos basilares deste Sistema.

O **Sistema Africano de Proteção dos Direitos Humanos** é o mais recente dos sistemas internacionais, tendo resultado da longa história de preocupação e discussões diplomáticas entre os Estados africanos oprimidos pelo extenso período de colonização, tráfico de escravos e exploração estrangeira dos recursos naturais do continente, em um contexto de fragilidade e desigualdade econômica e racial, mas também de grande riqueza e diversidade culturais.

Atualmente, o Sistema Africano funciona sediado em Adis Abeba (Etiópia), no marco da União Africana (UA), organização internacional interestatal que congrega os Estados daquele continente e que, em 2002, foi criada para substituir a Organização da Unidade Africana (OUA), datada de 1963. A **Carta Africana dos Direitos Humanos e dos Povos, de 1981**, um tratado internacional, é o documento principal deste Sistema, que se destaca pela peculiar proteção que confere aos direitos econômicos, sociais, culturais e ambientais. Comissão Africana dos Direitos Humanos e dos Povos, sediada em Banjul (Gâmbia), e Corte Africana dos Direitos Humanos e dos Povos, localizada em Arusha (Tanzânia), são os órgãos mais relevantes do Sistema Africano.

Esforços têm sido constatados pela comunidade internacional no sentido de se progredir na construção de um Sistema Árabe de Proteção dos Direitos Humanos. Como precedentes deste movimento são citadas a Declaração Islâmica Universal dos Direitos Humanos de 1981 e a Declaração dos Direitos Humanos no Islã (ou Declaração de Cairo) de 1990, pelas quais é apresentada uma perspectiva muçulmana dos direitos humanos. Já no âmbito da Liga dos Estados Árabes, criada pelo Protocolo de Alexandria de 1945 e sediada no Cairo (Egito), foi editada, muitos anos após a Primeira Conferência Árabe de Direitos Humanos de 1968, em Beirute (Líbano), a Carta Árabe de Direitos Humanos, aprovada em 1994 e revisada em 2004. Todos estes documentos são alvos de críticas, que os acusam de ausência de laicidade. Entretanto, é a falta de mecanismos coletivos regionais de monitoramento e apuração de violação de direitos humanos atuando de modo amplo e, em especial, de um tribunal internacional imparcial e independente para o tema que impedem a identificação de um verdadeiro sistema internacional de proteção dos direitos humanos. Quando muito, fala-se em um sistema incipiente.

3. DIREITOS HUMANOS NO SÉCULO XXI

3.1. A Declaração do Milênio das Nações Unidas e os Objetivos do Desenvolvimento Sustentável (Agenda 2030)

Adotada pela Resolução nº 55/2 da AGE da ONU, de 8 de setembro de 2000, a **Declaração do Milênio das Nações Unidas** foi assinada por 191 nações, com a finalidade de identificar os desafios da Organização no novo século que então se iniciava, fixando metas concretas de avanço nos campos tidos como os que deveriam experimentar atuação prioritária. Nessa Declaração, também é ratificado o compromisso da comunidade internacional com os valores e direitos de caráter central, cuja enunciação foi objeto de normas internacionais editadas ao longo de toda a segunda metade do século XX. Neste passo, o art. 6º da Declaração arrola os "valores fundamentais essenciais para as relações internacionais no século XXI", quais sejam, liberdade, igualdade, solidariedade, tolerância, respeito pela natureza e responsabilidade comum (pela gestão do desenvolvimento econômico e social no mundo).

A Declaração do Milênio é antecedida e catalisada pelo "Programa de Desenvolvimento", aprovado pela Resolução nº 51/204 da AGE da ONU, em 15 de outubro de 1997, documento fundamental por expressar, de modo mais enérgico, duas ideias que até então careciam de compreensão maciça pela comunidade internacional.

A primeira ideia aduz que o direito ao desenvolvimento não está atrelado apenas à melhoria de indicadores econômicos mas, sobretudo, perfaz-se pela evolução da condição social (em sentido lato) de um povo entendido como unidade, por isso, deve-se falar em "direito ao desenvolvimento social ou integral", noção multidimensional que, como direito humano que é, envolve, de modo inter-relacionado, desenvolvimento econômico, desenvolvimento social e proteção ao meio ambiente, dimensões que se retroalimentam e cuja vinculação recíproca é pilar de um desejável desenvolvimento sustentável.

A segunda ideia consiste em que as obrigações oriundas do Direito ao Desenvolvimento Social são solidariamente assumidas pelos Estados, isto é, os integrantes da comunidade internacional não estão obrigados a concorrer apenas para a realização desse direito dentro de seus limites geográficos, pois tal desenvolvimento é pensado e almejado na perspectiva mundial, acarretando a responsabilidade (inclusive jurídica) das nações mais avançadas para com a evolução social das demais.

O tema do direito ao desenvolvimento social como direito humano é extremamente atual e vem protagonizando interessantes debates no plano internacional, notadamente a partir da agenda de metas e providências que se desdobraram da Declaração do Milênio nos denominados **Oito Objetivos de Desenvolvimento do Milênio ("ODM")**. Pela via dos ODM, estabeleceram-se, com base em indicadores principalmente sociais, metas específicas a serem perseguidas e alcançadas pelos Estados, em especial mediante políticas públicas.

Em 2015, os ODM foram substituídos pelos Objetivos do Desenvolvimento Sustentável (ODS), também conhecidos como "Agenda 2030", lançada em setembro de 2015, durante a Cúpula de Desenvolvimento Sustentável, com aprovação pela Assembleia Geral da ONU e previsão de cumprimento para os 15 (quinze) anos subsequentes. A Agenda 2030 é explicitamente entendida como programa de ação que dá sentido de continuidade ao ODM. São 17 (dezessete) os Objetivos do Desenvolvimento Sustentável (ODS), que encampa 169 (cento e sessenta e nove) metas.

Objetivos do Desenvolvimento Sustentável[46]

Fonte: https://plan.org.br/conheca-os-17-objetivos-de-desenvolvimento-sustentavel/

A Agenda 2030 vem sendo objeto de intensa atuação do PNUD, por meio de cooperação internacional, com vistas à construção de políticas públicas que se pautem pela consecução dos ODS.[47]

3.2. Desafios contemporâneos aos direitos humanos

O último quarto do século XX, afirma ONUMA YASUAKY, já permitia fossem identificados ao menos 3 (três) ordens de conflitos (ou tensões) que colocam à prova o modelo hegemônico da modernidade ocidental e, por conseguinte, a efetividade dos direitos hu-

46 PROGRAMA DAS NAÇÕES UNIDAS PARA O DESENVOLVIMENTO. BRASIL. **Objetivos do Desenvolvimento Sustentável.** Sl, sd. Disponível em: https://www.br.undp.org/content/brazil/pt/home/sustainable-development-goals.html. Acesso em: 08 jan. 2021.

47 A terceira parte deste curso aborda a construção teórica e jurídica do direito ao desenvolvimento social, atualmente tratado como desenvolvimento sustentável, oferecendo mais detalhes sobre o conteúdo dos ODM e dos ODS.

manos. A primeira tensão é entre o capitalismo global informacional e os Estados-nação; a segunda dá-se entre políticas proativas e, às vezes, intervencionistas, sob pretexto de "valores universais", adotadas por governos e sociedade civil organizada ocidentais *versus* a contraposição a um sentimento de vitimização e humilhação de povos não ocidentais, emergente de experiências pretéritas intervencionistas protagonizadas por grandes potências mundiais. O terceiro conflito opõe as políticas, práticas comerciais e conhecimento intelectual típicos das nações ocidentais hegemônicas, em especial dos EUA, ao crescente poder econômico de países asiáticos, notadamente China e Índia.[48]

Esse caldo de tensão responde pela ascensão e multiplicação de conflitos diplomáticos, comerciais e bélicos, bem como de crises econômicas regionais e globais e confrontos de matriz cultural promovidos por governos contra civis ou mesmo entre civis, acarretando, inclusive, a escalada de ataques terroristas.

Não à toa, a proteção aos direitos humanos sofreu um grande revés após o dia 11 de setembro de 2001 (queda das "torres gêmeas" do *World Trade Center*, em Nova York). Na tentativa de combater o terrorismo, a administração estadunidense criou leis e passou a agir pela lógica dos ataques preventivos.

Instalou-se o que alguns chamam de estado de exceção, pois direitos humanos foram suspensos e sua proteção foi colocada em segundo plano. Atualmente, o mundo ainda convive com a existência da prisão de Guantánamo e com a não aplicação de sanção aos EUA pelo ataque ao Iraque, sem autorização do Conselho de Segurança da ONU.

A tragédia humanitária mais recente diz respeito aos forçadamente deslocados. Segundo noticiado pela Agência das Nações Unidas para Refugiados (ACNUR), em relatório publicado em junho de 2020, o número de pessoas no mundo em situação de deslocamento forçado em razão de guerras, conflitos e perseguições atingiu seu recorde histórico em 2019: 79,5 milhões ou cerca de 1% da população mundial. Desses, 45,7 milhões fugiram para regiões dentro de seus próprios países, 29,6 milhões obtiveram, oficialmente, a condição de refugiados fora do país de origem e 4,2 milhões ainda aguardavam o resultado de pedidos de reconhecimento da condição de refúgio. Dentre tais, o número de crianças deslocadas é de 30 a 34 milhões. O incrível aumento de 93,9% no número de deslocados, desde 2010 (quando eram 41 milhões), está relacionado principalmente aos deslocamentos havidos em 2019, particularmente na República Democrática do Congo, na região do Sahel, no Iêmen e na Síria – que já vivencia dez anos de guerra civil e contabiliza, sozinha, 13,2 milhões de pessoas refugiadas, solicitantes da condição de refugiado ou pessoas deslocadas internamente, totalizando um sexto dos deslocados no mundo. Também se destaca a situação dos deslocados venezuelanos. Ainda conforme o ACNUR, 80% das pessoas forçadamente deslocadas no mundo encontra-se em países ou territórios afetados por grave insegurança alimentar e desnutrição. Ao fim e ao cabo, 5 (cinco) Estados contabilizam 2/3 (dois terços) das pessoas forçadamente deslocadas para outros países: Síria, Venezuela, Afeganistão, Sudão do Sul e Mianmar.[49]

O ano de 2020 também ficará marcado na história da Humanidade pelo advento da pandemia de Covid-19, causada por um novo tipo de patógeno da família dos Coronavírus, no que se considera a maior crise sanitária e humanitária, desde a gripe espanhola de 1918,

---

48 ONUMA, Yasuaki. **Direito internacional em perspectiva transcivilizacional:** questionamento da estrutura cognitiva predominante no emergente mundo multipolar e multicivilizacional do século XXI. Trad. Jardel G. A. Ferreira et al. Belo Horizonte: Arraes Editores, 2017, p. 16.

49 UNHCR. **Global Trends: forced displacement in 2019**. Copenhagen: UNHCR, 2020. Disponível em: https://www.unhcr.org/statistics/unhcrstats/5ee200e37/unhcr-global-trends-2019.html. Acesso em 20 dez. 2020.

quando morreram entre 40 e 50 milhões de pessoas. Mais de 2 milhões de pessoas já haviam falecido de Covid-19, no mundo, até o final de 2020, mais 200 mil delas no Brasil. A impressionante capacidade de disseminação do novo Coronavírus, ampliada por suas mutações e associada à facilidade de circulação global das pessoas e ao completo desconhecimento dos diversos modos como a doença se manifesta e ataca o corpo humano, impôs ao mundo o distanciamento social como instrumento mais eficaz de proteção dos indivíduos, até que uma vacina ou um tratamento curativo fossem encontrados.

O distanciamento social, implementado no primeiro semestre de 2020, levou as pessoas às suas casas, interrompeu processos produtivos, retraiu investimentos e consumo e, com isso, causou um curto-circuito no capitalismo , manifestado em mais uma crise econômica planetária, ocorrida quando o mundo ainda tentava se refazer por completo do distúrbio econômico mundial anterior, experimentado a partir de 2008. Já no segundo semestre de 2020, o controle de contágios e o avanço do conhecimento científico da doença contribuiu para que governantes cedessem à pressão dos mercados pela retomada produtiva e das pessoas pela liberdade de locomoção e afrouxassem as medidas de restrição tanto de ir e vir quanto de funcionamento de indústrias e comércios, o que veio a acarretar, na Europa, nos EUA e no Brasil, a partir de mês de outubro de 2020, o retorno de altas quantidades de contagiados e mortos.

Finalmente, em dezembro do mesmo ano, as primeiras vacinas destinadas ao Ocidente começaram a ser aprovadas pelas autoridades nacionais de saúde e aplicadas, primeiramente no Reino Unido e nos EUA. Tal realidade, contudo, experimenta fortes variações de nação para nação, também e sobretudo em função de condições econômicas e políticas de negociação para a compra dos imunizantes junto aos laboratórios privados que os comercializam. A distribuição igualitária das vacinas também se apresentou como medida quase inalcançável para uma sociedade estruturalmente desigual. Demais disso, a dependência da vacinação em massa para o controle da pandemia encontra um importante obstáculo no crescimento de grupos de pessoas que declaram o desejo de não se vacinarem, no mais das vezes por suspeitarem da segurança dos imunizantes.

O Oriente, por sua vez, mostrou-se, em razão das experiências com pandemias precedentes, mais eficaz no controle de contágios, muito em função do binômio vigilância ostensiva do Estado e disciplina no cumprimento das normas de prevenção.

O saldo até então verificado da pandemia para os direitos humanos é, no mínimo, extremamente preocupante.

A pandemia evidenciou e agudizou as desigualdades sociais, punindo, de maneira mais severa, os socialmente excluídos, grupo numericamente majoritário já marcado por uma composição que desvela vulnerabilidades interseccionais (pobres, mulheres, negros, deslocados forçados, entre outros). Esta punição veio tanto em forma de desemprego quanto de maior exposição ao contágio pela necessidade de manutenção da fonte de renda, ainda que por força de trabalhos informais ou formais realizados com a presença física.

Lançando luzes sobre o que pode vir a se afirmar como a sucessora da Guerra Fria, a origem pretensamente chinesa do patógeno pandêmico acirrou a já crescente rivalidade comercial entre EUA e China, impulsionada pelos impressionantes índices de crescimento econômico do país asiático no século XXI, com consequente protagonismo no mercado mundial, tanto como produtor quanto como comprador, ameaçando, assim, a liderança geopolítica estadunidense.

A segunda década deste século ainda foi marcada pela expansão de governos de viés conservador e nacionalista, em nações geopoliticamente proeminentes, como é o caso dos mandatos de Donald Trump (EUA), Boris Johnson (Inglaterra), Vladimir Putin (Rússia), Benjamin Netanyahu (Israel), Recep Tayyip Erdoğan (Turquia), Viktor Orbán (Hungria) e Jair

Bolsonaro (Brasil). Tais governos, eleitos a partir de pautas conservadoras quanto aos costumes e nacionalistas quanto às relações internacionais, fazem questão de expressar pouco apresso à gramática jurídica nacional e sobretudo internacional dos direitos humanos, além de sérias restrições à diplomacia interestatal baseada no solidarismo. São resultados dessa tendência as saídas dos EUA do Conselho de Direitos Humanos da ONU e do Acordo de Paris (sobre as metas de redução de emissão de gases estufa) e da Inglaterra da União Europeia (*Brexit*), bem como uma prometida desvinculação dos EUA da Organização Mundial da Saúde (OMS), agência especializada da ONU que conduz os esforços mundiais no combate à pandemia de Covid-19. A eleição do democrata Joe Biden, altamente polarizada, aponta para um abandono dos ideais "trompistas" – o novo governo já decidiu pela reversão das citadas decisões sobre o Conselho de Direitos Humanos da ONU, Acordo de Paris e OMS –, trazendo esperança de que a virada estadunidense possa significar ecos de mudanças para "além muros".

O conservadorismo nacionalista, não raro com feição pretensamente religiosa, se estabelece em um ambiente de extrema polarização social, intensificada pelos canais tecnológicos de comunicação instantânea (redes sociais e ferramentas de mensagens diretas e em grupos), frequentemente utilizados de modo a propagar, de forma estratégica e premeditada, desinformação (*fake news*) e discursos de ódio. A tecnologia, aliás, em que pese sua potencial melhora da condição humana, ao que se tem sabido, vem sendo instrumentalizada para a coleta e análise em grande escala de dados personalíssimos de seus usuários (*Big Data*), dados tais destinados à comercialização pautada por interesses políticos e econômicos.

Neste caldeirão efervescente, a vivência social vem experimentando recrudescimento da violência física e verbal privada e pública, revigoramento da xenofobia, negação de fatos históricos e científicos, censura dos meios de comunicação profissionais, emergência de novas formas de precarização do trabalho remunerado, avanço da miséria e explicitação frequente de todo o tipo de discriminação. Nesse último caso, 2020 também viu a comunidade negra, ao redor do mundo e a despeito do distanciamento social exigido pela pandemia, se rebelar contra a opressão imposta pela violência estatal, a partir das eloquentes manifestações em solo estadunidense contra assassinatos e abordagens violentas cometidas contra pessoas negras por policiais daquele País (movimento *Black Lives Matter*), alguns dos quais registrados por imagens mundialmente veiculadas.

Em se tratando de Brasil, um país economicamente periférico, politicamente suscetível a instabilidades institucionais e culturalmente permeado por comportamentos coloniais e patriarcais, diversos desafios peculiares aos direitos humanos podem ser identificados. Uma didática compilação das situações brasileiras desafiadoras da proteção jurídica da dignidade humana pode ser extraída do Relatório "Situação dos direitos humanos no Brasil", editado pela Comissão Interamericana de Direitos Humanos, em 12 de fevereiro de 2021, e produzido por *experts* internacionais que estiveram no País em novembro de 2018, visitando e interagindo com vítimas de violações de direitos humanos e instituições políticas, judiciárias e da sociedade civil organizada.[50]

Em brevíssima síntese, o referido relatório aponta ainda vigentes, no Brasil, os seguintes problemas que obstam a efetivação de certos direitos humanos: desigualdade estrutural histórica manifestada em sistemáticos atos discriminatórios contra pessoas negras, quilombolas, indígenas e mulheres; desigualdade estrutural socioeconômica revelada em persistente desassistência e repetidos comportamentos discriminatórios dirigidos a trabalhadores rurais,

---

50 COMISSÃO INTERAMERICANA DE DIREITOS HUMANOS. **Situação dos direitos humanos no Brasil.** Washington: OEA, 2021. Disponível em: https://www.oas.org/pt/cidh/relatorios/pdfs/Brasil2021-pt.pdf. Acesso em: 06 mar. 2021.

camponeses, migrantes forçados, pessoas em situação de rua, população sem teto e moradores de áreas periféricas; violência material e simbólica presente em corriqueiras práticas que vilipendiam grupos em situação especial de risco, quais sejam, pessoas privadas de liberdade, crianças e adolescentes insertos no sistema socioeducacional, comunidades terapêuticas (dependentes de drogas lícitas e ilícitas), migrantes e população LGBTQIA+.

O relato também destaca condutas abusivas de segurança pública que envolvem violência seletiva segundo critérios socioeconômicos e culturais, mortes violentas de pessoas economicamente vulneráveis, crime organizado (associado à corrupção), assassinatos de defensores dos direitos humanos, aumento da violência estatal, militarização da segurança, (des)controle de acesso a armas e falta de política pública de segurança compatível com os direitos humanos.

O relatório ainda aponta permanente impunidade dos crimes cometidos na época da ditadura civil-militar de 1964-1985, não adoção de outras providências atinentes à chamada Justiça de Transição e ausência de uma institucionalidade democrática comprometida com os direitos humanos em cada uma de suas atuações.

Constataram-se, ademais, sérios problemas relativos ao exercício da liberdade de expressão e informação, que se fazem sentir em atos estatais e privados de coibição de protestos sociais, na propagação de discurso de ódio, na prática de censura prévia estatal, na manifestação de declarações estigmatizantes vindas de agentes públicos ou por esses endossadas e constante prática de violência contra jornalistas e comunicadores.

No que tange à pandemia, em meados de 2020, parte da população brasileira enfrentou os riscos pandêmicos e foi às ruas pela democracia, em protesto contra a ascensão da verborragia sugestivamente autocrática do Presidente Jair Bolsonaro e seus adeptos, assim como trabalhadoras e trabalhadores de entrega por aplicativos obtiveram mobilizações de vanguarda contra a situação de aprofundamento dos riscos decorrentes do tipo de labuta essencial que desempenham.

A vacinação contra a Covid-19, em solo brasileiro, iniciou-se, em 17 de janeiro de 2021, de modo tardio em comparação com os países da Europa e da América, inclusive vizinhos sul-americanos, e ainda envolta em muitas incertezas e desconfianças alimentadas pela surreal negação da verdade e da ciência. Este quadro desaguou no pior momento da pandemia em solo brasileiro, até a conclusão deste livro, verificado no mês de março de 2021, com média diária nacional de óbitos passando de 1.800 (mil e oitocentos) e colapso do sistema de assistência à saúde.

Todo este cenário mundial e, notadamente, o brasileiro, vem se consubstanciando no mais severo desafio aos direitos humanos desde a sua edificação, em 1945, como sistema internacional de proteção, com repercussão nas constituições nacionais. Definitivamente, a efetividade das normas de direitos humanos atinentes a diversas liberdades (expressão, crença, reunião, sexualidade, política, cátedra, científica etc.), à saúde e à bioética, ao devido processo legal, ao meio ambiente, à democracia, à privacidade (imagem e proteção de dados), ao trabalho remunerado em condições dignas e, enfim, ao próprio "direito a ter direitos" (para lembrar Hanna Arendt) está posta à prova.

Capítulo III

DIGNIDADE DA PESSOA HUMANA: FUNDAMENTO DOS DIREITOS HUMANOS

1. O DEBATE SOBRE O FUNDAMENTO DOS DIREITOS HUMANOS[1]

Os diferentes pontos de vista sobre o significado, o conteúdo e a finalidade dos direitos humanos, convergem quanto a apresentar como seu eixo central a proteção da dignidade da pessoa humana. Essa constatação tem relação com uma polêmica candente: qual(is) é(são) o(s) fundamento(s) dos direitos humanos? Respostas historicamente distintas são dadas a esta controvertida indagação, sendo conveniente citar as principais:[2]

➔ **A visão jusnaturalista religiosa**, com antecedentes na Idade Antiga, mas desenvolvida na Idade Média por São Tomás de Aquino, prega que a lei humana só detém validade se conforme com a lei divina, a qual salvaguarda interesses básicos ligados à existência humana, os quais, por sua vez, vigoram e prevalecem sobre eventuais normas positivadas pela humanidade e consigo desconformes;

➔ **A visão jusnaturalista racional ou contratualista** adotada, já na Idade Moderna, com Hugo Grotius, precursor do Direito Internacional, e, nos séculos seguintes, desenvolvida pelos iluministas contratualistas (*v.g.* Locke e Rousseau), apresenta uma versão laica do fundamento dos direitos humanos, desatrelando-o das leis divinas e vinculando-o à razão humana, entendida como traço da natureza das pessoas (não mais como dom de Deus) que o distingue dos demais seres vivos; assim, é inerente à condição humana a vigência de direitos apreensíveis pela razão, decorrentes do pressuposto Contrato Social (pactuação coletiva que dá poderes limitados de organização ao Estado, em nome do bem comum) e tidos por naturais porque independem da positivação humana, cuja validade se perquire em face do direito natural;

➔ **A visão normativista ou positivista**, de apelo inegável nos séculos XIX e XX, compreende que, tal como qualquer outra norma, os direitos humanos encontram seu

---

1 Optou-se, neste curso, metodologicamente, por dada distinção entre termos "dignidade humana" e "dignidade de pessoa humana", empregando-se a primeira para designar a ideia tratada pelos campos não jurídicos do pensamento e reservando-se a última para referências ao princípio positivado em normas jurídicas constitucionais e internacionais, comumente conhecido como "Princípio da Dignidade da Pessoa Humana".

2 Cf. BOBBIO, Norberto. **A era dos direitos**. Trad. Carlos Nelson Coutinho. Rio de Janeiro: Elsevier, 2004, p. 35-44; e COMPARATO, Fábio Konder. **A afirmação histórica dos direitos humanos**. 7. ed. São Paulo: Saraiva, 2010, p. 72.

fundamento no direito posto pelos indivíduos em determinado espaço (sobretudo ordenamento jurídico nacional) e sua validade depende da compatibilidade formal com as normas hierarquicamente superiores. Ao contrário das concepções anteriores, a visão juspositivista nega a ideia de direitos pré-existentes ao direito positivo, fazendo prevalecer a compreensão segundo a qual direito válido é aquele reconhecido pelo Estado como tal.

Há ainda quem negue a possibilidade de se identificar, com exatidão, qual seria ou quais seriam os fundamentos dos direitos humanos. É o caso de BOBBIO, que critica as visões jusnaturalistas sobre o tema e afirma não ser importante buscar os fundamentos, mas apenas a realização dos direitos humanos. Para ele, a perseguição a um "fundamento absoluto" não se justifica, afigurando-se elemento meramente retórico e sem proveito prático. Afirma, ainda, que a noção de direitos humanos como direitos naturais não se sustenta porque, entre outros argumentos, "o que parece fundamental em uma época histórica e numa determinada civilização não é fundamental em outras épocas e em outras culturas".[3]

Já FÁBIO KONDER COMPARATO não adere a qualquer dos entendimentos jusnaturalistas, tampouco admite a visão positivista, embora aquiesça com a percepção segundo a qual a normatização dos direitos humanos pela lei estatal confere mais segurança às relações sociais e exerce, bem por isso, uma função pedagógica junto à comunidade, com vistas a fazer prevalecer os valores éticos consagrados por aqueles direitos. Enfim, conclui:

> É irrecusável, por conseguinte, encontrar um fundamento para a vigência dos direitos humanos além da organização estatal. Esse fundamento, em última instância, só pode ser a consciência ética coletiva, a convicção, longa e largamente estabelecida na comunidade, de que a dignidade da condição humana exige o respeito a certos bens ou valores em qualquer circunstância, ainda que não reconhecidos no ordenamento estatal, ou em documentos normativos internacionais. Ora, essa consciência ética coletiva, como se procura mostrar nestas páginas, vem se expandindo e aprofundando no curso da História.[4]

Diante de distintas posições, defendidas com argumentos bem colocados, a questão sobre o fundamento dos direitos humanos permanece sem resposta definitiva, exigindo tomada de posição de quem decida enfrentá-la. Nos limites deste estudo, adota-se a proposta de COMPARATO, para quem, ao contrário de BOBBIO, é possível identificar-se um fundamento singular para os direitos humanos: a dignidade da pessoa humana.

Tal ponto de vista, pensa-se, apresenta três grandes méritos, que favorecem a desejada efetividade dos direitos humanos. Em primeiro lugar, ao reconhecer a existência de um traço comum a todos os direitos humanos, a ideia da dignidade da pessoa humana como fundamento desses direitos consagra sua universalidade, característica tão cara e imprescindível para que não sejam aceitos subterfúgios à existência de direitos básicos de que dispõe qualquer ser humano, em qualquer parte do globo terrestre[5]. Em segundo lugar, a negação do fundamento positivista puro combate o problema da legislação estatal erigida com afronta à dignidade

---

3 BOBBIO, Norberto, op. cit., p. 38.

4 COMPARATO, Fábio Konder, op. cit., p. 72.

5 O que não significa homogeneidade da existência humana. Cuida-se, em verdade, de uma universalidade conquistada como resultado de um processo dialógico multicultural, como será discutido mais à frente, em tópico próprio.

da pessoa humana, embora respeitando, na forma, o devido processo legislativo nacional. E, por fim, a proposta de uma noção de dignidade construída pela consciência ética coletiva, "no curso da História", corrobora outras duas características vitais para a preservação da força expansiva dos direitos humanos, quais sejam, sua **historicidade** e sua **inexauribilidade**, porquanto, desvinculando tais direitos de fundamentos metafísicos (*ex vi* direito divino e direito natural) e os atrelando à construção histórica, capitaneada pela humanidade, preserva a possibilidade (que, em verdade, é necessidade) do rol de direitos humanos estender-se conforme a evolução das relações sociais.

Mas o problema não se soluciona aqui, ao contrário. A posição eleita leva a outra indagação ainda mais controvertida: em que consiste, pois, a dignidade da pessoa humana? A resposta a esta pergunta comporta diversos itinerários não necessariamente atrelados ao campo dos direitos humanos. Como alerta BOAVENTURA DE SOUSA SANTOS, "todas as culturas possuem concepções de dignidade humana, mas nem todas elas a concebem em termos de direitos humanos"[6]. Ademais, "sem dúvida, as metamorfoses que a palavra 'dignidade" e a expressão 'dignidade humana' sofreram durante sua longa história continuam a se manifestar na linguagem atual".[7]

Todavia, há de se reconhecer que o conteúdo contemporâneo da dignidade humana, quando tomada como fundamento dos direitos humanos, é devoto de uma construção histórica absolutamente influenciada pelo pensamento filosófico de matriz ocidental, com marcadas origens no pensamento grego clássico e no ideário cristão, embora não seja correto afirmar a originalidade dessas compreensões, mas sim sua ampla disseminação.[8]

É possível constatar que o caminho filosófico das concepções ocidentais de dignidade humana tem na Modernidade um divisor importante, cujo elemento distintivo consiste na agregação da igualdade no conteúdo da concepção em apreço.

2. PRECEDENTES HISTÓRICOS DA NOÇÃO DE DIGNIDADE HUMANA

2.1. Era Pré-Moderna: seletividade

Do pensamento grego clássico, passando pela doutrina cristã medieval, a noção de dignidade construiu-se com foco na superioridade do ser humano em relação aos demais seres vivos, justificada ora pela razão e livre-arbítrio, ora pela criação divina, ora pela associação de ambos os atributos. Tais construções não incorporaram, todavia, uma ideia de dignidade como critério de tratamento igualitário entre os seres humanos. A igualdade, portanto, não era um elemento do conteúdo da noção pré-moderna de dignidade humana.[9]

Na **Antiguidade Clássica**, o sofista Protágoras (481 a 411 a.C.), ao vaticinar que "O homem é a medida de todas as coisas, das coisas que são, enquanto são, das coisas que não são, enquanto não são", sumariou a ideia corrente de superioridade do humano sobre os

---

6 SANTOS, Boaventura de Sousa. Por uma concepção multicultural de direitos humanos. **Revista crítica de ciência sociais**, nº 48, jun. 1997, p. 11-32. Coimbra: Centro de Estudos Sociais da Universidade de Coimbra, 1997, p. 21.

7 MALUSCHKE, Günther. A dignidade humana como princípio ético-jurídico. **NOMOS – Revista do Curso de Mestrado da UFC**, v. 37, n. 1, p. 95–117, jun. 2017, p. 99.

8 SARLET, Ingo W. **Dignidade da pessoa humana e direitos fundamentais na Constituição Federal de 1988**. 4. ed. Porto Alegre: Livr. do Advogado, 2006, p. 29-30.

9 FRIAS, Lincoln; LOPES, Nairo. Considerações sobre o conceito de dignidade humana. **Revista Direito GV**, v. 11, n. 2, p. 649–670, dez. 2015, p. 654.

outros seres vivos, o que se pode associar a uma noção de dignidade **da espécie** humana, compreendida como coletividade.[10]

Todavia, na perspectiva individual, conquanto a racionalidade do ser humano tenha sido exaltada como qualidade distintiva fundamental à busca da verdade e do autoconhecimento, como defendido por Sócrates[11], a ideia de *dignitas* comportava gradação (pessoas mais ou menos dignas), porquanto explicava-se pela posição socialmente reconhecida por determinado indivíduo.[12] Basta recordar que, no contexto da antiguidade helenística, a *dignitas* dos cidadãos gregos era a chave para a condição de cidadão, atribuída apenas a alguns e admitida como fundamento, de um lado, para uma participação seletiva nas deliberações sobre a *pólis* e, de outro, para a legitimação da escravidão e subjugação dos demais integrantes do círculo familiar (esposa, filhos, etc.). A respeito, não se pode esquecer que Aristóteles, célebre precursor da justiça distributiva e sua máxima "tratar igualmente os iguais e desigualmente os desiguais", aquiesceu com a escravidão, encorpando a noção de vigência de uma desigualdade natural, manifestada na divisão social do trabalho entre seres superiormente capacitados para a liberdade e para a cidadania (também em sentido político) e indivíduos inferiores, destinados ao trabalho forçado.[13]

A *dignitas* sem igualdade também se fez presente na Roma Antiga, dado que atrelada à posição socialmente distinguida de determinadas pessoas com privilégios morais e materiais em relação aos demais. Conquanto o estoicismo, sobretudo de Cícero (106 a 43 a.C.), ao preceituar a dignidade como decorrência da razão humana, seja frequentemente lembrando como uma das primeiras propostas universalistas de *dignitas*[14], a escravidão também era aceita por aquele filósofo e advogado clássico, que se limitava a condenar excesso de violência cometida contra os escravos.[15]

Na **Idade Média**, sobressai a compreensão cristã de dignidade humana, calcada na superioridade do ser humano em face das demais criaturas vivas e inanimadas do mundo como resultado da criação por Deus à sua imagem e semelhança. Santo Agostinho (354 a 430 d. C.) exaltara a racionalidade humana como atributo distintivo concedido por obra divina, tendo, todavia, desenvolvido o conceito de "graça divina" enquanto circunstância também oferecida por Deus ao ser humano, mas não a todos, senão apenas a certos eleitos, a quem será conferida a salvação. Já São Tomás de Aquino (1225 a 1274) fez uso da expressão "dignidade humana" como atributo divino que dota o ser humano de liberdade intrínseca à sua natureza, conformada por sua autodeterminação (livre arbítrio), contudo, aquiesce com a vigência de uma ordem hierárquica entre as pessoas, determinada pela Providência Divina.[16]

A Era Pré-Moderna, portanto, testemunhou propostas de dignidade da espécie humana, mas sem que isso significasse seu reconhecimento e atribuição a todos indivíduos. Faltava o traço da igualdade.

---

10 SARMENTO, Daniel. **Dignidade da pessoa humana:** conteúdo, trajetórias e metodologia. 2. ed. Belo Horizonte: Fórum, 2020, p. 27-28.

11 Id. Ibid., p. 29.

12 SARLET, Ingo W., op. cit., p. 30.

13 SARMENTO, Daniel, op. cit., p. 30.

14 Segundo SARLET, Cícero "desenvolveu uma compreensão de dignidade desvinculada do cargo ou posição social", sendo "possível reconhecer a coexistência de um sentido moral (seja no que diz às virtudes pessoais do mérito, integridade, lealdade, entre outras, seja na acepção estoica referida) e sociopolítico de dignidade (aqui no sentido da posição social e política ocupada pelo indivíduo" (SARLET, Ingo, op. cit., p. 31).

15 SARMENTO, Daniel, op. cit., p. 31.

16 SARLET, Ingo W., op. cit., p. 31; SARMENTO, Daniel, op. cit., p. 31-32.

2.2. Era Moderna: o paradigma iluminista kantiano e sua crítica

A **Idade Moderna,** com o pensador canônico Pico Della Mirandola (1463-1494) e seu "Discurso sobre a Dignidade do Homem", vê a noção de dignidade humana começar a ceder aos impulsos antropocêntricos do movimento renascentista, na medida em que entende o ser humano uma criação de Deus de natureza indefinida e senhor de seu destino, inclusive com o poder de legislar sobre si, em contraste com os outros seres vivos, de natureza definida e absolutamente regidos pelas leis divinas.[17]

O indivíduo, assim, começa a ter sua dignidade humana completamente assentada em seu livre-arbítrio e não propriamente em sua condição de criatura de Deus. Nem por isso, tal ideário traduziu-se em imperativo ético-jurídico de igualação das pessoas para efeitos de direitos e obrigações, independentemente de sua posição ou reconhecimento social, o que apenas viria a ocorrer, séculos adiante, com as proposições jusnaturalistas iluministas, que consolidaram o processo de racionalização e laicização da noção de dignidade humana. É o tempo da dignidade **da pessoa** humana.[18] Como sumaria MALUSCHKE:

> Na Antiguidade greco-romana, "dignidade" era, em primeiro lugar, um termo sociopolítico; na Idade Média, aparece como princípio teológico, e isto tanto na perspectiva política (teologia política) quanto no contexto de uma antropologia teológica. Na Idade Moderna, finalmente se faz valer como conceito da ética, e isto particularmente na filosofia de Immanuel Kant.[19]

Antes de Kant, porém, cumpre mencionar a contribuição do jurista alemão SAMUEL PUFENDORF (1632-1694) à laicização da dignidade humana, na medida em que a descreveu como liberdade de ação de todo ser humano segundo sua razão e preferências, intangível até mesmo pelo monarca.[20] Descreve MALUSCHKE que, segundo PUFENDORF, a dignidade é traço positivo da superioridade do ser humano que atine à sua moralidade, pois é dado às pessoas distinguir entre bem e mal em sua tomada livre de decisão, devendo se comportar, racionalmente, segundo uma norma geral baseada na associação entre dignidade e autoestima: quem se respeita, respeita seu semelhante.[21]

Mas é na filosofia iluminista de IMMANUEL KANT (1724-1804), por muitos considerado o principal pensador da Era Moderna, que a noção de dignidade humana desgarra-se por completo de seu veio cristão e propõe-se universal por meio de dois elementos teóricos: a racionalidade como fundamento da existência humana enquanto finalidade em si e a enunciação da ideia de imperativos categóricos como comportamentos universalmente válidos e esperados de toda pessoa, em qualquer situação ou espaço.

---

17 SARLET, Ingo W., op. cit., p. 32. "O 'Discurso' ressaltou que a natureza dos outros seres estava refreada por leis escritas pelo homem que, por sua vez, não era constrangido por nenhuma limitação e poderia determiná-las segundo seu arbítrio, com o poder assegurado por Deus. A partir desse entendimento, Pico Della Mirandola acentuou o livre arbítrio do homem. O antropocentrismo não afastava a presença Divina, porquanto entendia que o homem era uma criatura de Deus, do qual recebeu o lugar central no mundo e a liberdade para realizar as escolhas diante das possibilidades existentes, de modo que a dignidade consistia em saber usar a liberdade pelo uso da razão" [LAUXEN, Elis Cristina Uhry; BARRETTO, Vicente de Paulo. A (re)construção da ideia de dignidade humana. **Revista Quaestio Iuris**, v. 11, n. 1, p. 67–88, 11 jan. 2018, p. 69].

18 SARMENTO, Daniel, op. cit., p. 28.

19 MALUSCHKE, Günther, op. cit., p. 99.

20 SARLET, Ingo W., op. cit., p. 32.

21 MALUSCHKE, Günther, op. cit., p. 100.

Em sua célebre obra "Fundamentação da Metafísica dos Costumes", de 1785, KANT consagra a ideia segundo a qual a dignidade humana encontra esteio na racionalidade que distingue o ser humano dos demais seres do mundo, porquanto o capacita a tomar decisões livres sobre seu destino de acordo com suas preferências, portanto, com sua moralidade. Dito de outro modo, o filósofo iluminista explica a dignidade humana a partir da ideia de **autodeterminação** do indivíduo, conduzida por sua racionalidade, por sua vez influenciada por diretrizes (leis) morais universalmente aceitas, denominadas por KANT de imperativos categóricos.[22] A autonomia da vontade, segundo o entendimento kantiano, é o "princípio supremo da moralidade" e, por conseguinte, vê-se a "heteronomia da vontade como fonte de todos os princípios ilegítimos da moralidade".[23]

Partindo da afirmação de um imperativo categórico (moral) de respeito absoluto e incondicional à autodeterminação dos indivíduos, KANT formula a clássica e ainda extremamente difundida afirmação do ser humano como fim em si mesmo, circunstância que lhe atribui dignidade: "No reino dos fins tudo tem um preço ou uma dignidade. Uma coisa que tem um preço pode ser substituída por qualquer outra coisa equivalente; pelo contrário, o que está acima de todo preço e, por conseguinte, o que não admite equivalente, é o que tem uma dignidade"[24]. Consagra-se, assim, a máxima moral[25] universal proibitiva da objetificação ou coisificação de qualquer pessoa.

A dignidade humana kantiana, representativa dos ideais do iluminismo revolucionário do século XVIII, universalizou e, assim, generalizou os direitos humanos, desde uma perspectiva jusnaturalista de viés igualitário, ao preceituar que todas as pessoas ostentam dignidade, independentemente de sua posição social ou filiação religiosa. Trata-se da dignidade como consectário da razão humana e de sua capacidade de autodeterminação. Tal ideário logo se afirmou no campo político, adotado pelo liberalismo, e, consequentemente, no campo jurídico, sobretudo por obra da Declaração de Independência dos Estados Unidos da América

---

22 "Ora, todos os imperativos ordenam, seja hipotética, seja categoricamente. Os hipotéticos representam a necessidade prática de uma ação possível como meio de conseguir qualquer outra coisa que se queira (ou que é possível que se queira). O imperativo categórico seria o que nos representasse uma ação como objetivamente necessária por si mesma, sem relação com nenhum outro fim" (KANT, Immanuel. **Fundamentação da metafísica dos costumes e outros escritos**. Trad. Leopoldo Holzbach. São Paulo: Martin Claret, 2005, p. 45).

23 Id. Ibid., p. 71.

24 Id. Ibid., p. 65. A expressão "reino dos fins", usada por Kant, é metafórica e ancora sua admissão na possibilidade de haver pretensões morais universalmente desejadas e sistematicamente alinhavadas pela racionalidade humana, sem descurar da existência de propósitos pessoais: "Pela palavra reino entendo a união sistemática de diversos seres racionais por meio de leis comuns. E como as leis determinam os fins quanto ao seu valor universal, se se abstrai das diferenças pessoais existentes entre os seres racionais e também do conteúdo de seus fins particulares, poder-se-á conceber um conjunto de todos os fins (tanto dos seres racionais como fins em si, como dos fins próprios que cada qual pode propor-se), um todo que forme uma união sistemática, ou seja, um reino dos fins, possível segundo os princípios precedentemente enunciados. Os seres racionais estão todos sujeitos à lei, em virtude da qual cada um deles nunca deve tratar-se a si e aos outros como puros meios, mas sempre e simultaneamente como fins em si. Daqui brota uma união sistemática de seres racionais por meio de leis objetivas comuns, ou seja, um reino o qual atendendo a que tais leis têm precisamente por escopo a relação mútua de todos estes seres, como fins e como meios, pode ser denominado reino dos fins (o que, na verdade, é apenas um ideal)" (Id. Ibid., p.63-64).

25 "Ora, a moralidade é a única condição capaz de fazer que um ser racional seja um fim em si, pois só mediante ela é possível ser um membro legislador no reino dos fins. Pelo que, a moralidade, bem como a humanidade, enquanto capaz de moralidade, são as únicas coisas que possuem dignidade" (Id. Ibid., p. 65).

(1776), sucedida da Constituição dos EUA (1787), bem como da Declaração do Homem e do Cidadão da França (1789), e vige como grande referencial filosófico, político e jurídico até os dias atuais.[26]

Conquanto perene, a visão kantiana vem experimentando, ao longo dos séculos, relevantes críticas, as quais, em geral, lhe acusam de excessiva abstração do ser humano, do exercício de sua racionalidade, da vigência e observância de imperativos categóricos universalmente aceitos e, por conseguinte, da concepção natural e igualitária de dignidade humana.

GEORG WILHELM FRIEDRICH HEGEL (1770-1831) contestou a naturalização da dignidade humana, ao condicioná-la, no campo da realidade dos indivíduos, ao reconhecimento e respeito pela sociedade que o circunda. A dignidade humana e a igualdade, neste passo, para HEGEL, são resultados do campo prático das relações humanas[27]. Por conseguinte, diferentemente de Kant, HEGEL não atrela a dignidade à racionalidade das pessoas, tampouco reconhece sua inerência à condição de humanidade, senão apenas admite que dignidade é prerrogativa ou privilégio daquele que se vê reconhecido pela sociedade em que vive como cidadão.[28]

Inicialmente um discípulo de HEGEL, KARL MARX (1818-1883) e seu materialismo histórico – que viria torná-lo um dissidente opositor do idealismo hegeliano[29] – refutaram, desde sempre, a admissão de uma dignidade de cunho igualitário derivada da condição humana, à luz das opressões sociais reais concretizadas em subjugação de pessoas à sanha do capital, tendo por consequência o aprofundamento das desigualdades materiais, representado pela tensão entre quem detém meios de produção e aqueles que têm na venda da força de trabalho a única alternativa para a sobrevivência.

Na visão de MARX, a livre autodeterminação do indivíduo pela sua razão é uma ilusão, porquanto o exercício da razão é diretamente condicionado pelas relações materiais (concretas) que medeiam as ações e pensamentos desse indivíduo, tendo asseverado que "a consciência [*das Bewusstein*] nunca pode ser outra coisa senão o ser consciente [*das bewusste Sein*], e o ser dos homens é o seu processo real de vida"[30]. Daí que "não é a consciência que determina a vida, é a vida que determina a consciência".[31] Por conseguinte, para MARX, a ideia kantiana

---

26 No Brasil, proeminentes análises sobre o princípio jurídico da dignidade da pessoa humana ainda são realizadas sob o prisma kantiano, com frequente eco na jurisprudência nacional, sobretudo do Supremo Tribunal Federal. A respeito, cf. SILVA, José Afonso da. A dignidade da pessoa humana com valor supremo da democracia. **Revista de direito administrativo**, v. 212, p. 89–94, 1998. BARCELLOS, Ana Paula de. Normatividade dos princípios e o princípio da dignidade da pessoa humana na Constituição de 1988. **Revista de direito administrativo**, v. 221, p. 159–188, 2000; SARLET, Ingo W. Notas sobre a dignidade da pessoa humana na jurisprudência do STF. In SARMENTO, Daniel; SARLET, Ingo W. (Coord.). **Direitos Fundamentais no Supremo Tribunal Federal:** balanço e crítica. Rio de Janeiro: Lumen Juris, 2011.

27 "Assim, os conceitos de verdade, as leis morais nada mais serão do que opiniões e convicções subjetivas e, enquanto convicções, os princípios criminosos são colocados na mesma categoria das leis. Não haverá, por conseguinte, objeto que, por mais pobre ou mais particular, nem matéria que, por mais vazia, não possa ter a mesma dignidade daquilo que constitui o interesse de todos os homens que pensam e dos laços do mundo moral" (HEGEL, G. W. **Princípios da Filosofia do Direito**. Trad. Orlando Vitorino. São Paulo: Martins Fontes, 1997, p. XXXIV).

28 SARLET, Ingo W., op. cit., p. 36-37.

29 "Em completa oposição à filosofia alemã, a qual desce do céu à terra, aqui sobe-se da terra ao céu" (MARX, Karl; ENGELS, Friedrich. **A ideologia alemã**. Trad. Álvaro Pina. São Paulo: Expressão Popular, 2009, p. 31).

30 Id. Ibid.

31 Id. Ibid., p. 32.

de dignidade humana intensifica a autopercepção individualista das pessoas, que interessa à manutenção da desigualdade econômica capitalista, ao tempo em que também obstaculiza a conscientização do ser humano enquanto ser social, necessária para a superação da desigualdade material imposta pelo sistema capitalista.

Outro ferrenho crítico da concepção da igualdade humana como atributo natural da dignidade foi FRIEDRICH NIETZSCHE (1844-1900), para quem, em suma, o cânone liberal de igualdade - o que se pode aplicar à concepção kantiana de dignidade - não passa de discurso político, transmutado em paradigma moral, tóxico e vazio, porque busca nivelar e aniquilar as diferenças que são próprias de cada individualidade, ao mesmo tempo em que invisibiliza as condições desiguais de vida dos seres humanos.[32]

3. IDEIA *VERSUS* CONCRETO: SENTIDO AMPLO E COMPLEXO DA DIGNIDADE HUMANA

Entre os séculos XIX e XX, ao tempo em que o capitalismo foi se estabelecendo como um modo societal não apenas atinente às possibilidades econômicas, mas verdadeiramente respeitante à vida em sociedade, com seus imperativos de consumo, dinâmicas de acumulação patrimonial e lógicas geopolíticas expansionistas e colonialistas, a percepção ideal da igualdade natural entre os seres humanos foi se desvanecendo frente à crueza dos fatos, à medida em que a desigualdade social crescia e se aprofundava. A escravidão africana colonial do século XIX, o avanço da exploração da mão de obra assalariada pós Segunda Revolução Industrial, os regimes políticos autocráticos e os genocídios perpetrados nas duas Guerras Mundiais do século XX não foram evitados pelas declarações e constituições contemplativas das liberdades individuais, da autodeterminação pessoal e da igualdade formal dos seres humanos.

O descumprimento da promessa liberal moderna de preservação da autodeterminação e da igualdade enquanto decorrência natural da razão humana desvelou a necessidade de reconstrução do conteúdo da dignidade humana[33], a partir da consideração de sua concretude, ou seja, de suas condições materiais de vivência e sobrevivência, como reivindicado, sob distintas propostas, pelas correntes marxista, socialista utópica, anarquista e até da doutrina social da Igreja Católica.[34] Isso porque a realidade impõe a constatação segundo a qual a autodeterminação está completamente adstrita às possibilidades materiais de seu exercício, diante do descompasso entre faculdade ideal do uso da razão e condições e oportunidades reais de fazê-lo. Nessa perspectiva, o fenômeno da desigualdade social, que exclui, ainda que em diferentes níveis, seres humanos da condição de plena autodeterminação, não pode

---

32 NIETZSCHE, Friedrich. **Escritos sobre Política.** Trad. Noéli Correia de Melo Sobrinho. São Paulo, SP: Loyola, 2007. Repetidas e ácidas críticas a diversas formulações kantianas são encontradas em Id. **Genealogia da moral:** uma polêmica. Trad. Paulo César de Souza. São Paulo: Companhia das Letras, 2009. Para um exame das críticas de NIETZSCHE à igualdade em termos liberais e sua disseminação no campo da educação, cf. MENDONÇA, Samuel. Objeções à igualdade e à democracia: a diferença como base da educação aristocrática. **ETD - Educação Temática Digital**, v. 14, n. 1, p. 332–350, 2012.

33 BOAVENTURA DE SOUSA SANTOS afirma que a modernidade teria anunciado e não cumprido duas importantes promessas: a solução dos problemas de distribuição, que os quais levam populações inteiras à privação de condições mínimas de sobrevivência, e a "democratização política do sistema democrático", entendida esta como a inserção livre das classes populares no sistema político. Sustenta que modernidade ocidental legou uma realidade de fragmentação extrema, que tem como faceta mais desumana o aprofundamento da exclusão social (SANTOS, Boaventura de Sousa. **Pela mão de Alice:** o social e o político na pós-modernidade. 14. ed. São Paulo: Cortez, 2013, p. 127).

34 SARMENTO, Daniel, op. cit., p. 47.

mais ser alijado da perquirição sobre o conteúdo da dignidade humana. E o fenômeno da exclusão social é multifacetado, na medida em que se verifica segundo distintos critérios ou circunstâncias agregadoras de pessoas em determinadas condições de insegurança. Dito de outro modo, a exclusão social subjuga diferentes grupos vulneráveis.

EDUARDO BITTAR relembra a publicação científica "Atlas da exclusão social no Brasil" de 2003, que revela a passagem de uma velha a uma nova exclusão social, mais ampla, que propiciou a "expansão das populações atingidas e dos contingentes humanos envolvidos em situações limítrofes entre vida e morte, dignidade e indignidade, cidadania e exclusão completa". A velha exclusão se revela pelos baixos níveis de renda e escolaridade que assolam, notadamente, negros, mulheres, migrantes, analfabetos e famílias mais numerosos. Já a nova exclusão social se sobrepõe à velha e amplia as populações socialmente vulneráveis, assim como multiplica as formas de manifestação da exclusão, alcançando as esferas cultural, econômica e política, de modo a atingir novos segmentos sociais até então relativamente preservados do processo excludente, a exemplo de jovens com elevada escolaridade, pessoas com mais de 40 anos, homens negros e famílias monoparentais, em face de quem o desemprego e precarização dos postos de trabalho disponíveis afirmam-se como novos instrumentos excludentes.[35]

BOAVENTURA DE SOUSA SANTOS distingue desigualdade e exclusão social, embora as aponte como dois tipos ideais modernos e concomitantes, que se estabelecem de modo permanente, a partir da convergência entre modernidade e capitalismo, estabelecida no século XIX.

Segundo o sociólogo português, a desigualdade não é exatamente excludente, porque existe em um quadro relacional e hierarquizado de privilégios, cujo critério de diferenciação é essencialmente econômico. O princípio que rege a desigualdade é o da integração social, pois pessoas estão inseridas em um contexto de fruição de direitos, ainda que em distintas intensidades.

Já a exclusão social rege-se pelo princípio da segregação, porquanto o excluído encontra-se fora do quadrante em que há apenas desigualdade, sendo alijado da possibilidade de fruir direitos e de reivindicá-los. O critério excludente vai além do aspecto econômico, alcançando atributos socioculturais interseccionais como gênero, raça, sexualidade, crença religiosa, etnia, nacionalidade, deficiência física ou mental, ficha criminal etc.[36]

O sofrimento concreto impingido a corpos humanos pelas dominações e opressões interseccionais infla as críticas mais ferozes contra o valor intrínseco do ser humano e a autonomia enquanto designativos únicos da dignidade humana. No marco do pensamento decolonial, critica-se a atual e disseminada reprodução desse conceito pelos chamados (neo)kantianos, no campo jurídico da atualidade, atribuindo-lhe manutenção daquelas mesmas opressões, que permanecem operantes nas sociedades mais desiguais e excludentes, notadamente nos países em que, a despeito do formal reconhecimento de sua autodeterminação, se verifica a perpetuação de dinâmicas coloniais econômicas, políticas e culturais.[37]

---

35 CAMPOS, André de et al. **Atlas da exclusão social no Brasil, volume 2:** dinâmica e manifestação territorial. São Paulo: Cortez: 2003, p. 43 e 49; BITTAR, Eduardo C. B. Ética, Cidadania e Constituição: o direito à dignidade e à condição humana. **Revista Brasileira de Direito Constitucional**, v. 8, n. 1, p. 125-155–155, 31 dez. 2006, p. 128.

36 SANTOS, Boaventura de Sousa. **A gramática do tempo:** para uma nova cultura política. 2. ed. Porto: Edições Afrontamento, 2010.

37 GOMES, Camilla de Magalhães. Os sujeitos do performativo jurídico – relendo a dignidade da pessoa humana nos marcos de gênero e raça. **Revista Direito e Práxis**, v. 10, n. 2, p. 871–905, jun. 2019.

É importante perceber que a complexa e multifacetada chaga da exclusão social, inevitavelmente, conduz sua abordagem à esfera da política institucional e, por conseguinte, da democracia.[38]

Adverte AIETA que a busca por uma definição etimológica de democracia há que considerar que essa expressão admite exame sob duas perspectivas, quais sejam, uma descritiva (analítica) e outra prescritiva (axiológica). Nesta linha, a distinção entre democracia direta (Grécia clássica) e democracia representativa ("moderna") e suas formas de operação pertencem à perspectiva descritiva, enquanto os modelos democráticos liberal e socialista comportam indagação dentro da perspectiva prescritiva.[39]

A análise descritiva da democracia representativa como "forma de governo" pode ser atribuída a HERÓDOTO, ao tratar do sorteio de "magistrados" como forma de nomeação de grupo designado para a tomada de decisão, no exercício da representação do povo. Todavia, coube a ROUSSEAU categorizar as formas de governo[40], tendo-o feito sob inspiração solidarista subjacente à noção de Contrato Social (ou Pacto Social).

O **Contrato Social** é, antes de tudo, um ato de associação orientado à autopreservação, pois a vida em sociedade é, *prima facie*, predatória ao ser humano. Na impossibilidade de que novas forças "extra-humanas" reguladoras sejam criadas, impende a agregação das forças de cada indivíduo, a resultar uma soma harmônica de forças dirigidas. Busca-se, assim, um sistema de organização social "que defenda e proteja com toda a força comum a pessoa e os bens de cada sócio, e pela qual, unindo-se cada um a todos, não obedeça todavia senão a si mesmo e que fique tão livre como antes".[41]

O traço solidarista e essencialmente inclusivo do Contrato Social evidencia-se na enunciação que ROUSSEAU empregou para definir a essência do Pacto idealizado: "Cada um de nós põe em comum sua pessoa e todo o seu poder sobre a suprema direção da vontade geral, e recebemos enquanto corpo cada membro como parte indivisível do todo". Segue-se que tal associação enseja um "corpo moral e coletivo", produto da **soma dos interesses comuns de todas as pessoas que o compõe**, por isso que corpo coletivo (Soberano) e as individualidades jamais poderão ter, por princípio, interesses colidentes.[42]

Importa notar que o Contrato Social, segundo o seu autor, não é produto da renúncia à liberdade, como em Hobbes, senão a única maneira de maximizá-la na vida em sociedade[43]. O Soberano é, por definição, o porta-voz da vontade geral, a qual não se confunde com a vontade de todos, embora resulte de sua média[44]. A primeira só compreende o interesse co-

---

38 BELTRAMELLI NETO, Silvio. Exclusão social, regulação do trabalho e crise do sindicalismo nas perspectivas crítica e utópica de Boaventura de Sousa Santos. **Revista Direito e Práxis**, v. 11, n. 3, p. 1815–1844, set. 2020; BELTRAMELLI NETO, Silvio; BONAMIM, Isadora Rezende; VOLTANI, Julia de Carvalho. Trabalho Decente segundo a OIT: uma concepção democrática? Análise crítica à luz da teoria do contrato social. **Revista Eletrônica do Curso de Direito da UFSM**, v. 14, n. 1, p. 1–36, 6 maio 2019.

39 AIETA, Vânia S. Democracia. In: BARRETO, Vicente de P. (Coord.). **Dicionário de filosofia do direito**. São Leopoldo/Rio de Janeiro: Editora Unisinos; Livraria Editora Renovar, 2009, p. 191-192.

40 Id. Ibid. p. 191.

41 ROUSSEAU, Jean-Jaques. **Do contrato social**. Trad. Pietro Nassetti. São Paulo: Martin Claret, 2004, p. 31.

42 Id. Ibid., p. 31-33.

43 SANTOS, Boaventura de S. **A crítica da razão indolente:** contra o desperdício da experiência. 2 ed. Porto: Edições Afrontamento, 2002, p. 121.

44 "(...) quando [se] tira dessas vontades [particulares] as mais e as menos, que mutuamente se destroem, resta por soma das diferenças a vontade geral" (ROUSSEAU, Jean-Jaques. **Do contrato social**, cit., p.

mum e, por isso, tão somente põe-se ao proveito do bem comum; a última, de seu turno, não passa de uma soma de vontades particulares. Já o Governo atua por delegação do Soberano, podendo ser exercido por todos os indivíduos (democracia no sentido grego clássico), por uma parcela deles (aristocracia) ou a apenas uma pessoa (monarquia).

Partindo das premissas rousseaunianas para desenvolver seu pensamento, BOAVENTURA DE SOUSA SANTOS examina, a miúde, a questão da exclusão social sob a perspectiva da democracia. Inicia afirmando que a regulação social assenta-se em 3 (três) princípios: do Estado, do Mercado e da Comunidade.[45] A associação da modernidade ocidental com o capitalismo consagrou a ascensão do princípio do Mercado sobre os demais, em um processo gradual que se confunde com o próprio processo de transformação e desenvolvimento do capitalismo como padrão societal.

O princípio da Comunidade, tal como acatado por BOAVENTURA, é lastreado na teoria do Contrato Social de ROUSSEAU, fundada na obrigação vertical cidadão-Estado típica do modelo liberal, mas assenta-se em uma obrigação horizontal cidadão-cidadão, fundante de uma associação política participativa, que exige, para além da igualdade formal, a igualdade substancial[46], inadmitindo, portanto, a exclusão social.

Lançando luzes sobre a contemporaneidade, BOAVENTURA denuncia a crise atual do Contrato Social, dado que a coesão subjacente à vontade geral desvaneceu-se, ante a perda da centralidade do Estado e do direito estatal como artífices da regulação face à instantaneidade dos interesses do mercado financeiro globalizado, que impulsiona um tempo de contratualização não de cunho social, mas de natureza eminentemente liberal-individual e, por isso, efêmera, conformando uma espécie de "Contrato Social Neoliberal" ou "Contrato Social Pós-Moderno Leonino", onde predomina a exclusão social sobre os processos inclusivos.[47]

Pontualmente apoiado em Kant, aduz Boaventura que a noção moderna de democracia, ao limitá-la ao direito de voto, é reducionista e perigosamente liberal, portanto dissonante do comunitarismo rousseauniano, na medida que o governo exercido pelos representantes eleitos deve fazer coincidir a vontade coletiva dos particulares com a vontade geral, que, por definição, conforma-se **pela média da vontade de todos e não apenas da maioria**.

Segundo a teoria liberal predominante, a sociedade civil está baseada na igualdade plena de exercício de liberdade, autonomia e interesses de todos os indivíduos, ocultando a desigualdade material inerente ao capitalismo, que limita a própria formação da vontade individual, nos espaços públicos e privados de exercício da cidadania e do trabalho.[48] Tal

---

41). "(...) no contrato social, a vontade individual pode ser boa ou má, mas a vontade geral só pode ser boa" (SANTOS, Boaventura de S. **A crítica da razão indolente:** contra o desperdício da experiência, cit., p. 121).

45 Id. **A crítica da razão indolente**: contra o desperdício da experiência, cit., p. 122; Id. Do pós-moderno ao pós-colonial. E para além de um e de outro. **Travessias**, n. 6/7, p. 15-36, 2008, p. 21.

46 SANTOS, Boaventura de Sousa. **Pela mão de Alice:** o social e o político na pós-modernidade, cit., p. 228.

47 Id. **A gramática do tempo:** para uma nova cultura política, cit., p. 301-304.

48 Id. **Pela mão de Alice:** o social e o político na pós-modernidade, cit., p. 228. Impende recordar a desigualdade material ocultada pela participação política de que trata BOAVENTURA era assumida nos primórdios do liberalismo clássico do século XIX: "Muito embora no plano do discurso se enfatize a liberdade individual, as liberdades protegidas pelos ordenamentos jurídicos eram, acima de tudo, as econômicas, e não as existenciais. As restrições às liberdades existenciais, pelo contrário, abundavam no Direito, inspiradas por propósitos moralistas, em geral ligados a tradições culturais ou orientações religiosas autoritárias ou desigualitárias. O direito de participação política, por outro lado, era denegado sistematicamente aos pobres por meio do voto censitário, o que mantinha o poder político nas mãos da

ocultação favorece a percepção ilusória de que a democracia se perfaz, integralmente, com a faculdade do voto, escondendo as relações de poder e dominação que fazem dissociar-se as vontades de Soberano e Governo.

A insuficiência da gestão democrática da sociedade, nos moldes atuais, torna esse sistema político conveniente ao capitalismo que faz sucumbir Estado e Comunidade, abrindo-se as portas para a disseminação do maior risco advindo da crise do Contrato Social: o **Fascismo Social**. Sua diferença para o Fascismo dos anos trinta e quarenta do século XX reside no fato de não designar apenas um regime político, mas um "regime social e civilizacional". São quatro as formas de manifestação do Fascismo Social[49]:

- **Fascismo do *apartheid* social ➔** consistente em segregação, visível no espaço urbano, promovida pela separação entre zonas selvagens, onde habitam pessoas relegadas ao predatório estado de natureza hobbesiano, porquanto sem qualquer assistência política e jurídica do Estado; e zonas civilizadas, habitadas por integrantes do Contrato Social e, por consequência, credores de prestações estatais, os quais se encontram diuturnamente ameaçados pelos seres advindos das zonas selvagens;
- **Fascismo paraestatal ➔** concretiza-se com a usurpação das prerrogativas estatais de regulação e repressão por agentes sociais privados poderosos, em seu próprio benefício, o fazendo pela via do fascismo contratual (hipercontratualização das relações privadas) e do fascismo territorial (privatização de territórios antes controlados pelo Estado, com submissão das pessoas que lá habitam);
- **Fascismo da insegurança ➔** calcado na exasperação manipulada das inseguranças e incertezas de grupos vulneráveis, gerando angústia e medo do futuro, em ordem a reduzir suas expectativas e torná-los mais suscetíveis à exploração dos manipuladores, sem o risco de insurgência;
- **Fascismo financeiro ➔** o mais violento e internacional de todos, materializado pela imposição dos interesses do mercado financeiro sobre as instituições, à revelia dos efeitos sociais da consecução de seus objetivos.

Neste contexto, o fascismo social eleva a níveis altíssimos a discricionariedade (ou o poder de veto) dos socialmente mais poderosos sobre as chances de vida dos excluídos e dos mal posicionados na escala da desigualdade, minando, como nunca visto, a regra formal da igualdade.[50]

A prevalência do Mercado sobre o Estado e a Comunidade e a crise do Contrato Social aprofundaram e conferiram novos contornos a um tipo de divisão social perceptível desde o século XVI, denominada por BOAVENTURA de divisão entre relações "metropolitanas" e "coloniais", separadas pela "linha abissal". As relações sociais metropolitanas perfazem-se dentro da tensão regulação *versus* emancipação e nelas a todo indivíduo se atribui algum direito e algum tipo de oportunidade de realização pessoal. Já as relações sociais coloniais vivem sob a dualidade violência *versus* apropriação e contemplam a mais intensa exclusão social de pessoas absolutamente desprovidas de direitos realisticamente reivindicáveis, embora

---

burguesia. Para o discurso burguês, interessava apenas a 'liberdade dos modernos', e não a "liberdade dos antigos", consistente na participação democrática na vida política" (SARMENTO, Daniel, op. cit., p. 45).

49 SANTOS, Boaventura de Sousa. **A gramática do tempo:** para uma nova cultura política, cit., p. 310-313.

50 Id. The resilience of abyssal exclusions in our societies: toward a post-abyssal law. **Tilburg Law Review**, v. 22, n. 1-2, p. 237-258, 2017.

até possam ser formalmente reconhecidos. Antes perceptíveis geograficamente, ao tempo do colonialismo histórico (norte/sul), a linha abissal, hoje, perdeu o referencial geográfico, na medida que relações metropolitanas e coloniais convivem em espaços mais reduzidos, como dentro das divisas de países centrais ou mesmo no interior de cidades.[51]

O sociólogo português identifica seis modos de produção da prática social, todos cindidos pela linha abissal e a cada um correspondendo uma forma de poder específica: espaço doméstico (poder do patriarcado), espaço da produção (poder da exploração e da "natureza capitalista"), espaço do mercado (poder do fetichismo das mercadorias), espaço da comunidade (poder da diferenciação desigual), espaço da cidadania (poder da dominação) e o espaço mundial (poder da troca desigual)[52].

Diante desse cenário, BOAVENTURA propõe uma nova teoria da democracia, que reclama a urgência da democratização de todos os espaços cindidos pela linha abissal excludente[53], observado o sentido solidarista rousseauniano de **asseguramento de participação deliberativa a todos os grupos socialmente excluídos e vulneráveis à desigualdade social por qualquer circunstância ou critério, ainda que quaisquer desses grupos não represente maioria quantitativa em determinado ambiente político-institucional**. Uma democracia, portanto, inclusiva que, por isso, jamais poderá ser reduzida ao "governo da maioria" como paradigma tanto para políticas de governo quanto para produção e aplicação de leis.

ROUSSEAU e BOAVENTURA evidenciam que igualdade no concreto só admite ser vislumbrada em um ambiente democrático, que assegure participação ativa e consideração permanente dos interesses de todos os indivíduos, mas, sobretudo, dos desvalidos e ultrajados pela desigualdade e pela exclusão social. No mundo atual, contudo, ambientes assim vão se mostrando cada vez mais implausíveis, à vista da perpetuação do ideário neoliberal de ampla concorrência individual, patrocinada pelo Estado e introjetada pelas subjetividades – inclusive dos excluídos –, onde prevalece o radical individualismo sobre a percepção da solidariedade social. Valendo-se da obra de Ulrich Beck, PIERRE DARDOT e CHRISTIAN LAVAL exclamam a destruição, sob o ideário neoliberal, da "dimensão coletiva da existência", porquanto "assistimos a uma individualização radical que faz com que todas as formas de crise social sejam percebidas como crises individuais, todas as desigualdades sejam atribuídas a um responsável individual".[54]

A concretude da desigualdade e da exclusão social exigem, portanto, uma noção de dignidade humana cujo conteúdo as considere em todas as suas causas e dimensões individuais e coletivas, para que assim (e só assim) possa refletir, de modo adequado, o caráter universalizante entrevisto idealmente por KANT, sem deixar de contemplar a viabilização das condições materiais (concretas) para que cada indivíduo vivencie, de modo livre e pleno, suas singularidades, de acordo com suas preferências.

Impulsionado por reflexões sobre o combate à fome e à miséria como manifestações mais radicais da exclusão social, o economista e filósofo indiano AMARTYA SEN propôs, com ampla aceitação nos meios acadêmicos e de organizações internacionais de direitos humanos, como ONU e OIT, a ideia de "**Desenvolvimento Humano"** como norte para o enfrentamento

---

51 Id. Ibid., p. 251 e 254.

52 SANTOS, Boaventura de S. **A crítica da razão indolente:** contra o desperdício da experiência, cit., p. 254.

53 Id. **Pela mão de Alice:** o social e o político na pós-modernidade, cit., p. 270-271.

54 DARDOT, Pierre; LAVAL, Christian. **A nova razão do mundo:** ensaio sobre a sociedade neoliberal. trad. Mariana Echalar. São Paulo: Boitempo, 2016, p. 348.

da exclusão social e suas manifestações mais cruéis: a fome e a miséria. Desenvolvimento Humano, nesse contexto, é entendido como a busca da ampliação das capacidades das pessoas.

SEN formula uma teoria própria das capacidades (*capabibility approach*), a partir da retomada de inspiração aristotélica da associação entre ética e economia. A teoria das capacidades de SEN preceitua que o desenvolvimento de um indivíduo é resultado direto da conjugação de suas capacidades, entendida capacidade (*capability*) como "a liberdade substantiva de realizar combinações alternativas de funcionamentos (ou, menos formalmente, a liberdade para ter estilos de vida diversos)". Os citados "funcionamentos" representam as diversas coisas que uma pessoa pode desejar fazer ou ser. O conjunto de capacidades pode ser delimitado pelo leque mais restrito ou mais amplo de oportunidades de aquisição de distintos funcionamentos, ou seja, de bens e caminhos que, por livre decisão da própria pessoa ("agência"), representem meios para seu bem-estar segundo suas preferências pessoais.[55]

Perceba-se que, no horizonte teórico seniano, o exercício dos funcionamentos, em um contexto mais ou menos limitado das capacidades, não tem no fator econômico sua única influência, mas admite outras circunstâncias, como é o caso, no plano individual estrito, de deficiência física ou mental, ou, ainda, no plano individual afetado por condições sociais, de adoecimentos evitáveis, déficit formação educacional e discriminações diversas (gênero, raça, etnia, etc.). Ademais, o avanço coletivo das capacidades individuais, diz SEN, depende da preservação de um ambiente político democrático, que dê visibilidade e atenção às demandas das pessoas com severas limitações em suas capacidades, ou seja, os socialmente excluídos.[56]

Face às reflexões apresentadas, uma noção de dignidade humana consentânea com seus propósitos de salvaguarda da existência humana em termos igualitários não pode se limitar a uma compreensão que naturaliza a autodeterminação e a igualdade como atributos decorrentes da razão humana. O conteúdo da dignidade humana é bem mais complexo e exige que autodeterminação e igualdade sejam percebidas e contempladas na perspectiva da concretude da vida, por sua vez indissociável das condições materiais em que cada pessoa está imersa e do que isso representa enquanto limites e oportunidades para que, livremente, seja quem deseja ser.

A amplitude e a complexidade do conteúdo da dignidade humana, inevitavelmente, oferecem desafios hermenêuticos à sua expressão jurídica e, em verdade, é preciso admitir que as manifestações jurisprudenciais pelo mundo e, notadamente, no Brasil, não ressoam o quanto aqui proposto, no mais das vezes encontrando-se interpretações casuísticas, sem que se possa entrever esforço jurisdicional na direção de uma mínima delimitação conceitual da questão.

4. PRINCÍPIO DA DIGNIDADE DA PESSOA HUMANA: A DIGNIDADE HUMANA NO DIREITO POSITIVO

Cogita-se que a primeira aparição da dignidade humana em um texto normativo tenha se verificado no preâmbulo de decreto de 1848, que aboliu a escravidão na França. Ainda antes das Guerras Mundiais, as constituições do México de 1917, de Weimar (Alemanha) e da Finlândia, ambas de 1919, também contemplaram a expressão.[57]

---

55 SEN, Amartya. **Sobre ética e economia**. trad. Laura Teixeira Motta. São Paulo: Companhia das Letras, 1999, p. 18-19 e 56-60; Id. **Desenvolvimento como liberdade**. Trad. Laura Teixeira Motta. São Paulo: Companhia das Letras, 2010, p. 105.

56 Id. Ibid., p. 16-53.

57 SARMENTO, Daniel, op. cit., p. 55.

No entanto, no mais das vezes grafada "dignidade da pessoa humana", a dignidade humana multiplicou-se, nos documentos jurídicos internacionais e nacionais, dentro do movimento de afirmação global dos direitos humanos, iniciado após a Segunda Guerra Mundial.

Logo em sua primeira frase, o preâmbulo da Carta de São Francisco de 1945, instituidora da **ONU**, reafirma a "fé nos direitos fundamentais do homem, na dignidade e no valor do ser humano, na igualdade de direito dos homens e das mulheres, assim como das nações grandes e pequenas". No mesmo caminho, a Declaração Universal dos Direitos Humanos de 1948 enfatiza, em seu primeiro "considerando", que "o reconhecimento da dignidade inerente a todos os membros da família humana e seus direitos iguais e inalienáveis é o fundamento da liberdade, da justiça e da paz no mundo".

Ainda dentro do sistema da ONU, a dignidade humana encontra-se consagrada nas Convenções de Genebra de 1949 (normas de Direito Internacional Humanitário), no Pacto Internacional sobre Direitos Civis e Políticos e no Pacto Internacional sobre Direitos Econômicos, Sociais e Culturais, ambos de 1966, nesses casos aparecendo não apenas no preâmbulo, mas também nos artigos relativos a direitos específicos.

A partir daí, o reconhecimento da dignidade humana nos documentos jurídicos da ONU sobre direitos humanos tornou-se uma regra, do que são exemplos a Convenção Internacional sobre a Eliminação de Todas as Formas de Discriminação Racial de 1966 (preâmbulo), a Convenção sobre a Eliminação de Todas as Formas de Discriminação contra a Mulher de 1979 (preâmbulo), a Convenção sobre o Direito das Crianças de 1989 (arts. 23, 28, 37, 39 e 40), a Convenção Internacional sobre a Proteção dos Direitos de todos os Trabalhadores Migrantes e de seus Familiares de 1990 (arts. 17 e 70) e a Convenção Internacional para a Proteção de Todas as Pessoas contra o Desaparecimento Forçado de 2006 (art. 19).

Na Declaração e Programa de Ação de Viena, aprovada por 171 Estados Membros da ONU como resultado da II Conferência Internacional de Direitos Humanos (1993), a dignidade humana não foi afirmada apenas como fundamento dos direitos humanos em geral, mas também atrelada a direitos humanos específicos, em consonância com o conteúdo amplo da noção em si. A dignidade humana foi correlacionada a direitos atinentes a situações envolvendo progresso da ciência, biomedicina e tecnologia da informação (art. 11), violência de gênero e exploração sexual (art. 18), tratamento de indígenas (art. 20), erradicação da pobreza extrema (art. 25) e na proibição da tortura (art. 55).[58]

No cenário internacional regional, a dignidade humana também experimentou substancial penetração. Conquanto não esteja no texto da Convenção Europeia de Direitos Humanos de 1950, a dignidade humana consta do preâmbulo do seu Protocolo Adicional nº 13 de 2002, bem como da Carta Social Europeia, com texto revisado de 1996 (arts. 26) e da Carta dos Direitos Fundamentais da União Europeia de 2000, além de outros documentos de direitos humanos específicos do **Conselho Europeu**.

No âmbito da **OEA**, há menções em seus dois principais documentos de direitos humanos: Declaração Americana dos Direitos e Deveres do Homem de 1948 (preâmbulo e art. 23) e Convenção Americana sobre Direitos Humanos (arts. 5º, 6º e 11). Tal tendência se manifesta nos demais tratados interamericanos específicos de direitos humanos, a exemplo da Convenção Interamericana para Prevenir, Punir e Erradicar a Violência contra a Mulher de 1994 – "Convenção de Belém do Pará" (preâmbulo e arts. 4º e 8º).

---

[58] SANTOS, Rafael Padilha dos. O tratamento jurídico e normativo da dignidade da pessoa humana e sua aplicação na cultura jurídica estadunidense, europeia e brasileira. **Revista Direitos Culturais**, v. 13, n. 30, p. 45–72, 16 set. 2018, p. 51.

A dignidade humana também está consagrada na Carta sobre Direitos Humanos de 2004 da **Liga de Estados Árabes** (preâmbulo, art. 2º, 3º, 17, 20, 33 e 40).

Na seara da **União Africana**, a dignidade humana consta da Carta sobre Direitos Humanos e das Pessoas – "Carta de Banjul" (preâmbulo e art. 5)

A incidência da dignidade humana nas constituições nacionais é vasta. Ilustrativamente, está na Lei Fundamental da República Federal da Alemanha de 1949 (arts. 1º), na Constituição Japonesa de 1946 (arts. 13 e 24) e na Constituição Italiana de 1947 (art. 3º, 36 e 41). Por outro lado, dignidade humana não consta da Constituição dos EUA ou de quaisquer de suas emendas.

Nas **Constituições Brasileiras**, a dignidade humana debuta na Constituição de 1934 (art. 115), por ocasião do tratamento da ordem econômica, atribuindo-lhe a finalidade de possibilitar a existência digna a todos. Omitida na Constituição de 1937, a dignidade humana voltaria a ser contemplada apenas na Constituição de 1946 (art. 145, parágrafo único), que afirma o trabalho como obrigação social e instrumento da existência digna. A mesma associação entre trabalho e dignidade retorna na Constituição de 1967 (art. 157, II) e na Emenda Constitucional nº 01 de 1969 (art. 160, II), mas, em ambos os casos, com o emprego exato do termo "dignidade humana".

Não obstante, somente na Constituição de 1988, sucessora do regime ditatorial instalado em 1964[59], é que a dignidade humana é erigida a princípio fundamental da República (art. 1º, III), voltando a ser mencionada em disposições específicas sobre a ordem econômica (art. 170), o planejamento familiar (art. 226, § 7º), a proteção integral à criança e ao adolescente (art. 227) e a defesa dos idosos (art. 230).

A dignidade humana, assim, materializa-se no ordenamento jurídico internacional e nacional como norma positivada do tipo princípio – o Princípio da Dignidade da Pessoa Humana –, com estrutura mais aberta, a desafiar reflexões, no campo da dogmática, sobre a amplitude seu conteúdo normativo e, por conseguinte, sobre suas possibilidades de aplicação.

5. FUNÇÕES E CONTEÚDO NORMATIVO DO PRINCÍPIO DA DIGNIDADE DA PESSOA HUMANA

A compressão da dignidade humana no plano concreto da existência não parece se conformar com um conceito atemporal. É que as condições materiais da existência humana se estabelecem de modo dinâmico, no curso da História. A sociedade antiga se estabeleceu sob pressupostos éticos, políticos e econômicos distintos dos da sociedade feudal e essa, de seu turno, apresentou uma conformação totalmente diferente do perfil societal liberal capitalista em relação àqueles mesmos 3 (três) pressupostos.

Admitir a historicidade da dignidade humana provoca desconforto e incompreensão na comunidade jurídica, sempre ávida por categorias, institutos e conceitos hermeticamente delimitados, o que ajuda a propiciar, de um lado, uma aversão – que, no limite, chega à negação – da normatividade da dignidade da pessoa humana, a despeito da expressa previsão constitucional e internacional; e, de outro, falta de rigor metodológico na aplicação desse princípio jurídico a casos concretos, dando ensejo à sua banalização.

---

59 "É preciso mencionar também que a dignidade é reforçada em muitos textos constitucionais de nações que atravessaram fases de transição de um sistema político totalitário para governos democráticos liberais, a exemplo do que ocorreu com a Grécia depois da ditadura dos coronéis ou junta dos coronéis, que durou de 1967-1974; na Espanha depois da ditadura encabeçada por Francisco Franco, que durou de 1936 até 1975; na África do Sul depois do *apartheid*, regime de segregação racial que durou de 1948 a 1994; e nos países da Europa Oriental pós-comunista" (Id. Ibid., p. 50-51).

Bem melhor seria se, reconhecida a historicidade da dignidade humana, juristas da academia e da *práxis* assumissem, em sua totalidade e dentro da institucionalidade vigente, a missão da construção dialógica de um sentido normativo para o Princípio da Dignidade da Pessoa Humana que, longe de reclamar um conceito pronto e acabado, necessita, em verdade, de consenso metodologicamente acessível e aplicável à casuística sobre as funções que aquele princípio cumpre em determinada ordem jurídica, bem como sobre os elementos da existência humana que não podem estar à margem de sua proteção, para o quê as condições de determinada quadra histórica hão de ser consideradas.[60]

A chave, portanto, para a delimitação do conteúdo do princípio jurídico da dignidade da pessoa humana está em perscrutar as razões históricas de sua positivação e, com isso, definir suas funções e seu âmbito de proteção e, então, diretrizes metodológicas para sua aplicação a casos concretos. Variadas propostas para cada uma dessas questões encontram-se disponíveis no plano acadêmico e algumas poucas no plano jurisdicional, sobretudo comparado (de outros países).

Aqui interessa cumprir este itinerário sob o ponto de vista da ordem jurídica brasileira, composta por normas nacionais (sobretudo constitucionais) e internacionais incorporadas de direitos humanos, tomada no contexto social, político e econômico do Brasil e alinhada com a percepção encampada acima sobre a amplitude de uma noção de dignidade humana atenta à concretude do ser humano.

A profunda e rigorosa pesquisa realizada por DANIEL SARMENTO, publicada sob o título "Dignidade da Pessoa Humana: conteúdo, trajetórias e metodologia", atende a esse critério, pois, recusando limitar-se à visão ideal e naturalista da dignidade humana, examina, com detalhes, seu princípio jurídico correlato sob contexto social e normativo nacional, sem descurar das normas internacionais, o fazendo sob declarada influência da percepção da sociedade brasileira como perpetuadora de um veio histórico escravocrata e uma moral patriarcal, agudizados por uma desigualdade multidimensional, que é fortemente naturalizada tanto por privilegiados quanto por oprimidos.[61]

Ademais, o estudo em comento adere e defende que a "pessoa" mencionada pelo princípio jurídico da "dignidade da pessoa humana" é a pessoa concreta, "que é racional, mas também sentimental e corporal; que é um fim em si mesmo, mas não uma 'ilha' separada da sociedade; que deve ter sua autonomia respeitada, mas também precisa da garantia das suas necessidades materiais básicas e do reconhecimento e respeito de sua identidade".[62]

---

60 A respeito, é precisa a constatação de MALUSCHKE: "Tendo em vista a longa história do conceito de dignidade da pessoa humana, parece muito problemático atribuir-lhe um conteúdo atemporal. (...) Como pode se pensar uma coisa tão esquisita: uma entidade normativa inerente num ser vivo? No discurso jurídico, porém, não se discute essa alternativa; não se analisam seus recíprocos problemas, o conceito de inerência não é explicitado, mas dogmaticamente pressuposto. A procura de um fundamento ontológico de normatividade e, neste caso, do direito do homem e de sua dignidade, não faz sentido. A pressuposição de sua fundamentação teológica é inaceitável para um Estado como instituição secular. O surgimento de ideias normativas também dificilmente se explica pela teoria da evolução das espécies. Qual poderia ser a solução? O surgimento da consciência da necessidade de normas pode ser compreendido como manifestação de protesto contra as muitas formas de violência que sempre acompanharam a história da humanidade. Normas morais e jurídicas, e também a ideia de dignidade humana, são postulados e como tais invenções humanas; surgiram na mente humana. O único fato fundador é a facticidade da mente humana como criadora de normas. Normas não têm fundamento no mundo externo; não têm ancoragem ontológica; e, no que concerne à dignidade humana, esta deve ser compreendida como atributo que o homem atribui a si mesmo. A jurisprudência hoje ainda não consegue se livrar de concepções ontológicas superadas" (MALUSCHKE, Günther, op. cit., p. 108).

61 SARMENTO, Daniel, op. cit., p. 59-68.

62 Id. Ibid., p. 70.

Quanto às funções cumpridas pelo Princípio da Dignidade da Pessoa Humana na ordem jurídica, aqui são acolhidas três principais e quatro decorrentes, a despeito de SARMENTO as apresentar como sete funções autônomas[63]:

1. **Fator de legitimação do Estado e do Direito,** isto é, fundamento da ordem jurídica e política, conforme declarado pelo art. 1º, III, da Constituição Federal e afirmado nas diversas declarações e tratados internacionais de direitos humanos[64], que dá suporte à legitimação moral da máxima segundo a qual Estado e ordem jurídica existem em razão da pessoa humana (e não o contrário).
2. **Condicionante da hermenêutica jurídica,** conferindo legitimação hermenêutica ao uso da dignidade da pessoa humana como guia da interpretação, aplicação e integração do Direito, imputável a todos os ramos jurídicos, sem exceção, tendo em vista sua presença subjacente em praticamente todas as normas de direitos fundamentais de matriz constitucional, complementados pela normativa internacional vigente. Desta função decorrem 4 (quatro) outras afetas ao exercício da aplicação do Direito:
   - 2.1. **Diretriz para a ponderação entre interesses colidentes** → critério relevante, embora não exclusivo ou definitivo, para a solução de casos concretos que envolvam colisão de direitos humanos pela aplicação da técnica da ponderação, sendo certo que adstringe o(a) aplicador(a) do Direito a justificar, com robustez, a conformidade da solução ponderada adotada com a maior efetivação da proteção da dignidade humana no caso examinado;
   - 2.2. **Fator de limitação de direitos humanos** → critério justificador da limitação de direitos humanos de certa pessoa em razão da dignidade humana de outra pessoa, bem como da limitação de direitos humanos de determinado indivíduo em virtude de sua própria dignidade humana;
   - 2.3. **Parâmetro para a validade de atos estatais e particulares ("eficácia negativa")** → paradigma para o controle da validade jurídica de atos administrativos, legislativos e jurisdicionais de todo e qualquer agente estatal, bem assim de atos jurídicos particulares, como negócios jurídicos em geral e, especificamente, contratos privados, com isso freando o ímpeto estatal de intervenção indevida na dignidade humana ou omissão injustificada quanto à promoção que lhe caiba;
   - 2.4. **Critério para a identificação de direitos fundamentais** → critério para o reconhecimento de direitos humanos juridicamente protegidos enunciados no texto constitucional ou de outra norma e que não constam do rol expresso de direitos fundamentais enunciados em trecho específico do Título II da Constituição Federal[65];
3. **Fonte de direitos não enumerados ("eficácia positiva"),** justificando, juridicamente, o reconhecimento de direitos humanos não expressamente enumerados na Constituição Federal ou em normas internacionais vigentes, mas que demandem proteção

---

[63] Id. Ibid., p. 77-89.

[64] "Tratado", "convenção" e "pacto" internacional são expressões que costumam ser empregadas como sinônimos, no contexto do direito internacional e assim serão empregadas neste Curso.

[65] Acerca da técnica da ponderação e restrições a direitos humanos, cf. tópico próprio no capítulo adiante sobre a hermenêutica dos direitos humanos.

por dizerem evidente respeito a alguma dimensão da dignidade humana, com isso sanando lacunas ou incompletudes de certa ordem jurídica[66].

Adotando classificação igual a essa, na substância, embora expressada em um rol mais enxuto, CARVALHO RAMOS registra exemplos da jurisprudência do STF que corroboram o desempenho das funções assinaladas, alguns dos quais convém citar, ilustrativamente[67]:

Função	Constatação na jurisprudência do STF
Parâmetro para a validade de atos estatais e particulares ("eficácia negativa")	Proibição de Tortura pelo aparato estatal (HC 70.389/SP, de 1994) Fixação de requisitos para o uso de algemas (HC 91.952/SP, de 2008)
Diretriz para a ponderação entre interesses colidentes	Prevalência do direito à informação genética sobre a segurança jurídica (RE 363.889/DF, de 2011) Prevalência do direito à igualdade (não discriminação) à liberdade de expressão (HC 82.424/RS, de 2004)
Fonte de direitos não enumerados ("eficácia positiva")	Direito à busca da felicidade (RE 477.554/MG, de 2011) Direito ao reconhecimento de modelos familiares diversos da família heterossexual (RE 898.060/SC, de 2016)

Fonte: elaborada pelo autor

As funções do Princípio da Dignidade da Pessoa Humana permitem afirmar que **não se trata de um direito humano autônomo**, a despeito do quão confortável isso possa soar do ponto de vista retórico. Em verdade, sob o prisma jurídico-pragmático, afigura-se mais plausível tomar a dignidade, segundo sugere a segunda função enunciada, como fonte subjacente a todos os direitos humanos positivados e não positivados (mas que venham a ser reconhecidos por força de derivação hermenêutica do princípio em questão).[68] Nesse caso, é possível pensar na figura inusual de um "**metadireito**". Em sendo assim, não faz sentido classificar a dignidade da pessoa humana como direito humano absoluto, pois, a uma, lhe falta autonomia e, a duas, compreendido a partir dos direitos humanos específicos nos quais subjaz, estará, tanto quanto esses, suscetível a limitações e restrições legal e jurisprudencialmente estabelecidas. É de se advertir, contudo, que:

> (...) o reconhecimento desses direitos não enumerados – "filhotes", por assim dizer, da dignidade humana –, deve ser feito com cautela e critério. Afinal, a afirmação de um direito fundamental gera graves impactos na ordem jurídica e na sociedade, ao ensejar

[66] Para o papel destacado dessa função em Israel, mas também sobre sua admissão na Alemanha e na África do Sul, cf. as referências citadas em SARMENTO, Daniel, op. cit., p. 87.

[67] RAMOS, André de Carvalho. **Curso de Direitos Humanos**. 7. ed. São Paulo: Saraiva Educação, 2020, p. 83-85.

[68] SARMENTO, Daniel, op. cit., p. 88-89.

deveres correlatos para o Estado e para particulares. Mais que isso, tal reconhecimento impõe limites para a deliberação das maiorias políticas (...) Vários riscos devem ser evitados nessa atividade, especialmente o decisionismo na "invenção" de novos direitos, a banalização da dignidade e o recurso ao princípio para fundamentar privilégios não universalizáveis ou promover agendas autoritárias e conservadoras.[69]

Tal advertência remete, então, à definição do âmbito de proteção do Princípio da Dignidade da Pessoa Humana e, subsequentemente, à metodologia de sua aplicação. Por âmbito de proteção de uma norma entende-se o conjunto de situações que se encontram abrangidas pelo direito sob exame. O estudo das funções e a conclusão pela ausência de autonomia do Princípio da Dignidade da Pessoa Humana já permite entrever que não há propriamente um âmbito de proteção a ser precisamente identificado, senão um campo mais vasto, que permita identificar quais dimensões da existência humana concreta estão ao alcance do raio de ação desse princípio jurídico, no cumprimento de suas funções.

SARMENTO usa a expressão "componentes" e descreve 5 (cinco) deles como conformadores do princípio da dignidade da pessoa humana: **valor intrínseco da pessoa humana, igualdade, autonomia, mínimo existencial e reconhecimento.**

A igualdade, entendida como rejeição de qualquer discriminação ou tratamento social ou cultural hierarquizado, mas que também demanda ações positivas para superação das condutas discriminatórias, já é objeto de disposição normativa específica de direitos humanos, tanto na condição de direito fundamental contemplado em diversas passagens da Constituição Federal (com previsão geral no *caput* do art. 5º), quanto na de direito humano em incontáveis normas internacionais. Em sendo assim, aos demais componentes incumbe o propósito de iluminar o conteúdo do Princípio da Dignidade da Pessoa Humana, nas situações de desempenho de suas funções. Em sua obra, SARMENTO examina, com acuidade e de modo denso, cada um dos citados quatro componentes, as controvérsias teóricas e as nuances práticas de cada qual, cumprindo, aqui, apenas sumariar, em tom dogmático (com indicação das influências teóricas), as conclusões propositivas do autor.

5.1. Valor intrínseco da pessoa humana

O **valor intrínseco da pessoa humana** é o componente da dignidade humana que mantém vivo o vínculo com o registro kantiano de matriz ideal universalizante, apresentado em oposição às concepções que admitiam a possibilidade de seres humanos sem dignidade, seja pela posição social, seja em razão de determinados comportamentos éticos (com ou sem vinculação religiosa).

Decorre do valor intrínseco da pessoa humana a máxima da vedação da instrumentalização (objetificação) de qualquer pessoa, resultando na proibição incontornável de quaisquer tratamentos públicos e privados que não observem o ser humano como fim em si mesmo, afastando-se, por conseguinte, as vetustas noções que preceituavam que o indivíduo deve se sacrificar pela sociedade – como fizeram a ideologia organicista[70] e aqueles que a usaram para justificar regimes políticos autocráticos.

---

69 Id. Ibid., p. 89.

70 Pertence sobretudo ao campo da teoria política a clássica dicotomia entre as concepções organicistas e individualistas sobre e relação entre governantes e governados. Uma as primeiras formulações organicistas, se não a primeira, é encontrada em "A República" de Platão, com o estabelecimento da compreensão segundo a qual o "todo" é mais importante que suas partes (cidadãos) e, assim, a unidade da *pólis* é anterior às próprias pessoas e prevalece sobre o interesse dessas. Já sob o contexto contratualista, as diretrizes

Redução da pessoa à condição análoga à de escravo e outras formas de exploração desmedida da força de trabalho, tráfico humano, assédio moral, tortura decorrente de maus tratos (a exemplo do encarceramento em condições aviltantes) e formas variadas de vilipêndio do corpo alheio – estupro, importunação sexual, assédio sexual, pornografia infantil, divulgação não consentida de fotos e vídeos íntimos de outrem, entre outras – consubstanciam, com muita clareza, graves situações de negação do valor intrínseco da pessoa humana e, consequentemente, configuram afronta direta à dignidade humana.

5.2. Autonomia (Autodeterminação)

A **autonomia ou autodeterminação** do ser humano envolve duas dimensões: privada e pública. Sobre essa distinção, esclarece SARMENTO que "a autonomia privada diz respeito à faculdade da pessoa de se autodeterminar, de fazer suas próprias escolhas de vida, e a autonomia pública, que se liga à democracia, consiste no poder do cidadão de tomar parte nas deliberações da sua comunidade política".[71]

A **autonomia privada** de que se trata não é propriamente aquela pensada por KANT, tampouco a autonomia da vontade, tão cara aos civilistas. A concepção kantiana admite o exercício da autonomia apenas dentre as escolhas compatíveis com os imperativos morais, excluindo, portanto, a possibilidade de um optar plenamente livre, segundo critérios próprios do indivíduo.

Já a autonomia da vontade, enquanto instituto civilista de direito obrigacional, remete à capacidade de se obrigar por força de negócios jurídicos, cuidando-se de noção bem mais limitada e conceitualmente específica de determinado campo do Direito.

A autonomia privada no sentido ora versado é aquela condizente com a liberdade **plena** do ser humano quanto às escolhas que faz nas várias dimensões de sua existência (afetivas, profissionais, políticas etc.), segundo seus próprios valores, preferências e razões morais. Por certo, na prática, tal autonomia poderá vir a comportar restrições circunstanciais seja por força da referida autonomia da vontade, seja por força de intervenção do Estado, que edita leis restritivas ou julga casos de colisão de direitos humanos, em ambos os casos com a devida justificativa relativa ao respeito, promoção ou proteção de outra dimensão da dignidade humana.

Já a **autonomia pública** é, ao mesmo tempo, instrumental e constitutiva da dignidade humana, como ensina AMARTYA SEN, dentro de sua teoria das capacidades. Em favor da importância da preservação a qualquer custo da liberdade política, em contexto democrático, por meio da "preeminência geral dos direitos políticos e civis básicos, apresenta SEN três considerações: (i) importância direta para a vida humana em si, no que diz respeito à capacidade de participação política e social; (ii) papel instrumental de incremento da consideração atribuída a reivindicações políticas, como as de cunho econômico; e (iii) função construtiva

organicistas mantêm-se dentro da figura d'O Leviatã de Hobbes, embora a subjacência dos indivíduos reconhecida pelo modelo hobbesiano ofereça as primeiras pistas para o individualismo que, em oposição ao organicismo, viria a ser desenvolvido pelos contratualistas subsequentes, Locke e Rousseau, a ponto de não raro haver uma associação fatalista (não verificada sempre, na História) entre contratualismo e individualismo, como se pode verificar, por exemplo, das propostas utilitaristas do século XVIII, no contexto do nascimento da economia política. O pensamento individualista inverte a lógica organicista e coloca o Estado (a *pólis*, o Leviatã, o Soberano etc.) como resultado dos e submissão aos interesses privados dos indivíduos. Em suma, para organicistas, *ex parte principis*, e para individualistas, *ex parte populi* (BOBBIO, Norberto. Organicismo e individualismo. **Este País**, v. 74, n. 9, p. 1-10, maio 1997).

71 SARMENTO, Daniel. **Dignidade da Pessoa Humana:** conteúdo, trajetórias e metodologia, cit., p. 140.

na definição de "necessidades" coletivas.[72] Por óbvio, a democracia em questão deve ser aquela inclusiva e igualitária, já tratada anteriormente.

Nesta esteira, a autonomia pública é instrumental, porque a livre e plena participação na formação da vontade do Estado confere ao ser humano a necessária possibilidade de influir nos rumos da administração pública da vida em sociedade, que, em grande medida, dita as condições materiais oferecidas para que essa mesma pessoa exerça sua autonomia privada – afinal, políticas públicas de educação, cultura, saúde, moradia, trabalho e distribuição de renda (para citar apenas algumas), mais do que influenciar, definem obstáculos e possibilidades das escolhas pessoais.

É também constitutiva a autonomia pública porque viabiliza, de um lado, a necessidade básica do ser humano de viver ativamente em sociedade, e, de outro, a participação na discussão pública definidora de valores e preferências coletivas que, adiante, poderão ascender sobre as preferências e oportunidades para efetivação das escolhas pessoais.

A autonomia do ser humano, em ambas as suas dimensões, envolve respeito ("liberdade negativa") e promoção ("liberdade positiva"). O respeito à autonomia fundamenta o impedimento de intervenções (limitações) injustificadas na liberdade que qualquer pessoa deve ter de fazer escolhas para a própria vida e de participar da formação da vontade do Estado que administra a vida da sociedade em que se insere. Já sua promoção suscita a adoção de medidas orientadas à sua concretude, exigindo sejam providos os meios para seu exercício, meios esses não apenas materiais, mas também culturais atinentes à ampliação das escolhas pessoais privadas e políticas, o que demanda medidas estatais e comportamentos privados orientados à reprovação e superação de tradicionais barreiras culturais à plena autodeterminação de grupos vulneráveis, como é o caso do racismo, do patriarcalismo, da homotransfobia e da xenofobia, entre outras barreiras culturais.

É certo, ainda, que a autodeterminação real (autonomia concreta) também é prerrogativa das pessoas com desenvolvimento cognitivo ainda incompleto ou permanentemente deficiente, que deverão ter sua vontade considerada, na medida do possível de fato, bem como deverão receber do Estado e da sociedade civil ações de promoção dessa autonomia[73].

Os problemas práticos, com complexas repercussões jurídicas, a respeito sobretudo da autonomia não são poucos e se agudizam em contextos históricos como o atual, permeados por intensa polarização política, com graves desdobramentos no campo moral. Eutanásia, suicídio assistido, prostituição, transfusão de sangue à revelia da crença do paciente, incesto entre adultos, consumo de drogas (lícitas e ilícitas) são apenas alguns dos temas que acaloram debates e atormentam a aplicação do Direito, em especial sob o ponto de vista da intervenção estatal por meio de leis ou da jurisdição. Em um terreno tão movediço e controverso, pensa-se, uma vez mais, que a diretriz apontada por SARMENTO contempla, de forma adequada, embora não menos propensa a críticas, a aspiração por uma noção de Princípio da Dignidade da Humana concreta consentâneo com sua normatividade:

> Um indivíduo não pode ser proibido de acreditar, por exemplo, que mulheres e homens têm papéis "naturalmente" diferentes na sociedade e de viver de acordo com esta crença. Desde que não pratique atos que configurem discriminação de gênero, esse indivíduo

---

72 SEN, Amartya. **Desenvolvimento como liberdade**, cit., p. 195.

73 Especificamente acerca das condições não apenas econômicas, mas também culturais para a promoção da autonomia (liberdade positiva), assim como, de resto, sobre uma compreensão de matriz seniana de todo esse componente da dignidade humana e sua dimensão dúplice, cf. SARMENTO, Daniel. **Dignidade da Pessoa Humana:** conteúdo, trajetórias e metodologia, cit., p. 139-159.

> pode orientar a sua vida pessoal por essa convicção: procurar amigos que comunguem dos mesmos valores, evitar ambientes sociais mais arejados etc. Ele tem o direito moral de fazê-lo, de adotar essa compreensão pobre e deturpada, de errar feio em sua vida, desde que não lese direitos de terceiros. Mas o Estado não deve ser manter neutro na disputa entre compreensões de mundos sexistas e igualitárias. Ele pode – deve – preferir as segundas e favorecê-las, por exemplo, na definição de currículos escolares, nas suas políticas públicas, nos seus atos simbólicos. Deve fazê-lo para que a sociedade como um todo se torne um espaço mais propício para que pessoas reais e concretas possam vivenciar a sua liberdade, num ambiente cultural que não as oprima ou estigmatize.[74]

A ausência de neutralidade do Estado, na verdade, é imperativo jurídico decorrente dos inúmeros comandos constitucionais de proteção da dignidade humana concreta, subjacente a diversos direitos específicos que contemplam, lado a lado e indiferentemente a qualquer prévia hierarquia, liberdades e condições materiais de existência. Essas últimas conduzem ao terceiro componente da dignidade humana, o mínimo existencial.

5.3. Mínimo existencial

O **Mínimo Existencial,** tal como ordinariamente abordado por doutrina e jurisprudência, se refere às condições materiais de vida conforme os padrões basais de uma existência digna, em determinada conjuntura histórica, ou seja, possibilidade real de plena experimentação dos outros componentes do princípio jurídico da dignidade da pessoa humana. Em sendo assim, o mínimo existencial suscita distintas pretensões positivas ou negativas, muitas já expressamente previstas em outras normas de direitos humanos.

Embora inexista uma disposição legal expressa sobre o mínimo existencial, a promoção de condições materiais de existência aos seres humanos decorre dos objetivos de "erradicar a pobreza e a marginalização e reduzir as desigualdades sociais e regionais" e " promover o bem de todos, sem preconceitos de origem, raça, sexo, cor, idade e quaisquer outras formas de discriminação", consagrados pelo art. 3º, III e IV, da Constituição Federal, na forma de objetivos impostos à República Federativa do Brasil.

Para além dos objetivos, a Carta Constitucional pátria estabelece, por obra dos poderes constituintes originário e derivado, diversos direitos sociais específicos, como os direitos à educação, saúde, alimentação, trabalho, moradia, transporte, lazer, segurança, previdência social, proteção à maternidade e à infância e a assistência aos desamparados (art. 6º ao 11).

Demais disso, lembre-se, sempre, dos direitos econômicos, sociais, culturais e ambientais (DESCA) garantidos em normas internacionais oponíveis ao Estado brasileiro e que, quando previstos em tratados internacionais devidamente ratificados, complementam o rol constitucional, por força do art. 5º, § 2º, da Constituição Federal – *v.g.* Pacto Internacional sobre Direitos Econômicos, Sociais e Culturais (ONU) e Protocolo Adicional à Convenção Americana sobre Direitos Humanos em Matéria de Direitos Econômicos, Sociais e Culturais – "Protocolo de São Salvador" (OEA)[75].

Não obstante, como visto, é da função do Princípio da Dignidade da Pessoa Humana fundamentar pretensões jurídicas ainda não contempladas em normas jurídicas específicas,

---

74 Id. Ibid., p. 175.

75 Uma análise detida acerca da incorporação dos tratados internacionais de direitos humanos ao ordenamento jurídico brasileiro pode ser encontrada adiante, em tópico próprio, dentro do capítulo dedicado ao *corpus juris* de direitos humanos.

desde que atinentes aos componentes de seu conteúdo. Em uma circunstância como essa, por certo, caberá ao Poder Judiciário declarar a procedência de dada pretensão jurídica a certo bem da vida ligado à condição material de existência não respaldada por norma específica, como já fez o STF ao reconhecer, como base no mínimo existencial, o direito ao acesso à água (STF, AgReg em RE 658.171/DF, de 2014) ou, do mesmo modo, o STJ, em relação à rede de tratamento de esgoto (STJ, Resp. 1366331/RS, de 2014).

Seja como for, a implementação de direitos atinentes ao mínimo existencial, em especial pelo Poder Executivo, comumente enseja pródiga controvérsia sobre dois pontos sensíveis, um decorrente do outro: (i) sua implicação orçamentária, ainda que se trate de discussão relativa a determinado indivíduo, sempre travada com argumentos que remetem aos impactos econômicos da replicação da medida para o restante da população deficitária na experimentação do direito social em debate; (ii) possível usurpação pelo Poder Judiciário de sua competência, com afronta à tripartição de Poderes, ao intervir na gestão do erário público, entregue ao Poder Executivo.

A limitação econômica para a implementação em caráter geral de direitos correlatos ao mínimo existencial compõe o argumento conhecido como "reserva do possível", segundo o qual direitos econômicos sociais e culturais devem ser satisfeitos gradual e progressivamente, na medida das possibilidades orçamentárias. No Supremo Tribunal Federal, decisão monocrática de 2004 do então Ministro Celso de Mello para a ADPF 45/DF-MC é considerada *leading case* acerca do tema. A ação versava sobre a validade de veto presidencial à disposição da Lei de Diretrizes Orçamentárias anual de 2004 que assegurava um patamar de recursos financeiros para investimentos na área da saúde. A referida decisão monocrática extinguiu-a por perda de objeto decorrente do envio de proposta substitutiva daquela Lei ao Congresso Nacional, todavia, não deixou de se referir a ambos os pontos sensíveis do debate, ao explicitar que a atuação do Poder Judiciário em relação às ações estatais de implementação de direitos correlatos ao mínimo existencial deve ser excepcional e pautada em omissão ou ação inadequada predatória dos demais Poderes e que o argumento da reserva do possível não pode ser acatado *a priori*, devendo estar calcado em demonstração inequívoca (fática) de sua procedência, à luz do caso concreto sob análise judicial.[76]

---

[76] "É certo que não se inclui, ordinariamente, no âmbito das funções institucionais do Poder Judiciário - e nas desta Suprema Corte, em especial - a atribuição de formular e de implementar políticas públicas (...), pois, nesse domínio, o encargo reside, primariamente, nos Poderes Legislativo e Executivo. Tal incumbência, no entanto, embora em bases excepcionais, poderá atribuir-se ao Poder Judiciário, se e quando os órgãos estatais competentes, por descumprirem os encargos político-jurídicos que sobre eles incidem, vierem a comprometer, com tal comportamento, a eficácia e a integridade de direitos individuais e/ou coletivos impregnados de estatura constitucional, ainda que derivados de cláusulas revestidas de conteúdo programático. Cabe assinalar, presente esse contexto - consoante já proclamou esta Suprema Corte - que o caráter programático das regras inscritas no texto da Carta Política 'não pode converter-se em promessa constitucional inconsequente, sob pena de o Poder Público, fraudando justas expectativas nele depositadas pela coletividade, substituir, de maneira ilegítima, o cumprimento de seu impostergável dever, por um gesto irresponsável de infidelidade governamental ao que determina a própria Lei Fundamental do Estado' (RTJ 175/1212-1213, Rel. Min. CELSO DE MELLO). Não deixo de conferir, no entanto, assentadas tais premissas, significativo relevo ao tema pertinente à 'reserva do possível' (...), notadamente em sede de efetivação e implementação (sempre onerosas) dos direitos de segunda geração (direitos econômicos, sociais e culturais), cujo adimplemento, pelo Poder Público, impõe e exige, deste, prestações estatais positivas concretizadoras de tais prerrogativas individuais e/ou coletivas. (...) Cumpre advertir, desse modo, que a cláusula da 'reserva do possível' - ressalvada a ocorrência de justo motivo objetivamente aferível - não pode ser invocada, pelo Estado, com a finalidade de exonerar-se do cumprimento de suas obrigações constitucionais, notadamente quando, dessa conduta governamental negativa, puder resultar nulificação ou, até mesmo, aniquilação de direitos

Desde então, pode-se se dizer que o STF abraçou a noção de mínimo existencial, tendo desse se valido para fundamentar o deferimento de pretensões de diversas naturezas.[77]

A definição das condições materiais e pretensões albergadas pelo mínimo existencial é outro assunto que provoca candentes discussões. Na linha de uma identificação *a priori* dessas condições materiais e observando o cabimento do argumento da reserva do possível, contanto que faticamente comprovado, o Comitê de Direitos Econômicos, Sociais e Culturais da ONU, responsável por interpretar e monitorar o cumprimento pelos Estados Partes do Pacto de Direitos Econômicos, Sociais e Culturais de 1966, editou, em 1990, o Comentário-Geral nº 3, cujo item 10 preceitua que:

> (..) um núcleo mínimo de obrigações para assegurar a satisfação de níveis mínimos essenciais de cada um dos direitos é incumbência de cada Estado Parte. Assim, por exemplo, um Estado Parte em que qualquer número significativo de indivíduos é privado de gêneros alimentícios essenciais, de cuidados essenciais de saúde, de abrigo e habitação básicos ou das mais básicas formas de educação está, à primeira vista, falhando para desincumbir-se de suas obrigações em relação ao Pacto. Se o Pacto fosse interpretado no sentido de não estabelecer tal núcleo mínimo de obrigações, seria largamente privado de sua razão de ser. Além disso, deve ser observado que, em relação a qualquer avaliação no sentido de verificar se o Estado se desincumbiu desse núcleo mínimo de obrigações, deve-se também levar em conta as restrições de recursos disponíveis no país considerado. O artigo 2º (1) obriga cada Estado Parte a tomar as medidas necessárias "até o máximo de seus recursos disponíveis". Para que um Estado-Parte atribua seu fracasso em cumprir seu núcleo mínimo de obrigações à falta de recursos disponíveis, ele deve demonstrar que todo esforço foi feito para usar todos os recursos que estão à disposição num empenho para satisfazer, como matéria de prioridade, essas obrigações mínimas.[78]

Entretanto, não são poucos os autores que se recusam a admitir a existência de um rol exauriente de pretensões e situações conformadoras do mínimo existencial, o que se mostra mais adequado, em termos de preservação de uma efetividade mais ampla do que se pretende com a afirmação de sua faceta jurídica, portanto obrigacional. Como sustenta SARMENTO, é "preferível preservar a abertura inerente à categoria, inclusive para que ela possa se estender a necessidades básicas cujo reconhecimento resulte de evoluções sociais no plano material ou cultural-valorativo".[79]

A relação entre mínimo existencial e democracia é direta e de implicação. É que a implementação de adequadas condições materiais de existência depende, no geral, de políticas públicas estatais formuladas e, em larga medida, executadas por governantes eleitos. Se por um lado, pessoas com mais acesso à saúde, educação e cultura tendem a melhor exercitar seu

---

constitucionais impregnados de um sentido de essencial fundamentalidade" (STF, ADPF 45/DF-MC, Julg. 29/04/2004, DJU de 04/05/2004). Abordagem mais detida sobre mínimo existencial e limitações orçamentários (reserva do possível) pode ser encontrada no tópico dedicado aos direitos econômicos, sociais, culturais e ambientais, dentro do capítulo sobre a hermenêutica dos direitos humanos.

77 Exemplificativamente: RE 592.581/RS, de 2015, ADPF 347/DF-MC, de 2015, RE 580.252/MS, de 2015 e RE 482.211/SC, de 2010.

78 Tradução livre de: UNITED NATIONS. COMMITTEE ON ECONOMIC, SOCIAL AND CULTURAL RIGHTS. **General comment No. 3:** The nature of States parties' obligations (art. 2, para. 1, of the Covenant). Genebra, 1990. Disponível em: https://tbinternet.ohchr.org/Treaties/CESCR/Shared%20Documents/1_Global/INT_CESCR_GEC_4758_E.doc. Acesso em: 30 out. 2020.

79 SARMENTO, Daniel. **Dignidade da Pessoa Humana:** conteúdo, trajetórias e metodologia, cit., p. 219.

papel dentro da democracia indireta, com isso elevando o grau de exigência junto a candidatos e representantes eleitos, por outro, é fundamental a garantia da participação democrática e deliberativa da sociedade civil – notadamente dos econômica e culturalmente vulneráveis – nos processos de formulação e acompanhamento da execução das políticas públicas que visam, justamente, incrementar as condições materiais de vida das pessoas.[80]

Trata-se de um círculo virtuoso: a participação da sociedade civil na definição e monitoramento da execução de medidas de promoção e salvaguarda do mínimo existencial acarreta aperfeiçoamento da participação política de indivíduos, a resultar, por conseguinte, em políticas públicas mais adequadas à elevação das condições materiais de existência humana, em sentido coletivo.

Ainda dentro das reflexões sobre o conteúdo e o alcance do mínimo existencial, interessante distinção tem sido verificada na Alemanha entre "mínimo existencial fisiológico" e "mínimo existencial sociocultural". O primeiro denota as condições materiais mínimas de uma vida digna, enquanto o segundo realça a promoção da inserção igualitária das pessoas na vida em sociedade, instigando, para além do acesso a bens materiais de existência adequada, a promoção desse acesso de modo não discriminatório, segundo qualquer tipo de critério distintivo e não apenas o econômico[81]. O aspecto cultural da igualdade material conduz ao exame do reconhecimento, último componente do princípio jurídico da dignidade da pessoa humana.

5.4. Reconhecimento

O **reconhecimento** "não significa simplesmente a identificação cognitiva de uma pessoa por outra, mas sim, tendo esse ato como premissa, a atribuição de um valor positivo à pessoa reconhecida, algo próximo do que entendemos por respeito".[82]

O tema entra para o debate filosófico pelas mãos de HEGEL, o qual, na obra "Fenomenologia do Espírito", mais especificamente na seção "Senhorio e Escravo", o aponta como algo a ser conquistado, diferentemente de Kant, para quem o reconhecimento da importância de outrem decorre da ideia de pessoa como fim em si mesma e de sua pressuposta autonomia, ao feitio de um atributo pré-concebido.

---

80 Acerca do imperativo da participação democrática deliberativa (com poder de voz e voto) da sociedade civil na formulação e acompanhamento de execução de políticas públicas, cf. ALVES, Felipe Dalenogare; FRIEDRICH, Denise Bittencourt. O necessário empoderamento do cidadão à efetivação das políticas públicas no Brasil: a contribuição do capital social à efetiva participação nos instrumentos democrático-participativo-deliberativos. **Revista de Direito da Cidade**, v. 9, n. 2, p. 725–753, 26 abr. 2017; BERCOVICI, Gilberto. Planejamento e políticas públicas: por uma nova compreensão do papel do Estado. In BUCCI, Maria Paula Dallari (org.). **Políticas públicas:** reflexões sobre o conceito jurídico. São Paulo: Saraiva, 2006. p. 143–161; SILVA, Pedro Luiz Barros; MELO, Marcus André Barreto de. O processo de implementação de políticas públicas no Brasil: características de determinantes da avaliação de programas e projetos. **Cadernos de Pesquisa NEPP**, v. 48, p. 3–13, 2000.

81 "Ao passo que – na Alemanha e segundo orientação doutrina e jurisprudencial prevalente – o conteúdo essencial do mínimo existencial encontra-se diretamente fundado no direito à vida e na dignidade da pessoa humana (abrangendo, por exemplo, prestações básicas em termos de alimentação, vestimenta, abrigo, saúde ou os meios indispensáveis para a sua satisfação), o assim designado mínimo sociocultural encontra-se fundado no princípio do Estado Social e no princípio da igualdade no que diz com o seu conteúdo material" (SARLET, Ingo W.; FIGUEIREDO, Mariana Filchtiner. Reserva do possível, mínimo existencial e direito à saúde. **Revista Brasileira de Direitos Fundamentais & Justiça**, v. 1, n. 1, p. 171–213, 2007, p. 181).

82 ASSY, Bethânia; FERES JÚNIOR, João. Reconhecimento (verbete). In BARRETTO, Vicente de Paulo (Org.). **Dicionário de Filosofia do Direito**. São Leopoldo: Editora Unisinos, 2006, p. 705.

HEGEL parte do pressuposto segundo o qual a individualidade de cada consciência no mundo não reconhece qualquer autonomia de outras consciências, bem por isso tendendo a impor suas convicções e projetos como condição de reconhecimento dos demais. Todavia, para HEGEL, o reconhecimento como resultante da imposição de uma convicção moral e prática, embora comportamento ínsito ao estado de natureza hobbesiano, não é, de fato, reconhecimento, senão apenas subjugação. Em sendo assim, só haverá reconhecimento em circunstâncias nas quais quem reconhece o valor do outro também tem seu valor reconhecido por esse último. Em suma, a reciprocidade é condição para o reconhecimento e sua obtenção jamais pode ser pressuposta, por tratar-se de uma situação obtida apenas a partir de processos concretos de conquista, nos âmbitos da sociedade, do mercado e do Estado. Tal processo é denominado por HEGEL "luta pelo reconhecimento"[83].

A proposta hegeliana da luta por reconhecimento somente viria a ser resgatada, na contemporaneidade, pelo filósofo canadense CHARLES TAYLOR, que chama a atenção para a grave consequência do não reconhecimento nos campos da família, da sociedade civil e do Estado, qual seja, a redução da capacidade da pessoa não reconhecida de construir autoestima e, por conseguinte, de perceber-se em sua individualidade, assim como de ser percebida como sujeito de direitos.[84] A recuperação do tema por TAYLOR suscitou a disseminação dos debates e reflexões sobre reconhecimento, em especial na seara da teoria crítica contemporânea.

De enorme relevo é a teoria do reconhecimento do filósofo alemão AXEL HONNETH, formulada, de modo interdisciplinar, a partir da associação de conceitos hegelianos com contribuições da psicologia social do filósofo norte-americano George Herbert Mead (1863-1931), pretendendo-se dar à proposta de HEGEL uma "inflexão materialista".[85] Reeditando, à sua maneira, a ideia hegeliana de amor, direito e solidariedade como etapas do reconhecimento, HONNETH identifica três formas progressivas ou modos de reconhecimento: dedicação emotiva, respeito cognoscitivo e estima social. O reconhecimento pela dedicação emotiva, de natureza carencial/afetiva, revela-se nas relações primárias de amor e amizade, que ensejam autoconfiança. O reconhecimento pelo respeito cognoscitivo experimenta-se pela atribuição de direitos, que propiciam autorrespeito. Já o reconhecimento pela estima social dá-se pela consideração recíproca ("estima simétrica") entre indivíduos autônomos, dentro de um sistema de valores em que as "capacidades e propriedades" do outro sejam significativas para a praxe comum, consubstanciando um ambiente de solidariedade, que dá azo à autoestima.

Sob uma perspectiva negativa individual, a ausência de dedicação emotiva agride a integridade física e emocional, a negação de direitos provoca exclusão e o déficit de estima social degrada e ofende a honra. É exatamente essa conjuntura negativa que move, segundo HONNETH, a luta por reconhecimento.[86]

A necessidade de se pensar e agir para o reconhecimento desde uma perspectiva efetivamente material, ou seja, que parta da concretude dos fatores reais de desigualdade que influem nos déficits de reconhecimento, levou a filósofa estadunidense NANCY FRASER a criticar o que classifica como excessiva psicologização da teoria de Honneth.[87]

---

83 Id. Ibid., p. 706-707.

84 Id. Ibid., p. 706.

85 HONNETH, Axel. **Luta por reconhecimento**: a gramática moral dos conflitos sociais. Trad. Luiz Sérgio Repa. São Paulo: Ed. 34, 2011, p. 23-26 e 155.

86 Id. Ibid., p. 155-211.

87 "Lutas pelo reconhecimento ocorrem num mundo de exacerbada desigualdade material – desigualdades de renda e propriedade; de acesso a trabalho remunerado, educação, saúde e lazer; e também, mais cruamente, de ingestão calórica e exposição à contaminação ambiental; portanto, de expectativa de vida e

Em sua teoria da justiça, que congrega a análise distintiva, mas interativa, entre injustiças econômicas e culturais, sustenta FRASER que a luta por reconhecimento (eminentemente cultural) não pode substituir a luta por redistribuição (em face da desigualdade socioeconômica), tratando-se de reivindicações que devem seguir juntas. Segundo tal proposta, a luta por redistribuição abrange "não só a transferência de rendimentos, mas também a reorganização da divisão do trabalho, a transformação da estrutura da posse da propriedade e a democratização dos processos através dos quais se tomam decisões relativas ao investimento". Já a luta por reconhecimento contempla, por um lado, "a revalorização das identidades desrespeitadas e os produtos culturais de grupos discriminados" e os "esforços de reconhecimento e valorização da diversidade", e, por outro, "os esforços de transformação da ordem simbólica e de desconstrução dos termos que estão subjacentes às diferenciações de estatuto existentes, de forma a mudar a identidade social de todos".[88]

Cuidam-se, portanto, de lutas com pautas próprias, mas que podem se retroinfluenciar para o bem ou para o mal[89], sendo desejável que a primeira situação seja buscada nas estratégias reivindicatórias, contudo, sua possibilidade torna-se concretamente viável apenas em contexto democrático que garanta, nos dizeres de FRASER, o "princípio normativo da paridade de participação", a saber:

> O que é preciso é um único princípio normativo que inclua as reivindicações justificadas quer de redistribuição, quer de reconhecimento, sem reduzir umas às outras. Com este propósito, proponho o princípio de paridade de participação, segundo o qual a justiça requer arranjos sociais que permitam a todos os membros (adultos) da sociedade interagir entre si como pares. São necessárias pelo menos duas condições para que a paridade participativa seja possível. Primeiro, deve haver uma distribuição de recursos materiais que garanta a independência e "voz" dos participantes. Esta condição impede a existência de formas e níveis de dependência e desigualdade econômicas que constituem obstáculos à paridade de participação. Estão excluídos, portanto, arranjos sociais que institucionalizam a privação, a exploração e as flagrantes disparidades de riqueza, rendimento e tempo de lazer que negam a alguns os meios e as oportunidades de interagir com outros como pares. Em contraponto, a segunda condição para a paridade

---

de taxas de morbidade e mortalidade" (FRASER, Nancy. Da redistribuição ao reconhecimento? Dilemas da justiça numa era "pós-socialista". Trad. Júlia Assis Simões. **Cadernos de Campo**, v. 15, n. 14-15, p. 231-239, 2006, p. 231).

88 FRASER, Nancy. A justiça social na globalização: redistribuição, reconhecimento e participação. Trad. Teresa Tavares. **Revista Crítica de Ciências Sociais**, n. 63, p. 07–20, 1 out. 2002, p. 11-12. Corroborando a tese de FRASER no contexto da pandemia de Covid-19, relatório publicado, em janeiro de 2021, pela tradicional e prestigiosa organização internacional OXFAM Internacional apresentou dados estatísticos que lhes permitiu concluir que: "Globalmente, as mulheres estão sobrerepresentadas nos setores da economia que foram mais duramente afetados pela pandemia. Se mulheres e homens estivessem representados de forma equânime nesses setores, 112 milhões de mulheres não estariam mais sob o risco de perder sua renda ou trabalho. No Brasil, pessoas negras têm 40% mais chance de morrer de Covid-19 que pessoas brancas. Se as taxas de mortalidade da doença nos dois grupos fossem as mesmas, até junho de 2020, mais de 9200 afrodescendentes estariam vivos. Nos EUA, pessoas negras e de origem latina têm mais chance de morrer de Covid-19 que pessoas brancas. Se as taxas fossem iguais para todos, até dezembro de 2020 cerca de 22 mil pessoas latinas e negras ainda estariam vivas" (OXFAM INTERNACIONAL. **O vírus da desigualdade:** unindo um mundo dilacerado pelo coronavírus por meio de uma economia justa, igualitária e sustentável. Oxford: Oxfam GB, 2021, p. 10. Disponível em: https://d335luupugsy2.cloudfront.net/cms%2Ffiles%2F115321%2F1611531366bp-the-inequality-virus-110122_PT_Final_ordenado.pdf. Acesso em: 30 jan. 2021).

89 Id. Da redistribuição ao reconhecimento? Dilemas da justiça numa era "pós-socialista", cit., p. 237-239.

> participativa requer que os padrões institucionalizados de valor cultural exprimam igual respeito por todos os participantes e garantam iguais oportunidades para alcançar a consideração social. Esta condição exclui padrões institucionalizados de valor que sistematicamente depreciam algumas categorias de pessoas e as características a elas associadas. Portanto, excluem-se padrões institucionalizados de valor que negam a alguns o estatuto de parceiros plenos nas interacções – quer ao imputar-lhes a carga de uma "diferença" excessiva, quer ao não reconhecer a sua particularidade.[90]

Aliás, a participação democrática em espaços deliberativos como instrumento essencial ao reconhecimento ganha centralidade no pensamento da cientista política e filósofa turca SEYLA BENHABIB – influenciado por Hanna Arendt e Jürgen Habermas –, cuja obra enfatiza a alta diversidade de demandas no campo do reconhecimento, uma vez que identidades e práticas culturais não são estanques, mas fluidas, interpenetrando-se, sobretudo após as interações favorecidas pela globalização. Deste modo, o reconhecimento não se atém à valorização desse ou daquele grupo cultural, senão deve, igualmente, permitir suas intersecções, de forma a que a pessoa possa, inclusive, recusar-se a seguir o padrão cultural prestigiado, por exemplo, pelo Estado que rege a sociedade em que está inserida.

Para BENHABIB, é possível e desejável que se conjuguem direitos humanos estabelecidos pela comunidade internacional, com sentido de universalidade, e reivindicações e direitos de pessoas que lutam por reconhecimento, inclusive de identidades e práticas culturais localizadas e delimitadas, contanto que exista a garantia de representatividade aos grupos culturalmente vulneráveis em todos os níveis de espaços institucionais de deliberação, desde o patamar local até o global[91].

Diante desse cenário teórico, o reconhecimento se revela o componente do Princípio da Dignidade da Pessoa Humana que fundamenta o argumento em favor da existência, na esfera jurídica, de um direito geral de todo ser humano e de um correlato dever do Estado e da sociedade civil de reconhecimento, respeito e valorização à identidade subjetiva, com consequente proteção de estigmatizados por conta de diferenças identitárias advindas do que

---

90 Id. A justiça social na globalização: redistribuição, reconhecimento e participação, cit., p. 13. Salienta-se, contudo, que a proposta de paridade de participação deve respeitar a natureza das reivindicações, dos espaços e dos agentes envolvidos, não havendo uma fórmula universal a ser observada, mas sim, nas palavras da pensadora, "uma multiplicidade de enquadramentos" relativos a pautas e interações: "No fim e ao cabo, esse princípio não pode ser aplicado se não especificarmos qual a arena de participação social que está em causa e o conjunto de participantes que têm o direito de paridade dentro dela. Mas a norma da paridade participativa deve ser aplicada a toda a vida social. Assim, a justiça requer paridade de participação numa multiplicidade de contextos de interacção, que incluem os mercados de trabalho, as relações sexuais, a vida familiar, a esfera pública e as associações voluntárias da sociedade civil. Contudo, a participação tem significados diferentes em cada um desses contextos. Por exemplo, no mercado de trabalho o seu sentido é qualitativamente diferente da participação nas relações sexuais ou na sociedade civil. Portanto, o significado de paridade deve ser ajustado ao tipo de participação em questão. Da mesma forma, o conjunto de participantes com direito à paridade é delimitado diferentemente em cada um dos contextos. Por exemplo, o conjunto dos que têm direito à paridade nos mercados de trabalho pode ser maior do que o dos que têm o mesmo direito numa determinada associação voluntária da sociedade civil. Por conseguinte, o âmbito da aplicação do princípio deve ser ajustado ao contexto em questão, o que significa que não há uma fórmula única que baste para todos os casos. Daí que sejam necessários múltiplos enquadramentos." (Id. Ibid., p. 18-19).

91 BENHABIB, Seyla. **The claims of culture**: equality and diversity in the Global Era. Princeton: Princeton University Press, 2002, p. 178-186; Id. Another Universalism: On the Unity and Diversity of Human Rights. **Proceedings and Addresses of the American Philosophical Association**, v. 81, n. 2, p. 7–32, 2007.

possa ser compreendido como padrões de existência socialmente predominantes e, por isso, pretensamente recomendáveis.

Esse direito impõe aos obrigados públicos e privados a abstenção de intervenções em relação à identidade de quem quer que seja e a promoção de ações inclusivas dessas pessoas, considerando os déficits em relação aos demais componentes do Princípio da Dignidade da Pessoa Humana, experimentados justamente pela opressão cultural impingida aos vulneráveis em questão, dentre os quais mulheres, negras e negros, indígenas, pessoas que integram a comunidade LGBTQIA+, migrantes, adeptos de distintas religiões ou mesmo de nenhuma delas.

A diversidade cultural - compreendida em sentido lato, isto é, abarcando distintos possíveis critérios de discrímen, *v.g.*, raça, identidade de gênero, sexualidade, nacionalidade ou condição indígena, deficiência física ou intelectual e crença religiosa - encontra-se robustamente protegida pelas normas internacionais de direitos humanos, quer por cláusulas gerais de afirmação da igualdade no gozo de direitos, quer por disposições ou mesmo documentos normativos específicos.

Exemplo de norma geral de proteção da igualdade no contexto do reconhecimento é o artigo 2º da Declaração Universal dos Direitos Humanos: "Todo ser humano tem capacidade para gozar os direitos e as liberdades estabelecidos nesta Declaração, sem distinção de qualquer espécie, seja de raça, cor, sexo, língua, religião, opinião política ou de outra natureza, origem nacional ou social, riqueza, nascimento, ou qualquer outra condição".[92] A expressão "outra condição" denota abertura do rol de situações de discriminação reprovadas pelos direitos humanos, admitindo, consequentemente, ampliação decorrente da própria dinâmica social.

Com vistas a dissipar qualquer dúvida sobre o alcance das regras gerais de igualdade, na esteira da aprovação pela Assembleia Geral da ONU da Resolução nº 2435, de 2008, intitulada "Direitos Humanos, Orientação Sexual e Identidade de Gênero" - pela qual os Estados Membros manifestaram preocupação com os atos de violência e violações aos direitos humanos correlatas à condição das pessoas que compõem o grupo LGBTQIA+ -, o Comitê que monitora o cumprimento do Pacto Internacional sobre Direitos Econômicos, Sociais e Culturais editou, em 2009, o Comentário Geral n. 20, o qual fixa a interpretação segundo a qual é aberto o horizonte subjetivo de proteção da cláusula geral de proibição de discriminação, abarcando, segundo rol não exaustivo examinado pelo Comitê, deficiência, idade, nacionalidade, estado civil e familiar, orientação sexual e identidade de gênero, estado de saúde, local de residência e situação econômica e social de pobreza ou desabrigo.[93]

Já tratados internacionais específicos sobre grupos afetados por déficit de reconhecimento há nos diferentes sistemas de proteção dos direitos humanos, cabendo citar, ilustrativamente, alguns aprovados na seara dos sistemas aos quais o Estado brasileiro rende contas.

A **ONU** tem vigentes a Convenção sobre a Eliminação de Todas as Formas de Discriminação Racial, a Convenção sobre a Eliminação de Todas as Formas de Discriminação contra

---

92 Comandos gerais como este são encontrados em praticamente todas as normas internacionais de direitos humanos. No âmbito da ONU, cf. Pacto Internacional sobre Direitos Civis e Políticos (art. 2º, 1) e Pacto Internacional sobre Direitos Econômicos, Sociais e Culturais (art. 2º, 2). No âmbito da OEA, cf. Declaração Americana de Direitos e Deveres do Homem (art. II), Convenção Americana sobre Direitos Humanos (art. 1º) e Protocolo Adicional à Convenção Americana sobre Direitos Humanos sobre Direitos Econômicos, Sociais e Culturais (art. 3º). No âmbito do Conselho Europeu, cf. Convenção Europeia de Direitos Humanos (art. 14). No âmbito da União Africana, cf. Carta Africana dos Direitos Humanos e dos Povos (art. 2º), cujo teor valoriza sobremaneira a diversidade cultural.

93 UNITED NATIONS. COMMITTEE ON ECONOMIC, SOCIAL AND CULTURAL RIGHTS. **General comment No. 20:** Non-discrimination in economic, social and cultural rights (art. 2, para. 2, of the International Covenant on Economic, Social and Cultural Rights). Geneve, 2009.

a Mulher, a Convenção sobre os Direitos das Pessoas com Deficiência, a Convenção Internacional sobre a Proteção dos Direitos de Todos os Trabalhadores Migrantes e suas Famílias (única das citadas ainda não ratificada pelo Brasil) e a Declaração sobre os Direitos das Pessoas Pertencentes a Minorias Nacionais ou Étnicas, Religiosas e Linguísticas.

Já a **OEA** conta com a Convenção Interamericana sobre Concessão dos Direitos Políticos à Mulher, a Convenção Interamericana para Prevenir, Punir e Erradicar a Violência contra a Mulher ("Convenção de Belém do Pará"), a Convenção Interamericana contra o Racismo, a Discriminação Racial e Formas Conexas de Intolerância, a Convenção Interamericana Contra Toda Forma de Discriminação e Intolerância e a Convenção Interamericana para a Eliminação de todas as Formas de Discriminação Contra as Pessoas com Deficiência.

Especificamente no campo da identidade de gênero e sexualidade, no ano de 2006, um grupo culturalmente diverso de 29 (vinte e nove) eminentes especialistas em direitos humanos, provenientes de 25 (vinte e cinco) países, após reunirem-se na Universidade Gadjah Mada, em Yogyakarta, Indonésia, editaram, tornaram público e encaminharam ao Conselho de Direitos Humanos da ONU documento intitulado "Princípios sobre a Aplicação da Legislação Internacional de Direitos Humanos em Relação à Orientação Sexual e Identidade de Gênero", que veio a ser expandido em 2017, para considerar aspectos de interseccionalidade e incluir mais formas de expressão de gênero e características sexuais, além de 10 (dez) novos princípios. Mais conhecido como **Princípios de Yogyakarta**, o referido documento não consubstancia norma jurídica vinculante, mas trata exatamente do alcance das normas gerais e específicas internacionais de direitos humanos vigentes.

Tendo sua relevância reconhecida pela comunidade internacional em sentido amplo (ONU, ONGs e academia), os Princípios de Yogyakarta reconhecem que: "há um valor significativo em articular de forma sistemática a legislação internacional de direitos humanos como sendo aplicável à vida e à experiência de pessoas de orientações sexuais e identidades de gênero diversas". O documento salienta deveres dos Estados em relação ao respeito, promoção e proteção de dezenas de direitos humanos em face de pessoas discriminadas em razão de diversidade de orientação sexual e identidade de gênero.[94]

No plano nacional, inexiste, na Constituição Federal brasileira, um dispositivo que declare, expressamente, a existência de um direito fundamental ao reconhecimento. Todavia, para além de um direito geral albergado pelo Princípio da Dignidade da Pessoa Humana, o texto constitucional pátrio conta com previsões gerais e específicas sobre respeito, promoção e proteção da igualdade, no campo da luta pelo reconhecimento, a saber: erradicação das desigualdades sociais e promoção do bem de todos, sem discriminação de qualquer natureza (art. 3º, III e IV); reprovação, inclusive criminal, do racismo (arts. 3º, IV; 4º, VIII; 5º, XLII), dever de punição legal à discriminação atentatória dos direitos e liberdades fundamentais (art. 5º, XLI), proteção à cultura indígena e afro-brasileira (art. 215, § 1º) e assistência e ações inclusivas dirigidas a pessoas com deficiência (arts. 7º, XXXI; 23, II; 24, XIV; 37, VIII, 40, § 4º; 100, § 2º; 201, I; 203, IV e V; 207, III; 227, II e § 2º, 244).

Diante deste cenário teórico e normativo, é possível afirmar que a luta por reconhecimento é uma realidade no campo jurídico, tendo obtido relevantes avanços nos espaços regulatórios nacional e internacional, conquanto ainda haja um longo caminho para que os mandamentos legais se verifiquem, de modo prevalente, nas relações sociais.

---

94 COMISSÃO INTERNACIONAL DE JURISTAS; SERVIÇO INTERNACIONAL DE DIREITOS HUMANOS. **Princípios de Yogyakarta:** princípios sobre a aplicação da legislação internacional de direitos humanos em relação à orientação sexual e identidade de gênero. Indonésia: Universidade Gadjah Mada, 2006. Disponível em: http://www.dhnet.org.br/direitos/sos/gays/principios_de_yogyakarta.pdf. Acesso em: 19 nov. 2020.

6. CRITÉRIOS DE APLICAÇÃO DO PRINCÍPIO DA DIGNIDADE DA PESSOA HUMANA

A complexidade da determinação do alcance do Princípio da Dignidade da Pessoa Humana é diretamente proporcional à amplitude de seu conteúdo e à diversidade de suas funções.

A abordagem mais acurada das transformações históricas do sentido da dignidade humana revela que, embora comumente tratada como atributo inerente ao ser humano, à feição kantiana, sua verificação dá-se no contexto das relações sociais (histórico-político-culturais) em que inserida a pessoa, sofrendo influências e, por isso, comportando individualização. Dito de outro modo, todo ser humano tem dignidade, mas cada qual a ostenta com características e sob condições pessoais e materiais próprias, particulares. A admissão da faceta particularizada da dignidade, sem prejuízo de sua aspiração universal, decorre, logicamente, da percepção segundo a qual pessoas diferentes, submetidas a uma mesma ocorrência fática, podem experimentar, ou não, a violação da sua dignidade, a depender de sua individualidade e das condições materiais que a circundam.[95]

A definição de dignidade da pessoa humana de SARLET, uma das mais replicadas na seara jurídica, busca contemplar a dualidade universal/particular dessa noção tão complexa:

> (...) temos por dignidade da pessoa humana a qualidade intrínseca e distintiva de cada ser humano que o faz merecedor do mesmo respeito e consideração por parte do Estado e da comunidade, implicando, neste sentido, um complexo de direitos e deveres fundamentais que assegurem a pessoa tanto contra todo e qualquer ato de cunho degradante e desumano, como venham a lhe garantir as condições existenciais mínimas para uma vida saudável, além de propiciar e promover sua participação ativa e corresponsável nos destinos da própria existência e da vida em comunhão com os demais seres humanos.[96]

Um olhar para os componentes do conteúdo do Princípio da Dignidade da Pessoa Humana corrobora essa mesma dualidade, na medida em que o valor intrínseco e sua autonomia dizem respeito a atributos a serem salvaguardados a todos, indistintamente e na mesma intensidade. Por outro lado, o mínimo existencial e o reconhecimento se estabelecem como componentes do princípio em questão exatamente porque particularidades da experiência humana, ligadas à desigualdade material e à identidade, se afirmam como condenáveis motivos de negação dos dois primeiros componentes. Compreende-se, bem por isso, que os compo-

---

95 É nesta esteira que SARLET, diferentemente da distinção terminológica adotada neste curso, propõe a distinção entre "dignidade humana" e "dignidade da pessoa humana": "(...) há, de fato, como traçar uma distinção entre dignidade humana (aqui no sentido de dignidade reconhecida a todos os seres humanos, independentemente de sua condição pessoal, concreta) e dignidade da pessoa humana, concretamente considerada, no contexto de seu desenvolvimento social e moral e na perspectiva da própria noção de pessoa como sujeito individual (embora socialmente responsável e vinculado) de direitos e deveres. Em caráter ilustrativo, é possível referir aqui uma série de situações que, para determinada pessoa (independentemente aqui de uma vinculação a certo grupo cultural específico) não são consideradas como ofensivas à sua dignidade, ao passo que para outros, trata-se de violação intensa, inclusive do núcleo essencial da dignidade da pessoa, o que, na esfera do direito penal e da legitimidade de certas práticas de investigação e tipos de pena aplicados aos condenados, constitui um exemplo digno de nota". [SARLET, Ingo Wolfgang. Notas sobre a dignidade da pessoa humana na jurisprudência do Supremo Tribunal Federal. In SARMENTO, Daniel; SARLET, Ingo Wolfgang (Coord.). **Direitos Fundamentais no Supremo Tribunal Federal:** *balanço e crítica*. Rio de Janeiro: Lumen Juris Editora, 2011, p. 45].

96 SARLET, Ingo W. **Dignidade da Pessoa Humana e Direitos Fundamentais na Constituição Federal de 1988**, cit., p. 60.

nentes do Princípio da Dignidade da Pessoa Humana são absolutamente interrelacionados, influenciando-se mutuamente.

A dignidade humana é, portanto, multifacetada porque emerge das distintas esferas da existência humana, dentro das quais manifestam-se situações fáticas atinentes a cada qual dos 4 (quatro) componentes do Princípio da Dignidade da Pessoa Humana. Por ostentar um conteúdo multifacetado associado a funções também complexas – legitimação do Estado e do Direito, condicionante da hermenêutica jurídica e fonte de direitos não enumerados –, o Princípio da Dignidade da Pessoa Humana oferece enormes desafios à sua aplicação aos casos concretos.

A própria natureza do Princípio da Dignidade da Pessoa Humana enquanto direito humano específico é objeto de intensa controvérsia doutrinária. É certo que os textos dos tratados internacionais de direitos e da própria Constituição Federal brasileira não enunciam a dignidade da pessoa humana como direito fundamental específico.

No caso brasileiro, a literalidade da Carta Maior apresenta a dignidade da pessoa humana como fundamento da República Federativa do Brasil (art. 1º, III), mas não como direito fundamental previsto no Título II ("Dos Direitos e Garantias Fundamentais"). Por outro lado, de modo pontualíssimo, menciona o "princípio da dignidade da pessoa humana" como fundamento do planejamento familiar, ao tratar da proteção à família (art. 226, § 7º), bem como arrola a "dignidade" como um dos direitos a serem assegurados à criança, ao adolescente e ao jovem (art. 227).

Pensa-se que o mais adequado tratamento à questão advém da própria compreensão da qualidade de metadireito, combinada com as funções do Princípio da Dignidade da Pessoa Humana que dizem respeito ao condicionamento da interpretação/aplicação das normas vigentes e à fundamentação para novos direitos humanos específicos ainda não explicitados em lei, de modo extraordinário – apenas e tão somente nos casos concretos em que sua admissão seja imperativo de salvaguarda de quaisquer daqueles componentes que conformam o princípio de que se cuida.

Sem qualquer rigor metodológico ou mesmo pretensão de estabelecer critérios hermenêuticos para a aplicação do Princípio da Dignidade da Pessoa Humana, no Brasil, diferentes decisões do STF já abordaram um ou mais dos citados componentes ao Princípio da Dignidade da Pessoa Humana, denotando disponibilidade de acatamento do apresentado panorama de conteúdo. Confira-se:

Processo	Tema	Componentes da Dignidade Humana ressaltados
HC 70.389-5/SP, de 1994	Tortura contra criança e adolescente	Valor intrínseco
ADI 3.510/DF, de 2008	Pesquisa com células tronco embrionárias	Valor intrínseco Autonomia
Inquérito 3.412/AL, de 2012	Trabalho escravo	Valor intrínseco
ADPF 54/DF, de 2012	Interrupção de gravidez de feto anencefálico	Valor intrínseco
HC 118.344/GO, de 2014	Processo Penal – ampla defesa e contraditório	Valor intrínseco

continua

continuação

Processo	Tema	Componentes da Dignidade Humana ressaltados
RHC 122.279/RJ, de 2014	Processo Penal - ampla defesa e contraditório	Valor intrínseco
Inquérito 3.507/MG, de 2014	Processo Penal - rejeição de denúncia	Valor intrínseco
RE 592.581/RS, de 2015	Sistema carcerário - execução de obras emergenciais	Valor intrínseco Mínimo Existencial
ADPF 347/DF-MC, de 2015	Sistema carcerário - Estado de Coisas Inconstitucional	Valor intrínseco Mínimo existencial
RE 580.252/MS, de 2015	Sistema carcerário - responsabilidade civil do Estado por dano moral ao preso	Valor intrínseco Mínimo existencial
ADPF 132/DF + ADI 4277/DF, de 2011	Efeitos civis da união homoafetiva	Autonomia
ADPF 45/DF-MC, de 2004	Veto a investimentos na saúde previsto em lei orçamentária	Mínimo existencial
RE 482.211/SC, de 2010	Implementação de programa de atenção a crianças e adolescentes vítimas de estupro ou exploração sexual	Mínimo existencial
STF, AgRg em RE 658.171/DF, de 2014	acesso a água potável	Mínimo existencial

Fonte: elaborada pelo autor

Razoavelmente assentado em termos doutrinários e jurisprudenciais é o uso do Princípio da Dignidade da Pessoa Humana como valor moral e jurídico fundante de todos os direitos humanos específicos positivados, de forma expressa, em normas escritas nacionais e internacionais. Nessa hipótese, a aplicação de determinado direito humano tem no Princípio da Dignidade da Pessoa Humana uma metanorma (a que corresponde um metadireito) subjacente, cuja invocação se justifica como parâmetro condutor do exercício hermenêutico de extração de sentido daquela norma específica de direito humano, orientada à solução do caso concreto. Em casos de colisão de normas de direitos humanos, o Princípio da Dignidade da Pessoa Humana também pode ser suscitado para o direcionamento da análise demandada pelas técnicas de ponderação e proporcionalidade (examinadas em seus detalhes em capítulo posterior).

A questão é mais tormentosa, porém, quando se cuida de decisão que aplica o Princípio da Dignidade da Pessoa Humana de forma autônoma, pois envolve, mais imediatamente, a celeuma sobre os contornos da atividade criativa de juízes e juízas e, em última instância, o debate sobre os limites da competência do Poder Judiciário frente ao devido equilíbrio do sistema de freios e contrapesos, que deve permear a relação entre os Três Poderes.

Para tal problemática, em termos propositivos, ao tempo em que recorda, criticamente, que o Princípio da Dignidade da Pessoa Humana já foi empregado por instâncias judiciais superiores brasileiras para fundamentar decisões sobre briga de galo, compensação de tributos por pessoas jurídicas, incorporação ao salário de gratificações trabalhistas e hierarquia das forças armadas, SARMENTO propõe 4 (quatro) interessantes critérios metodológicos para a aplicação do princípio em tela[97]:

> **Critério da Especialidade →** casos concretos que envolvam determinado direito humano previsto em norma jurídica específica devem ser apenas por meio dessa resolvidos, não cabendo recorrer ao Princípio da Dignidade da Pessoa Humana. Já nas hipóteses de colisão de direitos humanos previstos em normas específicas, tais devem ser submetidas às técnicas da ponderação e da proporcionalidade, descartando-se desfecho com base na invocação autônoma do Princípio da Dignidade da Pessoa Humana, cuja ocorrência apenas se justifica excepcionalmente, nas situações em que os efeitos de uma dada norma de direitos humanos em certa situação de fato afronte, direta e deliberadamente, um dos componentes do Princípio da Dignidade da Pessoa Humana ainda não contemplados por disposição legal própria, hipótese em que tal princípio cumprirá sua função de lastrear a explicitação pela via jurisdicional de norma específica para aquela situação de fato.
> **Critério da fundamentação →** casos excepcionais nos quais, segundo o critério anterior, seja necessária a aplicação autônoma do Princípio da Dignidade da Pessoa Humana, em ordem ao reconhecimento de direito humano específico pela via jurisprudencial, demandam decisões robustamente fundamentadas, no sentido de demonstrar a relação do caso com um ou mais componentes do referido princípio, cumprindo-se, deste modo, o mandamento do art. 93, IX, da CF e, enfim, evitando-se arbitrariedades jurisdicionais.
> **Critério do uso de razões públicas →** em observância à laicidade estatal e, ainda, considerando-se que juízes e juízas não são agentes estatais eleitos, a fundamentação da aplicação autônoma do Princípio da Dignidade da Pessoa Humana deve estar exclusivamente calcada em "razões públicas", assim entendidas "razões que sejam independentes de compreensões religiosas ou metafísicas particulares, e que possam ser racionalmente aceitas por pessoas das mais diferentes crenças".[98]
> **Minimalismo judicial →** conquanto necessariamente bem fundamentadas, decisões que aplicam, autonomamente, o Princípio da Dignidade da Pessoa Humana, não devem, em nome da boa técnica e da devida compreensão pela sociedade em geral, aprofundar-se em discussões morais e filosóficas para além do estritamente útil para a sustentação do caminho resolutivo adotado, sob pena da argumentação degenerar-se em despicienda e impertinente demonstração de cultura pessoal.

Seja como for, o Princípio da Dignidade da Pessoa Humana não se presta a ser utilizado como instrumento discricionário bloqueador *a priori* da aplicação de qualquer norma jurídica vigente. Outrossim, não convém "inflacionar" a aplicação do Princípio da Dignidade da Pessoa Humana, banalizando-o. Bem por isso, reafirma-se a necessidade de critérios fundamentados de aplicação (sejam os acima sugeridos ou outros), que se mostrem claros e precisos, a serem estabelecidos pelas autoridades jurisdicionais, pois, dessa maneira, estipular-se-á uma referência que, a um só tempo, servirá como diretriz e moldura hermenêuticas, dotadas de

---

97 SARMENTO, Daniel. **Dignidade da Pessoa Humana:** conteúdo, trajetórias e metodologia, cit., p. 299-320.

98 SARMENTO, Daniel. **Dignidade da Pessoa Humana:** conteúdo, trajetórias e metodologia, cit., p. 310.

possibilidades e limites vislumbráveis), assim como espelho para a discussão pública das razões de decidir pelas partes e pela sociedade.

Princípio da Dignidade da Pessoa Humana: componentes, funções e aplicação

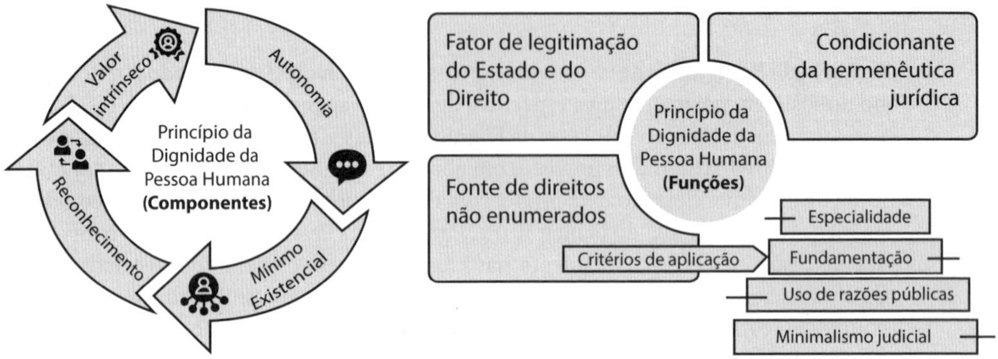

Fonte: elaborado pelo autor

7. MULTICULTURALISMO, INTERCULTURALIDADE E O FUNDAMENTO DOS DIREITOS HUMANOS

Como visto, os componentes do valor intrínseco do ser humano e da sua autonomia (autodeterminação), ideais que são, predominaram, por séculos, como únicos conformadores da noção de dignidade humana, remanescendo protagonistas ainda hoje, conquanto o mínimo existencial e o reconhecimento tenham avançado como elementos materiais a serem considerados, à custa de lutas que buscam dar visibilidade a desigualdades e exclusões de cariz econômico e cultural.

Por certo, o idealismo das noções de valor intrínseco e autonomia favorece a também secular compreensão, em grande medida intuitiva, da universalidade como característica proeminente dos direitos humanos. No entanto, não são poucas, tampouco rasas, as críticas dirigidas à uma prevalecente abordagem da universalidade dos direitos humanos que transborda para um ímpeto de universalização de determinados valores essencialmente ocidentais, a qual, no limite, propõe a homogeneização ideal de corpos, mentes e comportamentos, em descompasso com a diversidade que é ínsita à experiência de ser humano em sociedade.

Não pertine aos propósitos deste curso um mergulho aprofundado nesta densa e pertinente discussão, que reclama, para seu adequado desenvolvimento, responsabilidade para com a consideração de extensos aspectos históricos, sociais, culturais e econômicos envolvidos. Pretende-se, aqui, tão somente propiciar à leitora e ao leitor um panorama, bastante genérico, da controvérsia.

Ainda assim, como ponto de partida para uma aproximação minimamente aceitável e não leviana do tema, é preciso "limpar o caminho" reflexivo de ideias pré-concebidas e reducionistas, a exemplo da circunscrição do tema a uma polarização entre valores ocidentais de liberdade *versus* comportamentos fundamentalistas morais ou confessionais opressores de certas sociedades orientais. Da mesma forma, não é correto imaginar que todas as vias de pensamento que reconhecem e censuram influência dos padrões culturais ocidentais na construção dos direitos humanos tal como aceitos pela comunidade internacional defendam, necessariamente, sua imprestabilidade como paradigma regulatório global voltado à proteção da vida digna e à paz, não obstante certas correntes a tal se alinhem.

O debate costuma ser sumariado a partir da oposição entre as correntes de pensamento denominadas **relativismo cultural** e **universalismo**. Há quem inclusive estabeleça níveis de intensidade (radical, moderado etc.) entre as correntes.

Em brevíssimo resumo, os relativistas culturais denunciam os direitos humanos como instrumento de imposição de uma "visão hegemônica da cultura eurocêntrica ocidental, na prática de um canibalismo cultural"[99], enquanto os universalistas acusam seus opositores de invocarem a cultura como argumento retórico de justificação de graves e seculares violações da dignidade humana. Os relativistas mais radicais chegam a falar em "imperialismo dos direitos humanos", supostamente manifestado pelo fato de as principais potências políticas e econômicas ocidentais reproduzirem enfático discurso de compromisso com tais direitos, conquanto os violem deliberada e reiteradamente.

Aprofundando e sistematizando essas e outras críticas, CARVALHO RAMOS identifica cinco objeções à universalidade dos direitos humanos.[100]

O **argumento filosófico** sustenta que as diversas concepções éticas e valorativas de mundo impedem que sequer se possa vislumbrar a universalidade dos direitos humanos, uma vez que nada é universal.

O **argumento da falta de adesão dos Estados** relembra que parcela não desprezível de Estados não aderem, formalmente, aos documentos normativos internacionais de direitos humanos e, outros tantos, a despeito de fazê-lo, não cumprem, de fato, os compromissos assumidos.

O **argumento geopolítico** aponta que, no mais das vezes, para os Estados (sobretudo ocidentais), o compromisso com os direitos humanos não passa de instrumento político-retórico, utilizado na medida, intensidade e ocasião dos interesses momentâneos de política externa, situação evidenciada pelos inúmeros episódios de conduta incoerente e seletiva em face de determinadas violações.

O **argumento cultural** pontua que diferentes culturas representam distintos padrões de comportamento e, por conseguinte, de visão sobre limites e possibilidades de afronta à dignidade humana, do que são exemplos as culturas africanas e asiáticas.

O **argumento desenvolvimentista** alega que só se pode imaginar universais os direitos humanos quando superado o abismo econômico existente entre as potências mundiais e os países pobres ou subdesenvolvidos, ou seja, a ausência de interesse na promoção da igualdade material (denotada pela falta de efetividade dos direitos sociais) impede a universalização de padrões de conduta.

Os adeptos do argumento da falta de adesão dos Estados costumam destacar o baixo número – 26 (vinte e seis) – de nações que manifestaram formal aquiescência com os termos da fundante Declaração Universal dos Direitos Humanos (DUDH) de 1948, quando de sua aprovação, circunstância tomada como expressão de ausência de universalidade da iniciativa. CELSO LAFER não comunga desse argumento, contrapondo-o com informações de cunho histórico:

> A questão da universalidade foi sempre um desafio num mundo multicultural. Porém, no caso da Declaração, seus padrinhos puderam contar, na época, com o apoio de uma

[99] PIOVESAN, Flávia. **Direitos Humanos e Justiça Internacional:** um estudo comparativo dos sistemas regionais europeu, interamericano e africano. 8 ed. São Paulo: Saraiva, 2018, p. 63.

[100] RAMOS, André de Carvalho. **Teoria Geral dos Direitos Humanos na Ordem Internacional**. 3. ed. São Paulo: Saraiva, 2013, p. 157-169.

investigação conduzida pela UNESCO que indicou que os princípios enunciados nas minutas da Declaração estavam presentes em distintas tradições culturais e religiosas e que vários de seus dispositivos eram uma espécie de denominador comum de contrastantes ideologias.[101]

A controvérsia universalismo *versus* relativismo cultural esteve no centro dos debates da II Conferência Mundial dos Direitos Humanos, ocorrida em 1993 e convocada pela Organização das Nações Unidas (ONU), a fim de realizar um segundo balanço acerca dos avanços da proteção internacional dos direitos humanos.

O Comitê Preparatório da Conferência realizou, entre 1992 e 1993, reuniões preparatórias regionais, respectivamente, com o "grupo africano", "grupo latino-americano e caribenho" e "grupo asiático", bem como aceitou que órgãos nacionais de direitos humanos pudessem assistir à Conferência[102]. O evento, então, contou com o credenciamento de mais de 800 (oitocentas) organizações não governamentais como observadores oficiais, em um total de 2.000 (duas mil) reunidas, concomitantemente, no "Fórum das ONGs". Ao longo de quinze dias de Conferência, cerca de 10.000 (dez mil) indivíduos, com conhecimento acerca dos direitos humanos, dedicaram-se à discussão do tema, que culminou com a aprovação por mais de 180 (cento e oitenta) países da Declaração e Programa de Ação de Viena de 1993[103], que reafirma, de modo inequívoco, a universalidade dos direitos humanos, sem descurar das peculiaridades culturais:

> 5. Todos os direitos humanos são universais, indivisíveis, interdependentes e inter-relacionados. A comunidade internacional deve tratar os direitos humanos de forma global, justa e equitativa, em pé de igualdade e com a mesma ênfase. Embora particularidades nacionais e regionais devam ser levadas em consideração, assim como diversos contextos históricos, culturais e religiosos, é dever dos Estados promover e proteger todos os direitos humanos e liberdades fundamentais, sejam quais forem seus sistemas políticos, econômicos e culturais.

A ampla legitimidade da Declaração e Programa de Ação de Viena de 1993 decorre, pois, da pluralidade que permeou a preparação, os debates e as decisões da II Conferência Mundial dos Direitos Humanos. A afirmação do art. 5º da Declaração e Programa de Ação de Viena de 1993 é produto, portanto, de um diálogo multicultural que, ao fim e ao cabo, ratificou os termos da DUDH.

A mobilização estatal e da sociedade civil organizada ocorrida na II Conferência Mundial dos Direitos Humanos e concretizada na Declaração e Programa de Ação de Viena de 1993, que acabou por funcionar como uma espécie de formalização da ampla adesão da comunidade internacional à DUDH e, por ter sido necessária, em certo sentido corroborou as críticas relativistas dirigidas aos primórdios da construção da proteção internacional dos direitos humanos pós-Guerras Mundiais.

Tendo por objeto de exame exatamente o direito internacional, espaço de consolidação do padrão global regulatório de direitos humanos, o jurista japonês ONUMA YASUAKY argumenta

---

101 LAFER, Celso. Declaração Universal dos Direitos Humanos (1948). In MAGNOLI, Demétrio (Org.). **História da paz:** *os tratados que desenharam o planeta*, p. 297-330. São Paulo: Contexto, 2008, p. 311.

102 CANÇADO TRINDADE, Antônio Augusto. **Tratado de Direito Internacional dos Direitos Humanos** - Vol. I. 2. ed. Porto Alegre: Sérgio Antonio Fabris Editor, 2003, p. 169.

103 RAMOS, André de Carvalho. **Teoria Geral dos Direitos Humanos na Ordem Internacional**, cit., p. 161.

que o direito internacional, no século XX, esteve diretamente associado aos costumes de poucos Estados ocidentais poderosos, em especial EUA e potências da Europa ocidental, motivo pelo qual, carecem de legitimidade global por ausência de ampla participação, o que, por sua vez, explica a pouca adesão a esse conjunto normativo por nações não ocidentais[104]. Nas palavras de ONUMA, esse "ocidentocentrismo" é carregado de uma equivocada pressuposição do caráter universal de suas produções regulatórias no campo jusinternacional – o que, por óbvio, abarca o Direito Internacional dos Direitos Humanos.[105] Tais conclusões, entretanto, não impedem seu autor de reconhecer um espaço para a (re)construção "transcivilizacional" de direitos humanos, baseada em ao menos um valor presumivelmente universal: o bem-estar da humanidade.

> A meu ver, o valor mais importante e universal é o bem-estar material e espiritual da humanidade. Direitos humanos são uma específica – juridicista, individualista e moderna – formulação de um propósito universal para tal bem-estar. É nesse sentido, um meio, ao invés de um valor, para a realização desse valor proposto, isto é, o bem-estar da humanidade.[106]

ONUMA representa e manifesta, com muita propriedade, a possibilidade de se enfrentar, criticamente, a influência da cultura hegemônica ocidental na construção histórica dos direitos humanos, mas segue acreditando em seu proveito, a ponto de afirmar injustificável que qualquer Estado recuse compromisso com os direitos humanos sob a alegação de incompatibilidade com tradições culturais, religiões ou civilizações[107].

Deste modo, as várias falhas e incompletudes dos direitos humanos "ocidentocêntricos" devem ser reconhecidas e mitigadas a partir da progressiva libertação dos padrões culturais hegemônicos modernos, mediante a abertura de espaços para a consideração conjunta e dialógica de experiências culturais das mais diversas atinentes à expansão do bem-estar coletivo.[108] Consoante esclarece CANÇADO TRINDADE a respeito do multiculturalismo, a diversidade cultural não é empecilho à ideia universalidade dos direitos humanos, ao contrário, a favorece:

> As culturas não são pedras no caminho da universalidade dos direitos humanos, mas sim elementos essenciais ao alcance desta última. A diversidade cultural há que ser vista, em perspectiva adequada, como um elemento constitutivo da própria universalidade dos direitos humanos, e não como um obstáculo a esta. (...) No caminhar das nossas vidas, a cultura muito nos ajuda a nos relacionarmos com o mundo exterior. Ajuda-nos a buscar um sentido para a própria existência – uma tarefa comum a todos os seres humanos que, por sua vez, alimenta o sentimento de solidariedade humana, subjacente à observância dos direitos humanos universais. Não há como invocar "cultura" – de

---

104 ONUMA, Yasuaki. **Direito internacional em perspectiva transcivilizacional:** questionamento da estrutura cognitiva predominante no emergente mundo multipolar e multicivilizacional do século XXI. Trad. Jardel G. A. Ferreira et al. Belo Horizonte: Arraes Editores, 2017, p. 4-5 e 247.

105 Os apontamentos do jurista são de difícil refutação: "Quando, por exemplo, as pessoas discutem direitos humanos em termos de universalidade versus relatividade ou particularidade, as pessoas costumam falar de uma 'maneira asiática', "Islã", e outros, como exemplos de particularidade. Eles raramente se referem ao 'modo europeu' ou ao "cristianismo' como um exemplo de particularidade. Assumiu-se que o que é universal é algo Ocidental, enquanto a particularidade refere-se a algo não ocidental. (...) Enquanto a pessoa se basear nessa premissa — restará pouco espaço para pensar algo não ocidental, seja asiático, africano, islâmico ou confucionista, que possa ser universalmente válida" (Id. Ibid., p. 248).

106 Id. Ibid., p. 250.

107 Id. Ibid., p. 254.

108 Id. Ibid., p. 257.

modo inteiramente desvirtuado – para tentar justificar a opressão, a tortura, os tratamentos cruéis, desumanos e degradantes; esta falácia não é atribuível aos chamados "particularismos" das culturas como tais, mas sim à dominação, à arbitrariedade, à intolerância e à ignorância.[109]

Sob o prisma da diversidade cultural como elemento central de uma real universalidade dos direitos humanos, emerge o crucial papel da adoção de procedimentos institucionais verdadeiramente democráticos, é dizer, que permitam interação dialógica orientada a deliberações consensuais, assegurando-se assento, voz e voto a agentes governamentais e, também e imprescindivelmente, a componentes da sociedade civil que representem diferentes experiências socioculturais. Há de ser, portanto, assegurada participação efetivamente democrática e não o estabelecimento de um "espantalho" de democracia, isto é, uma reprodução ilusória de sua procedimentalidade.

A propósito, PEDRO PULZATTO PERUZZO adverte, com base no filósofo argentino radicado no México ENRIQUE DUSSEL, que a ampla e descriteriosa utilização do termo "multiculturalismo" suscita desconfiança, por encampar propostas de tolerância a diferenças que, longe de as superar, mantêm um signo de subalternidade das culturas não hegemônicas, haja vista "carregarem consigo não uma relação simétrica de respeito (típica da convivência), mas uma relação de respeito cínico imposta pela fatalidade da coexistência".[110] Propõe-se, por conseguinte, a utilização do termo "interculturalidade" para designar um movimento de interação cultural que contemple propostas políticas que, de fato, assegure às culturas não hegemônicas real autonomia para uso, a seu talante, de "instrumentos para se fazerem respeitar", não pelo uso da força, mas pela legitimidade da participação nos foros de deliberações sobre assuntos públicos, tendo "consideradas suas próprias razões".[111]

Para esse arrojado objetivo, em um contexto cosmopolita de globalização marcada pelo traço cultural e econômico ocidental, cuida-se, como coloca SEYLA BENHABIB, da superação, no discurso e na prática social e política, da oposição entre "nossa cultura" e "a cultura dos outros", com subsequente manutenção e expansão de diálogos democráticos estabelecidos com observância da pluralidade de atores públicos e privados que possam expressar-se livremente e, abertos a experiências outras, disponham-se a revisitar sua identidade, em um movimento que se desdobra em reapropriações fluidas e criativas de suas próprias tradições, facilitando o reconhecimento e a construção de consensos. Nesse sentido, os direitos humanos enquanto resultados dessa interação não devem ser almejados como produtos imutáveis de consensos congelados no tempo, senão como metas cujo alcance tem justamente na trajetória de permanente diálogo democrático o grande objetivo da educação para o respeito à diversidade cultural.[112]

Na mesma linha segue BOAVENTURA DE SOUSA SANTOS, em escrito já consagrado sobre o tema, no qual propõe uma "concepção multicultural" dos direitos humanos, alcançada desde um procedimento que denomina "hermenêutica diatópica" e que intenta alcançar um universalismo que resulte do diálogo intercultural (e não o anteceda). É o que denominou o jurista espanhol JOAQUIM HERRERA FLORES de "**universalismo de chegada ou de**

---

109 CANÇADO TRINDADE, Antônio Augusto. **Tratado de Direito Internacional dos Direitos Humanos** - Vol. III. Porto Alegre: Sérgio Antonio Fabris Editor, 2003, p. 335-336 e 389.

110 PERUZZO, Pedro Pulzatto. Direitos Humanos, povos indígenas e interculturalidade. **Revista Videre**, v. 8, n. 15, p. 4–18, 1 jul. 2016, p. 22.

111 Id. Ibid., p. 23.

112 BENHABIB, Seyla. Another Universalism: On the Unity and Diversity of Human Rights. **Proceedings and Addresses of the American Philosophical Association**, v. 81, n. 2, p. 7–32, 2007, p. 23-24.

confluência", que há de suceder um processo naturalmente conflitivo, de confrontação.[113] O proposto diálogo intercultural, por sua vez, deve, necessariamente, partir da premissa inarredável segundo a qual **toda cultura é incompleta**, devendo por isso abrir-se à interlocução[114]. E tanto mais "transcivilizacional" será esse diálogo quanto mais representantes de distintas civilizações dele participarem[115], com exercício livre de suas razões, apresentadas em espaço aberto de respeito e não apenas de tolerância.

Examinando o problema do ponto de vista da aplicação do Princípio da Dignidade da Pessoa Humana, mais propriamente no horizonte de seu componente do reconhecimento, SARMENTO relembra as controvérsias práticas e as variadas análises realizadas pelas instâncias jurisdicionais de diferentes países acerca de comportamentos tradicionais indígenas – dentro os quais, um dos mais impactantes para a cultura não indígena é o abandono e a eliminação de recém-nascidos, em determinadas circunstâncias. Esse e outros exemplos casuísticos acerca da repercussão jurisprudencial do debate sobre direitos humanos e interculturalismo são extremamente complexos e, por isso, exigem detalhada abordagem, que foge ao escopo desse curso. Todavia, SARMENTO vale-se da proposta de diálogo intercultural de BOAVENTURA DE SOUSA SANTOS para formular premissas para a atuação do Poder Judiciário frente a casos como os citados, que envolvam práticas não convencionais, segundo o comportamento médio hegemônico, adotadas por pessoas que integram culturas não hegemônicas:

> Quando a solução do conflito não for possível pela via do diálogo intercultural, o equacionamento da tensão entre a proteção da cultura minoritária e os direitos fundamentais terá que passar pelo emprego da técnica da ponderação de interesses constitucionais. Nessa ponderação, será necessário aferir de um lado a importância dos interesses em disputa para a preservação da cultura minoritária, considerando-se os seus efeitos sobre a identidade dos seus integrantes. Do outro lado, deve-se sopesar a intensidade da restrição aos direitos fundamentais imposta às pessoas afetadas. Naturalmente, o procedimento também deve se pautar por uma abertura comunicativa às visões do outro vivo até para que os "pesos" possam ser corretamente atribuídos no processo ponderativo. (...) É preciso atribuir igual respeito a identidade das pessoas, o que justifica a deferência em relação aos costumes e tradições das comunidades tradicionais. Mas o foco principal deve ser a pessoa, e não o grupo ou a cultura. A pessoa, porém, deve ser concebida sempre como ser culturalmente enraizado, enredado em vínculos e relações constitutivas de sua identidade, e não como um átomo isolado.[116]

Pensa-se que a proposta de SARMENTO, à luz das premissas anteriormente estabelecidas, faz sentido somente se o processo decisório realmente contemplar um diálogo intercultural genuíno, em que as razões próprias da cultura não hegemônica sejam, em verdade, consideradas, para tanto devendo haver abertura de espírito do agente aplicador do direito à troca cultural, antes da formação de seu convencimento. Do contrário, a tendência será sempre a da prevalência da opressão cultural hegemônica, mesmo que pela via jurisdicional.

---

113 FLORES, Joaquin Herrera. Direitos humanos, interculturalidade e racionalidade de resistência. **Sequência: Estudos Jurídicos e Políticos**, p. 9–30, 1 jan. 2002, p. 21.

114 SANTOS, Boaventura de Sousa. Por uma concepção multicultural de direitos humanos. **Revista crítica de ciência sociais**, nº 48, jun. 1997, p. 11-32. Coimbra: Centro de Estudos Sociais da Universidade de Coimbra, 1997.

115 ONUMA, Yasuaki, op. cit., p. 22.

116 SARMENTO, Daniel. **Dignidade da pessoa humana**: conteúdo, trajetórias e metodologia, cit., p. 297.

Enfim, como dito, está-se diante de assunto controverso, complexo e extremamente denso, que comporta exames por distintas perspectivas.

No contexto jurídico de um curso de direitos humanos, pareceu pertinente apresentar o debate, esclarecer, ainda que sumariamente, os principais argumentos de parte a parte e, finalmente, aderir a propostas as quais, embora críticas - porque admitem uma indesejável construção "ocidentocentralizada" -, vislumbram caminhos para uma ressignificação multicultural dos direitos humanos, assumindo a proteção da dignidade humana (ou o que essa pode representar em termos bem-estar coletivo) como um propósito universal de consenso factível, porquanto capaz de ser alcançado em espaços verdadeiramente democráticos de interação cultural.

Em sendo os direitos humanos normas cuja efetividade depende dos meios de aplicação ao mundo dos fatos, há que se disputar os sentidos e comportamentos impostos a seu propósito e o diálogo transcivilizacional ou intercultural é estratégia procedimental que oferece possibilidades ricas e interessantes para o afastamento de vieses culturalmente hegemônicos, que se distanciam do propósito maior que deve inspirar as normas fundamentadas na proteção da dignidade humana. É sob esta perspectiva que este curso propõe sejam estudados e manejados os direitos humanos e a teoria que lhes subjaz.

Capítulo IV

CLASSIFICAÇÕES DOS DIREITOS HUMANOS

O capítulo que se principia apresenta classificações comumente aplicadas aos direitos humanos segundo distintos critérios, quais sejam, objeto do interesse tutelado (material ou processual), relação indivíduo-Estado, natureza dos direitos tutelados, função e características.

São classificações amplamente difundidas, que cumprem intento sobretudo pedagógico, mas que, lado outro, também são suscetíveis a críticas, em especial quando tomadas como peremptórias ou exaurientes. Deste modo, é sempre recomendável que ímpetos classificatórios como os seguintes sejam estudados com olhar atento para suas potencialidades e fragilidades.

1. DIREITOS E GARANTIAS

Parte significativa das normas de direitos humanos contemplam direitos materiais, ou sejam, dizem respeito a determinados bens da vida, como, *inter alia*, as liberdades, honra, imagem, vida privada, a própria vida, integridade física, saúde, alimentação, moradia, educação, trabalho, meio ambiente equilibrado e propriedade (o direito humano mais ficcional de todos).

Todavia, uma efetiva proteção dos direitos humanos requer, para além de sua declaração, a instituição de **instrumentos que permitam coibir as ameaças de violação aos direitos declarados e reprimir a afronta praticada**. Desta função estão incumbidos direitos de natureza prevalentemente processual, também conhecidos como "garantias". Um sistema que pretenda proteger direitos humanos sem a instituição de garantias correlatas está fadado à não efetivação por estabelecer-se apenas no plano retórico, destituído da aptidão de responder à sua contrariedade.

A Declaração Universal dos Direitos Humanos (DUDH) não se descurou dessa exigência, prevendo, em seu art. 8º, que "todo o homem tem direito a receber dos tribunais nacionais competentes remédio efetivo para os atos que violem os direitos fundamentais que lhe sejam reconhecidos pela constituição ou pela lei". Assim também, o Pacto Internacional sobre Direitos Civis e Políticos, no art. 2º, item 3:

> Os Estados Partes do presente Pacto comprometem-se a:
>
> a) Garantir que toda pessoa, cujos direitos e liberdades reconhecidos no presente Pacto tenham sido violados, possa de um recurso efetivo, mesmo que a violência tenha sido perpetra por pessoas que agiam no exercício de funções oficiais;
>
> b) Garantir que toda pessoa que interpuser tal recurso terá seu direito determinado pela competente autoridade judicial, administrativa ou legislativa ou por qualquer outra autoridade competente prevista no ordenamento jurídico do Estado em questão; e a desenvolver as possibilidades de recurso judicial;
>
> c) Garantir o cumprimento, pelas autoridades competentes, de qualquer decisão que julgar procedente tal recurso.

Na mesma linha segue o art. XVIII da Declaração Americana dos Direitos e Deveres do Homem:

> Toda pessoa pode recorrer aos tribunais para fazer respeitar os seus direitos. Deve poder contar, outrossim, com processo simples e breve, mediante o qual a justiça a proteja contra atos de autoridade que violem, em seu prejuízo, qualquer dos direitos fundamentais consagrados constitucionalmente.

E, ainda, o art. 25 da Convenção Americana sobre Direitos Humanos:

> 1. Toda pessoa tem direito a um recurso simples e rápido ou a qualquer outro recurso efetivo, perante os juízes ou tribunais competentes, que a proteja contra atos que violem seus direitos fundamentais reconhecidos pela constituição, pela lei ou pela presente Convenção, mesmo quando tal violação seja cometida por pessoas que estejam atuando no exercício de suas funções oficiais.
>
> 2. Os Estados Partes comprometem-se:
>
> a. a assegurar que a autoridade competente prevista pelo sistema legal do Estado decida sobre os direitos de toda pessoa que interpuser tal recurso;
>
> b. a desenvolver as possibilidades de recurso judicial; e
>
> c. a assegurar o cumprimento, pelas autoridades competentes, de toda decisão em que se tenha considerado procedente o recurso.

Há alguns espaços de cizânia na distinção entre direitos e garantias, situação, porém, à qual não se deve dar atenção, porquanto, do ponto de vista da proteção desejada, inexiste prejuízo. Ainda assim, a Constituição Federal de 1988 adotou a distinção de que se cuida, quando identifica seu Título II por "Dos Direitos e Garantias Fundamentais".

A instituição das garantias perpetua a preocupação original dos direitos humanos de rechaço à intervenção estatal abusiva, acarretando comandos de dupla dimensão, ambos direcionados ao Estado. A dimensão positiva instiga o Poder Judiciário – e as demais instâncias às quais se dirigem as garantias – à intransigente proteção dos direitos humanos pela via do impedimento ou da repressão a afrontas. A dimensão, negativa estipula limites voltados à salvaguarda dos direitos humanos dos indivíduos que são submetidos às atividades estatais investigatórias e punitivas.

A **dimensão positiva** das garantias, no que diz respeito ao Poder Judiciário brasileiro, está consagrada pelo chamado **Princípio da Inafastabilidade da Jurisdição**, previsto no inciso XXXV do art. 5º da Constituição Federal brasileira: "a lei não excluirá da apreciação do Poder Judiciário lesão ou ameaça a direito". Tal dispositivo é reforçado pelo **Direito de Petição**, independentemente de pagamento de taxas, declarado nos incisos XXXIII e XXXIV do mesmo art. 5º, assim como pelas **Cláusulas de Reserva de Jurisdição**, hipóteses nas quais a restrição de relevantes direitos fundamentais depende de prévia decisão judicial, *v.g. ingresso no domicílio* fora das situações de flagrante delito, desastre e prestação de socorro (art. 5º, XI), *interceptação telefônica* (art. 5º, XII) e *prisão*, salvo flagrante delito (art. 5º, LXI).

Confirma-se, assim, o que foi dito anteriormente, no sentido de que o sistema de proteção dos direitos humanos, nos âmbitos nacionais, demanda a atuação comprometida e ativa do Poder Judiciário, conferindo-lhe, neste contexto, inegável protagonismo, sem que isso deva ser tomado por elemento de desequilíbrio na organização dos Três Poderes. Ao desempenhar esse papel protetor, o Poder Judiciário jamais poderá agir discricionariamente, porquanto está adstrito, de modo absoluto, à obrigação de fundamentar suas decisões (art. 93, IX, da CF), disposição constitucional que deve ser encarada como garantia fundamental enunciada fora do rol do art. 5º da Constituição Federal.

Ainda na seara das garantias fundamentais instituídas na Constituição Federal e exercidas perante o Poder Judiciário, os chamados "remédios constitucionais", manejáveis pelo indivíduo, são representantes eloquentes dessas garantias, porque destinados, exclusivamente, à repressão de atos de violação de direitos fundamentais. A cada "remédio constitucional" corresponde uma finalidade voltada à salvaguarda de um, alguns ou vários dos direitos fundamentais:

Remédios constitucionais	
Habeas Corpus **(art. 5º, LXVIII)**	Direito fundamental tutelado: liberdade de locomoção (cabimento excepcionado às punições disciplinares militares, conforme art. 142, § 2º, da CF).
Habeas Data **(art. 5º, LXXII)**	Direito fundamental tutelado: direito de informação quanto ao conteúdo de registros ou bancos de dados governamentais ou de caráter público.
Mandado de segurança individual e coletivo (art. 5º, LXIX e LXX)	Direitos fundamentais tutelados: quaisquer que não o sejam por *habeas corpus* ou *habeas data* (abrangência residual).
Mandado de Injunção (art. 5º, LXXI)	Direitos fundamentais tutelados: quaisquer cujo exercício se encontre inviabilizado em decorrência da omissão estatal em regulamentar a matéria.
Ação Popular (art. 5º, LXXIII)	Direitos fundamentais tutelados: o concernente ao patrimônio público, histórico ou cultural, à moralidade administrativa e ao meio ambiente.
Ação Civil Pública (art. 129, III)	Direitos fundamentais tutelados: proteção do patrimônio público e social, do meio ambiente e de outros interesses difusos e coletivos

Fonte: elaborado pelo autor

No que tange à **dimensão negativa** das garantias, sua presença em todas as normas gerais de direitos humanos e em algumas especiais é recorrente e eloquente. A esse propósito, citem-se, ilustrativamente, algumas disposições internacionais oponíveis ao Estado brasileiro:

Declaração Universal de Direitos Humanos

Artigo 9

Ninguém será arbitrariamente preso, detido ou exilado.

Artigo 10

Todo ser humano tem direito, em plena igualdade, a uma justa e pública audiência por parte de um tribunal independente e imparcial, para decidir de seus direitos e deveres ou do fundamento de qualquer acusação criminal contra ele.

Artigo 11

I) Todo ser humano acusado de um ato delituoso tem o direito de ser presumido inocente até que a sua culpabilidade tenha sido provada de acordo com a lei, em julgamento público no qual lhe tenham sido asseguradas todas as garantias necessárias à sua defesa.

II) Ninguém poderá ser culpado por qualquer ação ou omissão que, no momento, não constituam delito perante o direito nacional ou internacional. Também não será imposta pena mais forte do que aquela que, no momento da prática, era aplicável ao ato delituoso.

Pacto Internacional sobre Direitos Civis e Políticos

Artigo 14

1. Todas as pessoas são iguais perante os tribunais e as cortes de justiça. Toda pessoa terá o direito de ser ouvida publicamente e com devidas garantias por um tribunal competente, independente e imparcial, estabelecido por lei, na apuração de qualquer acusação de caráter penal formulada contra ela ou na determinação de seus direitos e obrigações de caráter civil. A imprensa e o público poderão ser excluídos de parte da totalidade de um julgamento, quer por motivo de moral pública, de ordem pública ou de segurança nacional em uma sociedade democrática, quer quando o interesse da vida privada das Partes o exija, que na medida em que isso seja estritamente necessário na opinião da justiça, em circunstâncias específicas, nas quais a publicidade venha a prejudicar os interesses da justiça; entretanto, qualquer sentença proferida em matéria penal ou civil deverá torna-se pública, a menos que o interesse de menores exija procedimento oposto, ou processo diga respeito à controvérsia matrimoniais ou à tutela de menores.

2. Toda pessoa acusada de um delito terá direito a que se presuma sua inocência enquanto não for legalmente comprovada sua culpa.

3. Toda pessoa acusada de um delito terá direito, em plena igualmente, a, pelo menos, as seguintes garantias:

a) De ser informado, sem demora, numa língua que compreenda e de forma minuciosa, da natureza e dos motivos da acusação contra ela formulada;

b) De dispor do tempo e dos meios necessários à preparação de sua defesa e a comunicar-se com defensor de sua escolha;

c) De ser julgado sem dilações indevidas;

d) De estar presente no julgamento e de defender-se pessoalmente ou por intermédio de defensor de sua escolha; de ser informado, caso não tenha defensor, do direito que lhe assiste de tê-lo e, sempre que o interesse da justiça assim exija, de ter um defensor designado *ex officio* gratuitamente, se não tiver meios para remunerá-lo;

e) De interrogar ou fazer interrogar as testemunhas de acusação e de obter o comparecimento e o interrogatório das testemunhas de defesa nas mesmas condições de que dispõem as de acusação;

f) De ser assistida gratuitamente por um intérprete, caso não compreenda ou não fale a língua empregada durante o julgamento;

g) De não ser obrigada a depor contra si mesma, nem a confessar-se culpada.

4. O processo aplicável a jovens que não sejam maiores nos termos da legislação penal em conta a idade dos menos e a importância de promover sua reintegração social.

5. Toda pessoa declarada culpada por um delito terá direito de recorrer da sentença condenatória e da pena a uma instância superior, em conformidade com a lei.

6. Se uma sentença condenatória passada em julgado for posteriormente anulada ou se um indulto for concedido, pela ocorrência ou descoberta de fatos novos que provem cabalmente a existência de erro judicial, a pessoa que sofreu a pena decorrente desse

condenação deverá ser indenizada, de acordo com a lei, a menos que fique provado que se lhe pode imputar, total ou parcialmente, a não revelação dos fatos desconhecidos em tempo útil.

7. Ninguém poderá ser processado ou punido por um delito pelo qual já foi absorvido ou condenado por sentença passada em julgado, em conformidade com a lei e os procedimentos penais de cada país.

Artigo 15

1. ninguém poderá ser condenado por atos omissões que não constituam delito de acordo com o direito nacional ou internacional, no momento em que foram cometidos. Tampouco poder-se-á impor pena mais grave do que a aplicável no momento da ocorrência do delito. Se, depois de perpetrado o delito, a lei estipular a imposição de pena mais leve, o delinquente deverá dela beneficiar-se.

Declaração Americana dos Direitos e Deveres do Homem

Artigo XXV. Ninguém pode ser privado da sua liberdade, a não ser nos casos previstos pelas leis e segundo as praxes estabelecidas pelas leis já existentes. Ninguém pode ser preso por deixar de cumprir obrigações de natureza claramente civil. Todo indivíduo, que tenha sido privado da sua liberdade, tem o direito de que o juiz verifique sem demora a legalidade da medida, e de que o julgue sem protelação injustificada, ou, no caso contrário, de ser posto em liberdade. Tem também direito a um tratamento humano durante o tempo em que o privarem da sua liberdade.

Artigo XXVI. Parte-se do princípio que todo acusado é inocente, até provar-se-lhe a culpabilidade. Toda pessoa acusada de um delito tem o direito de ser ouvida numa forma imparcial e pública, de ser julgada por tribunais já estabelecidos de acordo com leis preexistentes, e de que se lhe não inflijam penas cruéis, infamantes ou inusitadas.

Convenção Americana sobre Direitos Humanos

Artigo 7. Direito à liberdade pessoal

1. Toda pessoa tem direito à liberdade e à segurança pessoais.

2. Ninguém pode ser privado de sua liberdade física, salvo pelas causas e nas condições previamente fixadas pelas constituições políticas dos Estados Partes ou pelas leis de acordo com elas promulgadas.

3. Ninguém pode ser submetido a detenção ou encarceramento arbitrários.

4. Toda pessoa detida ou retida deve ser informada das razões da sua detenção e notificada, sem demora, da acusação ou acusações formuladas contra ela.

5. Toda pessoa detida ou retida deve ser conduzida, sem demora, à presença de um juiz ou outra autoridade autorizada pela lei a exercer funções judiciais e tem direito a ser julgada dentro de um prazo razoável ou a ser posta em liberdade, sem prejuízo de que prossiga o processo. Sua liberdade pode ser condicionada a garantias que assegurem o seu comparecimento em juízo.

6. Toda pessoa privada da liberdade tem direito a recorrer a um juiz ou tribunal competente, a fim de que este decida, sem demora, sobre a legalidade de sua prisão ou detenção e ordene sua soltura se a prisão ou a detenção forem ilegais. Nos Estados Partes cujas leis preveem que toda pessoa que se vir ameaçada de ser privada de sua liberdade tem direito a recorrer a um juiz ou tribunal competente a fim de que este decida sobre a

legalidade de tal ameaça, tal recurso não pode ser restringido nem abolido. O recurso pode ser interposto pela própria pessoa ou por outra pessoa.

7. Ninguém deve ser detido por dívidas. Este princípio não limita os mandados de autoridade judiciária competente expedidos em virtude de inadimplemento de obrigação alimentar.

Artigo 8. Garantias judiciais

1. Toda pessoa tem direito a ser ouvida, com as devidas garantias e dentro de um prazo razoável, por um juiz ou tribunal competente, independente e imparcial, estabelecido anteriormente por lei, na apuração de qualquer acusação penal formulada contra ela, ou para que se determinem seus direitos ou obrigações de natureza civil, trabalhista, fiscal ou de qualquer outra natureza.

2. Toda pessoa acusada de delito tem direito a que se presuma sua inocência enquanto não se comprove legalmente sua culpa. Durante o processo, toda pessoa tem direito, em plena igualdade, às seguintes garantias mínimas:

a. direito do acusado de ser assistido gratuitamente por tradutor ou intérprete, se não compreender ou não falar o idioma do juízo ou tribunal;

b. comunicação prévia e pormenorizada ao acusado da acusação formulada;

c. concessão ao acusado do tempo e dos meios adequados para a preparação de sua defesa;

d. direito do acusado de defender-se pessoalmente ou de ser assistido por um defensor de sua escolha e de comunicar-se, livremente e em particular, com seu defensor;

e. direito irrenunciável de ser assistido por um defensor proporcionado pelo Estado, remunerado ou não, segundo a legislação interna, se o acusado não se defender ele próprio nem nomear defensor dentro do prazo estabelecido pela lei;

f. direito da defesa de inquirir as testemunhas presentes no tribunal e de obter o comparecimento, como testemunhas ou peritos, de outras pessoas que possam lançar luz sobre os fatos;

g. direito de não ser obrigado a depor contra si mesma, nem a declarar-se culpada;

h. direito de recorrer da sentença para juiz ou tribunal superior.

3. A confissão do acusado só é válida se feita sem coação de nenhuma natureza.

4. O acusado absolvido por sentença passada em julgado não poderá ser submetido a novo processo pelos mesmos fatos.

5. O processo penal deve ser público, salvo no que for necessário para preservar os interesses da justiça.

Artigo 9. Princípio da legalidade e da retroatividade

Ninguém pode ser condenado por ações ou omissões que, no momento em que forem cometidas, não sejam delituosas, de acordo com o direito aplicável. Tampouco se pode impor pena mais grave que a aplicável no momento da perpetração do delito. Se depois da perpetração do delito a lei dispuser a imposição de pena mais leve, o delinquente será por isso beneficiado.

Com o mesmo intento, a Constituição Federal brasileira está repleta de dispositivos que orientam e limitam a atividade estatal de investigação e sujeição do indivíduo a processo, com vistas à preservação de seus direitos fundamentais. Todos esses dispositivos têm como matriz o direito ao **Devido Processo Legal**, cuja consagração espraia-se em vários dos incisos do art. 5º da Constituição Federal:

Devido Processo Legal (desdobramentos)	➔ Proibição a tribunal de exceção (art. 5º, XXXVII) ➔ Competência do Júri para crimes dolosos contra a vida (art. 5º, XXXVIII) ➔ Princípio da Reserva Legal (art. 5º, XXXIX) ➔ Irretroatividade da lei penal (art. 5º, XL) ➔ Juiz natural (art. 5º, LIII) ➔ Não privação da liberdade sem o devido processo legal (art. 5º, LIV) ➔ Contraditório e ampla defesa (art. 5º, LV) ➔ Vedação das provas ilícitas (art. 5º, LVI) ➔ Presunção de inocência até trânsito em julgado da condenação (art. 5º, LVII) ➔ Publicidade dos atos processuais (art. 5º, LX) ➔ Prisão em flagrante delito ou mediante ordem judicial (art. 5º, LXI) ➔ Comunicação da prisão ao juiz competente e à família (art. 5º, LXII) ➔ Direito à informação do preso (art. 5º, LXIII e LXIV) ➔ Relaxamento de prisão ilegal e liberdade provisória (art. 5º, LXV e LXVI) ➔ Assistência jurídica gratuita (art. 5º, LXXIV) ➔ Indenização por erro judiciário ou prisão além da pena (art. 5º, LXXV) ➔ Razoável duração do processo (art. 5º, LXXVIII)

Fonte: elaborada pelo autor

Já no que tange à imposição da pena, etapa posterior à investigação e processamento do indivíduo, há garantias fundamentais que pretendem impedir a sanção abusiva e desproporcional:

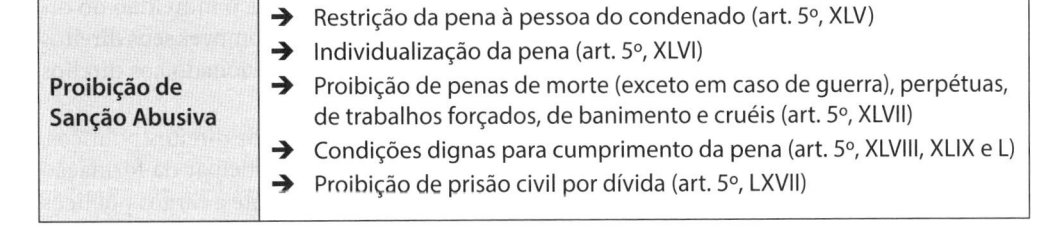

Proibição de Sanção Abusiva	➔ Restrição da pena à pessoa do condenado (art. 5º, XLV) ➔ Individualização da pena (art. 5º, XLVI) ➔ Proibição de penas de morte (exceto em caso de guerra), perpétuas, de trabalhos forçados, de banimento e cruéis (art. 5º, XLVII) ➔ Condições dignas para cumprimento da pena (art. 5º, XLVIII, XLIX e L) ➔ Proibição de prisão civil por dívida (art. 5º, LXVII)

Fonte: elaborada pelo autor

A despeito da distinção entre direitos fundamentais e garantias fundamentais, todas as normas que se encaixem em uma ou outra dessas categorias gozam da mesma importância, sem qualquer hierarquia *a priori*; afinal, servem ao mesmo propósito de concreção da missão republicana de salvaguarda dos direitos humanos.

2. TEORIA DOS *STATUS* E A RELAÇÃO ESTADO-INDIVÍDUO

A formação histórica dos direitos humanos, atrelada à multifacetada dignidade humana como seu fundamento, permite perceber que, sob o prisma das obrigações estatais jurídicas envolvidas, inúmeras são as possibilidades de estabelecimento da relação Estado-indivíduo.

Para explicar, de modo categorizado, tais possibilidades, a parcela majoritária da doutrina dos direitos humanos tem se valido da classificação apresentada, no final do século XIX, por GEORGE JELLINEK, sob a denominação "Teoria dos *Status*".

A Teoria dos *Status* não tem por objeto propriamente a classificação de tipos de direitos subjetivos decorrentes dos direitos humanos, mas dedica-se a apresentar as diferentes **posições** ou **situações** do Estado frente ao indivíduo e vice-versa, a depender do tipo de obrigação relativa a direitos humanos de que se trata. Nessa linha, é possível imaginar-se que, conforme a situação, o Estado pode ver-se obrigado a fazer algo ou a deixar de fazer algo em relação ao indivíduo, o que leva DIMOULIS e MARTINS a afirmarem que "aquilo que, do ponto de vista do indivíduo, constitui um direito fundamental representa, visto pela perspectiva do Estado, uma noção de competência negativa que restringe suas possibilidades de atuação".[1]

Explica ROBERT ALEXY sobre a Teoria dos *Status*:

> Jellinek descreve de formas diversas o que é um *status*. Importância central tem sua caracterização como "uma relação com o Estado que qualifica o indivíduo". Nesse sentido, um status é uma forma de *relação* entre cidadão e Estado. Como uma relação *que qualifica o indivíduo*, o status deve ser uma *situação*, e, como tal, diferenciar-se de um direito.[2]

Para JELLINEK, quatros são as categorias que expressam os possíveis *status* envolvendo Estado e indivíduo, em face dos direitos humanos.

O ***status*** **passivo ou** ***status subjectionis*** corresponde à submissão do indivíduo ao Estado, consubstanciada no dever de obedecer, em nome do bem comum, à imposição estatal de conduta, revestida de uma ordem de fazer ou de uma restrição ou imposição às ações da pessoa. Trata-se, portanto, de um dever de obediência do indivíduo.

O ***status*** **negativo ou** ***status libertatis*** designa o respeito do Estado à vida privada do ser humano, por meio de limites à prerrogativa estatal de intervir nas liberdades e faculdades do cidadão, gerando, de um lado, um dever de abstenção estatal (obrigação negativa) e, de outro, um "direito ou pretensão de resistência" da pessoa em face da intervenção ilegítima do Estado.

O ***status*** **positivo ou** ***status civitatis*** diz respeito à posição que dota o indivíduo do direito de exigir do Estado prestações positivas no sentido de proteger e promover seus direitos (portanto uma obrigação estatal de prestação), *status* normalmente relacionado aos direitos econômicos, sociais e culturais.

Finalmente, o ***status*** **ativo ou** ***status activus*** correlaciona-se com os direitos políticos, ensejando o reconhecimento estatal da capacidade do indivíduo de participar da formação da vontade do Estado, tanto na qualidade de eleitor como na de postulante a cargos públicos de representação.

A categorização proposta por JELLINEK cumpre o importante papel de fornecer argumentos teóricos em prol da "justiciabilidade" dos direitos humanos, ou seja, da aptidão das normas de direitos humanos, por mais genéricos que sejam os enunciados normativos que as contenham, de fundamentar direitos subjetivos passíveis de serem pleiteados pelo indivíduo, judicialmente, frente ao Estado, cobrando do ente estatal a não intervenção ou a prestação cabível, conforme a posição (*status*) a que diga respeito a situação conflituosa.

A Teoria dos *Status* não está imune a críticas, muito pelo contrário.[3] Não obstante, sua competência didática ainda a faz gozar de intenso prestígio dentro dos estudos doutrinários

---

1 DIMOULIS, Dimitri; MARTINS, Leonardo. **Teoria geral dos direitos fundamentais**. 2. ed. São Paulo: Ed. Revista dos Tribunais, 2009, p. 54.

2 ALEXY, Robert. **Teoria dos direitos fundamentais**. Trad. Virgílio Afonso da Silva. São Paulo: Malheiros, 2008, p. 255.

3 Para um breve panorama das críticas e seus contrapontos, *cf.* ALEXY, Robert, op. cit., p. 269-275.

relativos aos direitos humanos, assim como influencia, na perspectiva das obrigações jurídicas, outra célebre e polêmica classificação desses direitos: a Teoria das Gerações.

Teoria dos *Status*

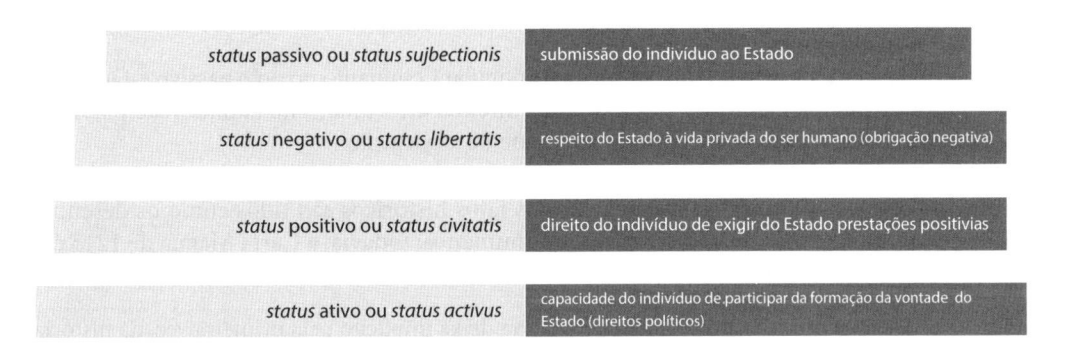

status passivo ou *status sujbectionis*	submissão do indivíduo ao Estado
status negativo ou *status libertatis*	respeito do Estado à vida privada do ser humano (obrigação negativa)
status positivo ou *status civitatis*	direito do indivíduo de exigir do Estado prestações positivias
status ativo ou *status activus*	capacidade do indivíduo de participar da formação da vontade do Estado (direitos políticos)

Fonte: elaborada pelo autor

3. TEORIA DAS GERAÇÕES DE DIREITOS HUMANOS: PANORAMA E CRÍTICA

A autoria da Teoria das Gerações de Direitos Humanos costuma ser atribuída a KAREL VASAK, jurista tcheco naturalizado francês, que a teria formulado, sem maiores pretensões, a partir de uma relação meramente didática entre as etapas históricas de afirmação dos direitos humanos e as cores da bandeira da França, associadas ao lema da Revolução Francesa, "Liberdade, Igualdade e Fraternidade"[4].

De acordo com CARLOS WEIS, "a classificação mais usualmente encontrada é a que identifica três categorias distintas de direitos humanos, com características específicas decorrentes dos valores que inspiraram sua criação, encontrados em momentos sucessivos da História".[5]

Como sugere a sua gênese, a Teoria das Gerações dos Direitos Humanos tem mais uma função didática do que, propriamente, uma inquestionável fundamentação teórica. Contudo, sua difusão é inegável.

3.1. A primeira geração: os direitos individuais (civis e políticos)

A primeira das gerações compreende os chamados direitos individuais. A partir dos direitos individuais, também denominados liberdades públicas ou direitos civis e políticos, os direitos humanos se expandiram.

Os direitos individuais podem ser vistos como direitos subjetivos oponíveis ao Estado. São garantias do indivíduo – ressalte-se, de qualquer indivíduo – no sentido de poder fazer ou não fazer alguma coisa. Encontram-se no grupo de direitos humanos ditos de primeira geração os direitos à vida, à igualdade formal (perante à lei), à integridade física, a todas as liberdades (*v.g.* de ir e vir, de pensamento e expressão, de crença, de reunião, de associação e de profissão), à intimidade, à vida privada, à honra, à imagem, de propriedade, assim como a todos os direitos processuais (legalidade, acesso à justiça, contraditório, ampla defesa, juiz

---

4 MARMELSTEIN, George. **Curso de direitos fundamentais**. 2. ed. São Paulo: Atlas, 2009, p. 40.

5 WEIS, Carlos. **Direitos Humanos Contemporâneos**. 2. ed. São Paulo: Malheiros, 2011, p. 47-48.

e promotor naturais, proibição de tribunal de exceção e de pena de morte), que protegem a pessoa do arbítrio do Estado-juiz.

Conforme explica CELSO LAFER, "os direitos humanos da Declaração de Virgínia e da Declaração Francesa de 1789 são, neste sentido, direitos humanos de primeira geração, que se baseiam numa clara demarcação entre Estado e não Estado, fundamentada no contratualismo de inspiração individualista".[6]

A titularidade desses direitos é da pessoa (singular), enquanto no polo passivo estão todos os demais e, principalmente, o Estado. Alguns direitos individuais, no entanto, são passíveis de exercício coletivo, como é o caso da liberdade de associação.

É possível perceber que a expansão dos direitos humanos seguiu as necessidades dos indivíduos e suas eventuais satisfações. Muitos fatos históricos são tidos como os desencadeadores da evolução da proteção dos direitos humanos; todavia, a Carta Magna de 1215 é o marco principal de sua primeira geração. Nas palavras de COMPARATO:

> Mais do que isso, porém, a Magna Carta deixa implícito pela primeira vez, na história política medieval, que o rei acha-se naturalmente vinculado pelas próprias leis que edita. Quinhentos anos antes, Santo Isidoro (560-636), bispo de Sevilha, já havia defendido a ideia de que o príncipe devia submeter-se às leis que ele próprio promulgara, pois "só quando também ele respeita as leis, pode-se esperar que elas sejam obedecidas por todos" (Sententiae III, 51.4).[7]

Assim, se a Magna Carta contribuiu, num primeiro momento, para reforçar o regime feudal, ela já trazia em si o germe de sua definitiva destruição, a longo prazo. O sentido inovador do documento consistiu, justamente, no fato de a declaração régia reconhecer que os direitos próprios dos dois estamentos livres - a nobreza e o clero - existiam independentemente do consentimento do monarca e não podiam, por conseguinte, ser modificados por ele. Aí está a pedra angular para a construção da democracia moderna: o poder dos governantes passa a ser limitado, não apenas por normas superiores, fundadas no costume ou na religião, mas também por direitos subjetivos dos governados".[8]

Protege-se, pois, na primeira geração, a liberdade do indivíduo. Por conta disso, indubitavelmente, a proteção contra os atos do governante veio trazer sustentação e meios para efetivar essa liberdade.

Fato é, porém, que toda normatização, desde que não tenha sido criada para beneficiar quem está no poder, pode ser vista como ponto de avanço na proteção dos direitos individuais.

3.2. A segunda geração: os direitos econômicos, sociais e culturais

Com a Constituições do México de 1917 e a Constituição Alemã de 1919 - a chamada "Constituição de Weimar", forjada após o término da Primeira Guerra Mundial - veio à baila uma nova gama de direitos humanos, que, no caso alemão, achavam-se contidos na Parte II da Carta Constitucional, dedicada aos direitos e deveres fundamentais. Esse capítulo regulava não somente os direitos individuais, mas também trazia em seu corpo seções dedicadas à vida social, à religião, à instrução e aos estabelecimentos de ensino e, por último, à vida econômica.

---

6 LAFER, Celso. **A Reconstrução dos Direitos Humanos:** *um diálogo com o pensamento de Hannah Arendt*. São Paulo: Companhia das Letras, 1988, p. 126.

7 COMPARATO, Fábio Konder, op. cit., p. 91.

8 Id. Ibid., p. 91-92.

Foi uma grande inovação para o direito mundial a colocação, como equivalentes, dos direitos individuais e dos direitos sociais, econômicos e culturais. Disposições como "A propriedade acarreta obrigações. Seu uso deve visar o interesse geral" (art. 155) passaram a fazer parte de todas as Constituições Europeias posteriores a 1919, como é o caso da Constituição Espanhola de 1931, e atravessaram até mesmo o Atlântico, tendo sido transportadas para a Constituição Brasileira de 1934.

Os indícios da segunda geração, no entanto, podem ser percebidos já em 1848, com a Comuna de Paris e a Constituição Francesa do mesmo ano. De acordo com CELSO LAFER:

> (...) a primeira geração de direitos viu-se igualmente complementada historicamente pelo legado do socialismo, vale dizer, pelas reivindicações dos desprivilegiados a um direito de participar do 'bem-estar social', entendido como os bens que os homens, através de um processo coletivo, vão acumulando no tempo; (...) é por essa razão que os assim chamados direitos de segunda geração, previstos pelo *welfare state*, são direitos de crédito do indivíduo em relação à coletividade.[9]

Não se pode separar a segunda geração de direitos humanos dos fenômenos que alteraram a civilização a partir do século XVIII, em direção ao modo societal capitalista. As duas primeiras Revoluções Industriais e os vários movimentos populares que povoaram a primeira metade do século XIX têm estrita ligação com o surgimento dessa nova geração de direitos humanos, consolidada a partir de lutas travadas mais intensamente na segunda metade daquela centúria.[10]

Nessa linha, a segunda geração tem estrita ligação com os anseios da classe operária, que começou a se manifestar contra o sistema capitalista vigente. Não havia como impedir os reclamos e as pressões populares.[11] Nas palavras de LEWANDOWSKI:

> Com efeito, o Estado Capitalista Liberal, especialmente nos primórdios da Revolução Industrial, com o seu abstencionismo, propiciou uma impiedosa exploração dos assalariados: jornada de trabalho excessiva, baixa remuneração, locais de trabalho e moradias insalubres, emprego abusivo de crianças e mulheres na produção, disciplina rígida e atitude repressiva por parte de mestre e encarregados. (...) A desapiedada exploração que foi imposta ao proletariado nos primórdios do Capitalismo desencadeou um surto de greves, agitações e rebeliões por toda a Europa, devendo-se registrar que as revoluções de 1848 ocorridas na França e na Alemanha, bem como a célebre Comuna de Paris de 1871, constituíram movimentos essencialmente operários, não só pela qualificação profissional da maioria de seus participantes, como também pelas reivindicações que determinaram a sua eclosão.[12]

A gênese dos direitos econômicos, sociais e culturais encerra pretensões relacionadas com a busca da igualdade material, concretizada na reivindicação essencialmente coletiva por iguais oportunidades sociais de crescimento pessoal, a serem propiciadas, no campo jurídico, pelos direitos à educação, cultura, saúde, alimentação, trabalho, moradia, transporte, lazer, segurança e previdência social, dentre outros.

---

9 LAFER, Celso, op. cit., p. 126.

10 HOBSBAWN, Eric J. **A Era do Capital**. Trad. Luciano Costa Neto. 5. ed. São Paulo: Paz e Terra, 1996, p. 149.

11 Id. Ibid.

12 LEWANDOWSKI, Enrique R. **Proteção dos Direitos Humanos na Ordem Interna e Internacional**. Rio de Janeiro: Editora Forense, 1984, p.56.

A plena e ampla exigibilidade dos direitos econômicos, sociais e culturais pelas pessoas, na perspectiva da existência de direitos subjetivos individuais justiciáveis, ainda é tema extremamente controverso, a ser retomado, oportunamente. Não obstante, sob a ótica da Teoria das Gerações, tais direitos suscitam obrigações estatais positivas (de fazer) orientadas a oportunizar às pessoas a sua efetiva fruição.

3.3. A terceira geração: os direitos de solidariedade ou fraternidade

Como as necessidades humanas aumentam com o desenvolvimento da sociedade e, principalmente, com a satisfação das necessidades anteriores, como já exposto, a ampliação dos direitos humanos não cessou com o surgimento dos direitos econômicos, sociais e culturais.

Os direitos de solidariedade ou de fraternidade contemplam o direito à autodeterminação dos povos, à paz, ao desenvolvimento, ao meio ambiente sadio e ecologicamente equilibrado e ao patrimônio comum da humanidade.

Esses direitos têm titularidade coletiva (metaindividuais) e o sujeito passivo é, no mais das vezes, o Estado. Podem ser colocados também como titulares desses direitos os Estados que tiveram a sua paz turbada por atitudes de outros sujeitos de direito internacional público.

O avanço dessa nova geração é facilmente percebido, principalmente no campo da proteção do meio ambiente. Importantes conferências internacionais sobre o tema resultaram nos tratados atualmente nucleares para a preservação do planeta, sobretudo a Declaração do Rio sobre Meio Ambiente e Desenvolvimento, a Convenção da Biodiversidade e a Convenção-Quadro sobre Mudança do Clima, todas aprovadas pela Conferência das Nações Unidas sobre o Meio Ambiente e Desenvolvimento – "Cúpula da Terra" (*Earth Summit*), realizada no Rio de Janeiro, em 1992, a qual, por sua vez, tem como precursora a Conferência das Nações Unidas sobre o Meio Ambiente Humano, havida em Estocolmo, no ano de 1972. É na Declaração do Rio sobre Meio Ambiente e Desenvolvimento de 1992 que se encontra consagrada a expressão "Desenvolvimento Sustentável", noção construída a partir da interessante e pertinente associação da proteção ambiental com a igualdade social.

A propósito, a Conferência das Partes da Convenção-Quadro sobre Mudança do Clima (COPs) é o espaço em que se desenvolvem as análises e tratativas periódicas da comunidade internacional visando ao enfrentamento do aquecimento da Terra, notadamente pela redução da emissão de gases nocivos ao meio ambiente, do que são os exemplos mais notórios os compromissos firmados por força do Protocolo de Kyoto de 1997 e do recente Acordo de Paris, de 2015. Além disso, várias foram as mudanças nas legislações internas dos países sobre o tema. Nesse ponto, esclarece GUIDO F. S. SOARES:

> Na verdade, os Direitos Humanos e as normas de proteção ao meio ambiente têm características comuns: das mais notáveis, destaca-se o fato de ambos os subsistemas normativos versarem sobre uma realidade que ultrapassa fronteiras e de suas regras somente serem eficazes, na medida em que tiverem uma formulação em nível internacional.[13]

O Direito Ambiental só alcançará a sua efetividade plena se for protegido em todos os países do mundo, haja vista os reflexos que um desastre ambiental pode acarretar. Daí ser clara a sua caracterização como direito de solidariedade, um direito de terceira geração.

---

13 SOARES, Guido F. S. Direitos Humanos e Meio Ambiente. In: AMARAL JÚNIOR, Alberto do & PERRONE-MOISÉS, Cláudia (orgs.). **O Cinquentenário da Declaração Universal dos Direitos do Homem**. São Paulo: Edusp, 1998, p. 121.

Sobre a terceira geração, CELSO LAFER assim discorre:

> Cabe finalmente apontar, no processo de asserção histórica dos direitos humanos, aqueles que, na linguagem da ONU, têm sido contemporaneamente denominados direitos de terceira e até mesmo de quarta geração e que, como os das gerações anteriores, têm servido como ponto de apoio para as reivindicações jurídicas dos desprivilegiados. Estes direitos têm como titular não o indivíduo na sua singularidade, mas sim grupos humanos como a família, o povo, a nação, coletividades regionais ou étnicas e a própria humanidade. É o caso por excelência do direito à autodeterminação dos povos, expresso na Carta das Nações Unidas (art. 1º, § 2º, art. 55), e reivindicado com muita nitidez na prática da ONU em relação às potências colonialistas no processo de descolonização, a partir da Resolução 1514 (XV) da Assembleia Geral de dezembro de 1960.
> (...)
> no contexto dos direitos de titularidade coletiva que vêm sendo elaborados no sistema da ONU é oportuno, igualmente, mencionar: o direito ao desenvolvimento, reivindicado pelos países subdesenvolvidos nas negociações, no âmbito do diálogo Norte/Sul, sobre uma nova ordem econômica internacional; o direito à paz, pleiteado nas discussões sobre desarmamento; o direito ao meio ambiente arguido no debate ecológico; e o reconhecimento dos fundos oceânicos como patrimônio comum da humanidade, a ser administrado por uma autoridade internacional e em benefício da humanidade em geral, no texto do tratado que resultou das negociações da Terceira Conferência das Nações Unidas sobre o Direito do Mar. [14]

Também o direito ao desenvolvimento pode ser classificado como direito de terceira geração, tendo sido guindado a tal posto apenas em 1993, na II Conferência Mundial de Direitos Humanos, que aconteceu em Viena.

A teoria original de VAZAK indicou a existência de três gerações de direitos humanos, mas parte da doutrina que se seguiu vislumbrou novas gerações, até mesmo compostas por direitos já referidos acima.

No Brasil, PAULO BONAVIDES agrupou, sob a categoria de uma quarta geração, os direitos à democracia, à informação, ao pluralismo, à bioética (incluindo limites da manipulação genética), todos decorrentes da globalização política, promotora da difusão desses direitos, de maneira a torná-los universais. O jurista brasileiro ainda reputa ser o direito à paz para toda humanidade conformador de uma quinta geração de direitos humanos.[15] Nao obstante, o exame da jurisprudência do STF revela adesão à teoria geracional tal como preceituada, originalmente.[16]

3.4. Crítica à Teoria das Gerações

Argumenta CANÇADO TRINDADE encara a Teoria das Gerações como um dos fatores de prejuízo ao estudo dos direitos humanos:

> A noção simplista das chamadas "gerações de direitos", histórica e juridicamente infundada, tem prestado um desserviço ao pensamento mais lúcido a inspirar a evolução do direito internacional dos direitos humanos. Distintamente do que a infeliz invocação

---

14 LAFER, Celso, op. cit., p. 131.

15 BONAVIDES, Paulo. **Curso de Direito Constitucional**. 7. ed. São Paulo: Malheiros: 1998, p. 524- 525.

16 RAMOS, André de Carvalho. **Curso de Direitos Humanos**. 7. ed. São Paulo: Saraiva Educação, 2020, p. 61.

> da imagem analógica da "sucessão generacional" pareceria supor, os direitos humanos não se "sucedem" ou "substituem" uns aos outros, mas antes se expandem, se acumulam e fortalecem, interagindo os direitos individuais e sociais (tendo estes últimos inclusive precedido os primeiros no plano internacional, a exemplo das primeiras convenções internacionais do trabalho). O que testemunhamos é o fenômeno não de uma sucessão, mas antes da expansão, cumulação e fortalecimento dos direitos humanos consagrados, a revelar a natureza complementar de todos os direitos humanos em categorias, postergando sob pretextos diversos a realização de alguns destes (*e.g.*, os direitos econômicos e sociais) para um amanhã indefinido, se insurge o Direito dos Direitos Humanos, afirmando a unidade fundamental de concepção, a indivisibilidade e a justiciabilidade de todos os direitos humanos.[17]

Nesta perspectiva, a despeito de ser didática, a classificação dos direitos humanos em gerações afigura-se prejudicial à sua correta apreensão e à sua efetividade, basicamente por 3 (três) motivos.

A uma, por permitir uma **falsa ideia de sobreposição**, decorrente da identificação das gerações dos direitos humanos com períodos históricos que se sucederam, de modo a transmitir a equivocada sensação de ter havido uma sobreposição ou substituição de uma geração pela outra.

A duas, por ensejar uma **falsa ideia de hierarquia**, na medida em que a indicação de 1ª, 2ª e 3ª gerações pode, erroneamente, denotar a existência de patamares de importância entre cada geração, percepção que afronta o anseio pela efetividade, sem distinções, de todos os direitos humanos. Tal noção reforça, por exemplo, o déficit de concretização dos direitos econômicos sociais e culturais em face dos direitos civis e políticos.

E, a três, por possibilitar uma **falsa ideia de compartimentação** – no sentido de que cada direito humano admite vinculação a apenas uma geração –, desmentida pela constatação segundo a qual qualquer um dos direitos humanos apresenta aspectos práticos que podem conduzir os seus sujeitos passivos ora a obrigações de abstenção (associadas à 1ª geração), ora a obrigações de prestação (associadas à 2ª geração), além do que podem sofrer violações cuja extensão diga respeito a toda sociedade (associadas à 3ª geração), motivo pelo qual, ao permitir a ideia da existência de uma classificação estanque (três gerações compartimentadas, sem espaços de conexão), erra a Teoria das Gerações.

A terceira crítica confirma-se com um simples exercício envolvendo os direitos à vida, à saúde e ao meio ambiente equilibrado, em geral classificados, respectivamente, como direitos humanos de 1ª, 2ª e 3ª gerações. Se o direito à vida deve ser salvaguardado pela abstenção do Estado de ceifá-la, não é menos correto argumentar que sua manutenção também depende do acesso a um sistema de cuidados de saúde (2ª geração) e da preservação do meio ambiente (3ª geração).

Além desse exemplo, há outros tantos direitos humanos que se mostram interrelacionados, portanto, "intergeracionais", *v.g.* direito à vida, direito à segurança e direito à paz; liberdade de ir e vir, direito ao transporte e direito ao desenvolvimento; direitos políticos, direito à educação e direito à democracia; e liberdade de profissão, direito à educação, direito ao trabalho e direito ao desenvolvimento.

Em virtude das críticas ferrenhas à Teoria das Gerações é que se percebe, atualmente, uma predileção de parte da doutrina especializada pelo uso da expressão "dimensões" em

---

[17] CANÇADO TRINDADE, Antonio Augusto. Apresentação. In PIOVESAN, Flávia. **Direitos Humanos e o Direito Constitucional Internacional**. 12. ed. São Paulo: Saraiva; 2011, p. 47.

substituição a "gerações", de modo a escapar às mencionadas falsas percepções, buscando-se destacar, a bem de sua concretização, que os direitos humanos são decorrentes de um processo de acumulação, interrelacionados e interdependentes, tal como preceitua o já citado art. 5º da Declaração e Programa de Ação de Viena de 1993 – documento internacional firmado por ocasião da II Conferência Mundial de Direitos Humanos.

Teoria das Gerações: conteúdo e críticas

	1ª Geração	2ª Geração	3ª Geração
Expressão designativa	Direitos de liberdade	Direitos de Igualdade (material)	Direitos de Solidariedade ou Fraternidade
Rol (exemplificativo)	Direitos Civis e Políticos Direito à vida Direito à igualdade formal Direito à integridade física Direito à liberdade Direito à intimidade Direito à vida privada Direito à honra e à imagem Direito de propriedade Direitos processuais	Direitos Econômicos, Sociais e Culturais Direito à educação Direito à cultura Direito à saúde Direito à alimentação Direito ao trabalho Direito à moradia Direito ao transporte Direito ao lazer Direito à segurança Direito à previdência social	Direitos Metaindividuais Direito à autodeterminação dos povos Direito à paz Direito ao desenvolvimento Direito ao meio ambiente sadio e ecologicamente equilibrado Direito ao patrimônio comum da humanidade
Natureza obrigacional	direitos negativos (abstenção)	direitos positivos (prestação)	direitos negativos e positivos (abstenção e prestação)

Críticas
- falsa ideia de hierarquia
- falsa ideia de sobreposição
- falsa ideia de compartimentação

Fonte: elaborada pelo autor

4. FUNÇÕES DOS DIREITOS HUMANOS E OS DEVERES ESTATAIS DE RESPEITO, PROTEÇÃO E PROMOÇÃO

Ensina CANOTILHO que os direitos humanos desempenham quatro funções fundamentais: função de defesa ou de liberdade, função de prestação social, função de proteção perante terceiros e função de não discriminação.[18] Esta classificação coloca em clara evidência o papel de sujeito passivo do Estado frente aos direitos humanos.

---

[18] CANOTILHO, J. J. Gomes. **Direito constitucional e teoria da constituição**. 7. ed. Coimbra: Almedina, 2003, p. 407-410. Não obstante o notável jurista português – no que é acompanhado por outros tantos constitucionalistas, inclusive brasileiros – adotá-la a propósito do tratamento dos direitos fundamentais protegidos nas Constituições, cuida-se de classificação amplamente admitida também pela doutrina e pela jurisprudência do direito internacional dos direitos humanos, a partir da interpretação e da aplicação dos tratados internacionais. Similarmente, há abordagem doutrinária em ambos os campos (constitucional e internacional) em relação ao tema das características dos direitos humanos, evidenciando-se o caráter abrangente das classificações ora apresentadas, sobre as quais, contudo, fica o alerta à leitora e ao leitor: poderão dizer respeito a debate tanto na seara própria do direito constitucional (direitos fundamentais) como na do direito internacional dos direitos humanos.

A **função de defesa ou de liberdade** é decorrência da histórica preocupação com a limitação do poder estatal, gênese dos direitos humanos, que põem, então, os interesses das pessoas (em especial a sua liberdade) a salvo da intervenção arbitrária do Estado, fazendo-o em dupla perspectiva: objetiva e subjetiva. Na perspectiva objetiva, os direitos humanos consubstanciam "normas de competência negativa para os poderes públicos", proibindo ingerências abusivas na esfera jurídica do indivíduo. Na perspectiva subjetiva, esses mesmos direitos "armam" o indivíduo de pretensão exigível no sentido de que o Estado se omita em relação à intervenção afrontosa à dignidade da pessoa humana.

A **função de prestação social** está associada aos direitos humanos cuja concretização (otimização) dependa de providências positivas do Estado, *v.g.*, saúde, educação e segurança. Estando o poder estatal adstrito ao cumprimento desta função, não cabe mais cogitar o caráter meramente programático das normas de direitos econômicos, sociais e culturais. Ainda que respeitadas as vicissitudes econômicas e políticas do Estado, não é dado aos poderes constituídos eximirem-se do dever jurídico de implementar medidas tendentes à satisfação dos direitos humanos, cuja experimentação pelo indivíduo dependa de políticas públicas, porquanto a isso está obrigado, juridicamente.

A **função da proteção perante terceiros**, embora igualmente oponível ao Estado, distingue-se da função de prestação social por exigir providências estatais voltadas à proteção dos titulares de direitos humanos em face da violação perpetrada por terceiros (outros particulares). Esta hipótese trata, mais propriamente, de medidas de proteção (ação de proteger para evitar ação de violação), distintas da função anterior de promoção (ação para permitir que direito seja fruído). No exercício da função de proteção perante terceiros, os diferentes órgãos estatais são instados a prevenir e reprimir afrontas a direitos humanos, principalmente mediante providências administrativas (Poder Executivo), edição de leis punitivas (Poder Legislativo) e realização de investigações, julgamentos e imposição de sanções (autoridade policial, Ministério Público e Poder Judiciário).

A **função de não discriminação** deriva da igualdade como pilar da salvaguarda da dignidade da pessoa humana. Deve o Estado tratar os seres humanos como iguais, em todas as suas instâncias de atuação (administrativa, regulamentadora e julgadora). Seguramente, no desempenho dessa tarefa, os poderes públicos defrontam circunstâncias em que devem decidir acerca do sacrifício da igualdade formal em nome da igualdade material.

Esta noção das 4 (quatro) funções será útil para a compreensão da extensão das obrigações do Estado para com os direitos humanos, examinada mais à frente, na oportunidade do enfrentamento do tema do alcance subjetivo desses direitos.

5. CARACTERÍSTICAS DOS DIREITOS HUMANOS

Objetivando destacar o papel central dos direitos humanos no ordenamento jurídico, evidenciado pela importância das suas funções, a doutrina costuma apontar certas características desses direitos, não o fazendo, todavia, de modo uniforme.[19]

---

19 Cf. as diferentes abordagens de SILVA, José Afonso da. **Curso de direito constitucional positivo.** 11. ed. São Paulo: Malheiros Ed., 1996, p. 179-180; MENDES, Gilmar; COELHO, Inocêncio Mártires; BRANCO, Paulo Gustavo Gonet. **Curso de direito constitucional**. 5. ed. São Paulo: Saraiva, 2010, p. 315-330; MORAES, Alexandre de. **Direitos humanos fundamentais.** 9. ed. São Paulo: Ed. Atlas, 2011, p. 20-22; LENZA, Pedro. **Direito constitucional sistematizado.** 15 ed. São Paulo: Saraiva, 2011, p. 864-865; MORAES, Guilherme Peña de. **Curso de direito constitucional**. 4 ed. São Paulo: Atlas, 2012, p. 528-534. A características ora apontadas vêm sendo reconhecidas também pela doutrina do Direito Internacional dos Direitos Humanos como relativas a qualquer direito humano, vigente tanto

A **historicidade** revela o caráter histórico dos direitos humanos, que decorre do reconhecimento de que sua afirmação – enquanto consagração dos valores mais caros à sociedade a que se destinam – e dá-se como produto do contexto histórico, que influencia sua enunciação, sua interpretação, sua aplicação e até mesmo sua exclusão. A história demanda, outrossim, o aperfeiçoamento dos direitos humanos, autorizando falar-se em um "caráter histórico-evolutivo".

A universalidade (ou inerência) dos direitos humanos denota o propósito de alcance da proteção conferida a todo e qualquer ser humano, sem distinção. Claro que determinados direitos humanos incidem sobre comunidade específica, como os direitos trabalhistas, os direitos das mulheres, os direitos dos migrantes, os direitos das crianças e os direitos das pessoas com deficiência, entre outros, pois é de se lembrar a missão dos direitos humanos de conferir proteção diferenciada a grupos socialmente vulneráveis justamente em razão da desigualdade material que lhes oprime. A universalidade é característica que decorre da proteção da igualdade (formal e material) como componente do Princípio da Dignidade da Pessoa Humana, contemplado em normas autônomas específicas. Portanto, todo e qualquer ser humano é titular de direitos humanos. Não obstante, ser universal não significa ser absoluto. Um direito humano, a despeito de sua proteção intransigente pelo ordenamento jurídico, não está infenso à restrição, muitas vezes levada a efeito em razão da concretização de outro ou outros direitos humanos, do que dá conta a característica da relatividade, adiante examinada.

A **transnacionalidade** é característica dos direitos humanos que pode ser identificada por dois prismas correlacionados.

Sob o prisma subjetivo, decorre, logicamente, da universalidade dos direitos humanos a urgência do abandono da associação entre direitos e nacionalidade, típica da modernidade liberal dos séculos XVIII e XIX, por sua vez pautada pela centralidade do Estado como legislador soberano para seus nacionais, dentro de seu território. O reconhecimento dos direitos de apátridas e imigrantes (incluindo refugiados), independentemente da sua nação de destino, consolidado no século XX, rompe com a nacionalidade como exigência para a titularidade de direitos básicos, coadunando-se com a célebre reivindicação de Hanna Arendt, segundo a qual, o direito humano seminal deve ser o "direito a ter direitos"[20], tendo por resultado prático a proteção jurídica do ser humano onde quer que esteja.[21]

Sob o prisma objetivo, a transnacionalidade pertine à pluralidade de origens de normas jurídicas de direitos humanos, não mais cabendo vincular sua existência e validade unicamente à previsão em documentos normativos nacionais. Nesta trilha deu-se, desde o final da Segunda Guerra Mundial, a construção de sistemas internacionais de proteção de direitos humanos pelos próprios Estados, em ambientes internacionais de deliberação interestatal, acompanhada da abertura das constituições nacionais para uma convivência harmônica e consertada com o Direito Internacional dos Direitos Humanos e seus sistemas de proteção, orientada pela

---

na seara internacional quanto na doméstica (Cf. RAMOS, André de Carvalho. **Curso de direitos humanos**. 7. ed. São Paulo: Saraiva, 2020, p. 97-112).

20 "O homem do século XX se tomou tão emancipado da natureza como o homem do século XVIII se emancipou da história. A história e a natureza tornaram-se ambas, alheias a nós, no sentido de que a essência do homem já não pode ser compreendida em termos de uma nem de outra. Por outro lado, a humanidade, que para o século XVIII, na terminologia kantiana, não passava de uma ideia reguladora, tornou-se hoje de fato inelutável. Esta nova situação, na qual a 'humanidade' assumiu de fato um papel antes atribuído à natureza ou à história, significaria nesse contexto que o direito a ter direitos, ou o direito de cada indivíduo de pertencer à humanidade, deveria ser garantido pela própria humanidade. Nada nos assegura que isso seja possível" (ARENDT, Hannah. **Origens do Totalitarismo:** Antissemitismo, Imperialismo, Totalitarismo. Trad. Roberto Raposo. São Paulo: Companhia das Letras, 1989, p. 332).

21 WEIS, Carlos. **Direitos Humanos Contemporâneos**. 2. ed. São Paulo: Malheiros, 2011, p. 175.

prevalência da norma mais favorável à proteção da pessoa (Princípio *Pro Persona*). Os direitos humanos são, pois, a um só tempo, para todos e seu catálogo é conformado, necessariamente, pelo amálgama consertado de normas nacionais e internacionais.

A irrenunciabilidade, indisponibilidade ou inalienabilidade impede o titular de direito humano de renunciá-lo. Fundamenta-se esta característica na impossibilidade de o sujeito despir-se de sua dignidade. Embora sedutora, do ponto de vista da proteção dos direitos humanos, e por isso sempre destacada por parte significativa da doutrina, esta característica é alvo de intensas críticas, na perspectiva do campo fático, haja vista não serem poucas as circunstâncias em que se admite que o titular deixe de gozar parte ou mesmo a integralidade de determinado direito humano.

Há certa tendência de mitigação dos efeitos da irrenunciabilidade dos direitos humanos, por meio da distinção teórica entre renúncia e não exercício, segundo a qual pode o titular deixar de exercitar o direito humano, mas jamais dele despojar-se, definitivamente[22]. Outra proposta defende a existência de alguns direitos humanos, cuja natureza autoriza renúncia, identificáveis por exclusão, em comparação com os direitos diretamente ligados à vida, à integridade física e mental e à liberdade de tomar decisões (autonomia da vontade).[23] É exatamente na perspectiva da autonomia da vontade (livremente exercida, dos pontos de vista formal e material) como componente do Princípio da Dignidade da Pessoa Humana que a vedação à renúncia a um direito humano se torna menos factível, daí a importância, uma vez mais, da característica da relatividade.

Admite-se a **relatividade** dos direitos humanos como saída teórica para uma insustentável (do ponto de vista prático) concepção intransigente acerca das características da universalidade e da irrenunciabilidade.

Não se nega que direitos humanos colidem entre si e podem sofrer restrições por ato estatal ou do próprio titular. O próprio Poder Constituinte Originário tratou, na Constituição Federal brasileira, de promover, de saída, algumas restrições a direitos fundamentais, do que são exemplos a vedação da associação para fins paramilitares (art. 5º, XVII), a pena de morte em caso de guerra declarada (art. 5º, XLVII, *a*) , a prisão em flagrante delito, dispensada a autorização judicial (art. 5º, LXI), a garantia do direito de propriedade condicionado à observância de sua função social (art. 5º, XXIII e art. 170, III) e o não cabimento de *habeas corpus* em relação a punições disciplinares de natureza militar (art. 142, § 2º). A solução das colisões e o exame da compatibilidade das restrições (estatal e particular) com o ordenamento jurídico são tarefas da metodologia da aplicação do Direito, a serem desenvolvidas, casuisticamente, isto é, ao ensejo de cada colisão ou restrição, buscando-se, contudo, um padrão a ser adotado em hipóteses similares.

A **não exaustividade** dos direitos humanos reflete o caráter dinâmico da sociedade, ao expressar que o seu conjunto de normas conformadoras será sempre expansível. BOBBIO justifica o que chama de "processo de multiplicação" ou "proliferação" dos direitos humanos apontando três razões para sua ocorrência: aumento da quantidade de bens merecedores de tutela, extensão da titularidade de alguns direitos típicos da pessoa a sujeitos diversos do ser humano (por exemplo, animais e natureza) e passagem da compreensão do indivíduo como "ente genérico", tomado em abstração e uniformidade, para uma noção que comporte as especificidades de cada ser humano na sociedade (mulheres, negros, idosos, crianças, doentes etc.).[24]

---

22 Cf. SILVA, José Afonso, op. cit., p. 180; LENZA, Pedro, op. cit., p. 864; e MORAES, Guilherme Peña de, op. cit., p. 529.

23 Cf. MENDES, Gilmar; COELHO, Inocêncio Mártires; BRANCO, Paulo Gustavo Gonet, op. cit., p. 319.

24 BOBBIO, Norberto. **A era dos direitos**. Trad. Carlos Nelson Coutinho. Rio de Janeiro: Elsevier, 2004. p. 82-84.

Em sendo assim e considerando-se o dinamismo social, a complexificação de suas contradições e os avanços tecnológicos e das demandas de sobrevivência, o catálogo dos direitos humanos está fadado a não ser exaustivo, comportando permanente expansão. Tal circunstância encontra-se amplamente contemplada em todos os espaços de produção normativa.

No plano internacional, novas proteções jurídicas não cessam de surgir ou de serem cogitadas, do que são exemplos mais hodiernos o direito ao desenvolvimento sustentável, objeto de Declaração e programa de ações da ONU, e o direito à não sofrer violência e assédio moral no trabalho, tema da Convenção nº 190 da OIT, aprovada em 2019.

Já nos planos nacionais, a abertura dos catálogos de direitos fundamentais é uma realidade técnica recorrente. No Brasil, o § 2º do art. 5º da Constituição Federal cumpre essa função de estabelecer a não exaustividade do rol de direitos fundamentais, ao prever a complementação desse rol por outros direitos e garantias que decorram do "regime e dos princípios por ela adotados, ou dos tratados internacionais em que a República Federativa do Brasil seja parte". Se a ampliação dos direitos humanos é uma consequência da própria natureza humana em sociedade, o impedimento de qualquer retrocesso a respeito é uma imposição moral e jurídica.

A vedação ou proibição do retrocesso (efeito *cliquet* ou entrincheiramento – *entrenchment*) em matéria de direitos humanos é característica que preserva a expansividade da proteção jurídica da Dignidade da Pessoa Humana contra medidas de recuo da salvaguarda já estabelecida. Há que se entender por retrocesso, *in casu*, tanto a ab-rogação (revogação total) ou derrogação (revogação parcial) da norma de direitos humanos quanto a alteração de seu texto, que se afigure deletéria para sua amplitude ou efeitos práticos. Nesta perspectiva, inadmissíveis seriam hipotéticas emendas à Constituição brasileira que viessem a ampliar as situações de admissão de pena de morte, permitir a manifestação anônima de pensamento, ou, ainda, autorizar a rescisão sem justa causa de um contrato de trabalho sem a incidência de indenização compensatória.

É certo, por outro lado, que a vedação do retrocesso não imobiliza o texto da norma de direitos humanos, tampouco impede sua revogação, contanto que a ab-rogação, derrogação ou alteração se façam substituir por norma ou texto que garanta patamar protetivo equivalente ou superior ao da disposição modificada ou suprimida.

A Constituição Federal brasileira encampa a proibição do retrocesso por força de seu art. 64, § 4º, IV, que classifica os direitos fundamentais como cláusulas pétreas. Todavia, como advertido acima, os efeitos de determinada norma de direitos humanos poderão ser restringidos por outra norma de direitos humanos, em caso de colisão havida no caso concreto, hipótese em que a solução dessa colisão, seja por via legal ou jurisprudencial, há de ser robustamente justificada em termos fático-jurídicos, segundo exigido pelas técnicas hermenêuticas da ponderação e da proporcionalidade.

CARVALHO RAMOS identifica cinco subespécies de vedação do retrocesso já declaradas ou sob exame pelo STF: vedação do retrocesso social (MS 24.875 de 2006), vedação do retrocesso político (ADI 4.543-MC de 2011 e ADI 5.889 de 2018), vedação do retrocesso civil (RE 878.694 de 2017), vedação do retrocesso institucional (Pet. Inicial da PGR na ADPF 607, em trâmite) e vedação do retrocesso ecológico ou socioambiental (ADI 4.717 de 2019).

A **concorrência, complementaridade ou interdependência** aponta para o fato de que direitos humanos são passíveis de exercício concomitante, como ocorre com a liberdade de expressão e a liberdade de religião, quando dos discursos proferidos em cerimônias e cultos, e com a liberdade de reunião e o direito de greve, no caso das assembleias grevistas. A concorrência é inclusive intrínseca a certos direitos humanos, nos casos em que um deriva do outro ou nele encontra suporte (complementaridade ou interdependência), como, por exemplo, direito à vida/direito à saúde, direito à educação/direito à cultura, liberdade de ir e vir/*habeas corpus*, direito à privacidade/sigilo de comunicações, liberdade de associação/direito à representação por sindicato etc.

A **constitucionalização** dos direitos humanos, no plano doméstico, consolida sua qualificada força normativa. Os direitos humanos são previstos nas Constituições com vistas a obter proteção e centralidade, auferidas por estarem enunciados no documento que direciona e vincula as demais normas do ordenamento jurídico, assim como pela experimentação dos efeitos da rigidez constitucional, sobretudo verificados a partir dos institutos da cláusula pétrea e do controle de constitucionalidade (no Brasil, vigentes os sistemas concentrado e difuso desse controle). Não obstante, a constitucionalização dos direitos humanos não significa, como erroneamente se pode supor, que esses direitos são exclusivamente nacionais.

A **supremacia** dos direitos humanos, no aspecto formal-hierárquico, decorre da sua constitucionalização e do tratamento normativo qualificado conferido, constitucionalmente, às normas internacionais que lhes são atinentes. Deste modo, os direitos humanos alcançam força normativa destacada, dentro do ordenamento jurídico, a ponto de direcionar, vincular e limitar os poderes públicos constituídos, nos termos do estudado acerca do Princípio da Dignidade da Pessoa Humana e do dever estatal de proteção.

A supremacia dos direitos humanos é material e formal. Material, na medida em que nenhum ato ou norma dos poderes constituídos pode, em seu conteúdo, afrontar os direitos humanos (fundamentais e internacionais); e, formal, porquanto, o ordenamento jurídico não autoriza a supressão de direitos humanos por ato dos poderes constituídos, incluído o legislador ordinário.

Como consequências práticas da supremacia material e formal têm-se: a inconstitucionalidade e/ou inconvencionalidade de normas incompatíveis com os direitos humanos; a não recepção de normas anteriores e não conformes à Constituição e às normas de Direito Internacional de Direitos Humanos; e, por fim, a exigência de aplicação das normas jurídicas infraconstitucionais com adoção de sentido compatível com os direitos humanos e que melhor os otimize.

A **aplicabilidade imediata** dos direitos humanos, conquanto repetidamente ressaltada pelas normas internacionais[25], pode também ser extraída da literalidade do § 1º do art. 5º da Constituição Federal: "as normas definidoras dos direitos e garantias fundamentais têm aplicação imediata". Tal característica marca posição no sentido de que as normas de direitos humanos não são meramente programáticas ou simplesmente matrizes de outras normas, mas têm aptidão para regular as ações estatais e particulares (força normativa), de modo direto, ou seja, sem demandar a intermediação de outra norma, que a regulamente.

A aplicabilidade imediata serve sobretudo à proteção dos direitos humanos pelo Poder Judiciário, que neles encontra aptidão para a solução de casos concretos e não simples diretrizes ou inspiração à espera de regulamentação por normativa posterior.

Não é, porém, difícil perceber que nem toda situação comportará a produção de efeitos de determinados direitos humanos. Em outras palavras, não é todo direito humano que ensejará direito subjetivo em qualquer circunstância. A própria admissão da existência de colisões e restrições válidas de direitos humanos abre espaço para uma necessária distinção entre a aptidão para a produção de efeitos e a sua efetiva produção, verificando-se essa no momento da solução do caso concreto (aplicação).

Em que pese essa necessária distinção, a importância do § 1º do art. 5º da Constituição Federal é extrema, porquanto demonstra que o ordenamento jurídico brasileiro repudia qualquer interpretação que mitigue ou postergue a força normativa dos direitos humanos.

---

25 Exemplos: art. 2º da Declaração Universal dos Direitos Humanos, art. 5º do Pacto Internacional sobre Direitos Civis e Políticos, art. 4º do Pacto Internacional sobre Direitos Econômicos, Sociais e Culturais, art. 27 da Convenção Americana sobre Direitos Humanos e art. 4º do Protocolo Adicional à Convenção Americana sobre Direitos Humanos em Matéria de Direitos Econômicos, Sociais e Culturais ("Protocolo de São Salvador"), todos ratificados pelo Estado brasileiro.

A **imprescritibilidade** dos direitos humanos parte da premissa segundo a qual prescrição, na essência, aplica-se apenas a direitos patrimoniais, não alcançando, portanto, os direitos humanos, ante sua natureza personalíssima (afeta ao ser humano em sua existência), alta relevância e escopo de salvaguarda da dignidade da pessoa humana. Sendo assim, a prevenção, a repressão ou a reparação de violação a qualquer direito humano jamais poderá deixar de ser levada a efeito por decurso de prazo.

Tal compreensão suscita acalorados debates, na medida em que a prescrição é instituto secular de Direito Penal que impede, no Brasil, a imposição de sanção a toda e qualquer conduta delituosa, incluindo as graves violações de direitos humanos, à exceção dos crimes de racismo e de ação de grupos armados civis ou militares (art. 5º, XLIII e XLIV, da Constituição Federal).

Por outro lado, o art. 29 do Estatuto de Roma – tratado internacional instituidor do Tribunal Penal Internacional, ratificado pelo Brasil (Decreto 4.388/2002) – estabelece a imprescritibilidade dos crimes de genocídio, contra a humanidade, de guerra e de agressão.

A contraposição das previsões brasileira e do Estatuto de Roma denota que o acatamento da imprescritibilidade dos direitos humanos ainda é objeto de descompasso entre a normativa doméstica brasileira e o paradigma internacional, a ser superado, no Brasil, por um necessário alargamento do rol de delitos imprescritíveis, associado ao reconhecimento da imprescritibilidade das punições não criminais (cíveis e administrativas) por graves violações de direitos humanos, o que se mostra mais consentâneo com dever de proteção dos direitos humanos.

O Brasil foi instado acerca do tema pela sentença proferida pela Corte Interamericana de Direitos Humanos para o Caso Trabalhadores da Fazenda Brasil Verde. Na decisão de 2016, a Corte IDH, em razão de descumprimento de disposições da Convenção Americana sobre Direitos Humanos, condenou o Estado brasileiro, entre outras providências, a reiniciar investigações e processos judiciais contra os acusados da prática do crime de redução à condição análoga à de escravo, em uma fazenda localizada no Estado do Pará.

As ações penais objeto da decisão internacional haviam sido encerradas por decretação de prescrição, mas a Corte IDH, forte no dever de proteção dos direitos humanos e a consequente compatibilização do ordenamento nacional com os compromissos internacionais adotados, salientou que as autoridades brasileiras devem tomar as necessárias providências para que a norma nacional sobre prescrição não mais incida para casos de prática de escravidão, dado sua proibição se tratar de norma internacional imperativa, ou seja, norma de *jus cogens*:

> (...) vários tratados internacionais têm reiterado a proibição da escravidão, a qual é considerada uma norma imperativa do Direito Internacional (*jus cogens*), e implica em obrigações *erga omnes* de acordo com a Corte Internacional de Justiça. No presente caso, todas as partes reconheceram expressamente esse status jurídico internacional da proibição da escravidão. Além disso, tanto o Brasil como a maioria dos estados da região são parte da Convenção sobre a Escravatura de 1926 e da Convenção Suplementar sobre a Abolição da Escravatura de 1956.
>
> (...)
>
> A Corte já indicou que a prescrição em matéria penal determina a extinção da pretensão punitiva em virtude do transcurso do tempo e, geralmente, limita o poder punitivo do Estado para perseguir a conduta ilícita e sancionar seus autores. Esta é uma garantia que deve ser devidamente observada pelo julgador para todo acusado de um delito. Sem prejuízo do anterior, a prescrição da ação penal é inadmissível quando assim o dispõe o Direito Internacional. Neste caso, a escravidão é considerada um delito de Direito Internacional, cuja proibição tem status de *jus cogens*. Além disso, a Corte indicou que não é admissível a invocação de figuras processuais como a prescrição, para evadir a obrigação de investigar e punir estes delitos. Para que o Estado satisfaça o dever de

> garantir adequadamente diversos direitos protegidos na Convenção, entre eles o direito de acesso à justiça, é necessário que cumpra seu dever de investigar, julgar e, se for o caso, punir estes fatos e reparar os danos causados. Para alcançar esse fim, o Estado deve observar o devido processo e garantir, entre outros, o princípio de prazo razoável, os recursos efetivos e o cumprimento da sentença.
>
> A Corte já estabeleceu que: i) a escravidão e suas formas análogas constituem um delito de Direito Internacional, ii) cuja proibição pelo Direito Internacional é uma norma de *jus cogens*. Portanto, a Corte considera que a prescrição dos delitos de submissão à condição de escravo e suas formas análogas é incompatível com a obrigação do Estado brasileiro de adaptar sua normativa interna de acordo aos padrões internacionais. No presente caso a aplicação da prescrição constituiu um obstáculo para a investigação dos fatos, para a determinação e punição dos responsáveis e para a reparação das vítimas, apesar do caráter de delito de Direito Internacional que os fatos denunciados representavam.[26]

Em consequência, o Ministério Público Federal, no ano de 2019, voltou a denunciar os acusados beneficiados pela prescrição anteriormente decretada, tendo a denúncia criminal sido recebida e processada pelo Juízo da 1ª Vara da Justiça Federal de Redenção/PA (Processo nº 0001923-54.2019.4.01.3905), após despacho que, expressamente, acata o entendimento da Corte IDH.

Corroborando a tese da imprescritibilidade dos direitos humanos não apenas no campo penal, o Superior Tribunal de Justiça (STJ) aprovou, em 10 de março de 2021, sua Súmula nº 647, nestes termos: "São imprescritíveis as ações indenizatórias por danos morais e materiais decorrentes de atos de perseguição política com violação de direitos fundamentais ocorridos durante o regime militar". Deste modo, o STJ, em sintonia com o Estatuto do Tribunal Penal Internacional (ratificado pelo Estado brasileiro e promulgado pelo Decreto nº 4.338/2002), deixa assente que também não prescrevem os efeitos civis da prática de assassinatos, desaparecimentos forçados e tortura, quando praticados pelo aparato estatal, de modo sistemático, situação classificada pelo como crimes contra a humanidade pelo citado Estatuto.

Características dos Direitos Humanos

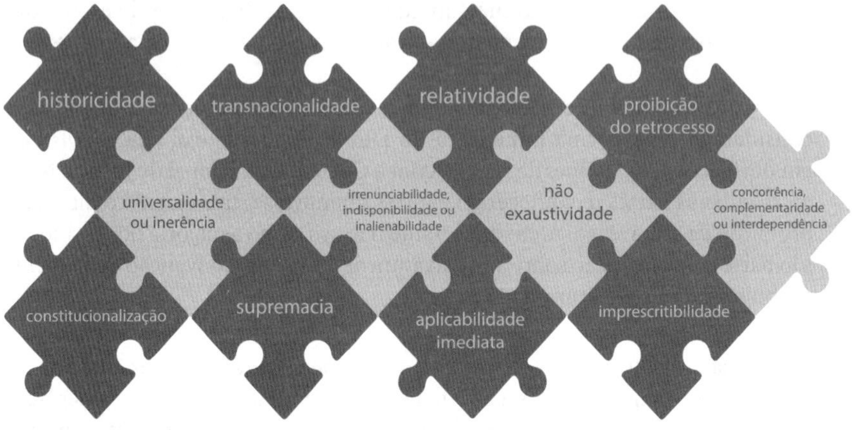

Fonte: elaborada pelo autor

---

[26] CORTE INTERAMERICANA DE DIREITOS HUMANOS. **Caso Trabalhadores da Fazenda Brasil Verde vs. Brasil.** Sentença de 20 de Outubro de 2016 (Exceções Preliminares, Mérito, Reparações e Custas). San José da Costa Rica, 2016, p. 65 (249) e 103 (412 e 413). Disponível em: https://www.corteidh.or.cr/docs/casos/articulos/seriec_318_por.pdf. Acesso em: 24 dez. 2020.

Capítulo V

CORPUS JURIS DE DIREITOS HUMANOS

O título deste capítulo emprega, livremente, a expressão "*corpus juris*", emprestando o sentido clássico plenamente conhecido a partir da experiência do "*Corpus Juris Civilis*" ou "*Corpus Iuris Civilis Romani*", obra jurídica fundamental do século VI, editada pelo Imperador Justiniano e que serviu à unificação e expansão do Império Bizantino, na medida em que buscou amalgamar, de modo alinhavado e coerente, as leis e a jurisprudência à época vigorantes.

Para fins deste curso, o *Corpus Juris* de direitos humanos designa um verdadeiro sistema de proteção jurídica de direitos humanos, cujas normas, apesar de não advirem de um único centro de poder – usualmente identificado na figura do Estado-nação –, apresentam evidente coerência de sentido e comunhão de finalidade, alinhavadas pela salvaguarda da dignidade humana em todas as suas dimensões.

Com essa inspiração e na perspectiva da ordem jurídica brasileira, à seguir, serão abordadas as fontes normativas internacionais e, depois, o perfil constitucional brasileiro de previsão de direitos humanos, com vistas a propiciar a leitoras e leitores um panorama que permita vislumbrar as plurais origens jurídicas dos direitos humanos aplicáveis no território nacional, sua interação e, por conseguinte, seu papel conformador de um verdadeiro *corpus juris*.

1. AMPLITUDE DO *CORPUS JURIS* DOS DIREITOS HUMANOS: DIREITO INTERNACIONAL DOS DIREITOS HUMANOS, SOBERANIA ESTATAL E CONSTITUIÇÃO

1.1. Doutrinas da soberania estatal e o Direito Internacional: contextualizando a dicotomia monismo *versus* dualismo

O fato de os direitos humanos encontrarem-se positivados tanto em normas de origem nacional quanto internacional faz com que seu estudo, não raro, reavive uma controvérsia histórica que assola o Direito Internacional Público e que pode ser enunciada pela seguinte indagação: as normas internacionais e as normas nacionais conformam duas ordens jurídicas independentes?

O debate de há muito tem sido travado a partir do senso de Soberania Estatal que se instituiu com a Era Moderna e o estabelecimento dos Estados-nação, no pós-Idade Média.

Em sua obra "*A soberania no mundo moderno: nascimento e crise do Estado nacional*", LUIGI FERRAJOLI apresenta a trajetória histórica da construção das doutrinas da Soberania Estatal, a partir da perspectiva dos pensadores internacionalistas, bem como apresenta a faceta contemporânea dessa ideia que, mal compreendida nos dias de hoje, ainda permanece fomentando resistências ao Direito Internacional dos Direitos Humanos social, política e juridicamente injustificadas.

O século XVI viu FRANCISCO DE VITORIA (1486-1546), teólogo espanhol tido como um dos fundadores do pensamento internacionalista pré-Hugo Grócio, construir as bases originais da ideia de Soberania Estatal, com isso fundamentando, juridicamente, o domínio (*dominium*) das metrópoles sobre as colônias (território e população nativa) do chamado "Novo Mundo".

FRANCISCO DE VITORIA recorre ao Direito Natural (*ius naturale*) para afirmar a existência de um direito das gentes (*ius gentium*) global e sem fronteiras. Concebe por Direito Natural o direito independente de qualquer vontade humana ou positivação legal, conhecido por sua evidência, dedução lógica racional ou conclusão moralmente conhecida e aceita (inclusive de ordem teológica). O teólogo espanhol toma o direito das gentes primeiro como direito positivo orientado à preservação do *ius naturale*, mas, depois, muda sua posição e passa a compreendê-lo também como Direito Natural, mas que, em sendo menos autoevidente que esse, parte de premissas de *ius naturale* para alicerçar resoluções sobre direitos e deveres das pessoas, válidos para toda *Communitas Orbis* – figura representativa do conjunto de Estados soberanos e independentes, que obedecem ao direito das gentes ao tempo em que estabelecem suas próprias leis nacionais.

O *ius comunicationis* (direito de se comunicar), *ius perigrinandi* (liberdade para circular pelo mundo), *ius degendi* (direito de permanecer e de assentar residência), o *ius evangelizandi* (direito de pregar o Evangelho aos povos), o *ius commercii* (direito de comércio) e o *ius occupationis* (direito sobre coisas das quais os índios não se ocupavam) integravam, segundo VITORIA, o direito das gentes, cuja afronta justificaria a repulsa hostil pelas vítimas, lastreando o direito à declaração da Guerra Justa, doutrina que vigoraria até o século XX. Aliás, é com lastro na pecha de violadores selvagens do direito das gentes que a teoria de VITORIA corroborou, juridicamente, a submissão dos povos indígenas das colônias ao julgo das metrópoles ibéricas, a partir do *ius occupacionis* e do *ius migrandi* (direito de migrar). [1]

A doutrina vitoriana prenuncia os fundamentos do que viria a ser, mais adiante, o Estado de Direito, apresentando uma concepção jurídica de poderes públicos sensível, concomitantemente, ao direito nacional e ao direito internacional.[2] A correlação entre Estado e Direito faz dessa uma teoria moderna, pois dela seu artífice faz decorrer três cruciais proposições para a compreensão da ideia de soberania, suporte para a ação do Estado-nação sucessor do absolutismo monárquico. A primeira proposição equipara Direito e Estado, vislumbrando esse último como ordenamento que vincula legisladores e reis, retirando-lhes a liberdade ilimitada de ação. A segunda proposição antecipa o princípio moderno da soberania popular, ao admitir a república como fundamento democrático da autoridade do Soberano, de modo que é ao bem-estar comum dos cidadãos que deve servir o Estado. A terceira proposição assevera que o direito das gentes vincula os Estados em suas relações externas, não apenas frente às disposições dos pactos internacionais de livre e soberana adesão (*ius dispositivum*), mas também em virtude de um direito cogente (*ius cogens*) como força de lei, independentemente da adesão estatal individual.

O *ius cogens*, na visão de VITORIA, está ancorado na existência de uma república universal (*universalis repubblica*) conformada pelo mundo inteiro (*totus orbis*), que produz leis mundiais formuladas em vista do bem de todos os indivíduos, leis tais que integram o direito

---

1 D'OCA, Fernando Rodrigues Montes. Política, direito e relações internacionais em Francisco de Vitoria. **Revista Opinião Filosófica**, v. 3, n. 1, 2012, p. 185-187; FERRAJOLI, Luigi. **A soberania no mundo moderno**: nascimento e crise do Estado nacional. trad. Carlo Coccioli; Márcio Lauria Filho. São Paulo: Martins Fontes, 2002, p. 7-13.

2 FERRAJOLI, Luigi, op. cit., p. 8.

das gentes e cujo cumprimento não pode ser recusado por qualquer Estado, dado que sua autoridade decorre do poder jurídico do *totus orbis*.

A terceira proposição de VITORIA resulta em três consequências limitadoras da prática da guerra, a partir da noção de Guerra Justa: apenas Estados (e não particulares) podem, licitamente, promover a guerra; apenas ao "Príncipe" – que move uma Guerra Justa, sempre como sanção a injusta violência ao direito das gentes – cabe julgar o atendimento das pretensões motivadoras do conflito; e, por fim, há limites jurídicos tanto para os motivos justificadores da guerra (direito à guerra ou *ius ad bellun*) quanto para as modalidades e instrumentos de guerra (direito na guerra ou *ius in bello*).[3]

A tríade sociedade mundial de Estados soberanos sujeitos ao Direito, vigência de Direitos Naturais desses Estados e teoria da Guerra Justa tornou-se substrato da noção de soberania estatal **externa** e, por conseguinte, da teoria internacionalista moderna. Contudo, como aponta FERRAJOLI, cada um desses elementos conceituais encerra em si evidentes ambivalências ou aporias, na medida em que a igualdade entre Estados, a submissão a um direito baseado no bem-estar geral e a ideia de Guerra Justa degeneraram-se, na prática, em fundamentos políticos e jurídicos de um direito à colonização (que se concretiza na exploração de um Estado por outro) e na imposição de uma lógica de guerras violentas e incontroláveis. São essas contradições que vão explicar a derrocada dos *standards* vitorianos.[4]

A crise do pensamento vitoriano cede espaço, no século XVII, ao Absolutismo do Estado-nação, fortalecido pela secularização (desvinculação estatal da moral da Igreja Católica) e caracterizado pela consagração do poder ilimitado do Estado de criar leis em seu território e para seu povo, sem estar submetido a quaisquer delas (soberania estatal **interna**), à exceção das normas do direito das gentes para a quais tenha concorrido a sua vontade individual e dos demais Estados ditos civilizados, com o que se suplanta a cogitação de uma sociedade mundial de Estados iguais. A autonomização do Estado encontraria respaldo, primeiro, na filosofia política jusnaturalista ainda teológica, com JEAN BODIN (1530-1596) e, depois, racionalista, com THOMAS HOBBES (1588-1679).

A teoria hobbesiana do Contrato Social foi responsável, como se sabe, pela primeira formulação ficcional da personalidade própria do Estado, à qual se ancorou a soberania estatal, noção que, mais adiante, se mostraria essencial para o desenvolvimento do aparato conceitual do positivismo jurídico característico de todo o século XIX e da primeira metade do século XX, segundo o qual "a autoridade e não a verdade faz a lei". Segundo a visão de HOBBES, a soberania estatal absoluta interna e externa relegava a comunidade internacional a uma sociedade selvagem em seu estado de natureza, premissa a partir da qual o direito das gentes passa a instrumento de manutenção de certo equilíbrio das relações entre de Leviatãs totalmente absolutos em suas soberanias.[5]

Diferentemente de Hobbes, ALBERITO GENTILI (1552 1608) e sobretudo HUGO GRÓCIO (1583-1645) apresentam um direito das gentes que, embora ainda fiduciário da ideia de Estados independentes e iguais em uma "comunidade de gentes" (*societas gentium*) sujeitas ao direito, distingue-se do *ius gentium* de Vitoria, pois que, de um lado, não detém relação com a teologia, a moral e o Direito Natural e, por outro, está condicionado ao consentimento livre e independente de cada Estado, com consequências para o *ius ad bellun* e

[3] Id. Ibid., p. 8-15.
[4] Id. Ibid., p. 15.
[5] Id. Ibid., p. 19-24.

para o *ius in bello*, ambos os quais, sob o novo prisma de GRÓCIO, perdem os parâmetros de controle propostos por Vitoria.[6]

Tratando do contexto do século XVI, FERRAJOLI identifica um **Estado soberano moderno**, que se constrói a partir da oposição estado civil (civilidade) e estado de natureza (incivilidade), capaz de reverter, na Era Liberal (mais precisamente após a Revolução Francesa), a aproximação da soberania estatal interna da externa, desde o prisma de suas absolutizações.

Na Era Liberal, ao tempo em que a soberania estatal interna experimenta progressos em sua limitação, notadamente pelo estabelecimento das noções de Estado de Direito e de soberania popular, a soberania estatal externa amplia seu viés absoluto, para tanto contando com a ideia de soberania nacional no plano internacional. O Estado, assim, encerra a busca pela paz interna concomitantemente com a disposição de se afirmar, internacionalmente, pela guerra.[7]

Naquele tempo, JEAN-JACQUES ROUSSEAU (1712-1778) e, depois, GEORG WILHELM FRIEDRICH HEGEL (1770-1831) elaboram teorias superadoras da distinção entre as pessoas dos indivíduos das figuras do povo e do Estado, todos personagens do Contrato Social, o fazendo pela apresentação do Estado enquanto personificação dos indivíduos tomados em coletividade.[8]

Em decorrência, a Era Liberal ainda abrigou toda uma construção jurídica de apoio ao Estado (direito público), bem como de redução do povo e do território ao papel de dimensões do Soberano, doutrina conhecida como "organicista" e que perdura até hoje, conquanto seja um resquício absolutista na condução do Estado Liberal. Nessa ordem de coisas, os direitos fundamentais dos indivíduos estabelecem-se como autolimitações estatais advindas da autoridade do Estado, operada pela onipotência do legislador dentro da lógica de personificação da coletividade de pessoas localizadas em determinado território, rompendo, pois, com a admissão de uma matriz externa daqueles direitos, isto é, com o direito das gentes de Vitoria ou de Grócio.

Esta conjuntura viu nascer e perpetuar-se a controvérsia entre **monistas** e **dualistas**, um dos debates mais extensamente explorados pelas doutrinas internacionalistas, motivado pela pergunta inaugural deste tópico, alusiva à concorrência ou integração das normas jurídicas nacionais e internacionais.

FERRAJOLI cita HEGEL como o precursor da teoria monista do direito internacional, entendido como "direito externo de Estado", destinado apenas a reger as relações entre Estados, o que, em última instância, decreta, de fato, a inexistência de um direito internacional, em razão de sua ausência de vinculação a uma certa e determinada autoridade estatal[9], afinal, o Estado é o direito, sob o prisma então vigorante. Entretanto, de fato, é no início do século XX que a discussão se coloca de forma polarizada, no âmbito da jusfilosofia germânica, a partir da oposição entre as teorias monista de HANS KELSEN (1881-1973) e dualista de HEINRICH TRIEPEL (1868-1946).

Cumpre ressaltar, como lembra BRENO BAÍA MAGALHÃES, que o confronto entre as teses de KELSEN e TRIEPEL remetem a um tempo em que "o direito buscava se firmar como uma ciência autônoma, seguindo o desenvolvimento das demais ciências, iniciado no início

---

6 Id. Ibid., p. 17-18.

7 Id. Ibid., p. 27-28.

8 Id. Ibid., p. 29-30.

9 Id. Ibid., p. 36-37.

do século XIX, ou seja, são reflexos do positivismo científico e da necessidade de firmar o direito como uma categoria apreensível pela metodologia científica das ciências naturais".[10]

Em geral, a doutrina internacionalista descreve o **monismo** como o ideário segundo o qual há apenas uma ordem jurídica universal, integrada tanto pelos direitos internos dos Estados quanto pelo direito internacional, que se relacionam com sentido de subordinação, embora não haja consenso, mesmo entre os monistas, acerca de qual o direito prevalente (nacional ou internacional).

Já o **dualismo** é tratado como a corrente de pensamento que pugna pela existência de duas ordens jurídicas distintas e independentes, o que impede a existência de antinomia entre suas normas, já que o direito internacional, sob a ótica dualista, é um direito criado pela vontade comum de Estados e para Estados, enquanto o direito interno ou nacional é produto da autoridade unilateral de certo Estado e direcionado aos indivíduos que compõem seu povo. Em sendo assim, para os dualistas, o direito internacional para se aplicar-se aos indivíduos precisa tornar-se nacional, por força ato de incorporação emanado da autoridade estatal, em especial da autoridade legislativa nacional.[11]

Especificamente para KELSEN, o direito internacional e o direito nacional fazem parte de um todo, porquanto a norma fundamental que subjaz à capacidade legislativa dos Estados, ao determinar que esses se regulem conforme seus costumes, também fundamenta a vinculação dos Estados no âmbito internacional, cujo costume reinante é o do *pacta sunt servanda*, segundo o qual a manifestação de adesão estatal a uma norma internacional dá-se de boa-fé, ou seja, a partir da crença generalizada de seu espontâneo cumprimento. A partir desse paradigma, direito constitucional e direito internacional encerram unidade porque compartilham do mesmo critério de validade (a norma hipotética fundamental) para que possam ser reconhecidos como ordenamentos jurídicos.

Ainda na perspectiva kelseniana, a produção legislativa nacional que afronta o direito internacional não tem sua validade minada por esse último, pois o Estado não viola o direito, o Estado é o direito. Todavia, de fato, tal antagonismo acarreta a aplicação das sanções internacionais previstas para o caso de inadimplemento do compromisso assumido de boa-fé. Essas sanções podem ir de represálias até a Guerra Justa.

Já quanto à existência da obrigatoriedade de incorporação de uma norma internacional ao direito interno como consequência da tese monista, KELSEN a nega, relegando-a à decisão de cada sistema constitucional estatal e seu direito positivo, isto é, cada Estado soberano decide se há ou não aquela obrigação. Na inexistência de previsão constitucional expressa impeditiva, diz o ilustre pensador, poderão os tribunais nacionais aplicarem os tratados internacionais, assim que vigentes.[12]

Já na visão de TRIEPEL, cada ordem jurídica tem seu âmbito material (de conteúdo), dedicando-se o direito internacional à relação coordenada de Estados soberanos, mas não entre indivíduos entre si e com o Estado que os governa, foco do direito interno. Nesta toada, para TRIEPEL, não cabe vislumbrar concorrência entre as distintas ordens jurídicas, em razão de seus diferentes e independentes escopos. Ademais, a fonte do direito nacional é a vontade

---

10 MAGALHÃES, Breno Baía. O sincretismo teórico na apropriação das teorias monista e dualista e sua questionável utilidade como critério para a classificação do modelo brasileiro de incorporação de normas internacionais. **Revista de Direito Internacional**, v. 12, n. 2, p. 77–96, 31 dez. 2015, p. 82.

11 OCAMPO, Raúl Granillo. **Direito internacional público da integração**. Trad. Sérgio Duarte. Rio de Janeiro: Elsevier, 2009, p. 67-68.

12 MAGALHÃES, Breno Baía, op. cit., p. 83-84.

(autoridade) do Estado, enquanto a fonte do direito internacional é a vontade comum dos Estados.

Sob o ponto de vista da incorporação dos tratados internacionais à ordem interna, o jurista alemão sustenta que, independentemente do que uma constituição nacional preveja sobre a obrigatoriedade ou não de um ato normativo estatal de internalização da norma externa, segue havendo duas ordens jurídicas, cujas respectivas coercibilidades decorrem de atos estatais distintos, quais sejam, a ratificação do tratado pelo Estado, no plano internacional, e a vontade estatal plasmada no texto constitucional. Deste modo, uma constituição que dispense qualquer formalidade para a aplicabilidade nacional de um tratado internacional segue tendo nessa dispensa um ato legislativo de origem nacional.[13]

Partindo das doutrinas de KELSEN e TRIEPEL, MAGALHÃES chama a atenção para o equívoco da recorrente descrição doutrinária internacionalista, sobretudo brasileira, que aglutina dois temas que não se apresentam, necessariamente, de forma implicada: de um lado, a existência ou não de duas ordens jurídicas, e, de outro, a produção de efeitos das normas de direito internacional no âmbito doméstico dos Estados.

Alerta o autor que há um sincretismo errôneo na associação de determinada regulação nacional acerca da produção de efeitos de uma norma internacional em âmbito interno com certa compreensão da existência ou não da dualidade de ordens jurídicas, sendo incorreto classificar de dualista um Estado que exige ato formal da autoridade nacional para a incorporação da norma internacional e de monista o Estado que admite a aplicação imediata da norma internacional tão logo ocorra sua ratificação.

O exame da Constituição Federal brasileira - que não exige, expressamente, ato legislativo de incorporação de tratados internacionais, mas que tem no Decreto presidencial de promulgação condição de vigência interna desses tratados exigida pela jurisprudência do STF - ilumina toda a complexidade daquele equivocado sincretismo e explica o surgimento de matizações da oposição monismo/dualismo que vêm sendo construídas pela doutrina, com diferentes propostas e denominações, *v.g.* "dualismo moderado", "monismo moderado", "monismo nacionalista" e "monismo internacionalista dialógico"[14].

A Era Liberal, por fim, viu a soberania estatal **interna** autolimitar-se por submissão às Constituições nacionais e aos direitos fundamentais nelas previstos. Em contraponto, o período entre meados do século XIX e meados do século XX, no plano internacional, vê a soberania estatal **externa** resultar em exacerbação do estado de natureza selvagem e, pois, em mais guerras e menos limites. É tempo de sistemas jurídicos nacionais fechados e autossuficientes e vazios de direitos entre Estados, com a prevalência do domínio dos Estados mais fortes, em um contexto de livre concorrência e negação do direito internacional (ou ao menos da sua aplicabilidade automática no âmbito interno), terreno fértil para uma soberania estatal externa de potências hegemônicas com forte traço nacionalista-expansionista (colonização dos "incivilizados")[15], quadro que culminou com as duas guerras mundiais da primeira metade do século XX, marcos indeléveis da crise das soberania estatal como até então concebida.

As atrocidades vivenciadas pelo mundo, na primeira metade do século XX, tiveram como resposta imediata a criação da ONU, em 1945, e, em seguida, a edição da Declaração Universal dos Direitos Humanos de 1948, eventos que lançaram as bases do Direito Internacional dos Direitos Humanos.

---

[13] Id. Ibid., p. 84-85.

[14] Id. Ibid., p. 92-93.

[15] Id. Ibid., p. 30-38.

Na esteira dos primeiros tratados de Direito Internacional Humanitário (direitos humanos em contexto de conflito) que o precedeu, o advento da ONU e a proclamação da Declaração Universal dos Direitos Humanos sepultam o paradigma da soberania estatal externa absoluta e ilimitada.

A Declaração Universal dos Direitos Humanos transformou direitos então constitucionalizados em vários Estados em valores supraestatais, aos moldes de um Contrato Social Internacional superador do paradigma do direito internacional "pactício", isto é, calcado em acordos interestatais bilaterais. Para além de normas, o sistema internacional global e os sistemas regionais europeu e interamericano de proteção de direitos humanos – erigidos no pós-guerras por força das deliberações, respectivamente, dos Estados no âmbito da ONU, do Conselho da Europa e da Organização dos Estados Americanos (OEA) – estabelecem órgãos e mecanismos de monitoramento os quais, a despeito das críticas sobre sua eficácia, denotam, ao menos na seara da Teoria do Direito, antinomia entre soberania estatal e Direito no plano internacional (ao contrário da tradicional ideia de Estado como sendo o próprio Direito), o que já se podia constatar no plano nacional, com as limitações impostas pelas Constituições (Estado de Direito).

Ademais, os sistemas internacionais de proteção de direitos humanos consagraram indivíduos e povos (e não apenas os Estados) como sujeitos de direito internacional, ao se permitirem examinar, apurar e julgar casos concretos de violação de direitos humanos guindados aos órgãos internacionais de monitoramento pelas próprias vítimas ou seus representantes.[16]

É a partir deste novo cenário da Soberania Estatal, estabelecido desde 1945 e compreendido em cotejo com a trajetória histórica do conceito em questão, que se deve enfrentar a indagação acerca da solução do longevo problema da existência ou não de duas ordens jurídicas (nacional e internacional) e, por conseguinte, da natureza de sua relação.

Construídas a partir de debates essencialmente pautados pela clássica visão generalista e não distintiva da matéria dos tratados internacionais de Direito Internacional Público, esculpidos por Estados e para Estados, as doutrinas monista e dualista do início do século XX não deixaram de ser empregadas para o exame do alcance das normas de Direito Internacional dos Direitos Humanos que se multiplicaram no pós-Guerras.

Entretanto, é preciso reconhecer que a centralidade experimentada pelas normas internacionais de Direitos Humanos, atendendo à exigência histórica de limitação da soberania estatal (interna e externa), deu azo ao processo transformador que CANÇADO TRINDADE denomina "humanização do direito internacional"[17], o qual, diante da celeuma entre monistas e dualistas, acabou por firmar um novo paradigma de interação entre as ordens jurídicas estatais e internacionais e, assim, decretar a completa impertinência desse vetusto e pouco conclusivo debate, em vista de um mundo que, de frente com o extermínio, clamou por paz.

1.2. Superação do padrão dicotômico pela perspectiva pluralista-interativa de pensar a soberania estatal, a Constituição e o Direito Internacional

O movimento de multiplicação e internacionalização dos direitos humanos pós Guerras Mundiais instituiu um corpo plural e coordenado de normas internacionais (*corpus juris*) dirigidas à proteção da dignidade humana, acompanhado de órgãos e procedimentos de monitoramento que conformam sistemas internacionais de proteção dos direitos humanos

---

16 Id. Ibid., p. 39-43.

17 CANÇADO TRINDADE, Antonio Augusto. **A humanização do direito internacional**. 2 ed. Belo Horizonte: Del Rey, 2015.

acessíveis a particulares, criados e desenvolvidos a partir de deliberações de Estados, havidas em fóruns multilaterais que preservam a igualdade qualitativa de voz e voto, estabelecidos no âmbito de organizações internacionais também instituídas e mantidas por Estados, os quais àquelas se associam por livre decisão.

Diante desse cenário, pode-se afirmar, a uma, que a soberania estatal permanece sendo substrato e, ao mesmo tempo, objeto de atenção do Direito Internacional Público; a duas, que o Direito Internacional Público não se amolda, hodiernamente, à visão de um direito de Estados e para Estados; e, a três, que segue sendo aquela mesma soberania estatal que imprime ao Direito Internacional dos Direitos Humanos a prerrogativa de limitação do Poder do Estado. Essa mudança deve ser creditada ao impulso da História diante das nefastas consequências da noção de soberania estatal ilimitada, em suas dimensões interna e externa. No preciso diagnóstico de CANÇADO TRINDADE:

> Lamentavelmente, as reflexões e a visão dos chamados fundadores do Direito Internacional (notadamente os escritos dos teólogos espanhóis e a obra grociana), que o concebiam como um sistema verdadeiramente *universal*, vieram a ser suplantadas pela emergência do positivismo jurídico, que personificou o Estado dotando-o de "vontade própria", reduzindo os direitos dos seres humanos ao que o Estado a estes "concedia". O consentimento ou a vontade dos Estados (o positivismo voluntarista) tornou-se o critério predominante no direito internacional, negando *jus standi* aos indivíduos, aos seres humanos. Isto dificultou a compreensão da comunidade internacional, e enfraqueceu o próprio Direito Internacional, reduzindo-o a um direito estritamente inter-estatal, não mais *acima* mas *entre* Estados soberanos. As consequências desastrosas desta distorção são sobejamente conhecidas.[18]

O Direito Internacional dos Direitos Humanos, desde 1945, inaugura um novo capítulo na secular trajetória da soberania estatal, essencialmente direcionado pelo imperativo da submissão do Estado ao bem comum dos indivíduos, mas, desta feita, inovando na apresentação de mecanismos de responsabilização internacional jurídica de Estados e pessoas físicas por violação desse imperativo. Mecanismos esses – repita-se sempre – instituídos e mantidos com fulcro em deliberações resultantes de consensos construídos pelos próprios Estados, **no exercício de sua soberania estatal (e não à sua revelia ou afronta),** que permanece ativa, mas não mais ilimitada, seja no plano interno, diante das Constituições democráticas prenhes de direitos fundamentais, seja no plano internacional, pelos sistemas de proteção dos direitos humanos.

A propósito, é a confluência das normativas nacionais e internacionais para a proteção elevada dos direitos humanos, a despeito da variação de intensidade ou amplitude, que faz sucumbir percepções ou discussões que perduram por muitas décadas. Algumas delas podem ser assim sistematizadas:

➔ **Estado como fonte única de direitos subjetivos**. Pensava-se que a autoridade do Estado soberano é essência do direito, com o que só se poderia pensar o sujeito de direito a partir do reconhecimento deste sujeito pelo Estado (nacionalidade como condição para titularidade de direitos). Tal compreensão encontra-se absolutamente

18 CANÇADO TRINDADE, Antônio Augusto. **Tratado de Direito Internacional dos Direitos Humanos** – Vol. I. 2. ed. Porto Alegre: Sérgio Antonio Fabris Editor, 2003, p. 453.

superada pelas normas que reconhecem direitos humanos universais a apátridas, refugiados e migrantes.

➔ **Direito Internacional como direito de Estados para Estados.** Ideia completamente superada pela afirmação do *jus standi* (acesso) de indivíduos e organizações não governamentais às instâncias jurisdicionais internacionais de apuração e julgamento de casos contenciosos, inclusive com a possibilidade de instauração de processo criminal internacional, junto ao Tribunal Penal Internacional, contra pessoas físicas que cometeram crimes internacionais contra direitos humanos.

➔ **Estados são juridicamente vinculados apenas aos tratados internacionais com os quais individual e expressamente consintam.** Modelo não condizente com a revisitação da teoria das fontes do Direito Internacional Público, sob a perspectiva da centralidade dos direitos humanos, que corrobora e fundamenta a emergência das normas de *jus cogens* e dos costumes internacionais em matéria de direitos humanos (até mesmo baseados em normas de *soft law*, como as declarações de direitos), reconhecidas a partir das fontes materiais edificadoras de uma *consciência jurídica universal*. Essa consciência pode ser inferida de práticas gerais e de opiniões jurídicas oficiais de Estados reunidos nas organizações interestatais e multilaterais ou reconhecida pela atividade de monitoramento e jurisdição dos órgãos internacionais, que existem e agem apoiados em prévios consensos estatais que os incumbem de fazer valer os comportamentos preceituados pela consciência jurídica universal manifestada.

➔ **Monismo ou dualismo?** Nenhum deles! Diante da evidente confluência de valores humanísticos insculpidos nas normas constitucionais e internacionais, entenda-se pela existência de distintas ou de apenas uma ordem jurídica, o fato é que, em vigorando o propósito comum do estabelecimento de normas jurídicas de proteção da dignidade humana pela autoridade nacional constituinte (originária e derivada) e pelo Direito Internacional dos Direitos Humanos, não cabe vislumbrar entre essas concorrência, mas sua **pluralidade interativa**, a demandar estratégias de implementação pelos Estados soberanos, sempre ancoradas na aplicação prática (efetivação) da proteção jurídica de resultados mais proveitosos para o bem-estar do indivíduo, ou seja, em absoluta consonância com o Princípio *Pro Persona*.

A pluralidade fontes de direitos humanos, como dito, não encerra concorrência, mas exige interação inspirada pelo propósito de compatibilização e expansão protetiva, pois de nada adianta e até mesmo não faz sentido a defesa intransigente da prevalência do Direito Internacional dos Direitos Humanos sobre as normas nacionais, se sua implementação segue dependendo dos agentes e instituições internos, bem como em se considerando a possibilidade real de normas e políticas públicas nacionais mostrarem-se até mais competentes na efetivação dos direitos humanos.

Uma abordagem pluralista interativa dos direitos humanos admite que o desenvolvimento do Direito Internacional dos Direitos Humanos impulsiona o aperfeiçoamento de normas e instituições nacionais, ao tempo em que também se firmam como patamares mínimos intransponíveis de direitos assegurados às pessoas.

O exame atento e disposto para as constituições democráticas nacionais em cotejo com a aplicação das normas internacionais de direitos humanos pelos órgãos supranacionais competentes revela a plena viabilidade técnica e política da citada interação, desejada pela jurisdição internacional e desvelada por distintas propostas doutrinárias, algumas das quais de relevância já reconhecida.

Formuladas dentro e a partir da realidade da União Europeia e sobretudo por constitucionalistas - fato demasiado relevante para a superação das ideias de um constitucionalismo hermético e atracado com a vetusta noção de soberania estatal absoluta –, não são poucas as propostas teóricas de cunho pluralista-interativo.

O primeiro passo teórico foi a admissão de que as constituições não são documentos que encerram em si todo o poder legiferante e toda a justificação da soberania estatal, tal como forjada na modernidade. Os constitucionalistas PETER HÄBERELE, nos anos 1970, e, a seguir, GUSTAVO ZAGREBELSKY, nos anos 1990, apresentaram importantes ideias a tal respeito, que abriram caminho para que o constitucionalismo pudesse passar a cogitar pluralidade e integração com o direito internacional.

Em "Hermenêutica Constitucional - A Sociedade Aberta dos Intérpretes da Constituição: Contribuição para a Interpretação Pluralista e 'Procedimental' da Constituição", de 1975, HÄBERLE defende que a constituição, ao tempo em que molda a sociedade à qual se aplica, também resulta da interpretação que lhe confere tal sociedade, que é "aberta", ou seja, plural. O cidadão, neste contexto, em sua conduta e decisões também é um intérprete "em sentido lato" da constituição e essa interpretação deve importar, inclusive para as instituições jurisdicionais responsáveis pela guarda da Carta Constitucional.[19]

Dando sequência ao movimento haberleano de abertura constitucional, em "Direito Dúctil: Leis, Direitos, Justiça", ZAGREBELSKY, ao aquiescer com o ocaso contemporâneo da noção moderna de soberania estatal como faceta de um Estado como figura autônoma e centralizadora da produção legal, apresenta sua teoria do "Direito Dúctil", propondo falar-se em "soberania da constituição", mas ressaltando que a constituição hodierna não é o centro de onde se irradia poder e regulação para todo o ordenamento, mas o centro para onde tudo deve convergir.

Deste modo, a constituição não é ponto de partida, mas ponto de chegada das ações de realização prática da execução dos comandos constitucionais, buscada a partir da tomada do documento constitucional como aberto e plural em sua autorrealização na concretude dos fatos. Portanto, o constitucionalista italiano tem no reconhecimento da existência de uma sociedade plural e, por conseguinte, da pluralidade normativa o substrato de sua doutrina. Adverte ZAGREBELSKY que a ductibilidade constitucional não resulta em renúncia da centralidade da constituição, mas, ao contrário, persegue sua plenitude, tão mais possível quanto mais plural busque ser em sua realização, notadamente no que diz respeito a princípios e valores que, constitucionalizados, aspiram aplicação.[20]

Admitida a abertura constitucional ao pluralismo, a partir da crítica à soberania Estatal moderna, a doutrina encontrou espaço e condições teóricas para avançar com proposta de interatividade jurídica.

Em um passo adiante no seu pensamento pluralista, PETER HÄBERLE, já no final da década de 1970, elabora a teoria do **Estado Constitucional Cooperativo**, que preceitua um Estado regido pela constituição nacional e juridicamente constituído e limitado por princípios constitucionais materiais e formais que consagram direitos fundamentais, Estado Social de

---

19 "Propõe-se a seguinte tese: no processo de interpretação constitucional estão potencialmente vinculados todos os órgãos estatais, todas as potências públicas, todos os cidadãos e grupos, não sendo possível estabelecer-se um elemento cerrado ou fixado com *numerus clausus* de intérpretes da Constituição" (HÄBERLE, Peter. **Hermenêutica constitucional a sociedade aberta dos intérpretes da constituição**: contribuição para a interpretação pluralista e "procedimental" da constituição. Trad. Gilmar F. Mendes. Porto Alegre: Fabris, 2002, p. 13).

20 ZAGREBELSKY, Gustavo. **El derecho dúctil**: ley, derechos, justicia. Trad. Marina Gascón. 10. ed. Madrid: Editorial Trotta, 2011, p. 10-16.

Direito, divisão de poderes e independência dos tribunais, mas que, ao mesmo tempo e em consonância com tais princípios, contempla e promove abertura e responsabilidade frente à crescente dimensão internacional ou supranacional.[21]

O Estado Constitucional Cooperativo se impõe, segundo HÄBERLE, em razão de duas ordens de fatores, o sociológico-econômico e o ideal-moral, resultantes do movimento de ampliação da proteção dos direitos fundamentais nas constituições e do Direito Internacional dos Direitos Humanos, em resposta à "selvageria" do Estado constitucional ocidental ensimesmado. Isso faz com que o Estado Constitucional Cooperativo viva "de necessidades de cooperação no plano econômico, social e humanitário, assim como – falando antropologicamente – da consciência de cooperação (internacionalização da sociedade, da rede de dados, opinião pública mundial, das demonstrações com temas de política externa, legitimação externa)".[22]

Os fundamentos do Estado Constitucional Cooperativo, segundo seu idealizador, são inúmeros e podem ser constatados desde a obrigação de paz que conduz o movimento de cooperação global instaurado pela Carta da ONU e pela Declaração Universal dos Direitos Humanos, passando pelo chamado "direito comunitário", de aplicação interestatal regional, com especial importância para a construção jurídica da União Europeia.[23] Tal movimento segue acompanhado e apoiado em normas constitucionais que, expressamente, reconhecem e fomentam a cooperação internacional e a interação jurídica com os foros globais e regionais.

HÄBERLE faz questão de sublinhar que a cooperação internacional não está limitada apenas à cooperação entre Estados, mas tem o desafio de acontecer também no "plano 'social' privado", por meio de "políticas estatais econômicas e de desenvolvimento para outras políticas voltadas para o comércio de empresas multinacionais", sempre com o objetivo da segurança econômica coletiva, a exemplo dos esforços da Organização para a Cooperação e Desenvolvimento Econômico (OCDE) por um código de comportamento para empresas multinacionais, que as leve a "assumir sua responsabilidade social correspondente à sua influência no plano internacional".[24]

Acerca da interação entre o direito nacional e o direito internacional sob a ótica do Estado Constitucional Cooperativo, o constitucionalista alemão explana, tendo os direitos humanos como referência:

> No âmbito dessa visão "conjuntamente pensada" pelos Estados constitucionais e relações internacionais, Estado constitucional e Estados (constitucionais) vizinhos, deve-se, na dúvida, apelar para a doutrina comum das fontes jurídicas. A ideologia do monopólio

---

21 HÄBERLE, Peter. **Estado Constitucional Cooperativo**. Trad. Marcos Augusto Maliska e Elisete Antoniuk. Rio de Janeiro: Renovar, 2007, p. 6. "'Estado Constitucional Cooperativo' é o Estado que justamente encontra a sua identidade também no Direito Internacional, no entrelaçamento das relações internacionais e supranacionais, na percepção da cooperação e responsabilidade internacional, assim como no campo da solidariedade. Ele corresponde, com isso, à necessidade internacional de políticas de paz" (Id. Ibid., p. 4).

22 Id. Ibid., p. 18-20.

23 "Uma rápida incursão pelas Constituições europeias e além da Europa permite reconhecer uma mudança de tendência de muitos Estados (constitucionais) para a cooperação internacional, em que, nos antigos Estados socialistas, o elemento cooperativo precede, em parte, o estatal-constitucional. A análise de mais de 100 Constituições hoje vigentes, também dos países subdesenvolvidos, somente irá confirmar essa tendência" (Id. Ibid., p, 52).

24 Id. Ibid., p. 44-45. Afinal de contas, no Estado Constitucional Cooperativo, "o elemento nacional-estatal é relativizado e a pessoa ("*idem civiset homo mundi*") avança – para além das fronteiras estatais – para o ponto central (comum) da atuação estatal (e inter ou supraestatal), da realização cooperativa dos direitos fundamentais" (id. Ibid., p. 70-71).

> estatal das fontes jurídicas torna-se estranha ao Estado constitucional quando ele muda para o Estado constitucional cooperativo. Ele não mais exige monopólio na legislação e interpretação: ele se abre – de forma escalonada – a procedimentos internacionais ou de Direito Internacional de legislação, e a processos de interpretação. (...)
> A cooperação dos Estados constitucionais nas organizações internacionais, o desenvolvimento conjunto de obras amplas de codificação que regulam forma e procedimento de sua cooperação, e a extensão de sua jurisdição internacional de cujo material jurídico fazem parte, entre outros, "os princípios jurídicos gerais reconhecidos pelos Estados civilizados ", formam o fundamento de uma influência recíproca da ordem jurídica nacional e internacional: estruturas jurídicas e ideias de justiça dos diversos Estados da comunidade jurídica internacional influem no processo de formação do Direito Internacional; princípios e regras isoladas do Direito Internacional colocam, por sua vez, medidas para o desenvolvimento jurídico interno do Estado. O direito comparado é, aqui, o meio típico. O Direito do estrangeiro, tanto no direito internacional quanto interno e o desenvolvimento da proteção dos direitos humanos servem de exemplo.[25]

Mais detido aos crescentes debates sobre a interação entre as constituições europeias e o direito comunitário europeu, o constitucionalista FRANCISCO LUCAS PIRES propôs, no final da década de 1990, a teoria da **Interconstitucionalidade**, que viria a ser retomada e avançada por seu compatriota J. J. GOMES CANOTILHO, para quem a referida teoria "estuda as relações interconstitucionais de concorrência, convergência, justaposição e conflitos de várias constituições e de vários poderes constituintes, no mesmo espaço político". Adverte CANOTILHO que tal fenômeno não é propriamente uma novidade contemporânea, mas algo já vivenciado na plural ordem jurídica medieval.[26]

Valendo-se da teoria dos sistemas de Niklas Luhmann e da percepção de que o mundo encontra-se em uma era pós-moderna pautada pela globalização, que não se coaduna com a noção moderna de Estado nacional centralizador da criação de leis (normogênese), CANOTILHO rechaça a centralidade do Estado-nação, uma vez que a condução estatal das questões que se lhe acometem passou a ser impossível sem a interação internacional por acordos, tratados e participação em blocos internacionais.[27] Neste passo, a Interconstitucionalidade é definida como uma proposta não realizada de "padrão de interface entre diferentes campos de *governance*, desde o nível local ao nível global, passando, evidentemente, pelos níveis estaduais-nacionais e supranacionais"[28], baseada na "articulação entre constituições, a afirmação de poderes constituintes com fontes e legitimidades diversas, e a compreensão da fenomenologia jurídica e política amiga do pluralismo de ordenamentos e de normatividades".

O constitucionalista português vislumbra cinco etapas de afirmação da Interconstitucionalidade. A primeira remete à vigência de uma rede de constituições de Estados soberanos, interligadas em constante comunicação. A segunda etapa vivencia turbulências causadas por organizações políticas externas (*v.g.* supranacionais) na organização constitucional dos Estados. A terceira etapa se caracteriza pela "recombinação das dimensões constitucionais clássicas"

---

25 Id. Ibid., p. 60-61 e 62-63.

26 CANOTILHO, J. J. Gomes. **"Brancosos" e interconstitucionalidade:** itinerários dos discursos sobre a historicidade constitucional. 2. ed. Coimbra: Almedina, 2008, p. 266.

27 Id. Ibid., p. 222-226.

28 Id. Ibid., p. 345; Id.. **Direito constitucional e teoria da constituição**. 7. ed. Coimbra: Almedina, 2003, p. 1425. Para a "interculturalidade" (dialogicidade entre diferentes culturas) como elemento indissociável da Interconstitucionalidade, cf. Id. **"Brancosos" e interconstitucionalidade** (...), cit., p. 271-274.

por "sistemas organizativos de grandeza superior". A quarta etapa avança para a articulação de uma "coerência constitucional" entre as constituições dos Estados e a "rede interconstitucional". Por fim, a quinta etapa alcança um "esquema jurídico-político caracterizado por um grau suficiente de confiança condicionada", havido entre várias constituições imbricadas na rede e entre a "constituição" revelada pela organização política supranacional.[29]

A teoria do **Pluralismo Constitucional** aplicada à União Europeia foi desenvolvida pelo jurista britânico NEIL MacCORMICK e levada adiante por NEIL WALKER, confeccionada desde a afirmação da existência de um conjunto de ordenamentos jurídicos que interagem, cada qual no marco de sua constituição, mas sem qualquer ordenação hierárquica. Admite-se, aqui, que mais de um corpo de normas de caráter constitucional pode atuar sobre um mesmo território, desassociando, deste modo, a ideia de constituição da figura autônoma do Estado-nação.

Neste caso, o *corpus iuris* europeu convive, sem sentido de hierarquia, mas de mútua interação, com as constituições nacionais, bem por isso, o direito europeu não é critério de validade para as normas de direito nacional e vice-versa. Todavia, um e outro influenciam-se, especialmente em razão das consequências penalizadoras estipuladas pelo sistema jurídico supranacional, sendo que seu funcionamento deve sempre ser resultado de deliberações para cujas adoções tenham tomado assento os Estados alcançados e, para além desses, também representações populares. Em sendo assim, há a vantagem de os sistemas internacionais serem até mesmo potencialmente mais inclusivos do que os modelos nacionais de regulação.

O Estado, então, não se extingue, mas se submete a uma interação constitucional supranacional erigida a partir de consensos interestatais. Igualmente, não há prevalência da jurisdição internacional sobre a nacional, senão um impulso de diálogo judicial cooperativo, que tem na aplicação dos direitos humanos seu principal vetor.[30]

Ainda no marco de uma supranacionalidade europeia, o jurista alemão INGOLF PERNICE sustenta o **Constitucionalismo Multinível**, apresentando uma teoria bastante mais rígida, inclusive no sentido hierárquico, quanto à interação entre constituições e o que reconhece ser a constituição europeia, inferida das normas e deliberações centrais da União Europeia e do novo perfil parlamentar europeu instituído pelo Tratado de Lisboa de 2007, norma que teria iniciado um processo longo de adaptação de submissão das constituições nacionais ao *corpus iuris* europeu.

Cinco são os elementos de cuja implementação depende o Constitucionalismo Multinível: conceito pós-nacional de constituição (não apenas Estados detêm constituições); confecção da constituição europeia por representantes de cidadãos da União Europeia (e não dos Estados); as constituições nacionais devem se adaptar à constituição europeia; as múltiplas identidades dos cidadãos europeus devem estar representadas, ao menos pelo direito de voto, em âmbito local e europeu; a União Europeia como uma congregação de cidadãos e não de Estados. Em razão desta rigorosa arquitetura legal e institucional, as jurisdições nacionais, conquanto preservem sua autoridade jurisdicional, devem observar as interpretações consagradas pelos tribunais europeus supranacionais.[31]

---

29 Id. **Direito constitucional e teoria da constituição**, cit., p. 1425; Id. **"Brancosos" e interconstitucionalidade** (...), cit., p. 267.

30 MACCORMICK, Neil. Beyond the Sovereign State. **The Modern Law Review**, v. 56, n. 1, p. 1-18, 1993; WALKER, Neil. The idea of constitutional pluralism. **The Modern Law Review**, v. 65, n. 3, p. 317-359, 2002; PÉREZ, Aida Torres. En defensa del pluralismo constitucional. In: ECEIZABARRENA, Juan Ignácio U.; BERECIARTU, Gurutz J. (orgs.). **Derecho Constitucional Europeo**. Valencia: Tirant Lo Blanch, 2011. p. 155-178.

31 PERNICE, Ingolf. Multilevel constitutionalism in the European Union. **European Law Review**, v. 27, n. 1/6, p. 511-529, 2002. Id. The Treaty of Lisbon: multilevel constitutionalism in action. **Colum. J. Eur. L.**, v. 15, p. 349, 2008.

PERNICE aduz que a Convenção Europeia de Direitos Humanos poderia ser considerada o maior passo em direção ao processo de constitucionalização supranacional, mas ainda demanda mais efetividade. De todo modo, na perspectiva do conceito pós-nacional de constituição, os direitos humanos, para além de tutelarem apenas a proteção das pessoas (alcançando a participação política e políticas públicas sociais e de desenvolvimento, por exemplo), seguem motivando debates que são cruciais para o avanço do constitucionalismo multinível europeu. O jurista alemão enxerga os direitos humanos como fundamentos de um "Contrato Social Europeu" e a partir dos quais a jurisdição europeia deve influenciar as jurisdições nacionais.[32]

No Brasil, também com inspiração luhmaniana, desponta a abordagem pluralista de MARCELO NEVES sob a denominação **Transconstitucionalismo**, que rejeita "tanto a um modelo metódico hierárquico quanto a simples constatação da fragmentação do direito, sem horizonte metodológico"[33]. Esta linha de pensamento reconhece haver a instituição de tensões em ordens jurídicas distintas quanto a matérias constitucionais, que não se encontram apenas nas constituições.

NEVES investiga diversos tipos de relações para além da constituição e do direito internacional público (erigido pelos Estados), chegando a tratar da constituição e sua relação com os movimentos regulatórios oriundos de espaços eminentemente privados. Propõe a ideia de "constituição transversal", a partir do reconhecimento de necessárias e sistemáticas interações nos campos político e jurídico[34] (afinal, a constituição é, ao mesmo tempo, resultado e fonte de um amalgama de ambas de dimensões).

A teoria transconstitucional de NEVES não se dedica propriamente a oferecer uma fórmula cerrada sobre a relação entre as diversas ordens jurídicas, mas descreve, de forma aprofundada, quais são essas inúmeras possibilidades e, frente a elas – incluindo a tensão entre constituição e direito internacional público–, pontua, firmemente, a urgência da construção de técnicas de solução jurídica que construam pontes entre os diferentes sistemas, de modo dialógico. Não há, neste cenário, hierarquia entre os distintos sistemas, cuja interação se impõe política e juridicamente. A grande questão é como promover tal interação. Em sendo assim, a questão do método (ainda não adequadamente descoberto e implementado) parece ser, segundo o autor, o problema central da afirmação do transconstitucionalismo, menos do que o reconhecimento das interações possíveis e incontornáveis.

Dois pressupostos, em especial, são afirmados por NEVES como condicionantes de qualquer processo de interação entre as ordens jurídicas conviventes: alteridade e inclusão. O diálogo que se coloca deve ser sempre pautado pela abertura de quem dialoga para os interesses de seus interlocutores e, ademais, a solução das tensões deve ser orientada a resultados político e juridicamente inclusivos. Contrapondo os argumentos críticos às perspectivas pluralistas em geral, no sentido de que sejam teorias que afirmam um contexto geopolítico e econômico de hegemonia, aduz-se que a teoria transconstitucional oferece melhores perspectivas no entrelaçamento de ordens jurídicas, porque deve se desenvolver sob os paradigmas da alteridade e da "inclusão generalizada" (ou "redução da exclusão primária crescente, especialmente em relação ao direito").[35]

---

32 PERNICE, Ingolf; KANITZ, Ralf. **Fundamental rights and multilevel constitutionalism in Europe**. 2004. Disponível em: http://www.whi-berlin.eu/tl_files/WHI-paper%20bis%202010/whi-paper0704.pdf. Acesso em: 11 set. 2020.

33 NEVES, Marcelo. **Transconstitutionalismo**. São Paulo: WMF Martins Fontes, 2009, p. 276-277.

34 Id. Ibid., p. 62-63.

35 Id. Ibid., p. 293.

Teorias Pluralistas	
Interpretação Aberta da Constituição	Peter Häberle (Alemanha)
Direito Dúctil	Gustavo Zagrebelsky (Itália)

Teorias Pluralistas Interativas	
Estado Constitucional Cooperativo	Peter Häberle (Alemanha)
Interconstitucionalidade	Francisco Lucas Pires (Portugal) J.J. Gomes Canotilho (Portugal)
Pluralismo Constitucional	Neil MacCormick (Reino Unido) Neil Walker (Reino Unido)
Constitucionalismo Multinível	Ingolf Pernice (Alemanha)
Transconstitucionalismo	Marcelo Neves (Brasil)

Fonte: elaborada pelo autor

As críticas ao que seria um caráter hegemônico das teorias pluralistas são reforçadas pela disseminação de doutrinas, como visto, marcadamente desenvolvidas a partir da experiência da União Europeia, sem dúvida a mais avançada em termos de integração político-jurídica, a despeito das fissuras que vêm acumulando recentemente. Entretanto, aquelas críticas não foram capazes de refrear o desenvolvimento de estudos sobre viabilidade das percepções pluralistas interativas na América Latina, sob a ótica das constituições vigentes.

HÄBERLE e CANOTILHO, em seus trabalhos seminais sobre suas teorias pluralistas, já mencionavam constituições e normas internacionais latino-americanas e o MERCOSUL (no caso do constitucionalista português) como compatíveis com suas ideias.[36] Entretanto, os exames das disposições constitucionais da América Latina e de direito internacional sob a ótica de determinada teoria pluralista, sobretudo tendo o Sistema Interamericano de Proteção dos Direitos Humanos e o *ius commune interamericano* (ou *corpus juris interamericano*) como paradigma, têm se multiplicado e difundido com inegável alcance acadêmico.[37]

---

36 HÄBERLE, Peter, op. cit., "Prefácio à Edição Brasileira"; CANOTILHO, J.J. Gomes. **"Brancosos" e interconstitucionalidade** (...), cit., p. 222.

37 Para além de Marcelo Neves, cf. URUEÑA, René. Luchas locales, cortes internacionales. Una exploración de la protección multinivel de los derechos humanos en América Latina. **Revista Derecho del Estado**, n. 30, p. 301–328, 2013; ALVARADO, Paola A. Acosta. El Pluralismo Constitucional como respuesta a los desafíos de la protección multinivel en Latinoamérica. Comentarios a la propuesta de René Urueña.

A esse propósito e para demonstrar que o viés pluralista interativo não depende de iniciativa apenas dos Estados, convém lembrar que o Sistema Interamericano de Direitos Humanos encontra-se constituído dentro da ótica pluralista-interativa, o que pode ser apreendido, por exemplo, da Convenção Americana sobre Direitos Humanos, seja no momento em que, ao obrigar o Estado Parte a compatibilizar sua legislação interna, o faz sem impor condição de validade ou processo de revogação no plano interno (art. 2º), seja por prever que a Corte Interamericana de Direitos poderá responder a consultas sobre a interpretação de qualquer tratados (mesmo que exteriores a OEA) concernentes à proteção dos direitos humanos que se apliquem a Estados americanos (art. 64), portanto, poderá oferecer interpretação, em sede consultiva, a tratados de direitos humanos do Sistema Global ou Universal da ONU, por exemplo.

É o que se pode conferir na ampla análise realizada pela Corte Interamericana por ocasião da Opinião Consultiva nº 18, de 2003, quando afirmou obrigação dos Estados americanos de salvaguardar os direitos de trabalhadores migrantes indocumentados, conforme reiterada previsão em diversas declarações e tratados internacionais de direitos humanos da ONU, da Organização Internacional do Trabalho (OIT) e da OEA. Aliás, nesta Opinião Consultiva, a Corte também fez remissões a interpretações e decisões de órgãos internacionais da ONU e até do Tribunal Europeu de Direitos Humanos para reconhecer o direito à igualdade no tratamento jurídico dos migrantes como *jus cogens e* obrigação *erga omnes*.[38]

A Corte Interamericana também pratica a interação cooperativa do *corpus juris* interamericano com as constituições nacionais em litígios contenciosos, do que é pedagógico exemplo o Caso Trabalhadores da Fazenda Brasil Verde *versus* Brasil, cuja sentença dialoga com as convenções da ONU e da Organização Internacional do Trabalho (OIT) para chegar ao conteúdo normativo da proibição da escravidão, objeto do art. 6º da Convenção Americana sobre Direitos Humanos, bem como interage com as alterações promovidas pelo Estado brasileiro, à luz de sua Constituição, junto ao conceito normativo nacional de trabalho escravo, constante do art. 149 do Código Penal, acatando sua nova redação como avanço digno de loas.[39]

Tantas teorias e aplicações plurais não perdem unidade de pressupostos e propósitos que convergem para a ideia central da pluralidade de ordens jurídicas que devem interagir. E

Revista Derecho del Estado, v. 31, 2013; Id.; ACOSTA-LÓPEZ, Juana; HUERTAS CÁRDENAS, Julián; RIVAS-RAMÍREZ, Daniel; ACOSTA-LÓPEZ, Juana; HUERTAS CÁRDENAS, Julián; RIVAS-RAMÍREZ, Daniel. Diagnóstico sobre las relaciones entre el derecho internacional y el derecho interno. El caso colombiano. **Estudios constitucionales**, v. 16, n. 2, p. 369–402, dez. 2018; Id. Sobre las relaciones entre el derecho internacional y el derecho interno. **Estudios Constitucionales**, v. 14, n. 1, 2016; RAMÍREZ, Sergio García. The Relationship between Inter-American Jurisdiction and States (National Systems): Some Pertinent Questions. **Notre Dame J. Int'l Comp. L.**, v. 5, p. 115, 2015; Id.; SÁNCHEZ, Julieta Morales. Hacia el *ius commune interamericano*: la jurisprudencia de la Corte IDH en 2013-2016. **Anuario iberoamericano de justicia constitucional**, n. 20, seç. Anuario iberoamericano de justicia constitucional, p. 433–463, 2016; RIBEIRO, Daniela Menengoti; ROMANCINI, Malu. A teoria da interconstitucionalidade: uma análise com base na América Latina. **Revista de Direito Internacional**, v. 12, n. 2, p. 159–174, 31 dez. 2015; DEMARCHI, Clovis; SUZIN, Jaine Cristina. Do castelo para a rede, da Europa para a América: aplicação da teoria da interconstitucionalidade na Corte Interamericana. **JURIS – Revista da Faculdade de Direito**, v. 28, n. 1, p. 137–156, 2018.

38 CORTE INTERAMERICANA DE DIREITOS HUMANOS. **Parecer Consultivo OC-18/03, de 17 de Setembro de 2003, Solicitado pelos Estados Unidos Mexicanos**: *A Condição Jurídica E Os Direitos Dos Migrantes Indocumentados*. San José da Costa Rica, 2003. Disponível em: https://www.corteidh.or.cr/docs/opiniones/seriea_18_por.pdf. Acesso em: 24 dez. 2020.

39 CORTE INTERAMERICANA DE DIREITOS HUMANOS. **Caso Trabalhadores da Fazenda Brasil Verde vs. Brasil.** Sentença de 20 de Outubro de 2016 (Exceções Preliminares, Mérito, Reparações e Custas). San José da Costa Rica, 2016. Disponível em: https://www.corteidh.or.cr/docs/casos/articulos/seriec_318_por.pdf. Acesso em: 24 dez. 2020.

como ficou claro na breve exposição dos conceitos de cada teoria, os direitos humanos consubstanciam fator político e jurídico que se impõe como força centrípeta das distintas ordens, reproduzidos que são em constituições e normas de direito internacional.

Assim, os direitos humanos positivados, inicialmente, nas constituições liberais e, depois, guindados à centralidade do direito internacional pós-Guerras Mundiais do século XX, se afirmam como limitadores da soberania estatal (interna e externa), alçam o indivíduo à titularidade de direitos nos planos local, nacional e supranacional e, por conseguinte, abrem espaço para um campo unificado de conhecimento a que se tem denominado **Direito Constitucional Internacional**[40].

ANNE PETERS aponta quatro os elementos da constitucionalização do direito internacional: perda do *status* de princípio fundante exclusivo do direito internacional conferido à soberania nacional; substituição do consentimento estatal individual por deliberações majoritárias como principais fontes de obrigações jurídicas internacionais; aceitação universal de certos valores basais, plasmados nos direitos humanos, na proteção do clima e no livre comércio, à luz das diversas normas multilaterais de direito internacional a respeito; e estabelecimento de foros jurisdicionais internacionais de submissão quase obrigatória, ao tempo em que as jurisdições constitucionais nacionais passam por transformações dinamizadas pela jurisdição internacional.[41]

Não se trata de transformações nacionais por imposição hierárquica internacional, mas por diálogo interativo e cooperativo, pois, repise-se, as sanções por transgressão das normas de Direito Internacional dos Direitos Humanos, consoante os mecanismos de proteção internacional de direitos humanos vigentes, não se concretizam *per si* no plano da validade dos atos legislativos, administrativos e judiciais nacionais, dependendo da ação estatal neste sentido. Por outro lado, a inércia dos agentes estatais no cumprimento das normas e decisões internacionais podem ensejar punições previstas no interior dos sistemas internacionais de proteção.

Consequentemente, não se sustentam os impróprios argumentos no sentido de que decisões de órgãos internacionais de direitos humanos afrontam a soberania estatal de um país. A uma, porque tais órgãos funcionam em razão de deliberações interestatais dos Estados tomadas institucionalmente e, no mais das vezes, também previamente autorizados, de modo individual, por cada Estado. E, a duas, porque suas decisões seguem dependendo de implementação pelas autoridades nacionais, sob pena de sanções que se cumprem apenas no plano internacional.

E não se diga que tal lógica impede a efetividade dos processos tramitados em âmbito dos sistemas internacionais de proteção dos direitos humanos, pois, a despeito do tanto de avanço que ainda é preciso conquistar, não são poucos os exemplos que infirmam a tese da inefetividade. Citem-se, no Brasil, ao menos três. As evoluções legislativas brasileiras em matéria de violência doméstica e de trabalho escravo, por direta decorrência das obrigações assumidas pelo Brasil, respectivamente, nos casos contenciosos de Maria da Penha[42] e José Pereira[43], instaurados no marco da Comissão Interamericana de Direitos Humanos; e as alterações no

---

[40] PIOVESAN, Flávia. **Direitos Humanos e o Direito Constitucional Internacional**. 12. ed. São Paulo: Saraiva, 2011.

[41] PETERS, Anne. Los Méritos Del Constitucionalismo Global. **Revista Derecho del Estado**, n. 40, p. 3–20, 2018, p. 5-7.

[42] COMISSÃO INTERAMERICANA DE DIREITOS HUMANOS. **Caso 12.051: Maria da Penha Maia Fernandes *versus* Brasil** – Relatório nº 54/01, de 04 de abril de 2001. Washington, 2001. Disponível em: https://www.cidh.oas.org/annualrep/2000port/12051.htm. Acesso em: 24 dez. 2020.

[43] COMISSÃO INTERAMERICANA DE DIREITOS HUMANOS. **Caso 11.289: José Pereira *versus* Brasil** – Relatório nº 95/03 (Solução Amistosa), de 24 de outubro de 2003. Washington, 2003. Disponível em: https://cidh.oas.org/annualrep/2003port/Brasil.11289.htm. Acesso em: 24 dez. 2020.

protocolo de atendimento a pessoas acometidas de agravos mentais pela rede credenciada do Sistema Único de Saúde, diretamente influenciadas pela sentença condenatória da Corte Interamericana de Direitos Humanos para o caso Damião Ximenes Lopes.[44]

Olhando para a contemporaneidade, alerta FERRAJOLI que o poder destrutivo das armas nucleares, as crescentes e catastróficas agressões ao meio ambiente, a escalada da desigualdade e da miséria, a explosão dos conflitos étnicos e civis, dentro dos próprios Estados, "tornam o equilíbrio internacional e a manutenção da paz mundial cada vez mais precários" e encerram "uma época de crise não menos radical do que aquela pela qual o mundo passou há quatro séculos, quando nasceu na Europa o Estado moderno e a comunidade internacional dos Estados soberanos".

Todos esses acontecimentos agora se dão em uma aldeia global, percebida pela "interdependência econômica, política, ecológica e cultural", a reclamar, com urgência, a consolidação de uma integração mundial baseada no direito, pois os grandes problemas da atualidade, globalizados, não admitem solução no marco do velho paradigma da soberania estatal, já que "o Estado já é demasiado grande para as coisas pequenas e demasiado pequeno para as coisas grandes" e a superação da crise atual passa pela substituição do velho paradigma da soberania estatal pela soberania da autodeterminação dos povos, considerando-se a figura do povo não mais atávica ao conceito de Estado.[45]

Não obstante toda a dificuldade que oferece esta quadra histórica, de um mundo que globaliza nacionalismos xenófobos, governos de cariz autoritário, desigualdades econômica e sociais de todo tipo (gênero, raça, nacionalidade, etnia, sexualidade, opinião política etc.) e fundamentalismos religiosos, crê-se que a integração mundial demandada segue dependendo da retomada dos ideais da prevalência da dignidade humana e, no campo jurídico, pela reafirmação do compromisso constitucional e internacional para com os direitos humanos.

Em suma, o conceito de soberania estatal como fundamento do Estado tido como figura autônoma e ilimitada na produção do direito e na condução das relações internacionais não mais se coaduna com o contexto político e normativo estabelecido a partir da criação dos sistemas internacionais de proteção dos direitos humanos, verificada a partir do pós-guerras mundiais do século XX. A concepção hodierna de soberania estatal a compreende ainda preservada, mas limitada, no plano interno, pela constituição e, no plano externo, pelas normas de direito internacional, em ambos os campos principalmente pela centralidade dos direitos humanos, o que vai demandar sejam as ordens jurídicas nacional e internacional tomadas como plurais e necessariamente interativas.

As tensões jurídicas que venham a existir em função dessa pluralidade devem ser solucionadas a partir das seguintes premissas: centralidade das pessoas humanas e não dos Estados, abertura para o diálogo entre normas e jurisdições (sem senso prévio de hierarquia) e construção cooperativa e interativa de decisões que atendam ao princípio *Pro Persona* (prevalência da norma mais favorável ao indivíduo).

1.3. O pluralismo interativo e a Constituição Federal brasileira

A Constituição Federal brasileira não foge à abertura ao pluralismo, como se pode concluir de diversas passagens de seu texto e dos valores que consagra. O Princípio da Dig-

---

44 CORTE INTERAMERICANA DE DIREITOS HUMANOS. **Caso Ximenes Lopes versus Brasil.** Sentença de 4 de julho de 2006 (Mérito, Reparações e Custas). San José da Costa Rica, 2006. Disponível em: https://www.corteidh.or.cr/docs/casos/articulos/seriec_149_por.pdf. Acesso em: 03 jan. 2021.

45 FERRAJOLI, Luigi, op. cit., p. 47-52.

nidade da Pessoa Humana como fundamento da República (art. 1º, III) e a prevalência dos direitos humanos, da autodeterminação dos povos, da não intervenção, da igualdade entre os Estados, da defesa da paz, da solução pacífica dos conflitos, do repúdio ao terrorismo e ao racismo, da cooperação entre os povos para o progresso da humanidade e da concessão de asilo político (art. 4º, II a X) vinculam, inexoravelmente, a soberania estatal brasileira ao respeito, à promoção e à proteção dos direitos humanos.

Direitos esses cujo catálogo – claramente inspirado por ícones normativos internacionais, como a Declaração Universal dos Direitos Humanos e a Declaração Americana de Direitos e Deveres do Homem – não é exaustivo, tendo a interação com o direito internacional sido antevista para fins de sua ampliação e fortalecimento expressamente (art. 5º, §§ 2º, 3º e 4º). Demais disso, a submissão voluntária do Brasil aos sistemas Global e Interamericano de Proteção dos Direitos Humanos cumpre o determinado pela Constituição Federal e demonstra que o Estado brasileiro, no pleno exercício de sua soberania estatal, manifesta, em reiteradas ocasiões e espaços, sua disposição constitucionalmente vinculada de prestar contas e se submeter aos mecanismos internacionais de monitoramento e jurisdição (*international accountability*).

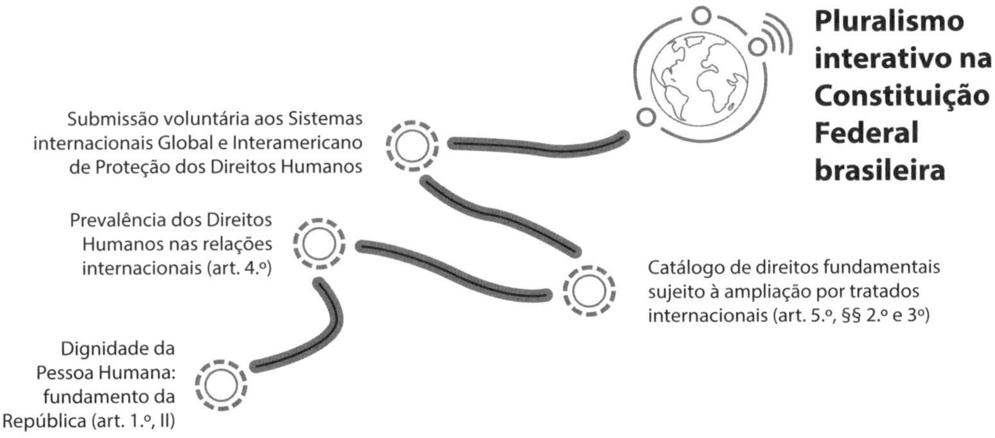

Fonte: elaborada pelo autor

Robustamente fundamentado, do ponto de vista jurídico, o pluralismo interativo de sistemas jurídicos baseado nos direitos humanos, sua efetividade estável depende, como alertou MARCELO NEVES, da adoção de métodos de convívio e solução de conflitos entre normas, o que ainda não se viu, exceto por incipientes situações vivenciadas na União Europeia.[46]

Urge que os atores capazes de impulsionar este processo de interlocução abandonando percepções anacrônicas sobre a soberania estatal. Afinal de contas, nao se trata mais de um constitucionalismo ou de um direito internacional público por e para Estados, mas, essencialmente, da confluência normativa e jurisdicional que solucione antinomias tendo por objetivo o avanço cooperativo na proteção da dignidade humana.

É imperioso, ainda, notar que a mudança pretendida não está apenas a cargo do Poder Judiciário, muito pelo contrário. Há, no Brasil, uma atual multiplicidade de órgãos e instâncias dos Três Poderes, incumbidos da proteção e da promoção dos direitos humanos, estabelecida,

46 NEVES, Marcelo, op. cit., p. 285.

em grande medida, pelo protagonismo dos direitos fundamentais e pela abertura constitucional do país para o Direito Internacional dos Direitos Humanos, bem como e, consequentemente, pela adoção de recomendações e decisões emanadas dos órgãos internacionais de proteção.

Cite-se, a este propósito e no âmbito do Poder Executivo, a Secretaria da Presidência da República incumbida dos Direitos Humanos e seus diversos órgãos específicos. Junto ao Poder Legislativo atua a Comissão de Direitos Humanos e Minorias da Câmara dos Deputados. E, no campo do Poder Judiciário (em sentido lato), há os próprios juízos singulares e tribunais (adstritos à observância dos direitos humanos em suas decisões, por força tanto dos mandamentos constitucionais quanto das normas internacionais oponíveis ao Brasil), as Defensorias Públicas (da União e Estaduais) o Ministério Público e a advocacia privada.

Existe, portanto, um espaço importante de interação entre os sistemas internacionais de proteção e as instâncias jurídicas e políticas nacionais que pode e deve ser fomentado em favor dos direitos humanos por todos os profissionais do Direito, tendo como horizonte a tão desejada efetividade.

Por outro lado, é certo que tal interação é um processo permanente de construção, a partir sobretudo de casos concretos. Bem por isso, não se pode ter a ilusão que tal processo seja naturalmente harmônico. Ao contrário, os avanços em termos da interação de que fala são resultado de tensões e colisões culturais e jurídicas que são transportados para os litígios postos à Jurisdição, circunstância que demanda esforços hermenêuticos peculiares, a serem mais bem destrinchados, adiante, em capítulo específico dedicado à hermenêutica dos direitos humanos.

2. DIREITO INTERNACIONAL DOS DIREITOS HUMANOS

2.1. As três vertentes da proteção internacional dos direitos humanos

A doutrina clássica reconhece a existência de três vertentes do Direito Internacional Público orientado à proteção da pessoa humana: o Direito Internacional Humanitário, o Direito Internacional dos Direitos Humanos e o Direito Internacional dos Refugiados.

Pode identificar-se o **Direito Internacional Humanitário** como o ramo do Direito Internacional Público dedicado à proteção do ser humano, civil ou militar, em contexto de conflito armado e identificado pelo grupo das chamadas "quatro correntes": o "Direito de Genebra", o "Direito de Haia", o "Direito de Nova York" e o "Direito de Roma". Em síntese:

> **Direito de Genebra** → as chamadas Convenções de Genebra, aprovadas em 1949, e seus Protocolos Adicionais regulam comportamentos em contexto de conflito armado, buscando proteger, em especial, aqueles que não participam do conflito (civis, profissionais da saúde e humanitários) e as que deixaram de participar, como os soldados feridos, enfermos, náufragos e os prisioneiros de guerra. A I Convenção de Genebra protege soldados feridos e enfermos durante guerra terrestre. A II Convenção de Genebra protege os militares feridos, enfermos e náufragos durante guerra marítima. A III Convenção de Genebra cuida dos prisioneiros de guerra. A IV Convenção de Genebra protege civis, inclusive em território ocupado.[47]

---

[47] COMITÊ INTERNACIONAL DA CRUZ VERMELHA. **As Convenções de Genebra de 1949 e seus Protocolos Adicionais:** Panorama. Genebra, 19 out. 2010. Disponível em: https://www.icrc.org/pt/doc/war-and-law/treaties-customary-law/geneva-conventions/overview-geneva-conventions.htm. Acesso em: 27 dez. 2020.

Direito de Haia → "determina os direitos e deveres das partes beligerantes na conduta de operações militares, e limita os meios de infligir dano ao inimigo".[48] O Direito de Haia é conformado por inúmeras convenções, a começar pelas Convenções de Haia de 1899, revistas em 1907 e, desde 1977, nos Protocolos Adicionais às Convenções de Genebra, além de ser integrada por vários outros tratados que proíbem ou regulam o emprego de armamentos, pretendendo controlar, portanto, os métodos ou meios de lesão do adversário. Após a criação da ONU e alteração da consideração da percepção da guerra como um direito para um fato aceito apenas em situações muito extraordinárias, várias convenções mais antigas do Direito de Haia tornaram-se obsoletas e a maioria das que se mantiveram importantes encontram-se reproduzidas nos protocolos e revisões das convenções que integram o Direito de Genebra.[49]

Direito de Nova Iorque (ou Direito Misto) → conjunto de normas aprovadas no âmbito da ONU, com o intuito de complementar as diretrizes estabelecidas pelos Direitos de Genebra e Haia, de forma a promover um paradigma mais consentâneo com os tipos de conflitos verificados a partir da segunda metade do século XX. Seu marco temporal de origem costuma ser associado à I Conferência Mundial dos Direitos Humanos de 1968, evento em que restou aprovada a Resolução nº 2.444 (Resolução XXIII), intitulada "Respeito dos direitos humanos em período de conflito armado", a partir da qual a ONU passou a cuidar mais proximamente do Direito Internacional Humanitário, instigando seus Estados Membros a ocuparem-se da atualização da normativa existente e de seu cumprimento.[50]

Direito de Roma → refere-se aos denominados "Crimes de Guerra", previstos no art. 8º do Estatuto de Roma, aprovado em 1998, que instituiu o Tribunal Penal Internacional, primeiro tribunal internacional permanente incumbido do julgamento de pessoas físicas por prática de condutas tipificadas como delitos internacionais, entre esses, os citados crimes de guerra.

Já o **Direito Internacional dos Refugiados** mira a proteção da pessoa refugiada. A despeito dos sistemáticos alargamentos que vem experimentando o conceito de refugiado, estabelecido pelo art. 1º da Convenção Relativa ao Estatuto dos Refugiados da ONU, de 1951, ainda é a referência central desse ramo do Direito Internacional Público; com base nela e em sua atualização, ALMEIDA & APOLINÁRIO assim definem a figura do refugiado:

> Homem ou mulher que, devido a bem fundado temor em razão de perseguição por motivos de raça, religião, nacionalidade, pertencimento a grupo social, opinião política ou grave e generalizada violação de direitos humanos, tiver de deixar seu território natal ou residência habitual.[51]

---

48 COMITÊ INTERNACIONAL DA CRUZ VERMELHA. **Para servir e proteger:** Direitos Humanos e Direito Internacional Humanitário para forças policiais e de segurança. Manual para instrutores. 4. ed. Genebra: Comitê Internacional da Cruz Vermelha, 2005, p. 117-126. Disponível em: https://www.icrc.org/pt/doc/assets/files/other/icrc_007_0698.pdf. Acesso em: 27 dez. 2020.

49 Id. Ibid.

50 Id. Ibid., p. 126-131.

51 ALMEIDA, Guilherme de Assis; APOLINÁRIO, Silvia Menicucci de O. S. **Direitos Humanos** – Série Leituras Jurídicas Provas e Concursos. 2. ed. São Paulo: Ed. Atlas, 2011, p. 13. No Brasil, a implementação do Estatuto dos Refugiados da ONU está regulamentada pela Lei nº 9.474, de 22 de julho de 1997, a qual, dentre outras providências, estipula a condição jurídica do refugiado e institui o Comitê Nacional para os

Sob o prisma conceitual, o **Direito Internacional dos Direitos Humanos** mostra-se o ramo mais abrangente do Direito Internacional Público, porquanto contempla a proteção da pessoa humana e de sua dignidade em todos os seus aspectos, na esteira da Declaração Universal dos Direitos Humanos, documento normativo nuclear, a partir do qual se erigiu todo o atual sistema internacional de proteção dos direitos humanos.

A concepção hodierna do Direito Internacional dos Direitos Humanos refuta, entretanto, o estabelecimento de uma distinção estanque entre as três vertentes. Ao contrário, propõe evidenciar a nota central que as liga visceralmente: a proteção da pessoa humana. Essa convergência, segundo diversos autores, revela-se pela existência, em cada uma das vertentes, de normas dedicadas à proteção do mesmo bem jurídico, a exemplo as disposições sobre proibição de tortura e de tratamento cruel ou degradante, de discriminação, de prisão e de detenção arbitrárias, além das garantias do devido processo legal, entre outras.[52]

De fato, o Direito Internacional Humanitário é amplamente acatado como a fonte de inspiração do modelo de proteção internacional dos direitos humanos desenvolvido, sobretudo, após a Segunda Guerra Mundial. A Declaração Universal de Direitos Humanos de 1948 consubstancia-se como ponto de partida desse modelo, inclusive no que tange ao Direito Internacional dos Refugiados, na medida em que preceitua, no seu art. XIV, que "todo ser humano, vítima de perseguição, tem o direito de procurar e de gozar asilo em outros países".

Nessa direção, vige, pois, tendência de se admitir que o Direito Internacional dos Direitos Humanos abrange igualmente as outras duas vertentes, que se dedicam à mesma missão de salvaguarda da pessoa humana, embora em situações específicas (conflitos armados e refúgio).

Direito Internacional dos Direitos Humanos: de vertente a gênero

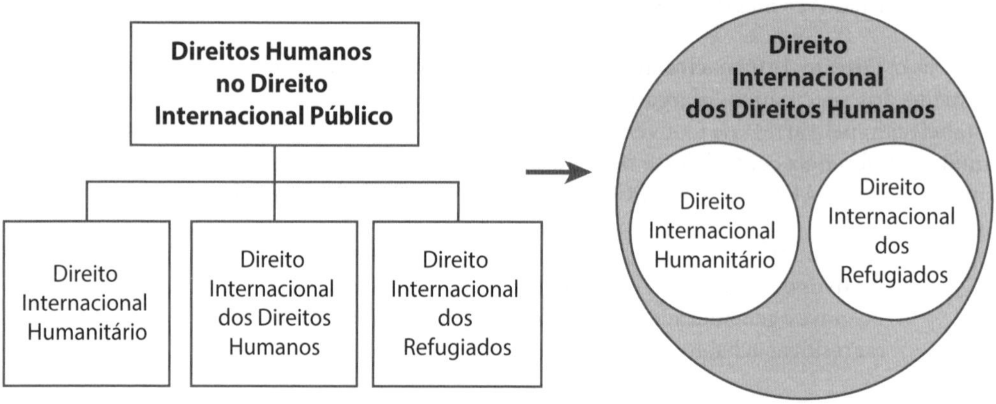

Concepção clássica | *Concepção mais moderna*

Fonte: elaborada pelo autor

Refugiados – CONARE, principal órgão nacional incumbido das questões jurídicas e burocráticas acerca do tema, desempenhando funções de articulação, orientação e proteção dos interesses dos refugiados.

52 GUERRA, Sidney. **Direito internacional dos direitos humanos**. São Paulo: Saraiva, 2011, p. 30.

2.2. Fontes do direito internacional dos direitos humanos

A investigação das fontes do Direito tem por missão precípua estabelecer os requisitos fáticos e jurídicos para a produção válida de normas dotadas de obrigatoriedade, como explica MIGUEL REALE.[53]

As fontes do Direito são reconhecidas como "estruturas normativas que implicam a existência de alguém dotado de um poder de decidir sobre o seu conteúdo", não havendo falar-se em fonte do Direito se ausente o poder de decisão a respeito do substrato da norma jurídica.[54]

Identificado o pressuposto da necessidade desse poder de decisão – fixado de maneira própria em cada ordem constitucional–, REALE, à vista do ordenamento jurídico brasileiro, enumera, exaustivamente, quatro fontes do Direito: a legal, emanada do poder legiferante; a consuetudinária, resultante do poder social, revelado em "sucessivas e constantes formas de comportamentos"; a jurisdicional, proveniente das decisões do Poder Judiciário; e, finalmente, a negocial, advinda do poder reconhecido à autonomia individual da vontade humana para (auto)regular a contratação com outrem.[55]

O conteúdo das fontes do Direito perfaz-se, portanto, com diretrizes normativas obrigatórias (enunciadas em uma ou mais normas jurídicas), voltadas à disciplina de relações sociais e fixadas nos âmbitos legal, consuetudinário, jurisprudencial ou negocial.[56] Com certas adaptações, tais ideias básicas aplicam-se de igual forma ao Direito Internacional dos Direitos Humanos.

Tornou-se lugar comum, entre jusinternacionalistas, identificar, no art. 38 do Estatuto da Cor te Internacional de Justiça ("CIJ" - órgão judicial do sistema global de proteção dos direitos humanos), o rol das **fontes formais** do Direito Internacional, integradas pelos tratados internacionais, pelo costume internacional e pelos princípios gerais de direito reconhecidos pelas nações civilizadas, e distintas das ***fontes materiais***, entendidas comumente como detentoras de caráter metajurídico. Estatui o dispositivo:

> A Corte, cuja função é decidir de acordo com o direito internacional as controvérsias que lhe forem submetidas, aplicará:
>
> a) as convenções internacionais, quer gerais, quer especiais, que estabeleçam regras expressamente reconhecidas pelos Estados litigantes;
>
> b) o costume internacional, como prova de uma prática geral aceita como sendo o direito;
>
> c) os princípios gerais de direito, reconhecidos pelas nações civilizadas;
>
> d) sob ressalva da disposição do Artigo 59, as decisões judiciárias e a doutrina dos juristas mais qualificados das diferentes nações, como meio auxiliar para a determinação das regras de direito.

A partir desse dispositivo, convencionou-se classificar as convenções internacionais (tratados ou pactos), o costume internacional e os princípios gerais de direito como fontes formais primárias, enquanto a jurisprudência e a doutrina foram qualificadas como fontes formais secundárias.

---

53 REALE, Miguel. **Fontes e modelos do direito:** para um novo paradigma hermenêutico. São Paulo: Saraiva, 1994, p. 12.

54 Id. Ibid., p. 11.

55 Id. Ibid., p. 12.

56 Id. Ibid., p. 15.

2.2.1. *Tratados internacionais*

A criação, aprovação e vigência de tratados internacionais, celebrados entre Estados, encontra-se regulada pela Convenção de Viena sobre o Direito dos Tratados de 1969 (CVDT), cuja aprovação deu-se com o intuito de promoção dos propósitos das Nações Unidas de manutenção da paz e da segurança internacionais, de desenvolvimento das relações amistosas e de consecução da cooperação entre as nações (Preâmbulo da CVDT).

Segundo também preceitua o preâmbulo da CVDT, os princípios do Livre Consentimento e da Boa-Fé e a regra *pacta sunt servanda* são universalmente reconhecidos e aplicáveis aos tratados internacionais.

O **Princípio do Livre Consentimento** assegura que um tratado internacional obrigará apenas Estados que tenham, formalmente e segundo regras previamente estabelecidas, manifestado, de modo inequívoco, o compromisso com as obrigações decorrentes do tratado. Cuida-se de diretriz plenamente sintonizada com a preservação da soberania estatal, tomada ainda sob o viés clássico da modernidade, na medida em que pretende limitar a produção de efeitos de um tratado internacional exclusivamente ao ato de adesão individual de cada Estado.

O **Princípio da Boa-Fé** contempla a compreensão, amplamente consagrada pela prática costumeira internacional, no sentido de que a adesão formal a um tratado internacional manifesta a idônea intenção de seu cumprimento, nos termos do esperado quando da aprovação do texto normativo, de modo a que não sejam aceitas escusas ou subterfúgios por parte dos Estados para justificar eventual inadimplemento do quanto pactuado. Com base no Princípio da Boa-Fé não cabe, portanto, motivar o descumprimento de parte ou da integralidade de certo tratado invocando-se, supervenientemente à adesão ao pacto, suposta incompatibilidade desse com normas nacionais ou com interpretação particular do Estado que seja distinta da praticada pela comunidade internacional ou pelos órgãos oficiais de monitoramento do cumprimento do pactuado. É que tais incompatibilidades deveriam ter sido antevistas, no momento do exercício do Livre Consentimento, o qual, uma vez empregado, vincula o Estado, sob pena de afronta à boa-fé. O Princípio da Boa-Fé denota, portanto, a expectativa de toda a comunidade internacional de que um compromisso livremente assumido seja adimplido em sua integralidade.

Nessa linha, uma vez livremente consentida a assunção por um Estado de tratado internacional em vigor, seu adimplemento se torna juridicamente obrigatório, em consequência da **regra *pacta sunt servanda*.**

O Princípio da Boa-Fé e a regra da *pacta sunt servanda* encontram-se positivados na CIDT em artigos específicos, a saber:

> Artigo 26 – *Pacta sunt servanda*
>
> Todo tratado em vigor obriga as partes e deve ser cumprido por elas de boa-fé.
>
> Artigo 27 – Direito Interno e Observância de Tratados
>
> Uma parte não pode invocar as disposições de seu direito interno para justificar o inadimplemento de um tratado (...)

A propósito, buscando de antemão rechaçar o argumento de descumprimento do tratado por incompatibilidade como o direito doméstico do Estado Parte, diversas convenções internacionais de direitos humanos já preveem, expressamente, a obrigação estatal de adequar sua legislação interna ao compromisso internacionalmente assumido, do que é exemplo o art. 2º da Convenção Americana sobre Direitos Humanos:

> Artigo 2º – Dever de adotar disposições de direito interno
>
> Se o exercício dos direitos e liberdades mencionados no artigo 1 ainda não estiver garantido por disposições legislativas ou de outra natureza, os Estados-partes comprometem-se a adotar, de acordo com as suas normas constitucionais e com as disposições desta Convenção, as medidas legislativas ou de outra natureza que forem necessárias para tornar efetivos tais direitos e liberdades.

Tratados internacionais podem ser constitutivos de organizações internacionais ou podem ser adotados no âmbito dessas, com vistas a adesão por Estados (art. 5º da CVDT), como usualmente ocorre com os tratados internacionais de direitos humanos, que são acordos **interestatais** (abertos à adesão de vários Estados), instituídos no âmbito de organizações internacionais – *v.g.* ONU, OEA, Conselho da Europa, União Africana.

Os tratados internacionais de direitos humanos têm a peculiaridade de serem documentos normativos que apenas conferem obrigações aos seus signatários, uma vez que ao direito reconhecido e tutelado fazem jus terceiros que não participam do ato convencional: os seres humanos. Há, portanto, o que se tem denominado **regime objetivo** dos tratados de direitos humanos, em oposição ao caráter sinalagmático (direitos e deveres recíprocos entre as partes contratantes) típico de tratados bilaterais de temas específicos, firmados entre Estados, e de acordos internacionais de natureza privada.[57]

Para que um Estado passe a ser obrigado por um tratado internacional, é preciso um ato formal de expressão do livre consentimento em assumir as obrigações naquele previstas. São os tipos desse ato formal disciplinados pelos arts. 11 a 17 da CVDT: assinatura, troca dos instrumentos constitutivos do tratado, ratificação, aceitação, aprovação ou adesão, ou, ainda por quaisquer outros meios, se assim acordado. O tipo de ato formal de aquiescência eleito para cada tratado deve constar de seu texto. Comumente, os tratados de direitos humanos preveem o ato formal da ratificação como condição de vinculação jurídica.

Em linhas gerais, o trâmite relativo a qualquer tratado internacional é composto de uma etapa prévia de negociação e confecção do texto do pacto, denominada **trabalhos preparatórios**, não raro conduzidos por uma comissão de expertos ou de representantes de Estados, nomeada pela organização internacional que conduz os debates sobre a nova norma intencionada. A proposta de tratado é então levada ao foro de deliberação soberana dos Estados para a etapa de **aprovação**. A aprovação de tratados internacionais de direitos humanos costuma acontecer por decisão tomada em Assembleia Geral da organização internacional no âmbito da qual os trabalhos preparatórios foram levados a efeito. Uma vez aprovado, o tratado é aberto à **assinatura** pelos Estados que desejarem fazê-lo. A assinatura não implica, porém, que a norma convencional passe desde logo a produzir seus efeitos perante o Estado signatário, exceto em caso de disposição em contrário constante do próprio pacto.

Em estando prevista como condição de vinculação jurídica, o ato da **ratificação** é apresentado pelo representante do Estado, por meio de documento oficial que informa a intenção de se obrigar pelos termos do tratado e que deve ser levado a **depósito** junto ao órgão ou autoridade competente para a respectiva custódia, nos termos definidos pelo próprio tratado.

Nos casos em que a assinatura não seja ato previsto como suficiente para a vinculação jurídica ao cumprimento do tratado, é perfeitamente possível que um Estado signatário de

[57] RAMOS, André de Carvalho. **Teoria Geral dos Direitos Humanos na Ordem Internacional**. 3. ed. São Paulo: Saraiva, 2013, p. 75.

certo tratado não o venha a ratificar, no futuro, não havendo, em princípio, obrigação de cumprimento.[58]

A vigência de um tratado internacional de direitos humanos, em geral, depende do atingimento de um número mínimo de ratificações antevisto no texto aprovado do pacto. Bem por isso, se a ratificação for realizada antes da vigência do tratado, seus efeitos em relação ao Estado Parte terão lugar a partir do alcance do número mínimo de ratificações estabelecido. Por outro lado, cuidando-se de tratado em vigor, a ratificação faz com que o tratado produza efeitos imediatos em relação ao Estado que o ratifica, à exceção de cláusulas temporais por ventura autorizadas pelo pacto em sentido distinto.

Tolera-se, em regra, que os Estados, no momento da assunção das obrigações do tratado, realizem reservas (ou ressalvas) em relação às cláusulas do pactuado. Diz a CVDT a respeito:

> Artigo 19
>
> Um Estado pode, ao assinar, ratificar, aceitar ou aprovar um tratado, ou a ele aderir, formular uma reserva, a não ser que:
>
> a) a reserva seja proibida pelo tratado;
>
> b) o tratado disponha que só possam ser formuladas determinadas reservas, entre as quais não figure a reserva em questão; ou
>
> c) nos casos não previstos nas alíneas a e b, a reserva seja incompatível com o objeto e a finalidade do tratado.
>
> Artigo 20
>
> 1. Uma reserva expressamente autorizada por um tratado não requer qualquer aceitação posterior pelos outros Estados contratantes, a não ser que o tratado assim disponha.
>
> (...)
>
> Artigo 22
>
> 1. A não ser que o tratado disponha de outra forma, uma reserva pode ser retirada a qualquer momento, sem que o consentimento do Estado que a aceitou seja necessário para sua retirada.

As reservas ou ressalvas podem ser dirigidas a determinadas disposições do tratado, de modo a manifestar recusa quanto à sua assunção, mas também podem concernir ao estabelecimento prévio, pelo próprio Estado e segundo sua percepção, de sentido ao texto de determinadas cláusulas - são as reservas interpretativas. Por certo, também as cláusulas interpretativas estão adstritas aos limites postos pelo art. 19 da CVDT.

A respeito de vigência, ratificação e reservas, tem-se os seguintes exemplos de tratados aprovados nos marcos da ONU e da OEA, respectivamente:

Pacto Internacional sobre Direitos Econômicos, Sociais e Culturais

> Artigo 26
>
> 1. O presente Pacto está aberto à assinatura de todos os Estados membros da Organização das Nações Unidas ou membros de qualquer de suas agências especializadas, de

---

[58] Diz-se "à princípio" porque, como ser verá adiante, um tratado internacional elevado à condição de costume internacional ou de norma de *jus cogens* pode vincular juridicamente Estados que não o tenham ratificado, por força de mecanismo distinto do consentimento individual.

todo Estado Parte do Estatuto da Corte internacional de Justiça, bem como de qualquer outro Estado convidado pela Assembleia-Geral das Nações Unidas a torna-se Parte do presente Pacto.

2. O presente Pacto está sujeito à ratificação. Os instrumentos de ratificação serão depositados junto ao Secretário-Geral da Organização das Nações Unidas.

3. O presente Pacto está aberto à adesão de qualquer dos Estados mencionados no parágrafo 1 do presente artigo.

4. Far-se-á a adesão mediante depósito do instrumento de adesão junto ao Secretário--Geral da Organização das Nações Unidas.

5. O Secretário-Geral da Organização das Nações Unidas informará todos os Estados que tenham assinado o presente Pacto ou a ele aderido, do depósito de cada instrumento de ratificação ou de adesão.

Artigo 27

1. O presente Pacto entrará em vigor três meses após a data do depósito, junto ao Secretário-Geral da Organização das Nações Unidas, do trigésimo-quinto instrumento de ratificação ou de adesão.

2. Para os Estados que vierem a ratificar o presente Pacto ou a ele aderir após o depósito do trigésimo-quinto instrumento de ratificação ou de adesão, o presente Pacto entrará em vigor três meses após a data do depósito, pelo Estado em questão, de seu instrumento de ratificação ou de adesão.

Convenção Americana sobre Direitos Humanos

Artigo 74

1. Esta Convenção fica aberta à assinatura e à ratificação ou adesão de todos os Estados membros da Organização dos Estados Americanos.

2. A ratificação desta Convenção ou a adesão a ela efetuar-se-á mediante depósito de um instrumento de ratificação ou de adesão na Secretaria-Geral da Organização dos Estados Americanos. Esta Convenção entrará em vigor logo que onze Estados houverem depositado os seus respectivos instrumentos de ratificação ou de adesão. Com referência a qualquer outro Estado que a ratificar ou que a ela aderir ulteriormente, a Convenção entrará em vigor na data do depósito do seu instrumento de ratificação ou de adesão.

3. O Secretário-Geral informará todos os Estados membros da Organização sobre a entrada em vigor da Convenção.

Artigo 75

Esta Convenção só pode ser objeto de reservas em conformidade com as disposições da Convenção de Viena sobre o Direito dos Tratados, assinada em 23 de maio de 1969.

Num outro giro, as ressalvas poderão, como citado, ser proibidas pelos próprios tratados, a exemplo da vedação peremptória de qualquer tipo de ressalva dos Estados Partes ao Estatuto de Roma (que instituiu o Tribunal Penal Internacional), conforme previsto em seu art. 120.

Na esteira da soberania estatal e do Princípio do Livre Consentimento, entre a assinatura e a ratificação do tratado, há que ser respeitado o processo instituído pela ordem jurídica de cada país para que a autoridade competente, em nome do Estado, possa realizar o ato de ratificação.

No Brasil, a praxe da formação e incorporação de qualquer tratado internacional multilateral – que verse ou não sobre direitos humanos – respeita quatro etapas básicas:

assinatura (facultativa), aprovação pelo Congresso Nacional, ratificação (com depósito) e promulgação.

A assinatura do tratado é de atribuição do Chefe de Estado (art. 84, VIII, da CF) e sua realização é ato discricionário dessa autoridade. Após, sem prazo para tanto, deve o Poder Executivo encaminhar o texto do tratado para o Congresso Nacional, por meio de "Mensagem Presidencial" pela qual solicita que seja apreciada a intenção de ratificação pelas duas Casas Congressuais. Na hipótese de aprovação pelo Congresso Nacional, caberá ao Senado editar Decreto Legislativo, autorizando a ratificação (art. 49, I, da CF).

O Presidente da República celebra, então, definitivamente, o tratado, mediante ratificação depositada junto à autoridade incumbida pela própria convenção da custódia do ato formal de adesão dos países. Enfim, o Presidente da República, também sem vinculação a qualquer prazo (circunstância altamente criticável pelo alto grau de discricionariedade tolerado), procede à promulgação do conteúdo do tratado, mediante a publicação de Decreto, medida afirmada pelo STF como requisito para a entrada em vigor do compromisso assumido, no plano interno.

Por ocasião do julgamento da ADI 1.480-MC/DF, em 1997, o Excelso Pretório consagrou o entendimento conforme o qual a incorporação dos tratados internacionais celebrados pelo Estado brasileiro consubstancia-se em "ato subjetivamente complexo", decorrente da conjugação das vontades do Congresso Nacional e do Presidente da República e que, para vigência no plano interno, exige a publicação oficial de Decreto de Promulgação do texto do tratado internacional, devidamente traduzido para a língua oficial do País.

> O exame da vigente Constituição Federal permite constatar que a execução dos tratados internacionais e a sua incorporação à ordem jurídica interna decorrem, no sistema adotado pelo Brasil, de um ato subjetivamente complexo, resultante da conjugação de duas vontades homogêneas: a do Congresso Nacional, que resolve, definitivamente, mediante decreto legislativo, sobre tratados, acordos ou atos internacionais (CF, art. 49, I) e a do Presidente da República, que, além de poder celebrar esses atos de direito internacional (CF, art. 84, VIII), também dispõe – enquanto Chefe de Estado que é – da competência para promulgá-los mediante decreto. O *iter* procedimental de incorporação dos tratados internacionais – superadas as fases prévias da celebração da convenção internacional, de sua aprovação congressional e da ratificação pelo Chefe de Estado – conclui-se com a expedição, pelo Presidente da República, de decreto, de cuja edição derivam três efeitos básicos que lhe são inerentes: (a) a promulgação do tratado internacional; (b) a publicação oficial de seu texto; e (c) a executoriedade do ato internacional, que passa, então, e somente então, a vincular e a obrigar no plano do direito positivo interno. (STF, ADI 1480 MC, Relator(a): CELSO DE MELLO, Tribunal Pleno, julgado em 04/09/1997, DJ 18-05-2001)

Não se pode deixar de registrar que, sob o prisma de uma efetivação sempre ampliativa dos direitos humanos, mostra-se impertinente a exigência do ato de promulgação para que um tratado internacional passe a ter efeitos no plano interno.

A uma, porque tratados internacionais de direitos humanos, por natureza, são cumpridos no âmbito interno dos Estados Partes, de modo que não faz sentido formalizar compromisso internacional e, ainda assim, admitir-se que tal compromisso deva depender de ato complementar para a produção de efeitos que, se não adotado, transforma a ratificação em ato fraudulento do Princípio da Boa-Fé, que rege o direito dos tratados internacionais.

A duas, porque a Constituição Federal prevê e estimula a expansão de seu catálogo de direitos humanos pela via do direito internacional, prevendo sua "aplicação imediata" (art. 4º c/c art. 5º, §§ 1º, 2º e 3º).

E, finalmente, a três, porque a condicionante imposta contraria a doutrina dos tratados internacionais de direitos humanos como autoexecutáveis (*self-executing*), conforme a qual disposições convencionais são aptas, *per si*, a serem invocadas como direito subjetivo pelo indivíduo perante juízo ou tribunal nacional, sem a necessidade de mediação por subsequente ato estatal, contato que se trata de um direito precisamente definido e exigível em termos individuais e claramente aplicável a um ou mais casos concretos.[59]

Melhor teria sido, nestes termos, que fosse dispensada, ao menos para as normas convencionais de direitos humanos, o ato da promulgação para sua produção de efeitos no plano doméstico.

Não obstante, em suma e conforme o entendimento vigente, a praxe brasileira enseja dois momentos não coincidentes de produção de efeitos de um tratado internacional ratificado: primeiramente no plano internacional, quando da ratificação e, após, no plano nacional, com a promulgação.

O término da vigência de um tratado internacional pode ocorrer por extinção, denúncia ou retirada de uma das partes, nos termos permitidos pelo próprio pacto (art. 42, item 2, da CVDT). A **denúncia** é o ato formal pelo qual o Estado retira sua adesão ao tratado, dele desvinculando-se. A possibilidade da denúncia está prevista no art. 56 da CVDT e seu efetivo exercício deve ser regulado pelo tratado. A denúncia, em regra, deve ser integral (em relação a todo o tratado), salvo prévia autorização, no próprio pacto, de denúncia parcial ou posterior deliberação das partes autorizando de modo distinto (art. 44.1 da CVDT).

A Constituição Federal brasileira, conquanto discipline o rito para o "ato subjetivamente complexo" da incorporação de tratados internacionais ao ordenamento jurídico pátrio, não regula o ato da denúncia. A praxe histórica demonstra que as denúncias levadas a efeito pelo Estado brasileiro, inclusive em relação a tratados internacionais de direitos humanos, têm resultado de decisão unilateral da Presidência da República, sem que tenha havido, até o momento, rechaço desse modo de agir pelo STF.

Todavia, considerando-se que o ato complexo de incorporação de tratados internacionais denota preocupação com a conjugação de vontades do Poder Executivo e do Poder Legislativo – o último atuando com vistas a zelar pela compatibilidade dos compromissos internacionais intencionados e as normas vigentes no Brasil –, por senso paralelismo, parece sensato admitir que a denúncia deveria submeter-se ao mesmo procedimento de deliberação dual. Nesses termos, o Poder Executivo deveria solicitar autorização ao Poder Legislativo para proceder à denúncia de qualquer tratado internacional, com especial atenção para os tratados de direitos humanos, à vista do já estudado Princípio do Não Retrocesso e da consideração constitucional do direitos fundamentais como cláusulas pétreas, recordando-se, uma vez mais, que o rol de direitos fundamentais da Constituição Federal brasileira prevê complementação justamente por tratados internacionais de direitos humanos, a teor do § 2º do art. 5º.

Esse é o entendimento defendido pela Procuradoria-Geral da República, em petição de 2019, endereçada aos autos da ADI 1.625/DF, ajuizada em 1997, tendo justamente por objeto a discussão da constitucionalidade do Decreto nº 2.100/96, pelo qual o então Presidente Fernando Henrique Cardoso promulgou ato de denúncia da Convenção nº 158 da OIT sobre

[59] CANÇADO TRINDADE, Antônio Augusto. **Tratado de Direito Internacional dos Direitos Humanos**, *cit., p. 538.*

Término da Relação de Trabalho por Iniciativa do Empregador. Defendeu a PGR, adicionalmente à necessidade de prévia autorização congressual para o ato de denúncia (observado o mesmo quórum da aprovação de ratificação), o respeito à máxima da proibição de retrocesso em matéria de proteção de direitos humanos e a possibilidade de exame judicial da constitucionalidade do ato de denúncia. A ação, que, até o fechamento da edição deste livro, tinha previsão de julgamento em 17 de março de 2021[60], já experimentou quatro votos favoráveis à exigibilidade da prévia autorização do Congresso Nacional para o ato de denúncia.

2.2.2. Costume Internacional

O costume internacional tem o condão de obrigar toda a comunidade de Estados, não tendo sua cogência adstrita ao consentimento individual estatal, de modo que vinculam até mesmo Estados criados após a vigência da norma consuetudinária. É o que dizem a doutrina internacionalista e a jurisprudência internacional.[61]

Por mais que não soe familiar ou confortável à tradição jurídica romano-germânica e seu ímpeto de prevalência da lei codificada, a norma costumeira está na gênese do direito internacional, tendo prevalecido, por muito tempo, como principal tipo de instrumento regulador de comportamentos estatais. Em um pretérito cenário moderno de arranjos e tensões entre Estados-nação agindo, no plano internacional, sob a compreensão de que suas soberanias estatais eram ilimitadas, explica-se o destaque conferido ao costume internacional, na medida em que seu advento, por definição, prescinde de uma fonte central de poder de normogênese (criação de normas).

A despeito do intenso avanço da utilização dos tratados como instrumentos normativos de direito internacional, o costume internacional vem experimentando um processo de revalorização, sobretudo no âmbito das organizações internacionais e até mesmo entre outros atores internacionais que não Estados[62]. BRANT e BIAZATTI apontam três argumentos que corroboram a relevância atual do costume internacional, os quais revelam total pertinência com os propósitos dos direitos humanos, uma vez que a efetividade da proteção jurídica da dignidade humana não pode depender apenas do consentimento individual dos Estados manifestado em face de tratados internacionais:

> Primeiramente, o direito consuetudinário internacional pode possuir um maior poder impositivo obrigacional do que o direito convencional. Ao contrário de tratados, que vinculam unicamente os Estados que expressaram o seu consentimento, uma vez que uma norma jurídica é estabelecida como costume internacional, essa norma vinculará a todos os Estados. Além disso, ainda que uma norma possa coexistir em tratados e no costume, esse último pode expandir o alcance das regras convencionais para aqueles Estados que não sejam partes do tratado em questão ou para vincular as ações dos Estados partes antes que esses tenham ratificado o tratado ou antes que esse tenha entrado

60 BRASIL. SUPREMO TRIBUNAL FEDERAL. Calendário do Plenário – STF – 1º semestre de 2021. Convocação de sessões. Brasília, DJE n.º 296, de 18 dez. 2020, p. 06. Disponível em: https://www.stf.jus.br/arquivo/djEletronico/DJE_20201217_296.pdf. Acesso em: 10 jan. 2021.

61 Para os casos em que a Corte Internacional de Justiça assim decidiu, cf. BRANT, Leonardo N. C.; BIAZATTI, Bruno de O. A formação do costume internacional na atualidade. **THEMIS: Revista da Esmec**, v. 15, n. 1, p. 125–169, 2017, p. 144-146.

62 CANÇADO TRINDADE, Antônio Augusto. **A humanização do direito internacional,** cit., p. 38; AMARAL JÚNIOR, Alberto do. **Curso de Direito Internacional Público**. 5. ed. São Paulo: Atlas, 2015, p. 131.

> em vigor. Ademais, os Estados que ainda não existiam quando a norma costumeira se formou, como colônias ou ex-partes de um Estado, também se vinculam a esse costume, ainda que nunca tiveram a chance de expressar a sua posição ou consentimento com essa regra. Finalmente, ao contrário dos tratados, que podem ser denunciados, suspensos ou extintos, o direito consuetudinário internacional não permite que um Estado, unilateralmente, se desvincule dele.[63]

A formação de um costume internacional é matéria sobremaneira controvertida na história dos debates de Direito Internacional Público. No mais das vezes, a doutrina especializada remete ao embate entre as teorias voluntaria e objetivista. Voluntaristas condicionam a formação de um costume internacional normativo à sua aceitação por inúmeros Estados, deduzível, ainda que de forma implícita, de práticas de seus governos perante a comunidade internacional. Haveria, a bem dizer, um "tratado tácito" vigorante. Já os objetivistas, de seu lado, rechaçam a aceitação dos Estados como exigência para a configuração da norma costumeira, inferindo sua existência de uma "consciência jurídica coletiva" objetivamente aferível, vigorante na comunidade internacional e consagradora de determinados valores morais.[64]

Conjugando as propostas voluntarias e objetivista, o art. 38, alínea "b", do Estatuto da Corte Internacional de Justiça (CIJ) define costume internacional como "prova de uma prática geral aceita como sendo o direito". Seja desde essa disposição, seja da evolução da jurisprudência da CIJ a respeito, atualmente, é largamente aceito nos campos doutrinário e jurisprudencial que os elementos que constituem o costume internacional são de duas ordens: **objetiva**, representativa da prática internacional, e **subjetiva**, reveladora da convicção da comunidade internacional de que essa prática é aceita como tal.

Algumas conclusões podem ser retiradas desse encaminhamento conceitual. A primeira delas revela que atos isolados não originam norma consuetudinária internacional. É preciso haver reiteração e uniformidade de condutas praticadas por um relevante número de Estados, para que o elemento objetivo de formação do costume afirme-se. Todavia, há que se concluir não bastar a mera repetição uniforme de práticas, devendo os Estados praticantes agirem com a convicção consciente de que a conduta a ser adotada é exatamente essa e não outra. Tal convicção consciente é conhecida por *opinio juris sive necessitatis* ou, simplesmente, *opinio juris*, elemento subjetivo da formação da norma costumeira. SVEN PETERKE assim sintetiza ambos os elementos constitutivos do costume internacional:

> Entende-se por prática aquela conduta oficial de órgãos estatais que se refere aos fatos interestaduais, e, por isso, podem ter relevância para a formação do novo Direito Internacional Público. Deveriam ser tomados em consideração, em primeiro lugar, os atos oficiais daqueles órgãos estatais que são competentes para a manutenção das relações internacionais: o presidente, o ministro das Relações Exteriores, diplomatas etc.
>
> (...)
>
> Além disso, a prática geral tem de ser acompanhada pela opinião jurídica dos Estados de que os atos praticados correspondem a uma obrigação jurídica e, assim, estabelecem novo direito. Se falta essa convicção, os atos praticados não constituem costume internacional. Nesse caso, trata-se meramente de *courtoisie* ou *comity*.

---

63 BRANT, Leonardo N. C.; BIAZATTI, Bruno de O., op. cit., p. 132-133.

64 AMARAL JÚNIOR, Alberto do, op. cit., p. 132.

> A articulação da opinião jurídica é feita de vários modos. Muitas vezes, ela pode ser extraída de declarações adotadas por Estados, de conferências interestaduais, de resoluções da Assembleia Geral (AG) da ONU ou outras organizações internacionais. No mais, a conclusão de um acordo internacional contendo um determinado direito, assim como o fato da sua ampla ratificação, pode também ser utilizada para constatar a existência de uma *opinio iuris*.[65]

A análise da prática geral como elemento objetivo de formação do costume internacional envolve o exame de quatro aspectos: lapso temporal de repetição da prática, número de Estados praticantes e possível consideração de grau de importância entre esses Estados e a possibilidade da objeção como fator de impedimento da formação ou aplicação individualizada do costume. Sobre esses quatro elementos, forte na jurisprudência da CIJ e em apanhado doutrinário jusinternacionalista, BRANT e BIAZATTI apresentam algumas conclusões, todas as quais remetem à ausência de parâmetros quantitativamente precisos, mas formulam diretrizes para exames casuísticos minimamente fundamentados.[66]

Quanto ao lapso de repetição da prática, não se estabeleceu uma referência temporal precisa, de modo que a natureza de cada comportamento, analisado em concreto, ensejará o reconhecimento da prática geral, sendo possível imaginar-se, por exemplo, a consolidação de uma prática geral a partir de condutas adotadas há pouco tempo, mas desde sempre largamente repetidas e compreendidas como obrigatórias (*opinio juris*), sem que quaisquer objeções tenham emergido.

Tampouco um número mínimo de Estados praticantes para a identificação de um costume internacional foi estipulado, jurisprudencialmente. Há consenso no sentido da impossibilidade da exigência de adesão da totalidade dos Estados existentes, sob pena de inviabilização da própria fonte normativa, assim como, pelo mesmo motivo, refuta-se reconhecer a uma pequena parcela de Estados a possibilidade de, vetando a norma costumeira, serem capazes de obstaculizar a normogênese costumeira. Nos dias atuais, vigora, não sem críticas, a tendência doutrinária e jurisprudencial segundo a qual aqui também deve-se empreender um exame casuístico e fundamentado, tendo como diretriz que "quanto maior for o número de Estados rejeitando a existência de certa norma, mais robusta deve ser a quantidade de Estados defendendo a sua existência".[67]

A análise casuística também orienta a tormentosa questão da existência de Estados mais importantes na formação de normas costumeiras. Em que pese não seja idealmente pertinente concordar-se com essa distinção qualitativa, é fato que a praxe internacional revela que determinados Estados influenciam mais do que outros a construção de costumes de caráter normativo - assim já reconheceu a própria CIJ –, sobretudo porque suas práticas, em um contexto globalizado, gozam de maior disseminação por fatores geopolíticos e econômicos. Deste modo, quanto mais amplamente conhecidas certas condutas, maiores as chances de se tornarem substrato de norma consuetudinária.[68] Todavia, isso não confere a esses Estados hegemônicos, ao menos em tese, a exclusividade quanto ao ponto, pois, a depender do tema, não é a hegemonia geopolítica ou econômica, mas sim a condição de engajamento na circuns-

---

65 PETERK, Sven. Doutrinas gerais. In: PETERKE, Sven (Coord.). **Manual Prático de Direitos Humanos Internacionais**. Brasília: Escola Superior do Ministério Público da União, 2010, p. 99-100.

66 BRANT, Leonardo N. C.; BIAZATTI, Bruno de O., op. cit., p. 138-154.

67 Id. Ibid., p. 147.

68 CANÇADO TRINDADE, Antônio Augusto. **A humanização do direito internacional**, cit., p. 39.

tância fática que irá definir a importância de tal ou qual Estado para a formação do costume. A esse propósito, são comumente citadas normas costumeiras de Direito Internacional do Mar.

No que tange à possibilidade de objeção expressa à formação do costume internacional por Estados em particular, a jurisprudência da CIJ conta com precedentes admitindo sua possibilidade e reconhecendo, portanto, a figura conhecida como **objetor persistente** (*persistent objector*), exclusivamente para as situações em que a objeção seja manifestada de forma inequívoca e recorrente, apenas durante o processo de formação do costume – i.e. não se reconhece objeção explicitada após a vigência do costume. Dessa forma, se por um lado a objeção persistente de poucos Estados não tem a força para impedir a formação do costume internacional, de outro, ao objetor persistente, ainda que isolado, não será aplicada a norma costumeira.

Em se tratando de costume internacional de direitos humanos, em vista do que se pode absorver, atualmente, da doutrina especializada e da jurisprudência dos órgãos internacionais de monitoramento e apuração de violação desses direitos, os exames casuísticos relacionados à temporalidade da prática, a quantos e quais Estados repetem, de modo razoavelmente uniforme, a conduta costumeira, e à existência da *opinio juris*, estejam a cargo das deliberações das organizações internacionais e dos aludidos órgãos de monitoramento e apuração de violações, a exemplo das cortes internacionais competentes em matéria de direitos humanos. Dito de outro modo, é no âmbito dessas organizações e de seus órgãos que a existência de um costume internacional se afirma com segurança, sem descurar o papel central desempenhado pela doutrina na influência dos entendimentos exarados nesses espaços.

Especificamente no que tange à figura do objetor persistente, pensa-se que sua aplicação a normas costumeiras de direitos humanos não faz sentido, em virtude da natureza dos interesses tutelados, cuja objeção quanto ao compromisso com o avanço de sua proteção não se justifica por qualquer razão, ainda mais porque a própria ideia de ampliação da proteção dos direitos humanos em função das novas vicissitudes sociais é, em si, uma diretriz ética, senão também uma norma (ou metanorma, por fundamentar outras normas) ampla e historicamente aceita pela comunidade internacional com sentido de normatividade.[69]

No que pertine à *opinio juris*, releva sublinhar que sua natureza não é psicológica, senão material, o que significa que sua manifestação deve estar formalizada e ser passível de prova, por exemplo, nos seguintes documentos:

> (...) declarações por Estados expressamente afirmando que uma determinada prática é obrigatória; pronunciamentos em conferências internacionais; correspondências diplomáticas; decisões judiciais de cortes internas; protestos diplomáticos; pareceres de consultores jurídicos governamentais; memorandos internos por autoridades públicas; conclusão e ratificação de tratados; possibilidade de denunciar e propor reservas em tratados; resoluções de conferencias internacionais e de órgãos deliberativos de organizações internacionais, em especial a Assembleia Geral e o Conselho de Segurança das Nações Unidas; entre outros.[70]

---

69 Para o desenvolvimento desses argumentos, em ordem a recusar as alegações de objeção persistente invocadas por certos países africanos em face de normas não convencionais atinentes a direitos de orientação sexual e identificação de gênero, cf. RUDMAN, A. The Value of the Persistent Objector Doctrine in International Human Rights Law. **PER**, Potchefstroom, v. 22, n. 1, p. 1-38, 2019.

70 BRANT, Leonardo N. C.; BIAZATTI, Bruno de O., op. cit., p. 155-156.

Por fim, a despeito de o art. 38 do Estatuto da CIJ não contemplar esta mitigação, sua jurisprudência apresenta julgamentos que admitem a formação de costumes internacionais regionais, ou seja, formados a partir e vigentes dentro de um espaço geográfico internacional delimitado, por exemplo, por um continente.[71]

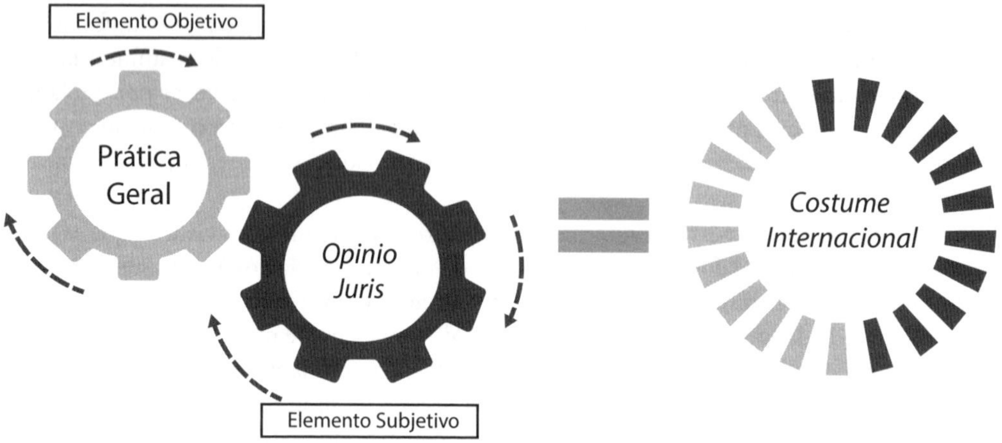

Fonte: elaborada pelo autor

2.2.3. Princípios gerais de direito

O art. 38, alínea "c", do Estatuto da CIJ afirma que são fontes de direito internacional "os princípios gerais de direito, reconhecidos pelas nações civilizadas".

Trata-se de fonte altamente controversa, pois seu viés jusnaturalista, fulcrado na concepção da existência de princípios universais de justiça objetiva, instiga o debate com a vertente positivista/voluntarista, que busca paralelos desses princípios gerais com aqueles cristalizados nos ordenamentos jurídicos nacionais.

Em face da generalidade da disposição do Estatuto da CIJ, há quem sustente que a expressão "princípios gerais de direito" deve ser interpretada de modo amplo, abrangendo tanto "princípios largamente admitidos pelos sistemas jurídicos domésticos, quanto aqueles consagrados pela ordem internacional"[72], há também quem os limite apenas ao direito internacional e, ainda, os que fazem referências apenas aos ordenamentos nacionais.[73]

É certo, contudo, que a expressão "princípios gerais de direito" aproxima o direito internacional do direito interno dos Estados. Embora desde sempre o uso da expressão distintiva "reconhecidos pelas nações civilizadas" para assinalar os princípios gerais de direito em comento tenha despertado pertinentes críticas, por seu caráter claramente eurocêntrico e colonial - recorde-se que tal previsão data de 1920, quando do Estatuto da Corte Permanente de Justiça Internacional, que viria a ser reproduzido quando da instituição da CIJ, em 1945 -, CANÇADO TRINDADE propõe uma leitura mais atual do termo "civilizadas", no sentido de nações que se submetem do direito internacional e, mais especificamente, ao Direito

---

71 AMARAL JÚNIOR, Alberto do, op. cit., p. 132.

72 AMARAL JÚNIOR, Alberto do, op. cit., p. 139.

73 CANÇADO TRINDADE, Antonio Augusto. **A humanização do direito internacional**, cit., p. 51.

Internacional dos Direitos Humanos, preservando a salvaguarda da dignidade humana de todas as pessoas sob sua jurisdição.[74]

De todo modo, com sua delimitação aberta, os princípios gerais de direito, no plano internacional, eram de difícil distinção em face do costume internacional, esse bem identificável quando comparado aos tratados. Desde a década de 1950, porém, esforços doutrinários tentam encaminhar a questão pela indicação, ainda hoje não exaustiva, de princípios recorrentes em ordens jurídicas nacionais de distintas origens culturais, tais como "boa-fé", "*res judicata*" (coisa julgada), e "proibição do abuso de direito, entre outros".[75]

Considerados o costume internacional e os princípios gerais do direito como fontes formais do Direito Internacional dos Direitos Humanos, mostra-se estreme de dúvida que esse Direito não tem a sua composição restrita apenas a regras criadas por meio de processo formal próprio dos tratados.

2.2.4. Jurisprudência e doutrina

Jurisprudência e doutrina são classificadas pelo art. 38, alínea "d" do Estatuto da CIJ como meios auxiliares para a determinação das regras de direito.

Integra a categoria "**jurisprudência**", para fins de fonte de direito internacional, todas as decisões emanadas de órgãos nacionais ou internacionais jurisdicionais (tribunais) e não jurisdicionais (administrativos), mas com prerrogativa de exarar determinações cogentes. No plano internacional, os órgãos não jurisdicionais são também conhecidos como órgãos "quase-judiciais", em razão da força vinculante de suas determinações na apuração de violação de direitos humanos em casos concretos. Podem ser mencionados como órgãos quase-judiciais cada um dos Comitês que acompanham as convenções de direitos humanos da ONU, bem como a Comissão Interamericana de Direitos Humanos.

A relevância da jurisprudência internacional para os direitos humanos evidencia-se cada dia mais, sobretudo considerando-se, a uma, seu papel de interpretação das disposições dos tratados internacionais e, a duas, de reconhecimento da existência de costume internacional e da força vinculante e extensão de qualquer outra norma de direito internacional de tipo distinto dos tratados e do costume, como é o caso das normas imperativas (*jus cogens*), das obrigações *erga omnes* e das declarações de direitos humanos, à seguir estudadas.

A contribuição da jurisprudência nacional para a formação do direito internacional ocorre, notadamente, no que se refere aos temas da posição das normas internacionais no ordenamento jurídico nacional, da interpretação de normas nacionais à luz das internacionais e da implementação de decisões internacionais por meio dos tribunais nacionais.[76]

Ressalte-se que, à vista do explanado a respeito da convivência das normas nacionais e internacionais de direitos humanos, não cabe igualmente falar em hierarquia entre a jurisprudência internacional ou nacional, senão na sua interação mediada pelo Princípio *Pro Persona*.

No mais, a jurisprudência também é capaz de impulsionar a formação de tratados internacionais, a partir de suas decisões, como já verificado, diversas vezes, com decisões da CIJ.[77]

---

74 Id. Ibid.

75 Id. Ibid., p. 52.

76 CANÇADO TRINDADE, Antonio Augusto. **A humanização do direito internacional**, cit., p. 54.

77 AMARAL JÚNIOR, Alberto do, op. cit., p. 141.

Crucial para a consolidação das normas internacionais também é a **doutrina**, ao, muitas vezes, antecipar caminhos interpretativos de normas existentes ou mesmo influenciar a formação de tratados internacionais, a identificação de princípios gerais de direito internacional e o advento ou o reconhecimento da vigência de costume internacional.

A maior recorrência das situações de influência da doutrina na formação do direito internacional, em comparação com o direito interno, explica-se pela maior imprecisão normalmente experimentada pelos enunciados normativos internacionais, em virtude de serem normas construídas a partir de consensos políticos complexos, resultantes da acomodação de distintos interesses estatais.[78]

Com o cuidado de não enfatizar, exageradamente, as idiossincrasias naturais do conhecimento produzido em diferentes línguas e culturas, a partir de perspectivas locais e zelando pelas regras de convívio internacional, a doutrina oferece contribuição importante, na medida em que, não só em âmbito acadêmico, mas também nos colegiados de órgãos internacionais – a exemplo da Comissão de Direito Internacional da ONU e da Comissão Jurídica Interamericana da OEA –, produz saber a ser absorvido pelos atores que criam e aplicam as normas de direito internacional.[79]

2.2.5. *Outras fontes: atos unilaterais e resoluções de organizações internacionais*

A história do art. 38 da Estatuto da CIJ mostra que jamais se teve por exaustiva a enumeração ali contemplada. Entre críticas e debates sobre seu conteúdo, ao tempo que sucedeu a sua edição, chegou-se a dois pontos pacíficos a respeito: (I) há interação dinâmica entre as fontes formais ali previstas; e (II) prevalecem os tratados internacionais e o costume internacional em face das demais fontes formais, sem manterem entre si qualquer hierarquia.[80]

Daí porque afigura-se extremamente questionável a repetida distribuição das fontes formais entre primárias e secundárias, insinuando-se a existência de distinção qualitativa ou hierárquica entre as normas objeto da classificação. Essa mesma classificação é que contribui para uma equivocada percepção de que o rol do art. 38 do Estatuto da CIJ é exaustivo. Equivocada, porque há outras fontes formais igualmente reconhecidas em matéria de Direito Internacional dos Direitos Humanos.

Decorrência da descentralização do ordenamento jurídico internacional, a produção de efeitos jurídicos oriundos de **atos unilaterais dos Estados**, a despeito da problemática da unilateralidade do consentimento aí manifestado, conduz à sua identificação como fonte não enumerada no art. 38 do Estatuto da CIJ, especialmente porque fortalece a norma internacional e contribui para a formação do costume.

São atos unilaterais, previstos pelo direito costumeiro, o protesto, a notificação, a promessa, a renúncia e o reconhecimento, esse último um foco importante de controvérsias a respeito da sua necessidade para a constituição de um novo Estado (tese constitutiva) ou não (tese declaratória). As opiniões dividem-se, contudo, sobre o catálogo dos atos unilaterais, que, normalmente, não contempla atos de autoridades legislativas ou governamentais, como leis, decretos, "proclamações presidenciais" etc.

Os atos unilaterais consistem em atos jurídicos proveniente de origem única e que, não obstante, produzem efeitos para outrem. Em geral, um ato unilateral de um Estado –

---

78 Id. Ibid., p. 143.

79 CANÇADO TRINDADE, Antonio Augusto. **A humanização do direito internacional**, cit., p. 57.

80 Id. Ibid., p. 30-31.

que pode advir de decisão isolada de seu Poder Executivo, Legislativo ou Judiciário – em matéria de direitos humanos destina-se a reconhecer a responsabilidade internacional de outro Estado por descumprimento de norma de direitos humanos que tenha lesionado interesses do autor do ato, com aplicação de sanção unilateral, dentre os possíveis embargos econômicos ou militares. Há, portanto, nessa hipótese, um Estado que se reconhece ofendido e que toma providências, por conta própria, contra aquele Estado que identifica como ofensor.

Adverte CARVALHO RAMOS que, nesse tipo de ato, prevalece a lógica da bilateralidade (relação Estado-Estado) e, por conseguinte, de reciprocidade (ação-reação), dentro da qual para a formação da norma peculiar concorre o consentimento de apenas um Estado. Cuida-se, pois, de sistemática distinta da multilateralidade e do regime objetivo das normas de direitos humanos, sobretudo dos tratados internacionais.[81]

Demais disso, os evidentes riscos que envolvem os atos unilaterais de Estados, em um contexto dinâmico e, por vezes, tencionados de política externa são manifestos, a exigir total cautela na sua aplicação como fonte de direito internacional.[82]

Os atos unilaterais de Estados não podem ser confundidos com os atos de organizações internacionais, porquanto adotados esses últimos a partir de sistemas de decisão legitimados pela coletividade de Estados, não sendo, pois, unilaterais. O principal ato deliberativo das organizações internacionais são suas resoluções.

As **resoluções de organizações internacionais** ostentam relevância e significados variados (exortação, enunciação de princípios gerais ou estabelecimento de ações dirigidas a determinados objetivos).

Segundo definição da Comissão de Direito Internacional da ONU, organização internacional é "uma coletividade de Estados estabelecida por tratado, com uma constituição e órgãos comuns, tendo uma personalidade distinta daquela de seus Estados Membros e sendo um sujeito de direito internacional com capacidade de concluir tratados".[83] As resoluções são adotadas por órgãos competentes segundo os termos da norma constitutiva da organização internacional, sendo certo que as resoluções mais relevantes costumam ser adotadas pelo seu órgão deliberativo máximo, a Assembleia Geral. Seja qual for o órgão que adote uma resolução, sua competência advém de norma respalda por documento normativo constitutivo, cuja legitimidade repousa na autorização dos Estados Membros.

Todavia, ainda que se negue o caráter de fonte formal a tais resoluções, há de se admitir, ao menos, a sua contribuição ao direito consuetudinário. É que, ao longo do tempo, as resoluções de organizações internacionais vêm contribuindo para a constatação da existência de *opinio juris* acerca de determinadas práticas, muitas vezes deduzida de documentos preparatórios das próprias resoluções, nos quais ficam registradas as impressões oficiais dos Estados. Ademais, por meio de resoluções, as organizações internacionais também contribuem para a implementação de tratados. Corrobora tal compreensão o fato de a CIJ já haver discutido e utilizado resoluções da ONU na fundamentação de distintos pronunciamentos. É fato, contudo, que as dinâmicas de aprovação de resolução

---

81 RAMOS, André de Carvalho. **Processo internacional de Direitos Humanos**. 6. ed. São Paulo: Saraiva Educação, 2019, p 42.

82 CANÇADO TRINDADE, Antonio Augusto. **A humanização do direito internacional**, cit., p. 62-63.

83 Tradução livre. UNITED NATIONS. **Yearbook of the International Law Commission 1956** – Volume II. Documents of the eighth session including the report of the Commission to the General Assembly. New York, 1957, p. 108. Disponível em: https://legal.un.org/ilc/publications/yearbooks/english/ilc_1956_v2.pdf. Acesso em: 29 dez. 2020.

por organização internacional diferem dos elementos formadores de outras fontes de direitos internacional - como tratados, costume e princípios gerais de direito -, com as quais não se confunde.[84]

A aptidão das resoluções para contribuir com a formação de tratados ou de costumes internacionais sempre as colocou na posição de *soft law*, categoria identificada em comparação com a *hard law*, essa sim designativa de normas considerada em si capazes de obrigar Estados. Segundo a versão clássica dessa difundida tipologia, a *soft law* é destituída de cogência, servindo para contribuir com a formação do direito internacional. Nas palavras de WAGNER MENEZES, compõem a categoria *soft law*:

> Documentos solenes derivados de foros internacionais, que tem fundamento no princípio da boa-fé, com conteúdo variável e não obrigatórios, que não vinculam seus signatários a sua observância, mas que por seu caráter e importância para o ordenamento da sociedade global, por refletirem princípios é concepções éticas e ideais, acabam por produzir repercussões no campo do direito internacional.[85]

O alcance de tais repercussões ainda é altamente controverso e seu exame, sob um ponto de vista contemporâneo e à luz dos direitos humanos, remete o debate para a questão do papel das fontes materiais na formação do direito internacional.

Como quer que seja, realmente, com a evolução do direito internacional, não cabe mais considerar completo e exaustivo o rol do art. 38 do Estatuto da CIJ.

Visão expandida do rol de fontes formais de Direito Internacional dos Direitos Humanos

- Tratados (convenções ou pactos)
- Costume internacional (prática geral + *opinio juris*)
- Princípios Gerais de Direito
- Jurisprudência (internacional e nacional)
- Doutrina
- Atos unilaterais dos Estados
- Resoluções das organizações internacionais

Fonte: elaborada pelo autor

---

84 CANÇADO TRINDADE, Antonio Augusto. **A humanização do direito internacional**, cit., p. 62-70-71.

85 MENEZES, Wagner. A "soft law" como fonte do direito internacional. In: MENEZES, Wagner (Org.) **Direito internacional no cenário contemporâneo**. Curitiba: Juruá, 2003.

2.2.6. *Revalorização das fontes materiais: do consentimento individual ao consenso emanado da consciência jurídica universal e sua repercussão para as normas de* soft law

Em verdade, o tema das fontes formais do Direito Internacional dos Direitos Humanos é palco de intensa controvérsia, porquanto opõe, de um lado, o interesse dos Estados de mostrarem-se comprometidos com a causa, mas sem de fato restarem suscetíveis a punições (cuida-se, em suma, de comprometimento no mais das vezes apenas retórico), e, de outro lado, o objetivo de efetividade das normas internacionais que se ocupam da preservação da dignidade humana.

CANÇADO TRINDADE, sem se limitar ao campo dos direitos humanos, mas a ele dando posição de destaque absoluto, defende uma profunda adequação no modo estático tradicional de enxergar-se o assunto das fontes formais de direito internacional, que qualifica como incompleto e anacrônico.[86]

O jurista relembra que, nos anos de 1950 e 1971, respectivamente, a CIJ proferira dois pareceres, nos quais refutou alegações estatais de ausência de reconhecimento de sua jurisdição pelos Estados envolvidos como circunstância obstativa para a produção dos opinativos, abrindo caminho para a superação do consentimento com substrato único da formação da norma internacional. Em continuidade a essa tendência, os trabalhos preparatórios da Convenção de Viena sobre o Direito dos Tratados de 1969 já mencionaram a *opinio juris* como manifestação de uma "consciência jurídica da humanidade". Já entre os anos 1970 e 1980, a CIJ, ao examinar casos contenciosos, referiu-se ao "consenso geral dos Estados" como fonte de normas de direito internacional, conferindo relevância a *opinio juris* e considerando-a decorrente não apenas das práticas estatais, mas também das posições adotadas no âmbito das organizações internacionais. Tal movimento foi estimulado pelas ações de compilação e codificação de normas de direito internacional, promovidas pelas organizações internacionais, com base na obtenção de consensos de seus Estados Membros. As referidas decisões da CIJ.[87]

Este cenário de gradual e permanente afastamento do afã positivista pelas fontes formais previstas no art. 38 do Estatuto da CIJ, baseadas no consentimento individual dos Estados, encorajou CANÇADO TRINDADE a afirmar que:

> (...) a teoria clássica das "fontes" do Direito Internacional, além de repousar em uma analogia inadequada com as fontes de criação dos ordenamentos jurídico internos, não reflete a complexidade do processo de formação do Direito Internacional Contemporâneo, devido em parte à própria expansão da comunidade internacional em nossos dias. Assim, a teoria clássica das "fontes", por exemplo, não toma em devida conta a considerável produção normativa emanada das organizações internacionais, a qual tem contribuído decisivamente à superação do paradigma interestatal do ordenamento jurídico internacional.[88]

Desde essa perspectiva, assentou-se a compreensão de que o consentimento jamais pode ser tomado como "fonte última do Direito Internacional, e responder por sua própria validade".[89] Por conseguinte, impende que o processo de formação do direito internacional

---

[86] CANÇADO TRINDADE, Antonio Augusto. **A humanização do direito internacional**, cit., p. 72.
[87] Id. Ibid., p. 74-75.
[88] Id. Ibid., p. 75.
[89] Id. Ibid., p. 76.

seja visto como complexo, vasto e multifacetado, assim atendendo às novas necessidades e desafios da sociedade contemporânea. Não se trata de recusar o papel das fontes formais e do consentimento individual de formadores do direito internacional. Cuida-se, em verdade, de não reduzir a normogênese internacional a essas fontes, dando espaço privilegiado para a consideração de outros tipos de normas e das fontes materiais para esse processo.[90]

O protagonismo concedido à *opinio juris* coloca em voga valores e ideias postos de lado pelo positivismo jurídico, contrapondo-se a ele, na medida em que a necessidade de consentimento é suplantada pelo consenso emanado da "**consciência jurídica universal**", por sua vez revelada pela *opinio juris,* fonte material de direitos.

E diga-se, todos os mais importantes desafios da sociedade a que se refere CANÇADO TRINDADE como impulsionadores de visão contemporânea das fontes do direito internacional atinem às condições desiguais de vida da humanidade - em especial vitimando grupos vulneráveis - e, por conseguinte, aos direitos humanos.[91] Em sendo assim, a consciência jurídica universal que conforma o direito internacional tem na proteção da dignidade humana, seu fim maior e seu parâmetro essencial de manifestação. Afinal, despojar o direito internacional do exame do *substratum* das normas jurídicas, composto por crenças, valores, moral, ideias e as aspirações humanas é reduzi-lo a um ordenamento jurídico meramente formal, algo incabível, sobretudo em matéria de direitos humanos.

Nesses termos, a evolução do Direito Internacional dos Direitos Humanos conduz à mudança de ênfase na sua formulação, **do consentimento individual ao equilíbrio consensual**, para o qual contribuem não somente os Estados, como também e sobretudo as organizações internacionais, cuja produção normativa é olvidada pela teoria clássica das fontes, lastreada no referido art. 38 do Estatuto da CIJ.

Dentro desse contexto, é reconhecível o despertar de uma **consciência jurídica universal**, desvinculada dos parâmetros jurisdicionais e territoriais clássicos e instrumentalizadora da noção de solidariedade. Trata-se de postura que já pode ser reconhecida na jurisprudência dos tribunais internacionais de direitos humanos.[92]

ANNE PETERS entende este processo como um "fenômeno transversal" de "erosão da exigência de consentimento", que se estabelece acompanhada de uma tendência do enfraquecimento da regra do objetor persistente. A pesquisadora devota o citado fenômeno à prática do voto majoritário no âmbito de organizações internacionais e à competência reconhecida aos órgãos internacionais de monitoramento de proferirem decisões vinculantes contra Estados. Por consequência, a superação do consentimento como fonte única do direito internacional implica na reformulação da soberania estatal, de forma a transformá-la no direito e no poder de participar, mas não de vetar a tomada de decisões internacionais.[93]

Sob o prisma apresentado, as declarações de direitos humanos, antes vistas como *soft law*, reclamam um outro olhar em relação à coercibilidade. É que sua aprovação se dá por meio de resoluções de organizações internacionais, a cuja aprovação por maioria subjaz, como visto, a manifestação de aquiescência dos Estados Membros reunidos em assembleia geral e observado o sistema paritário de votos (um Estado, um voto)[94]. Em assim sendo, a exigibili-

[90] Id. Ibid., p. 78-79.

[91] Id. Ibid., p. 85.

[92] Id. Ibid., p. 85.

[93] PETERS, Anne. Compensatory constitutionalism: the function and potential of fundamental international norms and structures. **LJIL**, v. 19, p. 579–610, 2006, p. 587-588.

[94] Recorde-se que o compromisso com a DUDH foi reafirmado, explicitamente, por todos os Estados Membros da ONU, na Declaração e Programa de Ação de Viena de 1993, documento oficial conclusivo da II Conferência Mundial de Direitos.

dade das declarações contempladas por essas resoluções decorre de duas circunstâncias: (i) as resoluções de organizações internacionais consubstanciam, como visto, fontes formais de direito internacional; (ii) a aprovação da resolução denota a existência de *opinio juris* acerca da obrigatoriedade das disposições da declaração contemplada.

Tal entendimento já tem, inclusive, ganho registro explícito em algumas declarações, do que é exemplo eloquente a Declaração da OIT sobre os Princípios e Direitos Fundamentais no Trabalho de 1988, a qual deriva a obrigação de seus Estados Membros para com essa Declaração da simples condição de associado à organização:

> A Conferência Internacional do Trabalho,
>
> 1. Lembra:
>
> a) que ao incorporar-se livremente à OIT, todos os Membros aceitaram os princípios e direitos enunciados em sua Constituição e na Declaração de Filadélfia, e se comprometeram a esforçar-se para atingir os objetivos gerais da Organização com o melhor de seus recursos e de acordo com suas condições específicas;
>
> b) que esses princípios e direitos se expressam e desenvolvem na forma de direitos e obrigações específicos em Convenções reconhecidas como fundamentais dentro e fora da Organização.
>
> 2. Declara que todos os Membros, ainda que não tenham ratificado as Convenções, têm um compromisso derivado do simples fato de pertencer à Organização de respeitar, promover e tornar realidade, de boa fé e de conformidade com a Constituição, os princípios relativos aos direitos fundamentais que são objeto dessas Convenções, isto é:
>
> (a) a liberdade sindical e o reconhecimento efetivo do direito de negociação coletiva;
>
> (b) a eliminação de todas as formas de trabalho forçado ou obrigatório;
>
> (c) a efetiva abolição do trabalho infantil; e
>
> (d) a eliminação da discriminação em matéria de emprego e ocupação.
>
> (...)
>
> 4. Decide que, para tornar plenamente efetiva a presente Declaração, implementar-se-á um seguimento para sua promoção, que seja crível e eficaz, de acordo com as modalidades que se estabelecem no anexo que será considerado parte integrante da Declaração.

Não bastasse isso, como será adiante estudado, todos os Estados Membros da ONU e da OEA, atualmente, estão sujeitos à apuração de casos concretos de descumprimento, respectivamente, da Declaração Universal dos Direitos Humanos e da Declaração Americana dos Direitos e Deveres do Homem da OEA, em decorrência de atos normativos das citadas organizações internacionais, que ancoram suas determinações no entendimento segundo o qual a formal adesão dos Estados à organização acarreta, automaticamente – portanto sem a necessidade de consentimento específico –, a obrigação de cumprimento ao menos de suas declarações basilares de direitos humanos, sob pena de incompatibilidade do comportamento do "associado" com os princípios essenciais da entidade.

Enfim, percebe-se que a figura da consciência jurídica universal ganha corpo no seio do Direito Internacional dos Direitos Humanos, de assumida orientação valorativa – robustecida no pós-Segunda Guerra Mundial –, orientação essa que busca suplantar o entendimento voluntarista (baseado no consentimento individual) do rol exaustivo de fontes formais, de modo consentâneo com um necessário processo de humanização do direito internacional.

2.3. Normas imperativas: *jus cogens* e obrigações *erga omnes*

Existem normas que "contêm valores essenciais da comunidade internacional e que, por conseguinte, se impõem a cada Estado isoladamente considerado"[95]. São as chamadas **normas imperativas (em sentido amplo).** As normas imperativas, por sua vez, admitem duas espécies de normas permeadas por valores essenciais da comunidade internacional: o ***jus cogens*** e as **obrigações *erga omnes*.**

Normas de ***jus cogens*** (ou normas imperativas em sentido estrito) são dotadas de uma distinção qualitativa em relação às demais normas, porquanto contêm valores essenciais da comunidade internacional tomada no seu todo e, por isso, gozam de superioridade normativa, traduzida na impossibilidade de um Estado derrogá-las, exceto em favor de norma da mesma envergadura. É o que estatuem os arts. 53 e 64 da CVDT (ratificada pelo Brasil em 2009 - Decreto nº 7.030/09):

> Artigo 53 – Tratado em Conflito com uma Norma Imperativa de Direito Internacional Geral (*jus cogens*)
>
> É nulo um tratado que, no momento de sua conclusão, conflite com uma norma imperativa de Direito Internacional geral. Para os fins da presente Convenção, uma norma imperativa de Direito Internacional geral é uma norma aceita e reconhecida pela comunidade internacional dos Estados como um todo, como norma da qual nenhuma derrogação é permitida e que só pode ser modificada por norma ulterior de Direito Internacional geral da mesma natureza.
>
> Artigo 64 – Superveniência de uma Nova Norma Imperativa de Direito Internacional Geral (*jus cogens*)
>
> Se sobrevier uma nova norma imperativa de Direito Internacional geral, qualquer tratado existente que estiver em conflito com essa norma torna-se nulo e extingue-se.

Se as normas de *jus cogens* são dotadas de supremacia hierárquica, as **obrigações *erga omnes*** detêm a característica de conferir a qualquer Estado pertencente à comunidade internacional o interesse jurídico (legitimidade ativa) de vê-la cumprida, haja vista referirem-se, tal qual o *jus cogens*, a valores essenciais dessa mesma comunidade internacional (ponto comum que une os dois conceitos sob o gênero "normas imperativas"). Consequentemente, qualquer Estado da comunidade internacional tem interesse jurídico para provocar os diversos mecanismos internacionais de proteção dos direitos humanos (adiante analisados, com pormenores), visando o cumprimento desse tipo de obrigação, **ainda que a violação denunciada não tenha causado dano a interesses diretos do Estado provocador da apuração.**

O reconhecimento da existência de obrigações *erga omnes* foi inaugurado pela decisão da CIJ proferida, em 1970, acerca do famoso *Caso Barcelona Traction*[96], oportunidade em que se admitiu a existência de valores essenciais da comunidade internacional, cuja tutela

---

[95] RAMOS, André de Carvalho. **Processo internacional dos direitos humanos**, cit., p. 46.

[96] CORTE INTERNACIONAL DE JUSTIÇA. Cases. **Barcelona Traction, Light and Power Company, Limited (Belgium v. Spain) (New Application: 1962)**. Genebra, 1962. Disponível em: https://www.icj-cij.org/public/files/case-related/50/050-19640724-JUD-01-00-EN.pdf. Acesso em: 29 dez. 2020.

diz respeito a todos os Estados dessa mesma comunidade, dada a relevância da proteção de tais valores. Dito de outro modo, há valores que, de tão preciosos, uma vez violados em certa circunstância, causam prejuízo a toda a comunidade internacional. Não é por outro motivo que o Estado terceiro legitimado possa provocar os mecanismos internacionais de proteção manejando a chamada *actio popularis*.

A linha divisória entre as duas espécies de normas imperativas é tênue. Auxilia, entretanto, a clarear a distinção a percepção de que as normas de *jus cogens* destacam-se por seu conteúdo inderrogável, por sua **hierarquia material**, enquanto as obrigações *erga omnes* sobressaem-se pelo **aspecto instrumental** (processual) de legitimarem Estados, conquanto alheios aos efeitos diretos do ato reprovado, a tomar providências em resposta à violação perpetrada, em razão de sua condição de integrante da comunidade internacional afrontada em seus interesses comuns. Em outras palavras:

> A norma que cria obrigações *erga omnes* se dirige a toda a comunidade internacional, de sorte que todos os Estados poderão invocar a responsabilidade daquele que a violou. Ela não cria, contudo, uma clara superioridade de tal obrigação sobre as outras obrigações que o direito internacional regula. A relevância das obrigações *erga omnes* não se traduz em uma superioridade hierárquica como a revelada pelas regras *jus cogens*. As obrigações de *jus cogens* relacionam-se com o "peso" de uma norma, e as obrigações *erga omnes* dizem respeito ao seu escopo procedimental. Se uma norma de *jus cogens* tem necessariamente um escopo *erga omnes*, nem todas as obrigações erga omnes tem a força de *jus cogens*.[97]

Portanto, ambos os tipos de normas imperativas se articulam, de modo que toda norma de *jus cogens* suscita obrigação *erga omnes*, embora o contrário não seja necessariamente verdadeiro.

Tipologia e Interação das Normas Imperativas em Sentido Amplo

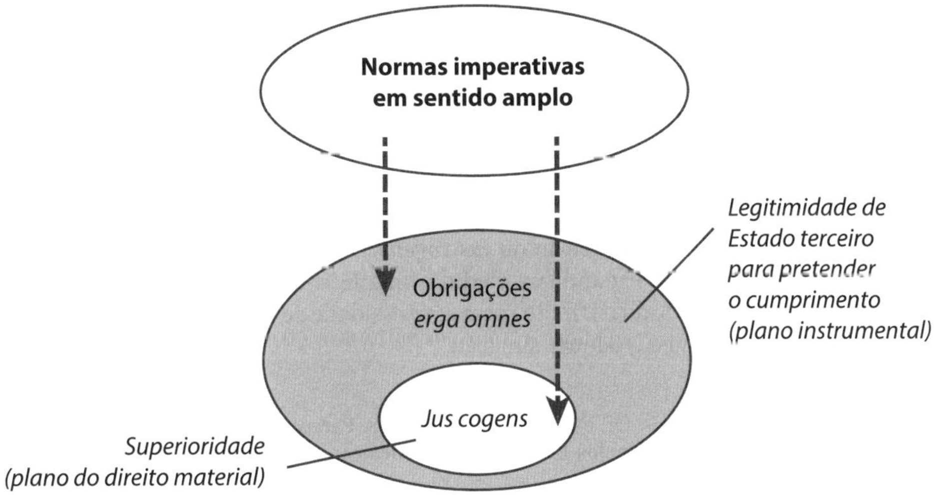

Fonte: elaborada pelo autor

---

[97] AMARAL JÚNIOR, Alberto do, op. cit., p. 129.

Por ocasião da Opinião Consultiva nº 18, de 17 de setembro de 2003, sobre a condição jurídica e os direitos dos migrantes indocumentados (OC-18/03), a Corte Interamericana de Direitos Humanos (Corte IDH) fez importantes esclarecimentos sobre o conceito e o alcance das normas de *jus cogens* e das obrigações *erga omnes*.

Primeiramente, a Corte IDH constatou que a noção de *jus cogens*, conquanto prevista na CVDT, há tempos teve reconhecida sua aplicação para além dos tratados, alcançando todos os atos jurídicos de direito internacional.[98]

A OC-18/03 afirma, ainda, que normas de *jus cogens* são desenvolvidas pela doutrina e pela jurisprudência[99], o que corrobora a compreensão do papel de fonte formal de direito internacional de ambas.

Na sequência, a Corte IDH, ao reconhecer o direito à igualdade perante a lei e à não discriminação como norma de *jus cogens*, elucida sua aplicação independentemente de consentimento individual do Estado e sua capacidade de vincular também as relações entre particulares:

> (...) a Corte considera evidente que todos os Estados, como membros da comunidade internacional, devem cumprir essas obrigações sem discriminação alguma, o que se encontra intrinsecamente relacionado ao direito a uma proteção igualitária perante a lei, que por sua vez decorre "diretamente da unidade de natureza do gênero humano e é inseparável da dignidade essencial da pessoa". O princípio de igualdade perante a lei e não discriminação se estende a toda atuação do poder do Estado, em qualquer de suas manifestações, relacionada com o respeito e garantia dos direitos humanos. Este princípio pode ser considerado efetivamente como imperativo do Direito Internacional geral, visto que é aplicável a todo Estado, independentemente de que seja parte ou não em determinado tratado internacional, e gera efeitos com respeito a terceiros, inclusive a particulares. Isso implica que o Estado, seja no âmbito internacional ou em seu ordenamento interno, e por atos de qualquer de seus poderes ou de terceiros que atuem sob sua tolerância, aquiescência ou negligência, não pode atuar contra o princípio de igualdade e não discriminação, em detrimento de um determinado grupo de pessoas.[100]

Deste modo, as normas de *jus cogens*, para além de vincularem os Estados em suas ações, também os obrigam a zelar pelo adimplemento da norma imperativa junto às pessoas que estão sob sua jurisdição. Juntamente com o trato das obrigações *erga omnes*, tal tema é retomado, dentro do parecer da OC-18/03, pelo Voto Concordante proferido pelo à época juiz da Corte IDH CANÇADO TRINDADE, que conta com passagens extremamente pedagógicas.

Sobre a **emergência e o conteúdo do *jus cogens***, o juiz brasileiro registra tratar-se de uma "categoria aberta, que se expande na medida em que se desperta a consciência jurídica universal (fonte material de todo o Direito) para a necessidade de proteger os direitos inerentes a todo ser humano em toda e qualquer situação".[101]

---

98 CORTE INTERAMERICANA DE DIREITOS HUMANOS. **Parecer Consultivo OC-18/03, de 17 de Setembro de 2003, Solicitado pelos Estados Unidos Mexicanos**: A Condição Jurídica e os Direitos dos Migrantes Indocumentados. San José da Costa Rica, 2003, p. 103 (99). Disponível em: https://www.corteidh.or.cr/docs/opiniones/seriea_18_por.pdf. Acesso em: 24 dez. 2020.

99 Id. Ibid, p. 103 (98).

100 Id. Ibid., p. 103 (100).

101 CORTE INTERAMERICANA DE DIREITOS HUMANOS. **Voto Concordante do Juiz A. A. Cançado Trindade no Parecer Consultivo OC-18/03, de 17 de Setembro de 2003, Solicitado pelos Estados Unidos Mexicanos**: A Condição Jurídica e os Direitos dos Migrantes Indocumentados. San José da Costa

O voto de CANÇADO TRINDADE aponta os seguintes direitos humanos como normas elevadas à condição de *jus cogens* pela consciência jurídica universal materializada em *opinio juris* perfeitamente aferível em registros dos trabalhos de aprovação de tratados, nos textos dos próprios tratados, na jurisprudência nacional e internacional recorrentes e na doutrina especializada[102]:

➔ proibição do genocídio.
➔ proibição dos denominados "crimes contra a humanidade", atualmente tipificados no art. 7º do Estatuto de Roma do Tribunal Penal Internacional como seguintes atos cometidos no quadro de um ataque, generalizado ou sistemático, contra qualquer população civil: homicídio, extermínio; escravidão; deportação ou transferência forçada de uma população; prisão ou outra forma de privação da liberdade física grave, em violação das normas fundamentais de direito internacional; tortura; agressão sexual, escravatura sexual, prostituição forçada, gravidez forçada, esterilização forçada ou qualquer outra forma de violência no campo sexual de gravidade comparável; perseguição de um grupo ou coletividade que possa ser identificado, por motivos políticos, raciais, nacionais, étnicos, culturais, religiosos ou de gênero ou em função de outros critérios universalmente reconhecidos como inaceitáveis no direito internacional; desaparecimento forçado de pessoas; crime de *apartheid*; e outros atos desumanos de caráter semelhante, que causem intencionalmente grande sofrimento, ou afetem gravemente a integridade física ou a saúde física ou mental.
➔ proibição de recusa da estada de refugiados pelo Estado de destino (princípio do *non-refoulement*).
➔ proibição de violação persistente de garantias do devido processo legal.
➔ direito à igualdade e não discriminação.

Constata-se, ademais, que as normas imperativas são expressões do movimento contemporâneo já estudado de superação do consentimento pelo consenso como substrato principal da formação do direito internacional, mediado pela centralidade dos direitos humanos, cuja natureza pervasiva toca a todo o direito internacional atual:

> Na construção do ordenamento jurídico internacional do novo século, testemunhamos, com a gradual erosão da reciprocidade, a emergência pari passu de considerações superiores de *ordre public*, refletidas nas concepções das regras imperativas do Direito Internacional geral (*o jus cogens*) e das obrigações *erga omnes* de proteção (devidas a todos, e à comunidade internacional como um todo). O *jus cogens*, ao acarretar obrigações *erga omnes*, caracterizadas como sendo dotadas de um caráter necessariamente objetivo e, portanto, incluindo todos os destinatários das regras jurídicas (*omnes*), tanto os integrantes dos órgãos do poder público como os particulares.
> (...)
> A consagração das obrigações *erga omnes* de proteção da pessoa humana representa, na realidade, a superação de um padrão de conduta erguido sobre a pretensa autonomia da vontade do Estado, do qual o próprio Direito Internacional buscou gradualmente se liberar ao consagrar o conceito de *jus cogens*. Por definição, todas as regras do *jus cogens*

Rica, 2003, p. 22-23 (68). Disponível em: https://www.corteidh.or.cr/docs/opiniones/seriea_18_por.pdf. Acesso em: 24 dez. 2020.

102 Id. Ibid., p. 23-24 (69-73).

> geram necessariamente obrigações *erga omnes*. Enquanto o *jus cogens* é um conceito de direito material, as obrigações *erga omnes* se referem à estrutura de seu desempenho por parte de todas as entidades e todos os indivíduos obrigados. Por sua vez, não todas as obrigações *erga omnes* se referem necessariamente a regras do *jus cogens*. [103]

Prossegue CANÇADO TRINDADE propondo a existência de duas dimensões das obrigações *erga omnes* relativas a direitos humanos, com as quais busca embasar, teoricamente, a vinculação tanto dos Estados quanto dos particulares ao seu cumprimento.

A **dimensão horizontal** dessas obrigações refere-se ao dever da comunidade internacional como um todo (todos os Estados) de protegerem os seres humanos. Sua emergência pode advir tanto da vinculação por consentimento a tratados de direitos humanos (obrigações *erga omnes partes*) quanto do pertencimento do Estado à comunidade internacional (obrigações *erga omnes lato sensu*), que dispensa o consentimento individual para a coercibilidade da obrigação *erga omnes*, uma vez que diga respeito a uma norma de *jus cogens*. Já a **dimensão vertical** das obrigações *erga omnes* propicia que tanto "os órgãos e agentes do poder público (estatal), como os simples particulares (nas relações interindividuais)" estejam adstritos ao seu adimplemento.[104]

A identificação de ambos os tipos de normas imperativas ainda é motivo de intensos debates doutrinários. Por dizerem respeito a valores essenciais da comunidade internacional, há que se entender que cabe a essa mesma comunidade reconhecer a determinada norma a sua qualidade de *jus cogens* e de obrigação *erga omnes*, o que pode ocorrer de vários modos, inclusive e sobretudo pela prática adotada por consenso dos Estados. E, pelo quanto até aqui estudado, vê-se solidamente estabelecida a compreensão conforme a qual quaisquer das fontes formais e materiais de direito internacional pode ser veículo de formação ou identificação de *opinio juris* a favor da existência tanto de normas de *jus cogens* quanto de obrigações *erga omnes*, com destaque, em matéria de direitos humanos, para os tratados internacionais (trabalhos preparatórios e texto aprovado), as resoluções de organizações internacionais e a jurisprudência, sempre com forte inspiração da doutrina.

No que tange à formação das normas imperativas, é de se anuir, como pontuado em relação ao costume internacional, que o consenso conformador da *opinio juris* não poderá jamais corresponder à ideia de unanimidade entre Estados, pois dissidências isoladas sempre existirão, mas jamais com poder supremo de veto a uma norma imperativa, sob pena de inviabilização do próprio instituto.

Sensível a essa problemática, CARVALHO RAMOS sustenta que as normas imperativas devem emergir de um "consenso qualificado, nascido entre os representantes essenciais da comunidade internacional", nos seguintes termos:

> Os Estados considerados representantes essenciais da comunidade internacional são aqueles que abarcam os países representativos das grandes correntes econômicas, políticas e geográficas do planeta, de modo a não excluir nenhum tipo de cultura ou de sistema político-econômico vigente. Com a emergência desse novo tipo de consenso qualificado para a caracterização de norma imperativa, a oposição de um Estado isolado ao seu conteúdo é considerada violação de obrigação internacional, acarretando a responsabilidade internacional do estado. Logo, a norma é dita como imperativa ao estado isolado.[105]

---

103 Id. Ibid., p. 25-26 (76 e 80).

104 Id. Ibid., p. 25 (77).

105 RAMOS, André de Carvalho. **Processo internacional dos direitos humanos**, cit., p. 50.

O autor não deixa de admitir o perigo do "consenso qualificado" desdobrar-se em um "diretório de Estados fortes e médios, negando-se o pluralismo inerente a uma sociedade de Estados". A despeito disso, tal risco justifica-se a bem da proteção dos valores essenciais da comunidade internacional, contra a objeção da prevalência da soberania estatal, enquanto cortina para que violações de direitos humanos sejam levadas a efeito.[106] Infere-se da proposta, inclusive, que a objeção persistente, ainda admitida para normas costumeiras, não tem cabimento para isentar qualquer Estado do cumprimento das normas de *jus cogens*.

Para além do perigo do estabelecimento de um diretório de nações hegemônicas competentes para a criação de normas imperativas – o que parece bastante mitigado se, de fato, observado o parâmetro proposto de pluralidade dos atores do consenso qualificado –, outras críticas doutrinárias são dirigidas a supostas fragilidades e riscos das figuras do *jus cogens* e das obrigações *erga omnes*.

Parte substancial dos críticos aponta para uma suposta indeterminação prejudicial à segurança jurídica e à estabilidade das relações internacionais, pois sua superioridade normativa (no caso do *jus cogens*) possibilitaria o descumprimento de tratados internacionais devidamente ratificados.[107] Tais críticas, conquanto aparentemente plausíveis se tomadas em abstrato, perdem fôlego frente à *práxis*, na medida em que normas de *jus cogens* e obrigações *erga omnes*, como visto, emergem da *opinio juris* manifestada por parcela relevante e plural dos Estados que compõem a comunidade internacional, resultando de um processo histórico e robusto de consolidação e uniformização de parâmetros éticos e axiológicos atinentes ao progresso da proteção jurídica da dignidade humana, havido nos âmbitos de diversas instâncias oficiais dos planos nacionais e internacional.

Sob esse prisma e, ainda, examinando-se as normas de *jus cogens* e as obrigações *erga omnes* já consolidadas, não parece crível que possa ser imputada, por exemplo, à vedação absoluta da escravidão, da tortura, do genocídio ou da discriminação a pecha de subterfúgio para o descumprimento de tratados internacionais. Na mesma linha, não consta que, desde a previsão inaugural da CVDT, em 1969, tenha emergido qualquer norma de *jus cogens* que tenha se prestado ao papel deletério de produzir insegurança jurídica ou tenha sido, de modo desvinculado da sua finalidade humanística, invocada para fins de quebra da boa-fé ou do *pacta sunt servanda* em matéria de direito internacional.

Não obstante todo o dito e em que pese o caráter expansionista da proteção dos direitos humanos, favorecido pelas concepções pertinentes às normas imperativas e suas espécies, a CIJ, embora precursora no estabelecimento da noção de obrigação *erga omnes*, decidiu paradoxalmente, em 1995, no *Caso Timor Leste*[108], que, mesmo quando a demanda versar sobre uma obrigação desse tipo, o requisito do prévio reconhecimento da jurisdição do Tribunal pelos Estados demandante e demandado impõe-se para a admissibilidade da pretensão e seu ulterior julgamento meritório.

Tal fato evidencia que o conteúdo, os efeitos e a aplicação das normas imperativas, a despeito dos substanciais avanços verificados, ainda estão em processo de consolidação e amadurecimento. Vale, a propósito, mais esta lição de CANÇADO TRINDADE:

> É preciso dar acompanhamento aos esforços de maior desenvolvimento doutrinário e jurisprudencial das regras peremptórias do Direito Internacional (*jus cogens*) e das

---

106 Id. Ibid., p. 51.

107 Para um sumário das críticas e seus autores, cf. AMARAL JÚNIOR, Alberto do, op. cit., p. 129-130.

108 CORTE INTERNACIONAL DE JUSTIÇA. Cases. **East Timor (Portugal v. Australia)**. Genebra, 1995. Disponível em: https://www.icj-cij.org/public/files/case-related/84/084-19950630-JUD-01-00-EN.pdf. Acesso em: 29 dez. 2020.

correspondentes obrigações *erga omnes* de proteção do ser humano, movido, sobretudo pela *opinio juris* como manifestação da consciência jurídica universal, em benefício de todos os seres humanos. Através deste desenvolvimento conceitual se avançará na superação dos obstáculos dos dogmas do passado e na criação de uma verdadeira *ordre public* internacional baseada no respeito e observância dos direitos humanos. Este desenvolvimento contribuirá, assim, a uma maior coesão da comunidade internacional organizada (a *civitas maxima gentium*), centrada na pessoa humana.

Certamente, uma vez respeitada a centralidade do ser humano na formação e aplicação do direito internacional, as normas imperativas tendem a ser cada mais vez mais aceitas e manejadas nos espaços nacionais e internacionais, permeadas e, ao mesmo tempo, instigadas pelo aprimoramento e efetivação dos direitos humanos.

3. DIREITOS FUNDAMENTAIS NA CONSTITUIÇÃO FEDERAL BRASILEIRA

3.1. Os direitos humanos na Constituição Moderna

O movimento pós-Segunda Guerra Mundial, de aceleração da proteção dos direitos humanos (em sentido lato), manifestou-se, no plano do ordenamento jurídico interno dos países sensíveis ao tema, pela via da constitucionalização de direitos e liberdades dos indivíduos, os ditos **direitos fundamentais**.

Segundo JOSÉ AFONSO DA SILVA, a delimitação do objeto das constituições não é simples, haja vista a sua ampliação ao longo da história e por influência dela:

> As constituições têm por objeto estabelecer a estrutura do Estado, a organização de seus órgãos, o modo de aquisição do poder e a forma de seu exercício, limites de sua atuação, assegurar os direitos e garantias dos indivíduos, fixar o regime político e disciplinar os fins socioeconômicos do Estado, bem como os fundamentos dos direitos econômicos, sociais e culturais.[109]

As constituições democráticas do século XX têm a marca indelével do protagonismo da declaração de direitos fundamentais, superando a clássica concepção da Constituição como documento jurídico meramente organizador do Estado. Nesta linha, não será exagero afirmar que, dentre os objetos acima listados por JOSÉ AFONSO DA SILVA, "assegurar os direitos e garantias dos indivíduos" tornou-se o escopo central da Constituição, a orientar, inclusive, a organização estatal.

Os direitos fundamentais tornaram-se, então, matéria intrínseca e irrenunciável de qualquer Constituição, ao menos na cultura jurídica ocidental, a evidenciar que a busca da afirmação dos direitos humanos foi capaz de redefinir o próprio constitucionalismo, conferindo-lhe a feição atual, baseada na dupla finalidade: declaração de direitos e limitação do poder estatal.

CANOTILHO define a "**constituição moderna**" como "a ordenação sistemática e racional da comunidade política através de um documento escrito, no qual se declaram as liberdades e os direitos e se fixam os limites do poder político".[110] Partindo-se dessa definição, são três as características essenciais do modelo constitucional moderno, na cultura jurídica ocidental:

---

109 SILVA, José Afonso da. **Curso de direito constitucional positivo**. 11. ed. São Paulo: Malheiros, 1996, p. 46.

110 CANOTILHO, J. J. Gomes. **Direito constitucional e teoria da constituição**. 7. ed. Coimbra: Almedina, 2003. p. 52.

Documento escrito → instrumento oficial que modela a ordem jurídico-política adotada;

Direitos e garantias fundamentais → declaração de direitos e liberdades individuais e respectivos instrumentos processuais e/ou extraprocessuais de tutela ("garantias fundamentais");

Limitação do poder estatal → organização do poder político segundo esquemas que tendam a moderá-lo e limitá-lo.

Tal modelo tem na Constituição Federal de 1988 a sua manifestação mais bem-acabada na história brasileira, em que pese a enunciação de direitos fundamentais em constituições anteriores.

3.2. Os direitos fundamentais nas constituições brasileiras passadas

É certo que a Constituição Federal de 1988 é um marco na história constitucional brasileira, no que diz respeito aos direitos fundamentais; e assim é em função do modo como formaliza, organiza e enfatiza a declaração desses direitos, bem como por causa do número de dispositivos com esse propósito.

É equivocado, contudo, pensar que a Constituição vigente é vanguardista na declaração de direitos e liberdades individuais, em se tratando de Brasil. É da tradição das cartas políticas brasileiras a declaração desse tipo de direito, encontrada desde a primeira delas, a Constituição imperial, de 1824. Desse modo, é incorreto afirmar que a Constituição Federal de 1988 inaugura a declaração de direitos fundamentais, na história constitucional brasileira. Realmente, a Constituição em vigor distingue-se fortemente das suas antecessoras, em diversos aspectos relacionados ao tema, porém, não quanto a contar com um rol de direitos fundamentais.

O conteúdo e a organização dos direitos fundamentais enunciados variaram em cada uma das constituições brasileiras, que certamente sofreram a influência do momento histórico de sua elaboração, tanto no aspecto político, quanto no jurídico (tendências constitucionais, sobretudo estrangeiras).

É possível apresentar um panorama acerca dos direitos fundamentais em cada um dos documentos constitucionais brasileiros que precederam a Carta vigente[111]:

Constituição de 1824	
Cenário Político	Império
Abordagem dos Direitos Fundamentais	→ Título 8º – "Das Disposições Geraes, e Garantias dos Direitos Civis, e Politicos e dos Cidadãos Brazileiros. → Declaração de direitos no art. 179, com 35 incisos. *Caput* do art. 179: "A inviolabilidade dos Direitos Civis, e Politicos dos Cidadãos Brazileiros, que tem por base a liberdade, a segurança individual, e a propriedade, é garantida pela Constituição do Imperio, pela maneira seguinte: (...)". → Rol de direitos fundamentais essencialmente composto por direitos individuais, que muito pouco vai alterar-se ao longo das constituições seguintes, com exceção da CF/88.

Fonte: elaborada pelo autor

[111] Cf. SILVA, José Afonso da, op. cit., p. 168-170; e MORAES, Alexandre de. **Direitos humanos fundamentais.** 9. ed. São Paulo: Ed. Atlas, 2011, p. 13-15.

Constituição de 1891	
Cenário Político	"República Velha"
Abordagem dos Direitos Fundamentais	➔ Primeira constituição republicana, que manteve a declaração de direitos no Título IV - "Dos Cidadãos Brasileiros", Seção II - "Declaração de Direitos". ➔ Declaração de direitos individuais no art. 72, com 31 parágrafos. *Caput* original do art. 72: "A Constituição assegura a brasileiros e a estrangeiros residentes no País a inviolabilidade dos direitos concernentes à liberdade, à segurança individual e à propriedade, nos termos seguintes: (...)". ➔ Algumas novidades: gratuidade do casamento civil, direitos de reunião e associação, ampla defesa, abolição da pena de morte (salvo em situações em tempo de guerra), *habeas corpus*, propriedade de marcas de fábrica e instituição do Tribunal do Júri. ➔ **Inovação importante:** a não taxatividade do rol declarado ("art. 78 - A especificação das garantias e direitos expressos na Constituição não exclui outras garantias e direitos não enumerados, mas resultantes da forma de governo que ela estabelece e dos princípios que consigna"). Previsão repetida nas constituições subsequentes.

Fonte: elaborada pelo autor

Constituição de 1934	
Cenário Político	Governo provisório pós Revolução de 1930, chefiado por Getúlio Vargas
Abordagem dos Direitos Fundamentais	➔ Constituição resultante de Assembleia Nacional Constituinte convocada pelo Governo Provisório, após a vitória do governo federal sobre os paulistas (Revolução Constitucionalista de 1932). Existiu por apenas três anos e vigeu por apenas um. ➔ Previsão no Título III - "Da Declaração de Direitos", "Capítulo I - Dos Direitos Políticos" e "Capítulo II - Dos Direitos e das Garantias Individuais"; ➔ Declaração dos direitos e garantias individuais no art. 113, com 38 incisos. *Caput* do "art. 113 - A Constituição assegura a brasileiros e a estrangeiros residentes no País a inviolabilidade dos direitos concernentes à liberdade, à subsistência, à segurança individual e à propriedade, nos termos seguintes: (...)". ➔ Algumas novidades: direito adquirido, ato jurídico perfeito e coisa julgada, direitos autorais, irretroatividade da lei penal, vedação de prisão por dívida, impossibilidade de extradição de estrangeiros, por crimes políticos ou de opinião, e de brasileiros, em qualquer caso; mandado de segurança e ação popular. ➔ **Inovações importantes:** primeira Constituição a declarar, juntamente com os direitos individuais, os políticos e os de nacionalidade. Primeira, ainda, a reconhecer, mesmo de modo pouco eficaz, direitos fundamentais econômicos e sociais, no Título IV - "Da Ordem Econômica e Social" (fora, portanto, do Título III - "Da Declaração de Direitos"), incluindo um rol de direitos trabalhistas.

Fonte: elaborada pelo autor

Constituição de 1937	
Cenário Político	Ditadura do "Estado Novo", chefiada por Getúlio Vargas
Abordagem dos Direitos Fundamentais	➔ Conhecida como "Constituição Polaca", foi outorgada por Getúlio Vargas, no mesmo dia em que o golpe de Estado institui a ditadura do "Estado Novo". ➔ Previsão no art. 122, com 17 incisos, sob o título "Dos direitos e garantias individuais". *Caput* do "art. 122 – A Constituição assegura aos brasileiros e estrangeiros residentes no País o direito à liberdade, à segurança individual e à propriedade, nos termos seguintes: (...)". ➔ **Retrocessos:** extensão das hipóteses de exceção da proibição da pena de morte, criação de Tribunal especial para crimes contra o Estado e retrocesso em relação aos direitos políticos.

Fonte: elaborada pelo autor

Constituição de 1946	
Cenário Político	Presidência (eleita) de Eurico Gaspar Dutra
Abordagem dos Direitos Fundamentais	➔ Constituição resultante de Assembleia Nacional Constituinte, instalada após a queda da ditadura do Estado Novo, a qual retomou e aprofundou o avanço na proteção dos direitos individuais e sociais, ensaiada na Constituição de 1934. ➔ Previsão no Título IV – "Da Declaração de Direitos", Capítulo I – "Da Nacionalidade e da Cidadania" e Capítulo II – "Dos Direitos e das Garantias individuais". ➔ Declaração dos direitos e garantias individuais no art. 141, com 38 parágrafos. *Caput* do art. 141 – "A Constituição assegura aos brasileiros e aos estrangeiros residentes no País a inviolabilidade dos direitos concernentes à vida, à liberdade, à segurança individual e à propriedade, nos termos seguintes: (...)". ➔ Algumas novidades: princípio da inafastabilidade da jurisdição, contraditório, mandado de segurança e direito de certidão; ➔ **Inovações importantes:** insere o direito à vida no *caput* do artigo que contém a declaração de direitos individuais. Além de reconhecer direitos econômicos e sociais (Título V – "Da Ordem Econômica e Social"), também instituiu direitos relacionados à família, educação e cultura (Título VI – "Da Família, da Educação e da Cultura").

Fonte: elaborada pelo autor

Constituição de 1967	
Cenário Político	Ditadura militar, instituída pelo golpe de 1964
Abordagem dos Direitos Fundamentais	➔ Constituição elaborada pelo Congresso Nacional, investido de Poder Constituinte Originário pelo governo ditatorial militar, que por sua vez controlava o próprio Congresso. ➔ Previsão no Título II – "Da Declaração de Direitos", Capítulo I – "Da Nacionalidade", Capítulo II – "Dos Direitos Políticos", Capítulo III – "Dos Partidos Políticos" e Capítulo IV – "Dos Direitos e das Garantias Individuais". ➔ Declaração dos direitos e garantias individuais no art. 150, com 35 parágrafos. *Caput* do art. 150 – "A Constituição assegura aos brasileiros e aos estrangeiros residentes no País a inviolabilidade dos direitos concernentes à vida, à liberdade, à segurança e à propriedade, nos termos seguintes: (...)" ➔ **Algumas novidades**: sigilo das comunicações telefônicas e telegráficas e respeito à integridade física e moral do preso. ➔ **Retrocessos:** em matéria de direitos fundamentais, não trouxe inovação importante, tendo, ao contrário, por força da EC 1/69, sofrido inúmeras restrições quanto a esses direitos.

Fonte: elaborada pelo autor

A Constituição Federal de 1988, por tudo o que representa para os direitos fundamentais, merece abordagem em separado.

3.3. Direitos fundamentais na Constituição Federal de 1988

A ciência política e a teoria constitucional ensinam que uma constituição legítima é aquela que, instituída a partir do exercício do Poder Constituinte Originário (ilimitado e soberano), representa, concomitantemente, a ruptura com certo regime político-jurídico e a inauguração de outro.

No caso da Constituição Federal de 1988, não são poucos os que refutam ter havido descontinuidade de ordens constitucionais, uma vez que a Assembleia Nacional Constituinte de 1987 foi instalada por força da Emenda Constitucional nº 26 à Carta Política anterior. Não obstante esse entendimento altamente discutível, para dizer o mínimo, o texto da Constituição Federal de 1988 evidencia, com eloquência marcante, essa ruptura com a ordem ditatorial institucionalizada pela Constituição de 1967 e sua EC nº 1/69, sob a qual se praticou toda a sorte de violação de direitos humanos, em especial pelo abuso do poder estatal.

Como também é de conhecimento dos estudos constitucionais, toda constituição democrática nasce do chamando "consenso possível" entre os diferentes interesses que permeiam qualquer sociedade plural e fazem-se representar em uma Assembleia Nacional Constituinte.

No caso da Constituição Federal de 1988, o Poder Constituinte Originário foi exercido por um colegiado extremamente eclético, no que se refere aos interesses representados. Ali, tutelaram-se interesses dos mais diversos grupos: agronegócio, indústria, bancos, investimento estrangeiro, sindicatos, Igreja etc. Até mesmo várias pessoas comprometidas (abertamente ou não) com o antecessor regime ditatorial militar tiveram assento na assembleia de elaboração da nova Carta, ao que se contrapôs a intensa participação da sociedade civil, sobretudo acompanhando o processo e propondo encaminhamentos aos parlamentares. Como explica INOCÊNCIO MÁRTIRES COELHO, a Constituição Federal de 1988 já nasce com profundas diferenças em relação a todas as suas antecessoras:

> (...) a Constituição de 1988, em razão mesmo do seu processo de elaboração, é a mais democrática de nossas cartas políticas, seja em razão do ambiente em que ela foi gerada – participação era, então, a palavra de ordem –, seja em função da experiência negativamente acumulada nos momentos constitucionais precedentes, quando, via de regra, nossas constituições foram simplesmente outorgadas ou resultaram de textos originariamente redigidos por grupos de notáveis – com ou sem mandato político –, para só depois serem levados a debate nas assembleias constituintes. A essa luz, a rigor, só a Carta Política de 1988 pode ser considerada uma constituição verdadeiramente espontânea, porque foi feita de baixo para cima e de fora para dentro, sendo todas as demais ou impostas por déspotas – uns pouco, outros nem tanto esclarecidos –, ou induzidas por tutores intelectuais, que não nos consideravam crescidos o bastante para caminharmos com as próprias pernas e traçarmos nosso destino.[112]

Os trabalhos assembleares que precederam a elaboração da nova Constituição, assim como o seu próprio texto, comprovam que, mesmo neste "caldeirão de intenções", o consenso possível em relação aos direitos fundamentais colocou-os, de modo inédito, como o sustentáculo da nova ordem que se inaugurava. Em clara e indiscutível resposta aos "anos de chumbo", o ordenamento jurídico brasileiro, definitivamente, aderiu ao **protagonismo dos direitos humanos como escudo face às arbitrariedades estatais**.

Não por outro motivo, senão pela consagração do respeito, da proteção e promoção dos direitos humanos como desejo máximo da sociedade brasileira e, por conseguinte, objetivo central do ordenamento jurídico, a declaração de direitos fundamentais, **pela primeira vez na história das constituições do Brasil**, antecede, topograficamente, na Carta Política, as normas de organização estatal (distinção das unidades federativas, divisão de Poderes, distribuição de competências etc.). Tal cenário apresenta-se como necessário desdobramento da eleição da Dignidade da Pessoa Humana como um dos fundamentos da República Federativa do Brasil (art. 1º, III).

Este mesmo anseio de destacamento dos direitos fundamentais traduz-se em números: são 78 (setenta e oito) os incisos constantes da declaração de direitos individuais e coletivos (art. 5º), mais do que o dobro, em comparação com todas as constituições anteriores.

Inovou, outrossim, a Constituição Federal de 1988, quando declarou a existência de direitos sociais sob o mesmo título dos direitos individuais, políticos e de nacionalidade (Título II – "Dos Direitos e Garantias Fundamentais"), denotando seu compromisso não apenas com a preservação das liberdades do indivíduo, mas, igualmente, com as suas condições de subsistência e de desenvolvimento.

O perfil social da Constituição é algo a ser realçado, sobretudo em face da permanente e inaceitável primazia que se costuma conferir aos direitos civis e políticos (individuais, co-

112 MENDES, Gilmar; COELHO, Inocêncio Mártires; BRANCO, Paulo Gustavo Gonet. **Curso de direito constitucional**. 5. ed. São Paulo: Saraiva, 2010, p. 246-247.

letivos, de nacionalidade e políticos) em comparação com os direitos sociais. Tal perfil já é descortinado no preâmbulo da Carta:

> Nós, representantes do povo brasileiro, reunidos em Assembleia Nacional Constituinte para instituir um Estado Democrático, destinado a assegurar o exercício dos **direitos sociais** e individuais, a liberdade, a segurança, o **bem-estar**, o desenvolvimento, a igualdade e a justiça como valores supremos de uma sociedade fraterna, pluralista e sem preconceitos, fundada na **harmonia social** e comprometida, na ordem interna e internacional, com a solução pacífica das controvérsias, promulgamos, sob a proteção de Deus, a seguinte CONSTITUIÇÃO DA REPÚBLICA FEDERATIVA DO BRASIL. (destacado)

Ao declarar o direito de propriedade como direito fundamental, a Carta de 1988 assume a adoção do sistema capitalista pelo Estado brasileiro. Todavia, reiteradamente e em comunhão com seu preâmbulo, o texto constitucional faz questão de esclarecer que tal adoção não se dá de modo absoluto (liberalismo econômico puro), mas, sim, condicionado à satisfação do **bem-estar social**, na acepção mais ampla que a expressão possa ter. Prova disso é que o direito de propriedade (e, por conseguinte, suas manifestações capitalistas, como a livre iniciativa) é direito fundamental cujo gozo está condicionado à observância da sua **função social**.

Abre-se espaço, então, para expressões como "capitalismo solidário" e "constitucionalismo fraternal"[113]. Para JORGE LUÍS SOUTO MAIOR, a Constituição Federal de 1988 estabelece um ordenamento jurídico pautado pelo "Direito Social", de inescapável aplicação:

> O Direito Social não é uma simples complementação da ordem anteriormente existente, é a sua reconstrução. O Direito Social não se trata, assim, de uma dimensão específica do direito, é, isto sim, a única dimensão vigente. Neste contexto, há uma prioridade no ordenamento jurídico, que é a satisfação dos valores fundamentais do Direito Social: impor a solidariedade (necessário retorno de natureza social à ordem econômica, pelo pressuposto da responsabilidade social como obrigação jurídica); fazer valer a justiça social e preservar a dignidade humana.[114]

Sem dúvida, a Constituição vigente, sobretudo em relação aos direitos fundamentais, pauta-se por diretrizes sociais, para muito além da preservação de interesses econômicos e particulares, que devem solidarizar-se. Vários dos seus dispositivos acerca do perfil do Estado brasileiro expressam este compromisso:

> **Fundamentos da República →** dignidade da pessoa humana e valor social do trabalho (art. 1º, III e IV)
>
> **Objetivos da República (todos essencialmente sociais) →** construir uma sociedade livre, justa e solidária; garantir o desenvolvimento nacional; erradicar a pobreza e a marginalização e reduzir as desigualdades sociais e regionais; promover o bem de todos, sem preconceitos de origem, raça, sexo, cor, idade e quaisquer outras formas de discriminação (art. 3º)

---

113 MARMELSTEIN, George. **Curso de direitos fundamentais**. 2. ed. São Paulo: Atlas, 2009, p. 73-74.

114 SOUTO MAIOR. Jorge Luís. O que é direito social? In: CORREIA, Marcus Orione Gonçalves (Org.). **Curso de Direito do Trabalho** – Vol. 1: Teoria Geral do Direito do Trabalho – Coleção Pedro Vidal Neto. São Paulo: LTr, 2007, p. 29.

Declaração de direitos fundamentais sociais ➔ "são direitos sociais a educação, a saúde, a alimentação, o trabalho, a moradia, o transporte, o lazer, a segurança, a previdência social, a proteção à maternidade e à infância, a assistência aos desamparados, na forma desta Constituição" (art. 6º)

Direito à propriedade, respeitada a sua função social ➔ a propriedade atenderá à sua função social (art. 5º, XXIII)

Princípios da atividade econômica, vinculados aos aspectos sociais ➔ "A ordem econômica, fundada na valorização do trabalho humano e na livre iniciativa, tem por fim assegurar a todos existência digna, conforme os ditames da justiça social, observados os seguintes princípios: (...) função social da propriedade; (...) redução das desigualdades regionais e sociais; e busca do pleno emprego" (art. 170, *caput* e incisos II, VII e VIII – destacado)

Em que pese a substancial ampliação dos bens protegidos pelas normas de direitos fundamentais, sua declaração é expressamente **exemplificativa**, tendo-se repetido a fórmula utilizada desde a Constituição de 1891: "Os direitos e garantias expressos nesta Constituição não excluem outros decorrentes do regime e dos princípios por ela adotados, ou dos tratados internacionais em que a República Federativa do Brasil seja parte" (§ 2º do art. 5º da CF/88).

A Carta Política vigorante é, portanto, assumidamente pródiga no que se refere a direitos fundamentais, consagrando a **força expansiva** dos direitos humanos (aptidão para, continuamente, ampliar suas extensões qualitativa e quantitativa).

Quase 30 (trinta) anos depois da promulgação da Constituição Federal, seus avanços, suas idiossincrasias e suas falhas permanecem exigindo, para seu completo entendimento, análise à luz do contexto histórico que a inspirou, caracterizado pela absoluta repulsa à afronta aos direitos mais elementares do indivíduo e da coletividade, verificada sob o regime a ser, à época, substituído. Nem por isso ela contém disposições com aplicação que se justifica apenas ao tempo de sua entrada em vigor. Muito pelo contrário.

No momento em que o próprio texto constitucional impõe ao Estado objetivos bem definidos – quais sejam, "construir uma sociedade livre, justa e solidária; garantir o desenvolvimento nacional; erradicar a pobreza e a marginalização e reduzir as desigualdades sociais e regionais; promover o bem de todos, sem preconceitos de origem, raça, sexo, cor, idade e quaisquer outras formas de discriminação" (art. 3º) – e, ao mesmo tempo, preceitua que "as normas definidoras dos direitos e garantias fundamentais têm aplicação imediata" (art. 5º, § 1º), não pode haver dúvida de que a Constituição admite a necessidade e exige sua própria concretização, isto é, a produção de efeitos (efetividade)[115].

Em sendo assim, os fundamentos e os objetivos constitucionais não comportam discricionariedade estatal (exame de oportunidade e conveniência). **A Constituição não é, pois, um programa ("programática")** a ser observado quando e se possível, mesmo em que matéria de implementação de direitos sociais. Sua concretização está imposta a todos os setores públicos e privados, principalmente ao Estado, entendido de modo abrangente (Poderes, unidades, órgãos etc.).

E a concretização da Constituição Federal de 1988 subordina-se, inescapavelmente, à efetividade dos direitos fundamentais.

---

115 MARMELSTEIN, George, op. cit., p. 68.

A declaração de direitos fundamentais está assim organizada no texto constitucional:

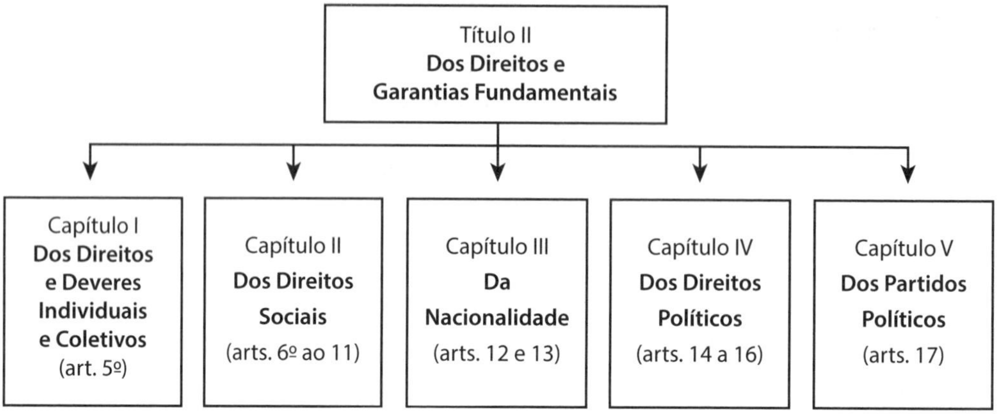

Fonte: elaborada pelo autor

Apesar de, como visto, não ser recomendável qualquer classificação estanque dos direitos humanos, pode-se, para fins didáticos, afirmar que os Capítulos I, III, IV e V da Constituição Federal de 1988 dedicam-se aos chamados direitos civis e políticos, cuidando o Capítulo II dos direitos sociais, sem deixar de recordar-se que tais capítulos consubstanciam rol aberto (não taxativo) de direitos fundamentais, nos termos do § 2º do art. 5º.

3.4. Direitos e garantias fundamentais como cláusulas pétreas

As cláusulas pétreas são manifestação da rigidez constitucional, apresentando-se como mecanismo essencial para a preservação do perfil adotado pela Constituição Federal, porquanto impedem que determinadas normas do texto constitucional possam ser suprimidas, ainda que sob o patrocínio do Poder Legislativo. Em metáfora simplista, mas didática, pode-se dizer que as cláusulas pétreas são o escudo do Poder Constituinte Originário contra o Poder Constituinte Derivado.

A história mostra que a Constituição Federal de 1988 alçou os direitos fundamentais a patamar nunca ostentado no constitucionalismo brasileiro, de modo que o ordenamento jurídico pátrio revela, na enunciação desses direitos, os valores mais caros à sociedade, e por isso mesmo intangíveis.

Ao estabelecer o rol das suas cláusulas pétreas, a Constituição Federal, nos incisos do § 4º do art. 60 (mais substancialmente nos incisos II e IV), consagra os direitos fundamentais como um dos pilares da ordem jurídica nacional. A norma está assim enunciada:

> Art. 60. (...)
> § 4º. Não será objeto de deliberação a proposta de emenda tendente a abolir:
> I – a forma federativa de Estado;
> II – o voto direto, secreto, universal e periódico;
> III – a separação dos Poderes;
> IV – os direitos e garantias individuais.

O texto normativo, por muito tempo, suscitou intensos debates a respeito do alcance da proteção. Há que se reconhecer que o Constituinte foi impreciso ao não adotar uma terminologia uniforme, uma vez que a expressão "direitos e garantias individuais" não se encontra reproduzida no Título II – "Dos Direitos e Garantias Fundamentais" ou em qualquer de seus capítulos, sendo o título do Capítulo I – "Dos direitos e deveres individuais e coletivos" o que mais se aproxima da literalidade do inciso IV do § 4º do art. 60.

A primeira questão, pois, que se colocou, foi saber se a "petrificação" contempla apenas as normas constantes do Capítulo I do Título I da Carta Maior, isto é, as do art. 5º. Reverberando toda a doutrina especializada, MARMELSTEIN recorda três julgamentos que demonstram que o Supremo Tribunal Federal já dissipou qualquer dúvida a respeito, em favor de uma concepção abrangente da proteção conferida pela cláusula pétrea[116]. São eles:

> **IPMF e a anterioridade tributária (ADI 939-7/DF) →** no ano de 1993, o STF, a propósito da análise da constitucionalidade da Emenda Constitucional e da lei complementar que instituíram o IPMF – Imposto Provisório sobre Movimentação Financeira, concluiu que estas normas não poderiam ter afastado, como fizeram, a incidência do art. 150, III, "b", da Constituição Federal, que proíbe a cobrança de tributo no mesmo exercício financeiro em que haja sido publicada a lei que o instituiu (a conhecida "anterioridade tributária"). O STF declarou que a norma instituidora da anterioridade tributária é cláusula pétrea, a despeito de estar enunciada no art. 150. 5º. **O STF admitiu, portanto, que há cláusulas pétreas fora do art. 5º da CF e até mesmo do seu Título II.**
>
> **Licença-gestante e igualdade de gênero no mercado de trabalho (ADI 1.946-5/DF) →** em 2003, o STF examinou a constitucionalidade do art. 14 da Emenda Constitucional 20/98, naquilo em que estipulou teto para pagamento de qualquer benefício pelo Regime Geral de Previdência Social. No que tange ao pagamento do benefício relativo à licença-gestante, o tribunal entendeu que a emenda, ao resultar no dever patronal de custear eventual diferença entre o teto estabelecido para pagamento pelo INSS e o salário da gestante, promovia verdadeiro retrocesso na inserção da mulher no mercado de trabalho, na medida em que desestimularia sua contratação em vista do empregador vislumbrar possível despesa adicional em caso de afastamento por gravidez. O acórdão insurge-se contra o que seria verdadeira negação material de vigência aos incisos XVIII e XXX do art. 7º da Constituição Federal, admitindo, portanto, a impossibilidade de supressão de direitos previstos no seu Capítulo II – "Dos Direitos Sociais". Apesar da decisão não tê-lo dito expressamente, do resultado do julgamento **conclui-se que a proteção das cláusulas pétreas alcança os direitos sociais.**
>
> **Fim da verticalização partidária e anualidade eleitoral (ADI 3.685-8/DF) →** em 2006, o STF foi instado a manifestar-se sobre a constitucionalidade da Emenda Constitucional 52/06, que instituía, já para a eleição do mesmo ano de sua promulgação, o fim da proibição aos partidos políticos com candidatos à Presidência da República de realizarem coligação para eleições estaduais com partidos que, isoladamente ou mediante outra aliança, também contassem com candidato ao Governo Federal. Tal proibição, estabelecida pelo Tribunal Superior Eleitoral, teve o intuito de conduzir os partidos políticos a manterem coligações coerentes nos âmbitos das eleições federais

---

116 MARMELSTEIN, George, op. cit., p. 265-268.

e estaduais ("verticalização"). O STF afastou a aplicação da alteração constitucional para o mesmo ano da sua promulgação, alegando afronta ao art. 16 da Constituição Federal, que consagra a anualidade eleitoral. Consequentemente, **restou mais uma vez admitida a existência de norma protegida contra a supressão enunciada fora do art. 5º da Carta Maior.**

Para além do julgamento da aludida ADI 1.946-5/DF, acerca da licença-gestante, SARLET, em favor do alcance dos direitos sociais pelo disposto no inciso IV do § 4º do art. 60, conjuga fortes argumentos, a saber: a Constituição Federal não estabelece a preferência dos direitos fundamentais individuais sobre os direitos fundamentais sociais; todos os direitos fundamentais sociais, na medida em que estão aptos a ensejar direitos subjetivos (aplicação imediata do art. 5º, § 1º), ostentam dimensão individual de produção de efeitos; o § 2º do art. 5º da Constituição Federal estatui que o rol de direitos enunciados neste mesmo artigo é exemplificativo e não taxativo; tomando-se apenas os direitos enunciados pelo art. 5º como abarcados pela "petrificação", *a contrario sensu* ter-se-ia que excluir dessa proteção os direitos políticos e de nacionalidade (arts. 14 a 17), corriqueiramente tratados como direitos individuais; existência de "limites implícitos de reforma", a escudar o texto constitucional de afronta à sua "identidade social", aferível do preâmbulo, dos fundamentos e objetivos da República (arts. 1º e 3º) e do extenso rol de direitos sociais enunciados no Capítulo II do Título II; e, finalmente, o respeito à obrigação de não retrocesso social[117]. CANOTILHO assim conceitua o não retrocesso social:

> (...) o núcleo essencial dos direitos sociais já realizado e efectivado através de medidas legislativas ("lei de segurança social", lei do subsídio de desemprego", "lei do serviço de saúde") deve considerar-se constitucionalmente garantido, sendo inconstitucionais quaisquer medidas estaduais que, sem a criação de outros esquemas alternativos ou compensatórios, se traduzam, na prática, numa "anulação", "revogação" ou "aniquilação" pura e simples desse núcleo essencial.[118]

Além dos ditames da Constituição Federal com "identidade social", o Brasil, outrossim, encontra-se obrigado a observar a proibição do retrocesso social por força da adesão (Dec. 3.321/99) ao Protocolo Adicional à Convenção Americana sobre Direitos Humanos em Matéria de Direitos Econômicos, Sociais e Culturais, também conhecido por "Protocolo de San Salvador", firmado no âmbito da OEA – Organização dos Estados Americanos, e que, em seu art. 1º, impõe aos poderes públicos a adoção "**progressiva**" de medidas de implementação dos direitos sociais:

> Os Estados Partes neste Protocolo Adicional à Convenção Americana sobre Direitos Humanos comprometemse a adotar as medidas necessárias, tanto de ordem interna como por meio da cooperação entre os Estados, especialmente econômica e técnica, até o máximo dos recursos disponíveis e levando em conta seu grau de desenvolvimento, a fim de conseguir, progressivamente e de acordo com a legislação interna, a plena efetividade dos direitos reconhecidos neste Protocolo.

---

117 SARLET, Ingo Wolfgang. A problemática dos fundamentais sociais como limites materiais ao poder de reforma da constituição. In: SARLET, Ingo Wolfgang (Org.). **Direitos fundamentais sociais**: estudos de Direito Constitucional, Internacional e Comparado. Rio de Janeiro: Renovar, 2003, p. 333-394.

118 CANOTILHO, J.J. Gomes, op. cit., p. 340.

Em suma, a vedação do retrocesso social não significa a impossibilidade absoluta de alteração das normas voltadas à implementação de direitos sociais, mas exige que a sua modificação não importe em supressão do direito em si ou perda qualitativa do patamar de efetividade anteriormente alcançado.

A proibição do retrocesso social, ao mirar não apenas as medidas supressivas de direitos sociais, mas também aquelas que acarretem a atrofia do patamar de efetividade já obtido, chama a atenção para que inconstitucionais não são apenas as normas reformadoras que, deliberadamente, visem excluir um direito social previsto na Constituição Federal. Tal advertência pode e deve ser estendida aos demais direitos fundamentais, à luz da literalidade do § 4º do art. 60, que ao dispor "não será objeto de deliberação a proposta de emenda **tendente** a abolir" (destacado), impõe o rechaço de qualquer norma jurídica que, embora não leve o direito fundamental à extinção, contribua, sem amparo constitucional, para o seu sacrifício.

3.5. Incorporação dos tratados internacionais de direitos humanos

A praxe da vinculação do Estado brasileiro a um tratado internacional de direitos humanos e sua vigência no plano interno do País já foi objeto de estudo neste curso, por ocasião do estudo das fontes de Direito Internacional dos Direitos Humanos, momento em que foi possível entender que tal processo comporta 2 (duas) etapas que se desenvolvem em espaços diferentes.

No plano internacional, o depósito da ratificação pelo Presidente da República (art. 84, VIII, da CF) junto à autoridade internacional previamente apontada formaliza a vinculação do Estado brasileiro ao cumprimento das disposições de um tratado, podendo sofrer sanções internacionais em caso de inadimplemento.

Já no plano nacional, a ratificação deve ser precedida de autorização do Congresso Nacional, bem como a produção de efeitos do tratado no território nacional depende da expedição de Decreto Presidencial de promulgação, segundo entendimento firmado pelo STF.

Se quando do exame das fontes de direito internacional dos direitos humanos, o enfoque recaiu sobre o momento e os efeitos da vinculação do Estado brasileiro a tratados no plano internacional, as atenções se voltam, agora, para as condições de incorporação e eficácia das normas internacionais convencionais no plano doméstico.

Conquanto o Direito Internacional dos Direitos Humanos seja composto de outras fontes formais, para além dos tratados, são elas utilizadas ainda de modo muito incipiente pelos juristas nacionais, afigurando-se desprezível a quantidade de decisões judiciais apoiadas em costume internacional ou em princípios gerais quanto a direitos humanos. Os tratados internacionais de direitos humanos têm realmente gozado de mais de prestígio junto à comunidade jurídica doméstica, embora sejam aproveitados muito aquém do seu real potencial.

Sua incorporação ao ordenamento jurídico brasileiro é, porém, tema sobremaneira controverso, inclusive dentro do Poder Judiciário, como o revelam até mesmo as mudanças de entendimento do STF. O núcleo da controvérsia reside na fixação da hierarquia normativa dos tratados internacionais de direitos humanos, dentro do ordenamento jurídico nacional. A importância desse tema é, aliás, diretamente proporcional à intensidade do debate, porquanto o *status* (hierarquia) conferido às normas de Direito Internacional dos Direitos Humanos dá o tom da força do compromisso brasileiro para com a proteção desses direitos.

Ainda na vigência da ordem constitucional anterior àquela instituída em 1988, por ocasião do julgamento do RE 80.004/SE, de 1977, o tratar da aplicabilidade da Convenção de Genebra – que previu a lei uniforme sobre letras de câmbio e notas promissórias (matéria de Direito Comercial) –, devidamente ratificada pelo Brasil, o STF declarou que qualquer tratado internacional, independente do tema versado, ingressava no ordenamento jurídico brasileiro com hierarquia correspondente à de lei ordinária federal, podendo, portanto, ter sua validade nacional interrompida, por exemplo, por lei ordinária federal superveniente.

A Constituição Federal de 1988 conta com disposições pontuais afetas ao processo de controle de constitucionalidade dos tratados internacionais, quais sejam, os arts. 102, III, "b"; e 105, III, "a", os quais, associados à regra geral de processo legislativo cunhada no art. 47, serviram para corroborar a ideia de paridade com lei ordinária federal consagrada pelo STF, nos anos setenta.

Diz o art. 47 da Constituição Federal que "salvo disposição constitucional em contrário, as deliberações de cada Casa e de suas Comissões serão tomadas por maioria dos votos, presente a maioria absoluta de seus membros". O art. 102, III, *b*, da Constituição Federal estabelece que cabe ao Supremo Tribunal Federal "julgar, mediante recurso extraordinário, as causas decididas em única ou última instância, quando a decisão recorrida (...) declarar a inconstitucionalidade de **tratado ou lei federal**" (destacado). A seguir, o art. 105, III, "a", estatui competir ao Superior Tribunal de Justiça "julgar, em recurso especial, as causas decididas, em única ou última instância, pelos Tribunais Regionais Federais ou pelos tribunais dos Estados, do Distrito Federal e Territórios, quando a decisão recorrida contrariar **tratado ou lei federal**, ou negar-lhes vigência" (destacado).

Comumente, infere-se do art. 102, III, "b", que os tratados internacionais estão sujeitos a controle de constitucionalidade, portanto, são normas infraconstitucionais na ordem jurídica brasileira, bem como entende-se que tratados internacionais são normas de *status* hierárquico equivalente a leis ordinárias federais, porque, a uma, o Decreto Legislativo congressual que aprova a ratificação está submetido ao mesmo quórum geral de aprovação aplicável às leis federais ordinárias e, a duas, por ser a mesma figura do recurso especial cabível junto ao STJ para apreciar decisão que contrarie tanto lei ordinária federal quanto tratado internacional, o que, alega-se, indica paridade hierárquica.

Conquanto fosse desejável e a despeito dos citados dispositivos, a Constituição Federal de 1988 não contemplou artigo ou capítulo que, expressamente, elucide a relação do ordenamento jurídico interno com o Direito Internacional, assim contribuindo para que os debates doutrinários e jurisprudenciais intensificassem-se, em virtude da eloquência do compromisso constitucional com os direitos humanos, enunciados em um catálogo pródigo, porém não exaustivo, em consequência da cláusula de abertura contida no parágrafo 2º do art. 5º, segundo a qual os regimes, princípios **e tratados internacionais** são fontes normativas complementares do extenso rol consagrado. Tal disposição fez explodir, com toda força, a reivindicação de uma abordagem diferenciada dos tratados internacionais de direitos humanos no contexto da ordem jurídica brasileira, pleito esse não acatado, de plano, pela Corte Constitucional pátria, mas que, depois, viria a provocar reviravoltas jurisprudenciais.

Logo após a entrada em vigor da Constituição Federal de 1988, o STF manteve a posição, firmada em 1977, de reconhecer a qualquer tratado internacional, inclusive de direitos humanos, o *status* equivalente ao de lei ordinária federal (**tese da legalidade**). Nesse passo, conflito entre tratado internacional e lei ordinária federal deveria solucionar-se pelos tradicionais critérios de cronologia e especialidade. Esse foi o entendimento sufragado, por maioria, em 1995, no paradigmático HC 72.131/RJ, que versou sobre o conflito entre a Convenção Americana sobre Direitos Humanos ("Pacto de San José da Costa Rica" - art. 7º, item 7), proibitiva da prisão civil por qualquer outra dívida que não a alimentar, e a disposição do inciso LXVII do art. 5º da Constituição Federal, permissiva da prisão civil de infiel depositário.

A decisão do STF fez sucumbir a norma internacional frente ao estabelecido constitucionalmente. Como reforço de argumento, o acórdão comparou a Constituição Federal brasileira com a Constituição da Argentina – a qual, reformada em 1994, passou a consagrar, expressamente, a hierarquia constitucional dos tratados de direitos humanos –, com o que sustentou que a cogitada admissão do *status* constitucional está vinculada a previsão expressa constante da Carta Constitucional.

Dois anos depois, na ADI 1.480/DF (Medida Cautelar), julgada em 1997, a Suprema Corte reiterou a adesão à tese da legalidade. A ação foi proposta pela Confederação Nacional do Transporte, em conjunto com a Confederação Nacional da Indústria, com o intuito de ver reconhecida a inconstitucionalidade parcial do Decreto Legislativo do Congresso Nacional que aprovou a ratificação e do Decreto presidencial que promulgou a Convenção nº 158 da Organização Internacional do Trabalho sobre Término da Relação de Trabalho por Iniciativa do Empregador (proibitiva da dispensa injustificada), portanto, um tratado internacional de direitos humanos.

No ano 2000, no RHC 79.785/RJ, o então Ministro SEPÚLVEDA PERTENCE propôs solução conciliatória entre a posição do STF e as críticas alinhadas às teses constitucional e supraconstitucional. Pretendeu o Ministro a outorga de até então inusitada força "supralegal" aos tratados internacionais de direitos humanos, imputando-lhes *status* inferior à Constituição Federal, mas superior à toda normativa infraconstitucional. Não houve adesão dos pares à sugestão.

A tese da legalidade sempre experimentou ferrenhos ataques, sobretudo doutrinários. Há quem ainda defenda até mesmo a **tese da supraconstitucionalidade** dos tratados de direitos humanos, pretendendo que sejam superiores à própria Constituição Federal, com base, em linhas gerais, na defesa da prevalência do Direito Internacional e do dever já citado dos Estados adequarem seu ordenamento jurídico aos compromissos internacionalmente assumidos.

Paralelamente, há, ainda, a **tese da constitucionalidade** dos tratados internacionais de direitos humanos, fundamentada no § 2º do art. 5º da Constituição Federal, que, em sendo cláusula aberta, coloca-os, expressamente, em paridade com os direitos fundamentais declarados pela Carta Magna, distinguindo-os, pois, dos demais tratados. Notórios defensores e divulgadores desta corrente são Cançado Trindade, Flavia Piovesan, André De Carvalho Ramos e Ingo W. Sarlet.

Foi em meio a essa candente discussão que se operou, por força da Emenda Constitucional nº 45/2004, a inserção do § 3º no art. 5º da Constituição Federal, *in verbis*: "os tratados e convenções internacionais sobre direitos humanos que forem aprovados, em cada Casa do Congresso Nacional, em dois turnos, por três quintos dos votos dos respectivos membros, serão equivalentes às emendas constitucionais".

O que pareceu ser uma tentativa de abrandar a polêmica, em direção ao reconhecimento da hierarquia constitucional dos tratados de direitos humanos, trouxe mais dúvidas, chegando parte da doutrina a classificar a alteração de "retrocesso". Isso porque o texto normativo em questão faz entender que tratados internacionais de direitos humanos **poderão ou não** ser aprovados com o quórum diferenciado de três quintos, em dois turnos de votação em cada Casa do Congresso Nacional (mesmo quórum para Emendas Constitucionais), conduzindo à noção de que apenas os assim chancelados terão o *status* da constitucionalidade. Demais disso, não houve qualquer regulamentação acerca dos tratados assinados antes da entrada em vigor do novo dispositivo.[119]

---

119 Em seu voto em separado para o Caso Ximenes Lopes *versus* Brasil, o então juiz da Corte Interamericana de Direitos Humanos, CANÇADO TRINDADE, vociferou contra o parágrafo 3º do art. 5º da Constituição Federal brasileira: "Esta nova disposição busca outorgar, de forma bisonha, *status* constitucional, no âmbito do direito interno brasileiro, tão só aos tratados de direitos humanos que sejam aprovados

Facultado pelo § 3º do art. 5º da Constituição Federal, o rito especial para aprovação congressual de um tratado internacional de direitos humanos pode ser objeto de solicitação expressa pelo Presidente da República, contida na mensagem de encaminhamento do texto da convenção ao Parlamento, ou pode ser adotado de ofício pelo Congresso Nacional. **Até esta data, são apenas 4 (quatro) os tratados aprovados com o quórum qualificado previsto no § 3º do art. 5º**, quais sejam, a Convenção Internacional sobre os Direitos das Pessoas com Deficiência e seu Protocolo Facultativo (promulgação pelo Decreto nº 6.949/2009), o Tratado de Marraqueche para Facilitar o Acesso a Obras Publicadas às Pessoas Cegas, com Deficiência Visual ou com Outras Dificuldades para Ter Acesso ao Texto Impresso (promulgação pelo Decreto nº 9.522/2018) e a Convenção Interamericana contra o Racismo, a Discriminação Racial e Formas Correlatas de Intolerância (aprovação congressual pelo Decreto Legislativo nº 1/2021).

A alteração promovida pelo § 3º do art. 5º provocou nova discussão no STF e quis o destino que fosse travada por ocasião do mesmo tema antes enfrentado: a prisão civil do depositário infiel. Já não havendo mais espaço para a tese da legalidade, ante a crescente preocupação com a efetividade dos direitos humanos, foi no famoso RE 466.343, de 2008, que o STF alterou seu posicionamento, sem avançar, entretanto, para a admissão da tese da constitucionalidade. Recuperou-se a sugestão do Ministro SEPÚLVEDA PERTENCE, lançada no RHC 79.785/RJ de 2000, segundo a qual os tratados de direitos humanos têm *status* supralegal, portanto, hierarquicamente inferior à Constituição, mas superior às demais normas infraconstitucionais (**tese da supralegalidade**). A decisão havida no RE 466.343 fundamentou a aprovação, em 16 de dezembro de 2009, pelo STF da Súmula Vinculante nº 25: "É ilícita a prisão civil de depositário infiel, qualquer que seja a modalidade do depósito".

Registre-se que o voto condutor da alteração da posição prevalente no STF, da lavra do Ministro GILMAR MENDES, acabou por dar solução inusitada ao caso da antinomia entre Constituição Federal brasileira (art. 5º, LXVII), de um lado, e o Pacto Internacional sobre Direitos Civis e Políticos (art. 11) e a Convenção Americana sobre Direitos Humanos (art. 7º, 7), de outro, no concernente à prisão do depositário infiel. É que a supralegalidade dos tratados internacionais de direitos humanos não suplanta a possibilidade da prisão em questão, expressamente prevista na Carta Constitucional do Brasil, mas, segundo o STF, ambos os dispositivos internacionais provocam "efeito paralisante" das normas infraconstitucionais que regulam aquele tipo de prisão, a exemplo do art. 652 do Código Civil. Em suma, o RE

por maioria de 3/5 dos membros tanto da Câmara dos Deputados como do Senado Federal (...). Mal concebido, mal redigido e mal formulado, representa um lamentável retrocesso em relação ao modelo aberto consagrado pelo parágrafo 2 do artigo 5 da Constituição Federal de 1988, que resultou de uma proposta de minha autoria à Assembleia Nacional Constituinte, como historicamente documentado. No tocante aos tratados anteriormente aprovados, cria um imbróglio tão a gosto de publicistas estatocêntricos, insensíveis às necessidades de proteção do ser humano; em relação aos tratados a aprovar, cria a possibilidade de uma diferenciação tão a gosto de publicistas autistas e míopes, tão pouco familiarizados, – assim como os parlamentares que lhes dão ouvidos, – com as conquistas do Direito Internacional dos Direitos Humanos. Este retrocesso provinciano põe em risco a interrelação ou indivisibilidade dos direitos protegidos no Estado demandado (previstos nos tratados que o vinculam), ameaçando-os de fragmentação ou atomização, em favor dos excessos de um formalismo e hermetismo jurídicos eivados de obscurantismo. A nova disposição é vista com complacência e simpatia pelos assim chamados 'constitucionalistas internacionalistas', que se arvoram em jusinternacionalistas sem chegar nem de longe a sê-lo, porquanto só conseguem vislumbrar o sistema jurídico internacional através da ótica da Constituição nacional" (CORTE INTERAMERICANA DE DIREITOS HUMANOS. **Caso Ximenes Lopes versus Brasil.** Sentença de 4 de julho de 2006 (Mérito, Reparações e Custas). Voto separado do Juiz A.A. Cançado Trindade. San José da Costa Rica, 2006, p. 11. Disponível em: https://www.corteidh.or.cr/docs/casos/articulos/seriec_149_por.pdf. Acesso em: 03 jan. 2021).

466.343 é paradigmático tanto pela adesão à tese da supralegalidade quanto pela instituição da figura do "efeito paralisante" dos tratados internacionais de direitos humanos.

A interpretação conferida pelo STF ao parágrafo 3º do art. 5º da Constituição Federal admite, portanto, que o *status* hierárquico dos tratados internacionais de direitos humanos incorporados ao ordenamento jurídico brasileiro poderá variar entre constitucional e supralegal, a depender do quórum de aprovação congressual da ratificação do ato internacional.Institui-se, por conseguinte, a **"teoria do duplo *status*" (ou "duplo estatuto") dos tratados internacionais de direitos humanos**: aqueles aprovados mediante o quórum especial equivalente ao das emendas constitucionais, instituído pelo § 3º do art. 5º da CF, têm hierarquia constitucional; os demais ostentam *status* supralegal. Já os tratados internacionais "comuns" (que versam sobre temas distintos dos direitos humanos) ostentam *status* equivalente à lei ordinária federal, por força da interpretação combinada dos arts. 102, III, *b*; e 105, III, *a* e 47 da CF.

A teoria do duplo estatuto dos tratados internacionais de direitos humanos resulta, segundo CARVALHO RAMOS, em três conclusões: (i) a validade de normas infraconstitucionais depende de compatibilidade com a Constituição Federal e com os tratados internacionais de direitos humanos incorporados; (ii) cabe ao Poder Judiciário promover o controle de **constitucionalidade** de normas infraconstitucionais que atentem contra direitos humanos previstos em tratados internacionais ratificados com observância do rito especial previsto no parágrafo 3º do art. 5º da Constituição Federal, bem como o controle de **convencionalidade** de normas infraconstitucionais que atentem contra direitos humanos previstos em tratados internacionais ratificados sem observância desse rito especial; e (iii) os tratados internacionais ratificados com observância do rito especial integram o bloco de constitucionalidade restrito[120].

A pretexto da última conclusão, convém lembrar que **bloco de constitucionalidade** pode ser definido como "o conjunto de normas materialmente constitucionais que, junto com a constituição codificada de um Estado, formam um bloco normativo de hierarquia constitucional"[121].

A vanguarda na adoção da ideia de bloco de constitucionalidade cabe ao Conselho Constitucional da França (Decisão nº 71-44 de 1971), que cuidou de litígio envolvendo liberdade de associação, o fazendo mediante aplicação do preâmbulo da Constituição francesa de 1958, na parte em que faz expressa remissão ao preâmbulo da Constituição de 1946 e à Declaração dos Direitos do Homem e do Cidadão de 1789, valendo-se, portanto, de textos normativos exteriores à Constituição vigente para examinar constitucionalidade de ato normativo. A circunstância da Constituição da França de 1958 não contar com extenso rol de direitos fundamentais, diferentemente da Constituição Federal brasileira, motivou o impulso em favor do *blóc de constitucionalité.*[122]

Tratando de uma realidade constitucional semelhante à brasileira, em termos de proteção de direitos humanos, CANOTILHO afirma, sob prisma da Constituição portuguesa, que o bloco de constitucionalidade deve ser admitido apenas para os casos de "princípios reconduzíveis a uma densificação ou revelação específica de princípios positivamente plas-

---

120 RAMOS, André de Carvalho. **Curso de Direitos Humanos**. 7. ed. São Paulo: Saraiva Educação, 2020, p. 547.

121 LOPES, Ana Maria D´Ávila; CHEHAB, Isabelle Maria Campos Vasconcelos. Bloco de constitucionalidade e controle de convencionalidade: reforçando a proteção dos direitos humanos no Brasil. **Revista Brasileira de Direito**, v. 12, n. 2, p. 82–94, 15 dez. 2016, p. 83.

122 Id. Ibid.

mados", ou seja, é de se admitir que o parâmetro de constitucionalidade abrigue normas e princípios não expressamente constantes do texto constitucional, contanto que compatíveis com o que consta desse mesmo texto.[123] É o caso evidente dos tratados internacionais de direitos humanos ratificados pelo Brasil frente a uma Constituição Federal que determina um comprometimento ampliativo, isto é, permanentemente expansivo com esses direitos, à luz de seus art. 4º, II e 5º, parágrafo 2º.

No Brasil, decisão de 2002 do Ministro CELSO DE MELLO para a ADI 595/ES de 2002 costuma ser apontada como singular admissão, no âmbito do STF, da existência e importância do bloco de constitucionalidade, o que, por outro lado, denota o quanto a ideia ainda é pouco utilizada pela Suprema Corte.[124]

O justificável clamor pela compreensão dos tratados internacionais de direitos humanos como integrantes do bloco de constitucionalidade brasileiro decorre, logicamente, da tese da constitucionalidade, a qual, por sua vez, alicerça-se na clareza solar do texto do parágrafo 2º do art. 5 da Constituição Federal de 1988, enunciado que não desafia qualquer esforço interpretativo em nome da constitucionalidade daquelas normas internacionais.

Ancorado na tradição lusitana, sobretudo de JORGE MIRANDA, o constitucionalista brasileiro INGO SARLET aquiesce com a ideia da existência de direitos formal e materialmente fundamentais (ancorados na Constituição) e apenas materialmente fundamentais (não sediados no texto constitucional), argumentando que o parágrafo 2º do art. 5 da Constituição Federal "encerra uma autêntica norma geral inclusiva", abarcando os tratados internacionais de direitos humanos com *status* constitucional, a ponto de afirmar que "melhor tivesse sido que o reformador constitucional tivesse renunciado a inserir um § 3º no art. 5º".[125]

Lembra, ainda, SARLET, com indisputável pertinência, que possível antinomia entre disposição de tratado internacional de direitos humanos e norma constitucional ou infraconstitucional nacional deverá sempre ser observada segundo o consolidado cânone internacional do Princípio *Pro Persona*, consoante o qual há de prevalecer a norma mais favorável ao indivíduo.[126] Adotada essa conduta, não é de se temer pela responsabilização internacional por descumprimento de tratado de direitos humanos, porquanto a prevalência da norma nacional, se havida, deverá estar justificada por pela sua capacidade de oferecer uma melhor proteção do direito humano, o que não acarreta inadimplemento do compromisso internacional, mas justo o seu contrário.

Não obstante essas fortes e coerentes argumentações, até o momento, a tese da constitucionalidade não teve o condão de estabelecer-se na Suprema Corte brasileira, salvo opiniões minoritárias de alguns de seus integrantes.

É certo, por outro lado, que a celeuma não está encerrada. A inclusão do parágrafo 3º ao art. 5º e a superveniente adoção pelo STF da tese da supralegalidade, ao ensejar o duplo estatuto hierárquico dos tratados internacionais de direitos humanos, também impôs re-

---

123 CANOTILHO, J. J. Gomes. **Direito constitucional e teoria da constituição**, cit. p. 920.

124 Disse CELSO DE MELLO que "a definição do significado de bloco de constitucionalidade – independentemente da abrangência material que se lhe reconheça – reveste-se de fundamental importância no processo de fiscalização normativa abstrata, pois a exata qualificação conceitual dessa categoria jurídica projeta-se como fator determinante do caráter constitucional, ou não, dos atos estatais contestados em face da Carta Política" (STF, ADI nº 595/ES, publicação em 26/02/02).

125 SARLET, Ingo W.; MARINONI, Luiz Guilherme; MITIDIERO, Daniel. **Curso de Direito Constitucional**. 9. ed. São Paulo: Saraiva Educação, 2020, p. 335 e 355.

126 Id. Ibid., p. 355.

visões à doutrina alinhada à tese da constitucionalidade, com reflexos na teoria do bloco de constitucionalidade brasileiro. Nesta esteira, citem-se duas distinções propostas após o estabelecimento do duplo estatuto.

FLÁVIA PIOVESAN segue afirmando que os tratados internacionais de direitos humanos integram o bloco de constitucionalidade brasileiro, mas tenta "escapar" da dualidade trazida pelo § 3º do art. 5º, recorrendo à distinção entre normas material e formalmente constitucionais, com consequência prática para o ato da denúncia desses tratados por parte do Estado brasileiro – o qual, até o momento, ante o silêncio da Constituição Federal, é compreendido como ato unilateral e imotivado da Presidência da República:

> Vale dizer, com o advento do § 3º do art. 5º surgem duas categorias de tratados internacionais de proteção dos direitos humanos: a) os materialmente constitucionais; e b) os material e formalmente constitucionais. Frise-se: todos os tratados internacionais de direitos humanos são materialmente constitucionais, por força do § 2º do art. 5º. Para além de serem materialmente constitucionais, poderão, a partir do § 3º do mesmo dispositivo, acrescer a qualidade de formalmente constitucionais, equiparando-se às emendas à Constituição, no âmbito formal.
> (...)
> E a diversidade de regimes atem-se à denúncia, que é o ato unilateral pelo qual o Estado se retira de um tratado. Enquanto os tratados materialmente constitucionais podem ser suscetíveis de denúncia, os tratados material e formalmente constitucionais, por sua vez, não podem ser denunciados[127].

CARVALHO RAMOS, ressalvando sua posição pessoal adepta da tese da constitucionalidade, aponta que a dualidade consagrada pelo STF foi estendida para o bloco de constitucionalidade brasileiro, passando a existir um bloco de constitucionalidade amplo (integrado por todos os tratados internacionais de direitos humanos) e um bloco de constitucionalidade restrito (integrado apenas pelos tratados aprovados com observância do rito especial previsto no parágrafo 3º do art. 5º da CF), tão apenas esse último servindo ao propósito do controle de constitucionalidade.[128]

Acerca da distinção proposta de Piovesan, CARVALHO RAMOS a vê como problemática em seu resultado, em especial pelo fato de a denúncia ser admitida pelos arts. 42, 44.1 e 56 da Convenção de Viena sobre o Direito dos Tratados, tornando incabível a proposta da proibição do Estado brasileiro denunciar tratados, mesmo os aprovados pelo rito especial.

Não obstante, o autor foca sua proposta no ato da denúncia, transigindo com a sua possibilidade, contanto que autorizada pelo Congresso Nacional e, nos casos de tratados aprovados sob a forma do § 3º do art. 5º, mediante o mesmo quórum qualificado previsto por esse dispositivo[129], conforme o entendimento defendido pela Procuradoria-Geral da República, em petição de 2019, endereçada aos autos da ADI 1.625/DF, ajuizada em 1997, tendo justamente por objeto a discussão da constitucionalidade do Decreto nº 2.100/96, pelo qual o Presidente Fernando Henrique Cardoso promulgou ato de denúncia da já citada Convenção nº 158 da OIT.

---

127 PIOVESAN, Flávia. **Direitos humanos e o direito constitucional internacional**. 11 ed. São Paulo: Saraiva, 2010, p. 79.

128 RAMOS, André de Carvalho. **Curso de Direitos Humanos**, cit., p. 554-556.

129 RAMOS, André de Carvalho. **Teoria Geral dos Direitos Humanos na Ordem Internacional**. 3. ed. São Paulo: Saraiva, 2013, p. 267-368.

Duplo *Status* dos Tratados Internacionais de Direitos Humanos incorporados ao ordenamento jurídico brasileiro

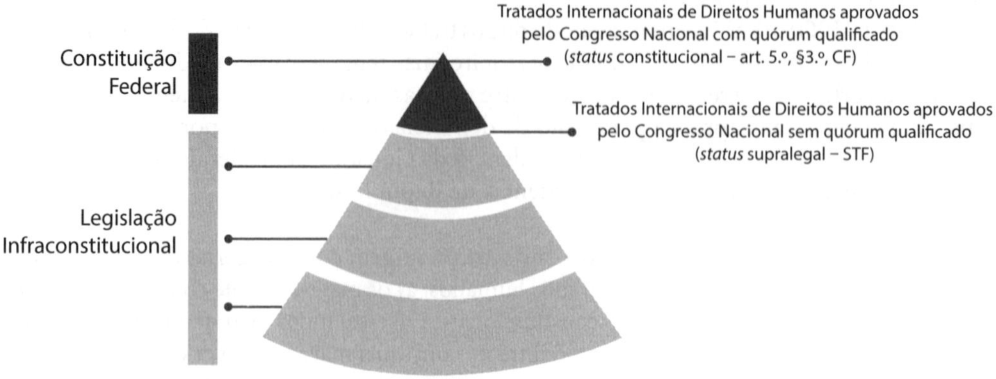

Fonte: elaborada pelo autor

3.6. A "aplicação imediata" (eficácia) dos direitos fundamentais

O parágrafo 1º do art. 5º da Constituição Federal, quando dispõe que "as normas definidoras dos direitos e garantias fundamentais têm aplicação imediata", objetiva claramente reafirmar a força normativa dos direitos fundamentais, especialmente contra concepções que lhes atribuam caráter meramente programático ou condicionem a produção de seus efeitos a uma regulamentação posterior. A mensagem constitucional é a de que os direitos fundamentais podem produzir efeitos imediatamente, desde a promulgação da Carta Maior.

Antes de avançar no trato da questão, há que se atentar para o fato de que a aplicabilidade imediata dos direitos fundamentais previstas no parágrafo primeiro do artigo 5º da Constituição Federal deve ser estendida aos tratados internacionais de direitos humanos, a uma, como fruto lógico da associação dos parágrafos primeiro e segundo do mesmo artigo, e, a duas, em razão de disposições constantes dos próprios tratados que vedam interpretações nacionais limitativas de seus efeitos.[130]

Ao contrário do que possa parecer, a "aplicação imediata" preceituada pela Constituição Federal não autoriza a conclusão segundo a qual, no Brasil, todos os direitos fundamentais importam em direitos subjetivos **previamente definidos**, o que não é difícil perceber, se voltados os olhos para o mundo fático das relações humanas, sobretudo quando envolvidos direitos sociais.

Exemplificativamente, não pode ser tomada como objeto de direito líquido e certo a disponibilização de casa própria, em face do direito subjetivo à moradia; a oferta de vaga em escola do padrão mais elevado de ensino, dado o direito subjetivo à educação; ou o ingresso gratuito em peças de teatro ou projeções cinematográficas, em virtude do direito subjetivo à cultura.

---

[130] Nesta linha: art. 5º do Pacto Internacional sobre Direitos Civis e Políticos: "Não se admitirá qualquer restrição ou suspensão dos direitos humanos fundamentais reconhecidos ou vigentes em qualquer Estado Parte do presente Pacto em virtude de leis, convenções, regulamentos ou costumes, sob pretexto de que o presente Pacto não os reconheça ou os reconheça em menor grau"; e art. 29 da Convenção Americana sobre Direitos Humanos: Nenhuma disposição desta Convenção pode ser interpretada no sentido de: a) permitir a qualquer dos Estados-Partes, grupo ou pessoa, suprimir o gozo e exercício dos direitos e liberdades reconhecidos na Convenção ou limitá-los em maior medida do que a nela prevista".

Como, então, falar-se em direitos fundamentais como direitos subjetivos, na ausência da prévia definição de uma hipótese específica de incidência e de sua correlata consequência jurídica?

A resposta a essa pergunta impõe identificar um sentido fático-jurídico plausível na "aplicabilidade imediata" ordenada pela Constituição Federal.

A tal respeito, VIRGÍLIO AFONSO DA SILVA apresenta uma explicação coerente e factível, quando opina que o legislador constituinte originário teria sido mais preciso se tivesse aludido à "eficácia", e não à "aplicabilidade imediata", das normas jurídicas sobre direitos fundamentais. Sua visão baseia-se na **distinção conceitual entre eficácia e aplicabilidade** de normas, consoante a qual não se pode confundir a aptidão da norma para a produção de efeitos (eficácia) com a produção direta dos efeitos em si (aplicabilidade), a qual igualmente requer uma conexão das normas com os fatos, estando essa dimensão fática ausente na potencialidade característica da eficácia.[131]

A aplicabilidade é perquirida no ato de aplicar-se o Direito ao caso concreto. E somente se pode aplicar Direito que detenha aptidão para tanto (eficácia). Sendo assim, a aplicabilidade pressupõe a eficácia, mas o contrário não é verdadeiro. Sob este ponto de vista, é forçoso reconhecer que:

> (...) a simples prescrição constitucional de que as normas definidoras de direitos fundamentais terão "aplicação imediata" não diz absolutamente nada sobre quais relações jurídicas sofrerão seus efeitos, ou seja, não traz indícios sobre o tipo de relação que deverá ser disciplinada pelos direitos fundamentais. Prescrever que os direitos fundamentais têm "aplicação imediata" não significa que essa aplicação deverá ocorrer em todos os tipos de relação ou que todos os tipos de relação jurídica sofrerão algum efeito das normas de direitos fundamentais.[132]

Posto isto, as normas jurídicas sobre direitos fundamentais, incluídos aí os direitos sociais, por disposição expressa da Constituição Federal, ostentam **eficácia**, ou seja, aptidão para ensejar a irradiação de direitos subjetivos, cuja efetiva existência deverá ser apurada no plano de **aplicabilidade** dessas normas, isto é, da viabilidade de poder ser a elas submetido algum eventual conflito, hipótese em que serão definidas as consequências jurídicas disso decorrentes. Ilustrando:

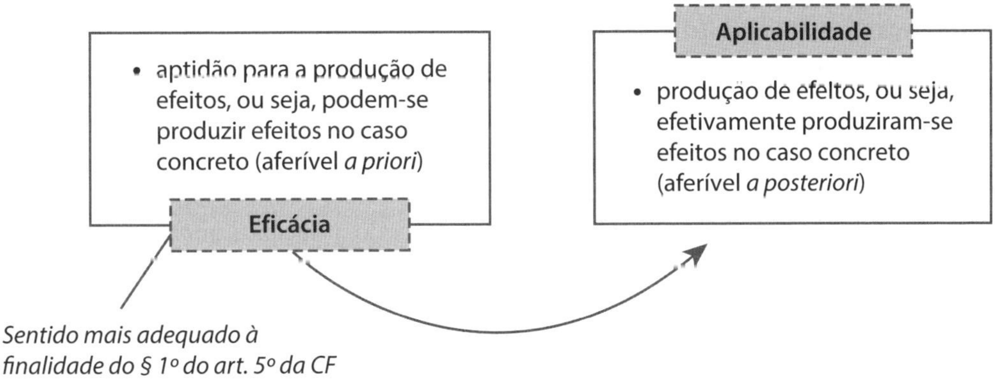

• aptidão para a produção de efeitos, ou seja, podem-se produzir efeitos no caso concreto (aferível *a priori*)
Eficácia
Aplicabilidade
• produção de efeitos, ou seja, efetivamente produziram-se efeitos no caso concreto (aferível *a posteriori*)
Sentido mais adequado à finalidade do § 1º do art. 5º da CF

Fonte: elaborada pelo autor

---

131 SILVA, Virgílio Afonso. **A constitucionalização do direito:** os direitos fundamentais nas relações entre particulares. São Paulo: Malheiros, 2011, p. 54-60.

132 Id. Ibid., p. 58.

A avaliação dessa aplicabilidade ganha complexidade quando se trata de direitos fundamentais enunciados por meio de princípios jurídicos, os quais, como visto, demandam a sua realização na maior medida possível, de acordo com as possibilidades jurídicas e fáticas do caso concreto.

Admitido que texto e norma não se identificam, pois a norma é produto da interpretação do texto[133], é na interpretação dos princípios de direitos fundamentais, frente às contingências fáticas e jurídicas de cada prestação pretendida, que florescerá a conclusão sobre a existência ou não do direito subjetivo que se contempla. Por isso, no âmbito da Constituição Federal, há que se admitir a possibilidade de diferentes resultados - tanto no plano legislativo, quanto no plano jurisdicional - de decisões voltadas à solução de conflitos por meio da aplicação de normas jurídicas de direitos fundamentais, qualquer que seja a sua natureza (direitos civis, direitos políticos ou direitos sociais).

A distinção entre eficácia e aplicabilidade das normas jurídicas amolda-se muito bem à realidade dos direitos fundamentais que sejam objeto de enunciado normativo com a estrutura de princípio, ou mandamento de otimização, haja vista admitir, desde logo, a possibilidade de toda e qualquer norma sobre direito fundamental sofrer limitações em relação à produção de seus efeitos. A eficácia preceitua a aptidão para essa produção, enquanto a aplicabilidade oferece o campo para a definição, diante do caso, se há esta produção e em que medida. É no exame da aplicabilidade, em resumo, que serão descobertas as possibilidades fáticas e jurídicas da situação histórico-concreta das quais depende a conversão da eficácia em aplicação.

Diante dessa realidade dos direitos fundamentais, não lhes pode caber a tradicional classificação tríplice, que JOSÉ AFONSO DA SILVA cunhou em relação às normas constitucionais, dividindo-as em normas de eficácia plena (aplicabilidade imediata, direta e integral), normas de eficácia contida (aplicabilidade direta e imediata, mas suscetível a restrições, isto é, possivelmente não integral) e normas de eficácia limitada (aplicabilidade dependente de futura regulamentação legal).[134]

Essa teoria, sem embargo da sua grande contribuição ao direito constitucional, apresenta-se incompatível com a dimensão principiológica dos direitos fundamentais, na medida em que, de antemão e sem relação com o caso concreto, já define certos graus de aplicabilidade das normas constitucionais. Esta predefinição não se compatibiliza com a compreensão dos princípios como mandamentos de otimização, a qual importa na admissão de que sua produção de efeitos sempre poderá sofrer intervenção por força de uma colisão com outro princípio ou em razão de restrição promovida por uma norma do tipo regra (mandamento definitivo). A solução desta colisão ou restrição estabelecerá, em vista do caso, a resposta em termos de aplicabilidade.

A possibilidade de limitação da produção dos efeitos dos princípios, por lhes ser inerente, força a conclusão segundo a qual **não há norma de direito fundamental de "eficácia plena"** (expressão conforme o sentido empregado por JOSÉ AFONSO), deixando de ser pertinente a distinção entre essa e as normas de eficácia contida e limitada.[135] Vê-se, pois, que a teoria

133 GRAU, Eros. **Ensaio e discurso sobre a interpretação/aplicação do direito**. 5 ed. São Paulo: Malheiros, 2009, p. 27.

134 SILVA, José Afonso da. **Aplicabilidade das normas constitucionais**. 6. ed. São Paulo: Malheiros, 2002, p. 82-83.

135 SILVA, Virgílio Afonso da. **Direitos fundamentais: conteúdo essencial, restrições e eficácia**. São Paulo: Malheiros, 2009, p. 238. Para a inadequação da teoria de José Afonso da Silva em face dos direitos fundamentais, cf. Ibid., p. 219-240.

de JOSÉ AFONSO DA SILVA antecipa uma definição sobre aplicabilidade que, sob o prisma dos princípios, só tem lugar *a posteriori*, após o exame das possibilidades fáticas e jurídicas de cada situação, com superação de eventual colisão de princípios ou restrição a princípio de direito fundamental.

Como quer que seja, a despeito das variações inerentes ao exame da aplicabilidade, não cabe negar eficácia a qualquer das normas de direitos fundamentais.[136] Portanto, se não há norma de direito fundamental de "eficácia plena", **também é certo que não a há de eficácia limitada**, no sentido de ser completamente dependente de futura regulamentação legal.

Em suma, afigura-se mais consentânea com a técnica jurídica entender-se a expressão "aplicação imediata", utilizada pelo § 1º do art. 5º da Constituição Federal, com o sentido de eficácia, conferindo-se à aplicabilidade o sentido de efetiva produção de efeitos no caso concreto. Nestes termos, a eficácia de **todos** os direitos fundamentais é inegável. Já a sua aplicabilidade vai depender da solução do caso concreto.[137]

4. DIREITOS ECONÔMICOS, SOCIAIS, CULTURAIS E AMBIENTAIS (DESCA)

A relevância da previsão dos direitos econômicos, sociais, culturais e ambientais para a consecução da proteção direta dos componentes do Princípio da Dignidade da Pessoa Humana relativos ao mínimo existencial e ao reconhecimento e, por via reflexa, do valor intrínseco do ser humano e da autonomia justificam seu tratamento em separado, neste capítulo, bem como a urgência da afirmação de sua centralidade para que se possa combater e mitigar, com alguma eficiência, as opressões sociais e culturais que são crônicas ao modelo capitalista desigual de sociedade.

Antes designados por "direitos econômicos, sociais e culturais" ou, como faz a Constituição Federal brasileira, apenas por "direitos sociais", de há pouco tempo, vem ganhando espaço a proposta de ampliação desta nomenclatura, em ordem a abarcar também os direitos relacionados ao meio ambiente, passando-se a utilizar a expressão "direitos econômicos, sociais, culturais e ambientais" (DESCA). Ilustrativamente, nesta marcha, a Comissão Interamericana de Direitos Humanos (CIDH), órgão da Organização dos Estados Americanos (OEA), criou,

---

136 Como afirma o próprio JOSÉ AFONSO DA SILVA: "Não há norma constitucional alguma destituída de eficácia" (SILVA, José Afonso da. **Aplicabilidade das normas constitucionais**, cit., p. 81).

137 Com lastro na crítica de Virgílio Afonso à teoria de José Afonso da Silva e como consequência dela, interessante é tese de GEORGE MARMELSTEIN, no sentido de que a omissão legislativa se configura não apenas quando da relação à inércia do Poder Legislativo em regulamentar normas constitucionais que José Afonso da Silva classifica como normas de eficácia limitada, mas também nas hipóteses em que disposições constitucionais tidas como normas de eficácia plena ou contida têm sua efetivação prejudicada por falta de regulamentação necessária em razão da natureza do direito em questão, ainda que silente a Constituição Federal a respeito. Por consequência, o Poder Judiciário, sobretudo via mandado de injunção, estaria apto a suprir omissão legislativa também em casos de normas de eficácia plena ou contida, segundo a teoria de José Afonso. Diz o constitucionalista que "todas as normas constitucionais produzem alguns efeitos que independem de regulação normativa e, consequentemente, em relação a tais efeitos, não há sentido em falar em omissão inconstitucional. É possível, todavia, existirem alguns efeitos que somente podem ser produzidos ou seriam mais bem produzidos se houvesse uma regulamentação normativa. Em situações assim, é possível falar em omissão inconstitucional mesmo em se tratando de normas que, tradicionalmente, são classificadas como normas de eficácia plena e aplicabilidade imediata" (MARMELSTEIN, George. A eficácia incompleta das normas constitucionais: desfazendo um mal-entendido sobre o parâmetro normativo das omissões inconstitucionais. **RJurFA7**, v. 12, n. 1, p. 10–28, 30 jun. 2015).

em 2017, a Relatoria Especial sobre Direitos Econômicos, Sociais, Culturais e Ambientais (Relatoria DESCA), com vistas a apoiar suas ações de promoção e proteção desses direitos.

Os DESCA integram o rol dos direitos humanos, essencialmente vocacionados à busca da igualdade material, tantas vezes só alcançável mediante tratamento desigual, do ponto de vista formal. Vale sempre repisar que a igualdade material é condição para o exercício pleno da liberdade. Nas precisas palavras de JOSÉ EDUARDO FARIA, os direitos sociais configuram um **"direito discriminatório com propósitos compensatórios"**.[138]

Embora bastante discutível, a figura do Estado ainda é tida como a indutora/promotora por excelência dos DESCA. Todavia, historicamente, diferentes modelos de Estado protagonizaram distintas intensidades de preocupação com a efetivação desses direitos.

Não por acaso, quando descrevemos os modelos históricos de Estado de Direito, adotando como referência os direitos humanos, costumamos qualificá-los como Estados liberais, sociais ou democráticos segundo a postura que assumem em relação aos DESCA: alheamento, estímulo ou efetivação, respectivamente. Sob essa luz, portanto, pode-se dizer que, a rigor, os DESCA não foram sequer pensados na fase liberal; passaram a merecer atenção e a ser implementados, ainda que seletivamente, na etapa social; e, por fim, tornaram-se exigências crescentemente satisfeitas, no momento democrático dessa longa história.[139]

Os DESCA estão presentes desde os documentos normativos mais fundamentais da proteção internacional dos direitos humanos pós-Guerras Mundiais do século XX, conquanto a adesão dos Estados e o avanço no seu cumprimento tenha experimentado muitas dificuldades em razão da Guerra Fria e do avanço do neoliberalismo. Vale lembrar, conforme estudado no Capítulo II, que a questão ambiental se insere de forma mais explícita na normativa internacional a partir dos anos 1970, por isso que não contemplada nas declarações e tratados anteriores a tal período.

Consta da Declaração Universal dos Direitos Humanos da ONU de 1948:

> Artigo 22
>
> Todo ser humano, como membro da sociedade, tem direito à segurança social e à realização, pelo esforço nacional, pela cooperação internacional e de acordo com a organização e recursos de cada Estado, dos direitos econômicos, sociais e culturais indispensáveis à sua dignidade e ao livre desenvolvimento de sua personalidade.
>
> Artigo 23
>
> I) Todo ser humano tem direito ao trabalho, à livre escolha de emprego, a condições justas e favoráveis de trabalho e à proteção contra o desemprego.
>
> II) Todo ser humano, sem qualquer distinção, tem direito a igual remuneração por igual trabalho.
>
> III) Todo ser humano que trabalha tem direito a uma remuneração justa e satisfatória, que lhe assegure, assim como a sua família, uma existência compatível com a dignidade humana, e a que se acrescentarão, se necessário, outros meios de proteção social.
>
> IV) Todo ser humano tem direito a organizar sindicatos e a neles ingressar para proteção de seus interesses.

---

138 FARIA, José Eduardo. O Judiciário e os direitos humanos e sociais: notas para uma avaliação da Justiça brasileira. In FARIA, José Eduardo (Org.). **Direitos humanos, direitos sociais e justiça**. São Paulo: Malheiros, 2010, p. 105.

139 MENDES, Gilmar; COELHO, Inocêncio Mártires; BRANCO, Paulo Gustavo Gonet, op. cit., p. 822.

Artigo 24

Todo ser humano tem direito a repouso e lazer, inclusive a limitação razoável das horas de trabalho e a férias remuneradas periódicas.

Artigo 25

I) Todo ser humano tem direito a um padrão de vida capaz de assegurar a si e a sua família saúde e bem-estar, inclusive alimentação, vestuário, habitação, cuidados médicos e os serviços sociais indispensáveis, e direito à segurança em caso de desemprego, doença, invalidez, viuvez, velhice ou outros casos de perda de meios de subsistência em circunstâncias fora de seu controle.

II) A maternidade e a infância têm direito a cuidados e assistência especiais. Todas as crianças, nascidas dentro ou fora do matrimônio, gozarão da mesma proteção social.

Artigo 26

I) Todo ser humano tem direito à instrução. A instrução será gratuita, pelo menos nos graus elementares e fundamentais. A instrução elementar será obrigatória. A instrução técnico-profissional será acessível a todos, bem como a instrução superior, está baseada no mérito.

II) A instrução será orientada no sentido do pleno desenvolvimento da personalidade humana e do fortalecimento do respeito pelos direitos do homem e pelas liberdades fundamentais. A instrução promoverá a compreensão, a tolerância e amizade entre todas as nações e grupos raciais ou religiosos, e coadjuvará as atividades das Nações Unidas em prol da manutenção da paz.

III) Os pais têm prioridade de direito na escolha do gênero de instrução que será ministrada a seus filhos.

Artigo 27

I) Todo ser humano tem o direito de participar livremente da vida cultural da comunidade, de fruir as artes e de participar do progresso científico e de fruir de seus benefícios.

II) Todo ser humano tem direito à proteção dos interesses morais e materiais decorrentes de qualquer produção científica, literária ou artística da qual seja autor.

Em razão da realidade econômica mais sensível da América Latina, a **Declaração Americana sobre Direitos e Deveres do Homem da OEA de 1948** mostra-se um pouco mais generosa com os DESCA:

Artigo XI. Toda pessoa tem direito a que sua saúde seja resguardada por medidas sanitárias e sociais relativas à alimentação, roupas, habitação e cuidados médicos correspondentes ao nível permitido pelos recursos públicos e os da coletividade.

Artigo XII. Toda pessoa tem direito à educação, que deve inspirar-se nos princípios de liberdade, moralidade e solidariedade humana.

Tem, outrossim, direito a que, por meio dessa educação, lhe seja proporcionado o preparo para subsistir de uma maneira digna, para melhorar o seu nível de vida e para poder ser útil à sociedade.

> O direito à educação compreende o de igualdade de oportunidade em todos os casos, de acordo com os dons naturais, os méritos e o desejo de aproveitar os recursos que possam proporcionar a coletividade e o Estado.
>
> Toda pessoa tem o direito de que lhe seja ministrada gratuitamente, pelo menos, a instrução primária.
>
> Artigo XIII. Toda pessoa tem o direito de tomar parte na vida cultural da coletividade, de gozar das artes e de desfrutar dos benefícios resultantes do progresso intelectual e, especialmente, das descobertas científicas.
>
> Tem o direito, outrossim, de ser protegida em seus interesses morais e materiais no que se refere às invenções, obras literárias, científicas ou artísticas de sua autoria.
>
> Artigo XIV. Toda pessoa tem direito ao trabalho em condições dignas e o de seguir livremente sua vocação, na medida em que for permitido pelas oportunidades de emprego existentes.
>
> Toda pessoa que trabalha tem o direito de receber uma remuneração que, em relação à sua capacidade de trabalho e habilidade, lhe garanta um nível de vida conveniente para si mesma e para sua família.
>
> Artigo XV. Toda pessoa tem direito ao descanso, ao recreio honesto e à oportunidade de aproveitar utilmente o seu tempo livre em benefício de seu melhoramento espiritual, cultural e físico
>
> Artigo XVI. Toda pessoa tem direito à previdência social de modo a ficar protegida contra as consequências do desemprego, da velhice e da incapacidade que, provenientes de qualquer causa alheia à sua vontade, a impossibilitem física ou mentalmente de obter meios de subsistência.

No âmbito da ONU, **Pacto Internacional sobre Direitos Econômicos, Sociais e Culturais de 1966 (PIDESC)**, ratificado pelo Brasil em 1992 (promulgação pelo Decreto 591/92), é o tratado geral sobre os DESCA e disciplina acerca dos seguintes temas: trabalho e sindicalização (arts. 6º a 8º), previdência social (art. 9º), proteção à família, às mães (antes e depois do parto) e às crianças e adolescentes (art. 10), melhora na condição de vida e acesso a alimentação, vestimenta e moradia adequada (art. 11), saúde física e mental (art. 12), educação (arts. 13 e 14) e acesso à cultura e aos proveitos da ciência (art. 15).

Na seara da OEA, a **Convenção Americana sobre Direitos Humanos de 1969 (CADH)** se configura um tratado internacional dedicado, essencialmente, a direitos civis e políticos, contendo apenas um dispositivo genérico sobre DESCA:

> Artigo 26. Desenvolvimento progressivo
>
> Os Estados Partes comprometem-se a adotar providências, tanto no âmbito interno como mediante cooperação internacional, especialmente econômica e técnica, a fim de conseguir progressivamente a plena efetividade dos direitos que decorrem das normas econômicas, sociais e sobre educação, ciência e cultura, constantes da Carta da Organização dos Estados Americanos, reformada pelo Protocolo de

> Buenos Aires, na medida dos recursos disponíveis, por via legislativa ou por outros meios apropriados.

A ausência dos DESCA na CADH viria a ser suprida com a aprovação do **Protocolo Adicional à Convenção Americana sobre Direitos Humanos em Matéria de Direitos Econômicos, Sociais e Culturais ("Protocolo de San Salvador")** – ratificado pelo Brasil em 1996, com vigor internacional e promulgação em 1999 (Decreto 3.321/99).

O Protocolo de San Salvador versa sobre os seguintes assuntos: trabalho e sindicalização (arts. 6º a 8º), previdência social (art. 9º), saúde (art. 10), meio ambiente sadio (art. 11), alimentação (art. 12), educação (art. 13) acesso à cultura e aos proveitos da ciência (art. 14), proteção da família (art. 15), proteção da criança (art. 16), proteção das pessoas idosas (art. 17) e proteção das pessoas com deficiência (art. 18).

Aprovado 22 (vinte e dois) anos após o PIDESC, o Protocolo de San Salvador, como se percebe, amplia o conteúdo dos DESCA, alcançando os interesses ambientais e das pessoas idosas e com deficiência.

Sobre a implementação dos direitos que protege, diz o art. 1º do Protocolo, na linha do supracitado art. 26 da CADH:

> Os Estados Partes neste Protocolo Adicional à Convenção Americana sobre Direitos Humanos comprometem-se a adotar as medidas necessárias, tanto de ordem interna como por meio da cooperação entre os Estados, especialmente econômica e técnica, até o máximo dos recursos disponíveis e levando em conta seu grau de desenvolvimento, a fim de conseguir, **progressivamente** e de acordo com a legislação interna, a plena efetividade dos direitos reconhecidos neste Protocolo. (destacado)

Tal progressividade na implementação de medidas, também explicitada no art. 2º do PIDESC da ONU, desde sempre suscitou debates sobre a natureza e os tipos de obrigação que podem ser exigidas de Estados e particulares no cumprimento das normas relativas aos DESCA, impactando, diretamente, a reivindicação desses direitos em Juízo, assunto a ser enfrentado por este curso, à luz das normas internacionais e constitucionais, em tópico específico do capítulo adiante dedicado ao tema da hermenêutica dos direitos humanos.

Por falar em normas constitucionais, ao declarar, de maneira inovadora, os DESCA dentro do mesmo título em que consagra os direitos civis e políticos, a Constituição Federal de 1988 confere, por um lado, a mesma importância que a concretização de todos eles deve experimentar e, por outro, denota o perfil social conferido a todo o ordenamento jurídico brasileiro, de observância obrigatória nos âmbitos estatal e privado.

A Constituição Federal de 1988 não adotou para tais direitos as nomenclaturas internacionais "direitos econômicos, sociais e culturais" ou DESCA, preferindo agrupar essas categorias sob a expressão única "direitos sociais", que dá nome ao Capítulo II do Título II, localização evidentemente dedicada ao propósito de reafirmar a inclusão desses direitos no rol dos direitos fundamentais, até mesmo por questão de coerência com os compromissos e objetivos sociais assumidos nos primeiros artigos da Carta Maior (*v.g.* arts. 1º e 3º).

Pode-se dizer que o art. 6º da Constituição Federal, com a atual redação, conferida pela Emenda Constitucional nº 90/2015, corresponde a uma Declaração Brasileira de Direitos Sociais, contemplando em um só dispositivo todos os bens tutelados sob esta rubrica.

Direitos Sociais na Constituição Federal

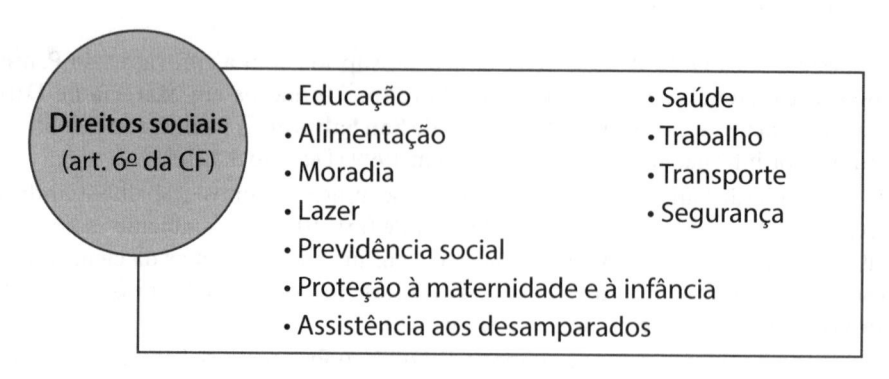

Direitos sociais (art. 6º da CF)

- Educação
- Alimentação
- Moradia
- Lazer
- Previdência social
- Proteção à maternidade e à infância
- Assistência aos desamparados
- Saúde
- Trabalho
- Transporte
- Segurança

Fonte: elaborada pelo autor

Diversos direitos contemplados na declaração do art. 6º são retomados ao longo do texto constitucional, principalmente no Título VIII – "Da Ordem Social", para além, portanto, do Capítulo II do Título VIII: seguridade social (arts. 194 a 195), saúde (arts. 196 a 200), previdência social (arts. 201 e 202), assistência social (arts. 203 e 204), educação (art. 205 a 214), cultura (arts. 215 a 216-A), desporto (art. 217), ciência, tecnologia e inovação (arts. 218 a 219-B), comunicação social (arts. 220 a 224), meio ambiente (art. 225), família, criança, adolescente, jovem e idoso (arts. 226 a 230) e índios (arts. 231 e 232).

Agregaram-se, posteriormente, à declaração do art. 6º os direitos à moradia (Emenda Constitucional nº 26, de 2000), à alimentação (Emenda Constitucional nº 64, de 2010) e ao transporte (Emenda Constitucional nº 90, de 2015).[140]

---

140 A Parte III deste curso, dedicada ao exame mais detido de direitos humanos específicos, apresenta Capítulo inteiro ao exame de quase totalidade dos DESCA previstos na Constituição Federal.

Capítulo VI

ALCANCE SUBJETIVO DOS DIREITOS HUMANOS

1. TITULARIDADE DOS DIREITOS HUMANOS

Por dizerem respeito à dignidade humana, valor intrínseco do ser humano, os direitos humanos podem ter por titulares quaisquer pessoas, sem discriminação de qualquer natureza (igualdade formal). Note-se: qualquer pessoa pode ser titular **de** direitos humanos, o que não significa que possa ser titular **de todos** os direitos humanos. Na mesma linha de atenção para com possíveis generalizações equivocadas, personalidade e capacidade, categorias centrais em Teoria Geral do Direito, não são requisitos para a titularidade de direitos humanos por parte das pessoas naturais.

A personalidade identifica-se com a denominada capacidade de direito ou capacidade de gozo e pode definir-se como a aptidão para a titularidade de direitos subjetivos e de deveres jurídicos e para a sujeição a sanções[1], e concerne tanto às pessoas naturais, quanto às pessoas jurídicas. Recorde-se, quanto às pessoas naturais, o disposto nos arts. 1º e 2º do Código Civil, respectivamente: "toda pessoa é capaz de direitos e deveres na ordem civil" e "a personalidade civil da pessoa começa do nascimento com vida". Juridicamente, portanto, basta nascer com vida para adquirir a personalidade civil, ou seja, a aptidão para ser titular de direitos e obrigações.

Da capacidade de direito ou de gozo distingue-se a capacidade de fato, ou capacidade de exercício, que consiste na aptidão genérica para determinar, por si só, com o próprio comportamento, a produção de efeitos jurídicos. Trata-se, porém, de qualificação só pertinente às denominadas pessoas naturais. Sem essa capacidade, a pessoa natural continua apta a ser titular de direitos e de obrigações, mas não pode, sem intermédio de representante legal ou auxílio de assistente legal, manifestar sua vontade e, assim, aperfeiçoar atos ou negócios jurídicos envolvendo esses direitos e obrigações.[2] É da capacidade de exercício que cuidam os arts. 3º, 4º e 5º do Código Civil, indicando os absolutamente e os relativamente incapazes.

Segue-se, ainda, que a pessoa natural deixa de existir com a morte (art. 6º do Código Civil).

Tal panorama, que atrela a aptidão da pessoa natural para ser titular de direitos ao nascimento com vida e à sua ulterior sobrevivência, sofre relativização, no entanto, quando o assunto é direitos humanos. Certas situações específicas demonstram isso,

---

1 GONÇALVES, Carlos Roberto. **Direito civil brasileiro** – Vol. 1: parte geral. 8. ed. São Paulo: Saraiva, 2010, p. 94.

2 Id. Ibid., p. 95.

reconhecendo como possível titular de direitos humanos quem ainda nem nasceu (nascituro) ou quem já morreu.

A Constituição Federal protege o direito à vida em geral (art. 5º, *caput*), mas sem qualquer disciplina específica sobre o **nascituro.** A respeito, é o art. 2º do Código Civil que salvaguarda os direitos do nascituro, desde a concepção, reconhecendo sua condição de ser humano em potencial.

O art. 4º da Convenção Americana sobre Direitos Humanos, ratificada e incorporada pelo Brasil, estatui que "Toda pessoa tem o direito de que se respeite sua vida. Esse direito deve ser protegido pela lei e, em geral, desde o momento da concepção. Ninguém pode ser privado da vida arbitrariamente".

O STF tratou do tema em diversas oportunidades, mas destacam-se a esse propósito as ações de controle concentrado de constitucionalidade que autorizaram a pesquisa com células-tronco embrionárias (ADI 3510-0/DF) e a interrupção de gravidez de feto anencefálico (ADPF 54-8/DF), bem como o paradigmático caso individual do HC 124.306, julgado em 2016, em que se estabeleceu precedente, ainda não vinculante, em favor da não criminalização da interrupção da gravidez até o primeiro trimestre de gestação.

Ao que se compreende, os posicionamentos da Suprema Corte reconhecem proteção jurídica tanto a embriões humanos implantados (intrauterinos) quanto a não implantados (preservados em ambiente laboratorial), mas examinam com diferente rigor as ações que impeçam o nascimento com vida, sendo mais restritivos em relação aos embriões implantados e fetos, ainda que também para esse caso admitam hipóteses de interrupção da gravidez. Este cenário jurisprudencial permite duas ordens de conclusões: ou bem se entende que o STF não confere aos embriões e fetos titularidade do direito à vida, mas apenas uma proteção jurídica distinta desse; ou bem se entende que, ao fim e ao cabo, como qualquer outro direito humano, também o direito à vida está sujeito a sucumbir a ponderações, em determinadas situações, como em casos específicos envolvendo embriões e fetos.

Na visão de SARLET, a análise dos julgamentos do STF permite concluir que a Suprema Corte, mesmo sem ser explícita a respeito, adere à tese "natalina", segundo a qual a titularidade de qualquer direito humano depende do nascimento com vida, ressalvada a viabilidade da "proteção jurídica" de embriões e fetos[3]. Ao que se pode cogitar, racionalmente, tal "proteção jurídica" não perfeitamente definida da Suprema Corte, tem exatamente na expectativa de vida (vida em potência) sua substância.

Há, ainda, certos direitos humanos cuja proteção afigura-se cabível mesmo **após a morte** da pessoa a que dizem respeito, *v.g.* certos direitos de personalidade, como a honra, a imagem e o nome. Sobre o tema, costuma-se lembrar da seminal decisão do Tribunal Constitucional Federal alemão para o conhecido Caso Mephisto. *Mephisto* era o nome de um romance, publicado na Alemanha, na década de 1960, que contava a vida de ator supostamente fictício, mas cuja narrativa correspondia à vida pessoal de certo ator famoso, que já havia falecido. Em ação promovida pelo filho adotivo do ator, alegando uma biografia depreciativa do pai, o Tribunal Constitucional Federal da Alemanha fez, em exame de ponderação, a liberdade de expressão literária sucumbir aos direitos à dignidade da pessoa humana e à personalidade da pessoa retratada, ainda que já estivesse morta.

---

[3] SARLET, Ing. W. MARINONI, Luiz Guilherme; MITIDIERO, Daniel. **Curso de Direito Constitucional.** 9. ed. São Paulo: Saraiva Educação, 2020, p. 375.

Sobre o tema MARMELSTEIN cita três casos paradigmáticos da jurisprudência nacional a este respeito.[4]

O direito à honra e à imagem, mesmo após a morte, restou afirmado pelo Superior Tribunal de Justiça no "Caso Garrincha", em que se discutiu suposta ofensa decorrente do modo como foi o atleta retratado na biografia "Estrela Solitária: um brasileiro chamado Garrincha", escrita por Ruy Castro (STJ, Resp. 521.697/RJ, julgamento em 18/09/2003).

No "Caso Oreco", o mesmo STJ decidiu que publicação em álbum de figurinhas de outro jogador de futebol, Oreco, já falecido, sem autorização de seus familiares, configurou violação do direito à imagem (STJ, Resp. 113.963/SP).[5]

Já no "Caso Iara Iavelberg", pleiteou-se a exumação dos restos mortais da militante contrária ao regime militar decorrente do Golpe de 1964 e companheira do guerrilheiro Carlos Lamarca, com vistas ao resgate de sua honra e dignidade, aviltadas no plano religioso. Em 1971, Iara, judia, foi oficialmente declarada por órgãos oficiais do governo morta em virtude de suicídio, supostamente praticado quando da sua captura pela polícia. Seguindo os costumes judaicos, Iara, na condição oficial de suicida, foi enterrada em ala apartada do Cemitério Israelita em São Paulo. O Tribunal de Justiça do Estado de São Paulo, após longa batalha judicial, autorizou, em 2003, a exumação dos restos mortais da militante, tendo o laudo pericial afirmado, com base em nova necropsia e em análise dos documentos médico-legais da época da morte, ser improvável o suicídio. Como desfecho, seus restos mortais foram transferidos para a ala comum do cemitério judaico.

As **pessoas jurídicas**, de seu lado, também podem ser titulares de direitos fundamentais, contanto que compatíveis com sua natureza, afinal, não cabe falar-se em direito à vida, à saúde ou à integridade física de uma ficção jurídica. Os direitos de propriedade e de livre iniciativa são direitos fundamentais previstos na Constituição Federal facilmente atribuíveis a pessoas jurídicas. Aliás, a Carta Política brasileira reconhece direitos fundamentais a pessoas jurídicas em poucos dispositivos, a exemplo dos seguintes:

> Art. 5º, XIX – As associações só poderão ser compulsoriamente dissolvidas ou ter suas atividades suspensas por decisão judicial, exigindo-se, no primeiro caso, o trânsito em julgado.
>
> Art. 5º, XXI. As entidades associativas, quando expressamente autorizadas, têm legitimidade para representar seus filiados judicial ou extrajudicialmente.
>
> Art. 8º, I. A lei não poderá exigir autorização do Estado para a fundação de sindicato, ressalvado o registro no órgão competente, vedadas ao Poder Público a interferência e a intervenção na organização sindical.

---

4 MARMELSTEIN, George, op. cit., p. 212-213.

5 Ementa: "CIVIL. DANOS MORAIS E MATERIAIS. DIREITO À IMAGEM E A HONRA DE PAI FALECIDO. (...) Os direitos da personalidade, de que o direito à imagem é um deles, guardam como principal característica a sua intransmissibilidade. Nem por isso, contudo, deixa de merecer proteção a imagem e a honra de quem falece, como se fossem coisas de ninguém, porque elas permanecem perenemente lembradas nas memórias, como bens imortais que se prolongam para muito além da vida, estando até acima desta, como sentenciou Ariosto. Daí porque não se pode subtrair dos filhos o direito de defender a imagem e a honra de seu falecido pai, pois eles, em linha de normalidade, são os que mais se desvanecem com a exaltação feita à sua memória, como são os que mais se abatem e se deprimem por qualquer agressão que lhe possa trazer mácula. Ademais, a imagem de pessoa famosa projeta efeitos econômicos para além de sua morte, pelo que os seus sucessores passam a ter, por direito próprio, legitimidade para postularem indenização em juízo, seja por dano moral, seja por dano material" (STJ, Resp. 113.963/SP, julgamento em 20/09/2005).

> Art. 8º, III. Ao sindicato cabe a defesa dos direitos e interesses coletivos ou individuais da categoria, inclusive em questões judiciais ou administrativas.
>
> Art. 17, § 1º. É assegurada aos partidos políticos autonomia para definir sua estrutura interna e estabelecer regras sobre escolha, formação e duração de seus órgãos permanentes e provisórios e sobre sua organização e funcionamento e para adotar os critérios de escolha e o regime de suas coligações nas eleições majoritárias, vedada a sua celebração nas eleições proporcionais, sem obrigatoriedade de vinculação entre as candidaturas em âmbito nacional, estadual, distrital ou municipal, devendo seus estatutos estabelecer normas de disciplina e fidelidade partidária.
>
> Art. 207. As universidades gozam de autonomia didático-científica, administrativa e de gestão financeira e patrimonial, e obedecerão ao princípio de indissociabilidade entre ensino, pesquisa e extensão.; outros, entretanto, a despeito de seu vínculo mais óbvio com a pessoa humana, vêm sendo paulatinamente estendidos àquelas. A mencionada compatibilidade deverá ser examinada caso a caso.
>
> Art. 220. A manifestação do pensamento, a criação, a expressão e a informação, sob qualquer forma, processo ou veículo não sofrerão qualquer restrição, observado o disposto nesta Constituição. § 1º Nenhuma lei conterá dispositivo que possa constituir embaraço à plena liberdade de informação jornalística em qualquer veículo de comunicação social, observado o disposto no art. 5º, IV, V, X, XIII e XIV. § 2º É vedada toda e qualquer censura de natureza política, ideológica e artística. (dispositivo aplicável às empresas de comunicação)

Outros direitos fundamentais, entretanto, a despeito de seu vínculo mais óbvio com a pessoa humana, vêm sendo paulatinamente estendidos às pessoas jurídicas. A mencionada compatibilidade deverá ser examinada caso a caso.[6]

É o caso do direito à honra e à imagem, cuja possibilidade de violação subjaz ao verbete da Súmula 227 do STJ: "a pessoa jurídica pode sofrer dano moral". Nessa mesma direção, o art. 52 do Código Civil já admite: "aplica-se às pessoas jurídicas, no que couber, a proteção dos direitos da personalidade".

A questão fica mais complexa quando a **pessoa jurídica envolvida é de direito público**. Pode também essa ser titular de direitos humanos? A pergunta justifica-se na medida em que esses direitos são, histórica e prevalentemente, oponíveis ao Estado. Em outras palavras: pode o Estado opor direitos humanos contra si? A resposta tem sido afirmativa, para **situações excepcionais em que se verifica a sujeição de um órgão do Estado ao poder de outro**, como acontece com pessoas jurídicas de direito público em casos submetidos ao Poder Judiciário. À Fazenda Pública, por exemplo, reconhecem-se direitos processuais básicos, como à ampla defesa e ao contraditório.

Cercado de debates também é o reconhecimento de direitos a **animais não humanos,** cuja defesa vem ganhando cada vez mais espaço na doutrina, na jurisprudência e até mesmo em certos textos normativos.

Em 1978, a Organização das Nações Unidas para a Educação, a Ciência e a Cultura (UNESCO), agência especializada da ONU, aprovou a Declaração Universal dos Direitos dos Animais, a qual, em seu preâmbulo, afirma que "todo o animal possui direito" e, em seu artigo 2º, estabelece:

---

6 SARLET, Ing. W. MARINONI, Luiz Guilherme; MITIDIERO, Daniel, op. cit., p. 376.

> a) Cada animal tem direito ao respeito.
>
> b) O homem, enquanto espécie animal, não pode atribuir-se o direito de exterminar os outros animais, ou explorá-los, violando esse direito. Ele tem o dever de colocar a sua consciência a serviço dos outros animais.
>
> c) Cada animal tem direito à consideração, à cura e à proteção do homem.

O artigo 225 da Constituição Federal, que consagra o direito ao meio ambiente ecologicamente equilibrado, também versa sobre o tema:

> Art. 225. Todos têm direito ao meio ambiente ecologicamente equilibrado, bem de uso comum do povo e essencial à sadia qualidade de vida, impondo-se ao Poder Público e à coletividade o dever de defendê-lo e preservá-lo para as presentes e futuras gerações.
>
> § 1º Para assegurar a efetividade desse direito, incumbe ao Poder Público:
>
> I – preservar e restaurar os processos ecológicos essenciais e prover o manejo ecológico das espécies e ecossistemas;
>
> (...)
>
> VII – proteger a fauna e a flora, vedadas, na forma da lei, as práticas que coloquem em risco sua função ecológica, provoquem a extinção de espécies ou submetam os animais a crueldade.
>
> (...)
>
> § 7º. Para fins do disposto na parte final do inciso VII do § 1º deste artigo, não se consideram cruéis as práticas desportivas que utilizem animais, desde que sejam manifestações culturais, conforme o § 1º do art. 215 desta Constituição Federal, registradas como bem de natureza imaterial integrante do patrimônio cultural brasileiro, devendo ser regulamentadas por lei específica que assegure o bem-estar dos animais envolvidos.

Na mesma toada, a Lei nº 9.605, de 12 de fevereiro de 1998 ("Lei de Crimes Ambientais") tipifica uma série de crimes contra a fauna, notadamente aqueles que configuram maus-tratos a animais (art. 32).

Com base nesse arcabouço jurídico, já se defende a existência de um direito à dignidade não humana, que fundamenta a titularidade de direitos dos animais não humanos[7]. Indo além, a Constituição do Equador consagra direitos da natureza, em seus artigos 71 a 74.

O STF ostenta vários julgados em que proscreveu práticas cruéis contra animas, mas fundamentando a decisão do direito ao meio ambiente ecologicamente equilibrado, previsto no art. 225 da Constituição Federal. Ou seja, para a Suprema Corte, é o direito humano das pessoas que justifica a proteção dos animais não humanos, na medida em que danos a esses últimos representam lesão ambiental.[8]

Eis um quadro ilustrativo que sistematiza a jurisprudência referencial sobre temas específicos da titularidade dos direitos humanos.

---

7 Id. Ibid., p. 379. Os autores fazem uma distinção entre direitos fundamentais dos animais não humanos e direitos humanos, aquiescendo com a viabilidade dos primeiros, mas não com a atribuição dos últimos para tais animais.

8 A respeito, cf. os seguintes julgados do STF: RE 153.531, de 1997 (farra do boi), ADI 3.776, de 2007, e ADI 1.856, de 2011 (rinha de galo), ADI 4.983, de 2016 (vaquejada) e RE 494.601, de 2019 (permissão de sacrifício de animais em rituais religiosos).

Nascituro

Art. 2.º, CC
STF, ADI 3510-0 (pesquisa com células-tronco embrionárias)
STF, ADPF 54-8 (interrupção da gravidez de feto anencefálico)
STF, HC 124.306 (interrupção da gravidez nas primeiras 12 semanas)

Após a Morte

Art. 2.º, CC
STF, REsp 521.697 (Caso Garrincha)
STF, REsp 113.963 (Caso Oreco)
TJ/SP (Caso Iara Iavelberg)

Pessoa Jurídica

Art. 5.º, XIX, CF (associações)
Art. 8.º, I e III, CF (Sindicatos)
Art. 17, §§ 1.º e 3.º
Art. 150, IV, b, CF (Igrejas)
Art. 200, CF (empresa jornalística)
Art. 52, CC
STJ, Súmula 227

Pessoa Jurídica de Direito Público

Direitos Processuais

Pessoas de Outra Nacionalidade

Art. 5.º, *caput*, CF
STF, Ext. 953 e Extr. 633 (estrangeiros não residentes)
STF, RE 587.970 (assistência social a estrangeiros residentes)

Animais não-humanos

Art. 225, § 1.º, VII
STF, RE 153.531 (farra do boi)
STF, ADI 3.776 (rinha de galo)
STF, ADI 4983 (vaquejada)
STF, RE 494.601 (rituais religiosos)

Fonte: elaborada pelo autor

Existem, ainda, certos direitos de **titularidade restrita**, atribuíveis a pessoas que integram certo grupo social ou, dito de outro modo, que ostentam determinada condição pessoal, econômica ou social que demanda uma proteção diferenciada.

É o caso dos grupos socialmente vulneráveis, compostos por indivíduos que, nas perspectivas material e cultural, experimentam prejuízo de tratamento, a ser compensado por certa vantagem instituída juridicamente. Nessa seara encontram-se os direitos humanos de mulheres, da população LGBTQIA+, de negras e negros, de migrantes, de trabalhadoras e trabalhadores, de crianças, adolescentes, jovens e idosos, de pessoas com deficiência, de consumidoras e consumidores e de presidiárias e presidiários, entre outros. A Constituição Federal brasileira prevê direitos específicos para alguns desses grupos:

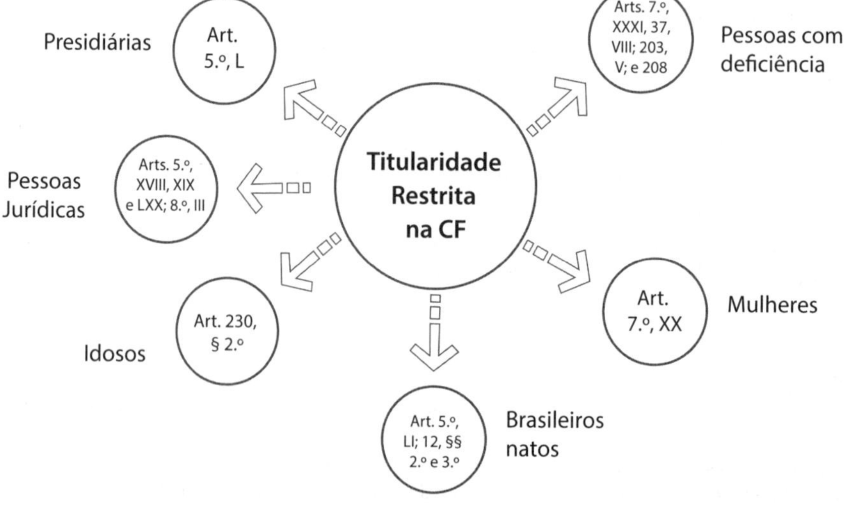

Fonte: elaborada pelo autor

Todavia, a vocação dos direitos humanos como escudos contra a violação da dignidade humana dota-os de uma enorme abrangência. Sob esse prisma, há evidente equívoco, na redação do *caput* do art. 5º da Constituição Federal, ao garantir os direitos fundamentais dos brasileiros e "**estrangeiros residentes no País**", porquanto é incompatível com a proposta desses direitos sua negação a pessoas de outra nacionalidade que não sejam residentes no país.

Seria absurdo pensar que alguém não radicado no Brasil, em sua passagem pelo País, estivesse privado(a) junto à ordem jurídica brasileira do direito de ir e vir, à vida, à liberdade de expressão, à saúde etc. Não há outra saída hermenêutica para a definição do sentido daquele enunciado normativo constitucional senão a partir de seu exame em conjunto (interpretação sistemática) com os demais cânones da Constituição Federal, sobretudo o art. 1º, III, que consagra, sem qualquer discriminação, a dignidade da pessoa humana como fundamento da República, assim como o art. 4º, II, que preconiza a prevalência nos direitos humanos nas relações internacionais do Estado brasileiro.[9]

A respeito, pertinentemente, o STF já assentou que os direitos humanos são assegurados a qualquer pessoa de outra nacionalidade que, de alguma forma, esteja sob a jurisdição brasileira (Ext. 953/RFA, 2005).

A partir deste raciocínio, há que se concluir que mesmo os não brasileiros não residentes no Brasil podem ser titulares de direitos humanos, à exceção daqueles que a própria Constituição Federal exclui, a saber:

- ➔ a proibição de extradição, já que pode ser extraditado o naturalizado, em caso de crime comum, praticado antes da naturalização, ou de comprovado envolvimento em tráfico ilícito de entorpecentes e drogas afins, na forma da lei (art. 5º, LI).
- ➔ os direitos políticos ligados à elegibilidade, para os quais a nacionalidade brasileira é condição (arts. 12, § 3º e 14, § 3º, I).
- ➔ o direito de propriedade de empresa jornalística e de radiodifusão sonora e de sons e imagens, que é privativo de brasileira e brasileiros natos ou naturalizados há mais de dez anos, ou de pessoas jurídicas constituídas sob as leis brasileiras e que tenham sede no País (art. 222).

Aliás, a propósito do direito de propriedade da pessoa de outra nacionalidade ou mesmo apátridas, em tempos de mercado financeiro globalizado e de investimentos multinacionais operados de qualquer parte do globo, é de se admitir que até mesmo aqueles que sequer estejam em território nacional são detentores de direito de propriedade, defensáveis, por consequência, pelas garantias constitucionais correlatas (direito de ação, contraditório e ampla defesa etc.).

Por fim, rememore-se ainda uma vez que, quando o § 1º do art. 12 da Constituição Federal estende "aos portugueses com residência permanente no País, se houver reciprocidade em favor de brasileiros", os "direitos inerentes ao brasileiro, salvo os casos previstos nesta Constituição", não lhes atribui nacionalidade brasileira, porquanto essas pessoas permanecem nacionais de Portugal. O dispositivo, na verdade, estende aos portugueses residentes, de forma permanente no País, os direitos que, em princípio, **dizem respeito a brasileiras e brasileiros**

---

9 SARLET, Ing. W.; MARINONI, Luiz Guilherme; MITIDIERO, Daniel. **Curso de Direito Constitucional**. 9. ed. São Paulo: Saraiva Educação, 2020, p. 371. Os autores lembram que essa posição de salvaguarda dos direitos fundamentais às pessoas de outras nacionalidades tem sido, sistematicamente, reafirmada pelo STF em ações que julgam pedidos de extradição, a exemplo da Extradição nº. 633 (julg. 28.08.1996) e Extradição nº 977 (julg. 25.05.2005).

naturalizados (consideradas, pois, as restrições constitucionais), uma vez que não faria sentido negar certos direitos a brasileiras e brasileiros naturalizados e concedê-los a quem nem sequer tem nacionalidade brasileira.

2. OBRIGADOS PELOS DIREITOS HUMANOS

2.1. O Estado e os deveres de respeito, promoção e proteção dos direitos humanos

Os estudos realizados nos Capítulo II e IV sobre a afirmação histórica, a Teoria dos *Status*, a Teoria das Gerações e as funções dos direitos humanos já evidenciaram o papel do Estado como obrigado histórico pelos direitos humanos dos indivíduos.

Relembrem-se as quatro funções fundamentais dos direitos humanos: função de defesa ou de liberdade, função de prestação social, função de proteção perante terceiros e função de não discriminação.[10] Tais funções colocam em voga o equívoco que a Teoria das Gerações ajudou a consolidar no sentido de que há diferentes categorias de direitos humanos, as quais acarretam distintos tipos de obrigações em uma divisão estanque, quais sejam: liberdades públicas geram direitos negativos (de abstenção) e direitos econômicos, culturais e sociais geram direitos positivos (de prestação). Em verdade, **a todo direito humano corresponde o triplo dever de respeito, promoção e proteção.**

O **dever de respeito** é consequência da função de defesa ou liberdade e da função da igualdade (mormente a formal). O **dever de promoção** desdobra-se da função de prestação social. Finalmente, o **dever de proteção** desdobra-se da função de proteção perante terceiro. O cumprimento desses três deveres deverá sempre efetivar-se sem qualquer discriminação negativa (especialmente a material).

Dois exemplos são didáticos para o entendimento de que qualquer direito humano cumpre as quatro funções referidas e, consequentemente, está apto a gerar quaisquer dos três aludidos deveres.

O primeiro exemplo refere-se ao direito à vida, comumente classificado como liberdade pública ou direito civil a que corresponde um direito de abstenção, não podendo ser afrontado pelo Estado (dever de respeito), de jeito que, no Brasil, é proibida a pena de morte, salvo em caso de guerra (art. 5º, XLVII, "a", da CF/88). Igualmente, a vida não pode ser ceifada por qualquer particular, violação contra a qual o Poder Legislativo editou (dever de proteção) a norma que prevê, por exemplo, os crimes de homicídio, feminicídio e infanticídio (arts. 121 e 123 do Código Penal, respectivamente). Está também o Estado obrigado a fornecer serviços básicos (dever de promoção) para a sobrevivência humana - portanto ligados à saúde como condição da própria vida -, tais como atendimento médico, remédios e alimentação.

Já o direito à moradia, direito social em regra associado a um dever de prestação estatal, deve ser fomentando pelo Estado através da construção de unidades e da facilitação de crédito visando a que pessoas possam alugar ou comprar imóveis destinados à sua morada (dever de promoção). Mas não é só. As normas que preservam a relação do indivíduo com o local onde habita, *v.g.* as disposições legais protetivas do locatário e aquelas impeditivas da desapropriação sem que haja comprovado interesse público, são resultado da ação do Poder Legislativo que, entre outros motivos, também pretende salvaguardar o direito à moradia (dever de proteção). Submetendo-se a essas mesmas normas, o Estado encontra-se obrigado a abster-se de interferir no direito à moradia do indivíduo (dever de respeito), a não ser nas exatas e extraordinárias

---

[10] CANOTILHO, J. J. Gomes. **Direito constitucional e teoria da constituição.** 7. ed. Coimbra: Almedina, 2003, p. 407-410.

hipóteses legalmente admitidas, do que são exemplo a possibilidade de ingresso na residência para prisão em flagrante e os casos de desapropriação pelo Poder Público.

Ainda é possível encontrar menção a outros deveres derivados do compromisso jurídico com os direitos humanos. STEPHEN P. MARKS, examinando o direito humano ao desenvolvimento, refere-se a um "**dever de implementação**", em adição aos demais já citados, intentando destacar justamente a obrigação de resultado e não apenas de planejamento ou tentativa.[11] Já a Corte Interamericana de Direitos Humanos proferiu sentenças para casos contenciosos, nas quais alude a um "**dever de prevenção**", nestes termos:

> (...) o dever de prevenção inclui todas as medidas de caráter jurídico, político, administrativo e cultural que promovam a salvaguarda dos direitos humanos e que assegurem que eventuais violações a esses direitos sejam efetivamente consideradas e tratadas como um fato ilícito o qual, como tal, é suscetível de gerar punições para quem os cometa, bem como a obrigação de indenizar às vítimas por suas consequências prejudiciais. Resta claro, por sua vez, que a obrigação de prevenir é de meio ou comportamento, e não se demonstra seu descumprimento pelo mero fato de que um direito tenha sido violado.[12]

Nos termos apresentados, o dever de implementação exige medidas que sejam aptas a efetivamente oportunizar a fruição de direitos, o que é decorrência lógica do dever de promoção. Na mesma toada, as efetivas medidas de resposta estatal a violações de direitos humanos, tal qual demandado pelo dever de prevenção, são, igualmente, necessários desdobramentos do dever de proteção. Em sendo assim, não parece impertinente afirmar que o dever de implementação encontra-se abrangido pelo dever de promoção, bem como o dever de prevenção está encampado pelo dever de proteção.

É no Direito Internacional dos Direitos Humanos que o triplo ônus estatal em face dos direitos humanos encontra-se mais explicitamente estabelecido, embora, no mais das vezes, embutido na referência dúplice ao dever estatal respeito e garantia dos direitos humanos. A ideia de garantia abarca, logica e semanticamente, os deveres de promoção e proteção. Nesta linha segue a literalidade de 3 (três) dos mais relevantes tratados internacionais de direitos humanos ratificados pelo Brasil:

Pacto Internacional sobre Direitos Civis e Políticos

ARTIGO 2

> 1. Os Estados Partes do presente pacto comprometem-se a respeitar e garantir a todos os indivíduos que se achem em seu território e que estejam sujeitos a sua jurisdição os direitos reconhecidos no presente Pacto, sem discriminação alguma por motivo de raça, cor, sexo. língua, religião, opinião política ou de outra natureza, origem nacional ou social, situação econômica, nascimento ou qualquer condição
>
> 2. Na ausência de medidas legislativas ou de outra natureza destinadas a tornar efetivos os direitos reconhecidos no presente Pacto, os Estados Partes do presente Pacto

---

11 MARKS, Stephen P. The Human Rights Framework for Development: Seven Approaches. In: SENGUPTA, Arjun; NEGI, Archna; BASU, Moushumi (orgs.). **Reflections on the Right to Development**. New Delhi, India: SAGE Publications India Pvt Ltd, 2005, p. 23–60, p. 16.

12 CORTE INTERAMERICANA DE DIREITOS HUMANOS. **Caso Trabalhadores da Fazenda Brasil Verde *vs*. Brasil, Sentença de 20 de Outubro de 2016 (Exceções Preliminares, Mérito, Reparações e Custas)**. San José da Costa Rica, 2016, p. 83 (322). Disponível em: https://www.corteidh.or.cr/docs/casos/articulos/seriec_318_por.pdf. Acesso em: 24 dez. 2020.

comprometem-se a tomar as providências necessárias com vistas a adotá-las, levando em consideração seus respectivos procedimentos constitucionais e as disposições do presente Pacto.

Convenção Americana sobre Direitos Humanos

Artigo 1º – Obrigação de respeitar os direitos

1.Os Estados-partes nesta Convenção comprometem-se a respeitar os direitos e liberdades nela reconhecidos e a garantir seu livre e pleno exercício a toda pessoa que esteja sujeita à sua jurisdição, sem discriminação alguma, por motivo de raça, cor, sexo, idioma, religião, opiniões políticas ou de qualquer outra natureza, origem nacional ou social, posição econômica, nascimento ou qualquer outra condição social.

Artigo 2º – Dever de adotar disposições de direito interno

Se o exercício dos direitos e liberdades mencionados no artigo 1 ainda não estiver garantido por disposições legislativas ou de outra natureza, os Estados-partes comprometem-se a adotar, de acordo com as suas normas constitucionais e com as disposições desta Convenção, as medidas legislativas ou de outra natureza que forem necessárias para tornar efetivos tais direitos e liberdades.

Note-se que o art. 2º da Convenção Americana sobre Direitos Humanos denota a vasta amplitude do dever de proteção, de modo a alcançar até mesmo a atuação legislativa, porquanto impõe, de modo literal, ao Estado Parte a obrigação de compatibilizar seu ordenamento jurídico doméstico aos ditames da própria Convenção, por óbvio respeitando as normas constitucionais do país. Em iguais termos encontram-se vinculadas, portanto, as instâncias administrativas e judiciárias, assim como todos os demais órgãos estatais.

Consequentemente, é crucial perceber que o respeito, a promoção e a proteção dos direitos humanos são de incumbência de absolutamente todos os agentes de todos os escalões do Estado brasileiro, na integralidade das suas instâncias, *v.g.* o Poder Executivo, o Poder Legislativo, o Poder Judiciário, o Ministério Público, a Defensoria Pública, as Polícias etc.

Há que se destacar que os deveres de respeito, promoção e proteção, atualmente, já não são mais encarados como aspecto obrigacional apenas relativo à conduta do Estado, indo além, para alcançar os particulares, acarretando sua necessária observação pelas pessoas físicas e jurídicas de direito privado, em suas mútuas relações, logicamente com as adaptações necessárias às circunstâncias fáticas, como será oportuno examinar logo adiante.

Conquanto seja intuitivo o dever de respeito e facilmente dedutível o dever de promoção, frente aos comandos subjacentes aos direitos civis e aos direitos econômicos, sociais, culturais e ambientais, respectivamente, a mesma facilidade de reconhecimento não se tem verificado com o dever de proteção. Em termos práticos, o dever de proteção reclama **todo tipo de ação** dos agentes de Estado, dentro de suas competências, para, de um lado, tornar efetiva a reprovação legal de graves violações dos direitos humanos e, de outro, oferecer respostas institucionais adequadas ao impedimento ou, quando esse não for possível, a adequada punição ao ofensor à proporcional reparação à vítima. O dever de proteção, portanto, adstringe também a atuação do Ministério Público, da Defensoria Pública, das Autoridades Policiais e demais carreiras ligadas à administração da Justiça.

Em relação à densidade e à extensão da obrigação estatal em face do dever de proteção, a Corte IDH, interpretando o acima transcrito art. 2º da Convenção Americana sobre Direitos Humanos, estabeleceu que os Estados Partes "devem adotar medidas positivas, evitar tomar iniciativas que limitem ou violem um direito fundamental e suprimir as medidas e práticas que restrinjam ou violem um direito fundamental".[13]

Todo o tipo de medida de direito interno adotada a pretexto da consecução do dever de proteção precisa ser, consequentemente, eficaz, em observância ao denominado **Princípio do *Effet Utile***, consolidado pelo direito consuetudinário internacional e acatado também em âmbito interamericano, como denota outra decisão da Corte IDH, uma vez mais a propósito do art. 2º da Convenção Americana sobre Direitos Humanos:

> No direito das gentes, uma regra consuetudinária prescreve que um Estado que ratificou um tratado de direitos humanos deve introduzir em seu direito interno as modificações necessárias para assegurar o fiel cumprimento das obrigações assumidas. Esta regra é universalmente aceita, com respaldo jurisprudencial. A Convenção Americana estabelece a obrigação geral de cada Estado Parte de adequar seu direito interno às disposições desta Convenção para garantir os direitos nela consagrados. Este dever geral do Estado Parte implica que as medidas de direito interno têm de ser efetivas (princípio do *effet utile*). Isso significa que o Estado deve adotar todas as medidas para que o estabelecido na Convenção seja efetivamente cumprido em seu ordenamento jurídico interno, tal como requer o artigo 2 da Convenção. Estas medidas apenas são efetivas quando o Estado adapta sua atuação à normativa de proteção da Convenção.[14]

É crucial que se perceba que a mera previsão pela lei nacional, ato do Poder Executivo ou mesmo decisão judicial prevendo recursos e instrumentos alusivos ao cumprimento das obrigações de respeito, promoção e proteção dos direitos não basta para a observância do Princípio do Efeito Útil. Tais recursos ou instrumentos hão de ser **eficazes na prática**, como elucidou, com base no art. 25, item 1, da Convenção Americana sobre Direitos Humanos, a Corte IDH na Opinião Consultiva OC-09/87 sobre as Garantias Judiciais em Estados de Emergência:

> O artigo 25.1 incorpora o princípio, reconhecido no direito internacional dos direitos humanos, da eficácia dos instrumentos processuais ou meios destinados a garantir esses direitos.
>
> (...)
>
> De acordo com este princípio, a inexistência de um recurso efetivo contra as violações dos direitos reconhecidos pela Convenção constitui uma transgressão dos mesmos por parte do Estado Parte em que tal situação ocorre. Nesse sentido, deve-se destacar que, para que exista tal recurso, não basta que esteja previsto na Constituição ou na lei ou que seja formalmente admissível, mas sim que deve ser verdadeiramente idôneo para estabelecer se foi cometida uma violação. direitos humanos e fornecer o que for necessário para remediá-los. Não podem ser considerados eficazes os recursos que, pelas condições gerais do país ou mesmo pelas circunstâncias particulares de um determinado

[13] CORTE INTERAMERICANA DE DIREITOS HUMANOS. **Parecer Consultivo OC-18/03, de 17 de Setembro de 2003, Solicitado pelos Estados Unidos Mexicanos**: A Condição Jurídica e os Direitos dos Migrantes Indocumentados. San José da Costa Rica, 2003. Disponível em: https://www.corteidh.or.cr/docs/opiniones/seriea_18_por.pdf. Acesso em: 24 dez. 2020.

[14] CORTE INTERAMERICANA DE DIREITOS HUMANOS. **Caso "A Última Tentação de Cristo" (Olmedo Bustos e outros) *vs.* Chile.** Sentença de 5 de fevereiro de 2001, (Mérito, Reparações e Custas). San José da Costa Rica, 2001, p. 32 (87). Disponível em: https://www.corteidh.or.cr/docs/casos/articulos/seriec_73_por.pdf. Acesso em: 24 dez. 2020.

caso, sejam ilusórios. Isso pode ocorrer, por exemplo, quando sua inutilidade tenha sido demonstrada pela prática, porque o Poder Judiciário não tem a independência necessária para decidir com imparcialidade ou porque faltam os meios para executar suas decisões; para qualquer outra situação que constitua uma denegação de justiça, como quando há um atraso injustificado na decisão; ou, por qualquer motivo, o suposto lesado não tem acesso ao recurso judicial.

Por conseguinte, o dever de proteção vincula o Poder Legislativo à adoção de normas ou refutação de projetos de normas que importam em retrocesso do patamar protetivo vigente, e a Administração Pública à implementação de políticas públicas orientadas à prevenção de graves violações de direitos humanos, assim como exige que o Poder Judiciário sempre ofereça prestação jurisdicional que impeça uma grave violação iminente, acaso seja isso viável, ou reprove à altura a afronta consumada, lembrando-se que a violação pode decorrer tanto de ato comissivo quanto omissivo praticados, inclusive, por outros agentes públicos.

A respeito da atividade legiferante, registre-se bastar a entrada em vigor de lei manifestamente contrária a direitos humanos para que o inadimplemento do dever de proteção configure-se, suscetibilizando o Estado a responder, internacionalmente, por afronta a tratado de direitos humanos com previsão atinente ao interesse lesado pela lei promulgada, sendo desnecessária para tanto a produção de efeitos práticos da nova disposição legal e a comprovação dos danos verificados[15].

Referindo-se às obrigações convencionais, assumidas por adesão formal a tratados internacionais de direitos humanos, CANÇADO TRINDADE oferece uma compilação das tarefas que acometem a cada um dos Três Poderes em face das obrigações internacionais e constitucionais, tomadas em interação:

> As obrigações convencionais de proteção vinculam os Estados Partes, e não só seus Governos. Ao Poder Executivo incumbe tomar todas as medidas - administrativas e outras - a seu alcance para dar fiel cumprimento àquelas obrigações. A responsabilidade internacional pelas violações dos direitos humanos sobrevive aos governos, e se transfere a governos sucessivos, precisamente por se tratar de responsabilidade do Estado. Ao Poder Legislativo em incumbe tomar todas as medidas dentro de seu âmbito de competência, seja para regulamentar os tratados de direitos humanos de modo a dar-lhes eficácia no plano interno, seja para harmonizar este último com o disposto naqueles tratados. E ao Poder Judiciário incumbe aplicar efetivamente as normas de tais tratados no plano do direito interno, e assegurar que sejam respeitadas. Isto significa que o Judiciário nacional tem o dever de prover recursos internos eficazes contra violações tanto dos direitos consignados na Constituição como dos direitos consagrados nos tratados de direitos humanos que vinculam o país em questão, ainda mais quando a própria Constituição nacional assim expressamente o determina. O descumprimento das

---

15 "A corte conclui que a promulgação de uma lei manifestamente contrária às obrigações assumidas por um Estado ao ratificar ou aderir à Convenção constitui violação dessa e que, na eventualidade de tal violação afetar direitos e liberdades protegidos de determinados indivíduos, gera responsabilidade internacional do Estado" (Tradução livre. CORTE INTERAMERICANA DE DIREITOS HUMANOS. **Opinión Consultiva OC-14/94, del 9 de Diciembre de 1994, Solicitado por la Comisión Interamericana De Derechos Humanos:** Responsabilidad internacional por expedición y aplicación de leyes violatorias de la Convención (arts. 1 y 2 Convención Americana sobre Derechos Humanos). San José da Costa Rica, 1994, p. 15 (50). https://www.corteidh.or.cr/docs/opiniones/seriea_14_esp.pdf. Acesso em: 24 dez. 2020).

normas convencionais engaja de imediato a responsabilidade Internacional do estado, por ato ou omissão, seja do poder Executivo, seja do Legislativo seja do Judiciário.[16]

Urge, pois, que o adimplemento do dever de proteção deixe de ser encarado como uma questão de suposta inclinação ideológica e passe a ser ensinado e praticado como de fato deve ser: uma **obrigação jurídica** não suscetível a escolhas ou entendimentos pessoais. Em sendo assim, jamais fez sentido (ao menos jurídico) o uso da inapropriada, mas ainda muito disseminada, expressão "perfil garantista" para classificar tal ou qual agente estatal, porquanto a proteção dos direitos humanos é, ao fim e ao cabo, um imperativo legal. Dito de outro modo, o agente público que faz valer a proteção dos direitos humanos não é "garantista". Ele cumpre a lei.

Pode-se assim ilustrar o triplo dever estatal para com os direitos humanos e deus desdobramentos:

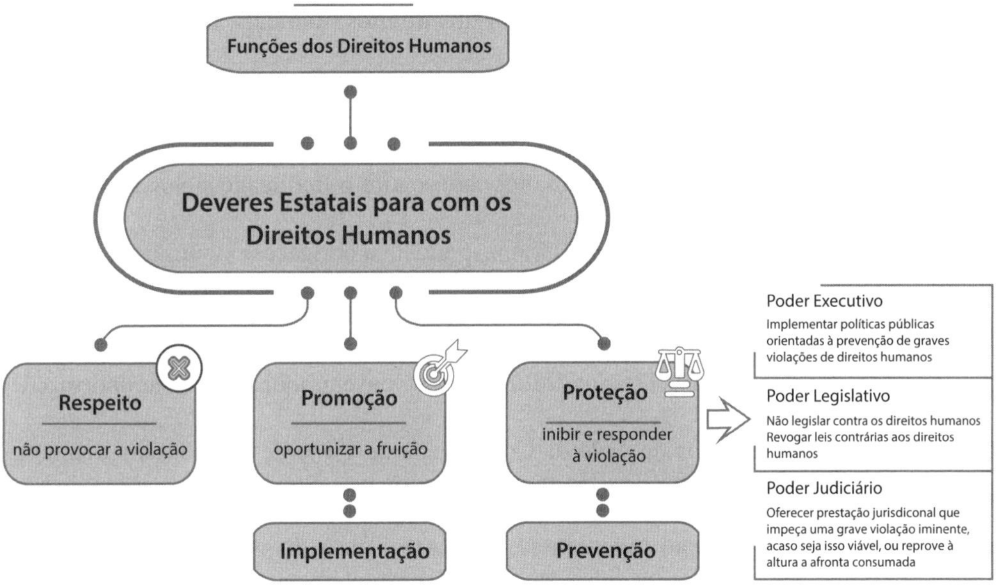

Fonte: elaborada pelo autor

Em síntese, a vinculação de todas as instâncias estatais de todas as unidades da Federação que conformam a República Federativa do Brasil e, por conseguinte, de todos os agentes estatais de quaisquer dos Três Poderes e demais carreiras públicas – sejam agentes concursados, eleitos ou nomeados – estão plenamente atados ao respeito, à promoção e à proteção dos direitos humanos, dentro dos limites e possibilidades de suas atribuições. Trata-se de decorrência lógica da consagração da Dignidade da Pessoa Humana como fundamento do Estado brasileiro, nos termos do art. 1º, III, da Constituição Federal.

De modo a permitir um olhar mais aproximado de como o Estado brasileiro vem lidando com os aludidos três deveres, passa-se à apresentação dos programas nacionais de direitos humanos e, no campo jurídico, dos fundamentos mais específicos da atuação em prol

16 CANÇADO TRINDADE, Antônio Augusto. **Tratado de Direito Internacional dos Direitos Humanos** – Vol. I. 2. ed. Porto Alegre: Sérgio Antonio Fabris Editor, 2003, p. 551-552.

dos direitos humanos de três carreiras fundamentais da Administração da Justiça no Brasil: Magistratura, Ministério Público e Defensoria Pública.

2.1.1. *Programas e órgãos públicos brasileiros dedicados aos direitos humanos*

Fruto da II Conferência Mundial de Direitos Humanos, a Declaração e Programa de Ação de Viena de 1993 estabeleceu, em seu art. 71: "A Conferência Mundial sobre Direitos Humanos recomenda que cada Estado pondere a oportunidade da elaboração de um plano de ação nacional que identifique os passos através dos quais esse Estado poderia melhorar a promoção e a proteção dos Direitos Humanos".

Embora o Brasil ainda se ressinta de uma estrutura diretamente incumbida do cumprimento das decisões internacionais relativas a direitos humanos, há iniciativas e instituições já existentes no país e que, dentro de suas áreas de aplicação e atuação, vêm se consolidando como as principais vias de difusão e implementação interna dos padrões desenvolvidos por todas as instâncias da proteção internacional dos direitos humanos, incluindo as quase-judiciais e judiciais.

O Brasil já conta com programas e órgãos com atribuições gerais ou específicas atinentes à proteção dos direitos humanos, os quais, a despeito da necessidade de incremento, apresentarão resultados mais eficazes quanto mais estabeleçam padrões de interpretação, promoção e proteção dos direitos humanos, consoante o delineado pelos mecanismos internacionais.

Aliás, vários desses programas e órgãos respondem a obrigações assumidas pelo Brasil perante a ONU e a OEA, bem como a recomendações formuladas na seara dos diferentes mecanismos internacionais de monitoramento e apuração de violação de direitos humanos.

No Brasil, órgãos e programas de direitos humanos podem ser encontrados em todas as instâncias da Federação (União, Estados e Municípios). Convém, aqui, mencionar informações atinentes ao plano federal.

Na esteira do Programa de Ação da Conferência de Viena de 1993, foram 3 (três) os **Programas Nacionais de Direitos Humanos** editados pela Presidência da República na forma de Decretos (PNDH-1 de 1996, PNDH-2 de 2002 e PNDH-3 de 2009), constituindo documentos que, embora **não vinculantes**, almejam realizar diagnóstico abrangente dos principais problemas e propor medidas concretas de enfrentamento.[17]

Os PNDHs brasileiros nascem do diálogo direto entre governo e sociedade civil, sobretudo a sociedade civil organizada militante (notadamente as ONGs e os movimentos sociais), em torno de diferentes temas de direitos humanos. O PNDH-2, saliente-se, dentre todos, é o que se dedica mais atentamente aos direitos sociais e de grupos vulneráveis.

O PNDH-3 foi aprovado pelo Decreto nº 7.037, de 21 de dezembro de 2009. Sua estrutura conta com 6 (seis) eixos orientadores, pelos quais encontram-se distribuídas 25 (vinte e cinco) diretrizes, cada uma com objetivos estratégicos próprios, aos quais são vinculadas ações programáticas, cuja consecução é atribuída, de antemão, no próprio plano, a determinados Ministérios e Secretarias Especiais. A implementação do proposto é acompanhada por um Comitê de Acompanhamento e Monitoramento. Eis os eixos, diretrizes e objetivos estratégicos do PNDH-3:

---

17 Há programas de direitos humanos não apenas no plano federal, mas também municipal e estadual. O primeiro programa estadual de direitos humanos foi elaborado em São Paulo, objeto do Dec. 42.209/97, ao que se seguiram programas de vários outros estados da federação.

Eixo Orientador I: Interação democrática entre Estado e sociedade civil	
Diretriz 1: Interação democrática entre Estado e sociedade civil como instrumento de fortalecimento da democracia participativa.	Objetivo estratégico I: Garantia da participação e do controle social das políticas públicas em Direitos Humanos, em diálogo plural e transversal entre os vários atores sociais. Objetivo estratégico II: Ampliação do controle externo dos órgãos públicos.
Diretriz 2: Fortalecimento dos Direitos Humanos como instrumento transversal das políticas públicas e de interação democrática.	Objetivo estratégico I: Promoção dos Direitos Humanos como princípios orientadores das políticas públicas e das relações internacionais. Objetivo estratégico II: Fortalecimento dos instrumentos de interação democrática para a promoção dos Direitos Humanos.
Diretriz 3: Integração e ampliação dos sistemas de informação em Direitos Humanos e construção de mecanismos de avaliação e monitoramento de sua efetivação.	Objetivo estratégico I: Desenvolvimento de mecanismos de controle social das políticas públicas de Direitos Humanos, garantindo o monitoramento e a transparência das ações governamentais. Objetivo estratégico II: Monitoramento dos compromissos internacionais assumidos pelo Estado brasileiro em matéria de Direitos Humanos.

Fonte: elaborada pelo autor

Eixo Orientador II: Desenvolvimento e Direitos Humanos	
Diretriz 4: Efetivação de modelo de desenvolvimento sustentável, com inclusão social e econômica, ambientalmente equilibrado e tecnologicamente responsável, cultural e regionalmente diverso, participativo e não discriminatório.	Objetivo estratégico I: Implementação de políticas públicas de desenvolvimento com inclusão social. Objetivo estratégico II: Fortalecimento de modelos de agricultura familiar e agroecológica. Objetivo estratégico III: Fomento à pesquisa e à implementação de políticas para o desenvolvimento de tecnologias socialmente inclusivas, emancipatórias e ambientalmente sustentáveis. Objetivo estratégico IV: Garantia do direito a cidades inclusivas e sustentáveis.
Diretriz 5: Valorização da pessoa humana como sujeito central do processo de desenvolvimento.	Objetivo estratégico I: Garantia da participação e do controle social nas políticas públicas de desenvolvimento com grande impacto socioambiental. Objetivo estratégico II: Afirmação dos princípios da dignidade humana e da equidade como fundamentos do processo de desenvolvimento nacional. Objetivo estratégico III: Fortalecimento dos direitos econômicos por meio de políticas públicas de defesa da concorrência e de proteção do consumidor.
Diretriz 6: Promover e proteger os direitos ambientais como Direitos Humanos, incluindo as gerações futuras como sujeitos de direitos.	Objetivo estratégico I: Afirmação dos direitos ambientais como Direitos Humanos.

Fonte: elaborada pelo autor

Eixo Orientador III: Universalizar direitos em um contexto de desigualdades	
Diretriz 7: Garantia dos Direitos Humanos de forma universal, indivisível e interdependente, assegurando a cidadania plena.	Objetivo estratégico I: Universalização do registro civil de nascimento e ampliação do acesso à documentação básica. Objetivo estratégico II: Acesso à alimentação adequada por meio de políticas estruturantes. Objetivo estratégico III: Garantia do acesso à terra e à moradia para a população de baixa renda e grupos sociais vulnerabilizados. Objetivo estratégico IV: Ampliação do acesso universal a sistema de saúde de qualidade. Objetivo estratégico V: Acesso à educação de qualidade e garantia de permanência na escola. Objetivo estratégico VI: Garantia do trabalho decente, adequadamente remunerado, exercido em condições de equidade e segurança. Objetivo estratégico VII: Combate e prevenção ao trabalho escravo. Objetivo estratégico VIII: Promoção do direito à cultura, lazer e esporte como elementos formadores de cidadania. Objetivo estratégico IX: Garantia da participação igualitária e acessível na vida política.
Diretriz 8: Promoção dos direitos de crianças e adolescentes para o seu desenvolvimento integral, de forma não discriminatória, assegurando seu direito de opinião e participação.	Objetivo estratégico I: Proteger e garantir os direitos de crianças e adolescentes por meio da consolidação das diretrizes nacionais do ECA, da Política Nacional de Promoção, Proteção e Defesa dos Direitos da Criança e do Adolescente e da Convenção sobre os Direitos da Criança da ONU. Objetivo estratégico II: Consolidar o Sistema de Garantia de Direitos de Crianças e Adolescentes, com o fortalecimento do papel dos Conselhos Tutelares e de Direitos. Objetivo estratégico III: Proteger e defender os direitos de crianças e adolescentes com maior vulnerabilidade. Objetivo estratégico IV: Enfrentamento da violência sexual contra crianças e adolescentes. Objetivo estratégico V: Garantir o atendimento especializado a crianças e adolescentes em sofrimento psíquico e dependência química. Objetivo estratégico VI: Erradicação do trabalho infantil em todo o território nacional. Objetivo estratégico VII: Implementação do Sistema Nacional de Atendimento Socioeducativo (SINASE).
Diretriz 9: Combate às desigualdades estruturais.	Objetivo estratégico I: Igualdade e proteção dos direitos das populações negras, historicamente afetadas pela discriminação e outras formas de intolerância. Objetivo estratégico II: Garantia aos povos indígenas da manutenção e resgate das condições de reprodução, assegurando seus modos de vida. Objetivo estratégico III: Garantia dos direitos das mulheres para o estabelecimento das condições necessárias para sua plena cidadania.

continua

continuação

Eixo Orientador III: Universalizar direitos em um contexto de desigualdades	
Diretriz 10: Garantia da igualdade na diversidade.	Objetivo estratégico I: Afirmação da diversidade para construção de uma sociedade igualitária. Objetivo estratégico II: Proteção e promoção da diversidade das expressões culturais como Direito Humano. Objetivo estratégico III: Valorização da pessoa idosa e promoção de sua participação na sociedade. Objetivo estratégico IV: Promoção e proteção dos direitos das pessoas com deficiência e garantia da acessibilidade igualitária. Objetivo estratégico V: Garantia do respeito à livre orientação sexual e identidade de gênero. Objetivo estratégico VI: Respeito às diferentes crenças, liberdade de culto e garantia da laicidade do Estado.

Fonte: elaborada pelo autor

Eixo Orientador IV: Segurança Pública, Acesso à Justiça e Combate à Violência	
Diretriz 11: Democratização e modernização do sistema de segurança pública	Objetivo estratégico I: Modernização do marco normativo do sistema de segurança pública. Objetivo estratégico II: Modernização da gestão do sistema de segurança pública Objetivo estratégico III: Promoção dos Direitos Humanos dos profissionais do sistema de segurança pública, assegurando sua formação continuada e compatível com as atividades que exercem.
Diretriz 12: Transparência e participação popular no sistema de segurança pública e justiça criminal.	Objetivo estratégico I: Publicação de dados do sistema federal de segurança pública. Objetivo estratégico II: Consolidação de mecanismos de participação popular na elaboração das políticas públicas de segurança.
Diretriz 13: Prevenção da violência e da criminalidade e profissionalização da investigação de atos criminosos.	Objetivo estratégico I: Ampliação do controle de armas de fogo em circulação no País. Objetivo estratégico II: Qualificação da investigação criminal. Objetivo estratégico III: Produção de prova pericial com celeridade e procedimento padronizado. Objetivo estratégico IV: Fortalecimento dos instrumentos de prevenção à violência. Objetivo estratégico V: Redução da violência motivada por diferenças de gênero, raça ou etnia, idade, orientação sexual e situação de vulnerabilidade. Objetivo estratégico VI: Enfrentamento ao tráfico de pessoas.

continua

continuação

Eixo Orientador IV: Segurança Pública, Acesso à Justiça e Combate à Violência	
Diretriz 14: Combate à violência institucional, com ênfase na erradicação da tortura e na redução da letalidade policial e carcerária.	Objetivo estratégico I: Fortalecimento dos mecanismos de controle do sistema de segurança pública. Objetivo estratégico II: Padronização de procedimentos e equipamentos do sistema de segurança pública. Objetivo estratégico III: Consolidação de política nacional visando à erradicação da tortura e de outros tratamentos ou penas cruéis, desumanos ou degradantes. Objetivo estratégico IV: Combate às execuções extrajudiciais realizadas por agentes do Estado.
Diretriz 15: Garantia dos direitos das vítimas de crimes e de proteção das pessoas ameaçadas.	Objetivo estratégico I: Instituição de sistema federal que integre os programas de proteção. Objetivo estratégico II: Consolidação da política de assistência a vítimas e a testemunhas ameaçadas. Objetivo estratégico III: Garantia da proteção de crianças e adolescentes ameaçados de morte. Objetivo estratégico IV: Garantia de proteção dos defensores dos Direitos Humanos e de suas atividades.
Diretriz 16: Modernização da política de execução penal, priorizando a aplicação de penas e medidas alternativas à privação de liberdade e melhoria do sistema penitenciário.	Objetivo estratégico I: Reestruturação do sistema penitenciário. Objetivo estratégico II: Limitação do uso dos institutos de prisão cautelar. Objetivo estratégico III: Tratamento adequado de pessoas com transtornos mentais. Objetivo estratégico IV: Ampliação da aplicação de penas e medidas alternativas.
Diretriz 17: Promoção de sistema de justiça mais acessível, ágil e efetivo, para o conhecimento, a garantia e a defesa dos direitos.	Objetivo estratégico I: Acesso da população à informação sobre seus direitos e sobre como garanti-los. Objetivo estratégico II: Garantia do aperfeiçoamento e monitoramento das normas jurídicas para proteção dos Direitos Humanos. Objetivo estratégico III: Utilização de modelos alternativos de solução de conflitos. Objetivo estratégico IV: Garantia de acesso universal ao sistema judiciário. Objetivo estratégico V: Modernização da gestão e agilização do funcionamento do sistema de justiça. Objetivo estratégico VI: Acesso à Justiça no campo e na cidade.

Fonte: elaborada pelo autor

Eixo Orientador V: Educação e cultura em Direitos Humanos	
Diretriz 18: Efetivação das diretrizes e dos princípios da política nacional de educação em Direitos Humanos para fortalecer cultura de direitos.	Objetivo estratégico I: Implementação do Plano Nacional de Educação em Direitos Humanos – PNEDH Objetivo Estratégico II: Ampliação de mecanismos e produção de materiais pedagógicos e didáticos para Educação em Direitos Humanos.
Diretriz 19: Fortalecimento dos princípios da democracia e dos Direitos Humanos nos sistemas de educação básica, nas instituições de ensino superior e outras instituições formadoras.	Objetivo Estratégico I: Inclusão da temática de Educação e Cultura em Direitos Humanos nas escolas de educação básica e em outras instituições formadoras. Objetivo Estratégico II: Inclusão da temática da Educação em Direitos Humanos nos cursos das Instituições de Ensino Superior . Objetivo Estratégico III: Incentivo à transdisciplinariedade e transversalidade nas atividades acadêmicas em Direitos Humanos.
Diretriz 20: Reconhecimento da educação não formal como espaço de defesa e promoção dos Direitos Humanos.	Objetivo Estratégico I: Inclusão da temática da educação em Direitos Humanos na educação não formal. Objetivo estratégico II: Resgate da memória por meio da reconstrução da história dos movimentos sociais.
Diretriz 21: Promoção da Educação em Direitos Humanos no serviço público.	Objetivo Estratégico I: Formação e capacitação continuada dos servidores públicos em Direitos Humanos, em todas as esferas de governo. Objetivo Estratégico II: Formação adequada e qualificada dos profissionais do sistema de segurança pública.
Diretriz 22: Garantia do direito à comunicação democrática e ao acesso à informação para consolidação de uma cultura em Direitos Humanos.	Objetivo Estratégico I: Promover o respeito aos Direitos Humanos nos meios de comunicação e o cumprimento de seu papel na promoção da cultura em Direitos Humanos. Objetivo Estratégico II: Garantia do direito à comunicação democrática e ao acesso à informação.

Fonte: elaborada pelo autor

Eixo Orientador VI: Direito à Memória e à Verdade	
Diretriz 23: Reconhecimento da memória e da verdade como Direito Humano da cidadania e dever do Estado.	Objetivo Estratégico I: Promover a apuração e o esclarecimento público das violações de Direitos Humanos praticadas no contexto da repressão política ocorrida no Brasil no período fixado pelo art. 8º do ADCT da Constituição, a fim de efetivar o direito à memória e à verdade histórica e promover a reconciliação nacional.
Diretriz 24: Preservação da memória histórica e construção pública da verdade.	Objetivo Estratégico I: Incentivar iniciativas de preservação da memória histórica e de construção pública da verdade sobre períodos autoritários.
Diretriz 25: Modernização da legislação relacionada com promoção do direito à memória e à verdade, fortalecendo a democracia.	Objetivo Estratégico I: Suprimir do ordenamento jurídico brasileiro eventuais normas remanescentes de períodos de exceção que afrontem os compromissos internacionais e os preceitos constitucionais sobre Direitos Humanos.

Fonte: elaborada pelo autor

Os Programas Nacionais de Direitos Humanos, em especial o último deles (PNDH-3), consubstanciam, atualmente, o grande norte da política pública brasileira para o avanço da consolidação e efetivação dos direitos humanos no Brasil e, apesar de não juridicamente cogentes *per si*, são legítimos referenciais para a contestação de condutas que os confrontem ou violem, por ação ou omissão, principalmente se invocados como desdobramento dos comandos normativos constitucionais e internacionais – esses, sim, vinculantes do ponto de vista jurídico – que obrigam o Estado brasileiro a proteger e promover os direitos humanos.

No que toca aos órgãos nacionais de implementação de direitos humanos, importante referencial para sua criação e funcionamento é o documento, aprovado, em 1993, pela Resolução nº 48/134 da Assembleia Geral da ONU, sob o título **Princípios Relativos ao Estatuto das Instituições Nacionais de Direitos Humanos ("Princípios de Paris")**. No anexo dessa Resolução foram enunciados princípios que instam os Estados a criar e manter, mediante previsão constitucional ou criação por lei, instituições nacionais com atribuições voltadas à realização dos de direitos humanos (art. 1º do tópico "Atribuições e Competências" do Anexo da Res. nº 48/134), cuja atuação deve se dar, em que pese sua natureza pública, de modo independente e com observância, no que se refere à composição dos membros, de uma "representação pluralista das forças sociais (da sociedade civil) que participam na proteção e promoção dos direitos humanos" (art. 1º do tópico "Composição e garantias de independência e pluralismo" do Anexo da Resolução nº 48/134). Estipula, ainda, a mesma Resolução, em seu art. 3º do tópico "Atribuições e Competências":

> Uma instituição nacional deverá ter, entre outras, as seguintes competências:
>
> a) Apresentar, a título consultivo, ao governo, ao parlamento e a qualquer outra entidade competente, a pedido da autoridade em causa ou através do exercício do seu direito de iniciativa, pareceres, recomendações, propostas e relatórios sobre quaisquer matérias relativas à promoção e proteção dos direitos humanos; a instituição nacional poderá decidir tornar públicos esses documentos; os pareceres, recomendações, propostas e relatórios, bem como quaisquer prerrogativas da instituição nacional, deverão dizer respeito aos seguintes domínios:
>
> (i) Quaisquer disposições legais ou administrativas, bem como as disposições relativas à organização judiciária, destinadas a preservar e alargar a proteção dos direitos humanos; a este respeito, a instituição nacional deverá analisar as disposições legais e administrativas em vigor, bem como os projetos e propostas de lei, e deverá formular as recomendações que considere adequadas a fim de assegurar que tais disposições respeitam os princípios fundamentais de direitos humanos; deverá, se necessário, recomendar a adopção de nova legislação, a alteração da legislação em vigor e a adopção ou alteração de medidas de carácter administrativo;
>
> (ii) Qualquer situação de violação de direitos humanos de que se decida ocupar;
>
> (iii) Elaboração de relatórios sobre a situação nacional relativa aos direitos humanos em geral, e sobre questões mais específicas;
>
> (iv) Chamar a atenção do governo para situações de violação de direitos humanos em qualquer parte do país e apresentar-lhe propostas de iniciativas destinadas a pôr fim a tais situações e, se necessário, manifestar opinião sobre as posições ou reações do governo;
>
> b) Promover e garantir a harmonização da legislação, regulamentos e práticas nacionais com os instrumentos internacionais de que o Estado seja parte, e a sua efetiva aplicação;
>
> c) Encorajar a ratificação dos instrumentos suprarreferidos ou a adesão aos mesmos, e assegurar a sua aplicação;

> d) Contribuir para os relatórios que os Estados devam apresentar aos organismos e comitês das Nações Unidas, e às instituições regionais, em conformidade com as obrigações assumidas ao abrigo dos tratados e, sempre que necessário, manifestar opinião sobre o assunto, com o devido respeito pela sua independência;
> e) Cooperar com as Nações Unidas e com qualquer outra organização do sistema das Nações Unidas, com as instituições regionais e com as instituições nacionais de outros países com competência no domínio da promoção e proteção dos direitos humanos;
> f) Prestar assistência na elaboração de programas de ensino e investigação no domínio dos direitos humanos e participar na respectiva execução nas escolas, universidades e círculos profissionais;
> g) Divulgar os direitos humanos e os esforços para combater a discriminação em todas as suas formas, nomeadamente a discriminação racial, promovendo a sensibilização do público, em especial através da informação e educação e da utilização de todos os órgãos de imprensa.[18]

Em tese, os Princípios de Paris devem reger a atuação dos órgãos públicos brasileiros instituídos para a proteção e promoção dos direitos humanos, ressaltando-se a intangibilidade da independência e da interface com a sociedade civil como pilares das atividades desempenhadas pelos quadros nomeados para compor tais instâncias.

Em que pese as diretrizes da ONU, no que tange ao órgão central federal, no âmbito do Poder Executivo, incumbido da promoção dos direitos humanos, a história brasileira é repleta de idas e vindas e constantes mudanças, denotando instabilidade institucional da lida com a questão. Por muito tempo, o assunto esteve a cargo do Ministério da Justiça, panorama que começa a se alterar em 1997, no governo do então Presidente Fernando Henrique Cardoso, com a criação da Secretaria Nacional de Direitos Humanos, vinculada àquele Ministério, à qual se atribuiu, precipuamente, a gestão da execução do PNDH-1.

Em 2003, já no governo do Presidente Luís Inácio Lula da Silva, é criada a Secretaria Especial dos Direitos Humanos, desta feita com *status* de Ministério, pois que ligada, diretamente, à Presidência da República. Anos mais tarde, a denominação seria alterada para simplesmente Secretaria dos Direitos Humanos, intentando-se, com a retirada do termo "especial", denotar o caráter permanente do órgão.

No ano de 2016, já na administração da Presidenta Dilma Rousseff, a Secretaria dos Direitos Humanos fundiu-se com outras 2 (duas) secretarias ligadas à Presidência da República – Secretaria de Políticas de Promoção da Igualdade Racial e Secretaria de Políticas para as Mulheres – para compor o Ministério das Mulheres, da Igualdade Racial, da Juventude e dos Direitos Humanos. No mesmo ano, após afastamento temporário da Presidenta, reforma ministerial promovida pelo presidente interino Michel Temer alcançou o Ministério recém-criado para rebaixá-lo, novamente, à condição de secretaria de ministério, neste caso, do Ministério da Justiça e Cidadania. Em 2017, nova reviravolta: o mesmo governo recria o Ministério dos Direitos Humanos.

Por fim, em 2019, outra reforma ministerial, agora patrocinada pelo governo recém empossado de Jair Messias Bolsonaro, renomeia o ministério em questão para Ministério da

18 Tradução livre. NACIONES UNIDAS. Asamblea General. **A/RES/48/134 – Instituciones nacionales de promoción y protección de los derechos humanos.** Ginebra, 4 mar. 1994. Disponível em: https://documents-dds-ny.un.org/doc/UNDOC/GEN/N94/116/27/PDF/N9411627.pdf?OpenElement. Acesso em: 18 jan. 2021.

Mulher, da Família e dos Direitos Humanos. Atualmente, este Ministério tem suas atribuições e estrutura definidos pelo Anexo I do Decreto nº 10.174, de 13 de dezembro de 2019:

> Art. 1º O Ministério da Mulher, da Família e dos Direitos Humanos, órgão da administração pública federal direta, tem como área de competência os seguintes assuntos:
> I – políticas e diretrizes voltadas à promoção dos direitos humanos, incluídos:
> a) direitos da mulher;
> b) direitos da família;
> c) direitos da criança e do adolescente;
> d) direitos da juventude;
> e) direitos do idoso;
> f) direitos da pessoa com deficiência;
> g) direitos da população negra; e
> h) direitos das minorias étnicas e sociais;
> II – articulação de iniciativas e apoio a projetos voltados à proteção e à promoção dos direitos humanos, com respeitos aos fundamentos constitucionais do Estado Democrático de Direito;
> III – exercício da função de ouvidoria nacional em assuntos relativos aos direitos humanos;
> IV – políticas de promoção do reconhecimento e da valorização da dignidade da pessoa humana em sua integralidade; e
> V – combate a todas as formas de violência, preconceito, discriminação e intolerância.

Por força do art. 2º, II, ao Anexo I do mesmo Decreto, o Ministério da Mulher, da Família e dos Direitos Humanos conta com órgãos específicos singulares e colegiados. São os órgãos específicos singulares:

> a) Secretaria Nacional de Políticas para as Mulheres:
> 1. Departamento de Políticas das Mulheres e Relações Sociais;
> 2. Departamento de Políticas de Enfrentamento à Violência contra as Mulheres; e
> 3. Departamento de Promoção da Dignidade da Mulher;
> b) Secretaria Nacional da Família:
> 1. Departamento de Formação, Desenvolvimento e Fortalecimento da Família;
> 2. Departamento de Equilíbrio Trabalho-Família; e
> 3. Departamento de Desafios Sociais no Âmbito Familiar;
> c) Secretaria Nacional dos Direitos da Criança e do Adolescente:
> 1. Departamento de Promoção e Fortalecimento dos Direitos da Criança e do Adolescente; e
> 2. Departamento de Enfrentamento de Violações aos Direitos da Criança e do Adolescente;
> d) Secretaria Nacional da Juventude: Departamento de Políticas Temáticas dos Direitos da Juventude;
> e) Secretaria Nacional de Proteção Global:
> 1. Departamento de Proteção e Defesa dos Direitos Humanos;
> 2. Departamento de Promoção e Educação em Direitos Humanos; e

3. Departamento de Promoção dos Direitos de Lésbicas, Gays, Bissexuais, Travestis e Transexuais;

f) Secretaria Nacional de Políticas de Promoção da Igualdade Racial:

1. Departamento de Políticas Étnico-Raciais; e

2. Departamento de Monitoramento de Políticas Étnico-Raciais;

g) Secretaria Nacional dos Direitos da Pessoa com Deficiência:

1. Departamento de Políticas Temáticas dos Direitos da Pessoa com Deficiência; e

2. Departamento de Gestão e Relações Interinstitucionais; e

h) Secretaria Nacional de Promoção e Defesa dos Direitos da Pessoa Idosa: Departamento de Políticas Temáticas dos Direitos da Pessoa Idosa;

São os órgãos colegiados, cuja natureza indica a participação de representantes de outros Poderes e da sociedade civil, devendo, na esteira dos Princípios de Paris, contemplar espaços indispensáveis de deliberações democráticas, onde representações da população, sobretudo dos grupos socialmente vulneráveis, possam ter voz e voto (art. 2º, III, do Anexo I do Decreto nº 10.174/2019):

a) Conselho Nacional de Promoção da Igualdade Racial;

b) Conselho Nacional dos Direitos Humanos;

c) Conselho Nacional de Combate à Discriminação;

d) Conselho Nacional dos Direitos da Criança e do Adolescente;

e) Conselho Nacional dos Direitos da Pessoa com Deficiência;

f) Conselho Nacional dos Direitos da Pessoa Idosa;

g) Comitê Nacional de Prevenção e Combate à Tortura;

h) Mecanismo Nacional de Prevenção e Combate à Tortura;

i) Conselho Nacional dos Povos e Comunidades Tradicionais;

j) Conselho Nacional dos Direitos da Mulher; e

k) Conselho Nacional da Juventude.

Segundo informação do próprio Ministério da Mulher, da Família e dos Direitos Humanos, para além dos órgãos colegiados enunciados no Decreto nº 10.174/2019, estão em funcionamento: Comissão de Anistia; Comissão Nacional de Erradicação do Trabalho Escravo; Comitê Gestor responsável pela implementação dos Objetivos de Desenvolvimento Sustentável; Comitê Intersetorial de Acompanhamento e Monitoramento da Política Nacional para a População em Situação de Rua; Comitê Nacional de Empresas e Direitos Humanos; e Conselho Deliberativo do Programa de Proteção aos Defensores de Direitos Humanos, Comunicadores Sociais e Ambientalistas.[19]

No âmbito do agora denominado Ministério da Justiça e Segurança Pública, funciona o **Comitê Nacional para os Refugiados (CONARE),** instituído pela Lei nº 9.474/97. Cuida-se de órgão colegiado que reúne segmentos representativos da área governamental, da sociedade civil e da ONU, e que tem por finalidade: analisar o pedido sobre o reconhecimento da condição de refugiado; deliberar quanto à cessação *ex officio* ou mediante requerimento das autoridades competentes, da condição de refugiado; declarar a perda da condição de refugiado; orientar e

---

19 BRASIL. MINISTÉRIO DA MULHER, DA FAMÍLIA E DOS DIREITOS HUMANOS. **Institucional.** Brasília, s.d. Disponível em: https://www.gov.br/mdh/pt-br/acesso-a-informacao/institucional. Acesso em: 03 jan. 2021.

coordenar as ações necessárias à eficácia da proteção, assistência, integração local e apoio jurídico aos refugiados, com a participação dos Ministérios e instituições que compõem o próprio CONARE; e aprovar instruções normativas que possibilitem a execução da Lei nº 9.474/97.

Compõem o CONARE um representante do Ministério da Justiça e Segurança Pública (que o preside), um representante do Ministério das Relações Exteriores, um representante do Ministério do Trabalho (atual Secretaria Especial do Trabalho e da Previdência Social do Ministério da Economia), um representante do Ministério da Saúde, um representante do Ministério da Educação e do Desporto, um representante do Departamento de Polícia Federal e um representante de organização não governamental que se dedique a atividades de assistência e proteção de refugiados no país. O Alto Comissariado das Nações Unidas para Refugiados – ACNUR será sempre membro convidado para as reuniões do CONARE, com direito a voz, sem voto.

Saindo do Poder Executivo federal, no Congresso Nacional, a Câmara dos Deputados mantém a **Comissão de Direitos Humanos e Minorias (CDHM)**, criada, em 1995, também por consequência dos compromissos assumidos pelo Estado Brasileiro na II Conferência Mundial de Direitos Humanos da ONU de 1993. Desde 2004, há previsão regimental do poder deliberativo da CDHM.

Diz a CDHM receber anualmente, centenas de denúncias de violações dos direitos humanos, que suscitam ofícios, acompanhamentos e cobrança de providências cabíveis.[20]

A CDHM também contribui para a tramitação de projetos de lei que aperfeiçoaram o ordenamento jurídico em matéria de direitos humanos e que garantem emendas ao orçamento da União que asseguraram recursos para a execução de programas de direitos humanos.

Consta do Regimento Interno da Câmara dos Deputados as seguintes atribuições da CDHM:

a) recebimento, avaliação e investigação de denúncias relativas a ameaça ou violação de direitos humanos;
b) fiscalização e acompanhamento de programas governamentais relativos à proteção dos direitos humanos;
c) colaboração com entidades não governamentais, nacionais e internacionais, que atuem na defesa dos direitos humanos;
d) pesquisas e estudos relativos à situação dos direitos humanos no Brasil e no mundo, inclusive para efeito de divulgação pública e fornecimento de subsídios para as demais Comissões da Casa;
e) assuntos referentes às minorias étnicas e sociais, especialmente aos índios e às comunidades indígenas; regime das terras tradicionalmente ocupadas pelos índios;
f) reservação e proteção das culturas populares e étnicas do País;
g) promoção da igualdade racial.[21]

No âmbito das instituições jurídicas, convém abordar, separadamente, a Magistratura, o Ministério Público e a Defensoria Pública enquanto órgãos nacionais de proteção dos direitos humanos.

---

20 BRASIL. CÂMARA DOS DEPUTADOS. **Comissão de Direitos Humanos e Minorias.** Histórico. Brasília, s.d. Disponível em: https://www2.camara.leg.br/atividade-legislativa/comissoes/comissoes-permanentes/cdhm/atribuicoes/historico. Acesso em: 03 jan. 2021.

21 BRASIL. CÂMARA DOS DEPUTADOS. **Comissão de Direitos Humanos e Minorias.** Atribuições. Brasília, s.d. Disponível em https://www2.camara.leg.br/atividade-legislativa/comissoes/comissoes-permanentes/cdhm/atribuicoes. Acesso em: 03 jan. 2021.

2.1.2. *Magistratura e os direitos humanos*

Como visto, a vinculação dos membros do Poder Judiciário, agentes públicos que são, aos direitos humanos decorre, diretamente, do triplo dever de respeito, promoção e proteção dos direitos humanos.

Não cabe, aqui, citar dispositivos constitucionais que consagram tal obrigação em face da Magistratura, porquanto se tratar de decorrência lógica da razão de existir do Poder Judiciário: aplicar as leis. Se o ordenamento jurídico, cujo zelo e aplicação incumbem aos membros do Poder Judiciário, se caracteriza pela supremacia das normas que integram o *corpus juris* de direitos humanos, a vinculação de Juízas e Juízes a esses direitos é direta e, repise-se, lógica.

Já no plano internacional, esta vinculação decorre da obrigação dos Estados de manter um aparato institucional e processual que permita aos indivíduos fazer valer seus direitos humanos. Relembre-se os seguintes dispositivos a este propósito, aplicáveis à Magistratura brasileira:

Declaração Universal dos Direitos Humanos

Art. 8º

Todo o homem tem direito a receber dos tribunais nacionais competentes remédio efetivo para os atos que violem os direitos fundamentais que lhe sejam reconhecidos pela constituição ou pela lei.

Pacto Internacional sobre Direitos Civis e Políticos (ONU)

Art. 2º, item 3

Os Estados Partes do presente Pacto comprometem-se a:

a) Garantir que toda pessoa, cujos direitos e liberdades reconhecidos no presente Pacto tenham sido violados, possa de um recurso efetivo, mesmo que a violência tenha sido perpetra por pessoas que agiam no exercício de funções oficiais;

b) Garantir que toda pessoa que interpuser tal recurso terá seu direito determinado pela competente autoridade judicial, administrativa ou legislativa ou por qualquer outra autoridade competente prevista no ordenamento jurídico do Estado em questão; e a desenvolver as possibilidades de recurso judicial;

c) Garantir o cumprimento, pelas autoridades competentes, de qualquer decisão que julgar procedente tal recurso.

Declaração Americana dos Direitos e Deveres do Homem (OEA)

Art. XVIII

Toda pessoa pode recorrer aos tribunais para fazer respeitar os seus direitos. Deve poder contar, outrossim, com processo simples e breve, mediante o qual a justiça a proteja contra atos de autoridade que violem, em seu prejuízo, qualquer dos direitos fundamentais consagrados constitucionalmente.

Convenção Americana sobre Direitos Humanos (OEA)

Art. 25

1. Toda pessoa tem direito a um recurso simples e rápido ou a qualquer outro recurso efetivo, perante os juízes ou tribunais competentes, que a proteja contra atos que violem

> seus direitos fundamentais reconhecidos pela constituição, pela lei ou pela presente Convenção, mesmo quando tal violação seja cometida por pessoas que estejam atuando no exercício de suas funções oficiais.
>
> 2. Os Estados Partes comprometem-se:
>
> a. a assegurar que a autoridade competente prevista pelo sistema legal do Estado decida sobre os direitos de toda pessoa que interpuser tal recurso;
>
> b. a desenvolver as possibilidades de recurso judicial; e
>
> c. a assegurar o cumprimento, pelas autoridades competentes, de toda decisão em que se tenha considerado procedente o recurso.

Em um raciocínio aplicado a Magistradas e Magistrados, é possível afirmar que, no exercício da judicatura, o membro do Poder Judiciário desrespeita os direitos humanos quando deixa de protegê-los, na solução dos casos concretos. Essa proteção deve ocorrer, de um lado, pela consideração da aplicação das normas constitucionais e internacionais específicas de direitos humanos na solução da lide e, de outro, por sua utilização como critério hermenêutico para a interpretação de outras normas ou a resolução de colisões de direitos humanos (ponderação e proporcionalidade) com observância do Princípio *Pro Persona*.

Por conseguinte, Juízas e Juízes têm a obrigação jurídica de fazer valer os direitos humanos – inclusive nas situações de incompatibilidade de normas nacionais com os direitos fundamentais previstos na Constituição Federal ou direitos humanos previstos em normas internacionais – em todo e qualquer litígio em que haja ameaça, de qualquer grau, à sua fruição pelo indivíduo ou à sua fruição ou implementação em termos coletivos, esta última circunstância muitas vezes vivenciada em face dos direitos econômicos, sociais, culturais e ambientais (DESCA).

Em perspectiva ampliada, é preciso ater-se ao fato de que, por força do *corpus juris* de direitos humanos aplicável no Brasil, estabelecido para além da Constituição Federal, em função dos parágrafos 2º e 3º da Constituição Federal, a Magistratura nacional é guardiã da efetividade das normas internacionais de direitos humanos. É preciso consciência de que tal mister não diz respeito apenas a uma questão limitada ao litígio sob prestação jurisdicional, tendo implicações mais sérias e graves para o Estado brasileiro, no plano internacional.

Ao tempo do estudo da responsabilidade internacional pela violação dos direitos humanos, será possível saber que um ato praticado por agente estatal de qualquer instância que contrarie o Direito Internacional dos Direitos Humanos torna o Estado internacionalmente responsável pela violação, em razão da prática do chamado ato de órgão *de jure*.

A responsabilização internacional acontece por força de um processo internacional, que tem lugar em virtude da competência de órgãos internacionais para apurar violações de direitos humanos praticadas por ações ou omissões havidas internamente, nos Estados. A competência de tais órgãos internacionais, como já salientado, lhes é atribuída pelos próprios Estados, em decisão autorizativa soberana prévia. Todavia, a subsidiariedade é regra absolutamente consagrada por normas costumeiras e convencionais de direito internacional e, por seu intermédio, o processo internacional para este tipo de apuração apenas terá lugar se esgotados os recursos internos de discussão do caso. Em geral, o último recurso interno para a inibição e/ou reparação de dano advindo de violação de direitos humanos realiza-se perante o Poder Judiciário pátrio – o esgotamento dos recursos internos, em regra, se prova pelo trânsito em julgado da ação judicial que tratou da violação que será examinada, internacionalmente.

Dentro desta lógica vigente, Magistradas e Magistrados, para além de guardiões dos direitos humanos no País, estabelecem-se como a última barreira possível contra uma condenação internacional por descumprimento de direitos humanos, de modo que, ao não cumprir o dever de proteção desses direitos, suscetibilizam o Estado brasileiro ao processo internacional.

O cumprimento desta missão ainda se afigura complexo para a Magistratura brasileira por várias razões estruturais, a principal delas histórica. Juízas e Juízes, tais como os demais profissionais da área jurídica, no Brasil, experimentaram formação essencialmente "estado-cêntrica", isto é, construída a partir da ideia de ordenamento jurídico reduzido a leis nacionais, estando o estudo do direito internacional relegado a um papel coadjuvante e subsidiário, do que são provas a baixa carga horária normalmente dedicada às disciplinas de direito internacional, nos cursos de graduação em Direito, e a pouca (ou às vezes nenhuma) discussão sobre a regulação internacional afeta a temas disciplinados em normas nacionais e acerca de como ambas interagem.

Neste contexto, reproduz-se, de longa data, uma compreensão do direito internacional como aplicável apenas no silêncio da norma nacional – subsidiariedade material, que não se confunde com a subsidiariedade de caráter processual, há pouco mencionada. É de se admitir, entretanto, que as últimas décadas são de avanço quanto ao ponto, estimulado exatamente pela inserção dos direitos humanos, de forma perene e como disciplina autônoma, na grade curricular dos cursos de Direito, nas linhas de pesquisa de programas de mestrado e doutorado e, mais importante, como conteúdo obrigatório para o ingresso nas carreiras de Estado, das quais faz parte a Magistratura.

Como foi possível demonstrar no Capítulo anterior, a virada do direito internacional para a centralidade do ser humano impôs uma nova dinâmica plural, interativa e não hierarquizada entre ordens nacional e internacional, impulsionadas pelas próprias constituições nacionais, em um movimento que, conquanto nuançado, denota coordenação em função sempre da melhor proteção jurídica da dignidade humana. Mas a lei não produz efeitos por passe de mágica, senão pelas mãos de pessoas e instituições.

Em assim sendo e à vista de todo o *corpus juris* de direitos humanos vigente, da Magistratura é demandado preparo técnico e atitude em ordem a cumprir, efetivamente, o dever de proteção dos direitos humanos, compreendo-o como missão primordial e incontornável do cargo ocupado. De modo a vencer os obstáculos estruturais, é preciso que haja, a uma, disposição de espírito para o conhecimento do *corpus juris* de direitos humanos em toda a sua amplitude e das premissas, diretrizes e técnicas hermenêuticas que lhes pertine; e, a duas, coragem de fazer valer esse conhecimento nos casos concretos julgados, em especial revelando-o na fundamentação das decisões proferidas.

Essencial à consecução desta postura é não perder de vista que o Direito Internacional dos Direitos Humanos não é composto apenas por textos de tratados, mas também – e dir-se-á, atualmente, sobretudo – a partir da interpretação e aplicação desses tratados, das normas consuetudinárias, das resoluções internacionais e das normas de *jus cogens* pelos órgãos internacionais de monitoramento e apuração de violações de direitos humanos, notadamente os de natureza judicial (as Cortes). Consequentemente, é preciso que seja colocado em prática um verdadeiro diálogo das cortes nacionais com a jurisprudência internacional, animado pelo escopo de progressividade na proteção dos direitos humanos.

Este desafio comportamental envolve, não raro, o sempre sensível exame, concentrado e difuso, da validade de normas nacionais em desconformidade com o Direito Internacional dos Direitos Humanos, por meio do controle de convencionalidade, mais adiante abordado em detalhes. É que, à luz do dever de proteção, se é vedado ao legislador produzir norma contrária ao Direito Internacional dos Direitos Humanos, é proibido ao julgador dar cumprimento a lei violadora desse mesmo Direito, ainda que aprovada segundo os trâmites do processo legislativo nacional vigente.

Assim, o esperado é que o próprio Poder Judiciário nacional realize o controle de convencionalidade das leis internas, passível de ser levado a efeito pelos próprios Juízes e Juízas de primeira instância, *ex officio*. Incumbe ao julgador, portanto, reparar as lesões decorrentes da violação do Direito Internacional dos Direitos Humanos aplicável ao Estado, bem como deixar de aplicar as normas internas que o contraponham, sob o crivo *pro persona*.

É preciso que se coloque em prática a noção segundo a qual tal postura de Magistradas e Magistrados é **obrigação jurídica** e não mera discricionariedade, conferindo maior segurança e tranquilidade para que o aplicador do Direito se paute pelos direitos humanos na atividade jurisdicional cotidiana, com isso aperfeiçoando a efetividade desses direitos.[22]

Por certo, todo este esforço de reorientação da tutela jurídica para a máxima prevalência e efetividade do *corpus juris* de direitos humanos deve ser observado pelas demais carreiras jurídicas de Estado, principalmente por aquelas que, usualmente, provocam o Poder Judiciário sobre o tema e, por conseguinte, devem fazê-lo sob aqueles mesmos *standards* normativos e hermenêuticos. A este propósito, servem 2 (duas) funções essenciais à função jurisdicional do Estado, exatamente por terem na promoção e proteção dos direitos humanos a essência da sua razão de existir: o Ministério Público e a Defensoria Pública.

2.1.3. Ministério Público e direitos humanos

Segundo o art. 127 da Constituição Federal, o Ministério Público "é instituição permanente, essencial à função jurisdicional do Estado, incumbindo-lhe a defesa da ordem jurídica, do regime democrático e dos interesses sociais e individuais indisponíveis".

O Ministério Público não integra os Três Poderes, tampouco é vinculado ao Poder Judiciário, como deixa entrever a estruturação dos tópicos da Carta Política, ao, dentro do Título da "Organização dos Poderes do Estado" destinou um capítulo para cada um dos Poderes Constituídos (Legislativo, Executivo e Judiciário) e outro para as "funções essenciais à Justiça", com uma seção específica para o Ministério Público (arts. 127 a 130), bem como para a advocacia pública, advocacia e defensoria pública.

A Constituição Federal de 1988 promoveu profunda alteração no perfil de atuação do Ministério Público, concedendo-lhe autonomia e independência plenas em relação aos Três Poderes e ampliando, substancialmente, suas atribuições, que deixaram de ser essencialmente processuais e passaram a contar com instrumentos extrajudiciais que o deixaram mais próximo da sociedade, apto a agir como um verdadeiro agente de transformação social.[23]

A autonomia do Ministério Público encontra-se sufragada pelo § 1º do art. 127 da Constituição Federal, que enumera os princípios institucionais que regem a atividade ministerial: unidade, indivisibilidade e independência funcional. Demais disso, a Carta Constitucional salvaguardou a autonomia funcional e administrativa ministerial (art. 127, § 2º), que configuram a capacidade de autogestão, bem como estabeleceu condições para a garantia da autonomia financeira da instituição (art. 127, §§ 3º a 6º).

As incumbências constitucionais do Ministério Público, determinadas pelo art. 127 da Constituição Federal atrelam esta instituição aos direitos humanos de modo irredarguível.

---

22 NIKKEN, Pedro. El Derecho Internacional de los Derechos Humanos em el derecho interno. **Revista IIDH 57** (jan.-jun. 2003): 15, p. 66.

23 JATAHY, Carlos Roberto de Castro. 20 anos de constituição: o novo ministério público e suas perspectivas no estado democrático de direito. In: FARIAS, Cristiano Chaves de; ALVES, Leonardo Barreto Moreira; ROSENVALD, Nelson. **Temas atuais do Ministério Público**. 3. ed. Salvador: Editora Juspodivm, 2012. p. 32.

É que a ordem jurídica cuja defesa é a razão de existir do Ministério Público é permeada e conformada pelo *corpus juris* de direitos humanos, desenhado pela conjugação das normas constitucionais e internacionais de direitos humanos oponíveis ao Estado brasileiro.

Também a defesa da democracia remete aos direitos humanos, seja em razão da imperiosidade do contexto democrático para a consecução do Princípio da Dignidade da Pessoa Humana em todos os seus componentes, seja porque os direitos políticos são direitos humanos e, como tal, encontram-se consagrados pelas normas de Direito Internacional dos Direitos Humanos e pela Constituição Federal. Ademais, os direitos humanos protegem, por natureza, interesses sociais e individuais indisponíveis.

No caso da proteção dos interesses sociais e individuais indisponíveis, a tutela dos direitos sociais se revela na defesa do chamado interesse público primário, assim compreendido como o interesse da sociedade como um todo ou representada por determinados grupos. O interesse público primário, tutelado pelo Ministério Público, abarca os denominados direitos metaindividuais ou transindividuais, classificáveis em 3 (três) tipos: direitos difusos, coletivos e individuais homogêneos, definidos pelo artigo 81, parágrafo único, da Lei nº 8.078/90 (Código de Defesa do Consumidor):

> A defesa coletiva será exercida quando se tratar de: I – interesses ou direitos difusos, assim entendidos, para efeitos deste código, os transindividuais, de natureza indivisível, de que sejam titulares pessoas indeterminadas e ligadas por circunstâncias de fato; II – interesses ou direitos coletivos, assim entendidos, para efeitos deste código, os transindividuais, de natureza indivisível de que seja titular grupo, categoria ou classe de pessoas ligadas entre si ou com a parte contrária por uma relação jurídica base; III – interesses ou direitos individuais homogêneos, assim entendidos os decorrentes de origem comum.

Já a defesa do interesse individual indisponível diz respeito a pessoas físicas, em situação de vulnerabilidade presumida pela lei e, por isso, com proteção legal diferenciada já instituída, como, por exemplo, crianças e adolescentes, idosos, indígenas ou pessoas com deficiência.

A fim de proteger a fundamentalidade da existência e da atuação autônoma do Ministério Público, art. 85, II, da Constituição Federal tipifica como crime de responsabilidade os atos do Presidente da República que atentem contra o livre exercício do Ministério Público. Há, ainda, a vedação constitucional expressa à representação dos entes públicos em juízo pelo Ministério Público (art.129, IX).

Aliás, a permanência estatuída no art. 127 da Constituição Federal conduz, logicamente, à conclusão segundo a qual as disposições constitucionais sobre existência e atividades do Ministério Público – inclusive a forma como se organiza, sua autônoma institucional, suas atribuições e instrumentos de atuação, portanto, toda a seção da Carta Política destinada a esta instituição – estão protegidas pela irrevogabilidade. São, por conseguinte, cláusulas pétreas (art. 60, § 4º, IV, CF). Bem por isso, é possível afirmar que a permanência da instituição que busca instrumentalizar os direitos humanos dialoga com o princípio da vedação ao retrocesso (ou efeito *cliquet*) dos direitos humanos. Ora, se não é possível regressar na interpretação e no rol de direitos fixados, com igual razão não é possível regressar na construção das instituições responsáveis pela promoção de tais direitos.

O Ministério Público brasileiro é composto pelos seguintes ramos: Ministério Público da União – que engloba o Ministério Público Federal, o Ministério Público do Trabalho, o Ministério Público Militar e o Ministério Público do Distrito Federal e Territórios – e o Ministério Público dos Estados.

O texto constitucional delegou a leis complementares a regulação da organização e das atribuições de cada ramo ministerial. A esse respeito, foram editadas a Lei nº 8.625/93, denominada Lei Orgânica Nacional do Ministério Público, relativa à organização dos Ministérios Públicos dos Estados, e a Lei Complementar nº 75/93, que dispõe sobre o Ministério Público da União e cada um de seus (sub)ramos.

A citada ampliação de tarefas do Ministério Público encontra-se mais claramente evidenciada pelo art. 129 da Constituição, cujo rol desvela a missão institucional central de proteção dos direitos humanos:

> I – promover, privativamente, a ação penal pública, na forma da lei;
>
> II – zelar pelo efetivo respeito dos Poderes Públicos e dos serviços de relevância pública aos direitos assegurados nesta Constituição, promovendo as medidas necessárias a sua garantia;
>
> III – promover o inquérito civil e a ação civil pública, para a proteção do patrimônio público e social, do meio ambiente e de outros interesses difusos e coletivos;
>
> IV – promover a ação de inconstitucionalidade ou representação para fins de intervenção da União e dos Estados, nos casos previstos nesta Constituição;
>
> V – defender judicialmente os direitos e interesses das populações indígenas;
>
> VI – expedir notificações nos procedimentos administrativos de sua competência, requisitando informações e documentos para instruí-los, na forma da lei complementar respectiva;
>
> VII – exercer o controle externo da atividade policial, na forma da lei complementar mencionada no artigo anterior;
>
> VIII – requisitar diligências investigatórias e a instauração de inquérito policial, indicados os fundamentos jurídicos de suas manifestações processuais;
>
> IX – exercer outras funções que lhe forem conferidas, desde que compatíveis com sua finalidade, sendo-lhe vedada a representação judicial e a consultoria jurídica de entidades públicas.

Absolutamente todas as incumbências arroladas neste art. 129 correlacionam-se, direta ou indiretamente, com a proteção dos direitos humanos, não sendo difícil notar essa pertinência.

Por meio da ação penal pública, o Ministério Público procura fazer valer os mandamentos de criminalização (reprovação máxima) das formas mais graves de violação de direitos humanos. Já a ação civil pública destina-se à tutela judicial de interesses coletivos de direitos humanos na seara não criminal, tutela essa que pode ser inibitória da violação ou ressarcitória da lesão já perpetrada. A Lei nº 7.347/85 elenca os possíveis objetos da ação civil pública, cujas naturezas são, indubitavelmente, de salvaguarda de distintos bens da vida protegidos pelos direitos humanos:

> l – ao meio-ambiente;
>
> ll – ao consumidor;
>
> III – a bens e direitos de valor artístico, estético, histórico, turístico e paisagístico;
>
> IV – a qualquer outro interesse difuso ou coletivo;
>
> V – por infração da ordem econômica;
>
> VI – à ordem urbanística;
>
> VII – à honra e à dignidade de grupos raciais, étnicos ou religiosos;
>
> VIII – ao patrimônio público e social.

A previsão da condução do Inquérito Civil pelo Ministério Público, com amplos poderes investigatórios atribuídos pela própria Constituição Federal e pela Lei Complementar nº 75/93, representa a valorização da missão institucional, pois, para além de um procedimento investigatório, dedicado à colheita de provas sobre fatos atinentes aos assuntos de competência do Ministério Público, no Inquérito Civil é possível obter a resolução extrajudicial de situações de comprovado comportamento ilegal, seja por meio da adequação voluntária de conduta do infrator ou pelo Termo de Ajuste de Conduta, que é considerado pela lei processual título executivo extrajudicial. Pode-se afirmar, por conseguinte, que o Inquérito Civil é um instrumento de proteção extrajudicial de direitos humanos em face de infratores públicos ou privados, instrumento tal que, na hipótese de ilegalidade não sanada pela via inquisitorial, dá supedâneo probatório ao pleito de providências judiciais para tanto.

Demais disso, a incumbência ministerial para com os direitos humanos ensejou cargos e órgãos especialmente criados para tal mister. No âmbito do Ministério Público da União, há as figuras do Procurador Federal e do Procurador Distrital dos Direitos do Cidadão (arts. 11 a 16 c/c artigos 40 e 152 da Lei Complementar nº 75/93). O Grupo Nacional de Direitos Humanos (GHDH), órgão do Conselho Nacional dos Procuradores-Gerais (CNPG), foi criado em 2005 e é composto por representantes dos Ministérios Públicos dos Estados e da União. De atuação nacional, o objetivo do GHDH é a efetivação dos direitos humanos, a partir da interlocução com a sociedade civil, articulação entre os diversos ramos do Ministério Público, promoção de convênios e outras formas de atuação[24].

Diante do perfil, das atribuições e dos instrumentos do Ministério Público brasileiro, é correto asseverar que integra a sua missão precípua a efetivação da proteção dos direitos humanos e a responsabilização pelas omissões públicas e privadas quanto ao respeito e à promoção desses direitos. Para tanto, deve lançar mão de todos os meios disponíveis, inclusive hermenêuticos – a exemplo o controle de convencionalidade nacional e do diálogo das cortes – a fim de obter a realização dos direitos humanos até mesmo, se preciso, pela via da provocação da harmonização da normativa nacional com os *standards* de Direito Internacional dos Direitos Humanos, considerando, para tanto, normas de todos os tipos e jurisprudência internacionais, em sintonia com as demandas do pluralismo interativo de fontes de direitos humanos.

Releva notar o papel ativo e importante do Ministério Público para o respeito, promoção e proteção do Direito Internacional dos Direitos Humanos em âmbito nacional, o que pode começar, inclusive, intramuros, adequando seus procedimentos aos parâmetros exigidos pela normativa internacional, quando mais proveitoso assim se apresente para a proteção da dignidade humana.

Foi o que fez o Conselho Nacional do Ministério Público, ao editar a Resolução nº 201, de 04 de novembro de 2019, com o objetivo de adequar as Resoluções nºs 129/2015 e 181/2017 às disposições do Direito Internacional dos Direitos Humanos, especialmente à decisão do caso Favela Nova Brasília vs. Brasil, proferida pela Corte Interamericana. As resoluções atualizadas versam sobre o controle externo da atividade policial e procedimento de investigação criminal e, com a adequação efetivada, passaram a prever providências para a participação das vítimas e dos seus familiares no curso dessas atividades, em consonância com as determinações fixadas na sentença condenatória prolatada em face do Brasil.[25]

---

24 CONSELHO NACIONAL DOS PROCURADORES-GERAIS (CNPG). **Grupo Nacional de Direitos Humanos – GNDH**. Porto Alegre, s.d. Disponível em: https://www.cnpg.org.br/index.php/gndh. Acesso em: 03 jan. 2021.

25 CONSELHO NACIONAL DO MINISTÉRIO PÚBLICO. **Resolução nº 201, de 4 de novembro de 2019**: altera as Resoluções nº 129/2015 e nº 181/2017, ambas do CNMP, com o objetivo de adequá-las

Cabe, ainda, unicamente ao Procurador-Geral da República (chefe administrativo do Ministério Público da União) o ajuizamento de Incidente de Deslocamento de Competência (IDC), ação prevista pela Emenda Constitucional nº 45/2004, que pretende seja transferida da Justiça Estadual para a Justiça Federal investigação ou ação judicial sobre fatos que podem configurar grave violação de tratados internacionais de direitos humanos e que, em razão de atuação ineficiente dos órgãos originariamente competentes para a condução do caso, podem suscitar condenação internacional do Estado brasileiro.

A efetivação do Direito Internacional dos Direitos Humanos em face de agentes públicos e privados pelo Ministério Público pode acontecer pelos meios extrajudiciais e judiciais à sua disposição. Na seara judicial, cite-se, ilustrativamente, a ação civil pública ajuizada pelo Ministério Público Federal – Procuradoria da República do Rio Grande do Sul e Ministério Público do Rio Grande do Sul – Promotoria de Justiça de Execução Criminal de Porto Alegre, intentando fazer cumprir a Medida Cautelar nº 8/13, proferida pela Comissão Interamericana de Direitos Humanos contra o Estado brasileiro[26], em favor das pessoas privadas de liberdade no presídio central de Porto Alegre.[27] No mesmo sentido, o Ministério Público Federal, já ajuizou diversas ações penais para dar cumprimento à sentença do Caso Gomes Lund e Outros vs. Brasil, notadamente para adimplir a determinação de investigar, processar e punir agentes civis ou militares que praticaram crimes de lesa humanidade, no contexto da Guerrilha do Araguaia.[28]

Em pesquisa científica específica sobre a atuação do Ministério Público brasileiro perante o Sistema Interamericano de Proteção dos Direitos Humanos, CESAR HENRIQUE KLUGE propõe, pertinentemente, que o controle de convencionalidade não deve ser vislumbrado apenas nas ações ministeriais como órgão agente – isto é, promotor das investigações e das ações penais e civis públicas -, mas também em suas atuações intervenientes – aquelas em que o Ministério Público é chamado a opinar, por meio de pareceres, em ações judiciais intentadas por outrem, mas que versem sobre interesse público primário ou de pessoas vulneráveis legalmente protegidas. A respeito, KLUGE cogita diversas ações possíveis que, embora citadas a propósito do Sistema Interamericano de Proteção dos Direitos Humanos, são plenamente compatíveis com outros sistemas e órgãos aos quais rende contas o Estado brasileiro:

> A título meramente ilustrativo, os agentes ministeriais, na seara judicial, como órgão agente ou como interveniente, podem invocar os parâmetros interamericanos nas suas peças ou manifestações. No campo extrajudicial podem promover o controle de con-

---

às disposições do Direito Internacional dos Direitos Humanos, especialmente à decisão do caso Favela Nova Brasília vs. Brasil, da Corte Interamericana de Direitos Humanos. Disponível em: https://www.cnmp.mp.br/portal/atos-e-normas-busca/norma/6946. Acesso em: 03 jan. 2021.

26 COMISSÃO INTEARMERICANA DE DIREITOS HUMANOS. **Resolución 14/2013**. Medida Cautelar Nº. 8-13. Asunto Personas Privadas de Libertad en el "Presidio Central de Porto Alegre" respecto de Brasil. 30 de diciembre de 2013 Disponível em: http://www.oas.org/es/cidh/decisiones/pdf/MC8--13Resolucion14-13-es.pdf. Acesso em: 03 jan. 2021.

27 Processo nº 5078117-49.2016.4.04.7100/RS, Justiça Federal do Rio Grande do Sul.

28 Cf. Proc. nº 0001162-79.2012.4.01.3901, 2ª Vara Federal de Marabá/PA; Proc. nº 0001162-79.2012.4.01.3901, 2ª Vara Federal de Marabá/PA; Proc. nº 0001162-79.2012.4.01.3901, 9ª Vara Federal Criminal de São Paulo/SP; Proc. nº 0003088-91.2013.4.01.3503, Vara Única de Rio Verde/GO; e Proc. nº 0017766-09.2014.4.02.5101, 6º Vara Federal Criminal do Rio de Janeiro/RJ. (BRASIL. MINISTÉRIO PÚBLICO FEDERAL. PROCURADORIA-GERAL DA REPÚBLICA. **Parecer ADPF 320/DF**. Brasília, 2014, p. 27-28. Disponível em: http://portal.stf.jus.br/processos/downloadPeca.asp?id=5102145&ext=.pdf. Acesso em: 03 jan. 2021).

> vencionalidade no exercício da sua atividade investigativa, empregando, por exemplo, como fundamento de instauração ou arquivamento dos inquéritos civis, expedição de notificações recomendatórias e elaboração dos termos de ajustamento de conduta. Além disso, partindo da obrigação de que toda autoridade pública tem o dever de observar os padrões interamericanos relativos aos direitos humanos, o acompanhamento parlamentar dos atos normativos editados pelo Executivo e Legislativo é outro caminho a ser trilhado, que está em consonância com sua missão constitucional de defensor do "ordenamento jurídico de proteção". Dessa forma, é possível realizar o controle de convencionalidade junto aos demais Poderes do Estado, pela apresentação das manifestações perante os poderes constituídos, destacando eventual incompatibilidade do ato com as normas internacionais de direitos humanos.[29]

Em não logrando êxito em suas ações perante o Poder Judiciário pátrio para ver efetivados compromissos internacionais de direitos humanos do Estado brasileiro, pensa-se possível que o Ministério Público, segundo procedimentos definidos *interna corporis*, provoque os mecanismos de monitoramento e apuração de violação internacionais aos quais o Brasil renda contas ou mesmo intervenha em atuações contenciosas e não contenciosas dos órgãos internacionais de direitos humanos. KLUGE elenca longa lista de fundamentos jurídicos, jurisprudenciais e doutrinários para tanto em vista do Sistema Interamericano.[30]

Nesta linha, pontue-se que representantes do Ministério Público do Trabalho (Procuradoria do Trabalho no município do Amapá) e do Ministério Público do Estado do Amapá, em 2018, solicitaram a concessão de medida cautelar à Comissão Interamericana de Direitos Humanos, pleiteando que o Estado brasileiro adotasse medidas de garantia da dignidade, vida, saúde física e mental e segurança pessoal de pacientes e trabalhadores das unidades de saúde estaduais.[31]

Em setembro de 2020, o mesmo Ministério Público do Trabalho, juntamente com a Associação dos Demitidos da Telepar (ADTEL) e a Associação "Terra de Direitos", submeteu denúncia à Comissão Interamericana de Direitos Humanos em face do Brasil, em razão da dispensa em massa e discriminatória de 680 (seiscentos e oitenta) trabalhadoras e trabalhadores, efetivada pela operadora de telefonia TELEPAR – Telecomunicações do Paraná S/A, no ano de 1999, alegando-se descumprimento da Convenção Americana sobre Direitos Humanos.[32] A petição está em fase de tramitação inicial, sob sigilo.

No Caso Empregados da Fábrica de Fogos de Santo Antônio de Jesus vs. Brasil, o Ministério Público do Trabalho foi uma das instituições que se manifestou na condição de *amicus curiae*.[33]

---

29 KLUGE, Cesar H. O **Ministério Público e o Sistema Interamericano de Proteção dos Direitos Humanos:** possíveis caminhos para atuação interna e internacional. 2020. Mestrado – Universidade Católica de Brasília, Brasília, 2020, p. 135.

30 Id. Ibid., p. 152-161.

31 COMISSÃO INTERAMERICANA DE DIREITOS HUMANOS. **Informe Anual 2019**. Washington, 2020, p. 255. Disponível em: http://www.oas.org/es/cidh/docs/anual/2019/docs/IA2019cap3-es.pdf. Acesso em: 03 jan. 2021.

32 BRASIL. MINISTÉRIO PÚBLICO DO TRABALHO. **Relatório de Atividades da Secretaria de Cooperação Internacional Trabalhista (SCIT)**. Brasília, 2020 (veiculação restrita).

33 CORTE INTERAMERICANA DE DIREITOS HUMANOS. **Caso Empregados da Fábrica de Fogos de Santo Antônio de Jesus vs. Brasil.** Sentença de 15 de Julho de 2020 (Exceções Preliminares, Mérito, Reparações e Custas). San José da Costa Rica, 2020. Disponível em: https://www.corteidh.or.cr/docs/casos/articulos/seriec_407_por.pdf. Acesso em: 03 jan. 2021.

É possível, também, dentro do Sistema Interamericano de proteção dos direitos humanos a participação de agentes ministeriais em processos judiciais a convite de representantes das vítimas, da Comissão Interamericana de Direitos Humanos ou do Estado para atuarem na condição de peritos, na qual são produzidos memoriais com explanação técnica e independente sobre determinado assunto. Tal fato, por exemplo, ocorreu no caso Fazenda Brasil Verde, no qual membros do Ministério Público Federal e do Ministério Público do Trabalho participaram justamente nesta condição.[34] No caso Vladimir Herzog e Outros vs. Brasil, também um membro do Ministério Público Federal participou na condição de perito.[35]

Por fim, o Ministério Público do Trabalho contribuiu com escrito e participação presencial em audiência pública, por ocasião dos trâmites da consulta formulada à Corte Interamericana de Direitos Humanos sobre o "alcance das obrigações dos Estados, no âmbito do Sistema Interamericano, sobre garantias à liberdade sindical, sua relação com outros direitos e a sua aplicação com a perspectiva de gênero".[36]

Enfim, o Ministério Público, por atribuição constitucional e em razão do dever de proteção dos direitos humanos conta com mecanismos e oportunidades variadas de desempenhar seu papel de agente relevante de salvaguarda e efetivação do *corpus juris* de direitos humanos no Brasil.

2.1.4. Defensoria Pública e direitos humanos

Segundo o *caput* do art. 134 da Constituição Federal, a Defensoria Pública é:

> (...) instituição permanente, essencial à função jurisdicional do Estado, incumbindo-lhe, como expressão e instrumento do regime democrático, fundamentalmente, a orientação jurídica, a promoção dos direitos humanos e a defesa, em todos os graus, judicial e extrajudicial, dos direitos individuais e coletivos, de forma integral e gratuita, aos necessitados, na forma do inciso LXXIV do art. 5º desta Constituição Federal.

Como se vê, a promoção e proteção dos direitos humanos é missão precípua desta instituição essencial à função jurisdicional do Estado, em especial junto à população mais vulnerável, a quem provê o acesso à Justiça, que, como se sabe, é circunstância crucial para a efetivação dos direitos mais básicos do ser humano.

Tal como se verifica com o Ministério Público, a Defensoria Pública é instituição permanente – portanto com existência, organização autônoma e atribuições previstas em disposições constitucionais protegidas por cláusulas pétreas – que comporta divisão em ramos, nos termos do art. 134, §§ 1º e 2º, da Constituição Federal. Há a Defensoria Pública da União, a Defensoria Pública do Distrito Federal e dos Territórios e as Defensorias Públicas dos Estados, todas com regime jurídico, atribuições e instrumentos de atuação definidos em legislação própria, asseguradas autonomia funcional e administrativa e atividade sob os princípios institucionais

[34] CORTE INTERAMERICANA DE DIREITOS HUMANOS. **Caso Trabalhadores da Fazenda Brasil Verde vs. Brasil.** Resolução do Presidente da Corte de 11 de dezembro de 2015. San José da Costa Rica, 2015. Disponível em: https://www.corteidh.or.cr/docs/asuntos/trabajadores_11_12_15_por.pdf. Acesso em: 03 jan. 2021.

[35] CORTE INTERAMERICANA DE DIREITOS HUMANOS. **Caso Vladimir Herzog e outros vs. Brasil.** Resolução do Presidente da Corte de 07 de abril de 2017. San José da Costa Rica, 2017. Disponível em: https://www.corteidh.or.cr/docs/asuntos/herzog_07_04_17_por.pdf. Acesso em: 03 jan. 2021.

[36] BRASIL. MINISTÉRIO PÚBLICO DO TRABALHO. **Relatório de Atividades da Secretaria de Cooperação Internacional Trabalhista (SCIT).** Brasília, 2020 (veiculação restrita).

da unidade, indivisibilidade e independência funcional (art. 134, § 1º a 4º, CF e art. 2º da Lei Complementar nº 80/94).

A Lei Complementar nº 80/94 ("Lei Orgânica da Defensoria Pública") organiza a Defensoria Pública da União, a do Distrito Federal e dos Territórios e prescreve normas gerais para sua organização nos Estados. Segundo o art. 3º-A dessa lei, são os objetivos dessa instituição:

> I – a primazia da dignidade da pessoa humana e a redução das desigualdades sociais;
> II – a afirmação do Estado Democrático de Direito;
> III – a prevalência e efetividade dos direitos humanos; e
> IV – a garantia dos princípios constitucionais da ampla defesa e do contraditório.

Decorre, portanto, de letra de lei a finalidade da existência da Defensoria Pública a afirmação concreta dos direitos humanos, pelas vias judicial e extrajudicial, o fazendo tanto por meio de atividades de natureza orientativa quanto de representação judicial dos mais necessitados, atividades essas listadas no extenso art. 4º da Lei Complementar nº 80/94, dentre as quais consta:

> III – promover a difusão e a conscientização dos direitos humanos, da cidadania e do ordenamento jurídico;
> (...)
> VI – representar aos sistemas internacionais de proteção dos direitos humanos, postulando perante seus órgãos;
> VII – promover ação civil pública e todas as espécies de ações capazes de propiciar a adequada tutela dos direitos difusos, coletivos ou individuais homogêneos quando o resultado da demanda puder beneficiar grupo de pessoas hipossuficientes;
> VIII – exercer a defesa dos direitos e interesses individuais, difusos, coletivos e individuais homogêneos e dos direitos do consumidor, na forma do inciso LXXIV do art. 5º da Constituição Federal;
> (...)
> X – promover a mais ampla defesa dos direitos fundamentais dos necessitados, abrangendo seus direitos individuais, coletivos, sociais, econômicos, culturais e ambientais, sendo admissíveis todas as espécies de ações capazes de propiciar sua adequada e efetiva tutela;
> XI – exercer a defesa dos interesses individuais e coletivos da criança e do adolescente, do idoso, da pessoa portadora de necessidades especiais, da mulher vítima de violência doméstica e familiar e de outros grupos sociais vulneráveis que mereçam proteção especial do Estado;
> (...)
> XVII – atuar nos estabelecimentos policiais, penitenciários e de internação de adolescentes, visando a assegurar às pessoas, sob quaisquer circunstâncias, o exercício pleno de seus direitos e garantias fundamentais;

A julgar pelas disposições da Constituição Federal, da Lei Complementar nº 80/94 e das leis estaduais orgânicas correlatas, a Defensoria Pública é a instituição essencial à Justiça, no Brasil, com atuação vinculada à promoção e proteção dos direitos humanos mais expressa e extensamente definida. Ademais, para além de uma vinculação genérica com os direitos humanos, a Defensoria Pública, em termos concretos, lida com os direitos de grupos oprimidos, dando assistência jurídica gratuita a partir de uma ideia muito esclarecida e presente dos componentes do Princípio da Dignidade da Pessoa Humana do mínimo existencial e do reconhecimento, que dizem respeito às desigualdades materiais e culturais, respectivamente.

A violação dos direitos humanos é sentida na pele pela população vulnerável. É o ser humano por trás do fato social que sofre as consequências do desrespeito dos seus direitos e garantias individuais, coletivos e sociais. Entretanto, o grito da luta pelo direito das camadas sociais desfavorecidas necessita de instrumento capaz de atingir o famigerado "acesso à justiça". A ferramenta para tanto é justamente a Defensoria Pública.

Cabe, assim, às Defensoras e Defensores Públicos a intermediação entre os anseios e necessidades fáticas dos seres humanos (notadamente dos grupos vulneráveis) e a linguagem formal e técnica do Poder Judiciário.

Versado na linguagem do direito (atento à Constituição Federal, Códigos, Leis, Estatutos, Decretos, Julgados, Doutrinas e Usos e Costumes), não cabe ao Defensor Público dizer se há ou não violação aos Direitos Humanos, cabe, em realidade, fazer transmitir a mensagem dada pela população vulnerável acerca da violação de seus direitos.

Membras e membros da Defensoria Pública atuam a partir da legitimidade *ex lege* de proteção dos direitos e garantias da população vulnerável. Não se faz necessário qualquer contrato ou procuração, pois ao Defensor Público a Constituição Federal atribui um poder-dever, verdadeiro *múnus* público, de desenvolver os atos necessários para a proteção dos direitos humanos.

Diante dessa condição própria da Defensoria Pública, a Emenda Constitucional nº 80/2014 trouxe salutar inovação ao artigo 134 da Constituição Federal (que conceitua a instituição). No *caput* foi inserida a seguinte característica e qualidade a ser imposta às Defensorias: "expressão e instrumento do regime democrático". Como se sabe, o regime democrático brasileiro tem como alicerce os fundamentos e objetivos da República (arts. 1º e 3º da Constituição Federal).

Notadamente, ao que cabe à instituição defensorial, destacam-se os seguintes objetivos da República (art. 3º da Constituição Federal): (i) construir uma sociedade livre, justa e solidária; (ii) erradicar a pobreza e a marginalização e reduzir as desigualdades sociais e regionais; e (iv) promover o bem de todos, sem preconceitos de origem, raça, sexo, cor, idade e quaisquer outras formas de discriminação.

Em que pese a Constituição Federal entenda por necessitados aqueles que não detenham recursos financeiros para lançar mão dos instrumentos de proteção aos direitos humanos (art. 5º, LXXIV, da CF), pensa-se que o conceito de necessitado deveria englobar outras categorias como os necessitados jurídicos, sociais e organizacionais (sobretudo as minorias e coletividades sem a devida representação jurídica, como pessoas em situação de rua, mulheres vítimas de violência doméstica, pessoas com deficiências, custodiados pelo Estado-Administração, entre outros). Entretanto, de fato, as Defensorias Públicas costumam valer-se, prioritariamente, do critério econômico para reconhecer o direito à sua assistência, no mais das vezes traduzido em aferição da renda mensal da renda familiar.

Na medida em que as Defensorias Públicas espalhadas pelos estados membros da Federação, bem como a Defensoria Pública da União, atuam como instrumento para a garantia e execução dos direitos humanos de grupos necessitados, sua atuação é pautada pela lógica da empatia, emancipação e protagonismo dos grupos vulneráveis. Não se trata, por conseguinte, de atuação assistencialista ou meramente paliativa, mas sim de atuação que deve ser movimentada pelos *inputs* (anseios, necessidades e deliberações) trazidos pelos grupos atendidos pelos serviços da instituição.

Os direitos humanos, como demonstrado no início deste curso, não são um dado, mas um construído ao longo da história. Não por outro motivo, os fatores da historicidade e da luta por direitos são indispensáveis ao entendimento e garantia dos direitos humanos. Bem por isso, a Defensoria Pública não atua alinhada com propósitos meramente liberais não preocupados com as desigualdades materiais, o que se extrai de parte (senão da integralidade) dos objetivos da Defensoria Pública, previstos no citado artigo 3º-A da Lei Complementar nº 80 de 1994, dentro os quais, repisem-se: a primazia da dignidade da pessoa humana e a redução das desigualdades sociais, a afirmação do Estado Democrático de Direito, a prevalência e efetividade dos direitos humanos e a garantia dos princípios constitucionais da ampla defesa e do contraditório. Destaca-se, ainda, a previsão expressa do objetivo de prevalência e efetividade dos direitos humanos, que servirá de guia para a construção da própria instituição.

Demais disso, ao ser designada como instrumento do regime democrático, a Defensoria Pública passa a atuar como **órgão contramajoritário** (*ombudsman* constitucional), instrumentalizando a vontade dos grupos sociais vulneráveis e traduzindo a luta pelo direito dos assistidos, ao assumir a responsabilidade pela aplicação, fiscalização e garantia dos direitos humanos.

Daí que, enquanto órgão contramajoritário, a Defensoria Pública pugna pela proteção e garantia dos grupos vulneráveis, vez que se tratam de grupos com clara carência de representatividade nos demais poderes que compõe o Estado (Judiciário, Executivo, Legislativo e mesmo nos quase poderes, como a Mídia, o Ministério Público e o Alto Empresariado). Desta maneira, Defensoras e Defensores públicos, por inerência do ofício, são instrumentos de promoção da ampliação da participação democrática, nos moldes como idealmente preceituado para o avanço da proteção do Princípio da Dignidade Humana.[37]

É dizer: cabe à Defensoria Pública a proteção das minorias socioculturais, as quais, muitas vezes, não são maioria numéricas, contudo, por não exercerem os cargos de liderança e poder no Estado Democrático de Direito, pouco podem modificar as políticas estruturais e conjunturais. Nesse sentido, uma das principais discussões da atualidade acerca da Teoria Geral da Defensoria Pública é sua função enquanto *custus vulnerabilis*. A função de *custus vulnerabilis* diz respeito, justamente, à responsabilidade pela aplicação, fiscalização e garantia dos direitos humanos dos grupos vulneráveis.[38]

O Fiscal das Vulnerabilidades, Guardião dos Vulneráveis ou Fiscal dos Direitos dos Grupos Vulneráveis recebe mandamento constitucional de dirigir os esforços e capacidades da instituição para o fim precípuo de cobrar a prática e execução os direitos humanos dos grupos vulneráveis. Como instrumento de execução, o fiscal de vulnerabilidades permite que os direitos humanos saiam do papel (*law in books*) e passem a contracenar com a população vulnerável no cotidiano (*law in action*).

Enquanto instrumentalização da vontade dos grupos sociais vulneráveis, as Defensorias Públicas estabelecem relação sinalagmática com os assistidos e necessitados. Não cabe ao Defensor Público atuar pautado em agenda própria, mas sim a partir de cânones desenvolvidos diretamente com as lideranças de grupos sociais e da vontade do indivíduo no caso concreto. É caso, portanto, de se criar mecanismos de diálogo com a comunidade.

Entre os diversos mecanismos de comunicação com as comunidades necessitadas, destacam-se a Ouvidoria Geral Externa e os Ciclos de Conferência com a População.

---

37 A respeito, rememore-se tudo o foi tratado sobre a relação entre do Princípio da Dignidade da Pessoa Humana e a democracia, em capítulo precedente deste curso.

38 Nesse sentido, cf. GONÇALVES FILHO, Edilson Santana; ROCHA, Jorge Bheron; MAIA, Maurilio Casas. ***Custus Vulnerabilis***: a Defensoria Pública e o equilíbrio nas relações político-jurídicas dos vulneráveis. Belo Horizonte, Editora CEI, 2020.

A Ouvidoria Geral Externa está prevista no art. 105-A e seguintes da Lei Complementar nº 80 de 1994 e é composta por um membro alheio à Defensoria Pública (existem decisões judiciais que indicam que não se pode tratar de membro da Defensoria, na ativa ou aposentado), responsável pela atividade de fiscalização das atividades da instituição e recebimento das demandas populares acerca dos serviços prestados pela Defensoria. Trata-se de ponto de acesso qualificado da comunidade na estrutura da instituição pública, garantindo, dessa forma, a oxigenação da estrutura do serviço público, bem como evitando o famigerado corporativismo visto em setores da atividade pública. Sua previsão legal consta da Lei Orgânica da Defensoria Pública.

Os Ciclos de Conferência com a População se desenvolvem ao longo dos anos, através de consultas populares, assembleias e reuniões, que têm como objetivo construir o Plano de Metas das Defensorias Públicas. Permite-se, assim, que o plano e as atividades da instituição possam seguir a lógica e as necessidades dos grupos vulneráveis, real razão de ser e de existir da Defensoria Pública. Nesse sentido, há previsão expressa na Lei Orgânica da Defensoria Pública de São Paulo (Lei Estadual nº 988 de 2006), que aduz, no art. 7º, § 3º, que a Defensoria Pública do Estado deverá contar com um plano anual de atuação, cuja elaboração terá que ser precedida da realização de Conferência Estadual e de Conferências Regionais, a cada 2 (dois) anos.[39]

Enquanto tradutora da luta pelos direitos humanos dos assistidos, a Defensoria Pública também tem a função precípua de educação em direitos. A educação em direitos diz respeito à construção de saberes inerentes ao direito e sobretudo aos direitos humanos que devem ser compartilhados e aprendidos com a população vulnerável. Compartilhados, na medida em que é a instituição a detentora das informações sobre os conteúdos dos tratados internacionais, Constituição Federal e legislação infraconstitucional. Aprendidos, pois é a população vulnerável que sabe identificar as violações ocorridas no cotidiano, as necessidades de aprimoramento do sistema e o melhor direcionamento da fiscalização dos direitos humanos.[40]

Para além da função direta na elaboração de medidas judiciais e extrajudiciais, políticas públicas e provocação dos poderes estatais para o respeito, promoção e proteção dos direitos humanos, a Defensoria Pública tem papel importante no desenvolvimento da "cultura dos direitos humanos", ou seja, na construção da autonomia dos cidadãos para que identifiquem e cobrem seus direitos no cotidiano.

A tal propósito, são diversos os cursos de formação de defensoras e defensores populares organizados pelas Defensorias Públicas, no âmbito de suas áreas de atribuição legal. Nos cursos de formação, lideranças comunitárias e pessoas em geral assistem aulas, palestras e participam de dinâmicas e atividades que introduzem conceitos necessários acerca dos direitos humanos aplicados no contexto e na vivência de cada um deles. Dessa forma, ocorre o fortalecimento dos grupos vulneráveis com vistas a sua emancipação e autonomia.

---

39 Lei Complementar nº 988 de 9 de janeiro de 2006 – Estado de São Paulo: Art. 6.º São direitos das pessoas que buscam atendimento na Defensoria Pública: (...) III – a participação na definição das diretrizes institucionais da Defensoria Pública e no acompanhamento da fiscalização das ações e projetos desenvolvidos pela Instituição, da atividade funcional e da conduta pública dos membros e servidores. (...) § 3.º O direito previsto no inciso III deste artigo será efetivado através da Conferência Estadual e das Pré-Conferências Regionais da Defensoria Pública, do Plano Anual de Atuação da Defensoria Pública e da Ouvidoria-Geral da Defensoria Pública, na forma desta lei.

40 REIS, Gustavo Augusto Soares dos. Educação em Direitos e Defensoria Pública: reflexões a partir da Lei Complementar 132/09. p. 717/744. In: RÉ, Aluisio Iunes Monti Ruggeri (Org.). **Temas Aprofundados Defensoria Pública**. v. 1. 2. ed. Salvador: Juspodivm, 2014, p. 717-744.

Recentemente, as Defensorias Públicas têm elaborado e ministrado uma série de cursos, palestras e materiais em diversas mídias (vídeos, folhetos, cartilhas) sobre direitos humanos para consulta e acesso da população. Entre eles, destacam-se os vídeos e cartilhas desenvolvidos pela instituição para explicação dos principais aspectos da proteção das mulheres em situação de violência doméstica (indicando os mecanismos previstos na lei Maria da Penha).[41]

Em suma, o Defensor Público pode ser definido como "agente político de transformação social", ou seja, trata-se de funcionário público que desenvolve atividade-fim – proteção dos direitos humanos dos necessitados, em todos os graus, no âmbito judicial e extrajudicial –, mas que também é responsável pela criação, discussão e aperfeiçoamento de políticas públicas estruturais e conjunturais. Existe, portanto, compromisso com o caso concreto, com a aplicação do dispositivo e a solução do caso individual, contudo também há preocupação e dever de atuação na prevenção das violações dos direitos humanos, ainda mais em face do crescente desmonte de direitos humanos sociais e violações dos que ainda vigem, dentro da lógica econômica neoliberal imposta no Brasil atual.

À vista do caráter permanente da Defensoria Pública, consagrado pelo *caput* do art. 134 da Constituição Federal e de sua missão precípua de instrumentalizar os direitos humanos, é possível aplicar à Defensoria Pública o mesmo raciocínio usado para o Ministério Público, no sentido da relação da instituição com princípio da vedação ao retrocesso dos direitos humanos e, consequentemente, sua proteção contra qualquer ato de abolição ou tendente a abolir a instituição, que tem as disposições constitucionais sobre sua existência, autonomia administrativa, organização e atribuições a natureza de cláusulas pétreas (art. 60, § 4º, IV, CF).

Exemplo categórico de atuação da Defensoria Pública em face de violações sistemáticas de direitos humanos diz respeito à população carcerária brasileira. Atualmente, há mais de 750.000 (setecentos e cinquenta mil) pessoas encarceradas no País (seja em caso de condenações provisórias ou definitivas) e absolutamente todo e qualquer cidadão preso, na atualidade brasileira, sofre violações de direitos humanos.[42] Isso porque o artigo 88 da Lei nº 7.210/84 ("Lei de Execução Penal") estabelece que todo condenado será alojado em cela individual (que conterá com salubridade do ambiente pela concorrência dos fatores de aeração, insolação e condicionamento térmico adequado à existência humana e área mínima de 6,00m2), que conterá dormitório, aparelho sanitário e lavatório. Mais do que isso, o artigo 3º da mesma lei estabelece que ao condenado e ao internado serão assegurados todos os direitos não atingidos pela sentença ou pela lei.

Não é preciso ir além das notícias vinculadas na mídia para se constatar a violação sistemática de tais direitos. As visitas de Defensoras e Defensores Públicos às unidades prisionais comprovam o completo desrespeito das normativas internas e internacionais sobre os direitos do cidadão custodiado pelo Estado. De tão recorrentes e estruturais os casos de violação sistemática dos direitos humanos da pessoa em cárcere, muitos dos quais com atuação da Defensoria Pública, o STF declarou o "Estado de Coisas Inconstitucional", em relação ao sistema carcerário brasileiro no âmbito da ADPF 347. A respeito, em importante precedente, a Defensoria Pública do Estado de São Paulo obteve decisão favorável em *Habeas Corpus* impetrado junto ao STF, pelo qual obteve reconhecido o direito a banho de

---

41 Cf. ASSOCIAÇÃO NACIONAL DAS DEFENSORAS E DEFENSORES PÚBLICOS. **Cartilhas**. Brasília, s.d. Disponível em: https://www.anadep.org.br/wtk/pagina/cartilhas. Acesso em: 18 jan. 2021.

42 BRASIL. MINISTÉRIO DA JUSTIÇA. **Portal de Dados.MJ.** Infopen – Levantamento Nacional de Informações Penitenciárias. Brasília, s.d. Disponível em: http://dados.mj.gov.br/dataset/infopen-levantamento-nacional-de-informacoes-penitenciarias. Acesso em: 18 jan. 2021.

sol de presos que cumprem medida preventiva e disciplinar em 71 (setenta e uma) prisões no Estado de São Paulo.[43]

Ademais, a Defensoria Pública atua em casos de Ação de Responsabilidade Civil (reparação por danos materiais e morais) em casos de morte de detento em presídios, seja decorrente de suicídio, brigas ou durante rebeliões. Isso porque, durante a custódia do indivíduo, o Estado tem responsabilidade objetiva perante os direitos e garantias do cidadão. Dessa feita, a morte ocorrida no cárcere em casos de suicídio, brigas ou rebeliões, gera, via de regra, dever de indenização à família do preso.

Outro grupo vulnerável objeto de violação sistemática de direitos humanos é a população em situação de rua. O marco legislativo é o Decreto nº 7.053, de 23 de dezembro de 2009, que instituiu a Política Nacional para a População em Situação de Rua e seu Comitê Intersetorial de Acompanhamento e Monitoramento. Exemplo da atuação da Defensoria Pública nessa seara foi a decisão judicial (em atuação conjunta da Defensoria Pública do Estado de São Paulo e a Defensoria Pública da União) que determinou a gratuidade do "Programa Bom Prato" para pessoas em situação de rua durante a pandemia de Covid-19.[44] Também é conhecido o trabalho das Defensorias Públicas (através de recomendações e ações Judiciais) para a promoção dos direitos das pessoas em situação de rua durante o inverno. Nesses casos, são exigidas medidas estatais como ampliação de vagas disponíveis para acolhimento, oferta de abrigos emergenciais, intensificação das abordagens sociais nos locais de concentração de população de rua e a suspensão da atividade de retirada de pertences (como colchões, barracas e cobertores).[45]

No caso do direito à saúde das pessoas em situação de rua, cabe à Defensoria Pública realizar o atendimento do indivíduo para a identificação da situação e dos problemas de saúde do indivíduo. Uma vez constatada a situação de doença ou necessidade de tratamento, a instituição encontra dois caminhos de atuação, a saber: a articulação com a rede de serviços públicos (contato com as instituições estatais de prestação de serviços de saúde) ou a judicialização da medida (quando infrutíferas as tentativas extrajudiciais). Nesse cenário, é possível o pedido de disponibilização de vagas em residências terapêuticas para idosos em situação de rua para tratamento de casos de dependência química (evitando-se, assim, a internação compulsória do indivíduo).[46]

Para além, destaca-se também a atuação da Defensoria Pública na defesa das pessoas com deficiência, principalmente nos casos de condições mentais e psicológicas adversas. As

---

43 Medida Cautelar no *Habeas Corpus nº 172.136/SP*, Relator Ministro Celso de Mello. Importante destacar trecho do voto do ministro: "Constitui verdadeiro paradoxo reconhecer-se, de um lado, o 'direito à saída da cela por 2 (duas) horas diárias para banho de sol' (LEP, art. 52, IV), em favor de quem se acha submetido, por razões de 'subversão da ordem ou disciplina internas' no âmbito penitenciário, ao rigorosíssimo regime disciplinar diferenciado (RDD) instituído pela Lei nº 10.792/2003, e negar, de outro, o exercício de igual prerrogativa de ordem jurídica a quem se acha recolhido a pavilhões destinados à execução de medidas disciplinares ordinárias ('Pavilhão Disciplinar') e à proteção de detentos ameaçados ('Pavilhão de Seguro'), tal como ora denunciado, com apoio em consistentes alegações, pela douta Defensoria Pública do Estado de São Paulo."

44 DEFENSORIA PÚBLICA DO ESTADO DE SÃO PAULO. **Informativo NUDDIR Especial Covid-19**. Número 10. Junho de 2020. São Paulo, jun. 2020. Disponível em: https://www.defensoria.sp.def.br/dpesp/Repositorio/39/Documentos/Informativo%20especial%20Covid_numero%2010.pdf. Acesso em: 17 jan. 2021.

45 RÉ, Aluisio Iunes Monti Ruggeri. **Manual do Defensor Público**. Salvador: Juspodivm, 2013, p. 233-237.

46 DEFENSORIA PÚBLICA DO ESTADO DE SÃO PAULO. **Defensoria obtém liminar que obriga Poder Público a disponibilizar vaga em residência terapêutica a idoso em situação de rua**. São Paulo, 19 ago. 2020. Disponível em: https://www.defensoria.sp.def.br/dpesp/Conteudos/Noticias/NoticiaMostra.aspx?idItem=90633&idPagina=3086. Acesso em: 17 jan. 2021.

violações sistemáticas de direitos humanos a esse grupo ficaram patentes a partir do desenvolvimento da "luta antimanicomial". O movimento buscou reconhecer a pessoa com doença psiquiátrica como sujeito de direitos e evitar, dessa forma, a internação do cidadão por longos períodos ou em estabelecimentos com características asilares (conhecidos como manicômio).[47]

As premissas da frente antimanicomial – que tem como um de seus expoentes Franco Basaglia, organizador da reforma psiquiátrica na Itália, em 1978 – foram adotadas pela Lei Antimanicomial brasileira (Lei nº 10.216/2001), que dispõe sobre a proteção e os direitos das pessoas com transtornos mentais e redireciona o modelo assistencial em saúde mental para a regra das intervenções extra-hospitalares, vedando a internação em instituições com características asilares (art. 4º da referida lei). Para além, estabelece a excepcionalidade das internações (art. 6º da referida lei).

No que toca à proteção ao direito à moradia da pessoa com deficiência, a Defensoria Pública do Estado de São Paulo já obteve decisão favorável em segunda instância que reconheceu a impenhorabilidade de apartamento de mulher com doença psiquiátrica. *In casu*, a penhorabilidade havia sido permitida em Primeira Instância, em razão do imóvel não ser caracterizado como bem de família (não era a residência da assistida). Porém, houve o reconhecimento de que a ausência momentânea da pessoa no imóvel não retira a sua característica de bem de família, uma vez que a ausência da mulher advinha justamente da sua necessidade de tratamento psiquiátrico.[48]

Outro exemplo de atuação são as demandas individuais que garantem vagas em residência inclusiva aos jovens com deficiência física e visual.[49] Em algumas situações, a família acaba por violar os direitos da pessoa com deficiência, por meio de violência física ou psicológica, o que faz surgir, em especial segundo as normas internacionais de direitos das pessoas com deficiência, notadamente a Convenção Internacional sobre os Direitos das Pessoas com Deficiência da ONU e seu Protocolo Facultativo, o direito de receber e garantir o tratamento e desenvolvimento da vida digna da pessoa com deficiência em residência com todos os elementos de adaptabilidade necessários para o uso cotidiano e independência dos moradores.

A despeito da natural tutela dos direitos humanos na atuação comezinha de Defensoras e Defensores Públicos, a Resolução nº 127, de 6 de abril de 2016, do Conselho Superior da Defensoria Pública da União (com as alterações promovidas pela Resolução nº 153, de 4 de outubro de 2019), regulamenta a tutela coletiva de direitos e interesses pela Defensoria Pública da União por intermédio do "processo de assistência jurídica coletiva" (art. 9º), a ser instaurado por qualquer Defensor Público Federal, dentro de sua área geográfica de atribuição.

Tal regulamentação apenas corrobora o fato de que a atuação das Defensorias Públicas vai muito além da assistência jurídica individualizada prestada, comportando ações de tutela coletiva, ou seja, que venham a beneficiar grupos inteiros, dentro da lógica dos direitos metaindividuais (difusos, coletivos e individuais homogêneos).

A Resolução nº 127 também criou os postos de Defensor Público Nacional de Direitos Humanos e Defensores Regionais de Direitos Humanos, cujos ocupantes são nomeados pelo Defensor Público-Geral Federal (chefe administrativo da instituição). Nos termos do art.

47 RÉ, Aluisio Iunes Monti Ruggeri, op. cit., p. 229-232.

48 TRIBUNAL DE JUSTIÇA DO ESTADO DE SÃO PAULO. Agravo de Instrumento nº 2077402-31.2020.8.26.0000, 21ª Câmara de Direito Privado. Processo de origem nº 1016544-18.2015.8.26.0003.

49 DEFENSORIA PÚBLICA DO ESTADO DE SÃO PAULO. **Defensoria Pública de SP obtém decisão que garante vaga em residência inclusiva para jovem com deficiência física e visual**. São Paulo, 08 set. 2020. Disponível em: https://www.defensoria.sp.def.br/dpesp/Conteudos/Noticias/NoticiaMostra.aspx?idItem=90927&idPagina=3086. Acesso em: 17 jan. 2021.

7º daquela Resolução, incumbe ao Defensor Público Nacional de Direitos Humanos, entre outras tarefas:

> I - representar aos sistemas internacionais de proteção dos direitos humanos, postulando perante seus órgãos;
> II - coordenar e subsidiar nacionalmente a atuação dos Defensores Regionais de Direitos Humanos, respeitado o princípio da independência funcional;
> III - manter banco de dados atualizado de todos os processos de assistência jurídica coletivos instaurados no âmbito da Defensoria Pública da União;
> IV - estabelecer interlocução nacional junto aos demais órgãos e instituições, visando à promoção dos direitos humanos e defesa coletiva de direitos e interesses;
> (...)
> VII - manifestar-se, por solicitação do Defensor Público-Geral Federal, a respeito de projetos de lei e outros atos normativos concernentes a direitos humanos ou a interesses de vulneráveis;
> VIII - encaminhar ao Defensor Público-Geral Federal sugestão de atuação nas hipóteses de grave violação de direitos humanos, para que seja instaurado incidente de deslocamento de competência para a Justiça Federal;
> IX - encaminhar ao Defensor Público-Geral Federal sugestão de atuação nas hipóteses de inconstitucionalidade de lei atinente a direitos humanos ou a interesses de vulneráveis;
> (...)
> XIII - manifestar-se nos incidentes de resolução de demandas repetitivas e de assunção de competência no Superior Tribunal de Justiça, sempre que versem sobre direitos humanos ou assuntos que envolvam interesses de grupos ou indivíduos vulneráveis;
> XIV - assessorar o Defensor Público-Geral Federal nos incidentes de resolução de demandas repetitivas e de assunção de competência no Supremo Tribunal Federal, sempre que versem sobre direitos humanos ou assuntos que envolvam interesses de grupos ou indivíduos vulneráveis;

As incumbências dos Defensores Regionais de Direitos Humanos, ainda que mais circunscritas, geograficamente, são extensas e estão arroladas no art. 8º da mesma Resolução nº 127, podendo-se destacar, para os fins deste estudo, as seguintes:

> I - promover a defesa judicial, em primeira instância, e extrajudicial coletiva de direitos e interesses de grupos integrados potencialmente por indivíduos vulneráveis;
> (...)
> VI - promover a difusão e a conscientização dos direitos humanos, da cidadania e do ordenamento jurídico;
> VII - ajuizar ação civil pública e todas as espécies de ações capazes de propiciar a adequada tutela dos direitos difusos, coletivos ou individuais homogêneos quando o resultado da demanda puder beneficiar indivíduos vulneráveis integrantes do grupo;
> XII - promover a tutela individual extrajudicial e judicial nas hipóteses de grave violação a direitos humanos ou de especial relevância do tema, especialmente em casos que atinjam componentes de minorias ou grupos vulneráveis;
> (...)

> XIII – pleitear as providências administrativas e judiciais para proteção a vítimas de crimes e testemunhas ameaçadas;
>
> XIV – atuar como assistente de acusação e promover ação penal privada subsidiária da pública nas hipóteses de grave violação de direitos humanos;

Já a Resolução nº 154, de 04 de outubro de 2019, igualmente editada pelo Conselho Superior da Defensoria Pública da União, contempla o órgão da Assessoria Internacional (AINT), coordenado pelo Subdefensor Público-Geral Federal, que ostenta, entre suas atribuições, coordenação, acompanhamento e apoio à atuação da Defensoria Pública da União no âmbito da cooperação jurídica internacional e da cooperação técnica internacional e perante o Sistema Interamericano de Direitos Humanos (art. 23, II). A Assessoria Internacional subdivide-se em Coordenação de Cooperação e Relações Internacionais – CCRI, Coordenação de Apoio à Atuação no Sistema Interamericano de Direitos Humanos – CSDH e Coordenação de Assistência Jurídica Internacional – CAJI (art. 23, parágrafo único).

Chama a atenção da normativa interna mencionada o direcionamento de postos da Defensoria Pública da União voltados para atuação perante os órgãos internacionais de direitos humanos, sobretudo do Sistema Interamericano de Proteção dos Direitos Humanos. À Coordenação de Apoio à Atuação no Sistema Interamericano de Direitos Humanos (CSDH) compete (art. 25 da Resolução nº 154):

> I – analisar as propostas encaminhadas pelos Defensores Públicos Federais de casos de violação de direitos humanos em que há possibilidade de atuação junto à Comissão e à Corte Interamericana de Direitos Humanos – CIDH;
>
> II – assessorar o DPGF, o Subdefensor Público-Geral Federal – SubDPGF – e o Defensor Nacional de Direitos Humanos nos assuntos relativos ao encaminhamento, tramitação e apreciação de temas e casos que envolvam o Direito Internacional dos Direitos Humanos e que deverão ser apresentadas junto aos órgãos da Organização dos Estados Americanos – OEA;
>
> III – preparar, apresentar e acompanhar denúncias, pedidos de medidas cautelares e audiências junto aos órgãos da OEA;
>
> IV – solicitar à OEA a documentação necessária para o envio da delegação da DPU, bem como às áreas internas da DPU de acordo com este Regimento Interno;
>
> V – preparar o resumo por escrito dos principais aspectos de exposições realizadas na OEA, assim como a documentação necessária sobre audiências, respeitando as diretrizes do manual do documento da OEA "Práticas de Audiência";
>
> VI – manter intercâmbio entre a Defensoria Pública da União e os órgãos da OEA;
>
> VII – desempenhar outras atividades de interesse institucional que lhe forem atribuídas pelo Subdefensor Público-Geral Federal.

Como se não bastasse, a Defensoria Pública da União ainda criou a Rede de Atuação no Sistema Interamericano de Direitos Humanos (Rede SIDH), cuja função é "compartilhar informações, estudos e notícias relativos ao SIDH, bem como de fomentar a discussão e elaboração de peças e pedidos de audiência relativos a casos e temas perante a Comissão Interamericana de Direitos Humanos (CIDH) e a Corte Interamericana de Direitos Humanos (Corte IDH)", nos termos da Portaria GABDPGF DPGU nº 1.012, de 06 de novembro de 2018, editada pelo Defensor Público-Geral Federal. Compõem a Rede SIDH o Defensor Público-Geral Federal, o Sub-Defensor Público-Geral Federal (por meio da Coordenação de Apoio à Atuação no

Sistema Interamericano de Direitos Humanos), o Defensor Nacional de Direitos Humanos (diretamente e por meio dos Defensores Regionais de Direitos Humanos), a Secretaria-Geral de Articulação Institucional (por meio de sua Secretaria de Direitos Humanos e dos Grupos de Trabalho especializados), a Assessoria de Atuação no Supremo Tribunal Federal e a Defensora Pública Interamericana (DPI).[50]

A própria Defensoria Pública da União relata as seguintes atuações perante a Corte IDH: *amicus curiae* **Caso Favela Nova Brasília vs. Brasil,** *amicus curiae* **no Caso Povo Indígena Xukuru vs. Brasil,** *amicus curiae* **com relação ao pedido de Parecer Consultivo (OC-24) apresentado pela Costa Rica, opinião escrita com relação ao pedido de Parecer Consultivo apresentado pelo Equador sobre** a instituição do asilo como direito humano de todas as pessoas, designação de Defensora Pública Federal para atuação como Defensoria Pública Interamericana no **Caso Carlos Andrés Galeso Morales vs. Colômbia.**

Vê-se, pois, que a Defensoria Pública da União tem por plenamente institucionalizada a possibilidade de atuação de Defensores Públicos Federais perante os órgãos do Sistema Interamericano de Direitos Humanos – movimento de resto já replicado em várias Defensorias Públicas Estaduais. Isso, por certo, representa atitude que em muito colabora com a efetivação do *corpus juris* de direitos humanos, em especial do *corpus juris* interamericano, em âmbito nacional, seja incorporando, em sua rotina de atuação perante as instituições e tribunais brasileiros, os *standards* normativos e jurisprudenciais internacionais, seja provocando os sistemas internacionais de proteção de direitos humanos.[51]

Ainda dentro do Sistema Interamericano, cabe destacar a atuação da Defensoria Pública do Estado de São Paulo, que requereu medida cautelar a CIDH contra o Estado brasileiro, em face da situação Centro de Detenção Socioeducativo Casa Cedro, deferida em 2016; e da Defensoria Pública do Estado do Rio de Janeiro, que solicitou o mesmo tipo de medida, em relação às condições do Instituto Penal Plácido de Sá Carvalho, tendo a CIDH preferido reapresentar o pleito a Corte IDH, na forma de medida provisória, deferida pelo tribunal interamericano, no ano de 2017.

2.2. Direitos humanos nas relações entre particulares

Mesmo a uma primeira vista, não faz sentido imaginar que os direitos humanos obriguem apenas o Estado, frente ao evidente potencial ofensivo que igualmente ostentam os particulares, pessoas físicas ou jurídicas.

Não obstante, é certo que a aptidão dos direitos humanos para obrigar sujeitos na esfera privada destoa da visão recorrente segundo a qual tais direitos foram concebidos para serem oponíveis ao Estado, como dever de abstenção ou de prestação. Demais disso, essa aptidão traz

---

[50] Conforme será estudado, o Sistema Interamericano de Direitos Humanos faculta, sob certas condições, a participação ativa das vítimas durante processos de apuração de violação de direitos humanos perante os principais órgãos do Sistema: a Comissão Interamericana de Direitos Humanos e a Corte Interamericana de Direitos Humanos (Corte IDH). Justamente objetivando suprir casos de representação deficiente das vítimas perante o Sistema Interamericano, foi criada, em 2009, a Defensoria Pública Interamericana, por força de convênio celebrado entre a Corte IDH e a Associação Interamericana de Defensorias Públicas (AIDEF). Tal convênio foi ampliado, em 2013, de modo a permitir a atuação dos Defensores Públicos Interamericanos também em trâmite na Comissão Interamericana de Direitos Humanos. A figura do Defensor Público Interamericano encontra-se prevista no art. 2, item 11, do Regulamento da Corte IDH.

[51] BRASIL. DEFENSORIA PÚBLICA DA UNIÃO. **Apoio à Atuação no Sistema Interamericano de Direitos Humanos**. Brasília, s.d. Disponível em: https://www.dpu.def.br/assistencia-internacional/sistema-interamericano#faqnoanchor. Acesso em: 04 jan. 2021.

uma peculiaridade que acaba sendo de importância central, do ponto de vista da solução de casos concretos: ao contrário da relação Estado-particular, o conflito entre particulares opõe, diretamente, 2 (dois) sujeitos de direitos humanos, propiciando, bem por isso, corriqueiras colisões de normas deste tipo, dentro de uma mesma situação-problema.

Trata-se do tema dos efeitos das normas jurídicas sobre direitos humanos nas relações privadas – também conhecido como "vinculação de particulares a direitos humanos", "eficácia dos direitos humanos nas relações privadas" ou "eficácia horizontal dos direitos humanos" –, e acerca do qual a literatura jurídica e a jurisprudência, nacionais e estrangeiras, ainda não alcançaram consenso, especialmente em razão da reconhecida existência, com poucas variações, de 3 (três) grandes correntes, quais sejam, a Doutrina da *State Action*, a Teoria dos Efeitos Indiretos ou Mediatos e a Teoria dos Efeitos Diretos ou Imediatos, modelos esses que se contrapõem todos à tese radical da negação de qualquer efeito às normas jurídicas em causa.

Tais vertentes desenvolveram-se no campo da hermenêutica constitucional, a partir do paradigma das Constituições nacionais. Todavia, hoje em dia, suas proposições já se mostram compatíveis com o exame da aplicação das normas internacionais de direitos humanos nas relações entre particulares, pois, do mesmo modo como se verifica com as normas nacionais de direitos humanos, ao fim e ao cabo, as violações a esses direitos, provocadas por particular em face de outro particular, deverão ser, em última instância, objeto de medidas repressivas e reparatórias impostas pelo aparato Estatal, ainda que sob influência de uma decisão internacional, ressalvando-se apenas os casos dos tribunais penais internacionais de direitos humanos, únicos órgãos internacionais que julgam pessoas físicas.

O liberalismo, em seu mais elevado grau, e o federalismo, que deixa apenas aos Estados a legislação sobre direito privado (com exceção do comércio interestadual e internacional), justificam serem os Estados Unidos o pano de fundo da **Doutrina da *State Action***, segundo a qual, em regra, os direitos humanos obrigam apenas os poderes públicos, conforme a literalidade da Constituição norte-americana.

Esse entendimento nega, assim, produzam as normas jurídicas sobre direitos humanos efeitos nas relações entre particulares. Sem embargo, a partir da década de 40, algumas matizações dessa doutrina foram admitidas pela jurisprudência da Suprema Corte daquele País, com a adoção da chamada *public function theory*, segundo a qual os referidos efeitos atingem particulares que exercem funções de caráter essencialmente público, independentemente de expressa delegação, como, por exemplo, os proprietários de terras particulares, dentro das quais se encontram instaladas ruas, residências e estabelecimentos comerciais.[52]

Atualmente dominante no direito germânico (doutrina e jurisprudência), **Teoria dos Efeitos Indiretos ou Mediatos** das normas de direitos fundamentais nas relações particulares foi originalmente desenvolvida por GÜNTER DÜRIG, em obra datada do ano de 1956.

Consoante essa visão, nega-se, com supedâneo na proteção constitucional da autonomia privada (sem a qual desfigurar-se-ia o direito privado), possam decorrer direitos subjetivos diretamente das normas de direitos humanos, pois que se reconhece ao particular, no âmbito das relações privadas, a faculdade de livremente renunciar a direitos humanos, o que é, porém, inadmissível na relação Estado-indivíduo. Nessa linha, práticas do Estado que ensejem afronta a direitos humanos, se adotadas por particular, podem ser tidas por juridicamente válidas.

---

52 SARMENTO, Daniel. A vinculação dos particulares aos direitos fundamentais. In: SARMENTO, Daniel; SARLET, Ingo W. (Coords.). **Direitos fundamentais no Supremo Tribunal Federal:** balanço e crítica, cit., p. 133-137.

A produção dos aludidos efeitos dar-se-ia, assim, no ato da aplicação do Direito pelo juiz, por intermédio das cláusulas gerais (*v.g.*, "bons costumes", "boa-fé", "função social" etc.) e dos demais conceitos jurídicos indeterminados, presentes nos enunciados normativos de direito privado. As cláusulas gerais seriam, segundo a já famosa simbologia, as "portas de entrada" dos direitos humanos no campo do direito privado. Os juízes, desse modo, estariam adstritos a interpretar e aplicar enunciados normativos que contenham tais cláusulas ou conceitos em consonância com a "ordem de valores subjacente aos direitos fundamentais".

Nos demais casos, ausente a "abertura" do texto legal, preservada deve ser a estrita observância, pelo Poder Judiciário, das escolhas feitas pelo legislador ordinário, sob pena de ruptura ilegítima da divisão de poderes, bastando o controle concentrado de constitucionalidade para a extirpação dos atos legislativos evidentemente inconstitucionais[53].

Foi partindo dessa compreensão, e alargando-a, que o Tribunal Constitucional Alemão formulou a chamada "tese da irradiação dos direitos fundamentais", no julgamento do paradigmático *caso Luth*, no qual a Corte Constitucional alemã decidiu, com suporte no direito fundamental da liberdade de expressão, pela legalidade de manifestação do Clube de Imprensa de Hamburgo, incentivadora de boicote a filme dirigido por cineasta colaborador do regime nazista.

Nessa oportunidade, restou expressamente reconhecido que a Constituição daquele País conta com um sistema (ou ordem) de valores centrado na dignidade da pessoa humana, o qual serve de parâmetro para controle de todas as ações estatais na área da legislação, administração e jurisdição. Bem por isso, estão os aplicadores alemães do Direito obrigados a conduzir seus julgamentos em conformidade com tais valores, inclusive quando da solução de conflitos envolvendo particulares, verificando-se, então, a irradiação dos direitos fundamentais no direito privado ou a "constitucionalização" desse.[54]

Tratada como uma variação da teoria dos efeitos indiretos[55], a **Teoria dos Deveres de Proteção** foi protagonizada pelo jurista alemão CLAUS-WILHELM CANARIS, que criticou severamente a "tese da irradiação" adotada pela corte constitucional de seu País.[56]

Para CANARIS, em resumo, os direitos fundamentais obrigam apenas o Estado e não os particulares, mas esse ônus estatal não se resume à abstenção de violação ("proibição de intervenção"), à qual se soma a observância dos direitos fundamentais, quando da edição de normas ou de sua aplicação na prestação jurisdicional, protegendo-os e os fazendo valer, inclusive, no âmbito de lide entre particulares ("Imperativo de Tutela" ou "Dever de Proteção").[57] O Imperativo de Tutela terá lugar sempre que o Estado vir-se diante de fatos que requeiram proteção de um ou mais direitos, a ser conferida de modo equilibrado, mediante a observância, de um lado, da proibição da proteção insuficiente e, de outro, da vedação da intervenção excessiva.[58]

---

53 SARMENTO, Daniel. op. cit., p. 137-139.

54 Para uma descrição fática do conflito enfrentado no *caso Luth*, cf. MARMELSTEIN, George. op. cit., p. 337-340. Para uma análise da decisão do Tribunal Constitucional alemão sobre o mesmo caso, à luz da teoria dos princípios, cf. ALEXY, Robert. op. cit., p. 524-528.

55 Cf. SARMENTO, Daniel. op. cit., p. 144-147; e STEINMETZ, Wilson. **A vinculação dos particulares a direitos fundamentais**. São Paulo, Malheiros, 2004, p. 151-153.

56 CANARIS, Claude-Whilhelm. **Direitos fundamentais e direito privado**. Trad. Ingo Wolfgang Sarlet e Paulo Mota Pinto. Coimbra: Almedina, 2003, p. 48. Cf. também, sobre o mesmo assunto, CANARIS, Claude-Whilhelm. A influência dos direitos fundamentais sobre o direito privado na Alemanha. Trad. Peter Naumann. In: SARLET, Ingo W. (Org.). **Constituição, direitos fundamentais e direito privado**. Porto Alegre: Livr. do Advogado, 2010. p. 205-220.

57 CANARIS, Claude-Whilhelm. **Direitos fundamentais e direito privado**, cit., p. 56-58.

58 Id. Ibid., p. 103-128.

Manifestada, na década de 50, pelo magistrado e jurista alemão HANS CARL NIPPERDEY, a **Teoria dos Efeitos Diretos ou Imediatos** nasce da constatação de que os direitos humanos não são ameaçados apenas pelo Estado, mas também por poderes sociais privados (econômicos, políticos etc.) e terceiros em geral, como acentua o jurista espanhol Juan María Bilbao Ubillos:

> O Direito privado conhece também o fenômeno da autoridade, do poder, como capacidade de determinar ou condicionar juridicamente ou de fato as decisões de outros, de influir eficazmente no comportamento de outros, de impor a própria vontade. Basta olhar ao redor e observar atentamente a realidade que nos rodeia. É fato facilmente constatável a progressiva multiplicação de centros de poder privados e a enorme magnitude que adquiriram alguns deles. Representam, na atualidade, uma ameaça nada desprezível para as liberdades individuais. O poder já não está concentrado no aparato estatal, está disperso, disseminado na sociedade.[59]

Não foi por outro motivo, senão pelo desequilíbrio de poder verificado nas relações laborais, que NIPPERDEY encontrou, no direito do trabalho, campo fértil para o desenvolvimento de sua tese, que transbordou do plano doutrinário, ecoando no Tribunal Federal do Trabalho alemão.

De acordo com a tese dos efeitos imediatos, as normas de direitos fundamentais, oponíveis *erga omnes*, incidem diretamente nas relações entre particulares, podendo ser invocadas, no âmbito de um conflito privado, como substrato de direito subjetivo, sendo prescindível, para tanto, a mediação do legislador infraconstitucional. Segundo STEINMETZ, NIPPERDEY afirma que a produção direta de efeitos dos direitos fundamentais em face das relações entre particulares "modifica as normas de direito privado existentes, sem que importe que se trate de direito vinculante ou dispositivo, de cláusulas gerais ou de determinadas normas jurídicas, ou crie outras novas".[60]

Embora minoritária na Alemanha, essa tese ganhou ampla adesão na doutrina de outros países, como Espanha, Itália, Portugal e África do Sul, tendo sido contemplada, com expressa previsão constitucional, nos últimos dois casos.

Certo é que o exame de todo esse debate teórico não pode negligenciar a decisiva diferença entre a ordem constitucional alemã, favorecedora do embate entre as teses dos efeitos direitos e indiretos, e a ordem instituída pela Constituição Federal brasileira.

A Constituição Alema, a despeito de aludir, em dispositivo próprio, a um "Estado Social e Democrático", consubstancia-se em diploma marcadamente liberal, ao consagrar apenas as chamadas "liberdades públicas", sem enunciar direitos fundamentais sociais ou a expressa produção de efeitos das normas jurídicas correspondentes nas relações entre particulares, motivo pelo qual "qualquer extensão desse âmbito de aplicação a outros tipos de relaçao que não as relações indivíduo-Estado, exige uma fundamentação que não é trivial"[61]; daí, então, o terreno propício para o debate doutrinário alemão.

---

59 Tradução livre. BILBAO UBILLOS, Juan María. La eficacia frente a terceiros de los derechos fundamentales em el ordenamento español. In: MONTEIRO, António Pinto; NEUNER, Jörg; SARLET, Ingo W. **Direitos fundamentais e direito privado:** uma perspectiva de direito comparado. Coimbra: Almedina, 2007, p. 166-167.

60 STEINMETZ, Wilson. **A vinculação dos particulares a direitos fundamentais**. São Paulo, Malheiros Ed., 2004, p. 165.

61 SILVA, Virgílio Afonso da. **A constitucionalização do direito:** os direitos fundamentais nas relações entre particulares, cit., p. 23. Na mesma linha, SARMENTO, Daniel. op. cit., p. 159.

O desenvolvimento doutrinário e jurisprudencial brasileiro sobre o tema é mais recente que o europeu, aqui impulsionado pela nova ordem constitucional de 1988 e inspirado pelo debate estrangeiro entre as teses dos efeitos diretos e indiretos.

A doutrina majoritária nacional, com pequenas variações de condução metodológica, alinha-se, claramente, com a Teoria dos Efeitos Diretos ou Imediatos, como consequência do perfil social da Constituição Federal, distinto, portanto, da Carta alemã. DANIEL SARMENTO resume as razões jurídicas desse alinhamento, destacando as normas que tornam incompatíveis com as disposições constitucionais vigentes as demais teses acerca do tema:

> Não há dúvida, neste ponto, que a Carta de 88 é intervencionista e social, como o seu generoso elenco de direitos sociais e econômicos (arts. 6º e 7º, CF) revela claramente. Trata-se de uma Constituição que indica, como primeiro objetivo fundamental da República, "construir uma sociedade livre, justa e solidária" (art. 3º, I, CF) e que não se ilude com a miragem liberal-burguesa de que é o Estado o único adversário dos direitos humanos. Nossa Constituição consagra um modelo de Estado Social, voltado para a promoção da igualdade substantiva, não se baseando nos mesmos pressupostos ideológicos que sustentaram a separação rígida entre Estado e sociedade civil, e que serviram, historicamente, para fundamentar a exclusão dos direitos fundamentais do campo das relações entre particulares.[62]

Tais inferências, contudo, não são capazes de debelar toda a dificuldade do assunto, pois, mesmo onde existe disposição constitucional expressa impondo a produção direta desses efeitos nas relações particulares, como em Portugal e na África do Sul, não se acalmou a controvérsia, na medida em que não define a principal inquietude, respeitante não a "se" é possível a vinculação de particulares às normas de direitos humanos, mas, sim, a "como" ela deve acontecer.[63]

A jurisprudência nacional, embora ainda de modo muito tímido, parece caminhar para a admissão da Teoria dos Efeitos Diretos, todavia sem qualquer sinalização de uma concepção que padronize a verificação desses efeitos. Recorrentemente, são apontadas algumas decisões do STF como referências dessa possível inclinação. Fala-se em referências dessa possível inclinação porque em nenhuma das aludidas decisões o STF posicionou-se expressamente acerca da adoção da Teoria dos Efeitos Diretos ou de qualquer outra teoria. Aliás, "o STF nunca de dedicou a desenvolver uma tese sobre o problema ou aplicar algum modelo a tais casos".[64]

Esta tendência do STF é inferida, em um primeiro momento, essencialmente dos resultados de alguns julgamentos, que imputam violações de direitos fundamentais diretamente a particulares, e, em um segundo momento, de alguns votos que abordam a temática, sem que, contudo, tenha havido, até hoje, explícita adoção de um posicionamento a respeito.

---

62 SARMENTO, Daniel. op. cit., p. 158-159.

63 Sobre os dispositivos constitucionais que preveem, expressamente, os efeitos diretos, afirma Virgílio Afonso da Silva: "[...] esses dispositivos têm pelo menos duas outras funções importantes: (1) uma função de bloqueio, ou seja, diante deles é impossível negar essa vinculação e, mais importante, (2) suscitar o debate doutrinário e jurisprudencial onde ele era incipiente. O caso da África do Sul é paradigmático nesse sentido" (SILVA, Virgílio Afonso da. **A constitucionalização do direito:** os direitos fundamentais nas relações entre particulares, cit., 2011, p. 127).

64 Id. Ibid., p. 93. No mesmo sentido: SARLET, Ingo W. Neoconstitucionalismo e influência dos direitos fundamentais no direito privado: algumas notas sobre a evolução brasileira. In: SARLET, Ingo W. (Org.). **Constituição, direitos fundamentais e direito privado**. Porto Alegre: Livr. do Advogado, 2010, p. 29.

Em exame de Recurso Extraordinário, no ano de 1996, a Suprema Corte julgou ilegal a exclusão de associados, pela Cooperativa Mista São Luiz, do Rio Grande do Sul, sem a observância do procedimento estatutário disciplinador da adoção dessa providência, o qual lhes garantia o direito de defender-se. A decisão do caso restou fundamentada no inciso LV do artigo 5º da Constituição Federal, que assegura o direito fundamental à ampla defesa.[65]

Em outro Recurso Extraordinário, também julgado em 1996, o STF reconheceu que a companhia de aviação *Air France* violara o princípio da igualdade, quando submeteu funcionários brasileiros e de outras nacionalidades a plano de carreira que os diferenciava dos funcionários nascidos na França, para efeito de alguns benefícios, não estendidos aos primeiros.[66]

Nesses dois julgamentos, não houve enfrentamento direto da questão da produção de efeitos dos direitos humanos nas relações entre particulares, o que veio a acontecer apenas no ano de 2005, quando, em caso similar àquele da Cooperativa Mista São Luiz, o Excelso Pretório, também em Recurso Extraordinário, imputou a União Brasileira de Compositores – UBC afronta ao direito fundamental à ampla defesa, em decorrência da exclusão de sócio, sem assegurar-lhe a prévia oportunidade de defender-se. Dentre os votantes, vencidos os Ministros Ellen Gracie (relatora) e Carlos Velloso, os Ministros Gilmar Mendes e Joaquim Barbosa reconheceram a eficácia dos direitos fundamentais junto às relações entre particulares, mas sem explicitar adesão à produção direta ou indireta de efeitos, posição tomada apenas pelo Ministro Celso de Mello, no sentido da primeira tese:

> O acórdão objeto do presente recurso extraordinário, ao assinalar que o estatuto das liberdades públicas (enquanto complexo de poderes, de direitos e de garantias) não se restringe à esfera das relações verticais entre o Estado e o indivíduo, mas também incide sobre o domínio em que se processam as relações de caráter meramente privado, reconheceu que os direitos fundamentais projetam-se, por igual, numa perspectiva de ordem estritamente horizontal.
>
> Cumpre considerar, neste ponto, até mesmo para efeito de exame da questão ora em análise, a advertência de INGO WOLFGANG SARLET ("A Constituição Concretizada: Construindo Pontes entre o Público e o Privado", p. 147, 2000, Livraria do Advogado, Porto Alegre), cujas observações acentuam que o debate doutrinário em torno do reconhecimento, ou não, de uma eficácia direta dos direitos e garantias fundamentais, com projeção imediata sobre as relações jurídicas entre particulares, assume um nítido caráter político-ideológico, assim caracterizado por esse mesmo autor: "uma opção por uma eficácia direta traduz uma decisão política em prol de um constitucionalismo de igualdade, objetivando a efetividade do sistema de direitos e garantias fundamentais no âmbito do Estado social de Direito, ao passo que a concepção defensora de uma eficácia apenas indireta encontra-se atrelada ao constitucionalismo de inspiração liberal-burguesa".[67]

65 STF, Recurso Extraordinário nº 158.215-4/RS, publicação em 07/06/96.

66 STF, Recurso Extraordinário nº 161.243-4/DF, publicação em 19/12/96.

67 STF, Recurso Extraordinário nº 201.819-8/RJ, publicação em 27/10/06. A título de complementação, podem ser citados os seguintes casos apreciados pelo STF, nos quais, embora não tenha sequer sido abordada a temática da produção de efeitos de direitos fundamentais nas relações entre particulares, de seus resultados é possível inferir-se essa admissão: *Caso Ellwanger* (HC nº 82.424), de 2003; e *caso da Exceção à Impenhorabilidade dos Bens do Fiador* (RE nº 407.688-8), de 2006.

As correntes sobre a produção de efeitos dos direitos humanos nas relações entre particulares e suas ideias centrais podem ser assim esquematizadas:

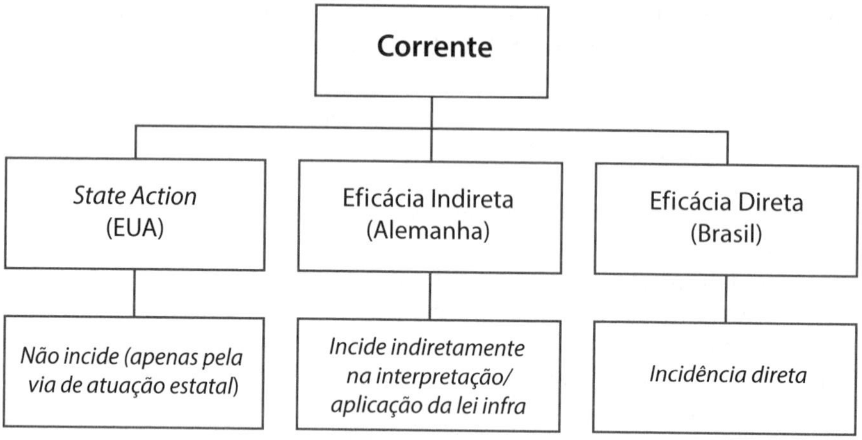

Fonte: elaborada pelo autor

Considerando toda a discussão, o posicionamento de VIRGÍLIO AFONSO DA SILVA parece ser o mais realista e, ao mesmo tempo, o mais fundamentado a respeito da questão, quando abordada à luz da Constituição Federal brasileira. Para ele, a produção dos efeitos das normas de direitos fundamentais nas relações entre particulares deve comportar um modelo diferenciado, com a necessária flexibilidade voltada à preservação da autonomia privada e, ao mesmo tempo, da força normativa dos direitos fundamentais enunciados em princípios jurídicos.

Tal posição aduz que as teorias dos efeitos diretos e indiretos equivocam-se no intento de serem exaustivas ("pretensão à completude"), quando um desejado modelo flexível pode perfeitamente conjugar elementos de ambas as hipóteses.

Dentro desta proposta de um modelo diferenciado, a produção de efeitos de que se trata não depende do recurso a figuras de linguagem, como "irradiação" ou "ordem objetiva de valores", haja vista ser consequência natural do mandamento de otimização que subjaz aos princípios jurídicos, exigindo que algo seja realizado na maior medida possível, conforme as possibilidades fáticas e jurídicas pertinentes ao caso. Sendo assim, realizar, na maior medida possível, um direito humano enunciado como princípio jurídico exige a igual abrangência das relações entre particulares e não a sua singela restrição à relação Estado-indivíduo.[68]

É precisamente na necessidade de observarem-se as possibilidades jurídicas de aplicação do princípio de direito fundamental a determinado caso que se encontra a preservação da opção do legislador de direito privado, que deverá prevalecer, **se existente e constitucional** (aproximação com a Teoria dos Efeitos Indiretos). Consequentemente, desde que inexista essa mediação legislativa ou seja ela insuficiente ou inválida (inconstitucional ou inconvencional) para a solução do caso concreto, haverá espaço para que o princípio de direito fundamental produza efeitos diretamente nas relações entre particulares.

---

68 SILVA, Virgílio Afonso da. **A constitucionalização do direito:** os direitos fundamentais nas relações entre particulares, cit., p. 146.

Consoante a proposta de VIRGÍLIO AFONSO, a Constituição Federal está repleta de direitos fundamentais que, essencialmente, destinam-se à regulação de circunstâncias inerentes às relações entre particulares, e alguns deles até já experimentaram a mediação do legislador infraconstitucional. As maiores expressões dessa constatação são exatamente os direitos trabalhistas contemplados nos arts. 7º a 11 da Constituição, os quais tratam do descanso semanal remunerado, das férias, da jornada de trabalho, da greve, entre tantos outros temas. Na mesma categoria podem ser inseridos os direitos de resposta e de indenização por dano material, moral ou à imagem (incisos V do art. 5º), entendidos como contraponto à liberdade de manifestação com vedação do anonimato (inciso IV do art. 5º).

Desse quadro, orientado pela análise casuística operada a partir de concepções prévias, transparece a destacada tarefa da aplicação do Direito na solução das questões que envolvem os direitos humanos, tema estudado logo adiante.

Propõe-se, dada essa linha de pensamento, que a indagação central de "como" as normas de direitos humanos produzem efeitos nas relações entre particulares seja respondida da seguinte maneira: dentro do ordenamento jurídico brasileiro, conforme à Constituição Federal vigente, as normas jurídicas sobre direitos humanos têm eficácia também junto às relações entre particulares, ou seja, são aptas a produzir efeitos para a solução do caso concreto, dependendo de exame interpretativo individualizado de aplicabilidade, (i) limitado pelas disposições constitucionais e pelas ponderações eventualmente já realizadas pelo legislador acerca do assunto, se amparadas por constitucionalidade; e (ii) condicionado pelas características de cada norma de direito fundamental envolvido no conflito fático a ser solucionado.

Trata-se, como é fácil perceber, de uma atitude metodológica que encontra abertura no exame orientado pelas características peculiares de cada norma de direito humano envolvida e interpretada na esteira do caso concreto, mas que, ao mesmo tempo, tem a sua nota de segurança jurídica preservada pela reafirmação das fontes normativas internacionais, constitucionais e infraconstitucionais, que permeiam a avaliação das possibilidades jurídicas atinentes a cada conflito. Tal abertura condicionada permite a dinamicidade imprescindível para que o Direito, sem descurar de sua estabilidade, seja efetivamente capaz de atender às demandas sociais.

2.3. Direitos humanos e empresas

A relação entre empresas e direitos humanos ganha espaço e relevância a partir da admissão da eficácia horizontal e da dimensão objetiva dos direitos humanos, uma vez que aquela supera a relação entre pessoa e Estado (eficácia vertical), incidindo nas relações entre particulares, inclusive indivíduos e empresas. Além disso, enquanto a dimensão subjetiva se refere às faculdades, a dimensão objetiva impõe deveres de proteção, segundo o qual o Estado agir para salvaguardar direitos humanos de modo que não haja violação por agentes públicos ou particulares.[69]

Ademais, a obrigação das empresas em respeitar os direitos humanos está amparada no reconhecimento da universalidade dos direitos humanos, pautada especialmente da Carta da ONU e na Declaração Universal dos Direitos Humanos, uma vez que sem a incidência de tais direitos em todas as relações (verticais ou horizontais), a universalidade não seria completa.[70]

Deste modo, em princípio, o tema da vinculação das empresas ou corporações aos direitos humanos resolve-se, no campo jurídico, de maneira relativamente simples, diante da

69 RAMOS, André de Carvalho. **Curso de Direitos Humanos**. 7. ed. Saraiva: São Paulo, 2020, p. 317.

70 Id. Ibid., p. 317-318.

teoria sobre a produção de efeitos desses direitos nas relações entre particulares, tendo por referência normativa mais presente o ordenamento jurídico nacional.

Sob o prisma do direito internacional, o dever de proteção dos direitos humanos encaminha a questão para o dever primário dos Estados de agir nos planos administrativo, legislativo e judiciário, de modo a construir um arcabouço jurídico capaz de vincular empresas ao cumprimento dos direitos humanos e de responder à altura, quando há violação de tal obrigação.

A Constituição Brasileira, como estudado, tem perfil solidarista que, *inter alia*, partilha entre Estado e sociedade civil o adimplemento dos direitos humanos. Inúmeras passagens da Carta Constitucional encampam, implícita ou textualmente, esta ideia. Para citar algumas:

➔ Submissão da livre iniciativa ao respeito ao valor social do trabalho (arts. 1º, IV e 170).

➔ Ausência, em regra e respeitadas as especificidades de certos direitos, de indistinção entre obrigados públicos e privados para com os direitos e garantias fundamentais previstos no Título II da Constituição Federal (arts. 5º ao 16).

➔ Previsão de direitos fundamentais em relações tipicamente (conquanto não exclusivamente) privadas: direitos fundamentais trabalhistas (arts. 7º a 11).

➔ Financiamento repartido do sistema de seguridade social (arts. 194 e 195).

➔ Permissão de assistência à saúde por entidades privadas, de forma complementar à assistência pública e adstrita às vinculações dessa à observância dos direitos fundamentais das pessoas assistidas (art. 199).

➔ Caráter contributivo e de filiação obrigatória de particulares (sobretudo empregadores) ao Regime Geral da Previdências Social (art. 201).

➔ Vinculação das entidades privadas aos princípios que regem a promoção da educação no Brasil (arts. 209 c/c 206).

➔ Sistema Nacional de Cultura, organizado em regime de colaboração, de forma descentralizada e participativa, envolvendo Estado e sociedade civil, regido por princípios diretamente relacionados aos direitos humanos (art. 216-A).

➔ Limites e condições impostas às empresas privadas de comunicação, ligados a direitos humanos (art. 220 a 222).

➔ Responsabilidade do Poder Público e da coletividade pela defesa e preservação do meio ambiente ecologicamente equilibrado para as presentes e futuras gerações (art. 225).

➔ Dever da família, da sociedade e do Estado de assegurar à criança, ao adolescente e ao jovem, com absoluta prioridade, o direito à vida, à saúde, à alimentação, à educação, ao lazer, à profissionalização, à cultura, à dignidade, ao respeito, à liberdade e à convivência familiar e comunitária, além de colocá-los a salvo de toda forma de negligência, discriminação, exploração, violência, crueldade e opressão (art. 227).

Já no cenário internacional, o assunto ganha outra dimensão e se mostra sobremaneira mais complexo, seja porque as normas de Direito Internacional de Direitos Humanos e seus mecanismos de monitoramento e apuração e violações são instituídos, fundamentalmente, por Estados (sem a participação das empresas), seja porque a força econômica do capitalismo transnacional exerce fortíssima influência sobre as posições dos Estados a respeito do tema, no âmbito das organizações internacionais interestatais.

2.3.1. *O longo caminho de* standards *internacionais da vinculação das empresas aos direitos humanos*

A alteração do contexto internacional, nas últimas décadas, na esteira do capitalismo transnacional, tem demonstrado a necessidade de se regular a relação entre empresas e direitos humanos, uma vez que o poder corporativo transfronteiriço multiplicou-se ao longo dos anos: no ano 2000, das 100 (cem) maiores economias do mundo, 51 (cinquenta e uma) eram empresas e 49 (quarenta e nove) eram Estados, enquanto em 2014, o número passou a ser de 69 (sessenta e nove) empresas e, em 2016, alcançou o número de 71 (setenta e uma) corporações.[71]

Ademais, não é possível ignorar que as empresas também criam empregos e são fontes primárias de investimentos[72], bem como são capazes de expandir a economia, reduzir a pobreza, intensificar a demanda pelo Estado de Direito e ainda contribuir para a efetivação dos direitos humanos.[73]

Apesar de inexistir um tratado específico sobre o tema direitos humanos empresas, o respeito aos direitos deve ser considerado uma obrigação de todos, partindo da Declaração de Viena sobre Direitos Humanos de 1993, segundo a qual "a comunidade internacional deve considerar os direitos humanos, globalmente, de forma justa e equitativa, em pé de igualdade e com igual ênfase", sendo evidente que as empresas compõem a comunidade internacional.

Mas, segundo ROLAND ET AL., a preocupação internacional com as empresas transnacionais deu os primeiros passos a partir do discurso de Salvador Allende, em 1972, na Assembleia Geral das Nações Unidas e, em seguida, a agenda se consolidou com os países em desenvolvimento, em especial o G77[74], resultando na requisição ao Conselho Econômico e Social da ONU da criação de um Grupo de Trabalho para estudar as empresas transnacionais, o que foi efetivado. O relatório desse Grupo foi entregue em 1974 e sugeriu a criação de uma Comissão e Centro sobre Corporações Transnacionais. Esses dois órgãos deveriam elaborar uma regulação vinculante para as transnacionais, naquele ano.

Em contraponto a isso, houve intensa pressão das empresas transacionais para que não fosse adotada uma normativa que as vinculasse, restando a regulamentação da questão por outras organizações internacionais. A esse propósito, citam-se as ***Guidelines for Multinational Enterprises* da Organização para a Cooperação e Desenvolvimento Econômico** (OCDE), de 1976, e a **Declaração Tripartite de Princípios sobre Empresas Multinacionais da OIT**, de 1977. No mesmo período, foi implementado o Consenso de Washington, resultando no

---

71 CORPORATIONS AND HEALTH WATCH. **The 100 Largest Governments and Corporations**, 2015. Disponível em: https://corporationsandhealth.org/2015/08/27/the-100-largest-governments-andcorporations-by-revenue/. Acesso em: 18 nov. 2020; BABIC, Milan; HEEMSKERK, Eelke; FICHTNER, Jan. **Who is more powerful – states or corporations?** The conversation, 2018. Disponível em: https://theconversation.com/who-is-more-powerful-states-or-corporations-99616. Acesso em 03 oct. 2020.

72 RUGGIE, John Gerard. **Quando negócios não são apenas negócios:** as corporações multinacionais e os direitos humanos. São Paulo: Planeta Sustentável, 2014, p. 262.

73 BELTRAMELLI NETO, Silvio; RODRIGUES, Mônica Nogueira. Direitos Humanos e Empresas: uma análise do Decreto nº 9.571/2018 à Luz da Normativa Internacional. In: **Direito Internacional em Expansão:** Direito Internacional e Direito Comparado, v.XVII. Belo Horizonte: Arraes, 2019, p.177-194.

74 Fundado em 15 de junho de 1964 pela "Declaração Conjunta dos Setenta e Sete Países", forjada por ocasião da Conferência das Nações Unidas sobre Comércio e Desenvolvimento (UNCTAD), o G77, atualmente composto por 134 países, abriga a coalização de 77 países em desenvolvimento, reunidos com vistas a fortalecer a capacidade de negociação de seus interesses econômicos, no âmbito da ONU (THE GROUP OF 77 AT THE UNITED NATIONS. **About the group of 77.** New York, 2019. Disponível em: http://www.g77.org/doc/. Acesso em: 10 jan. 2021).

estabelecimento de políticas neoliberais, em conjunto com uma queda de investimentos das empresas nos países em desenvolvimento.[75]

Em 1976, com posterior revisão em 2000 e 2011, foi elaborada, no âmbito da OCDE, os ***Guidelines for Multinational Enterprises***, traduzido como Declaração sobre o Investimento Internacional e as Empresas Multinacionais[76], estabelecendo diretrizes sobre a cooperação entre Estados e empresas, objetivando o desenvolvimento econômico, sustentável e social.

A OIT, por sua vez, emitiu a **Declaração Tripartite de Princípios sobre as Empresas Multinacionais e Política Social,** em 1977, na 204ª Reunião do Conselho de Administração da Secretaria Internacional do Trabalho, com revisão em 2000 e 2006, respectivamente nas 279ª e 295ª reuniões[77], sendo destinada aos governos, aos empregadores e trabalhadores e trazendo disposições "em matéria de emprego, formação, condições de trabalho e de vida e de relações de trabalho".[78] Segundo consta do segundo item do documento, "tem por objetivo incentivar as empresas multinacionais a contribuírem positivamente para o progresso econômico e social e minimizarem e resolverem as dificuldades que possam ser criadas por suas operações".[79]

Durante a década de 1990, as corporações passaram a ser encaradas como agentes de desenvolvimento e os debates sobre o tema foram adjudicados à Conferência das Nações Unidas sobre Comércio e Desenvolvimento (UNCTAD) por pressão exercida pelos EUA e pelos agentes empresariais.[80] Nesse sentido, foi proposto um "Pacto Global" em conjunto com o Fórum Econômico Mundial de Davos, que somente reforça a lógica voluntarista da ONU.

Tal Pacto Global foi lançado em 2000, sob liderança do então Secretário-Geral das Nações Unidas Kofi Annan, sendo uma iniciativa pautada em princípios universais a serem adotados pelas empresas. Possui mais de 14.000 (quatorze mil) adesões de atores distribuídos por 160 (cento e sessenta) países. O Pacto não é compreendido como um instrumento regulatório, mas como uma iniciativa voluntária para empresas comprometidas com a promoção do desenvolvimento sustentável e cidadania.[81] Os 10 (dez) princípios universais albergados pelo Pacto Global concernem a 4 (quatro) temas: direitos humanos, trabalho, meio ambiente e anticorrupção.

No que diz respeito aos direitos humanos, "as empresas devem apoiar e respeitar a proteção de direitos humanos reconhecidos internacionalmente" e "assegurar-se de sua não participação em violações destes direitos". No que diz respeito ao trabalho, "devem apoiar a liberdade de associação e o reconhecimento efetivo do direito à negociação coletiva"; "a eliminação de todas as formas de trabalho forçado ou compulsório"; "a abolição efetiva do trabalho infantil" e "eliminar a discriminação no emprego".

Sobre o meio ambiente, os princípios indicam que as empresas: "devem apoiar uma abordagem preventiva aos desafios ambientais"; "desenvolver iniciativas para promover maior

---

75 ROLAND, Manoela Carneiro et al. Desafios e perspectivas para a construção de um instrumento jurídico vinculante em direitos humanos e empresas. **Revista Direito GV**, 2018, v.14, n.2, p.398-399.

76 OCDE. **Declaração sobre o Investimento Internacional e as Empresas Multinacionais**, 1976. Disponível em: https://www.oecd.org/corporate/mne/38110590.pdf. Acesso em: 10 nov. 2020.

77 OIT. **Declaração Tripartite de Princípios sobre Empresas Multinacionais e Política Social**. Genebra: OIT, 2012. Disponível em: https://www.ilo.org/wcmsp5/groups/public/---ed_emp/---emp_ent/---multi/documents/publication/wcms_211136.pdf. Acesso em: 04 jan 2020.

78 Id. Ibid.

79 Id. Ibid.

80 ROLAND, Manoela Carneiro et al., op. cit., p.399-400.

81 PACTO GLOBAL. **A iniciativa.** Disponível em: https://www.pactoglobal.org.br/a-iniciativa. Acesso em: 11 set. 2020.

responsabilidade ambiental" e "incentivar o desenvolvimento e difusão de tecnologias ambientalmente amigáveis", além de "combater a corrupção em todas as suas formas, inclusive extorsão e propina".

É importante ressaltar que, embora seja um documento reconhecidamente voluntário, os 10 (dez) princípios dispõem sobre diversos direitos que não podem ser violados. Os quatro princípios trabalhistas, por exemplo, são os mesmos reconhecidos na Declaração sobre Princípios e Direitos Fundamentais do Trabalho de 1998 elaborados pela OIT, quais sejam, a liberdade sindical e o reconhecimento efetivo do direito de negociação coletiva; a eliminação de todas as formas de trabalho forçado ou obrigatório; a abolição efetiva do trabalho infantil; e a eliminação da discriminação em matéria de emprego e ocupação.

Considerando-se que o Pacto Global é de adesão voluntária e desprovido de coercibilidade, não consubstanciando sequer um código de conduta, faltam-lhe mecanismos de fiscalização e efetivação, motivo pelo qual a comprovação do descumprimento dos princípios resulta somente na exclusão das listas de empresas que o aderiram.[82]

Paralelamente ao Pacto Global, desenvolveram-se as *Drafts Norms* (ou simplesmente "Normas"), denominação do projeto de normas vinculantes sobre empresas transnacionais, que se desenvolveu no âmbito da Subcomissão para a Promoção e Proteção dos Direitos Humanos na ONU. O projeto visava vincular diretamente, em termos jurídicos internacionais, as empresas aos direitos humanos. O documento foi aprovado pela Subcomissão em 2003, mas resultou numa reação negativa da Organização Internacional dos Empregadores e da Câmara de Comércio Internacional, sob o argumento de que a responsabilidade era exclusiva dos Estados. A pressão exercida resultou na rejeição do projeto na Comissão de Direitos Humanos da ONU, em 2004, não sendo encaminhado para aprovação pela Assembleia Geral, etapa final de criação de um tratado internacional naquela Organização.[83]

Após a rejeição das Normas, explica ANA CLAUDIA RUY CARDIA ATCHABAHIAN: "fez-se necessário um movimento de ressignificação da discussão sobre a melhor forma de dar início ao estabelecimento de diretrizes voltadas a uma cultura de proteção".[84] Nesse cenário, em 2005, John Ruggie foi nomeado como representante especial sobre direitos humanos e empresas transnacionais e outras empresas pelo então Secretário-Geral da ONU, Kofi Annan.[85]

John Ruggie apresentou o relatório final denominado "Proteger, Respeitar e Remediar", documento base para os **Princípios Orientadores sobre Empresas e Direitos Humanos**

---

82 ROLAND, Manoela Carneiro et al., op. cit., p. 400; RAMOS, André de Carvalho. **Curso de Direitos Humanos**, cit., p. 320.

83 "As Normas deram origem a um debate bastante polarizado entre as organizações em defesa dos direitos humanos e a comunidade empresarial. Os ativistas eram, de modo veemente, a favor do documento, porque as Normas propunham que essas obrigações fossem obrigatórias para empresas diretamente sujeitas a leis internacionais. As empresas, por sua vez, foram fortemente contrárias ao que descreveram como 'privatização dos direitos humanos', porque transferia às empresas obrigações que eles acreditavam ser responsabilidade do Estado. A proposta não teve nenhum defensor na comissão, que decidiu não implementá-la" (RUGGIE, John Gerard, op. cit., p.19-20).

84 ATCHABAHIAN, Ana Cláudia Ruy Cardia. **Transterritorialidade:** Uma Teoria de Responsabilização de Empresas por Violações aos Direitos Humanos. Rio de Janeiro: Lumen Juris, 2020, p. 26.

85 "A própria forma de nomeação (pelas mãos do Secretário-Geral e não por órgão colegiado interno da ONU composto por Estados) mostra as controvérsias em relação à temática no sistema global de direitos humanos, em especial entre aqueles que defendiam a (i) expansão da interpretação das normas de direitos humanos para alcançar de maneira clara as empresas (caso da tentativa frustrada da Subcomissão vista acima) e (ii) aqueles que defendiam a busca pela 'colaboração' com as empresas, para consolidação de uma 'cidadania corporativa mundial', visando inclusive estancar as críticas sobre os malefícios da globalização" (RAMOS, André de Carvalho. **Curso de Direitos Humanos**, cit., p. 319).

(POEDH), aprovado por unanimidade pelo Conselho de Direitos Humanos da ONU em 2011.[86] Diferentemente do escopo das Normas, os POEDH não pretenderam transmutar-se em um tratado vinculante, mas cumprir um papel de uma norma de *soft law*, do tipo declaração.

Segundo PIOVESAN, este é o primeiro marco normativo institucional que considerou a responsabilidade das empresas e dos Estados com o objetivo de estabelecer *standards* voltados a uma globalização socialmente sustentável.[87]

Os 31 (trinta e um) princípios enunciados no documento do POEDH estão divididos entre os pilares "proteger", "respeitar" e "reparar". Primeiramente, incumbe aos Estados a obrigação de proteger os direitos humanos, enquanto as empresas devem respeitá-los. Por fim, são necessários mecanismos de reparação para eventuais violações.

O primeiro grupo de princípios dispõe sobre o dever do Estado na proteção dos direitos humanos sob sua jurisdição, inclusive das violações cometidas por empresas, mediante a adoção de políticas, leis e submissão à justiça que abranjam da prevenção à reparação. Devem, ainda, deixar claro as expectativas de que as empresas que atuem sob sua jurisdição devem respeitar os direitos humanos.

Consta, ainda, a obrigação de fazer cumprir as leis, assessorar as empresas sobre os meios e modos eficazes de respeito aos direitos humanos, bem como o incentivo a exigibilidade de que as empresas informem as medidas adotadas para enfrentar os impactos de suas ações sobre os direitos humanos. Quando as empresas forem estatais ou receberem "significativos apoios e serviços de organizações estatais" devem ser adotadas medidas adicionais de proteção.

O segundo grupo corresponde ao respeito aos direitos humanos, iniciando-se com o 11º (décimo primeiro), segundo o qual as empresas têm o dever de abstenção sobre as violações aos direitos humanos, bem como o lidar com os "impactos negativos" de sua atuação.

A obrigação de respeito abrange os direitos humanos reconhecidos internacionalmente e ressalta que inclui, no mínimo, a Carta Internacional de Direitos Humanos (formada pela Declaração Universal de Direitos Humanos, o Pacto de Direitos Civis e Políticos e o Pacto de Direitos Econômicos, Sociais e Culturais) e a Declaração da OIT de 1998 sobre Princípios e Direitos Fundamentais do Trabalho. Tal obrigação consiste na abstenção de atuar negativamente, bem como prevenção ou mitigação de possíveis impactos envolvidos em suas relações comerciais, mesmo que não tenham contribuído para tanto.

O 14º (décimo quarto) princípio destaca que a obrigação de respeito abrange todas a empresas, de todos os tamanhos, setores, proprietários e estruturas, porém, esses fatores podem influenciar na gravidade dos impactos e, consequentemente, a responsabilidade pode ser mais ou menos complexa.

Para que o respeito seja possível, o 15º (décimo quinto) princípio dispõe que as empresas devem realizar um compromisso político de arcar com suas responsabilidades, criar mecanismos de auditorias sobre direitos humanos e seus impactos para a efetivação da devida diligência (*due* diligence) e adotar processos de reparação sobre os impactos gerados direta ou indiretamente.

Constam do 16º (décimo sexto) princípio ao 23º (vigésimo terceiro) os denominados "princípios operacionais" para a obrigação de respeito. Sobre uma declaração empresarial

---

86 UNITED NATIONS. **Guiding Principles on Business and Human Rights: Implementing the United Nations "Protect, Respect and Remedy" Framework.** New York and Geneva: United Nations, 2011. Disponível em: https://www.ohchr.org/documents/publications/guidingprinciplesbusinesshr_en.pdf. Acesso em: 10 jan. 2021.

87 PIOVESAN, Flávia. **Temas de direitos humanos**. 11 ed. Saraiva: São Paulo, 2018, p. 244.

pública de compromisso político das corporações com os direitos humanos, por exemplo, dispõe-se que este deve ser aprovado pelo "mais alto nível de direção", baseando-se em "assessoria especializada interna e/ou externa" e de modo a determinar as expectativas da empresa sobre seu pessoal, seus sócios e as partes envolvidas em suas operações, produtos e serviços, bem como ser publicado e divulgado interna e externamente, além de refletir "nas políticas e procedimentos operacionais necessários para incorporar o compromisso assumido no âmbito de toda a empresa".

Além de implementar o necessário para auditorias que confiram se estão sendo adotadas as ações necessárias para prevenir impactos negativos da inobservância de direitos humanos, as empresas devem realizar o acompanhamento e monitoramento de sua conduta por meio de indicadores qualitativos e quantitativos, bem como informações de fontes internas e externas, conforme disposto no 20º (vigésimo) princípio.

No que diz respeito aos mecanismos de reparação, o 25º (vigésimo quinto) princípio dispõe sobre a obrigação dos Estados de implementar as medidas necessárias para tanto nas searas judiciais, administrativas, legislativas e em outros meios possíveis. Ademais, fala-se em "mecanismos de reparação eficazes", o que significa que a mera existência do mecanismo não é suficiente, sendo imperativo que viabilize a reparação adequada em concreto, o que remete ao princípio subsequente, que impõe aos Estados a atuação judicial, "considerando a forma de limitar os obstáculos jurídicos, práticos e de outras naturezas que possam conduzir para uma negação do acesso aos mecanismos de reparação". Extrajudicialmente, os Estados devem criar mecanismos de denúncia que atuem como parte do sistema estatal de reparação, incluindo formas facilitadas de acesso aos mecanismos não estatais, conforme disposição do vigésimo sétimo e oitavo princípios.

Os POEDH são inovadores ao enunciaram responsabilidades independentes, mas concomitantes, para Estados e corporações.[88] Nesse sentido, as empresas devem respeitar os direitos humanos, ainda que os Estados não cumpram com os respectivos deveres.

Para monitorar a efetivação dos POEDH, também foi aprovada pela ONU a Resolução nº 17/4, estabelecendo a criação de um Grupo de Trabalho sobre Direitos Humanos e Empresas Transnacionais e outras Empresas, que pode formular recomendações aos Estados.

Este GT é atualmente formado por 5 (cinco) membros e realiza visitas a países, apresenta resoluções visando a efetivação dos Princípios Orientadores e efetua recomendações aos países quanto ao cumprimento das obrigações internacionais. Além disso, orienta a formulação de políticas e planos de ação nacionais de ação (PNAs).[89] O GT visitou a Mongólia, em 2012, EUA e Gana, em 2013, Azerbaijão, em 2014, Brasil, em 2015, República da Coreia, em 2016, Canadá e Peru, em 2017, Tailândia e Quênia, em 2018, e Geórgia, em 2019.[90]

Segundo o site oficial, os Estados que já elaboraram planos nacionais de ação com base nos POEDH são: Reino Unido, Países Baixos, Dinamarca, Finlândia, Lituânia, Suécia, Noruega, Colômbia, Suíça, EUA, Alemanha, Polônia, Espanha, Bélgica, Chile, República Checa,

---

88 ATCHABAHIAN, Ana Cláudia Ruy Cardia, op. cit., p. 27.

89 NACIONES UNIDAS. OFICINA DEL ALTO COMISSARIADO PARA LOS DERECHOS HUMANOS. **Grupo de Trabajo sobre la cuestión de los derechos humanos y las empresas transnacionales y otras empresas** – Miembros. Ginebra, 2019. Disponível em: https://www.ohchr.org/SP/Issues/Business/Pages/Members.aspx. Acesso em: 09 jan. 2021.

90 NACIONES UNIDAS. OFICINA DEL ALTO COMISSARIADO PARA LOS DERECHOS HUMANOS. **Visitas a los países del Grupo de Trabajo sobre la cuestión de los derechos humanos y las empresas transnacionales y otras empresas**. Ginebra, 2019. Disponível em: https://www.ohchr.org/SP/Issues/Business/Pages/WGCountryVisits.aspx. Acesso em: 09 jan. 2021.

Eslovênia, Irlanda, Luxemburgo, Kenia e Tailândia. Consta, ainda, que a Coreia do Sul incluiu um capítulo sobre direitos humanos e empresas no plano nacional de ação já existente.

Além disso, os Estados que estão desenvolvendo um plano nacional de ação ou se comprometeram a fazê-lo são: Argentina, Austrália, Azerbaijão, Guatemala, Grécia, Índia, Indonésia, Japão, Jordânia, Letônia, Malásia, Maurício, México, Marrocos, Mongólia, Moçambique, Myanmar, Nicarágua, Paquistão, Peru, Portugal, Tailândia, Uganda e Zâmbia. Por fim, constam os Estados em que a sociedade civil ou instituições nacionais começaram a desenvolver um plano nacional de ação: Gana, Filipinas e Kazaquistão.[91]

No mesmo período que se discutia os POEDH, foi publicada a Norma Internacional ISO 26000 - Diretrizes sobre Responsabilidade Social, de 2010. O documento tem natureza voluntária e dispõe sobre *standards* éticos e transparentes a serem seguidos no desenvolvimento das atividades empresariais.[92]

Em 2017 foi criado, no âmbito da ONU, o Grupo de Trabalho Intergovernamental de Composição aberta sobre as empresas transnacionais e outras empresas em matéria de direitos humanos[93], com vistas a retomar a discussão sobre um tratado vinculante acerca do tema. Em 2018, foi apresentada a minuta do tratado e as discussões seguem ocorrendo.

De acordo com PIOVESAN, é necessário realizar uma interpretação sistemática e integral dos direitos humanos, resultando no reconhecimento do dever das empresas de prevenir violações e promover direitos. Em relação ao dever de prevenir, decorre dele as obrigações de estudos prévios sobre os impactos de suas atividades (devida diligência e *compliance*, por exemplo) e consequente dever de mitigação dos riscos e prestação de contar sobre tais riscos por meio de "processos estruturados de monitoramento da prática empresarial e de seus impactos sobre direitos humanos", além dos mecanismos de reparação das violações constatadas.[94] Ademais, o respeito deve ser compreendido em pelo menos 5 (cinco) direções: trabalhadores, cadeia produtiva, entorno (envolvendo a proteção às comunidades e vítimas afetadas pela atividade empresarial, Estado e responsabilidade extraterritorial (envolvendo os riscos de violação em outros países).[95]

O dever de promoção, por sua vez, resulta na elaboração de ações e projetos que cumpram a igualdade e fomente "a construção de cultura de respeito à diversidade, tolerância e de paz, contribuindo para a consolidação da democracia e redução de violações de direitos e violência em geral". Nesse sentido, devem realizar a educação e capacitação constante dos respectivos funcionários em todos os níveis.[96]

---

91 NACIONES UNIDAS. **Planes de acción nacionaldes: processos de planes nacionales de acción em curso**, 2020. Ginebra, s.d. Disponível em: https://www.ohchr.org/SP/Issues/Business/Pages/NationalActionPlans.aspx. Acesso em: 01 dez. 2020.

92 INMETRO. **ISO 26000**. Brasília, s.d. Disponível em: http://www.inmetro.gov.br/qualidade/responsabilidade_social/iso26000.asp#:~:text=Segundo%20a%20ISO%2026000%2C%20a,sociedade%20e%20no%20meio%20ambiente. Acesso em: 02 jan. 2020.

93 UNITED NATIONS. HUMAN RIGHTS COUNCIL. **Open-ended intergovernmental working group on transnational corporations and other business enterprises with respect to human rights**. Ginebra, s.d. Disponível em: https://www.ohchr.org/EN/HRBodies/HRC/WGTransCorp/Pages/IGWGOnTNC.aspx. Acesso em: 10 jan. 2021.

94 PIOVESAN, Flávia. **Temas de direitos humanos**, cit., p. 257.

95 Id. Ibid., p. 250.

96 Id. Ibid., p.258. Segundo a autora: "Conclui-se pela necessidade de revisitar o alcance da responsabilidade das empresas em matéria de direitos humanos a partir de uma visão cosmopolita do Direito Internacional dos Direitos Humanos, de modo a incluir o dever das empresas de prevenir violações e promover direitos humanos" (Id. Ibid., p. 259).

No âmbito do **Sistema Interamericano de Proteção dos Direitos Humanos**, em novembro de 2019, a Relatoria Especial sobre Direitos Econômicos, Sociais, Culturais e Ambientais (REDESCA) da Comissão Interamericana de Direitos Humanos (CIDH) o extenso documento denominado **Informe Empresas e Direitos Humanos: *Standards* Interamericanos.**[97] Em 211 (duzentas e onze) páginas o Informe enuncia e comenta o conteúdo dos critérios interamericanos fundamentais para o tema das empresas e direitos humanos, que são: centralidade da pessoa e da dignidade humana; universalidade, indivisibilidade, interdependência e interrelação dos direitos humanos; igualdade e não discriminação; direito ao desenvolvimento; direito ao meio ambiente; direito a defender os direitos humanos; transparência e acesso à informação, consulta livre, prévia e informada e os mecanismos gerais de participação; prevenção e devida diligência em matéria de direitos humanos; prestação de contas e efetiva reparação; extraterritorialidade; e combate à corrupção e à captura do Estado.

Em seu 3º (terceiro) capítulo, o Informe da REDESCA, de modo muito sintonizado com os POEDH da ONU, trata das obrigações internacionais dos Estados em face das empresariais, à luz dos *standards* interamericanos, com fundamento em 2 (dois) pilares: a obrigação dos Estados de respeitar os direitos humanos e a de garantir os direitos humanos, decorrendo desta última as obrigações de: prevenir violações centradas na atuação das empresas; monitorar o gozo dos direitos humanos no contexto da atuação empresarial, regular, por meio de normas nacionais, a vinculação das empresas aos direitos humanos; e, por fim, sancionar as empresas por violações de direitos humanos e garantir mecanismos efetivos de reparação dos danos advindos dessas violações.

O Informe registra 22 (vinte e duas recomendações) aos Estados, dentre elas a revisão e adequação do marco normativo interno aplicável ao tema direitos humanos e empresas, principalmente nas matérias cível, administrativa, penal, fiscal, ambiental e trabalhista, para que os Estados efetivem as obrigações de respeito e garantia dos direitos humanos e as empresas prestem contas sobre suas atuações nesses âmbitos, recomendando-se o desenvolvimento de estudos para encontrar as normas mais relevantes e as lacunas existentes e, a partir daí, desenvolver as estratégias necessárias. Há também a recomendação de que os garantam o cumprimento do respeito aos direitos humanos pelas empresas de modo efetivo e vinculante.[98]

Foram também formuladas 5 (cinco) recomendações às empresas, como o dever de abstenção de influência ou pressão indevida sobre os governos, a fim de obter benefícios que resultem em impactos negativos aos direitos humanos, bem como a obrigação de elaborar políticas e procedimentos específicos para a efetivação da devida diligência em matéria de direitos humanos, contando com transparência, boa-fé e acesso à informação, baseando-se ao menos nos Princípios Orientadores.[99]

Por fim, foram dirigidas 4 (quatro) recomendações aos atores da OEA: incorporar os *standards* de obrigaçoes estatais sobre a garantia, cooperação e extraterritorialidade sobre direitos humanos, elaborar marcos normativos regionais que identifiquem as alterações legislativas e políticas fundamentais em cada Estado, manter sessões e diálogos no âmbito do Conselho Permanente e da Comissão de Assuntos Jurídicos e Políticos da OEA, além de

---

97 COMISIÓN INTERAMERICANA DE DERECHOS HUMANOS; RELATORÍA ESPECIAL SOBRE DERECHOS ECONÓMICOS SOCIALES CULTURALES Y AMBIENTALES. **Informe sobre Empresas y Derechos Humanos: Estándares Interamericanos.** Washington: OEA, 2019. Disponível em: https://www.oas.org/es/cidh/informes/pdfs/EmpresasDDHH.pdf. Acesso em: 10 jan. 2021.

98 Id. Ibid., p. 201-202;204.

99 Id. Ibid., p. 208-209.

prosseguir na emissão de resoluções pela Assembleia Geral da OEA como meio de fortalecer a efetivação dos direitos humanos.[100]

Diante do contexto delineado, o que se percebe, no plano internacional, é um lento desenvolvimento de padrões normativos de *soft law* envolvendo direitos humanos e empresas, os quais ainda devotam ao Estado e a seu aparato fiscal, legislativo e judiciário a obrigação precípua de lidar com o respeito pelas corporações aos direitos humanos. Tal quadro inibe qualquer expectativa minimamente palpável sobre a criação e implementação de mecanismos internacionais intergovernamentais ou multilaterais de monitoramento e apuração de violações de direitos humanos por empresas, nos quais estas últimas sejam, diretamente, monitoradas e suscetibilizadas à responsabilidade internacional por ilícito de direitos humanos, com consequente determinação vinculante de reparação.

Por outro lado, os avanços obtidos, ainda que lentos, mostram que a discussão não está deixada de lado, mas, ao contrário, se expande e, neste momento, pressiona ao menos os Estados para que cumpram seu *múnus* quanto ao tema. Bem por isso, convém passar ao exame do assunto, desde a perspectiva das medidas adotadas pelo Estado brasileiro.

2.3.2. Standards *brasileiros sobre empresas e direitos humanos*

O GT da ONU sobre Empresas e Direitos Humanos compareceu ao Brasil nos dias 07 a 16 de abril de 2015, no foi a primeira visita do grupo a um país da América Latina, ocasião em que visitou as cidades de São Paulo, Rio de Janeiro, Belo Horizonte, Altamira e Belém, resultando no relatório apresentado à 36ª sessão do Conselho de Direitos Humanos da ONU, em junho de 2016.[101]

O relatório elencou 32 (trinta e duas) recomendações, das quais somente 7 (sete) direcionadas às empresas[102], resultando em "certa incoerência do Grupo de Trabalho que concentrou seu foco no Estado (*vide* o número de recomendações), fugindo à assunção de responsabilidade das empresas privadas, que são a base dos 'Princípios de Ruggie'".

As recomendações do relatório do GT dirigidas ao Estado brasileiro foram as seguintes:

a) capacitar e conscientizar os agentes públicos sobre as obrigações e responsabilidades do governo e das empresas para devida prevenção e ação dos impactos aos direitos humanos decorrentes da atuação ou relação com os negócios;
b) definir, claramente, as expectativas de que as empresas que atuem no Brasil respeitem os direitos humanos por meio da devida diligência no âmbito doméstico e internacional;
c) incentivar o Banco Nacional de Desenvolvimento Econômico e Social (BNDES) para que assegure que os projetos financiados previnam os impactos aos direitos humanos;
d) desenvolver um programa nacional sobre empresas e direitos humanos envolvendo os diversos atores interessados;
e) criar mecanismos de diálogo entre governo, empresas e sociedade civil sobre a temática;

---

100 Id. Ibid, p. 210.

101 RAMOS, André de Carvalho. **Curso de Direitos Humanos**, cit., p. 323.

102 UNITED NATIONS. GENERAL ASSEMBLY. **Report of the Working Group on the issue of human rights and transnational corporations and other business enterprises on its mission to Brazil**. New York, 12 may 2016, p. 20-23. Disponível em: https://documents-dds-ny.un.org/doc/UNDOC/GEN/G16/096/43/PDF/G1609643.pdf?OpenElement. Acesso em: 10 jan. 2021.

f) incluir disposições sobre direitos humanos nas políticas e nos contratos de aquisição pública;
g) destacar a relevância do cumprimento dos Princípios Orientadores e das Diretrizes da OCDE sobre Empresas Multinacionais nas atividades domésticas e estrangeiras, dando visibilidade aos progressos realizados pelas empresas estatais que cumprem o compromisso;
h) utilizar os programas e as políticas públicas atuais para combater o trabalho forçado, o trabalho infantil e evitar o enfraquecimento das proteções, inclusive a atual definição de trabalho escravo;
i) revisar os meios de acesso e soluções como medida de fortalecimento dos mecanismos judiciais e não judiciais sobre direitos humanos e empresas;
j) exigir que a ouvidoria do BNDES disponibilize o teor das reclamações existentes, bem como os resultados dos processos encerrados;
k) intensificar a capacidade e os recursos, bem como fortalecer a coordenação entre o Instituto Brasileiro do Meio Ambiente dos Recursos Naturais Renováveis e da Fundação Nacional do Índio na regulamentação dos projetos de desenvolvimento, assegurando a proteção às comunidades atingidas;
l) reforçar a capacidade técnica e os recursos do Instituto Brasileiro do Meio Ambiente e dos Recursos Naturais Renováveis para monitorar os impactos (sociais e ambientais) nos projetos e o respectivo cumprimento das condições impostas para mitigação dos danos;
m) fortalecer as ações de inspeção das barragens pelo Departamento Nacional de Pesquisa de Minerais como medida prevenção de novos desmoronamentos;
n) assegurar a devida reparação a todos os envolvidos no caso de desastres como o rompimento de barragens;
o) esforçar-se para evitar a exclusão das proteções ambientais essenciais do Código de Mineração e para que os processos de licenciamento contemplem os aspectos sociais e ambientais;
p) buscar o nível necessário de recursos para que os promotores federais e estaduais possam impugnar as ações de empresas e órgãos públicos;
q) rever a utilização do mecanismo jurídico de suspensão de segurança com o objetivo de garantir que não configure um obstáculo ao acesso à justiça das comunidades envolvidas;
r) garantir que as partes interessadas que possam ser afetadas por projetos de desenvolvimento recebam informações necessárias para uma negociação equânime;
s) esforçar-se para disponibilizar os recursos necessários à Fundação Nacional do Índio, para que ocorra imediatamente a demarcação das terras indígenas e que isso permaneça sob ordem do Poder Executivo;
t) incrementar os recursos destinados ao Programa Nacional de Proteção aos Defensores de Direitos Humanos e enfrentar as condições sociais, políticas e econômicas que colocam tais defensores em risco; e,
u) disponibilizar treinamento eficiente em direitos humanos para os funcionários dos ministérios, setores de licenciamento ambiental e juízes como medida de assegurar que os padrões e melhores práticas internacionais sejam aplicadas pelos tomadores de decisão.

Às empresas privadas e estatais o relatório recomendou:

a) cumprir a responsabilidade de respeito aos direitos humanos internacionais, bem como adoção de políticas de direitos humanos e efetivação da devida diligência capaz de identificar, prevenir, mitigar e prestar contas sobre os procedimentos adotados em relação aos impactos causados por suas atividades aos direitos humanos;
b) avaliar os impactos reais e os potenciais aos direitos humanos decorrente de sua atuação, assegurando uma consulta aos potencialmente afetados e disponibilizando as informações completas e no tempo necessário a respeito dos projetos que possam afetar a tais pessoas e comunidades;
c) atentar-se ao modo como os potenciais danos podem atingir mulheres, crianças e homens de forma diferente, especialmente no que diz respeito ao acesso à terra e reassentamento;
d) elaborar e efetivar mecanismos de declaração nos termos do Princípio Orientador 31 para identificação e solução dos impactos encontrados;
e) atuar no desenvolvimento de um plano nacional sobre empresas e direitos humanos;
f) relacionar-se com a Rede do Pacto Global Brasil e outras empresas para compreensão e aprender com as experiências de efetivação dos Princípios Orientadores; e,
g) assegurar o enfoque nos planos de segurança e contingência, especialmente as empresas que atuem em minas e nos projetos de infraestrutura, tomando por base o relatório das Nações Unidas para o Meio Ambiente.

Por fim, foram dirigidas pelo relatório do GT da ONU 4 (quatro) recomendações à sociedade civil:

a) prosseguir e intensificar a conscientização sobre as obrigações e responsabilidade dos governos e das empresas conforme o direito internacional dos direitos humanos para prevenção e solução dos impactos ocorridos;
b) realizar eventos de conscientização sobre direitos humanos voltados às agências governamentais que lidem com assuntos econômicos e comerciais;
c) prosseguir na defecção dos direitos das comunidades atingidas e dos defensores de direitos humanos; e,
d) atuar no desenvolvimento de um plano nacional sobre empresas e direitos humanos, garantindo o diálogo e a inclusão das vozes das comunidades e dos defensores de direitos humanos.

Pouco mais de 2 (dois) anos após a emissão do relatório de vista do Brasil do GT da ONU, foi promulgado o Decreto nº 9.571, de 21 de novembro de 2018, que estabelece as **Diretrizes Nacionais sobre Empresas e Direitos Humanos** e está dividido em seis capítulos: "disposições preliminares", "Da obrigação do Estado com a proteção dos direitos humanos em atividades empresariais", "Da responsabilidade das empresas com o respeito aos direitos humanos", "Do acesso a mecanismos de reparação e remediação", "Da implementação, do monitoramento e da avaliação das diretrizes nacionais sobre empresas e direitos humanos" e "Disposições finais".

O Decreto diz-se destinado às médias e grandes empresas, abrangidas as multinacionais atuantes no País, ressalvado que as microempresas e empresas de pequeno porte poderão cumprir as diretrizes de acordo com suas capacidades. Seu artigo 1º, parágrafo 2º destaca que a implementação das diretrizes enunciadas é voluntária, enquanto o parágrafo 3º instituiu o selo "empresas e direitos humanos", para as corporações que aderirem ao plano.

O art. 2º do Decreto estabelece os 4 (quatro) "eixos orientadores" das diretrizes enunciadas, a saber: obrigação estatal de proteger os direitos humanos na seara empresarial; responsabilidade das empresas de respeitar os direitos humanos; acesso aos mecanismos de reparação e remediação; e implementação, monitoração e avaliação. É possível perceber a completa aderência dos tais "eixos orientadores" aos POEDH.

O Conselho Nacional de Direitos Humanos (CNDH) – órgão colegiado de composição paritária que tem por finalidade a promoção e a defesa dos direitos humanos no Brasil – editou a Resolução nº 5, de 12 de março de 2020, por meio da qual tornou públicas as **Diretrizes Nacionais para uma Política Pública sobre Direitos Humanos e Empresas.**[103] O art. 1º da Resolução aponta como seus destinatários "os agentes e as instituições do estado, **inclusive do sistema de justiça**, bem como as empresas e intuições financeiras com atuação no território nacional e empresas brasileiras que atuam no âmbito internacional" (destacado), esclarecendo ter como objetivo "orientar e auxiliar na aplicação de normas nacionais e internacionais de proteção dos Direitos Humanos, em particular os direitos econômicos, sociais, culturais, civis, políticos, laborais, o direito ao desenvolvimento, ao trabalho decente, à autodeterminação e a um meio ambiente equilibrado, incluindo o do trabalho, bem como todos os direitos dos povos indígenas, comunidades quilombolas e tradicionais".

Interessante perceber que, nos "considerandos" desta Resolução, há expressa menção aos principais documentos internacionais de proteção dos direitos humanos, como o Pacto Internacional de Direitos Econômicos, Sociais e Culturais, a Convenção Americana de Direitos Humanos, a Declaração de Princípios e Direitos Fundamentais e a Declaração Tripartite de Princípios sobre as empresas multinacionais e a Política Social da OIT, o Estatuto de Roma, a Agenda 2030, a Constituição Federal e os Planos Nacionais de Direitos Humanos adotados pelo Estado brasileiro, além das recomendações realizadas pelo GT da ONU, quando da visita citada anteriormente. Cuida-se de tão inusual quanto bem-vinda articulação de normas e programas nacionais e internacionais, demonstrando o quão possível é o estabelecimento de uma racionalidade sintonizada com o pluralismo interativo que deve reger as relações entre normas de direito nacional e internacional dos direitos humanos.

Dita Resolução traz avanços substancialmente importantes, no sentido de detalhar ainda mais o disposto no Decreto nº 9.571, no que diz respeito às obrigações de Estado e empresas. Sobre das premissas que iluminam e vinculam as obrigações tanto estatais quanto empresariais, disciplina a Resolução do CNDH:

> Art. 1°
>
> § 2º Os Direitos Humanos devem ter supremacia sobre quaisquer acordos de natureza econômica, especialmente os instrumentos jurídicos de comércio e investimento;
>
> Art. 2º
>
> § 3º O critério de reconhecimento de pessoas atingidas por violações de Direitos Humanos obedecerá prioritariamente ao princípio da autodeclaração, podendo ser qualquer pessoa ou comunidade que apresentar indícios de dano, ou risco de dano, direta ou

---

103 BRASIL. CONSELHO NACIONAL DE DIREITOS HUMANOS. **Resolução nº 5 de 12 de março de 2020.** Dispõe sobre Diretrizes Nacionais para uma Política Pública sobre Direitos Humanos e Empresas. Brasília, 2020. Disponível em: http://homacdhe.com/wp-content/uploads/2020/03/Resolu%C3%A7%C3%A3o--n%C2%BA5-2020-CNDH.pdf. Acesso em: 09 jan. 2021.

> indiretamente pelas operações, produtos ou serviços de uma empresa, sendo vedada a delimitação dos atingidos pela empresa violadora;
>
> § 4º Caso a empresa opere em mais de um Estado nacional ou faça parte, ou seja, controlada por um grupo empresarial que opere em mais de um Estado nacional, os atingidos e atingidas serão considerados em toda a sua cadeia produtiva;
>
> Art. 3º
>
> As empresas nacionais e transnacionais são responsáveis pelas violações de Direitos Humanos causadas direta ou indiretamente por suas atividades.
>
> § 1º A responsabilidade pela violação se estende por toda a cadeia de produção, incluída a empresa controladora, as empresas controladas, bem como os investidores públicos e privados, incluídas as instituições econômicas e financeiras internacionais e entidades econômicas e financeiras nacionais que participem investindo no processo produtivo;
>
> § 2º O controle pulverizado, sem a figura do acionista ou bloco de controle, não pode, em nenhuma hipótese, ser utilizado como argumento para eliminar ou minimizar a responsabilidade de uma empresa ou grupo pelas violações de Direitos Humanos decorrentes de suas atividades;
>
> Art. 4º
>
> As pessoas e comunidades atingidas por violações de Direitos Humanos cometidas por empresas, bem como trabalhadores, trabalhadoras, cidadãos e cidadãs, coletivos, movimentos sociais institucionalizados ou não institucionalizados, suas redes e organizações que atuem na perspectiva de luta por direitos não podem sofrer qualquer tipo de criminalização ou perseguição.

O art. 6º da norma do CNDH destrincha diversos *standards* com potencial de alto impacto para o tratamento dos casos de monitoramento e violação de direitos humanos por empresas. Citem-se alguns:

> Art. 6º
>
> No tratamento e prevenção de violações de Direitos Humanos cometidos por empresas deve-se:
>
> I – Reconhecer a desigualdade das partes envolvidas nos litígios;
>
> (...)
>
> IV – Assegurar a capacitação de servidores públicos inclusive agentes do Sistema de Justiça sobre a temática de Direitos Humanos e empresas, com foco nas responsabilidades do Estado e das empresas, conforme o PNDH-3 e o Direito Internacional dos Direitos Humanos;
>
> (...)
>
> VII – Designar instância de participação social com representação dos atingidos para acompanhar a implementação das presentes diretrizes nas ocasiões em que se verifiquem graves violações de direitos humanos decorrentes da atividade empresarial;
>
> VIII – Assegurar a pessoas e coletividades atingidas o direito de representação nos conselhos e órgãos de participação social responsáveis pelo monitoramento das diretrizes nacionais;
>
> IX – Determinar a suspensão imediata de parcerias, financiamentos públicos, incentivos fiscais e subsídios de qualquer tipo ou contratos administrativos com empresas que

> estejam envolvidas em violações de Direitos Humanos decorrentes direta ou indiretamente de sua atividade;
>
> X – Promover a consulta livre, prévia e informada dos povos indígenas e comunidades quilombolas e tradicionais impactadas pela atividade empresarial, assegurando o direito de emir ou negar consentimento em relação ao empreendimento, respeitados eventuais protocolos existentes;
>
> (...)
>
> XII – Combater a discriminação nas relações de trabalho e promover a valorização da diversidade;
>
> XIII – Ampliar e aprofundar os programas e as políticas públicas de enfrentamento ao trabalho infantil, ao trabalho análogo à escravidão, bem como ao estrito cumprimento das normas de segurança e saúde no trabalho, sempre em observação às características psicofisiológicas dos trabalhadores e trabalhadoras e à natureza da atividade exercida por estes;
>
> XIV – Promover estudos de impactos sociais das atividades empresariais, com recorte de gênero, diversidade sexual, raça, classe, assim como garantidores da proteção às comunidades indígenas, quilombolas e tradicionais, exigindo a observância dos Direitos Humanos em todas as suas dimensões como condicionantes à implementação do empreendimento;
>
> (...)
>
> XVII – Evitar que o monitoramento da atividade empresarial pelas próprias empresas substitua a fiscalização destas por parte do Estado, no tocante às medidas de segurança, preventivas de ocorrência de desastres e de graves acidentes trabalho, cumprimento da legislação ambiental, bem como quaisquer outras relacionadas às garantias fundamentais de proteção aos Direitos Humanos em todas as suas dimensões;

O art. 8º da mesma Resolução apresenta um extenso rol de diretrizes pelas quais se espera que as empresas se pautem, na observância de seus deveres para com os direitos humanos. Seu relevante teor justifica mais esta transcrição, a despeito de sua extensão:

> Art. 8º
>
> As empresas devem promover, respeitar, proteger e assegurar os Direitos Humanos no contexto de suas atividades, pautando sua atuação pelas seguintes diretrizes:
>
> I – Dever de abster-se de qualquer prática ou conduta que possa violar os Direitos Humanos, e de tomar medidas que impliquem em risco de prejuízo ou violação destes, providenciando a cessação imediata da medida violadora já em andamento;
>
> II – Dever de abster-se de todo ato de colaboração, cumplicidade, instigação, indução e encobrimento econômico, financeiro ou de serviços com outras entidades, instituições ou pessoas que violem Direitos Humanos;
>
> III – Dever de respeitar todas as normas internacionais e nacionais que proíbem a discriminação, em particular por motivos de raça, cor, sexo, orientação sexual, religião, opinião política ou atividade sindical, nacionalidade, origem social, condição social, pertencimento a um povo indígena, deficiência, idade, condição migratória ou outra que não guarde relação com os requisitos para desempenhar um trabalho, devendo ainda aplicar ações positivas antidiscriminatórias;

> IV – Dever de respeitar todas as normas internacionais e nacionais que proíbem a exploração de trabalho infantil e em condições análogas às de escravo, em toda a cadeia produtiva;
>
> V – Dever de abster-se de estipular metas de forma abusiva, caracterizadora das práticas de assédio moral individual ou assédio moral organizacional;
>
> VI – Dever de respeito e proteção dos dados personalíssimos dos funcionários e da efetiva proteção de dados de clientes;
>
> VII – Dever de respeitar os direitos territoriais e de livre determinação dos povos indígenas, quilombolas e das comunidades tradicionais, assim como sua soberania sobre os recursos naturais e sobre a riqueza genética local, submetendo as atividades da empresa aos mecanismos de consulta cujos resultados orientarão a tomada de decisões;
>
> VIII – Dever de respeitar os direitos das comunidades costeiras e campesinas e de coibir subornos ou outras formas de corrupção e intimidação no acesso a terras para concessões de exploração extrativistas, aquicultura, agronegócio, turismo e outros;
>
> IX – Dever de respeitar os processos coletivos, as associações, entidades sindicais, organizações, movimentos e outras formas de representação próprias dos trabalhadores e trabalhadoras, das comunidades, defensores e defensoras de direitos humanos, enquanto sujeitos legítimos no estabelecimento de diálogo e defesa de interesses dos que tiveram seus Direitos Humanos violados ou sob ameaça de violação;
>
> X – Dever de prestar informação pública, precisa e detalhada sobre: a. Propósito, natureza e alcance dos contratos de locação de operações e/ou outros contratos assim como do término dos mesmos;
>
> b. Atividades, estrutura, propriedade e governança das empresas;
>
> c. Situação financeira e desempenho das empresas;
>
> d. Disponibilidade de mecanismos de reclamação e reparação e procedimentos para a sua utilização.
>
> e. Demais informações exigidas por lei.
>
> XI – Dever de publicar a estrutura da gestão corporativa e suas políticas de promoção e defesa dos direitos humanos e informar quem são os responsáveis pela tomada de decisões e seus respectivos papéis na cadeia de produção, a fim de que os acionistas com poder decisório se tornem também responsáveis e a desconsideração da personalidade jurídica possa ocorrer;
>
> XII – Dever de difundir as informações através de todos os meios de notificação apropriados, tendo em conta a situação de comunidades remotas, isoladas ou não alfabetizadas, e garantir que a referida notificação seja não apenas entregue, mas compreendida com o uso dos idiomas das pessoas e comunidades afetadas;
>
> XIII – Em caso de riscos derivados das suas atividades, dever de assegurar a participação dos trabalhadores e trabalhadoras, das pessoas e comunidades afetadas ao gerir a situação, em busca da representatividade coletiva.
>
> XIV – Dever das empresas transnacionais de adotar normas e legislação do país que garantam maior proteção de direitos humanos, independentemente do local do dano.

O art. 9º da Resolução reconhece ser incabível a invocação do fórum *non conveniens* (incompetência do Juízo) quando se tratar de violação dos direitos humanos por empresa, ou seja, o caso deve ser apreciado, mesmo se o fato tiver ocorrido fora do território nacional.

Conquanto altamente alvissareira, a Resolução nº 05/2020 do CNDH ainda tem de se provar capaz de passar da letra ao fato. Inúmeras são as razões sociais, políticas, econômicas e culturais para se desconfiar de sua efetividade, assim como da efetividade do Decreto como qual se correlaciona. Não obstante, documentos com tal conteúdo jamais podem ser desconsiderados ou mesmo dispensados, no campo das disputas políticas e jurisdicionais envolvendo os direitos humanos, onde se afiguram interessantes instrumentos de reivindicação e argumentação. De fato, com uma boa dose se otimismo e boa vontade, é possível considerar o Decreto de 2018 e a Resolução do CNDH de 2020 primeiros passos na construção de um movimento de atendimento às recomendações dirigidas, em 2016, pelo GT da ONU ao Estado brasileiro. Todavia, tais recomendações são enfáticas quanto às medidas e comportamentos *in concreto* esperados do Estado e das empresas, no Brasil, a reclamarem verdadeira política público-privada quanto ao mote. Há, portanto, que se esperar os resultados práticos da Resolução, ainda pendentes de apreciação em curto e longo prazo, devido à sua recente edição.

Capítulo VII

HERMENÊUTICA DOS DIREITOS HUMANOS

Há décadas advertiu CARLOS MAXIMILIANO o erro crasso decorrente do tratamento dos termos Hermenêutica e Interpretação como sinônimos, esclarecendo que "a primeira descobre e fixa os princípios que regem a segunda. A Hermenêutica é a teoria científica da arte de interpretar".[1]

A Hermenêutica, portanto, encampa a interpretação, que, por sua vez, designa a atividade de extração de sentido do objeto interpretado. No caso do Direito, o objeto interpretado é a norma e sua interpretação (jurídica) tem por finalidade a obtenção do sentido de dever-ser, o que só se revela dentro do propósito de solução de um caso concreto. Não se interpretam normas jurídicas em abstrato. A interpretação jurídica, portanto, não se dissocia da aplicação do Direito.

Daí que a Hermenêutica Jurídica contemporânea preleciona que a interpretação da norma jurídica só tem lugar na operação que visa a sua aplicação. É por isso que se encontra superada a distinção entre interpretação e aplicação do Direito como se fossem etapas distintas e sucessivas (primeiro, interpreta-se a norma jurídica, para depois aplicá-la). A abordagem apartada da interpretação e da aplicação só tem lugar, hoje em dia, quando muito, para mero proveito didático. Nos dizeres de EROS GRAU:

> Praticamos a interpretação do direito não – ou não apenas – porque a linguagem jurídica é ambígua e imprecisa, mas porque (...) interpretação e aplicação do direito são uma só operação, de modo que interpretamos para aplicar o direito e, ao fazê-lo, não nos limitamos a interpretar (= compreender) os textos normativos, mas também para compreendermos (= interpretarmos) os fatos. (...) Daí porque a interpretação [= interpretação/aplicação] do direito é peculiar em relação à compreensão dos outros textos. Não se volta à simples determinação do significado de textos normativos, porém à obtenção do que Castanheira Neves chama de um critério prático normativo adequado de decisão de casos concretos.[2]

Sob esta perspectiva, a Hermenêutica Jurídica abrange as diretrizes, princípios e técnicas (métodos) de interpretação e os analisa em conjunto, de modo a conferir-lhes organicidade, isto é, sentido de sistema de elementos logicamente encadeados. É como diz, uma vez mais, MAXIMILIANO:

> Não basta conhecer as regras aplicáveis para determinar o sentido e o alcance dos textos. Parece necessário reuni-las e, num todo harmônico, oferecê-las ao estudo, em

---

1 MAXIMILIANO, Carlos. **Hermenêutica e aplicação do direito**. 20. ed. Rio de Janeiro: Forense, 2011, p. 1.

2 GRAU, Eros, op. cit., p. 75-77.

> um encadeamento lógico. (...) Descobertos os métodos de interpretação, examinados em separado, um por um; nada resultaria de orgânico, de construtor, se os não enfeixássemos em um todo lógico, em um complexo harmônico. A análise suceda à síntese. Intervenha a hermenêutica, a fim de proceder à sistematização dos processos aplicáveis para determinar o sentido e o alcance das expressões do Direito.[3]

Forte nestas premissas, este Capítulo dedica-se a apresentar temas correlatos à interpretação/aplicação dos direitos humanos, desde aqueles afetos às diretrizes a partir das quais deve ocorrer a extração de sentido de suas normas, passando restrições pré-estabelecidas a direitos e avançando para as técnicas (métodos) próprias de fundamentação da aplicação dos dispositivos normativos de direitos humanos ao caso concreto, sem descurar do contexto teórico que explica e avaliza tais técnicas. Há, portanto, uma preocupação de examinar os assuntos abordados a partir das premissas teóricas que lhes subjazem, evitando-se a mera indicação de conceitos ou propostas em linhas genéricas.

Optou-se por este caminho mais substancioso, em razão da convicção de que o estudo de diretrizes e técnicas metodológicas de forma meramente descritiva e descontextualizada dos planos teóricos e práticos que as mobilizam contribui para uma compreensão equivocada por ser superficial, a qual, no limite, resulta em críticas infundadas e menosprezo ao ferramental interpretativo, sem cujo adequado manejo a efetivação dos direitos humanos torna-se ainda mais dificultosa, quando não inviabilizada.

O encadeamento dos assuntos versados neste Capítulo, ademais, intenta evidenciar a existência de uma verdadeira Hermenêutica dos Direitos Humanos – que ao fim e ao cabo deve conduzir toda a Hermenêutica Jurídica, em razão da centralidade ética e jurídica da preservação a dignidade humana–, exatamente no sentido ora exposto: um sistema de premissas e técnicas orgânica e logicamente enfeixadas pela teleologia da prevalência do resultado prático que melhor atenda a proteção do indivíduo, mesmo nas hipóteses mais complicadas, ou, dito de outro modo, mais do que uma interpretação *pro persona*, uma Hermenêutica *Pro Persona*.

1. DIREITOS HUMANOS, PÓS-POSITIVISMO E NEOCONSTITUCIONALISMO

O desenvolvimento dos direitos humanos, verificado no século XX com velocidade sem precedentes, não pode ser compreendido em toda a sua amplitude e importância sem a percepção da mudança por que passou (e vem passando) a maneira de se enxergar o Direito como objeto e os reflexos disso na operação da sua interpretação/aplicação.

No Brasil, deu-se a essa viragem e às suas implicações a alcunha de *pós-positivismo*, em que pese seja até certo ponto unânime, na doutrina nacional e estrangeira, a convicção da impossibilidade de se identificar exatamente este movimento com alguma corrente jusfilosófica dotada de matrizes teóricas perfeitamente delimitadas.

Trata-se muito mais de uma nova postura acerca do Direito e da sua relação com a Moral (ética), superadora da visão positivista (por isso o "pós") que os separava de modo incisivo. Tal separação foi severamente criticada após a Segunda Guerra Mundial, ao se difundir um sentimento geral segundo o qual o afastamento do Direito de valores éticos básicos proporcionara legalidade a certas condutas evidentemente absurdas e injustas, como as práticas nazistas que haviam ensejado o holocausto.

---

3 MAXIMILIANO, Carlos, op. cit., p. 4.

Essa nova ordem de ideias foi introduzida, tardiamente, no Brasil, em comparação com o debate teórico gestado na Alemanha, nos Estados Unidos, em Portugal e na Espanha. ANTÔNIO CAVALCANTI MAIA assim sumaria o fenômeno, entre nós:

> Na doutrina constitucional brasileira, essa nova constelação teórica, que reconhece ser a estrutura normativa composta de regras e princípios, foi primeiramente exposta, como já destacado, por Paulo Bonavides, apontando Ronald Dworkin e Robert Alexy como seus principais protagonistas. Para descrever essa nova configuração nosso venerando constitucionalista utilizou o termo "pós-positivista". A utilização desta rubrica se justificou na medida em que a incorporação dos princípios jurídicos e dos valores a eles atrelados implicou o abandono de uma das características principais do paradigma do positivismo jurídico – a não conexão entre direito e moral.[4]

Está, portanto, no cerne do pós-positivismo, a interação entre Direito e Moral, principalmente no que tange ao reconhecimento do ingresso dos valores éticos na ordem jurídica, algo negado pela neutralidade axiológica pregada pelo positivismo jurídico.

A admissão de que qualquer ordem jurídica tem dimensão axiológica acarretou uma revisitação dos princípios jurídicos – sobretudo de sua função –, que passaram a ser vistos, a partir de então, como espécies de normas jurídicas vocacionadas à consagração de valores. Com o pós-positivismo, os princípios jurídicos têm tido reconhecido o seu conteúdo axiológico e afirmada a sua força normativa, como resultado de uma demanda histórica pela imposição de certos valores básicos de toda a sociedade pela via de sua cristalização em normas de dever--ser, ou seja, normas próprias do Direito.

Convém, então, indagar: o que é o valor? A resposta não é simples e o estudo do valor comporta polêmica dentro da filosofia, inclusive da Filosofia do Direito. Entretanto, o objetivo desta abordagem é apenas o de rememorar os aspectos básicos do conceito de valor, importantes para o entendimento de como a sua admissão dentro da ordem jurídica influencia, direta e visceralmente, a maneira de se aplicar o Direito.

Advirta-se desde logo, porém, como o faz RENAN SEVERO TEIXEIRA DA CUNHA, citando Miguel Reale, que o valor não comporta definição cerrada:

> É que o valor não se define, assim como não se define objeto em geral: tratam-se de categorias básicas, excessivamente amplas e que não comportam definição: ser e valer são duas categorias fundamentais, duas posições primordiais do espírito perante a realidade. Ou vemos as coisas como elas são, ou as vemos enquanto valem; e porque valem, devem ser (Reale, 1989, p. 141).[5]

Embora não possam ser definidos, os valores apresentam características próprias[6], muitas das quais se transmutaram em características dos próprios direitos humanos, conforme já estudado, evidenciando a forte dimensão axiológica desses direitos:

> **Historicidade →** os valores são historicamente condicionados, isto é, seus conteúdos são estabelecidos no curso da história e no seio das culturas, podendo, inclusive variar,

---

4 MAIA, Antonio Cavalcanti. Nos vinte anos da Carta Cidadã: do Pós-Positivismo ao Neoconstitucionalismo. In: SOUZA NETO, Cláudio Pereira de; SARMENTO, Daniel; BINENBOJM, Gustavo (Coord.). **Vinte anos da Constituição Federal de 1988**. Rio de Janeiro: Ed. Lumen Juris, 2009, p. 119.

5 CUNHA, Renan Severo Teixeira da. **Introdução do Estudo do Direito**. Campinas: Alínea, 2008, p. 63.

6 Id. Ibid., p. 63-66. O próprio autor reconhece que esta lista de características varia nos diversos estudos dedicados ao tema. No entanto, para fins desta obra, a sua adoção se deve ao fato de seu perfil favorecer o entendimento das peculiaridades da aplicação do Direito, sob um prisma pós-positivista.

no âmbito de uma mesma sociedade, em momentos históricos distintos (pense-se, por exemplo, na variação do conteúdo dos valores dignidade e beleza, no Brasil, ao longo dos últimos 100 anos).

Objetividade → os valores não são resultado de meras preferências individuais, não sendo, portanto, simplesmente subjetivos. Há uma "tábua de valores" estabelecida, que nos é legada pelas vias de transmissão de conhecimento (pais, professores, meios de comunicação etc.) e que assimilamos, sem criá-la, razão por que se diz que os valores têm uma dimensão objetiva. Por certo que, dentro dessa "tábua de valores", admitem-se preferências pessoais quanto aos modos de sentir e de pensar cada valor, mas sempre tendo em mira um limite que a própria sociedade estipula como aceitável. Portanto, o fato de os valores serem objetivos não lhes retira a possibilidade de serem, na perspectiva individual, passíveis de relativização, o que não autoriza a conclusão de que o valor é subjetivo. Subjetivo pode ser o modo de sua apreensão, mas jamais o próprio valor.

Bipolaridade → a todo valor corresponde, necessariamente, um desvalor; um não pode ser perfeitamente compreendido sem o outro (*v.g.* belo/feio, bem/mal, digno/indigno, justo/injusto, ordem/desordem, segurança/insegurança, liberdade/restrição e igualdade/desigualdade).

Realizabilidade → valores realizam-se em coisas (no seu mais amplo sentido). Belos ou feios são quadros, pessoas, roupas, casas, poemas, músicas etc.; justas ou injustas são, por exemplo, ações humanas, normas de conduta e leis; e assim por diante.

Inesgotabilidade ou **Inexauribilidade** → nunca um valor se esgota na coisa em que se realiza. Jamais toda a beleza se realizará em uma única música ou toda a justiça em uma única lei, pois sempre haverá outras coisas belas ou justas e sempre haverá beleza ou justiça a realizarem-se.

Implicação recíproca → a realização de um valor implica a dos demais ou nela interfere. No campo do Direito, basta pensar que um ordenamento jurídico, que privilegie o valor segurança, certamente acarretará limitação ao valor liberdade.

Referibilidade → todo valor se refere a uma coisa, na perspectiva de um senso comum construído pela coletividade (conjunto de indivíduos). Uma coisa é boa, bela ou justa para alguém, que assim sente, de modo próprio, mas nos limites do conteúdo estabelecido pela sociedade para aquele valor.

Preferibilidade → há uma dimensão subjetiva na relativização dos valores, na medida em que cada indivíduo prefere alguns, em detrimento de outros, revelando, assim, a sua personalidade. Há quem privilegie a justiça, indignando-se com o correspondente desvalor, a injustiça. Há, por outro lado, quem se importe mais com o valor econômico. Questão de preferência.

Possibilidade de graduação hierárquica → os valores podem ser graduados em ordem de importância.

Em especial, **historicidade, objetividade, preferibilidade** e **possibilidade de graduação hierárquica** são características dos valores que também se tornaram traços marcantes da influência pós-positivista no modo de ver a aplicação do Direito. Isso porque a força normativa dos princípios jurídicos, afirmada pelo ideário pós-positivista, exige a aplicação de normas jurídicas usualmente consagradoras de valores, como a liberdade e a igualdade, elementos, como visto, essenciais à proteção da dignidade humana e, por isso, presentes na finalidade, ainda que mediata, de todos os direitos humanos.

Vista por um prisma pós-positivista, a Constituição Federal de 1988 é um documento permeado de valores transmutados em normas dotadas de cogência, tendo no *caput* do seu artigo 5º o exemplo mais eloquente dessa constatação, haja vista consagrar os valores que mais de perto tocam à dignidade humana: "Todos são **iguais** perante a lei, sem distinção de qualquer natureza, garantindo-se aos brasileiros e aos estrangeiros residentes no País a inviolabilidade do direito à vida, à **liberdade**, à **igualdade**, à **segurança** e à propriedade" (destacado).

Conquanto o pós-positivismo não comporte definição cerrada, alguns aspectos particulares são característicos desse movimento de ideias[7]:

> **Insuficiência da proposta positivista** ➔ reconhecimento de que a proposta positivista, lastreada na neutralidade axiológica da ordem jurídica, no critério da validade (normas de escalão inferior não devem confrontar as de escalão superior) e na aplicação do direito baseada em operações lógico-dedutivas (subsunção = premissa maior, a lei > premissa menor, o fato > conclusão), é insuficiente para a solução dos casos concretos, sobretudo aqueles de maior complexidade (*hard cases*), os quais não encontram resposta pronta no texto da lei, portanto não são passíveis de mera subsunção fato-norma.
>
> **Força normativa dos princípios** ➔ superação da concepção dos princípios jurídicos como instrumentos retóricos de inspiração do hermeneuta (intérprete da norma) ou como meras declarações de intenção ("normas programáticas"). Com vistas à imposição das preferências axiológicas da sociedade pela via jurídica, afirma-se a força normativa dos princípios, vinculantes do Estado e dos particulares, apresentando assim aptidão qualificada para a solução do caso concreto.
>
> **Protagonismo dos direitos humanos** ➔ a "tábua de valores" da sociedade contemporânea, especialmente no pós-2ª Guerra Mundial, revela preferência universal pelos valores diretamente relacionados com a dignidade da pessoa humana, convertidos em elementos estruturantes (princípios com a força normativa) das ordens jurídicas internacional e nacional (ao menos nos regimes ditos democráticos) capazes de emprestar, neste último caso, ênfase constitucional aos direitos fundamentais.
>
> **Centralidade da fundamentação** ➔ a insuficiência da mera subsunção, sobretudo quando estejam em causa os princípios, confere importância central à fundamentação das decisões judiciais como parâmetro de controle da sua adequação jurídica. Não cabe mais falar-se em decisão correta ou incorreta, mas em decisão compatível com os ditames do ordenamento jurídico, entendido na sua globalidade (sistema de normas). A legitimidade e a compatibilidade da decisão judicial deixam de ser aferidas pelo critério positivista da validade (conformidade com as normas de escalão superior) e passam a sofrer controle pelo exame da pertinência da fundamentação, nos planos fático (atendimento do interesse público), jurídico (conformidade com o ordenamento jurídico) e axiológico (satisfação dos valores privilegiados pela sociedade e consagrados pelas normas vigentes).
>
> **Preocupação com a metodologia da aplicação do Direito** ➔ o foco nas razões de decidir reclama uma maior atenção teórica para com a metodologia da aplicação

7 Parte destes aspectos pode ser extraída de MAIA, Antonio Cavalcanti, op. cit., p. 123-129.

do direito, a qual envolve o estudo da interpretação das normas (Hermenêutica Jurídica) e da teoria da argumentação jurídica, com a reavaliação do papel do juiz no processo de realização do direito, abandonando-se a ideia instrumental e inerte do(a) magistrado(a) como mero burocrata, a quem caberia declarar o que a norma de antemão determina, para admitir a sua participação ativa e criativa do julgador no processo de construção do direito, que não se esgota no âmbito do Poder Legislativo.

Como se vê, o pós-positivismo também é impulsionado pela necessidade de um melhor tratamento jurídico para os casos mais complexos, cada vez mais frequentes em uma sociedade de massa, dotada de alto grau de conflituosidade.[8] Por isso, uma maior atenção se volta para o estudo dos perfis e técnicas pertinentes à fundamentação das decisões, tema muito desenvolvido dentro do campo da "teoria da argumentação".

Advirta-se, todavia, que o **pós-positivismo não é a antítese do positivismo**. Em outras palavras, a postura pós-positivista não importa no descarte absoluto do positivismo jurídico. As "linhas-mestras" teóricas pós-positivistas, embora busquem superar, principalmente, os marcos teóricos do positivismo que separam o Direito da Moral e dos valores, não são indiferentes a alguns conceitos construídos sob inspiração positivista, como o papel central e irradiador da Constituição em qualquer ordenamento jurídico e a consequente relevância do controle de constitucionalidade, o Direito como ciência de conceitos próprios, a exigência da demonstração da conformidade da decisão com a norma jurídica, entre outros.

Sob esta ótica, o pós-positivismo, em hipótese alguma, pode ser encarado como um retorno a uma concepção jusnaturalista, preconizadora do Direito como inerente à natureza humana e condicionado exclusivamente pelo valor justiça, com prevalência do chamado "Direito Natural" sobre o Direito positivo. Não se trata de reduzir o Direito ao valor. Abstraídas, apenas para efeito didático, as profundas e importantes discussões jusfilosóficas que o tema alberga, a singela explicação de GEORGE MARMELSTEIN resume, com a objetividade que interessa neste momento, o entendimento exposto:

> Tudo levaria a crer que o desprestígio do normativismo kelseniano faria renascer as doutrinas baseadas no direito natural: se o direito positivo não foi suficiente para garantir o justo e evitar a legalização do mal, o direito natural seria a solução. Mas não foi assim. Na verdade, o que houve foi uma releitura ou reformulação do direito positivo clássico. Ao invés de se pensar um direito acima do direito estatal (direito natural), trouxeram-se os valores, especialmente o valor dignidade da pessoa humana, para dentro do direito positivo, colocando-os no topo da hierarquia normativa, protegidos de maiorias eventuais. O direito natural, na verdade, positivou-se.[9]

É possível perceber no ideário pós-positivista a existência de um espaço adequado para uma visão do Direito que não o reduza simplesmente à norma posta ou ao valor, como pro-

---

8 A possibilidade de se classificarem os casos em fáceis e difíceis, embora admitida em grande medida, está longe de merecer a opinião unânime dos estudiosos da hermenêutica jurídica, como o ilustra a seguinte passagem de Lênio Streck: "Ora, distinguir 'casos fáceis' de 'casos difíceis' significa cindir o que não pode ser cindido, isto é, o *compreender*, com o qual sempre operamos e que é condição de possibilidade para a interpretação (portanto, da atribuição de sentido do que seja um caso simples ou um caso complexo). Afinal, como saber se estamos em face de um caso fácil ou de um caso difícil?" [STRECK, Lênio Luiz. A crise paradigmática do direito no contexto da resistência positivista ao (neo)constitucionalismo. In: SOUZA NETO, Cláudio Pereira de; SARMENTO, Daniel; BINENBOJM, Gustavo (Coord.). **Vinte anos da Constituição Federal de 1988**. Rio de Janeiro: Ed. Lumen Juris, 2009, p. 207].

9 MARMELSTEIN, George, op. cit., p. 12.

posto, por exemplo, pelo "Tridimensionalismo Jurídico Concreto e Dinâmico" de MIGUEL REALE, que ostenta um caráter aberto e incentivador da consideração do Direito como um objeto em movimento, tanto quanto o é a própria vida a que há de servir.

Na trilha tridimensionalista, o Direito não se esgota na letra da lei posta e na sua aplicação por simples operação dedutiva. Por outro lado, contudo, é incabível desatar por completo o Direito de sua enunciação lógico-formal, como se fora mero explicitador de valores ou direto produto dos acontecimentos da vida social. A noção de Direito deve realmente afastar-se de ambos esses caminhos estanques.

A visão tridimensional propugna não seja o Direito reduzido ao fato, ao valor ou à norma, reconhecendo existir uma relação de mútua implicação dessas três dimensões, tanto na instituição da norma (nomogênese), quanto na sua aplicação ao caso concreto. O efeito dessa implicação é a absoluta impossibilidade do manejo da norma jurídica, em qualquer de seus momentos (da instituição, do estudo, da interpretação/aplicação), com a exclusão dos fatos e dos valores envolvidos, os quais são dinâmicos por natureza e, por isso, demandam uma atitude que não revele exclusiva submissão às razões fáticas e valorativas do momento histórico da criação da norma.

A suscetibilidade do Direito aos valores e aos fatos sociais é consequência direta da sua aproximação com a Moral, cerne do movimento pós-positivista, manifestada com indiscutível clareza no âmbito das normas internacionais e constitucionais.

Há quem sustente que "pós-positivismo" é expressão cunhada, no Brasil, por Paulo Bonavides, para designar o mesmo fenômeno que, nas doutrinas espanhola e italiana, foi batizado de "neoconstitucionalismo".[10] É recorrente, entretanto, nas doutrinas nacional e estrangeira, a percepção de que existem diferentes neoconstitucionalismos, a depender do conteúdo de cada proposta teórica que tome o conceito como objeto, o qual pode variar.[11]

Independentemente de serem sinônimas ou não, o fato é que ambas as expressões, "pós-positivismo" e "neoconstitucionalismo", são cada vez mais encontradas na manifestação doutrinária brasileira, destacadamente nas searas do direito constitucional e da hermenêutica jurídica. Porém, é quase consenso que a teoria nacional assimila, com atraso e, muitas vezes, de maneira acrítica (sem exame à luz da cultura jurídica do País), os resultados desse debate, já maduro nos países europeus de tradição jurídica romano-germânica e nos Estados Unidos.

Não obstante, uma vez admitida a distinção entre os termos, é inescapável a percepção segundo a qual pós-positivismo e neoconstitucionalismo são expressões do mesmo movimento de ideias, alastrado a partir da concordância acerca da insuficiência positivista.

Não parece estar equivocada uma abordagem do neoconstitucionalismo como a dimensão do pós-positivismo na órbita da dogmática constitucional. Dito de outro modo, o neoconstitucionalismo pode ser tomado como produto das consequências da postura pós-positivista na maneira de se enxergar a Constituição dentro do ordenamento jurídico.[12]

---

10 MAIA, Antonio Cavalcanti, op. cit., p. 143.

11 Para a existência de neoconstitucionalismos, *cf.* ÁVILA, Humberto. "Neoconstituicionalismo": entre a "Ciência do Direito" e o "Direito da Ciência". In: SOUZA NETO, Cláudio Pereira de; SARMENTO, Daniel; BINENBOJM, Gustavo (Coord.). **Vinte anos da Constituição Federal de 1988**. Rio de Janeiro: Ed. Lumen Juris, 2009, p. 187.

12 Como dito, não se ignora a existência, no Brasil e no Exterior, de diversas abordagens diferentes sob a alcunha de "neoconstitucionalismo" e tal fato deve ser registrado aqui, por honestidade intelectual. Todavia, tendo em vista que este curso não se dedica especificamente ao tema, adota-se a abordagem que, de forma mais objetiva, esclarece a importância do fenômeno para os direitos humanos.

Antes tida como o documento jurídico dedicado, exclusivamente, à organização do Estado (sistema e forma de governo, distribuição de competências, separação de poderes etc.), a Constituição passa a congregar, no âmbito jurídico, os valores mais significativos para a sociedade a que diz respeito, conferindo-lhes força normativa e protegendo-os contra investidas de toda sorte, em virtude da supremacia de que é dotada, por ser a Lei Maior do ordenamento jurídico. A eleição dos valores mais prestigiados pela sociedade legitima-se pela atuação do Poder Constituinte Originário, que, sem amarras, edifica a Constituição, presumivelmente traduzindo a vontade popular.

A Constituição Federal de 1988, com forte inspiração na Constituição Portuguesa de 1976, é paradigma preciso para a identificação desta passagem da "constituição passiva" para a "constituição ativa", repleta de comandos cuja realização vincula a totalidade das esferas públicas e privadas da República Federativa do Brasil.

Isto porque, pela primeira vez na história das constituições brasileiras, a Carta Maior começa enunciando os princípios e os objetivos do Estado, bem como os direitos fundamentais de todo cidadão (em quantidade jamais vista nas constituições precedentes), para, depois, ocupar-se da organização estatal. Esta mudança "geográfica" de sumário simboliza o compromisso com uma nova feição constitucional, caracterizada pela assunção da tarefa de declarar e proteger os valores mais caros à sociedade brasileira.

Levando-se em conta que a Constituição é o diploma central do ordenamento jurídico, sendo por isso dotado de supremacia em relação às demais normas e, bem assim, de rigidez em face de investidas reformadoras (existência de cláusulas pétreas e de quórum qualificado para emendas), nenhum outro documento jurídico afigura-se mais apropriado para consolidar, de modo estável, a postura de admissão dos valores como abarcados pelo Direito.

As características já apontadas dos valores acabam por exigir uma enunciação normativa mais aberta, por isso que os princípios se apresentam como o tipo de norma jurídica com estrutura que melhor se conforma com um texto de lei que aspire consagrar e proteger um ou mais valores.

Em sendo assim, o respeito à Constituição conduz à imposição do respeito aos valores nela consagrados sob a roupagem de princípios, disso resultando, como consequência hermenêutico-metodológica, a obrigatória atenção aos ditames constitucionais na interpretação/aplicação de qualquer norma do ordenamento jurídico. Trata-se do fenômeno que muitos autores denominam de "**constitucionalização do Direito**".

Por sua vez, a constitucionalização do Direito enfatiza, no campo hermenêutico, o uso da **interpretação sistemática**, que demanda a extração de sentido do enunciado normativo na conformidade com as demais normas do sistema[13], em especial na da sua norma nuclear, a Constituição. Daí, então, a evidência de que simples subsunções isoladas do tipo "fato-norma" não se conformam com uma postura pós-positivista e neoconstitucionalista, haja vista que a aplicação dos princípios, direta ou por via reflexa (inspiração interpretativa), naturalmente abre espaço para colisões que demandam ponderação por parte do aplicador, a ser realizada segundo critérios examinados à seguir, em tópico próprio.

Entendida em termos gerais, a relação desses fenômenos com os direitos humanos é relativamente simples de se apreender. Em sendo a finalidade dos direitos humanos a salvaguarda jurídica do valor maior da dignidade humana e dos demais valores que condicionam a sua

---

[13] Incluídos, aí, os tratados e demais normas internacionais de direitos humanos oponíveis ao Brasil, cujo reconhecimento como elemento do ordenamento jurídico brasileiro encontra-se na própria Constituição Federal (art. 5º, §§ 2º, 3º e 4º da CF/88).

preservação (liberdade, igualdade etc.), sua enunciação normativa dá-se, prioritariamente, na forma de princípios que são consagrados pelas constituições democráticas contemporâneas sob a alcunha de "direitos fundamentais".

Destacadamente constitucionalizados, os direitos fundamentais lastreados no Princípio da Dignidade da Pessoa Humana passam, como se vê na Constituição Federal de 1988, ao *status* de normas centrais do ordenamento jurídico, revelando a "tábua de valores" da sociedade, a ser protegida e promovida, incondicionalmente, por todos aqueles submetidos à ordem constitucional, inclusive no momento da aplicação das demais normas desse sistema. Sobressaem, neste contexto, os controles de constitucionalidade e convencionalidade como ferramenta de defesa contra ataques aos direitos humanos.[14]

A propósito, para sustentar a proteção e a promoção dos direitos fundamentais têm-se, pois, três instrumentos básicos de qualquer ordem jurídica constitucional democrática: o Estado Democrático de Direito, que vincula e limita o poder estatal (histórica aspiração dos direitos humanos); a rigidez constitucional, escudo contra o retrocesso jurídico em relação aos direitos já enunciados; e o controle de constitucionalidade, mecanismo de desconstituição de atos de afronta.

A dita constitucionalização do direito desde uma perspectiva constitucional, pode ser deste modo ilustrada:

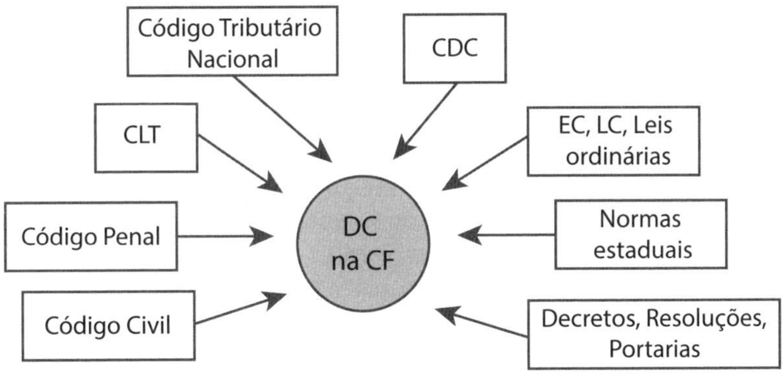

Constituição Federal → norma fundante de todo o ordenamento jurídico, porque oriunda do poder constituinte; traz os valores da sociedade na forma de direitos fundamentais enunciados como princípios.

Estado Democrático de Direito + Rigidez Constitucional + Controle de Constitucionalidade = **Proteção dos DF**

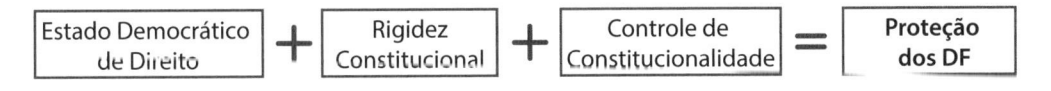

Fonte: elaborada pelo autor

[14] CANOTILHO aborda, com precisão, a relação entre constitucionalização do Direito, direitos fundamentais e controle de constitucionalidade: "Designa-se por constitucionalização a incorporação de direitos subjectivos do homem em normas formalmente básicas, subtraindo-se o seu conhecimento e garantia à disponibilidade do legislador ordinário (Stourzh). A constitucionalização tem como consequência mais notória a protecção dos direitos fundamentais mediante o controlo jurisdicional da constitucionalidade dos actos normativos reguladores destes direitos. Por isso e para isso, os direitos fundamentais devem ser compreendidos, interpretados e aplicados como normas jurídicas vinculativas e não como trechos ostentatórios ao jeito das grandes 'declarações de direitos' (CANOTILHO, J. J. Gomes. **Direito constitucional e teoria da constituição**. 7. ed. Coimbra: Almedina, 2003, p. 378).

Não se pode, contudo, tratar sobre o pós-positivismo e neoconstitucionalismo, sem, no entanto, ressaltar que seu desenvolvimento é marcadamente influenciado por uma concepção constitucional do direito pouco aberta à interação com a ordem jurídica internacional. Encampando as críticas gerais às propostas neoconstitucionais, mas usando-as para lançar luzes sobre a necessidade de se repensar suas bases a partir de um prisma de "direito constitucional internacional" estabelecido pela interação admitida nas próprias constituições, SIDDHARTA LEGALE reflete sobre 3 (três) transformações que classifica como fundamentais na teoria constitucional para um "neoconstitucionalismo internacionalizado":

> i) o advento de Constituições transacionais, sem que isso invalide a importância da Constituição doméstica; (ii) o estímulo ao uso do direito comparado também em decisões judiciais em uma clara "virada cosmopolita"; e (iii) a expansão do controle convencionalidade no plano internacional e interno ao lado da expansão da jurisdição constitucional.[15]

Em consonância com a premissa pluralista interativa de normas de direitos humanos, adotada neste curso, o "neoconstitucionalismo internacionalizado" desponta como uma proposta bastante interessante.

2. PRINCÍPIOS HERMENÊUTICOS DE INTERPRETAÇÃO CONFORME OS DIREITOS HUMANOS

Como visto, um dos papéis dos direitos humanos, sob um prisma sistemático do ordenamento jurídico, é dar coesão aos elementos (normas) desse ordenamento, o que implica conduzir a atividade de aplicação do comando legal ao caso concreto, como de resto já foi bastante explorado quando do estudo das funções do Princípio da Dignidade da Pessoa Humana. Daí a importância da interpretação sistemática mediada pelos direitos humanos e determinada ao seu respeito, promoção e proteção.

Tal ideia de um sistema jurídico orientado em termos hermenêuticos reclama apoio em premissas racionais que favoreçam a prevalência dos direitos humanos na atividade de sua aplicação aos casos concretos.

A da interpretação/aplicação do Direito consubstancia-se em atividade mental que abrange o conhecimento e a interpretação de fatos, a eleição de normas aplicáveis, a extração de seu sentido (não raro, com apoio de interpretações da jurisprudência e da doutrina), a formulação da decisão e sua adoção, segundo critérios de fundamentação conforme o ordenamento jurídico referencial e atingimento da finalidade da promoção da justiça, no caso sob exame. Essa atividade mental é conhecida por "círculo hermenêutico" ou "espiral hermenêutica"[16] e é complexa por natureza, na medida em que, já em seus primeiros passos, de interpretação de fatos e identificação das normas aplicáveis, enormes desafios se apresentam.

Sabe-se que parcela considerável de normas referenciais de direitos humanos se apresentam com a estrutura de princípios jurídicos, com textura mais aberta e exigente da atividade interpretativa na descoberta de seu sentido. Há, contudo, diretrizes hermenêuticas que bus-

---

15 LEGALE, Siddharta. Neoconstitucionalismo internacionalizado e internacionalização do direito: o engajamento tardio do direito constitucional do Brasil na esfera internacional. In: Carmen Tirburcio. (Org.). **Direito Internacional** - Coleção 80 anos da UERJ. Rio de Janeiro: Freitas Bastos, 2015, p. 543-570, p. 570.

16 LARENZ, Karl. **Metodologia da ciência do Direito**. Trad. José Lamego. 5 ed. Lisboa: Fundação Calouste Gulbenkian, 2009, p. 395.

cam exatamente orientar a extração de sentido de normas (interpretação para a aplicação ao caso concreto), de modo a que seja observada a finalidade de melhor efetivação dos direitos humanos. Essas diretrizes são os princípios de natureza hermenêutica, não se confundindo com os princípios jurídicos (ou "normas-princípio"), seu objeto de interpretação.[17]

No plano internacional, verifica-se movimento similar ao fenômeno da "Constitucionalização do Direito", típico dos âmbitos nacionais e que impacta, diretamente, na interpretação/aplicação do Direito. Isso porque a doutrina e a jurisprudência internacionais expressam que as instâncias domésticas e internacionais competentes para a aplicação do Direito estão juridicamente obrigadas a se pautarem pela "**interpretação conforme os direitos humanos**".

Sob a ótica doméstica, a interpretação conforme os direitos humanos decorre da "interpretação conforme a Constituição"[18], já que, no marco brasileiro, como em tantos outros, é a Constituição que consolida o caráter qualificado das normas de direitos humanos (supremacia), aí incluídas as internacionais. Daí a importância do estudo dos cânones hermenêuticos relativos aos tratados.

A Convenção de Viena sobre o Direito dos Tratados de 1969 (CVDT), estabelece os cânones gerais da interpretação dos tratados internacionais, aplicáveis àqueles de direitos humanos. O primeiro e mais substancial para os direitos humanos é o Princípio da Boa-Fé, já examinado quando do estudo dos tratados internacionais enquanto fonte de direito internacional. Não obstante, algumas outras informações a respeito cabem neste momento.

O art. 31.1 da CVDT, ao consagrar o Princípio da Boa-Fé, estabelece que o contexto deve ser levado em consideração para fixar o sentido comum atribuível aos termos do tratado. Por "contexto", para além do texto, seu preâmbulo e anexos, entendem-se tanto "qualquer acordo relativo ao tratado e feito entre todas as partes em conexão com a conclusão do tratado", como "qualquer instrumento estabelecido por uma ou várias partes em conexão com a conclusão do tratado e aceito pelas outras partes como instrumento relativo ao tratado" (art. 31.2 da CVDT).

Em conjunto com o contexto, hão de tomar-se em conta, ainda, "qualquer acordo posterior entre as partes relativo à interpretação do tratado ou à aplicação de suas disposições"; "qualquer prática seguida posteriormente na aplicação do tratado, pela qual se estabeleça o acordo das partes relativo à sua interpretação"; e "quaisquer regras pertinentes de Direito Internacional aplicáveis às relações entre as partes" (art. 31.3 da CVDT).

Meios suplementares de interpretação, como os trabalhos preparatórios do tratado e as circunstâncias de sua conclusão, são admitidos sempre com a finalidade de confirmar o sentido encontrado segundo os parâmetros do artigo 31 da CVDT ou de determinar tal sentido, quando a interpretação, mesmo observados os parâmetros do artigo 31, resulta em sentido ambíguo ou obscuro ou encontra resultado manifestamente absurdo ou desarrazoado (art. 32 da CVDT).

Para além da CVDT, a jurisprudência internacional[19] tem-se apresentado como instância de evolução das regras gerais de interpretação, formulando novos princípios hermenêuticos, a partir das referências basilares dessa Convenção. Em sendo assim, entre os princípios de

---

[17] CUNHA, Renan Severo Teixeira da. **Temas de hermenêutica jurídica e de aplicação do direito**: uma abordagem operacional. Campinas: Alínea, 2020, p. 127.

[18] RAMOS, André de Carvalho. **Curso de Direitos Humanos**. 7. ed. São Paulo: Saraiva Educação, 2020, p. 113.

[19] Entenda-se por "jurisprudência internacional", nos termos ora empregados, toda decisão vinculante ou não, em casos contenciosos ou consultivos, de órgãos judiciais e não judiciais com atribuição para o monitoramento e apuração do cumprimento de normas de direitos humanos.

interpretação dos tratados consagrados pela jurisprudência, se apresentam de maior interesse para a interpretação conforme os direitos humanos.

O primeiro, de relevância ímpar, é o **Princípio da Interpretação *Pro Persona***[20], segundo o qual toda interpretação deve ser ampliativa, em favor do indivíduo a cuja proteção destina-se a norma interpretada, não se aplicando interpretação restritiva a benefício do Estado.Usualmente, são reconhecidas 2 (duas) dimensões de aplicação do Princípio *Pro Persona*[21]:

> **Preferência normativa →** em havendo concorrência de normas, sobretudo entre normas nacionais e internacionais, deve se optar pela aplicação das normas que, no caso concreto, ofereça maior proveito para o titular do direito humano em exame. Releva perceber que esta dimensão estabelece uma técnica de solução de antinomia de normas distinta da clássica tríade: hierarquia, cronologia e especialidade.
>
> **Preferência interpretativa →** conforme a qual, entre as diferentes possibilidades de sentido a ser empregado a uma certa norma, há que se preferir o sentido que melhor efetive o direito humano relativo ao caso concreto analisado.

Ademais, do Princípio *Pro Persona* ainda decorrem as seguintes diretrizes:

i) o preenchimento de sentido do enunciado normativo a ser aplicado ao caso concreto deve considerar o conjunto de normas de direitos humanos vigorantes, inclusive as normas implícitas reconhecedoras de direitos inerentes ao indivíduo.
ii) eventuais limitações previstas a direitos humanos devem ser interpretadas restritivamente.
iii) observância da interpretação *pro persona* nas hipóteses de omissão ou lacuna da norma interpretada.

O Princípio *Pro Persona* é de uso corriqueiro da Corte Interamericana de Direitos Humanos e sua vigência é inferida do art. 29 da Convenção Americana dos Direitos Humanos:

> Art. 29. Normas de Interpretação
>
> Nenhuma disposição desta Convenção pode ser interpretada no sentido de:
>
> a) permitir a qualquer dos Estados-Partes, grupo ou pessoa, suprimir o gozo e exercício dos direitos e liberdades reconhecidos na Convenção ou limitá-los em maior medida do que a nela prevista;

---

[20] Classicamente conhecido como "Princípio *Pro Homine*", o abandono do uso dessa expressão em favor de "pro persona" vem prevalecendo, à vista do pertinente alerta, sobretudo advindo de movimentos da sociedade civil e de parte da doutrina especializada, sobre a importância de a linguagem, em especial a jurídica, não tolerar ou difundir termos que possam reforçar desigualdades estruturais que assolam populações vulneráveis, como, *in casu*, se pode cogitar acontecer com o emprego da expressão "pro homine" em face da persistente opressão patriarcal, homofóbica e transfóbica.

[21] LEGALE, Siddharta; BASTOS NETTO, Claudio C. O princípio Pro Persona na jurisprudência da Corte Interamericana de Direitos Humanos: Um enigmático desconhecido. *In*: MENEZES, Wagner (org.). **Tribunais internacionais: extensão e limites da sua jurisdição**. Belo Horizonte: Arraes Editores, 2018, p. 410–421, p. 413-414. LOPES FILHO, Francisco C. A.; MOREIRA, Thiago Oliveira. Há espaço para o Princípio *Pro Persona* no âmbito da racionalidade transversal do transconstitucionalismo? **Revista de Direitos Humanos e Desenvolvimentos Social**, v. 1, p. 1–19, 21 dez. 2020, p. 10-11.

b) limitar o gozo e exercício de qualquer direito ou liberdade que possam ser reconhecidos de acordo com as leis de qualquer dos Estados-Partes ou de acordo com outra convenção em que seja parte um dos referidos Estados;

c) excluir outros direitos e garantias que são inerentes ao ser humano ou que decorrem da forma democrática representativa de governo; e

d) excluir ou limitar o efeito que possam produzir a Declaração Americana dos Direitos e Deveres do Homem e outros atos internacionais da mesma natureza.

Importa notar que conquanto o Princípio *Pro Persona* tenha se desenvolvido a partir da jurisprudência internacional de direitos humanos, os termos de sua aplicação são absolutamente compatíveis com a normativa interna dos Estados, cabendo, portanto, também para a solução para casos envolvendo apenas normas nacionais e normas nacionais *vis-à-vis* normas internacionais.[22] Este prisma não exclusivista também deve ser observado para os princípios hermenêuticos que se seguem.

O **Princípio da Máxima Efetividade** preceitua que toda interpretação deve reconhecer plena aplicabilidade às normas de direitos humanos, rechaçando-se concepção segundo a qual tratar-se-iam de normas meramente programáticas ou de eficácia limitada, dependente de regulação posterior.

O **Princípio da Interpretação Autônoma** é consequência do Princípio da Máxima Efetividade e fixa que os termos das normas internacionais de direitos humanos podem ter sentido peculiar, distinto do significado conferido pelo direito interno dos Estados, sempre tendo em vista a maior proteção dos direitos humanos. Deste modo, é fundamental que os agentes cumpridores das normas internacionais de direitos humanos e os aplicadores do Direito em âmbito doméstico estejam atentos para o sentido consensuado quando da normogênese internacional, sob pena de afronta ao já citado Princípio da Boa-Fé.

O **Princípio da Interpretação Evolutiva** abre espaço para que as normas de direitos humanos não sejam interpretadas de modo estático, mas experimente, mediante substancial fundamentação, aperfeiçoamento em ordem a garantir a sintonia das normas com os padrões sociais vigentes, à luz da finalidade da proteção que a norma confere ao bem da vida contemplado.

O **Princípio da Primazia da Norma mais Favorável ao Indivíduo** baseia-se em disposição comum de diversos tratados de direitos humanos para sustentar que nenhuma interpretação de norma de direitos humanos deva resultar na limitação de direito reconhecido ao indivíduo em outra norma internacional ou nacional. É exemplo de disposição que inspirou este princípio o art. 5.2 do Pacto Internacional sobre Direitos Civis e Políticos da ONU: "Não se admitirá qualquer restrição ou suspensão dos direitos humanos fundamentais reconhecidos ou vigentes em qualquer Estado Parte do presente Pacto em virtude de leis, convenções, regulamentos ou costumes, sob pretexto de que o presente Pacto não os reconheça ou os reconheça em menor grau". Isso não significa impossibilidade absoluta de restrições a direitos humanos, tema de estudo mais adiante, neste Capítulo do curso.

---

22 "Na verdade, a questão da interpretação mais favorável não diz respeito unicamente ao direito internacional, tampouco se restringe ao panorama intersistêmico do direito contemporâneo. Com efeito, trata-se de, a partir dos resultados obtidos pelos tradicionais meios de interpretação jurídica (literal, histórico, sistêmico, teleológico *etc.*), escolher aquele que oferece a maior proteção ao indivíduo, otimizando a tutela do direito humano que se analisa. Assim, por sua natureza sobremaneira interpretativa, o viés hermenêutico do princípio *pro persona* admite seu emprego em qualquer ramo do direito que envolva questões de direitos humanos e suas restrições." (Id. Ibid., p. 11).

A possibilidade real e a ocorrência frequente de colisões entre normas de direitos humanos nas situações reais da vida, por certo, oferece dificuldades adicionais à observância dos princípios hermenêuticos até aqui apontados. Exatamente em função da corriqueira colisão de direitos, decorrente das relações sociais mais complexas e conflituosas da contemporaneidade, é que os princípios da interpretação *pro persona* e da norma mais favorável ao indivíduo vêm sofrendo críticas e relativizações, na medida em que não são poucos os casos que se apresentam a partir de uma oposição de interesses entre dois ou mais indivíduos, titulares de direitos humanos. Daí porque, nessas hipóteses, impossível falar-se em interpretação ampliativa e que não resulte na limitação de direitos, porquanto qualquer solução dada à controvérsia, necessariamente, importará na restrição do interesse de um ou mais envolvidos.

É justamente intentando oferecer uma metodologia adequada para a solução dessas colisões que à aplicação dos direitos humanos também serve o **Princípio da Proporcionalidade**. Contudo, para uma compreensão adequada e precisa do referido princípio, é indispensável o estudo da sua relação com a teoria da distinção entre regras e princípios, completamente consentânea com a estrutura dos enunciados das normas de direitos humanos.

3. PRINCÍPIOS JURÍDICOS DE DIREITOS HUMANOS, PONDERAÇÃO E PROPORCIONALIDADE

A interpretação/aplicação das normas de direitos humanos tem a peculiaridade de confrontar o intérprete/aplicador com enunciados normativos no mais das vezes imprecisos e vagos, os quais, não raro, colidem entre si quando do enquadramento jurídico do problema prático configurador de um conflito social, em evidente manifestação da característica da relatividade daqueles direitos, já estudada.

Tal particularidade motivou o desenvolvimento de estudos próprios acerca da ação hermenêutica dirigida às normas de direitos humanos, essencialmente aquelas enunciadas nas constituições democráticas forjadas no pós-Guerras Mundiais.[23]

Pode-se constatar, à vista da historicidade dos direitos humanos, que há influência recíproca entre a incidência das normas desses direitos para a solução dos problemas práticos e o movimento de concretização da Constituição, ambos dependentes de densificação pelo ato hermenêutico, haja vista a enunciação mais genérica das disposições constitucionais. Em outras palavras, a concretização dos direitos humanos está adstrita à força normativa da Constituição – incluindo as normas internacionais que a completam –, cujo reconhecimento requer uma atitude nessa direção.

KONRAD HESSE, em clássico estudo do tema, propõe três pressupostos para o desenvolvimento da "força ativa" da Constituição, todos vinculados à sua aplicação conforme a realidade em que está inserida. O primeiro pressuposto sugere que a definição do conteúdo da Constituição deve levar em conta elementos sociais, políticos e econômicos dominantes, bem como "o estado espiritual de seu tempo". A segunda premissa diz que os interesses particulares dos partícipes da vida constitucional sempre deverão sucumbir, global ou in-

---

[23] MARMELSTEIN, George. op. cit., p. 358-359. Em que pese o fato desta conclusão e das demais observações deste tópico terem sido construídas, fundamentalmente, dentro da doutrina e da jurisprudência de direito constitucional, com destaque inicial para a produção alemã, é certo que os conceitos neste momento trabalhados já são utilizados para além da arena constitucional, alcançando o Direito Internacional dos Direitos Humanos, como se observa, por exemplo, da abordagem de CARVALHO RAMOS sobre a proporcionalidade como método de resolução de conflitos entre normas de direitos humanos, inclusive entre aquelas de matriz internacional (cf. RAMOS, André de Carvalho. **Curso de Direitos Humanos**. 7. ed. São Paulo: Saraiva Educação, 2020, p. 116-133).

dividualmente, à vontade da Constituição. A última proposição declara que a interpretação constitucional tem papel decisivo na concretização da Constituição, devendo, para tanto, jamais afastar-se do escopo da "ótima concretização da norma", de alcance impossível pelos meios de subsunção lógica[24].

HESSE, ao afirmar que "a interpretação adequada é aquela que consegue concretizar, de forma excelente, o sentido (*Sinn*) da proposição normativa, dentro das condições reais dominantes numa determinada situação"[25], conjuga, sob o pretexto da concretização, a norma jurídica, o fato social (problema prático) e a interpretação valorativa, sintetizando a hermenêutica pós-positivista.

O protagonismo da questão hermenêutica constitucional decorre do reconhecimento da força normativa da Constituição. Nessa perspectiva, o direito não mais se revela apenas pela exegese da lei escrita, mas submete-se a uma hermenêutica (e aos respectivos modelos) que se abre para fatos e valores, cotejando-os com o ordenamento jurídico, na persecução do sentido da norma que pacifique a contento o conflito social.

No vasto contexto dos estudos contemporâneos sobre direitos fundamentais, a constatação de que a força normativa da Constituição implica a força normativa dos princípios jurídicos que descortinam esses direitos foi que impulsionou a formulação de modelos hermenêuticos peculiares, que pretenderam estabelecer, com viés de concretização, os contornos apropriados ao reconhecimento constitucional da sua eficácia ("aplicabilidade imediata", segundo o § 1º do art. 5º da Constituição Federal).

Tal postura, ante a generalidade dos enunciados normativos sobre direitos humanos – os quais os distanciavam da arraigada fórmula "hipótese normativa/consequência jurídica" –, demandou o abandono definitivo da antiga compreensão dos princípios jurídicos como meros informadores ou inspiradores do intérprete, passando à categoria de verdadeiras prescrições obrigatórias de comportamento; de normas jurídicas, portanto. A esse escopo serve, enfim, a distinção entre regras jurídicas e princípios jurídicos, como espécies do gênero norma jurídica.

Conquanto seja atribuído, dentre outros, a JOSEF ESSER, KARL LARENZ E ROSCUE POUND o pioneirismo no estabelecimento dessa distinção, é em RONALD DWORKIN (dentro da tradição do *common law*) e em ROBERT ALEXY (dentro da tradição jurídica ocidental romano-germânica) que são encontradas as bases teóricas referenciadoras de todo o debate atual acerca da estrutura das normas de direitos fundamentais.[26]

DWORKIN, na obra *Taking Rights Seriously*, de 1977, posta-se ferozmente contra o positivismo jurídico, apontando para a sua insuficiência frente aos casos difíceis (*hard cases*), cuja solução demanda, além das regras, a articulação também de princípios e diretrizes políticas. O jusfilósofo americano defende uma distinção lógica entre regras e princípios, perceptível quanto à "natureza da orientação que oferecem".[27]

Basicamente, segundo essa difundida teoria, as regras comportam aplicação disjuntiva, à maneira de "tudo-ou-nada", mas admitem exceções, contanto que exaustivamente enumeradas. Assim, as regras melhor adaptam-se à aplicação pelo método subsuntivo, haja vista a

---

24 HESSE, Konrad. **A força normativa da Constituição**. Trad. Gilmar Ferreira Mendes. Porto Alegre: Sérgio Antonio Fabris Editor, 1991. p. 20-23.

25 Id. Ibid., p. 23.

26 Para as teorias antecedentes de Esser, Larenz e Pound e o papel central hodierno das construções de Dworkin e Alexy, *cf.* VALE, André Rufino do. **Estrutura das normas dos direitos fundamentais**: repensando a distinção entre regras e princípios. São Paulo: Saraiva, 2009. p. 41-72.

27 DWORKIN, Ronald. **Levando os direitos a sério**. Trad. Nelson Boeira. São Paulo: Martins Fontes, 2002. p. 39.

enunciação clara da hipótese normativa e da consequência jurídica. Os conflitos entre regras são solvidos no plano da validade jurídica, com a observância de outras regras próprias para o enfrentamento dessa antinomia, conduzindo a que a validade de uma regra importe na invalidade da sua confrontante.

Já os princípios, "mesmo aqueles que mais se assemelham às regras, não apresentam consequências jurídicas que se seguem automaticamente quando as condições são dadas". Essa estrutura, todavia, não pode justificar que um princípio deixe de ser levado em consideração pelas autoridades públicas. Os princípios possuem, assim, uma dimensão que falta às regras: a dimensão do peso, que submete a solução de eventual colisão ao exame (ponderação ou sopesamento) da "força relativa" de cada princípio colidente.[28]

ALEXY, apoiado na distinção proposta por DWORKIN, mas não satisfeito com o detalhamento das razões que levam as regras e os princípios a se confrontarem de modo diferenciado, compendiou, no livro "Teoria dos Direitos Fundamentais", de 1986, os argumentos detalhados a favor de uma teoria dos princípios, embasada em três noções centrais: **otimização, lei de colisão** e **ponderação.**[29]

Não há maneira mais clara de explicar-se a primeira dessas três noções, senão pelas palavras do próprio ALEXY:

> O ponto decisivo na distinção entre regras e princípios é que *princípios* são normas que ordenam que algo seja realizado na maior medida possível dentro das possibilidades jurídicas e fáticas existentes. Princípios são, por conseguinte, *mandamentos de otimização,* caracterizados por poderem ser satisfeitos em graus variados e pelo fato de que a medida devida de sua satisfação não depende somente das possibilidades fáticas, mas, também das possibilidades jurídicas. O âmbito das possibilidades jurídicas é determinado pelos princípios e regras colidentes.
>
> Já as regras são sempre satisfeitas ou não satisfeitas. Se uma regra vale, então deve fazer-se exatamente aquilo que ela exige; nem mais, nem menos. Regras contêm, portanto, *determinações*, no âmbito daquilo que é fática e juridicamente possível. Isso significa que a distinção entre regras e princípios é uma distinção qualitativa e não, uma distinção de grau. Toda norma ou é uma regra ou é um princípio[30] (destaque do original).

A aplicação de princípios, máxime quando princípios de direitos fundamentais constitucionalmente referidos ou plasmados em enunciados de normas internacionais, oferece-se dificultada, principalmente no Brasil, por conta da questão terminológica provocada pelo uso do vocábulo "princípio", em desconformidade com a noção aqui abordada e com as distinções quanto à distribuição das normas jurídicas em princípios e regras.

Não se pode realmente ignorar que a prática jurídica brasileira emprega o termo "princípio" para "conferir importância" a algum conceito, como o da proporcionalidade, adiante referido; e isso ocorre por ser da tradição da literatura jurídica pátria definir os princípios como "normas mais fundamentais do sistema" e as regras, como concretização desses princípios, por isso que, nas regras, há um caráter mais instrumental do que fundamental. Impõe-se,

---

[28] Id. Ibid., p. 39-43.

[29] VALE, André Rufino do. op. cit., p. 67.

[30] ALEXY, Robert. **Teoria dos direitos fundamentais**. Trad. Virgílio Afonso da Silva. São Paulo: Malheiros, 2008, p. 90-91.

pois, deixar claro que tal significado não se coaduna com a acepção própria da distinção entre regras e princípios, elaborada por Alexy.[31]

Princípios jurídicos, são, em verdade, **mandamentos de otimização**, que não guardam hierarquia formal ou material entre si; e disso extraem-se duas conclusões importantes, quais sejam, a inexistência de prevalência absoluta de qualquer deles e sua invariável referência a "ações e situações [*a priori*] não quantificáveis"[32], constatações essas que conduzem à questão de seu necessário sopesamento ou ponderação, se aparentarem colidirem, bem como da aferição da proporcionalidade[33], nas hipóteses da restrição de um princípio por uma regra.

A ponderação se realiza na exigência do exame dos pesos dos princípios acaso colidentes, subjacente à formulação de seu desfecho. Se os princípios são definidos como mandamentos de otimização, em face das possibilidades jurídicas e fáticas, à ponderação incumbirá a delimitação das possibilidades **jurídicas** dessa otimização, pois "quando uma norma de direito fundamental com caráter de princípio colide com um princípio antagônico, a possibilidade jurídica para a realização dessa norma depende do princípio antagônico"[34].

Está a ponderação adstrita à observância da concepção segundo a qual "quanto maior for o grau de não satisfação ou de afetação de um princípio, tanto maior terá que ser a importância da satisfação do outro".[35] Ou, em outras palavras, é a expressiva relevância da satisfação de um princípio que, no caso, leva à não satisfação de outro. Tal análise pode ser representada por três investigações sucessivas:

1º: qual o grau de não satisfação ou afetação do princípio atingido?

↓

2º: qual o grau de importância da satisfação do princípio colidente?

↓

3º: qual o grau de importância da satisfação do princípio colidente justifica o grau de não satisfação do princípio afetado?

Fonte: elaborada pelo autor

A colisão provocará o estabelecimento de diferença nas intensidades dos efeitos dos princípios colidentes, por conta do final prevalecimento de um deles, nas contingências pró-

---

31 Como explica Virgílio Afonso: "O conceito de princípio, na teoria de Alexy, é um conceito que *nada* diz sobre a fundamentalidade da norma. Assim, um princípio pode ser um 'mandamento nuclear do sistema', *mas pode também não o ser,* já que uma norma é um princípio *apenas em razão de sua estrutura normativa* e não de sua fundamentalidade" (SILVA, Virgílio Afonso da. Princípios e regras: mitos e equívocos acerca de uma distinção. **Revista Latino-Americana de Estudos Constitucionais**, v. 1, 2003, p. 607-630, p. 613).

32 ALEXY, Robert. op. cit., p. 99.

33 Dificuldade terminológica manifesta-se também em torno da noção de proporcionalidade; daí a preferência pela manutenção da expressão "máxima da proporcionalidade", adotada pela tradução brasileira da obra de ALEXY.

34 ALEXY, Robert. op. cit., p. 117.

35 Id. Ibid., p. 593.

prias do conflito tutelado. Fora de outro modo, não teria havido real colisão de princípios, mas, sim, tão só uma harmonização ótima deles, todos em seu ponto máximo.

A extensão dessa prevalência, ou seja, a diferença de intensidades, será fixada conforme as possibilidades fáticas e jurídicas de cada caso, e é por isso que se fala em **precedência condicionada.**[36]

A precedência condicionada pode representar-se pela fórmula "(P^1 **P** P^2) *C*", na qual "P^1" e "P^2" representam os princípios colidentes, "**P**" diz respeito à relação de precedência, e "*C*" simboliza as condições sob as quais um princípio tem precedência em face do outro.[37]

A identificação da precedência condicionada, por sua vez, leva a uma consequência jurídica para o caso concreto, conduzindo, em decorrência, à elaboração de uma **lei de colisão**. É que o resultado da ponderação entre princípios colidentes acarreta uma regra (mandamento definitivo), que pode ser representada pela fórmula "$C \rightarrow R$", na qual "*C*" significa as condições sob as quais um princípio tem precedência em face de outro e "*R*" a consequência jurídica decorrente de "*C*". "*C*", assim, constitui o **suporte fático** da regra que tem como consequência "*R*". Tais condições ("*C*"), portanto, desempenham dupla função: fundamentam a relação de precedência e, ao mesmo tempo, consubstanciam o suporte fático da regra que, resultante dessa precedência, imputa ao caso certa consequência jurídica.[38]

A **lei de colisão** é resultado do entendimento dos princípios como mandamentos de otimização[39] e intenta dar contornos mais claros à "metáfora do peso", na forma idealizada por RONALD DWORKIN.

Demais disso, as concepções de precedência condicionada e de lei de colisão preservam a ausência de hierarquia *a priori* entre princípios de direitos fundamentais, sem perquirir a validade jurídica desses princípios. Mantém-se, desse modo, a distinção característica existente entre as modalidades normativas da regra e do princípio, porquanto, diferentemente da decisão do conflito de regras, resolvido no plano da validade, a precedência condicionada estabelece uma preferência à luz de determinadas circunstâncias ou condições.

Já a **máxima da proporcionalidade** é decorrência lógica da natureza dos direitos humanos enunciados com a estrutura de princípios, apresentando-se no mais das vezes como técnica de aferição da validade jurídica de uma medida (*v.g.* uma medida estatal, na forma de lei ou de decisão judicial) que intenta a solução da colisão de princípios. A máxima da proporcionalidade pode ser entendida, pois, como um teste de legalidade (constitucionalidade ou convencionalidade) a que é submetida a aludida regra (mandamento definitivo) resultante do procedimento de ponderação. Tal técnica impõe ao intérprete/aplicador do Direito que aprecie a validade jurídica da medida, investigando as possibilidades fáticas de otimização pelo exame das "máximas parciais" da proporcionalidade: adequação, necessidade e proporcionalidade em sentido estrito.[40]

Quanto às finalidades de cada uma dessas três máximas parciais da proporcionalidade, a tarefa do seu esclarecimento torna-se mais didática quando se tem em mente qualquer me-

---

36 "Levando-se em consideração o caso concreto, o estabelecimento das relações de precedências condicionadas consiste na fixação de *condições* sob as quais um princípio tem precedência em face do outro. Sob outras condições, é possível que a precedência seja resolvida de forma contrária" (ALEXY, Robert. op. cit., p. 96).

37 Id. Ibid., p. 96-97.

38 Id. Ibid., p. 94-99.

39 Id. Ibid., p. 99.

40 Id. Ibid., p. 118.

dida que, tendo por objetivo a concretização de determinado princípio de direito humano, restrinja ou intervenha no âmbito de outro princípio. Nessa linha:

> **Adequação** → será adequada a medida efetivamente apta a, na prática, fomentar ou definitivamente alcançar o objetivo a que se propõe.
>
> **Necessidade** → será necessária a medida, caso "a realização do objetivo perseguido não possa ser promovida, com a mesma intensidade, por meio de outro ato que limite, em menor medida, o direito fundamental atingido".[41]
>
> **Proporcionalidade em sentido estrito** → será, por fim, proporcional a medida, em sentido estrito, se ainda prevalecer após a ponderação "entre a intensidade da restrição ao princípio de direito fundamental atingido e a importância da realização do princípio de direito fundamental que com ele colide e que fundamenta a adoção da medida restritiva".[42]

Vê-se que a proporcionalidade em sentido estrito equivale ao exercício da ponderação, porquanto repete a concepção segundo a qual quanto maior for o grau de não satisfação ou de afetação de um princípio, tanto maior terá que ser a importância da satisfação do outro, ponderação essa que resultou na medida cuja proporcionalidade se queria examinar.

A observância da máxima parcial da proporcionalidade exige que a análise dela e das duas outras ocorra, necessariamente, de modo sucessivo e na ordem apresentada, com sentido de subsidiariedade, isto é, a aferição da proporcionalidade da providência interventiva/restritiva só terá lugar após a aceitação da sua necessidade, e essa, por sua vez, também só poderá ser perquirida após concluir-se pela respectiva adequação. Cada etapa de análise da proporcionalidade, correspondente a uma das máximas parciais da proporcionalidade, pode ser representada por uma indagação central à qual deverá responder o aplicador:

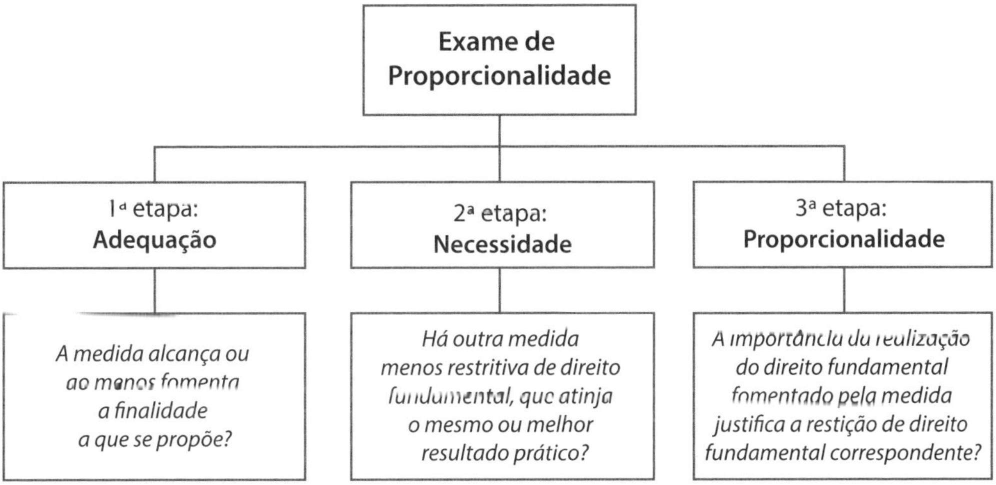

Fonte: elaborada pelo autor

---

41 ALEXY, Robert. op. cit., p. 38. "A diferença entre o exame da necessidade e o da adequação é clara: o exame da necessidade é um exame imprescindivelmente comparativo enquanto que o da adequação é um exame absoluto" (Id. Ibid.).

42 Id. Ibid., p. 40.

O mesmo exame pode ser empregado para as hipóteses em que o Estado é omisso ou ineficiente na adoção de medidas visando cumprir com seu dever de proteção dos direitos humanos. É a chamada **Proibição da Proteção Insuficiente**, também tratada como a **dimensão positiva da proporcionalidade**, conceito desenvolvido pelo Tribunal Constitucional alemão e já utilizado em diversos julgados do STF (v.g. ADI 1.458/DF, ADI 1.800/DF, ADI 3.112/DF e STA 419/RN). Discussões sobre uma norma que fixe o valor do salário mínimo sem atendimento da finalidade constitucional, a inércia estatal quanto a tornar crime algumas condutas ou, ainda, a revogação de leis que atendem a mandados de criminalização de práticas violadoras de direitos humanos são apenas alguns exemplos que comportam tal análise. Conclui-se daí que a proporcionalidade não alcança apenas as medidas que restrinjam direitos fundamentais (**Proibição do Excesso**), posto que também as posturas estatais omissas em face da sua proteção.[43]

A máxima da proporcionalidade é, como visto, um dos princípios jurídicos hermenêuticos de aplicação dos direitos humanos, sendo de atendimento inarredável quando esteja em causa a aplicação de princípios de direitos humanos previstos na Constituição Federal ou nas normas internacionais que a essa se acoplam, principalmente quando descobertos em rota de colisão. Há, inclusive, dentre aqueles que acatam a máxima da proporcionalidade, discussão doutrinária brasileira a respeito da natureza da máxima da proporcionalidade: de um lado, alguns conferem-lhe o *status* de norma constitucional e, de outro, enxerga-se apenas uma técnica de solução de casos.

Todos esses mandamentos de interpretação constitucional destacam-se de modo igual na técnica da ponderação como método de solução de uma possível colisão de princípios. Entendidos em conjunto, conduzem o intérprete/aplicador a harmonizar princípios colidentes, em busca de sua máxima efetividade, sem perder de vista, ao longo de sua ponderação, as normas e valores que dão à Constituição um perfil, uma unidade significativa.

Em síntese, a metodologia da aplicação das normas de direitos fundamentais – toda resultante do conceito de princípios como mandamentos de otimização, na maior medida possível, conforme as possibilidades fáticas e jurídicas – orienta no sentido de que a colisão dessas normas estruturadas como princípios deve ser solucionada pela ponderação, cujo resultado (lei de colisão) produzirá uma medida estruturada como regra (norma de direito fundamental atribuída), passível de ter a sua validade jurídica aferida pela máxima da proporcionalidade.

Consigne-se, por outro lado, que que não são poucas, no mundo, as críticas dirigidas tanto à noção de pós-positivismo, quanto às técnicas interpretativas da ponderação e proporcionalidade. Acusa-se, entre outras coisas, a doutrina e a jurisprudência brasileiras de importação de propostas pensadas e desenvolvidas a partir de outras realidades constitucionais, bem como vocifera-se contra uma suposta abertura à discricionariedade, ao abuso de poder e à usurpação de competência legislativa por parte do Poder Judiciário, nas soluções para casos concretos.[44]

Conquanto se concorde com o inconformismo dirigido à disseminação de decisões judiciais nacionais desprovidas de adequada fundamentação, muitas convertendo-se, por isso,

---

43 *Cf.* CANARIS, Claude-Whilhelm. **Direitos fundamentais e direito privado.** Trad. Ingo W. Sarlet e Paulo Mota Pinto. Coimbra: Almedina, 2003. p. 59-60.

44 STRECK, Lenio Luiz. **Verdade e consenso:** constituição, hermenêutica e teorias discursivas. 6. ed. São Paulo: Saraiva, 2017; ÁVILA, Humberto Bergmann. **Teoria dos princípios:** da definição à aplicação dos princípios jurídicos. 12. ed. São Paulo, SP: Malheiros Editores, 2011; LAURENTIIS, Lucas C. **A proporcionalidade no direito constitucional:** origem, modelos e reconstrução dogmática. São Paulo: Malheiros, 2017.

em verdadeiras arbitrariedades, sem qualquer compromisso com a necessária argumentação, não se aquiesce com aquelas críticas que depositam na teoria hermenêutica pós-positivista dos princípios jurídicos a responsabilidade por decisões desse jaez.

É que as teorias dos princípios e da argumentação[45], sobretudo de Alexy, em sua alta complexidade (aqui reproduzida apenas em partes, de modo simplificado), intenta, justamente, detalhar critérios de orientação para que a atividade decisória satisfaça as exigências mínimas de fundamentação racional e conforme a Constituição e demais normas de alto escalão hierárquico, notadamente as normas de direitos humanos. Há que se compreender que a utilização equivocada da proposta teórica hermenêutica é fruto de má decisão de quem aplica o Direito e não da teoria em si, que vai em sentido oposto da discricionariedade e da arbitrariedade. Dito de outro modo, o equívoco está no emprego errático ou deturpado da técnica e não na própria técnica.

Assim, conquanto produzidos por um doutrinador alemão, em interação com a Constituição e com a jurisprudência de seu País, a apresentada distinção entre regras e princípios, e seus demais elementos relacionados com a aplicação dessas normas, afigura-se plenamente compatível com o ordenamento jurídico brasileiro, sobretudo com a Constituição Federal de 1988, pródiga no que diz respeito à positivação de princípios de direitos fundamentais, com reconhecida eficácia.

Não por outro motivo, a força normativa dos princípios, a ponderação e a máxima da proporcionalidade, ainda que designadas de modos diferentes ou aplicadas de maneira divergente do preconizado pela teoria explicitada, já são, no Brasil, temas difundidos pelos principais manuais de direito constitucional e por obras e pesquisas específicas.[46]

Extremamente interessante, no que diz respeito ao uso da técnica da proporcionalidade pela jurisprudência brasileira, foi o julgamento, em 2012, da ADC 29/DF, acerca das inelegibilidades estabelecidas pela Lei Complementar 135/2010, a chamada "Lei da Ficha Limpa", a qual, entre outras situações, proibiu a candidatura de pessoas com condenações judiciais e, em alguns casos, administrativas, por inúmeras práticas dolosas, criminosas ou ímprobas, mesmo que ainda não transitadas em julgado as respectivas provisões, contanto que tenham sido colegiadas. O acórdão do STF, nessa ADC, expressamente adotou a técnica da proporcionalidade para o exame da constitucionalidade das restrições impostas pela referida lei ao direito fundamental do cidadão de candidatar-se.

A medida (isto é, o estabelecimento das inelegibilidades como estão) foi considerada, primeiramente, adequada, por ser apta à consecução de seus fins, expressamente fixados pelo § 9º do art. 14 da Constituição Federal, quais sejam: "proteger a probidade administrativa, a moralidade para exercício de mandato considerada vida pregressa do candidato, e a normalidade e legitimidade das eleições contra a influência do poder econômico ou o abuso do exercício de função, cargo ou emprego na administração direta ou indireta".

Em seguida, foi tomada a medida por necessária, porquanto, apesar de gravosa, estava cercada de vários cuidados e atenuações previstas pelo legislador, como: requisito de decisão

---

45 Cf. ALEXY, Robert. **Teoria da argumentação jurídica**. Trad. Zilda H. Schild Silva. 4. ed. Rio de Janeiro: Forense, 2017.

46 Cf., entre outros, os autores aqui repetidamente referenciados: DIMOULIS, Dimitri; MARTINS, Leonardo. **Teoria geral dos direitos fundamentais**. 2. ed. São Paulo: Ed. Revista dos Tribunais, 2009, p. 159-209; MARMELSTEIN, George. op. cit., p. 353-450; ENDES, Gilmar; COELHO, Inocêncio Mártires; BRANCO, Paulo Gustavo Gonet. **Curso de direito constitucional**. 5. ed. São Paulo: Saraiva, 2010, p. 373-440; SILVA, Virgílio Afonso da. O proporcional e o razoável. **Revista dos Tribunais**, n. 798, 2002, p. 23-50; Id. Princípios e regras: mitos e equívocos acerca de uma distinção, cit., 607-630.

colegiada, e não singular; imprescindibilidade da existência de dolo, nas hipóteses de condenação administrativa; e a possibilidade da suspensão dos seus efeitos pelo Poder Judiciário, com consequente retomada da elegibilidade. Em sendo assim, o STF entendeu inexistir medida menos gravosa que atingisse sua finalidade com a mesma ou superior intensidade.

Por fim, na análise da proporcionalidade em sentido estrito, o acórdão apontou que "o sacrifício exigido à liberdade individual de candidatar-se a cargo público eletivo não supera os benefícios socialmente desejados em termos de moralidade e probidade para o exercício de cargos públicos", ainda mais porque permanecem rigorosos os requisitos para que se reconheça a inelegibilidade. Somando-se a isso, sustentou o STF que não apenas o princípio da moralidade fundamenta a medida restritiva, mas, também o princípio da democracia, que poderia, na ausência da lei questionada, ser posto em risco pelo abuso do direito de candidatar-se.

No plano internacional, a Corte Interamericana de Direitos Humanos (Corte IDH) vem aplicando, com frequência, o teste de proporcionalidade para o exame da convencionalidade de leis nacionais que restrinjam ou limitem direitos previstos nas normas interamericanas, o fazendo com discretas adaptações nos exames de suas etapas. Em apertada síntese, a Corte IDH condiciona a proporcionalidade (convencionalidade) de restrição nacional a direitos humanos interamericanos à satisfação de 4 (quatro) condições: estar prevista em lei, ser necessária e proporcional (no sentido acima exposto) e haver sido adotada com vistas a atingir um objetivo legítimo em uma sociedade democrática. O ônus da demonstração da proporcionalidade da norma restritiva recai sobre o Estado que, em falhando nessa prova, experimentará as consequências de ver decretada sua responsabilidade internacional pelos prejuízos a indivíduos, decorrentes da produção de efeitos de lei nacional inconvencional.[47]

Todo este ferramental hermenêutico, construído tendo em mira a aplicação direitos fundamentais, busca dotá-los de real força normativa, intentada, pela Constituição Federal, quando expressamente consagra a "aplicação imediata" desses direitos. O mesmo aplica-se aos enunciados normativos internacionais.

Mas, se os direitos humanos estão, de modo usual, enunciados com a estrutura de princípios jurídicos – que são mandamentos de otimização conforme as possibilidades fáticas e jurídicas que envolvem o caso concreto, comportando, portanto, na prática, modulação e diferença de intensidades[48], cabe perguntar: há um conteúdo básico intangível à ponderação em cada norma de direitos humanos?

---

[47] PAREDES, Felipe. El Control de Proporcionalidad en la Jurisprudencia de la Corte Interamericana de Derechos Humanos: Hacia la Reconstrucción de un Modelo Integrado de Control y Deferencia. **Conpedi Law Review**, v. 2, n. 4, p. 147–163, 1 dez. 2016, p. 156-157. Para uma suscinta análise da aplicação da proporcionalidade pela Corte IDH em casos envolvendo normas nacionais de restrição da liberdade de expressão (Caso Herrera Ulloa vs. Costa Rica, Caso Ricardo Canese vs. Paraguai e Caso Kimel vs. Argentina), cf. OPPITZ, Daniela Gomes. A jurisprudência da Corte Interamericana de Direitos Humanos sobre o confronto entre a liberdade de expressão e o direito à honra. **Revista da AJURIS – Porto Alegre**, v. 44, n. 142, p. 73–105, 2017.

[48] Como alerta VIRGÍLIO AFONSO, é da essência de um princípio a probabilidade de não se realizar plenamente: "No caso dos princípios não se pode falar em realização sempre total daquilo que a norma exige. Ao contrário: em geral essa realização é apenas parcial, Isso, porque no caso dos princípios há uma diferença entre aquilo que é garantido (ou imposto) *prima facie* e aquilo que é garantido (ou imposto) definitivamente" (SILVA, Virgílio Afonso da. **Direitos fundamentais: conteúdo essencial, restrições e eficácia**, cit., p. 45).

4. RESTRIÇÕES E CONTEÚDO ESSENCIAL DOS DIREITOS HUMANOS

As luzes lançadas sobre a força normativa dos princípios jurídicos e sua distinção em face das regras jurídicas abriu espaço para um sem número de possibilidades e controvérsias teóricas e metodológicas sobre a aplicação do Direito, as quais ainda se encontram em plena "disputa", tanto no campo científico, quanto no jurisprudencial.

Em meio a tantas discussões, no contexto dos direitos humanos, a natureza tipicamente mais aberta – e, portanto, demandante de maior esforço interpretativo do aplicador – dos enunciados normativos dos princípios jurídicos e sua inerente tendência à colisão, em casos concretos, deu azo a dois sucessivos questionamentos, de todo pertinentes, comportando o primeiro resposta intuitiva e o segundo enfrentamento mais complexo. Primeiramente, indaga-se: ante o seu propósito de proteger dimensões essenciais da dignidade humana, podem os direitos humanos sofrer restrições legalmente válidas? Em segundo lugar, em caso de uma resposta positiva ao primeiro questionamento, pergunta-se: os direitos humanos estão sujeitos à restrição total ou ostentam espectro absolutamente intangível, ou seja, um **conteúdo essencial** infenso a qualquer recorte? Estas perquirições remetem aos problemas da possibilidade/abrangência das restrições a direitos humanos e, por conseguinte, da existência de um conteúdo ou núcleo essencial de cada um desses direitos.

Tomando-se o plano dos fatos, não há dúvidas de que pretensos objetos de salvaguarda de direitos humanos têm seu exercício tolhido em situações corriqueiras, como, por exemplo, o óbice ao exercício de determinada profissão, sem prévia autorização do órgão de classe; a proibição de comunicação ao telefone celular, dentro de uma agência bancária; a vedação de consumo de cigarro em ambientes públicos fechados; o impedimento da publicação de fotos de pessoas públicas, obtidas em ambientes privados, entre outras incontáveis situações. Boa parte dessas restrições, aliás, são estipuladas, explicitamente, em textos legais. A possibilidade da restrição de direitos humanos afigura-se, assim, uma imposição da realidade.

Por outro lado, para a dogmática jurídica já não é tranquilo afirmar quais os limites das restrições a direitos humanos, mesmo porque há uma dificuldade prévia, consistente em delimitar o que exatamente integra o âmbito de proteção de um direito humano, notadamente à vista da abrangência dos enunciados normativos dos princípios jurídicos. Dentro desta perspectiva, cabe indagar: quais situações encontram-se abrangidas pelo direito à igualdade, consagrado pela norma que enuncia, simplesmente, que "todos são iguais perante a lei"?

Sequer a existência explícita de previsão de salvaguarda do conteúdo essencial dos direitos humanos, verificada em diversas constituições de distintos países e até mesmo na Carta dos Direitos Fundamentais da União Europeia[49]– arrefece as dúvidas a respeito do seu alcance. É o que acontece, *v.g.* com Alemanha, Portugal, Espanha e Polônia, países que, diferentemente do Brasil, contam com previsão constitucional expressa de proteção ao conteúdo essencial dos direitos fundamentais que enunciam[50]. O exemplo alemão é eloquente, tendo em vista que, a despeito do dispositivo expresso, o constitucionalismo alemão, a partir das discussões acadêmicas sobre o assunto, oferece parâmetros para investigação do problema das restrições e do conteúdo essencial dos direitos humanos, parâmetros esses difundidos mundialmente, inclusive com sensível penetração na comunidade acadêmica brasileira.

---

49 Carta dos Direitos Fundamentais da União Europeia, art. 52: "Qualquer restrição ao exercício dos direitos e liberdades reconhecidos pela presente Carta deve ser prevista por lei e respeitar o *conteúdo essencial* desses direitos e liberdades".

50 SILVA, Virgílio Afonso da. **Direitos fundamentais:** conteúdo essencial, restrições e eficácia. São Paulo: Malheiros, 2009, p. 25-26.

Algumas propostas doutrinárias têm protagonizado este debate, alocado, no mais das vezes, no contexto das teorias metodológicas de aplicação dos direitos fundamentais[51]. Daí que, como não poderia deixar de ser, as referidas propostas, a seguir apresentadas, em geral, guardam estrita coerência e mesmo decorrem da percepção que se adota acerca da dogmática e da metódica hermenêutica das normas jurídicas, em especial dos princípios jurídicos.

VIRGÍLIO AFONSO DA SILVA, apoiado (com poucas nuances) nas premissas e conclusões de ROBERT ALEXY, segue, em estudo detido sobre o assunto, um itinerário lógico e didático – por isso que adiante reproduzido – de exame das mais difundidas proposições pertinentes ao tema das restrições aos direitos humanos e de seu conteúdo essencial.[52]

Primeiramente, é preciso que seja enfrentado o problema da constatação das situações fáticas e jurídicas abrangidas pelas normas de direitos humanos (**suporte fático**). A seguir, toca compreender acerca da natureza dos limites impostos ao exercício dos direitos humanos, isto é, perquirir se tais limitações são desde sempre aferíveis, por serem inerentes a cada direito humano, ou se as restrições se produzem como resultado de tensionamentos externos ao espaço de abrangência da norma em questão (**teorias interna e externa**). Por fim, cumpre concluir sobre a possibilidade de se afirmar a existência, dentro deste mesmo espaço de abrangência normativa, de um conteúdo intangível (**conteúdo essencial**), bem como a respeito de, se existente, como identificá-lo.

Impende notar, de saída, que o estudo das restrições e do conteúdo essencial dos direitos humanos acontece no contexto de um enfoque subjetivo, ou seja, de análise de situações individuais, com vistas a se perquirir se o caso concreto preserva o conteúdo essencial do(s) direito(s) humano(s) envolvido(s). Sob um prisma diferente, é possível examinar o significado, o valor e a extensão de determinada norma de direito humano para toda a sociedade, isto é, a importância e as circunstâncias de sua própria existência e aplicação, na perspectiva das relações sociais. Contudo, esse enfoque, distinto do primeiro, é objetivo e, bem por isso, alimenta o debate sobre os direitos humanos como cláusulas pétreas e não sobre seu suporte fático, esse último tipicamente inserido no enfoque subjetivo.

Antes, porém, de iniciar este trajeto analítico, convém demonstrar uma afirmação feita acima, segundo a qual a admissão da possibilidade de que direitos humanos sejam restringidos, em si, não é algo problemático, porquanto naturalmente presente na própria normativa dos direitos humanos.

4.1. Restrições normativas explícitas a direitos humanos

Como salientado por ocasião da análise das características dos direitos humanos, à universalidade e indisponibilidade não corresponde, até por implausibilidade fática, sua prevalência plena e absoluta, em todas as circunstâncias da vida. Não há, pois, direito humano absoluto.

---

51 A despeito da dedicação dos constitucionalistas ao tema, atualmente, ao menos no Brasil, já se encontram juristas que o desenvolvem sob uma perspectiva mais além dos direitos fundamentais, admitindo (pensa-se, de modo adequado) que as premissas deste debate fazem sentido também para a dogmática e a metodologia de aplicação das normas internacionais de direitos humanos. Nesta linha, *cf.* RAMOS, André de Carvalho. **Curso de Direitos Humanos**, cit., p. 123-158.

52 SILVA, Virgílio Afonso da. **Direitos fundamentais:** conteúdo essencial, restrições e eficácia, cit., p. 39-40. A opção pela adoção do itinerário de análise de Virgílio Afonso da Silva e das premissas de Robert Alexy, nesta obra, é uma questão de coerência com o quanto apresentado no tópico pretérito sobre a aplicação dos princípios jurídicos de direitos humanos, essencialmente fundamentada na distinção entre regras e princípios proposta por Dworkin e sistematizada com mais detalhes por Alexy.

Bem por isso, as restrições a direitos humanos são matéria habitualmente versadas em tratados internacionais de direitos humanos, do que são exemplos o Pacto Internacional sobre Direitos Civis e Políticos da ONU e a Convenção Americana sobre Direitos Humanos da OEA, a saber:

> Pacto Internacional sobre Direitos Civis e Políticos (ONU)
>
> Artigo 4º
>
> 1. Quando situações excepcionais ameacem a existência da nação e sejam proclamadas oficialmente, os Estados Partes do presente Pacto podem adotar, na estrita medida exigida pela situação, medidas que suspendam as obrigações decorrentes do presente Pacto, desde que tais medidas não sejam incompatíveis com as demais obrigações que lhes sejam impostas pelo Direito Internacional e não acarretem discriminação alguma apenas por motivo de raça, cor, sexo, língua, religião ou origem social.
>
> 2. A disposição precedente não autoriza qualquer suspensão dos artigos 6, 7, 8 (parágrafos 1 e 2) 11, 15, 16, e 18.[53]
>
> Convenção Americana sobre Direitos Humanos (OEA)
>
> Artigo 27. Suspensão de garantias
>
> 1. Em caso de guerra, de perigo público, ou de outra emergência que ameace a independência ou segurança do Estado Parte, este poderá adotar disposições que, na medida e pelo tempo estritamente limitados às exigências da situação, suspendam as obrigações contraídas em virtude desta Convenção, desde que tais disposições não sejam incompatíveis com as demais obrigações que lhe impõe o Direito Internacional e não encerrem discriminação alguma fundada em motivos de raça, cor, sexo, idioma, religião ou origem social.
>
> 2. A disposição precedente não autoriza a suspensão dos direitos determinados seguintes artigos: 3 (Direito ao reconhecimento da personalidade jurídica); 4 (Direito à vida); 5 (Direito à integridade pessoal); 6 (Proibição da escravidão e servidão); 9 (Princípio da legalidade e da retroatividade); 12 (Liberdade de consciência e de religião); 17 (Proteção da família); 18 (Direito ao nome); 19 (Direitos da criança); 20 (Direito à nacionalidade) e 23 (Direitos políticos), nem das garantias indispensáveis para a proteção de tais direitos.

Em se tratando de direitos humanos sociais, as normas internacionais estabelecem abordagem própria, tal qual se infere do Pacto Internacional sobre Direitos Econômicos, Sociais e Culturais da ONU e do Protocolo Adicional à Convenção Americana sobre Direitos Humanos em Matéria de Direitos Econômicos, Sociais e Culturais ("Protocolo de São Salvador") da OEA:

> Pacto Internacional sobre Direitos Econômicos, Sociais e Culturais (ONU)
>
> Artigo 4º
>
> Os Estados Partes do presente Pacto reconhecem que, no exercício dos direitos assegurados em conformidade com presente Pacto pelo Estado, este poderá submeter tais

---

[53] São os direitos mencionados no item 2 do art. 4º do PIDCP como infensos a qualquer suspensão genérica pelo Estado: direito à vida (art. 6º), proibição de tortura (art. 7º), proibição de escravidão e servidão (art. 8º, 1 e 2), proibição de prisão por obrigação contratual (art. 11), direito a não ser condenado por delito previamente tipificado em lei nacional ou internacional (art. 15), direito à personalidade jurídica (art. 16) e liberdade de pensamento, consciência e religião (art. 18).

direitos unicamente às limitações estabelecidas em lei, somente na medida compatível com a natureza desses direitos e exclusivamente com o objetivo de favorecer o bem-estar geral em uma sociedade democrática.

PROTOLOCO DE SAN SALVADOR (OEA)

Artigo 4º – Não admissão de restrições

Não se poderá restringir ou limitar qualquer dos direitos reconhecidos ou vigentes num Estado em virtude de sua legislação interna ou de convenções internacionais, sob pretexto de que este Protocolo não os reconhece ou os reconhece em menor grau.

Artigo 5º – Alcance das restrições e limitações

Os Estados Partes só poderão estabelecer restrições e limitações ao gozo e exercício dos direitos estabelecidos neste Protocolo mediante leis promulgadas com o objetivo de preservar o bemestar geral dentro de uma sociedade democrática, na medida em que não contrariem o propósito e razão dos mesmos.

Não seria diferente no plano nacional, onde se costumam estabelecer, com detalhes, os padrões e o conteúdo de regulação das restrições aos direitos humanos positivados no ordenamento jurídico doméstico.

Na seara constitucional, CANOTILHO classifica os tipos de restrições legais a direitos fundamentais em:

Restrições constitucionais imediatas → cuja positivação é explicitada pelas próprias normas que enunciam e protegem os direitos.

Restrições estabelecidas por lei → cuja instituição por lei posterior infraconstitucional é admitida, expressamente, pelas normas que enunciam e protegem os direitos.

Restrições não expressamente autorizadas pela Constituição → cujo reconhecimento se impõe em razão da necessidade da resolução de situações de colisão entre direitos fundamentais.[54]

São inúmeros os exemplos de **restrições constitucionais imediatas** estipuladas pela Constituição Federal brasileira, podendo-se citar alguns:

Art. 5º, VIII → restrição à liberdade de crença religiosa ou de convicção filosófica ou política, na hipótese de se invocar tal direito para eximir-se de obrigação legal a todos imposta e recusar-se a cumprir prestação alternativa, fixada em lei.

Art. 5º, XI → restrição à inviolabilidade do domicílio em caso de flagrante delito ou desastre, ou para prestar socorro, ou, durante o dia, por determinação judicial.

Art. 5º, XVI → restrição à liberdade de reunião, quando frustrada outra reunião anteriormente convocada para o mesmo local.

Art. 5º, XVII → restrição à liberdade de associação pela vedação de seu exercício para finalidade de caráter paramilitar.

---

[54] CANOTILHO, J. J. Gomes, op. cit., p. 1276-1277.

Outrossim, são recorrentes os casos em que a Carta Magna autoriza **restrições estabelecidas por lei**. São exemplos de autorizações específicas desse jaez:

> **Art. 5º, XII ➔** restrição à inviolabilidade do sigilo da correspondência e das comunicações telegráficas, de dados e das comunicações telefônicas, por ordem judicial, nas hipóteses e na forma que a lei estabelecer para fins de investigação criminal ou instrução processual penal.
> **Art. 5º, XIII ➔** restrição à liberdade de profissão pela exigência das qualificações profissionais que a lei estabelecer.
> **Art. 5º, XXIV ➔** restrição ao direito de propriedade por lei que estabeleça o procedimento para desapropriação por necessidade ou utilidade pública, ou por interesse social, mediante justa e prévia indenização em dinheiro.

A Constituição Federal, no entanto, também conta com autorizações genéricas para que normas infraconstitucionais imponham restrições momentâneas ao exercício de direitos fundamentais, em contextos excepcionais de grave alteração da ordem pública, a juízo do Presidente da República. Estas situações, nomeadas por alguns constitucionalistas e jusfilósofos como "estados de exceção"[55], são vislumbradas segundo uma graduação de severidade do motivo justificador da medida extrema, variando entre o Estado de Defesa e o Estado de Sítio, assim preceituadas pelo texto constitucional:

> Art. 136. O Presidente da República pode, ouvidos o Conselho da República e o Conselho de Defesa Nacional, decretar estado de defesa para preservar ou prontamente restabelecer, em locais restritos e determinados, a ordem pública ou a paz social ameaçadas por grave e iminente instabilidade institucional ou atingidas por calamidades de grandes proporções na natureza.
> § 1º O decreto que instituir o estado de defesa determinará o tempo de sua duração, especificará as áreas a serem abrangidas e indicará, nos termos e limites da lei, as medidas coercitivas a vigorarem, dentre as seguintes:
> I – restrições aos direitos de:
> a) reunião, ainda que exercida no seio das associações;
> b) sigilo de correspondência;
> c) sigilo de comunicação telegráfica e telefônica;
> (...)
> Art. 137. O Presidente da República pode, ouvidos o Conselho da República e o Conselho de Defesa Nacional, solicitar ao Congresso Nacional autorização para decretar o estado de sítio nos casos de:
> I – comoção grave de repercussão nacional ou ocorrência de fatos que comprovem a ineficácia de medida tomada durante o estado de defesa;

---

55 O filósofo italiano Giorgio Agamben ganhou notoriedade, em tempo recente, com sua teoria segundo a qual, seja explicita, seja dissimuladamente "(...) o estado de exceção tende cada vez mais a se apresentar como o paradigma de governo dominante na política contemporânea. Esse deslocamento de uma medida provisória e excepcional para uma técnica de governo ameaça transformar radicalmente — e, de fato, já transformou de modo muito perceptível — a estrutura e o sentido da distinção tradicional entre os diversos tipos de constituição. O estado de exceção apresenta-se, nessa perspectiva, como um patamar de indeterminação entre democracia e absolutismo" (AGAMBEN, Giorgio. **Estado de exceção**. 2. ed. Revista. São Paulo: Boitempo, 2011, p. 13).

> II – declaração de estado de guerra ou resposta a agressão armada estrangeira.
>
> (...)
>
> Art. 139. Na vigência do estado de sítio decretado com fundamento no art. 137, I, só poderão ser tomadas contra as pessoas as seguintes medidas:
>
> I – obrigação de permanência em localidade determinada;
>
> II – detenção em edifício não destinado a acusados ou condenados por crimes comuns;
>
> III – restrições relativas à inviolabilidade da correspondência, ao sigilo das comunicações, à prestação de informações e à liberdade de imprensa, radiodifusão e televisão, na forma da lei;
>
> IV – suspensão da liberdade de reunião;
>
> V – busca e apreensão em domicílio;
>
> VI – intervenção nas empresas de serviços públicos;
>
> VII – requisição de bens.
>
> Parágrafo único. Não se inclui nas restrições do inciso III a difusão de pronunciamentos de parlamentares efetuados em suas Casas Legislativas, desde que liberada pela respectiva Mesa.

Como não poderia deixar de ser, as atividades legislativa e jurisdicional brasileiras também são pródigas no estabelecimento de **restrições não expressamente autorizadas pela Constituição** enquanto solução de colisões de direitos fundamentais.

No campo legislativo, relembre-se, são manifestações desse fenômeno as leis infraconstitucionais que vedam os atos de fumar em locais públicos fechados (liberdade/autonomia *vs.* saúde pública); de dirigir após ingestão de certa quantidade bebida alcoólica (ir e vir *vs.* vida/integridade física); de comprar e manter-se na posse de armas de fogo (segurança pessoal *vs.* vida/integridade física); de se candidatar a cargo público eletivo após condenação judicial pretérita (direitos políticos *vs.* direito à moralidade e probidade do servidor público).

Já no campo judicial, são incontáveis os exemplos, podendo-se mencionar, com propósito meramente representativo, três casos de grande repercussão julgados pelo STF, como a ADPF 54-8, sobre autorização para interrupção de gravidez de feto anencefálico (direito à vida do feto *vs.* direito à saúde e integridade física e psicológica da gestante); o HC 82.424-2/RS – Caso "Ellwanger", sobre publicações antissemitas (liberdade de expressão *vs.* igualdade e não discriminação); e ADI 4.815, a respeito da legalidade da publicação de biografias não autorizadas (liberdade de expressão *vs.* direito à privacidade, honra e imagem).

A recorrência de normas constitucionais brasileiras que autorizam, direta ou indiretamente (por leis infraconstitucionais), a restrição a direitos humanos não elide, todavia, como já alertado, a controvérsia a respeito de seu alcance e, consequentemente, da extensão do conteúdo essencial de cada um desses direitos, situações que conduzem à abordagem teórica específica do problema.

4.2. Suporte fático dos direitos humanos

O termo "suporte fático" designa o conjunto de fatos ou atos do mundo que se enquadram na descrição de um enunciado normativo e que implicam determinada consequência jurídica.

A concepção de "suporte fático", difundida, no Brasil, por PONTES DE MIRANDA, nos horizontes do direito civil, coincide com as ideias de "tipo" para o direito penal e de "fato gerador" ou "hipótese de incidência" para o direito tributário.[56]

Aplicada, contudo, às normas de direitos humanos, principalmente às constitucionalmente previstas, esta noção oferece dificuldades à identificação do suporte fático dos direitos humanos, à vista da estrutura textual aberta de seus enunciados. É que tal identificação pressupõe a resposta a quatro perguntas centrais sobre a norma examinada. (i) O que se pretende proteger? (ii) Contra o quê? (iii) Qual a consequência jurídica pela violação? (iv) O que é necessário ocorrer para que a consequência jurídica de fato possa incidir?

Diferentemente o que se poderia imaginar, a resposta à primeira indagação não define, *per si*, o suporte fático de uma norma, descortinando apenas o seu **âmbito de proteção,** ou seja, o conjunto de bens protegidos, que nada mais são do que as ações, características, situações ou posições jurídicas que não podem ser afrontadas ou eliminadas.[57]

Ilustrativamente, perceba-se, por exemplo, que o ato de condução de um veículo por uma pessoa habilitada encontra-se abrigada pela norma que protege a liberdade de ir e vir, não ensejando, todavia, qualquer consequência jurídica. Se não há consequência jurídica a se fazer valer pela prática do ato, não há suporte fático, por ausência de seu segundo elemento conceitual. Neste passo, a condução do veículo por pessoa habilitada integra o âmbito de proteção jurídica da liberdade de ir e vir, mas só há de se cogitar da incidência de consequência jurídica na hipótese de uma intervenção (estatal ou privada) tida pela norma por ilegitimamente confrontante da citada liberdade. Se assim é, evidencia-se que a identificação das intervenções não admitidas pela norma (resposta à pergunta ii – "contra o que se salvaguardar os bens protegidos"?) é requisito para a definição do suporte fático de certo direito humano.

Sob esta ótica, autores apresentam o suporte fático como resultado da conjugação de dois elementos, quais sejam, o âmbito de proteção e a intervenção. VIRGÍLIO AFONSO DA SILVA, porém, alerta para a necessidade da inserção de um terceiro elemento neste conceito: a ausência de fundamentação constitucional da intervenção. Neste passo, **o suporte fático advém da soma entre âmbito de proteção e intervenção sem fundamento constitucional**[58].

Ainda dentro do estudo do elemento da intervenção, alerte-se para o equívoco de sua associação exclusiva com uma ação, no sentido de ato positivo de intervir. É que, quando determinada norma de direito humano – como é o caso de boa parte dos direitos sociais – congrega, em seu âmbito de proteção, bens jurídicos cujo exercício pelo titular demanda realizações (um fazer) ou prestações (muitas das vezes estatais), a intervenção concretiza-se

---

56 SILVA, Virgílio Afonso da. **Direitos fundamentais:** conteúdo essencial, restrições e eficácia, cit., p. 65-66.

57 ALEXY, Robert, op. cit., p. 303; SILVA, Virgílio Afonso da. **Direitos fundamentais:** conteúdo essencial, restrições e eficácia, cit., p. 26-27. O termo "âmbito de proteção" experimenta variação de nomenclatura nas doutrinas estrangeira e nacional, que fazem uso, para designar o mesmo significado, de expressões como "área de proteção", "área de regulamentação", "âmbito de vida" e "núcleo de proteção" (a respeito dessa terminologia, cf. MARTINS, Leonardo. **Teoria geral dos direitos fundamentais**. 2. ed. São Paulo: Ed. Revista dos Tribunais, 2009, p. 125).

58 "É ainda necessário que não haja fundamentação constitucional (não FC) para a intervenção. Se houver fundamentação constitucional para a intervenção, estar-se-á diante não de uma violação, mas de uma restrição constitucional a direito fundamental, o que impede a ativação da consequência jurídica (declaração de inconstitucionalidade e retorno ao *status quo ante*)" (SILVA, Virgílio Afonso da. **Direitos fundamentais:** conteúdo essencial, restrições e eficácia, cit., p. 74). Importante notar que os tratados internacionais de direitos humanos não só podem como devem ser encarados como normas aptas a serem consideradas fundamento constitucional, a teor do disposto no art. 5º, § 2º, da Constituição Federal.

por uma omissão, um não fazer. Neste caso, frente à inexistência de justificativa constitucional para a inércia do sujeito passivo da obrigação e ator da intervenção, estará, portanto, configurado o suporte fático, a ter como principal consequência jurídica a determinação de realização do ato omitido.

A conformação do suporte fático pode ser assim ilustrada:

Elementos do Suporte Fático

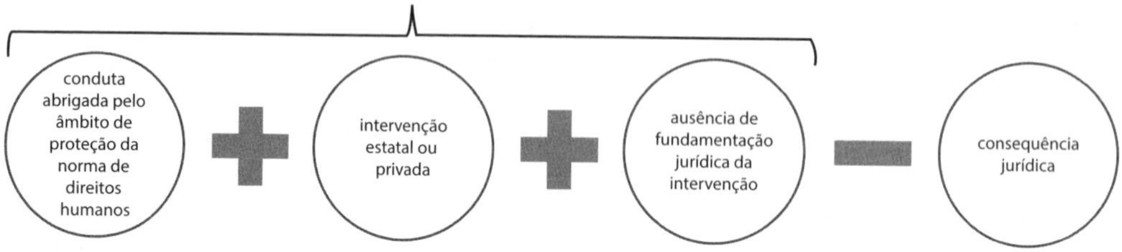

Fonte: elaborada pelo autor

Inobstante esta formulação quanto aos elementos do suporte fático, não são unívocos os caminhos dados pela doutrina e pela jurisprudência sobre a consideração desses elementos para a resposta às perguntas relativas ao que se pretende proteger e contra o quê. Há, principalmente, duas teorias a respeito.

De um lado, a **teoria do suporte fático restrito** preceitua que o âmbito de proteção de cada norma de direito humano é aferível *a priori*, isto é, todas as ações, características, situações ou posições jurídicas que compõem o âmbito de proteção de uma norma podem ser identificáveis, de saída. Em sendo assim, não há que se falar em colisão de princípios e sua solução por técnicas de ponderação (sopesamento), porque a identificação, de antemão, dos bens protegidos de cada direito humano impede qualquer confronto entre eles, já que o que de fato ocorre é a "não proteção de algumas ações pelas normas que, aparentemente, deveriam protegê-las".[59] Dito de outro modo, há ações, características, situações ou posições jurídicas que, de saída, estão excluídas do âmbito de proteção dos direitos humanos.

ALEXY utiliza-se de exemplos do jurista alemão FRIEDRICH MÜLLER para ilustrar (e, depois, criticar) a teoria do suporte fático restrito. Trata-se das hipóteses do pintor que decide pintar em um cruzamento viário movimentado e do músico que, à noite, incomoda a vizinhança tocando trombone. Nestes casos, sob o prisma da teoria em comento, os atos de pintar e de tocar trombone integram o âmbito de proteção do direito liberdade de expressão, enquanto estão excluídos, desde sempre, desse mesmo âmbito as ações de pintar e tocar trombone, respectivamente, em um cruzamento viário e à noite, próximo a uma vizinhança.[60]

As críticas à teoria do suporte fático restrito são intensas, parte delas atacando a óbvia dificuldade em se delimitar, *a priori*, o rol de bens protegidos de qualquer norma de direito humano, à vista, de um lado, da estrutura tipicamente aberta de seus enunciados, e, de outro, da dinamicidade da realidade das relações sociais, o que, por consequência, obsta a atualização desse rol conforme a evolução da sociedade.

A essas críticas costuma-se opor a disponibilidade da interpretação histórico-sistemática em favor da descoberta do âmbito de proteção das normas de direitos humanos, algo que o próprio STF já fez. No conhecido e já mencionado Caso Ellwanger (HC 82.424-2/RS), mesmo

---

59 ALEXY, Robert, op. cit., p. 82.

60 Id. Ibid., p. 303.

sem citar, expressamente, a teoria em questão, os Ministros Moreira Alves e Marco Aurélio fundamentaram (sem formar maioria), cada qual à sua maneira, entendimento de que o racismo criminalizado pelo art. 5º, XLII, da Constituição Federal visa coibir a discriminação apenas contra negros, já que, segundo documentos oficiais da época da propositura do texto do dispositivo, a importância de sua aprovação foi enaltecida, explicitamente, em função do histórico brasileiro de discriminação contra negros. Sob essa alegação, a não discriminação contra judeus ou outros grupos étnicos não integraria o âmbito de proteção do crime previsto pelo art. 5º, XLII, da Carta Magna.

A teoria do suporte fático restrito também é criticada por, em verdade, ocultar o fato de que todo ato de reconhecimento de exclusão de ações, características, situações ou posições jurídicas do âmbito de proteção de uma norma de direito humano é, de fato, a imposição de uma restrição a esse direito, a envolver, necessariamente e, em alguma medida, um sopesamento (legislativo ou judicial).[61]

Equivocado, pois, nesta linha, dar protagonismo à definição do âmbito de proteção, em prejuízo da consideração da intervenção (restrição) como parte ativa desse processo delimitador, a impedir, na prática, a identificação dos bens que estejam e não estejam protegidos desde sempre.

A **teoria do suporte fático amplo** propõe uma viragem naquela percepção, a partir do deslocamento do foco do âmbito de proteção para os argumentos lançados no momento da fundamentação da intervenção.[62]

Segundo esta teoria, há que se incluir no âmbito de proteção de cada norma de direitos humanos toda ação, característica, situação ou posição jurídica que, a princípio, diga respeito ao exercício desse direito, sem qualquer exclusão antecipada. Para o cumprimento deste objetivo, ALEXY propõe que sejam observados estes parâmetros:

> (1) Tudo aquilo que apresentar uma característica que – considerada isoladamente – seja suficiente para a subsunção ao suporte fático é considerado como típico, não importa que outras características estejam presentes.
> (...)
> (2) No campo semântico dos conceitos de suporte fático devem ser adotadas interpretações amplas.[63]

A definição do âmbito de proteção das normas de direitos humanos é, portanto, encarada pela teoria do suporte fático amplo como apenas o primeiro passo para o exame da satisfação do suporte fático. Isto faz sentido a partir da ideia de princípios jurídicos como mandamentos de otimização de direitos *prima facie*, os quais, ao final de sua aplicação ao caso concreto, produzirão efeitos definitivos, de acordo com as possibilidades fáticas e jurídicas que cada caso apresente. O âmbito de proteçao da norma revela, pois, quais são os bens protegidos *prima facie* (em princípio), mas não responde, definitivamente, sobre o preenchimento do suporte fático, o que será possível apenas o seu cotejo com a restrição imposta e sua fundamentação, no caso concreto.

Retomando-se os exemplos do pintor e do músico, segundo a teoria do suporte fático amplo, tanto a pintura em cruzamento viário, quanto o tocar o instrumento à noite, próximo a vizinhos, são atos que integram *prima facie* (em princípio) o âmbito de proteção da norma

---

61 Id. Ibid., p. 321.

62 SILVA, Virgílio Afonso da. **Direitos fundamentais:** conteúdo essencial, restrições e eficácia, cit., p. 94.

63 ALEXY, Robert, op. cit., p. 322.

que salvaguarda a liberdade de expressão artística, o que não significa que tais condutas não poderão ser objeto de restrição em determinadas condições fáticas e jurídicas, exame que pertine ao segundo passo do itinerário de análise da satisfação do suporte fático, assunto que remete a mais duas outras teorias.

4.3. As teorias interna e externa a respeito das restrições a direitos humanos

É direta a relação guardada entre a concepção que se adote sobre suporte fático (restrito ou amplo) e o modo de se examinar os limites ou as restrições a normas de direitos humanos, porquanto a escolha feita implica, naturalmente, na metódica de aplicação desses direitos, sobretudo daqueles enunciados com estrutura de princípios jurídicos.

Do ponto de vista semântico, o uso dos termos "limite" e "restrição" evidencia distinção entre modos de compreensão do problema da delimitação do âmbito de proteção das normas, os quais podem ser agrupados em duas teorias: interna e externa.[64]

Do ponto de vista da **teoria interna,** há que se cogitar da existência de limites ao exercício de direitos e sua identificação dá-se mediante um processo de definição interno à própria norma, sem a influência de qualquer fator externo àquele direito, enquanto objeto de análise e aplicação. Em outras palavras, há um só objeto, qual seja, o direito e os limites que já o acompanham, limites tais determinados sem qualquer influência externa, inclusive a aplicação de outros direitos.

Decorrência direta deste entendimento é a negação da distinção entre direitos *prima facie* e direitos definitivos, já que toda norma traz consigo seus limites de aplicação.[65]

O uso do termo "limite" e não da palavra "restrição" pela teoria interna não é casual, pois, propositalmente, se busca com isso exaltar a negação de delimitação normativa produzida por atos exteriores à própria norma, que atinjam seu campo de aplicação, supostamente de forma arbitrária. Deste modo, até mesmo dispositivos legais que, expressamente e em momento posterior, limitem o exercício de determinado bem protegido por uma norma são tidos como elementos internos da própria norma, explicitados em enunciados normativos postos por ator competente para tanto. Há, sob tal ótica, limites explícitos (no mais das vezes, nascidos de fontes normativas), mas também implícitos dos direitos, esses últimos anunciados por ocasião da atividade de interpretação/aplicação da norma. Os limites implícitos são nomeados pela teoria interna "**limites imanentes**".

Sempre ressaltando que o STF não tem posição manifesta sobre os temas ora tratados[66], a decisão do referido Caso Ellwanger também revelou uso da teoria interna na argumentação do Ministro Maurício Corrêa, ao afirmar que a liberdade de expressão e pensamento, como qualquer outra, não é incondicional, posto que se submete aos limites impostos pela própria Constituição Federal.[67] E não se poderia esperar outro encaminhamento, uma vez que, como visto anteriormente, esse mesmo voto valeu-se de raciocínio baseado na teoria do suporte fático restrito das normas. Pela consonância de pressupostos, pode-se afirmar que a teoria do suporte fático restrito das normas conduz à adoção da teoria interna dos limites das normas de direitos humanos.

---

64 Tais teorias não foram concebidas pela doutrina dos direitos humanos ou constitucional, tendo sido suscitadas, sobretudo na França, a propósito de temas de direito civil (SILVA, Virgílio Afonso da. **Direitos fundamentais:** conteúdo essencial, restrições e eficácia, cit., p. 27).

65 Id. Ibid., p. 128-129.

66 Afinal, tantas são as decisões proferidas pelo STF com uso da técnica da ponderação (algumas abordadas neste curso), postura incongruente com os preceitos da teoria interna.

67 Id. Ibid., p. 131.

Outras premissas, entretanto, iluminar a **teoria externa** das restrições, notadamente o acatamento da distinção entre normas e princípios e seus consectários – *v.g.* a dicotomia direitos *prima facie* e direitos definitivos, a colisão de direitos, a ponderação e a proporcionalidade.

Diferentemente da teoria interna, a teoria externa compreende o direito e suas restrições como dois objetos distintos, que se influenciam mutuamente. Consequentemente, as restrições podem ser (e na verdade sempre são) instrumentos **exteriores** de delimitação das normas.

A partir deste ponto de vista, os adeptos da teoria externa criticam a teoria interna por entenderem que os chamados "limites", assim como as ditas "regulamentações", não passam de intervenções sempre externas. Bem por isso, o que a teoria interna trata como descoberta pelo ato hermenêutico de limites subjacentes (imanentes), a teoria externa denomina simplesmente restrição por ato externo.

Nesta toada, para a teoria externa, a restrição a direitos humanos será sempre produto de uma ponderação de normas em colisão, a ser levada a efeito por uma autoridade com poderes legislativos ou jurisdicionais, bem como por um particular, nas hipóteses em que não for impedido ou for autorizado pelo ordenamento jurídico. Isso explica a existência de restrições a direitos humanos explícitas em tratados internacionais, na Constituição Federal, na legislação infraconstitucional (aqui, não raro, por delegação constitucional) e em contratos.

Resulta daí a íntima relação entre a teoria do suporte fático amplo e a teoria externa. É que que ambas subsidiam a percepção segundo a qual, todas as ações, situações ou posições jurídicas que detenham uma única característica que, isoladamente considerada, milite em favor do exercício de determinado direito humano integram, *prima facie,* o âmbito de proteção desse direito, podendo, contudo, vir a sofrer restrição, a qual apenas sucumbirá se ausente fundamentação constitucional que a justifique, hipótese em que preenchido estará o suporte fático, abrindo espaço para a incidência da consequência jurídica correspondente. Eis o motivo pelo qual se asseverou que, no marco da teoria externa, as luzes são lançadas sobre a fundamentação jurídico-constitucional da restrição imposta.

A teoria externa associada à teoria do suporte fático amplo não é isenta de críticas, ao contrário. Talvez a crítica mais incisiva seja acusação de favorecimento de decisões judiciais arbitrárias sobre o alcance das normas de direitos humanos e suas restrições ("subjetivismo" ou "decisionismo" da magistratura), em ameaça à separação de Poderes por interferência judicial na atividade legiferante, dando margem à insegurança jurídica. VIRGÍLIO AFONSO DA SILVA responde, nestes termos, à aludida crítica, devolvendo aos críticos a mesma acusação:

> O que aqui se defende, portanto, é a tese de que a diminuição da proteção não está na abertura das possibilidades de restrição, já que elas impõem um ônus argumentativo ao legislador e ao juiz; uma diminuição na proteção aos direitos fundamentais ocorre, na verdade, naquelas teorias que recorrem a figuras pouco claras como limites imanentes, conteúdos absolutos, especificidade, ou a outras formas de restrição ao suporte fático dos direitos fundamentais. Nestas teorias a restrição ocorre de maneira disfarçada, com base em uma exclusão *a priori* de condutas, estados e posições jurídicas de qualquer proteção. (...) essas teorias, ao excluir de antemão a proteção, liberam o legislador e o aplicador do direito de qualquer ônus argumentativo.[68]

Indo além e lembrando que até mesmo o juspositivista KELSEN admitia a impossibilidade de uma racionalidade judiciária infensa a qualquer subjetividade do aplicador do Direito,

[68] SILVA, Virgílio Afonso da. **Direitos fundamentais:** conteúdo essencial, restrições e eficácia, cit., p. 253.

VIRGÍLIO acentua que tal condição é mais passível de controle do que a via oferecida pelas teorias do suporte fático amplo e interna, porque, entendida segurança jurídica como "mínimo de previsibilidade da atividade jurisdicional", tal previsibilidade se molda pelo "acompanhamento cotidiano e crítico da própria atividade jurisdicional", pois "é a partir da cobrança de consistência e coerência em suas decisões e do conhecimento da história jurisprudencial do Tribunal que cada um de seus membros ficará sempre compelido a ser coerente – e, por conseguinte, mais previsível – em suas decisões".[69]

Em outros termos, a segurança jurídica diz respeito ao processo discursivo (argumentativo) das decisões e, portanto, estabelece-se pelo controle da coerência e da plausibilidade da fundamentação jurídico-constitucional com a qual pretende o legislador, o juiz e o particular justificar a imposição da restrição ao direito humano.

Enfim, a mensagem é clara: toda restrição a direitos humanos exige justificação jurídica.[70]

4.4. Conteúdo essencial dos direitos humanos e mínimo existencial

Não existe dissenso doutrinário relevante acerca da viabilidade da figura do conteúdo essencial das normas de direitos humanos, no sentido de sua intangibilidade por qualquer limite ou restrição (a depender da teoria eleita). Viu-se até que há vários dispositivos constitucionais não brasileiros que o contemplam, expressamente. A celeuma instala-se, como já é possível suspeitar, quanto à definição de quais ações, características, situações ou posições jurídicas são albergadas por esse conteúdo (ou núcleo) essencial. Cada uma das teorias até aqui estudas, em associação, remeterão a distintas soluções para este impasse.

Ao se admitir que o âmbito de proteção e os limites de uma norma já se encontram definidos de antemão (suporte fático restrito) e sem qualquer interferência de outro direito (teoria interna), então o conteúdo essencial de toda norma de direito humano encontra-se instituído à partida, bastando a sua identificação. Percebe-se, daí, a existência de um **conteúdo essencial absoluto,** o qual, para alguns autores, é composto apenas por bens que não variam em significado e importância no tempo e no espaço (conteúdo absoluto-estático), mas, para outros, é integrado por bens suscetíveis de atualização temporal (conteúdo absoluto-dinâmico).[71] Certamente, todas as mencionadas dificuldades de delimitação apriorística de bens protegidos e de seus limites, opostas às concepções de suporte fático restrito e da teoria externa, também acometem a proposta do conteúdo essencial absoluto.

Por outro lado e de modo distinto, defende-se a existência de um **conteúdo essencial relativo** das normas de direitos humanos. Sob este prisma, em se considerando haver um âmbito de proteção largo, identificado *prima facie,* mas sujeito a restrições que somente serão válidas se constitucionalmente fundamentadas (suporte fático amplo e teoria externa), o conteúdo essencial de uma norma de direitos humanos definir-se-á *a posteriori,* com o exame da validade da restrição imposta, no caso concreto. Em vista disso, toda restrição que for considerada constitucionalmente injustificada estará afrontando, necessariamente, um bem protegido pelo conteúdo essencial da determinada norma de direitos humanos.[72]

---

69 Id. Ibid., p. 149. A comunidade jurídica como um todo, em especial a doutrina jurídica, deve ser protagonista no acompanhamento e cobrança das atividades legislativas e judiciárias (Id. Ibid.).

70 ALEXY, Robert, op. cit., p. 339.

71 SILVA, Virgílio Afonso da. **Direitos fundamentais:** conteúdo essencial, restrições e eficácia, cit., p. 188-189.

72 Id. Ibid., p. 197.

Aplicadas as ideias da teoria do suporte fático amplo e da teoria externa aos direitos humanos, conclui-se que, dentre todos, o elemento central para o exame do preenchimento do suporte fático de uma norma de certo direito humano é a perquirição sobre a fundamentação constitucional da restrição imposta. À toda vista trata-se, pois, de circunstância típica de aplicação da técnica da proporcionalidade, como já se pode estudar no tópico precedente.

Perceba-se que, do modo como enunciada, a ideia de conteúdo essencial relativo, vinculada ao exame da proporcionalidade de uma restrição, admite até mesmo que, validada juridicamente restrição severa a direito humano, seu exercício seja completamente esvaziado, nas circunstâncias fáticas e jurídicas autorizadas. Essa é uma situação comum, do que são exemplos normas que autorizam a quebra do sigilo telefônico, a desapropriação, a proibição de condução de veículo, entre tantas outras.

A questão se torna problemática se conteúdo essencial e proporcionalidade forem tomadas como garantias distintas da proteção dos direitos humanos. Todavia, na visão do conteúdo essencial relativo, esse problema não se coloca, pois o conteúdo essencial emerge do exercício da proporcionalidade, sendo, portanto, conceitos redundantes.[73] Em conclusão, toda restrição proporcional estará, automaticamente, preservando o conteúdo essencial do direito humano restringido.

Enfim, um **resumo de todo o abordado** pode ser nestes termos enunciado: não se verifica controvérsia relevante sobre a existência de um intangível conteúdo essencial das normas de direitos humanos, todavia, a definição do que está abarcado por esse conteúdo é controversa e suscita duas correntes, quais sejam, a do conteúdo essencial absoluto e a do conteúdo essencial relativo, cada qual alicerçada em premissas próprias e dicotômicas. Neste passo e à luz dos preceitos eleitos por parte da doutrina especializada no assunto, a teoria do suporte fático restrito e a teoria interna sobre os limites das normas de direitos humanos naturalmente conduzem à concepção do conteúdo essencial absoluto; por sua vez, a teoria do suporte fático amplo e a teoria interna sobre as restrições das normas de direitos humanos naturalmente sustentam a concepção do conteúdo essencial relativo.

Os encadeamentos das teorias sobre restrições e conteúdo essencial dos direitos humanos comportam a seguinte representação:

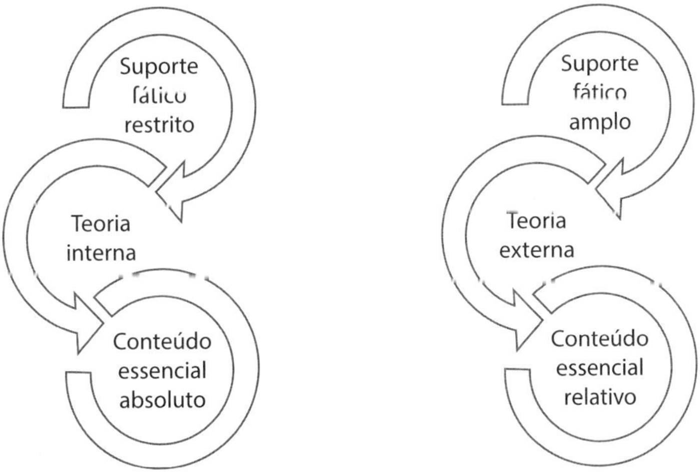

Fonte: elaborada pelo autor

[73] Id. Ibid., p. 201.

Por fim, é de se notar que aplicada aos direitos humanos sociais, a noção de conteúdo essencial implica, necessariamente, no conceito de **mínimo existencial**[74], que se mostra, no campo das disputas jurídicas individuais (tutela de direitos subjetivos), atinente a direitos de acesso a bens e serviços primordiais para a sobrevivência e o desenvolvimento de qualquer pessoa, como saúde, educação, segurança, transporte, trabalho etc. Sem adentrar nos pormenores e nuances das complexidades ínsitas ao conceito de mínimo existencial, o uso, neste contexto, da concepção de conteúdo essencial, uma vez mais suscitará diferentes conclusões, a depender das premissas adotadas.

Em se tratando de direitos sociais (os quais, no mais das vezes, demandam custeio), o Estado, estando comumente no polo passivo deste ônus, porquanto ser o principal obrigado a prover o acesso ao mínimo existencial, costuma fundamentar sua conduta omissiva nos limites orçamentários que impedem a "universalização" do acesso aos bens e serviços atinentes ao mínimo existencial, alegação essa que ficou conhecida como argumento da **reserva do possível.**

Acatado o conteúdo essencial absoluto como premissa, as teorias do suporte fático restrito e externa conduzem à conclusão segundo a qual a fruição de determinados direitos sociais e seus limites já se encontram delineados *a priori*, dependendo o preenchimento do suporte fático da mera identificação do bem como inserto no âmbito de proteção, para que seja desencadeada a incidência da consequência jurídica (promover a fruição até então negada). Neste ponto, o argumento da reserva do possível, enquanto justificativa da inércia estatal, deverá ser avaliado como sendo ou não um limite expresso ou imanente do próprio direito humano social discutido. Os problemas de tal encaminhamento são patentes, sobretudo no que concerne à já abordada preocupação com a arbitrariedade da decisão final a respeito.

Todavia, em se aquiescendo com a ideia de conteúdo essencial relativo, o acesso a todo direito social deve ser tomado, *prima facie*, como integrante do âmbito de proteção da norma correlata, advindo, porém, a consequência jurídica da fruição desse direito da avaliação da pertinência da justificativa constitucional conferida à inércia que obstou o acesso do indivíduo ao direito em questão, no caso concreto. Nesta hipótese, a reserva do possível deve ser posta à prova diante das evidências fáticas e jurídicas dos fatos sob tutela, o que levará a que os argumentos orçamentários sejam detidamente escrutinados e cotejados com as obrigações jurídicas estatais para com os direitos humanos sociais. Realizar-se-á, pois, o controle da proporcionalidade da omissão estatal, a ensejar decisão devidamente fundamentada no ordenamento jurídico vigente.

5. APLICAÇÃO DOS DIREITOS ECONÔMICOS, SOCIAIS, CULTURAIS E AMBIENTAIS: CONTEÚDO ESSENCIAL, MÍNIMO EXISTENCIAL E JUSTICIABILIDADE

Os direitos econômicos, sociais, culturais e ambientais (DESCA) têm força normativa análoga à de que desfrutam quaisquer disposições relativas a direitos humanos.

Como se recorda, a denominada interpretação liberal clássica divide os direitos humanos, de um lado, em "direitos negativos" ou "direitos de defesa" e, de outro, em "direitos positivos" ou "direitos a prestações", tendo comumente (mas, não exclusivamente) o Estado como devedor das obrigações correlatas. Aquela primeira classe de direitos protege a esfera de liberdade dos indivíduos contra intervenções injustificadas, mediante a imposição de deveres de abstenção, e esta última importa em deveres de ação positiva ou de prestação, e é nela que os direitos sociais costumam ser corriqueiramente alocados.

---

[74] SILVA, Virgílio Afonso da. **Direitos fundamentais**: conteúdo essencial, restrições e eficácia, cit., p. 204.

Esta diferenciação tem sido pano de fundo da problemática da justiciabilidade dos DESCA, traduzida pelo debate a respeito de tais direitos terem por objeto prestações exigíveis pelo cidadão ou, diferentemente, de serem apenas orientações, não vinculantes, de políticas públicas do Estado, as chamadas "normas programáticas". Daí a dramática indagação de BOBBIO:

> Será que já nos perguntamos alguma vez que gênero de normas são essas que não ordenam, proíbem ou permitem *hic et nunc*, mas ordenam, proíbem e permitem num futuro indefinido e sem um prazo de carência claramente delimitado? (...) Um direito cujo reconhecimento e cuja efetiva proteção são adiados *sine die*, além de confiados à vontade de sujeitos cuja obrigação de executar o "programa" é apenas uma obrigação moral ou, no máximo, política, pode ainda ser chamado corretamente de "direito"?[75]

CANOTILHO resume as posições sobre tal polêmica em quatro "modelos de positivação" dos DESCA – tratados pelo constitucionalista português simplesmente por "direitos sociais". Do ponto de vista jurídico-constitucional, 3 (três) dos modelos **não têm qualquer capacidade de obrigar, de fato, o destinatário deste tipo de norma, quais sejam os: (a) normas programáticas, definidoras dos fins (sociais) do Estado, de serventia apenas para pressão política sobre os órgãos competentes e para fundamento jurídico-constitucional da regulamentação das prestações sociais; (b) normas de** organização, juridicamente impositivas da realização desses direitos ao legislador, sem, contudo, acarretar qualquer consequência em função de sua eventual inércia; e (c) garantias institucionais, vistas como elementos importantes para a interpretação da lei e da Constituição, uma vez que impõem ao legislador o dever de respeitá-los e protegê-los , considerando para tanto os dados sociais, econômicos e políticos (v.g., família, saúde pública e administração local). Há, porém, um quarto "modelo de positivação", que toma os direitos sociais por direitos subjetivos públicos, com aptidão cogente e consequente atribuição de direitos reflexos passíveis de pleito pelos cidadãos.[76]

O mesmo CANOTILHO, em análise da Constituição Portuguesa – sabida fonte de inspiração da Constituição Federal de 1988, especialmente no que tange à enunciação dos direitos fundamentais –, afirma que:

> Os direitos sociais são compreendidos como autênticos direitos subjetivos inerentes ao espaço existencial do cidadão, independentemente da sua justicialidade e exequibilidade imediatas. Assim, o direito à segurança social (art. 63º), o direito à saúde (art. 64º), o direito à habitação (art. 65º), o direito ao ambiente e à qualidade de vida (art. 66º), o direito à educação e cultura (art. 73º), o direito ao ensino (art. 74º), o direito à formação e criação cultural (art. 78º), o direito à cultura física e desporto (art. 79º), são direitos com a mesma dignidade subjectiva dos direitos, liberdades e garantias. Nem o Estado nem terceiros podem agredir posições reentrantes no âmbito de protecção destes direitos (ex: saúde) – (...)".[77]

Na linha da aludida indagação de BOBBIO, a passagem de CANOTILHO tem lugar dentro de uma necessidade de afirmação da efetividade dos DESCA, evidentemente desejada pela Constituição Federal pátria quando, sob o pálio da "aplicação imediata" determinada pelo

75 BOBBIO, Norberto. **A era dos direitos**. Trad. Carlos Nelson Coutinho. Rio de Janeiro: Elsevier, 2004, p. 92.

76 CANOTILHO, J. J. Gomes, op. cit., p. 474-475.

77 Id. Ibid., p. 476.

§ 1º do art. 5º, enunciou os direitos sociais como direitos fundamentais, dentro do seu Título II, corroborando as diretrizes traçadas no seu preâmbulo e em seus arts. 1º e 3º.

Segue-se, como explicado a propósito do tema das cláusulas pétreas, que a simples localização dessa disposição no art. 5º, não elide, *per si*, a fundamentalidade de diversos direitos preservados nos demais artigos constitucionais, em especial a daqueles que constam do Título II da Constituição Federal.

Ademais, repita-se, não se encontra, ao longo de todo o texto constitucional, qualquer manifestação, explícita ou implícita, de distinção quanto à eficácia das normas dos direitos fundamentais individuais e dos DESCA. Desse modo, uma interpretação que o faça não estará conforme à Constituição, especialmente com sua inspiração social, presente, como visto, no seu preâmbulo e na enunciação dos princípios e dos objetivos da República Federativa do Brasil (arts. 1º e 3º da Constituição Federal).

Não obstante, para o caso brasileiro, a referida necessidade de afirmação da efetividade dos DESCA deve desenvolver-se dentro de uma fundamentação racional, fática e juridicamente sustentável, frente ao ordenamento jurídico que aí está.

Remanesce, pois, como produto dessa reflexão, que normas jurídicas sobre DESCA gozam da mesma eficácia ostentada por qualquer outra norma jurídica sobre direito fundamental, não admitindo definições que lhes neguem, *a priori*, a possibilidade de ensejar direito subjetivo oponível ao Estado ou a um particular, como deriva, por exemplo, da vetusta noção de "normas programáticas".

A impossibilidade de extração, *prima facie*, de um mandamento definitivo, no que tange a qualquer DESCA, tal como enunciado nos arts. 6º, 7º, IV, e 24, IX, da Constituição Federal, embora impeça a sua classificação como regra, não traz qualquer prejuízo à aptidão desses dispositivos, especialmente à do art. 6º, para a produção de efeitos (eficácia), inclusive mediante a atribuição de direitos subjetivos.

Em termos teóricos, a figura da obrigação imperfeita, proposta por IMMANUEL KANT, afigura-se adequada, em particular, para compreensão do alcance e da tutela de direitos cuja efetivação tem caráter processual (não havida em ato único), como o são os DESCA. AMARTYA SEN é um dos pensadores que recuperaram a noção kantiana de obrigação imperfeita e a explica como aquela que decorre de direitos que, por característica, **não permitem sejam antevistos ou pré-determinados comportamentos regulados, assim como todo o conjunto de obrigados à sua observância**. Nesta linha, há direitos que, *prima facie*, têm aptidão para obrigar todas as situações e todos aqueles que possam, de algum modo, contribuir para a consecução ou violação, o que se define casuisticamente.[78]

Por conseguinte, as obrigações imperfeitas são capazes de estabelecer a obrigação jurídica do Estado de adotar ações promocionais, mas também obrigações do Estado, do mercado e dos demais particulares de se comportarem, à luz das possibilidades fáticas e jurídicas do caso concreto, tanto em favor da implementação daqueles direitos quanto se abstendo de comportamentos que impeçam ou dificultem sua efetivação.

Uma repercus**são** prática fundamental deve ser extraída da ideia dos DESCA como direitos com eficácia imediata, ensejadores de obrigações estatais e de particulares, a despeito da indeterminabilidade antecipada de todos os comportamentos necessários para a implementação e de seus obrigados. Trata-se da **obrigação do Estado em adotar, imediatamente, providências no sentido da efetivação de cada um dos DESCA, por meio de medidas tanto no campo das**

---

78 SENGUNPTA, Arjun. On the Theory and Practice of the Right to Development. **Human Rights Quarterly**, v. 24, n. 4, p. 837-889, 2002, p. 843-846.

políticas públicas quanto da regulação dos comportamentos privados. Em outras palavras, ao menos uma primeira obrigação estatal em face dos DESCA está, à partida, bem delimitada e suscetível de reivindicação pelas pessoas: colocar em marcha providências aptas a fazer avançar a fruição desses direitos, adotando políticas públicas e regulando comportamentos privados convergentes com essa mesma finalidade. Em sendo assim, a limitação orçamentária **não pode ser invocada como impeditivo do início da adoção das** medidas esperadas. As conclusões ora formuladas se encontram corroboradas pelos Comentário Geral nº 3 do Comitê de Direitos Econômicos, Sociais e Culturais da ONU e pelos Princípios de Limburgo.

O art. 2º do Pacto Internacional de Direitos Econômicos Sociais e Culturais (PIDESC) da ONU, ratificado e promulgado pelo Brasil, diz:

> Artigo 2º
>
> 1. Cada Estado Parte do presente Pacto compromete-se a adotar medidas, tanto por esforço próprio como pela assistência e cooperação internacionais, principalmente nos planos econômico e técnico, até o máximo de seus recursos disponíveis, que visem a assegurar, progressivamente, por todos os meios apropriados, o pleno exercício dos direitos reconhecidos no presente Pacto, incluindo, em particular, a adoção de medidas legislativas.

Editado em 1991, com vistas a afastar qualquer entendimento que refute a imediata aplicabilidade deste dispositivo, o extenso **Comentário Geral nº 3 do Comitê de Direitos Econômicos, Sociais e Culturais ONU**, órgão de monitoramento do PIDESC, reconhece que o método de implementação das obrigações contidas nesse tratado é de livre escolha dos Estados Partes. Todavia, adverte:

> (...) o fato de que a eficácia ao longo do tempo, ou em outras palavras, progressivamente, está prevista em relação ao Pacto não deve ser mal interpretado como privando a obrigação de todo conteúdo significativo. Por um lado, requer um dispositivo de flexibilidade necessário que reflita as realidades do mundo real e as dificuldades que cada país implica em assegurar a plena efetividade dos direitos econômicos, sociais e culturais. Por outro lado, a frase deve ser interpretada à luz do objetivo geral, na verdade, a razão de ser, do Pacto que é estabelecer obrigações claras para os Estados Partes com respeito à plena realização dos direitos em questão. Assim, impõe a obrigação de proceder da forma mais rápida e eficaz possível para alcançar esse objetivo (...) Da mesma forma, o Comitê ressalta que, mesmo em tempos de severas restrições de recursos, sejam causados pelo processo de ajuste, recessão econômica ou outros fatores, os membros vulneráveis podem e devem ser protegidos na sociedade através da adoção de programas de custo relativamente baixo. [79]

Anos antes, porém, os **Princípios de Limburgo** já haviam avançado na análise do mesmo tratado. Em 1986, reuniu-se, em Masstricht (Holanda), um grupo de *experts* em direito internacional convocado pela Comissão Internacional de Juristas, pela Escola de Direito da

---

79 NÚCLEO DE ESTUDOS INTERNACIONAIS DA CLÍNICA DE DIREITO INTERNACIONAL DOS DIREITOS HUMANOS DA FACULDADE DE DIREITO DA UNIVERSIDADE DE SÃO PAULO; DEFENSORIA PÚBLICA DO ESTADO DE SÃO PAULO; MINISTÉRIO PÚBLICO FEDERAL. **Comentários Gerais dos Comitês de Tratados de Direitos Humanos da ONU: Comitê de Direitos Humanos. Comitê de Direitos Econômicos, Sociais e Culturais.** São Paulo: Defensoria Pública do Estado de São Paulo; Ministério Público Federal, 2018, p. 254-255.

Universidade de Limburgo, pelo Instituto Urban Morgan para Direitos Humanos e pela Universidade de Cincinnati (Estados Unidos da América), com o objetivo de determinar a natureza e o alcance das obrigações assumidas pelos Estados Partes PIDESC. Os participantes vieram de 29 (vinte e nove) países, bem como do Conselho Econômico e Social da (ECOSOC) da ONU e do Centro de Direitos da ONU, da OIT, da UNESCO e da OMS, entre outras organizações.

Como resultado, os Princípios de Limburgo foram enunciados em documento não normativo que conta com algumas observações gerais e apontamentos de diversos princípios interpretativos das disposições do PIDESC, todos no sentido de conferir-lhes aplicabilidade, a partir do reconhecimento de que a progressividade da observância dos direitos econômicos, sociais e culturais não elide, mas, ao contrário, impõe o dever estatal de adoção de eficazes providências, imediatas ou ao longo do tempo (com evolução real), em evidente consagração de um direito a um processo efetivo de promoção, que não descura das implicações orçamentárias, mas exige sua gestão eficaz.[80]

Algumas disposições dos Princípios de Limburgo deixam assente o caráter de direito a um processo de promoção de direitos econômicos, sociais e culturais, oponível ao Estado e aos particulares, com implicações imediatas e justiciável, a despeito de limitações orçamentárias, a saber:

> 8. Embora a plena eficácia dos direitos reconhecidos no Pacto seja alcançada progressivamente, a aplicação de alguns desses direitos pode ser tornada justiciável imediatamente, enquanto outros direitos podem se tornar justiciáveis com o passar do tempo. (...)
>
> 11. (...) para avançar na realização dos direitos econômicos, sociais e culturais, é imprescindível a união de todos os esforços em nível nacional para convocar a participação de todos os setores da sociedade. A participação popular é necessária em todas as fases do processo, incluindo a formulação, implementação e revisão das políticas nacionais. (...)
>
> 16. Todos os Estados Partes têm a obrigação de começar imediatamente a adotar medidas que busquem a plena realização dos direitos reconhecidos no Pacto.
>
> 17. Os Estados Partes deverão usar todos os meios apropriados em nível nacional, incluindo medidas legislativas, administrativas, judiciais, econômicas, sociais e educacionais, de acordo com a natureza dos direitos, a fim de cumprir suas obrigações nos termos do Pacto. (...)
>
> 21. A obrigação de "alcançar progressivamente ... a plena realização dos direitos" exige que os Estados Partes atuem o mais rápido possível para alcançar a realização dos direitos. Sob nenhuma circunstância isso será interpretado como implicando que os Estados tenham o direito de adiar indefinidamente os esforços que visam assegurar a plena eficácia. Em vez disso, todos os Estados Partes têm a obrigação de começar imediatamente a adotar medidas destinadas a cumprir suas obrigações sob o Pacto. (...)
>
> 23. A obrigação de realização progressiva existe independentemente de qualquer aumento de recursos; requer um uso eficiente dos recursos disponíveis. (...)
>
> 25. Os Estados Partes têm a obrigação, independentemente de seu nível de desenvolvimento econômico, de garantir o respeito aos direitos mínimos de subsistência de todas as pessoas.[81]

---

80 CARVALHO, Osvaldo Ferreira de. Os direitos sociais como categoria constitucional. **Revista Direito Público**, v. 14, n. 81, p. 55–83, 2018, p. 71.

81 Tradução livre. INSTITUTO DE DERECHOS HUMANOS. **Los Principios de Limburg sobre la Aplicación del Pacto Internacional de Derechos Económicos, Sociales y Culturales**. Buenos Aires, s.d.

Do que se infere da normativa e de sua interpretação tanto autêntica (Comitê do PIDESC) quanto doutrinária, a dependência das possibilidades fáticas e jurídicas para a realização dos princípios na maior medida possível não retira dos DESCA a capacidade de produzir efeitos; apenas evidencia que tais efeitos, quando viáveis, não se verificarão necessariamente de igual modo e intensidade. Doravante, a dificuldade que se coloca é justamente definir, para fins de reivindicação, o **conteúdo essencial** de cada direito econômico, social e cultural, ou mesmo o conjunto desses conteúdos, em ordem a identificar as condições mínimas de vida dos indivíduos, isto é, o **mínimo existencial.**

5.1. Conteúdo essencial dos direitos econômicos, sociais, culturais e ambientais: mínimo existencial vs. reserva do possível

É de se notar que aplicada aos DESCA, a noção de conteúdo essencial implica, necessariamente, no conceito de mínimo existencial[82], que se mostra, no campo das disputas jurídicas individuais (tutela de direitos subjetivos), atinente a direitos de acesso a bens e serviços primordiais para a sobrevivência e o desenvolvimento de qualquer pessoa, como saúde, educação, segurança, transporte, trabalho etc. O uso, neste contexto, da concepção de conteúdo essencial, uma vez mais suscitará diferentes conclusões, a depender das premissas adotadas (suporte fático restrito/teoria interna ou suporte fático amplo/teoria externa).

Em se tratando da dimensão obrigacional estatal dos DESCA (os quais, no mais das vezes, demandam custeio), o Estado, estando comumente no polo passivo deste ônus, costuma fundamentar sua conduta omissiva nos limites orçamentários que impedem a "universalização" do acesso aos bens e serviços atinentes ao mínimo existencial, alegação conhecida como argumento da **reserva do possível.**

Acatado o conteúdo essencial absoluto como premissa, as teorias do suporte fático restrito e interna conduzem à conclusão segundo a qual a fruição de determinados DESCA e seus limites já se encontram delineados *a priori*, dependendo o preenchimento do suporte fático da mera identificação do bem como inserto no âmbito de proteção, para que seja desencadeada a incidência da consequência jurídica (promover a fruição até então negada). Neste ponto, o argumento da reserva do possível, enquanto justificativa da inércia estatal, deverá ser avaliado como sendo ou não um limite expresso ou imanente do próprio DESCA discutido. Os problemas de tal encaminhamento são patentes, sobretudo no que concerne à já abordada preocupação com a arbitrariedade da decisão final a respeito.

Todavia, em se aquiescendo com a ideia de conteúdo essencial relativo, o acesso a todo DESCA deve ser tomado, *prima facie*, como integrante do âmbito de proteção da norma correlata, advindo, porém, a consequência jurídica da fruição desse direito da avaliação da pertinência da justificativa constitucional conferida à inércia que obstou o acesso do indivíduo ao direito em questão, no caso concreto.

Nesta hipótese, a reserva do possível deve ser posta à prova diante das evidências fáticas e jurídicas dos fatos sob tutela, o que levará a que os argumentos orçamentários sejam detidamente escrutinados e cotejados com as obrigações jurídicas estatais para com os direitos humanos sociais. Realizar-se-á, pois, o controle da proporcionalidade da omissão estatal, a ensejar decisão devidamente fundamentada no ordenamento jurídico vigente.

Disponível em: http://www.derechoshumanos.unlp.edu.ar/assets/files/documentos/los-principios-de-limburg-sobre-la-aplicacion-del-pacto-internacional-de-derechos-economicos-sociales-y-culturales-2.pdf. Acesso em: 30 dez. 2020.

82 SILVA, Virgílio Afonso da. **Direitos fundamentais:** conteúdo essencial, restrições e eficácia, cit., p. 204.

Há esforços doutrinários e até jurisprudenciais no sentido da definição das condições materiais e pretensões albergadas pelo mínimo existencial, o que não se choca com as diretrizes hermenêuticas metodológicas acima apontadas. É que a indicação das condições, interesses e posições atinentes ao mínimo existencial contribuem para a identificação de seu âmbito de proteção e, assim, com a consolidação da viabilidade da própria noção de mínimo existencial, a reforçar a existência de obrigações para com a implementação dos direitos econômicos, sociais e culturais.[83]

Entretanto, conforme posicionamento anteriormente explanado, pensa-se admitir a existência de um rol exauriente de pretensões e situações conformadoras do mínimo existencial não se mostra adequado, seja em razão da adoção da teoria do conteúdo essencial relativo, sejam com vistas à preservação de uma efetividade mais ampla do que se pretende com a afirmação de sua faceta jurídica, portanto obrigacional.

5.2. Justiciabilidade dos direitos econômicos, sociais, culturais e ambientais

Os debates sobre a justiciabilidade dos DESCA alcançam tanto a jurisdição internacional, quanto a nacional.

Sob a perspectiva do Sistema Interamericano, CAVALLARO e BREWER chegaram a sugerir que, ante as limitações políticas e estruturais, sobretudo dos órgãos do Sistema Interamericano (CIDH e a Corte IDH), não se deveria apostar na estratégia de apresentação de demandas perante esses órgãos, fundamentadas unicamente em dispositivos de tratados de DESCA, com isso esperando que as decisões porventura advindas alterem, *sponte própria*, o panorama nacional acerca de determinado direito social. [84]

Diferente disso, os autores propuseram que a litigância internacional em matéria de DESCA (por eles referidos ainda como "direitos econômicos, sociais e culturais") seja apenas intentada de forma complementar, como providência adicional, dentro de uma estratégia maior, arquitetada pela sociedade civil organizada com vistas a pressionar o Estado brasileiro a adotar medidas em face da implementação de determinados direitos sociais. Nesta linha, ao

83 Assim o fez o Comitê de Direitos Econômicos, Sociais e Culturais da ONU, quando editou o item 10 Comentário-Geral nº 3, já transcrito alhures e que, por questão de praticidade, aqui se repete: "(..) um núcleo mínimo de obrigações para assegurar a satisfação de níveis mínimos essenciais de cada um dos direitos é incumbência de cada Estado Parte. Assim, por exemplo, um Estado Parte em que qualquer número significativo de indivíduos é privado de gêneros alimentícios essenciais, de cuidados essenciais de saúde, de abrigo e habitação básicos ou das mais básicas formas de educação está, à primeira vista, falhando para desincumbir-se de suas obrigações em relação ao Pacto. Se o Pacto fosse interpretado no sentido de não estabelecer tal núcleo mínimo de obrigações, seria largamente privado de sua razão de ser. Além disso, deve ser observado que, em relação a qualquer avaliação no sentido de verificar se o Estado se desincumbiu desse núcleo mínimo de obrigações, deve-se também levar em conta as restrições de recursos disponíveis no país considerado. O artigo 2º (1) obriga cada Estado Parte a tomar as medidas necessárias "até o máximo de seus recursos disponíveis". Para que um Estado-Parte atribua seu fracasso em cumprir seu núcleo mínimo de obrigações à falta de recursos disponíveis, ele deve demonstrar que todo esforço foi feito para usar todos os recursos que estão à disposição num empenho para satisfazer, como matéria de prioridade, essas obrigações mínimas" [Tradução livre de: UNITED NATIONS. COMMITTEE ON ECONOMIC, SOCIAL AND CULTURAL RIGHTS. **General comment No. 3:** The nature of States parties' obligations (art. 2, para. 1, of the Covenant). Genebra, 1990. Disponível em: https://tbinternet.ohchr.org/Treaties/CESCR/Shared%20Documents/1_Global/INT_CESCR_GEC_4758_E.doc. Acesso em: 30 out. 2020].

84 CAVALLARO, James L.; BREWER, Stephanie Erin. O papel da litigância para a justiça social no Sistema Interamericano. **Sur. Revista Internacional de Direitos Humanos**, v. 5, n. 8, p. 84-95, 2008.

lado da divulgação na mídia, a litigância internacional se prestaria a ser mais um elemento a instar medidas estatais.

Ainda sob a esta ótica, CAVALLARO e BREWER destacam o quão interessante é perceber que litígios perante mecanismos internacionais de proteção deduzidos com fundamento em dispositivos relativos a direitos civis e políticos podem, por via reflexa, ser mais proveitosos aos DESCA, do que as demandas lastreadas em normas afetas, diretamente, a esses últimos.

Entretanto, a Corte Interamericana de Direitos Humanos (Corte IDH), em tempos mais recentes, vem consolidando, em sua jurisprudência, a justiciabilidade dos DESCA a partir de sua aplicação direta, inaugurada pela sentença histórica emitida no processo do Caso Lagos del Campo vs. Peru.[85]

Em 28 de novembro de 2015, a Comissão Interamericana de Direitos Humanos (CIDH) submeteu o processo de Lagos del Campo contra a República do Peru à Corte IDH, insurgindo-se contra a demissão de Alfredo Lagos del Campo, ocorrida em 26 de junho de 1989, como resultado de entrevista concedida pela vítima à revista "La Razón", então na condição presidente da Comissão Eleitoral da Comunidade Industrial da Empresa Ceper-Pirelli. Segundo a CIDH, as manifestações de Lagos del Campo teriam por objetivo denunciar e chamar a atenção para atos de "chantagem e coação" praticada pelos empregadores, visando fraudar e eleições da Comunidade Industrial. Após investigação do caso, a Comissão declarou, no seu relatório de mérito (informe), que o Estado peruano descumpriu o dever de garantir os direitos da vítima, no contexto das relações trabalhistas, levando em consideração o alcance dos direitos reconhecidos na Convenção Americana sobre Direitos Humanos.

Na sentença de 31 de agosto de 2017, a Corte IDH declarou que o Estado do Peru incorreu em responsabilidade internacional pela violação dos arts. 13.2 e 8.2 c/c 1.1 (liberdade de pensamento e expressão), 1.1, 13, 8 e 16 (estabilidade laboral), 16 e 26 c/c 1.1, 13 e 8 (liberdade de associação), 8 e 25 c/c 1.1 (proteção judicial e garantias judiciais) e 2º (disposições de direito interno compatíveis com os direitos declarados no tratado), todos da Convenção Americana sobre os Direitos Humanos, com isso impondo obrigações de reparação dos danos da violação ao Estado peruano.

A decisão histórica da Corte IDH, por ser a primeira que declarou a violação direta do art. 26 da Convenção Americana sobre Direitos Humanos, dispositivo pertinente aos DESCA. Destaca-se, ainda, a aplicação do art. 26 para a qualificação de fatos alusivos às relações de trabalho. Com esta sentença, a Corte IDH estabelece oportuno precedente acerca da possibilidade de qualquer afronta a direitos sociais ser fundamentada no descumprimento do art. 26 da Convenção Americana.

Tal precedente restou reafirmado, nos seguintes casos que admitiram violação direta ao art. 26 da Convenção Americana sobre Direitos Humanos: Trabajadores Cesados Petroperu, e Outros vs. Peru, sobre direito ao trabalho (2017); San Miguel Sosa vs. Venezuela, sobre direito ao trabalho (2018), Poblete Vilchez vs. Chile, sobre direito a saúde (2018); Cuscul Pivaral vs. Guatemala, sobre o direito à saúde e o princípio da vedação ao retrocesso social (2018); Muelle Flores vs. Peru, sobre direitos previdenciários (2019); Comunidades Indígenas Miembros de La Asociación Lhaka Honhat vs. Argentina, sobre direito à alimentação adequada, água potável e a participar da vida cultural (2020); Spoltore vs. Argentina, sobre direito a condições equitativas e satisfatórias que assegurem a saúde do trabalhador (2020);

---

85 CORTE INTERAMERICANA DE DIREITOS HUMANOS. **Caso Lagos Del Campo *vs.* Perú.** Sentencia de 31 de Agosto de 2017 (Excepciones Preliminares, Fondo, Reparaciones y Costas). San José da Costa Rica, 2017. Disponível em: https://www.corteidh.or.cr/docs/casos/articulos/seriec_340_esp.pdf. Acesso em: 31 dez. 2020.

e caso Fábrica de Fogos de Santo Antônio de Jesus vs. Brasil sobre direito a condições justas e equitativas de trabalho (2020).

No plano nacional, à vista do demonstrado quando da abordagem do mínimo existencial como componente do Princípio da Dignidade da Pessoa Humana, os caminhos da jurisprudência do STF, em boa medida, confirmam a justiciabilidade dos DESCA, tanto na apreciação de pretensões coletivas quanto individuais.

Como se sabe, os debates jurisdicionais de reivindicação do mínimo existencial, no Brasil, em especial em face do Poder Executivo, frequentemente repercute a controvérsia sobre dois pontos sensíveis, um decorrente do outro: (i) sua implicação orçamentária, ainda que se trate de discussão relativa a determinado indivíduo, sempre travada com argumentos que remetem aos impactos econômicos da replicação da medida para o restante da população deficitária na experimentação do direito social em debate; (ii) possível usurpação pelo Poder Judiciário de sua competência, com afronta à tripartição de Poderes, ao intervir na gestão do erário público, entregue ao Poder Executivo.

Já se estudou, também neste curso, que, valendo-se da função do Princípio da Dignidade da Pessoa Humana para fundamentar pretensões jurídicas ainda não contempladas em normas jurídicas específicas, desde que atinentes aos componentes de seu conteúdo, o STF reconheceu, com base no mínimo existencial, o direito ao acesso à água (STF, AgReg em RE 658.171/DF, de 2014) e o STJ o direito à rede de tratamento de esgoto (STJ, Resp. 1366331/RS, de 2014). Ambos os direitos são diretamente atinentes ao direito social à saúde.

Lembre-se, ademais, que sobre o argumento da reserva do possível, no STF, decisão monocrática de 2004 do então Ministro Celso de Mello para a ADPF 45/DF-MC é considerada *leading case*, por fixar que a atuação do Poder Judiciário em relação às ações estatais de implementação de direitos correlatos ao mínimo existencial deve ser excepcional e pautada em omissão ou ação inadequada predatória dos demais Poderes e que o argumento da reserva do possível não pode ser acatado *a priori*, devendo estar calcado em demonstração inequívoca (fática) de sua procedência, à luz do caso concreto sob análise judicial.[86] Desde então, pode-se se dizer que o STF abraçou a noção de mínimo existencial,

---

[86] Uma vez mais para conforto da leitora e do leitor, faz-se nova transcrição de trecho da decisão já reproduzido, alhures: "É certo que não se inclui, ordinariamente, no âmbito das funções institucionais do Poder Judiciário – e nas desta Suprema Corte, em especial – a atribuição de formular e de implementar políticas públicas (...), pois, nesse domínio, o encargo reside, primariamente, nos Poderes Legislativo e Executivo. Tal incumbência, no entanto, embora em bases excepcionais, poderá atribuir-se ao Poder Judiciário, se e quando os órgãos estatais competentes, por descumprirem os encargos político-jurídicos que sobre eles incidem, vierem a comprometer, com tal comportamento, a eficácia e a integridade de direitos individuais e/ou coletivos impregnados de estatura constitucional, ainda que derivados de cláusulas revestidas de conteúdo programático. Cabe assinalar, presente esse contexto – consoante já proclamou esta Suprema Corte – que o caráter programático das regras inscritas no texto da Carta Política 'não pode converter-se em promessa constitucional inconsequente, sob pena de o Poder Público, fraudando justas expectativas nele depositadas pela coletividade, substituir, de maneira ilegítima, o cumprimento de seu impostergável dever, por um gesto irresponsável de infidelidade governamental ao que determina a própria Lei Fundamental do Estado' (RTJ 175/1212-1213, Rel. Min. CELSO DE MELLO). Não deixo de conferir, no entanto, assentadas tais premissas, significativo relevo ao tema pertinente à 'reserva do possível' (...), notadamente em sede de efetivação e implementação (sempre onerosas) dos direitos de segunda geração (direitos econômicos, sociais e culturais), cujo adimplemento, pelo Poder Público, impõe e exige, deste, prestações estatais positivas concretizadoras de tais prerrogativas individuais e/ou coletivas. (...) Cumpre advertir, desse modo, que a cláusula da 'reserva do possível' – ressalvada a ocorrência de justo motivo objetivamente aferível – não pode ser invocada, pelo Estado, com a finalidade de exonerar-se do cumprimento de suas obrigações constitucionais, notadamente quando, dessa conduta governamental negativa, puder resultar nulificação ou, até mesmo, aniquilação de direitos constitucionais

tendo desse se valido para fundamentar o deferimento de pretensões de diversas naturezas correlatas aos DESCA.[87]

Acerca da justiciabilidade do direito à saúde, a Suprema Corte já teve oportunidade de posicionar-se no sentido da existência de um direito subjetivo do indivíduo à saúde. Sobre o tema, reconhecidamente paradigmática foi a decisão proferida, no ano 2000, no AgR no RE 271.286/RS, mais especificamente quanto ao custeio estatal de medicamentos para pessoa acometida do vírus HIV e destituída de recursos financeiros. A ementa desse acórdão faz afirmações importantes em favor da eficácia e da aplicabilidade dos direitos sociais, tais como:

> (...) o direito público subjetivo à saúde representa prerrogativa jurídica indisponível assegurada à generalidade das pessoas pela própria Constituição da República (art. 196); (...) o caráter programático da regra inscrita no art. 196 da Carta Política – que tem por destinatários todos os entes políticos que compõem, no plano institucional, a organização federativa do Estado brasileiro – não pode converter-se em promessa constitucional inconsequente, sob pena de o Poder Público, fraudando justas expectativas nele depositadas pela coletividade, substituir, de maneira ilegítima, o cumprimento de seu impostergável dever, por um gesto irresponsável de infidelidade governamental ao que determina a própria Lei Fundamental do Estado.

A mesma linha vem sendo adotada pelo STF no que se refere ao direito à educação. Pesquisa de ANA PAULA DE BARCELLOS[88] alude a diversos posicionamentos do STF sobre o tema, destacando-se o direito subjetivo ao ensino infantil em creche e pré-escola[89] e ao ensino fundamental regular[90].

5.3. Aplicação dos direitos econômicos, sociais, culturais e ambientais nas relações entre particulares

Dentre os DESCA, os direitos atinentes às relações de trabalho – amplamente contemplados em normas internacionais de direitos humanos gerais e específicas das mais diversas organizações internacionais (*v.g.* ONU, OIT, OEA, Conselho da Europa, União Africana), bem como na Constituição Federal brasileira (arts. 7º a 11) – são os que oferecem menos dificuldade de compreensão quanto à produção dos efeitos e aplicação nas relações entre particulares, porquanto construídos, primordialmente, para vínculos de natureza privada, embora exista a regulação do trabalho para a Administração Pública, que difere da matriz privada, sem ser completamente distinta dela. Já em face dos demais DESCA, a resistência é mais forte, em vista do caráter eminente prestacional das obrigações correlatas.

---

impregnados de um sentido de essencial fundamentalidade" STF, ADPF 45/DF-MC, Julg. 29/04/2004, DJU de 04/05/2004).

87 Exemplificativamente: RE 592.581/RS, de 2015, ADPF 347/DF-MC, de 2015, RE 580.252/MS, de 2015 e RE 482.211/SC, de 2010.

88 BARCELLOS, Ana Paula de. O direito à educação e o STF. In: SARMENTO, Daniel; SARLET, Ingo Wolfgang (Coords.). **Direitos fundamentais no Supremo Tribunal Federal**: *balanço e crítica*. Rio de Janeiro: Lumen Juris, 2011. p. 609-634.

89 STF, Agravo Regimental em Recurso Extraordinário nº 410.715-5/SP, publicação em 03/02/06; STF, Agravo Regimental em Recurso Extraordinário nº 463.210-1/SP, publicação em 03/02/06; STF, Agravo Regimental em Recurso Extraordinário nº 595.595-8/SC, publicação em 29/05/09. Todos determinando que o Poder Público assegurasse vaga ao interessado em estabelecimento de ensino.

90 STF, Agravo Regimental em Recurso Extraordinário nº 594.018-1/SP, publicação em 07/08/09, determinando o preenchimento do quadro de professores pelo estado do Rio de Janeiro.

Não obstante, para além dos direitos subjetivos oponíveis ao Estado, não se encontram razões bastantes para convencer que normas jurídicas sobre DESCA estejam excluídas da aptidão para produção de **efeitos diretos nas relações entre particulares (eficácia)**, ou, muito menos, que esses efeitos não possam acarretar direitos a **prestações oponíveis a particulares,** conforme já vislumbrado pela teoria kantiana das obrigações imperfeitas e pelos Princípios de Limburgo.

No que concerne à possibilidade da eficácia das normas jurídicas sobre DESCA redundar em direito subjetivo à prestação oponível a particular, adverte SARLET que um exame sumário da jurisprudência brasileira demonstra haver uma abertura para a condenação de particulares a obrigações de prestação, ainda que como resultado da tarefa de interpretar-se a legislação infraconstitucional, tendo tais obrigações como decorrentes de direitos subjetivos diretamente reconhecidos a partir de direitos fundamentais sociais ou ao menos como influenciadas por esses. O autor menciona, a título de exemplo, as determinações judiciais que ordenam que empresas privadas gestoras de plano de saúde arquem com tratamentos não previstos em cláusulas do contrato; e as decisões de Tribunais que impedem o cancelamento, durante o semestre letivo, de matrícula de inadimplente por instituição privada de ensino.[91]

Não se afigura, pois, razoável afastar, de plano, a possibilidade de imputar-se ao particular um dever de prestação, seja de que natureza for, uma vez constatada a aplicabilidade da norma de direito fundamental social correlato ao caso concreto, observados os termos e limites quiçá postos pela mediação legislativa e pela característica do direito fundamental de que se cuide.

Aplicam-se aqui, em suma, as conclusões gerais já assinaladas no sentido de que a gradação de modo e intensidade de efetivação dos DESCA, de modo que tal não prejudique, outrossim, a possibilidade de um direito subjetivo à determinada prestação, com vistas **à efetivação, por exemplo, do direito à** saúde, **à** educação, **à** moradia, ao lazer ou à cultura. A natureza (não fazer, fazer ou ambas), o tipo de providência e a intensidade da consequência jurídica a ser imputada na solução do caso concreto deverão ser delineados pela autoridade competente (legislador ou julgador), à luz do cânone da realização do direito fundamental como mandamento de otimização.

Não há disposição conceitual ou normativa que justifique *a priori* a exclusão do direito à prestação nas hipóteses de aplicação de normas jurídicas sobre DESCA ao caso concreto envolvendo particulares.

Enfim, ao contrário de uma visão equivocada de negação sistemática da aplicabilidade das normas sobre DESCA seja em face do Estado, seja de particulares, é exatamente a consideração das várias possibilidades de modos e intensidades na realização desse tipo de direito, quando da aplicação da norma interpretada ao caso concreto, que abre espaço para que dispositivos normativos que versam sobre DESCA possam, a par de sua amplitude de conteúdo e de sua enunciação genérica, solucionar, decisivamente, no âmbito jurídico, conflitos sociais concretos, sobretudo os mais complexos.

6. PROIBIÇÃO DE ABUSO DE DIREITOS HUMANOS

A destacada força normativa conferida aos direitos humanos não pode justificar interpretações que resultem em autorização para seu uso abusivo, ou seja, para servir de fundamento a atos ilícitos praticados em detrimento de outros direitos humanos.

---

91 SARLET, Ingo W. A influência dos direitos fundamentais sobre o direito privado na Alemanha. In: SARLET, Ingo Wolfgang (Org.). **Constituição, direitos fundamentais e direito privado**. Porto Alegre: Livr. do Advogado, 2010, p. 143-144.

Tal advertência é comum nos documentos normativos internacionais de direitos humanos, do que são exemplos a Declaração Universal dos Direitos Humanos, o Pacto Internacional sobre Direitos Civis e Políticos de 1966 e a Convenção Americana sobre Direitos Humanos ("Pacto de San José da Costa Rica"), a que o Brasil manifestou adesão. Consta do art. XXX da Declaração Universal dos Direitos Humanos:

> Nenhuma disposição da presente Declaração pode ser interpretada como o reconhecimento a qualquer Estado, grupo ou pessoa, do direito de exercer qualquer atividade ou praticar qualquer ato destinado à destruição de quaisquer dos direitos e liberdades aqui estabelecidos.

Com texto muito próximo do da Declaração Universal dos Direitos Humanos, dispõe o art. 5.1 do Pacto Internacional sobre Direitos Civis e Políticos de 1966, aprovado no âmbito da ONU:

> Nenhuma disposição do presente Pacto poderá ser interpretada no sentido de reconhecer a um Estado, grupo ou indivíduo qualquer direito de dedicar-se a quaisquer atividades ou praticar quaisquer atos que tenham por objetivo destruir os direitos ou liberdades reconhecidos no presente Pacto ou impor-lhe limitações mais amplas do que aquelas nele previstas.

Já o art. 29 da Convenção Americana propõe-se a prever com mais detalhes as situações de abuso, repudiando-as:

> Nenhuma disposição da presente Convenção pode ser interpretada no sentido de: a) permitir a qualquer dos Estados-partes, grupo ou indivíduo, suprimir o gozo e o exercício dos direitos e liberdades reconhecidos na Convenção ou limitá-los em maior medida do que a nela prevista; b) limitar o gozo e exercício de qualquer direito ou liberdade que possam ser reconhecidos em virtude de leis de qualquer dos Estados-partes ou em virtude de Convenções em que seja parte um dos referidos Estados; c) excluir outros direitos e garantias que são inerentes ao ser humano ou que decorrem da forma democrática representativa de governo; d) excluir ou limitar o efeito que possam produzir a Declaração Americana dos Direitos e Deveres do Homem e outros atos internacionais da mesma natureza.

Vê-se que os tratados internacionais de direitos humanos têm fundada preocupação de que sua intenção não seja deturpada em favor de propósitos contrários à preservação dos bens atrelados à dignidade da pessoa humana.

O ordenamento jurídico brasileiro não conta com uma disposição normativa expressa neste sentido. Todavia, inúmeras são as situações em que a Constituição Federal denota convergir com a proibição do abuso dos direitos fundamentais: exceção à inviolabilidade domiciliar em caso de flagrante delito (art. 5º, XI), ruptura do sigilo das comunicações pela interceptação telefônica para fins criminais (art. 5º, XII), proibição de reunião com armas e para fins não pacíficos (art. 5º, XVI), vedação de associação para fins paramilitares (art. 5º, XVII), exceção ao requisito de prévia ordem judicial para prisão, nos casos de prisão em flagrante delito (art. 5º, LXI), e expropriação de propriedades usadas para culturas ilegais de plantas psicotrópicas ou exploração de trabalho escravo (art. 243).

A jurisprudência também tende a reconhecer, ainda que implicitamente, a proibição de abuso dos direitos fundamentais, e disso são evidências alguns julgamentos do STF que resultaram em:

- ➔ autorização para violação pelo diretor do presídio do sigilo de correspondência de preso, sem ordem judicial e em caráter excepcional, para impedir a prática de crimes, em caso de fundada suspeita (HC 70814-5/SP).
- ➔ exceção à inviolabilidade do local de trabalho e dos dados, correspondências e comunicações lá encontradas, mediante autorização judicial em hipótese de investigação criminal, havida por força de concessão de ordem busca e apreensão em escritório de advocacia (MS 23.595-MC/DF).
- ➔ licitude de prova produzida por intermédio de interceptação telefônica levada a efeito por apenas um dos interlocutores da conversa gravada ou com sua autorização, em caso de investigação criminal (HC 75338-8/RJ).

Enfim, os direitos humanos jamais poderão ter o seu desiderato deturpado por seu exercício abusivo, caracterizado pela injustificada violação de direitos humanos de outrem ou da coletividade.

7. HERMENÊUTICA *PRO PERSONA*, PLURALISMO JURÍDICO, MARGEM DE APRECIAÇÃO E DIÁLOGO DAS CORTES

A convivência interativa entre normas internacionais e nacionais de direitos humanos impõe à atividade da aplicação do direito à tarefa de dar-lhe efetividade na dinâmica dos casos concretos.

Considerando-se que normas internacionais de direitos humanos são postas para cumprimento no âmbito interno dos Estados e que a jurisprudência internacional constitui-se para se fazer cumprir pelos meios proporcionados pelo aparato legislativo e jurisdicional doméstico, é certo que o maior impacto prático da consecução dessa tarefa recai sobre o Poder Judiciário nacional e estratégias hermenêuticas consentâneas com essa missão devem ser observadas.

Todavia, é de se perceber que tal comportamento jurisdicional ainda carece de ampla adesão, sobretudo no Brasil, na medida em que a internacionalização dos direitos humanos acabou por instigar uma ruptura da visão classicamente arraigada no sentido de que as proteções jurídicas básicas do indivíduo eram matéria exclusivamente constitucional. É que a efetivação das normas de direito internacional dos direitos humanos reclama a criação de instrumentos nacionais próprios para tanto, sem que sejam anuladas as estruturas constitucionais vigentes.[92] A aludida ruptura, contudo, ainda avança a passos lentos, na Jurisdição pátria.

A realidade brasileira moldada a partir do art. 5º, §§ 2º e 3º, da Constituição Federal em associação com o procedimento de ratificação e incorporação de tratados internacionais de direitos humanos, estabelece que os tratados internacionais de direitos humanos ingressam no ordenamento jurídico nacional com o Decreto presidencial de promulgação, que sucede o ato formal de ratificação perante a autoridade internacional. Os tratados internacionais de direitos humanos integram, por conseguinte, o bloco de constitucionalidade brasileiro.

---

92 CANÇADO TRINDADE, Antônio Augusto. **Tratado de Direito Internacional dos Direitos Humanos** - Vol. I. 2. ed. Porto Alegre: Sérgio Antonio Fabris Editor, 2003, p. 533.

Para além, contudo, dos tratados internacionais, ousa-se, aqui aquiescer com a necessidade de alargamento do horizonte normativo do direito internacional dos direitos humanos oponível ao Estado brasileiro, com base na já aqui estudada valorização da consciência jurídica universal e a *opinio juris*, comprometidas com o avanço da proteção da dignidade humana, como fontes materiais de vinculatividade de outros tipos de normas não dependentes do consentimento individual estatal.

Neste passo, as declarações internacionais de direitos humanos, por não serem tratados internacionais, escapam, pensa-se, da exigência de promulgação para vigorarem no Brasil, porquanto sua força normativa decorre da resolução adotada no marco de organização internacional da qual o Estado brasileiro seja membro e, nessa condição, vinculado às resoluções adotadas em deliberação multilateral formal evidenciadora da *opinio juris*. Ademais, pela mesma lógica, o costume internacional e as normas de *jus cogens* afirmam-se perante o Brasil, não sendo o caso de vigência interna condicionada a ato presidencial.

Ainda dentro do leque de fontes de direito internacional dos direitos humanos, recorde-se da doutrina e, sobretudo, da jurisprudência de órgãos internacionais competentes para, *in concreto* (casos contenciosos de violação) ou *in abstrato* (pareceres e opiniões consultivas), trazer a lume interpretação – que se pode dizer autênticas – das normas cuja aplicação lhes cabe, na seara do processo internacional.

Todo este arcabouço normativo deve ser considerado no exercício da jurisdição nacional, mas, como amplamente explicitado, neste curso, a propósito do capítulo sobre o *corpus juris* de direitos humanos, não a partir de uma ideia pré-concebida de prevalência da ordem internacional sobre a ordem nacional e vice-versa. A esse propósito, importante notar que o dever de compatibilização do ordenamento jurídico – e, consequentemente, das interpretações judiciais nacionais e seu respeito – com as normas internacionais, tal como inferido do Princípio da Boa-Fé previsto na CVDT e consagrado pelo art. 2º da Convenção Americana sobre Direitos Humanos, ambas ratificadas e promulgadas pelo Brasil, não correspondem à noção de prevalência. Compatibilizar é colocar em sintonia, eliminar contradições. E o vetor dessa sintonia é justamente o Princípio *Pro Persona*:

> No presente domínio de proteção, não mais há pretensão de primazia do direito internacional ou do direito interno, como ocorreria na polêmica clássica e superada entre monistas e dualistas. No presente contexto, a primazia é da norma mais favorável às vítimas, que melhor as proteja, seja ela norma de direito internacional ou de direito interno. Este é aquele a que interagem em benefício dos seres protegidos.[93]

Cuida-se do que se pode denominar de hermenêutica *pro persona*.

Deste modo, se a legislação e a jurisprudência nacionais, em comparação com seus paralelos internacionais, contemplarem em melhor medida, à luz do caso concreto, o Princípio *Pro Persona*, não há que se cogitar de descumprimento de compromisso internacional.[94] Ou, visto por outro ângulo, vige uma premissa de prevalência do direito interno em face do

---

93 CANÇADO TRINDADE, Antônio Augusto. **Tratado de Direito Internacional dos Direitos Humanos**, cit., p. 542.

94 É o que se verifica, por exemplo, com o limite mínimo de idade para o trabalho remunerado, fixado em 15 (quinze) anos pela Convenção nº 138 da OIT, ratificada pelo Brasil em 2001, mas que encontra na Constituição Federal brasileira disposição mais protetiva, na medida em que proíbe qualquer trabalho antes dos 16 (dezesseis) anos, salvo na condição de aprendiz (contrato especial realizado em condições protegidas para a formação profissional), autorizada a partir dos 14 (quatorze) anos.

direito internacional, superada apenas nos casos em que a norma internacional oferecer um padrão protetivo mais incrementado, em comparação com a norma nacional correlata, sempre à luz do litígio sob exame. Disposições convencionais já vigoram reproduzindo exatamente este padrão, *v.g.* artigo 19, § 8º, da Constituição da OIT[95] e o artigo 29, letra b, da Convenção Americana sobre Direitos Humanos.[96]

A inexistência de uma relação hierárquica entre as normas nacionais e internacionais deve, por conseguinte, se fazer refletir no exercício da aplicação do Direito.[97]

A Europa, ao longo de décadas de funcionamento de seu sistema continental de proteção de direitos humanos, tem lidado de maneira mais tolerante e flexível com este desafio, conferindo, mesmo sem disposição convencional manifesta a respeito, maior liberdade aos Estados na interpretação e aplicação das normas europeias de direitos humanos, para tanto tendo construído e praticado a **Teoria da Margem de Apreciação Nacional** (*Margin of Appreciation*).

Não obstante o louvável efeito multiplicador das interpretações estabelecidas pela Corte Europeia de Direitos Humanos, segundo a sua Teoria da Margem de Apreciação Nacional, considerando-se a subsidiariedade da jurisdição internacional em relação à jurisdição nacional, as controvérsias acerca das restrições estatais a direitos humanos devem ser dirimidas no âmbito das comunidades nacionais, que contam, cada qual, com padrões morais próprios, não dominados integralmente pelos juízes internacionais.

A polêmica acerca da Teoria da Margem de Apreciação Nacional gira em torno de um dilema: de um lado, sua adoção sistemática pode obstar à consolidação da Corte EDH como órgão jurisdicional intransigente de proteção dos direitos humanos; e, de outro, seu abandono, com a consequente apreciação de toda e qualquer disposição legal nacional restritiva de direitos humanos, pode significar postura arbitrária e excessivamente invasiva da competência normativa dos Estados Partes. Tal polêmica ainda é acirrada pela acusação de que a Corte EDH utiliza-se desta teoria sem um critério claro de aplicação, favorecendo o relativismo dos direitos humanos, ao permitir que eventuais violações desses direitos se justifiquem pela "moralidade pública" de cada nação.

Explica CLAUDIO NASH ROJAS que a Corte EDH não adota, genericamente, a margem de apreciação nacional, observando-a apenas em casos em que constate a inexistência de um "consenso europeu" sobre a interpretação e aplicação da norma em questão ao caso analisado, hipótese em que concede um maior espaço de discricionariedade ao Estado para a definição de aspectos normativos indeterminados que sejam relevantes para precisar o cumprimento ou não cumprimento das obrigações do Estado. O que se percebe, na praxe jurisprudencial da Corte EDH, é que a margem de apreciação nacional se apresenta em contendas em que há

---

95 "Em caso algum, a adoção, pela Conferência, de uma convenção ou recomendação, ou a ratificação, por um Estado-Membro, de uma convenção, deverão ser consideradas como afetando qualquer lei, sentença, costumes ou acordos que assegurem aos trabalhadores interessados condições mais favoráveis que as previstas pela convenção ou recomendação."

96 "Nenhuma disposição desta Convenção pode ser interpretada no sentido de: (...) limitar o gozo e exercício de qualquer direito ou liberdade que possam ser reconhecidos de acordo com as leis de qualquer dos Estados Partes ou de acordo com outra convenção em que seja parte um dos referidos Estados."

97 Ao fim e ao cabo, "o emprego do princípio *pro persona* nos casos envolvendo a escolha da norma jurídica a ser aplicada ao caso concreto possui uma racionalidade discursiva limitada à busca do maior campo de proteção dos direitos humanos, sem estar aberta a outros elementos que podem compor a análise sistêmica da relação entre ordenamentos diversos" (LOPES FILHO, Francisco C. A.; MOREIRA, Thiago Oliveira. Há espaço para o princípio pro persona no âmbito da racionalidade transversal do transconstitucionalismo? **Revista de Direitos Humanos e Desenvolvimentos Social**, v. 1, p. 1–19, 21 dez. 2020, p. 14).

claras divergências de implicação moral entre os países europeus, como se vê, por exemplo, em casos envolvendo liberdade religiosa.[98]

A Teoria da Margem de Apreciação Nacional não encontrou eco substancial nos demais tribunais internacionais de direitos humanos, como, por exemplo, a Corte Interamericana de Direitos Humanos (Corte IDH). Entretanto, a diretriz aqui apontada, de certa forma, busca salvaguardar o espaço normativo/interpretativo nacional, limitando-o apenas pela vinculação ao Princípio *Pro Persona*, o que autoriza certo espaço de manobra interpretativa aos Estados.

Sobre o tema, a Corte IDH, no Parecer Consultivo OC-18/03, em demonstração da interatividade hermenêutica entre diferentes sistemas de proteção de direitos humanos, aquiesceu com a interpretação que o Comitê de Direitos Humanos da ONU conferiu ao art. 2º do Pacto Internacional sobre Direitos Civis e Políticos, por meio de seu Observação Geral nº 3, a saber:

> 1. O Comitê observa que o Artigo 2 do Pacto geralmente deixa aos Estados Partes interessados a escolha de seu método de implementação em seus territórios dentro do contexto estabelecido naquele artigo. Reconhece, em particular, que a implementação não depende unicamente de atos constitucionais ou legislativos, que, muitas vezes, não são suficientes *per se*. O Comitê considera necessário chamar a atenção dos Estados partes para o fato de que a obrigação sob o Pacto não se limita ao respeito dos direitos humanos, mas que os Estados Partes também se comprometeram a assegurar o gozo desses direitos a todos os indivíduos sob sua jurisdição. Este ponto exige condutas específicas dos Estados Partes para permitir que os indivíduos desfrutem de seus direitos. Isto é óbvio em vários artigos (...), mas em princípio este compromisso refere-se a todos os direitos estabelecidos no Pacto.
>
> 2. Neste contexto, é muito importante que os indivíduos saibam quais são os seus direitos ao abrigo do Pacto (e do Protocolo Facultativo, a depender do caso), mas também que todas as autoridades administrativas e judiciais estejam cientes das obrigações que o Estado parte assumiu sob o Pacto. Para este fim, o Pacto deve ser publicizado em todas as línguas oficiais do Estado e devem ser tomadas medidas para familiarizar as autoridades envolvidas com o seu conteúdo como parte da sua formação. É desejável também dar publicidade à cooperação do Estado Parte com o Comitê.[99]

Estudos recentes sobre a jurisprudência da Corte IDH demostram sua reticência em encampar, explicitamente, a Teoria da Margem de Apreciação Nacional nos moldes europeus, reputados bastante flexíveis. Inobstante isso, várias decisões, inclusive a acima transcrita, são apontadas como indicativas de que a Corte IDH, em certos casos, acata certa discricionariedade nacional na eleição dos meios de implementação dos direitos humanos, mas jamais a ponto de abster-se do controle do cumprimento dessas normas em situações fáticas de violação, sob o fundamento da prevalência da interpretação estatal sobre a obrigação do adimplemento

---

98 ROJAS, Claudio N. La doctrina del margen de apreciación y su nula recepción en la jurisprudencia de la Corte Interamericana de Derechos Humanos. **Anuario Colombiano de Derecho Internacional**, v. 11, 2018, p. 71-100.

99 NÚCLEO DE ESTUDOS INTERNACIONAIS DA CLÍNICA DE DIREITO INTERNACIONAL DOS DIREITOS HUMANOS DA FACULDADE DE DIREITO DA UNIVERSIDADE DE SÃO PAULO et al., cit., p. 49; CORTE INTERAMERICANA DE DIREITOS HUMANOS. **Parecer Consultivo OC-18/03, de 17 de Setembro de 2003, Solicitado pelos Estados Unidos Mexicanos**: A Condição Jurídica e os Direitos dos Migrantes Indocumentados. San José da Costa Rica, 2003, p. 98 (79). Disponível em: https://www.corteidh.or.cr/docs/opiniones/seriea_18_por.pdf. Acesso em: 24 dez. 2020.

dos compromissos internacionais, à feição europeia.[100] Nas palavras de ROJAS, tendo por referência a Convenção Americana sobre Direitos Humanos:

> (...) a margem de apreciação não se confunde com um espaço de diálogo jurisprudencial pertinente e necessário em um sistema multinível de controle dos direitos humanos. Da mesma forma, a margem de apreciação não pode ser considerada como espaço de discricionariedade para o cumprimento ou descumprimento de obrigações internacionais e menos ainda das sentenças da Corte Interamericana. O Artigo 68.1 não dá margem para uma interpretação desse tipo. Ora, a tal subsidiariedade diz respeito tão somente ao fato de que a jurisdição internacional tem lugar após esgotados os mecanismos internos do Estado visando coibir e reparar a violação dos direitos humanos, e não se pode confundir esta circunstância com o dever do órgão jurisdicional internacional de abster-se quanto ao descumprimento de tratados internacionais de proteção dos direitos humanos. Caso contrário, esvaziadas estariam as funções protetivas dos tribunais que integram os sistemas de proteção dos direitos humanos.[101]

É de se imaginar, à vista do exposto, que casos envolvendo colisão de direitos humanos e a necessidade do emprego das técnicas de ponderação e proporcionalidade admitam, com menos inquietude, certa liberdade hermenêutica por parte dos órgãos judiciários nacionais, contudo, sem nunca superar a exigência de fundamentação compatível com o Princípio *Pro Persona*, sob pena de revisão por parte das instâncias internacionais.[102]

Ao fim e ao cabo, o que definirá, sempre à luz da concretude do litígio examinado, a adequação jurídica da interpretação prevalecente em relação a tal e qual norma de direitos humanos é a exigência argumentativa de que a decisão demonstre, de modo fundamentado e inequívoco, que o caminho decisório eleito melhor satisfaz o imperativo da mais intensa proteção do ser humano, dentro das possibilidades fáticas e jurídicas do conflito real entregue à jurisdição. E, nesse cenário, entenda-se por possibilidades jurídicas a consideração das normas internacionais e nacionais aplicáveis ao caso, inclusive à luz das interpretações porventura lhes conferida pela jurisprudência internacional.

É consectário indisputável desse comportamento hermenêutico a exigência de que o afastamento das normas e jurisprudências internacionais clara e precisamente dirigidas ao conflito examinado seja explicitamente fundamentado sob a ótica do Princípio *Pro Persona,* em termos concretos, repudiando-se a vetusta perspectiva da prevalência apriorística da soberania estatal sobre quaisquer das fontes de direito internacional.

Demais disso, a situação ideal que se coloca pressupõe, de saída, que quem aplica o Direito tenha conhecimento do direito internacional dos direitos humanos, o que significa saber sobre normas convencionais e não convencionais, bem como sobre a jurisprudência internacional contenciosa e não contenciosa e seus fundamentos (não apenas dispositivos resolutivos), pois somente assim será possível uma adequada atividade interpretativa que, de fato, coloque lado a lado as fontes normativas nacionais e internacionais para que se tenha consonância com a interatividade pretendida.

---

100 ROJAS, Claudio N, op. cit.; PAREDES, Felipe. El Control de Proporcionalidad en la Jurisprudencia de la Corte Interamericana de Derechos Humanos: Hacia la Reconstrucción de un Modelo Integrado de Control y Deferencia. **Conpedi Law Review**, v. 2, n. 4, p. 147-163, 1 dez. 2016.

101 Tradução livre. ROJAS, Claudio N., op. cit.

102 PAREDES, Felipe, op. cit.

É de se admitir que tal comportamento hermenêutico desafia uma grande virada da praxe jurisprudencial brasileira, que, além de estar longe de sua prática sistemática, muito pouco conhece ou aplica o Princípio *Pro Persona*, do que é exemplo a história dos julgamentos do STF, indiferente à ideia.[103]

O estabelecimento de critérios e itinerários para a realização da atividade de interpretação/aplicação de direitos humanos que respeite a necessária interatividade preceituada afigura-se interessante. Citem-se duas propostas a respeito, que são bastante parecidas, mas cujas diferenças ajudam à mútua complementação.

No Brasil, CARVALHO RAMOS cunhou a **Teoria do Diálogo das Fontes,** com vistas à superação da utilização pontual e seletiva de normas e jurisprudência internacionais pelo Poder Judiciário brasileiro, o que inclui sua instância de cúpula, o STF:

> Assim, temos a seguinte situação: no plano nacional, há juízes e tribunais que interpretam cotidianamente esses tratados de direitos humanos. No plano internacional, há órgãos internacionais que podem ser acionados, caso a interpretação nacional desses tratados seja incompatível com o entendimento internacional.
>
> (...) Não seria razoável, por exemplo, que, ao julgar a aplicação de determinado artigo da Convenção Americana de Direitos Humanos, o STF optasse por interpretação não acolhida pela própria Corte Interamericana de Direitos Humanos, abrindo a possibilidade de eventual sentença desta Corte contra o Brasil.

A Teoria do Diálogo das Fontes parte da ausência de preferência antevista entre ordens jurídicas nacional e internacional e acata a ideia segundo a qual juízes e tribunais nacionais e internacionais devem interagir, beneficiando-se dos aportes e parâmetros oferecidos de parte a parte, em um movimento de "fertilização cruzada". Nestes termos, um diálogo jurisprudencial autêntico e eficaz entre Brasil e órgãos internacionais demanda quatro etapas:

> 1) a menção à existência de dispositivos internacionais convencionais ou extraconvencionais de direitos humanos vinculantes ao Brasil sobre o tema;
>
> 2) a menção à existência de caso internacional contra o Brasil sobre o objeto da lide e as consequências disso reconhecidas pelo Tribunal;
>
> 3) a menção à existência de jurisprudência anterior sobre o objeto da lide de órgãos internacionais de direitos humanos aptos a emitir decisões vinculantes ao Brasil;
>
> 4) peso dado aos dispositivos de direitos humanos e à jurisprudência internacional.
>
> Caso a decisão nacional tenha preenchido os quatro parâmetros, houve efetivamente um Diálogo das Cortes.
>
> O primeiro parâmetro é descritivo e exige transparência. O órgão judicial nacional reconhece a incidência de normas internacionais ao caso, fazendo nascer o debate sobre a interpretação dos mesmos.
>
> O segundo parâmetro é referente à coerência e harmonia. O Estado adere a tribunais internacionais e isso exige dos órgãos nacionais ao menos o reconhecimento do trâmite de casos perante o sistema internacional.
>
> O terceiro parâmetro é um atestado da pluralidade normativa dos dias de hoje, concretizando a fertilização cruzada vista acima.

---

103 LEGALE, Siddharta; BASTOS NETTO, Claudio C., op. cit., p. 410.

> Finalmente, o quarto parâmetro dá publicidade à sociedade brasileira do conteúdo da jurisprudência internacional, óbvia consequência da internacionalização da temática envolvida no caso concreto. Esse parâmetro exige dos julgadores nacionais um esforço argumentativo para convencer a sociedade dos motivos pelos quais o Tribunal nacional contrariou, eventualmente, a interpretação internacional sobre o caso.[104]

Na mesma toada, EZEQUIEL MALARINO, tratando mais especificamente sobre a recepção da jurisprudência internacional pelo Judiciário argentino, formula as seguintes etapas de análise pelo aplicador nacional:

(i) **Identificação da jurisprudência →** busca por todos os casos internacionais que se ocuparam de questões similares ou que possam contribuir para a solução do caso sob exame, evitando-se o emprego retórico de decisões internacionais para apoiar soluções essencialmente nacionais.

(ii) **Identificação da doutrina da jurisprudência →** conhecimento da *ratio decidendi*, ou seja, dos fundamentos específicos relevantes das decisões internacionais amealhadas, que permitem apreender uma verdadeira concepção normativa vinculante das normas aplicadas emergente do conjunto jurisprudencial pesquisado.

(iii) **Aplicabilidade da doutrina extraída do caso internacional ao caso concreto →** verificação detida e fundamentada da compatibilidade da decisão internacional com o caso concreto analisado, não devendo haver diferenças relevantes entre este e os paradigmas internacionais.

(iv) **Compatibilidade da doutrina internacional encontrada com a ordem jurídica constitucional →** exame sobre a ausência de clara oposição do ordenamento jurídico constitucional nacional à doutrina emergente da jurisprudência internacional recrutada, sendo que a não aplicação da *ratio decidendi* internacional só deverá ter lugar a partir de substancial fundamentação que evidencie a incompatibilidade encontrada.[105]

Ambas propostas, associadas, seguem na direção da superação de um modelo de vinculação absoluta a essa ou aquela norma interpretada ou a esse ou aquele tribunal para um modelo de prevalência da persuasão do ato decisório[106], centrada na fundamentação de decisão jurisprudencial. Os autores trazem interessantes aportes metodológicos em favor de uma hermenêutica consentânea com a proteção multinível dos direitos humanos, permitindo a construção de uma racionalidade interpretativa que observe a pluralidade das fontes normativas dos direitos humanos, examinadas à luz do Princípio *Pro Persona*, assim superando

---

104 RAMOS, André de Carvalho. Pluralidade das ordens jurídicas: uma nova perspectiva na relação entre o Direito Internacional e o Direito Constitucional. **Revista da Faculdade de Direito, Universidade de São Paulo**, v. 106/107, p. 497–524, p. 515.

105 MALARINO, Ezequiel. Acerca de la pretendida obligatoriedad de la jurisprudencia de los órganos interamericanos de protección de derechos humanos para los tribunales judiciales nacionales. In: GRUPO LATINOAMERICANO DE ESTUDIOS SOBRE DERECHO PENAL INTERNACIONAL (org.). **Sistema Interamericano de Protección de los derechos humanos y derecho penal internacional**. Montevideo: Konrad Adenauer Stiftung, 2011. v. II, p. 435–455, p. 453-455.

106 GUSSOLI, Felipe Klein. Critérios para a vinculação aos precedentes de corte internacionais de direitos humanos: um modelo de persuasão. **INTER: Revista de Direito Internacional e Direitos Humanos da UFRJ**, v. 2, n. 2, 23 dez. 2019.

o estabelecimento de hierarquias previamente concebidas, mas exigindo que os parâmetros normativos internacionais jamais sejam ignorados ou mencionados com intuito meramente retórico, de modo a apenas corroborar interpretação de cunho exclusivamente nacional.[107]

Relevante passo no sentido de operacionalizar o diálogo das cortes, a partir do avanço no conhecimento da jurisprudência internacional dos direitos humanos e da obrigação jurídica de efetivá-la pelos aplicadores nacionais, foi dado pelo Conselho Nacional de Justiça (CNJ), por meio da Resolução n.º 364, de 12 de janeiro de 2021, que instituiu a Unidade de Monitoramento e Fiscalização de Decisões e Deliberações da Corte Interamericana de Direitos Humanos. Alguns dos "considerandos" que antecedem as disposições dessa Resolução contemplam várias das premissas repetidamente enunciadas neste Curso, a saber:

> CONSIDERANDO os objetivos e princípios fundamentais da República Federativa do Brasil, previstos da Constituição Federal de 1988, e sua adesão a tratados e convenções internacionais sobre direitos humanos (arts. 1º e 5º, §§ 2º e 3º da Constituição Federal);
> (...)
> CONSIDERANDO a missão do Poder Judiciário no sentido de efetuar a promoção de direitos humanos decorrentes de tratados internacionais dos quais a República Federativa do Brasil seja signatária, conforme disposições da Emenda Constitucional nº 45/2004;
> CONSIDERANDO a força vinculante dos tratados de direitos humanos, bem como a impossibilidade de normas internas justificarem o inadimplemento de compromissos internacionais, conforme disposições dos arts. 26 e 27 da Convenção de Viena sobre o Direito dos Tratados;
> (...)
> CONSIDERANDO as disposições do art. 28 da Convenção Americana sobre Direitos Humanos no sentido de que o governo nacional deve tomar imediatamente as providências pertinentes, em conformidade com sua constituição e suas leis, a fim de que as autoridades competentes das demais unidades da federação possam adotar as disposições cabíveis para o cumprimento de suas obrigações;

As atribuições adjudicadas à referida Unidade de Monitoramento e Fiscalização do CNJ demonstram que iniciativa pretende não apenas disseminar conhecimento acerca do *corpus juris* de direitos humanos interamericano, como agir para que normas e jurisprudência interamericanas sejam efetivadas, nacionalmente. Confira-se o art. 2º da Resolução nº 364:

> Art. 2º. A Unidade de Monitoramento e Fiscalização terá as seguintes atribuições, dentre outras:
> I – criar e manter banco de dados com as deliberações e decisões da Corte Interamericana de Direitos Humanos envolvendo o Estado brasileiro, com informações relativas ao cumprimento ou a eventuais pendências na implementação integral das determinações proferidas;

[107] O diálogo de cortes não é exclusividade da relação entre tribunais nacionais e cortes internacionais, já podendo ser verificado, empiricamente, a partir de casos da Corte Europeia de Direitos Humanos que se valeram de precedentes da Corte Interamericana de Direitos Humanos, em sua fundamenação, e vice-versa. Interessante levantamento dessa "fertilização cruzada" entre tribunais internacionais de direitos humanos pode ser encontrada em PIOVESAN, Flávia. **Direitos Humanos e Justiça Internacional:** um estudo comparado dos sistemas europeu, interamericano e africano. São Paulo: Saraiva Educação, 2018.

> II – adotar as providências para monitorar e fiscalizar as medidas adotadas pelo Poder Público para o cumprimento das sentenças, medidas provisórias e opiniões consultivas proferidas pela Corte Interamericana envolvendo o Estado brasileiro;
>
> III – sugerir propostas e observações ao Poder Público acerca de providências administrativas, legislativas, judiciais ou de outra natureza, necessárias para o cumprimento das decisões e deliberações da Corte Interamericana de Direitos Humanos envolvendo o Estado brasileiro;
>
> IV – solicitar informações e monitorar a tramitação dos processos e procedimentos relativos à reparação material e imaterial das vítimas de violações a direitos humanos determinadas pela Corte Interamericana de Direitos Humanos em tramitação no país que tratem de forma direta ou indireta de obrigações relacionadas a decisões e deliberações da Corte Interamericana de Direitos Humanos envolvendo o Estado brasileiro e que estejam pendentes de cumprimento integral;
>
> V – elaborar relatório anual sobre as providências adotadas pelo Estado brasileiro para cumprimento de suas obrigações internacionais oriundas das sentenças, medidas provisórias e opiniões consultivas proferidas pela Corte Interamericana de Direitos Humanos;
>
> VI – encaminhar às autoridades competentes as decisões e deliberações da Corte Interamericana de Direitos Humanos envolvendo o Estado brasileiro para apuração de eventual responsabilidade administrativa, cível ou criminal pelos feitos apontados;
>
> VII – acompanhar a implementação de parâmetros de direitos fundamentais estabelecidos por sentenças, medidas provisórias e opiniões consultivas de Corte Interamericana de Direitos Humanos envolvendo o Estado brasileiro;
>
> VIII – acompanhar a implementação de outros instrumentos internacionais pelos quais se estabeleçam obrigações internacionais ao Estado brasileiro no âmbito dos direitos humanos.
>
> § 1º. O relatório anual de que trata o inciso V será publicado no sítio eletrônico do Conselho Nacional de Justiça, promovendo-se sua divulgação junto ao Poder Público, à Ordem dos Advogados do Brasil, ao Ministério Público, à Defensoria Pública e à sociedade em geral.
>
> § 2º. A Unidade de Monitoramento e Fiscalização alimentará painel público criado no sítio eletrônico do CNJ com informações sobre os casos pendentes de cumprimento integral.

Tal Resolução, a despeito de parecer circunscrita à efetivação das decisões da Corte Interamericana de Direitos Humanos, abre-se para o monitoramento da implementação de quais outras normas e decisões internacionais de direitos humanos (art. 2º, VIII), sinalizando um CNJ mais ativo na fiscalização e, por conseguinte, na indução de um ambiente jurisdicional doméstico mais aberto e familiarizado com os métodos hermenêuticos pertinentes ao diálogo das cortes, inclusive quanto a seus efeitos na aplicação das normas nacionais, e, consequentemente, mais sintonizado com o dever estatal de proteção dos direitos humanos.

Demais disso, agindo assim, o órgão constitucional de fiscalização do Poder Judiciário planta uma semente no espaço vazio que a legislação brasileira ainda mantém acerca da regulação dos meios e modos de implementação das decisões internacionais.

8. CONTROLE DE CONVENCIONALIDADE[108]

O dever de compatibilização do ordenamento jurídico nacional às obrigações internacionais assumidas pelo Estado em matéria de Direitos Humanos, tal como –preceituado nos artigos 2º, item 2, do Pacto Internacional sobre Direitos Civis e Políticos e no art. 2º da Convenção Americana sobre Direitos Humanos, ambos ratificados pelo Estado brasileiro – remete aos meios de controle da atividade legiferante nacional em desconformidade com o Direito Internacional dos Direitos Humanos. Na prática, são impostas mudanças nas práticas administrativas e legislativas das autoridades nacionais[109], sob pena de configuração de descumprimento de normas internacionais de direitos humanos, abrindo-se a possiblidade de uma condenação internacional a respeito.

No plano da interpretação/aplicação, a principal ferramenta hermenêutica para a eliminação de normas nacionais afrontosas do Direito Internacional dos Direitos Humanos é o controle de convencionalidade.

O controle de convencionalidade corresponde à análise da compatibilidade de uma norma nacional às normas internacionais, que se tornam paradigmas de controle de validade das normas domésticas.

Este tipo de exame de compatibilidade exercido pelo Judiciário nacional tem origem nas altas cortes da França, a partir dos anos 1970. Todavia, mais tarde, a ideia seria retomada e contemplada, de modo sistemático e aprofundado, pela Corte Interamericana de Direitos Humanos (Corte IDH), que avançará para a noção de controle de convencionalidade difuso e para exigi-lo dos Estados sujeitos à sua jurisdição.[110] Portanto, diferentemente do vivenciado na França e em outros países da Europa, o controle de convencionalidade, no espaço do continente americano, passa a ser do interesse dos países por força da atuação de um tribunal internacional.

A história da Corte IDH mostra que a adoção e o desenvolvimento do controle de convencionalidade é resultado das sucessivas demandas julgadas pelo tribunal interamericano envolvendo violações de direitos humanos não investigadas ou punidas em âmbito nacional, em razão das leis de anistia (ou "autoanistia") aprovadas para beneficiar os violadores que agiram em nome dos diversos regimes ditatoriais que acometeram os países da América Latina, na segunda metade do século XX. No Brasil, esse papel foi desempenhado pela Lei nº 6.683/79.

O controle de convencionalidade advém do entendimento de que a produção de leis é um dos diversos instrumentos estatais que podem servir tanto para promover e proteger os direitos humanos, quanto para afrontá-los. Nessa perspectiva, o ato nacional de legislar apresenta-se,

---

108 Este tópico congrega e avança nos estudos sobre o tema apresentados em: BELTRAMELLI NETO, Silvio. A efetivação das normas internacionais de direitos humanos em âmbito interno. In: ALVARENGA, Rúbia Zanotelli de; CALSING, Renata de Assis (Coord.). **Direitos Humanos e Relações Sociais Trabalhistas.** São Paulo: LTr, 2017; BELTRAMELLI NETO, Silvio; MARQUES, Mariele Torres. Controle de convencionalidade na Justiça do Trabalho brasileira: análise jurisprudencial quantitativa e qualitativa. **Revista Opinião Jurídica (Fortaleza)**, v. 18, n. 27, p. 45–70, 19 fev. 2020; e BELTRAMELLI NETO, Silvio; KLUGE, Cesar Henrique. Controle de convencionalidade difuso e concentrado em matéria trabalhista nas perspectivas da OIT e do sistema interamericano de proteção dos direitos humanos. **Revista Direito e Justiça: Reflexões Sociojurídicas**, v. 17, n. 28, p. 105–132, 2 jun. 2017.

109 CANÇADO TRINDADE, Antônio Augusto. **Tratado de Direito Internacional dos Direitos Humanos**, cit., p. 537.

110 CAVALLO, Gonzalo Aguilar. El control de convencionalidad: análisis em derecho comparado. **Revista Direito GV**, São Paulo, n. 9 (2), p. 721-754, jul.-dez. 2013.

para os órgãos internacionais, como um fato (ato do Estado) que deve ser analisado, como qualquer outro, à luz das normas internacionais de direitos humanos.[111]

Isto porque, como visto, aos Estados Partes não é admitida isenção do cumprimento das obrigações internacionais de direitos humanos sob a alegação de suposta incompatibilidade com normas, Constituição ou princípios de direito interno.

Nunca é demais repisar que diversas convenções internacionais de direitos humanos já preveem, expressamente, a obrigação estatal de adequar a sua legislação interna ao compromisso internacionalmente assumido (*vide* art. 2º da Convenção Americana sobre Direitos Humanos). A respeito, consignou a Corte IDH:

> Esta Corte é consciente de que os juízes e tribunais internos estão sujeitos ao império de lei e, por isso, estão obrigados a aplicar as disposições vigentes no ordenamento jurídico. Mas quando um Estado ratifica um tratado internacional como a Convenção Americana, seus juízes, como parte do aparato do Estado, também estão submetidos a ela, o que os obriga a velar para que os efeitos das disposições da Convenção não se vejam mitigados pela aplicação das leis contrárias ao seu objeto e finalidade, **as quais, desde o início, carecem de efeitos jurídicos**. (destacado) [112]

Perceba-se que, conquanto seja um conceito desenvolvido pela jurisprudência da Corte IDH, o preceituado controle não se limita a se realizar em face de apenas de convenções da OEA, mas de qualquer norma internacional de direitos humanos.

Isto posto, concluindo pela incompatibilidade da norma interna com o DIDH, a Corte sentenciará declarando a responsabilidade internacional do Estado por violação e exigindo as reparações decorrentes, sem que isso importe na invalidade daquela norma perante o ordenamento jurídico nacional.

Note-se: ao examinar um ato normativo doméstico, um órgão internacional ou uma corte internacional de proteção dos direitos humanos **não realiza controle de constitucionalidade, tampouco reforma eventual decisão interna** de compatibilidade entre essa norma e a Constituição local, mas apenas analisa a compatibilidade do ato normativo estatal com as normas internacionais de direitos humanos às quais se submete o Estado produtor da norma em questão.

Havendo incompatibilidade apurada em caso concreto, com vítimas identificadas, o órgão ou a corte internacional declara a responsabilidade internacional por descumprimento da norma internacional, em razão da lesão que a norma nacional inconvencional propiciou que fosse experimentada por uma ou mais vítimas, seja por ação do próprio Estado (algum agente seu) seja por ação de particular albergado pela norma inconvencional. Em consequência, são determinadas ao Estado medidas de reparação às vítimas e a desconsideração para eventos futuros da lei nacional inconvencional. Todavia, a decisão internacional não tem o condão de invalidar, *per si*, a norma doméstica repudiada, providência que cabe aos poderes competentes do Estado e que, se olvidada, possivelmente acarretará novas sanções internacionais.

---

111 "Os órgãos de supervisão internacionais não são obrigados a conhecer o direito interno dos diversos estados, mas sim a tomar conhecimento dele como elemento de prova, no processo de verificação da conformidade dos atos internos (judiciais, legislativos, administrativos) dos estados com as obrigações convencionais que a estes se impõem" (CANÇADO TRINDADE, Antônio Augusto. **Tratado de Direito Internacional dos Direitos Humanos**, cit., p. 518).

112 Tradução livre. CORTE INTERAMERICANA DE DIREITOS HUMANOS. **Caso Almonacid Arellano y Otros vs. Chile.** Sentencia de 26 de septiembre de 2006 (Excepciones Preliminares, Fondo, Reparaciones y Costas). San José da Costa Rica, 2006, p. 53 (124). Disponível em: https://www.corteidh.or.cr/docs/casos/articulos/seriec_154_esp.pdf. Acesso em: 02 jan. 2020.

A decretação internacional da inconvencionalidade se tornará viável sempre que um exame de constitucionalidade feito pela autoridade nacional competente vá de encontro ao controle de convencionalidade dessa mesma lei pelo órgão internacional, haja vista que os parâmetros de compatibilidade são distintos (Constituição e normas internacionais, respectivamente).

A respeito, o exemplo mais citado é justamente o caso brasileiro da Lei nº 6.683/79 ("Lei de Anistia"), objeto da ADPF nº 153, perante o STF, e do caso "Gomes Lund e Outros *vs.* Brasil", perante a Corte Interamericana de Direitos Humanos, demandas que chegaram a tramitar concomitantemente. Na ADPF, que pretendeu dar ao art. 1º daquela referida lei interpretação conforme à Constituição Federal, de modo a excluir do benefício da anistia os agentes do regime militar que tenham praticado crime à época da ditadura, o STF, por maioria de votos, manteve o entendimento segundo o qual tais agentes também foram abarcados pelo beneplácito legal. Já a Corte Interamericana, meses depois, sufragou posicionamento já firmado em outros casos, declarando, entre os fundamentos de sua sentença, a incompatibilidade da Lei de Anistia brasileira com as normas interamericanas de direitos humanos aplicáveis ao Brasil.[113]

A mesma lei voltou a ser declarada inconvencional pela Corte IDH na sentença condenatória do Estado brasileiro para o caso do assassinato por forças policiais do jornalista Vladmir Herzog.[114] Já no caso Trabalhadores da Fazenda Brasil Verde, a condenação do Brasil envolveu a declaração da inconvencionalidade do dispositivo da lei penal pátria que autoriza a prescrição do crime de redução à condição análoga à de escravo (art. 149 do Código Penal).[115]

Na realidade, o que deve ocorrer é justo o contrário do verificado na situação da ADPF 153 vs. Caso Gomes Lund e Outros, isto é, de modo a evitar que os tribunais internacionais sejam levados a exercer o controle de convencionalidade em face de normas domésticas, é imperioso que os administradores, legisladores e juízes, nas respectivas searas nacionais e dentro de suas competências (material e territorial), já pratiquem esse juízo de convencionalidade, na medida em que o Direito Internacional dos Direitos Humanos integra o ordenamento jurídico interno (no caso do Brasil, por força sobretudo do § 2º do art. 5º da CF), bem assim porque todos os agentes estatais estão adstritos ao dever de respeitar, *proteger* e promover os direitos humanos, de acordo com os padrões adotados pelos tratados, pelas normas costumeiras e pela jurisprudência internacionais.

A realização do controle de convencionalidade no âmbito do Poder Legislativo é assim saudada por SARLET:

> Por outro lado, há que se considerar que o controle de convencionalidade (interno) não é um controle exclusivamente jurisdicional igualmente há de ser sublinhado e talvez possa merecer alguma atenção adicional como hipótese plausível. O Poder Legislativo,

---

113 CORTE INTERAMERICANA DE DIREITOS HUMANOS. **Caso Gomes Lund e Outros ("Guerrilha Do Araguaia") vs. Brasil.** Sentença de 24 de novembro de 2010 (Exceções Preliminares, Mérito, Reparações e Custas). San José da Costa Rica, 2010. Disponível em: https://www.corteidh.or.cr/docs/casos/articulos/seriec_154_esp.pdf. Acesso em: 02 jan. 2020.

114 CORTE INTERAMERICANA DE DIREITOS HUMANOS. **Caso Herzog e Outros vs. Brasil.** Sentença de 15 de Março de 2018 (Exceções Preliminares, Mérito, Reparações e Custas). San José da Costa Rica, 2018. Disponível em: https://www.corteidh.or.cr/docs/casos/articulos/seriec_353_por.pdf. Acesso em: 24 dez. 2020.

115 CORTE INTERAMERICANA DE DIREITOS HUMANOS. **Caso Trabalhadores da Fazenda Brasil Verde vs. Brasil.** Sentença de 20 de Outubro de 2016 (Exceções Preliminares, Mérito, Reparações e Custas). San José da Costa Rica, 2016. Disponível em: https://www.corteidh.or.cr/docs/casos/articulos/seriec_318_por.pdf. Acesso em: 24 dez. 2020.

> quando da apreciação de algum projeto de lei, assim como deveria sempre atentar para a compatibilidade da legislação com a CF, também deveria assumir como parâmetro os tratados internacionais, o que, de resto, não se aplica apenas aos tratados de direitos humanos, mas deveria ser levado ainda mais a sério nesses casos. Não se pode olvidar que legislação interna incompatível com algum tratado ratificado pelo Brasil e que esteja em vigor na espera supranacional configura violação do tratado, cabendo ao Poder Legislativo operar de modo preventivo também nessa seara.[116]

Mais especificamente a vinculação dos juízes nacionais à aplicação do Direito Internacional dos Direitos Humanos é objeto de inúmeras manifestações da Corte IDH, em julgamentos de casos contenciosos, e vem lastreando a construção jurisprudencial da ideia de "controle difuso de convencionalidade".[117] Segundo tal classificação – admitidamente inspirada na distinção clássica de Direito Constitucional sobre os tipos de controle de constitucionalidade[118] –, o **controle de convencionalidade difuso** deve ser exercido pelos membros do Poder Judiciário local, aos quais incumbe, primeira e preferencialmente, examinar, *ex officio*, a compatibilidade de determinada norma doméstica com o Direito Internacional dos Direitos Humanos, deixando de aplicá-la, no âmbito da demanda sob jurisdição, na hipótese de desconformidade. Em falhando o controle difuso, à vista do aspecto subsidiário do processo internacional dos direitos humanos, caberá à corte internacional colocar em prática o **controle concentrado de convencionalidade.**

Vale transcrever as passagens em que a Corte IDH consolida tal distinção e, com isso, imputa aos juízes nacionais a importante e estratégica missão de fazer valer os comandos internacionais de proteção dos direitos humanos (leia-se: não apenas os tratados, mas também o costume e a jurisprudência internacional):

> Em outras palavras, o Poder Judiciário deve exercer uma espécie de "controle de convencionalidade" das normas jurídicas internas que aplicam nos casos concretos e a Convenção Americana sobre Direitos Humanos. Nessa tarefa, o Poder Judiciário deve ter em conta não apenas o tratado, mas também a sua interpretação, conferida pela Corte Interamericana, intérprete última da Convenção Americana.[119]

---

116 SARLET, Ingo W. Controle de convencionalidade dos tratados internacionais. **Consultor Jurídico**, 10 abr. 2015. Disponível em: http://www.conjur.com.br/2015-abr-10/direitos-fundamentais-controle-convencionalidade-tratados-internacionais. Acesso em: 17 jan. 2021.

117 Os termos "controle de convencionalidade concentrado" e "controle de convencionalidade difuso" são aqui adotados ao feitio da Corte Interamericana de Direitos Humanos (Corte IDH). Advirta-se, todavia, que há autores que se valem dos termos "internacional" e "interno" ou "nacional", para designarem o controle realizado pelos órgãos internacionais e domésticos, respectivamente. Ainda com objetivo de alerta, consigne-se haver também quem classifique como controle de convencionalidade concentrado aquele realizado pelo STF, com efeito *erga omnes* — obtido em controle abstrato ou concreto com repercussão geral —, relegando o controle de convencionalidade difuso aos juízes das demais instâncias. Tal perspectiva não é aqui acatada em observância ao padrão terminológico utilizado pela Corte IDH, o qual se reputa mais didático.

118 Cf. CORTE INTERAMERICANA DE DIREITOS HUMANOS. **Caso Cabrera García e Montiel Flores vs. México: Voto Arrazoado de Eduardo Ferrer Mac-Gregor Poisot (juiz *ad hoc*).** Sentencia de 26 de noviembre de 2010 (Excepción Preliminar, Fondo, Reparaciones y Costas). San José da Costa Rica, 2010, p. 08 (21). Disponível em: https://www.corteidh.or.cr/docs/casos/articulos/seriec_220_esp.pdf. Acesso em: 02 jan. 2020.

119 Tradução livre. CORTE INTERAMERICANA DE DIREITOS HUMANOS. **Caso Almonacid Arellano vs. Chile**, cit., p. 53 (124).

> Quando um Estado ratifica um tratado internacional como a Convenção Americana, seus juízes também estão submetidos a essa, o que os obriga a velar para que o efeito útil da convenção não se veja mitigado ou anulado pela aplicação de leis contrárias às suas disposições, objeto e finalidade. Em outras palavras, os órgãos do Poder Judiciário devem exercer não só um controle de constitucionalidade, mas também "de convencionalidade" *ex officio* entre as normas internas e a Convenção Interamericana, evidentemente no marco de suas respectivas competências e das regras processuais correspondentes.[120]

O controle de convencionalidade difuso já é uma realidade na prestação jurisdicional brasileira, com exemplos verificados no STF[121] e no Tribunal Superior do Trabalho, a despeito de sua aplicação ainda ser demasiado tímida e, não raras vezes, seletiva – i.e., casuística, sem pretensão ao uso estável, disseminado e permanente.

Aliás, a Justiça do Trabalho é seara de abordagem vanguardista do instrumento, tendo-o manejado, de modo mais explícito e em face de Convenções da OIT, na proteção de trabalhador grevista contra dispensa discriminatória em razão da participação no movimento paredista[122], assim como na tutela da possibilidade de acumulação da percepção dos adicionais de insalubridade e periculosidade.[123]

Saliente-se que o controle de convencionalidade difuso não se limita a analisar a adequação de uma norma nacional em face dos tratados internacionais. Para além disso, esse controle admite e até propõe a aplicação alinhada às convenções internacionais, quando o caso permite. Trata-se do instituto da "interpretação conforme". Sob tal prisma, se possível no caso concreto, a interpretação conforme se afigura importante instrumento para ser utilizado não apenas tendo como parâmetro o texto constitucional, mas também as normas internacionais de direitos humanos a que se submete o Estado:

> Assim, nos chamados sistemas difusos de controle de constitucionalidade, onde todos os juízes têm competência para deixar de aplicar uma lei ao caso concreto por contrariar a Constituição nacional, o grau de "controle de convencionalidade" resulta de maior alcance, ao terem todos os juízes nacionais a atribuição de não aplicar a norma contrária à Convenção. Trata-se de um nível intermediário de "controle", que operará apenas se não se mostrar possível a "interpretação conforme" da normatividade nacional com o Pacto de San José (ou de alguns outros tratados internacionais, como veremos mais adiante) e da jurisprudência convencional. Através dessa "interpretação conforme" salva-se a "convencionalidade" da norma interna. O grau de intensidade máximo do "controle de convencionalidade" pode ser verificado pelas altas jurisdições constitucionais (normalmente os últimos intérpretes constitucionais em um determinado ordenamento jurídico), que geralmente têm, ademais, a faculdade de declarar a invalidade da norma inconstitucional com efeitos *erga omnes*. Se trata de uma declaração geral de invalidade por "inconvencionalidade" da norma nacional.[124]

---

120 Tradução livre. CORTE INTERAMERICANA DE DIREITOS HUMANOS. **Caso Trabajadores Cesados del Congreso (Aguado Alfaro y otros). Vs. Perú.** Sentencia de 24 de noviembre de 2006 (Excepciones Preliminares, Fondo, Reparaciones y Costas). San José da Costa Rica, 2006, p. 47 (128). Disponível em: https://www.corteidh.or.cr/docs/casos/articulos/seriec_158_esp.pdf. Acesso em: 02 jan. 2020.

121 Cf. STF, ADI nº 5.240/SP, relativa à instituição da chamada "audiência de custódia".

122 Cf. TST, Proc. RR – 7200-27.2007.5.12.0019.

123 Cf. TST, Proc. RR-1072-72.2011.5.02.0384.

124 Tradução livre. CORTE INTERAMERICANA DE DIREITOS HUMANOS. **Caso Cabrera García e Montiel Flores vs. México.** Exceções Preliminares, Mérito, Reparações e Custas. Sentença de 26 de novembro de 2010, Voto Arrazoado de Eduardo Ferrer Mac-Gregor Poisot (juiz ad hoc), parágrafo 36.

Em assim podendo acontecer, vê-se que, diferentemente do duplo *status* adotado pelo STF (hierarquias constitucional e supralegal), as normas internacionais de direitos humanos, naturalmente, devem ter acolhida sua natureza constitucional, no mínimo sendo-lhes admitindo o *status* de integrante do bloco de constitucionalidade, para as situações em que as Constituições não são expressas, no que se refere a esse nível hierárquico.

As duas modalidades do controle de convencionalidade interrelacionam-se, permitindo se possa entrever um certo fluxo e uma retroalimentação entre ambas:

As setas indicam o fluxo do exercício do controle de convencionalidade: na falha do controle difuso, oportuniza-se o controle concentrado, a ser observado, a partir de então, pelo Poder Judiciário nacional, sob pena de sanção por responsabilidade internacional por violação de norma internacional

Fonte: elaborada pelo autor

Importante notar, demais disso, que o controle de convencionalidade exercido pela autoridade nacional competente para o controle concentrado de constitucionalidade, além de altamente desejável, poderá consubstanciar hipótese cujo resultado se assimilará ao da declaração de "não convencionalidade" proferida pelo tribunal internacional em relação à norma contrária ao Direito Internacional dos Direitos Humanos, com o benefício de se evitar a responsabilização internacional do Estado por violação.

Na hipótese de incompatibilidade entre norma **constitucional** e norma internacional de direitos humanos, há precedentes judiciais internacionais na Europa e na América reafirmando a possibilidade do controle concentrado de convencionalidade. É o que se viu acontecer no Caso *Open Door and Dublin Well Woman* vs. República da Irlanda, julgado pela Corte Europeia de Direitos Humanos, e no Caso Olmedo Bustos e Outros vs. Chile (Caso "A Última Tentação de Cristo"), julgado pela Corte IDH.[125]

Outra discussão atual diz respeito ao papel dos pareceres consultivos dos tribunais internacionais de direitos humanos no controle de convencionalidade. Como se sabe, diferentemente dos tribunais nacionais, as cortes internacionais costumam ter reconhecida sua competência para a edição de opiniões por provocação a respeito da interpretação de determinada norma internacional em abstrato (não à luz de um caso concreto de violação). Questiona-se: essas opiniões consultivas constituem parâmetro para o controle de convencionalidade? A par da corrente doutrinária que nega capacidade de vinculação das Opiniões Consultivas, pensa-se se tratar de uma interpretação autêntica, que confere sentido a uma norma vinculante, e que, por conseguinte, no mínimo por via reflexa, capacita-se ao papel de paradigma para

125 RAMOS, André de Carvalho. **Responsabilidade internacional por violação de direitos humanos**, cit., p. 175.

controle de convencionalidade, sobretudo o difuso, uma vez que sua observância no controle concentrado pela mesma corte que a emitiu é uma obviedade.[126]

Em suma, o conjunto de possibilidades relativas ao exame de convencionalidade (concentrado, difuso e interpretação conforme) propicia o que GUERRA denomina "duplo controle de verticalidade"[127], consubstanciado na aferição da consonância de uma norma doméstica tanto em relação à Constituição quanto ao Direito Internacional dos Direitos Humanos pelo Poder Judiciário nacional e pelos órgãos internacionais, respectivamente. Em todas essas instâncias, por certo, a decisão e sua fundamentação devem ter por critério essencial a demonstração da satisfação do Princípio *Pro Persona*.

O controle de convencionalidade (nacional e internacional), em especial, e a hermenêutica *pro persona*, no geral, são instrumentos cruciais de efetivação dos direitos humanos no plano nacional.

A efetivação do Direito Internacional dos Direitos Humanos tem lugar a partir de duas vias: exógena e endógena.

A **via exógena** dá-se pela imposição de órgãos internacionais, mediante a edição de decisões vinculantes ou de recomendações acatadas pelos Estados. Neste caso, o impulso para efetivação das normas internacionais é externo. Endógena é a segunda via (a mais desejável), que consiste no cumprimento espontâneo das normas internacionais pelos Estados, em observância do já estudado Princípio da Boa-Fé em matéria de tratados internacionais, consagrado pelo artigo 26 da Convenção de Viena sobre Direito dos Tratados.

A **via endógena** de efetivação do Direito Internacional dos Direitos Humanos representa, pois, o mecanismo mais eficaz para a implementação dos direitos humanos, por ser capaz de produzir integração entre o direito nacional e o internacional.

O Brasil conta com um farto arcabouço de normas e mecanismos procedimentais internacionais que deve ser utilizado em busca da efetivação dos direitos humanos. Este processo exige uma atuação judicial firme e engajada. Para tanto se presta o controle de convencionalidade.

O correto exercício do controle de convencionalidade pela via endógena dispensa a necessidade desse mesmo exercício pela via exógena, ou seja, pelos órgãos internacionais de monitoramento e apreciação de violações.

A via endógena será, ainda, tanto mais eficaz, quanto mais engajados e atuantes estiverem todos os agentes públicos em relação ao cumprimento do dever de proteção dos direitos humanos. Deste modo, o controle de convencionalidade difuso não deve, portanto, ser visto como aferição exclusiva ou prioritária do Poder Judiciário, devendo ser exercido também pelos Poderes Legislativo e Executivo. Se assim for, o Poder Legislativo não deve aprovar qualquer norma contrária àquelas internacionais oponíveis ao Brasil, cumprindo lhe, obviamente, alterar as que sejam propostas apresentando tal inconformidade. Caso os parlamentares falhem neste mister, cabe ao Chefe do Executivo, no caso brasileiro, por exemplo, vetar a norma inconvencional. Na hipótese de omissão do exercício do controle de convencionalidade pelos Poderes Legislativo e Executivo, caberá, então, ao Poder Judiciário fazê-lo.

---

126 Para o desenvolvimento desta posição, a partir da produção consultiva da Corte Interamericana de Direitos Humanos, cf. LEGALE, Siddharta. Controle de convencionalidade consultivo? Um estudo em homenagem ao Professor Sidney Guerra. In: BUZANELLO, José Carlos; WINTER, Luís A. C. (orgs.). **Um novo Direito:** homenagem aos 25 Anos de Docência no Ensino Superior do Professor Dr. Sidney Guerra. Curitiba: Instituto Memória, 2019. p. 80–101.

127 GUERRA, Sidney. **O sistema interamericano de proteção dos direitos humanos e o controle de convencionalidade**. São Paulo: Atlas, 2013, p. 179.

Por outro lado, antes de deixar de aplicar uma norma doméstica por sua suposta incompatibilidade com o Direito Internacional dos Direitos Humanos, o ideal é que se tente empregar a chamada "interpretação conforme", utilizando as normas internacionais e a jurisprudência acerca destas como parâmetros hermenêuticos.

A consequência da omissão no exercício do controle difuso ou nacional de convencionalidade é certa e determinada: o possível reconhecimento por órgão internacional da responsabilidade internacional do Estado por violação de norma do Direito Internacional de Direitos Humanos, com a imputação do dever de reparação dos danos.[128] Em outras palavras, a falha no controle difuso ou nacional de convencionalidade deixa o Estado brasileiro suscetível à responsabilização internacional.

Outro aspecto importante a ser ressaltado sobre o controle de convencionalidade é que seu manejo demanda mais do que uma comparação de textos legislativos (norma nacional *versus* tratado internacional). A convencionalidade deve ser aferida também tendo em conta as interpretações estatuídas pelos órgãos internacionais incumbidos do monitoramento e apuração de violação do Direito Internacional dos Direitos Humanos. Neste passo, as decisões de cortes internacionais e demais órgãos competentes de caráter não jurisdicional (*v.g.* Comitês das convenções de direitos humanos da ONU, Comissão Interamericana de Direitos Humanos e os Comitê de Peritos e de Liberdade Sindical da OIT) são paradigmas para o controle difuso de convencionalidade.

A obrigação do controle de convencionalidade pelas instâncias domésticas impõe, por conseguinte, a naturalização de uma sistemática interlocução entre normas e decisões dos Poderes do Estado e dos órgãos internacionais, favorecida pela Teoria do Diálogo das Cortes. Ocorre que o próprio autor dessa teoria reconhece a impossibilidade jurídica de se obrigar os juízes nacionais a se comportarem segundo sua proposta hermenêutica. CARVALHO RAMOS, então, para fazer frente a aplicadores que se negam ao controle de convencionalidade nacional, lança mão da **Teoria do Duplo Controle ou Duplo Crivo de Direitos Humanos**, "que reconhece a atuação em separado do controle de constitucionalidade (STF e juízos nacionais) e do controle de convencionalidade (Corte de San José e outros órgãos de Direitos Humanos do plano internacional)".[129] Em termos específicos:

> Os Direitos Humanos, então, no Brasil possuem uma dupla garantia: o controle de constitucionalidade nacional e o controle de convencionalidade internacional. Qualquer ato ou norma deve ser aprovado pelos dois controles, para que sejam respeitados os direitos no Brasil.
>
> Esse duplo controle parte da constatação de uma verdadeira separação de atuações, na qual inexistiria conflito real entre as decisões porque cada Tribunal age em esferas distintas e com fundamentos diversos.

---

128 Entendimento sufragado pela Corte IDH na já citada Opinião Consultiva 14/94, *verbis*: "A corte conclui que a promulgação de uma lei manifestamente contrária às obrigações assumidas por um Estado ao ratificar ou aderir à Convenção constitui violação dessa e que, na eventualidade de tal violação afetar direitos e liberdades protegidos de determinados indivíduos, gera responsabilidade internacional do Estado" [CORTE INTERAMERICANA DE DIREITOS HUMANOS. **Opinión Consultiva OC-14/94, del 9 De Diciembre De 1994:** Responsabilidad Internacional por Expedición y Aplicación de Leyes Violatorias de La Convención (Arts. 1 y 2 Convención Americana Sobre Derechos Humanos). San José da Costa Rica, 1994. Disponível em: https://www.corteidh.or.cr/docs/opiniones/seriea_14_esp.pdf. Acesso em: 24 dez. 2020].

129 RAMOS, André de Carvalho. Pluralidade das ordens jurídicas: uma nova perspectiva na relação entre o Direito Internacional e o Direito Constitucional. **Revista da Faculdade de Direito, Universidade de São Paulo**, v. 106/107, p. 497–524, 1 jan. 2012, p. 519.

Aplicada a Teoria do Duplo Controle à lei de anistia brasileira, deixaria de haver real oposição entre a decisões do STF para a ADPF 153 e da Corte IDH para o Caso Gomes Lund e Outros vs. Brasil:

> Não cabe, então, alegar coisa julgada ou efeito vinculante para obstar inquéritos policiais ou ação penal que estejam a aplicar a sentença interamericana, pois não houve rescisão ou declaração de nulidade da decisão da ADPF n. 153, que continua a produzir efeitos no que tange aos seus fundamentos de direito interno. Só que as autoridades envolvidas devem cumprir agora a sentença internacional, com base no art. 7º da ADCT, bem como os demais artigos que tratam de tratados internacionais de Direitos Humanos.
>
> Essa teoria do duplo controle permite a convivência entre as ordens normativas justapostas na defesa de Direitos Humanos.
>
> Não se desafia o STF, mas sim ficam esclarecidos os campos de atuação: para a Alta Corte nacional há a palavra final sobre o ordenamento nacional; para a Corte Interamericana de Direitos Humanos resta a palavra final sobre a Convenção Americana de Direitos Humanos, costume internacional e tratados conexos, que incidem também sobre o Brasil.
>
> (...)
>
> A partir da teoria do duplo controle, agora deveremos nos acostumar a exigir que todo ato interno se conforme não só ao teor da jurisprudência do STF, mas também ao teor da jurisprudência internacional (cujo conteúdo deve ser estudado inclusive nas Faculdades de Direito)."[130]

Em suma, não basta para a sua validade que um ato ou norma interna que passe pelo crivo do controle de constitucionalidade nacional e não o consiga perante o controle internacional de convencionalidade, e vice-versa.

9. NOTAS SOBRE "ATIVISMO JUDICIAL" À LUZ DOS DIREITOS HUMANOS

A aproximação do Direito e da Moral (ética) não se esgota, como é fácil perceber, na previsão legal. Uma Constituição que abandona a função meramente organizacional e aspira à produção direta de efeitos nas relações públicas e privadas, tendo como eixo central a dignidade humana e os valores que condicionam a sua preservação, altera, também, os parâmetros da atividade exercida pelo aplicador do Direito. Mas admitir que o julgador participa da criação do Direito não importaria em usurpação da competência do Poder Legislativo?

A mudança de postura proposta pelo pós-positivismo e pelo neoconstitucionalismo, com influência direta na metodologia da aplicação das normas jurídicas, somente se completa mediante um engajamento dos aplicadores do Direito, sobretudo de quem detém a autoridade investida pelo Estado para missão de, definitivamente, aplicá-lo: o julgador. Diz o constitucionalista alemão Konrad Hesse, acerca da "força ativa" da Constituição:

> Embora a Constituição não possa, por si só, realizar nada, ela pode impor tarefas. A Constituição transforma-se em força ativa se essas tarefas forem efetivamente realizadas, se existir a disposição de orientar a própria conduta segundo a ordem nela estabelecida, se, a despeito de todos os questionamentos e reservas provenientes dos juízos de conveniência, se puder identificar a vontade de concretizar esta ordem. Concluindo, pode-se afirmar que a Constituição converter-se-á em força ativa se fizerem-se presentes, na

130 Id. Ibid., p. 521

consciência geral – particularmente na consciência dos principais responsáveis pela ordem constitucional –, não só a *vontade de poder (Wille zur Macht)*, mas também a *vontade de Constituição (Wille zur Verfassung)*.[131]

Todos os agentes públicos e os indivíduos devem, portanto, respeito à Constituição, obedecendo, cada qual em seu espaço de atuação, ao ímpeto constitucional de realização (concretização).

E assim é porque a própria Constituição é tida como um diploma normativo inacabado, que se concretiza ao longo da história, porquanto "o significado da ordenação jurídica na realidade e em face dela somente pode ser apreciado se ambas – ordenação e realidade – forem consideradas em sua relação, em seu inseparável contexto, e no seu condicionamento recíproco".[132]

No que diz respeito ao aplicador do Direito, a força normativa dos princípios jurídicos suscita desde logo, como visto, o problema de sua interpretação/aplicação.

A circunstância de se encontrarem revelados sob a forma de princípios jurídicos não subtrai aos valores as suas apontadas características. Justo ao contrário, o Direito, admitida sua dimensão axiológica, passa a conviver com o fato de que sua realização demanda, sobretudo pelo aplicador, a consideração de que o conteúdo das normas a serem aplicadas é determinado também por aspectos históricos (*historicidade*), os quais influenciaram e influenciam o ordenamento jurídico conforme as preferências valorativas (*preferibilidade e graduação hierárquica*) consolidadas pela sociedade e manifestadas nos elementos normativos estruturantes desse ordenamento (*objetividade*).

Demais disso, explícitos ou implícitos, princípios enunciam-se em textos normativos abertos ou deles inferem-se, respectivamente; e textos normativos abertos, diferentemente da legislação infraconstitucional mais difundida, não se estruturam segundo a clássica fórmula: "suporte fático" (ou "hipótese de incidência") e "consequência jurídica".

A cogência dos princípios jurídicos vincula, de um lado, a tarefa do aplicador e, de outro, torna-a mais complexa, na medida em que exige um esforço mais intenso de extração do sentido da norma: primeiro, a partir do texto mais aberto e, depois, da compatibilidade com o sistema jurídico em que está inserta.

É que a solução do caso concreto, em especial na perspectiva dos princípios convocados pelos *hard cases*, não encontra resposta pronta no texto da lei, devendo ser **construída** pelo julgador, **sem deixar de considerar, como ponto de partida e, ao mesmo tempo, limite, o ordenamento jurídico a que se subordina.**[133] Nesta construção, por certo, o aplicador sempre trará, além de sua experiência jurídica, também seu conhecimento de vida ("pré-conhecimento", "pré-conceito" ou "pré-entendimento"), principalmente sobre os fatos sociais e os valores envolvidos na demanda. A decisão judicial deverá ser, nesta linha, produto do ir e vir mental do aplicador entre o fato e a norma, o conhecido "círculo hermenêutico" ou "espiral hermenêutica".[134]

A propósito da necessária interação dialética entre juiz e a realidade, com vistas à tomada de decisão, vale mencionar que tem se inserido nesse debate, com razoável destaque, o tema

---

131 HESSE, Konrad, op. cit., p. 19.

132 Id. Ibid., p. 13.

133 Perceba-se que a referência é o ordenamento jurídico como sistema, dotado de elementos centrais estruturantes (como os valores mais preciosos consagrados pela constituição), e não mais a soma de um ou alguns dispositivos legais, tomados isoladamente do conjunto.

134 LARENZ, Karl, op. cit., p. 395.

da participação dos diversos atores sociais (e não apenas dos operadores do Direito) como pressuposto da legitimidade do processo decisório envolvendo disposições constitucionais. Ícone contemporâneo do assunto, PETER HÄBERLE propõe que a interpretação constitucional fomentada pela demanda posta ao Poder Judiciário seja um exercício plural e inclusivo, porquanto "a interpretação constitucional não é um 'evento exclusivamente estatal', seja do ponto de vista teórico, seja do ponto de vista prático. A esse processo tem acesso potencialmente todas as forças da comunidade política".[135]

Nessa linha, já se percebe uma maior disposição do STF, nas causas envolvendo controle de constitucionalidade, em receber intervenções a título de *amicus curiae*, bem como em se valer, cada vez mais, das audiências públicas – dois instrumentos que viabilizam o contato do julgador com os anseios, os pontos de vista e a interpretação constitucional levada a efeito pelos diversos atores sociais envolvidos no caso *sub judice*.

Uma reflexão ainda mais profunda e estrutural a respeito da construção democrática da jurisprudência deve envolver, de modo incontornável, as vicissitudes econômicas, sociais, culturais, políticas e institucionais que condicionam uma composição do Poder Judiciário brasileiro – desde o piso até a Suprema Corte – não representativa de todos os grupos sociais que conformam a população brasileira, em especial as pessoas integrantes de grupos social e culturalmente vulneráveis.

No que tange à criatividade jurídico-interpretativa, não se trata de novidade pós-positivista, conquanto tenha agora recuperado a atenção dos juristas. Menos inusitada, ainda, é a constatação de que, por natureza, tal criatividade é insuscetível à neutralidade, em razão de uma realidade explicada com precisão por RENAN SEVERO TEIXEIRA DA CUNHA:

> Sendo da natureza das sociedades plurais é democráticas o conflito, a divergência a própria luta política seria ingenuidade não perceber que tais conflitos, divergências e lutas acompanham o direito em todo o momento de seu desenrolar: manifestam-se fortemente no instante supremo das opções constitucionais, continuam no processo histórico da legiferação e prosseguem até mesmo na concretização do direito quando da solução dos conflitos levados aos tribunais. Estes conflitos, a uma primeira vista tidos como apenas intersubjetivos, são, na verdade, em maior ou menor grau, manifestações concretas de conflitos sociais subjacentes; a aplicação das normas a tais situações revela, também, a pluralidade do corpo social, com suas convicções, concordâncias e discordâncias.
>
> (...)
>
> No entanto, a assunção dessa natureza política não nos deve enganar. Obviamente não autoriza o intérprete – principalmente o judicial – a, em nome de suas convicções políticas ou mesmo de suas paixões, forçar interpretações não autorizadas pelo sistema.[136]

Sobre a extensão daquela criatividade, interessante é a distinção que faz KARL LARENZ entre "interpretação da lei", "desenvolvimento judicial imanente" e "desenvolvimento judicial superador".

De partida, o jurista alemão, enfocando a hermenêutica praticada pelos tribunais, assevera que a interpretação da lei e o desenvolvimento do Direito, ao contrário de serem essencialmente

---

135 HÄBERLE, Peter. **Hermenêutica constitucional.** *A sociedade aberta dos intérpretes da Constituição: contribuição para a interpretação pluralista e "procedimental" da Constituição.* Trad. Gilmar Ferreira Mendes. Porto Alegre: Sérgio Antonio Fabris Editor, 2002, p. 23.

136 CUNHA, Renan Severo Teixeira da. **Temas de hermenêutica jurídica e de aplicação do direito**: uma abordagem operacional. Campinas: Alínea, 2020, p. 12.

díspares, são designações de diferentes graus de um mesmo processo de pensamento, perante o qual uma interpretação legal, que seja inaugural ou superadora da anterior, já importa em desenvolvimento do Direito.[137]

Não obstante, aponta mais incisivamente **o sentido literal possível** da norma interpretada como o limite fronteiriço por excelência entre a interpretação da lei e o desenvolvimento do Direito, cuja gradação e oportunidade são estabelecidas conforme os seguintes parâmetros:

> Um desenvolvimento do Direito conduzido metodicamente para além deste limite, mas ainda no quadro do plano originário, da teleologia da lei em si, é preenchimento de lacunas, desenvolvimento do Direito imanente à lei; o desenvolvimento do Direito que esteja além deste limite, mas adentro do quadro e dos princípios directivos do ordenamento jurídico no seu conjunto é desenvolvimento do Direito superador da lei. (...) o juiz, a quem não é lícito denegar a resolução, está em todo o caso obrigado a interpretar a lei e, sempre que a lei contenha lacunas, a integrá-las, ao passo que só pode decidir-se a um desenvolvimento do Direito que supere a lei quando o exijam razões de grande peso.[138]

Neste cenário, a Hermenêutica Jurídica teve de haver-se com o incontornável dilema da conduta interpretativa do aplicador, encontrando na centralidade da fundamentação juridicamente adequada e nos meios de demonstrá-la sua única saída:

> Há, aqui, uma situação paradoxal e dilemática: por um lado, a fidelidade serviu aos textos normativos, em conflito com a transformação dos fatos e das valorizações ocorrentes no corpo social, leva à esclerose do direito como forma de transformação social pacífica; por outro lado , a conversão da aplicação do direito em ato político puro livre , como se da esfera político-legislativa se tratasse, desmoraliza o próprio direito objetivo como instrumento de paz social e o expõe ao risco da desobediência. A aplicação do direito vê-se, portanto, com tarefa difícil: desenvolver a técnica que permita à superação dessas duas tendências extremas que ambas indesejáveis. O único caminho para a superação destes sérios problemas é o do desenvolvimento de alguma técnica que permita ao intérprete/aplicador sustentar diante da comunidade jurídica a validade daquilo que propõe.[139]

Assim explica-se o desenvolvimento das teorias sobre força normativa dos princípios e princípios científicos relacionados à interpretação constitucional e conforme os direitos humanos, estudados neste Capítulo.

A ênfase no papel criativo do aplicador e o desenvolvimento da hermenêutica constitucional e da Hermenêutica *Pro Persona* são claras evidências do deslocamento pós-positivista da preocupação dos juristas para a fundamentação das decisões, preocupação essa manifestada nos estudos da teoria da argumentação. No caso brasileiro, tal situação advém da observância do inciso IX do art. 93 da Constituição Federal ("todos os julgamentos dos órgãos do Poder Judiciário serão públicos, e **fundamentadas** todas as decisões, sob pena de nulidade" - destacado).

A assunção mais efetiva desse compromisso pelo Poder Judiciário, a começar pelo seu órgão de cúpula, o STF, verificada com cada vez mais intensidade, vem conduzindo esse Poder

---

137 LARENZ, Karl, op. cit., p. 519-520.

138 Id. Ibid., p. 520.

139 CUNHA, Renan Severo Teixeira da, op. cit., p. 14.

da República a uma maior interferência em assuntos que dizem respeito a decisões tomadas no âmbito dos outros dois Poderes ou mesmo em relações privadas de grande expressão econômica. Tal postura, que vem sendo rotulada de "**ativismo judicial**", fundamenta-se, muitas vezes, na aplicação de normas de direitos humanos, em regra no âmbito de ações primacialmente voltadas ao controle de constitucionalidade (*v.g.* ADI, ADC e ADPF).

Por invariavelmente exigir do julgador, para o caso apreciado, uma construção argumentativa específica baseada em princípios axiologicamente condicionados, opõem-se a essa prática alegações que, em síntese, criticam o que denunciam ser o sacrifício da segurança jurídica pela imposição de uma "tirania dos valores"[140], manifestada em "decisionismos/subjetivismos" (escolhas baseadas apenas em preferências pessoais do aplicador), os quais intervêm em opções legislativas ou administrativas que competem tão somente aos Poderes Legislativo e Executivo.

A resposta a essas objeções, dentro de uma ótica pós-positivista e neoconstitucionalista, encontra-se na afirmação da legitimidade das decisões exatamente em função da plausibilidade da fundamentação nelas deduzida, aferida mediante a verificação da compatibilidade dos argumentos decisórios com o ordenamento jurídico em vigor e sua efetivação *pro persona*, no marco de um sistema dotado de elementos estruturantes, dentre os quais o mais relevante é a proteção da dignidade humana. Nessa perspectiva, **a segurança jurídica reside precisamente na exigência de fundamentação compatível com o ponto-de-vista normativo, respeitados seus elementos estruturantes**. O ordenamento jurídico é e sempre deverá ser, mesmo quando em causa opções feitas pelos demais Poderes de Estado, o ponto de partida e de chegada do aplicador do Direito, não havendo qualquer tolerância com subjetivismos, no sentido pejorativo do termo.

Em suma, ativismo judicial, em uma concepção orientada por ideias pós-positivistas e neoconstitucionalistas, não importa em autorização para o Poder Judiciário usurpar as competências dos demais Poderes. Diferentemente disso, é o resultado da tarefa que tem o julgador de concretizar a Constituição e os valores que ela consagra (principalmente a dignidade humana), em hipóteses de afronta, ainda que perpetradas pelo Poder Legislativo ou pelo Poder Executivo.

Imprescindível atentar que todo o dito encampa as normas internacionais de direitos humanos que, em geral com estrutura própria de princípios jurídicos, ingressam no ordenamento jurídico brasileiro, inclusive compondo o chamado bloco de constitucionalidade, integrando, pois, o quadro normativo que requer conduta interpretativa adequada por parte dos aplicadores.

Em sendo assim, o Poder Judiciário, ao buscar a concretização da Constituição, em especial na direção do respeito, proteção e da promoção dos direitos humanos, cumpre a sua missão precípua, e de algum modo criativa, de aplicar o Direito, o que lhe incumbe dentro da Separação de Poderes e não em seu prejuízo.

140 Alusão ao título do notório texto de Carl Schimtt, reconhecido jurista alemão do início do século XX, citado pela esmagadora maioria das vozes contrárias ao ideário pós-positivista, ao neoconstitucionalismo e, sobretudo, ao ativismo judicial.

PARTE II

SISTEMAS INTERNACIONAIS DE PROTEÇÃO DOS DIREITOS HUMANOS

Capítulo VIII

ASPECTOS FUNDAMENTAIS DO PROCESSO INTERNACIONAL DE DIREITOS HUMANOS

1. SISTEMAS INTERNACIONAIS DE PROTEÇÃO DE DIREITOS HUMANOS E SEUS MECANISMOS DE MONITORAMENTO E APURAÇÃO DE VIOLAÇÕES

O movimento de internacionalização dos direitos humanos, posto em marcha no pós-Segunda Guerra Mundial, verificou-se no âmbito de organizações internacionais interestatais de alcance global e regional, que, em razão da essencialidade do tema, resolveram dele se ocupar, com vistas à construção *standards* internacionalmente aceitos na matéria.

Mas tal empreitada, embora inicialmente focada na atividade regulatória, não se limitou à criação de normas gerais e específicas sobre direitos humanos, também estabelecendo, paulatinamente, meios para o acompanhamento do cumprimento das obrigações decorrentes sobretudo pelos Estados, que se obrigaram a tanto por força do consentimento individual ou do pertencimento ao quadro de membros das mencionadas organizações internacionais e à comunidade internacional como um todo.

"Organização internacional" e "organismo internacional" são expressões sinônimas e identificam toda organização criada e conduzida por membros e seus representantes, cuja atuação comporte presença internacional. São 2 (dois) os tipos mais reconhecidos de organizações internacionais: as intergovernamentais e as não governamentais. As organizações intergovernamentais são compostas por Estados soberanos, como é o caso de ONU, Conselho da Europa, OEA e União Africana, para falar de algumas que tratam dos direitos humanos. As organizações internacionais não governamentais não criadas e conduzidas, no mais das vezes, por integrantes da sociedade civil ou alguma representação sua não estatal, atuando, frequentemente, sem qualquer finalidade lucrativa. Citem-se Comitê Internacional da Cruz Vermelha, *Greenpeace*, *Human Rights Watch* e Centro pela Justiça e o Direito Internacional (CEJIL) dentre outras tantas ONGs internacionais que se ocupam dos direitos humanos.

Já o termo "órgão internacional" costuma ser empregado nos documentos constitutivos das organizações internacionais para designar setores pertencentes à sua estrutura institucional, aos quais atine atribuições específicas, tal qual se pode compreender em relação à Assembleia Geral e ao Conselho de Direitos Humanos em face da ONU e à Comissão Interamericana de Direitos Humanos frente a OEA.

As organizações internacionais e os Estados são considerados **sujeitos de direito internacional**, assim entendido todo ator de direito internacional dotado de personalidade jurídica internacional. O conceito de "atores de direito internacional" é mais amplo, abarcando sujeitos de direito internacional e todas as demais entidades (*players*) que não detenham personalidade jurídica internacional, mas que, ainda assim, sejam capazes de atuar de modo transfronteiriço, causando impacto em mais de uma ordem jurídica nacional ou mesmo na ordem jurídica internacional, a exemplo do que fazem ONG's cujas atuações superem fronteiras do Estado-nação. A personalidade jurídica, por sua vez, corresponde à aptidão, juridicamente reconhecida pelo direito internacional, para a titularidade de direitos e deveres e para a responsabilização por seu inadimplemento.[1]

Os sistemas internacionais de direitos humanos foram instituídos no âmbito de organizações internacionais. Um sistema internacional de proteção dos direitos humanos pode ser reconhecido a partir da constatação de 3 (três) componentes correlacionados:

1. **Normas →** conjunto de normas específicas de direitos humanos em vigor, que podem ser dos mais variados tipos (convencionais e não convencionais).
2. **Órgãos →** órgãos em plena atividade, com competências previamente definidas e responsáveis, especificamente, pelo monitoramento (seguimento ou supervisão) do cumprimento daquelas normas pelos Estados obrigados e de apuração de sua violação em casos concretos.
3. **Procedimentos →** procedimentos previamente estabelecidos e conhecidos para a atividade específica de monitoramento e apuração de violações dos aludidos órgãos.

Os órgãos e seus procedimentos a que se alude conformam o que se convencionou chamar "**mecanismos**" de monitoramento de cumprimento e apuração de violação de normas internacionais de direitos humanos.

Importa sempre recordar que organizações internacionais interestatais, que se ocupam de direitos humanos e que estabeleceram sistemas internacionais de proteção de direitos humanos, são criadas e têm sua estrutura e funcionamento deliberadas por Estados. Outrossim, são as deliberações de seus Estados Membros, observados os meios de institucionais previamente estabelecidos, todas as decisões acerca da produção, teor e vigência de normas aprovadas no marco dessas organizações, bem como do funcionamento de órgãos de monitoramento e apuração de violações e de seus procedimentos para tanto. Como será possível perceber a respeito de cada sistema de proteção, a atuação desses órgãos estará sempre legitimamente lastreada, imediatamente, no consentimento individual dirigido ao órgão em específico ou, mediatamente, às regras gerais decorrentes da associação à organização internacional.

No plano internacional, atualmente, vigoram sistemas protetivos dos direitos humanos de diferentes alcances geográficos. O primeiro deles é o Sistema Global ou Universal de proteção, comandado pela ONU. Ao lado deste, existem implementados os sistemas regionais de proteção, mais especificamente o Sistemas Europeu (âmbito do Conselho da Europa), Interamericano (âmbito da OEA) e Africano (âmbito da União Africana). Eis um panorama:

---

[1] ACCIOLY, Hildebrando; SILVA, G. E. do Nascimento e; CASELLA, Paulo Borba. **Manual de direito internacional público**. 24. ed. São Paulo: Saraiva Educação, 2019. E-book, Cap. 1, item 1.2.1.

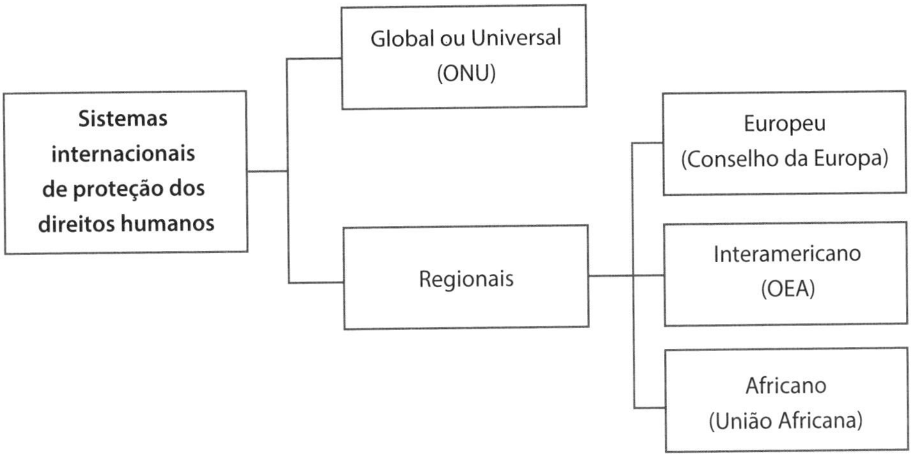

Fonte: elaborada pelo autor

Há, ainda, organizações internacionais que não estão propriamente vinculadas, em termos institucionais, com esses sistemas, mas com eles guardam alguma relação formal ou histórica com a organização internacional que os abraça, como é o caso da OIT e do Tribunal Penal Internacional (TPI).

Apesar dos diversos desafios para a coordenação e a efetividade de todos os sistemas internacionais de proteção, os avanços no campo internacional são claros. Ainda que sejam duvidosas certas competências e realizados alguns trabalhos em duplicidade, por certo é infinitamente mais satisfatória a existência de vários sistemas descoordenados do que a sua ausência:

> No decorrer das quatro últimas décadas, o processo histórico de generalização e expansão da proteção internacional dos direitos humanos tem-se marcado pelo fenômeno da multiplicidade e diversidade dos mecanismos de proteção, acompanhadas pela identidade predominante de propósito destes últimos e pela unidade conceitual dos direitos humanos. Tais instrumentos de proteção, de natureza e efeitos jurídicos distintos, ao se multiplicarem ao longo dos anos, tiveram o propósito e acarretaram a consequência de ampliar o alcance da proteção a ser estendida às supostas vítimas. No presente contexto, tem-se feito uso do direito internacional de modo a aprimorar e fortalecer o grau de proteção dos direitos consagrados.[2]

A multiplicidade de sistemas e, dentro de cada qual, de mecanismos de monitoramento e sanção em relação a situações de violação de direitos humanos, deve ser encarada como reflexo do caráter expansionista desses direitos, tradutor da obsessão, pós-Guerras Mundiais, da comunidade internacional em estabelecer instrumentos de coibição de eventual recidiva dos horrores vivenciados. Bem por isso, tal qual se considera em relação aos direitos huma-

2 CANÇADO TRINDADE, Antônio Augusto. **A Proteção Internacional dos Direitos Humanos** – Fundamentos e Instrumentos Básicos. São Paulo: Saraiva; 1991, p. 01.

nos declarados, os procedimentos voltados à sua proteção devem ser tomados em sentido de cumulação, como recomendado por J. A. LINDGREN ALVES:

> Contrariamente ao que se entendia até recentemente quando a consideração de um caso ou situação por um mecanismo excluiria a possibilidade de ação por outro –, hoje, é generalizadamente aceita a ideia de cumulatividade: os sistemas regionais e o sistema global podem e devem atuar simultaneamente para reforçar o controle internacional sobre violações de direitos humanos.[3]

A despeito dessa multiplicidade de sistemas, há conceitos básicos e relevantes de direito internacional ligados a aspectos materiais e procedimentais, além de pontos críticos, que permeiam toda a teia de proteção, os principais deles abordados neste capítulo e nos seguintes.

Sob esta ótica de multiplicidade, nomeia-se **processo internacional de direitos humanos** o conjunto de mecanismos em vigor, passíveis de serem acionados com vistas à (i) monitoramento dos Estados no que tange ao respeito, à promoção e à proteção dos direitos humanos; bem como (ii) à apuração e, se for o caso, à aplicação de sanções, em caso de sua violação.

Essa diversidade admite instrumentos de supervisão e de apuração de distintas naturezas, os quais, na maioria dos casos, articulam-se.

CARVALHO RAMOS aplica uma elucidativa classificação segundo distintos critérios, que permite uma visualização mais precisa dos tipos de órgãos e procedimentos que conformam os diferentes mecanismos de proteção internacional dos direitos humanos.

Pelo critério da **origem** do monitoramento e constatação de violação, admite-se o modo unilateral e o modo coletivo ou institucional. Pelo modo unilateral um Estado dito ofendido avalia, unilateralmente, a conduta pretensamente ofensora, exigindo do infrator reparação ou aplicando-lhe sanções, no mais das vezes pelos já estudados atos unilaterais. Já o modo coletivo estabelece-se no seio das organizações internacionais, por meio de órgãos cuja atuação é legitimada pelas dinâmicas interestatais de deliberação, portanto, menos suscetíveis às discricionariedades e arbitrariedades que colocam em risco a idoneidade do modo unilateral.[4]

Segundo a **natureza**, os mecanismos podem ser políticos ou judiciários. Os mecanismos políticos realizam apuração por meio de avaliadores que agem em conformidade com a orientação política dos Estados aos quais se vinculam. Trata-se, portanto, de um exame de cunho político. Assembleia Geral da ONU, Conselho de Direitos Humanos da ONU e Assembleia Geral da OEA são exemplos de órgãos internacionais com competência para operar mecanismos políticos. Por outro lado, os mecanismos judiciários são conduzidos por agentes imparciais, que empreendem análise técnico-jurídica independente, isto é, não comprometida com os interesses políticos de seus Estados de origem (ou de outro ator internacional qualquer) e com observância dos cânones da ampla defesa e do contraditório.[5]

---

3 ALVES, J. A. Lindgren. **Os Direitos Humanos como Tema Global**. São Paulo: Editora Perspectiva, Funag; 1994, p. 75. Todavia, a coordenação desses sistemas é, ainda hoje, o desafio a ser enfrentado, como adverte CANÇADO TRINDADE: "Dada a multiplicidade de procedimentos internacionais de proteção dos direitos humanos, tem-se, nos últimos anos, invocado a noção de "coordenação", ou a ela recorrido, em relação aos métodos de implementação dos direitos humanos em níveis global e regional" (CANÇADO TRINDADE, Antônio Augusto. *Tratado de* **Direito Internacional dos Direitos Humanos** – Vol. I. Porto Alegre: Sérgio Antonio Fabris Editor; 1997, p. 67).

4 RAMOS, André de Carvalho. **Processo internacional de Direitos Humanos**. 6. ed. São Paulo: Saraiva Educação, 2019, p. 34.

5 Id. Ibid., p. 35.

Releva notar que o termo "judiciário", no sentido ora empregado, não é denotado apenas por tribunais internacionais. Há órgãos internacionais que não têm natureza judicial, mas são classificados como "judiciários", nos termos da classificação apresentada, porque seus integrantes agem de forma imparcial e independente. Daí que os mecanismos judiciários congregam órgãos judiciais (cortes e tribunais internacionais) e órgãos quase-judiciais (órgãos de atuação imparcial e independente sem natureza de corte ou tribunal internacional). Exemplos a serem à seguir estudados de órgãos judiciais são a Corte Internacional de Justiça, o Tribunal Penal Internacional, a Corte Europeia de Direitos Humanos, e a Corte Interamericana de Direitos Humanos; e de órgãos quase-judiciais são os Comitês estabelecidos pelas convenções de direitos humanos da ONU, o Comitê de Liberdade Sindical da OIT e a Comissão Interamericana de Direitos Humanos.

Consoante a **finalidade,** há mecanismos cuja atuação pode resultar em recomendação ou em decisão. Por meio de recomendações, busca-se o diálogo e a estratégia promocional para a alteração da conduta desconforme com os direitos humanos do Estado infrator. Diferentemente, decisões são determinações vinculantes, cuja inobservância poderá acarretar sanções ao Estado. Advirta-se que há tanto mecanismos políticos quanto judiciários com competência para a edição de recomendações e decisões vinculantes, não sendo correto associar essas últimas apenas aos mecanismos judiciários, como se vê em relação ao Conselho de Segurança da ONU ou a Assembleia Geral da OEA, ambos órgãos políticos que ostentam o poder de adoção de decisões cogentes.[6]

No que toca à **sujeição passiva,** os mecanismos internacionais podem examinar condutas de Estados e de indivíduos, para fins de determinação de responsabilidade internacional por afronta a direitos humanos, sendo certo que para esse último caso há poucos mecanismos em vigor e com atuação no campo do direito penal internacional.[7]

Por fim, de acordo com o **âmbito geográfico** de atuação, os mecanismos podem ser globais ou regionais (sobretudo continentais), de acordo com o alcance do sistema internacional de proteção do qual fazem parte.[8]

Sobre o mecanismo unilateral, em que pese sua admissão pelo Direito Internacional Público ser ampla, inclusive em vista dos direitos humanos, sua utilização é eivada de problemas que geram conhecidas críticas quanto à sua parcialidade. Adstrita ao exclusivo talante do Estado que se diz vítima, a conduta unilateral não obedece a procedimentos pré-estabelecidos, sobretudo no que diz respeito a requisitos de admissibilidade e critérios de apreciação do caso, afigurando-se espaço fértil para arbitrariedades.

Percebe-se, pois, que o mecanismo unilateral trabalha dentro da lógica da reciprocidade, típica de tratados bilaterais, em que há mútua correspondência entre direitos e obrigações das partes contratantes, matriz essa distinta da natureza objetiva peculiar aos tratados internacionais de direitos humanos, cujos signatários, os Estados, apenas assumem obrigações, sendo os direitos lá contemplados de titularidade dos seres humanos, que não figuram, formalmente, como partes contratantes.

Eis aí, em suma, o porquê de o mecanismo unilateral experimentar déficit de imparcialidade frente aos demais mecanismos coletivos políticos, quase judiciais e judiciais. E é justamente por esta razão que este curso dará preferência para o estudo dos mecanismos coletivos de monitoramento e apuração de violação de direitos humanos.

---

6 Id. Ibid.

7 Id. Ibid., p. 35-36.

8 Id. Ibid., p. 36.

Na prática do funcionamento dos mecanismos coletivos, todas as classificações apresentadas se entremeiam. Há mecanismos dedicados apenas ao monitoramento do cumprimento de direitos humanos e à expedição de recomendações. É o caso da Revisão Periódica Universal da ONU (RPU). Há mecanismos que reúnem atribuições de monitoramento e de apuração de violação de direitos humanos em casos concretos específicos, delimitados por certa conduta e/ou pelo atingimento a determinado grupo de vítimas – são os ditos "casos contenciosos.

Em geral, os casos contenciosos são apurados por mecanismos judiciários quase-judiciais ou judiciais, ambos com poder de exarar decisão de caráter vinculante, a qual, no caso dos mecanismos judiciais (corte e tribunais) é denominada sentença. Comitês das convenções de Direitos Humanos da ONU e Comissão Interamericana de Direitos Humanos são órgãos quase-judiciais incumbidos da apuração de casos contenciosos, quando antecipadamente autorizados pelos Estados para tanto, a teor do que será tratado adiante.

Outra atividade comum dos mecanismos coletivos, correlata ao monitoramento e apuração de violações, é o esclarecimento (interpretação) do sentido de enunciados normativos de tratados, declarações e resoluções de direitos humanos. Frequentemente, tal atividade acontece por meio de estudos temáticos desenvolvidos por *experts* (relatores especiais) ou comissões de *experts* nomeados para tanto por órgãos internacionais, bem como por meio da emissão de pareceres ou opiniões dos próprios órgãos. À guisa de ilustração, os Comitês das convenções de direitos humanos da ONU o fazem em seus "Comentários Gerais" ou "Observações Gerais", enquanto a Corte Interamericana de Direitos Humanos emite pareceres em "Opiniões Consultivas (OC)" – note-se que órgãos judiciários judiciais internacionais de direitos humanos, ao contrário do comumente visto nas instituições judiciárias (tribunais) nacionais, são autorizados, por norma própria, à confecção de pareceres sobre a interpretação do sentido de enunciados normativos internacionais.

A articulação entre órgãos e procedimentos que conformam os mecanismos coletivos verifica-se, exemplificativamente, no fato de haver procedimentos iniciados perante órgãos políticos que, conforme o desfecho, podem ter sequência no âmbito de órgão quase-judicial ou mesmo judicial.

Na realização da função de examinar a compatibilidade do comportamento estatal com as normas de Direito Internacional dos Direitos Humanos, há 3 (três) modalidades de atividades cumpridas pelos mecanismos coletivos: supervisão, controle estrito senso e tutela. Com a **supervisão,** o órgão internacional busca induzir o Estado à adoção da conduta conforme os direitos humanos, no mais das vezes pela pressão imposta pela edição de recomendação decorrente da observação aproximada dos fatos relativos a tal e qual direito humano. O **controle estrito senso** é realizado por órgãos judiciários quase-judiciais, em vista de casos concretos específicos, com identificação da conduta, seus autores e vítimas, culminando com decisão vinculante a respeito da responsabilidade internacional por violação de normas internacionais direitos humanos e das obrigações cabíveis de reparação dos danos. Já a **tutela** corresponde ao exercício de verdadeira jurisdição internacional por órgãos judiciários judiciais (cortes e tribunais) imparciais e independentes, em face de casos concretos de violação de direitos humanos, com competência para o proferimento de sentença vinculante estabelecendo as formas de reparação dos danos havidos.

As possibilidades, dentro do processo internacional, são, portanto, inúmeras. Assim, há de saber-se que, para cada órgão de proteção dos direitos humanos, existem funções próprias e procedimentos específicos de atuação, desvendados a partir dos tratados que os instituíram e das demais normas que porventura digam respeito às suas atribuições, *v.g.* regimentos, estatutos, resoluções etc.

2. SUBSIDIARIEDADE DO PROCESSO INTERNACIONAL DE DIREITOS HUMANOS

O processo internacional dos direitos humanos tem estabelecida uma premissa sólida, ainda alicerçada sobre o instituto da soberania estatal e da autodeterminação dos povos e que diz respeito ao seu aspecto subsidiário.

Processualmente, o pressuposto da subsidiariedade foi, originalmente, inferido da exigência do esgotamento dos recursos internos como condição para efetivação da chamada "proteção diplomática" em Direito Internacional Público. O instituto da proteção diplomática remonta ao direito internacional clássico, ainda concebido de Estados soberanos para Estados soberanos, e tem seu fundamento jurídico normalmente relacionado ao art. 3º da Convenção de Viena sobre Relações Diplomáticas de 1961 e ao art. 5º da Convenção de Viena sobre Relações Consulares de 1963[9], ambos ratificados pelo Estado brasileiro, os quais arrolam como missão ou função das relações diplomáticas e consulares a proteção de um indivíduo de certa nacionalidade junto ao Estado onde esteja na condição de estrangeiro.

Em síntese, pode reclamar a proteção diplomática ao seu Estado de nacionalidade pessoa que tenha direitos desrespeitados pelo Estado onde se encontra na condição de estrangeiro, cabendo, assim, ao primeiro requerer ao último, em nome da vítima (seu nacional), a reparação do dano. A proteção diplomática, tradicionalmente, exige a satisfação de 3 (três) requisitos: que a vítima seja nacional do Estado a quem se dirige; que os recursos internos do aparato judicial do Estado pretensamente violador já tenham sido acionados, em todas as instâncias possíveis, pela vítima; e que a conduta da vítima seja correta e lícita em relação ao Estado "reclamado".[10]

Em termos procedimentais, o requisito do esgotamento dos recursos internos pode ser descrito como fez AMARAL JÚNIOR, ainda referindo-se à proteção diplomática:

> Antes de solicitá-la o prejudicado deve valer-se dos meios jurídicos previstos pelo direito interno para a satisfação do dano. É necessário que não haja nenhuma outra via a ser utilizada para salvaguardar os interesses da vítima, ou que esta não tenha logrado êxito ao acionar os instrumentos de que dispunha. Subjacente à regra do esgotamento dos recursos internos encontra-se a convicção de que cada país possui um sistema judiciário organizado para atender às pretensões individuais. Como corolário seria lógico recorrer primeiro ao Judiciário local para somente depois promover a demanda perante os tribunais internacionais.[11]

O esgotamento dos recursos internos ampliou-se para além da proteção diplomática e, dentro do cenário hodierno do direito internacional humanizado – de Estados para as

[9] Art. 3º da Convenção de Viena sobre Relações Diplomáticas: "As funções de uma Missão diplomática consistem, entre outras, em: (...) b) proteger no Estado acreditado os interesses do Estado acreditante e de seus nacionais, dentro dos limites permitidos pelo direito internacional (...)". Art. 5º da Convenção de Viena sobre Relações Consulares: "As funções consulares consistem em: a) proteger, no Estado receptor, os interesses do Estado que envia e de seus nacionais, pessoas físicas ou jurídicas, dentro dos limites permitidos pelo direito internacional (...)".

[10] AMARAL JÚNIOR, Alberto do. **Curso de Direito Internacional Público**. 5. ed. São Paulo: Atlas, 2015, p. 324. Para os precedentes normativos e jurisprudenciais de direito internacional acerca da proteção diplomática, bem assim para as hipóteses excepcionais de proteção diplomática a pessoas com nacionalidade distinta do Estado requerente e de grupos de pessoas, cf. ACCIOLY, Hildebrando; SILVA, G. E. do Nascimento e; CASELLA, Paulo Borba, op. cit., p. 438-445.

[11] AMARAL JÚNIOR, Alberto do, op. cit., p. 325.

pessoas e visando a salvaguarda da dignidade humana –, generalizou-se como requisito de admissibilidade para o estabelecimento do processo internacional de apuração de violação de direitos humanos em casos contenciosos, levados aos mecanismos coletivos de todos os sistemas internacionais de proteção.

A exigência de que os recursos internos sejam esgotados para que o processo internacional possa ter lugar revela a subsidiariedade desse último, no sentido de que cabe, primordialmente, aos sistemas jurídicos nacionais a proteção dos direitos de todas as pessoas que estejam sob a jurisdição de determinado Estado. Tal circunstância, ao tempo em que contempla o respeito à soberania estatal, coloca em voga a centralidade dos direitos humanos do tipo garantias, partindo-se do direito ao acesso à Justiça, a ser assegurado a quem quer que seja, independentemente de nacionalidade ou qualquer outro critério distintivo.

Sob o prisma dos direitos humanos, segundo o pressuposto da subsidiariedade, é **dever primário dos Estados, em seu âmbito interno, adotar as providências de proteção e promoção dos direitos humanos e, em caso de violação, proporcionar a adequada reparação dos danos decorrentes**, em consonância com direito internacional, entendido em sentido lato (tratados, costume internacional, princípios gerais, *jus cogens* e demais fontes formais e materiais).

A relação entre a subsidiariedade, seu fundamento e o esgotamento dos recursos internos comporta a seguinte sistematização:

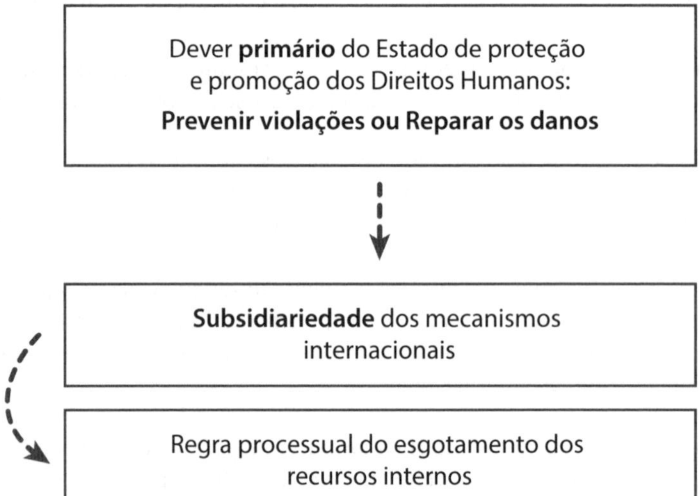

Fonte: elaborada pelo autor

Portanto, os mecanismos internacionais e suas recomendações e decisões terão lugar tão somente na hipótese de o Estado falhar na consecução do seu dever de proteção dos direitos humanos.

Neste caso, à exceção dos tribunais internacionais penais, que julgam pessoas físicas por crimes internacionais, os demais mecanismos coletivos perquirem a responsabilidade internacional do Estado por violação de direitos humanos, o que pode ter lugar ainda que o autor da conduta violadora não seja um agente estatal. A conferir.

3. RESPONSABILIDADE INTERNACIONAL POR VIOLAÇÃO DE DIREITOS HUMANOS

Condição de efetividade e equilíbrio do sistema jurídico internacional voltado à proteção dos direitos humanos é o reconhecimento, em caso de violação, da responsabilidade pelo ato e suas consequências, necessariamente mirando a reparação do ilícito. Sendo assim, há que se saber como se configura a responsabilidade internacional por violação de direitos humanos e quais atos a suscitam.

O conceito de responsabilidade internacional, todavia, não é de aplicação exclusiva para o Direito Internacional dos Direitos Humanos, mas, de uso geral, dentro do Direito Internacional Público, onde podem ser encontradas as regras sobre o tema relativas à responsabilidade dos Estados. Ocorre que **estas regras são de origem costumeira** (costume internacional) e não se encontram, até o momento, codificadas.

Datam de longe os esforços da comunidade internacional, sobretudo da ONU, para a codificação, se possível pela via convencional (*hard law*), de regras que precisamente tipifiquem as situações de configuração da responsabilidade internacional e suas consequências. Em verdade, já em 1924, a então Sociedade das Nações desencadeou reflexões visando a consecução desse intento. O advento da ONU motivou a retomada de estudos com o mesmo propósito, tendo, por várias décadas, nomeado sucessivos relatores especiais para o tema, no âmbito de sua Comissão de Direito Internacional, órgão técnico incumbido do estudo, sistematização e desenvolvimento do Direito Internacional Público.

Foi apenas em 2001, sob a relatoria especial do jurista britânico JAMES CRAWFORD, que se logrou, a partir da compilação de registros e práticas que indicavam o costume internacional e *opinio juris* sobre o tema, concluir um projeto de convenção, nos termos almejados, intitulado "Projeto de Artigos sobre a Responsabilidade dos Estados por Atos Internacionalmente Ilícitos", ou, em inglês, dos "*Draft Articles on Responsability of States for Internationally Wrongful Acts*". O documento foi encaminhado à Assembleia Geral da ONU, com recomendação que se fosse discutidos e aprovados os seus termos.

Até o momento não houve consenso dos Estados Membros da ONU no sentido da aprovação dessa convenção, contudo, atualmente, o Projeto de Artigos de 2001 afirmou-se como a grande referência para o estudo do tema, notadamente em razão de pretensamente compilar costume internacional sobre a matéria.[12]

O Projeto de Artigos de 2001 disciplina justamente a configuração da responsabilidade internacional de acordo com princípios gerais e segundo peculiaridades atinentes a cada tipo de infrator. Os 3 (três) primeiros artigos do Projeto delineiam a natureza da responsabilidade internacional de Estados, definindo-a como todo ato internacionalmente ilícito, assim entendido uma ação ou omissão que caracteriza violação de obrigação internacional, atribuível ao Estado conforme o direito internacional, indiferentemente de eventual consideração por parte do direito interno estatal de que se trata de conduta legal.[13]

---

[12] Para uma descrição do itinerário histórico dos estudos da Sociedade das Nações e da ONU acerca do assunto e da posição referencial do Projeto de Artigos de 2001, cf. RAMOS, André de Carvalho. **Responsabilidade internacional por violação de direitos humanos**. Rio de Janeiro: Renovar, 2004, p. 52-56.

[13] UNITED NATIONS. INTERNATIONAL LAW COMMISSION. **Draft articles on Responsibility of States for Internationally Wrongful Acts, with commentaries (2001)**. New York, 2008, p. 32-38. Disponível em: https://legal.un.org/ilc/texts/instruments/english/commentaries/9_6_2001.pdf. Acesso em: 05 jan. 2021.

Do quanto exposto, extraem-se 3 (três) os elementos da responsabilidade internacional do Estado: o ato ilícito, o dano e o nexo de causalidade entre o ato e o dano. Perceba-se não haver indagação sobre o elemento volitivo estatal, ou seja, não interessa para fins de responsabilidade internacional examinar se houve dolo ou culpa do autor do "agente-órgão do Estado" (prevalência da teoria da responsabilidade objetiva em matéria de responsabilidade internacional).[14] Ademais, repise-se: a ilicitude do ato deve ser definida por norma internacional, não cabendo isenção justificada em norma de direito interno. É o que estatui o art. 32 do Projeto de Artigos de 2001: "Irrelevância da lei interna. O Estado responsável não pode invocar as disposições de seu direito interno como justificativa pela falha em cumprir com as obrigações que lhe são incumbidas de acordo com esta Parte".[15]

Há que se diferenciar, contudo, a pessoa jurídica do Estado, suscetível à declaração de responsabilidade internacional, dos autores da prática que a enseja. É que, embora o Estado, enquanto sujeito de direito internacional, responda, perante os mecanismos internacionais, por ato ilícito internacional, sua responsabilidade não está adstrita a atos apenas do Poder Executivo Federal, como se poderia, erroneamente, suspeitar.

Em se tratando de responsabilidade civil por violação de direitos humanos, o Estado ostenta posição dual: é, ao mesmo tempo, garantidor desses direitos e seu potencial violador. Várias disposições de diversos tratados internacionais deixam clara a obrigação dúplice de respeito e garantia dos direitos humanos, podendo citar-se, *inter alia*, o art. 2, item 1, do Pacto Internacional sobre Direitos Civis e Políticos de 1966:

> Os Estados Partes do presente pacto comprometem-se a **respeitar e garantir** a todos os indivíduos que se achem em seu território e que estejam sujeitos a sua jurisdição os direitos reconhecidos no presente Pacto, sem discriminação alguma por motivo de raça, cor, sexo, língua, religião, opinião política ou de outra natureza, origem nacional ou social, situação econômica, nascimento ou qualquer condição. (destacado)

O desrespeito aos direitos humanos conduz o Estado à responsabilidade internacional por violação. Não obstante isso, há parâmetros básicos para esta responsabilidade, na medida em que o Estado não pode responder por todo e qualquer ato de violação de direitos humanos. Explica SVEN PETERKE:

> Os ILC-Draft Articles partem do princípio de que o Estado é responsável por todos os atos dos seus órgãos. Desse modo ele apenas excepcionalmente responde por atos de pessoas privadas ou outros entes. Portanto, o grande desafio jurídico e prático é distinguir atos privados de atos estatais.[16]

Basicamente, segundo o Projeto de Artigos de 2001 (*ILC-Draft Articles*), o Estado responde por atos de órgãos *de jure* e por atos de órgãos *de facto*:

> **Atos de órgãos *de jure* →** responde o Estado pelos atos praticados por agentes estatais de todas as suas instâncias (União, Estados e Municípios, bem como Poderes

[14] RAMOS, André de Carvalho. **Responsabilidade internacional por violação de direitos humanos**, cit., p. 91.

[15] Tradução livre. UNITED NATIONS. INTERNATIONAL LAW COMMISSION. **Draft articles on Responsibility of States for Internationally Wrongful Acts, with commentaries (2001)**, cit., p. 94.

[16] PETERK, Sven. Doutrinas gerais. In: PETERKE, Sven (Coord.). **Manual Prático de Direitos Humanos Internacionais**. Brasília: Escola Superior do Ministério Público da União, 2010, p. 143.

Executivo, Legislativo e Judiciário), do Presidente da República ao servidor público municipal. A definição de agente público acatada será aquela adotada pelo direito interno do próprio Estado. São de responsabilidade estatal os atos praticados por seus agentes, mesmo que verificada a extrapolação de competência pelo autor do fato (atos *ultra vires*).[17]

Atos de órgãos *de facto* → responde, igualmente, o Estado pelos atos das pessoas privadas, físicas ou jurídicas, às quais tenha delegado atribuição, como concessionárias, permissionárias etc. Inserem-se no conceito de atos de órgãos *de facto*, em que pese a dificuldade de sua prova, as violações de atores privados que contam com a instrução ou controle estatal clandestino, situação normalmente verificada em casos de milícias ou exércitos de mercenários que atuam sob a batuta oculta do Estado.

Há que se lembrar, na esteira dos primados do dever estatal de proteção dos direitos humanos e da subsidiariedade do processo internacional, tomados em associação, que o Estado sempre responderá por ato ilícito quando, por ação ou omissão de quaisquer dos agentes competentes para tanto, não tenha evitado ou respondido e reparado, adequadamente, consoante os parâmetros do direito internacional dos direitos humanos, a violação praticada por agente público (dentro ou fora do exercício da função pública) **e por agente particular (pessoa física ou jurídica)**.[18]

Como já antecipado, a única responsabilidade internacional atribuível a pessoas físicas é aquela pela prática de crimes internacionais, julgados por tribunais especializados, como é o caso do Tribunal Penal Internacional, adiante abordado em minúcias. Já em relação a pessoas jurídicas, apesar do enorme potencial ofensivo (inúmeras vezes já concretizado), aos direitos humanos ostentado pelas corporações, em especial as transnacionais, ainda não existe uma normativa convencional ou costumeira sobre sua responsabilidade internacional por violação de direitos humanos, em que pese venha evoluindo a discussão sobre a vinculação das empresas aos direitos humanos e instrumentos internacionais de monitoramento e apuração de violações, desde a aprovação, em junho de 2011, pelo Conselho de Direitos Humanos da ONU dos Princípios Orientadores sobre Empresas e Direitos Humanos.[19]

Assim que, primordialmente, a sanção ao particular violador deve decorrer do cumprimento a contento pelo Estado da sua obrigação de proteger os direitos humanos internacionalmente previstos (a si oponíveis), obrigação essa que abrange *v.g.* o dever de processar

---

17 "(...) o ato *ultra vires* de determinado órgão estatal deve ser atribuído ao Estado pela a sua própria conduta em escolher determinado agente, que ultrapassou as competências oficiais do órgão. Os funcionários exercem o poder somente porque estão a serviço do Estado, que deve, então, responder pela escolha dos mesmos. (...) No campo da proteção dos direitos humanos, é justamente a atuação *ultra vires*, abusiva e arbitrária, que concretiza, em geral, a responsabilidade por violação de direitos protegidos " (RAMOS, André de Carvalho. **Responsabilidade internacional por violação de direitos humanos**, cit., p. 159-161).

18 Neste sentido, fixou entendimento a Corte Interamericana de Direitos Humanos: "A responsabilidade do Estado pode surgir quando um órgão ou funcionário do Estado ou de uma instituição de caráter público afete, indevidamente, por ação ou omissão, alguns dos bens protegidos pela Convenção Americana. Também pode decorrer de atos praticados por particulares, como ocorre quando o Estado é omisso ao prevenir ou impedir condutas de terceiros que violem esses bens jurídicos" (Caso Albán Cornejo e Outros. Vs. Equador. Mérito, Reparações e Custas. Sentença de 22 de novembro de 2007).

19 Os atuais contornos a respeito da vinculação jurídica das corporações aos direitos humanos foram tratados no Capítulo VI, tópico 2.3, deste curso.

e punir o autor do ilícito, além de propiciar a devida reparação dos danos. Em não tomando estas providências, estará o Estado suscetível à responsabilidade internacional.[20]

Convém, ademais, abordar algumas situações peculiares envolvendo órgãos e agentes públicos e sua potencialidade para a configuração da responsabilidade internacional do Estado por violação de direitos humanos, dentro do campo dos atos de órgãos de *jure*.

Quem responde pelo Estado perante os mecanismos coletivos internacionais, como de resto perante as organizações internacionais interestatais, é o Chefe de Estado – no Brasil, o Presidente da República ou autoridade por ele delegada. Em processos internacionais de direitos humanos costuma-se verificar a prática de atos processuais pela Advocacia-Geral da União. Isso, mesmo quando a violação é praticada por agente público vinculado a outra unidade da Federação (estados ou municípios). É que não interessa para os mecanismos internacionais a organização interna dos Estados, a divisão de Poderes ou a sua estrutura administrativa. O Estado, na condição de sujeito de direito internacional, é uma entidade una, representada pela figura central que ostenta a prerrogativa da sua representação internacional. Assim permanece também para fins de representação perante mecanismos internacionais de proteção de direitos humanos. Há tratados que, inclusive, explicitam essa ideia, tal como se verifica com a "cláusula federal", prevista nos parágrafos do art. 28 da Convenção Americana sobre Direitos Humanos:

> Art. 28. Cláusula Federal.
>
> § 1°. Quando se tratar de um Estado Parte constituído como Estado federal, o governo nacional do aludido Estado Parte cumprirá todas as disposições da presente Convenção, relacionadas com as matérias sobre as quais exerce competência legislativa e judicial.
>
> § 2°. No tocante às disposições relativas às matérias que correspondem à competência das entidades componentes da federação, o governo nacional deve tomar imediatamente as medidas pertinentes, em conformidade com sua constituição e suas leis, a fim de que as autoridades competentes das referidas entidades possam adotar as disposições cabíveis para o cumprimento desta Convenção.
>
> § 3°. Quando dois ou mais Estados-Partes decidirem constituir entre eles uma federação ou outro tipo de associação, diligenciarão no sentido de que o pacto comunitário respectivo contenha as disposições necessárias para que continuem sendo efetivas no novo Estado assim organizado as normas da presente Convenção.[21].

Cumpre, ainda, assinalar que ao apurar atos do Poder Legislativo e do Poder Judiciário Nacional, **os mecanismos coletivos internacionais não produzem determinações aptas a revogarem, reformarem ou substituírem leis nacionais ou decisões judiciais internas.**

---

[20] RAMOS, André de Carvalho. **Responsabilidade internacional por violação de direitos humanos**, cit., p. 148-150; AMARAL JÚNIOR, Alberto do, op. cit., p. 333. No âmbito da Corte Interamericana de Direitos Humanos, são vários os precedentes a respeito, dentre os quais: "Com fundamento no artigo 1.1 CADH [Convenção Americana sobre Direitos Humanos], o Estado é obrigado a respeitar os direitos e liberdades reconhecidos na Convenção e a organizar o poder público para garantir às pessoas sob sua jurisdição o livre e pleno exercício dos direitos humanos. De acordo com as regras do direito da responsabilidade internacional do Estado, aplicáveis ao Direito Internacional dos Direitos Humanos, a ação ou omissão de qualquer autoridade pública, independentemente de sua hierarquia, constitui um fato imputável ao Estado (...)" (Caso Tribunal Constitucional Vs. Perú. Mérito, Reparações e Custas. Sentença de 31 de janeiro de 2001).

[21] A aprovação deste dispositivo teve por causa posição da delegação estadunidense na OEA, que alegava não se sentir capaz de obrigar-se pelos Estados Membros de sua Federação (BUERGENTHAL, Thomas. **International Human Rights**. St. Paul: West Publishing; 1995, p. 197).

Conforme já antecipado quando do estudo do controle de convencionalidade, leis e decisões judiciais nacionais são examinadas pelos órgãos internacionais de proteção dos direitos humanos como meros atos-fatos estatais cuja adoção pode configurar afronta à norma internacional, dar supedâneo legal à conduta violadora e/ou, ainda, consolidar a ausência de reparação de dano conforme o direito internacional. A esta última situação amoldam-se, por exemplo, a Lei de Anistia brasileira e sua correspondente interpretação conferida pelo STF na ADPF nº 153.

Neste tipo de situação, a resposta do mecanismo internacional será exclusivamente fundamentada, em termos jurídicos, na norma internacional e na expectativa de seu cumprimento baseado no Princípio da Boa-Fé e, no caso dos tratados, do *pacta sunt servanda*. Como consequência da responsabilidade internacional declarada, serão determinadas formas de reparação, as quais, quando instigadoras da não aplicação de lei inconvencional ou superação de jurisprudência desconforme com o Direito Internacional dos Direitos Humanos, não serão revogadoras de lei ou reformadoras de decisões nacionais, *per si*, porquanto as alterações indicadas deverão acontecer nos termos da legislação e do processo judicial nacional. Em outras palavras, caberá à autoridade legisladora revogar a lei inconvencional e à autoridade judiciária alterar seu entendimento, segundo suas respectivas regulações procedimentais, na essência previstas na Constituição nacional. Acaso assim não se proceda e permaneçam vigendo os atos legal ou jurisprudencial internacionalmente reprovados, sanções internacionais poderão ser aplicadas e casos similares ensejarão novas condenações, com novas possíveis sanções e assim por diante. Todavia, a validade dos atos permanecerá incólume, até que dela de conta o agente competente do próprio Estado.

A propósito, relembre-se da Opinião Consultiva OC-14 da Corte Interamericana de Direitos Humanos sobre a aprovação de leis nacionais desconformes com normas internacionais de direitos humanos, na qual assentou que basta a entrada em vigor de lei manifestamente contrária a direitos humanos para que o inadimplemento do dever de proteção configure-se, suscetibilizando o Estado a responder, internacionalmente, por afronta a norma internacional que protege interesse lesado pela lei promulgada, sendo desnecessária para tanto a produção de efeitos práticos da nova disposição legal e a comprovação dos danos verificados.[22]

Ainda sobre o mesmo tema, sumaria CANÇADO TRINDADE:

> (...) uma decisão judicial interna pode dar uma interpretação incorreta de uma norma de um tratado de direitos humanos; ou qualquer outro órgão estatal pode deixar de cumprir uma obrigação Internacional do estado neste domínio. em tais hipóteses pode se configurar a responsabilidade Internacional do Estado, porquanto os seus tribunais ou outros órgãos não são os intérpretes finais de suas obrigações internacionais em matéria de direitos humanos. Os órgãos de supervisão internacionais não são obrigados a conhecer o direito interno dos Estados, mas sim a tomar conhecimento dele como elemento de prova, no processo de verificação da conformidade dos atos internos (judiciais, legislativos, administrativos) dos Estados com as obrigações convencionais que a estes se impõem.[23]

---

22 CORTE INTERAMERICANA DE DIREITOS HUMANOS. **Opinión Consultiva OC-14/94, del 9 de Diciembre de 1994, Solicitado por la Comisión Interamericana De Derechos Humanos:** Responsabilidad internacional por expedición y aplicación de leyes violatorias de la Convención (arts. 1 y 2 Convención Americana sobre Derechos Humanos). San José da Costa Rica, 1994, p. 15 (50). https://www.corteidh.or.cr/docs/opiniones/seriea_14_esp.pdf. Acesso em: 24 dez. 2020).

23 CANÇADO TRINDADE, Antônio Augusto. **Tratado de Direito Internacional dos Direitos Humanos,** *op. cit.*, p. 518.

Declarada a sua responsabilidade internacional por violação de direitos humanos, 3 (três) são as principais obrigações que decorrem para o Estado: continuidade de cumprimento da obrigação violada; cessação do ato violador, se ainda em curso, ou sua não repetição; e reparação do dano causado. Diversas são as formas de operacionalização dessa reparação.

4. FORMAS DE REPARAÇÃO

Tal qual ocorre com a responsabilidade internacional do Estado, as formas de reparação ainda não experimentaram codificação, no Direito Internacional Público. Bem por isso, duas referências são adotadas para o estudo da matéria : o já citado Projeto de Artigos de 200, apresentado pela Comissão de Direito Internacional da ONU, e Princípios e Diretrizes Básicas sobre o Direito à Remediação e Reparação a Vítimas de Graves Violações do Direito Internacional dos Direitos Humanos e Graves Violações Direito Internacional Humanitário (*Basic Principles and Guidelines on the Right to a Remedy and Reparation for Victims of Gross Violations of International Human Rights Law and Serious Violations of International Humanitarian Law*), adotados pela Assembleia Geral da ONU, por meio da Resolução nº 60/147, de 16 de dezembro de 2005.[24]

O art. 34 do Projeto de Artigos de 2001 estatui que a reparação integral do prejuízo causado pelo ato internacionalmente ilícito pode assumir as formas de restituição, indenização ou satisfação, a serem aplicadas isoladamente ou de forma combinada, conforme o caso concreto. Diz o projeto sobre cada uma dessas espécies de reparação:

> **Restituição ou "*restitutio in integrum*"** (art. 35) ➔ restabelecimento da situação que existia antes de cometido o ato ilícito, exceto se: (i) não for materialmente possível; ou (ii) envolver ônus desproporcional (excessiva onerosidade) ao Estado, a demandar, então, substituição pela indenização. Trata-se da forma ideal de reparação, conquanto sua implementação seja praticamente impossível, à vista da dificuldade de eliminação de todos os efeitos materiais e imateriais provocados por qualquer violação, razão pela qual as medidas de restituição são comumente conjugadas com outras formas de reparação. Há duas concepções de restituição na íntegra ainda debatidas na doutrina e na jurisprudência internacionais, uma, mais restritiva, preceitua o retorno à situação existente antes do ilícito (*status quo ante*); outra, mais ampla, sugere o retorno à situação que deveria existir, acaso não tivesse ocorrido a violação;
>
> **Indenização** (art. 36) ➔ ressarcimento pecuniário, adicional à restituição, quando essa não alcança a reparação integral do dano. A indenização deve cobrir toda a lesão financeiramente avaliável, incluindo os lucros cessantes. É a forma de reparação mais utilizada, ante os mencionados obstáculos à *restitutio in integrum*;
>
> **Satisfação** (art. 37) ➔ tem lugar quando insuficientes para a integral satisfação do dano as medidas de restituição e de indenização. As medidas de satisfação não

---

[24] UNITED NATIONS. OFFICE OF THE HIGH COMISSIONER FOR HUMAN RIGHTS. **Basic Principles and Guidelines on the Right to a Remedy and Reparation for Victims of Gross Violations of International Human Rights Law and Serious Violations of International Humanitarian Law**. Adopted and proclaimed by General Assembly Resolution 60/147 of 16 December 2005. New York, s.d. Disponível em: https://www.ohchr.org/en/professionalinterest/pages/remedyandreparation.aspx. Acesso em: 05 jan. 2021.

comportam rol exaustivo de providências e podem consistir em um reconhecimento da violação, uma expressão de arrependimento, um pedido de desculpas formal ou outra modalidade adequada (rol não exaustivo). Há, todavia, que se respeitar proporção entre as medidas adotadas e a lesão que pretendem reparar.

Os Princípios e Diretrizes Básicas sobre o Direito à Remediação e Reparação a Vítimas de Graves Violações do Direito Internacional dos Direitos Humanos e Graves Violações Direito Internacional Humanitário da ONU expandem, sem sentido de exaustividade, o rol de medidas de satisfação sugerido pelo Projeto de Artigos de 2001.

> (a) Medidas eficazes destinadas a cessar as violações contínuas;
> (b) Verificação dos fatos e divulgação integral e pública da verdade, contanto que tal divulgação não cause mais danos ou ameace a segurança e os interesses da vítima, parentes da vítima, testemunhas ou pessoas que intervieram para ajudar o vitimar ou prevenir a ocorrência de novas violações;
> (c) A busca pelo paradeiro dos desaparecidos, pelas identidades das crianças raptadas e pelos corpos das pessoas mortas, e a assistência na recuperação, identificação e enterro dos corpos de acordo com o desejo expresso ou presumido das vítimas, ou as práticas culturais das famílias e comunidades;
> (d) Uma declaração oficial ou uma decisão judicial que restaure a dignidade, a reputação e os direitos da vítima e de pessoas estreitamente ligadas a ela;
> (e) Desculpas públicas, incluindo o reconhecimento dos fatos e aceitação da responsabilidade;
> (f) Sanções judiciais e administrativas contra os responsáveis pelas violações;
> (g) Comemorações e homenagens às vítimas;
> (h) Inclusão de um relato preciso das violações que ocorreram no direito internacional dos direitos humanos e no treinamento do direito internacional humanitário e no material educacional em todos os níveis.[25]

Cumpre destacar como medida de satisfação o dever de investigar e punir os autores da violação de direitos humanos (alínea "f"). Tal medida vem sendo sistematicamente adotada pela jurisprudência internacional, com destaque para a Corte Interamericana de Direitos Humanos, nas sentenças proferidas nos casos relacionados às ditaduras militares que assolaram a América Latina, na segunda metade do século XX. O dever de investigar e punir é imposto aos Estados como resultado da já mencionada obrigação de garantir o respeito e a proteção aos direitos humanos, disposição presente em inúmeros tratados internacionais.

Antes, contudo, de se determinar a reparação do dano, nos casos de violação continuada e ainda em marcha de direitos humanos, é preciso que se imponha ao violador a **cessação do ilícito**. Prevê o art. 30 do Projeto de Artigos de 2001 que o Estado responsável internacionalmente pela violação de direitos humanos deve cessar o ato, se for contínuo, e oferecer adequadas garantias de não repetição do ilícito, se as circunstâncias assim o exigirem.

25 UNITED NATIONS. OFFICE OF THE HIGH COMISSIONER FOR HUMAN RIGHTS. **Basic Principles and Guidelines on the Right to a Remedy and Reparation (...)**, cit.

As mencionadas formas de reparação e sua relação podem ser assim ilustradas:

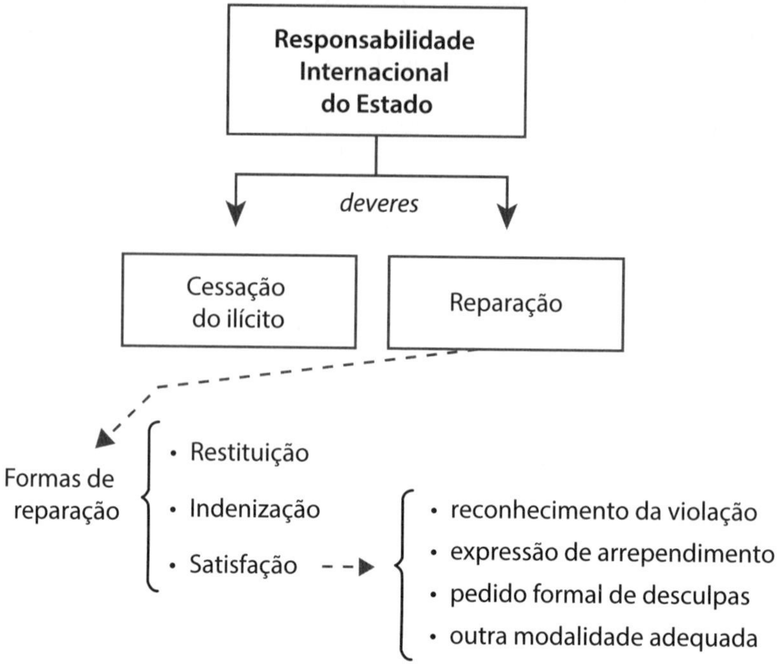

Fonte: elaborada pelo autor

Além das medidas de satisfação exemplificadas, segundo os entendimentos doutrinários e jurisprudenciais mais atuais, ao Estado internacionalmente responsável podem ser impostas outras tantas providências que, à luz do caso concreto, destinem-se a reparar o dano havido, superando a visão arcaica que associava a satisfação unicamente à indenização por danos morais.[26]

Providências de natureza inibitória de recidiva ainda podem ser adotadas sob a égide das **garantias de não repetição do ilícito**, assim contempladas de modo não exaustivo pelo art. 23 dos Princípios e Diretrizes Básicas sobre o Direito à Remediação e Reparação a Vítimas de Graves Violações do Direito Internacional dos Direitos Humanos e Graves Violações Direito Internacional Humanitário:

> (a) Garantir o controle civil eficaz das forças militares e de segurança;
> (b) Garantir que todos os procedimentos civis e militares cumpram os padrões internacionais de devido processo, justiça e imparcialidade;
> (c) Fortalecimento da independência do Judiciário;
> (d) Proteger pessoas nas profissões jurídicas, médicas e de assistência à saúde, na mídia e em outras profissões relacionadas e nos defensores dos direitos humanos;

---

26 "(...) a satisfação perdeu o seu conceito original de mera forma de reparação de danos imateriais, para ter, atualmente, um conteúdo flexível apto a ser utilizado pelo juiz internacional de acordo com o caso concreto para possibilitar a efetiva reparação do dano causado" (RAMOS, André de Carvalho. **Responsabilidade internacional por violação de direitos humanos**, cit., p. 254-272).

(e) Proporcionar, de forma prioritária e contínua, educação sobre direitos humanos e direito internacional humanitário a todos os setores da sociedade e treinamento para encarregados da aplicação da lei, bem como para forças militares e de segurança;

(f) Promover a observância de códigos de conduta e normas éticas, em particular padrões internacionais, por funcionários públicos, incluindo policiais, correcionais, meios de comunicação, médicos, psicológicos, serviços sociais e militares, bem como por empresas econômicas;

(g) Promover mecanismos de prevenção e monitoramento de conflitos sociais e sua resolução;

(h) Rever e reformar as leis que contribuem ou permitem violações graves do direito internacional dos direitos humanos e violações graves do direito internacional humanitário.[27]

Cite-se, por fim, o cabimento das ***punitive damages*** **ou indenizações punitivas**, as quais, como a própria nomenclatura faz supor, dizem respeito a obrigação pecuniária simbólica, visando punir o Estado violador. As *punitive damages* pretendem penalizar o Estado pela prática violadora dos direitos humanos e não se confundem com a indenização apontada no art. 36 do Projeto de Artigos de 2001, a qual se destina ao ressarcimento dos prejuízos materiais experimentados pelas vítimas. Ambos os tipos de indenizações podem, portanto, ser impostas, no mesmo caso.

5. INCIDENTE DE DESLOCAMENTO DE COMPETÊNCIA (IDC): INSTRUMENTO DE PREVENÇÃO DA RESPONSABILIDADE INTERNACIONAL POR VIOLAÇÃO DE DIREITOS HUMANOS NO BRASIL

O texto constitucional brasileiro não ficou indiferente aos tratados e à jurisprudência internacionais, quando recusam o eventual argumento de que normas internas, quanto à divisão de competências ou ao pacto federativo, foram impeditivas do cumprimento das obrigações internacionalmente assumidas em matéria de direitos humanos.

É que, como visto, no âmbito dos mecanismos coletivos internacionais de proteção dos direitos humanos, é irrelevante a circunstância de ter sido a violação praticada por agente ligado a unidade da federação distinta da União (leia-se Estado, Distrito Federal ou Município). Em qualquer caso, quem responde, internacionalmente, é o Estado brasileiro, entenda-se a União Federal, incumbida de apresentar-se perante o órgão de proteção, formular defesa etc.

Bem por isso, ante a possibilidade de condenação internacional, a Constituição Federal reconhece o interesse jurídico da União de agir, no plano interno, em todas as situações de grave violação a direitos humanos, assumindo a condução doméstica do caso e intentando, dessa forma, evitar ou ao menos mitigar sua eventual responsabilidade internacional. Com esse propósito, a Constituição Federal prevê a possibilidade de intervenção federal nos Estados, visando assegurar os "direitos da pessoa humana" (art. 34, VII, "b"); e a competência da Justiça Federal para julgar "as causas relativas a direitos humanos" (art. 109, V-A, inserido pela EC nº 45/2004).

Sob a mesma pretensão de prevenir a condenação internacional da União Federal, some-se àqueles institutos constitucionais a previsão infraconstitucional que confere à Polícia Federal atribuição para a investigação das infrações penais "relativas à violação a direitos humanos,

27 UNITED NATIONS. OFFICE OF THE HIGH COMISSIONER FOR HUMAN RIGHTS. **Basic Principles and Guidelines on the Right to a Remedy and Reparation (...)**, cit.

que a República Federativa do Brasil se comprometeu a reprimir em decorrência de tratados internacionais de que seja parte" (art. 1º, III, da Lei nº 10.446/02).

Sobre a previsão do art. 109, V-A, da Constituição Federal, diz, em complemento, o parágrafo 5º do mesmo artigo:

> Nas hipóteses de grave violação de direitos humanos, o Procurador-Geral da República, com a finalidade de assegurar o cumprimento de obrigações decorrentes de tratados internacionais de direitos humanos dos quais o Brasil seja parte, poderá suscitar, perante o Superior Tribunal de Justiça, em qualquer fase do inquérito ou processo, incidente de deslocamento de competência para a Justiça Federal.

Atente-se: o Incidente de Deslocamento de Competência, previsto no parágrafo 5º do art. 109 da Constituição Federal só pode ser ajuizado pelo Procurador-Geral da República perante o STJ (não o STF).

A quantidade de IDC ajuizada perante o STJ vem crescendo, paulatinamente. É de reconhecer que o deferimento do IDC é medida extrema e assim deve ser tratado, porquanto excepciona garantias fundamentais (portanto normas de direitos humanos) relacionadas à fixação de competências policial, acusatória e jurisdicional, segundo critérios constitucionais (Princípios do Juiz Natural e do Promotor Natural).

Os primeiros casos julgados de IDC serviram para que o STJ estabelecesse possibilidades, limites e requisitos deste tipo de ação.

O IDC nº 1/PA disse respeito ao assassinato da missionária religiosa norte-americana naturalizada brasileira Dorothy Stang, conhecida pela participação ativa em movimentos sociais, na região da amazônica, desde a década de 1970. O processo foi ajuizado sob a alegação de que as investigações da morte da missionária, a cargo das autoridades estaduais, estavam sendo subvertidas, a ponto de indicar a própria vítima como perigosa agitadora de conflitos sociais. O pedido de deslocamento foi negado, porquanto entendeu o STJ que as autoridades incumbidas da apuração dos fatos estavam efetivamente empenhadas neste mister.

O IDC nº 2/DF tratou do homicídio do ex-vereador, advogado e ativista de direitos humanos Manoel Mattos, que atuava contra grupos de extermínio conhecidos por agirem na divisa dos Estados da Paraíba e de Pernambuco. O pleito foi julgado procedente em parte, determinando-se o deslocamento de competência de uma ação penal e de uma investigação, a partir do expresso reconhecimento da incapacidade das instâncias e autoridades locais de oferecerem resposta efetiva ao crime.

Já o IDC nº 3/GO teve lugar diante da alegação de fragilidade das instituições do estado de Goiás para investigar, julgar e punir casos que, em sua maioria, envolviam sistemáticas violações aos direitos humanos – como tortura, desaparecimentos forçados e homicídio – cometidas, desde o ano de 2000, por policiais militares, durante a atuação em operações repressivas, além de suas participações em grupos de extermínio. Pleiteou-se a federalização de diversos inquéritos policiais e ações penais em trâmite no âmbito estadual. O pedido foi julgado parcialmente procedente, ordenando-se o deslocamento de competência de apenas um procedimento inquisitivo e dois inquéritos policiais, não tendo o STJ identificado ineficácia ou incapacidade das autoridades locais para condução dos demais feitos citados pela Procuradoria-Geral da República.

Diferentemente dos anteriores, o IDC nº 4/PE sequer foi colegiadamente examinado. De fato, seu seguimento restou negado por decisão monocrática, porquanto não ajuizado pelo Procurador-Geral da República.

No IDC nº 5/PE, restou determinada a federalização das investigações do assassinato do Promotor Thiago Faria Soares, morto a tiros no interior de Pernambuco, em região dominada por grupos de extermínio e conhecida como "Triângulo da Pistolagem".

Certo é que o julgamento do IDC nº 1/PA, a despeito do resultado, fixou os requisitos cumulativos para a ordem de deslocamento, quais sejam:

➔ Existência de grave violação a direitos humanos (previsão do art. 109, § 5º, CF)

➔ Risco concreto de responsabilização internacional decorrente do descumprimento de obrigações jurídicas assumidas em tratados internacionais (previsão do art. 109, § 5º, CF)

➔ Incapacidade das instâncias e autoridades locais de oferecer respostas efetivas (construção jurisprudencial).

Percebe-se, pois, ter havido verdadeira delimitação jurisprudencial dos contornos do IDC. De saída, já é possível afirmar que o STJ tem posição firmada no sentido de que o deslocamento de competência é medida absolutamente excepcional e deve ser adotada com prudência e em hipóteses de cabal evidência da inaptidão das autoridades locais para a investigação, o julgamento e a punição de criminosos autores de violação de direitos humanos previstos em normas internacionais aplicáveis ao Brasil.

Daí que, avançando na especificação dos requisitos de deferimento do deslocamento e a propósito do terceiro deles, o IDC nº 3/GO propôs-se a estabelecer uma diferenciação entre incapacidade e ineficiência, nestes termos:

> Para o acolhimento do Incidente de Deslocamento de Competência é obrigatória a demonstração inequívoca da total incapacidade das instâncias e autoridades locais em oferecer respostas às ocorrências de grave violação aos direitos humanos. No momento do exame dessa condição devem incidir os princípios da proporcionalidade e razoabilidade, estes que, embora não estejam expressamente positivados, já foram sacramentados na jurisprudência pátria.
>
> Não se pode confundir incapacidade ou ineficácia das instâncias e autoridades locais com ineficiência. Enquanto a incapacidade ou ineficácia derivam de completa ignorância no exercício das atividades estatais tendentes à responsabilização dos autores dos delitos apontados, a ineficiência constitui a ausência de obtenção de resultados úteis e capazes de gerar consequências jurídicas, não obstante o conjunto de providências adotadas.
>
> Ainda que seja evidente que a ineficiência dos órgãos encarregados de investigação, persecução e julgamento de crimes contra os direitos humanos, é situação grave e deve desencadear no seio dos Conselhos Nacionais e dos órgãos correicionais a tomada de providências aptas à sua resolução, não é ela, substancialmente, o propulsor da necessidade de deslocamento da competência. Ao contrário, é a ineficácia do Estado, revelada pela total ausência de capacidade de mover-se e, assim, de cumprir papel estruturante de sua própria existência organizacional, o fator desencadeante da federalização.[28]

Em 27 de maio de 2020, o STJ julgou um dos mais importantes IDC de sua história, em razão da gravidade dos fatos e de sua repercussão nacional e internacional. Cuida-se do IDC nº 24/DF, relativo às investigações da execução a tiros, em 14 de março de 2018, da socióloga

[28] SUPERIOR TRIBUNAL DE JUSTIÇA. IDC 3/GO, Rel. Ministro JORGE MUSSI, TERCEIRA SEÇÃO, julgado em 10/12/2014, DJe 18/03/2014.

e Vereadora do Município do Rio de Janeiro, Marielle Franco, e de seu motorista, Anderson Gomes. O pedido, que intentou transferir as investigações da Polícia Civil carioca para a Polícia Federal, foi formulado sob alegação de "contaminação" do aparato policial do Estado do Rio de Janeiro pelo crime organizado, a representar ausência de isenção na apuração do fato. O STJ indeferiu o pleito, asseverando que a acusação da PGR foi apresentada de forma genérica, sem prova bastante que justificasse o deslocamento. Para além disso, o STJ examinou as medidas investigativas adotadas, até então, pela Polícia Civil e pelo Ministério Público do Estado, concluindo pelo "notório empenho" dessas autoridades, na condução da apuração.

Releva destacar, que a ementa do acórdão que julgou o IDC nº 24/RJ consagrou, à luz dos cânones adotados pelo STJ em casos anteriores, "diretrizes para o acolhimento do pedido", quais sejam excepcionalidade, necessidade, imprescindibilidade, razoabilidade e proporcionalidade da medida. Demais disso, o julgado indica que o deslocamento deve estar pautado na comprovação cabal de "descaso, desinteresse, desídia ou falta de condições pessoais ou materiais das instituições estaduais encarregadas por investigar, processar e punir os eventuais responsáveis pela grave violação a direitos humanos".[29]

Os requisitos e a matéria de prova do IDC podem ser sistematizadas da seguinte maneira:

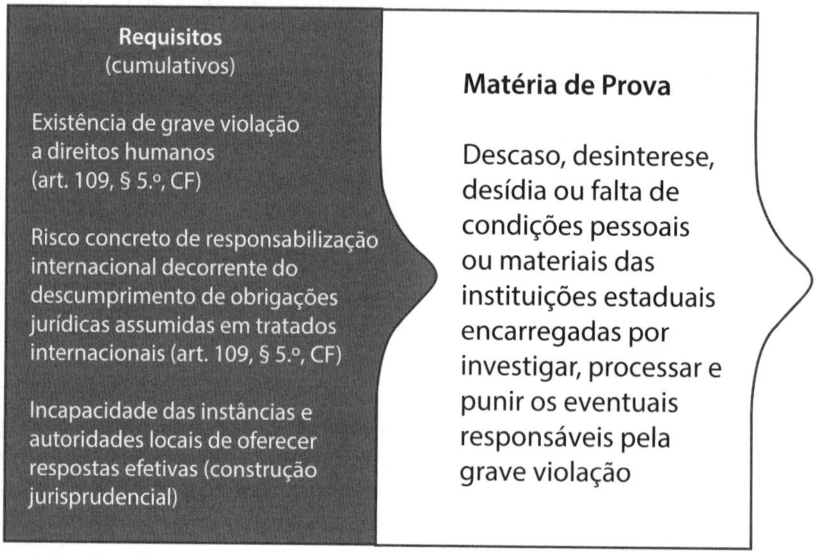

Fonte: elaborada pelo autor

Em que pese à importância do IDC, do ponto de vista da responsabilidade internacional da União, há duas Ações Diretas de Inconstitucionalidade em trâmite contra a sua previsão, instituída pela EC nº 45/2004, ambas ainda pendentes de julgamento. A primeira, ADI 3.486/DF, foi ajuizada pela Associação dos Magistrados Brasileiros – AMB, enquanto a segunda, ADI 3.493/DF, já apensada àquela, foi aforada pela Associação Nacional dos Magistrados Estaduais – ANAMAGES. Em síntese, referidas demandas criticam o que seria uma afronta ao Pacto Federativo pela preterição do Poder Judiciário Estadual, além de apontarem suposta violação dos Princípios do Juiz Natural e do Devido Processo Legal.

29 SUPERIOR TRIBUNAL DE JUSTIÇA IDC 24/DF, Rel. Ministra LAURITA VAZ, TERCEIRA SEÇÃO, julgado em 27/05/2020, DJe 01/07/2020.

6. LITÍGIO ESTRATÉGICO INTERNACIONAL EM MATÉRIA DE DIREITOS HUMANOS

O leque de formas de reparação admitidas pelo direito internacional para os casos de responsabilidade internacional de Estados permite a determinação de medidas reparatórias para muito além da mera reparação dos prejuízos das vítimas de violações de direitos humanos, o que se pode extrair, sobretudo, das categorias reparatórias da satisfação e garantias de não repetição.

De fato, a sistemática de reparações internacional manifesta preocupação e aponta caminhos para que a violação reprovada não volte a ocorrer, seja com as vítimas do caso analisado, seja com outras pessoas. Portanto, medidas de caráter inibitório da recidiva da violação são tidas pelo direito internacional como formas de reparação, de modo que não se pode pensar que o termo "reparação" corresponda apenas à ideia de ressarcimento de prejuízos.

O uso das medidas de satisfação e das garantias de não repetição desvelou uma miríade de possibilidades no tratamento de violação de direitos humanos, em especial no que toca à capacidade de um determinado caso motivar mudanças estruturais que atinjam as causas mais profundas que fazem do fato levado à apreciação internacional apenas mais uma dentre tantas outras ocorrências de mesma natureza, verificadas, sistematicamente. O processo internacional dos direitos humanos revela-se, nesta esteira, propício para os denominados **litígios estratégicos**, também conhecidos por litígio de impacto, litígio paradigmático e litígio de caso-teste.[30]

Na realidade, o litígio estratégico não é fenômeno originado nos movimentos de tutela de direitos humanos, mas sua natureza se mostrou plenamente compatível com a dinâmica da luta pela afirmação de direitos humanos na seara judicial nacional e internacional.

Caracteriza um litígio estratégico o ímpeto de obtenção de mudanças sociais de cunho estrutural, a partir da judicialização de casos emblemáticos, com a qual espera-se, à custa de intensa exposição pública, dinamizar avanços ou suplantar retrocessos em espaços-chave de potencial socialmente transformador, tais como políticas públicas, leis e precedentes judiciais. Deste modo, o litígio estratégico, conquanto envolva, no processo judicial, determinadas pessoas ou certos grupos de pessoas, em essencial, seu escopo é de colher proveito de amplo horizonte subjetivo. Como explica EVORAH LUSCI COSTA CARDOSO, aplicando a noção aos direitos humanos:

> O objetivo de quem litiga não se limita à solução do caso concreto (justiça individual), como a reparação da vítima. Nesse sentido, o litígio estratégico é bastante diferente da forma tradicional de advocacia. É possível contrapor uma advocacia *cliente-oriented* a um novo tipo de advocacia, *issue oriented* ou *policy-oriented*. Basicamente a primeira vale-se do direito para atender às demandas e aos interesses do cliente. A segunda busca o impacto social que o caso pode trazer, como o avanço jurídico em determinado tema, aplicando o método de litígio estratégico. (...) Dentre as múltiplas possibilidades de ação relacionadas ao direito (como campanhas de mobilização e educacionais em torno de direitos humanos, *lobby* legislativo, pesquisas e documentação em direitos humanos, solução alternativa de disputas), algumas entidades de advocacia em direitos humanos apostam no litígio estratégico como uma via hábil para provocar transformações sociais.[31]

---

30 CARDOSO, Evorah Lusci Costa. **Litígio estratégico e sistema interamericano de direitos humanos.** Belo Horizonte: Fórum, 2012, p. 41.

31 Id. Ibid., p. 41-42.

O litígio estratégico está ligado à noção de "direito de interesse público", a qual, por sua vez, remete ao acesso à Justiça por pessoas socialmente vulneráveis, inclusive por motivos econômicos e culturais. Em que pese originado nos EUA, a partir dos anos 1960, no contexto da luta por direitos civis, o direito de interesse público experimentou aplicação em outros locais, alcançando a reivindicação por universalização dos direitos econômicos, sociais, culturais e ambientais.[32]

Importa saber que um litígio estratégico não se resume ao ajuizamento da ação judicial, porque tal providência é uma das etapas da estratégia, que, em geral, envolve a apresentação de pleitos a diferentes pessoas e órgãos com poder de decisão sobre as instâncias de transformação que se pretende atingir: formulação de políticas públicas, criação/modificação de leis e prestadores de jurisdição. Envolve, ademais, planos de publicização do fato e do processo, e, sobretudo, táticas de implementação da decisão judicial conquistada, afinal, o ato do julgamento, por si, não costuma produzir o efeito transformador desejado, apresentando-se apenas uma etapa (relevante) para tanto.

Assim como verificado com o direito de interesse público, o litígio estratégico em direitos humanos, por dizer respeito a um enfeixamento de atos estrategicamente coordenados, tem sido levado a efeito, no mais das vezes, por instituições especializadas no tema, notadamente ONGs, clínicas jurídicas de direitos humanos ligadas a universidades e centros de advocacia *pro bono*.

A tensão que se estabelece entre os Poderes da República sempre que se trata da possibilidade do Poder Judiciário atuar para alteração *standards* de políticas públicos do Poder Executivo e normativo do Poder Legislativo é um dos fatores que desafiam a efetividade dos litígios estratégicos no plano nacional[33], contribuindo para provocação das mais diversas vias oferecidas pelos mecanismos coletivos internacionais de monitoramento e apuração de violação de direitos humanos.

O Sistema Interamericano de Proteção dos Direitos Humanos vem se afirmando como um *locus* sobremaneira sensível aos litígios estratégicos, tendo em conta tanto a natureza dos atores que o provocam – majoritariamente advindos do Terceiro Setor –, quanto o perfil das decisões adotadas pela Comissão Interamericana de Direitos Humanos (CIDH) e pela Corte Interamericana de Direitos Humanos (Corte IDH), em geral atentas ao estabelecimento de medidas de satisfação e de garantia de não repetição, nos casos contenciosos que revelam um contexto de violação estrutural de direitos humanos. Por certo, o passado colonial da América Latina e suas consequências para a desigualdade social, econômica e cultural que ainda permeia toda essa região continental, favorece a multiplicação dos casos que instigam os órgãos do Sistema a agirem desta maneira.

Citem-se, à guisa de ilustração, alguns casos que envolveram transformações estruturais em políticas públicas brasileiras, motivadas exclusiva ou concorrentemente por decisões do Sistema Interamericano de Proteção dos Direitos Humanos. Muito embora nem todos ostentem a plenitude das características de um litígio estratégico, evidenciam a disposição e a eficácia da atuação das decisões dos órgãos do Sistema Interamericano em relação a violações estruturais de direitos humanos.

---

32 Id. Ibid., p. 44-49.

33 "O litígio estratégico pressupõe um judiciário acessível, independente e criativo, cujas decisões têm um potencial de transformação social, que seja capaz de influenciar a decisão de outros tribunais (formação de precedentes), que dialogue com políticas públicas existentes ou que provoque a sua gestão pelo Executivo, que dialogue com o processo legislativo, por vezes sobrepondo se a ele ou provocando a promulgação de normas" (Id. Ibid., p. 57).

No **Caso José Pereira**, o Brasil assumiu, em 2003, diante do acordo formalizado perante a CIDH, diversos compromissos, à título de reparação, voltados à implementação de medidas eficazes de combate ao trabalho escravo contemporâneo, situação cuja ocorrência em território brasileiro, até então era negada pelos Governos.

Resultado direto do processamento deste caso foi a alteração legislativa do conceito de redução à condição análoga à de escravo, tipificada como crime no art. 149 do Código Penal, atualizando-o e detalhando-o, de modo a deixá-lo mais operacional e condizente com as situações de extrema exploração do trabalho humano, a partir da tutela da dignidade humana no trabalho em diferentes situações que não apenas o cerceamento físico da liberdade de ir e vir.

Também por consequência do compromisso assumido pelo Estado brasileiro, foi criada a Comissão Nacional para a Erradicação do Trabalho Escravo – CONATRAE, órgão colegiado vinculado ao Ministério da Mulher, da Família e dos Direitos Humanos, que tem a função primordial de monitorar a execução do Plano Nacional para a Erradicação do Trabalho Escravo, dentro do qual foi criada toda uma estratégia de fiscalização ativa e resgate de trabalhos rurais e urbanos em situação de trabalho análogo ao de escravo, envolvendo Auditores-Fiscais do Trabalho, Polícia Federal e Ministério Público do Trabalho.

Esta associação de atualização legislativa com política pública de fiscalização interinstitucional planejada permitiu o resgate de dezenas de milhares de trabalhadoras e trabalhadores em situação de escravidão contemporânea, alçando o País à condição de referência internacional no combate ao trabalho escravo.

No conhecido **Caso Maria da Penha**, em cumprimento à decisão condenatória da CIDH, houve a aprovação interna da Lei nº 11.340, de 7 de agosto de 2006, batizada de "Lei Maria da Penha", que busca impedir e reprimir a violência doméstica contra mulheres no Brasil. Do mesmo modo, intensificou-se a instalação de Delegacias da Mulher, em todo o País.

Por força da tramitação do **Caso Damião Ximenes Lopes**, com posterior sentença da Corte IDH, em 2006, em que se comprovou a morte jovem com problemas psiquiátricos em decorrência de maus tratados impingidos por profissionais de clínica particular ligada ao Sistema Único de Saúde (SUS), o Estado brasileiro adotou uma série de medidas para melhorar as condições da atenção psiquiátrica nas diversas instituições SUS, a exemplo da assinatura de convênio entre o Programa Saúde na Família e a Equipe de Saúde Mental do Município de Sobral/CE (local dos fatos); foram criados uma Unidade de Internação Psiquiátrica no hospital do Município de Sobral, um Centro de Atenção Psicossocial (CAPS) especializado no tratamento de pessoas acometidas de psicose e neurose, um Centro de Atenção Psicossocial (CAPS) especializado no tratamento de pessoas dependentes de álcool e outras substâncias psicotrópicas, o Serviço Residencial Terapêutico e uma unidade ambulatorial de psiquiatria regionalizada no Centro de Especialidades Médicas e equipes do Programa Saúde na Família. Ademais, o Estado brasileiro também adotou várias medidas no âmbito nacional, entre as quais a aprovação da Lei nº 10.216, em 2001, conhecida como "Lei de Reforma Psiquiátrica", a criação, em 2002, do Programa Nacional de Avaliação dos Serviços Hospitalares Psiquiátricos, a implementação, em 2004, do Programa de Reestruturação Hospitalar do Sistema Único de Saúde, a implementação do "Programa de Volta para Casa" e a consolidação, em 2004, do Fórum de Coordenadores de Saúde Mental. Estas providências alteraram, substancialmente, o modo com o Brasil lida com o atendimento público a pessoas com transtornos psiquiátricos.

No já estudado **Caso Gomes Lund e Outros ("Guerrilha do Araguaia")**, a despeito da decisão do STF na ADPF nº 153/DF, que manteve intactos os amplos efeitos da chamada "Lei de Anistia", o Estado brasileiro vem adotando medidas voltadas ao atendimento das determinações da sentença condenatória da Corte IDH de 2010, do que são exemplos a instituição de diversas "Comissões da Verdade" (no plano federal, vide Lei nº 12.528/11), com certo poder de investigação, a divulgação de documentos oficiais da época da ditadura militar até então sigilosos e, mais recentemente, o recebimento pelo Poder Judiciário de ações penais contra agentes do regime militar responsabilizados por crimes cometidos à época da Ditadura, dando cumprimento às medidas de reparação dos tipos publicidade da verdade e investigação, processamento e punição de violadores de direitos humanos. Nesta toada, embora sem mencionar, expressamente, a Lei de Anistia e seu rechaço pela Corte IDH, o STJ aprovou, em 10 de março de 2021, a Súmula nº 647: "São imprescritíveis as ações indenizatórias por danos morais e materiais decorrentes de atos de perseguição política com violação de direitos fundamentais ocorridos durante o regime militar".

Os casos citados são apenas exemplos de outros tantos havidos no Sistema Interamericano de Proteção de Direitos Humanos que demonstram que o modo como o direito internacional propõe as formas de reparação dão suporte aos litígios estratégicos, mas reclamam compreensão do processo distinta do modelo tradicional do processo individual, baseado na concepção da produção de efeitos da coisa julgada *inter partes*. Tal distinção já pode ser encontrada nas dinâmicas nacionais dos processos coletivos, no Brasil estabelecidos por um microssistema que congrega a Constituição Federal, a Lei da Ação Civil Pública (Lei nº 7.347/85), a parte final do Código de Defesa do Consumidor (Lei nº 8.078/90) e o Código de Processo Civil (Lei nº 13,105/2015), todavia, ainda assim, há que se vencer certas resistências quanto ao alcance das decisões judiciais obtidas neste tipo de processo, à luz da celeuma acerca dos limites da intervenção do Poder Judiciário nas esferas de competência dos demais Poderes.[34]

Não há espaço, aqui, para o enfrentamento detido dos argumentos que transpassam as discussões sobre a legitimidade dos órgãos internacionais para o fomento de mudanças sociais estruturais. Não obstante, 4 (quatro) considerações, neste debate, não podem ser olvidadas, a despeito de se reconhecer certos limites e problemas que cercam o tema: o reconhecimento voluntário (consentimento prévio) dos Estados legitima a competência dos órgãos internacionais para o proferimento de suas decisões; formas de reparação para além do ressarcimento de vítimas é costume internacional consagrado no direito internacional e, por isso, nascido da prática geral e da *opinio juris*; a implementação das decisões internacionais dos mecanismos coletivos de apuração de violação de direitos humanos não é imposta, *manu militari*, mas pela via da implementação pelo aparato interno estatal; as decisões em litígios estratégicos internacionais de que se trata partem da prova de violações estruturais de direitos humanos, portanto intentam avançar, com senso de perenidade, na inibição da afronta a direitos humanos – então o que pode justificar uma contrariedade *a priori* a tanto?

---

[34] A doutrina processual coletiva brasileira vem apresentando cada vez mais trabalhos a respeito do chamado "processo estrutural", sobretudo (mas não apenas) desde a perspectiva nacional, com o que se pretende estabelecer diretrizes mais sólidas sobre os limites e possibilidade de processos judiciais que culminem com mudanças estruturais sociais e institucionais. A respeito, cf. VITORELLI, Edilson. Levando os conceitos a sério: processo estrutural, processo coletivo, processo estratégico e suas diferenças. **Revista de Processo**, v. 284, p. 333–369, 2018; DIDIER JR, Fredie; ZANETI JR, Hermes; OLIVEIRA, Rafael Alexandria de. Elementos para uma teoria do processo estrutural aplicada ao processo civil brasileiro. **Revista de Processo**, v. 303, n. 2020, p. 45–81, 2020. Para a aplicação da noção de processo estrutural à atuação da Corte IDH, cf. KLUGE, Cesar H.; VITORELLI, Edilson. O processo estrutural no âmbito do sistema interamericano: reflexões a partir do caso Cuscul Pivaral e outros vs. Guatemala. **Processos estruturais**. Salvador: Juspodivm, 2020, p. 275–304.

Capítulo IX

SISTEMA GLOBAL (UNIVERSAL) DE PROTEÇÃO DOS DIREITOS HUMANOS

1. ORGANIZAÇÃO DAS NAÇÕES UNIDAS

A Organização das Nações Unidas (ONU) é a concretização da ideia de coordenarem-se ações globais, especialmente as ligadas à manutenção da paz e segurança coletivas. O surgimento da ONU deveu-se à Segunda Guerra Mundial e consubstancia uma tentativa de se evitarem novos conflitos e de se iniciar o caminho para a criação de um sistema que responda à preocupação mundial pela proteção dos direitos humanos.

A ligação da ONU com a proteção dos direitos humanos é exposta já no preâmbulo de sua Carta de criação, com a afirmação de que os povos das nações unidas resolviam "preservar as gerações vindouras do flagelo da guerra", reafirmando a sua fé nos direitos humanos, "na dignidade e no valor do ser humano, na igualdade de direito dos homens e das mulheres", buscando "promover o progresso social e melhores condições de vida dentro de uma liberdade ampla".

Inegável, assim, a íntima conexão entre a ONU e a proteção dos direitos humanos, ainda mais evidente quando expostos os objetivos da entidade, de "praticar a tolerância e viver em paz", de unir forças "para manter a paz e a segurança internacionais", de garantir, "pela aceitação de princípios e a instituição dos métodos, que a força armada não será usada a não ser no interesse comum", e de "empregar um mecanismo internacional para promover o progresso econômico e social de todos os povos" (trecho do Preâmbulo da Carta da ONU).

Na mesma linha segue o disposto no art. 1º, item 3, da Carta da ONU, que assevera ser seu propósito "conseguir uma cooperação internacional para resolver os problemas internacionais de caráter econômico, social, cultural ou humanitário, e para promover e estimular o respeito aos direitos humanos e às liberdades fundamentais para todos, sem distinção de raça, sexo, língua ou religião".

A **ONU comanda o Sistema Global (ou Universal) de Proteção dos Direitos Humanos**, por meio de alguns órgãos previstos, originalmente, no art. 7º da sua própria Carta:

Principais órgãos da ONU (art. 7º da Carta da ONU)	
Assembleia Geral	Composta por todos os membros, que deliberam sobre qualquer assunto contemplado na Carta
Conselho de Segurança	Manutenção da paz e segurança internacionais. Composto por 5 membros permanentes e 10 rotativos
Corte Internacional de Justiça	Órgão judicial, com competência contenciosa (só Estados) e consultiva, composto por 15 juízes

continua

continuação

Principais órgãos da ONU (art. 7º da Carta da ONU)	
Conselho Econômico e Social	Composto por 54 membros e incumbido da cooperação em questões econômicas, sociais e culturais, incluindo Direitos Humanos
Conselho de Tutela	Tutelar processos de descolonização, até que alcançada a autodeterminação
Secretariado	Chefiado pelo Secretário Geral, com funções administrativas

Fonte: elaborada pelo autor

A **Assembleia Geral (AGE)**, um dos órgãos principais da ONU, tem a incumbência de iniciar estudos e fazer recomendações, destinados a promover cooperação internacional nos terrenos econômico, social, cultural, educacional e sanitário e a favorecer o pleno gozo dos direitos humanos e das liberdades fundamentais, por parte de todos os povos, sem distinção de raça, sexo, língua ou religião (art. 13, item 1, "b", da Carta da ONU).

Ainda na Carta, no Capítulo IX, sobre a Cooperação Internacional Econômica e Social, o art. 55, "c", estabelece que, com o fim de criar condições de estabilidade e bem-estar, necessárias às relações pacíficas e amistosas entre as nações, baseadas no respeito ao princípio da igualdade de direitos e da autodeterminação dos povos, as Nações Unidas favorecerão o respeito universal e efetivo dos direitos humanos e das liberdades fundamentais para todos, sem distinção de raça, sexo, língua ou religião.

No artigo 62, são estabelecidas as funções do **Conselho Econômico e Social (ECOSOC)**, que tem função crucial no Sistema Global de Proteção dos direitos Humanos, sendo responsável por fazer estudos e relatórios a respeito de assuntos internacionais de caráter econômico, social, cultural, educacional, sanitário e conexos, além de poder fazer recomendações a respeito de tais assuntos à AGE, aos Membros das Nações Unidas e às entidades especializadas interessadas. Além disso, o ECOSOC poderá fazer recomendações destinadas a promover o respeito e a observância dos direitos humanos e das liberdades fundamentais para todos.

O ECOSOC criou comissão específica, com base no art. 68 da Carta da ONU, para proteção dos direitos humanos. A Comissão de Direitos Humanos, que atuou a partir de 1947, foi extinta em 2006, dando lugar ao **Conselho de Direitos Humanos**, que, juntamente com o **Alto Comissariado de Direitos Humanos**, faz parte da estrutura de proteção global dos direitos humanos.

Quando cuida do sistema de tutela, a Carta da ONU, no art. 76, "c", também faz alusão à proteção de direitos humanos, determinando que um de seus objetivos básicos, de acordo com os Propósitos das Nações Unidas enumerados no Artigo 1º da Carta, é o de estimular o respeito aos direitos humanos e às liberdades fundamentais para todos, sem distinção de raça, sexo língua ou religião, e favorecer o reconhecimento da interdependência de todos os povos.

Destacam-se, nesse cenário, os esforços para construção da Declaração Universal dos Direitos Humanos (DUDH), que, entendida como parcialmente formada por normas costumeiras internacionais, surgiu sob as vestes de uma Resolução da Assembleia Geral da ONU, aprovada em 10 de dezembro de 1948, em Paris, sendo, por isso, também conhecida como "Declaração de Paris".

2. FORMAÇÃO DO SISTEMA DE PROTEÇÃO E MODALIDADES DE APURAÇÃO

Com a criação, em 1946, no âmbito do ECOSOC, da agora extinta Comissão de Direitos Humanos, o Sistema Global de Proteção estabeleceu-se, no âmbito da ONU, de forma gradual, a partir da aprovação da DUDH, em 1948.

Alude COMPARATO à sessão do ECOSOC, de 16 de fevereiro de 1946, como o momento em que se decidiu que a Comissão de Direitos Humanos, a ser criada, deveria desenvolver sua missão de proteção aos direitos humanos em três etapas, as quais identificam o gradual estabelecimento do sistema global, a saber[1]:

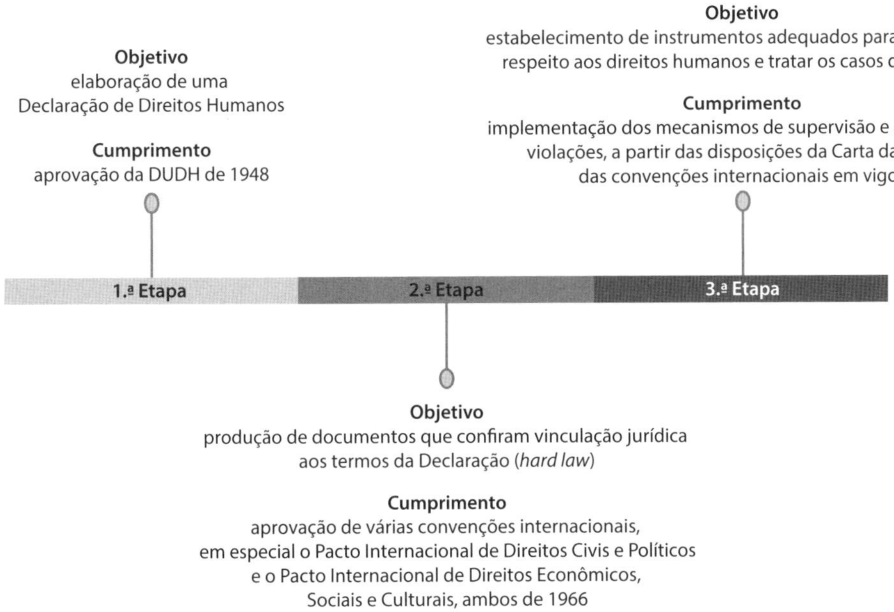

Fonte: elaborada pelo autor

O Sistema Global apura violações de direitos humanos a partir de 2 (dois) tipos de mecanismos com características e fundamentos jurídicos distintos: o **mecanismo convencional** e o **mecanismo extraconvencional**. Como a própria nomenclatura sugere, o mecanismo convencional advém das disposições contidas nos tratados internacionais de direitos humanos acerca dos instrumentos de supervisão e apuração do descumprimento das obrigações nele estipuladas; já o mecanismo extraconvencional (*Charter-based System*) fundamenta-se em procedimentos especiais de supervisão por temas e/ou geográfica (por país ou região) e de apuração de casos contenciosos, desenvolvidos a partir das funções gerais delegadas pela Carta da ONU aos seus órgãos de atuação ligada à proteção e promoção dos direitos humanos – em especial o ECOSOC e o Conselho de Direitos Humanos.

---

1 COMPARATO, Fábio Konder. **A afirmação histórica dos direitos humanos**. 7. ed. São Paulo: Saraiva, 2010, p. 237-238.

Tendo em conta as acima referidas três etapas de estabelecimento do Sistema Global – em especial o caráter supostamente não vinculante da DUDH, alcançado, depois, com a adoção dos Pactos Internacionais de 1966 – é possível afirmar que a **Carta Internacional de Direitos Humanos** (*The International Bill of Human Rights*), composta pela DUDH, pelo Pacto Internacional sobre Direitos Civis e Políticos (PIDCP) e pelo Pacto Internacional sobre Direitos Econômicos, Sociais e Culturais (PIDESC), tem destaque, dentro do mecanismo convencional, porquanto tais documentos versam, de modo concentrado, sobre direitos humanos de diversas naturezas, enquanto que as demais convenções, que também integram esse mecanismo, versam sobre proteções específicas (genocídio, tortura, discriminação contra a mulher etc.).

O mecanismo convencional abarca 3 (três) modalidades de supervisão e apuração de violações de direitos humanos: não contenciosa, quase-judicial e judicial. A modalidade não contenciosa desenvolve-se com base na apresentação de relatórios. Já a modalidade quase judicial concentra-se na supervisão do cumprimento das obrigações assumidas e apuração de violação por órgãos específicos, os Comitês (*Treaty Bodies*), previstos nos próprios tratados internacionais cujo cumprimento pretende-se aferir, e compostos, no mais das vezes, por *experts* em matéria de direitos humanos, os quais atuam de forma independente em relação ao Estado de que nacionais e à própria ONU. Finalmente, a modalidade judicial verifica-se pela atuação da Corte Internacional de Justiça.

Os mecanismos do Sistema Global de Proteção dos Direitos Humanos podem ser deste modo esquematizados:

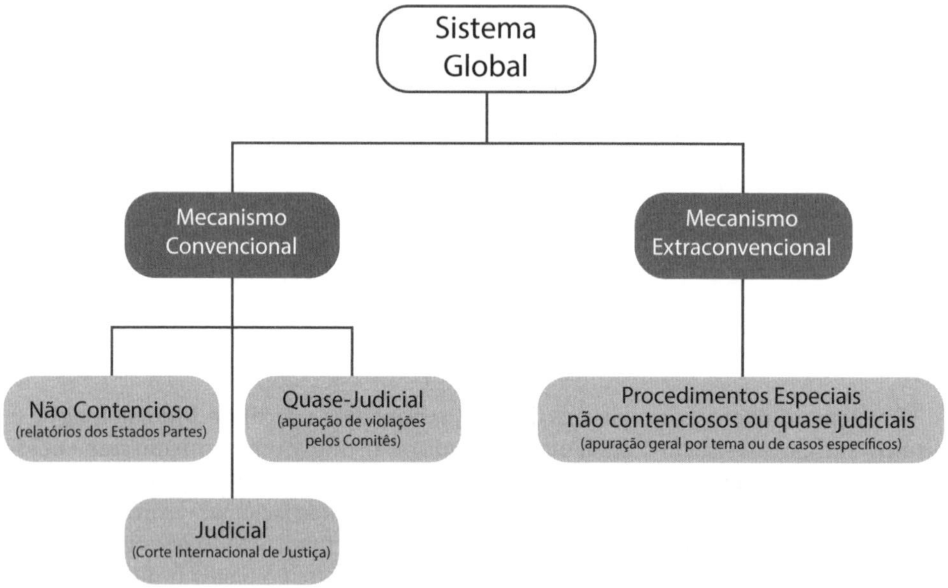

Fonte: elaborada pelo autor

3. MECANISMO CONVENCIONAL DE PROTEÇÃO

O mecanismo convencional edifica-se a partir das disposições que os próprios tratados de direitos humanos, aprovados no âmbito da ONU, trazem sobre os meios para a supervisão de seu cumprimento e a apuração de notícia de violação.

Convencionou-se reconhecer a existência, no seio da ONU, de 9 (nove) principais convenções internacionais de direitos humanos, cada qual com seu próprio Comitê supervisor. São as chamadas *Big Nines* ou *Big Ones*, a maioria das quais ratificadas pelo Brasil:

Tratado (promulgação pelo Brasil)	Comitê (*Treaty Bodie*)
Convenção sobre a Eliminação de Todas as Formas de Discriminação Racial (Dec. 65.810/69)	Comitê pela Eliminação da Discriminação Racial
Pacto Internacional sobre Direitos Civis e Políticos (Dec. 592/92)	Comitê de Direitos Humanos
Pacto Internacional sobre Direitos Econômicos, Sociais e Culturais (Dec. 591/92)	Comitê sobre Direitos Econômicos, Sociais e Culturais
Convenção sobre a Eliminação de Todas as Formas de Discriminação contra a Mulher (Dec. 4.377/02)	Comitê pela Eliminação da Discriminação contra a Mulher
Convenção contra a Tortura e outros Tratamentos ou Penas Cruéis, Desumanas ou Degradantes (Dec. 40/91)	Comitê contra a Tortura
Convenção sobre os Direitos da Criança (Dec. 99.710/90)	Comitê sobre os Direitos da Criança
Convenção sobre os Direitos das Pessoas com Deficiência (Dec. 6.949/09)	Comitê sobre os Direitos das Pessoas com Deficiência
Convenção Internacional sobre a Proteção dos Direitos de Todos os Trabalhadores Migrantes e suas Famílias (ainda não ratificada)	Comitê sobre Trabalhadores Migrantes
Convenção Internacional para a Proteção de Todas as Pessoas contra o Desaparecimento Forçado (Dec. 8.767/16)	Comitê para a Proteção de Todas as Pessoas contra Desaparecimento Forçado

Fonte: elaborada pelo autor

Os Comitês são, portanto, os órgãos especiais instituídos pelas Convenções para verificar seu cumprimento pelos Estados Partes. Tais órgãos têm à sua disposição instrumentos genéricos de supervisão periódica, que são os relatórios, mas também contam, no mais das vezes, com a atribuição de apurar, em procedimento específico, a responsabilidade internacional do Estado pela violação de obrigação assumida quando da adesão ao tratado de que se cuida. Tais *Treaty Bodies* desempenham, dentro do mecanismo convencional da ONU, função tanto na modalidade não contenciosa quanto na modalidade quase-judicial de proteção de direitos humanos.

Importa consignar que a ONU tem aprovados inúmeros outros tratados, declarações e documentos diretivos de direitos humanos para além das *Big Ones*, podem-se citar os seguintes, em razão de sua relevância temática:

Documento	Tema
Convenção Suplementar sobre a Abolição da Escravatura, do Tráfico de Escravos e das Instituições e Práticas Análogas à Escravatura - 1956	Definições de "escravidão", "tráfico de escravos" e "pessoa de condição servil" e o reconhecimento do tráfico ou cumplicidade com ele como infração penal
Convenção para a Prevenção e Repressão do Crime de Genocídio - 1948	Definição de "genocídio" e reconhecimento como crime de *jus cogens*
Convenção sobre Imprescritibilidade dos Crimes de Guerra e dos Crimes contra Humanidade - 1968	Imprescritibilidade dos crimes
Convenção relativa ao Estatuto dos Refugiados e Protocolo sobre o Estatuto dos Refugiados - 1950	Definição de "refugiado" e de sua situação jurídica
Declaração de Nova York sobre Refugiados e Migrantes - 2016	Obrigações mínimas dos Estados em relação aos refugiados e migrantes
Convenção sobre o Estatuto dos Apátridas - 1954	Definição de "apátridas", exclusões e acesso aos direitos e garantias fundamentais
Convenção para a Redução dos casos de Apatridia -1961	Obrigações estatais de prevenção e combate à apatridia
Convenção Internacional sobre a supressão e punição do crime de apartheid - 1973	Definição do "crime de apartheid" e previsibilidade de julgamento e condenação
Convenção Internacional contra o apartheid nos esportes - 1985	Definição do apartheid e do "princípio olímpico", bem como previsão de medidas de prevenção e repressão das práticas
Protocolo de Istambul - 2003	Manual de investigação e documentação de tortura e penas ou tratamentos cruéis, desumanos ou degradantes
Regras Mínimas das Nações Unidas para o Tratamento de Presos (Regras Nelson Mandela) - 1955 (atualizada significativamente em 2015)	Regras mínimas de respeito aos direitos e garantias fundamentais objetivando a reinserção social e não reincidência
Regras das Nações Unidas para o Tratamento de Mulheres Presas e Medidas Não Privativas de Liberdade para Mulheres Infratoras (Regras de Bangkok) - 2010	Regras e políticas considerando as especificidades das mulheres como idade, identidade de gênero, maternidade, nacionalidade e gestação.
Declaração e Programa de Ação de Viena - 1993	Reconhecimento de que os direitos humanos são universais, indivisíveis e interrelacionados de forma justa e equitativa
Protocolo de Prevenção, Supressão e Punição do Tráfico de Pessoas, especialmente Mulheres e Crianças, complementar à Convenção das Nações Unidas contra o Crime Organizado Transnacional - 2000	Prevenir, combater e proteger contra o tráfico de pessoas, em especial mulheres e crianças

continua

continuação

Documento	Tema
Tratado de Marraqueche sobre acesso facilitado a obras publicadas - 2013	Facilitação ao acesso de obras às pessoas com impossibilidade de leitura impressa (cegos e deficientes visuais)
Princípios de Yogyakarta sobre orientação sexual - Mais 10 - 2006 e 2017	Manual de interpretação dos direitos visando a efetivação da igualdade e combate à discriminação
Convenção n 169 da OIT sobre Povos Indígenas e Tribais -1989	Direito dos povos indígenas visando a promoção da igualdade combate à discriminação
Declaração da ONU sobre os Direitos dos Povos Indígenas - 2007	Promoção dos direitos coletivos e individuais reconhecidos pelo direito internacional dos direitos humanos
Convenção sobre a Proteção e Promoção da Diversidade das Expressões Culturais - 2005	Preservação da diversidade de expressões culturais
Princípios Orientadores sobre Empresas e Direitos Humanos -2011	Estabelecimento dos padrões "proteger, respeitar e remediar" aos Estados e às empresas
Convenção Quadro do Controle do Tabaco (CQCT) - 2003	Proteção das gerações presentes e futuras das consequências do consumo e exposição à fumaça do tabaco

Fonte: elaborada pelo autor

3.1. Supervisão por relatórios

O envio de relatórios periódicos pelos Estados, sobre o cumprimento das obrigações assumidas em tratados internacionais de direitos humanos, é o instrumento mais antigo e mais utilizado para a respectiva supervisão.

Cada convenção internacional define o conteúdo, a periodicidade (em média entre dois e quatro anos) e o destino dos aludidos relatórios, cabendo, em regra, ao respectivo Comitê o exame do quanto informado. A despeito da periodicidade fixada em norma, atribui-se aos Comitês a prerrogativa de solicitar informes aos Estados Partes sempre que se mostre necessário. Ademais, a prática internacional tem demonstrado a aceitação de prazos diversos, inclusive pela demora dos Estados e "informes conjugados", nos quais são encaminhados diversos relatórios em um único documento[2].

Espera-se, com esse instrumento de fiscalização, que o diálogo entre Estado Parte e peritos dos Comitês, compartilhado com os demais Estados Partes, signifique espaço para o avanço espontâneo dos países em matéria de direitos humanos. Segundo CARVALHO RAMOS, "o princípio informador do sistema de relatórios é o da cooperação nacional e a busca de evolução na proteção de direitos humanos, baseado no consenso entre o Estado e o órgão internacional"[3].

---

2 RAMOS, André de Carvalho. **Processo internacional dos direitos humanos**. 6. ed. São Paulo: Saraiva, 2019, p. 83.

3 Id. Ibid., p. 80.

O exame da prática dos Comitês, em relação à análise dos relatórios encaminhados, revela certo padrão, consubstanciado em um procedimento composto de duas fases: debates e observações finais (*concluding observations*). Em linhas gerais, nomeia-se, dentro do Comitê, um perito relator para cada informe, o qual será o responsável por conduzir, na fase de debates, uma sessão formal, com a presença de delegação do Estado relatante, oportunidade em que são formuladas indagações e recomendações acerca das informações prestadas, possibilitada igualmente a troca de experiências a respeito (diálogo construtivo).

Aos Comitês ainda é facultado obter informações de outras fontes, sejam elas órgãos oficiais (*v.g.*, outros organismos internacionais) ou extraoficiais, como ONGs, importantes atores hodiernos em todos os sistemas de proteção dos direitos humanos em vigor. Os Comitês costumam examinar informes paralelos confeccionados pelas ONGs ("relatório sombra" ou *shadow report*). Atentos a essas nuances, há Estados relatantes, como o Brasil, que já integram as ONGs ao próprio processo de confecção do relatório oficial que será encaminhado e à sua posterior apresentação perante o Comitê.

Após os debates, o Comitê edita e encaminha ao Estado relatante suas observações finais, lastreadas em análise crítica das informações colhidas e com formulação de recomendações, cujo atendimento será objeto de aferição na oportunidade dos próximos informes. Embora não seja obrigatório, alguns estados rebatem os pontos apresentados no relatório, o que não se confunde com a obrigatoriedade de os Estados indicarem em informes posteriores o que foi cumprido das observações finais. "Assim, o Estado fica na desconfortável posição de, periodicamente, se justificar pelo descumprimento das recomendações dos Comitês".[4] Em geral, o documento com as observações finais integra o relatório anual dos Comitês à AGE da ONU.

O procedimento de exame de relatórios pelos Comitês, no âmbito do mecanismo convencional da ONU pode, então, ser assim sistematizado:

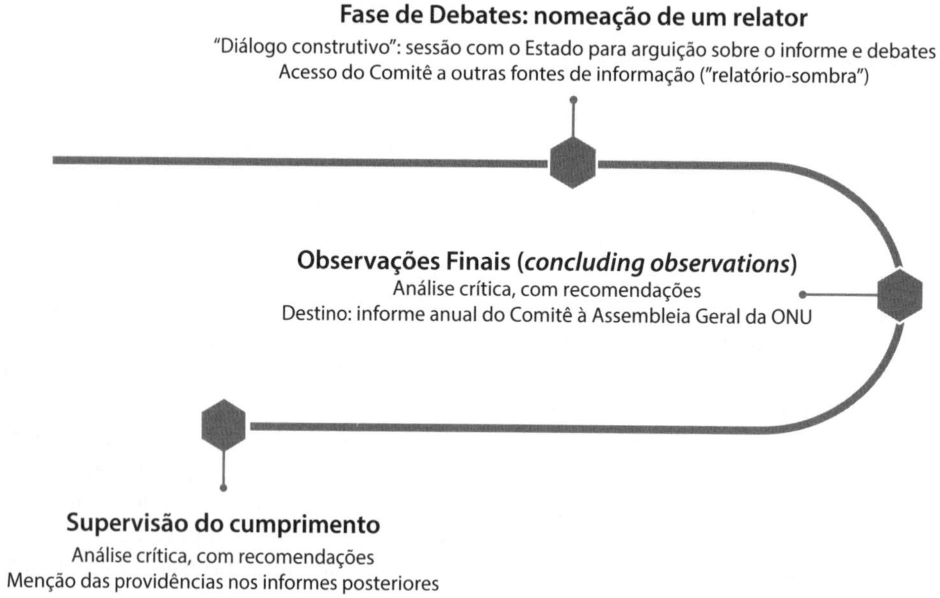

Fonte: elaborada pelo autor

4 Id. Ibid., p. 83-84.

Concomitantemente a estas funções de supervisão, os Comitês publicam os chamados "Comentários Gerais" (ou "Observações Gerais"), estabelecendo interpretações sobre o conteúdo dos tratados internacionais a que dizem respeito, as quais são importantes parâmetros de aplicação desses documentos normativos.

À vista da necessidade histórica de efetiva proteção dos direitos humanos, sobretudo em face da sua violação pelos Estados em seu âmbito interno, os relatórios periódicos, enquanto ferramenta mais prestigiada de supervisão de cumprimento dos tratados, sofrem severas críticas, assim compendiadas e sumariadas:

- ➔ Unilateralidade estatal das informações prestadas, dando espaço para informes irreais ou deturpados.
- ➔ Ausência de fontes próprias, resultando na dependência da qualidade dos "relatórios sombras", que nem sempre é atingida.
- ➔ Diversidade de Comitês e dos respectivos procedimentos, com pontos comuns de avaliação (mesmos direitos protegidos em diferentes tratados), abrindo, bem por isso, espaço para possíveis avaliações díspares ou contraditórias acerca do mesmo tema[5].
- ➔ Carência de efetividade, pela ausência de força vinculante das recomendações dos Comitês e pela falta de instrumentos concretos para abordagem de situações que demandem medidas urgentes.

Além disso, CARVALHO RAMOS aponta cinco obstáculos à atuação dos comitês: atraso na elaboração e envio dos relatórios pelos Estados; ausência de profissionalização dos membros dos Comitês, uma vez que são remunerados somente por suas participações nas sessões, inexistindo dedicação exclusiva, o que fragiliza a cobrança de posturas ativas; tempo reduzido para análise dos documentos; prolixidade das informações estatais, pois os direitos estão previstos em diversos tratados; e ausência de um sistema próprio de captação de dados e articulação entre os diversos Comitês.[6]

Os instrumentos, adotados pelo art. 20 da Convenção contra a Tortura e outros Tratamentos ou Penas Cruéis, Desumanas ou Degradantes e complementados pelo Protocolo Facultativo de 2002, revelam avanço interessante, face a estas críticas. Tal Convenção inovou ao autorizar investigação *ex officio* e confidencial, pelo Comitê, a respeito de descumprimento do tratado por Estado Parte (a investigação é ativa, não se confundindo com mera análise de relatório), inclusive com visita *in loco*, contanto que haja autorização pelo Estado visitado. Ao final, após o contraditório, caberá ao Comitê decidir se publica ou não relatório final com o resultado das investigações, o qual, constatada a violação, consubstanciará manifestação pública favorável à responsabilidade internacional do Estado pelo descumprimento da Convenção.

Em complemento, o Protocolo Facultativo de 2002 a essa mesma Convenção criou um Subcomitê incumbido da realização de visitas aos países, possibilitou a produção de recomen-

---

[5] "Há muito se discute a necessidade de uma reforma geral de todo o sistema de relatórios calcado nas Convenções engendradas no âmbito da ONU. Para evitar redundância nas informações ou contradição nas recomendações, urge que os Comitês componham um sistema unificado, com obrigações recíprocas e tutela funcional do Alto Comissariado das Nações Unidas, obtendo-se sinergia e coerência nas suas atividades. Com essa vital alteração, os Comitês poderiam ter mais tempo e recursos para cobrar dos Estados a adoção das recomendações" (RAMOS, André de Carvalho. **Processo internacional dos direitos humanos**, cit., p. 86).

[6] Id. Ibid., p. 85.

dações confidenciais e, ainda, estabeleceu aos Estados Partes a obrigação de constituírem órgãos nacionais e oficiais regulares de atuação preventiva em relação à tortura e outros tratamentos ou penas cruéis, desumanas ou degradantes.

Não obstante essa hipótese particular de manifestação mais incisiva do Comitê, os relatórios periódicos, em geral, afirmam-se muito mais como instrumentos voltados à prevenção da violação de direitos humanos do que à sua apuração e repressão, principalmente porque os Estados possuem a obrigação internacional de emitir relatórios periódicos, independentemente do descumprimento de algum direito tutelado. Contudo, há que se reconhecer que os dados obtidos pelos Comitês e suas conclusões, em que pese não vinculantes, constituem prova qualificada, na hipótese de apuração de violação específica pelos mecanismos de natureza quase-judicial e judicial.

3.2. Procedimentos de apuração de violações pelos Comitês

Diferentemente da postura passiva, própria da análise dos relatórios periódicos, dentro do mecanismo convencional também é dado aos Comitês, nas formas e nos limites estabelecidos em cada convenção, receber comunicado de violação do nela estatuído, investigando a procedência da denúncia e, se for caso, declarando a responsabilidade internacional do Estado e, consequentemente, fixando medidas de reparação do ilícito.

Os procedimentos específicos de apuração de violação de direitos humanos conduzidos pelos Comitês são considerados integrantes da modalidade **quase-judicial** de proteção e a força vinculante de suas deliberações permanece sob acirrada e indesejável controvérsia, máxime por não serem órgãos jurisdicionais que proferem sentenças.

Segundo o critério da legitimidade ativa, um procedimento deste tipo pode ser iniciado por um Estado ou por um particular, sempre em face do Estado acusado de violação.

O primeiro caso diz respeito às **demandas interestatais**, também denominadas comunicações interestatais, petições interestatais ou, ainda, reclamações interestatais; já a segunda hipótese refere-se às chamadas **petições individuais** ou petições de particulares.

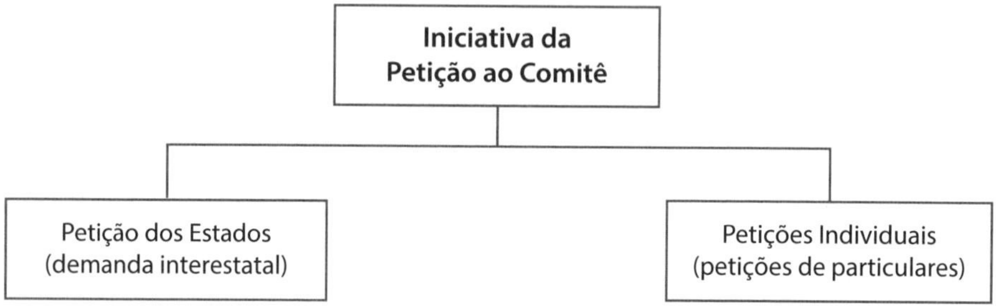

Fonte: elaborada pelo autor

As **demandas interestatais** podem ser propostas por um Estado contra outro, mesmo que aquele não se tenha envolvido na suposta violação de um interesse direto seu ou de um seu nacional. É que o direito de petição dos Estados fundamenta-se na ideia da *actio popularis*, segundo a qual a proteção dos direitos humanos é de interesse de toda e qualquer nação, devendo ser por ela fomentada, na medida em que o verdadeiro tutelado é o ser humano, igual em dignidade, independentemente de sua nacionalidade. Sob este prisma, a violação de direitos essenciais de qualquer ser humano toca a toda a comunidade internacional, legitimando qualquer Estado, respeitados a forma e os limites estabelecidos pelos tratados internacionais, a buscar a repressão do ilícito e sua reparação, pela via da *actio popularis*.

Não são todas as convenções que admitem que seus Comitês recebam demandas interestatais e, dentre as que o admitem, **a maioria é de adesão facultativa pelos Estados**, certo que o Brasil não aderiu a qualquer delas, tampouco tal tipo de demanda foi oferecida, até o momento.[7] Eis o panorama de aceitação desse instrumento, entre os tratados que integram o rol das *Big Nines*:

Comitê	Aceitação de demanda interestatal
Comitê pela Eliminação da Discriminação Racial	Obrigatória (arts. 11 a 13 da Convenção)
Comitê de Direitos Humanos	Facultativa (arts. 41 a 43 da Convenção)
Comitê sobre Direitos Econômicos, Sociais e Culturais	Facultativa (art. 10 do Protoc. à Convenção)
Comitê pela Eliminação da Discriminação contra a Mulher	Facultativa (art. 29 da Convenção)
Comitê contra a Tortura	Facultativa (art. 21 da Convenção)
Comitê sobre os Direitos da Criança	Facultativa (art. 12 do Protoc. à Convenção)
Comitê sobre os Direitos das Pessoas com Deficiência	Sem previsão
Comitê sobre Trabalhadores Migrantes	Facultativa (art. 76 da Convenção)
Comitê para a Proteção de Todas as Pessoas contra Desaparecimento Forçado	Facultativa (art. 32 da Convenção)

Fonte: elaborada pelo autor

Há, contudo, algumas nuances entre as disposições convencionais que autorizam a recepção de demandas interestatais pelos Comitês, merecendo registro as seguintes:

- a Convenção Internacional sobre a Eliminação de Todas as Formas de Discriminação Racial é a **única** que prevê o **reconhecimento obrigatório**, pelos Estados Partes, da atribuição do respectivo Comitê para recebimento de demandas interestatais.
- essa mesma Convenção e o Pacto Internacional sobre Direitos Civis e Políticos (que supõe a adesão do Estado Parte) são os únicos tratados que estabelecem um procedimento mais elaborado para a solução de uma demanda interestatal, mediante a constituição de uma Comissão de Conciliação *ad hoc*, com prazos e trâmites especificados.

---

7 ORGANIZAÇÃO DAS NAÇÕES UNIDAS. ESCRITÓRIO DO ALTO COMISSÁRIADO PARA DIREITOS HUMANOS. **Human Rights Bodies** – Complaints Procedures. Disponível em: <http://www.ohchr.org/EN/HRBodies/TBPetitions/Pages/HRTBPetitions.aspx>. Acesso em: 25 nov. 2016.

➔ as Convenções sobre Discriminação contra a Mulher, Discriminação Racial, contra a Tortura, sobre Migrantes e contra Desaparecimento Forçado preveem disputas entre os Estados Partes, quanto à interpretação ou aplicação da respectiva Convenção, a serem resolvidas em primeira instância, por negociação ou, em sua falta, por arbitragem. Na ausência de acordo, um dos Estados envolvidos pode submeter a disputa à Corte Internacional de Justiça (modalidade judicial). Contudo, trata-se, de fato, de um instrumento de adesão facultativa, passível de ressalva específica, no momento da ratificação ou adesão à Convenção, caso em que, de acordo com o princípio da reciprocidade, o Estado Parte abre mão do direito de propor demanda dessa natureza.

No que tange às **petições individuais**, os requisitos para a sua interposição perante os Comitês são a previsão em convenção ou protocolo adicional e a **declaração expressa de aceitação pelo Estado Parte** quanto a esta atribuição do *Treaty Bodie*. Eis o "estado da arte" em relação às petições individuais, relativamente às 9 (nove) Convenções centrais da ONU, postas em destaque as palavras indicadoras dos **casos que contaram com a adesão do Estado brasileiro**:

Comitê	Aceitação de petição individual
Comitê pela Eliminação da Discriminação Racial	**sob Declaração (art. 14 da Convenção)**
Comitê de Direitos Humanos	**Protocolo Facultativo ao Pacto**
Comitê sobre Direitos Econômicos, Sociais e Culturais	Protocolo Facultativo ao Pacto
Comitê pela Eliminação da Discriminação contra a Mulher	**Protocolo Facultativo à Convenção**
Comitê contra a Tortura	**sob Declaração (art. 22 da Convenção)**
Comitê sobre os Direitos da Criança	**Protocolo Facultativo à Convenção**
Comitê sobre os Direitos das Pessoas com Deficiência	**Protocolo Facultativo à Convenção**
Comitê sobre Trabalhadores Migrantes	sob Declaração (art. 77 da Convenção)[8]
Comitê para a Proteção de Todas as Pessoas contra Desaparecimento Forçado	sob Declaração (art. 31 da Convenção)

Fonte: elaborada pelo autor

---

8 O mecanismo de encaminhamento de petições individuais ao Comitê sobre Trabalhadores Migrantes ainda não entrou em vigor, o que ocorrerá quando houver a décima declaração de aceitação de sua competência para tanto, à luz do art. 77 da Convenção (UNITED NATIONS. Human Rights Bodies – Complaints Procedures. New York, s.d. Disponível em: https://www.ohchr.org/EN/HRBodies/TBPetitions/Pages/HRTBPetitions.aspx. Acesso em: 15 jan. 2021).

O Comitê de Direitos Humanos, instituído pelo Primeiro Protocolo Facultativo ao Pacto Internacional sobre Direitos Civis e Políticos (1º Prot. PIDCP), tem atuação paradigmática no que se refere às petições individuais, tendo desenvolvido interessante procedimento de avaliação, que se desenrola **sob confidencialidade**.[9]

É vedada a participação, na apreciação do caso, de membro do Comitê que tenha sido indicado à eleição para o órgão pelo Estado Parte a que diz respeito a petição; tenha qualquer interesse pessoal no assunto; ou tenha participado de alguma forma na tomada de qualquer decisão sobre o assunto a que se relaciona a petição.

Em regra, a comunicação deve ser apresentada pela vítima da violação ou por seu representante. No entanto, pode ser aceita petição em nome da suposta vítima, havendo indícios de que seja ela incapaz de apresentar ela própria a comunicação.

A etapa da admissibilidade supõe a satisfação de determinados requisitos pela petição individual (arts. 2º, 3º e 5, item 2, do 1º Prot.):

Requisitos de admissibilidade da petição individual perante o Comitê de Direitos Humanos	➔ Dizer respeito e a Estado Parte do PIDCP ➔ Esgotamento dos recursos internos, salvo se excedidos prazos razoáveis ➔ Identificação do peticionante ➔ Compatibilidade com as disposições do PIDCP ➔ Não configurar abuso de direito ➔ Não ter sido a mesma questão apreciada por uma outra instância internacional de investigação ou decisão

O procedimento será conduzido por um grupo de trabalho destacado para tanto, podendo, ainda, haver a nomeação de relatores especiais, inclusive para verificação do cumprimento das recomendações constantes da deliberação definitiva do Comitê sobre o caso).

"A prática do Comitê de Direitos Humanos, ao nomear Relator Especial para acompanhar a execução de suas deliberações, indica que o Comitê busca dar efetividade a suas decisões, o que fortalece o nascimento de norma costumeira obrigatória de Direito Internacional, em que pese a atual polêmica sobre o tema".[10]

O Estado demandado será cientificado dos termos da petição e contará com prazo de 6 (seis) meses para apresentar manifestação, com esclarecimentos sobre os fatos e as medidas eventualmente adotadas. O autor da petição poderá, em seguida, manifestar-se sobre esses esclarecimentos.

A deliberação do Comitê acerca da demanda deverá ser noticiada às partes e, ainda, constar do relatório anual de resumo das atividades do Comitê à AGE da ONU (art. 6º do 1º Prot. PIDCP). Demais disso, poderá o Comitê tornar pública a sua deliberação, inclusive com as considerações do relator especial, indicando a opção do comitê pelo caminho da pressão política

---

9 A última versão do Regulamento do Comitê de Direitos Humanos é produto de revisão ocorrida no ano de 2019 (UNITED NATIONS. HUMAN RIGHTS COMMITTEE. **Rules of procedure of the Human Rights Committee**. CCPR/C/3/Rev.11. New York, 2019. Disponível em: https://tbinternet.ohchr.org/_layouts/15/treatybodyexternal/TBSearch.aspx?Lang=en&TreatyID=8&DocTypeID=65. Acesso em: 15 jan. 2021).

10 RAMOS, André de Carvalho. **Processo internacional dos direitos humanos**, cit., p. 97.

aos Estados que não cumpram suas obrigações internacionais[11]. A propósito, é dado ao Comitê rever, em sede de deliberação definitiva, sua decisão inicial pela admissibilidade da petição.

Processamento de Petição Individual perante o Comitê de Direitos Humanos

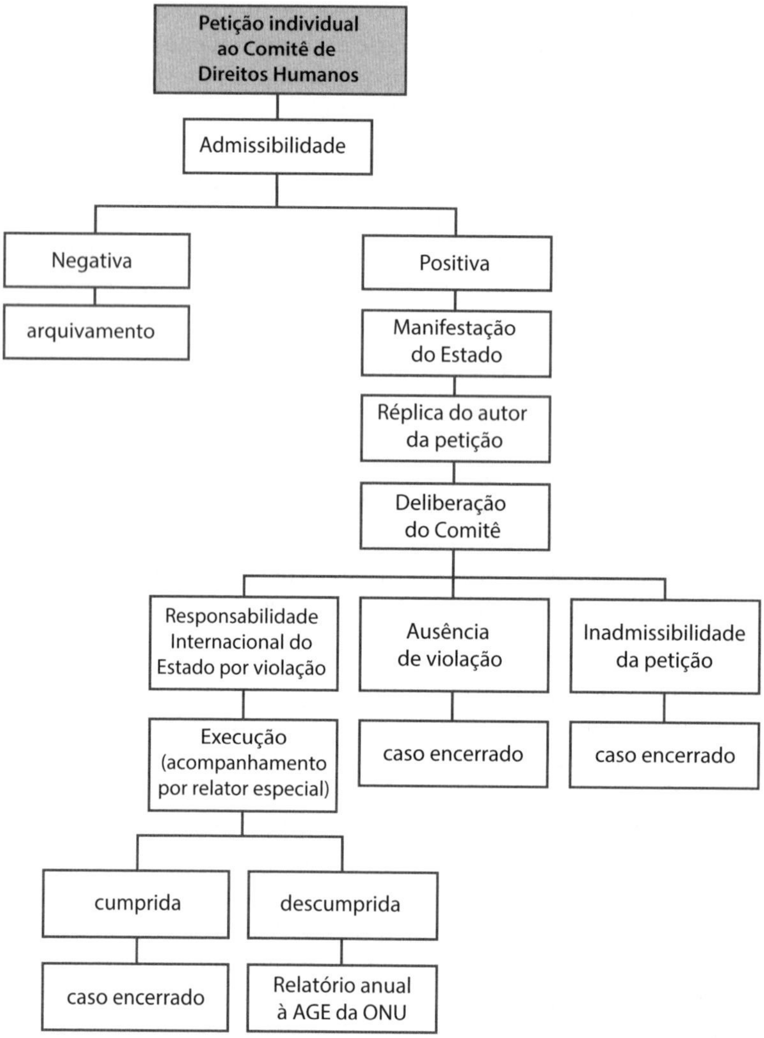

Fonte: elaborada pelo autor

Sem qualquer implicação para a decisão de mérito, o Comitê poderá recomendar ao Estado demandado a adoção de **medidas provisórias**, a fim de evitar danos irreparáveis à vítima da alegada violação.

Em relação às medidas provisórias, o Comentário Geral nº 33/2009 do Comitê de Direitos Humanos, editado com o propósito de tratar das obrigações dos Estados Partes sob o

11 Id. Ibid., p. 97-98. Ademais, os relatores especiais podem solicitar informações diretamente aos Estados, o que vem sendo bem recebido por estes, que vem, em regra, informando as ações de concretização das recomendações ao relator especial (Id. Ibid., p. 98).

Protocolo Facultativo do Pacto Internacional sobre Direitos Civis e Políticos, reafirma a força vinculante das decisões do Comitê em casos contenciosos, derivando-a do princípio da boa-fé:

> 13. Os pareceres emitidos pelo Comitê no âmbito do Protocolo Facultativo representam um pronunciamento autorizado de um órgão estabelecido no âmbito do próprio Pacto e responsável pela interpretação desse instrumento. A natureza e a importância dessas opiniões derivam do papel integral do Comitê no âmbito do Pacto e do Protocolo Facultativo.
>
> (...)
>
> 15. A natureza dos pareceres do Comitê também resulta na obrigação dos Estados Partes de agir de boa-fé, tanto quando participam do procedimento previsto no Protocolo Facultativo quanto em relação ao próprio Pacto. A obrigação de cooperar com o Comitê resulta da aplicação do princípio da boa-fé no cumprimento de todas as obrigações convencionais.[12]

Fosse de outra maneira estar-se-ia diante de um mecanismo não contencioso, o que não condiz com um mecanismo internacional de apuração de direitos humanos que pretenda oferecer mínima efetividade.

3.3. Corte Internacional de Justiça

Desde a criação da Liga das Nações (1919), antecessora da ONU, sempre houve a intenção de instituir-se um tribunal permanente com competência para apreciar causas envolvendo controvérsias internacionais, incluindo as de direitos humanos.

De fato, em 1920, aprovou-se o Estatuto da Corte Permanente de Justiça Internacional (CPJI), de vida breve, mas com importantes posicionamentos na análise de 31 (trinta e um) casos e elaboração de vinte sete pareceres consultivos, repercutido até hoje no direito internacional.[13] A CPIJ efetivamente esteve em atividade até 1939, sofrendo, contudo, paralisação quando da Segunda Guerra Mundial e vindo a ser extinta, formalmente, em 1946, substituída pela Corte Internacional de Justiça ("CIJ"), a partir da aprovação de seu Estatuto como anexo da Carta da ONU.

A CIJ encontra-se sediada em Haia, na Holanda, e é o órgão judicial do Sistema Global de Proteção dos Direitos Humanos, **dotado de competências consultiva e contenciosa.** Apesar de contar com uma sede, a CIJ pode reunir-se e exercer suas funções em qualquer outro lugar que convenha (art. 22 do Estatuto da CIJ). Trata-se de uma corte permanente (art. 23.1 do Estatuto da CIJ), diferentemente, por exemplo, da Corte Interamericana de Direitos Humanos, adiante abordada. Sobre a sua estrutura, cabe apontar:

> **Composição →** 15 (quinze) juízes, sendo vedada a participação concomitante de dois juízes da mesma nacionalidade (art. 2º do Estatuto da CIJ);

---

12 NÚCLEO DE ESTUDOS INTERNACIONAIS DA CLÍNICA DE DIREITO INTERNACIONAL DOS DIREITOS HUMANOS DA FACULDADE DE DIREITO DA UNIVERSIDADE DE SÃO PAULO; DEFENSORIA PÚBLICA DO ESTADO DE SÃO PAULO; MINISTÉRIO PÚBLICO FEDERAL. **Comentários Gerais dos Comitês de Tratados de Direitos Humanos da ONU: Comitê de Direitos Humanos. Comitê de Direitos Econômicos, Sociais e Culturais**. São Paulo: Defensoria Pública do Estado de São Paulo; Ministério Público Federal, 2018, p. 161. Disponível em: https://www.defensoria.sp.def.br/dpesp/repositorio/0/Coment%c3%a1rios%20Gerais%20da%20ONU.pdf. Acesso em: 02 jan. 2021.

13 RAMOS, André de Carvalho. **Processo internacional dos direitos humanos**, cit., p. 101.

Eleição dos juízes → pela AGE da ONU e pelo seu Conselho de Segurança, que votam simultaneamente, mas em separado, a partir de uma lista de candidatos indicados pelos Estados Membros que integram a Corte Permanente de Arbitragem, sendo eleito o candidato que obtiver a maioria absoluta de votos naqueles dois órgãos (art. 4º do Estatuto da CIJ);

Mandato→ 9 (nove) anos, permitida a reeleição, com cumprimento mediante dedicação exclusiva, em prejuízo do desempenho de qualquer outra atividade profissional (arts. 13 e 16 do Estatuto da CIJ).

Na busca de compor um órgão judicial plural, interessante é a recomendação constante do art. 9º do Estatuto da Corte, no sentido de que os integrantes da AGE da ONU e do Conselho de Segurança considerem não só que as pessoas a serem eleitas possuam, individualmente, as condições exigidas, mas também que, no conjunto de juízes da CIJ, seja assegurada a representação "das mais altas formas da civilização e dos principais sistemas jurídicos do mundo".

A **competência material** da CIJ é ampla, abrangendo "todas as questões que as partes lhe submetam, bem como todos os assuntos especialmente previstos na Carta das Nações Unidas ou em tratados e convenções em vigor" (art. 36.1 do Estatuto da CIJ).

Acerca da **competência consultiva**, podem solicitar parecer à CIJ, sobre qualquer questão jurídica, a AGE da ONU ou o seu Conselho de Segurança, bem como outros órgãos da ONU e entidades especializadas, que forem, em qualquer época, devidamente autorizados pela AGE a consultar a Corte sobre questões jurídicas surgidas dentro da esfera de suas atividades (art. 96 da Carta da ONU e art. 65 do Estatuto da CIJ).

Já no que tange à **competência contenciosa,** todos os Estados Membros da ONU são partes do Estatuto da CIJ (art. 93.1 da Carta da ONU); entretanto, isso não significa a subordinação automática desses Estados à jurisdição do órgão. Dispõe o art. 36, item 2, do Estatuto da CIJ:

> Os Estados, partes do presente Estatuto, poderão, em qualquer momento, declarar que reconhecem como obrigatória, *ipso facto* e sem acordo especial, em relação a qualquer outro Estado que aceite a mesma obrigação, a jurisdição da Corte em todas as controvérsias de ordem jurídica que tenham por objeto:
>
> a) a interpretação de um tratado;
>
> b) qualquer ponto de direito internacional;
>
> c) a existência de qualquer fato que, se verificado, constituiria violação de um compromisso internacional;
>
> d) a natureza ou extensão da reparação devida pela ruptura de um compromisso internacional.

Em suma, **só haverá jurisdição da CIJ em relação aos Estados Membros da ONU que manifestem consentimento individual neste sentido**, a teor do art. 36, item 2 do Estatuto da Corte.

Estados que não sejam membros da ONU poderão tornar-se partes no Estatuto da CIJ sob certas condições estabelecidas, casuisticamente, mediante deliberação da AGE e recomendação do Conselho de Segurança, (art. 93, item 2, da Carta da ONU).

A aceitação expressa da jurisdição consubstancia requisito de admissibilidade das demandas contenciosas propostas junto à CIJ. A imposição dessa condição explica-se pela estrutura e pela finalidade da chamada "**cláusula facultativa de jurisdição obrigatória**", idealizada pelo

Embaixador Raul Fernandes, delegado brasileiro para a elaboração do Estatuto da CIJ. Diz JOSÉ ROBERTO FRANCO DA FONSECA sobre a cláusula facultativa de jurisdição obrigatória:

> Visando a preservar a inteireza da soberania estatal (tal como de maneira absoluta era concebida na época), mas tentando conciliá-la com a imperiosa necessidade de criação de órgão jurisdicional, dotado de certa supranacionalidade (para garantia de imparcialidade e eficácia de suas decisões), dispõe aquela cláusula que os Estados que o quiserem podem – frise-se se quiserem – produzir, num documento formalizado, declaração de que aceitam desde já a jurisdição da CIJ para a hipótese de futuros conflitos de interesses de que venham a eventualmente ser partes, ativa ou passiva, com relação a qualquer outro Estado que tenha feito idêntica declaração (reciprocidade). Tal declaração, depositada na Secretaria-Geral das Nações Unidas, pode conter certas restrições: validade no tempo; especificidade de matérias. Mas, uma vez voluntariamente formulada tal declaração, a jurisdição da CIJ passa a ser obrigatória (carta, art. 94, § 1º).[14]

Apenas Estados poderão ser partes em casos contenciosos submetidos à CIJ (art. 34, item 1, do Estatuto da CIJ), significando que não há acesso direto (*jus standi*) às vítimas, seus representantes ou entidades (*v.g.* ONGs) para pleitearem em seu nome. Tal restrição limita sobremaneira o papel da CIJ como efetivo órgão de proteção dos direitos humanos, na medida em que, sabidamente, os Estados, quando propõem, internacionalmente, demandas acerca dos direitos humanos, fazem-no, no mais das vezes, movidos por interesses outros, não associados propriamente à defesa das vítimas de violação. Como se não bastasse, a história dos mecanismos internacionais de proteção de direitos humanos revela tradição corporativista e politicamente motivada de tímido acionamento por iniciativa estatal, ao que se soma o receio do mencionado "efeito bumerangue". Em suma, **o grau de efetividade de um mecanismo de proteção dos direitos humanos é diretamente proporcional ao grau de democratização do seu acesso**, como o demonstra o exemplo europeu.

Lembra CARVALHO RAMOS que um alento para que se supere essa atuação retraída da CIJ é o crescente número de tratados de direitos humanos que a reconhecem como instância competente para dirimir, ainda que forma subsidiária, uma vez esgotadas as tentativas de desfecho conciliado ou arbitrado, controvérsias relacionadas ao seu descumprimento. Preveem-nos as Convenções contra Tortura, contra o Genocídio, contra o Tráfico de Pessoas, sobre Refugiados, sobre Direitos Políticos da Mulher, contra a Escravidão, contra a Discriminação Racial e contra a Discriminação contra a Mulher.[15]

Apesar de o Brasil, em 1948, haver declarado reconhecer a jurisdição da CIJ, o fez pelo prazo de 5 (cinco) anos, ao fim do qual não houve renovação. Tecnicamente, portanto, desde 1953, o Brasil não reconhece mais a jurisdição da CIJ. Todavia, isso não impede que o Estado brasileiro seja ali acionado, por força de disposição específica de tratado em que seja parte e que preveja a CIJ como instância de apreciação de seu descumprimento.

O art. 31 do Estatuto da CIJ admite a figura do **"juiz *ad hoc*"**. Conforme tal disposição, o juiz nacional de um Estado envolvido na demanda conserva o direito de participar do julgamento, conferindo às demais partes o direito de também indicar uma pessoa para participar da apreciação do caso – com direito a voto em condições iguais às dos juízes permanentes –,

---

14 FONSECA, José Roberto Franco da. Estrutura e Funções da Corte Internacional de Justiça. In: Baptista, Luiz Olavo & Fonseca, José Roberto Franco da (coord.). **O Direito Internacional no Terceiro Milênio** – Estudos em Homenagem ao Prof. Vicente Marotta Rangel. São Paulo: LTr; 1998; p. 750-762, p.757-758.

15 RAMOS, André de Carvalho. **Processo internacional dos direitos humanos**, cit., p. 102-103.

preferencialmente escolhida entre os candidatos que concorreram à uma vaga na CIJ. Caso não participe do julgamento juiz da CIJ, que seja nacional de qualquer dos Estados envolvidos, cada uma das partes poderá indicar um juiz *ad hoc*. Não obstante essa previsão, a figura do juiz *ad hoc* é, atualmente, muito criticada, sobretudo em função da independência que há de inspirar a atuação dos juízes dos tribunais internacionais e diante da possibilidade das próprias Cortes deliberarem ou estabelecerem, em seus estatutos, a não participação, no julgamento do caso, de juiz nacional de Estado Parte em demanda internacional.

O **procedimento de um caso contencioso** perante a CIJ divide-se em 3 (três) etapas: fase escrita, fase oral e fase decisória.

Havendo argumentos contrários à admissibilidade da solicitação, como ausência de reconhecimento de competência pelo Estado demandado ou falta de competência em relação à matéria, entre outros, tais alegações terão que ser deduzidas o quanto antes, em "exceções preliminares", com pedido de apreciação antecipada em relação ao mérito, ocasião em que a CIJ poderá adotar procedimento específico de contraditório, seguido de deliberação sobre a admissibilidade do caso (art. 79 do Regulamento da CIJ).

Inicia-se a fase escrita com a solicitação estatal de abertura de procedimento perante a CIJ, contendo a identificação do Estado autor e do Estado acusado da violação; os fundamentos jurídicos da competência da CIJ para o caso; e a exposição sucinta dos fatos e fundamentos jurídicos da demanda (art. 38 do Regulamento da CIJ).

Os prazos para manifestação das partes serão fixados pela Corte. Após a recepção da solicitação de abertura de procedimento, ao Estado demandado é dada a oportunidade de apresentação de contestação, sobre cujo conteúdo poderá ser facultada a apresentação de réplica pelo Estado demandante, podendo, do mesmo modo, haver tréplica. Segundo o art. 49 do Regulamento da Corte, a contestação deverá contemplar a admissão ou a negação dos fatos expostos na solicitação inicial, ou a descrição adicional de fatos (se houver), além de observações sobre os fundamentos jurídicos do demandante, exposição dos argumentos jurídicos do demandado e respectivas conclusões; já réplica e a tréplica, se autorizadas, deverão ater-se às questões ainda controvertidas, sem repetição de fatos ou argumentos lançados na solicitação inicial ou na contestação.

Encerrada a fase escrita, a CIJ delibera sobre a pertinência da fase oral (arts. 54 a 72 do Regulamento da CIJ), que, se aberta, iniciar-se-á com a indicação, pelas partes, das provas orais que intentam produzir, e especialmente do rol das testemunhas e peritos[16] que pretendem sejam ouvidos. Cabe a CIJ decidir o trâmite acerca das provas que serão produzidas na fase oral, sempre assegurado o direito das partes de manifestação sobre os elementos probatórios trazidos ao procedimento. A fase oral encerra-se com as alegações finais das partes.

Na fase decisória, a CIJ, após deliberar sobre o caso, designa data para sessão pública de leitura da decisão, que, em caso de violação constatada, declarará a responsabilidade internacional do Estado demandado e fixará as medidas de reparação pertinentes (arts. 94 a 97 do Regulamento da CIJ). Essa decisão é vinculante, definitiva, **inapelável** e deve ser cumprida (arts. 59 e 60 do Estatuto da CIJ). Em face da sentença, contudo, poderão ser interpostos **pedido de interpretação** e **recurso de revisão**, este último tendo lugar apenas em razão do descobrimento de algum fato apto a exercer influência decisiva na convicção dos juízes, fato esse que, na ocasião da sentença, era desconhecido da Corte e também da parte que solicita a revisão, contanto que tal desconhecimento não tenha sido devido à sua negligência (art. 61, item 1, do Estatuto da CIJ).

---

16 No processo internacional dos direitos humanos, o termo "perito" designa pessoa notoriamente detentora de conhecimentos específicos qualificados (científicos, técnicos, práticos etc.) sobre o assunto tratado na demanda.

A Carta da ONU, o Estatuto e o Regulamento da CIJ não dotam a Corte de instrumentos efetivos de atuação contra o descumprimento de suas sentenças e essa é uma outra razão da fragilidade desse órgão judicial. **É facultado, contudo, à parte contrária ao Estado condenado, recorrer ao Conselho de Segurança da ONU**, "que poderá, se julgar necessário, fazer recomendações ou decidir sobre medidas a serem tomadas para o cumprimento da sentença" (art. 94, item 2, da Carta da ONU). Teoricamente, o Conselho de Segurança detém o poder de editar resolução vinculante, com a adoção de medidas fortes em face do Estado inadimplente, em decorrência do descumprimento de sentença da CIJ. Todavia, por tratar-se de um órgão político (seus membros atuam em nome dos Estados e sem independência, portanto), na prática, até o momento não se viu preocupação com a questão da observância das sentenças da CIJ pelos Estados condenados.

As linhas gerais do procedimento contencioso perante a CIJ podem ser assim sintetizadas:

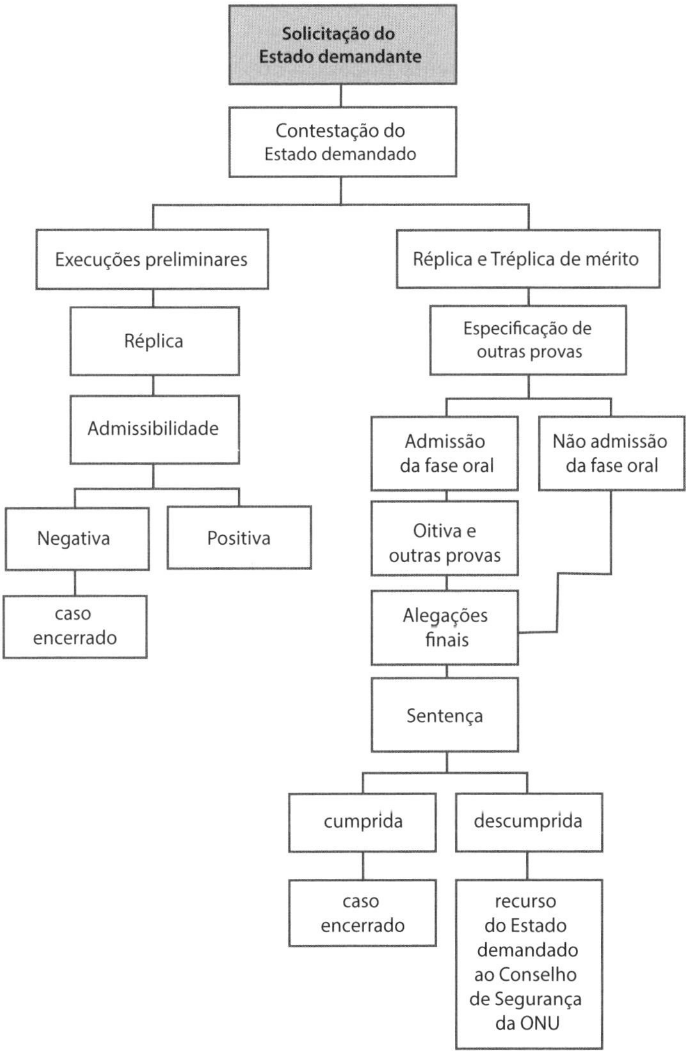

Fonte: elaborada pelo autor

Além das já referidas, outras especificidades do procedimento contencioso perante a CIJ merecem citação:

> **Intervenção de terceiros →** o art. 62 do Estatuto da CIJ prevê a possibilidade de intervenção, no procedimento, do Estado que entender que a decisão da causa é susceptível de comprometer um interesse seu de ordem jurídica. Nesta linha, o art. 81 do Regulamento da CIJ exige requerimento que explicite o interesse jurídico que se considera possa ser afetado pela decisão sobre o caso; o objeto preciso da intervenção; a relação do requerente às partes no assunto. Ouvidas as partes, a CIJ decidirá sobre o requerimento.
>
> **Medidas provisórias →** são admitidas, a qualquer tempo do procedimento, medidas provisórias determinadas pela CIJ (arts. 73 a 78 do Regulamento da CIJ), **por iniciativa de qualquer das partes ou mesmo *ex officio*.** As disposições regulamentares não fixam requisitos específicos para o deferimento dessas medidas, mas nota-se a intenção de tutelar situações de urgência e de risco iminente de dano irreparável à pessoa humana.
>
> **Desistência →** o procedimento poderá, a qualquer tempo, ser cancelado e extinto, na hipótese de **desistência,** por consenso das partes (com ou sem conciliação) ou unilateral do Estado demandante (arts. 88 e 89 do Regulamento da CIJ).

O tratamento conferido ao instituto da desistência pelo Regulamento da CIJ afigura-se extremamente nocivo à efetividade desse Tribunal, enquanto órgão de proteção dos direitos humanos, dado que delega aos Estados o controle de um procedimento instituído para a tutela dos interesses dos cidadãos afetados pela conduta sob análise. Em outras palavras, é dado aos Estados dispor da tutela dos indivíduos titulares dos direitos materiais reivindicados.

4. MECANISMO EXTRACONVENCIONAL

O mecanismo extraconvencional tem sua gênese na inclusão da temática dos direitos humanos nos instrumentos de criação da ONU.

A Carta da ONU, em algumas passagens pontuais, menciona a promoção e a proteção dos direitos humanos como um dos interesses centrais da organização que estava nascendo. Contudo, não havia, à época, consenso acerca do rol desses direitos, tampouco ambiente político propício a uma pressão mais intensa junto aos Estados. Por isso, aquelas passagens da Carta tratam do assunto de modo genérico.

Além da referência havida em seu preâmbulo, o corpo da Carta da ONU registra apenas 5 (cinco) ocorrências da expressão "direitos humanos", no art.1, item 3, no art. 13, "b", no art. 62, item 2, no art. 68 e no art. 76, "c", com destaque para o papel do Conselho Econômico e Social (ECOSOC) como o principal órgão incumbido desse tema (arts. 62 e 68 da Carta da ONU).

A especificação do rol de direitos protegidos coube aos 30 (trinta) artigos da Declaração Universal dos Direitos Humanos (DUDH), assim sumariados:

Art. I – Direito à liberdade e à igualdade (em sentido amplo)	Art. XVI – Direito de contrair matrimônio e de fundar família.
Art. II – Direito à igualdade	Art. XVII – Direito de propriedade.
Art. III – direito à vida, à liberdade e à segurança pessoal	Art. XVIII – direito à liberdade de pensamento, consciência e religião.

continua

continuação

Art. IV – proibição da escravidão e da servidão	Art. XIX – direito à liberdade de opinião e expressão.
Art. V – proibição à tortura ou tratamento cruel	Art. XX – direito à liberdade de reunião e associação pacífica.
Art. VI – Direito a ser reconhecido como pessoa perante a lei	Art. XXI – direito de fazer parte no governo de seu País, diretamente ou por intermédio de representantes livremente escolhidos, em eleições periódicas e legítimas, assegurada a liberdade de voto.
Art. VII – Direito à igualdade perante a lei	Art. XXII – direito à segurança social, à realização dos direitos econômicos, sociais e culturais indispensáveis à sua dignidade e ao livre desenvolvimento da sua personalidade.
Art. VIII – Direito a receber dos tribunais remédios efetivos para atos que violem direitos fundamentais legalmente reconhecidos	Art. XXIII – direito ao trabalho, à livre escolha de emprego, a condições justas e favoráveis de trabalho, à proteção contra o desemprego, à igual remuneração por igual trabalho, a uma remuneração justa e satisfatória e a organizar sindicatos e a neles ingressar.
Art. IX – Proibição de prisão, detenção ou exílio arbitrários	Art. XIV – direito a repouso e lazer, inclusive à limitação razoável das horas de trabalho e a férias remuneradas periódicas.
Art. X – Direito a responder a acusação criminal perante tribunal independente e imparcial	Art. XXV – direito a um padrão de vida capaz de assegurar ao indivíduo e a sua família, saúde e bem-estar, inclusive alimentação, vestuário, habitação, cuidados médicos e serviços sociais indispensáveis; direito à segurança em caso de desemprego, doença, invalidez, viuvez, velhice ou outros casos de perda dos meios de subsistência em circunstâncias fora de seu controle; direito a que a maternidade e a infância tenham cuidados e assistência especiais; direito das crianças, nascidas dentro ou fora do matrimônio à mesma proteção social.
Art. XI – Direito à presunção de inocência, até prova da culpa, em julgamento público, assegurado o direito de defesa; direito a não ser culpado por ato que não era crime ao tempo da prática; e direito a não ter pena maior do que aquela prevista para o ato, ao tempo da sua prática	Art. XXVI – direito à instrução, tendo os pais a prioridade de direito na escolha do gênero de instrução que será ministrada a seus filhos.

continua

continuação

Art. XII – Direito a não sofrer interferência em sua vida privada, em sua família, em seu lar ou em sua correspondência, nem ataque à sua honra e reputação	Art. XXVII – direito de participar livremente da vida cultural da comunidade, de fruir das artes e de participar do progresso científico e de seus benefícios; direito à proteção dos interesses morais e materiais decorrentes de qualquer produção científica literária ou artística da qual seja autor.
Art. XIII – Direito à liberdade de ir, vir e residir dentro das fronteiras de cada Estado	Art. XXVIII – direito a uma ordem social e internacional em que os direitos e liberdades estabelecidos na Declaração possam ser plenamente realizados.
Art. XIV – Direito de asilo em outro País, em caso de perseguição	Art. XIX – Direito a, no exercício de seus direitos e liberdades, estar sujeito apenas às limitações determinadas pela lei, exclusivamente com o fim de assegurar o devido reconhecimento e respeito dos direitos e liberdades de outrem e de satisfazer às justas exigências da moral, da ordem pública e do bem-estar de uma sociedade democrática.
Art. XV – Direito à nacionalidade	Art. XXX – Direito a que nenhuma disposição da Declaração seja interpretada como o reconhecimento a qualquer Estado, grupo ou pessoa, do direito de exercer qualquer atividade ou praticar qualquer ato destinado à destruição de quaisquer dos direitos e liberdades nela estabelecidos.

Fonte: elaborada pelo autor

A DUDH foi aprovada por Resolução da AGE da ONU de 10 de dezembro de 1948, em Paris. Originalmente, as resoluções da AGE dessa natureza eram compreendidas como não detentoras de força vinculante e, por isso, a DUDH ainda é tida por muitos como norma do tipo *soft law* (ou "direito em formação"), com aptidão apenas para contribuir com a formação do direito costumeiro internacional.

Atualmente, à luz do estudado na introdução do Capítulo sobre o *corpus juris* de direitos humanos, tal compreensão vem sofrendo aperfeiçoamento, sobretudo em virtude da tendência de valorização da força normativa das resoluções das organizações internacionais, notadamente quando acolhidas de modo difundido pelos Estados e assim interpretadas pelos órgãos quase-judiciais e judiciais dos sistemas de proteção, abrindo espaço, pois, para a caracterização de verdadeiro costume internacional.

O mecanismo extraconvencional desenvolve-se, portanto, a partir da missão genérica da ONU de promover e proteger os direitos humanos, missão essa prevista na sua Carta e relativa aos direitos arrolados na DUDH.

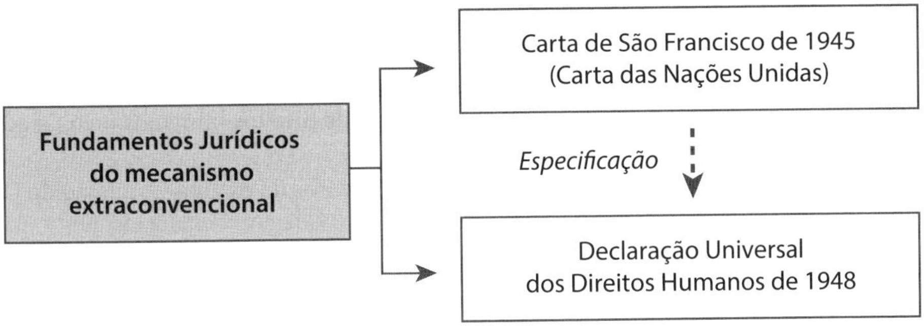

Fonte: elaborada pelo autor

O mecanismo extraconvencional não é, pois, um mecanismo fundamentado em tratados específicos, os quais apenas produzem efeitos para os Estados que deles tomam parte, mediante ato espontâneo. Aplica-se, assim, a qualquer Estado Membro da ONU.

O ECOSOC delegou sua atribuição quanto a direitos humanos a outro órgão que lhe estava subordinado, a **Comissão de Direitos Humanos**, que, a partir de 1967, passou a receber petições comunicando violações ao previsto na DUDH, tendo em decorrência desenvolvido instrumentos voltados à apuração dos fatos ali narrados, quais sejam, os chamados **"procedimentos especiais"**, públicos ou confidenciais.

Inicialmente, os procedimentos especiais tinham por objetivo a apuração de violações maciças e sistemáticas de direitos humanos, sendo instituídos em função de um determinado tema ou de um determinado país (critério geográfico), a cargo de relatores ou grupos de trabalho especiais. Pretendia-se, à época, que os interesses das vítimas de violação fossem tutelados no âmbito do mecanismo convencional. Dada a lentidão da efetiva implementação do mecanismo convencional, porquanto dependente da ratificação dos Estados, o mecanismo extraconvencional viu-se impelido a tratar também das violações respeitantes a indivíduos, ainda que não estivesse configurado um ilícito sistemático.[17]

Ocorre que a atuação da Comissão de Direitos Humanos sempre foi alvo de críticas, sobretudo tendo em conta a politização que permeava o órgão, desde o sistema de eleição (aberto a represente de países com histórico de violações sistemáticas a direitos humanos) até a condução dos casos, tomada por seletividade, consubstanciada na adoção de "dois pesos e duas medidas", ou *double standart*, a depender da força do Estado envolvido.

Por este motivo, **a Comissão de Direitos Humanos foi extinta e substituída, em 2006, pelo Conselho de Direitos Humanos**, criado como órgão subordinado diretamente à AGE da ONU e não mais ao ECOSOC, como o fora a sua antecessora. A decisão deu-se por meio de Resolução da própria AGE. Há marcantes diferenças estruturais entre a Comissão e o Conselho, contudo, esse último permanece valendo-se dos "procedimentos especiais" estabelecidos pela Comissão para a apuração do que consta das petições que comunicam violação de direitos humanos.

Apesar de não haver prévia exclusão de qualquer País do processo de escolha dos membros do Conselho de Direitos Humanos, a Resolução nº 60/251 da AGE da ONU, que

17 Cf. PIOVESAN, Flávia. **Direitos humanos e o direito constitucional internacional**. 11 ed. São Paulo: Saraiva, 2010, p. 137-138; e RAMOS, André de Carvalho. **Processo internacional dos direitos humanos**, cit., p. 1122.

criou o Conselho, exigiu a submissão, de todos os Estados eleitos para integrar o órgão, a um novo sistema de supervisão da proteção aos direitos humanos: a Revisão Periódica Universal (RPU). Além disso, a mesma Resolução previu a possibilidade de suspensão do mandato do membro eleito, em caso de grave e sistemática violação de direitos humanos pelo Estado de que é nacional, a juízo de dois terços da AGE da ONU.

Um comparativo entre a composição e os instrumentos da extinta Comissão de Direitos Humanos e o atual Conselho de Direitos Humanos pode ser visualizado neste quadro ilustrativo:

Comissão de Direitos Humanos (1947-2006)

→ 53 membros escolhidos pelos Estados, sujeitos à confirmação pelo ECOSOC
→ Estudos, recomendações e informações visando a promoção e a proteção dos Direitos Humanos
→ "Procedimentos especiais", públicos ou confidenciais
→ Nomeação de órgãos especiais por região geográfica ou tema
→ Motivos da extinção: politização e seletividade (double standart) na atuação e processo de eleição que não rechaçava Estados violadores contumazes

Conselho de Direitos Humanos (2006-)

→ Vinculados a AGE da ONU e não ao ECOSOC
→ 47 membros (África-13; Ásia-13; Leste Europeu-6; Europa Ocidental e outros-7;
→ América Latina e Caribe-8), eleitos pela AGE da ONU, de modo individual, direto e secreto
→ "Procedimentos especiais" = "Revisão Periódica Universal – RPU"
→ Requisitos: Estados eleitos submetem-se à RPU e os mandatos podem ser suspensos em caso de grave e sistemática violação de Direitos Humanos

Fonte: elaborada pelo autor

4.1. Procedimentos especiais

CARVALHO RAMOS destaca 6 (seis) etapas marcantes de desenvolvimento do sistema extraconvencional de apuração das comunicações de violação de direitos humanos, no período de atuação da Comissão de Direitos Humanos[18]:

1. **Procedimento nº 1.235 (Res. 1.235/67 do ECOSOC) →** de iniciativa da própria Comissão, que estava autorizada a promover debate público sobre políticas oficiais de dominação colonial, discriminação social e *apartheid*.

[18] RAMOS, André de Carvalho. **Processo internacional dos direitos humanos**, cit., p. 1120-122.

2. **Procedimento nº 1.503 (Res. 1.503/70 do ECOSOC)** ➔ confidencial, sobre recepção e processamento de comunicações individuais, submetidas a análise de condições de admissibilidade.
3. **Ampliação do Procedimento nº 1.235 (1975)** ➔ criação de grupos *ad hoc* (órgãos especiais) para investigação de caráter geográfico (por país), não limitada a assuntos de colonização ou *apartheid*.
4. **Nova ampliação do Procedimento nº 1.235 (1980)** ➔ criação de grupos *ad hoc* (órgãos especiais) para investigação também de caráter temático (temas específicos).
5. **Atribuição de solicitar reparação (década de 80)** ➔ possibilidade da Comissão, ao aceitar e apurar petições individuais, solicitar que o Estado procedesse à devida reparação.
6. **Atribuição para violações específicas (1991)** ➔ possibilidade de a Comissão declarar a responsabilidade internacional do Estado por violação de direitos de indivíduos específicos (não mais apenas para casos de ilícito sistematizado).

Os Procedimentos Especiais nºs 1.235 e 1.503 encontram-se, ainda agora, em pleno uso pelo Conselho de Direitos Humanos, com algumas adaptações, e constituem os principais mecanismos de apuração de violação de direitos humanos, com poder de declaração da responsabilidade internacional do Estado. As diferenças mais evidentes entre os dois procedimentos residem no(a):

Foco da atuação ➔ o primeiro passou a apreciar casos de violação de direito de vítimas individuais, enquanto o segundo permaneceu com atribuição apenas para situações de violações sistemáticas.

Forma de atuação ➔ o primeiro constitui órgão de análise para cada caso recebido e o segundo conta com órgãos de análise permanentes.

Publicidade dos atos ➔ o primeiro é público e o segundo, confidencial.

Atribuição para análise ➔ no primeiro, pode ser nomeado um relator especial ou um grupo especial e, no segundo, atuam dois grupos pré-formados, quais sejam, o "Grupo de Trabalho sobre Comunicações" e o "Grupo de Trabalho sobre Situações".

Em síntese, eis a tramitação de uma petição, dentro do **Procedimento nº 1.235**, adotado a cada provocação por petição:

1. Designação de um órgão de análise, composto por um relator especial ou um grupo de trabalho, ao qual caberá a apuração constante da petição (providência que independe da vontade do Estado acusado);
2. Investigação dos fatos, inclusive com possibilidade de visita *in loco*, mediante autorização estatal;
3. Elaboração de relatório conclusivo que, se condenatório, dividir-se-á em três partes: relato da situação e enquadramento jurídico, formas de reparação e continuidade ou não das atividades do órgão de análise;
4. Encaminhamento do relatório conclusivo, contendo uma análise técnica e independente, à AGE da ONU, para eventual adoção de medida concreta em face do Estado violador, ensejando uma segunda apreciação, política, pela AGE.

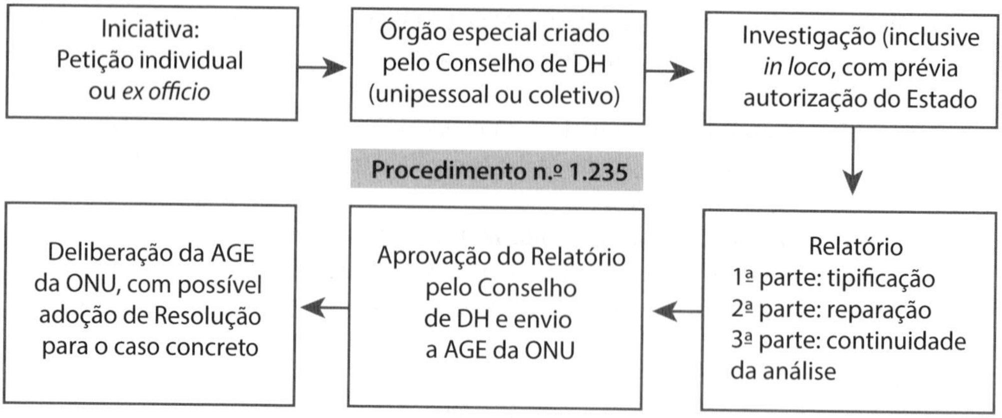

Fonte: elaborada pelo autor

Já o **Procedimento nº 1.503**, em linhas gerais, segue o seguinte *iter*, após as alterações implementadas pelo Conselho de Direitos Humanos, em 2007, a principal das quais foi a formação do "Grupo de Trabalho sobre Comunicações" e do "Grupo de Trabalho sobre Situações":

No âmbito do Grupo de Trabalho sobre Comunicações

1. Exame de admissibilidade, descartando-se as petições anônimas e manifestamente ilegítimas.
2. Cientificação do Estado acusado sobre a petição e análise da sua manifestação.
3. Verificação do caráter sistemático da violação objeto de investigação.
4. Admissibilidade definitiva, após resposta do Estado, com eventuais recomendações.

No Âmbito do Grupo de Trabalho sobre Situações

5. Análise conjunta da petição, da manifestação do Estado acusado e das eventuais recomendações do Grupo de Trabalho sobre Comunicações.
6. Relatório final ao Conselho de Direitos Humanos, com conclusões e recomendações.

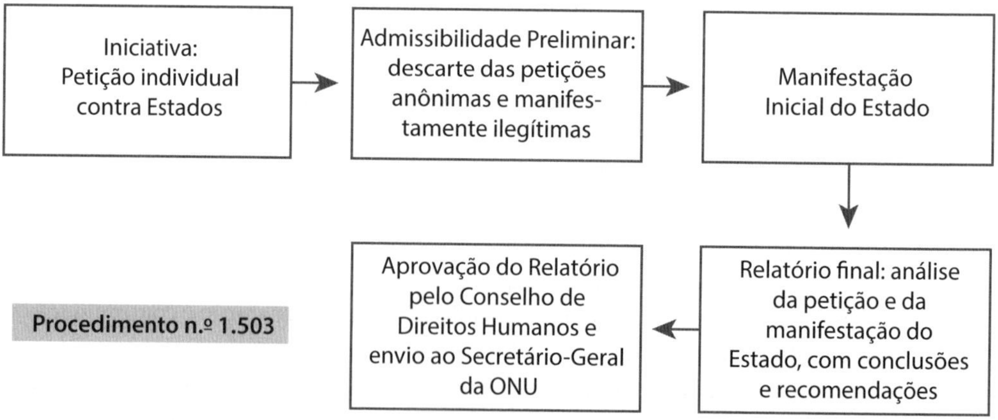

Fonte: elaborada pelo autor

A despeito da confidencialidade do Procedimento nº 1503, a Comissão de Direitos Humanos, enquanto ativa, fazia publicar lista de Estados que respondiam ao Procedimento. Mesmo assim, o certo é que a confidencialidade da sua tramitação o fez ser preterido, na prática, pelo Procedimento nº 1.235, de natureza pública.

Depois de editada a Resolução que estabeleceu órgão especial de análise, dentro do Procedimento nº 1.235, houve diversos casos de adoção de "**medidas urgentes**", consubstanciadas em recomendações, aos Estados acusados, no sentido da adoção de providências cautelares, em situações de grave risco de dano irreparável.

Apesar de igualmente suscetíveis à politização e à seletividade – ambas minaram a credibilidade da Comissão de Direitos Humanos, levando-a à extinção –, os procedimentos especiais, agora sob condução do Conselho de Direitos Humanos, mostram-se importantes instrumentos de apuração e reparação de violações de direitos humanos, especialmente em função do fato de abrangerem todos os Estados Membros da ONU, não tendo sua atuação condicionada à adesão do País a determinado tratado, como ocorre no mecanismo convencional.

4.2. Revisão Periódica Universal

A Revisão Periódica Universal (RPU), prevista quando da criação do Conselho de Direitos Humanos, em 2006, e de fato instituída pela Resolução nº 5/1, de 2007, do próprio Conselho, é levada a efeito mediante a análise do relatório sobre as condições gerais de respeito aos direitos humanos, submetido pelo Estado Membro aos seus pares da ONU. Informa a própria ONU:

> A Revisão Periódica Universal (RPU) é um processo único que envolve uma revisão dos registros de direitos humanos de todos os Estados Membros da ONU. O RPU é um processo conduzido pelo Estado, sob os auspícios do Conselho de Direitos Humanos, que oferece a oportunidade para cada Estado declarar quais ações tomaram para melhorar a situação dos direitos humanos em seus países e cumprir suas obrigações de direitos humanos.
>
> Como uma das principais características do Conselho, o RPU visa garantir a igualdade de tratamento para todos os países quando suas situações de direitos humanos são avaliadas. O objetivo final desse mecanismo é melhorar a situação dos direitos humanos em todos os países e abordar as violações dos direitos humanos onde quer que ocorram. Atualmente, nenhum outro mecanismo universal desse tipo existe.[19]

Trata-se de instrumento de supervisão alicerçado no conceito de "revisão pelos pares (*peer review*), tendo, portanto, natureza política, que não acarreta deliberação vinculante sobre responsabilidade internacional do Estado. Com a RPU, aposta-se no "diálogo construtivo e interativo" e na cooperação interestatal para o avanço em matéria de promoção e proteção dos direitos humanos.

Para a condução da RPU, forma-se um grupo de trabalho composto por todos os 47 (quarenta e sete) membros do Conselho de Direitos Humanos, sob a condução do Presidente desse órgão.

A RPU ocorre em ciclos. O primeiro ciclo de revisões deu-se entre 2008 e 2011 e o segundo entre 2012 e 2016. O terceiro acontece entre 2017 e 2021. Cada Estado é avaliado uma

---

19 Tradução livre. UNITED NATIONS. HUMAN RIGHTS COUNCIL. **Universal Periodic Review**. New York, s.d. Disponível em: https://www.ohchr.org/EN/HRBodies/UPR/Pages/UPRMain.aspx. Acesso em: 15 jan. 2021.

vez a cada ciclo. O Brasil já foi avaliado nos anos de 2008, 2012 e 2017, primeiro ano de cada um dos ciclos e sua última avaliação resultou em diversas recomendações, especialmente no que tange à ratificação Convenções Internacionais ainda pendentes de assinatura e à proteção dos direitos dos povos indígenas, combate do uso excessivo da força policial na "guerra às drogas", superlotação de presídios, combate ao trabalho escravo, proteção da população LGBTQ+, dentre outros apontamentos.

Em síntese, o procedimento inicia-se com a apresentação, pelo Estado, de um relatório sobre a situação geral dos direitos humanos em seu território, tendo por parâmetro as obrigações constantes da Carta da OEA, da DUDH e das convenções internacionais de que é parte. A este relatório irão juntar-se, em seguida, os seguintes dados, a serem resumidos pelo Alto Comissariado da ONU para os Direitos Humanos: (i) as informações eventualmente coletadas pelo Conselho de Direitos Humanos, a respeito do Estado relatante, em procedimentos especiais do mecanismo extraconvencional; (ii) informações relatadas por ONGs e pela instituição nacional de direitos humanos.

Em sessão perante os Estados Membros da ONU que se dispõem a participar do procedimento – dentre os quais, obrigatoriamente, os integrantes do Conselho de Direitos Humanos –, a comitiva do Estado sob revisão responde a indagações e recebe comentários e sugestões dos demais presentes, podendo registrar compromissos voluntários acerca de determinados pontos discutidos.

Após, toda a informação amealhada, bem como as indagações, os comentários, as sugestões e os compromissos voluntários são sumariados, em relatório final, por um grupo de três Estados nomeados pelo Conselho para tanto (*Troika*). Tal relatório será submetido à apreciação do colegiado do Conselho de Direitos Humanos.

Procedimento da RPU

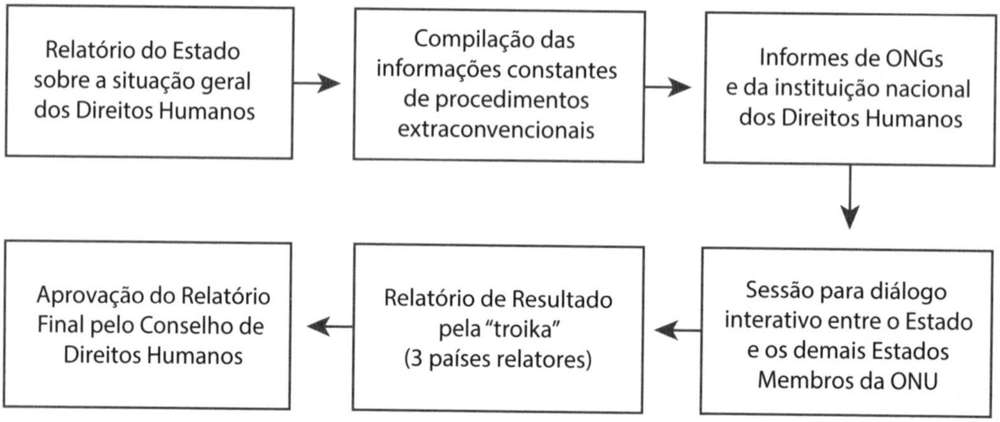

Fonte: elaborada pelo autor

Idealizada para ser o principal instrumento à disposição do Conselho de Direitos Humanos, em substituição aos procedimentos especiais instituídos pela extinta Comissão de Direitos Humanos, a RPU mostra-se particularmente frágil, por não contar com a participação de avaliadores independentes e sequer dispor da autoridade de editar uma deliberação vinculante. Bem por isso, até o momento, ainda divide espaço com os procedimentos especiais que intentou substituir.

4.3. O papel do Conselho de Segurança

A Carta da ONU é clara e direta ao incumbir o Conselho de Segurança (CS) da "manutenção da paz e da segurança internacionais" (art. 24, item 1). Não há menção expressa aos direitos humanos entre as funções e atribuições do CS, previstas na Carta.

Ainda é candente o debate acerca da competência do CS para adotar resoluções voltadas a casos de violação de direitos humanos, em decorrência do entendimento segundo o qual tais situações podem ameaçar a paz e a segurança internacionais. Afinal, a proteção dos direitos humanos pode ser pressuposto da manutenção da paz internacional?

O fato é que o CS é órgão de extremo poder, dentro da estrutura da ONU, sobretudo porque lhe foi conferida a prerrogativa de adotar decisões vinculativas em relação ao qualquer Estado Membro. A respeito, preceitua o art. 25 da Carta da ONU que "os Membros das Nações Unidas concordam em aceitar e executar as decisões do Conselho de Segurança, de acordo com a presente Carta". Corroborando e esmiuçando a obrigatoriedade das resoluções do CS e as respectivas medidas passíveis de adoção, estatuem os arts. 39 a 42 da mesma Carta:

> Artigo 39
>
> O Conselho de Segurança determinará a existência de qualquer ameaça à paz, ruptura da paz ou ato de agressão, e fará recomendações ou decidirá que medidas deverão ser tomadas de acordo com os Artigos 41 e 42, a fim de manter ou restabelecer a paz e a segurança internacionais.
>
> Artigo 40
>
> A fim de evitar que a situação se agrave, o Conselho de Segurança poderá, antes de fazer as recomendações ou decidir a respeito das medidas previstas no Artigo 39, convidar as partes interessadas a que aceitem as medidas provisórias que lhe pareçam necessárias ou aconselháveis. Tais medidas provisórias não prejudicarão os direitos ou pretensões, nem a situação das partes interessadas. O Conselho de Segurança tomará devida nota do não cumprimento dessas medidas.
>
> Artigo 41
>
> O Conselho de Segurança decidirá sobre as medidas que, sem envolver o emprego de forças armadas, deverão ser tomadas para tornar efetivas suas decisões e poderá convidar os Membros das Nações Unidas a aplicarem tais medidas. Estas poderão incluir a interrupção completa ou parcial das relações econômicas, dos meios de comunicação ferroviários, marítimos, aéreos, postais, telegráficos, radiofônicos, ou de outra qualquer espécie e o rompimento das relações diplomáticas.
>
> Artigo 42
>
> No caso de o Conselho de Segurança considerar que as medidas previstas no Artigo 41 seriam ou demonstraram que são inadequadas, poderá levar e efeito, por meio de forças aéreas, navais ou terrestres, a ação que julgar necessária para manter ou restabelecer a paz e a segurança internacionais. Tal ação poderá compreender demonstrações, bloqueios e outras operações, por parte das forças aéreas, navais ou terrestres dos Membros das Nações Unidas.

Como se vê, os arts. 41 e 42 autorizam o CS, no cumprimento da preservação da paz e da segurança internacionais, a adotar severas medidas, entre elas a interrupção de relações de diversas naturezas – os chamados "embargos" (art. 41, *in fine*, da Carta da ONU) – as quais, acaso infrutíferas, poderão ensejar o uso de força militar (art. 42 da Carta da ONU). Trata-se de um poder de que não dispõe nenhum dos órgãos do Sistema Global de Proteção de Direitos Humanos até agora abordados.

No que tange à polêmica a respeito da sua atuação frente a violações de direitos humanos, identificam-se duas fases no posicionamento do CS. A primeira, mais restritiva e concomitante ao longo período da Guerra Fria, excluía a temática dos direitos humanos do âmbito de ação do CS. Com o final da disputa bipolar entre os EUA e a então União Soviética, esse posicionamento sofreu lenta alteração, culminando, em 31 de janeiro de 1992, com a Declaração da Presidência do CS no sentido de que a paz e a segurança internacionais podem ser ameaçadas, mesmo na ausência de guerra ou conflito armado, mencionando-se finalmente os eventos relacionados à violação de direitos humanos, bem como aqueles provenientes de fontes não militares de instabilidade econômica, social e ambiental.[20]

Casos como os respeitantes ao *apartheid*, aos refugiados curdos do Iraque e à ruptura do regime democrático no Haiti são acontecimentos que ensejaram a adoção de Resolução pelo CS, mesmo não estando imersos em contexto de conflito armado. Porém, essa postura ainda não se consolidou como rotineira, mostrando-se episódica e, por isso, ainda tímida, a despeito do potencial das ferramentas à disposição do CS para uma efetiva proteção dos direitos humanos, na seara internacional.

Analistas costumam destacar pontos positivos e negativos do CS, indicando "o desejo de impedir que situações graves e sistemáticas de violações de direitos humanos persistam", considerando-se que "a vontade coletiva do Conselho de Segurança é fonte rara de mobilização dos Estados, o que pode ser extremamente útil para impedir a continuidade de violações dramáticas de direitos humanos". Negativamente há "imobilismo e indiferença" em diversos casos, como a China em relação à ditadura em Mianmar, o apoio estadunidense à ocupação de Israel na Palestina, além das ditaduras petrolíferas. Outro ponto negativo ressaltado é "a ausência de remédio jurídico adequado para o Estado, indivíduo ou pessoa jurídica que tenha seus direitos violados por resolução vinculante do Conselho de Segurança".[21]

Sugere, ademais, CARVALHO RAMOS que, enquanto não aprovada uma reforma no sistema onusiano e do CS, o controle de validade internacional das resoluções do Conselho de Segurança pela CIJ é o caminho possível. "Nesse *judicial review*, a CIJ poderia utilizar os limites previstos pelo Direito Internacional e a Carta das Nações Unidas para a ação do Conselho de Segurança", sendo esses limites a atuação em consonância com os artigos 1º e 2º da Carta e com a máxima da não violação das normas imperativas de direito internacional.[22]

---

20 RAMOS, André de Carvalho. **Processo internacional dos direitos humanos**, cit., p. 146.

21 Id. Ibid., p. 166-167.

22 RAMOS, André de Carvalho. Processo internacional dos direitos humanos, cit., p. 168. "Como exposto no caso Lockerbie, em relação à validade da Resolução n.748, a Corte deu indícios de que pode decidir a favor de um controle moderado das resoluções do Conselho de Segurança" (RAMOS, André de Carvalho. **Processo internacional dos direitos humanos,** cit., p. 168).

Capítulo X

SISTEMA EUROPEU DE PROTEÇÃO DOS DIREITOS HUMANOS

1. EDIFICAÇÃO DO SISTEMA

A Declaração Universal dos Direitos Humanos de 1948 representou a "pedra fundamental" da proteção internacional dos direitos humanos, nos padrões atualmente verificados. Contudo, muito embora tenha reafirmado a existência de direitos inerentes a qualquer indivíduo, pela simples decorrência de sua condição humana, a Declaração careceu de mecanismos de implementação, os quais apenas vieram a encontrar espaço de institucionalização quase 2 (duas) décadas depois, com o Pacto Internacional sobre Direitos Civis e Políticos e o Pacto Internacional sobre Direitos Econômicos, Social e Culturais, ambos de 1966.

Antevendo, à época, dificuldades, sobretudo políticas, para que se implementasse de imediato aquela Declaração, mas igualmente premidos pela necessidade de se acautelarem em face de eventual recidiva dos horrores vividos em seus domínios territoriais durante a Segunda Guerra Mundial, os países europeus marcharam, entretanto, com maior celeridade em busca da efetiva proteção dos direitos humanos, logrando, enfim, definir ferramentas orientadas à sua concretização.

Imbuídos desse espírito, líderes daqueles países participaram do Congresso Europeu de 1948 (Conferência de Haia de 1948), quando foram discutidas providências de reconstrução do continente, devastado pelo conflito armado, e de manutenção da paz, lançando-se, assim, as bases para a criação, em 5 de maio de 1949, do **Conselho da Europa**, organização internacional intergovernamental, instituída por tratado celebrado, em Londres, por Bélgica, Dinamarca, França, Holanda, Irlanda, Itália, Luxemburgo, Noruega, Reino Unido e Suécia. Estrasburgo, região da França que havia sido objeto de disputa entre franceses e alemães, foi escolhida para sediar o Conselho da Europa, em evidente simbolismo do propósito de superação das contendas entre países europeus, a bem da integração e da cooperação, ao menos entre as nações ocidentais daquele continente.

É certo que a proximidade geográfica e cultural dos países contribuiu, sem dúvida alguma, para o maior desenvolvimento do Sistema Europeu com relação aos outros sistemas existentes. Além do aspecto geográfico, a Europa sofreu, dentro de seu território, as duas Guerras Mundiais, sendo que a última revelou o massacre aos judeus. Tal fator serviu como catalisador para a integração econômica e para o maior desenvolvimento do seu sistema de proteção dos direitos humanos.

Nesse contexto, o Sistema Europeu surgiu com a missão de "evitar e prevenir a ocorrência de violações de direitos humanos" e com o compromisso de "ruptura com a barbárie totalitária, sob o marco do processo de integração europeia e da afirmação dos valores da democracia, do Estado de Direito e dos direitos humanos".[1]

A União Europeia – que não se confunde com o Conselho Europeu –, como política da organização, parte do pressuposto de que os direitos humanos são universais e indivisíveis, empenhando-se em promovê-los e defendê-los, declarando, por suas vias institucionais, que busca fazer isso tanto dentro das suas fronteiras como nas suas relações com os países terceiros.

Como requisito de ingresso à União Europeia, os países devem respeitar os direitos humanos. Além disso, todos os acordos comerciais ou de cooperação com países de fora do bloco devem conter cláusula que estabeleça que os direitos humanos constituem um princípio essencial das relações entre as partes.

Embora o Sistema Europeu tenha sido constituído inicialmente por "uma região relativamente homogênea", no sentido de terem regimes democráticos e Estado de Direito em situações semelhantes, o ingresso dos países do Leste Europeu na institucionalidade regional europeia trouxe diversidade e heterogeneidade àquelas características, bem como Estados de Direito em construção e incipientes regimes democráticos, resultando em novos desafios no combate às "graves e sistemáticas violações aos direitos humanos".[2]

1.1. O Conselho da Europa

O **Conselho da Europa** é uma organização intergovernamental à qual somente Estados locais podem aderir, sendo necessário que os candidatos aceitem, incondicionalmente, o princípio da prevalência do direito e a obrigação de garantir o respeito aos direitos humanos e as liberdades fundamentais dentro do território nacional.

O âmbito de ação do Conselho da Europa contempla sobretudo a promoção, defesa e garantia dos direitos humanos e a cooperação internacional em diversas áreas.[3] A tal respeito, citem-se suas funções principais[4]:

- ➔ tutelar os direitos humanos e a democracia pluralista.
- ➔ favorecer a valorização da identidade cultural, rechaçando, no entanto, toda forma de intolerância.
- ➔ envidar esforços para solucionar os problemas sociais (minorias, xenofobia, intolerância, proteção ambiental, bioética, AIDS) e salvaguardar a qualidade de vida dos europeus.
- ➔ auxiliar os países da Europa Central e Oriental nas reformas políticas, legislativas e constitucionais.

O Conselho da Europa, que é financiado de maneira proporcional pelos Estados Membros, tem como órgãos principais a Assembleia Parlamentar, o Comitê de Ministros e o Secretariado.

---

1 PIOVESAN, Flávia. **Direitos Humanos e Justiça Internacional:** um estudo comparativo dos sistemas regionais europeu, interamericano e africano. 8 ed. São Paulo: Saraiva, 2018, p.123.

2 Id. Ibid., p.124.

3 PASTOR RIDRUEJO, José A. **Curso de Derecho Internacional Publico y Organizaciones Internacionales**. 4. ed. Madrid: Tecnos; 1993, p. 228.

4 ROMANO, Giovanni; PELLEGRINI, Maria Grazia, & PARROTA, Domenico Antonio. **La Nuova Corte Europea dei Diritti Dell'Uomo** – Per un Effettivo Giusto Processo. Milano: Giuffrè; 1999, p. 1.

A Assembleia foi o primeiro órgão desse tipo no cenário internacional. É formada por um número variável de deputados, número que depende da população de cada Estado Membro, sendo certo que nenhum Estado pode ter menos do que 2 (dois) representantes.

Apesar do nome, a Assembleia Parlamentar não tem poderes legislativos, mas apenas consultivos, fazendo recomendações ao Comitê de Ministros. Mesmo assim, a Assembleia Parlamentar tem tido papel decisivo nas ações do Conselho, adotando iniciativas que suplantam as barreiras formalmente postas à sua atuação. Cabe-lhe, outrossim, escolher os juízes da Corte Europeia de Direitos Humanos (art. 22 da Convenção Europeia de Direitos Humanos).

Composto por um representante de cada Estado Membro, normalmente o seu Ministro das Relações Exteriores, o Comitê de Ministros é o órgão que age em nome do Conselho. O Comitê é responsável pelas convenções e acordos que serão obrigatórios para todos os Estados Membros, conquanto lhes reste a opção da não ratificação (arts. 46 e 47 da Convenção Europeia de Direitos Humanos).

Por sua vez, o Secretariado é formado por um Secretário-Geral e um Secretário-Geral Adjunto, ambos eleitos pela Assembleia Parlamentar, contando igualmente com um corpo administrativo. Uma das funções do Secretariado é a análise das questões que envolvam a proteção dos direitos humanos. Seu papel (art. 52 da Convenção Europeia de Direitos Humanos) tem aumentado de importância por força da adesão dos países do leste europeu, sendo-lhe permitido solicitar informações a tais países sobre a situação da proteção dos Direitos Humanos dentro de tais Estados.

1.2. A Convenção Europeia de Direitos Humanos

Já quando do Congresso de Haia de 1948, previra-se a celebração de uma convenção regional acerca dos direitos humanos, contemplando as obrigações exigíveis dos Estados Partes e prevendo, como mecanismo judicial de apuração de eventuais violações, a criação de um tribunal europeu de direitos humanos.[5] Deu-se, assim, início ao sistema internacional de proteção de direitos humanos mais antigo e mais aperfeiçoado de que se tem notícia, em especial no tocante à sua dimensão jurisdicional.

De fato, ajudados pela circunstância de formarem um continente relativamente homogêneo, no que concerne à cultura e, pois, a longas tradições e heranças comuns, e, primordialmente, por experimentarem a necessidade de assegurar a paz e a proteção dos indivíduos, os Estados da Europa Ocidental idealizaram o seu próprio sistema de proteção internacional de direitos humanos.

Em 4 de novembro de 1950, foi finalmente assinada a **Convenção Europeia para a Proteção dos Direitos Humanos e das Liberdades Fundamentais (Convenção Europeia de Direitos Humanos)**, que enunciou, em seu preâmbulo:

> (...) cabe aos Governos dos países Europeus, os quais possuem o mesmo pensamento e têm uma herança comum de tradições políticas, ideais, liberdade e princípios legais, dar os primeiros passos no sentido de um esforço coletivo para a declaração e efetivação dos direitos fundamentais consagrados na Declaração Universal.

---

5 CANÇADO TRINDADE, Antônio Augusto. **Tratado de direito internacional dos direitos humanos** – Volume III. Porto Alegre: Sergio Antonio Fabris Editor, 2003, p. 120.

O catálogo de direitos declarados pela Convenção Europeia contempla, essencialmente, os direitos civis e políticos, alinhados com um ideário baseado na democracia e no liberalismo, valores típicos da Europa Ocidental. Eis os temas tratados pela Convenção:

Direito à vida	Liberdade de reunião e de associação
Proibição da tortura	Direito ao casamento
Proibição da escravatura e do trabalho forçado	Direito a um recurso efetivo
Direito à liberdade e à segurança	Proibição de discriminação
Direito a um processo equitativo	Derrogação das obrigações previstas em caso de estado de necessidade
Princípio da legalidade	Restrições à atividade política dos estrangeiros
Direito ao respeito pela vida privada e familiar	Proibição do abuso de direito
Liberdade de pensamento, de consciência e de religião	Limitação da aplicação de restrições aos direitos
Liberdade de expressão	

Fonte: elaborada pelo autor

Os direitos econômicos, sociais, culturais e ambientais somente ganharam relevância com a Carta Social Europeia, que determina a efetivação progressiva de tais direitos e a supervisão por meio de relatórios submetidos à análise do Comitê Europeu de Direitos Sociais.[6]

A Convenção Europeia foi o primeiro tratado multilateral resultante dos trabalhos do Conselho da Europa, tendo entrado em vigor em 3 de setembro de 1953, após sua ratificação por 8 (oito) Países: Alemanha, Dinamarca, Islândia, Finlândia, Luxemburgo, Noruega, Reino Unido e Suécia.

O artigo 66 da Convenção só permitia a sua ratificação pelos Estados Membros do Conselho da Europa, apesar de não os obrigar a tanto. Todavia, como no final da Guerra Fria todos eles já a haviam ratificado e muitos países do Leste Europeu pleiteavam sua entrada no Conselho, este passou a exigir a ratificação da Convenção para os Estados que quisessem integrá-lo. Este tratado já foi objeto, até o momento, de 14 (quatorze) protocolos adicionais:

P-1	direitos à propriedade, educação e eleições livres
P-2	competência consultiva da Corte Europeia de Direitos Humanos
P-3	alteração de vários artigos
P-4	proibição da prisão por dívida e de expulsão coletiva de estrangeiros
P-5	alteração de vários artigos
P-6	proibição da pena de morte, salvo em caso de guerra ou sua iminência

continua

[6] PIOVESAN, Flávia. **Direitos Humanos e Justiça Internacional,** cit., 2018, p.127.

continuação

P-7	previsão de garantias processuais diversas
P-8	alteração de vários artigos
P-9	concessão de direito de ação ao indivíduo perante a Corte Europeia de Direitos Humanos
P-10	alteração de vários artigos (tal Protocolo não chegou a entrar em vigor)
P-11	extinção da Comissão e sua fusão com a Corte Europeia de Direitos Humanos; revogação dos Protocolos 2, 3, 5, 8, 9 e 10
P-12	vedação a qualquer tipo de discriminação
P-13	vedação da pena de morte em qualquer caso, com revogação do Protocolo 6 e proibição de derrogação e ressalvas
P-14	aperfeiçoamento dos procedimentos da Corte, visando dotá-la de mais capacidade de resposta à intensa demanda e de implementação de suas decisões
P-15	aperfeiçoamento dos procedimentos da Corte, visando dotá-la de mais capacidade de resposta à intensa demanda e de implementação de suas decisões
P-16	Possibilidade de solicitação de consulta à Corte pelos Tribunais superiores nacionais

Fonte: elaborada pelo autor

Com o fim da Guerra Fria e a dissolução da União Soviética, verificou-se uma intensificação do movimento de ingresso dos países no Conselho da Europa, possível a qualquer Estado europeu, ainda que seu território não esteja localizado totalmente no continente, como ocorre com Turquia e a Rússia. Atualmente, 47 (quarenta e sete) países são membros do Conselho da Europa e igualmente signatários da Convenção Europeia de Direitos Humanos. Só não participam ainda desse grupo a Bielorrússia, o Cazaquistão e o Kosovo[7]. A Convenção é, ainda, responsável pela criação de um tribunal europeu dos direitos humanos (art. 19), a atual Corte Europeia de Direitos Humanos, incumbida de assegurar o respeito aos compromissos que os Estados assumiram pela Convenção e seus protocolos.

Os tratados internacionais de direitos humanos adotados no âmbito do Conselho da Europa não se resumem, todavia, à Convenção Europeia. No total, o Conselho da Europa já aprovou 224 (duzentos e vinte e quatro) tratados internacionais – incluindo as adesões aos tratados e protocolos confeccionados no âmbito da ONU –, a grande maioria dos quais em vigor e, dentre eles, documentos que versam, especificamente, sobre assistência social e médica, extradição, vistos para refugiados, militares e civis mutilados de guerra, segurança social, imprescritibilidade de crimes de guerra e de crimes contra a humanidade, repressão do terrorismo, assistência judiciária, trabalhador migrante, línguas regionais ou minoritárias, direitos das crianças, direitos do homem e a biomedicina, nacionalidade, entre diversos outros.[8]

---

7 COUNCIL OF EUROPE. **Chart of signatures and ratifications of Treaty 005**. Strasbourg, 15 Jan. 2021. Disponível em: http://conventions.coe.int/Treaty/Commun/ChercheSig.asp?NT=005&CM=8&DF=05/10/2013&CL=ENG. Acesso em: 15 jan. 2021.

8 COUNCIL OF EUROPE. **Complete list of the Council of Europe's treaties**. Disponível em: http://conventions.coe.int/Treaty/Commun/ListeTraites.asp?CM=8&CL=ENG. Acesso em: 15 jan. 2021.

A Corte Europeia de Direitos Humanos utiliza 4 (quatro) princípios na interpretação da Convenção: princípio da interpretação teleológica, visando a efetivação dos seus objetivos, fundamentados nos artigos 31 a 33 da Convenção de Viena sobre Direito dos Tratados, evitando compreensões que limitem a extensão das obrigações assumidas pelos Estados; princípio da interpretação efetiva, segundo o qual a Corte deve optar pela interpretação que resulte em maior efetividade do direito analisado; princípio da interpretação dinâmica e evolutiva, de acordo com o qual os direitos devem ser analisados considerando-se as alterações sociais e políticas; e, o princípio da proporcionalidade, pressupondo uma justa relação entre os meios escolhidos e os fins desejados, vedando-se os excessos.[9]

1.3. A Carta Social Europeia

Tendo em vista a prevalência dos direitos civis e políticos na Convenção Europeia de Direitos Humanos, os direitos econômicos, sociais e culturais ganharam documento próprio, a **Carta Social Europeia**, assinada em 1961 e em vigor desde 26 de fevereiro de 1965, já tendo sofrido revisão, com o acréscimo de direitos, em 1996. Considerando-se a citada revisão, são direitos previstos na Carta Social Europeia:

Direito ao trabalho	Direito da mãe e do filho a uma proteção social e econômica
Direito a condições de trabalho justas	Direito ao exercício de uma atividade lucrativa no território dos outros Estados signatários
Direito à segurança e à higiene no trabalho	Direito dos trabalhadores migrantes e das suas famílias à proteção e à assistência
Direito a uma remuneração justa	Direito à igualdade de oportunidade e tratamento em matéria de emprego e de profissão, sem discriminação baseada no sexo
Direito sindical	Direito à informação e à consulta
Direito à negociação coletiva	Direito de tomar parte na determinação e na melhoria das condições de trabalho e do meio de trabalho
Direito das crianças e dos adolescentes à proteção	Direito das pessoas idosas a uma proteção social
Direitos das trabalhadoras à proteção	Direito à proteção em caso de despedimento
Direito à orientação profissional	Direito dos trabalhadores à proteção dos seus créditos em caso de insolvência do seu empregador
Direito à formação profissional	Direito à dignidade no trabalho
Direito à proteção da saúde	Direito dos trabalhadores com responsabilidades familiares à igualdade de oportunidades e de tratamento

continua

[9] PIOVESAN, Flávia. **Direitos Humanos e Justiça Internacional**, cit., p.129-130.

continuação

Direito à segurança social	Direito dos representantes dos trabalhadores à proteção na empresa e facilidades a conceder-lhes
Direito à assistência social e médica	Direito à informação e à consulta nos processos de despedimento coletivo
Direito ao benefício dos serviços sociais	Direito à proteção contra a pobreza e a exclusão social
Direito das pessoas física ou mentalmente diminuídas à formação profissional e à readaptação profissional e social	Direito à habitação
Direito da família a uma proteção social, jurídica e econômica	

Fonte: elaborada pelo autor

A Carta Social Europeia conta apenas com sistema de monitoramento baseado em relatórios periódicos apresentados pelos Estados Partes.

2. ORGANIZAÇÃO DO SISTEMA

O Sistema Europeu de Proteção dos Direitos Humanos, previsto na Convenção Europeia de Direitos Humanos, construiu-se a partir da ênfase dada ao mecanismo coletivo de apuração de violações, centrado, originalmente, nas figuras de 3 (três) órgãos nucleares: a Comissão Europeia de Direitos Humanos (órgão de conciliação e investigação), o Conselho de Ministros do Conselho da Europa (órgão político de responsabilização do Estado violador) e a Corte Europeia de Direitos Humanos (órgão jurisdicional de responsabilização do Estado violador).

A existência concomitante de uma Comissão e de uma Corte serviu de referência para a institucionalização do Sistema Interamericano de Proteção dos Direitos Humanos, adiante abordado. Todavia, a conquista um tanto quanto recente da independência por vários de seus Estados e a inexistência de uma guerra de grandes proporções travada no Continente Americano, nos moldes das duas Guerras Mundiais que aconteceram na Europa, são fatores decisivos para que o Sistema Interamericano não tenha um grau de desenvolvimento tão grande quanto o Sistema Europeu.

A Comissão Europeia de Direitos Humanos veio a ser extinta, por força do **Protocolo Adicional nº 11** à Convenção Europeia de Direitos Humanos, que promoveu profunda reforma nos órgãos do sistema e nos seus procedimentos de apuração de violação. Apesar disto, e com vistas a permitir uma comparação entre o sistema original e o reformado, convém apreciar rapidamente o seu funcionamento.

2.1. A extinta Comissão Europeia de Direitos Humanos

As funções da Comissão Europeia de Direitos Humanos, frente a um caso de violação de direitos humanos, eram, essencialmente, de dupla natureza, conciliatória e investigativa, desdobrando-se desta última a titularidade para a propositura da ação de responsabilidade internacional do Estado violador perante a então Corte Europeia de Direitos Humanos.

A Comissão tinha, pois, feitio de mecanismo coletivo quase-judicial de apuração de violação de direitos humanos. Caracterizavam sua organização e funcionamento:

Número de membros → equivalente ao número de Estados Partes da Convenção Europeia de Direitos Humanos.

Eleição dos Comissários → pelo Comitê de Ministros do Conselho da Europa, a partir de lista elaborada pela Assembleia do mesmo Conselho.

Mandato dos Comissários → 6 (seis) anos;

Requisitos para ser Comissário → mesmas qualificações morais e técnicas exigidas de um juiz da Corte Europeia de Direitos Humanos.

Garantias dos Comissários → similares a de um juiz da Corte Europeia de Direitos Humanos, especialmente voltadas à salvaguarda da atuação independente do Comissário (sobretudo em relação ao país do qual é nacional) e da Comissão, coletivamente considerada.

Sessões → por não ser órgão de funcionamento permanente, em princípio realizavam-se 8 (oito) sessões anuais de duas semanas, sendo possível, entretanto, a realização de sessões suplementares.

Decisões → coletivas e por maioria, em sigilo (visando garantir a independência e a imparcialidade).

Demandas sob sua atribuição → demanda ou comunicação interestatal (acusação a um Estado Parte por outro) e petição individual (iniciativa do indivíduo).

Quanto à petição individual, a Comissão exigia, como requisito de admissibilidade, que o peticionante, independentemente de sua nacionalidade, estivesse dentro dos limites de Estado Parte da Convenção Europeia de Direitos Humanos e tivesse sido vítima de violação de direitos humanos (condições de legitimidade ativa).

Admitida a comunicação estatal ou a petição individual, a Comissão adotava, então, em linhas gerais, o seguinte *iter* procedimental:

1. Delimitação dos fatos, após observação do contraditório e da ampla defesa. Etapa com caráter instrutório.
2. Requerente e Estado acusado eram convidados à conciliação, sendo vedada a transação sobre os direitos fundamentais atingidos. Exitosa a conciliação, o caso não mais poderia ser submetido a quaisquer dos órgãos da Convenção Europeia de Direitos Humanos.
3. Se infrutífera a conciliação, a Comissão deveria produzir relatório final sobre os fatos constatados e com o entendimento dos Comissários acerca da responsabilidade internacional do Estado acusado, a ser transmitido ao Comitê de Ministros do Conselho da Europa e ao Estado acusado (até o advento do Protocolo Adicional facultativo nº 9, ao requerente não era dada ciência do relatório todo, mas apenas das suas conclusões). Por não contarem com força vinculante, as conclusões do relatório poderiam gerar a provocação da Corte Europeia ou a apreciação do Conselho de Ministros.

Elucida CARVALHO RAMOS que a extinção da Comissão pelo Protocolo nº 11/1998 não se deveu apenas à incontornável morosidade estabelecida com um sistema bifásico de apuração (Comissão e, depois, Corte), mas também ao maciço ingresso, no Conselho da Europa, após a queda do Muro de Berlim, dos Estados europeus pertencentes ao antigo bloco comunista.[10]

Isso porque era de interesse das nações europeias democráticas e capitalistas a submissão das práticas dos Estados comunistas a um sistema mais célere e eficaz de julgamento de violação de direitos humanos, uma vez que, enquanto voltado apenas aos Estados ocidentais, o sistema até então se mostrava seletivo e protetivo dos interesses estatais. Contudo, a abertura e o aperfeiçoamento do sistema voltaram-se contra as próprias nações capitalistas, na medida em que a democratização do acesso (Protocolos nºs 9 e 11, que instituíram o direito de petição individual junto a Corte) deu vazão aos inconformismos dos cidadãos dessas mesmas nações (*vide* a Itália, um dos líderes do ranking de Estados acionados).[11]

2.2. O Comitê de Ministros do Conselho Europeu

O Comitê de Ministros, sediado em Estrasburgo, na França, é integrado por um representante de cada membro do Conselho da Europa, preferencialmente o Ministro das Relações Exteriores de cada País.

Antes da reforma produzida pelo Protocolo nº 11/1998, o Comitê de Ministros ostentava papel ativo na deliberação sobre casos concretos de violação de direitos humanos (função contenciosa), no âmbito europeu. É que, na hipótese do caso não ser submetido à Corte pela antiga Comissão ou por um Estado Parte, a situação deveria ser obrigatoriamente avaliada pelo Comitê de Ministros, incumbido de deliberar a respeito e, se constatada violação, estabelecer as medidas de reparação, assinando prazo para seu atendimento pelo Estado violador. Em última instância, havendo inobservância da deliberação do Comitê de Ministros, o Estado recalcitrante poderia ser suspenso ou até mesmo expulso do Conselho da Europa, por decisão deste.

Ocorre que o Conselho de Ministros revelou-se mais uma seara de seletividade política dos casos de infração aos direitos humanos, uma vez que seus integrantes não agiam de forma independente dos Estados representados. Até mesmo o próprio Estado acusado participava da decisão de mérito, a qual, para a declaração da violação, exigia quórum qualificado de dois terços dos votantes.

Tal contexto acabou por transformar o Comitê de Ministros na instância mais atraente para o Estado infrator, dadas as oportunidades de influência de interesses outros na condução da análise do caso. A própria Comissão, antes de sua extinção, considerando a nao exigência de motivação para a não submissão do caso à Corte, acabou por adotar certa tendência de encaminhamento das demandas de maior repercussão para o Comitê de Ministros.[12]

Para atacar o mal da seletividade e da leniência políticas, a reforma implementada pelo Protocolo nº 11/98, além de extinguir a Comissão Europeia de Direitos Humanos, retirou do Comitê de Ministros qualquer função contenciosa, atribuindo-lhe, no Sistema Europeu de Proteção de Direitos Humanos, **apenas a tarefa de supervisionar a execução das decisões da**

---

10 RAMOS, André de Carvalho. **Processo internacional dos direitos humanos**, cit., p. 175-176.

11 Id. Ibid., p. 158.

12 "A doutrina europeia deduziu, após análise da prática dos casos submetidos ao Comitê de Ministros, a disposição da Comissão em enviar casos delicados ao Comitê de Ministros quando havia grande controvérsia política, o que decerto não contribuía para o fortalecimento da responsabilidade internacional do Estado, que necessariamente causa embaraços a Estados condenados a reparar violações de direitos humanos." (RAMOS, André de Carvalho. Id. Ibid., p. 159).

Corte Europeia de Direitos Humanos pelos Estados condenados. Desde então, esta passou a ser a estrutura do sistema europeu de proteção dos direitos humanos:

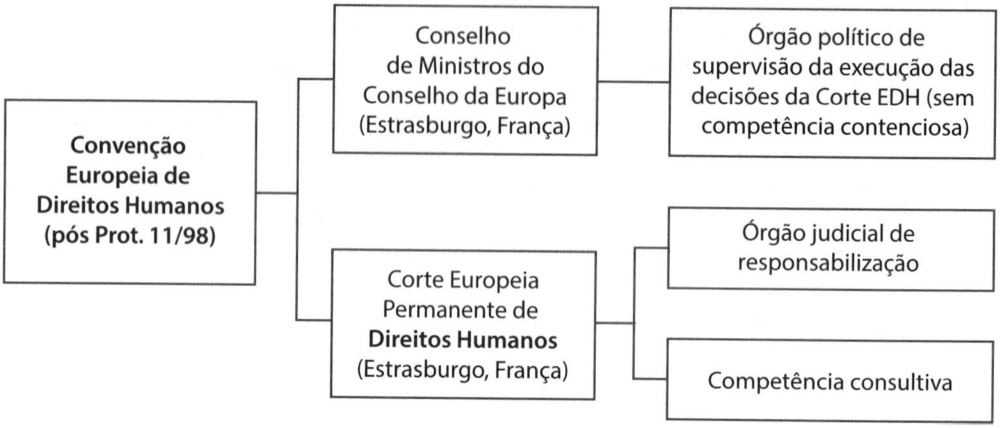

Fonte: elaborada pelo autor

2.3. A Corte Europeia de Direitos Humanos e o procedimento europeu de apuração de violações de direitos humanos

A mencionada reforma de 1998 criou, a partir da fusão da Comissão com a Corte até então existente, uma Corte Europeia permanente, elevando-a ao patamar de único órgão com função contenciosa, dentro do sistema europeu de proteção dos direitos humanos. Trata-se do órgão jurisdicional desse sistema.

A Corte Europeia de Direitos Humanos (Corte EDH), assim como o Comitê de Ministros, está sediada em Estrasburgo, França, e conta, em janeiro de 2021, com 46 (quarenta e seis) juízes em atividade 1 (uma) vaga vacante.[13] O mandato dos juízes é de 9 (nove) anos, sem possibilidade de recondução, e sua eleição, pela Assembleia Parlamentar do Conselho da Europa, contempla um dos integrantes de lista tríplice oferecida pelos Estados Partes.

Nos moldes do art. 26 da Convenção Europeia, a Corte EDH encontra-se atualmente estruturada em 5 (cinco) Seções ou Câmaras, essas Seções ou Câmaras distribuem-se, por período determinado, em Comitês de 3 (três) juízes cada; por fim, tem-se a "Grande Câmara", composta por 17 juízes, a qual funciona ao modo de um tribunal pleno.[14]

Antes objeto de cláusula facultativa da Convenção Europeia, **o reconhecimento da jurisdição da Corte EDH passou a ser obrigatório para os Estados Partes, a partir do Protocolo nº 11/1998.**

Além da jurisdição contenciosa, a Corte EDH segue a praxe dos tribunais internacionais de direitos humanos e admite **jurisdição consultiva**, operada mediante Pareceres Consultivos (ou Opiniões Consultivas), nos termos dos arts. 47 a 49 da Convenção Europeia.

Apenas o Comitê de Ministros, mediante voto da maioria dos seus membros, está legitimado a requerer Parecer Consultivo à Corte EDH, sobre questões jurídicas relativas à

---

13 EUROPEAN COURT OF HUMAN RIGHTS. **Composition of the Court**. Strasbourg, s.d.Disponível em: https://www.echr.coe.int/Pages/home.aspx?p=court/judges&c=#n1368718271710%20_pointer. Acesso em: 15 jan. 2021.

14 Id. Ibid.

interpretação da Convenção e dos seus protocolos. No art. 47, item 2, a Convenção Europeia proíbe que os Pareceres Consultivos incidam sobre casos concretos de violação da Convenção que possam ser objeto de apreciação pela própria Corte, em jurisdição contenciosa. A decisão sobre o Parecer Consultivo, inclusive quanto ao cabimento do correspondente pedido, cabe à "Grande Câmara", que deve aprová-lo por maioria de votos, sendo, contudo, expressamente facultado ao juiz com opinião divergente fazer acompanhar a decisão aprovada de suas razões de discordância.

No que tange à **jurisdição contenciosa**, os Protocolos Adicionais nºs 11 e 14 à Convenção Europeia aperfeiçoaram a estrutura e os procedimentos do referido tribunal.

A legitimidade passiva de um caso contencioso de violação de direitos humanos, submetido à Corte EDH, será sempre do Estado Parte, porquanto não se trata de instância de julgamento de indivíduos.

No plano da legitimidade ativa, o Protocolo nº 11 promoveu verdadeiro avanço no sentido da democratização do acesso ao Sistema Europeu, como relata CANÇADO TRINDADE:

> Como os indivíduos passam inclusive a ser dotados da capacidade – sem precedentes – de iniciar processos diretamente pela Corte, inaugurou-se, no âmbito do sistema europeu de proteção, uma nova fase, mais avançada, da proteção internacional dos direitos humanos: a rigor, passou-se do *locus standi* ao um verdadeiro *jus standi*, com os indivíduos afigurando-se como verdadeiros sujeitos de Direito Internacional dos Direitos Humanos dotados significativamente de inconteste e plena capacidade jurídica processual internacional.[15]

Se por um lado a inovação trouxe maior acesso ao sistema, por outro, a Corte teve e tem que lidar com o boom de demandas: "Se apenas 10 decisões foram proferidas pela Corte Europeia na década de 1960, 26 na década de 1970 e 169 na década de 1980, mais de 800 decisões foram proferidas nos anos 90". Além disso, "se, em 1998, 1.013 comunicações foram registradas, em 2001 esse número subiu para 13.588". Os números continuaram crescendo e, em 2012, a estimativa era de que a submissão anual dos novos casos estava em torno de 50.000 (cinquenta mil), enquanto os casos pendentes de julgamentos atingiam a marca de 143.000 (cento e quarenta e três mil).[16]

Visando agilizar o exame das ações e reduzir a alta de casos, o Protocolo nº 14, além de determinar a citada divisão dos juízes em seções e as competências da Grande Câmara, estipulou que as demandas interestatais devem ser distribuídas para as câmaras e as interpostas por particulares são direcionadas às seções, as quais, por sua vez, encaminham os casos a juízes singulares (relatores), a quem caberá o exame da admissibilidade da petição ou seu arquivamento (por decisão definitiva). Assim, as 2 (duas) inovações do Protocolo nº 14 são a figura do juiz relator como único responsável pela admissibilidade e a irrecorribilidade dessa decisão, bem como a possibilidade de indeferimento sumário, quando a pedido foi manifestamente infundado ou o prejuízo não for significante.

---

15 CANÇADO TRINDADE, Antônio Augusto. **Tratado de direito internacional dos direitos humanos – Volume III,** cit., p. 141. "Atente-se que, até o advento do Protocolo n.11, apenas Estados-partes e a Comissão podiam submeter casos à Corte Europeia. A maior parte dos casos, entretanto, era submetida pela Comissão à Corte. Ainda que indivíduos, por 40 anos, não tenham tido acesso direto à Corte, quase sempre eram eles que apresentavam denúncias à Comissão. Estas, eventualmente, chegavam à Corte" (PIOVESAN, Flávia. **Direitos Humanos e Justiça Internacional**, cit., p.133).

16 Id. Ibid., p.133-135.

Ainda na tentativa de lidar com o excessivo número de casos e incapacidade de julgá-los de forma célere, foram adotados outros 2 (dois) protocolos. O Protocolo nº 15, em 24 de junho de 2013, que incluiu parâmetros para aplicação dos princípios da subsidiariedade e à margem de apreciação nacional (examinada no Capítulo sobre a hermenêutica dos direitos humanos), bem como diminuiu o prazo para submissão de 6 (seis) para 4 (quatro) meses, iniciando-se o cômputo da decisão nacional definitiva. O Protocolo nº 16, de 2 de outubro de 2013, dispôs sobre a possibilidade de a Cortes Nacionais Superiores consultarem à Corte Europeia sobre a interpretação e aplicação dos direitos previstos na Convenção Europeia e respectivos protocolos.[17]

Com o advento do Protocolo nº 16, as opiniões consultivas podem, desde então, ser suscitadas pelo Comitê de Ministros (como já era autorizado) ou por Tribunais Superiores dos Estados-partes.[18] Em abril de 2019, foi proferido o primeiro parecer dirigido a Corte de Cassação francesa sobre maternidade por substituição.

A Corte EDH, de fato, experimentou resultados positivos de redução de pendências, após as mudanças implementadas. No ano de 2019, a Corte relata haver recebido 44.500 (quarenta e quatro mil e quinhentos novos casos), bem como a existência de 59.800 (cinquenta e nove mil e oitocentos) casos à espera de julgamento.[19]

CARVALHO RAMOS critica o Protocolo nº 15, por ao invés de suprimir a margem de apreciação nacional (que põe em risco o universalismo), tê-la reforçado. Ademais, sustenta o jurista, o Protocolo nº 15 não teria enfrentado os problemas que resultaram na crise do Sistema Europeu, que são: "1) o crescente congestionamento de casos, que gera a incapacidade da Corte de responder em tempo hábil às vítimas; 2) a resistência dos Estados em cumprir os julgamentos que não sejam voltados a pagamentos de somas irrisórias (a chamada satisfação equitativa); e 3) o fortalecimento dos reclamados de 'subsidiariedade e margem de apreciação nacional' contra as deliberações internacionalistas contramajoritárias da Corte EDH, especialmente em países democráticos influentes da região, como Reino Unido, Alemanha e Itália".[20]

Conforme a atual redação dos arts. 34 e 35 da Convenção Europeia, podem acionar, diretamente, a Corte EDH, além dos próprios Estados Partes da Convenção Europeia ("comunicações estatais" ou "demandas interestatais"), também indivíduos, grupo de indivíduos ou organizações não governamentais ("petições individuais"), sob a jurisdição dos Estados Partes. Ainda no plano da legitimidade:

- ➔ Não é necessário que a vítima tenha a mesma nacionalidade do Estados Partes acusado.
- ➔ Mesmo estrangeiros em situação irregular são legitimados ativos.
- ➔ É dado a um Estado Parte oferecer demanda à Corte EDH para a tutela de direitos de nacional seu em face de outro Estado Parte.

---

17 PIOVESAN, Flávia. **Direitos Humanos e Justiça Internacional**, cit., p.135.

18 "O rito é simples: 1) cada Estado define quais são os tribunais internos que podem solicitar a opinião consultiva; 2) o pedido somente poderá ser feito no âmbito de um caso concreto a ser decidido pelo tribunal nacional; 3) o pedido será inicialmente analisado por um painel de 5 juízes do Tribunal Pleno: caso seja considerado admissível, o Tribunal Pleno (Grand Chamber, com 17 juízes) o apreciará; 4) a opinião não é vinculante" (RAMOS, André de Carvalho. **Processo Internacional dos Direitos Humanos**, cit., p. 206).

19 EUROPEAN COURT OF HUMAN RIGHTS. **Statistics 2019**. Strasbourg, 2020. Disponível em: https://www.echr.coe.int/Pages/home.aspx?p=reports&c=. Acesso em: 15 jan. 2021.

20 RAMOS, André de Carvalho. **Processo Internacional dos Direitos Humanos**, cit., p. 209.

As demandas interestatais e as petições individuais são distribuídas às Seções. Tendo em vista que também nesta seara a apresentação de demandas por Estados Partes é, na prática, prejudicada pelo receio de retaliação ("efeito bumerangue"), o procedimento adotado pela Corte EDH para as petições individuais revela-se de maior interesse, para os fins deste curso.

Os requisitos de admissibilidade de uma petição individual encontram-se estabelecidos no art. 35 da Convenção Europeia:

Requisitos de Admissibilidade das petições individuais perante a Corte EDH	➔ Identificação do peticionante (proibição de anonimato) ➔ Ausência de coisa julgada (apreciação anterior dos mesmos fatos pela própria Corte ou por outra instância internacional de investigação) ➔ Compatibilidade com a Convenção Europeia e seus Protocolos ➔ Não ser manifestamente mal fundada ou ter caráter abusivo ➔ Existência de prejuízo significativo experimentado pelo autor, salvo se o respeito pelos direitos do homem garantidos na Convenção e nos respectivos Protocolos exigir uma apreciação da petição

Apesar de o procedimento de análise das petições individuais iniciar-se com o exame dos requisitos de admissibilidade, poderá a Corte EDH reconhecer o seu não preenchimento em qualquer fase do respectivo trâmite (art. 35, item 4, da Convenção Europeia).

O *iter* procedimental atinente às petições individuais, estabelecido após as mudanças iniciadas pelo Protocolo nº 14, desdobra-se, em linhas gerais, em quatro etapas[21]:

1. **Exame Sumário de Admissibilidade ➔** distribuição do caso a um juiz singular, dentro da Seção para a qual encaminhado, o qual decidirá, de modo sumário e definitivo, sobre a admissibilidade ou o arquivamento imediato da petição.
   ➔ O juiz singular não pode analisar demanda contra o Estado que o indicou, embora seja obrigatória a atuação de juiz indicado pelo Estado-réu na Seção ou na Grande Câmara que apreciará o caso, de forma colegiada.
2. **Exame Colegiado ➔** confirmada a admissibilidade da petição, o juiz singular deve remeter o caso a um Comitê (3 juízes) ou a uma Seção (7 juízes), a depender da natureza da questão. Em geral, quando a Corte já conta com entendimento pacificado acerca do assunto, a demanda é encaminhada ao Comitê, caso contrário, segue direto à Seção. Por sua vez, na hipótese de questão grave quanto à interpretação da Convenção ou dos seus protocolos, ou se a solução de um litígio puder conduzir a uma contradição com uma sentença já proferida pela Corte, a Seção poderá submeter o julgamento à composição plena, isto é, à Grande Câmara (art. 30 da Convenção);
   ➔ Se a demanda for ao Comitê, a esse será possível, por votação unânime: (i) declarar a inadmissibilidade da petição, revendo a decisão do juízo singular; ou

21 As petições individuais devem ser, necessariamente, escritas e suas formalidades foram resumidas em documento editado pelo Presidente da Corte Europeia, em 2003 (alterado pela última vez em 2019). Cf. EUROPEAN COURT OF HUMAN RIGHTS. **Practice Direction** – Institution of proceedings. Strasbourg, 2019. Disponível em: https://www.echr.coe.int/Documents/PD_institution_proceedings_ENG.pdf. Acesso em: 15 jan. 2021. Para o processo em detalhes, cf. Regimento Interno da Corte Europeia (EUROPEAN COURT OF HUMAN RIGHTS. **Rules of Court**. Strasbourg, 2020. Disponível em: https://www.echr.coe.int/Documents/Rules_Court_ENG.pdf. Acesso em: 15 jan. 2021.

(ii) declarar a admissibilidade da petição e já proferir uma sentença quanto ao fundo, sempre que a questão for objeto de jurisprudência pacificada da Corte . Em não havendo decisão unânime do Comitê, o caso segue para a Seção;

3. **Instrução →** a demanda já chega ao conhecimento dos juízes com a manifestação do Estado-réu. Outras provas podem ser produzidas em audiência perante a Corte, sendo que toda espécie de prova é admitida. Manifestações e documentos apresentados são públicos, salvo decisão fundamentada em contrário da Corte (art. 40 da Convenção). O órgão colegiado incumbido da apreciação da demanda (Seção ou Grande Câmara) tem o condão de tomar qualquer medida que vise angariar provas adicionais para seu convencimento, observando o que dispõe a respeito o Regimento Interno da Corte EDH.

Julgamento → decisão de mérito, que deverá declarar a existência ou inexistência de responsabilidade internacional do Estado-réu. A sentença deve ser publicada oficialmente, podendo, a juízo de utilidade da Corte EDH, constar dos relatórios oficiais produzidos pelo tribunal. Da decisão, nos termos da Convenção Europeia e do Regimento Interno da Corte, cabem:

→ **Requerimento de Interpretação**, no prazo de 1 (um) ano, endereçado ao próprio órgão julgador, com a indicação precisa dos pontos a serem interpretados;

→ **Requerimento de Revisão**, no prazo de 6 (seis) meses, endereçado ao próprio órgão julgador, cabível, exclusivamente, em caso de descoberta de fato que poderia, por sua natureza, ter influência decisiva no julgamento, mas que, quando a sentença foi proferida, era desconhecido da Corte e não poderia razoavelmente ter sido conhecido pela parte requerente;

→ **Recurso à Grande Câmara**, no prazo de 3 (três) meses, cabível, excepcionalmente, apenas se o assunto disser respeito (i) à questão grave quanto à interpretação ou à aplicação da Convenção Europeia ou dos seus protocolos ou (ii) à questão grave de caráter geral. O recurso passará por exame de admissibilidade a cargo de um grupo de 5 juízes do Pleno e, se aceito, comportará pronunciamento de mérito por meio de nova sentença.

Existem, ainda, situações específicas que podem incidir ao longo deste processo e que estão previstas na Convenção Europeia e no Regimento Interno da Corte, importando pontuar as seguintes:

Conciliação → a Corte poderá, em qualquer momento processual, mediar solução conciliada, em procedimento confidencial, contanto que inspirada no respeito pelos direitos do homem reconhecidos pela Convenção e seus Protocolos (art. 39 da Convenção).

Intervenção de terceiros → a intervenção de terceiros é admitida em qualquer causa pendente, na Seção ou na Grande Câmara, do seguinte modo: (i) o Estado Parte de que o autor da petição seja nacional terá o direito de formular observações por escrito ou de participar das audiências; (ii) o presidente da Corte pode convidar qualquer Estado Parte que não seja parte no processo ou qualquer outra pessoa interessada (exceto o autor da petição) para apresentar observações escritas ou participar das audiências (*amicus curiae*); (iii) o Comissário para os Direitos do Homem do Conselho da Europa (instituição criada pelo Conselho Europeu visando o zelo pelos direitos humanos) poderá formular observações por escrito e participar das audiências (art. 36 da Convenção);

Medidas Cautelares (*interim measures*) → apesar da inexistência de previsão na Convenção Europeia, são admitidas, com base em regramento regimental, medidas cautelares *ex officio* ou a pedido das partes ou de qualquer outra pessoa, tendo em vista a preservação das partes ou a condução adequada do processo, como ocorre em situações urgentes ou na iminência de atos cuja prática importe em efeitos irreversíveis. A medida cautelar será deferida pela Seção, pelo Presidente da Seção ou, por Vice-Presidente da Seção, nesse caso se houver delegação específica pelo Presidente da Corte (art. 39 do Regimento Interno da Corte).

As linhas gerais do procedimento adotado pela Corte EDH para a apreciação de petições individuais podem, então, ser representadas pelo seguinte organograma:

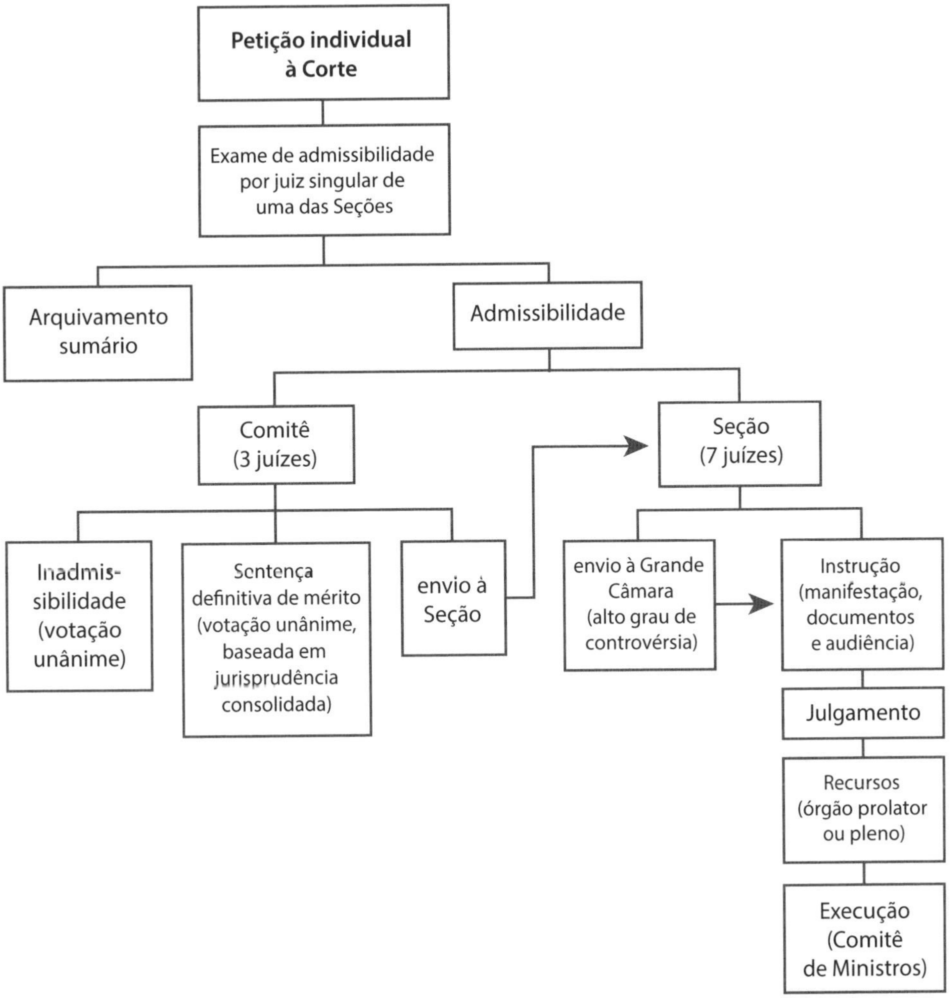

Fonte: elaborada pelo autor

Acerca das reparações fixadas em sentença condenatória da Corte EDH, sua força vinculante e sua execução, reza a Convenção Europeia, em seus arts. 41 e 46:

> Artigo 41°
>
> Reparação razoável
>
> Se o Tribunal declarar que houve violação da Convenção ou dos seus protocolos e se o direito interno da Alta Parte Contratante não permitir senão imperfeitamente obviar às consequências de tal violação, o Tribunal atribuirá à parte lesada uma reparação razoável, se necessário.
>
> Artigo 46°
>
> Força vinculativa e execução das sentenças
>
> 1. As Altas Partes Contratantes obrigam-se a respeitar as sentenças definitivas do Tribunal nos litígios em que forem partes.
> 2. A sentença definitiva do Tribunal será transmitida ao Comitê de Ministros, o qual velará pela sua execução.
> 3. Sempre que o Comitê de Ministros considerar que a supervisão da execução de uma sentença definitiva está a ser entravada por uma dificuldade de interpretação dessa sentença, poderá dar conhecimento ao Tribunal a fim que o mesmo se pronuncie sobre essa questão de interpretação. A decisão de submeter a questão à apreciação do tribunal será tomada por maioria de dois terços dos seus membros titulares.
> 4. Sempre que o Comitê de Ministros considerar que uma Alta Parte Contratante se recusa a respeitar uma sentença definitiva num litígio em que esta seja parte, poderá, após notificação dessa Parte e por decisão tomada por maioria de dois terços dos seus membros titulares, submeter à apreciação do Tribunal a questão sobre o cumprimento, por essa Parte, da sua obrigação em conformidade com o n° 1.
> 5. Se o Tribunal constatar que houve violação do n° 1, devolverá o assunto ao Comitê de Ministros para fins de apreciação das medidas a tomar. Se o Tribunal constatar que não houve violação do n° 1, devolverá o assunto ao Comitê de Ministros, o qual decidir-se-á pela conclusão da sua apreciação.

Embora tenha havido alteração do número dos artigos, as premissas de tais dispositivos sobrevivem desde o documento original da Convenção Europeia e sempre contaram com uma tradicional interpretação da Corte EDH no sentido de que suas sentenças seriam meramente declaratórias - acerca da responsabilidade internacional do Estado –, podendo ensejar, no máximo, a fixação de "reparação razoável" às vítimas (também conhecida como "satisfação equitativa", de natureza pecuniária), em certo prazo, "se o direito interno da Alta Parte Contratante não permitir senão imperfeitamente obviar às consequências de tal violação" (art. 41 da Convenção). Em outras palavras, o não atendimento das reparações determinadas pela Corte pelo "direito interno" dos Estados dá lugar apenas ao ressarcimento das vítimas, consequência obviamente contrária ao intento de repressão efetiva às violações de direitos humanos.

Restava, assim, ao Comitê de Ministros, ao fiscalizar a execução da sentença da Corte, dá-la por cumprida por ocasião do pagamento da "satisfação equitativa", a despeito da falta de providências para a reparação ampla da violação, isto é, da não adoção de medidas gerais internas de cessação, repressão, sanção e coibição do ilícito.

Essa postura, no entanto, vem se alterando, nos últimos tempos, a partir de uma nova interpretação conferida pela Corte aos arts. 41 e 46 da Convenção Europeia, no sentido de que a fixação de "satisfação equitativa" não substitui a adoção pelo Estado de medidas amplas de reparação. Para tanto, a Corte EDH passou a fazer constar do dispositivo de suas decisões as obrigações de fazer e não fazer a serem observadas, de forma vinculante, pelos Estados condenados[22].

Ainda dentro desta virada de interpretação para além da satisfação equitativa, a Corte inovou, mais uma vez, ao adotar o chamado **Procedimento de Julgamento Piloto** (*Pilot-Judgment Procedure*), destinado a enfrentar a recorrência de **demandas repetitivas** sobre uma mesma conduta de violação praticada por Estado, o qual, por sua vez, valia-se da prática de pagar as reparações pecuniárias fixadas nas condenações da Corte EDH, postergando, contudo, a adoção de medidas que solucionassem as causas do ato condenado.[23]

O Procedimento de Julgamento Piloto destina-se à tutela coletiva de demandas repetitivas e suas etapas procedimentais podem ser assim relacionadas:

1. Identificação de causa que revele problema comum atinente a grupo de indivíduos.
2. Reconhecimento de que tal problema comum já gerou ou pode gerar outras ações perante o tribunal.
3. Estabelecimento de medidas gerais que devem ser adotadas pelo Estado.
4. Determinação de que as medidas gerais devem ser aplicadas inclusive para os casos já propostos.
5. Reunião de todos os casos pendentes sobre a mesma matéria.
6. Uso da parte dispositiva da sentença para obrigar o Estado a adotar medidas gerais.
7. Adiamento de qualquer decisão a respeito da "satisfação equitativa" (reparação diretamente prestada à vítima, em regra de cunho econômico).
8. Manutenção de diálogo com o Estado, o Comitê de Ministros e, eventualmente, outros órgãos de interesse, acerca do andamento do caso.

O Sistema Europeu de Proteção dos Direitos Humanos destaca-se, ainda, pelo desenvolvimento de critérios hermenêuticos de interpretação e aplicação da Convenção Europeia, os quais se transformam em verdadeiros parâmetros a serem adotados por outros Estados Partes, que não os demandados, na consecução da tarefa de compatibilizar suas práticas e leis internas com os ditames da Convenção.[24] A respeito, CANÇADO TRINDADE afirma que, na Corte EDH tem-se, além da "coisa julgada" (*res judicata*), também a "coisa interpretada", ambas sinalizando a existência de um efeito *erga omnes partes*, em vista do seu acatamento por todos os Estados Partes da Convenção. Trata-se do "efeito multiplicador, ou irradiador, das decisões da Corte".[25]

Não obstante o louvável efeito multiplicador das interpretações estabelecidas pela Corte EDH, um dos instrumentos hermenêuticos desenvolvidos por esse tribunal é alvo de intensa polêmica. Trata-se da **Teoria da "Margem de Apreciação Nacional"** (*margin of appreciation)*, segundo a qual, como já estudado, considerando-se a subsidiariedade da jurisdição interna-

---

22 Sobre esta virada da Corte EDH para além da "satisfação equitativa", suas causas e sua materialização nos casos paradigmáticos Görgülü vs. Alemanha e Sejdovic vs. Itália, cf. CARVALHO RAMOS, André de. **Processo internacional dos direitos humanos**, cit., p. 171-178.

23 Id. Ibid., p. 179.

24 Para um panorama da principiologia hermenêutica desenvolvida pela Corte Europeia, cf. PIOVESAN, Flavia. **Direitos humanos e justiça internacional**, cit., p. 68-72.

25 CANÇADO TRINDADE, Antônio Augusto. Tratado de direito internacional dos direitos humanos – Volume III, cit., p. 128 e 182.

cional, as controvérsias acerca das restrições estatais a direitos humanos devem ser dirimidas no âmbito das comunidades nacionais, que contam, cada qual, com padrões morais próprios, não dominados integralmente pelos juízes internacionais.

A despeito dessa controvérsia e da crise de efetividade fomentada pela explosão de casos que chegam a Corte EDH, o Sistema Europeu permanece paradigmático. CANÇADO TRINDADE serve-se do exemplo europeu para apresentar o que seriam os contornos mais evoluídos de um sistema de proteção dos direitos humanos:

> (...) os direitos humanos devem ser protegidos no plano internacional por um órgão judicial, operando em base permanente e em tempo integral, com jurisdição compulsória em matéria contenciosa, ao qual os indivíduos têm o direito de acesso direto (independentemente da aceitação de uma cláusula facultativa pelo Estado em que se encontram), como verdadeiros sujeitos do Direito Internacional dos Direitos Humanos, dotados de plena capacidade processual internacional.[26]

Como se vê, à luz deste paradigma, os demais sistemas de proteção dos direitos humanos (global e regionais) ainda requerem um profundo aperfeiçoamento, tendo no Sistema Europeu o exemplo a ser considerado tanto em suas qualidades quanto em seus equívocos, sem intenção de mera replicação, mas se aproveitamento do que convier.

---

26 CANÇADO TRINDADE, Antônio Augusto. **Tratado de direito internacional dos direitos humanos** - Volume III, cit., p. 147.

Capítulo XI

SISTEMA INTERAMERICANO DE PROTEÇÃO DOS DIREITOS HUMANOS

1. CONSTRUÇÃO DA PROTEÇÃO INTERAMERICANA DOS DIREITOS HUMANOS

Os direitos humanos estão presentes em todos os processos de independência dos Estados das Américas, sendo certo que a apologia de tais direitos serviu de fermento à construção de sua emancipação.

A conquista um tanto quanto recente de sua independência e a inexistência de uma guerra de grandes proporções que tenha sido travada no Continente, nos moldes das duas grandes Guerras Mundiais que aconteceram substancialmente na Europa, são fatores decisivos para que se identifiquem as diferenças entre os sistemas europeu e americano de proteção de direitos humanos. Na realidade, o Sistema Interamericano deve ser compreendido, considerando-se sua feição peculiar, assim delineada por FLÁVIA PIOVESAN:

> Trata-se de uma região marcada por elevado grau de exclusão e desigualdade social, ao qual se somam democracias em fase de consolidação. A região ainda convive com as reminiscências do legado dos regimes autoritários ditatoriais, com uma cultura de violência e de impunidade, com baixa densidade de Estados de Direito e com a precária tradição de respeito aos direitos humanos no âmbito doméstico.[1]

A Organização dos Estados Americanos (OEA), que abriga o Sistema Interamericano de Proteção dos Direitos Humanos, é o resultado de um movimento conhecido como "pan-americanismo", fomentado pelos Estados Unidos, o qual se iniciou ao final do século XIX, visando a abertura de mercados e a cooperação técnica entre países do continente americano. Esse movimento esteve em marcha ao longo de décadas, sobretudo a partir de decisões tomadas em nove grandes conferências, as quais fizeram evoluir a relação entre os Estados participantes até a instituição de uma organização internacional. Essa evolução institucional pode ser assim sumariada[2]:

1.ª Conferência (1889-1990, EUA) → Escritório Comercial das Repúblicas Americanas.
2.ª Conferência (1901, México) → alteração para Escritório Internacional das Repúblicas Americanas.

---

[1] PIOVESAN, Flávia. **Direitos Humanos e Justiça Internacional:** um estudo comparativo dos sistemas regionais europeu, interamericano e africano. 8 ed. São Paulo: Saraiva, 2018, p. 147.

[2] RAMOS, André de Carvalho **Processo internacional de Direitos Humanos**. 6. ed. São Paulo: Saraiva Educação, 2019, p. 212-213.

4.ª Conferência (1910, Argentina) → alteração para União Panamericana;
9.ª Conferência (1948, Colômbia) → assinatura da Carta da OEA, também conhecida como "Carta de Bogotá", que substituiu a União Panamericana pela OEA.

Podem, ainda, ser identificadas cinco etapas básicas de evolução do Sistema Interamericano de proteção dos direitos humanos[3]:

1ª etapa: antecedentes (décadas de 30 a 50) → instrumentos (convenções e resoluções) de conteúdo e efeitos variados, com foco em determinadas situações ou categorias de direitos.
2ª etapa: formação do sistema (1959) → papel solitário da Comissão Interamericana de Direitos Humanos (CIDH), com expansão gradual de suas atribuições.
3ª etapa: convencional (1978) → entrada em vigor da Convenção Americana sobre Direitos Humanos, com a instituição de um mecanismo convencional de proteção, dotado de um órgão jurisdicional (uma Corte).
4ª etapa: consolidação (anos 80) → evolução da jurisprudência da Corte e adoção de novos tratados de proteção (protocolos adicionais à Convenção Americana sobre Direitos Humanos e convenções setoriais), como elementos de consolidação do Sistema Interamericano.
5ª etapa: fortalecimento (anos 2000) → aperfeiçoamento do sistema, em particular o do mecanismo estabelecido pela Convenção Americana sobre Direitos Humanos.

De antemão, pelas datas mencionadas, é possível perceber que se está diante de um sistema de proteção historicamente recente e que ainda busca afirmação e aperfeiçoamento.

São signatários da Carta da OEA e, portanto, fundadores da OEA: Argentina, Bolívia, Brasil, Chile, Colômbia, Costa Rica, Cuba[4], Equador, El Salvador, EUA, Guatemala, Haiti, Honduras, México, Nicarágua, Panamá, Paraguai, Peru, República Dominicana, Uruguai e Venezuela. Ao longo dos anos seguintes à criação da OEA, todos os demais estados independentes do continente americano tornaram-se seus membros.[5]

O art. 53 da Carta da OEA lista seus órgãos, de modo não exaustivo, pois de antemão prevê que poderão ser criados, ainda, órgãos subsidiários, organismos e outras entidades que forem necessárias[6]:

---

3 CANÇADO TRINDADE, Antônio Augusto. **Tratado de Direito Internacional dos Direitos Humanos** - Vol. III. Porto Alegre: Sérgio Antonio Fabris Editor, 2003, p. 30-31.

4 Em 1962, no contexto da Guerra Fria, após pressão estadunidense, Cuba teve sua participação na OEA suspensa. Em 2009 essa situação foi revogada por força da Resolução AG/RES.2438 (XXXIX-O/09), adotada pelos Ministros de Relações Exteriores das Américas.

5 ORGANIZAÇÃO DOS ESTADOS AMERICANOS. **Estados Membros.** Washington, s.d. Disponível em: http://www.oas.org/pt/sobre/estados_membros.asp. Acesso em: 03 jan. 2021.

6 A título ilustrativo, citam-se os seguintes órgãos subsidiários ou "outras entidades" criados com base no artigo 53 da Carta da OEA: Comissão Interamericana de Redução de Desastres Naturais (CIRDN); Centro de Estudos da Justiça das Américas; Tribunal Administrativo (TRIBAD); Fundação Pan-americana de Desenvolvimento (FUPAD); Junta de Auditores Externos; Junta Interamericana de Defesa (JID); Comissão Interamericana de Telecomunicações (CITEL); Comissão Interamericana de Portos (CIP); Comissão Interamericana para o Controle do Abuso de Drogas (CICAD); Comitê Interamericano contra o Terrorismo (CICTE) (ORGANIZAÇÃO DOS ESTADOS AMERICANOS. **Outras Entidades, Organismos e Dependências Autônomas e Descentralizadas.** Washington, s.d. Disponível em: http://www.oas.org/pt/sobre/outras_entidades.asp. Acesso em: 03 jan. 2021).

Principais órgãos da OEA (art. 53 da Carta da OEA)	
Assembleia Geral (AGE)	Órgão supremo da organização, composto por todos os membros, com poderes amplos de deliberação
Reunião de Consulta dos Ministros das Relações Exteriores	Examina problemas de natureza urgente e de interesse comum para os Estados americanos, além de servir de órgão de Consultas
Conselho Permanente da Organização e Conselho Interamericano de Desenvolvimento	Subordinados à AGE e integrados por representação de todos os Estados Membros, têm suas funções delegadas pela AGE e pela Reunião de Consulta dos Ministros das Relações Exteriores
Comissão Jurídica Interamericana	Corpo consultivo em assuntos jurídicos; promotora do desenvolvimento progressivo e da codificação do direito internacional
Comissão Interamericana de Direitos Humanos	Promove o respeito e a defesa dos direitos humanos e serve como órgão consultivo da Organização na matéria
Secretaria-Geral	Chefiado pelo Secretário Geral, com funções administrativas. É órgão central e permanente
Conferências Especializadas	Reuniões intergovernamentais para tratar de assuntos técnicos especiais ou desenvolver pontos específicos da cooperação interamericana, convocadas pela Assembleia Geral, Reunião de Consulta dos Ministros das Relações Exteriores, por iniciativa própria ou a pedido de algum dos Conselhos ou organismos especializados.
Organismos Especializados	Organismos intergovernamentais estabelecidos por acordos multilaterais, que tenham funções em matérias técnicas de interesse comum para os Estados americanos[7].

Fonte: elaborada pelo autor

O art. 1º da Carta da OEA estatui que, "dentro das Nações Unidas, a Organização dos Estados Americanos constitui um organismo regional", em expressa referência ao permissivo dos arts. 52 a 54 da Carta da ONU.[8] A OEA, portanto, já nasce reconhecendo seu espaço de articulação com a ONU.

Na mesma 9.ª Conferência, em que se deu o advento da OEA, aprovou-se também a **Declaração Americana dos Direitos e Deveres do Homem**, em 2 de maio de 1948, **sete**

---

7 Dentre os organismos especializados da OEA, destacam-se: Organização Pan-americana de Saúde (OPAS); Instituto Interamericano da Criança; Comissão Interamericana de Mulheres; Instituto Pan-americano de Geografia e História; Instituto Interamericano de Cooperação para a Agricultura. (ORGANIZAÇÃO DOS ESTADOS AMERICANOS. **Organismos Especializados**. Washington, s.d. Disponível em: http://www.oas.org/pt/sobre/organismos_especializados.asp. Acesso em: 03 jan. 2021).

8 Carta da ONU, art. 52: "Nada na presente Carta impede a existência de acordos ou de entidades regionais, destinadas a tratar dos assuntos relativos à manutenção da paz e da segurança internacionais que forem suscetíveis de uma ação regional, desde que tais acordos ou entidades regionais e suas atividades sejam compatíveis com os Propósitos e Princípios das Nações Unidas".

meses antes da adoção, pela Assembleia Geral da ONU, da Declaração Universal dos Direitos Humanos.

Note-se que a estratégia de aprovação de uma Declaração de Direitos (não vinculativa – *soft law*), ao invés de um tratado internacional, deveu-se à ausência de espaço político, à época, para uma intervenção mais intensa, revelada na própria Carta da OEA (art. 1º), pautada que estava, expressamente, por princípios de não intervenção e de respeito à soberania nacional. Ao mesmo tempo, a Declaração – nos moldes do ocorrido com a Declaração Universal dos Direitos Humanos em face da Carta da ONU – especificou os direitos humanos genericamente mencionados na Carta da OEA. Por este motivo, entende-se que a Declaração, quanto a esses direitos, é "interpretação autêntica" da Carta da OEA.[9]

2. NORMAS INTERAMERICANAS DE DIREITOS HUMANOS

No preâmbulo da Declaração Americana de Direitos e Deveres do Homem, há ênfase em que a proteção internacional dos direitos humanos deve ser a principal diretriz para a evolução do direito nas Américas. Bem por isso, a Declaração traz uma lista de 27 (vinte e sete) direitos e 10 (dez) deveres. Os direitos pertencem a todas as dimensões de direitos humanos; dentre eles figuram:

direito à vida	liberdades de religião, expressão, organização e associação
direito à liberdade	direito à privacidade
direito à igualdade perante a lei	direito à propriedade
direito de ir e vir	direito à saúde
direito a um julgamento justo	direito à educação
proteção contra prisão arbitrária	direito à cultura
devido processo legal	direito ao trabalho
direito à nacionalidade e ao asilo	direito ao lazer

Dentre os deveres, podem ser destacados o de votar, o de receber instrução, o de obedecer à lei, o de servir à comunidade e à nação, o de pagar tributos e o de trabalhar.

Entretanto, apesar de todo o empenho demonstrado no corpo da Declaração, a intenção dos Estados que a subscreveram não foi a de dar a esse documento efeito vinculante para os países que o assinaram. Daí a falta de menção a direitos que não seriam autoaplicáveis.

Não obstante, a Declaração Americana de Direitos e Deveres do Homem deve ser entendida como o "ponto de partida do Sistema Interamericano de proteção", embora tenha sido ela "precedida ou acompanhada de instrumentos de conteúdo e efeitos jurídicos variáveis

---

9 A respeito, no exercício de sua competência consultiva, a Corte Interamericana assentou que a Declaração Americana contém e define os direitos humanos referidos na Carta da OEA, não podendo se aplicar ou interpretar a Carta da OEA sem integrar as normas pertinentes e correspondentes da Declaração. Nesse sentido: CORTE INTERAMERICANA DE DIREITOS HUMANOS. **Opinión Consultiva OC-10/89, del 14 de Julio de 1989, Solicitado por la República de Colombia:** Interpretación de la Declaración Americana de los Derechos y Deberes del Hombre en el marco del artículo 64 de la Convención Americana sobre Derechos Humanos. San José da Costa Rica, 1989. https://www.corteidh.or.cr/docs/opiniones/seriea_10_esp.pdf. Acesso em: 04 jan. 2021.

geralmente voltados a determinadas situações ou categorias de direito", aprovados no âmbito da OEA, como, por exemplo[10]:

➔ Convenção sobre os Direitos do Estrangeiro (1906)
➔ Convenção sobre o Estatuto dos Cidadãos Naturalizados (1906)
➔ Convenção sobre o Estatuto de Estrangeiros (1928)
➔ Convenção sobre Asilo (1928)
➔ Convenções sobre Asilo Diplomático e Asilo Territorial (1954)
➔ Convenções sobre Direitos Políticos e Civis da Mulher (1948)
➔ Resoluções da Conferência de Chapultepec, México (1945) – sobre a liberdade de informação, os direitos da mulher, a discriminação racial, a Carta da Mulher e da Criança e as questões sociais
➔ Declaração do México sobre Igualdade de Oportunidade (1945)
➔ Declaração de Princípios Sociais da América (1945)

Até a entrada em vigor da Convenção Americana sobre Direitos Humanos, a Declaração ostentou o *status* de documento normativo central do Sistema Interamericano de proteção de direitos humanos, tendo desencadeado o seu lento desenvolvimento, o qual experimentou os seguintes momentos decisivos de evolução:

1. **V Reunião de Consulta dos Ministros das Relações Exteriores da OEA (Santiago, Chile, 1959)** ➔ criação da Comissão Interamericana de Direitos Humanos (CIDH), por deliberação (sem fundamento na Carta da OEA, que não previa tal órgão), dotada da atribuição de promover os direitos consagrados na Declaração Americana de Direitos e Deveres do Homem, atribuição essa que, ao longo do tempo, foi sendo expandida, inclusive para supervisionar o cumprimento das obrigações assumidas pelos Estados Membros porque previstas na Carta da OEA.
2. **Protocolo de Buenos Aires (Argentina, 1967)** ➔ emendou a Carta da OEA, de modo a superar a origem meramente deliberativa da CIDH, transformando-a no principal órgão da própria OEA, integrada por comissários independentes (sem obrigações, no desempenho das atividades, com os interesses de seu Estado de origem ou da própria cúpula da OEA) e com estrutura autônoma, além de passar a contar com poderes de apuração e de recomendação expandidos e reafirmados frente aos Estados investigados por violação de direitos humanos. Este mesmo Protocolo inseriu na Carta da OEA (art. 106, *in fine*) disposição que viria a mudar os rumos do Sistema Interamericano, prevendo a adoção de uma convenção interamericana sobre direitos humanos incumbida de estabelecer a estrutura, a competência e as normas de funcionamento da CIDH, "bem como as dos outros órgãos encarregados de tal matéria".

---

10 CANÇADO TRINDADE, Antônio Augusto. **Tratado de Direito Internacional dos Direitos Humanos** – Volume III, cit., p. 32-33. Informa, ainda, o autor: "Curiosamente, foi uma *resolução* de Conferência Interamericana, a de Lima de 1938, resolução hoje considerada como um verdadeiro 'antecedente próximo' da Declaração Americana de Direitos e Deveres do Homem de uma década após, que – ainda que desprovida de efeitos jurídicos mandatórios – pela primeira vez abordou de maneira direta o tema dos direitos humanos em uma conferência pan-americana, recomendando medidas conjuntas para a sua salvaguarda" (Id. Ibid., p. 33).

3. **Convenção Americana sobre Direitos Humanos (San José da Costa Rica, 1969)** → também conhecida como "Pacto de San José da Costa Rica", cujo anteprojeto foi elaborado pela CIDH, em 1967, com entrada em vigor deu em 1978, tendo por finalidade essencial dotar de maior cogência (densificação) os direitos previstos na Declaração Americana de Direitos e Deveres do Homem, de um lado, pela vinculação dos Estados Partes a um documento normativo vinculante e, de outro, pela instituição de um verdadeiro sistema de supervisão do cumprimento dessas obrigações, com órgãos e procedimentos inclusive jurisdicionais, devidamente alinhavados e dotados de poderes de apuração, recomendação e imposição aos Estados Partes violadores de direitos humanos.[11]
4. **Protocolo de Cartagena das Índias (Colômbia, 1985)** → emendou a Carta da OEA, para, entre outras alterações, denotando preocupação com o desenvolvimento e suas consequências para os direitos sociais, inserir o texto do atual art. 33 ("O desenvolvimento é responsabilidade primordial de cada país e deve constituir um processo integral e continuado para a criação de uma ordem econômica e social justa que permita a plena realização da pessoa humana e para isso contribua").
5. **Protocolo de San Salvador (El Salvador, 1988)** → protocolo adicional à Convenção Americana sobre Direitos Humanos, dedicado à densificação dos direitos econômicos, sociais e culturais, abordados de modo tímido pela Convenção.
6. **Protocolo de Washington (EUA, 1992)** → inserção da chamada "cláusula democrática", atualmente disposta no art. 9º da Carta da OEA ("Um membro da Organização, cujo governo democraticamente constituído seja deposto pela força, poderá ser suspenso do exercício do direito de participação nas sessões da Assembleia Geral, da Reunião de Consulta, dos Conselhos da Organização e das Conferências Especializadas, bem como das comissões, grupos de trabalho e demais órgãos que tenham sido criados").
7. **Protocolo de Manágua (Nicarágua, 1993)** → criou o Conselho Interamericano de Desenvolvimento Integral (fruto da fusão do Conselho Econômico e Social Interamericano e do Conselho Interamericano para a Educação, Ciência e Cultura), com as incumbências definidas no atual art. 94 da Carta da OEA ("promover a cooperação entre os Estados americanos, com o propósito de obter seu desenvolvimento integral e, em particular, de contribuir para a eliminação da pobreza crítica, segundo as normas da Carta, principalmente as consignadas no Capítulo VII no que se refere aos campos econômico, social, educacional, cultural, e científico e tecnológico").
8. **Carta Democrática Interamericana (Canadá, 2001)** → avança em relação ao Protocolo de Washington de 1992, impondo aos Estados Membros da OEA uma série de deveres de fortalecimento e preservação dos regimes democráticos, além de explicitar o vínculo entre democracia e direitos humanos (alguns deles espe-

---

[11] Acerca do paradoxo da celebração da Convenção Americana de Direitos Humanos ser contemporânea aos regimes ditatoriais que assolavam a América Latina, sintetiza CARVALHO RAMOS: "Assim, se na Europa Ocidental a Convenção Europeia de Direitos Humanos nasceu do esforço dos Estados Democráticos em demonstrar sua diferença com Ditaduras, a Convenção Americana nasceu do esforço de Ditaduras em demonstrar sua semelhança com Estados Democráticos" (CARVALHO RAMOS, André de. **Processo internacional dos direitos humanos**, cit., p. 229).

cificados, como desenvolvimento integral, direitos trabalhistas, meio ambiente e educação), para tanto lançando mão da "cláusula democrática" (art. 9º da Carta da OEA).

Dentro desta linha evolutiva, um momento de extrema importância na perspectiva da efetividade dos compromissos estatais de proteção dos direitos humanos, no continente americano, foi o da aprovação da **Convenção Americana sobre Direitos Humanos**, marco da institucionalização de um sistema de vinculação dos Estados pela via de um tratado internacional (*hard law*), com mecanismos de supervisão bem definidos.

A Convenção Americana é um dos mais avançados documentos de declaração dos direitos. Dentre eles, podem destacar-se:

direito à vida	liberdade de expressão
direito à personalidade jurídica	direito à resposta
direito a não ser submetido à escravidão	liberdade de associação
liberdade	direito ao nome
direito a um julgamento justo	direito à nacionalidade
direito à compensação em caso de erro judiciário	liberdade de movimento
direito à privacidade	direito de residência
liberdade de consciência	direito de participar do governo
liberdade de religião	igualdade perante a lei
liberdade de pensamento	direito à proteção judicial

Vale, ainda, voltar a destacar que os Estados Partes da Convenção se obrigam a, internamente, também garantir tais direitos humanos, nos termos dos arts. 1º e 2º:

> Art. 1º. Obrigação de respeitar os direitos
>
> 1. Os Estados Partes nesta Convenção comprometem-se a respeitar os direitos e liberdades nela reconhecidos e a garantir seu livre e pleno exercício a toda pessoa que esteja sujeita à sua jurisdição, sem discriminação alguma por motivo de raça, cor, sexo, idioma, religião, opiniões políticas ou de qualquer outra natureza, origem nacional ou social, posição econômica, nascimento ou qualquer outra condição social.
>
> 2. Para os efeitos desta Convenção, pessoa é todo ser humano.
>
> Art. 2º. Dever de adotar disposição de direito interno.
>
> Se o exercício dos direitos e liberdades mencionados no art. 1º ainda não estiver garantido por disposições legislativas ou de outra natureza, os Estados Partes comprometem-se a adotar, de acordo com as suas normas constitucionais e com as disposições desta Convenção, as medidas legislativas ou de outra natureza que forem necessárias para tornar efetivos tais direitos e liberdades.

Outro artigo importante é o de número 28, relativo à Cláusula Federal:

> Art. 28. Cláusula Federal
>
> 1. Quando se tratar de um Estado Parte constituído como Estado federal, o governo nacional do aludido Estado Parte cumprirá todas as disposições da presente Convenção, relacionadas com as matérias sobre as quais exerce competência legislativa e judicial.
>
> 2. No tocante às disposições relativas às matérias que correspondem à competência das entidades componentes da federação, o governo nacional deve tomar imediatamente as medidas pertinentes, em conformidade com sua constituição e suas leis, a fim de que as autoridades competentes das referidas entidades possam adotar as disposições cabíveis para o cumprimento desta Convenção.
>
> 3. Quando dois ou mais Estados-Partes decidirem constituir entre eles uma federação ou outro tipo de associação, diligenciarão no sentido de que o pacto comunitário respectivo contenha as disposições necessárias para que continuem sendo efetivas no novo Estado assim organizado as normas da presente Convenção.

Tal dispositivo, como anteriormente citado, respondeu à alegação da delegação estadunidense à época da aprovação da Convenção, no sentido de que não se sentia capaz de obrigar-se pelos Estados Membros de sua Federação, em razão de seu grau de autonomia.[12]

Apesar de entender que a vinculação recai somente sobre o Estado nacional, como assim é chamado, a Convenção determina que as ações de competência dos estados federados devem "adotar as disposições cabíveis para o cumprimento" dos ditames convencionais.

Têm o direito de aderir à Convenção apenas os países membros da OEA, mas há ausências sensíveis os Estados Parte, entre elas a os EUA e o Canadá, que não a ratificaram até a presente data.

Na condição de aditivo da Convenção, o **Protocolo Adicional à Convenção Americana sobre Direitos Humanos (Protocolo de San Salvador)** estrutura-se para a proteção dos direitos humanos econômicos, sociais, culturais e ambientais (DESCA), tendo disposto sobre:

direito ao trabalho	direito à alimentação
direito a justas, equitativas e satisfatórias condições de trabalho	direito à educação
direito à associação sindical dos trabalhadores	direito à cultura
direito à seguridade social	direito à constituição e proteção da família
direito à saúde	direitos da criança
direito ao ambiente saudável	proteção ao idoso e à pessoa com deficiência

O Protocolo de San Salvador busca esmiuçar e dar efetividade à obrigação enunciada, timidamente, pelo artigo 26 da Convenção Americana, que determina o "Desenvolvimento

---

12 BUERGENTHAL, Thomas. **International Human Rights**. St. Paul: West Publishing; 1995, p. 197.

Progressivo" dos DESCA, consagrando, em função da aludida progressividade, o **Princípio do Não Retrocesso Social**[13], no âmbito do sistema de proteção da Convenção Americana:

> Art. 26. Desenvolvimento Progressivo
>
> Os Estados-Partes comprometem-se a adotar providências, tanto no âmbito interno como mediante cooperação internacional, especialmente econômica e técnica, a fim de conseguir, progressivamente, a plena efetividade dos direitos que decorrem das normas econômicas, sociais e sobre educação, ciência e cultura, constantes da Carta da Organização dos Estados Americanos, reformada pelo Protocolo de Buenos Aires, na medida dos recursos disponíveis, por via legislativa ou outros por meios apropriados.

O Brasil, mesmo após a redemocratização, foi injustificadamente moroso quanto à providência de aderir à Convenção Americana sobre Direitos Humanos. Apesar da mensagem presidencial solicitando a aprovação do Congresso Nacional haver sido encaminhada em 1985, o Decreto Legislativo nº 27 foi editado apenas em 26 de maio de 1992, permitindo que o Estado brasileiro depositasse a sua adesão em 25 de setembro de 1992 e promulgasse o tratado mediante o Decreto nº 678, de 6 de novembro de 1992.

Já em relação a Protocolo de San Salvador, o Congresso Nacional o aprovou por meio do Decreto Legislativo nº 56, de 19 de abril de 1995, e o Governo brasileiro depositou o respectivo instrumento de adesão em 21 de agosto de 1996; seu início de vigência deu-se, inclusive para o Brasil, em 16 de novembro de 1999 (data de sua entrada em vigor internacional, após atingir o número mínimo de ratificações), com promulgação por força do Decreto 3.321, de 30/12/1999.

Os documentos normativos até aqui citados dão supedâneo ao Sistema Interamericano de proteção dos direitos humanos, mas isso não significa sejam os únicos em vigor, no âmbito da OEA. Integram, ainda, este Sistema, diversos outros tratados e protocolos mais específicos, submetidos a diferentes mecanismos de monitoramento (sobretudo por Comitês), com destaque para os seguintes:

> **Convenção Interamericana para Prevenir e Punir a Tortura (Cartagena das Índias, Colômbia, 1985)** → assinatura do Brasil em 1986, ratificação em 1989 e promulgação pelo Decreto nº 98.386/89.
>
> **Protocolo Adicional à Convenção Americana Relativo à Abolição da Pena de Morte (Assunção, Paraguai, 1990)** → veda a adoção da pena de morte pelos Estados Partes que o ratificarem, salvo se apresentada reserva unicamente para uso em tempo de guerra, de acordo com o direito internacional, por delitos sumamente graves de caráter militar. Assinatura do Brasil em 1994, ratificação em 1996 e promulgação pelo Decreto nº 2.754/98, tendo apresentado reserva para tempo de guerra, em razão da previsão do art. 5ª, XLVII, "a", da Constituição Federal.

---

13 No julgamento do Caso Cuscul Pivaral y Otros vs. Guatemala, a Corte Interamericana, pela primeira vez, responsabilizou um ente estatal pela ofensa ao princípio da progressividade (não retrocesso), consagrado no artigo 26 da CADH. Em apertada síntese, a violação foi reconhecida em razão de medidas regressivas adotadas pelo Estado da Guatemala, em detrimento da plena realização do direito à saúde de pessoas com HIV [CORTE INTERAMERICANA DE DIREITOS HUMANOS. **Caso Cuscul Pivaral y otros Vs. Guatemala.** Sentencia de 23 de agosto de 2018 (Excepción Preliminar, Fondo, Reparaciones y Costas). San José da Costa Rica, 2018. Disponível em: https://www.corteidh.or.cr/docs/casos/articulos/seriec_378_esp.pdf. Acesso em: 04 jan. 2021].

Convenção Interamericana para Prevenir, Punir e Erradicar a Violência contra a Mulher, também conhecida como "Convenção de Belém do Pará" (Belém, Brasil, 1994) → assinatura do Brasil em 1994, ratificação em 1995 e promulgação pelo Decreto nº 1.973/96. O artigo 10 prevê o monitoramento da Convenção pela Comissão Interamericana de Mulheres (CIM)[14], por meio de relatórios a serem enviados pelo Estado. Além disso, a CIM, nos termos do artigo 11, pode solicitar à Corte IDH opinião consultiva sobre a Convenção de Belém do Pará. Vale salientar que a análise das denúncias de violações, por meio do sistema de petições individuais, adiante abordado, continua a ser feito pela Comissão Interamericana, conforme expressamente previsto no artigo 12 do Pacto.

Convenção Interamericana sobre Tráfico Internacional de Menores (Cidade do México, México, 1994) → assinatura do Brasil em 1994, ratificação em 1997 e promulgação pelo Decreto nº 2.740/98.

Convenção Interamericana sobre Desaparecimento Forçado de Pessoas (Belém, Brasil, 1994) → assinatura do Brasil em 1994, ratificação em 2014 e promulgação pelo Decreto nº 8.766/2016. Há previsão da análise de violações ao pacto pela Comissão Interamericana de Direitos Humanos, por meio do sistema de petições individuais ou comunicações interestatais, inclusive medidas cautelares (artigo 13).

Convenção Interamericana contra a Corrupção (Caracas, Venezuela, 1996) → assinatura do Brasil em 1996, ratificação em 2002, promulgação pelo Decreto nº 4.410/02, com apresentação de reserva quanto ao art. XI, § 1o, "c": "Art. XI. Desenvolvimento Progressivo. I. A fim de impulsionar o desenvolvimento e a harmonização das legislações nacionais e a consecução dos objetivos desta Convenção, os Estados Partes julgam conveniente considerar a tipificação das seguintes condutas em suas legislações e a tanto se comprometem: (...) c) toda ação ou omissão realizada por qualquer pessoa que, por si mesma ou por interposta pessoa, ou atuando como intermediária, procure a adoção, por parte da autoridade pública, de uma decisão em virtude da qual obtenha ilicitamente, para si ou para outrem, qualquer benefício ou proveito, haja ou não prejuízo para o patrimônio do Estado".

Convenção Interamericana para a Eliminação de Todas as Formas de Discriminação contra as Pessoas Portadoras de Deficiência (Cidade da Guatemala, Guatemala, 1999) → assinatura do Brasil em 1999, ratificação em 2001 e promulgação pelo Decreto nº 3.956/01. Há previsão do estabelecimento de uma Comissão para a Eliminação de Todas as Formas de Discriminação das Pessoas com Deficiência, constituída por um representante designado por cada Estado Parte, para acompanhar os compromissos assumidos na Convenção (artigo 6º).

---

[14] A Comissão Interamericana de Mulheres, criada durante a 6.ª Conferência Interamericana (Havana, 1928), é um órgão subsidiário e consultivo da OEA. Tem como função apoiar os Estados membros na promoção dos direitos humanos das mulheres e da igualdade e equidade de gênero, visando a incorporação da perspectiva de gênero nos projetos programas e políticas governamentais. A CIM não tem função quase-judicial (apuração de violações), sendo esta exercida pela Comissão Interamericana de Direitos humanos. Para maiores, cf. ORGANIZACIÓN DE LOS ESTADOS AMERICANOS. **Comisión Interamericana de Mujeres**. Washington, s.d. Disponível em: http://www.oas.org/es/CIM/nosotros.asp. Acesso em: 04 jan. 2021.

Convenção Interamericana contra o Terrorismo (Bridgetown, Barbados, 2002) → assinatura do Brasil em 2002, ratificação em 2005 e promulgação pelo Decreto nº 5.639/05.

Convenção Interamericana Contra o Racismo, a Discriminação Racial e Formas Correlatas de Intolerância (Antígua, Guatemala, 2013) → aprovada em 2013 e em vigor desde 2017. Assinatura do Brasil em 2013 e aprovação pelo Congresso Nacional, nos termos do § 3º do art. 5º da Constituição Federal (*status* constitucional), por força do Decreto Legislativo nº 1, de 18 de fevereiro de 2021. Há previsão de um Comitê Interamericano para a prevenção e Eliminação do Racismo, Discriminação Racial e todas as formas de discriminação e intolerância, com o fim de monitorar os compromissos assumidos na Convenção (artigo 15, IV). Além disso, é possível o exame de violações aos direitos humanos previstos no Pacto, por meio de denúncias realizadas através do sistema de petições individuais da Comissão Interamericana (artigo 15, I).

Convenção Interamericana Contra Toda Forma de Discriminação e Intolerância (Antígua, Guatemala, 2013) → aprovada em 05/06/2013 e em vigor desde 20/02/2020. Assinada pelo Brasil em 06/06/2013, contudo, sem ratificação pelo Estado brasileiro até o momento. Há previsão de um Comitê Interamericano para a prevenção e Eliminação do Racismo, Discriminação Racial e todas as formas de discriminação e intolerância, com o fim de monitorar os compromissos assumidos na Convenção (artigo 15, IV). Além disso, é possível a Comissão Interamericana examinar denúncias de violações aos direitos previstos no Pacto, por meio do sistema de petições e casos (artigo 15, I).

Convenção Interamericana sobre a Proteção dos Direitos Humanos das Pessoas Maiores de 60 anos (Washington, EUA, 2015) → aprovada em 2015 e em vigor desde 2017. Assinatura do Brasil na mesma data de aprovação, contudo, sem ratificação pelo Estado brasileiro até o momento. O artigo 33 estabelece o monitoramento do pacto por uma Conferência de Estados e um Comitê de Expertos, constituídos quando for depositado o 10º instrumento de ratificação. Além disso, é possível à Comissão Interamericana examinar denúncias de violações aos direitos previstos no Pacto, por meio do sistema de petições e casos (artigo 36).

3. COMISSÃO INTERAMERICANA DE DIREITOS HUMANOS E SEU PAPEL DÚPLICE

As funções da CIDH foram aumentando, paulatinamente, a começar da II Conferência Interamericana Extraordinária, ocorrida no Rio de Janeiro, em 1965, reunião essa que a transformou em um órgão de controle das violações aos direitos humanos, podendo receber e examinar petições a ela encaminhadas e tendo competência para dirigir-se a qualquer Estado Membro da OEA para requerer informações e recomendar ações.

Pelo Protocolo de Buenos Aires, de 1967, a CIDH foi elevada a órgão principal da Organização, conforme o artigo 52 da Carta da OEA. Com a elaboração da Convenção Americana sobre Direitos Humanos, a CIDH também passou a ser o órgão de supervisão do cumprimento desse tratado.

Dentro deste contexto, a CIDH funciona como um órgão da OEA, além de ter o seu importante lugar no sistema da Convenção Americana sobre Direitos Humanos. Esse é o chamado **papel dúplice da CIDH**, inaugurado com a aprovação da Convenção Americana sobre Direitos Humanos, em 1969.

A CIDH atua em várias áreas, tendo muitas funções, que incluem atividades promocionais e consultivas previstas tanto em seu Estatuto quanto na Convenção Americana sobre Direitos Humanos, visando a proteção dos direitos humanos, como se pode depreender deste quadro:

Estatuto da CIDH (art. 18)	Convenção Americana sobre Direitos Humanos (art. 41)
Conscientização em direitos humanos (função promocional)	Recebimento de petições com denúncias ("Sistema de Petições")
Estudos e levantamento de informações	
Resposta a consultas	Litigância junto à Corte IDH
Relatório anual	Formulação de consulta à Corte IDH
Recebimento de petições com denúncias Verificações *in loco* (a convite ou com anuência)	
Recomendações aos Governos[15]	Submissão à Assembleia Geral de propostas de protocolos adicionais ou emendas à Convenção Americana Sobre Direitos Humanos

Na prática, a única diferença a ser levada em conta pela CIDH é a de que, **para os Estados Partes da Convenção Americana sobre Direitos Humanos, toda e qualquer ação será baseada nessa Convenção, enquanto, para os demais países membros da OEA, mas que não fazem parte da Convenção, a base legislativa de sua atuação será a Carta da OEA, associada à Declaração Americana de Direitos e Deveres do Homem.**

Em consequência, apenas quando atua consoante os dispositivos da Convenção Americana sobre Direitos Humanos é que a CIDH tem a possibilidade de processar um eventual Estado Membro infrator perante a Corte IDH (órgão jurisdicional desse sistema), pois tal tribunal só existe na esfera da Convenção.

A CIDH acha-se instalada junto à sede da OEA, em Washington, nos EUA. Embora seja anterior à Convenção Americana sobre Direitos Humanos, a atual organização da CIDH também está prevista nesse tratado (arts. 34 a 40), da seguinte forma, em linhas gerais:

> **Composição** → 7 (sete) membros, de alta autoridade moral e de reconhecido saber em matéria de direitos humanos. Nos termos do artigo 34 da Convenção Americana

15 Formuladas, em especial, pela sistemática de relatórios periódicos apresentados pelos Estados e/ou por visitas *in loco*, realizadas pela CIDH, para verificação da situação geral dos direitos humanos de determinado país.

sobre Direitos Humanos, não se exige que seus membros sejam juristas, podendo ter formação em outras áreas do conhecimento.

Eleição dos integrantes ("Comissários") → pela AGE da OEA, a partir de uma lista de candidatos propostos pelos governos dos Estados Membros, a título pessoal – para atuar sem vinculação aos interesses do seu Estado de origem, tratando, portanto, de um órgão judiciário quase-judicial. Cada Governo pode propor até 3 (três) candidatos, nacionais seus ou de qualquer outro Estado Membro da OEA. Quando for proposta uma lista de três candidatos, pelo menos um deles deverá ser nacional de um Estado diferente do proponente.

Mandato → 4 (quatro) anos, sendo possível apenas uma reeleição. Não pode fazer parte da Comissão mais de um nacional de um mesmo país.

Quarentena → os Comissários, ao assumirem suas funções, se comprometem a não representar vítimas ou seus familiares, tampouco Estados, em medidas cautelares, petições e casos individuais perante a CIDH, pelo prazo de dois anos, contados do fim do seu mandato como membro da Comissão (art. 4, item 1, do Regulamento da CIDH).

Apesar de eleitos "a título pessoal", os Comissários estão impedidos de atuar em determinados casos, na forma do art. 17 do Regulamento da CIDH:

> Os membros da Comissão não poderão participar na discussão, investigação, deliberação ou decisão de assunto submetido à consideração da Comissão, nos seguintes casos:
>
> a. se forem cidadãos do Estado objeto da consideração geral ou específica da Comissão, ou se estiverem acreditados ou cumprindo missão especial como diplomatas perante esse Estado; ou
>
> b. se houverem participado previamente, a qualquer título, de alguma decisão sobre os mesmos fatos em que se fundamenta o assunto ou se houveram atuado como conselheiros ou representantes de uma das partes interessadas na decisão.

Em termos de estruturação, funções e procedimentos, os documentos que, em conjunto, formam o plexo normativo da CIDH são a Carta da OEA, a Convenção Americana sobre Direitos Humanos, o Estatuto da CIDH e o Regulamento da CIDH, ressalvadas disposições outras previstas nos demais tratados interamericanos específicos de direitos humanos, logo acima indicados.

4. PROCESSO INTERAMERICANO DE PROTEÇÃO DOS DIREITOS HUMANOS E SEUS MECANISMOS

Reza o art. 145 da Carta da OEA que "enquanto não entrar em vigor a Convenção Interamericana sobre Direitos Humanos a que se refere o Capítulo XV, a atual Comissão Interamericana de Direitos Humanos (CIDH) velará pela observância de tais direitos". Em complemento, o art. 1º do Estatuto da CIDH estatui:

> 1. A Comissão Interamericana de Direitos Humanos é um órgão da Organização dos Estados Americanos criado para promover a observância e a defesa dos direitos humanos e para servir como órgão consultivo da Organização nesta matéria.

> 2. Para os fins deste Estatuto, entende-se por direitos humanos:
> a. os direitos definidos na Convenção Americana sobre Direitos Humanos com relação aos Estados Partes da mesma;
> b. os direitos consagrados na Declaração Americana de Direitos e Deveres do Homem, com relação aos demais Estados membros.

Do exame dessas e das demais normas que fundamentam o Sistema Interamericano de Proteção dos Direitos Humanos, é possível constatar que restam estabelecidos, no seio da OEA, 2 (dois) mecanismos coletivos de proteção dos direitos humanos em face de seus Estados Membros, os quais aqui serão denominados **Mecanismo da Carta da OEA** e o **Mecanismo Convencional**[16], que podem ser representados graficamente desta forma:

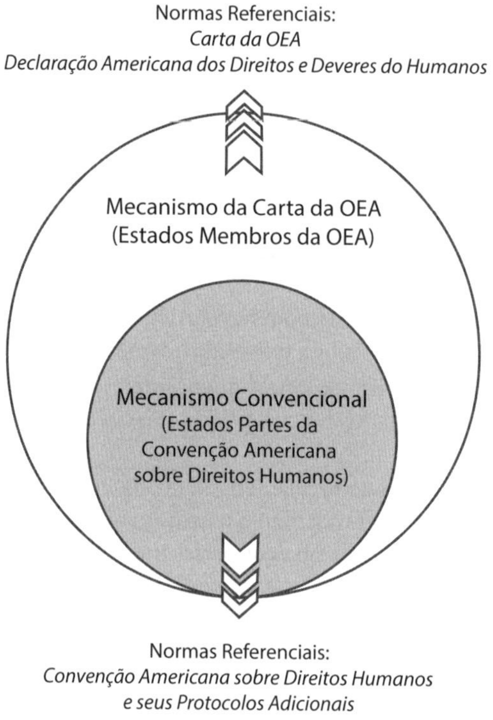

Fonte: elaborada pelo autor

Todos os 35 (trinta e cinco) Estados Membros da OEA estão suscetíveis ao mecanismo de monitoramento e apuração de violações do Mecanismo da Carta da OEA. Por outro lado, atualmente, apenas 24 (vinte e quatro) Estados Membros são também Estados Partes da Convenção Americana sobre Direitos Humanos e, por isso, rendem constas ao Mecanismo Convencional, já que 10 (dez) países do continente não ratificaram, ainda, este tratado e outros

16 "Na realidade, temos dois círculos concêntricos: um círculo amplo composto pelo sistema da Carta da OEA, com 35 Estados dessa Organização; um círculo menor, composto por 24 Estados, que ratificaram a Convenção Americana de Direitos Humanos. A diferença está no compromisso mais denso firmado pelos integrantes do segundo sistema, que conta inclusive com um tribunal especializado em direitos humanos, a Corte Interamericana de Direitos Humanos [...]" (CARVALHO RAMOS, André de. **Processo internacional dos direitos humanos**, cit., p. 212).

2 (dois), Trinidad e Tobago (1998, com efeitos em 1999) e Venezuela (em 2012, com efeitos em 2013), o denunciaram. A Venezuela, todavia, apresentou, em 2019, nova ratificação ao mesmo tratado, com reconhecimento da competência da CIDH e da jurisdição da Corte IDH para apuração de futuras violações.[17]

Tal concomitância de mecanismos exige atenção para o papel desempenhado pela CIDH, tanto em um, quanto em outro.

4.1. O Mecanismo da Carta da OEA

O Mecanismo da Carta da OEA desenvolve a proteção dos direitos humanos basicamente por meio de dois procedimentos: o previsto na **Carta Democrática Interamericana** e a atuação da **CIDH** com base na Carta da OEA.

Em ambos os casos, contudo, eventual deliberação definitiva de aplicação de sanção ao Estado violador de direitos humanos caberá à AGE da OEA, órgão político máximo da entidade, composto pela representação de todos os Estados Membros, cada qual com direito a um voto. Entende-se que o poder da AGE para este tipo de decisão decorre de disposições contidas nos arts. 9º e 54, "a", da Carta da OEA.

Procedimentos de monitoramento e apuração de violações dentro do Mecanismo da Carta da OEA

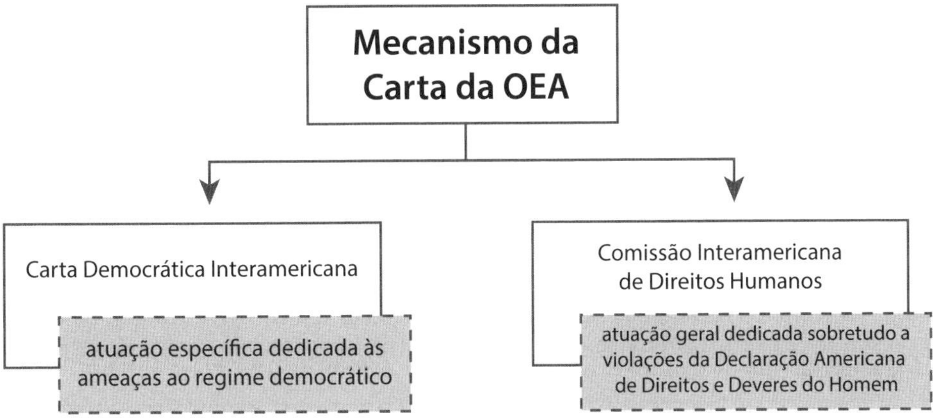

Fonte: elaborada pelo autor

A **Carta Democrática Interamericana (CDI)** buscou reforçar a "cláusula democrática", inserida no artigo 9º da Carta da OEA pelo Protocolo de Washington de 1992, impondo aos Estados obrigações de fortalecimento e preservação dos regimes democráticos como condição de promoção e proteção dos direitos humanos. Nessa linha, a CDI impõe aos Estados Membros da OEA que observem, entre outras, as seguintes disposições:

---

17 Antígua e Barbuda, Bahamas, Belize, Canadá, Cuba, EUA, Guiana, São Cristóvão e Néves (*Saint Kitts and Nevis*), Santa Lucia e San Vicente e Granadinas (*St. Vicente & Grenadines*) (ORGANIZACIÓN DE LOS ESTADOS AMERICANOS. **Tratados multilaterales.** Convencion Americana sobre Derechos Humanos Suscrita en La Conferencia Especializada Interamericana sobre Derechos Humanos. Estado de Firmas y Ratificaciones. Washington, s.d. Disponível em: http://www.oas.org/dil/esp/tratados_B-32_Convencion_Americana_sobre_Derechos_Humanos_firmas.htm. Acesso em: 06 jan. 2021).

Os povos da América têm direito à democracia e seus governos têm a obrigação de promovê-la e defendê-la.	A promoção e o fortalecimento da democracia requerem o exercício pleno e eficaz dos direitos dos trabalhadores e a aplicação de normas trabalhistas básicas.
São elementos essenciais da democracia representativa, entre outros, o respeito aos direitos humanos e às liberdades fundamentais, o acesso ao poder e seu exercício com sujeição ao Estado de Direito, a celebração de eleições periódicas, livres, justas e baseadas no sufrágio universal e secreto como expressão da soberania do povo, o regime pluralista de partidos e organizações políticas, e a separação e independência dos poderes públicos.	A eliminação de toda forma de discriminação, especialmente a discriminação de gênero, étnica e racial, e das diversas formas de intolerância, bem com o a promoção e proteção dos direitos humanos dos povos indígenas e dos migrantes, e o respeito à diversidade étnica, cultural e religiosa nas Américas contribuem para o fortalecimento da democracia e a participação do cidadão.
A subordinação constitucional de todas as instituições do Estado à autoridade civil legalmente constituída e o respeito ao Estado de Direito por todas as instituições e setores da sociedade são igualmente fundamentais para a democracia.	A democracia e o desenvolvimento econômico e social são interdependentes e reforçam-se mutuamente. A pobreza, o analfabetismo e os baixos níveis de desenvolvimento humano são fatores que incidem negativamente na consolidação da democracia.
O fortalecimento dos partidos e de outras organizações políticas é prioritário para a democracia.	O exercício da democracia facilita a preservação e o manejo adequado do meio ambiente.
A democracia é indispensável para o exercício efetivo das liberdades fundamentais e dos direitos humanos, em seu caráter universal, indivisível e interdependente, consagrados nas respectivas constituições dos Estados e nos instrumentos interamericanos e internacionais de direitos humanos.	A educação é chave para fortalecer as instituições democráticas, promover o desenvolvimento do potencial humano e o alívio da pobreza, e fomentar um maior entendimento entre os povos.
Os Estados promoverão a participação plena e igualitária da mulher nas estruturas políticas de seus respectivos países, com o elemento fundamental para a promoção e o exercício da cultura democrática.	

Fonte: elaborada pelo autor

É de notar-se a expressa previsão de compromissos estatais relativos a direitos econômicos, sociais, culturais e ambientais (DESCA), em evidente reconhecimento de seu protagonismo, dentro de um processo de consolidação democrática. Nesse sentido, alerta FLÁVIA PIOVESAN:

> Em outras palavras, a densificação do regime democrático na região requer o enfrentamento do elevado padrão de violação aos direitos econômicos, sociais e culturais, em face do alto grau de exclusão e desigualdade social, que compromete a vigência plena dos direitos humanos na região, sendo fator de instabilidade ao próprio regime democrático.[18]

[18] PIOVESAN, Flávia. **Direitos humanos e justiça internacional**, cit., p. 149.

Com vistas à supervisão do cumprimento das obrigações que estabelece, prevê o art. 8º da CDI que "qualquer pessoa ou grupo de pessoas que considere que seus direitos humanos tenham sido violados pode interpor denúncias ou petições perante o Sistema Interamericano de promoção e proteção dos direitos humanos, conforme os procedimentos nele estabelecidos". Trata-se de uma disposição genérica, que simplesmente reafirma o direito de petição das vítimas de violação dos direitos salvaguardados na CDI perante o Sistema Interamericano, naquilo em que esse sistema admitir (como se pode intuir da divisão em mecanismos, o cumprimento da CDI não se submete ao mecanismo convencional).

Os instrumentos específicos para situações de iminência ou concretização de afronta à CDI estão previstos nos arts. 17 a 26 e podem variar, em se tratando de risco de descumprimento ou de sua efetiva verificação:

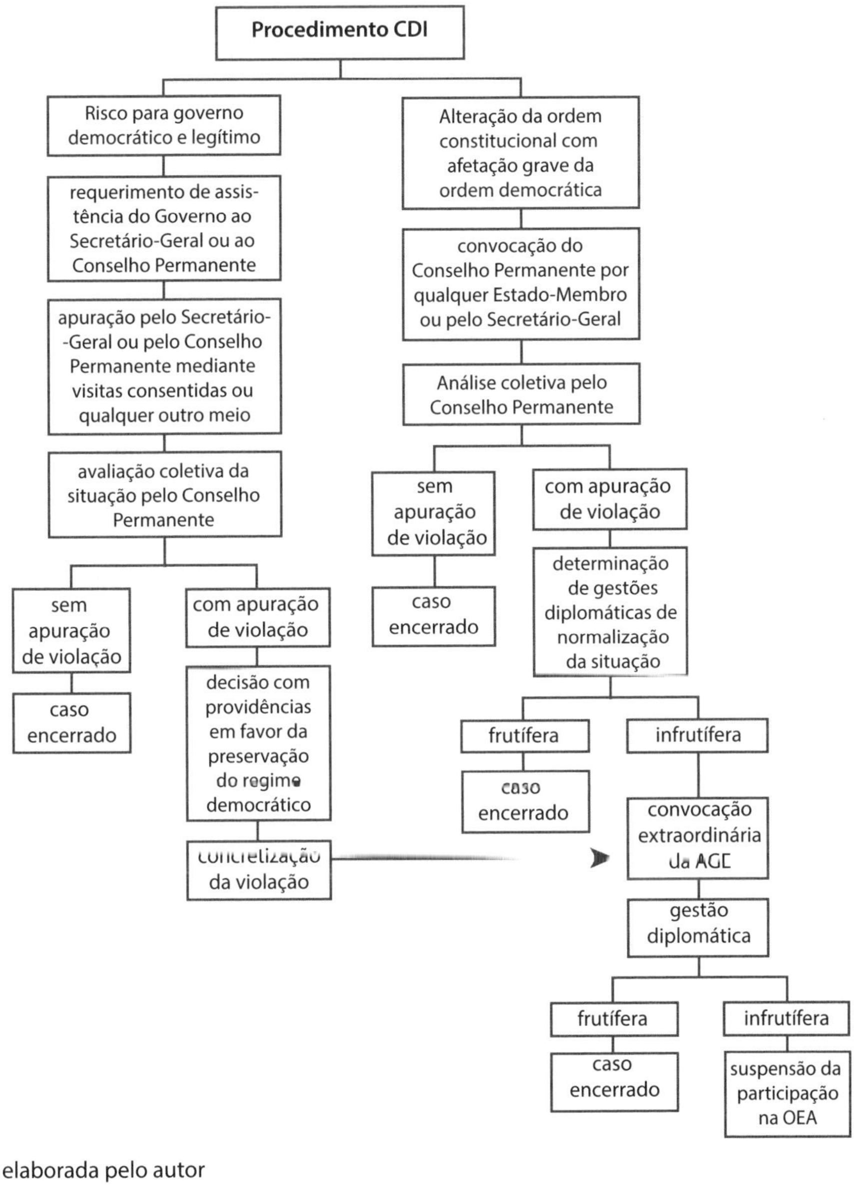

Fonte: elaborada pelo autor

Segundo o art. 19 da CDI, suspende-se o Estado Membro que experimente ruptura da ordem democrática ou alteração da ordem constitucional que afete gravemente a ordem democrática, tal como concebida pelos princípios e normas da Carta da OEA e pela "cláusula democrática".

A suspensão terá lugar pelo **voto de dois terços dos Estados Membros** e entrará em vigor imediatamente, durando enquanto persista a situação que a ensejou, porquanto a afetação da ordem democrática caracteriza, nos termos do mesmo art. 19, "obstáculo insuperável à participação de seu governo nas sessões da Assembleia Geral, da Reunião de Consulta, dos Conselhos da Organização e das conferências especializadas, das comissões, grupos de trabalho e demais órgãos estabelecidos na OEA".

A despeito da adoção da suspensão, a OEA manterá suas gestões diplomáticas para o restabelecimento da democracia no Estado Membro suspenso (art. 21 da CDI, *in fine*). Uma vez superado o motivo da decisão, qualquer Estado Membro ou o Secretário-Geral poderá propor à Assembleia Geral o levantamento da suspensão (art. 22 da CDI). Essa decisão também será adotada pelo **voto de dois terços** dos Estados Membros, de acordo com a Carta da OEA.

Além desses mecanismos, mediante convênio com o Secretário-Geral da OEA, poderá ser instituída **missão de observação eleitoral,** a pedido de Estado Membro que, no exercício de sua soberania, solicite assessoria ou assistência para o fortalecimento e o desenvolvimento de suas instituições e seus processos eleitorais (arts. 23 a 25 da CDI). O Estado Membro deverá garantir as condições de segurança, o livre acesso à informação e a ampla cooperação com a missão de observação eleitoral. A missão realizar-se-á de forma objetiva, imparcial e transparente, apresentando os relatórios de suas atividades, oportunamente, ao Conselho Permanente, por meio da Secretaria-Geral. É dever da missão de observação eleitoral informar o Conselho Permanente, caso não existam as condições necessárias para a realização de eleições livres e justas no país observado. Neste caso, OEA poderá enviar, com a aquiescência do Estado interessado, missões especiais a fim de contribuir para criar ou melhorar as referidas condições.

Já no âmbito da **Comissão Interamericana sobre Direitos Humanos (CIDH)**, desenvolve-se um mecanismo coletivo de apuração de violação de direitos humanos com fundamento na Declaração Americana sobre Direitos e Deveres do Homem, aprovada juntamente com a Carta da OEA, de modo a especificar os direitos genericamente mencionados nessa última como de interesse da Organização.

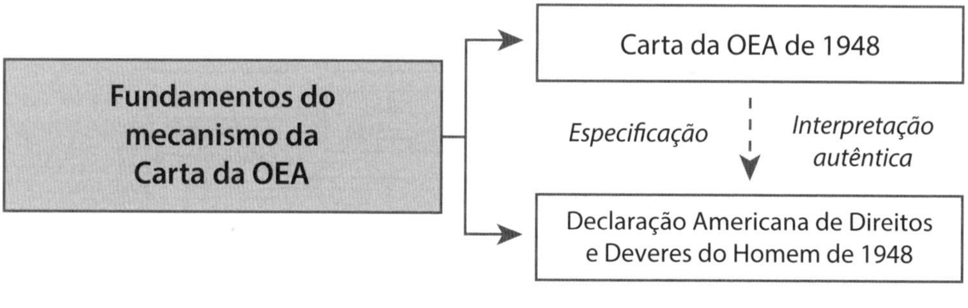

Fonte: elaborada pelo autor

Repita-se que se submetem a esta atuação da CIDH, no seio do Mecanismo da Carta OEA, apenas os Estados Membros que não sejam partes na Convenção Americana sobre Direitos Humanos, fazendo do mecanismo ora analisado subsidiário em relação ao Mecanismo da Convenção.

No contexto do Mecanismo da Carta da OEA, a CIDH, no desenvolvimento de seus misteres, pode lançar mão dos seguintes instrumentos:

Instrumentos da CIDH no Mecanismo da Carta da OEA	➔ elaboração de estudos ➔ capacitação técnica dos Estados Membros ➔ visitas *in loco*, mediante convite do Estado visitado ➔ relatorias especiais, geográficas ou temáticas (a exemplo do sistema global, no âmbito da ONU) ➔ "Sistema de Petições e Casos", procedimento especial de apuração de violação, sobretudo desencadeado pelo recebimento de petições individuais

Fonte: elaborada pelo autor

A CIDH, com base no art. 15 de seu Regulamento, pode constituir relatorias do tipo temática ou especial para auxiliar no exercício de suas funções. A finalidade de se constituir uma relatoria é fortalecer e sistematizar o trabalho da própria Comissão em determinado assunto. A diferença básica entre a relatoria temática e especial é que a primeira é conduzida por um membro da CIDH, enquanto a segunda é dirigida por pessoas designadas pela Comissão, por eleição do voto favorável da maioria absoluta de seus membros, a partir da realização de processo seletivo para ocupação do cargo.[19]

Atualmente, a CIDH conta com as seguintes relatorias temáticas e especiais: Relatoria sobre os Direitos dos Povos Indígenas; Relatoria sobre os Direitos das Mulheres; Relatoria sobre Direitos dos Migrantes; **Relatoria Especial** sobre Liberdade de Expressão; Relatoria sobre os Direitos das Crianças; Relatoria sobre Defensoras e Defensores de Direitos Humanos; Relatoria sobre os Direitos das Pessoas Privadas de Liberdade; Relatoria sobre os Direitos das Pessoas Afrodescendentes e contra a Discriminação Racial; Relatoria sobre os Direitos das Pessoas Lésbicas, Gays, Bissexuais, Trans e Intersex; **Relatoria Especial** sobre Direitos Econômicos, Sociais, Culturais e Ambientais**;** Relatoria sobre Memória, Verdade e Justiça, Relatoria sobre Pessoas Idosas e Relatoria sobre Pessoas com Deficiência.[20]

Mais incisivo e específico, contudo, é o **Sistema de Petições e Casos**, pelo qual a CIDH recebe, para apuração, comunicações de violação de direitos humanos e, na eventualidade do Estado acusado não ser parte na Convenção Americana dos Direitos Humanos, investiga-as sob a égide da Carta da OEA e da Declaração Americana dos Direitos e Deveres do Homem.

O recebimento de petições individuais pela CIDH, dentro do Mecanismo da Carta da OEA, encontra-se previsto no art. 51 do Regulamento da CIDH:

> Artigo 51. Recebimento da petição
>
> A Comissão receberá e examinará a petição que contenha denúncia sobre presumidas violações dos direitos humanos consagrados na Declaração Americana dos Direitos e

[19] A Resolução nº 04/2006, adotada no 126º de Sessões da Comissão, estabelece os procedimentos a serem seguidos para a designação de relatores especiais ou expertos independentes.

[20] ORGANIZAÇÃO DOS ESTADOS AMERICANOS. Comissão Interamericana de Direitos Humanos. **Relatorias**. *Washington, s.d. Disponível em:* http://www.oas.org/es/cidh/mandato/relatorias.asp. *Acesso em: 05 jan. 2021.*

Deveres do Homem com relação aos Estados membros da Organização que não sejam partes na Convenção Americana sobre Direitos Humanos.

O art. 23 do mesmo Regulamento adota o rol de particulares legitimados para peticionar, estabelecido no art. 44 da Convenção Americana sobre Direitos Humanos, apontando, ainda, quais os documentos normativos acerca de cujo descumprimento a CIDH pode ser comunicada:

> Artigo 23. Apresentação de petições
>
> Qualquer **pessoa ou grupo de pessoas**, ou **entidade não governamental** legalmente reconhecida em um ou mais Estados membros da Organização pode apresentar à Comissão petições em seu próprio nome ou no de terceiras pessoas, sobre supostas violações dos direitos humanos reconhecidos, conforme o caso, na Declaração Americana dos Direitos e Deveres do Homem, na Convenção Americana sobre Direitos Humanos "Pacto de San José da Costa Rica", no Protocolo Adicional à Convenção Americana sobre Direitos Humanos em Matéria de Direitos Econômicos, Sociais e Culturais "Protocolo de San Salvador", no Protocolo à Convenção Americana sobre Direitos Humanos Referente à Abolição da Pena de Morte, na Convenção Interamericana para Prevenir e Punir a Tortura, na Convenção Interamericana sobre o Desaparecimento Forçado de Pessoas, e na Convenção Interamericana para Prevenir, Punir e Erradicar a Violência contra a Mulher, em conformidade com as respectivas disposições e com as do Estatuto da Comissão e do presente Regulamento. **O peticionário poderá designar, na própria petição ou em outro instrumento por escrito, um advogado ou outra pessoa para representá-lo perante a Comissão.** (destacado)

Superada a fase de admissibilidade da petição, respeitado o contraditório e a ampla defesa e se infrutífera a tentativa de solução conciliada da situação, a constatação da violação denunciada ensejará recomendação de providências ao Estado infrator pela CIDH, nos termos do art. 20 do seu Estatuto:

> Com relação aos Estados membros da Organização que não são Partes da Convenção Americana sobre Direitos Humanos, a Comissão terá, além das atribuições assinaladas no artigo 18, as seguintes:
>
> (...)
>
> b. examinar as comunicações que lhe forem dirigidas e qualquer informação disponível; dirigir-se ao Governo de qualquer dos Estados membros não Partes da Convenção a fim de obter as informações que considerar pertinentes; e formular lhes recomendações, quando julgar apropriado, a fim de tornar mais efetiva a observância dos direitos humanos fundamentais; e
>
> c. verificar, como medida prévia ao exercício da atribuição da alínea b, anterior, se os processos e recursos internos de cada Estado membro não Parte da Convenção foram devidamente aplicados e esgotados.

Ao longo da investigação, a CIDH pode valer-se, portanto, do poder de solicitação aos Estados de qualquer informação ou esclarecimento que entender necessário para a elucidação dos fatos. Ademais, depreende-se da alínea "c" do art. 20 do Estatuto da CIDH que o esgotamento dos recursos internos é requisito de admissibilidade das petições individuais recebidas pela Comissão, no âmbito do Mecanismo da Carta da OEA.

Na hipótese de o Estado não cumprir as recomendações da CIDH, esta decide pelo encaminhamento do caso à AGE da OEA, para que, dentro de seu poder político de sanção, decorrente da Carta da OEA, delibere acerca das medidas cabíveis.

Nos termos do art. 52 do Regulamento da CIDH, as comunicações recebidas no âmbito do "Sistema de Petições e Casos" seguem, em linhas gerais, o mesmo trâmite de apuração, sejam elas atinentes ao Mecanismo da Carta da OEA ou ao Mecanismo Convencional, diferenciando-se, em termos procedimentais, apenas em relação ao encaminhamento do caso na hipótese de não atendimento das recomendações da CIDH: no Mecanismo da Carta OEA, delibera-se pelo encaminhamento à AGE da OEA e, no Mecanismo Convencional, há, ainda, a possibilidade de submissão do caso à Corte Interamericana de Direitos Humanos. Bem por isso, a abordagem mais detalhada do procedimento de tramitação das petições perante a CIDH ocorrerá por ocasião do estudo do Mecanismo Convencional.

4.2. O Mecanismo Convencional

A Convenção Americana sobre Direitos Humanos, cujo anteprojeto fora confeccionado pela CIDH em 1967, restou aprovada em 1969 e entrou em vigor em 1978, após a 11.ª ratificação, instituindo um (sub)sistema convencional interamericano de direitos humanos, calcado na atuação de 2 (dois) órgãos principais: a CIDH, à época já existente e em funcionamento, e a Corte Interamericana de Direitos Humanos (Corte IDH), criada por esse tratado.

O Brasil aderiu à Convenção apenas no ano de 1992 (depósito em 25 de setembro e promulgação em 6 de novembro, pelo Decreto nº 678), com a seguinte declaração interpretativa: "O Governo do Brasil entende que os arts. 43 e 48, alínea 'd', não incluem o direito automático de visitas e inspeções *in loco* da Comissão Interamericana de Direitos Humanos, as quais dependerão da anuência expressa do Estado" (art. 2º do Decreto nº 678/92).

Nos termos do art. 78 da Convenção, a sua denúncia, pelo Estado Parte só será possível após expirado o prazo de cinco anos, contados a partir da data em vigor da Convenção, mediante aviso prévio de um ano ao Secretário-Geral da OEA. A denúncia, contudo, não terá o efeito de eximir o Estado Parte da responsabilidade pelos atos de violação das obrigações contidas na Convenção, cometidos anteriormente à data na qual a denúncia passar a produzir efeito.[21] Até o momento, como visto, apenas Trinidad e Tobago e Venezuela exerceram a faculdade de denunciar a Convenção.

O procedimento estabelecido perante o Mecanismo Convencional, evidentemente inspirado no procedimento adotado pelo Sistema Europeu de Proteção dos Direitos Humanos, em sua configuração anterior à já estudada reforma promovida pelo Protocolo nº

---

21 A respeito das consequências da denúncia da Convenção Americana de Direitos Humanos ou da Carta da OEA sobre as obrigações internacionais em matérias de direitos humanos, cf. CORTE INTERAMERICANA DE DIREITOS HUMANOS. **Opinión Consultiva OC-26/20, de 9 de noviembre de 2020, solicitado por la República de Colômbia:** La denuncia de la Convención Americana sobre Derechos Humanos y de la Carta de la Organización de los Estados Americanos y sus efectos sobre las obligaciones estatales en materia de derechos humanos (Interpretación y alcance de los artículos 1, 2, 27, 29, 30, 31, 32, 33 a 65 y 78 de la Convención Americana sobre Derechos Humanos y 3.l), 17, 45, 53, 106 y 143 de la Carta de la Organización de los Estados Americanos). San Jose da Costa Rica, 2020. Disponível em: https://www.corteidh.or.cr/docs/opiniones/seriea_26_esp.pdf. Acesso em: 05 jan. 2021.

11/98, acha-se baseado em duas etapas obrigatoriamente sucessivas: a primeira, perante uma Comissão e a segunda perante uma Corte. Há, contudo, uma variação importante, no que diz respeito à adesão dos Estados Partes em relação ao recebimento de comunicações de violação. No Sistema Europeu anterior ao Protocolo nº 11/98, o peticionamento interestatal (feito por Estado Parte) era de adesão obrigatória e o peticionamento individual de adesão facultativa, lógica inversa daquela depois adotada pelo Sistema Interamericano, dentro do qual impositiva é a adesão ao peticionamento individual apenas, consoante os arts. 44 e 45 da Convenção:

> Artigo 44
>
> Qualquer pessoa ou grupo de pessoas, ou entidade não governamental legalmente reconhecida em um ou mais Estados-membros da Organização, pode apresentar à Comissão petições que contenham denúncias ou queixas de violação desta Convenção por um Estado Parte.
>
> Artigo 45
>
> 1. Todo Estado Parte pode, no momento do depósito do seu instrumento de ratificação desta Convenção, ou de adesão a ela, ou em qualquer momento posterior, declarar que reconhece a competência da Comissão para receber e examinar as comunicações em que um Estado Parte alegue haver outro Estado Parte incorrido em violações dos direitos humanos estabelecidos nesta Convenção.
> 2. As comunicações feitas em virtude deste artigo só podem ser admitidas e examinadas se forem apresentadas por um Estado Parte que haja feito uma declaração pela qual reconheça a referida competência da Comissão. A Comissão não admitirá nenhuma comunicação contra um Estado Parte que não haja feito tal declaração.
> 3. As declarações sobre reconhecimento de competência podem ser feitas para que esta vigore por tempo indefinido, por período determinado ou para casos específicos.
> 4. As declarações serão depositadas na Secretaria Geral da Organização dos Estados Americanos, a qual encaminhará cópia das mesmas aos Estados-membros da referida Organização.

No Mecanismo Convencional, a Corte IDH pode ser acionada *(jus standi)* apenas pelos Estados Partes ou pela CIDH. Assim, a vítima de violação de direitos humanos tem a faculdade de acionar apenas a CIDH, circunstância que vai de encontro à ideia segundo a qual a efetividade de um sistema de proteção é diretamente proporcional à amplitude da democratização do seu acesso aos particulares, como deixou transparecer a reforma procedimental levada a cabo no Sistema Europeu, único a permitir o peticionamento individual à sua Corte.

4.2.1. Procedimento no âmbito da Comissão Interamericana de Direitos Humanos

O artigo 41 da Convenção Americana sobre Direitos Humanos confere à CIDH poderes de investigar o que conste de petições individuais ou de comunicações entre os Estados Membros, nesse último caso, porém, desde que esses tenham aceito a sua competência (art. 45, item 2). A República Federativa do Brasil, até o momento, não autorizou a CIDH a examinar comunicações interestatais, como exige o artigo 45 da Convenção Americana. Dessa forma, o Estado brasileiro somente poderá ser denunciado por meio de petições individuais, não podendo ser denunciado por outro Estado americano.

De acordo com os artigos 44, 45 e 46 da Convenção Americana sobre Direitos Humanos, uma petição individual (de pessoa, grupo de pessoas ou entidade não governamental legalmente reconhecida por um ou mais Estados Membros da Organização) ou comunicação (de Estado contra Estado) somente poderá ser recebida pela CIDH se respeitar os seguintes **requisitos de admissibilidade**: esgotamento dos recursos internos, observância de prazo preclusivo, ausência de litispendência internacional e identificação dos peticionários.

Os dois primeiros requisitos – já que o segundo pressupõe o primeiro – podem ser afastados, sob as seguintes circunstâncias:

1. inexistência de recursos internos a serem esgotados, no caso concreto.
2. negação de acesso à justiça;
3. demora excessiva para esgotarem-se os recursos internos, ocasionada pela morosidade estatal.

Outras 3 (três) hipóteses de dispensa do esgotamento dos recursos internos já foram reconhecidas pela jurisprudência da Corte IDH, quais sejam: (4) inidoneidade do recurso disponível; (5) inutilidade do recurso, a exemplo de precedente da Suprema Corte nacional em sentido diverso); e (6) falta de defensores ou existência de barreiras de acesso à justiça".[22]

A propósito do requisito da ausência de litispendência internacional, o intuito da exigência é evitar apreciações conflitantes dos mesmos fatos, sobretudo no âmbito de diferentes mecanismos coletivos de proteção. No caso brasileiro, um mesmo fato pode ser examinado, tanto dentro dos mecanismos convencional e extraconvencional do Sistema Global da ONU, quanto de ambos os mecanismos do Sistema Interamericano. É o que se depreende do art. 33.2 do Regulamento da CIDH. Esse art. 33, aliás, **para além do requisito da ausência da litispendência, exige, outrossim, a inexistência de coisa julgada** (art. 33.1, "b"):

> Artigo 33. Duplicação de processos
>
> 1. A Comissão não considerará uma petição nos casos em que a respectiva matéria:
>
> a. se encontre pendente de outro processo de solução perante organização internacional governamental de que seja parte o Estado aludido;
>
> b. constitua substancialmente a reprodução de uma petição pendente ou já examinada e resolvida pela Comissão ou por outro organismo internacional governamental de que faça parte o Estado aludido.
>
> 2. Contudo, a Comissão não se absterá de conhecer das petições a que se refere o parágrafo 1, quando:
>
> a. o procedimento seguido perante o outro organismo se limitar ao exame geral dos direitos humanos no Estado aludido e não existir uma decisão sobre os fatos específicos que forem objeto da petição ou não conduzir à sua efetiva solução;
>
> b. o peticionário perante a Comissão, ou algum familiar, for a presumida vítima da violação e o peticionário perante o outro organismo for uma terceira pessoa ou uma entidade não governamental, sem mandato dos primeiros.

22 RAMOS, André de Carvalho. **Processo internacional dos direitos humanos**, cit., p. 237.

Eis uma sistematização sobre as principais informações atinentes à admissibilidade de petições individuais dirigidas a CIDH:

Requisitos (gerais) de admissibilidade de petição individual a CIDH

1. Esgotamento dos recursos internos

Interposição e esgotamento de todos os recursos da jurisdição interna, de acordo com a regra da subsidiariedade do processo internacional, consagrada pelo direito internacional

Exceções

1. inexistência de recursos internos a serem esgotados, no caso concreto
2. negação de acesso à justiça
3. demora excessiva para esgotarem-se os recursos internos, ocasionada pela morosidade estatal
4. inidoneidade do recurso disponível
5. inutilidade do recurso, a exemplo de precedente da Suprema Corte nacional em sentido diverso)
6. falta de defensores ou existência de barreiras de acesso à justiça

2. Prazo

Apresentação dentro do prazo de seis meses, a partir da data em que o presumido prejudicado em seus direitos tenha sido notificado da decisão definitiva

3. Ausência de litispendência e de coisa julgada internacional

Inexistência de pendência ou de conclusão de outro processo de solução internacional quanto à matéria da petição ou comunica

1. o procedimento seguido perante o outro organismo se limitar ao exame geral dos direitos humanos no Estado (sem decisão sobre os fatos específicos que forem objeto da petição ou não conduzir à sua efetiva solução)
2. o peticionário perante a Comissão, ou algum familiar, for a presumida vítima da violação e o peticionário perante o outro organismo for uma terceira pessoa ou uma entidade não governamental, sem mandato dos primeiros

4. Identificação (proibição de anonimato)

No caso de pessoa ou grupo de pessoas ou entidade não governamental legalmente reconhecida por um ou mais Estados Membros da Organização (art. 44 da Convenção), a observação da exigência de que a petição contenha o nome, a nacionalidade, a profissão, o domicílio e a assinatura da pessa ou pessoas ou do representante legal da entidade que submeter a petição

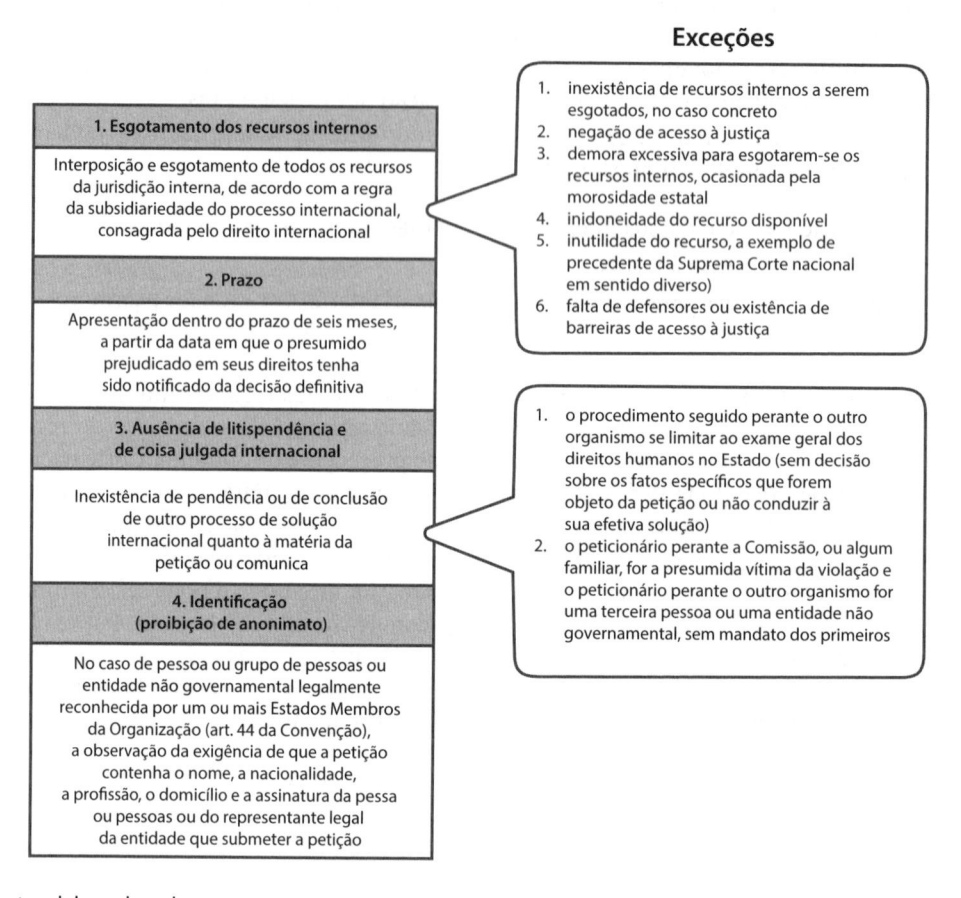

Fonte: elaborada pelo autor

A mencionada necessidade de que, tanto o Estado Parte peticionante quanto o Estado Parte acusado declarem o reconhecimento da competência da CIDH para o exame de uma comunicação consubstancia requisito de admissibilidade específico para as petições interestatais, adicional àqueles acima citados.[23]

Portanto, há que se ter máxima atenção, porque o art. 46 da Convenção Americana dos Direitos Humanos arrola, de modo exaustivo, os seguintes requisitos de admissibilidade das petições individuais e interestatais, devendo ser observados os **requisitos adicionais** estabelecidos por normas específicas contidas em outros dispositivos: (i) ausência de coisa julgada internacional (art. 33.1, "b", do Regulamento da CIDH); e (ii) reconhecimento da competência da CIDH para apreciação de petição **interestatal** pelos Estados Partes, denunciante e acusado (art. 45 da Convenção).

23 Embora a atuação da CIDH não tenha natureza jurisdicional, esta exigência de reconhecimento expresso e mútuo de competência revela materialização da "cláusula facultativa de jurisdição obrigatória".

A Corte IDH já consagrou entendimento no sentido de que o Estado Parte acusado desiste, tacitamente, da alegação de não esgotamento dos recursos internos, quando não a suscita ainda perante a CIDH, não podendo, consequentemente, deduzi-la na instância jurisdicional, sob pena de violação do **Princípio de Estoppel** (proibição de se comportar contrariamente à conduta pregressa).[24]

O procedimento para exame de uma petição individual ou de uma comunicação estatal pela CIDH segue, em grandes linhas, quatro etapas: revisão inicial e admissibilidade, tentativa de conciliação, informe preliminar e informe definitivo ou acionamento da Corte:

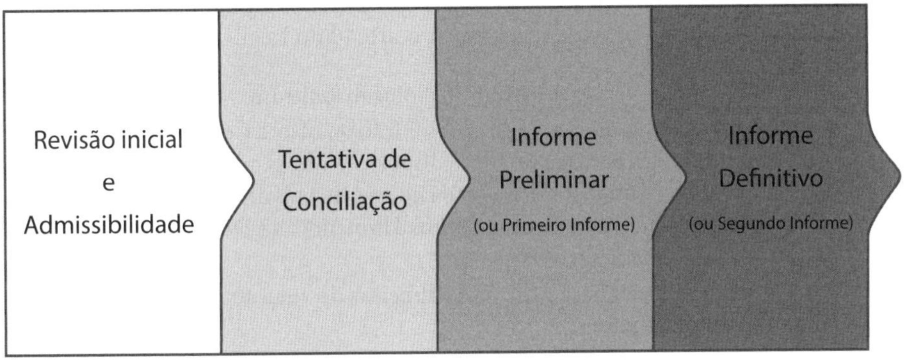

Fonte: elaborada pelo autor

Inicialmente, a Secretaria Executiva da Comissão, no exercício de função delegada, faz uma análise inicial. Em outras palavras, recebida uma petição ou comunicação interestatal, após o respectivo cadastro, é realizado um exame preliminar e perfunctório dos requisitos de admissibilidade, levando-se em consideração apenas as informações apresentadas pelo peticionário. Essa etapa, denominada de "revisão inicial", é finalizada com a decisão sobre a abertura (ou não) do trâmite da petição. Eventual decisão que delibere pela não abertura da tramitação inicial é definitiva, podendo ser objeto de reexame apenas nas hipóteses previstas na Resolução nº 01/2019 da CIDH[25].

Na sequência, aberta a tramitação da petição individual ou comunicação interestatal, a CIDH procede ao exame dos requisitos de admissibilidade de forma pormenorizada, podendo solicitar observações adicionais, por escrito ou em audiência pública. Após analisar as considerações das partes, a CIDH adota um Informe de Admissibilidade ou Inadmissibilidade, que é público e será incluído no Relatório Anual da Comissão a ser enviado para a AGE da OEA (artigo 36.1 do Regulamento da Comissão.

Acolhida, a petição é registrada como "caso", passando-se, após a análise dos requisitos de admissibilidade, ao procedimento de investigação, que começa com pedido de informações ao Estado reclamado, a serem prestadas no prazo de quatro meses, prorrogáveis, a critério

24 RAMOS, André de Carvalho. **Processo internacional dos direitos humanos**, cit., p. 237. Informa, ainda, o autor que a CIDH, em diversas oportunidades, provocou a Corte IDH para que se estabelecesse entendimento na direção do não cabimento de reapreciação, na instância jurisdicional, do juízo de admissibilidade da petição inicial realizado pela Comissão. A Corte não acatou o argumento, tendo apenas ratificado a aplicação do Princípio de Estoppel (Id. Ibid., p. 238-239).

25 COMISSÃO INTERAMERICANA DE DIREITOS HUMANOS. **Resolução 1/19.** Revisão Inicial de Petições. Washington, 2019. Disponível em: http://www.oas.org/es/cidh/decisiones/resoluciones.asp. Acesso: 05 jan. 2021.

da Secretaria Executiva da CIDH, por até seis meses (art. 48.1, "a", da Convenção Americana sobre Direitos Humanos c/c art. 37. 1 e 37.2 do Regulamento da CIDH).

Depois de recebidas as informações, ou caso não sejam remetidas[26], avalia-se o mérito da petição; não havendo motivo para a continuidade do procedimento, a petição é arquivada; caso contrário, a "Comissão realizará, com o conhecimento das partes, um exame acurado do assunto e, se necessário realizará uma investigação dos fatos".[27]

Em tendo sequência o procedimento, a CIDH deve pôr-se à disposição das partes "a fim de chegar a uma solução amistosa do assunto, fundada no respeito aos direitos humanos" reconhecidos na própria Convenção Americana sobre Direitos Humanos (art. 48, item 1, "f"). Na perspectiva desta última providência, dispõe o art. 40 do Regulamento da CIDH:

> Artigo 40. Solução amistosa
>
> 1. Em qualquer etapa do exame de uma petição ou caso, a Comissão, por iniciativa própria ou a pedido das partes, pôr-se-á à disposição destas a fim de chegar a uma solução amistosa sobre o assunto, fundamentada no respeito aos direitos humanos estabelecidos na Convenção Americana sobre Direitos Humanos, na Declaração Americana e em outros instrumentos aplicáveis.
>
> 2. O início e a continuação do procedimento de solução amistosa basear-se-ão no consentimento das partes.

Destarte, uma das funções da CIDH é a de colocar-se como mediadora entre o governo reclamado e a parte que teve o seu direito violado. Essa é uma forma de dar-se maior celeridade e efetividade às decisões da Comissão. A Corte IDH conta com precedente jurisprudencial estabelecendo que a CIDH pode omitir essa fase do procedimento somente em situações excepcionais e com razões fundadas.[28]

Alcançada uma solução amigável para o impasse, a CIDH preparará um relatório sobre o ajuste, que será enviado ao peticionário, ao Estado envolvido e, também, a todos os Estados Partes da Convenção, e, num segundo momento, levado à Secretaria-Geral da OEA, como um informe sucinto do ocorrido, para ser publicado (art. 49 da Convenção)[29].

Não obtida a solução amigável, a CIDH, ao final das investigações, preparará um **Informe Preliminar (Primeiro Informe)**, no qual se posicionará se houve, ou não, violação aos direitos humanos garantidos pela Convenção Americana sobre Direitos Humanos. Não

---

26 O não envio de informações pelo Estado, no prazo assinalado, se devidamente notificado, comporta presunção relativa de veracidade dos fatos alegados na petição (art. 38 do Regulamento da CIDH).

27 PIOVESAN, Flávia. **Direitos humanos e o direito constitucional internacional**. 11 ed. São Paulo: Saraiva, 2010, p. 232.

28 Cf.CORTE INTERAMERICANA DE DIREITOS HUMANOS. **Caso Caballero Delgado y Santana vs. Colombia**, Sentencia de 21 enero de 1994 (Excepciones Preliminares). San José, 1994, p. 7 (27-28). Disponível em: https://www.corteidh.or.cr/docs/casos/articulos/seriec_17_esp.pdf. Acesso em 07 jan. 2021.

29 A título ilustrativo, a primeira solução amistosa firmada pelo Estado brasileiro ocorreu em 18 de setembro de 2003, no caso José Pereira, relacionada a prática de trabalho em condições análogas à de escravo, em uma fazenda localizada no sul do Estado do Pará (Informe nº 95/03. Caso 11.289, de 24 de outubro de 2003). Em 2006, foi concretizada solução amistosa no Caso das Crianças Emasculadas do Maranhão, que tratou do homicídio de três crianças, cujos corpos foram encontrados com marcas de tortura e emasculação dos órgãos genitais (Informe nº 43/06, Casos 12.426 e 12.427, de 15 de março de 2006). Em 2020, a Comissão homologou solução amistosa no Caso Marcio Lapoente da Silveira, relativo à morte de um cadete da Academia Militar das Agulhas Negras, em razão de condutas excessivas praticadas por funcionários militares (Informe nº. 111/20, Caso 12.674, de 9 de junho de 2020).

sendo encontrada violação, o caso é encerrado e o expediente arquivado, de forma irrecorrível, mesmo que a deliberação não tenha sido unânime (art. 50 da Convenção). Apenas se a decisão de mérito for favorável ao Estado, o respectivo relatório final será devidamente publicado.[30]

A descoberta e comprovação da violação, porém, faz com que a CIDH insira em seu Informe Preliminar – que deve conter a descrição dos fatos e as conclusões – as recomendações que entenda necessárias para o ressarcimento do dano e a obstrução de novos ferimentos aos direitos humanos, dentro do país violador.

A CIDH fixará um prazo para que o Estado esclareça acerca da adoção de medidas no sentido do cumprimento das recomendações do Informe Preliminar. Se, em até três meses após a remessa do Informe Preliminar ao Estado[31], o caso não houver sido solucionado ou submetido a Corte IDH pela Comissão ou pelo próprio Estado, a CIDH está autorizada a produzir, por maioria absoluta de votos, o **Informe Definitivo (Segundo Informe)**, com "sua opinião e conclusões sobre a questão submetida à sua consideração" (art. 51, item 1 da Convenção), além de suas recomendações (art. 47, item 1, do Regulamento da CIDH).

Este prazo de três meses após o Informe Preliminar, contudo, comporta "suspensão" (dilação), autorizada pelo art. 46 Regulamento da CIDH sob certas condições, com vistas a se evitar o encaminhamento do caso a Corte IDH, para as situações pertinentes a Estado que tenha reconhecido a jurisdição dessa. As condições para esta "suspensão" são duas:

- ➔ o Estado demonstrar sua vontade e capacidade de implementar as recomendações constantes do Informe Preliminar, mediante a adoção de ações concretas e idôneas para seu cumprimento. Para tanto, a CIDH poderá levar em conta a existência de leis internas que estabeleçam um mecanismo de cumprimento de suas recomendações.
- ➔ em consequência de seu pedido, o Estado aceitar, de forma expressa e irrevogável, a suspensão do prazo previsto no artigo 51, item 1, da Convenção Americana sobre Direitos Humanos para a submissão do caso à Corte e, em consequência, renunciar expressamente a interpor exceções preliminares quanto ao cumprimento desse prazo na eventualidade de o assunto ser encaminhado à Corte.

Contudo, nas hipóteses envolvendo Estados que reconheceram a jurisdição da Corte IDH, a teor do art. 45, item 1, do Regulamento da CIDH, a recusa estatal em acatar as recomendações do Informes Preliminar da Comissão deve, **em regra, ensejar a submissão do caso a Corte IDH, salvo decisão fundamentada por maioria absoluta**, cuja adoção deverá considerar, necessariamente, o exame de algumas circunstâncias previamente fixadas, quais sejam, (i) a posição do peticionário; (ii) a natureza e a gravidade da violação e a necessidade de desenvolver ou esclarecer a jurisprudência do sistema; e (iii) o efeito eventual da decisão nos ordenamentos jurídicos dos Estados Membros.

---

30 Nesse sentido: CORTE INTERAMERICANA DE DIREITOS HUMANOS. **Opinión Consultiva OC-13/93 de 16 de julio de 1993**: Ciertas atribuciones de lª Comisión Interamericana de Derechos Humanos (Arts. 41, 42, 44, 46, 47, 50 y 51 de la Convención Americana sobre Derechos Humanos). San José da Costa Rica, 1993, parágrafo 56. Disponível em: https://www.corteidh.or.cr/docs/opiniones/seriea_13_esp.pdf. Acesso em: 06 jan. 2021.

31 "A prática interamericana contempla a prorrogação do prazo de 3 meses, bastando a anuência da Comissão e do Estado" (RAMOS, André de Carvalho. **Processo internacional dos direitos humanos**, cit., p. 242-243).

A imposição da submissão do Caso a Corte IDH como regra, salvo decisão fundamentada da maioria absoluta, é produto de alteração do Regulamento da CIDH, levada a efeito em 2001. Antes disso, a CIDH tinha a discricionariedade de definir acerca do aforamento da causa, situação obviamente menos desejável, sob o prisma da efetividade de qualquer sistema de proteção de direitos humanos.

Em suma, o não atendimento do Informe Preliminar acarreta, em regra, a submissão do caso à Corte IDH, o que não acontecerá apenas em duas situações: se o Estado violador não reconhecer a jurisdição desse tribunal ou em caso de decisão contrária fundamentada da maioria absoluta dos membros da CIDH. Verificada a primeira exceção, terá lugar o Informe Definitivo e a deliberação da CIDH acerca de seu envio para à AGE da OEA, à qual incumbirá decidir sobre a adoção de eventuais medidas políticas de repreensão.

No que tange à força vinculante dos Informes da CIDH, a despeito de entendimentos que lhes nega obrigatoriedade, classificando-os como meras sanções morais ou políticas, a Corte IDH estabeleceu precedentes jurisprudenciais no sentido de que **o Informe Preliminar não é vinculante, mas o Informe Definitivo, sim**. Isso porque aquele, porventura olvidado pelo Estado acusado, dará lugar à submissão do caso ao órgão jurisdicional do Sistema Interamericano. Já o Informe Definitivo será necessário, sobretudo, quando de violação por Estado que não tenha reconhecido a jurisdição da Corte IDH. Neste particular, a obrigação de cumprir o Informe Definitivo decorre da condição do Estado de parte da Convenção Americana sobre Humanos, tendo por consequência a aceitação da competência da CIDH para receber e apurar petições individuais e interestatais, além da assunção da obrigação de respeitar os direitos humanos (art. 1º da Convenção), da qual não pode se eximir. Disse a Corte IDH:

> Em virtude do princípio da boa-fé, consagrado no mesmo art. 31.1 da Convenção de Viena, se um Estado assina e ratifica um tratado internacional, especialmente se trata de direitos humanos, como é o caso da Convenção Americana, tem a obrigação de realizar seus melhores esforços para aplicar as recomendações de um órgão de proteção como a Comissão Interamericana que é, ademais, um dos órgãos principais da Organização dos Estados Americanos, que tem como função "promover a observância e a defesa dos direitos humanos" no hemisfério (Carta da OEA, artigos 52 e 111).
>
> Não obstante, o artigo 33 da Convenção Americana dispõe que a Comissão Interamericana é um órgão competente junto com a Corte "para conhecer dos assuntos relacionados com o cumprimento dos compromissos contraídos pelos Estados-Partes", pelo que, ao ratificar a dita Convenção, os Estados-Partes se comprometem a atender as recomendações que a Comissão aprova em seus informes.[32]

Em que pese a louvável iniciativa da Corte IDH de afirmar a força vinculante do Informe Definitivo, o fato é que o acompanhamento do seu cumprimento não conta com mecanismos próprios estabelecidos para repressão do seu inadimplemento, ao contrário do que se viu a respeito da possibilidade de suspensão do membro dos quadros da OEA, havido rompimento do regime democrático. O expediente adotado pela CIDH tem sido manter a AGE da OEA informada sobre o *status* do cumprimento de suas recomendações.[33]

---

32 CORTE INTERAMERICANA DE DIREITOS HUMANOS. **Caso Loayza Tamayo Vs. Perú.** Sentencia de 17 de septiembre de 1997 (Fondo). San Jose, 1997, p. 34 (80-81). Disponível em: https://www.corteidh.or.cr/docs/casos/articulos/seriec_33_esp.pdf. Acesso em: 07 jan. 2021.

33 RAMOS, André de Carvalho. **Processo internacional dos direitos humanos**, cit., p. 246-247.

A tramitação de petições individuais perante a CIDH encontra-se representada neste organograma:

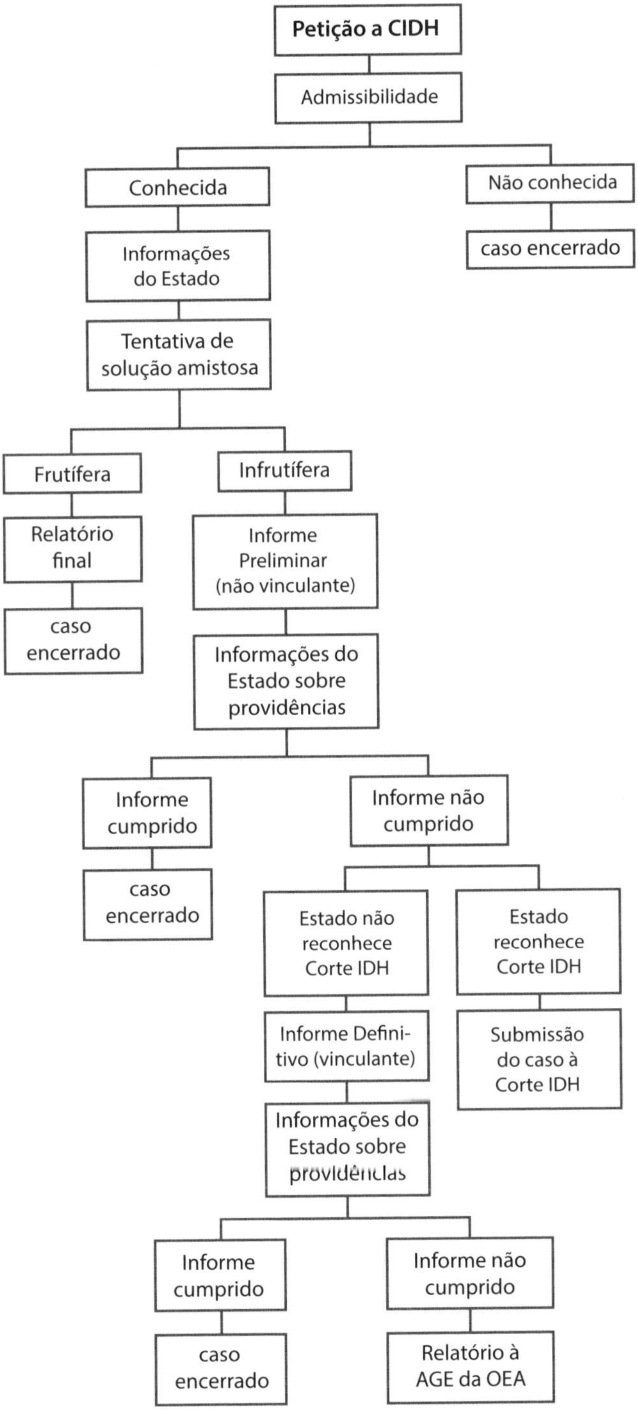

Fonte: elaborada pelo autor

O art. 25 do Regulamento da CIDH prevê, com detalhes, a possibilidade da adoção de **medidas cautelares** pela Comissão, com espeque nos arts. 106 da Carta da OEA, 41, "b", da Convenção Americana sobre Direitos Humanos, 18, "b", do Estatuto da CIDH e XIII da Convenção Interamericana sobre o Desaparecimento Forçado de Pessoas.

As medidas cautelares podem decorrer de iniciativa própria da CIDH ou a pedido de parte, sempre no sentido de recomendar a adoção de providências ao Estado. Essas medidas **podem ou não manter conexão com uma petição ou caso já em trâmite** nos órgãos do Sistema Interamericano. As medidas cautelares admitidas pelo art. 25 do Regulamento da CIDH comportam adoção nos 2 (dois) mecanismos interamericanos (da OEA e da Convenção).

Para a decisão sobre as medidas cautelares, a CIDH deve considerar, à vista dos fatos objeto do pedido, a presença dos seguintes atributos: **gravidade da situação, urgência da situação e dano irreparável** (art. 25, item 2). Para tanto, deverão ser avaliadas, ainda, as seguintes circunstâncias (art. 25, item 6):

- ➔ se a situação foi denunciada às autoridades pertinentes ou se há motivos que impedissem a denúncia.
- ➔ a identificação individual dos beneficiários propostos das medidas cautelares ou a determinação do grupo a que pertencem ou estão vinculados.
- ➔ a expressa concordância dos potenciais beneficiários, quando a solicitação for apresentada por terceiros, salvo em situações em que se justifique a ausência de consentimento.

Porém, antes de decidir sobre a solicitação de medidas cautelares, a CIDH exigirá do Estado envolvido informações relevantes, salvo nos casos em que a iminência do dano potencial não admita demora (art. 25, item 5). Com a chegada das informações, a apreciação do pedido deve ser breve.

O art. 25.8 consigna que a concessão dessas medidas e sua adoção pelo Estado não constituirão prejulgamento de qualquer violação dos direitos protegidos na Convenção Americana sobre Direitos Humanos ou em outros instrumentos aplicáveis.

Independentemente da eventual concessão de medidas cautelares pela CIDH, essa sempre poderá apresentar à Corte IDH pedido de medidas provisórias, como se verá, adiante.

4.2.2. Procedimento no âmbito da Corte Interamericana de Direitos Humanos

A Corte IDH foi prevista pela Convenção Americana sobre Direitos Humanos e **por isso não é um órgão da OEA**, ao contrário da CIDH. Trata-se do órgão jurisdicional do Sistema Interamericano e está sediada, desde 3 de setembro de 1979, em San José da Costa Rica, a despeito de suas primeiras reuniões, em 29 e 30 de junho daquele mesmo ano, terem acontecido na sede da OEA, em Washington, EUA.[34]

A Corte IDH é composta por 7 (sete) membros juízes, juristas nacionais dos Estados Membros da OEA, e agem de forma independente (sem vinculação a nenhuma vontade estatal), sendo eleitos por suas capacidades pessoais, mediante votação secreta da maioria absoluta dos Estados Partes da Convenção Americana sobre Direitos Humanos, reunidos na AGE da OEA (art. 52.1 da Convenção).

---

[34] CANÇADO TRINDADE, Antônio Augusto. **Tratado de Direito Internacional dos Direitos Humanos** - *Vol. III*, cit., p. 50.

Note-se: embora apenas Estados Partes da Convenção Americana sobre Direitos Humanos elejam os juízes da Corte, em sua composição pode haver nacional de qualquer Estado Membro da OEA, isto é, pode haver juiz nacional de Estado que não seja parte na Convenção. No corpo de membros da Corte, não deve haver dois juízes da mesma nacionalidade (art. 52, item 2, da Convenção). A eleição dá-se a partir de uma lista de candidatos propostos pelos Estados Partes da Convenção. Cada Estado Parte pode propor até três candidatos, nacionais seus ou de outros Estado Membro da OEA. O Estado Parte da Convenção que propuser três candidatos deverá, obrigatoriamente, ter entre eles um nacional de outro Estado (art. 53 da Convenção).

O mandato dos juízes é de seis anos, permitida apenas uma reeleição, por igual período (art. 54, item 1, da Convenção). O quórum para as deliberações, na Corte IDH, é de cinco juízes (art. 56 da Convenção).

A Corte IDH, diferentemente da Corte Europeia, não é permanente, reunindo-se em períodos de sessões ordinárias (art. 11 do Regulamento da Corte) e em sessões extraordinárias, estas convocadas por seu Presidente, *ex officio* ou a pedido da maioria dos juízes (art. 12 do Regulamento da Corte). A Corte IDH poderá, ainda, reunir-se em qualquer Estado Membro da OEA, com sua prévia aquiescência, quando a maioria de seus membros o considere conveniente.

Em que pese a sua atuação independente, a fim de equalizar a questão da idoneidade dos juízes face aos casos envolvendo o Estado de sua nacionalidade, a Convenção Americana sobre Direitos Humanos, no art. 55, adotou a figura do juiz *ad hoc*:

> Artigo 55 – 1. O juiz, que for nacional de algum dos Estados-partes em caso submetido à Corte, conservará o seu direito de conhecer do mesmo.
>
> 2. Se um dos juízes chamados a conhecer do caso for de nacionalidade de um dos Estados-partes, outro Estado Parte no caso poderá designar uma pessoa de sua escolha para integrar a Corte, na qualidade de juiz *ad hoc*.
>
> 3. Se, dentre os juízes chamados a conhecer do caso, nenhum for da nacionalidade dos Estados-partes, cada um destes poderá designar um juiz *ad hoc*.
>
> 4. O juiz *ad hoc* deve reunir os requisitos indicados no artigo 52.
>
> 5. Se vários Estados-partes na Convenção tiverem o mesmo interesse no caso, serão considerados como uma só parte, para os fins das disposições anteriores. Em caso de dúvida, a Corte decidirá.

Ocorre que, em 20 de setembro de 2009, instada pela Argentina, a Corte IDH exarou a **Opinião Consultiva nº 20/09**, restringindo, ao interpretar o art. 55 da Convenção, o cabimento da nomeação de juízes *ad hoc* apenas para as demandas que tenham origem em petições interestatais.[35] Portanto, **os casos contenciosos submetidos à Corte IDH, originários de petição individual apresentada à CIDH, não comportam nomeação de juiz *ad hoc* pelo Estado envolvido**. Ainda com vistas a fortalecer a imagem de imparcialidade do órgão jurisdicional, naquela mesma Opinião Consultiva estabeleceu-se o impedimento da participação de juiz que tenha a nacionalidade do Estado réu, no julgamento de demanda proposta pela CIDH em decorrência de petição individual.

---

[35] CORTE INTERAMERICANA DE DIREITOS HUMANOS. **Opinión Consultiva OC-20/09 de 29 de Septiembre de 2009.** Solicitada por la República Argentina. Artículo 55 de la Convención Americana sobre Derechos Humanos. San Jose, 2009. Disponível em: https://www.corteidh.or.cr/docs/opiniones/seriea_20_esp1.pdf. Acesso em: 07 jan. 2021.

Somente a CIDH e os Estados poderão provocar a Corte IDH (*jus standi*), pois ao indivíduo falece legitimidade para tanto, haja vista que ainda não tem personalidade jurídica de Direito Internacional Público (art. 61, item 1, da Convenção).

Nada obstante, alteração promovida, em 2009, no Regulamento da Corte deu importante passo para avançar na necessária democratização do acesso das vítimas à instância jurisdicional interamericana. Trata-se da obrigatoriedade de notificação da suposta vítima, seus representantes ou do Defensor Interamericano[36], facultando-se a sua participação ativa em todo o processo, nos termos conjugados dos arts. 25 e 39 do Regulamento da Corte:

> Artigo 25. Participação das supostas vítimas ou seus representantes
>
> 1. Depois de notificado o escrito de submissão do caso, conforme o artigo 39 deste Regulamento, as supostas vítimas ou seus representantes poderão apresentar de forma autônoma o seu escrito de petições, argumentos e provas e continuarão atuando dessa forma durante todo o processo.

Desde então, embora as vítimas não detenham o poder de ajuizar ações perante a Corte (IDH), lhes sendo por isso negado o *jus standi*, passaram a contar com a possibilidade de atuar, ativamente, após a propositura da ação pela CIDH versando sobre a violação sofrida. Releva pontuar que apesar desse avanço, às vítimas ou representantes que venham a oficiar no processo não é dado alterar o objeto da causa ou a extensão dos beneficiários, fixados, quando do ajuizamento, pela CIDH. Por outro lado, vítimas e seus representantes participam do processo de modo independente, peticionando e fazendo prova, autonomamente, em relação à CIDH, sequer estando adstrita à linha argumentativa desta última, o que lhe assegura, ao menos, o *locus standi*.

Vale relembrar, ainda, que a Defensoria Pública Interamericana (DPI) surgiu em 2009, justamente por ocasião da reforma estrutural no Sistema Interamericano que passou a permitir às vítimas participarem diretamente no procedimento perante a Corte IDH. Em consequência disso, foi celebrado um acordo de Entendimento entre a Corte IDH e a Associação Interamericana de Defensorias Públicas (AIDEF), com a finalidade garantir à possível vítima uma defesa técnica adequada perante o Tribunal.[37] Em 2013, esse acordo foi firmado também com a Secretaria-Geral da OEA para possibilitar a atuação do DPI nos casos em tramitação perante a Comissão.[38]

É importante registrar que a designação de um DPI para atuar perante a Corte IDH ocorre na hipótese de hipossuficiência de recursos ou inexistência de representação legal por um advogado pela vítima (requisitos alternativos). Já para a atuação do DPI perante a CIDH,

---

36 Regulamento da Corte IDH, "art 37. Defensor Interamericano. Em casos de supostas vítimas sem representação legal devidamente credenciada, o Tribunal poderá designar um Defensor Interamericano de ofício que as represente durante a tramitação do caso".

37 ASOCIACIÓN INTERAMERICANA DE DEFENSORÍAS PÚBLICAS (AIDEF). Acuerdo de entendimiento entre la Corte Interamericana y la AIDEF -Firmado el 25 de septiembre de 2009 en la ciudad de San José de Costa Rica, Costa Rica. Disponível em: http://www.mpd.gov.ar/users/uploads/Acuerdo_de_Entendimiento_entre_la_CIDH-AIDEF.pdf. Acesso em: 06 jan. 2021.

38 ASOCIACIÓN INTERAMERICANA DE DEFENSORÍAS PÚBLICAS (AIDEF). Acuerdo de entendimiento entre la CIDH y la AIDEF – Firmado el 8 de marzo de 2013 en la ciudad de Washington DC, Estados Unidos de América. Disponível em: http://www.mpd.gov.ar/index.php/component/content/article/126-internacional/aidef/471-acuerdo-de-entendimiento-entre-la-cidh-y-la-aidef-firmado-el-8-de-marzo-de-2013-en-la-ciudad-de-washington-dc-estados-unidos-de-america.html?Itemid=101. Acesso em: 06 jan. 2021.

além da presença hipossuficiência e ausência de representação (requisitos cumulativos), há necessidade de demonstração de outros requisitos cumulativos, quais sejam: complexidade da causa ou tratar de matéria nova para a proteção dos direitos humanos; que o caso envolva violação de direitos humanos de especial interesse para a AIDEF; e que o caso trate de uma ou mais possíveis vítimas que pertençam a um grupo em situação de vulnerabilidade. A aceitação do caso e escolha do DPI cabe a AIDEF, sendo possível à vítima recusar a designação do DPI.[39]

A CIDH, perante a Corte IDH, deve atuar em todos os processos, como determina o artigo 57 da Convenção Americana sobre Direitos Humanos, mesmo naqueles que não sejam de sua iniciativa (iniciativa estatal). Pode a CIDH, ainda, requerer pareceres à Corte, utilizando-se da sua competência consultiva.

A **competência consultiva** da Corte IDH é muito ampla, sendo determinada pelo artigo 64 da Convenção:

> Art. 64
>
> 1. Os Estados-Membros da Organização poderão consultar a Corte sobre a interpretação desta Convenção ou de outros tratados concernentes à proteção dos direitos humanos nos Estados Americanos. Também poderão consultá-la, no que lhe compete, os órgãos enumerados no Cap. X da Carta da Organização dos Estados Americanos, reformada pelo Protocolo de Buenos Aires.

A Corte, a pedido de um Estado Membro da Organização, poderá emitir pareceres sobre a compatibilidade entre qualquer de suas leis internas e os mencionados instrumentos internacionais.

Vê-se, pois, que a legitimidade ativa para consultas se amplia para além dos Estados Partes da Convenção, chegando a abarcar todos os Estados Membros da OEA, bem como alguns órgãos da OEA, que devem demonstrar uma pertinência temática (artigo 70, item 3, do Regulamento da Corte). Além disso, a competência *ratione materiae* da Corte também é aumentada para além dos casos relativos à violação de direitos garantidos pela Convenção Americana, passando a tratar de todas as consultas que tenham como base tratados de proteção dos direitos humanos vigentes na América. Essa amplitude da competência material para consultas restou reafirmada na **Opinião Consultiva nº 01/82**, de 24 de setembro de 1982.

Nessa mesma Opinião Consultiva, a Corte IDH afirmou a sua faculdade de, motivadamente, deixar de responder a um pedido de consulta, quando notar que teria de ir além dos limites de seu papel consultivo. A respeito, mencione-se a **Opinião Consultiva nº 12/91**, de 6 de dezembro de 1991, que deixou de ser respondida pela Corte IDH, sob o fundamento de que sua jurisdição para consultas não pode ser desvirtuada, no sentido de se prestar a tratar, de forma mascarada, de situações concretas passíveis de serem levadas ao conhecimento do mesmo tribunal, pela via contenciosa.

Por outro lado, também consta da mencionada O.C. nº 01/82 que "as opiniões consultivas da Corte, como as de outros tribunais internacionais, por sua própria natureza, não têm o mesmo efeito vinculante que se reconhece para suas sentenças em matéria contenciosa". Não obstante, é certo que provisões da jurisdição consultiva "declaram o Direito Internacional e com isso, possibilitam maior certeza jurídica aos sujeitos de Direito Internacional"[40].

---

39 ASOCIACIÓN INTERAMERICANA DE DEFENSORÍAS PÚBLICAS **Reglamento Unificado AIDEF ante CIDH y CorteIDH**. Santiago, Chile, 4 set. 2018. Disponível em: http://aidef.org/defensores-publicos--interamericanos/reglamentos. Acesso em: 18 jan. 2021.

40 RAMOS, André de Carvalho. **Processo internacional dos direitos humanos**, *cit.*, p. 272.

A **competência contenciosa** da Corte IDH é delimitada pelo artigo 62 da Convenção:

> 1. Todo Estado Parte pode, no momento do depósito do seu instrumento de ratificação desta Convenção ou de adesão a ela, ou em qualquer momento posterior, declarar que reconhece como obrigatória, de pleno direito e sem convenção especial, a competência da Corte em todos os casos relativos à interpretação ou aplicação desta Convenção.
> 2. A declaração pode ser feita incondicionalmente ou sob condição de reciprocidade por prazo determinado ou para casos específicos. Deverá ser apresentada ao Secretário-Geral da Organização, que encaminhará cópias da mesma aos outros Estados-Membros da Organização e ao Secretário da Corte.
> 3. A Corte tem competência para conhecer de qualquer caso relativo à interpretação e aplicação das disposições desta Convenção que lhe seja submetido, desde que os Estados-Partes no caso tenham reconhecido ou reconheçam a referida competência, seja por declaração especial, como preveem os incisos anteriores, seja por convenção especial.

Por esse artigo, percebe-se que, uma vez mais, a "cláusula facultativa de jurisdição obrigatória" foi utilizada, pois **a simples adesão à Convenção não faz com que o Estado se vincule às decisões da Corte, devendo haver para tanto uma declaração em separado**.

Importante ressaltar que a Corte IDH conta com reiterados julgados que afirmam sua competência para interpretação e aplicação de qualquer tratado interamericano que preveja a possibilidade de peticionamento para a CIDH, como ocorre, *v.g.*, com a Convenção Interamericana para Prevenir e Punir a Tortura e com a Convenção Interamericana para Prevenir, Punir e Erradicar a Violência contra a Mulher – "Convenção de Belém do Pará". Sob tal entendimento, para que o Estado seja julgado pela Corte IDH por tratado interamericano distinto da Convenção Americana sobre Direitos Humanos que tenha ratificado, basta que haja declaração geral sua de reconhecimento da jurisdição da referida Corte, no marco da própria Convenção Americana, e que o tratado contenha disposição que permita o acionamento do "sistema de petições e casos" da CIDH para apuração de caso contencioso, **dispensando-se, portanto, a produção de declarações específicas individualizadas de submissão ao tribunal interamericano.**[41]

São 21 (vinte e um) os Estados Partes da Convenção Americana sobre Direitos Humanos, que reconhecem a jurisdição da Corte IDH, entre eles o Brasil.[42] A despeito de haver ratificado a Convenção em 1992, o Brasil não reconheceu, de imediato, a jurisdição da Corte IDH, tendo transmitido ao Secretário-Geral da OEA comunicação desse reconhecimento apenas em 10 de dezembro de 1998, após a aprovação, no Congresso Nacional, do Decreto Legislativo nº 89/98. A promulgação dessa decisão, por sua vez, deu-se tão somente pelo Decreto nº 4.463, de 8 de novembro de 2002. Aquela comunicação à OEA contou com duas ressalvas: o reconhecimento brasileiro da jurisdição da Corte IDH condicionou-se à reserva de reciprocidade e seu alcance ficou restrito aos fatos posteriores a 10 de dezembro de 1998.

---

41 CORTE INTERAMERICANA DE DIREITOS HUMANOS. **Caso Favela Nova Brasília Vs. Brasil**. Sentença de 5 de Fevereiro de 2018 (Interpretação da Sentença de Exceções Preliminares, Mérito, Reparações e Custas). San Jose, 2018, p. 12-14 (64-67). *Disponível em: https://www.corteidh.or.cr/docs/casos/articulos/seriec_345_por.pdf. Acesso em: 07 jan. 2021.*

42 COMISSÃO INTERAMERICANA DE DIREITOS HUMANOS. **Convenção Americana sobre Direitos** Humanos, Washington, s.d. Disponível em: http://www.cidh.oas.org/basicos/portugues/d.Convencao_Americana_Ratif..htm. Acesso em: 07 jan. 2021.

Uma vez, porém, que a Corte IDH receba o processo e comece a exercer sua competência contenciosa, pode rever todas as decisões anteriormente tomadas pela CIDH e até mesmo o juízo de admissibilidade da petição individual pode ser objeto de análise e, eventualmente, modificado, salvo se o Estado réu deixou de oportunamente atacar os requisitos de admissibilidade.

Em linhas gerais e já segundo o Regulamento da Corte IDH de 2009 (arts. 34 a 69), o caso contencioso distribui-se em 4 (quatro) etapas, denominadas Procedimento Escrito, Procedimento Oral, Procedimento Final Escrito e Sentenças.

Em grandes linhas, as etapas de tramitação de uma ação perante a Corte IDH podem ser assim representadas.

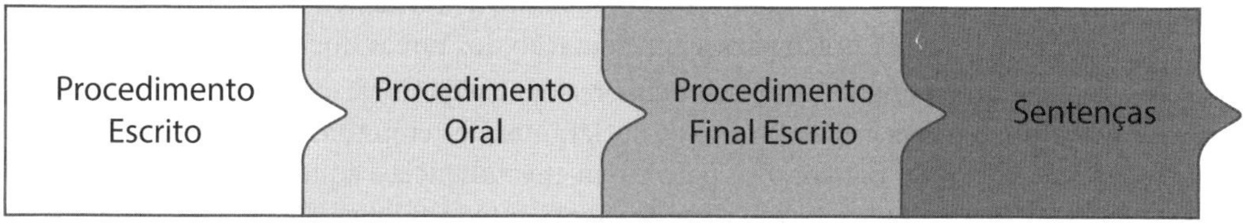

Fonte: elaborada pelo autor

Referidas etapas, em síntese, atendem ao seguinte trâmite:

1. Apresentação pela CIDH do Informe, que deverá conter a narrativa de todos os fatos supostamente violentadores, com a identificação das supostas vítimas, especificando, para tanto, todos os dados necessários indicados no art. 35.1 do Regulamento da Corte.
2. Notificação do caso, pelo Secretário da Corte ao Presidente da Corte, aos juízes, ao Estado réu e às vítimas, seus representantes ou ao Defensor Interamericano (se for o caso).
3. Contados de sua notificação acerca do caso, as vítimas ou seus representantes terão improrrogáveis 2 (dois) meses para apresentar suas petições, argumentos e provas, contemplando:
   a. a descrição dos fatos dentro do marco estabelecido na apresentação do caso pela CIDH.
   b. as provas oferecidas, devidamente ordenadas, com indicação dos fatos e argumentos sobre os quais versam.
   c. a individualização dos declarantes e o objeto de sua declaração. No caso dos peritos, deverão ademais remeter seu currículo e seus dados de contato.
   d. as pretensões, incluídas as que concernem a reparações e custas.
4. Contado de sua notificação acerca do caso, o Estado réu, igualmente, terá improrrogáveis 2 (dois) meses para apresentar sua contestação, com argumentos – inclusive exceções preliminares, sem suspensão do feito quanto ao mérito – e provas, indicando, ainda:
   a. se aceita os fatos e as pretensões ou se os contradiz.
   b. as provas oferecidas devidamente ordenadas, com indicação dos fatos e argumentos sobre os quais versam.
   c. a propositura e identificação dos declarantes e o objeto de sua declaração. No caso dos peritos, deverá ademais remeter seu currículo e seus dados de contato.
   d. os fundamentos de direito, as observações às reparações e às custas solicitadas, bem como as conclusões pertinentes.

5. Notificação do teor da contestação, pelo Secretário da Corte, ao Presidente e juízes do tribunal, à CIDH e à vítima ou seus representantes.
6. Prazo de 30 (trinta) dias, a partir do recebimento da notificação do conteúdo da contestação, para que, caso queiram, CIDH e vítimas ou seus representantes manifestem-se sobre as exceções preliminares suscitadas (a Corte IDH, a seu critério, poderá convocar audiência especial para as exceções preliminares e, ainda, julgá-las em decisão separada ou conjunta com a sentença de mérito e de reparações).
7. Após a contestação estatal e as "réplicas" da CIDH e das vítimas ou de seus representantes, ainda é possível a todos requerer à Corte IDH a realização de outros atos, ainda dentro do procedimento escrito, cabendo à Presidência do tribunal, se acatado o pedido, assinalar prazo para a apresentação dos novos documentos.
8. Designação das audiências orais pela Presidência da Corte, com solicitação às partes que indiquem sua lista definitiva de declarantes (testemunhas e peritos[43]), apontando os que devem ser convocados para oitiva em audiência e aqueles que podem prestar declaração reduzida a termo perante agente com fé-pública. O teor de cada uma das listas de declarantes será dado ao conhecimento das demais partes.
9. Da notificação da lista de declarantes das partes, conta-se o prazo de dez dias para impugnação, a ser avaliada, posteriormente, pela Corte. Aos peritos arrolados será assinalado prazo, pela Presidência da Corte, para manifestação acerca da impugnação;
10. Resolução da Corte IDH ou de sua Presidência sobre as listas de declarantes e respectivas impugnações, definindo o objeto de declaração de cada um dos declarantes; requerendo a remessa das declarações prestadas ante agente dotado de fé pública que considere pertinentes; e convocando à audiência, se estimar necessário, aqueles que dela devam participar. A parte proponente da declaração está incumbida de promover a colheita de declaração perante agente com fé pública e o comparecimento do declarante convocado à audiência. Perguntas por escrito aos declarantes que serão ouvidos por agente com fé pública podem ser encaminhadas à Corte, que decidirá sobre sua pertinência. Das declarações perante agente com fé pública caberá ulterior manifestação das partes;
11. Audiência oral, com o procedimento detalhado constante do Regulamento da Corte, realizando-se oitivas dos declarantes, manifestações das partes (vítimas ou seus representantes, Estado réu e CIDH) e perguntas dos juízes a quem esteja presente na audiência.
12. Alegações finais escritas das partes, no prazo estabelecido pela Presidência da Corte.
13. Sentença a respeito das exceções preliminares (caso ainda não pronunciada), do mérito e das reparações e custas, sendo que estas últimas podem ser relegadas para decisão posterior, em apartado. A todo juiz participante do julgamento é facultado apresentar voto concordante ou dissidente.

---

[43] Conforme esclarece o art. 2. Item 23, do Regulamento da Corte IDH, "o termo 'perito' significa a pessoa que, por possuir determinados conhecimentos ou experiência científica, artística, técnica ou prática, informa ao julgador sobre pontos do litígio na medida em que se relacionam com seu notório conhecimento ou experiência". O perito, no mais das vezes, manifesta-se em forma de declaração escrita (*affidávit*).

O procedimento relativo a casos contenciosos de iniciativa da CIDH perante a Corte IDH pode ser assim sintetizado:

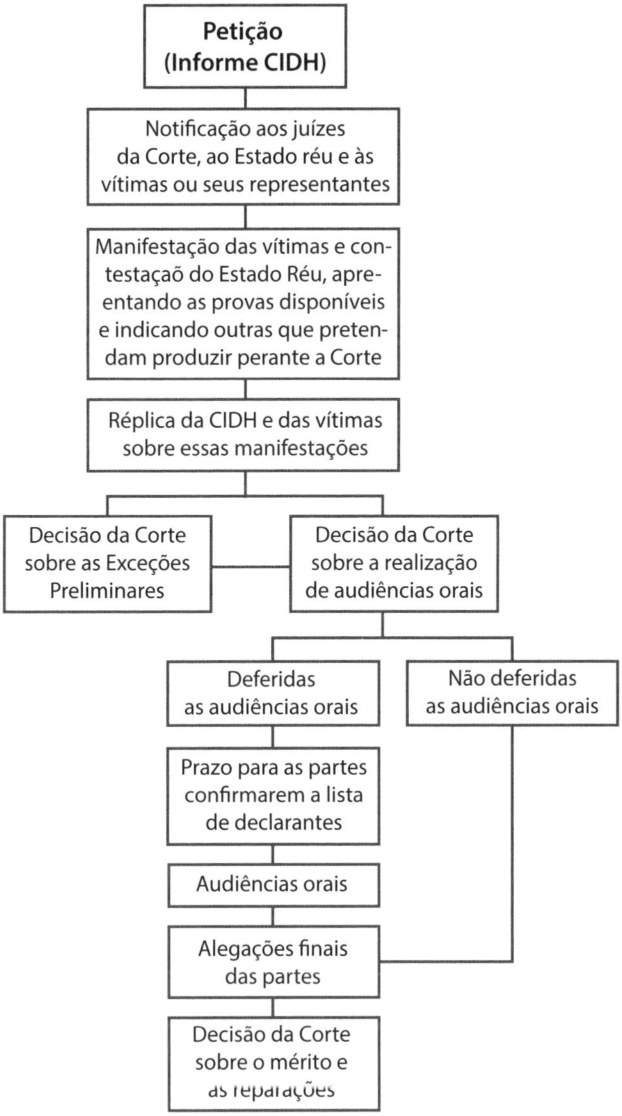

Fonte: elaborada pelo autor

O procedimento contencioso perante a Corte IDH admite a intervenção de *amicus curiae*, nestes termos do Regulamento:

> Artigo 44. Apresentação de *amicus curiae*
>
> (...)
>
> 3. Nos casos contenciosos, um escrito em caráter de *amicus curiae* poderá ser apresentado em qualquer momento do processo, porém no mais tardar até os 15 dias posteriores à celebração da audiência pública. Nos casos em que não se realize audiência pública,

> deverá ser remetido dentro dos 15 dias posteriores à resolução correspondente na qual se outorga prazo para o envio de alegações finais. Após consulta à Presidência, o escrito de *amicus curiae*, junto com seus anexos, será posto imediatamente em conhecimento das partes para sua informação.
>
> 4. Nos procedimentos de supervisão de cumprimento de sentenças e de medidas provisórias, poderão apresentar-se escritos de *amicus curiae*.

O art. 53 do Regulamento da Corte é dedicado à proteção de supostas vítimas, testemunhas, peritos, representantes e assessores legais, dispondo que os Estados não poderão processá-los, tampouco exercer represálias contra eles ou seus familiares, em virtude de suas declarações, laudos oferecidos ou defesa legal ante o tribunal.

Amplos poderes de diligência probatória são conferidos à Corte IDH, inclusive *ex officio* (art. 58 do Regulamento). Acerca das provas admitidas, em especial do dever da CIDH de apresentar provas produzidas sob o crivo do contraditório, preceitua o referido Regulamento:

> Artigo 57. Admissão
>
> 1. As provas produzidas ante a Comissão serão incorporadas ao expediente, desde que tenham sido recebidas em procedimentos contraditórios, salvo as que a Corte considere indispensável repeti-las.
>
> 2. Excepcionalmente e depois de escutar o parecer de todos os intervenientes no processo, a Corte poderá admitir uma prova se aquele que a apresenta justificar adequadamente que, por força maior ou impedimento grave, não apresentou ou ofereceu essa prova nos momentos processuais estabelecidos nos artigos 35.1, 36.1, 40.2 e 41.1 deste Regulamento. A Corte poderá, ademais, admitir uma prova que se refira a um fato ocorrido posteriormente aos citados momentos processuais.

A alteração do Regulamento da Corte, em 2009, preocupou-se, também, em rechaçar a possibilidade de extinção automática da demanda contenciosa, nas situações de desistência, reconhecimento dos fatos e pretensões pelo Estado e solução amistosa (conciliação). Assim o fez em prestígio à natureza *prima facie* indisponível dos direitos humanos, objeto das contendas apreciadas pelo tribunal, evitando-se que uma decisão unilateral simplesmente aborte a possibilidade de a Corte IDH fazer valer sua competência para apreciar um caso de violação desses direitos.

Em havendo **desistência** da demanda por quem a apresentou, a Corte IDH decidirá, ouvida a opinião de todos os intervenientes no processo, sobre sua procedência e seus efeitos jurídicos (art. 61 do Regulamento da Corte).

Na hipótese de **reconhecimento dos fatos (total ou parcial) e das pretensões pelo Estado réu**, a Corte IDH, ouvidos os demais intervenientes no processo, resolverá, no momento processual oportuno, sobre sua procedência e seus efeitos jurídicos (art. 62 do Regulamento da Corte).

Por outro lado, sobrevindo **solução amistosa** (conciliação) comunicada pelas partes (inclusive supostas vítimas e seus representantes), a Corte IDH também resolverá, no momento processual oportuno, sobre sua procedência e seus efeitos jurídicos (art. 63 do Regulamento da Corte).

As **sentenças** da Corte IDH (exceções preliminares, mérito e reparações e custas) são **irrecorríveis**, mas admitem, sem efeito suspensivo, "pedido de interpretação", em caso de divergência a respeito do seu sentido ou alcance, desde que apresentado em até 90 (noventa) dias da notificação da parte acerca do conteúdo da decisão a ser interpretada (art. 67 da Convenção c/c art. 68 do Regulamento da Corte).

A supervisão do cumprimento de todas as decisões da Corte IDH realizar-se-á mediante a apresentação de relatórios estatais e das correspondentes observações a esses relatórios por parte das vítimas ou de seus representantes. A CIDH deverá apresentar observações ao relatório do Estado e às observações das vítimas ou de seus representantes. Não obstante, a Corte poderá valer-se de outras fontes de informação, além de perícias e relatórios que considere oportunos. Outrossim, pode convocar o Estado para explicações, em audiência, com parecer da CIDH a respeito (art. 69 do Regulamento da Corte). Fato é que a própria Corte IDH faz o acompanhamento do cumprimento de suas sentenças.

Na sentença de mérito, a Corte IDH decide se houve, total ou parcialmente, ou se não houve, responsabilidade internacional do Estado réu por violação de direitos humanos. Em caso positivo, de acordo com o artigo 63, item 2, da Convenção Americana sobre Direitos Humanos, a Corte determinará que se assegure ao prejudicado o gozo do direito ou liberdade violados e, se couber, que sejam reparadas as consequências da medida ou situação que haja configurado a violação, bem como o pagamento de indenização justa à parte lesada. De acordo com a jurisprudência da Corte IDH, na fixação das medidas, é analisado o nexo causal com os fatos do caso e com as violações declaradas, os danos sofridos, bem como as medidas solicitadas para a reparação dos danos.[44]

O quórum de deliberação da Corte é de 5 (cinco) juízes, não sendo aceitas abstenções. As decisões são tomadas em caráter privado, com a participação apenas dos juízes, podendo estar presentes o secretário e secretário adjunto e os funcionários necessários para o auxílio das atividades, salvo decisão especial da Corte e prévio juramento ou declaração solene (artigos 14 a 16 do Regulamento da Corte).

Não há, na Corte IDH, a figura do juiz relator, procurando-se a adoção de um voto que retrate o consenso da maioria, facultada, como visto, a declaração de voto concordante ou dissidente, o que é comum acontecer. O conteúdo da sentença permanece confidencial, até que todas as partes do processo sejam dele regulamente notificadas (art. 67.2 do Regulamento da Corte).

Peremptório é o art. 68, item 1, da Convenção: "Os Estados Partes na Convenção comprometem-se a cumprir a decisão da Corte em todo caso em que forem partes". Não há espaço, pois, para alternativas ao exato cumprimento das reparações determinadas em sentença, ao contrário do que se vê ocorrer com o instituto da "satisfação equitativa", admitida no âmbito do Sistema Europeu de proteção.

A decisão da Corte tem força de **título executivo judicial**, nos termos do art. 68, item 2, da Convenção Americana sobre Direitos Humanos: "A parte da sentença que determinar indenização compensatória poderá ser executada no país respectivo pelo processo interno vigente para a execução de sentenças contra o Estado". Uma interpretação apressada desse dispositivo poderia levar à conclusão de que apenas a sentença que determinar o pagamento de quantia certa teria força de título executivo judicial. Segundo CARVALHO RAMOS, po-

44 CORTE INTERAMERICANA DE DIREITOS HUMANOS. **Caso Ticona Estrada e outros vs. Bolivia.** Sentença de 27 de novembro de 2008 (Mérito, Reparações e Custas). San José da Costa Rica, 2008, p. 32 (110). Disponível em: https://www.corteidh.or.cr/docs/casos/articulos/seriec_191_esp.pdf. Acesso em: 06 jan. 2021.

rém, o mencionado dispositivo convencional apenas estabelece o procedimento específico para a cobrança pecuniário, o que não retira o caráter executivo da sentença da Corte IDH que contemple obrigações de fazer ou não fazer.[45]

A despeito da obrigação de adimplemento da sentença (art. 68, item 1, da Convenção), o Mecanismo Convencional não conta com instrumento coercitivo apto à adoção de providências em face dos Estados que se recusem a cumprir uma decisão da Corte IDH, sobretudo no que se refere às obrigações de fazer e não fazer.[46] Conta-se apenas com um procedimento de supervisão de cumprimento, nos termos do acima citado art. 69 do Regulamento da Corte. Constada a inércia do Estado condenado, resta ao órgão jurisdicional relatar à AGE da OEA a situação, para a deliberação sobre eventual sanção política. Ocorre que, historicamente, tanto a Corte IDH tem sido tímida nos relatos de inadimplemento feitos à AGE, quanto esta tem sido ainda mais condescendente com as informações de inadimplemento recebidas da Corte. Há muito que se aperfeiçoar, neste sentido.

No Brasil, a sentença condenatória da Corte IDH, no que se refere a valores pecuniários, poderá ser executada perante a Vara Federal territorialmente competente. **Não há necessidade de homologação da sentença proferida pela Corte IDH por tribunal brasileiro, por não se tratar de sentença estrangeira** (art. 105, I, "i", da CF), mas internacional, passível de execução imediata, em caso de não cumprimento espontâneo pelo Estado brasileiro, trazendo um ônus menor à pessoa que teve o seu direito fundamental violado.[47] O Brasil ressente-se, contudo, da criação de mecanismos de implementação das decisões internacionais[48], embora já se possa afirmar que não são poucas sua condenações pela Corte IDH.

A esse respeito, relembre-se que o Conselho Nacional de Justiça (CNJ), por meio da Resolução n.º 364, de 12 de janeiro de 2021, instituiu a Unidade de Monitoramento e Fiscalização de Decisões e Deliberações da Corte Interamericana de Direitos Humanos, justamente pretendendo avançar neste vácuo legislativo de instrumentos de efetivação da jurisprudência internacional em âmbito doméstico, conforme examinado no Capítulo VII deste Curso, mais especificamente no tópico dedicado ao diálogo das cortes.

Estes são os casos contra o Brasil que já foram julgados ou aguardam julgamento pela Corte IDH:

---

45 RAMOS, André de Carvalho. **Direitos humanos em juízo:** comentários aos casos contenciosos e consultivos da corte interamericana de direitos humanos. São Paulo: Max Limonad, 2001, p. 503-504.

46 Neste ponto, em relação a todo o Sistema Interamericano e seus dois mecanismos, forçoso constatar que apenas a Carta Democrática Interamericana, em conjunto com a "cláusula democrática" do art. 9º da Carta da OEA, estabelece instrumento específico de sanção política obrigatória aos Estados violadores dos direitos atinentes ao regime democrático: a suspensão das atividades junto a OEA.

47 RAMOS, André de Carvalho. O Estatuto do Tribunal Penal Internacional e a Constituição Brasileira. in: CHOUKR, Fauzi & AMBOS, Kai (Organizadores). **Tribunal Penal Internacional**. São Paulo: RT; 2000; p. 245-289, p. 491.

48 Atualmente, tramita o Projeto de Lei do Senado (PLS) nº 220/2016, que, em sua redação original, cuidou do cumprimento das decisões da Comissão Interamericana e das sentenças da Corte Interamericana, não englobando outras decisões internacionais. A respeito do tema: ALEIXO, Letícia Soares Peixoto. **Implementação das sentenças interamericanas no Brasil:** desafios e perspectivas. Belo Horizonte: Arraes Editores, 2019. p. 53-62.

Caso	Objeto	Apresentação da denúncia à CIDH	Submissão do Caso à Corte IDH	Data de prolação da sentença da Corte IDH
Ximenes Lopes	Morte de uma pessoa com deficiência mental por maus tratos em clínica privada	22/11/1999	01/10/2004	04/07/2006 Responsabilidade internacional reconhecida
Nogueira de Carvalho e outros	Morte de advogado defensor dos direitos humanos	11/12/1997	13/01/2005	28/11/2009 NÃO foi reconhecida responsabilidade internacional
Escher e outros	Interceptação telefônica	26/12/2000	20/12/2007	06/07/2009 Responsabilidade internacional reconhecida
Garibaldi	Morte ocorrida durante operação extrajudicial de desapropriação de terras	06/05/2003	24/12/2007	23/09/2009 Responsabilidade internacional reconhecida
Gomes Lund e outros (Guerrilha do Araguaia)	Detenção arbitrária, tortura e desaparecimento forçado de membros da Guerrilha do Araguaia	07/08/1995	26/03/1999	24/10/2010 Responsabilidade internacional reconhecida
Trabalhadores da Fazenda Brasil Verde	Trabalho em condições análogas à de escravo	12/11/1998	04/03/2015	20/10/2016 Responsabilidade internacional reconhecida
Favela Nova Brasília	Violência policial	03/11/1995 e 24/07/1996	19/05/2015	16/02/2017 Responsabilidade internacional reconhecida
Povo Indígena Xucuru e seus membros	Propriedade coletiva de terras indígenas	16/10/2002	16/03/2016	05/02/2018 Responsabilidade internacional reconhecida
Herzog e outros	Detenção arbitrária, tortura e morte de jornalista durante a ditadura militar	10/07/2009	22/04/2016	15/03/2018 Responsabilidade internacional reconhecida
Empregados da Fábrica de Fogos de Santo Antônio de Jesus	Explosão de uma fábrica de fogos de artifícios	03/12/2001	19/12/2018	15/07/2020 Responsabilidade internacional reconhecida
Barbosa de Souza e outros	Imunidade parlamentar	28/03/2000	11/07/2019	Pendente de julgamento
Gabriel Sales Pimenta	Morte de defensor de trabalhadores rurais	09/11/2006	04/12/2020	Pendente de julgamento
Antonio Tavares Pereira	Repressão pela polícia militar de manifestação por reforma agrária	01/01/2004	06/02/2021	Pendente de julgamento

As **medidas provisórias** – que, apesar da terminologia, cumprem a mesma função das medidas cautelares de competência da CIDH – têm seu cabimento previsto no art. 63, item 2, da Convenção Americana sobre Direitos Humanos, encontrando detalhamento no art. 27 do Regulamento da Corte:

> Artigo 27. Medidas provisórias.
>
> 1. Em qualquer fase do processo, sempre que se tratar de casos de extrema gravidade e urgência e quando for necessário para evitar danos irreparáveis às pessoas, a Corte, *ex officio*, poderá ordenar as medidas provisórias que considerar pertinentes, nos termos do artigo 63.2 da Convenção.
>
> 2. Tratando-se de assuntos ainda não submetidos à sua consideração, a Corte poderá atuar por solicitação da Comissão.
>
> 3. Nos casos contenciosos que se encontrem em conhecimento da Corte, as vítimas ou as supostas vítimas, ou seus representantes, poderão apresentar diretamente àquela uma petição de medidas provisórias, as quais deverão ter relação com o objeto do caso.

Tal qual ocorre com as medidas cautelares examinadas pela CIDH, a existência de **gravidade, urgência e risco de dano irreparável à pessoa** são os requisitos para o deferimento das medidas provisórias pela Corte. Porém, diferentemente do Regulamento da CIDH, que especifica esses requisitos, o Regulamento da Corte IDH apenas os arrola, conferindo, desta forma, maior liberdade de apreciação aos juízes, à vista do caso concreto.

Os enunciados normativos da Convenção e do Regulamento não limitam a legitimação para o pedido de medidas provisórias, destacando a faculdade da Corte IDH atuar *ex officio*. Passíveis, portanto, de determinação em qualquer das fases processuais, há de entender-se que as medidas provisórias podem ser requeridas por qualquer interessado (parte na demanda ou não) ou mesmo determinadas por iniciativa da Corte, **contanto que o caso já esteja submetido a ela, pois, do contrário, tais medidas só poderão ser pleiteadas pela CIDH** (art. 63, item 2, da Convenção, *in fine*, e art. 27.2 do Regulamento da Corte).

A supervisão do cumprimento das medidas provisórias realizar-se-á mediante a apresentação de relatórios estatais e das observações correspondentes aos referidos relatórios por parte dos beneficiários de tais medidas ou seus representantes. A CIDH, de seu lado, apresentará observações ao relatório do Estado e às observações dos beneficiários das medidas ou de seus representantes (art. 27, item 7, do Regulamento da Corte). Não obstante, a Corte IDH ainda poderá valer-se de outras fontes de informação ou dados relevantes sobre o assunto, que permitam apreciar a gravidade e a urgência da situação e a eficácia das medidas. Para os mesmos efeitos, poderá também determinar as perícias e relatórios que considerar oportunos (art. 27, item 8, do Regulamento da Corte).

É possível à Corte ou à sua Presidência convocar a CIDH, os beneficiários das medidas ou seus representantes e o Estado réu para audiência pública ou privada sobre as medidas provisórias (art. 27, item 9, do Regulamento da Corte).

Por fim, a Corte IDH incluirá, em seu relatório anual à AGE da OEA, a relação das medidas provisórias que tenha ordenado durante o período do relatório e, quando tais medidas não tenham sido devidamente executadas, formulará as recomendações que considere pertinentes, submetendo-as ao exame político do órgão máximo da OEA.

Em resumo, a Corte IDH tem competência contenciosa e consultiva. Em razão da primeira, pode julgar casos que versem sobre violação da Convenção por seus Estados Partes; no âmbito da segunda, emite pareceres que não se restringem ao descrito na Convenção, sendo-lhe possível analisar outros tratados que tenham como escopo a proteção dos direitos humanos.

Questão que fere, sensivelmente, a efetividade da atuação da CIDH e da Corte IDH é a lentidão dos processos a seu cargo.

Vale ressaltar que inúmeras são as propostas que pretendem trazer melhorias ao Sistema Interamericano, destacando-se que CANÇADO TRINDADE prega a necessidade de acesso direto à Corte IDH pelo particular, nos moldes do Sistema Europeu[49], proposta que ainda suscita muita controvérsia, seja porque as demandas interamericanas têm natureza peculiar, seja porque a realidade da Corte Europeia de Direitos Humanos vem se mostrando extremamente complexa e morosa, depois da ação do *jus standi* dos indivíduos perante sua jurisdição.

De todo modo, à luz da ideia de radical democratização dos espaços institucionais jurídicos, pensa-se que o *jus standi* das pessoas perante a Corte IDH pode comportar um modelo interamericano que seja construído a partir da realidade das Américas e de seus desafios para com os direitos humanos, sem a necessidade da importação de modelos.

---

49 CANÇADO TRINDADE, Antônio Augusto. O Sistema Interamericano de Direitos Humanos no Limiar do Novo Século: Recomendações Para o Fortalecimento de seu Mecanismo de Proteção. In: Gomes, Luiz Flávio & Piovesan, Flávia. **O Sistema Interamericano de Proteção dos Direitos Humanos e o Direito Brasileiro**. São Paulo: RT; 2000; p. 103-152, p. 142.

Capítulo XII

SISTEMA AFRICANO DE PROTEÇÃO DOS DIREITOS HUMANOS

1. FORMAÇÃO

O Sistema Regional Africano é o mais recente dentre todos os sistemas de proteção dos direitos humanos (global e regionais) e, bem por isso, apresenta-se em estágio inicial de afirmação, demandando, ainda, um caminho de amadurecimento.

Não obstante, é possível afirmar que este sistema reflete as peculiaridades históricas da África, ao colocar em voga a salvaguarda da autodeterminação dos povos (frente ao colonialismo que assolou o Continente), do desenvolvimento e da diversidade cultural, com consequente atenção especial aos direitos econômicos, sociais e culturais. O sistema africano, desse modo, "revela, sobretudo, a singularidade e a complexidade do continente africano, a luta pelo processo de descolonização, pelo direito de autodeterminação dos povos e pelo respeito às diversidades culturais".[1]

Os países do continente africano têm uma história de preocupação com os direitos humanos, que os conduziu até a aprovação da **Carta Africana dos Direitos Humanos e dos Povos de 1981**, documento central de seu sistema regional.

Nessa perspectiva, a formação do sistema africano pode ser assim sumariada[2]:

> **1º Congresso Pan-africano (Versailles, França, 1919)** → no contexto da Conferência de Paz de Versailles, pós-Primeira Guerra Mundial, diversos líderes africanos, reunidos, exigiram a abolição do trabalho forçado e dos castigos corporais, além do direito à manutenção do idioma e cultura locais, abrindo espaço para que, nas conferências seguintes, fosse adotada uma gama maior de direitos civis e políticos e intensificada a luta pela liberdade da opressão colonialista instalada no continente.
>
> **Conferência de Todos os Povos Africanos (Acra, Gana, 1958)** → adoção de resolução que condicionava a independência dos países ao respeito aos direitos humanos, como forma de distinguir os novos governos das antigas administrações colonialistas.
>
> **Conferência sobre o Estado de Direito (Lagos, Nigéria, 1961)** → reunião entre juízes, advogados e estudantes de Direito de 23 (vinte e três) países africanos, a qual

---

1 PIOVESAN, Flávia. **Direitos Humanos e Justiça internacional:** um estudo comparativo dos sistemas regionais europeu, interamericano e africano. 8 ed. São Paulo: Saraiva, 2018, p. 245.

2 Cf. CANÇADO TRINDADE, Antônio Augusto. **Tratado de direito internacional dos direitos humanos** – Volume III, cit., p. 193-196; e RAMOS, André de Carvalho. **Processo internacional de Direitos Humanos**. 6. ed. São Paulo: Saraiva Educação, 2019, p. 287-288.

exortou os governos do Continente a redigir e adotar um tratado internacional sobre direitos humanos.

Carta da Organização da Unidade Africana - OUA (Addis Abeba, Etiópia, 1963) → instituição, por 32 (trinta e dois) países africanos independentes, da primeira organização internacional africana, já com menção de respeito e concordância com a Carta da ONU e com a Declaração Universal dos Direitos Humanos.

Assembleia de Chefes de Estado e Governo da OUA (Monróvia, Libéria, 1979) → resolução que determinou ao Secretário-Geral da OUA a convocação de peritos para a preparação de uma Convenção africana acerca dos direitos humanos.

Carta Africana dos Direitos Humanos e dos Povos (Banjul, Gâmbia, 1981) → também conhecida por "Carta de Banjul", foi aprovada no âmbito da OUA e entrou em vigor em 21 de outubro de 1986, tornando-se o principal tratado internacional regional de direitos humanos da África, inspirado pela Declaração Universal dos Direitos Humanos da ONU e pelos dois Pactos subsequentes de 1966, além da Declaração Americana de Direitos e Deveres do Homem da OEA, sem, contudo, deixar de evidenciar características próprias, em especial a da inédita igual proteção conferida aos direitos econômicos, sociais e culturais, em comparação com os direitos civis e políticos, e, bem assim, a do destaque para a autodeterminação dos povos e a sua diversidade cultural.

Protocolo à Carta Africana dos Direitos Humanos e dos Povos sobre o Estabelecimento da Corte Africana dos Direitos Humanos e dos Povos (Ouagadougou, Burkina Faso, 1998) → com entrada em vigor apenas em 2004, após as necessárias ratificações, previu a criação do órgão jurisdicional do sistema africano de proteção.

Primeira Sessão Ordinária da Conferência da União Africana (Durban, África do Sul, 2002) → também conhecida como Conferência de Durban, foi o ato que marcou a substituição da OUA pela União Africana ("UA"), sediada em Adis Abeba, na Etiópia, providência já anunciada, em 1999, na Sexta Conferência de Chefes de Estado e de Governo da OUA.

FLÁVIA PIOVESAN destaca, ainda, outras 3 (três) peculiaridades da Carta Africana dos Direitos Humanos e dos Povos em comparação aos Sistemas Europeu e Interamericano, além da previsão destacada dos DESCA: dedicação às tradições históricas e valores da civilização africana, associados à compreensão os processos históricos de libertação, independência e superação do colonialismo, *apartheid* e demais meios de discriminação; perspectiva coletivista com enfoque nos direitos dos povos; e, concepção de deveres, pois reconhece expressamente no preâmbulo que ao usufruto dos direitos e liberdades corresponde aos deveres de cada um.[3]

Segundo SAAVREDRA ALVAREZ, entre as vantagens e inovações do Sistema Africano pode ser citada a introdução de um relativismo cultural, proveniente - tal qual consta do Preâmbulo da Carta Africana - da afirmação dos valores e tradições da civilização africana como parâmetros para conceituar os direitos humanos e dos povos. Adotando essa postura,

---

3 PIOVESAN, Flávia. **Direitos Humanos e Justiça internacional**, cit., p. 247-248.

os Estados africanos reconhecem a universalidade dos direitos humanos, mas tentam pô-los a salvo do "risco" de imposição dos padrões ocidentais a respeito[4].

2. ORGANIZAÇÃO

Tal como no Sistema Interamericano, 2 (dois) são os principais órgãos do Sistema Africano de proteção dos direitos humanos: uma Comissão e uma Corte, criados em momentos diferentes. Os órgãos e funções do Sistema Africano podem ser sistematizados nestes termos:

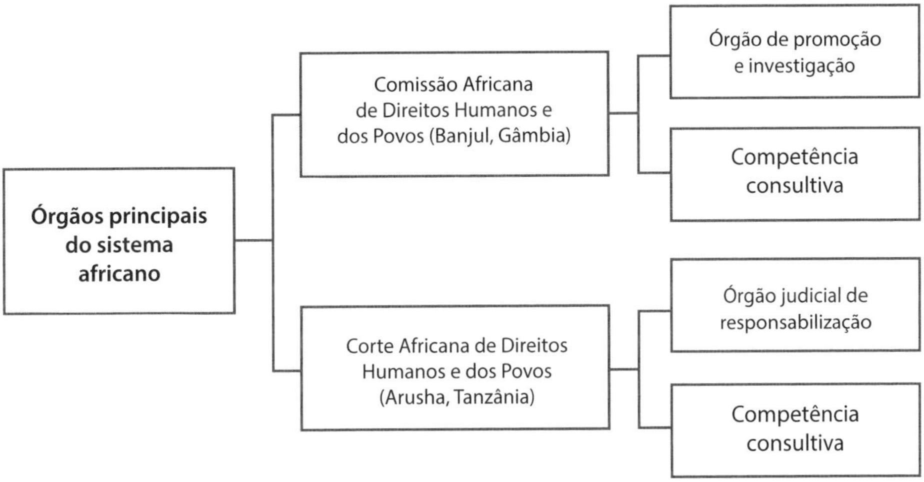

Fonte: elaborada pelo autor

Consta da Carta de Banjul (art. 30) a instituição da **Comissão Africana dos Direitos Humanos e dos Povos**, "encarregada de promover os direitos humanos e dos povos e de assegurar a respectiva proteção na África". Por obra da mesma Carta (arts. 31 a 44), está assim estruturada a Comissão Africana, sediada em Banjul, Gâmbia, e em atividade desde 1987:

> **Composição →** 11 (onze) membros, que possuem competência em matéria dos direitos humanos e dos povos. Vedada a presença de mais de um natural de um mesmo Estado; nos termos do artigo 31, os membros atuam de modo independente e não vinculados aos interesses do seu Estado de origem.
>
> **Eleição →** pela Conferência dos Chefes de Estado e de Governo, a partir de uma lista de pessoas indicadas pelos Estados Partes da Carta Africana (máximo de dois candidatos por Estado Parte); a eleição é secreta.
>
> **Mandato →** 6 (seis) anos, renovável.

As principais atribuições da Comissão Africana estão definidas no art. 45 da Carta Africana: promover os direitos humanos e dos povos, para tanto realizando estudos e pesquisas sobre problemas africanos no domínio dos direitos humanos e dos povos; dar pareceres ou

---

[4] SAAVREDRA ALVAREZ, Yuria. **El sistema africano de derechos humanos y de los pueblos**: prolegómenos, p. 673. Disponível em: http://www.scielo.org.mx/pdf/amdi/v8/v8a20.pdf. Acesso em: 14 jan. 2021.

fazer recomendações aos governos; interpretar qualquer disposição da Carta Africana, a pedido de um Estado Parte, de uma instituição da União Africana ou de uma organização africana reconhecida pela UA; executar quaisquer outras tarefas que lhe sejam eventualmente confiadas pela Conferência dos Chefes de Estado e de Governo.

No que diz respeito aos procedimentos que tramitam perante a Comissão Africana, diz o art. 46 da Carta Africana: "A Comissão pode recorrer a qualquer método de investigação apropriado; pode, nomeadamente, ouvir o Secretário-Geral da UA e qualquer pessoa que possa esclarecê-la". Em linhas gerais, no que tange à apuração de violação de obrigação da Carta Africana, há dois procedimentos distintos, aplicáveis, respectivamente, a comunicações interestatais (de iniciativa dos Estados Partes) e às demais petições (arts. 47 a 59).

As comunicações provenientes de Estados Partes da Carta Africana, que apontem violação por outro Estado Parte, seguem a seguinte tramitação (arts. 47 a 54 da Carta):

1. Comunicação escrita do Estado Parte que crê ter havido violação das obrigações da Carta pelo Estado Parte acusado, com cópia para o Secretário-Geral da UA e para a Comissão Africana.
2. Em um prazo de 3 (três) meses, a contar do recebimento da comunicação, o Estado Parte acusado dispensará, ao Estado Parte que endereçou a comunicação, explicações ou declarações escritas elucidativas da questão.
3. Decorridos 3 (três) meses, contados da data da recepção, pelo Estado Parte acusado, da comunicação inicial, se a questão não estiver solucionada de modo satisfatório para os Estados Partes interessados, por via de negociação bilateral ou por qualquer outro processo pacífico, qualquer desses Estados Partes tem o direito de submeter a questão à Comissão Africana, mediante notificação endereçada ao seu Presidente, ao outro Estado Parte interessado e ao Secretário-Geral da UA (se o Estado Parte autor da comunicação se convencer, desde o início, da existência de violação, pode deixar de adotar as providências das etapas 1 e 2 e submeter o caso, diretamente, à Comissão Africana, ao Secretário-Geral da UA e ao Estado Parte acusado).
4. A Comissão Africana, após exame de admissibilidade e na medida do necessário, colhe informações junto aos Estados Partes interessados e a outras fontes e, se não alcançada solução amistosa baseada no respeito dos direitos humanos e dos povos, elabora, em um prazo razoável, um relatório, que descreva os fatos e aponte as suas conclusões e recomendações (se for o caso), para envio aos Estados Partes interessados e comunicação à Conferência dos Chefes de Estado e de Governo da UA.

Acerca da admissibilidade de uma comunicação interestatal, a Comissão Africana **está adstrita ao esgotamento dos recursos internos**, "salvo se for manifesto para a Comissão que o processo relativo a esses recursos se prolonga de modo anormal" (art. 50 da Carta Africana).

Com relação às demais petições recebidas pela Comissão, que não aquelas de iniciativa estatal, a Carta Africana estabelece o seguinte rito (arts. 55 a 59):

1. Definição, pela Comissão Africana, das petições que serão apreciadas por decisão da maioria absoluta dos seus membros.
2. Exame de admissibilidade da petição.
3. Ciência ao Estado acusado do teor da petição, por providência do Presidente da Comissão Africana.

4. Na hipótese de uma ou várias comunicações relatarem situações particulares que pareçam revelar a existência de um conjunto de violações graves ou maciças dos direitos humanos e dos povos, a Comissão deve comunicar à Conferência dos Chefes de Estado e de Governo sobre essas situações, a qual poderá solicitar-lhe que proceda, quanto a essas situações, a um estudo aprofundado e que a informe através de um relatório pormenorizado, contendo as suas conclusões e recomendações.

Os requisitos de admissibilidade de uma petição pela Comissão Africana estão previstos no art. 56 da Carta Africana:

Requisitos de admissibilidade das petições individuais perante a Comissão Africana	➔ Identificação do peticionante ➔ Compatibilidade com a Carta da UA ou com a Carta Africana dos Direitos Humanos e dos Povos ➔ Não conter termos ultrajantes ou insultuosos ➔ Não se limitar, exclusivamente, a reunir notícias difundidas por meios de comunicação de massa ➔ Esgotamento dos recursos internos, se existirem, a menos que seja manifesto para a Comissão que o processo relativo a esses recursos se prolonga de modo anormal ➔ Prazo razoável, a partir do esgotamento dos recursos internos ➔ Ausência de apreciação pelos mesmos fatos, no âmbito da Carta da ONU, da Carta da UA ou de outros mecanismos da Carta Africana dos Direitos Humanos e dos Povos

Os atos da Comissão Africana em relação às comunicações interestatais e às petições individuais são confidenciais até que a Conferência dos Chefes de Estado e de Governo decida diferentemente, quando então o relatório final Comissão Africana deverá ser publicado por seu Presidente (art. 59 da Carta Africana).

Também vige, no âmbito da Comissão Africana, o mecanismo de relatórios, a serem apresentados pelos Estados Partes da Carta Africana, a cada 2 (dois) anos, contendo informações sobre as medidas, inclusive de ordem legislativa, tomadas com vistas a efetivar os direitos e as liberdades reconhecidos e garantidos pela aludida Carta.

O Regulamento mais atual da Comissão Africana, detalhando os procedimentos sob sua condução, data de 2010.[5]

A Comissão Africana, no desempenho de seu mister, orienta-se pelos princípios constantes das seguintes normas (arts. 60 e 61 da Carta Africana):

➔ Carta das Nações Unidas
➔ Carta da UA
➔ Declaração Universal dos Direitos Humanos
➔ outros instrumentos adotados pelas ONU e pelos países africanos no domínio dos direitos humanos e dos povos

[5] AFRICAN COMMISSION ON HUMAN AND PEOPLES' RIGHTS. **Rules of procedure of the African Commission on Human and Peoples' Rights**. Disponível em: https://www.achpr.org/public/Document/file/English/rules_of_procedure_2010_en.pd. Acesso em: 14 jan. 2021.

- ➔ disposições de diversos instrumentos adotados no âmbito das agências especializadas da ONU de que são membros as Partes na Carta Africana
- ➔ outras convenções internacionais, quer gerais, quer especiais, que estabeleçam regras expressamente reconhecidas pelos Estados Membros da UA
- ➔ práticas e costumes jurídicos africanos conformes às normas internacionais relativas aos direitos humanos e dos povos
- ➔ jurisprudência e a doutrina sobre a matéria

Como se percebe dos procedimentos de tramitação de comunicações interestatais e demais petições perante a Comissão Africana, sua atuação carece de força vinculante, na medida em que suas conclusões e recomendações devem ser submetidas ao crivo Conferência dos Chefes de Estado e de Governo da UA, órgão de atuação política.

A **Corte Africana dos Direitos Humanos e dos Povos** foi criada pelo Protocolo à Carta Africana de 1998, que entrou em vigor apenas em 2004 e, até o momento, 30 (trinta) dos 54 (cinquenta e quatro) Estados africanos ratificaram o documento.[6] O referido Protocolo de 1998 assim estruturou a Corte Africana, atualmente sediada em Arusha, na Tanzânia:

> **Composição ➔** 11 (onze) juízes, nacionais de Estado Membros da UA, que possuam competência em matéria dos direitos humanos e dos povos, sendo vedada a composição por mais de um natural de um mesmo Estado; também devem atuar de forma independente em relação aos Estados de origem.
>
> **Eleição ➔** por votação secreta da Assembleia da UA, a partir de uma lista de pessoas indicadas pelos Estados Partes do Protocolo (máximo de três candidatos por Estado Parte, dois deles de sua própria nacionalidade).
>
> **Mandato ➔** 6 (seis) anos, renovável por apenas uma vez. O mandato do Presidente é em tempo integral e o dos demais é em tempo parcial.

Nos termos do art. 3º do Protocolo a Carta Africana de 1998, a jurisdição da Corte Africana abrange todos os casos e disputas que envolvam a interpretação e aplicação da Carta Africana, do próprio Protocolo, bem como de qualquer outro instrumento de direitos humanos ratificados pelos Estados interessados.

Não se trata de uma Corte Permanente, porquanto seu Regulamento determina a realização de 4 (quatro) sessões ordinárias por ano (Regra 22), além da possibilidade de sessões extraordinárias, por convocação do Presidente do órgão ou solicitação da maioria dos seus juízes (Regra 23).[7]

A competência consultiva da Corte Africana pode ser provocada por iniciativa de qualquer Estado Membro da própria UA, incluindo qualquer de seus órgãos, assim como de qualquer organização africana reconhecida pela UA; contudo, as Opiniões Consultivas da

---

[6] As ratificações foram de Argélia, Benin, Burkina Faso, Burundi, Camarões, Chade, Costa do Marfim, Comores, Gabão, Gâmbia, Gana, Quênia, Líbia, Lesoto, Mali, Malawi, Moçambique, Mauritânia, Maurício, Nigéria, Níger, Ruanda, República Árabe Sahrawi Democrática, África do Sul, Senegal, Tanzânia, Togo, Tunísia, Uganda e República do Congo (AFRICAN COURT ON HUMAN AND PEOPLES' RIGHTS. **Basic Information**. Arusha, s.d. Disponível em: https://www.african-court.org/wpafc/basic-information/. Acesso em: 14 jan. 2021).

[7] AFRICAN COURT ON HUMAN AND PEOPLES' RIGHTS. **Rules of Court**. Arusha, 01 set. 2020. Disponível em: https://www.african-court.org/wpafc/wp-content/uploads/2020/10/4-RULES-OF-THE--COURT-25-September-2020.pdf. Acesso em: 14 jan. 2021.

Corte Africana não podem dizer respeito a questão a ser examinada pela Comissão Africana (art. 4º do Protocolo de 1998).

Têm a prerrogativa de acessar a Corte Africana (art. 5º do Protocolo de 1998):

- ➔ a Comissão Africana de Direitos Humanos e dos Povos
- ➔ o Estado Parte que apresentou uma queixa à Comissão
- ➔ o Estado Parte contra o qual a denúncia foi apresentada perante a Comissão
- ➔ o Estado Parte cujo cidadão é vítima de violação dos direitos humanos
- ➔ as Organizações Intergovernamentais Africanas
- ➔ o Estado Parte com interesse em um caso, mediante autorização da Corte
- ➔ os indivíduos e ONGs, a critério da Corte e mediante adesão facultativa dos Estados Partes (declaração específica mencionada no art. 34.6 do Protocolo de 1998)

Até o momento, apenas 10 (dez) Estados mantêm declaração expressa reconhecendo a competência da Corte Africana para o recebimento de petições de ONGs e indivíduos: Benin, Burkina Faso, Costa do Marfim, Gâmbia, Gana, Malawi, Mali, Ruanda, Tanzânia e Tunísia.[8]

Para o estabelecimento dos requisitos de admissibilidade de uma petição perante a Corte Africana, o art. 6º do Protocolo de 1998 adota os mesmos requisitos fixados pelo art. 56 da Carta Africana para a admissibilidade das petições perante a Comissão Africana.

O procedimento relativo a casos contenciosos encontra-se disciplinado no Regulamento da Corte Africana, dividindo-se em duas etapas: procedimento escrito e, se necessário, procedimento oral. O ***iter* procedimental** da Corte Africana, a teor de seu Regulamento, pode ser assim sumariado:

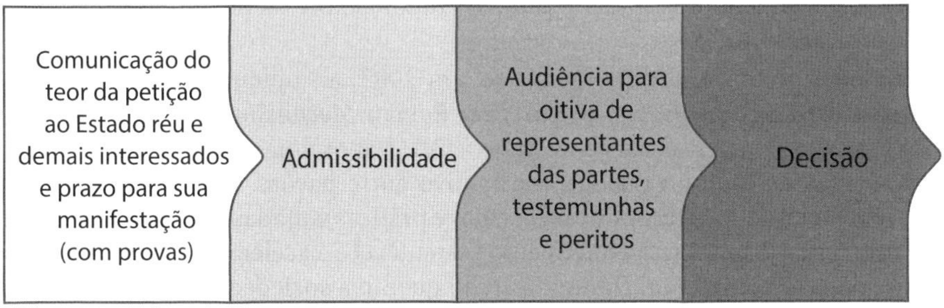

Fonte: elaborada pelo autor

A **conciliação**, por iniciativa das partes, pode dar-se a qualquer tempo, antes da publicação da decisão da Corte (Regra 64, item 1, do Regulamento da Corte). A Corte Africana, entretanto, pode decidir pelo prosseguimento e julgamento do caso, não obstante a conciliação alcançada (Regra 64, item 5, do Regulamento da Corte). A solução conciliada também pode ser mediada pela Corte, neste caso em procedimento confidencial (Regra 64, item 3, do Regulamento da Corte). Em ambos os casos – conciliação por obra das partes ou mediada pela

---

8 AFRICAN COURT ON HUMAN AND PEOPLES' RIGHTS. **Declarations**. Arusha, s.d. Disponível em: https://www.african-court.org/wpafc/declarations/. Acesso em: 15 jan. 2021.

Corte –, alcançado desfecho amistoso, cabe à Corte Africana publicar decisão relatando os fatos e os termos pactuados (Regra 64, item 4, do Regulamento da Corte).

É admitida a adoção de **medidas provisórias** pela Corte Africana, em casos de extrema gravidade e urgência, e quando se fizer necessário evitar danos irreparáveis às pessoas, nos termos do art. 27.2 do Protocolo de 1998 e da Regra 59 do Regulamento da Corte.

A decisão da Corte Africana **é inapelável**, embora possa ser revista à luz de novas provas, apresentadas em **recurso de revisão** (art. 28.3 do Protocolo de 1998 c/c Regra 78 do Regulamento da Corte). Cabe, ainda, em face da decisão **recurso visando sua interpretação** (Regra 77 do Regulamento da Corte).

Desde 2008 até janeiro de 2021, a Corte Africana havia recebido 308 (trezentas e oito) petições, sendo 286 (duzentas e oitenta e seis) de indivíduos, 20 (vinte) de ONGs e o restante vindo da Comissão Africana. Desse total, apenas 98 (noventa e oito) casos foram finalizados. Ademais, 13 (treze) pedidos de Opinião Consultiva foram realizados no mesmo período, 7 (sete) das quais admitidas e respondidas. Com larga margem, a Tanzânia é o país que mais respondeu casos na Corte Africana (156), seguida da Costa do Marfim (36) e de Benin (34).[9] Os números, de fato, denotam uma tímida movimentação de uma Corte que ainda conta com poucas autorizações estatais para receber petições de fonte particular.

Em 1º de julho de 2008, a UA aprovou o Protocolo Relativo ao Estatuto do Tribunal Africano de Justiça e Direitos Humanos, resultado da decisão de fundir a Corte Africana de Direitos Humanos e dos Povos com o Tribunal de Justiça da União Africana, esse último órgão mencionado no ato que constituiu a UA. Tal fusão pretende criar um único órgão jurisdicional, com competência para apreciar casos relativos a direitos humanos e a outros temas afetos a UA, em seções especializadas de juízes. Esse Protocolo de 2008 foi, até o momento, assinado por apenas 8 (oito) Estados, necessitando, no entanto, de 15 (quinze) adesões para entrar em vigor.[10] Prevista a manutenção da sua sede em Arusha, na Tanzânia, esta nova Corte permaneceria dependendo da declaração autorizadora expressa dos Estados para receber a petição de indivíduos.

Ainda no âmbito da UA, deliberou-se, em 2003, a implementação do **Mecanismo Africano de Revisão Pelos Pares (*African Peer Review Mecanism*)**, que, a exemplo do RPU – Revisão Periódica Universal, existente junto à ONU, aposta na evolução da efetividade dos direitos humanos baseada no diálogo construtivo entre nações. Esse mecanismo tem por objetivo promover a adoção de políticas, normas e práticas voltadas à estabilidade política, ao crescimento econômico, ao desenvolvimento sustentável e à aceleração da integração econômica sub-regional e continental. Tanto o Estado quanto a sociedade civil podem apresentar relatórios e dados à uma comissão de especialistas, que, por sua vez, apresenta suas próprias observações e remete um relatório final à Conferência dos Chefes de Estado e de Governo. Estes, juntos, pensam e elaboram conjuntamente com o Estado analisado as melhores alternativas e práticas a serem adotadas.[11]

---

9 AFRICAN COURT ON HUMAN AND PEOPLES' RIGHTS. **AFCHPR Cases**. Arusha, 15 jan. 2021. Disponível em: https://www.african-court.org/wpafc/wp-content/uploads/2020/10/4-RULES-OF-THE--COURT-25-September-2020.pdf. Acesso em: 15 jan. 2021.

10 AFRICAN UNION. **Protocol on the Statute of the African Court of Justice and Human Rights**. List of Countries Which Have Signed, Ratified/Acceded to the Protocol on the Statute of the African Court of Justice and Human Rights. Addis Abeba, 18 jun. 2020. Disponível em: https://au.int/en/treaties/protocol-statute-african-court-justice-and-human-rights Acesso em: 18 jan. 2021.

11 RAMOS, André de Carvalho. **Processo Internacional de Direitos Humanos**, cit., p. 296.

Capítulo XIII

ORGANIZAÇÃO INTERNACIONAL DO TRABALHO

1. DA FORMAÇÃO DA OIT ÀS SUAS "NOVAS POLÍTICAS NORMATIVAS"

A Organização Internacional do Trabalho (OIT) foi criada em 1919, como parte do Tratado de Versalhes, que colocou fim à Primeira Guerra Mundial. Seu surgimento é calcado na convicção da comunidade internacional no sentido de que a paz mundial permanente tem como requisito a justiça social, tão demandada em tempos de rigorosa exploração do trabalho, impingida pela Revolução Industrial.[1]

Note-se, pois, que a OIT é anterior à própria ONU, vindo a institucionalmente vincular-se a essa, como agência especializada, apenas em 1946.

Traço essencial e singular desta Organização Internacional é sua **natureza tripartite**, que confere assento e poder igual de voz e voto a representantes de governos, trabalhadores e empregadores.

Alguns episódios históricos de formação e consolidação da OIT são marcantes e merecem menção, ainda que breve:

> **Tratado de Versalhes (1919) →** resultante da proposta de uma Comissão do Trabalho estabelecida pelo Tratado de Paz que pôs fim à Primeira Guerra Mundial, a qual se baseou em ideias gestadas no século XIX, em favor de uma organização internacional encarregada das relações de trabalho, tendo por paradigma os eixos orientadores da Associação Internacional para a Proteção Legal dos Trabalhadores, instituída em 1901, na Basileia.
>
> **Instalação da Sede (1920) →** estabelecimento da sede permanente em Genebra, na Suíça.
>
> **Comitê de Peritos (1925) →** instituição do Comitê de Peritos ("Comité de Expertos"), integrado por juristas independentes, encarregados de supervisionar a aplicação das normas aprovadas no âmbito da OIT, em especial pela análise dos relatórios periódicos, a cuja apresentação se obrigavam os Estados Membros e os Estados Partes nas Convenções ratificadas.

---

1 A ligação umbilical entre paz mundial e justiça social, em especial na perspectiva das condições de trabalho, está expressamente afirmada nos três "considerandos" que compõem o preâmbulo da Constituição da OIT, cuja leitura recomenda-se.

Declaração da Filadélfia (1944) → aprovada como documento que explicita os itens e objetivos da OIT e os princípios que devem inspirar a política dos seus Membros; foi oficialmente incorporada, como anexo, à Constituição dessa Organização em 1946.

Conversão em agência da ONU (1946) → ao final da Segunda Guerra Mundial, com o advento da ONU, a OIT converte-se em agência especializada dessa.

Convenção nº 87, sobre a liberdade sindical (1948) → aprovação do tratado internacional que marca a intensificação da defesa irrestrita da não intervenção estatal nos sindicatos.

Convenção nº 98, sobre o direito à sindicalização e à negociação coletiva (1949) → em complemento à Convenção nº 87, foi aprovada visando a proteção ao direito fundamental do trabalhador de se associar a determinado sindicato e ao dever de fomento, promoção e pleno desenvolvimento da negociação coletiva.

Comissão de Investigação e Conciliação (1950) → criada pela OIT, após acordo com o Conselho Econômico e Social da ONU (ECOSOC), e destinada a conduzir procedimentos de monitoramento em matéria de liberdade sindical; as tratativas com o ECOSOC permitiram que estados filiados à ONU, mas não à OIT, pudessem ter casos de violação à liberdade sindical submetidos a essa Comissão; tal Comissão, contudo, apreciou pouquíssimos casos, mormente por depender da expressão anuência estatal para o desencadeamento da investigação.

Comitê de Liberdade Sindical (1951) → instituído com a função específica de monitorar o cumprimento das Convenções nºs 87 e 98 da OIT, teve e ainda tem, ao longo da história, atuação profícua em defesa da liberdade sindical e do direito à sindicalização e à negociação coletiva, notadamente porque conta com procedimentos mais flexíveis em relação a Comissão de Investigação e Conciliação, na medida em que se abre para a recepção de reclamações por organizações não representadas na OIT e ainda procede à necessária apuração, ainda que sem prévia autorização do Estado envolvido, tampouco sua ratificação àquelas Convenções, uma vez que se está a tratar de princípios fundamentais previstos na Declaração da Filadélfia, oponíveis por isso a qualquer Estado Membro da OIT;

Guerra Fria e a consolidação da OIT (de 1948 a 1970) → período em que dobra o número de Estados Membros da Organização, tornando minoria os países desenvolvidos, frente à quantidade de nações em desenvolvimento filiadas; na mesma época, quintuplica-se o seu orçamento e quadruplica-se o número de funcionários.

Aperfeiçoamento dos mecanismos de monitoramento (1970 a 1973) → período em que a OIT desenvolve os mecanismos de monitoramento e da apuração de violações às suas normas.

Declaração da OIT sobre os Princípios e Direitos Fundamentais no Trabalho e seu Seguimento (1998) → documento que reafirma os quatro princípios relativos a direitos fundamentais que permeiam todas as normas criadas no âmbito da OIT, quais sejam: (i) a liberdade sindical e o reconhecimento efetivo do direito de negociação coletiva;

(ii) a eliminação de todas as formas de trabalho forçado ou obrigatório; (iii) a abolição efetiva do trabalho infantil; e (iv) a eliminação da discriminação em matéria de emprego e ocupação; tal Declaração vem acompanhada pela instituição de uma agenda de "seguimento" dos Estados Membros pela Organização, no que tange às medidas de promoção e de proteção daqueles quatro princípios, **independentemente da adesão às Convenções;** com esta política de "seguimento", a OIT reduz a periodicidade dos relatórios dos Estados Membros sobre as providências relativas aos referidos princípios, que passa de quadrienal para anual; assim agindo, estrategicamente, deixa-se de apostar todos esforços na aplicação das Convenções (de vinculação restrita aos Estados Partes) e passa-se a buscar a aplicação das normas fundamentais, independentemente de ratificação (em sintonia com as noções de costume internacional e de *jus cogens*), cobrando-se medidas de todos os Estados Membros.

Promoção do Trabalho Decente (1999) → em continuidade à alteração postura da OIT, para além das normas convencionais, dá-se o deslocamento do foco institucional da aprovação de Convenções e Recomendações para as articulações voltadas aos espaços de definição das políticas econômicas internacionais e nacionais, com base no "Programa de Trabalho Decente", cuja implementação encontra-se calcada em uma agenda de concretização de quatro objetivos estratégicos: proteção dos direitos humanos nas relações de trabalho (contra a supressão ou flexibilização), geração de empregos de qualidade, ampliação da proteção social (salvaguarda do Estado a quem está fora do mercado laboral) e a promoção do diálogo social (entre organizações de trabalhadores e de empregadores).

Declaração Tripartite de Princípios sobre Empresas Multinacionais e Política Social (2000 e **2006) →** fiel à estratégia de concretização dos princípios e direitos fundamentais no trabalho, enunciados em 1998, pela via do fomento à adesão à **"Agenda do Trabalho Decente"**, com esta Declaração, adotada em 1977, mas atualizada e enfatizada em 2000 e 2006, a OIT "tem por objetivo incentivar as empresas multinacionais a contribuírem positivamente para o progresso econômico e social e a minimizarem e resolverem as dificuldades que possam ser criadas por suas operações"; neste documento, a OIT propõe a governos a ratificação de determinadas Convenções e Recomendações centrais em vigor, além da adoção, por Estados, empresas multinacionais e representações dos trabalhadores e empregadores de posturas alinhadas com determinadas políticas sociais, mais especificamente: promoção do emprego, igualdade de oportunidades e de tratamento, estabilidade no emprego, formação de profissionais, melhores salários, benefícios e condições de trabalho, liberdade sindical e direito à sindicalização, entre outros

Declaração da OIT sobre a Justiça social para uma Globalização Equitativa (2008) → terceira declaração da história da OIT, exalta os Estados Membros a, frente ao atual contexto da globalização – marcado por novas tecnologias e ideias, pela proeminência do capital financeiro transnacional e pelo novo paradigma da circulação internacional de trabalhadores – conduzirem, no plano nacional, suas políticas sociais e econômicas em consonância com a Declaração da OIT sobre os Princípios e Direitos Fundamentais no Trabalho e seu Seguimento, de 1998, e com a "Agenda do Trabalho Decente", de 1999, podendo para tanto contar com a Organização Internacional, no que se refere ao intercâmbio e ao apoio relativo a informações, sobretudo técnicas; o mesmo documento ainda determina a intensificação do monitoramento referente à observância dessa nova Declaração; trata-se de mais um movimento da OIT em direção a uma postura menos devota da adesão dos Estados a convenções e mais afeta à existência de um corpo de normas internacionais para com as quais seus Estados Membros encontram-se comprometidos, independentemente de ratificação.

São 3 (três) os órgãos centrais da OIT, conforme destacado na tabela que segue:

Principais órgãos da OIT (art. 2º da Constituição da OIT)	
Conferência Internacional do Trabalho (CIT)	Constituída pelos representantes dos Estados Membros, composta de quatro representantes de cada um desses Estados (dois Delegados do Governo, um representante dos empregados e um dos empregadores, cada qual podendo se fazer acompanhar de um certo número de consultores técnicos ou "conselheiros"). Cada delegado tem o direito de votar, individualmente, em todas as questões submetidas às deliberações da CIT. É no âmbito da CIT que se estabelecem e se adotam as normas internacionais do trabalho, funcionando, igualmente, como fórum de discussão de questões sociais e laborais fundamentais
Conselho de Administração	Composto de 56 integrantes (28 representantes dos Governos, 14 representantes dos empregadores e 14 representantes dos empregados). Dos 28 representantes dos Governos, 10 serão nomeados pelos Estados Membros de maior importância industrial (assim declarados pelo próprio Conselho, mediante exame de uma comissão imparcial) e 18 serão nomeados, a cada três anos, pelos Estados Membros designados para esse fim pelos delegados governamentais da CIT, excluídos os delegados daqueles 10 Membros. Os representantes dos empregadores e os dos empregados são, respectivamente, eleitos pelos delegados dos empregadores e pelos delegados dos trabalhadores, que integram a CIT. Mandato dos conselheiros: 3 anos. Gerido por um presidente e dois vice-presidentes (dentre os três, um deve ser delegado de governo, outro de empregados e outro de empregadores). Reúne-se 3 vezes por ano (em março, junho e novembro). Toma decisões sobre a política da OIT, determina a ordem do dia da CIT, adota o projeto de Programa e Orçamento para apresentação à Conferência e elege o Diretor-Geral
Repartição Internacional do Trabalho	Órgão de secretaria permanente, chefiado pelo Diretor-Geral, por sua vez designado pelo Conselho de Administração. Cabe à Repartição Internacional do Trabalho (também conhecido como Escritório ou *Bureau* Internacional do Trabalho), entre outras funções, centralizar e distribuir todas as informações referentes à regulamentação internacional da condição dos trabalhadores e do regime do trabalho e, em particular, o estudo das questões que lhe compete submeter às discussões da CIT para conclusão das convenções internacionais, assim como a realização de todos os inquéritos especiais prescritos pela Conferência ou pelo Conselho de Administração. O Diretor-Geral também exerce as funções de Secretário-Geral da Conferência

Fonte: elaborada pelo autor

A OIT, pode-se afirmar, é Organização Internacional que evidencia, de forma cabal, a essencialidade da dimensão social dos direitos humanos e a importância da consideração da exploração do trabalho como elemento central da promoção e da proteção da dignidade humana, convertendo-se em exemplo pioneiro de sistema de proteção dos direitos humanos, em muitos aspectos tendo servido de paradigma para os sistemas global e regionais instituídos após a Segunda Guerra Mundial. Atualmente, a Organização conta com alta adesão da comunidade internacional, totalizando 187 (cento e oitenta e sete) Estados Membros.

A despeito disso, o último quarto do século XX foi marcado por uma queda sensível de efetividade das ações da OIT, em que pese a grande quantidade de normas editadas em seu seio. A Organização sofreu com um abalo de crédito e de compromisso por parte dos Estados da comunidade internacional, vendo sua posição de entidade central em matéria de regulação das relações de trabalho ser colocada em xeque, sobretudo em vista do deslocamento dessa regulação para outras searas, como, por exemplo, as normativas nascidas nos contextos da ONU, da Organização para a Cooperação e Desenvolvimento Econômico (OCDE) e das demais organizações internacionais regionais, além da difusão das chamadas "cláusulas sociais", incluídas nos tratados internacionais comerciais gestados no âmbito da Organização Mundial do Comércio (OMC).[2]

Foi este quadro de descrédito que motivou a alteração de conduta da OIT, que, inspirada sobremaneira pela Declaração e Programa de Ação da Cúpula Mundial sobre Desenvolvimento Social (Copenhague, 1995), começa a colocar em prática o que CRIVELLI chama de "novas políticas normativas":

> Desde os anos 70, quando já se viam os sinais de mudanças profundas no processo produtivo e na economia internacional, a OIT ensaiou alguns passos iniciais na formulação de novas políticas normativas. Em reação às iniciativas da ONU e da OCDE de regularem a atuação das corporações transnacionais, a OIT também apresentou sua proposta de normatização por meio da Declaração Tripartite de Princípios sobre Empresas Multinacionais e Política Social. (...)
>
> As demais iniciativas vieram nos anos 90, já em meio ao cenário internacional de questionamento do papel e eficácia do modelo de direito internacional do trabalho da OIT. As iniciativas de política normativa da OIT dividem-se em instrumentos jurídicos, como a Declaração Tripartite acima mencionada e a Declaração da OIT sobre Princípios e Direitos Fundamentais no Trabalho, em políticas normativas, estrito senso, como é o caso da definição do trabalho decente e do enfoque integrado e, ainda, em propostas de políticas normativas apresentadas pela Comissão Mundial, que cuida da dimensão social da globalização.[3]

Com tais "novas políticas normativas", sem descurar da importância da ratificação das convenções e apoiadas na "ideia-mestra" do Trabalho Decente, a OIT passa a adotar um discurso de reafirmação de princípios e direitos fundamentais oponíveis a todos os seus Estados Membros (com óbvia inspiração na noção de normas imperativas), associado a um verdadeiro

---

2 Para as dificuldades enfrentadas pela OIT no período final do século XX, cf. CRIVELLI, Ericson. **Direito internacional do trabalho contemporâneo**. São Paulo: LTr, 2010, p. 90-153.

3 Id. Ibid., op. cit., p. 161-162. A citada "Comissão Mundial" consubstancia Grupo de Trabalho instituído pela OIT para estudo específico dos impactos da globalização na dimensão social. Diversas propostas oriundas desta Comissão foram e ainda são debatidas na perspectiva das ações institucionais da OIT.

cronograma de intensificação do monitoramento das políticas sociais e econômicas, nacionais e internacionais, mediante recomendações na forma de Declarações e Resoluções, que visam instar a implementação dos quatro objetivos estratégicos relacionados à "Agenda do Trabalho Decente". São 4 (quatro) objetivos estratégicos da promoção do Trabalho Decente:

Fonte: elaborada pelo autor

Concomitantemente, a OIT, na trilha da Declaração e Programa de Ação de Copenhague, passa a propor, dentro da concepção de "enfoque integrado", a coordenação dos diversos órgãos internacionais envolvidos com as questões econômica e social sob as premissas arroladas do Desenvolvimento Social e, mais especificamente, sob seu desdobramento mais afeto às relações laborais: o Trabalho Decente.

2. CONVENÇÕES E RECOMENDAÇÕES DA OIT

Independentemente das aludidas "novas políticas normativas", é certo que os meios ordinários de produção de normas da OIT mantêm sua importância, haja vista que, na promoção do Trabalho Decente e dos princípios e direitos fundamentais no trabalho, essa Organização insta os Estados a aderirem aos seus principais documentos normativos.

Nesta senda do plano convencional, isto é, da adesão pelos Estados, duas são as principais modalidades de normas editadas no âmbito da OIT, quais sejam, a convenção e a recomendação, ambas gestadas e aprovadas sempre com respeito ao tripartismo (participação ativa e deliberativa de Estados e representantes de trabalhadores e de empregadores). Esclarece a própria OIT que:

> As normas se dividem em convenções, que são tratados internacionais legalmente vinculantes, que podem ser ratificados pelos Estados membros, ou recomendações, que atuam como diretrizes não vinculativas. Em muitos casos, a convenção estabelece os princípios básicos que devem ser aplicados pelos países que a ratificam, enquanto uma recomendação relacionada complementa a convenção, fornecendo orientações mais detalhadas sobre a sua implementação. Recomendações também podem ser autônomas, ou seja, não relacionadas a qualquer convenção.[4]

---

[4] Tradução livre. ORGANIZAÇÃO INTERNACIONAL DO TRABALHO. **Convenios y recomendaciones.** Ginebra, s.d. Disponível em: http://www.ilo.org/global/standards/introduction-to-international-labour-standards/conventions-and-recommendations/lang--es/index.htm. Acesso em: 08 jan. 2021.

A OIT conta com uma profusão de convenções e recomendações, acerca dos mais variados temas (são 190 convenções adotadas e 206 recomendações)[5], mas em consonância com a nova estratégia normativa de atuação, sobretudo no que tange à busca da implementação dos princípios e direitos fundamentais no trabalho, o Conselho de Administração da OIT estabeleceu que **8 (oito) são as suas "Convenções Fundamentais"**, abaixo arroladas, seguidas das respectivas data de adoção pela OIT e data de ratificação pelo Brasil, seguida do decreto original de promulgação:

Convenção	Adoção pela OIT	Ratificação pelo Brasil (Promulgação)
29. Trabalho Forçado ou Obrigatório	1930	25/04/1957 (Dec. 41.721/57)
87. Liberdade Sindical e Proteção ao Direito de Sindicalização	1948	Não ratificada
98. Direito de Sindicalização e de Negociação Coletiva	1949	18/11/1952 (Dec. 33.196/53)
100. Igualdade de Remuneração de Homens e Mulheres Trabalhadores por Trabalho de Igual Valor	1951	25/04/1957 (Dec. 41.721/57)
105. Abolição do Trabalho Forçado	1957	18/06/1965 (Dec. 58.822/66)
111. Discriminação em Matéria de Emprego e Ocupação	1958	26/11/1965 (Dec. 62.150/68)
138. Idade Mínima para Admissão	1973	28/06/2001 (Dec. 4.134/02)
182. Proibição das Piores Formas de Trabalho Infantil e Ação Imediata para sua Eliminação	1999	02/02/2000 (Dec. 3.597/00)

Fonte: elaborada pelo autor

Em 05 de novembro de 2019, por meio do Decreto nº 10.088, o Governo Federal consolidou seus atos normativos precedentes que dispunham sobre a promulgação de convenções e recomendações da OIT ratificadas pelo Estado brasileiro, inclusive aqueles constantes da tabela acima (art. 5º do citado Decreto de 2019), revogando-os e substituindo-os como fonte normativa da promulgação de tais tratados internacionais.

Desde 1995, a OIT vem empreendendo esforços para a adesão dos Estados, em escala global, às Convenções Fundamentais. A favor desta empreitada está a obrigação – já há muito em vigor e enunciada no art. 19, 5b e 6b, da Constituição da OIT – de qualquer Estado Membro submeter, dentro do prazo de um ano, a partir do encerramento da sessão da CIT que aprova o tratado (ou, quando, em razão de circunstâncias excepcionais, tal não for possível, logo que o seja, sem nunca exceder o prazo de 18 meses após o referido encerramento), a convenção ou a recomendação aprovada à autoridade ou autoridades nacionais competentes, a fim de que estas a transformem em lei ou tomem medidas de outra natureza. No caso da autoridade nacional

5 ORGANIZAÇÃO INTERNACIONAL DO TRABALHO. **NORMLEX** – Information System on International Labour Standards. Ginebra, s.d. Disponível em: http://www.ilo.org/dyn/normlex/es/f?p=NORMLEXPUB:1:0::NO:::. Acesso em: 08 jan. 2021.

competente não aquiescer com os termos da norma, remanesce aos Estados Membros o dever de manter a Repartição Internacional do Trabalho informada sobre outras providências que adote ou pretenda adotar visando a implementação da norma ou então sobre as dificuldades encontradas para tanto (art. 19, 5e e 6d da Constituição da OIT).

O Brasil não ratificou apenas uma das Convenções Fundamentais da OIT, qual seja, a Convenção nº 87, sobre a Liberdade Sindical e Proteção ao Direito de Sindicalização. A principal justificativa do Estado brasileiro para esta recusa é a incompatibilidade do tratado, naquilo em que rechaça qualquer limite à criação de sindicatos, com o regime de unicidade sindical, instituído pelo art. 8º, II, da CF/88.

De todo o dito até aqui, infere-se que as convenções e as recomendações deixaram de ser as únicas ferramentas da OIT, passando a se somar a outros instrumentos político-normativos que compõem as designadas "novas políticas normativas", manejadas sob o "enfoque integrado". Deixou-se, assim, de apostar unicamente na obrigação convencional, dependente da voluntariedade da adesão estatal, passando-se à utilização do parâmetro hodierno acerca das fontes internacionais das normas de direitos humanos, o qual privilegia, como estudado, o costume internacional e as normas imperativas, sobretudo o *jus cogens*. Tal ferramental normativo, todavia, alia-se a outras iniciativas de cunho político direcionadas a certas metas para determinados assuntos, iniciativas tais cuja coordenação caracteriza justamente o aludido enfoque integrado.

Abordada a perspectiva normativa, é tempo, pois, de se dar atenção ao mecanismo da OIT para o monitoramento e a apuração de violação das obrigações vigentes.

3. MONITORAMENTO E APURAÇÃO DE VIOLAÇÕES

O mecanismo de monitoramento e de apuração de violação em face das normas internacionais do trabalho, adotados pela OIT, contempla, basicamente, 2 (dois) tipos de controle: o **controle regular ou periódico** e os **procedimentos especiais.**

O **controle regular ou periódico** dá-se pelo exame periódico dos informes dos Estados Membros acerca da aplicação, por lei e na prática, das normas internacionais do trabalho, no plano interno. Tais informes são confeccionados não apenas pelos representantes governamentais, mas também pelas organizações de empregados e empregadores.

A periodicidade dos relatos varia entre dois e cinco anos, podendo, contudo, em algumas situações específicas, ser mais breve. Cópias dos informes devem ser distribuídas pelos Estados Membros às representações de empregados e empregadores, os quais poderão oferecer seus comentários, sem prejuízo de seu próprio relatório.

Os informes são analisados por 2 (dois) órgãos, quais sejam, a Comissão de Peritos em Aplicação de Convenções e Recomendações e a Comissão Tripartida de Aplicação de Convenções e Recomendações da Conferência Internacional do Trabalho.

Sobre a **Comissão de Peritos em Aplicação de Convenções e Recomendações**, destaque-se:

> **Composição →** 20 (vinte) eminentes juristas, nomeados pelo Conselho de Administração e procedentes de diferentes nacionalidades, sistemas jurídicos e culturas.
>
> **Mandato →** 3 (três) anos.
>
> **Natureza da atividade →** trabalho técnico imparcial, realizado pelos peritos de modo independente (i.e., sem vinculação com os interesses dos Estados de que são nacionais).
>
> **Encaminhamento dos trabalhos →** o exame dos relatos resulta em observações que constarão do Informe Anual da Comissão, composto de três partes, sendo a primeira o Informe Geral, dedicado aos comentários sobre os Estados Membros em face das obrigações constantes na Constituição da OIT; a segunda voltada a observações sobre

a aplicação das normas internacionais do trabalho; e a terceira destinada a estudos gerais. Durante os trabalhos de exame, a Comissão pode encaminhar solicitações diretas aos Estados, com pedidos de informações adicionais, esclarecimentos etc.

O Informe Anual da Comissão de Peritos será, então, apresentado à Conferência Internacional do Trabalho subsequente e terá seu conteúdo e suas conclusões analisados pela **Comissão Tripartida de Aplicação de Convenções e Recomendações da Conferência Internacional do Trabalho**, a respeito da qual, observa-se:

> **Composição →** delegados de governos, empregados e empregadores; grupo formado para atuação na ocasião da reunião anual Conferência Internacional do Trabalho.
>
> **Natureza da atividade →** analisar as observações do Informe Anual da Comissão de Peritos em Aplicação de Convenções e Recomendações, destacando para debate tripartido os pontos considerados mais sensíveis, além do exame de dezenas de situações individuais de determinados Estados;
>
> **Encaminhamento dos trabalhos →** as conclusões da Comissão Tripartida, que podem contemplar recomendações gerais e específicas (para determinados temas ou Estados), são compiladas e apresentadas para discussão na sessão plenária da Conferência Internacional do Trabalho.

Já os **procedimentos especiais**, diferentemente do controle regular, desencadeiam-se a partir de uma reclamação ou de uma queixa. Ambas devem ser endereçadas à Repartição Internacional do Trabalho.

A **reclamação,** regida pelos arts. 24 e 25 da Constituição da OIT, deve ser apresentada por uma organização profissional de empregados ou de empregadores em face de um Estado Membro, com vistas à apuração de execução insatisfatória de uma Convenção à qual tenha aderido o Estado acusado. O trâmite de uma reclamação encontra-se disciplinado em regulamento próprio, adotado pelo Conselho de Administração da OIT.[6]

Recebida a reclamação, a Repartição Internacional do Trabalho a transmite ao Conselho de Administração e comunica sua apresentação ao Estado envolvido. A mesa do Conselho de Administração realiza o exame da admissibilidade da reclamação, a qual, acaso admitida, ensejará a constituição pelo mesmo Conselho de uma comissão tripartite (ou "comissão de inquérito"), encarregada da apuração do quanto denunciado. São os requisitos de admissibilidade da reclamação perante o Conselho de Administração da OIT:

Requisitos de admissibilidade da reclamação perante o Conselho de Administração da OIT (art. 2.2 do Regulamento)	→ forma escrita → proveniente de uma organização de trabalhadores ou de empregadores → fazer referência específica ao artigo 24 da Constituição da Organização → referir-se a um Estado Membro → referir-se a uma Convenção da qual o Estado acusado seja parte → indicar as razões pelas quais acusa o Estados de não assegurar, de modo eficaz, a conformidade da Convenção ratificada, dentro de sua jurisdição

Fonte: elaborada pelo autor

6 ORGANIZAÇÃO INTERNACIONAL DO TRABALHO. **Reglamento relativo al procedimiento para la discusión de reclamaciones presentadas con arreglo a los artículos 24 y 25 de la Constitución de**

Consta da introdução do Regulamento, acerca da legitimidade ativa para o oferecimento das reclamações, que o direito de apresentar uma reclamação é concedido sem restrições a qualquer organização de trabalhadores ou de empregadores, independentemente do número de associados ou de sua nacionalidade (aceitando-se, inclusive, autoria por organização profissional internacional). Consta, igualmente, que, na análise da legitimidade ativa para a reclamação, o Conselho de Administração é livre para avaliar a veracidade da representação profissional que o autor da reclamação alega ter, guiando-se pelas diretrizes normalmente adotadas pela OIT, em seus distintos órgãos; **tal liberdade significa, inclusive, ausência de vinculação a qualquer definição nacional do termo "organização profissional"**.

Assim que a efetiva representatividade do autor, quando uma organização de trabalhadores ou de empregadores, é condição de admissibilidade da reclamação e será examinada pelo Conselho de Administração da OIT **exclusivamente com base nas diretivas adotadas por essa Organização** em relação ao que deve ser entendido por entidade representativa obreira e patronal, independentemente da concepção jurídica doméstica sobre o mesmo tema. Por conseguinte, é plenamente possível, por exemplo e em tese, a admissibilidade de uma reclamação oferecida contra o Brasil por uma representação de trabalhadores ou empregadores que não seja nacionalmente reconhecida como sindicato à luz dos critérios do art. 8º da Constituição Federal, mas que demonstre satisfazer os padrões de representatividade aceitos pela OIT.

Sobre o *iter* de apreciação meritória da reclamação, aponte-se:

1. **Instrução ➔** nas atividades de investigação, a comissão tripartite oportunizará a manifestação do Estado averiguado, além de poder solicitar informações adicionais ao reclamante e ao ente estatal (arts. 4º e 5º do Regulamento).
2. **Informe conclusivo ➔** ao final, a comissão tripartite produz informe sobre o caso, contendo a descrição das medidas investigatórias, as conclusões sobre a acusação e as recomendações sugeridas para embasamento da decisão do Conselho de Administração.
3. **Decisão ➔** a decisão final, após exame do informe da comissão tripartite, é do Conselho de Administração, por deliberação, da qual não participa o representante do Estado acusado, embora seja convocado a tomar parte dos debates, sem direito a voto (art. 7º do Regulamento). As reuniões do Conselho de Administração são confidenciais. Prevalecendo a procedência da reclamação, duas podem ser as decisões do Conselho de Administração: (i) determinar a publicação do conteúdo da reclamação e, se for o caso, da manifestação do Estado a respeito (art. 25 da Constituição da OIT); ou (ii) adotar o procedimento de apuração relativo a queixas (art. 26, item 4, da Constituição da OIT c/c art. 10 do Regulamento);
4. **Acompanhamento posterior ➔** acaso o Conselho de Administração opte por adotar recomendações ao Estado investigado, o monitoramento da observância dessas passa à incumbência da Comissão de Peritos em Aplicação de Convenções e Recomendações, dentro do controle regular ou periódico.

Na hipótese da reclamação versar sobre as Convenções nº 87 e 98, relativas à liberdade sindical, negociação coletiva e direito de sindicalização, a mesa do Conselho de Administração, quando do exame da admissibilidade do feito, poderá transmiti-la ao **Comitê de Liberdade**

---

la OIT. Ginebra, s.d. Disponível em: http://www.ilo.org/wcmsp5/groups/public/---ed_norm/---normes/documents/meetingdocument/wcm_041901.pdf. Acesso em: 08 jan. 2021.

Sindical (CLS), sob pretexto da necessidade de tratamento específico, no que tange ao monitoramento da implementação daquelas Convenções pelos seus Estados Partes.

A regulamentação do procedimento de reclamações perante o CLS consta do documento "Procedimentos Especiais da Organização Internacional do Trabalho para o exame de queixas baseadas em violação ao exercício da Liberdade Sindical"[7] (Proced. CLS), revisado de modo mais detido, pela última vez, em 2002, no âmbito do Conselho de Administração.

No que toca ao exame de admissibilidade das reclamações que versem sobre a matéria afeta ao CLS, informa CRIVELLI:

> Os procedimentos internos [do CLS] adotados têm regras de admissibilidade mais flexíveis que os demais mecanismos contenciosos de controle existentes na OIT. Admite a apresentação de reclamação por organizações que não tenham âmbito de representação nacional e, ainda, que o Estado-membro acusado de violação não tenha ratificado a Convenção específica sobre a liberdade sindical, o Comitê considera a sua garantia uma exigência constitucional oriunda da Declaração da Filadélfia.[8]

Notas sobre o CLS, dignas de destaque:

Composição ➔ órgão vinculado ao Conselho de Administração, é composto por um presidente independente e três representantes dos Estados, três dos trabalhadores e três dos empregadores, integrantes daquele Conselho.

Natureza da atividade ➔ trabalho técnico imparcial, realizado de modo independente (i.e., sem vinculação com os interesses dos Estados de que são nacionais).

Trâmite ➔ o trâmite de instrução de uma reclamação perante o CLS segue, em linhas gerais, o quanto observado pelas já estudadas comissões tripartites (instrução > informe com conclusões e recomendações ao Conselho de Administração > decisão do Conselho de Administração), embora conte com uma regulamentação mais detalhada, constante do Proced. CLS.

Acompanhamento posterior ➔ nota distintiva, todavia, em relação ao procedimento comum das reclamações, é a possibilidade do CLS monitorar, para o caso de reclamações procedentes em face de Estados que não ratificaram as Convenções 87 e 98, a implementação de suas recomendações, inclusive solicitando informes periódicos e mantendo cientes a respeito o Conselho de Administração e o Diretor-Geral da OIT (arts. 73 e 74 do Proced. CLS).

Atividade jurisprudencial ➔ a despeito de sua natureza de mecanismo quase-judicial de apuração de violações a determinadas normas internacionais do trabalho, o CLS apresenta vastíssima atividade decisória, fonte rica de padrões de aplicação e de interpretação da normativa internacional acerca de liberdade sindical, negociação coletiva e direito de sindicalização, mantendo por isso registradas suas principais posições em uma "recompilação" de decisões".[9]

---

7 ORGANIZAÇÃO INTERNACIONAL DO TRABALHO. **Procedimientos especiales de la Organización Internacional del Trabajo para el examen de quejas por violaciones al ejercicio de la libertad sindical.** Ginebra, s.d. Disponível em: https://www.ilo.org/dyn/normlex/es/f?p=1000:62:0::NO:62:P62_LIST_ENTRIE_ID:4046805:NO. Acesso em: 08 jan. 2021.

8 CRIVELLI, Ericson, op. cit., p. 88.

9 ORGANIZAÇÃO INTERNACIONAL DO TRABALHO. **La libertad sindical – Recopilación de decisiones y principios del Comité de Libertad Sindical del Consejo de Administración de la OIT.** Quinta

Já a **queixa** processa-se com fundamento nos arts. 26 a 34 da Constituição da OIT e pode ser apresentada por um Estado Membro contra outro Estado Membro, sob a acusação de descumprimento de convenção que ambos tenham ratificado. Os delegados da Conferência Internacional também são legitimados para o mesmo instrumento de demanda. A queixa é dirigida ao Conselho de Administração, que, outrossim, poderá apresentá-la *ex officio*.

A admissão da queixa pelo Conselho de Administração leva à constituição de uma "Comissão de Inquérito", composta por quadros técnicos e independentes e incumbida da apuração da acusação e da sugestão de recomendações a respeito, se for o caso. Antes, porém, do advento da Comissão de Inquérito, poderá o Conselho de Administração contatar, preliminarmente, o Estado acusado, para que se manifeste quanto à queixa, nos termos do art. 24 da Constituição da OIT. Em sendo insatisfatórios os esclarecimentos estatais solicitados, abre-se, pois, espaço para a criação da Comissão de Inquérito. É possível também que o Conselho de Administração delibere pela remessa da queixa ao Comitê de Liberdade Sindical, acaso verse sobre os temas aos quais se dedica.

Nos termos do art. 27 da Constituição da OIT, o Estado Membro acusado está obrigado a fornecer à Comissão de Inquérito todas as informações de que disponha sobre o mérito da apuração.

Ao final das diligências instrutórias, cabe à Comissão de Inquérito a produção de relatório com as conclusões sobre os fatos, bem como a proposta de recomendações a serem dirigidas ao Estado investigado (art. 28 da Constituição da OIT). Tal relatório será apreciado pelo Conselho de Administração e seu conteúdo será publicado, além de transmitido aos Estados envolvidos no litígio, os quais contam com o prazo de 3 (três) meses para manifestarem concordância com as conclusões adotadas.

Na hipótese de o Conselho de Administração sufragar o relatório e as inclusas recomendações da Comissão de Inquérito, **o Estado envolvido insatisfeito poderá optar pelo encaminhamento do caso à Corte Internacional de Justiça**, órgão jurisdicional da ONU, nos termos do art. 29, item 2, da Constituição da OIT. A decisão da CIJ será, então, irrecorrível e poderá manter, alterar ou anular as conclusões e as recomendações da Comissão de Inquérito (art. 31 da Constituição da OIT).

A qualquer tempo, o Estado "condenado" poderá informar ao Conselho de Administração que adotou as recomendações propostas pela Comissão de Inquérito ou determinadas pela CIJ, podendo solicitar até mesmo a constituição de uma nova Comissão de Inquérito para a confirmação da implementação das providências de conformidade noticiadas (art. 34 da Constituição da OIT). É possível, igualmente, que o acompanhamento das medidas tomadas pelo Estado para atendimento das recomendações seja delegado à Comissão de Peritos em Aplicação de Convenções e Recomendações.

Sobre os procedimentos adotados em relação às Comissões de Inquérito e sua comparação com a tramitação das reclamações, afirma-se que:

> Apesar de não haver procedimentos claros previamente estabelecidos, como observam *Potobsky e Cruz*, as comissões de inquérito têm se diferenciado das comissões que apreciam as Reclamações. As decisões de natureza procedimental têm evoluído caso a caso. Neste sentido, foram sendo adotados novos procedimentos, como a possibilidade de a comissão ouvir testemunhas e, ainda, a maior liberdade que o Conselho de Administração tem em estabelecer a sua composição. Os demais procedimentos, solicitação de

---

edición (revisada), 2006. Ginebra, s.d. Disponível em: http://www.ilo.org/global/standards/applying-and-promoting-international-labour-standards/committee-on-freedom-of-association/WCMS_090634/lang--es/index.htm. Acesso em: 08 jan. 2021.

informações, visitas ao país para verificação *in loco*, assemelham-se muito aos procedimentos das comissões que examinam Reclamações.[10]

Certo é que a queixa é o procedimento de apuração de mais alto nível da OIT, por isso que, em geral, trata de violações graves, que persistem mesmo após o Estado violador já haver sido instado, de forma recorrente, a solucionar a situação.[11] Bem por isso, na história da OIT, o número de queixas tramitadas está na casa de poucas dezenas.

Em suma, os mecanismos de monitoramento e apuração de violações da OIT podem ser sumariados e organizados como segue:

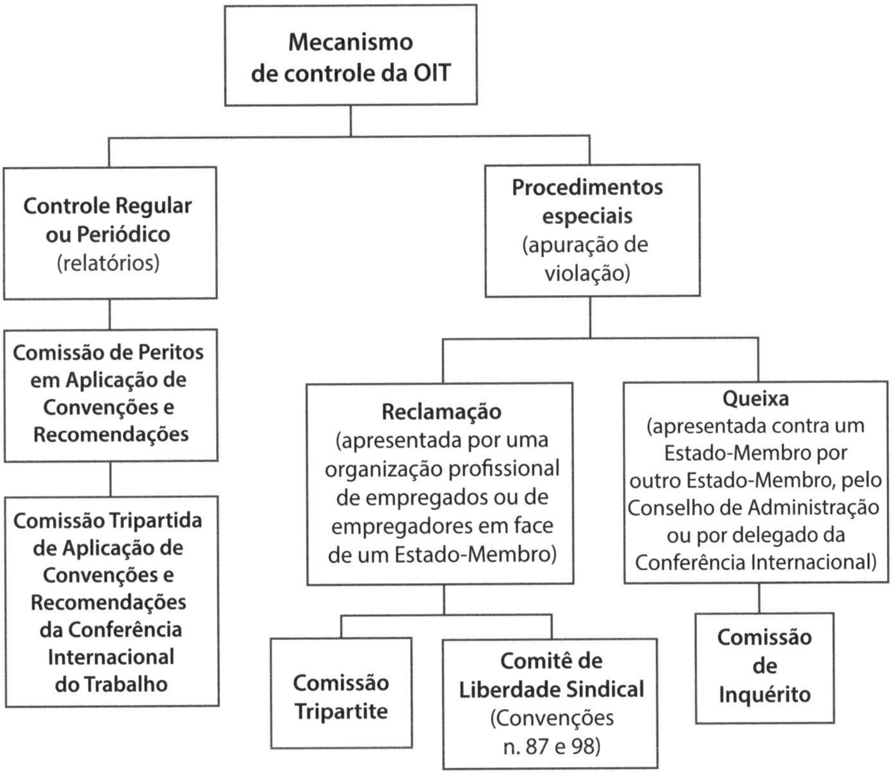

No contexto desta miríade de procedimentos de controle da OIT, o Brasil conta, atualmente, com 5 (cinco) reclamações em trâmite perante o Comitê de Liberdade Sindical, 1 (uma) em acompanhamento de cumprimento e 66 (sessenta e seis) já processadas e encerradas perante esse Órgão. Além dessas, outras 4 (quatro) reclamações foram analisadas e 2 (duas) tramitam dentro do marco do art. 24 da Constituição da OIT.[12]

10 CRIVELLI, Ericson, op. cit., p. 87.

11 ORGANIZAÇÃO INTERNACIONAL DO TRABALHO. **Quejas**. Ginebra, s.d. Disponível em: http://www.ilo.org/global/standards/applying-and-promoting-international-labour-standards/complaints/lang--es/index.htm. Acesso em: 08 jan. 2021.

12 ORGANIZAÇÃO INTERNACIONAL DO TRABALHO. **Control de la aplicación de las Normas Internacionales del Trabajo para Brasil**. Ginebra, s.d. Disponível em: http://www.ilo.org/global/standards/applying-and-promoting-international-labour-standards/complaints/lang--es/index.htm. Acesso em: 08 jan. 2021.

Capítulo XIV

TRIBUNAL PENAL INTERNACIONAL

1. FORMAÇÃO E ORGANIZAÇÃO

O Tribunal Penal Internacional (TPI), sediado em Haia, na Holanda, teve seu estatuto aprovado em 1998 ("Estatuto de Roma"), após anos de negociação travada no âmbito da ONU, **embora não seja órgão àquela vinculado, sendo, portanto, independente.** Nessa linha, reza o art. 4, item 1, do Estatuto de Roma que o TPI tem personalidade jurídica internacional. Não obstante isso, o TPI mantém relações estreitas com a ONU, a ponto de o Conselho de Segurança deter certas prerrogativas em relação ao início e à possível suspensão de um caso perante esse tribunal, como a seguir abordado.

Aliás, a participação direta do Conselho de Segurança da ONU na construção de um modelo processual de julgamento e punição de pessoas por violação de direitos humanos internacionais revela-se nos episódios anteriores dos denominados "tribunais internacionais penais *ad hoc*" para crimes contra o Direito Internacional Humanitário na ex-Iugoslávia (criado em 1993) e para o crime de Genocídio em Ruanda (criado em 1994). Tais tribunais penais *ad hoc*, por sua vez, aperfeiçoaram um tipo de jurisdição internacional direcionada à pessoa física, como já vista na ocasião do Tribunal de Nuremberg, especificamente criado, em 1945, com base no Tratado de Versailles, para julgamento de crimes internacionais praticados durante a Segunda Guerra Mundial e definidos a partir do direito internacional consuetudinário (aspecto até hoje polêmico). O fato é que os tribunais penais internacionais ad hoc para a ex-Iugoslávia e Ruanda foram estabelecidos por decisão do Conselho de Segurança.

O TPI nasce, então, como resultado de uma deliberação dos Estados Membros da ONU (e não por deliberação do Conselho de Segurança), visando o estabelecimento de uma jurisdição penal internacional **permanente**, ao contrário dos antecessores tribunais *ad hoc*.

Diferentemente de todos os demais órgãos com atribuição para deliberações de natureza não contenciosa, quase-judicial e judicial, em atividade nos sistemas global e regionais, o TPI, atualmente, é o único órgão judicial com a função de julgar pessoas físicas, uma vez que os demais apenas ocupam-se da responsabilidade internacional de Estados.

A punição do indivíduo responsável por violação de direitos humanos é traço marcante do Direito Internacional dos Direitos Humanos, não o sendo, contudo, pela via da jurisdição internacional. É corriqueiro que os tratados internacionais imponham ao Estado Parte a criminalização de condutas que afrontem os direitos humanos objeto do documento normativo a que o Estado aderiu.

Desse modo, tradicionalmente, a proteção dos direitos humanos pela via penal, contra a impunidade, apresentou-se como obrigação do Estado, a ser cumprida mediante providências tomadas no âmbito da legislação doméstica, conforme o processo legislativo vigente. Tal obrigação é adimplida em dois momentos: no primeiro, com a aprovação de leis que tornem crime as condutas atentatórias contra os direitos humanos e, no segundo, com a aplicação desses tipos penais, através da iniciativa de investigar, processar e punir os respectivos autores. Caso contrário, o Estado poderá ter declarada, pelos meios internacionais próprios, a sua responsabilidade internacional pela violação do tratado ratificado.

Exceção a este tradicional panorama foram os já referidos tribunais penais internacionais *ad hoc*, sendo que, hodiernamente, o TPI afigura-se como a consolidação de um passo adiante em relação a essa concepção concentrada na figura do Estado, estabelecendo o paradigma da sanção penal individual como providência de tutela dos direitos humanos, concomitante com os demais instrumentos voltados para a figura estatal.

O Estatuto de Roma agrega normas de direito material e de direito processual e estrutura o TPI da seguinte maneira (art. 34 a 37 do Estatuto de Roma):

> **Composição →** 18 (dezoito) juízes, trabalhando em regime de exclusividade, vedada, na mesma composição, mais de um juiz nacional do mesmo Estado.
>
> **Eleição →** pelos Estados Partes do Estatuto de Roma, dentre candidatos de elevada idoneidade moral, imparcialidade e integridade, que reúnam os requisitos para o exercício das mais altas funções judiciais nos seus respectivos países[1]. Requisitos adicionais para a candidatura: (i) reconhecida competência em direito penal e direito processual penal e necessária experiência em processos penais na qualidade de juiz, procurador, advogado ou outra função semelhante; ou (ii) reconhecida competência em matérias relevantes de direito internacional, tais como o direito internacional humanitário e os direitos humanos, assim como vasta experiência em profissões jurídicas com relevância para a função judicial do Tribunal; (iii) excelente conhecimento e fluência em, pelo menos, uma das línguas de trabalho do Tribunal.
>
> **Mandato →** 9 (nove) anos, vedada a reeleição.
>
> Órgãos → Presidência; uma Seção de Recursos; uma Seção de Julgamento em Primeira Instância; uma Seção de Instrução; Gabinete do Procurador; e Secretaria.

O TPI é também um órgão judicial internacional preocupado em manter representatividade plural equitativa entre seus juízes. Dispõe o art. 36, item 1, do Estatuto de Roma que, "na seleção dos juízes, os Estados Partes ponderarão sobre a necessidade de assegurar que a composição do Tribunal inclua: (i) a representação dos principais sistemas jurídicos do mundo; (ii) uma representação geográfica equitativa; e (iii) uma representação justa de juízes do sexo feminino e do sexo masculino".

A Seção de Recursos (ou Juízo de Recursos), a Seção de Julgamento em Primeira Instância (ou Juízo de Julgamento em Primeira Instância), e a Seção de Instrução (ou Juízo de Instrução) são órgãos do TPI que dividem incumbências relativas à ação penal internacional, que será proposta pelo(a) Procurador(a), após investigação dos fatos. O Gabinete do(a) Procurador(a) é composto por um(a) Procurador(a), auxiliado por Procuradores-Adjuntos. O(a) Procurador(a) será eleito(a) por escrutínio secreto e por maioria absoluta de votos dos membros da Assembleia dos Estados Partes. Já os Procuradores-Adjuntos serão eleitos da

---

1 No Brasil, os parâmetros são as exigências constitucionais para os candidatos à vaga de Ministro do STF: "O Supremo Tribunal Federal compõe-se de onze Ministros, escolhidos dentre cidadãos com mais de trinta e cinco e menos de sessenta e cinco anos de idade, de notável saber jurídico e reputação ilibada" (art. 101, CF).

mesma forma, de entre uma lista de candidatos apresentada pelo Procurador (art. 42.4 do Estatuto do TPI).

O **Gabinete do(a) Procurador(a)** atuará de forma independente, enquanto órgão autônomo do Tribunal, competindo-lhe receber comunicações e informações fundamentadas sobre crimes da competência do Tribunal, a fim de examiná-las, investigá-las e, bem assim, exercer a ação penal junto ao Tribunal (art. 42.1 do Estatuto do TPI).

São os órgãos do TPI, graficamente representados:

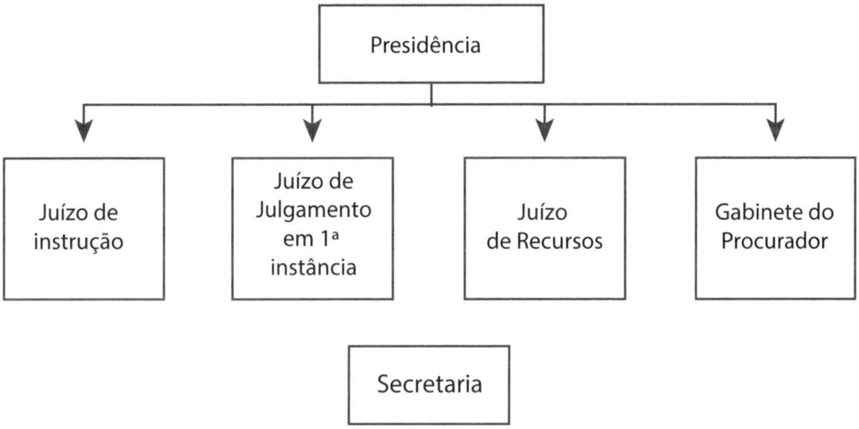

Fonte: elaborada pelo autor

2. COMPETÊNCIA MATERIAL E DIREITO APLICÁVEL

As competências material, temporal e territorial do TPI estão delimitadas, de modo claro, no seu Estatuto, e podem ser assim sistematizadas:

Competências do TPI (definidas no Estatuto)
Competência material (art. 5º): crimes de *jus cogens* definidos em rol exaustivo, quais sejam, genocídio; crimes contra a humanidade; crimes de guerra; e crime de agressão
Competência temporal (art. 11): para os crimes cometidos após a entrada em vigor do Estatuto do TPI (1º de julho de 2002) ou, caso o Estado tenha ratificado só posteriormente o Tratado de Roma, para os crimes cometidos após essa ratificação
Competência territorial (art. 12): para os crimes cometidos no território de Estado Parte, assim considerados também, por equiparação, os crimes cometidos a bordo de um navio ou de uma aeronave de matrícula do Estado Parte; para os crimes cometidos por nacional do Estado Parte; para crimes atinentes a Estado que não é Parte no Tratado de Roma, mas que faça declaração específica aceitando a jurisdição do TPI para o caso

Os crimes de competência material do TPI têm a sua tipificação enunciada com detalhes pelo Estatuto, à exceção do crime de agressão, cuja definição foi relegada para momento posterior.

O **crime de genocídio** encontra-se tipificado no art. 6º do Estatuto do TPI, nos seguintes termos:

> Para os efeitos do presente Estatuto, entende-se por "genocídio", qualquer um dos atos que a seguir se enumeram, praticado com intenção de destruir, no todo ou em parte, um grupo nacional, étnico, racial ou religioso, enquanto tal:
> a) Homicídio de membros do grupo;
> b) Ofensas graves à integridade física ou mental de membros do grupo;
> c) Sujeição intencional do grupo a condições de vida com vista a provocar a sua destruição física, total ou parcial;
> d) Imposição de medidas destinadas a impedir nascimentos no seio do grupo;
> e) Transferência, à força, de crianças do grupo para outro grupo.

Já os **crimes contra a humanidade** estão descritos e conceituados no art. 7º, itens 1 e 2, respectivamente, do Estatuto. Diz o art. 7º, item 1:

> Para os efeitos do presente Estatuto, entende-se por "crime contra a humanidade", qualquer um dos atos seguintes, quando cometido no quadro de um ataque, generalizado ou sistemático, contra qualquer população civil, havendo conhecimento desse ataque:
> a) Homicídio;
> b) Extermínio;
> c) Escravidão;
> d) Deportação ou transferência forçada de uma população;
> e) Prisão ou outra forma de privação da liberdade física grave, em violação das normas fundamentais de direito internacional;
> f) Tortura;
> g) Agressão sexual, escravatura sexual, prostituição forçada, gravidez forçada, esterilização forçada ou qualquer outra forma de violência no campo sexual de gravidade comparável;
> h) Perseguição de um grupo ou coletividade que possa ser identificado, por motivos políticos, raciais, nacionais, étnicos, culturais, religiosos ou de gênero, tal como definido no parágrafo 3º[2], ou em função de outros critérios universalmente reconhecidos como inaceitáveis no direito internacional, relacionados com qualquer ato referido neste parágrafo ou com qualquer crime da competência do Tribunal;
> i) Desaparecimento forçado de pessoas;
> j) Crime de *apartheid*;
> k) Outros atos desumanos de caráter semelhante, que causem intencionalmente grande sofrimento, ou afetem gravemente a integridade física ou a saúde física ou mental.

Os **crimes de guerra** foram tipificados sob inspiração das disposições do Direito Humanitário Internacional, estando previstos no art. 8º do Estatuto, o qual se encontra subdividido

---

2 Art. 7, item 3, do Estatuto do TPI: "Para efeitos do presente Estatuto, entende-se que o termo 'gênero' abrange os sexos masculino e feminino, dentro do contexto da sociedade, não lhe devendo ser atribuído qualquer outro significado".

em 3 (três) parágrafos e mais de 50 (cinquenta) incisos. Basicamente, são crimes de guerra, a teor do Estatuto:

➔ violações graves às Convenções de Genebra de 1949.

➔ violações graves às leis e costumes aplicáveis em conflitos armados internacionais, assim entendidos conforme o direito internacional.

➔ em caso de conflito armado que não seja de índole internacional, as violações graves do artigo 3º comum às quatro Convenções de Genebra de 1949, relacionadas a atos cometidos contra pessoas que não participem diretamente nas hostilidades, incluindo os membros das forças armadas que tenham deposto armas e os que tenham ficado impedidos de continuar a combater devido a doença, lesões, prisão ou qualquer outro motivo.

➔ outras violações graves das leis e costumes aplicáveis aos conflitos armados que não têm caráter internacional, assim entendidas conforme o direito internacional.

Acerca do **crime de agressão**, constou da redação original do Estatuto do TPI que o exercício da competência do Tribunal para esse crime dependeria de disposição posterior sobre sua definição, que teve lugar apenas no ano de 2010, por ocasião da Conferência de Revisão do Tratado de Roma, prevista pelo art. 123, item 1, do Estatuto para ocorrer 7(sete) anos após a entrada em vigor do tratado. A tipificação do crime de agressão foi objeto da inclusão do "Art. 8º *bis*" no Estatuto do TPI, por força da Resolução RC/Res. nº 6, aprovada no âmbito da Conferência de Revisão de 11 de junho 2010, em Kampala, Uganda.

Estabeleceu-se, então, que comete o crime de agressão quem, estando apto a controlar ou dirigir eficazmente a ação política ou militar de um Estado, planeja, prepara, inicia ou executa um ato de agressão que, por suas características e gravidade, constitui uma manifesta violação da Carta da ONU. Equiparou-se ao crime de agressão o uso por um Estado da força armada ou de qualquer outro meio incompatível com a Carta da ONU contra a soberania, a integridade territorial ou a independência política de outro Estado.

A Resolução RC/Res. nº 6 inseriu, no texto do Estatuto do TPI, cláusula temporal para o exercício da competência do Tribunal em relação ao crime de agressão, de modo que tal competência estava adstrita: (i) à ratificação das emendas propostas pela Resolução por, no mínimo, 30 (trinta) Estados Partes; e (ii) a uma nova decisão, que fosse posterior a 1º de janeiro de 2017 (art. 15 *bis* do Estatuto) e adotada pela mesma maioria necessária para a aprovação de alteração do Estatuto (dois terços dos Estados Partes). A primeira condição foi atingida em 17 de junho de 2018.

É possível que qualquer Estado negue a jurisdição quanto ao crime de agressão, "mas isso terá um custo político evidente".[3]

O procedimento em face dos líderes agressores está intimamente ligado ao Conselho de Segurança, que deve ser informado pelo(a) Procurador(a). Caso o Conselho de Segurança não reconheça a agressão no período de 6 (seis) meses, o(a) Procurador(a) do TPI poderá, mediante autorização do Juízo de Instrução, conduzir a investigação do crime, ressalvado o poder de o Conselho de Segurança de suspender o processo, com fundamento na prerrogativa do artigo 16.

---

3 RAMOS, André de Carvalho. **Processo Internacional de Direitos Humanos**. 6 ed. São Paulo: Saraiva, 2019, p. 330.

Certo é que os crimes abrangidos pela competência material do TPI são **crimes de *jus cogens*** e, bem por isso, são expressamente classificados como **imprescritíveis** (art. 29 do Estatuto).

Além da tipificação dos crimes sob jurisdição do TPI, o art. 21 do seu Estatuto arrola as **fontes normativas aplicáveis ("direito aplicável")** nos julgamentos, apresentando-as em caráter subsidiário, com vistas a enfrentar a questão das lacunas jurídicas. Conforme esse dispositivo, o TPI deve aplicar:

1. Em primeiro lugar, o seu Estatuto e as suas normas relativas aos Elementos Constitutivos do Crime e ao Regulamento Processual.
2. Em segundo lugar, se for o caso, os tratados e os princípios e normas de direito internacional aplicáveis, incluindo os princípios estabelecidos no direito internacional dos conflitos armados.
3. Na falta dos anteriores, os princípios gerais do direito que o Tribunal retire do direito interno dos diferentes sistemas jurídicos existentes, incluindo, se for o caso, o direito interno dos Estados que exerceriam normalmente a sua jurisdição relativamente ao crime, sempre que esses princípios não sejam incompatíveis com o seu Estatuto, com o direito internacional, ou com as normas e padrões internacionalmente reconhecidos.

3. TRÂMITE PROCESSUAL

As regras processuais acerca das ações penais perante o TPI contam com extensa regulamentação no Estatuto, cabendo aqui menção aos aspectos mais relevantes. Precede a ação penal a etapa de investigação dos fatos pelo Gabinete do Procurador, que o faz em âmbito de inquérito.

As investigações sobre a prática de determinado crime sob jurisdição do TPI podem ser desencadeadas de três formas (arts. 13 as 15 do Estatuto): **denúncia de um Estado Parte, denúncia de Conselho de Segurança da ONU (CS) ou *motu próprio* (*ex officio*) pelo Gabinete do(a) Procurador(a).** Sobre esse tema, fazem-se necessárias importantes observações.

Primeiramente, a comunicação proveniente de um Estado não vincula o Gabinete do(a) Procurador(a), que poderá avaliar, preliminarmente, se a situação comporta investigação e, em tese, ajuizamento de ação penal. Avaliada pelo(a) Procurador(a) a existência de fundamentos para a abertura de inquérito, deverão ser, então, notificados todos os Estados Partes e aqueles que eventualmente tenham jurisdição para tratar dos mesmos fatos.

Caso um dos Estados notificados informe a tramitação ou a conclusão de investigação ou de ação judicial sobre os fatos em questão, poderá ser formulado requerimento de transferência do inquérito do Gabinete do(a) Procurador(a) do TPI para o Estado Processante. Discordando do pedido, o(a) Procurador(a) deverá pedir autorização ao Juízo de Instrução do TPI para manter as investigações. A transferência aceita pelo Gabinete o(a) Procurador(a) poderá ser reexaminada por esse(a), em um prazo de seis meses, ou, a qualquer momento, quando tenha ocorrido uma alteração significativa de circunstâncias, decorrente da falta de vontade ou da incapacidade efetiva do Estado de levar a cabo o inquérito (art. 18 do Estatuto).

Em segundo lugar, a denúncia vinda do CS pode dizer respeito a Estado que não seja Parte do Tratado de Roma, diferentemente da comunicação de iniciativa estatal. A denúncia do CS deve, obrigatoriamente, ser investigada pelo Gabinete o(a) Procurador(a), não cabendo arquivamento de plano. Aliás, o art. 16 do Estatuto confere ao CS a faculdade de formular ao

TPI pedido de suspensão, por um período de 12 (doze) meses, da tramitação do inquérito ou da ação penal, por força de Resolução aprovada nos termos da Carta da ONU. O pedido, se proveniente de Resolução do CS, não pode ser indeferido pelo TPI, sendo possível a sua renovação, em idênticas condições.

Em terceiro lugar, a teor do art. 15 do Estatuto, tendo recebido informações de outras fontes, o Gabinete do Procurador poderá, *motu próprio*, solicitar ao Juízo de Instrução do TPI autorização para a abertura de inquérito, decisão que não vincula ou direciona eventual posicionamento quanto à admissibilidade ou à sentença de mérito que seja, posteriormente, prolatada pelo Tribunal sobre o caso, na hipótese de evolução para a propositura de ação penal.

Em quarto lugar, quaisquer das situações que tenham comportado o encerramento do inquérito por iniciativa fundamentada do Gabinete o(a) Procurador(a) ou por decisão do Juízo de Instrução, poderão voltar a ser investigadas, à luz de novos fatos ou provas acerca do mesmo caso.

As ações penais perante o TPI estão sujeitas a **requisitos de admissibilidade** (art. 17.1 do Estatuto):

Requisitos de Admissibilidade das ações penais perante o TPI	➔ não ser o caso objeto de inquérito ou de procedimento criminal por parte de Estado com jurisdição sobre o mesmo fato, salvo se esse Estado não tiver vontade de levar a cabo o inquérito ou o procedimento ou não tiver capacidade para fazê-lo ➔ não ter o Estado com jurisdição sobre o caso dado seguimento ao procedimento criminal por falta de vontade ou incapacidade para fazê-lo ➔ não ter sido o autor do fato julgado por outro tribunal, em virtude de atos também punidos pelo Estatuto do TPI, a menos que o processo nesse outro tribunal: (a) tenha tido por objetivo subtrair o acusado à sua responsabilidade criminal por crimes da competência do TPI; ou (b) não tenha sido conduzido de forma independente ou imparcial, em conformidade com as garantias de um processo equitativo reconhecidas pelo direito internacional, ou tenha sido conduzido de uma maneira que, no caso concreto, se revele incompatível com a intenção de submeter a pessoa à ação da justiça ➔ não ser o caso suficientemente grave para justificar a intervenção do TPI

Os Capítulos V e VI do Estatuto do TPI, correspondentes às disposições dos arts. 53 a 76 e seus diversos parágrafos, regulamentam, de forma minudente, o processamento do inquérito perante o Gabinete o(a) Procurador(a) e da ação penal, nas 3 (três) instâncias de análise (Seção de Instrução, Seção de Julgamento em Primeira Instância e Seção de Recursos).

Para ambas as instâncias (inquérito e ação penal) são assegurados os seguintes **direitos ao acusado** (art. 55 do Estatuto):

➔ não depor contra si ou declarar-se culpado.

➔ não ser submetido a qualquer forma de coação, intimidação ou ameaça, tortura ou outras formas de penas ou tratamentos cruéis, desumanos ou degradantes.

➔ ser assistido, gratuitamente, por um intérprete competente e dispor das traduções necessárias às exigências de equidade, em caso de interrogatório em língua que não compreenda ou não fale fluentemente.

➔ não ser preso ou detido arbitrariamente, nem ser privado da sua liberdade, salvo pelos motivos previstos no Estatuto e em conformidade com os procedimentos nele estabelecidos.

➔ ser informado, antes do interrogatório, de que goza ainda dos seguintes direitos: (i) de ser informado da existência de indícios de que cometeu um crime da competência do Tribunal; (ii) de guardar silêncio, sem que tal seja tido em consideração para efeitos de determinação da sua culpa ou inocência; (iii) ser assistido por um advogado da sua escolha ou, se não o tiver, solicitar que lhe seja designado um defensor dativo, em todas as situações em que o interesse da justiça assim o exija e sem qualquer encargo se não possuir meios suficientes para pagar; (iv) ser interrogado na presença do seu advogado, a menos que tenha renunciado voluntariamente ao direito de ser assistido por um.

É viável a **detenção preventiva de indivíduos, no transcurso das investigações ou da ação penal**, mediante pedido do(a) Procurador(a) ao Juízo de Instrução, observados os requisitos e o procedimento dispostos no art. 58 do Estatuto. Para tanto, a decisão deverá considerar:

➔ a existência de motivos suficientes para crer que essa pessoa cometeu um crime da competência do Tribunal; e

➔ a necessidade da detenção para, alternativamente: (i) garantir o comparecimento do acusado ao tribunal; (ii) garantir que o acusado não obstruirá ou colocará em perigo o inquérito ou a ação penal; ou (iii) se for o caso, impedir que o acusado continue a cometer o crime investigado ou crime a esse conexo, que seja da competência do Tribunal e tenha a sua origem nas mesmas circunstâncias.

Todo acusado, que tenha expedida contra si ordem de detenção preventiva, terá o direito de requerer à autoridade do Estado que o deteve que lhe seja autorizado aguardar em liberdade a sua entrega ao TPI, bem como, se já entregue ao Tribunal, de requerer diretamente autorização para aguardar em liberdade o julgamento da ação (arts. 59 e 60 do Estatuto). Em não sendo o caso de detenção, o acusado é notificado para apresentar-se perante o TPI em razão da ação penal ajuizada.

Entregue o acusado à custódia do Tribunal ou tendo-se dado a sua apresentação, após notificação, o Juízo de Instrução designará audiência para apreciar os fatos constantes da acusação com base nos quais o(a) Procurador(a) pretende requerer o julgamento (art. 61, item 1, do Estatuto). Essa mesma audiência poderá ser realizada na ausência do acusado, nas seguintes hipóteses: (i) renúncia ao seu direito de estar presente; (ii) fuga ou impossibilidade de localização, contanto que tenham sido tomadas todas as medidas razoáveis para assegurar o comparecimento do ausente e a sua ciência do teor da acusação e da realização da aludida audiência (art. 61, item 2, do Estatuto). Se ausente, o acusado será, na audiência, representado por um defensor, a critério do Juízo de Instrução. A referida audiência comportará a apresentação de argumentos e provas por ambas as partes, Procurador e acusado. Ao final, caberá ao Juízo de Instrução, alternativamente (art. 61, item 7, do Estatuto):

➔ declarar procedente a acusação, quanto aos fatos que entender provados, remetendo o caso para o Juízo de Julgamento em Primeira Instância;

➔ declarar improcedente a acusação, quantos aos fatos que entender não provados; ou

➔ adiar a audiência, solicitando ao Procurador que considere a possibilidade de: (i) apresentar novas provas ou efetuar novo inquérito relativamente a um determinado fato constante da acusação; ou (ii) modificar parte da acusação, se as provas reunidas parecerem indicar que um crime distinto, mas ainda da competência do Tribunal, foi cometido.

A **confissão** do acusado, havida perante a Primeira Instância do TPI, deve ser considerada em conjunto com as demais provas, se observadas certas condições (art. 65 do Estatuto), cumulativas:

➔ se o acusado compreende a natureza e as consequências da sua confissão;
➔ se a confissão foi livre, após devida consulta ao seu advogado de defesa; e
➔ se a confissão é corroborada pelos fatos que resultam (i) da acusação deduzida o(a) Procurador(a) e aceita pelo acusado; (ii) de quaisquer meios de prova que confirmem os fatos constantes da acusação deduzida pelo Procurador e aceita pelo acusado; e (iii) de quaisquer outros meios de prova, tais como depoimentos de testemunhas, apresentados pelo Procurador ou pelo acusado.

Não satisfeitas tais condições, a confissão não será aceita e a ação penal comportará prosseguimento.

No âmbito do Juízo de Julgamento em Primeira Instância, o caso poderá comportar diversas providências, antes da sentença, *v.g.* pedido de esclarecimentos ao Juízo de Instrução, determinação de complemento das provas e medidas de proteção a acusado, testemunhas e vítimas (art. 64 do Estatuto).

A decisão será lida, em audiência pública e na presença do acusado, embora as deliberações dos juízes, que a tenham antecedido, permaneçam confidenciais (art. 74 do Estatuto).

Na sentença do Juízo de Julgamento em Primeira Instância, o TPI deliberará sobre a pena aplicada ao acusado, bem como sobre as formas de reparação às vítimas ou aos titulares do direito a essa reparação, a ser suportada pelo acusado (art. 75 do Estatuto).

São penas passíveis de aplicação pelo TPI, ao acusado declarado culpado pela prática de um dos crimes de *jus cogens* sob a competência do Tribunal (art. 77):

Penas aplicáveis pelo TPI
Prisão por prazo determinado, até o máximo de 30 anos
Prisão perpétua (se o elevado grau de ilicitude do fato e as condições pessoais do condenado o justificarem)
Multa
Perda de produtos, bens e haveres provenientes, direta ou indiretamente, do crime (sem prejuízo dos direitos de terceiros que tenham agido de boa-fé)

Fonte: elaborada pelo autor

Em breves linhas, o procedimento perante o TPI, desde a chegada da denúncia até a decisão de primeira instância, pode ser assim representado:

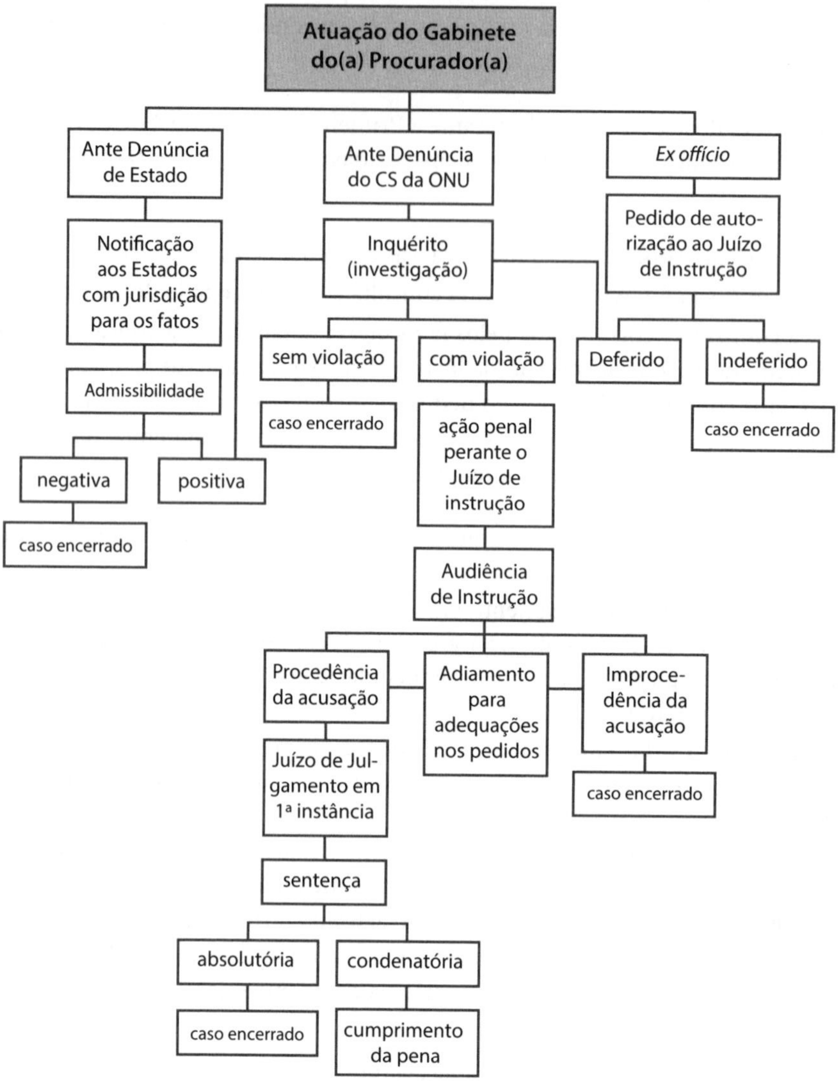

Fonte: elaborada pelo autor

Da sentença condenatória caberá **recurso** ao Juízo de Recursos, pelo Procurador e pelo condenado, sob os seguintes fundamentos: vício processual, erro de fato ou erro de direito. Adicionalmente, ao condenado ainda é possível recorrer alegando "qualquer outro motivo suscetível de afetar a equidade ou a regularidade do processo ou da sentença" (art. 81 do Estatuto).

A sentença condenatória ou a pena imposta são suscetíveis de "pedido de revisão", formulado pelo condenado ou, se este houver falecido, pelo cônjuge supérstite, pelos filhos, pelos pais ou por qualquer pessoa que, em vida do condenado, dele tenha recebido incumbência expressa, por escrito, nesse sentido, ou pelo Procurador no seu interesse. O pedido deverá estar fundado:

- ➔ na descoberta de novos elementos de prova, de que o requerente não dispunha, sem culpa sua, ao tempo do julgamento, desde que tais elementos sejam de tal forma importantes que, caso apresentados oportunamente, teriam provavelmente conduzido a um veredicto diferente;
- ➔ na descoberta de que elementos de prova, apreciados no julgamento e decisivos para a determinação da culpa, eram falsos ou tinham sido objeto de contrafação ou falsificação; ou
- ➔ na alegação de que um ou vários dos juízes, que intervieram na sentença condenatória ou confirmaram a acusação, praticaram atos de conduta reprovável ou de descumprimento dos respectivos deveres de tal forma graves que justifiquem a sua cessação de funções nos termos do artigo 46 do Estatuto.

Algumas outras decisões, além da sentença, também desafiam recurso pelas partes ao Juízo de Recursos (art. 82 do Estatuto). São elas: decisão sobre a competência do TPI ou a admissibilidade do caso; decisão que autorize ou recuse a libertação da pessoa objeto de inquérito ou de procedimento criminal; decisão do Juízo de Instrução de agir por iniciativa própria, nos termos do parágrafo 3º do artigo 56 do Estatuto; e decisão relativa a uma questão suscetível de afetar significativamente a tramitação equitativa e célere do processo ou o resultado do julgamento, e cuja resolução imediata pelo Juízo de Recursos poderia, no entender do Juízo de Instrução ou do Juízo de Julgamento em Primeira Instância, acelerar a marcha do processo.

O cumprimento de detenção preventiva e da pena de prisão definitiva depende do ato da **"entrega"** (*surrender*) do acusado ou condenado, o qual não se confunde com a extradição.

O art. 102 do Estatuto do TPI faz expressa diferenciação entre os institutos da entrega e da extradição. A entrega corresponde à apresentação de uma pessoa por um Estado ao Tribunal. Já a extradição concretiza o encaminhamento de uma pessoa por um Estado a outro Estado, conforme previsto em tratado ou convenção específico, ou ainda, no direito interno. No *surrender*, o Estado entrega a pessoa a um órgão judicial internacional, enquanto na extradição trata-se de envio compulsório da pessoa a outro Estado, que a acusa ou já a condenou, por intermédio de suas autoridades legitimamente constituídas, segundo suas normas de direito material e processual internas.

Todo mandado de "detenção e entrega", antes da sentença, e de "entrega", após a decisão condenatória, deverá ser cumprido pelo Estado em cujo território a pessoa procurada se encontra. Caso não seja um Estado Parte no Tratado de Roma, a entrega apenas será viabilizada por um "convênio *ad hoc*" ou um acordo específico de cooperação entre o TPI e o Estado (art. 87 do Estatuto).

Especificamente na situação de detenção provisória, em caso de urgência, até que o pedido de "detenção e entrega" seja apresentado ao Estado Parte com os documentos que devem instruí-lo, o TPI pode solicitar que tal Estado realize a "prisão preventiva" do acusado (arts. 59, 91 e 92 do Estatuto).

Segundo o art. 103, item 1, do Estatuto, "as penas privativas de liberdade serão cumpridas num Estado indicado pelo Tribunal a partir de uma lista de Estados que lhe tenham manifestado a sua disponibilidade para receber pessoas condenadas". Não obstante isso, atualmente, os detidos e condenados sob custódia do TPI são mantidos em um Centro de Detenção do Tribunal, localizado na cidade holandesa de Scheveningen, nos arredores de Haia.

4. O BRASIL E O TPI

O Brasil é parte no Tratado de Roma, que contempla o Estatuto do TPI. Entre junho e setembro de 2002, deram-se todas as providências de adesão, desde o Decreto Legislativo nº 112/02, pelo qual o Congresso Nacional aprovou o texto do Estatuto do TPI, passando pelo ato de ratificação, até culminar na edição do Decreto nº 4.388/02, que promulgou o tratado, incorporando-o à ordem jurídica interna.

Visando dirimir qualquer dúvida sobre o compromisso do Brasil com o Tratado de Roma e a compatibilidade do ordenamento jurídico brasileiro com o Estatuto do TPI, a Emenda Constitucional nº 45/04 determinou a inserção, no texto constitucional, do § 4º do art. 5º, *in verbis*: "§ 4º O Brasil se submete à jurisdição de Tribunal Penal Internacional a cuja criação tenha manifestado adesão". Não obstante, permanecem vivas opiniões que levantam supostos conflitos do Tratado de Roma com a Constituição Federal brasileira[4], problemática essa que já aportou no STF, pela via da Petição nº 4.625/2009, mediante a qual se pretende que o Excelso Pretório analise o atendimento de pedido de "cooperação internacional e auxílio judiciário", dirigido pelo TPI ao Estado brasileiro, com a consequente adoção de medidas destinadas a viabilizar a detenção e ulterior entrega de Omar Al-Bashir, presidente da República do Sudão.[5] Al-Bashir responde a ação penal perante o TPI pela prática de crimes de guerra e de crimes contra a humanidade, tendo contra si por isso expedida, ainda na fase preliminar do processo, ordem de detenção, no marco do art. 58 do Estatuto.

A aludida Petição experimentou, em 17 de julho de 2009, despacho monocrático inaugural da lavra do Ministro Celso de Mello, o qual, embora tenha entendido que a não estada de Al-Bashir em território brasileiro não demandava apreciação urgente do caso, antes do Pronunciamento do Procurador-Geral da República e demais interessados, pontuou as questões controvertidas acerca do tema, sobre os quais sinaliza terá o STF que se pronunciar, quais sejam:

1. o reconhecimento, ou não, da competência originária do STF sobre a matéria;
2. a possibilidade de entrega de acusado ou condenado ao TPI pelo Governo do Brasil, considerado o modelo constitucional brasileiro vigente (CF, art. 5º, XLVII, "b"), nos casos em que admissível, pelo Estatuto de Roma, a imposição da pena de prisão perpétua (Artigo 77, n. 1, "b");
3. a imprescritibilidade de todos os crimes previstos no Tratado de Roma (Artigo 29);
4. a impossibilidade de invocação, por Chefe de Estado, de sua imunidade de jurisdição em face do TPI (Tratado de Roma, Artigo 27);
5. a questão pertinente às relações entre o Tratado de Roma (e os crimes que tipifica) e o postulado constitucional da reserva de lei formal em matéria de definição prévia de tipos penais e das respectivas sanções, notadamente em razão da indeterminação

---

4 Para um sumário das principais críticas lançadas contra a adesão do Brasil ao Tratado de Roma (e de seus contra-argumentos), especialmente em razão de supostas incompatibilidades entre o ordenamento jurídico brasileiro e o Estatuto de Roma no que tange a temas como entrega/extradição e imprescritibilidade, cf. RAMOS, André de Carvalho. **Processo internacional dos direitos humanos**. 6. ed. São Paulo: Saraiva, 2019, p. 331-338. Um estudo mais crítico pode ser encontrado em SABADELL, Ana Lucia; DIMOULIS, Dimitri. Tribunal Penal Internacional e direitos fundamentais: problemas de constitucionalidade. **Cadernos de Direito**, Piracicaba, 3(5): 241-259, jul./dez. 2003.

5 Trata-se de pedido de entrega formulado a vários países e que, do ponto de vista prático, somente produzirá efeitos, no caso do Brasil, se porventura o réu vier a ingressar no território nacional brasileiro.

das penas por parte daquele Tratado, não cominadas de modo específico e correspondente a cada tipo penal;

6. o reconhecimento, ou não, da recepção, em sua integralidade, do Tratado de Roma pela ordem constitucional brasileira, considerado o teor do § 4º do art. 5º da Constituição, introduzido pela Emenda Constitucional nº 45/2004.

Neste despacho inaugural, algumas premissas importantes foram assentadas.

Primeiramente, reconhece-se que o Tratado de Roma "acha-se formalmente incorporado ao ordenamento positivo interno do Estado brasileiro, desde a sua promulgação pelo Decreto nº 4.388, de 25/09/2002".

Em segundo lugar, a decisão registra que, com vistas à sua integral aplicação no âmbito interno dos Estados Partes e a teor de seu art. 88, o Tratado de Roma impõe aos seus aderentes a instituição, no plano doméstico, de "procedimentos aplicáveis a todas as formas de cooperação especificadas", por isso que a Presidência da República, por meio da Mensagem nº 700/2008, encaminhou, ao Congresso Nacional, Projeto de Lei que "dispõe sobre o crime de genocídio, define os crimes contra a humanidade, os crimes de guerra e os crimes contra a administração da justiça do Tribunal Penal Internacional, institui normas processuais específicas, dispõe sobre a cooperação com o Tribunal Penal Internacional, e dá outras providências".[6]

Em terceiro lugar, o despacho põe em evidência o caráter subsidiário da jurisdição do TPI frente à "responsabilidade **primária** dos Estados nacionais quanto ao julgamento de transgressões aos direitos humanos".

Em quarto lugar, adverte-se sobre a importância da discussão acerca da alegação de imunidade de Chefes de Estado, Chefes de Governo. Ministros de Estado e Membros de Congresso Nacional frente à jurisdição do TPI e sua efetividade. Diz a decisão, a esse propósito:

> (...) de acordo com o Estatuto de Roma, mostra-se irrelevante, para fins de "*persecutio criminis*", a condição política do agente, que não poderá opor, ao Tribunal Penal Internacional, ainda que se cuide de Chefe de Estado ou de Governo, a denominada "*sovereign immunity*" ou "*crown immunity*", tal como estipula, expressamente, o Artigo 27 dessa convenção multilateral (...)
>
> Não é por outro motivo que o Artigo 27 do Estatuto de Roma tem ensejado controvérsia, notadamente porque há aqueles que, invocando o *modelo de Westphalia*, implementado a partir de 1648, sustentam a tese do caráter absoluto da soberania estatal (o que inviabilizaria o exercício, pelo Tribunal Penal Internacional, de sua jurisdição), em oposição aos que não só conferem dimensão relativa à noção de soberania do Estado, mas sobretudo justificam referida cláusula convencional (Artigo 27) a partir da ideia, hoje positivada no art. 4º, inciso II, de nossa Constituição, da "prevalência dos direitos humanos" (...)

Por fim, destaca o *decisum* monocrático que o próprio Tratado de Roma, por intermédio de seu art. 102, distingue, expressamente, o instituto da entrega do procedimento de extradição, "eis que a extradição somente pode ter por autor um Estado soberano, e não organismos internacionais, ainda que revestidos de personalidade jurídica de direito internacional público, como o Tribunal Penal Internacional". Adicionalmente, esclarece haver o STF firmado entendimento jurisprudencial segundo o qual "o processo de extradição faz instaurar uma relação

---

6 Trata-se do Projeto de Lei nº 4.038/2008, posteriormente apensado ao Projeto de Lei nº 301/2007, que ainda tramita junto à Câmara dos Deputados.

de caráter necessariamente intergovernamental, o que afasta a possibilidade de terceiros, desvestidos de estatalidade, formularem pleitos de natureza extradicional".

Finalmente, em decisão monocrática definitiva para o caso, lavrada em 22 de junho de 2020, a Min. Rosa Weber, fez questão de consignar, na linha do despacho antecedente:

> O artigo 102, I, da Constituição Federal, atribuiu ao Supremo Tribunal Federal a competência para julgar a legalidade dos pedidos de extradição. Como visto, a extradição difere substancialmente da entrega, o que, por si só, impede a aplicação analógica do referido dispositivo constitucional. Além disso, mesmo que se tratassem de institutos jurídicos consideravelmente semelhantes, a jurisprudência desta Corte Suprema entende ser sua competência originária definida de forma taxativa e submetida ao regime de direito estrito. Portanto, impossível aplicar à entrega o procedimento previsto para a extradição, o que torna imperioso o reconhecimento da incompetência desta Corte para o processamento do presente pedido de cooperação internacional – ao menos enquanto permanecer a lacuna legislativa sobre a matéria.
>
> (...)
>
> Tradicionalmente, no Brasil, os pedidos de cooperação jurídica internacional são processados no âmbito do Poder Executivo, pelos Ministérios da Justiça e das Relações Exteriores. Todavia, cabe ao Poder Judiciário o processamento de pedidos que dependam de providências judiciais, particularmente aqueles com efeito direto sobre direitos individuais (...)
>
> Havendo a necessidade de providências judiciais para o cumprimento do pedido de cooperação e assentada a incompetência desta Suprema Corte para tanto, entendo ser competente o Juiz Federal de primeiro grau, dado o preceituado no art. 109, inciso III, da Constituição Federal.
>
> Importante ressaltar, apesar da obviedade, que as decisões proferidas pelo TPI não constituem sentenças estrangeiras, não necessitando, portanto, de homologação do Superior Tribunal de Justiça, como preceituado pelo art. 105, inciso I, alínea "i", da Constituição Federal. Isso porque, como já dito anteriormente, a Corte Internacional Penal é um organismo de jurisdição internacional e não estrangeira, proferindo decisões de caráter internacional, as quais diferem das sentenças proferidas por Estados soberanos.
>
> Assim, por serem igualmente incompetentes esta Suprema Corte e a Corte Superior, e fundar-se, o presente pedido de cooperação, em disposição de tratado internacional, firmado entre o Brasil e Estados estrangeiros, entendo emergir a competência do Juiz Federal de primeiro grau, forte no art. 109, inciso III, da Constituição Federal.

Ao fim e ao cabo, a referida decisão julgou prejudicado o pedido, em virtude da prisão de Omar Al Bashir em seu país de origem, encerrando o processo.

PARTE III

DIREITOS HUMANOS EM ESPÉCIE

ESCLARECIMENTO METODOLÓGICO

Esta Parte III contempla a abordagem de direitos humanos e garantias específicos, eleitos para análise com base em sua recorrência na Constituição Federal brasileira e nas normas gerais e específicas de Direito Internacional de Direitos Humanos, notadamente aquelas que se encontram postas no âmbito dos sistemas internacionais de proteção aos quais o Estado brasileiro rende contas.

Convém recordar, todavia, a advertência registrada na apresentação deste Curso, no sentido de que os capítulos e tópicos que se seguem não se prestam a um escrutínio exaustivo dos direitos a que se dedicam.

Pretende-se, em verdade, oferecer apontamentos propedêuticos sobre cada qual dos direitos examinados, observando-se a seguinte estrutura: transcrição dos principais dispositivos normativos nacionais e internacionais correlatos – agrupados de modo a permitir seja visualizado e compreendido o referencial regulatório basal nacional e internacional –, seguida de apontamentos não exaurientes sobre doutrina e jurisprudência relativas à aplicação do direito analisado, bem como sobre as mais significativas e atuais controvérsias que os envolvem.

Capítulo XV

DIREITO À VIDA E À INTEGRIDADE FÍSICA E MORAL

1. NORMATIVA BÁSICA CONSTITUCIONAL E INTERNACIONAL

Constituição Federal

art. 5º.

Todos são iguais perante a lei, (...) garantindo-se aos brasileiros e aos estrangeiros residentes no País a inviolabilidade do direito à vida (...):

III. ninguém será submetido a tortura nem a tratamento desumano ou degradante;

XLIII. a lei considerará crimes inafiançáveis e insuscetíveis de graça ou anistia a prática da tortura, o tráfico ilícito de entorpecentes e drogas afins, o terrorismo e os definidos como crimes hediondos, por eles respondendo os mandantes, os executores e os que, podendo evitá-los, se omitirem;

XLVII. não haverá penas: a) de morte, salvo em caso de guerra declarada (...); e) cruéis;

XLIX. é assegurado aos presos o respeito à integridade física e moral.

Declaração Universal dos Direitos Humanos

art. 3º. Todo ser humano tem direito à vida, à liberdade e à segurança pessoal.

Art. 5º Ninguém será submetido a tortura, nem a tratamento ou castigo cruel, desumano ou degradante.

Declaração Americana dos Direitos e Deveres do Homem

art. I. Todo ser humano tem direito à vida, à liberdade e à segurança de sua pessoa.

art. XXVI. Toda pessoa acusada de um delito tem o direito de ser ouvida numa forma imparcial e pública, de ser julgada por tribunais já estabelecidos de acordo com leis preexistentes, e de que se lhe não inflijam penas cruéis, infamantes ou inusitadas.

Pacto Internacional sobre Direitos Civis e Políticos

art. 6º.

1. O direito à vida é inerente à pessoa humana. Esse direito deverá ser protegido pela lei. Ninguém poderá ser arbitrariamente privado de sua vida.

2. Nos países em que a pena de morte não tenha sido abolida, esta poderá ser imposta apenas nos casos de crimes mais graves, em conformidade com legislação vigente na época em que o crime foi cometido e que não esteja em conflito com as disposições do presente Pacto, nem com a Convenção sobra a Prevenção e a Punição do Crime

de Genocídio. Poder-se-á aplicar essa pena apenas em decorrência de uma sentença transitada em julgado e proferida por tribunal competente.

3. Quando a privação da vida constituir crime de genocídio, entende-se que nenhuma disposição do presente artigo autorizará qualquer Estado Parte do presente Pacto a eximir-se, de modo algum, do cumprimento de qualquer das obrigações que tenham assumido em virtude das disposições da Convenção sobre a Prevenção e a Punição do Crime de Genocídio.

4. Qualquer condenado à morte terá o direito de pedir indulto ou comutação da pena. A anistia, o indulto ou a comutação da pena poderá ser concedido em todos os casos.

5. A pena de morte não deverá ser imposta em casos de crimes cometidos por pessoas menores de 18 anos, nem aplicada a mulheres em estado de gravidez.

6. Não se poderá invocar disposição alguma do presente artigo para retardar ou impedir a abolição da pena de morte por um Estado Parte do presente Pacto.

art. 7º. Ninguém poderá ser submetido à tortura, nem a penas ou tratamento cruéis, desumanos ou degradantes. Será proibido sobretudo, submeter uma pessoa, sem seu livre consentimento, a experiências médias ou cientificas.

Convenção Americana sobre Direitos Humanos

art. 4º. Direito à vida

1. Toda pessoa tem o direito de que se respeite sua vida. Esse direito deve ser protegido pela lei e, em geral, desde o momento da concepção. Ninguém pode ser privado da vida arbitrariamente.

2.Nos países que não houverem abolido a pena de morte, esta só poderá ser imposta pelos delitos mais graves, em cumprimento de sentença final de tribunal competente e em conformidade com lei que estabeleça tal pena, promulgada antes de haver o delito sido cometido. Tampouco se estenderá sua aplicação a delitos aos quais não se aplique atualmente.

3.Não se pode restabelecer a pena de morte nos Estados que a hajam abolido.

4. Em nenhum caso pode a pena de morte ser aplicada por delitos políticos, nem por delitos comuns conexos com delitos políticos.

5. Não se deve impor a pena de morte a pessoa que, no momento da perpetração do delito, for menor de dezoito anos, ou maior de setenta, nem aplicá-la a mulher em estado de gravidez.

6. Toda pessoa condenada à morte tem direito a solicitar anistia, indulto ou comutação da pena, os quais podem ser concedidos em todos os casos. Não se pode executar a pena de morte enquanto o pedido estiver pendente de decisão ante a autoridade competente.

art. 5º. Direito à Integridade Pessoal

1. Toda pessoa tem o direito de que se respeite sua integridade física, psíquica e moral.

2. Ninguém deve ser submetido a torturas, nem a penas ou tratos cruéis, desumanos ou degradantes. Toda pessoa privada da liberdade deve ser tratada com o respeito devido à dignidade inerente ao ser humano.

Convenção Contra a Tortura e
Outros Tratamentos ou Penas Cruéis, Desumanos ou Degradantes

art. 1º.

1. Para os fins da presente Convenção, o termo "tortura" designa qualquer ato pelo qual dores ou sofrimentos agudos, físicos ou mentais, são infligidos intencionalmente a uma

pessoa a fim de obter, dela ou de uma terceira pessoa, informações ou confissões; de castigá-la por ato que ela ou uma terceira pessoa tenha cometido ou seja suspeita de ter cometido; de intimidar ou coagir esta pessoa ou outras pessoas; ou por qualquer motivo baseado em discriminação de qualquer natureza; quando tais dores ou sofrimentos são infligidos por um funcionário público ou outra pessoa no exercício de funções públicas, ou por sua instigação, ou com o seu consentimento ou aquiescência. Não se considerará como tortura as dores ou sofrimentos que sejam consequência unicamente de sanções legítimas, ou que sejam inerentes a tais sanções ou delas decorram.

Convenção para a Prevenção e a Repressão do Crime de Genocídio

Art. II. Na presente Convenção entende-se por genocídio qualquer dos seguintes atos, cometidos com a intenção de destruir no todo ou em parte, um grupo nacional. étnico, racial ou religioso, como tal: a) matar membros do grupo; b) causar lesão grave à integridade física ou mental de membros do grupo; c) submeter intencionalmente o grupo a condição de existência capazes de ocasionar-lhe a destruição física total ou parcial; d) adotar medidas destinadas a impedir os nascimentos no seio de grupo; e) efetuar a transferência forçada de crianças do grupo para outro grupo.

Convenção Interamericana para Prevenir e Punir a Tortura

art. 2º. Para os efeitos desta Convenção, entender-se-á por tortura todo ato pelo qual são infligidos intencionalmente a uma pessoa penas ou sofrimentos físicos ou mentais, com fins de investigação criminal, como meio de intimidação, como castigo pessoal, como medida preventiva, como pena ou com qualquer outro fim. Entender-se-á também como tortura a aplicação, sobre uma pessoa, de métodos tendentes a anular a personalidade da vítima, ou a diminuir sua capacidade física ou mental, embora não causem dor física ou angústia psíquica. Não estarão compreendidos no conceito de tortura as penas ou sofrimentos físicos ou mentais que sejam unicamente consequência de medidas legais ou inerentes a elas, contato que não incluam a realização dos atos ou aplicação dos métodos a que se refere este Artigo.

Estatuto de Roma do Tribunal Penal Internacional

art. 6º. Crime de Genocídio

Para os efeitos do presente Estatuto, entende-se por "genocídio", qualquer um dos atos que a seguir se enumeram, praticado com intenção de destruir, no todo ou em parte, um grupo nacional, étnico, racial ou religioso, enquanto tal: a) Homicídio de membros do grupo; b) Ofensas graves à integridade física ou mental de membros do grupo; c) Sujeição intencional do grupo a condições de vida com vista a provocar a sua destruição física, total ou parcial; d) Imposição de medidas destinadas a impedir nascimentos no seio do grupo; e) Transferência, à força, de crianças do grupo para outro grupo.

art. 7º. Crimes contra a Humanidade

1. Para os efeitos do presente Estatuto, entende-se por "crime contra a humanidade", qualquer um dos atos seguintes, quando cometido no quadro de um ataque, generalizado ou sistemático, contra qualquer população civil, havendo conhecimento desse ataque: a) Homicídio; b) Extermínio;(...) f) Tortura; (...)

2. Para efeitos do parágrafo 1º: (...) b) O "extermínio" compreende a sujeição intencional a condições de vida, tais como a privação do acesso a alimentos ou medicamentos, com vista a causar a destruição de uma parte da população; (...) e) Por "tortura" entende-se o ato por meio do qual uma dor ou sofrimentos agudos, físicos ou mentais, são inten-

cionalmente causados a uma pessoa que esteja sob a custódia ou o controle do acusado; este termo não compreende a dor ou os sofrimentos resultantes unicamente de sanções legais, inerentes a essas sanções ou por elas ocasionadas;

2. APONTAMENTOS SOBRE CONTEÚDO DO DIREITO

O direito à vida tem por objeto o direito à existência, isto é, o "direito de estar vivo, de lutar pelo viver, de defender a própria vida, de permanecer vivo. É o direito de não ter interrompido o processo vital senão pela morte espontânea e inevitável".[1] Diz respeito, então, à própria existência do ser humano, titular dos demais direitos humanos. Por isso que há certa tendência de classificá-lo como absoluto, insuscetível de mitigação, a que título for, e, bem assim, como direito humano pressuposto para o exercício dos demais.

Nesta linha, a propósito da interpretação do conteúdo do art. 6º do PIDCP, o Comentário Geral nº 36, editado, em 2018, pelo Comitê de Direitos Humanos da ONU, afirma o direito à vida como indisponível e alerta para um conteúdo muito além da obrigação de não matar:

> 2. O Artigo 6 reconhece e protege o direito à vida de todos os seres humanos. Este é o direito supremo o qual nenhuma derrogação é permitida, mesmo em situações de conflito armado e outras emergências públicas que ameacem a existência de uma nação. O direito à vida tem importância crucial tanto para os indivíduos quanto para a sociedade como um todo. É muito precioso por si só como um direito inerente a todo ser humano, mas também constitui um direito fundamental cuja proteção efetiva é o pré-requisito para o gozo de todos os outros direitos humanos e cujo conteúdo pode ser informado por outros direitos humanos.
>
> 3. O direito à vida é um direito que não deve ser interpretado de forma restritiva. Refere-se ao direito dos indivíduos a serem livres de atos e omissões que se destinam ou podem ser esperados como causa para a morte natural ou prematura, bem como para desfrutar uma vida com dignidade. O Artigo 6 garante este direito para todos os seres humanos, sem distinção de qualquer tipo, inclusive para pessoas suspeitas ou condenadas até mesmo pelos crimes mais graves.[2]

Contudo, algumas situações colocam em xeque uma suposta intangibilidade do direito à vida, no contexto dos problemas em torno do caráter absoluto de qualquer direito humano, à luz da teoria dos princípios, naturalmente suscetíveis à ponderação em caso de colisão. É o que se vê, por exemplo, com os acalorados debates envolvendo a o futuro de embriões e fetos e a existência de exceção constitucional à proibição da pena de morte (caso de guerra declarada).

---

1 SILVA, José Afonso da. **Curso de direito constitucional positivo**. 11. ed. São Paulo: Malheiros Ed., 1996, p. 195.

2 Esta e as demais citações diretas e indiretas ao Comentário Geral nº 36 do Comitê de Direitos Humanos da ONU, realizadas, neste tópico, têm por fonte NÚCLEO DE ESTUDOS INTERNACIONAIS DA CLÍNICA DE DIREITO INTERNACIONAL DOS DIREITOS HUMANOS DA FACULDADE DE DIREITO DA UNIVERSIDADE DE SÃO PAULO; DEFENSORIA PÚBLICA DO ESTADO DE SÃO PAULO; MINISTÉRIO PÚBLICO FEDERAL. **Comentários Gerais dos Comitês de Tratados de Direitos Humanos da ONU: Comitê de Direitos Humanos. Comitê de Direitos Econômicos, Sociais e Culturais**. São Paulo: Defensoria Pública do Estado de São Paulo; Ministério Público Federal, 2018, p. 197-215. Disponível em: https://www.defensoria.sp.def.br/dpesp/repositorio/0/Coment%c3%a1rios%20Gerais%20da%20ONU.pdf. Acesso em: 02 jan. 2021.

Sobre o **direito à vida de embriões e fetos**, a tarefa primeira da jurisprudência brasileira foi fixar o marco inicial da vida e, consequentemente, do direito a ela, missão complexa, em face da divergência entre as posições científica (com nuances) e religiosa a respeito. No exame dos casos da interrupção de gravidez de feto anencefálico (ADPF 54) e da pesquisa com células-tronco embrionárias (ADI 3510-0), o entendimento majoritário dos Ministros do STF orientou-se pela posição científica, a qual associa a vida a certo estágio de desenvolvimento do corpo humano, sobretudo do ponto de vista neurológico (etapa posterior, portanto, ao momento da concepção/fertilização do óvulo) e à sua viabilidade (possibilidade, ainda que mínima, de sobrevivência, após o nascimento).

Especificamente quanto ao aborto, o Comentário Geral nº 36 do Comitê de Direitos Humanos da ONU, em face dos arts. 6º e 7º do PIDCP, adotou posição bastante contundente em prol da saúde das mulheres e da possibilidade da regulação da interrupção da gravidez, contanto que praticada sob esclarecimento e segurança adequados:

> 8. Embora os Estados partes possam adotar medidas destinadas a regular as interrupções voluntárias da gravidez, tais medidas não devem resultar em violação do direito à vida de uma gestante ou de uma menina, ou de seus outros direitos previstos no Pacto. Assim, restrições à capacidade de mulheres ou meninas de buscar o aborto não devem, entre outras coisas, pôr em risco suas vidas, sujeitá-las a dor ou sofrimento físico ou mental que violem o artigo 7, discriminá-las ou interferir arbitrariamente em sua privacidade. Os Estados devem providenciar acesso seguro, legal e efetivo ao aborto, onde a vida e a saúde da gestante ou da menina estão em risco, e quando levar uma gravidez a termo causaria dor ou sofrimento substancial à gestante ou à menina, mais notadamente quando a gravidez é o resultado de estupro ou incesto ou não é viável. Além disso, os Estados-parte não podem regulamentar a gravidez ou o aborto em todos os outros casos de maneira contrária ao seu dever de garantir que mulheres e meninas não tenham que realizar abortos inseguros, sendo que devem revisar suas leis sobre aborto em tal sentido. A título exemplificativo, os Estados não devem tomar medidas como criminalizar a gravidez de mulheres solteiras ou aplicar sanções criminais contra mulheres e meninas submetidas a aborto ou contra prestadores de serviços médicos que as ajudem a fazê-lo, uma vez que tais medidas obrigam mulheres e meninas a recorrerem ao aborto inseguro. Os Estados Partes não devem introduzir novas barreiras e devem remover as barreiras existentes que negam acesso efetivo de mulheres e meninas ao aborto seguro e legal, incluindo barreiras causadas como resultado do exercício de objeção de consciência por parte de prestadores de serviços de saúde individuais. Os Estados Partes também devem proteger efetivamente as vidas de mulheres e meninas contra os riscos de saúde mental e física associados a abortos inseguros. Em particular, devem assegurar o acesso de mulheres e homens e, especialmente, de moças e rapazes, à informação e educação de qualidade e baseada em evidências sobre saúde sexual e reprodutiva e a uma vasta gama de métodos contraceptivos acessíveis; e prevenir a estigmatização de mulheres e meninas que buscam o aborto. Os Estados-partes devem garantir a disponibilidade e o acesso efetivo a cuidados de saúde de qualidade pré-natal e pós-aborto para mulheres e meninas, em todas as circunstâncias e em bases confidenciais.

Demais disso, a Convenção da ONU sobre os Direitos das Pessoas com Deficiência veda a aplicação de políticas eugênicas, assegurando todas as medidas possíveis para o efetivo exercício do direito à vida por parte das pessoas com deficiência, em igualdade com as demais pessoas (art. 10).

No que tange à **pena de morte**, nos arts. 6º tanto da Convenção Americana sobre Direitos Humanos quanto do PIDCP, há uma série de limitações aos Estados Partes para sua aplicação, que somente pode ser executada em resposta à prática de crimes graves e apenas depois do trânsito em julgado da sentença condenatória; não pode haver uma ampliação no leque de hipóteses legais para a aplicação dessa pena; ao condenado deve ser assegurada a possibilidade de solicitar indulto ou comutação da pena; e a pena não pode ser aplicada contra grávidas ou menores de 18 ou maiores de 70 anos.

A despeito de haver classificado como "inderrogável" o direito à vida, o Comentário Geral nº 36 do Comitê de Direitos Humanos da ONU admite que "direito à vida não é absoluto", formula parâmetros para a aplicação da pena de morte e, portanto, tolera, excepcionalmente, a privação da vida em condições que classifica como "não arbitrárias", nestes termos:

> A privação da vida é, em regra, arbitrária se for inconsistente com o direito internacional ou com o direito interno. A privação da vida pode, no entanto, ser autorizada pela lei interna e ainda ser arbitrária. A noção de "arbitrariedade" não deve ser totalmente equacionada com "contra a lei", mas deve ser interpretada de forma mais ampla para incluir elementos de inadequação, injustiça, falta de previsibilidade e devido processo legal, bem como elementos de razoabilidade, necessidade e proporcionalidade. Para não ser qualificada como arbitrária nos termos do artigo 6º, a aplicação de força potencialmente letal por um particular agindo em legítima defesa, ou por outra pessoa em sua defesa, deve ser estritamente necessária, em vista da ameaça representada pelo agressor; deve representar um método de último recurso após outras alternativas terem sido esgotadas ou consideradas inadequadas; a quantidade de força aplicada não pode exceder a quantidade estritamente necessária para responder à ameaça; a força aplicada deve ser cuidadosamente direcionada apenas contra o agressor; e a ameaça respondida deve envolver morte iminente ou ferimentos graves. A utilização de força potencialmente letal para fins de aplicação da lei é uma medida extrema, que deve ser utilizada apenas quando estritamente necessária para proteger a vida ou prevenir lesões graves decorrentes de uma ameaça iminente. Não pode ser usado, por exemplo, para impedir a fuga da guarda de um criminoso suspeito ou de um condenado que não represente uma ameaça séria e iminente à vida ou à integridade física dos outros. A tomada intencional da vida por qualquer meio é permissível somente se for estritamente necessária para proteger a vida de uma ameaça iminente.

O Estatuto de Roma, que institui a jurisdição do Tribunal Penal Internacional, não prevê a aplicação da pena de morte. De sua parte, o Brasil é signatário do **Protocolo à Convenção Americana sobre Direitos Humanos Referente à Abolição da Pena de Morte**. Frente a ele, o Estado somente fez a reserva quanto à aplicação desse tipo de pena tal como prevista na Constituição Federal, mas sempre em observância das normas de direito internacional e da aplicação da pena capital somente para delitos extremamente graves de cunho militar.

A despeito da vedação constitucional à pena capital, não se pode deixar de perceber a existência de execuções extrajudiciais na realidade brasileira, como ficou comprovado no Caso Favela Nova Brasília vs. Brasil, julgado pela Corte IDH, e na ADPF 635, sob julgamento do STF, os quais tratam da letalidade policial. Nesta última, o Ministro Edson Fachin, em 2020, deferiu pedido de liminar e determinou a suspensão de grandes operações policiais na cidade do Rio de Janeiro durante o curso da pandemia do novo coronavírus.

Acerca de populações vulneráveis e discriminações culturais, o Comentário Geral nº 36 do Comitê de Direitos Humanos trata das obrigações relativas à proteção da vida, estatuído no item 1 do art. 6º do PIDCP, também no que se refere à **incitação a atos de afronta à vida**, para tanto instigando os Estados a tipificarem como crime as manifestações de violência ou incitamento à violência que possam redundar em privação de vida, *v.g.* "homicídio intencional e negligente, uso desnecessário ou desproporcional de armas de fogo, infanticídio, assassinatos por motivos de 'honra', linchamentos, crimes de ódio violentos, vinganças de sangue, assassinatos em rituais, ameaças de morte e ataques terroristas". Digna a de registro, ainda, a manifestação específica do mesmo Comentário Geral a respeito da proteção da vida de pessoas e grupos vulneráveis:

> 23. O dever de proteger o direito à vida exige que os Estados Partes tomem medidas especiais de proteção a pessoas em situação de vulnerabilidade cujas vidas tenham sido colocadas em risco particular por causa de ameaças específicas ou padrões pré-existentes de violência. Estes incluem defensores dos direitos humanos, funcionários que combatem a corrupção e o crime organizado, trabalhadores humanitários, jornalistas, figuras públicas proeminentes, testemunhas de crime e vítimas de violência doméstica, baseada no gênero ou no tráfico de seres humanos. Também podem incluir crianças, especialmente crianças em situação de rua, crianças migrantes desacompanhadas e crianças em situações de conflito armado, membros de minorias étnicas e religiosa, povos indígenas, lésbicas, gays, bissexuais, transgêneros e pessoas intersexuais (LGBTI), pessoas com albinismo, supostas bruxas, pessoas deslocadas, requerentes de asilo, refugiados e apátridas. Os Estados Partes devem responder com urgência e eficácia a fim de proteger indivíduos que se encontrem sob uma ameaça específica, adotando medidas especiais, como a atribuição de proteção policial ininterrupta, a emissão de ordens de proteção e restrição a possíveis agressores e, em casos excepcionais, e somente com o consentimento livre e esclarecido do indivíduo ameaçado, custódia protetiva.
>
> 24. As pessoas com deficiência, incluindo as deficiências psicossociais e intelectuais, também têm direito a medidas específicas de proteção, de modo a assegurar o gozo efetivo do direito à vida em igualdade de condições com as demais pessoas. Tais medidas de proteção incluirão a provisão de acomodação razoável quando necessário para assegurar o direito à vida, como assegurar o acesso de pessoas com deficiência a instalações e serviços essenciais e medidas específicas destinadas a prevenir o uso indevido da força por agentes policiais contra pessoas com deficiência.

Com relação à integridade física e mental, trata-se de direito ligado à preservação da higidez de corpos e da psique, sendo que suas formas mais violentas de conspurcação, no campo dos direitos humanos, estão ligadas à prática de atos pelos quais dores ou sofrimentos agudos, físicos ou mentais, são infligidos visando, em linhas gerais, vantagem ou castigo, em quaisquer dos casos configurando-se **crime de tortura**. A tipificação nacional do crime de tortura coube à Lei nº 9.455/97, que define:

> Constitui crime de tortura:
>
> I – constranger alguém com emprego de violência ou grave ameaça, causando-lhe sofrimento físico ou mental: a) com o fim de obter informação, declaração ou confissão da vítima ou de terceira pessoa;
>
> b) para provocar ação ou omissão de natureza criminosa; c) em razão de discriminação racial ou religiosa;

> II – submeter alguém, sob sua guarda, poder ou autoridade, com emprego de violência ou grave ameaça, a intenso sofrimento físico ou mental, como forma de aplicar castigo pessoal ou medida de caráter preventivo. (...)
>
> Na mesma pena incorre quem submete pessoa presa ou sujeita a medida de segurança a sofrimento físico ou mental, por intermédio da prática de ato não previsto em lei ou não resultante de medida legal".

Apesar de consolidada a repulsa da sociedade à prática de tortura, episódios de terrorismo – intensificados sobretudo após a "queda das torres gêmeas" estadunidense, em 2001 – reavivaram a discussão a respeito da admissão de práticas de tortura em investigações que digam respeito a crimes de alto potencial ofensivo. A polêmica, de forma capciosa, gira em torno da alegação de violação de direitos humanos de alguns como suposta justificativa para a preservação de direitos humanos de outros tantos, mediante a obtenção, com a prática de tortura, de informações que permitam a antecipação ao ato danoso ou o encontro do ofensor que já o tenha praticado.

Em verdade, segundo a interpretação do Comentário Geral nº 36 do Comitê de Direitos Humanos para os arts. 6º e 7º do PIDESC, o emprego do uso da força por agentes responsáveis pela aplicação da lei ou de agentes privados para tanto empoderados pelo Estado deverá ser regida pelo planejamento e pela adoção das táticas menos arriscadas ou letais para a vida humana, inclusive no que diz respeito às armas utilizadas, preferindo-se sempre as menos letais.

Nos casos em que a violação ao direito à vida e à integridade física e psíquica ocorre em razão da omissão do Estado brasileiro quanto ao **sistema prisional**, cuida-se de um dos temas a respeito do qual o Brasil recebe mais críticas e decisões condenatórias pelos sistemas internacionais de proteção dos Direitos Humanos, o que se demonstra tanto pelo Relatório sobre a visita ao Brasil do Subcomitê de Prevenção da Tortura e outros Tratamentos ou Penas Cruéis, Desumanos ou Degradantes (SPT), publicado em 08 de fevereiro de 2012, quanto pelas inúmeras medidas de urgência editadas pela Comissão Interamericana de Direitos Humanos e Corte IDH, atinentes a unidades prisionais ou de internação de crianças e adolescentes, no Brasil.

O SPT realizou visita ao País entre 19 e 30 de setembro de 2011, tendo vistoriado o tratamento recebido por pessoas privadas de liberdade em 4 (quatro) estados diferentes. O relatório elabora inúmeras recomendações que vão desde a situação *in loco* das unidades prisionais e de internação, passando por questões institucionais, incluindo Poder Judiciário e a impunidade de atos de tortura ou assassinato praticado por policiais contra pessoas em situação de privação de liberdade. O documento ainda pontua que o Brasil permanece sem solucionar problemas estruturais envolvendo o tratamento dado a pessoas privadas de liberdade, a despeito das muitas recomendações pretéritas de outros mecanismos internacionais da ONU já dirigidas ao Estado brasileiro.[3] O SPT retornou para nova visita, entre 19 e 30 de outubro de 2015, visando monitorar o atendimento das recomendações de 2012, tendo

---

[3] UNITED NATIONS. SUBCOMMITTEE ON PREVENTION OF TORTURE AND OTHER CRUEL, INHUMAN OR DEGRADING TREATMENT OR PUNISHMENT. **Report on the visit of the Subcommittee on Prevention of Torture and Other Cruel, Inhuman or Degrading Treatment or Punishment to Brazil**. CAT/OP/BRA/1. Geneva, 5 jul. 2012. Disponível em: https://tbinternet.ohchr.org/_layouts/15/treatybodyexternal/Download.aspx?symbolno=CAT%2fOP%2fBRA%2f1&Lang=en. Acesso em: 17 jan. 2021.

constatado a permanência da maioria dos problemas antes já apontados em relatório tornado público em 2017.[4]

Perante o Sistema Interamericano, citem-se, em razão de casos de iminente catástrofe humanitária, a medida cautelar editada pela CIDH para o Centro de Detenção Socioeducativo Casa Cedro/SP (2016) e as medidas provisórias determinadas pela Corte IDH para as situações das unidades Penitenciária Urso Branco/RO (2002), Complexo do Tatuapé/SP (2005), Penitenciária de Araraquara (2006), Unidade de Internação Socioeducativa/ES (2011), Complexo Penitenciário de Pedrinhas/MA (2014), Complexo Penitenciário de Curado/PE (2014), Instituto Penal Plácido de Sá Carvalho/RJ (2017), todas essas decisões com determinações para que o Estado brasileiro adotasse medidas urgentes de preservação da vida, da integridade física e da saúde das pessoas privadas de liberdade e dos funcionários dos estabelecimentos.

Convém consignar, ainda, que, o ECOSOC da ONU aprovou, em 1957, com posteriores adições em 1977 e 1984, as Regras Mínimas para o Tratamento de Prisioneiros ("Regras de Mandela"), que enunciam bons princípios e práticas no tratamento de pessoas privadas de liberdade. Cumprindo similar objetivo, a AGE da ONU aprovou, em 2010, resolução contemplando as Regras das Nações Unidas para o Tratamento de Mulheres Presas e Medidas Não Privativas de Liberdade para Mulheres Infratoras ("Regras de Bangkok"). As Regras de Bangkok já foram utilizadas para fundamentar decisão do STF, proferida, em 2015, para o HC 126.107-SP, no qual determinou-se a substituição imediata da prisão preventiva da paciente por prisão domiciliar, em razão de se tratar de gestante com cardiopatia grave.

No Brasil, o mais abrangente tratamento judicial do gravíssimo problema carcerário encontra-se na ADPF 347, que tramita perante o STF e que foi aforada pelo Partido Socialismo e Liberdade – PSOL, pleiteando "seja reconhecido o estado de coisas inconstitucional do sistema penitenciário brasileiro, e, em razão disso, determinada a adoção das providências (...) tendentes a sanar as gravíssimas lesões a preceitos fundamentais da Constituição, decorrentes de condutas comissivas e omissivas dos poderes públicos da União, dos Estados e do Distrito Federal (...), no tratamento da questão prisional no país".

O pedido é fundamentado no descumprimento de diversos dispositivos da Constituição Federal, quais sejam: art. 1º, III (dignidade da pessoa humana); art. 5º, XLVII, "e" (proibição da tortura e do tratamento desumano ou degradante); art. 5º, XLVIII (vedação das sanções cruéis); art. 5º, XLVIII (cumprimento da pena em estabelecimentos distintos, de acordo com a natureza do delito, a idade e sexo do apenado); art. 5º, XLIX (respeito à integridade física e moral dos presos); art. 5º, LIV e LV (devido processo legal); art. 5º, LVII (presunção de inocência); além de inúmeros outros direitos fundamentais – como saúde, educação, alimentação adequada e acesso à justiça. Cita-se, ainda, a ofensa a normas internacionais, como o Pacto Internacional sobre Direitos Civis e Políticos, a Convenção contra a Tortura e outros Tratamentos e Penas Cruéis, Desumanos e Degradantes e a Convenção Interamericana de Direitos Humanos, mencionando, a esse respeito, casos de responsabilização internacional do Estado brasileiro pela Corte Interamericana e pela Comissão Interamericana de Direitos Humanos.

A ADPF 347 pretende que o STF acate o conceito de "**Estado de Coisas Inconstitucional**" (ECI), desenvolvido pela Corte Constitucional da Colômbia, com aspectos já observados em

4 UNITED NATIONS. SUBCOMMITTEE ON PREVENTION OF TORTURE AND OTHER CRUEL, INHUMAN OR DEGRADING TREATMENT OR PUNISHMENT. **Visit to Brazil undertaken from 19 to 30 October 2015:** observations and recommendations addressed to the State party. Report of the Subcommittee. CAT/OP/BRA/3. Geneva, 16 fev. 2017. Disponível em: https://tbinternet.ohchr.org/_layouts/15/treatybodyexternal/Download.aspx?symbolno=CAT%2fOP%2fBRA%2f3&Lang=en. Acesso em: 17 jan. 2021.

outros países, como EUA, África do Sul e Argentina. Em síntese, o ECI é uma "técnica decisória, voltada ao enfrentamento de violações graves e sistemáticas da Constituição, decorrentes de falhas estruturais em políticas públicas que envolvam muitas pessoas, e cuja superação demande providências variadas de diversas autoridades e poderes estatais".

São os requisitos estipulados pela Corte Constitucional colombiana para o reconhecimento do ECI: (i) vulneração massiva e generalizada de direitos fundamentais de um número significativo de pessoas; (ii) prolongada omissão das autoridades no cumprimento de suas obrigações para garantia e promoção dos direitos; (iii) que a superação das violações de direitos pressuponha a adoção de medidas complexas por uma pluralidade de órgãos, envolvendo mudanças estruturais, que podem depender da alocação de recursos públicos, correção das políticas públicas existentes ou formulação de novas políticas, dentre outras medidas; e (iv) potencialidade de congestionamento da justiça, se todos os que tiverem os seus direitos violados acorrerem, individualmente, ao Poder Judiciário.

Eis os pedidos da ADPF 347: (a) determinação a todos os juízes e tribunais que, em cada caso de decretação ou manutenção de prisão provisória, motivem expressamente as razões que impossibilitam a aplicação das medidas cautelares alternativas à privação de liberdade; (b) reconhecimento da aplicabilidade imediata dos arts. 9, item 3, do Pacto Internacional sobre Direitos Civis e Políticos e 7, item 5, da Convenção Interamericana sobre Direitos Humanos, determinando-se a todos os juízes e tribunais que passem a realizar audiências de custódia, viabilizando o comparecimento do preso perante a autoridade judiciária em até 24 horas, contadas do momento da prisão; (c) determinação aos juízes e tribunais brasileiros que passem a considerar, fundamentadamente, o dramático quadro fático do sistema penitenciário brasileiro, no momento de concessão de cautelares penais, na aplicação da pena e durante o processo de execução penal; (d) reconhecimento de que como a pena é sistematicamente cumprida em condições muito mais severas do que as admitidas pela ordem jurídica, a preservação, na medida do possível, da proporcionalidade e humanidade da sanção impõe que os juízes brasileiros apliquem, sempre que for viável, penas alternativas à prisão; (e) afirmação de que o juízo da execução penal tem o poder-dever de abrandar os requisitos temporais para a fruição de benefícios e direitos do preso, como a progressão de regime, o livramento condicional e a suspensão condicional da pena, quando se evidenciar que as condições de efetivo cumprimento da pena são significativamente mais severas do que as previstas na ordem jurídica e impostas pela sentença condenatória; (f) reconhecimento de que o juízo da execução penal tem o poder-dever de abater tempo de prisão da pena a ser cumprida, quando se evidenciar que as condições de efetivo cumprimento da pena foram significativamente mais severas do que as previstas na ordem jurídica e impostas pela sentença condenatória;. (g) determinação ao Conselho Nacional de Justiça que coordene um ou mais mutirões carcerários, de modo a viabilizar a pronta revisão de todos os processos de execução penal em curso no país que envolvam a aplicação de pena privativa de liberdade, visando a adequá-los às medidas "e" e "f" acima; (h) imposição do imediato descontingenciamento das verbas existentes no Fundo Penitenciário Nacional - FUNPEN e vedação à União Federal quanto à realização de novos contingenciamentos, até que se reconheça a superação do estado de coisas inconstitucional do sistema prisional brasileiro.

Em apreciação dos pedidos cautelares, decidiu o STF, por maioria de votos, em, 09 de maio 2015, deferir a cautelar em relação aos pedidos "b" (audiências de custódia) e "h" (liberação do saldo acumulado do Fundo Penitenciário Nacional). No ano de 2017, os estados da Bahia e do Ceará comunicaram o descumprimento da ordem cautelar pela União ao Excelso Pretório, que, por sua vez, exarou duas determinações para liberação de saldos do FUNPEN a ambos os entes federativos requerentes.

Conquanto ainda apreciado apenas em sede de medida cautelar, esta ADPF tem aptidão para consolidar importante ferramenta jurídica de enfrentamento unificado e estratégico de maciças violações de direitos humanos, mediante incentivo de políticas públicas concertadas, a serem adotadas por áreas do poder público cuja inércia dá causa à situação reprovada. Fato é que o STF, ao deferir, ainda que parcialmente, as medidas cautelares pleiteadas, expressamente assenta a compatibilidade do conceito de ECI com o ordenamento jurídico brasileiro e com a jurisdição constitucional.

Sobre um suposto risco de afronta à Separação dos Poderes, o autor da ação argumenta:

> Considerando que o reconhecimento do estado de coisas inconstitucional confere ao Tribunal uma ampla latitude de poderes, tem-se entendido que a técnica só deve ser manejada em hipóteses excepcionais, em que, além da séria e generalizada afronta aos direitos humanos, haja também a constatação de que a intervenção da Corte é essencial para a solução do gravíssimo quadro enfrentado. São casos em que se identifica um 'bloqueio institucional' para a garantia dos direitos, o que leva a Corte a assumir um papel atípico, sob a perspectiva do princípio da separação de poderes, que envolve uma intervenção mais ampla sobre o campo das políticas públicas. (ADPF 347 – Petição Inicial)

Pelo mesmo caminho andou o STF, ao apreciar o RE 592.581/RS, também no ano de 2015. Nesta ação, o Ministério Público estadual ajuizou ação civil pública contra o Estado do Rio Grande do Sul, visando fosse determinada a promoção de uma reforma geral no Albergue Estadual de Uruguaiana. O juízo de Primeira Instância determinou a reforma do estabelecimento, mas estado recorreu ao TJ/RS, que reformou a sentença por considerar que não cabe ao Judiciário determinar que o Poder Executivo realize obras em estabelecimento prisional, "sob pena de ingerência indevida em seara reservada à Administração".

Deu-se novo recurso ministerial ao STF, sob alegação de que os direitos fundamentais têm aplicabilidade imediata e que questões de ordem orçamentária não podem impedir a implementação de políticas públicas que visem garanti-los, haja vista a proteção e a promoção da dignidade do ser humano nortearem todo ordenamento constitucional, atribuindo, por conseguinte, ao estado gaúcho a obrigação de conferir eficácia e efetividade ao artigo 5º, inciso XLIX, da Constituição Federal, para dar condições minimamente dignas a quem se encontra privado de liberdade. O STF reconheceu repercussão geral ao caso e, à unanimidade, manteve a decisão de Primeira Instância, fixando a tese segundo a qual

> (...) é lícito ao Judiciário impor à Administração Pública obrigação de fazer, consistente na promoção de medidas ou na execução de obras emergenciais em estabelecimentos prisionais para dar efetividade ao postulado da dignidade da pessoa humana e assegurar aos detentos o respeito à sua integridade física e moral, nos termos do que preceitua o art. 5º, XLIX, da Constituição Federal, não sendo oponível à decisão o argumento da reserva do possível nem o princípio da separação dos poderes. (RE 592.581/RS)

Registre-se que, nesta decisão, o STF, admitindo a calamitosa condição do sistema prisional brasileiro, a resultar na desconsideração da finalidade de ressocialização da pena e no menoscabo da dignidade dos detentos, afasta a alegação da reserva do possível, abrindo caminho para comandos judiciais dirigidos à Administração Pública que mirem, diretamente, a proteção dos direitos fundamentais, não cabendo falar em afronta à Tripartição de Poderes.

Demais disso, em relação ao assunto, o Comentário Geral nº 36 do Comitê de Direitos Humanos declara e detalha e responsabilidade do Estado pela vida das pessoas encarceradas.

Ao fim e ao cabo, pelo que se extrai da normativa e da jurisprudência contenciosa e interpretativa apresentadas, a comunidade internacional consagrou a proibição da privação da vida e da tortura como normas de *jus cogens* e a prática como crime contra a humanidade, dotado de imprescritibilidade conferida pelo Estatuto de Roma, reprovação substancial que se vê reproduzida na normativa constitucional e infraconstitucional penal brasileira.

Ademais, o extenso Comentário Geral nº 36 trata de diversos outros assuntos relacionados aos arts. 6º e 7º do PIDESC, tais a relação da vedação da privação da vida com outros direitos e violações – como é o caso da tortura enquanto prática que pode acarretar a morte – e o acurado cumprimento do dever de investigação e punição de violadores dos direitos protegidos por aqueles dispositivos, entre outras situações, motivo pelo qual seu estudo é altamente recomendado para a compreensão mais exata do conteúdo do direito à vida e à integridade física e mental.

Capítulo XVI

DIREITO À IGUALDADE E NÃO DISCRIMINAÇÃO

1. NORMATIVA BÁSICA CONSTITUCIONAL E INTERNACIONAL

Constituição Federal

art. 3º. Constituem objetivos fundamentais da República Federativa do Brasil:

III. erradicar a pobreza e a marginalização e reduzir as desigualdades sociais e regionais;

IV. promover o bem de todos, sem preconceitos de origem, raça, sexo, cor, idade e quaisquer outras formas de discriminação";

art. 5º. Todos são iguais perante a lei, sem distinção de qualquer natureza, garantindo-se aos brasileiros e aos estrangeiros residentes no País a inviolabilidade do direito (...) à igualdade":

XLI. a lei punirá qualquer discriminação atentatória dos direitos e liberdades fundamentais;

Declaração Universal dos Direitos Humanos

art. 1º. Todos os seres humanos nascem livres e iguais em dignidade e direitos. São dotados de razão e consciência e devem agir em relação uns aos outros com espírito de fraternidade.

art. 7º. Todos são iguais perante a lei e, sem distinção, têm direito a igual proteção da lei. Todos têm direito a proteção igual contra qualquer discriminação que viole a presente Declaração e contra qualquer incitamento a tal discriminação.

Declaração Americana dos Direitos e Deveres do Homem

art. II. Todas as pessoas são iguais perante a lei e têm os direitos e deveres consagrados nesta declaração, sem distinção de raça, língua, crença, ou qualquer outra

Pacto Internacional sobre Direitos Civis e Políticos

art. 26. Todas as pessoas são iguais perante a lei e têm direito, sem discriminação alguma, a igual proteção da Lei. A este respeito, a lei deverá proibir qualquer forma de discriminação e garantir a todas as pessoas proteção igual e eficaz contra qualquer discriminação por motivo de raça, cor, sexo, língua, religião, opinião política ou de outra natureza, origem nacional ou social, situação econômica, nascimento ou qualquer outra situação.

art. 27. Nos Estados em que haja minorias étnicas, religiosas ou linguísticas, as pessoas pertencentes a essas minorias não poderão ser privadas do direito de ter, conjuntamente com outros membros de seu grupo, sua própria vida cultural, de professar e praticar sua própria religião e usar sua própria língua.

Convenção Americana sobre Direitos Humanos

art. 24. Todas as pessoas são iguais perante a lei. Por conseguinte, têm direito, sem discriminação, a igual proteção da lei.

Convenções internacionais específicas

Convenção sobre a Eliminação de Todas as Formas de Discriminação Racial (ONU)

Convenção sobre a Eliminação de Todas as Formas de Discriminação contra a Mulher (ONU)

Convenção sobre os Direitos das Pessoas com Deficiência (ONU)

Convenção Internacional sobre a Proteção dos Direitos de Todos os Trabalhadores Migrantes e suas Famílias (ONU)

Convenção relativa ao Estatuto dos Refugiados (ONU)

Convenção sobre o Estatuto dos Apátridas (ONU)

Tratado de Marraqueche sobre acesso facilitado a obras publicadas (ONU)

Convenção nº 97 sobre Trabalhadores Migrantes (OIT)

Convenção nº 100 sobre a Igualdade de Remuneração entre Homens e Mulheres (OIT)

Convenção nº 111 sobre a Discriminação em Matéria de Emprego e Ocupação (OIT)

Convenção nº 118 sobre Igualdade de Tratamento entre Nacionais e Estrangeiros em Previdência Social (OIT)

Convenção nº 159 sobre Reabilitação Profissional e Emprego de Pessoas Deficientes (OIT)

Convenção Interamericana para Prevenir, Punir e Erradicar a Violência contra a Mulher, também conhecida como "Convenção de Belém do Pará" (OEA)

Convenção Interamericana para a Eliminação de Todas as Formas de Discriminação contra as Pessoas Portadoras de Deficiência (OEA)

Convenção Interamericana Contra o Racismo, a Discriminação Racial e Formas Correlatas de Intolerância (OEA)

Convenção Interamericana Contra Toda Forma de Discriminação e Intolerância (OEA)

Convenção Interamericana sobre a Proteção dos Direitos Humanos das Pessoas Maiores de 60 anos (OEA)

2. APONTAMENTOS SOBRE CONTEÚDO DO DIREITO

Quando preceitua que "todos são iguais perante a lei", o enunciado constitucional tem como objeto a igualdade formal, segundo a qual não se admite, por parte do poder estatal, qualquer discriminação no tratamento dos indivíduos, especialmente na edição e na aplicação da lei.

Não obstante, sob o prisma do denso conteúdo do Princípio da Dignidade da Pessoa Humana e do compromisso constitucional social (art. 3º, I, III e IV), a isonomia pretendida pela Constituição Federal transcende a igualdade formal, para alcançar a busca pela equalização das condições de vida das pessoas (condições fáticas de existência), ou seja, a igualdade material. A igualdade formal, sozinha, por vezes pode acarretar desigualdade material. Por referir-se às condições fáticas de existência (saúde, educação, moradia, lazer, cultura etc.), a concretização da igualdade material guarda indissociável vínculo com a efetivação dos DESCA.

Naquilo em que pretende obstar discriminações arbitrárias e injustificadas, que afrontem a natureza universal da dignidade humana, o direito à igualdade deve ser respeitado, tanto no momento da edição da lei ("igualdade na lei", que tem como destinatário o legislador), quanto no momento da aplicação de lei já em vigor – "igualdade perante a lei", que tem como destinatário o aplicador do Direito, de acordo com a distinção adotada pelo STF no Mandado de Injunção nº 58/DF, julgado em 1990.

O Comentário Geral nº 18 do Comitê de Direitos Humanos da ONU estipulou diretrizes para a compreensão do alcance do termo "não discriminação", constante do PIDCP, a saber:

> 6. O Comitê notou que o Pacto não define o termo "discriminação" e que tampouco indica o que constitui discriminação. No entanto, o artigo 1 do Pacto Internacional de Eliminação de Todas as Formas de Discriminação Racial estabelece que o termo "discriminação racial" deve representar qualquer distinção, exclusão, restrição ou preferência baseada em raça, cor, descendência, ou origem nacional ou étnica que tenha o propósito ou efeito de anular ou prejudicar o reconhecimento, gozo ou exercício, em pé de igualdade, dos direitos humanos e dos direitos fundamentais de liberdade política, econômica, social, cultural ou qualquer outra área da vida pública. Similarmente, o artigo 1 do Convenção sobre a Eliminação de Todas as Formas de Discriminação contra a Mulher estabelece que "discriminação contra as mulheres" deve representar qualquer distinção, exclusão ou restrição feita com base no sexo, que tenha o efeito ou o propósito de prejudicar ou anular o reconhecimento, gozo e exercício pelas mulheres, independentemente de seu status conjugal, baseado na igualdade de homens e mulheres, de direitos humanos e direitos fundamentais de liberdade política, econômica, social, cultural, civil ou qualquer outro campo.
>
> 7. Embora as Convenções lidem apenas com casos de discriminação por fatores específicos, o Comitê acredita que o termo "discriminação", tal como usado no Pacto, deveria ser entendido de modo a implicar qualquer distinção, exclusão, restrição ou preferência que seja baseada em qualquer fator como raça, cor, sexo, língua, religião, opinião política ou outra, origem nacional ou social, condição social, nascimento ou outro status, e em que haja o propósito ou efeito de anular ou prejudicar o reconhecimento, gozo ou exercício por todas as pessoas, em pé de igualdade, de todos os direitos e liberdades.[1]

Corrobora esta amplitude protetiva os Comentários Gerais nºs 16 ("Igualdade de direitos dos homens e mulheres a desfrutar de todos os direitos econômicos, sociais e culturais") e 20 ("Não Discriminação nos Direitos Econômicos, Sociais e Culturais") do Comitê de Direitos Econômicos, Sociais e Culturais da ONU, quando consagra que os direitos previstos do PIDESC devem ser estendidos a todas e todos, sem qualquer discriminação, evidenciando que o direito à igualdade não se resume às abstenções de condutas violadoras, mas, para além

---

[1] NÚCLEO DE ESTUDOS INTERNACIONAIS DA CLÍNICA DE DIREITO INTERNACIONAL DOS DIREITOS HUMANOS DA FACULDADE DE DIREITO DA UNIVERSIDADE DE SÃO PAULO; DEFENSORIA PÚBLICA DO ESTADO DE SÃO PAULO; MINISTÉRIO PÚBLICO FEDERAL. **Comentários Gerais dos Comitês de Tratados de Direitos Humanos da ONU:** Comitê de Direitos Humanos. Comitê de Direitos Econômicos, Sociais e Culturais. São Paulo: Defensoria Pública do Estado de São Paulo; Ministério Público Federal, 2018, p. 80. Disponível em: https://www.defensoria.sp.def.br/dpesp/repositorio/0/Coment%c3%a1rios%20Gerais%20da%20ONU.pdf. Acesso em: 02 jan. 2021.

disso, reclama medidas ativas de extensão universal dos DESCA, ainda que ações afirmativas devam ser adotadas no trajeto até o atingimento da igualdade desejada.[2]

Como consequência da dimensão material do direito à igualdade, a igualdade formal comporta concessões em prol da igualdade material. Nos termos da clássica definição aristotélica, "a verdadeira igualdade consiste em tratar-se igualmente os iguais e desigualmente os desiguais na medida em que se desigualem".

A afronta ao direito à igualdade material é bastante perceptível em face da opressão impingida à população que integra grupos vulneráveis em função de diferentes fatores discriminatórios, tais como condição econômica, raça, identidade de gênero, sexualidade, orientação política, nacionalidade, deficiência física ou mental, crença.

A respeito da condição econômica, voto fundamentado do Juiz EDUARDO FERRER MAC-GREGOR POISOTA da Corte IDH, ao tratar de episódio de recorrente redução de trabalhadores à condição análoga à de escravo em propriedade rural brasileira e apontar, baseada em evidências e estatísticas, a existência de uma discriminação estrutural no País baseada na pobreza, que favorece a escravização, fez constar de sua sentença condenatória para o caso Trabalhadores da Fazenda Brasil Verde vs. Brasil a plausibilidade de seu tratamento como fato de vulneração de pessoas a ensejar, por isso, responsabilidade internacional por violação de direitos humanos e medidas específicas de reparação:

> A "pobreza", por exemplo, não foi reconhecida de maneira expressa como uma categoria de especial proteção; isso não significa, entretanto, que a pobreza não possa ser avaliada como parte de alguma categoria que esteja reconhecida de maneira expressa ou, ainda, que seja incorporada como parte de "outra condição social". Nesta tessitura, os diversos sistemas de proteção de direitos humanos (regionais e universal) têm suas particularidades quanto ao reconhecimento da pobreza como parte da categoria de proibição de discriminação "por posição econômica"; isso não é impedimento para que sejam obrigações quanto à erradicação da pobreza, não como parte de uma categoria de especial proteção, mas como uma situação agravante das condições sociais nas quais vivem as pessoas e que podem variar caso a caso.[3]

Mais especificamente acerca das "minorias étnicas, religiosas ou linguísticas", interpretando o art. 27 do PIDCP, o Comentário Geral nº 23 do Comitê de Direitos Humanos da ONU esclarece:

> 5.2. O artigo 27 confere direitos a pessoas pertencentes a minorias que "existem" em um Estado Parte. Dada a natureza e o alcance dos direitos previstos no referido artigo, não é relevante determinar o grau de permanência que o termo "existe" conota. Esses direitos garantem simplesmente que, aos indivíduos pertencentes àquelas minorias, não deve ser negado o direito, em comunidade com membros do seu grupo, de desfrutar de sua própria cultura, praticar sua religião e falar sua língua. Assim como eles não precisam ser nacionais ou cidadãos, eles tampouco precisam ser residentes permanentes. Assim, trabalhadores migrantes ou mesmo visitantes em um Estado Parte que constituam tais

---

[2] Id. Ibid., p. 370-379 e 430-440.

[3] CORTE INTERAMERICANA DE DIREITOS HUMANOS. **Caso Trabalhadores da Fazenda Brasil Verde vs. Brasil (Voto Fundamentado do Juiz Eduardo Ferrer Mac-Gregor Poisot).** Sentença de 20 de Outubro de 2016 (Exceções Preliminares, Mérito, Reparações e Custas). San José da Costa Rica, 2016, p. 65 (249) e 103 (412 e 413). Disponível em: https://www.corteidh.or.cr/docs/casos/articulos/seriec_318_por.pdf. Acesso em: 24 dez. 2020.

> minorias têm o direito ao exercício desses direitos. Como qualquer outro indivíduo no território do Estado Parte, eles também têm os direitos gerais, por exemplo, à liberdade de associação, de reunião e de expressão. A existência de minorias étnicas, religiosas ou linguísticas num dado Estado Parte não depende de uma decisão desse Estado Parte, mas requer que seja estabelecida por critérios objetivos.[4]

Nessa linha, o direito à igualdade concretiza-se de maneira dúplice: (a) pelo tratamento sem discriminação, nos assuntos de interesse geral da sociedade, destacadamente no que tange às regras basilares de convivência, gestadas e aplicadas nos planos dos Três Poderes de Estado (igualdade formal); e (b) pelo tratamento desigual, nas situações em que os indivíduos apresentem-se em desigualdade de condições, decorrente de falta de oportunidades, sob o prisma do tema enfrentado. Na primeira hipótese, o direito à igualdade repudia a **discriminação negativa**, representativa da desigualdade injustificada; na segunda, o direito à igualdade material fundamenta a **discriminação positiva,** realizada pela adoção de "ações afirmativas".

As ações afirmativas como decorrência das obrigações em face do direito à igualdade material são amplamente aceitas no campo internacional, como se pode notar do já citado Comentário Geral nº 18 do Comitê de Direitos Humanos da ONU:

> 10. O Comitê também deseja salientar que o princípio da igualdade, às vezes, exige que os Estados Partes tomem ações afirmativas a fim de diminuir ou eliminar as condições que causam ou ajudam a perpetuar a discriminação proibida pelo Pacto. Por exemplo, num Estado onde as condições gerais de uma certa parte da população impedem ou prejudicam o gozo dos direitos humanos, o Estado deve tomar medidas específicas para corrigir essas condições. Tal ação pode envolver conceder, por um período determinado, à parte da população interessada, algum tratamento preferencial em questões específicas em comparação com o resto da população. No entanto, enquanto tal ação for necessária para corrigir a discriminação de fato, é um caso de diferenciação legítima sob o Pacto.[5]

No Brasil, as ações afirmativas de iniciativa estatal mais recorrentes implementam-se pelo estabelecimento de cotas para grupos vulneráveis[6] em determinados nichos, *v.g.* ingresso em universidades públicas (educação), contratação pelo mercado de trabalho de pessoas com deficiência (sustento econômico) e reserva de candidaturas nas eleições em função do gênero (participação da mulher na política). Cabem, assim, apontamentos destacados sobre alguns grupos vulneráveis específicos.[7]

---

[4] NÚCLEO DE ESTUDOS INTERNACIONAIS DA CLÍNICA DE DIREITO INTERNACIONAL DOS DIREITOS HUMANOS DA FACULDADE DE DIREITO DA UNIVERSIDADE DE SÃO PAULO et. al, op. cit., p. 95.

[5] Id. Ibid., p. 81.

[6] A vulnerabilidade pode ter diferentes causas, a depender da situação a que diz respeito (raça, credo, gênero, deficiência, orientação sexual, idade, capacidade econômica, nível de instrução etc.).

[7] Os povos indígenas recebem especial tratamento constitucional na promoção da igualdade. Como cláusulas específicas, deve-se indicar a proteção das manifestações culturais indígenas (art. 215, § 1º), bem como o reconhecimento da organização social, dos costumes, das línguas, das crenças, das tradições, e dos direitos originários sobre as terras ocupadas por eles, a serem devidamente demarcadas pela União (art. 231).O tema dos direitos humanos dos povos indígenas será retomado e aprofundado em tópico próprio, mais adiante, no Capítulo dedicado aos direitos econômicos, sociais, culturais e ambientais.

2.1. Discriminação contra mulheres

O combate à discriminação contra as mulheres ganha destaque no plano nacional e internacional e suas formas de manifestação são múltiplas, como deixa entrever o Comentário Geral nº 28, pelo qual o Comitê de Direitos Humanos esclarece o alcance do art. 3º do PIDCP:

> 5. A desigualdade no gozo de direitos pelas mulheres em todo o mundo está profundamente enraizada na tradição, história e cultura, incluindo atitudes religiosas. O papel subordinado das mulheres em alguns países é ilustrado pela alta incidência de seleção pré-natal do sexo e aborto de fetos femininos. Os Estados Partes devem assegurar que as atitudes tradicionais, históricas, religiosas ou culturais não sejam usadas para justificar violações do direito das mulheres à igualdade perante a lei ao desfrute em igualdade de todos os direitos da Convenção.[8]

A questão da imposição de poder pela via do patriarcado recebeu atenção especial daquele mesmo Comentário Geral:

> 16. No que diz respeito ao artigo 12, os Estados Partes devem fornecer informações sobre qualquer disposição legal ou qualquer prática que restrinja o direito das mulheres à liberdade de movimento, por exemplo, o exercício de poderes conjugais sobre a esposa ou de poderes do pai sobre filhas adultas; requisitos de direito ou de fato que impeçam as mulheres de viajar, como a exigência de consentimento de um terceiro para a emissão de um passaporte ou outro tipo de documentos de viagem para uma mulher adulta.

Proteção das mulheres em relação a seu direito à privacidade (inclusive da vida sexual); à liberdade de pensamento, consciência e religião; ao acesso a garantias judiciais em igualdade de condições com os homens; à liberdade de casamento e de sua dissolução, considerando todas as possibilidades de família para além das formadas por casais heterossexuais; à participação política; entre outros temas encontra-se contemplado pelas várias disposições ao aludido Comentário Geral nº 28.

Para além das cláusulas genéricas de igualdade, já mencionadas, há de se ressaltar que a própria Constituição Federal impõe a igualdade entre homens e mulheres em direitos e obrigações (art. 5º, inciso I), ao mesmo tempo que prevê, por exemplo, a licença-gestante, a proteção do mercado de trabalho da mulher e a proibição de diferencial salarial entre os sexos (art. 7º, incisos XVIII, XX e XXX). Em nível infraconstitucional, o art. 10, parágrafo 3º, da Lei nº 9.504/97 exige que ao menos 30% (trinta por cento) das candidaturas sejam reservadas para cada um dos sexos, com o intuito de assegurar a participação política das mulheres.

De igual sorte, a Lei nº 11.340/06 (Lei Maria da Penha) também representa um marco histórico na luta pela igualdade de gênero. Promulgada no ano de 2006, inclusive por influência dos tratados internacionais à época já ratificados e como forma de dar cumprimento a decisão da CIDH, a lei tem como objetivos coibir e prevenir a violência doméstica e familiar contra a mulher, a qual, expressa sob as formas de violência física, psicológica, sexual, moral ou patrimonial (art. 7º), pode ser praticada no âmbito familiar, doméstico ou na constância de qualquer relação íntima de afeto (art. 5º).

---

[8] NÚCLEO DE ESTUDOS INTERNACIONAIS DA CLÍNICA DE DIREITO INTERNACIONAL DOS DIREITOS HUMANOS DA FACULDADE DE DIREITO DA UNIVERSIDADE DE SÃO PAULO et. al, op. cit., p. 118-125.

Por seu turno, a Lei nº 13.104/15 (Lei do Feminicídio) trouxe uma nova qualificadora para o tipo penal de homicídio que, praticado contra a mulher por razões da condição do sexo feminino (considerada como tal quando o crime envolve violência doméstica ou familiar contra a mulher, ou então quando envolve o menosprezo à condição de mulher), mereceu maior repressão (art. 121, § 2º, inciso VI, c/c § 2º-A, e § 7º, do Código Penal, com redação dada pela L. 13.104/15).

Aliás, a própria Corte IDH já havia reconhecido o termo "feminicídio" no Caso González e outras vs. México (Caso Campo Algodoeiro), em que responsabilizou o Estado mexicano pela investigação defasada do desaparecimento e da morte de três mulheres (duas menores de idade), ocorridos no ano de 2001, em Ciudad Juárez, fronteira com os EUA. Nessa decisão, a Corte citou, em particular, a Convenção Interamericana para Prevenir, Sancionar e Erradicar a Violência contra a Mulher, ratificada pelo Brasil (Convenção de Belém do Pará).

Examinando tema conexo ao feminicídio, em boa hora o STF rompeu de vez com a alegação de cunho patriarcal e historicamente recorrente de legítima defesa da honra para a defesa de assassinos de mulheres. No paradigmático julgamento da ADPF 779, que teve lugar em 15 de março de 2021, foi proclamado entendimento segundo o qual tal tese é inconstitucional por afrontar os princípios constitucionais da dignidade da pessoa humana (art. 1º, III, da CF), da proteção à vida e da igualdade de gênero (art. 5º, caput, da CF). A decisão ainda conferiu interpretação conforme à Constituição Federal aos arts. 23, inciso II, e 25, *caput* e parágrafo único, do Código Penal e ao art. 65 do Código de Processo Penal, de modo a excluir a legítima defesa da honra do âmbito do instituto da legítima defesa, obstando, por conseguinte, à defesa, à acusação, à autoridade policial e ao juízo que utilizem, direta ou indiretamente, a tese em questão (ou argumento que a induza) em qualquer fase do processo penal, assim como durante julgamento pelo tribunal do júri, sob pena de nulidade do ato e do julgamento.

Certamente, a demanda por igualdade de gênero também acaba por impulsionar o debate em torno da criminalização do aborto no Brasil. Para além das permissões de abortamento em hipóteses em que há risco de morte para a gestante ou quando a gravidez é decorrente de estupro (art. 128, CP), no ano de 2012, o STF se posicionou no sentido de permitir a interrupção da gravidez em caso de feto anencefálico (ADPF 54). Já em 2016, a 1.ª Turma do STF abriu precedente histórico, conquanto em decisão sem efeito vinculante ou *erga omnes*, segundo o qual o aborto praticado até o terceiro mês de gestação não pode ser considerado crime, eis que viola o princípio da igualdade e os direitos sexuais e reprodutivos das mulheres (HC 124.306/RJ).

No cenário internacional, a Convenção sobre a Eliminação de Todas as Formas de Discriminação contra a Mulher da ONU exige que os Estados Partes não só consagrem o princípio da igualdade, como também adotem medidas e sanções que proíbam toda discriminação contra a mulher, estabeleçam a proteção jurídica dos direitos da mulher, abstenham-se de incorrer em práticas discriminatórias e combatam a desigualdade de gênero perpetrada por qualquer pessoa, mesmo em ambientações privadas e empresariais (art. 2º).

2.2. Discriminação racial

Quanto à discriminação racial, a Constituição Federal traz como objetivos fundamentais da república a promoção do bem de todos, sem distinção de raça (art. 3º, inciso IV), e o repúdio ao racismo (art. 4º, inciso VIII), delito que, por uma determinação constitucional bastante simbólica, é inafiançável e imprescritível (art. 5º, inciso XLII).

Há, ainda, a Lei nº 7.716/89, que criminaliza condutas resultantes da discriminação ou preconceito de raça, cor, etnia, religião ou procedência nacional (como impedir alguém de atingir determinado cargo/emprego ou de entrar num estabelecimento comercial, recusar-se a prestar um serviço a essa pessoa, ou praticar, induzir ou incitar a discriminação ou o preconceito). Por outro lado, a legislação penal repreende com muito menos intensidade a conduta de injuriar alguém a partir dos elementos de cor, etnia, religião, origem ou a condição de pessoa idosa ou portadora de deficiência (art. 143, § 3º, Código Penal). Diante de tal cenário, a maior parte das práticas discriminatórias acaba por ser capitulada como injúria racial e não como racismo, resultando em penas muito mais brandas.

Na seara internacional, a discriminação racial é definida como a distinção, exclusão, restrição ou preferência em razão da raça, cor, descendência ou origem nacional ou étnica, cuja finalidade seja a anulação ou o comprometimento do reconhecimento, gozo ou do exercício de direitos humanos, conforme o art. 1º da Convenção sobre a Eliminação de Todas as Formas de Discriminação Racial, da ONU.

Na interpretação daquilo que poderia ser enquadrado como racismo, vale mencionar que o STF, no conhecido julgamento do HC 82.424/RS (Caso Ellwanger), definiu que raça não é propriamente um conceito biológico, dado que não há esse tipo de distinção biológica entre seres humanos. Para além disso, o racismo significa, então, um ato político e social, praticado no intuito de diferenciar, menosprezar e segregar alguém, seja em função da raça, etnia, nacionalidade, ou, como no caso citado, da religião. Segundo o entendimento do STF, esse tipo de ato discriminatório não poderia ser abarcado pela liberdade de expressão.

Ainda no âmbito do STF, outro caso que merece destaque é o julgamento da ADPF 186, no qual os Ministros decidiram, unanimemente, pela constitucionalidade das cotas raciais em universidades públicas, contemplando a ideia de que, para corrigir injustiças históricas, é necessário implementar políticas públicas (discriminação positiva) cujo objetivo seja possibilitar a inclusão de grupos em particular situação de desvantagem (igualdade material).

Assume também significativa importância o Caso Simone André Diniz, em que a CIDH entendeu pela responsabilização internacional do Estado brasileiro por violação do direito à igualdade. Tratava-se de um anúncio de emprego em jornal, a partir do qual se buscava uma empregada doméstica "preferencialmente branca", em nítida violação ao princípio da igualdade. A situação foi levada ao Sistema Interamericano de Proteção de Direitos Humanos em razão do arquivamento do caso por recomendação policial, acatada pelo Ministério Público e sufragada pelo Poder Judiciário.

Por certo, o racismo estrutural arraigado na sociedade e nas instituições brasileiras evidencia-se em boa parte dos números da violência policial. A respeito disso, a Corte IDH condenou, internacionalmente, o Estado brasileiro pela violação aos deveres de investigação e persecução penal contra os autores de execuções extrajudiciais ocorridas no Rio de Janeiro, nos anos de 1994 e 1995, ao julgar o emblemático Caso Favela Nova Brasília vs. Brasil. Na oportunidade, a Corte fez questão de ressaltar, em sua sentença, estatísticas que demonstravam a alta prevalência de vítimas jovens e negras da violência policial na capital carioca.

2.3. Discriminação por identidade de gênero e sexualidade

Na luta pela igualdade, o movimento LGBTQIA+ também tem realizado grandes conquistas ao longo das últimas décadas.

Quanto ao ponto, a jurisprudência do STF tem se posicionado em favor dos pleitos do movimento Em 2011, julgou, conjuntamente, a ADI 4.277/DF e a ADPF 132/DF, tendo dado ao artigo 1.723 do Código Civil interpretação conforme ao artigo 3º, inciso IV, da Constituição Federal (direito à igualdade e não discriminação), para excluir qualquer significado que impedisse o reconhecimento da união estável entre pessoas do mesmo sexo como entidade familiar. Não obstante, divergências interpretativas levaram diversos cartórios a não se sentirem obrigados a realizar o registro de uniões estáveis dessa natureza, controvérsia que veio a se alterar com a Resolução nº 175, de 14 de maio de 2013, editada pelo Conselho Nacional de Justiça (CNJ), a qual, expressamente, vedou "às autoridades competentes a recusa de habilitação, celebração de casamento civil ou de conversão de união estável em casamento entre pessoas de mesmo sexo", sob pena de "imediata comunicação ao respectivo juiz corregedor para as providências cabíveis".

Após, o STF decidiu pela possibilidade de alteração do nome civil independentemente da cirurgia de redesignação de sexo, na ADI 4.275. No ano de 2019, o STF julgou a ADO 26 e o MI 4.733 e concluiu pela criminalização da homofobia e da transfobia. De acordo com o entendimento prevalecente, existe uma mora legislativa inconstitucional no sentido da não criminalização de condutas discriminatórias contra o grupo LGBTQIA+. Em razão disso, decidiu que, enquanto não houver previsão legislativa específica, a discriminação perpetrada em razão da sexualidade ou da identidade de gênero pode configurar o crime de racismo, tal como previsto na Lei nº 7.716/89 e na linha daquilo que já havia sido definido no Caso Ellwanger.

Também em 2019, o Ministro Gilmar Mendes concedeu e, posteriormente, confirmou liminar no bojo da Rcl **nº 36.742/RJ, que visava evitar que a Prefeitura do Rio de Janeiro fiscalizasse e apreendesse materiais que dialogassem com a temática LGBTQI**A+ e que estavam sendo divulgados no evento da Bienal do Livro.

Em abril de 2020, o STF declarou a inconstitucionalidade de uma lei municipal que proibia materiais didáticos em escolas municipais acerca da assim chamada "ideologia de gênero" (ADPF 547). Em agosto do mesmo ano, julgou as ADPFs 461, 465 e 600, nas quais eram discutidas três leis municipais, de diferentes locais do país, que vedavam o ensino relativo à questão de gênero e à sexualidade em escolas públicas (inclusive, chegavam a proibir o emprego das palavras "gênero" e "orientação sexual"). À unanimidade de votos, os Ministros concluíram pela inconstitucionalidade das leis. Em seu voto, o Min. Rel. Luís Roberto Barroso afirmou que "a educação é o principal instrumento de superação da incompreensão, do preconceito e da intolerância que acompanham tais grupos [LGBTQI+] ao longo das suas vidas" e que "o mero silêncio da escola, nessa matéria, a não identificação do preconceito, a omissão em combater a ridicularização das identidades de gênero e orientações sexuais, ou em ensinar o respeito à diversidade, é replicadora da discriminação e contribui para a consolidação da violência (...)".

Também no curso do ano de 2020, o STF concluiu o julgamento da ADI 5.543, oportunidade em que julgou inconstitucionais as disposições do Ministério da Saúde e da Agência Nacional de Vigilância Sanitária (ANVISA) que proibiam a doação de sangue por parte de homossexuais. Também concluiu o julgamento da Rcl **nº 31.818/DF, mantendo suspensa uma decisão de primeiro grau que, por sua vez, suspendia a eficácia da Resolução nº 1/99 do** Conselho Federal de Psicologia e autorizava tratamentos de reversão da orientação sexual ou identidade de gênero ("cura gay").

Sob relatoria do Ministro Luís Roberto Barroso, permanece, até janeiro de 2020, pendente de julgamento o RE 845.779/SC, com repercussão geral reconhecida. Nele se discute se as pessoas transexuais estão autorizadas a utilizar, de acordo com a sua identidade de gênero autodeclarada, banheiros, vestiários e demais espaços segregados por gênero.

Além disso, a partir da Resolução nº 175/13, regulamentando o casamento civil entre pessoas do mesmo sexo, o CNJ editou a Resolução nº 270/18, assegurando o direito das pessoas de serem tratadas pelo nome social, mesmo que divergente do nome de registro. Na Resolução nº 348/20, o órgão estipulou algumas diretrizes a serem observados no âmbito do sistema de justiça criminal frente à população LGBTQIA+, destacando-se o direito da pessoa cumprir pena em local adequado à sua identidade de gênero autodeclarada.

Demais disso, o Caso Atala Riffo e Crianças vs. Chile merece destaque no campo internacional. Tratava-se de uma mãe que, após disputa judicial, perdeu a guarda de seus filhos por manter um relacionamento homoafetivo. Frente a isso, a Corte IDH decidiu pelo reconhecimento dos direitos humanos da população LGBTQIA+ e pela condenação do Estado chileno, dada a violação ao princípio da igualdade. Nesta mesma linha, a Corte IDH se manifestou na Opinião Consultiva nº 24/17, reafirmando o direito à igualdade e à não discriminação, reconhecendo o direito à alteração do nome e do gênero constantes nos documentos de identidade, bem como se posicionando pela proteção internacional do vínculo afetivo entre pessoas do mesmo sexo.

Também no campo internacional, vale mencionar que os Princípios de Yogyakarta – documento formulado por uma diversidade de especialistas em direitos humanos, de importância oficialmente reconhecida por todas as organizações internacionais de direitos humanos – ressaltam que todos os seres humanos têm direito à igualdade, independentemente da sexualidade ou da identidade de gênero, de forma a rechaçar qualquer tipo de discriminação a partir desses critérios.

2.4. Discriminação de migrantes e refugiados

Outro tópico relevante à discussão a respeito da igualdade é a situação das pessoas de nacionalidade não brasileira, notadamente migrantes e refugiados.

O padrão internacional normativo e jurisprudencial admite que certas e excepcionais restrições possam ser adotadas pelos Estados tanto para o ingresso de não nacionais em seus territórios, quanto para seu período de permanência nestes territórios. O Comentário Geral nº 15 do Comitê de Direitos Humanos da ONU, ao tratar da "posição do estrangeiro" em face dos direitos previstos no PIDESC, busca delinear uma espécie de rol não exaustivo de direitos intangíveis de pessoas não nacionais nos locais em que estejam residindo ou, simplesmente, de passagem:

> 6. O consentimento para entrada pode ser sujeito a critérios relativos, por exemplo, à circulação, residência e emprego. Um Estado também pode impor condições gerais a um estrangeiro que esteja em trânsito. Contudo, uma vez que os estrangeiros sejam autorizados a entrar no território de um Estado Parte, eles têm direito aos direitos estabelecidos no Pacto.
>
> 7. Os estrangeiros, portanto, têm um direito inerente à vida, protegido por lei, e não podem ser arbitrariamente privados da vida. Eles não devem ser submetidos à tortura ou a tratamentos ou penas cruéis, desumanos ou degradantes; tampouco devem ser mantidos em escravidão ou servidão. Os estrangeiros têm pleno direito à liberdade e segurança pessoal. Se legalmente privados de sua liberdade, eles devem ser tratados com humanidade e com respeito pela dignidade inerente de sua pessoa. Os estrangeiros não podem ser presos por falta de cumprimento de uma obrigação contratual. Têm o direito à liberdade de ir e vir e livre escolha de residência; eles serão livres para deixar o país. Os estrangeiros serão iguais perante os tribunais e terão direito a uma audiência justa e pública, realizada por um tribunal competente, independente e imparcial estabelecido por lei na determinação de qualquer acusação criminal ou de direitos e obrigações em uma ação legal. Os estrangeiros não serão sujeitos à legislação penal retrospectiva, sendo que têm direito ao reconhecimento perante a lei. Eles não podem ser sujeitos a

interferências arbitrárias ou ilegais em sua privacidade, família, casa ou correspondência. Eles têm o direito à liberdade de pensamento, consciência e religião, e o direito de ter opiniões e expressá-las. Os estrangeiros se beneficiam do direito de reunião pacífica e de liberdade de associação. Eles podem se casar quando em idade permitida para tanto. Seus filhos têm direito às medidas de proteção exigidas pelo seu status de menores. Nos casos em que os estrangeiros constituam uma minoria na acepção do artigo 27, não lhes será negado o direito de, em comunidade com outros membros do seu grupo, gozar da sua própria cultura, professar e praticar a sua própria religião e usar o seu próprio idioma. Os estrangeiros têm direito a igualdade de proteção perante a lei. Não haverá discriminação entre estrangeiros e cidadãos na aplicação desses direitos. Estes direitos dos estrangeiros podem ser qualificados apenas por limitações que possam ser legalmente impostas sob o Pacto.[9]

Embora o *caput* do art. 5º da Constituição Federal se limite a dizer que os direitos à vida, à liberdade, à igualdade, à segurança e à propriedade são assegurados aos brasileiros e aos "estrangeiros residentes no país", por certo eles são direitos universais e aplicáveis a todo e qualquer ser humano, inclusive estrangeiros não residentes, como expresso pela Lei nº 13.445/17, em particular no seu art. 4º (Lei de Migração, responsável pela revogação do antigo Estatuto do Estrangeiro). Foi o que STF já assentou em vários julgados, a exemplo da Ext. 953/RFA, de 2005. Há, pois, que se concluir que mesmo os não brasileiros não residentes no Brasil podem ser titulares de direitos humanos, à exceção daqueles que a própria Constituição Federal exclui (arts. 5º, LI; 12, § 3º; 14, § 3º, I; e 222).

Aliás, a atual Lei de Migração brasileira estipula diversas diretrizes para a política migratória que estão relacionadas ao princípio da igualdade, como o "repúdio e prevenção à xenofobia, ao racismo e a quaisquer formas de discriminação", a "não discriminação em razão dos critérios ou dos procedimentos pelos quais a pessoa foi admitida em território nacional", a "igualdade de tratamento e de oportunidade ao migrante e a seus familiares", o "acesso igualitário e livre do migrante a serviços, programas e benefícios sociais, bens públicos, educação, assistência jurídica integral pública, trabalho, moradia, serviço bancário e seguridade social", o que se dá "independentemente da situação migratória" (art. 3º, incisos II, IV, IX e XI e art. 4º, § 1º).

De outra feita, os refugiados e os solicitantes de refúgio possuem um regime de proteção jurídica específico. Há a Convenção de Genebra sobre o Estatuto dos Refugiados e o Protocolo sobre o Estatuto dos Refugiados, além da Convenção Internacional sobre a Proteção dos Direitos de Todos os Trabalhadores Migrantes e dos Membros das suas Famílias (ainda não ratificada) e da Declaração de Cartagena.

No âmbito da OIT, tem-se a Convenção nº 97, sobre trabalhadores migrantes. No trato da igualdade, ela impede qualquer tipo de "discriminação de nacionalidade, de raça, de religião ou de sexo, aos imigrantes que se encontrem legalmente nos limites do seu território um tratamento que não seja menos favorável que aquele que é aplicado aos seus próprios nacionais" em matéria trabalhista e de seguridade social (art. 6º).

O tema tem na Lei nº 9.474/97 seu principal marco regulatório brasileiro, cujo art. 1º, em sintonia com os tratados internacionais específicos, define o refugiado como aquele que: (i) "devido a fundados temores de perseguição por motivos de raça, religião, nacionalidade, grupo social ou opiniões políticas encontre-se fora de seu país de nacionalidade e não possa

[9] NÚCLEO DE ESTUDOS INTERNACIONAIS DA CLÍNICA DE DIREITO INTERNACIONAL DOS DIREITOS HUMANOS DA FACULDADE DE DIREITO DA UNIVERSIDADE DE SÃO PAULO et. al, op. cit., p. 71.

ou não queira acolher-se à proteção de tal país"; (ii) "não tendo nacionalidade e estando fora do país onde antes teve sua residência habitual, não possa ou não queira regressar a ele, em função das circunstâncias descritas no inciso anterior"; ou que, (iii) "devido a grave e generalizada violação de direitos humanos, é obrigado a deixar seu país de nacionalidade para buscar refúgio em outro país".

Em 2003, a Corte IDH emitiu a Opinião Consultiva nº 18, a partir da qual reafirmou o direito à igualdade e à não discriminação, expondo que os Estados têm o dever de respeito, promoção e proteção dos direitos humanos dos trabalhadores migrantes indocumentados, independentemente da sua nacionalidade. A Corte IDH ressaltou que o direito à igualdade se reveste como norma *jus cogens*, pelo que não é exigido dos Estados a ratificação de tratados específicos para a sua imposição. Também a respeito da questão migratória, tem-se as Opiniões Consultivas nº 16/99 (direito à informação sobre assistência consultar e devido processo legal), nº 21/14 (crianças migrantes) e nº 25/18 (asilo).

Na ambientação do STF, a ACO 3.121 foi ajuizada, em 2018, pelo Estado de Roraima, com o pedido liminar de fechamento das fronteiras com a Venezuela, a fim de se evitar, temporariamente, a entrada de imigrantes e refugiados, o que foi indeferido pela Ministra Rosa Weber. No ano seguinte, o caso experimentou acordo homologado entre o Estado de Roraima e a União a respeito da internalização e redistribuição dos imigrantes e refugiados pelo território nacional.

Também no STF foi ajuizada a ADPF 619 contra a Portaria nº 666/19, editada pelo Ministério da Justiça e Segurança Pública, que dispôs sobre "o impedimento de ingresso, a repatriação e a deportação sumária de pessoa perigosa ou que tenha praticado ato contrário aos princípios e objetivos dispostos na Constituição Federal". Tal Portaria possibilitou o repatriamento e a deportação sumária quando houvesse a suspeita do migrante no envolvimento de certos crimes previstos em seu art. 2º. Essa normativa foi posteriormente revogada pela Portaria nº 770/19, a qual prevê, entretanto, o "impedimento de ingresso, a repatriação e a deportação de pessoa perigosa para a segurança do Brasil ou que tenha praticado ato contrário aos princípios e objetivos dispostos na Constituição Federal", entendida como "pessoa perigosa" aquela contra a qual existem "razões sérias" que indicariam o envolvimento em "terrorismo, grupo criminoso organizado ou associação criminosa armada ou que tenha armas à disposição tráfico de drogas, pessoas ou armas de fogo", ou então "pornografia ou exploração sexual infanto-juvenil". Disposições dessa natureza indicam flagrante violação não só ao princípio da igualdade, mas também à presunção de inocência, à ampla defesa e ao contraditório.

2.5. Discriminação de pessoas com deficiência

No que concerne ao direito fundamental à igualdade das **pessoas com deficiência**, a Constituição Federal é permeada por dispositivos específicos. Dentre eles, a proibição de discriminação salarial (art. 7º, inciso XXXI, reproduzido no art. 611-B, inciso XXII, CLT), a reserva de cargos e empregos públicos (art. 37, inciso VIII e art. 5º, § 2º, da Lei nº 8.112/90) e a garantia de um salário mínimo mensal às pessoas com deficiência sem condições de subsistência (art. 203, inciso V). Vem daí, inclusive, o respaldo constitucional para o benefício de prestação continuada (BPC) e para o auxílio-inclusão (art. 20, Lei nº 8.742/93 e art. 97, Lei nº 13.146/15, respectivamente).

No plano internacional, o Comitê de Direitos Econômicos, Sociais e Culturais da ONU, no ano de 1994, aprovou o Comentário Geral nº 5, pelo qual deixa claro que a despeito de o PIDESC não fazer qualquer menção expressa às pessoas com deficiência, é preciso compreender que a deficiência está intimamente ligada com fatores econômicos e sociais. Sob esta inspiração o referido Comentário Geral enuncia diversas diretrizes sobre a aplicação dos DESCA às pessoas com deficiência e as obrigações estatais a respeito, bem como aponta detalhes de cada direito previsto no PIDESC, à luz da condição de deficiência.[10]

Os principais marcos normativos internacionais especificamente direcionados às pessoas com deficiência são a Convenção sobre Direitos das Pessoas com Deficiência, as Convenções nº 111 e 159 da OIT, a Convenção Interamericana para a Eliminação de Todas as Formas de Discriminação contra as Pessoas Portadoras de Deficiência. A Convenção da ONU e seu Protocolo Facultativo, incorporados pelo Brasil com *status constitucional* (por força do art. 5º, § 3º, CF), definem que a deficiência é um conceito social, que resulta da interação com as barreiras que lhes são impostas pelo ambiente ou pelas atitudes dos demais. Estatui a Convenção:

> Art. 1º
>
> Pessoas com deficiência são aquelas que têm impedimentos de longo prazo de natureza física, mental, intelectual ou sensorial, os quais, em interação com diversas barreiras, podem obstruir sua participação plena e efetiva na sociedade em igualdades de condições com as demais pessoas.

Na mesma linha dessa Convenção, foi promulgada a Lei nº 13.146/15 (Estatuto da Pessoa com Deficiência ou Lei Brasileira de Inclusão). O principal mérito dessa nova lei foi romper, definitivamente, com a concepção m**édica ou organicista de deficiência, segundo a qual** a deficiência advém de traço particular do organismo ou do comportamento da pessoa, levando a que a deficiência seja encarada como uma questão exclusivamente pessoal, ignorando os fatores sociais e culturais e sua contribuição decisiva para o estabelecimento dos obstáculos de acessibilidade física, intelectual, emocional, educacional e profissional que fazem de determinado indivíduo alguém classificado pela sociedade como pessoa com deficiência. O rompimento com a concepção organicista transfere o foco da proteção jurídica e das ações de promoção de acessibilidade **à centralidade da remoção das barreiras externas à pessoa e que lhes são impostas**, superando a ideia errônea segundo a qual a deficiência se coloca e deve ser compreendida tão somente sob a perspectiva biológica do ser humano.

Nesta trilha, a Lei Brasileira de Inclusão reforçou a importância das ações afirmativas, estabelecendo cotas para pessoas com deficiência em diversos pontos, que tratam de habitação, vagas de estacionamento, veículos adaptados e computadores adaptados (arts. 32, I, 47, § 1º, 51, 52, 63 § 2º e 119). Ademais, revogou o disciplinamento do Código Civil sobre a capacidade civil, que tratava aqueles que "por enfermidade ou deficiência mental, não tiverem o necessário discernimento para a prática desses atos [da vida civil]" como absolutamente incapazes, tanto quanto disciplinava que aqueles que "por deficiência mental, tenham o discernimento reduzido" ou que eram "os excepcionais, sem desenvolvimento mental completo" possuíam incapacidade relativa (art. 3º e 4º, incisos II e III, revogados pela Lei nº 13.146/15). A respeito, a Convenção sobre Direitos das Pessoas com Deficiência da ONU já disciplinava, em seu art. 12, item 2, que as pessoas com deficiência detêm "capacidade legal em igualdade de condições com as demais pessoas em todos os aspectos da vida".

Da mesma forma, a Lei Brasileira de Inclusão modificou o regramento da curatela, mantendo-a somente quando a pessoa com deficiência não puder exprimir a sua vontade (art. 1.767, I, do **Código Civil**, com redação dada pela Lei Brasileira de Inclusão). Além disso,

---

10 NÚCLEO DE ESTUDOS INTERNACIONAIS DA CLÍNICA DE DIREITO INTERNACIONAL DOS DIREITOS HUMANOS DA FACULDADE DE DIREITO DA UNIVERSIDADE DE SÃO PAULO et. al, op. cit., p. 264-273.

também criou o instituto da tomada de decisão apoiada, a partir do qual se permite que a pessoa com deficiência escolha ao menos duas pessoas de sua confiança para lhe prestar apoio em torno das decisões que envolvam os atos da vida civil (art. 1.783-A, CC).

Com relação à deficiência e saúde mental, merece destaque a primeira condenação do Brasil perante a Corte IDH, que se deu no ano 2006, no bojo do Caso Damião Ximenes Lopes, morto após três dias de internação numa instituição psiquiátrica privada vinculada ao SUS, na cidade de Sobral (Ceará), em 1999. O cumprimento da sentença condenatória da Corte IDH levou o Brasil à adoção de uma série de providências que alterou, substancialmente, o atendimento público a pessoas com deficiência mental, conforme análise realizada, em tópico anterior deste curso, dedicado ao estudo do litígio estratégico internacional em matéria de direitos humanos. Mencione-se, ainda, a Lei nº 10.216/01, que representa um grande marco da luta antimanicomial no Brasil, estipulando que a internação só é cabível quando todas as outras medidas extra-hospitalares se mostrarem insuficientes e quando houver laudo médico que delimite os motivos e, consequentemente, os limites da internação psiquiátrica (arts. 4º e 6º).

Ademais, a Convenção sobre Direitos das Pessoas com Deficiência da ONU também estipula a educação inclusiva, em seu art. 24, detalhada pelo Comentário Geral nº 4 do Comitê sobre os Direitos das Pessoas com Deficiência da ONU, responsável pelo monitoramento do cumprimento daquela Convenção. A esse respeito, a Lei nº 13.146/15 proíbe expressamente que as instituições privadas de ensino cobrem valores adicionais em suas mensalidades, anuidades e matrículas de alunos com deficiência (art. 28, § 1º).

Na ADI 5.357, o STF decidiu pela constitucionalidade das disposições que exigiam das instituições educacionais privadas a promoção da inserção de pessoas com deficiência sem qualquer tipo de repasse do ônus financeiro aos alunos. No final de 2020, com o julgamento da ADI 6.590, o STF suspendeu a eficácia do Decreto nº 10.502/20, que dispunha uma política de educação especial para pessoas com deficiência, o que foi interpretado como um prejuízo ao direito à igualdade e à inclusão.

Em decisão vanguardista e paradigmática, o Tribunal Superior do Trabalho (TST), em 2020, por meio de acórdão redigido pelo Min. Alexandre de Souza Agra Belmonte, associou direitos da pessoa com deficiência com a aplicação de direitos sociais e com o "direito à igualdade substancial e da adaptação razoável" para, acatando o pleito da mãe trabalhadora e autora da ação, determinar a redução de sua jornada de trabalho, sem diminuição proporcional da remuneração e sem a compensação de horários, de modo a permitir que acompanhe seu filho de 6 (seis) anos de idade, portador da Síndrome de *Down*, durante atividades terapêuticas indispensáveis ao desenvolvimento sadio e à integração social da criança (TST-RR-11204-62.2017.5.15.0144).

Na ADI 5.452, por sua vez, a Suprema Corte declarou constitucional a obrigatoriedade das locadoras de veículos em disponibilizar, a cada frota de vinte automóveis, ao menos um veículo adaptado a condutor com deficiência.

No mais, os direitos das pessoas com deficiência também foram afirmados pelo STF quando do julgamento do HC 143.641/SP e do HC 165.704/SP, em que se reconheceu o direito à substituição da prisão preventiva pela domiciliar por parte das mães, pais ou responsáveis por pessoas com deficiência.

Capítulo XVII

DIREITO À PRIVACIDADE E INTIMIDADE

1. NORMATIVA BÁSICA CONSTITUCIONAL E INTERNACIONAL

Constituição Federal

art. 5º.(...)

X. são invioláveis a intimidade, a vida privada, a honra e a imagem das pessoas, assegurado o direito à indenização pelo dano material ou moral decorrente de sua violação;

XI. a casa é asilo inviolável do indivíduo, ninguém nela podendo penetrar sem consentimento do morador, salvo em caso de flagrante delito ou desastre, ou para prestar socorro, ou, durante o dia, por determinação judicial;

XII. é inviolável o sigilo da correspondência e das comunicações telegráficas, de dados e das comunicações telefônicas, salvo, no último caso, por ordem judicial, nas hipóteses e na forma que a lei estabelecer para fins de investigação criminal ou instrução processual penal;

XIV. é assegurado a todos o acesso à informação e resguardado o sigilo da fonte, quando necessário ao exercício profissional;

Declaração Universal dos Direitos Humanos

art. 12. Ninguém será sujeito a interferências na sua vida privada, na sua família, no seu lar ou na sua correspondência, nem a ataques a sua honra e reputação. Todo o homem tem direito à proteção da lei contra tais interferências ou ataques.

Declaração Americana dos Direitos e Deveres do Homem

art. V. Toda pessoa tem direito à proteção da lei contra os ataques abusivos à sua honra, à sua reputação e à sua vida particular e familiar.

art. IX. Toda pessoa tem direito à inviolabilidade do seu domicílio.

art. X. Toda pessoa tem o direito à inviolabilidade e circulação da sua correspondência.

Pacto Internacional sobre Direitos Civis e Políticos

art. 17.

1. Ninguém poderá ser objeto de ingerências arbitrárias ou ilegais em sua vida privada, em sua família, em seu domicílio ou em sua correspondência, nem de ofensas ilegais às suas honra e reputação.

2. Toda pessoa terá direito à proteção da lei contra essas ingerências ou ofensas.

Convenção Americana sobre Direitos Humanos

art. 11. Proteção da Honra e da Dignidade

1. Toda pessoa tem direito ao respeito de sua honra e ao reconhecimento de sua dignidade.

2. Ninguém pode ser objeto de ingerências arbitrárias ou abusivas em sua vida privada, na de sua família, em seu domicílio ou em sua correspondência, nem de ofensas ilegais à sua honra ou reputação.

3. Toda pessoa tem direito à proteção da lei contra tais ingerências ou tais ofensas.

2. APONTAMENTOS SOBRE CONTEÚDO DO DIREITO

O direito à privacidade tem por objeto a faculdade do indivíduo de estar "livre da observação de outras pessoas"[1], em especial no que se refere aos acontecimentos e comportamentos que lhe dizem respeito.

Ao enunciar a intimidade, a vida privada, a honra e a imagem como direitos fundamentais, o texto constitucional brasileiro demonstra acatar a existência de distinção entre as expressões. Não obstante, inexiste uma definição de consenso na doutrina a respeito do conteúdo de cada um desses direitos, já que a Constituição Federal não os conceitua. Há, todavia, uma tendência doutrinária, inspirada pela abordagem estadunidense do tema, de agregar tais espécies de direitos sob o gênero "direito à privacidade", associado, em linhas gerais, ao direito de fruir a paz na solidão (*right to be alone*).[2]

Na esteira dessa distinção, o **direito à intimidade** protege a esfera secreta da vida do indivíduo, contra o conhecimento dos demais. A partir desta concepção é possível afirmar que o direito à intimidade abrange a **inviolabilidade de domicílio** (art. 5º, XI), o **sigilo de correspondência, comunicações e de dados** (art. 5º, XII) e o **segredo profissional** (art. 5º, XIV).

Há extrema dificuldade na distinção entre direito à intimidade e direito à vida privada, mas, em tendo a Constituição os diferenciado, toma-se este por mais abrangente, alcançando tudo o que se refira ao modo de ser e de agir do indivíduo, que encontre no segredo a condição para desenvolvimento da personalidade, a partir da liberdade de ser e agir longe dos olhos dos outros.

Diferentemente, os direitos à honra e à imagem já não comportam confusão com os direitos à intimidade e à vida privada. O **direito à honra** refere-se à proteção do "conjunto de qualidades que caracterizam a dignidade da pessoa, o respeito dos concidadãos, o bom nome, a reputação". Já o **direito à imagem** tutela "o aspecto físico", isto é, o como o cidadão é "perceptível visualmente".[3]

O mundo dos fatos propicia frequentes colisões entre bens tutelados pelo direito à privacidade e pela liberdade de expressão, demandando, por isso, exame jurídico pela via de procedimentos metodológicos específicos, quais sejam, a ponderação e a proporcionalidade, os quais são promovidos mediante a consideração não só das circunstâncias jurídicas, mas também das circunstâncias fáticas que aludem ao caso concreto a ser solucionado. Nesta esteira, proteção e restrição do direito à vida privada comportam regulação e exame casuística,

---

1 MENDES, Gilmar; COELHO, Inocêncio Mártires; BRANCO, Paulo Gustavo Gonet. **Curso de direito constitucional**. 5. ed. São Paulo: Saraiva, 2010, p. 469.

2 Id. Ibid., p. 469-453; e SILVA, José Afonso da. **Curso de direito constitucional positivo**. 11. ed. São Paulo: Malheiros Ed., 1996, p. 201-205.

3 Id. Ibid., p. 205.

abordagens que não se excluem, como deixa claro o Comentário Geral nº 16 do Comitê de Direitos Humanos da ONU, a versar sobre o art. 17 do PIDESC:

> 8. Mesmo no que diz respeito às interferências que estão em conformidade com o Pacto, a legislação em questão deve especificar detalhadamente as circunstâncias exatas em que tais interferências podem ser permitidas. A decisão de fazer o uso da interferência deve ser tomada apenas pela autoridade competente de acordo com a lei e caso a caso. O cumprimento do artigo 17 exige que a integridade e a confidencialidade da correspondência sejam garantidas de jure e de facto. A correspondência deve ser entregue ao destinatário sem interceptação e sem ser aberta ou de qualquer forma lida. Vigilância, seja eletrônica ou outra, interceptações de comunicação telefônica, telegráfica e outras formas de comunicação, escuta telefônica e gravação de conversas devem ser proibidas. As buscas na casa de uma pessoa devem ser restritas a uma procura por evidências necessárias e não devem configurar assédio. No que diz respeito à busca pessoal e corporal, medidas efetivas devem assegurar que tais buscas sejam realizadas de maneira compatível com a dignidade da pessoa que está sendo investigada. As pessoas que estejam sendo submetidas a busca por funcionários do Estado ou por pessoal médico agindo a pedido do Estado, devem ser examinadas apenas por pessoas do mesmo sexo.[4]

Mesmo a Magistratura, acostumada a debruçar-se sobre lides dessa natureza, sobretudo aquelas que envolvem a divulgação de informações e imagens pelos meios de comunicação, tem dificuldade para o estabelecimento de padrões de julgamento, ante as vicissitudes de cada situação. Alguns parâmetros jurisprudenciais, contudo, já podem ser identificados, como, por exemplo, a necessidade de análise diferenciada para com as chamadas "pessoas públicas" (políticos, servidores públicos, artistas, esportistas etc.) ou envolvidas em assuntos públicos, teoricamente mais suscetíveis à restrição do direito à privacidade pela liberdade de expressão que embasa a comunicação social; entretanto, em contrapartida, tal suscetibilidade subordina-se à utilidade para a sociedade da divulgação da informação (distinção entre "interesse público" e "interesse do público", esse último não bastando para fundamentar a referida restrição).[5]

2.1. Inviolabilidade de domicílio

A doutrina e jurisprudência têm conferido à inviolabilidade de domicílio o caráter mais amplo possível, alcançando todo e qualquer espaço físico em que o indivíduo exerça seu direito à privacidade. A propósito da apreciação da licitude de provas para uso em processo criminal, obtidas mediante busca e apreensão em quarto de hotel, decidiu o STF, ao julgar, em 2007, o HC 90.376/RJ, que o conceito de casa, tal qual adotado pelo art. 5º, XI, da CF, "também compreende os aposentos de habitação coletiva (como, por exemplo, os quartos de hotel, pensão, motel e hospedaria, desde que ocupados)".

A mesma Corte já havia, em 2005, estendido a inviolabilidade domiciliar, nos termos seguintes: "o conceito normativo da 'casa' revela-se abrangente e, por estender-se a qualquer compartimento privado não aberto ao público, onde alguém exerce profissão ou atividade (CP, art. 140, § 4º, III), compreende, observada essa específica limitação espacial (área interna

---

4 NÚCLEO DE ESTUDOS INTERNACIONAIS DA CLÍNICA DE DIREITO INTERNACIONAL DOS DIREITOS HUMANOS DA FACULDADE DE DIREITO DA UNIVERSIDADE DE SÃO PAULO et. al, op. cit., p. 74.

5 MENDES, Gilmar; COELHO, Inocêncio Mártires; BRANCO, Paulo Gustavo Gonet, op. cit., p. 475.

não acessível ao público), os escritórios profissionais, inclusive os de contabilidade, 'embora sem conexão com a casa de moradia propriamente dita' (Nelson Hungria)" (HC 82.788/RJ).

Em 2015, o STF se debruçou em torno da inviolabilidade do domicílio e seus limites no RE 603.616/RO, com repercussão geral reconhecida. No caso, foi encontrada droga no interior do veículo do recorrente, estacionado na garagem de sua residência. A busca foi realizada sem mandado judicial, após indicação de um motorista de caminhão, preso por transportar outra parte do montante da droga. De acordo com o entendimento majoritário, havia motivos suficientes para que os policiais ingressarem no domicílio do recorrente, mesmo sem a autorização deste e sem mandado judicial. Entretanto, o Ministro Marco Aurélio Mello apresentou voto divergente, consignando que a prisão em flagrante do motorista não afastava a necessidade de mandado de busca e apreensão contra o corréu recorrente.

O entendimento que prevaleceu foi no sentido de que não houve violação a domicílio, pois havia motivos concretos que apontassem para o cometimento de tráfico de drogas na residência indicada. De todo modo, foram estabelecidos alguns parâmetros para a entrada desautorizada em domicílio, sendo insuficiente a constatação de flagrante por crime permanente no interior da residência (como tráfico de drogas ou posse de arma de fogo). Por isso, foi fixada a tese de que: "A entrada forçada em domicílio sem mandado judicial só é lícita, mesmo em período noturno, quando amparada em fundadas razões, devidamente justificadas *a posteriori*, que indiquem que dentro da casa ocorre situação de flagrante delito, sob pena de responsabilidade disciplinar, civil e penal do agente ou da autoridade, e de nulidade dos atos praticados" (RE 603.616/RO).

De modo exemplificativo, vale mencionar, ainda, o HC 499.163/SP e o HC 611.918/SP. Julgados pela 6.ª Turma do STJ, tratam da ilicitude da prova obtida a partir do ingresso desautorizado em residência após informação anônima, a qual é insuficiente para afastar a inviolabilidade domiciliar.

Em 2019, a 6.ª Turma do STJ anulou mandado de busca e apreensão coletivo sem identificação do nome de investigados e os endereços a serem objeto da abordagem policial, a ser cumprido nas comunidades de Jacarezinho e no Conjunto Habitacional Morar Carioca, na cidade do Rio de Janeiro. A medida foi considerada incompatível com o direito à inviolabilidade domiciliar, que não pode ser afastado sob o pretexto de se tratar de localidades conhecidas pela prática de crime. O relator, Min. Sebastião Reis Jr., afirmou em seu voto que: "A carta branca à polícia é inadmissível, devendo-se respeitar os direitos individuais. A suspeita de que na comunidade existam criminosos e de que crimes estejam sendo praticados diariamente, por si só, não autoriza que toda e qualquer residência do local seja objeto de busca e apreensão" (AgRg do HC 435.934/RJ).

De sua parte, o Min. Rogério Schietti Cruz consignou que: "é notoriamente ilegal e merece repúdio como providência utilitarista e ofensiva a um dos mais sagrados direitos de qualquer indivíduo – seja ele rico ou pobre, morador de mansão ou de barraco: o direito a não ter sua residência, sua intimidade e sua dignidade violadas por ações do Estado, fora das hipóteses previstas na Constituição da República e nas leis". Asseverou, ademais, não ser possível "sacrificar ainda mais as pessoas que, por exclusão social, moram em comunidades carentes, submissas ao crime organizado, sem serviços públicos minimamente eficientes, sujeitando-as, além de tudo isso, a terem a intimidade de seus lares invadida por forças policiais" (AgRg do HC 435.934/RJ).

Conjugando a aplicação da inviolabilidade do domicílio e do sigilo de comunicação, particularmente tratando do sigilo profissional de escritório de advocacia, o STF, em 2010, assentou os requisitos de legalidade para a realização de busca e apreensão, a saber:

> O local de trabalho do advogado, desde que este seja investigado, pode ser alvo de busca e apreensão, observando-se os limites impostos pela autoridade judicial. Tratando-se de local onde existem documentos que dizem respeito a outros sujeitos não investigados, é indispensável a especificação do âmbito de abrangência da medida, que não poderá ser executada sobre a esfera de direitos de não investigados. (HC 91.610/BA)

O tema do sigilo de correspondência conduz ao exame seguinte.

2.2. Sigilo de correspondência, comunicações e de dados e direito à honra e à imagem

Em 2004, no Caso Princesa Carolina de Mônaco vs. Paparazzi, a Corte Europeia de Direitos Humanos tratou da exposição de fotografias da princesa em momentos com seu marido e filhos em locais privados. A Corte EDH, entendendo que houve violação ao direito ao respeito pela vida privada e familiar, assentou que o fator principal a ser observado em casos de colisão entre liberdade de expressão/direito à informação e direito à intimidade/privacidade é "a contribuição que prestam as fotografias e os artigos publicados a um interesse geral", ou seja, ao interesse público.

O tema já controverso da restrição de qualquer direito humano, consentida pelo seu titular, ganha contornos mais complexos quando aplicado na seara do direito à privacidade, pensado nas circunstâncias de hoje, em que a sociedade adotou, de maneira globalizada, o uso de redes sociais, destinadas exatamente à divulgação de aspectos da vida protegidos pelo direito à privacidade.

A esse respeito, a Lei nº 12.737/12 (Lei Carolina Dieckmann) foi promulgada em resposta à invasão ao computador de uma atriz, que resultou na exposição indevida de suas fotografias pessoais. A nova lei inseriu no Código Penal a figura típica de "invadir dispositivo informático alheio, conectado ou não à rede de computadores, mediante violação indevida de mecanismo de segurança e com o fim de obter, adulterar ou destruir dados ou informações sem autorização expressa ou tácita do titular do dispositivo ou instalar vulnerabilidades para obter vantagem ilícita" (art. 154-A, CP).

Mais recente e permeado por intensos debates é o armazenamento e compartilhamento de dados pessoais por via digital. Diz o Comentário Geral nº 15 sobre:

> 10. A coleta e armazenamento de informações pessoais em computadores, bancos de dados e outros dispositivos, seja por autoridades públicas ou por pessoas físicas ou jurídicas, deve ser regulamentada por lei. Medidas efetivas devem ser tomadas pelos Estados para assegurar que as informações relativas à vida privada de uma pessoa não cheguem às mãos de pessoas que não estejam autorizadas por lei para recebê-las, processá-las e usá-las, e nunca devem ser usadas para fins incompatíveis com o Pacto. Para ter a proteção mais eficaz de sua vida privada, todo indivíduo deve ter o direito de verificar, de uma forma inteligível, quais dados pessoais são armazenados em arquivos de dados automáticos e com quais objetivos. Cada indivíduo deve também ser capaz de verificar quais autoridades públicas ou indivíduos ou órgãos privados controlam ou podem controlar seus arquivos. Se tais arquivos contiverem dados pessoais incorretos ou tiverem sido coletados ou processados de maneira contrária às disposições da lei, todo indivíduo deve ter o direito de solicitar a retificação ou a eliminação.[6]

---

[6] NÚCLEO DE ESTUDOS INTERNACIONAIS DA CLÍNICA DE DIREITO INTERNACIONAL DOS DIREITOS HUMANOS DA FACULDADE DE DIREITO DA UNIVERSIDADE DE SÃO PAULO et al., op. cit, p. 74-75.

No Brasil, a Lei nº 13.709/18 (**Lei Geral de Proteção de Dados Pessoais** ou LGPD, ementa com redação dada pela Lei nº 13.853/2019) versa sobre "o tratamento de dados pessoais, inclusive nos meios digitais, por pessoa natural ou por pessoa jurídica de direito público ou privado", tendo como objetivos expressos "proteger os direitos fundamentais de liberdade e de privacidade e o livre desenvolvimento da personalidade da pessoa natural" (art. 1º).

A LGPD segue a tendência de outros países e organizações internacionais - do que é exemplo o Regulamento Geral de Proteção de Dados, vigente na Europa desde 2018 -, na busca de estabelecer limites para a coleta, sistematização e comercialização de dados pessoais e comportamentais de indivíduos, sobretudo amealhados por grandes empresas provedoras de todo o tipo de ferramenta digital de comunicação (e-mail, mensagens instantâneas, redes sociais, geolocalizadores etc.). São muitos os desafios deste tipo de iniciativa, incluindo a abrangência extraterritorial das normas, haja vista que a relação digital entre provedores e usuários acontece "além fronteiras". Sobre isso, disciplina a LGPD:

> Art. 3º Esta Lei aplica-se a qualquer operação de tratamento realizada por pessoa natural ou por pessoa jurídica de direito público ou privado, independentemente do meio, do país de sua sede ou do país onde estejam localizados os dados, desde que:
>
> I - a operação de tratamento seja realizada no território nacional;
>
> II - a atividade de tratamento tenha por objetivo a oferta ou o fornecimento de bens ou serviços ou o tratamento de dados de indivíduos localizados no território nacional; ou
>
> III - os dados pessoais objeto do tratamento tenham sido coletados no território nacional.

A nova lei elenca como seus fundamentos o respeito à privacidade, a autodeterminação informativa, a liberdade de expressão, de informação, de comunicação e de opinião, a inviolabilidade da intimidade, da honra e da imagem, o desenvolvimento econômico e tecnológico e a inovação, a livre iniciativa, a livre concorrência e a defesa do consumidor, e os direitos humanos, bem como o livre desenvolvimento da personalidade, a dignidade e o exercício da cidadania pelas pessoas naturais (art. 2º).

Atenta à sistematização de dados em larga escala, visando predizer comportamentos (*Big Data*), a LGPD autoriza, com limitações, o chamado "tratamento de dados", compreendido como "toda operação realizada com dados pessoais, como as que se referem a coleta, produção, recepção, classificação, utilização, acesso, reprodução, transmissão, distribuição, processamento, arquivamento, armazenamento, eliminação, avaliação ou controle da informação, modificação, comunicação, transferência, difusão ou extração" (art. 5º, X). O tratamento de dados pessoais é admitido se realizado de boa-fé e segundo 10 (dez) princípios elencados no art. 6º da lei:

> I - finalidade: realização do tratamento para propósitos legítimos, específicos, explícitos e informados ao titular, sem possibilidade de tratamento posterior de forma incompatível com essas finalidades;
>
> II - adequação: compatibilidade do tratamento com as finalidades informadas ao titular, de acordo com o contexto do tratamento;
>
> III - necessidade: limitação do tratamento ao mínimo necessário para a realização de suas finalidades, com abrangência dos dados pertinentes, proporcionais e não excessivos em relação às finalidades do tratamento de dados;

> IV – livre acesso: garantia, aos titulares, de consulta facilitada e gratuita sobre a forma e a duração do tratamento, bem como sobre a integralidade de seus dados pessoais;
> V – qualidade dos dados: garantia, aos titulares, de exatidão, clareza, relevância e atualização dos dados, de acordo com a necessidade e para o cumprimento da finalidade de seu tratamento;
> VI – transparência: garantia, aos titulares, de informações claras, precisas e facilmente acessíveis sobre a realização do tratamento e os respectivos agentes de tratamento, observados os segredos comercial e industrial;
> VII – segurança: utilização de medidas técnicas e administrativas aptas a proteger os dados pessoais de acessos não autorizados e de situações acidentais ou ilícitas de destruição, perda, alteração, comunicação ou difusão;
> VIII – prevenção: adoção de medidas para prevenir a ocorrência de danos em virtude do tratamento de dados pessoais;
> IX – não discriminação: impossibilidade de realização do tratamento para fins discriminatórios ilícitos ou abusivos;
> X – responsabilização e prestação de contas: demonstração, pelo agente, da adoção de medidas eficazes e capazes de comprovar a observância e o cumprimento das normas de proteção de dados pessoais e, inclusive, da eficácia dessas medidas.

São também 10 (dez) as hipóteses autorizadas pela LGPD para que o tratamento de dados pessoais possa acontecer:

> Art. 7º. O tratamento de dados pessoais somente poderá ser realizado nas seguintes hipóteses:
> I – mediante o fornecimento de consentimento pelo titular;
> II – para o cumprimento de obrigação legal ou regulatória pelo controlador;
> III – pela administração pública, para o tratamento e uso compartilhado de dados necessários à execução de políticas públicas previstas em leis e regulamentos ou respaldadas em contratos, convênios ou instrumentos congêneres (...);
> IV – para a realização de estudos por órgão de pesquisa, garantida, sempre que possível, a anonimização dos dados pessoais;
> V – quando necessário para a execução de contrato ou de procedimentos preliminares relacionados a contrato do qual seja parte o titular, a pedido do titular dos dados;
> VI – para o exercício regular de direitos em processo judicial, administrativo ou arbitral, esse último nos termos da Lei nº 9.307, de 23 de setembro de 1996 (Lei de Arbitragem);
> VII – para a proteção da vida ou da incolumidade física do titular ou de terceiro;
> VIII – para a tutela da saúde, exclusivamente, em procedimento realizado por profissionais de saúde, serviços de saúde ou autoridade sanitária;
> IX – quando necessário para atender aos interesses legítimos do controlador ou de terceiro, exceto no caso de prevalecerem direitos e liberdades fundamentais do titular que exijam a proteção dos dados pessoais; ou
> X – para a proteção do crédito, inclusive quanto ao disposto na legislação pertinente.

A regra, portanto, fixada pela LGPD impõe o inequívoco (art. 8º) consentimento do titular do direito sobre a coleta e análise dos dados pessoais para que seu tratamento possa ocorrer. Garantiu-se, ainda, o acesso do titular às informações relativas ao tratamento de seus dados pessoais, nos termos do art. 9º, sendo assegurado saber sobre: "I – finalidade específica do tratamento; II – forma e duração do tratamento, observados os segredos comercial e industrial; III – identificação do controlador; IV – informações de contato do controlador; V – informações acerca do uso compartilhado de dados pelo controlador e a finalidade; VI – responsabilidades dos agentes que realizarão o tratamento; e VII – direitos do titular".

A LGPD conferiu atenção destacada ao que classifica como "dado pessoal sensível", categoria que congrega "dado pessoal sobre origem racial ou étnica, convicção religiosa, opinião política, filiação a sindicato ou a organização de caráter religioso, filosófico ou político, dado referente à saúde ou à vida sexual, dado genético ou biométrico, quando vinculado a uma pessoa natural" (art. 5º, II). Esse tipo de dado, como regra, só pode ser tratado com especial consentimento do titular ou seu responsável ou, excepcionalmente, nos termos do art. 11:

> Art. 11. O tratamento de dados pessoais sensíveis somente poderá ocorrer nas seguintes hipóteses:
>
> I – quando o titular ou seu responsável legal consentir, de forma específica e destacada, para finalidades específicas;
>
> II – sem fornecimento de consentimento do titular, nas hipóteses em que for indispensável para:
>
> a) cumprimento de obrigação legal ou regulatória pelo controlador;
>
> b) tratamento compartilhado de dados necessários à execução, pela administração pública, de políticas públicas previstas em leis ou regulamentos;
>
> c) realização de estudos por órgão de pesquisa, garantida, sempre que possível, a anonimização dos dados pessoais sensíveis;
>
> d) exercício regular de direitos, inclusive em contrato e em processo judicial, administrativo e arbitral, este último nos termos da Lei nº 9.307, de 23 de setembro de 1996 (Lei de Arbitragem);
>
> e) proteção da vida ou da incolumidade física do titular ou de terceiro;
>
> f) tutela da saúde, exclusivamente, em procedimento realizado por profissionais de saúde, serviços de saúde ou autoridade sanitária; ou
>
> g) garantia da prevenção à fraude e à segurança do titular, nos processos de identificação e autenticação de cadastro em sistemas eletrônicos, resguardados os direitos mencionados no art. 9º desta Lei e exceto no caso de prevalecerem direitos e liberdades fundamentais do titular que exijam a proteção dos dados pessoais.

Por se tratar de uma lei recente, complexa e controversa, a compreensão da LGPD depende ainda de muito estudo e exame do comportamento jurisprudencial, razão pela qual, não se faz pertinente avançar, neste espaço, em um exame mais aprofundado de suas vicissitudes jurídicas, que não são poucas.

Entendida legítima a relativização do direito à privacidade por ato do seu titular – até porque irreversível, sob o prisma fático-social –, abre-se amplo e fértil terreno para o exercício da liberdade de expressão de outrem em face da divulgação promovida, potencializando o debate acerca da existência e da extensão dos limites dos comentários alheios e do uso que terceiro faça do conteúdo divulgado. Uma vez mais a análise casuística orientada pela metodologia peculiar à colisão de direitos fundamentais e à proibição do abuso de direitos é inafastável, sobretudo em tempos de disseminação de discurso de ódio e desinformação por meios eletrônicos, abrigados pela proteção do sigilo de comunicação ou, então, pelos instrumentos de anonimato típicos das redes sociais.

Ainda no campo do direito à intimidade e à vida privada, a jurisprudência da 3.ª Seção do STJ se firmou no sentido de que é ilícita a prova obtida pelos policiais ao analisarem, no momento da abordagem, os dados constantes no aparelho celular da pessoa abordada, sem a sua prévia autorização e sem mandado judicial (cf., dentre outros, RHC 77.232/SC, RHC 76.510/RR, RHC 51.531/RO, AgRg no RHC 92.801/SC e RHC 89.981/MG).

A manutenção do sigilo de correspondência e das comunicações telegráficas, de dados e das comunicações telefônicas (art. 5º, XII, da CF) é importante aspecto do direito à privacidade, porquanto traduz a faculdade exclusiva do indivíduo de escolher com quem quer partilhar as informações que dizem respeito à sua esfera personalíssima.

Sobre o tema, encontra-se em vigor restrição legal deste direito fundamental, enunciada na Lei nº 9.296/96 (Lei de Interceptação Telefônica), segundo a qual "a interceptação de comunicações telefônicas, de qualquer natureza, para prova em investigação criminal e em instrução processual penal, observará o disposto nesta Lei e dependerá de ordem do juiz competente da ação principal, sob segredo de justiça. O disposto nesta Lei aplica-se à interceptação do fluxo de comunicações em sistemas de informática e telemática" (art. 1º, *caput* e parágrafo único). Aqui, vale distinguir o acesso ao conteúdo da comunicação, que exige ordem judicial, do mero registro telefônico ou dados cadastrais, que podem ser requisitados diretamente pela Polícia ou pelo Ministério Público.

Admite-se o acesso aos dados sobre a hora, o local e a duração de chamadas telefônicas realizadas quando da suposta prática do crime, sem que isso seja considerado violação de sigilo (HC 124.322/RS). Com efeito, a interceptação, medida mais gravosa, somente é cabível quando (i) houver indícios razoáveis da autoria ou participação em infração penal, (ii) a prova não puder ser obtida por outros meios e (iii) quando o fato investigado constituir infração apenada com, ao menos, detenção (art. 2º). Ademais, a Lei de Interceptação Telefônica foi modificada pela Lei nº 13.869/19 (Lei de Abuso de Autoridade), destacando-se, aqui, a tipificação da conduta da autoridade judicial que determina a execução da interceptação, da promoção de escuta ambiental ou da quebra segredo de justiça com objetivo não autorizado em lei (art. 10 e parágrafo único da Lei nº 9.296/98).

Há quem sustente, com base na inexistência de direitos humanos absolutamente infensos à mitigação e na proibição do abuso no exercício desses direitos, que a exceção prevista no mesmo dispositivo constitucional ("salvo, no último caso, por ordem judicial, nas hipóteses e na forma que a lei estabelecer para fins de investigação criminal ou instrução processual penal"), a despeito de sua literalidade, não se aplica apenas às interceptações telefônicas, mas a qualquer das comunicações elencadas pela Constituição Federal. Neste sentido, diz acórdão do STF de 1994:

> A administração penitenciária, com fundamento em razões de segurança pública, de disciplina prisional ou de preservação da ordem jurídica, pode, sempre excepcionalmente, e desde que respeitada a norma inscrita no art. 41, parágrafo único, da Lei nº 7.210/84, proceder à interceptação da correspondência remetida pelos sentenciados, eis que a cláusula tutelar de inviolabilidade do sigilo epistolar não pode constituir instrumento de salvaguarda de práticas ilícitas.(HC 70.814/SP)

Em outra situação, o STF entendeu pela constitucionalidade do compartilhamento de relatórios de inteligência financeira contendo dados fiscais e bancários com o Ministério Público e com autoridades policiais, sem autorização judicial e para fins de investigação criminal (RE 1.055.941/SP). Também com repercussão geral reconhecida, mas ainda pendente de julgamento, o STF discutirá se o mesmo entendimento é aplicável em casos nos quais o

Ministério Público Eleitoral, na apuração de irregularidades em doações eleitorais, compartilha os dados fiscais de pessoas físicas e jurídicas obtidos com base em convênio firmado entre a Receita Federal e o Tribunal Superior Eleitoral (RE 1.296.829/PR).

Em 2020, o STF iniciou o julgamento em que trata da revista íntima, realizada naqueles que visitam os detentos em estabelecimentos prisionais, também conhecida como revista vexatória (ARE 959.620). Consequentemente, discute-se a licitude das provas obtidas a partir desse tipo de medida. No caso em específico, trata-se de recurso interposto pelo Ministério Público do Rio Grande do Sul contra a absolvição de uma mulher flagrada com 96 (noventa e seis) gramas de maconha dentro de cavidade íntima, ao tentar ingressar no interior do presídio e visitar seu irmão. O Min. Rel. Edson Fachin entendeu que as práticas que envolvem a revista íntima, como o desnudamento de pessoas, o agachamento e a busca em cavidades íntima, violam os princípios da dignidade da pessoa humana e da proteção à intimidade, à honra e à imagem do cidadão. Para ele, o controle dos visitantes deve ser feito a partir de detectores de metais, *scanners* corporais, raquetes e aparelhos raio-x, sendo que a falta de tais equipamentos não autoriza a revista íntima. Esse entendimento foi acompanhado pelos Ministros Luís Roberto Barroso e Rosa Weber, que também entenderam pela inconstitucionalidade da medida. O Min. Alexandre de Moraes apresentou voto divergente, indicando a excepcionalidade da revista íntima. O julgamento ainda não havia sido concluído até janeiro de 2021, sendo suspenso após o pedido de vista do Min. Dias Toffoli. O caso tem repercussão geral reconhecida.

Outro tema candente sobre o direito à privacidade, desdobra-se do *right to be alone* ao **direito ao esquecimento** (*right to be fogotten*). O direito ao esquecimento é tema sobremaneira recente e está associado ao interesse que qualquer pessoa tem de que algum fato de sua vida pregressa, ainda que verídico e mesmo que de conhecimento público, à época do acontecimento, deixe de estar acessível ao público na atualidade. O assunto veio à tona, hodiernamente, porque o advento da internet potencializou, como nunca visto, a retomada de fatos do passado, que ora se encontram ao tempo de um clique. Como explica CARVALHO RAMOS, tal direito possui 2 (duas) facetas: direito de não divulgação e direito à eliminação do registro de qualquer banco de dados acessível ao público.[7]

No Brasil, o STJ, em 2013, acatou o direito ao esquecimento para reprovar a menção, em documentário televisivo de emissora de grande audiência, a pessoa absolvida de participação na execução de jovens em situação de rua, praticada em 1993, no Rio de Janeiro, fato que ficou conhecido como "Chacina da Candelária" (Resp. 1.334.097/RJ). A decisão determinou o ressarcimento econômico de danos morais.

O mesmo tribunal agiu diferente, todavia, no caso em que os familiares de Aída Curi, vítima de homicídio no ano de 1958, questionam a veiculação do crime em programa televisivo da atualidade. O pleito menciona não só a violação ao direito à honra e à imagem da falecida, que teriam sido explorados pela emissora de televisão com a finalidade de obter lucro, como também alegam que teriam o direito de não reviver a dor de várias décadas. Neste caso, o STJ negou provimento ao Resp. 1.335.153/RJ e não reconheceu o direito ao esquecimento. A Corte Superior entendeu que o caso assumiu grande notoriedade, tornando-se histórico e de domínio público, sendo amplamente divulgado nas últimas décadas, razão pela qual não seria justificável impedir a sua divulgação pela imprensa.

---

7 RAMOS, André de Carvalho. **Curso de Direitos Humanos**. 7. ed. São Paulo: Saraiva Educação, 2020, p. 729. Para os precedentes de direito comparado acerca do assunto na França, Alemanha e União Europeia, cf. Id. Ibid., p. 729-730.

O caso de Aída Curi, alçado ao STF, suscitou, em julgamento de 11 de fevereiro de 2021, a seguinte tese de repercussão geral:

> É incompatível com a Constituição Federal a ideia de um direito ao esquecimento, assim entendido como o poder de obstar, em razão da passagem do tempo, a divulgação de fatos ou dados verídicos e licitamente obtidos e publicados em meios de comunicação social – analógicos ou digitais. Eventuais excessos ou abusos no exercício da liberdade de expressão e de informação devem ser analisados caso a caso, a partir dos parâmetros constitucionais, especialmente os relativos à proteção da honra, da imagem, da privacidade e da personalidade em geral, e as expressas e específicas previsões legais nos âmbitos penal e cível. (RE 1.010.606/RJ)

Com essa decisão, a Suprema Corte rechaça a existência do direito ao esquecimento à vista da Constituição Federal e privilegia o padrão geral de ampla proteção da liberdade de expressão no Brasil, observada a possibilidade de reparação futura, em caso de abuso, examinado casuisticamente.

Capítulo XVIII
DIREITOS DE LIBERDADE

1. LIBERDADE DE LOCOMOÇÃO (DIREITO DE IR, VIR E PERMANECER)

1.1. Normativa básica constitucional e internacional

Constituição Federal

art. 5º.(...)
XV. é livre a locomoção no território nacional em tempo de paz, podendo qualquer pessoa, nos termos da lei, nele entrar, permanecer ou dele sair com seus bens.

Declaração Universal dos Direitos Humanos

art. 13.
1. Todo homem tem direito à liberdade de locomoção e residência dentro das fronteiras de cada Estado.
2. Todo homem tem o direito de deixar qualquer país, inclusive o próprio, e a este regressar.

Declaração Americana dos Direitos e Deveres do Homem

art. VIII. Toda pessoa tem direito de fixar sua residência no território do Estado de que é nacional, de transitar por ele livremente e de não abandoná-lo senão por sua própria vontade.

Pacto Internacional sobre Direitos Civis e Políticos

art. 12.
1. Toda pessoa que se ache legalmente no território de um Estado terá o direito de nele livremente circular e escolher sua residência.
2. Toda pessoa terá o direito de sair livremente de qualquer país, inclusive de seu pró prio país.
3. os direitos supracitados nao poderão em lei e no intuito de restrições, a menos que estejam previstas em lei e no intuito de proteger a segurança nacional e a ordem, a saúde ou a moral pública, bem como os direitos e liberdades das demais pessoas, e que sejam compatíveis com os outros direitos reconhecidos no presente Pacto.
4. Ninguém poderá ser privado arbitrariamente do direito de entrar em seu próprio país.

Convenção Americana sobre Direitos Humanos

art. 22. Direito de Circulação e de Residência
1. Toda pessoa que se ache legalmente no território de um Estado tem direito de circular nele e de nele residir em conformidade com as disposições legais.

2. Toda pessoa tem o direito de sair livremente de qualquer país, inclusive do próprio.
3. O exercício dos direitos acima mencionados não pode ser restringido senão em virtude de lei, na medida indispensável, numa sociedade democrática, para prevenir infrações penais ou para proteger a segurança nacional, a segurança ou a ordem públicas, a moral ou a saúde públicas, ou os direitos e liberdades das demais pessoas.
4. O exercício dos direitos reconhecidos no inciso 1 pode também ser restringido pela lei, em zonas determinadas, por motivo de interesse público.
5. Ninguém pode ser expulso do território do Estado do qual for nacional, nem ser privado do direito de nele entrar.
6. O estrangeiro que se ache legalmente no território de um Estado Parte nesta Convenção só poderá dele ser expulso em cumprimento de decisão adotada de acordo com a lei.
7. Toda pessoa tem o direito de buscar e receber asilo em território estrangeiro, em caso de perseguição por delitos políticos ou comuns conexos com delitos políticos e de acordo com a legislação de cada Estado e com os convênios internacionais.
8. Em nenhum caso o estrangeiro pode ser expulso ou entregue a outro país, seja ou não de origem, onde seu direito à vida ou à liberdade pessoal esteja em risco de violação por causa da sua raça, nacionalidade, religião, condição social ou de suas opiniões políticas.
9. É proibida a expulsão coletiva de estrangeiros.

1.2. Apontamentos sobre conteúdo do direito

A liberdade de locomoção contempla a faculdade do indivíduo de ir, vir e permanecer, sem prévia autorização. Sua amplitude encontra-se evidenciada no Comentário Geral nº 27 do Comitê de Direitos Humanos da ONU, que trata do art. 12 do PIDCP:

> 5. O direito de ir, vir e ficar livremente diz respeito a todo o território de um Estado, incluindo todas as partes dos Estados federais. De acordo com o artigo 12, parágrafo 1, as pessoas têm o direito de se deslocar de um lugar para outro e de estabelecer-se em um local de sua escolha. O gozo desse direito não deve depender de qualquer propósito ou motivo específico para a pessoa que deseja ir, vir ou ficar em um lugar. Quaisquer restrições devem estar em conformidade com o parágrafo 3.
>
> 6. O Estado parte deve assegurar que os direitos garantidos no artigo 12 sejam protegidos, não apenas de interferências públicas, mas também de interferências privadas. No caso das mulheres, essa obrigação de proteger é particularmente pertinente. Por exemplo, é incompatível com o artigo 12, parágrafo 1, que o direito de uma mulher se mover livremente e escolher sua residência seja submetido, por lei ou prática, à decisão de outra pessoa, incluindo um parente.
>
> 7. Sujeito ao disposto no artigo 12, parágrafo 3, o direito de residir em um lugar de sua escolha dentro do território inclui proteção contra todas as formas de deslocamento interno forçado. Também impossibilita o impedimento à entrada ou à permanência de pessoas em uma parte definida do território. A detenção legal, no entanto, afeta mais especificamente o direito à liberdade pessoal e é coberta pelo artigo 9 do Pacto. Em algumas circunstâncias, os artigos 12 e 9 podem entrar em jogo juntos.[1]

---

1 NÚCLEO DE ESTUDOS INTERNACIONAIS DA CLÍNICA DE DIREITO INTERNACIONAL DOS DIREITOS HUMANOS DA FACULDADE DE DIREITO DA UNIVERSIDADE DE SÃO PAULO et. al, op. cit., p. 114.

O mesmo Comentário Geral afirma que o direito de locomoção abrange o direito de deixar determinado território sem obstruções ou condicionamentos, seja a saída temporária (viagem) ou permanente (emigração). Restrições são toleradas, sob determinadas condições excepcionais:

> 11. O artigo 12, parágrafo 3, prevê circunstâncias excepcionais em que os direitos conferidos pelos parágrafos 1 e 2 podem ser restringidos. Esta disposição autoriza o Estado a restringir esses direitos apenas para proteger a segurança nacional, a ordem pública (*ordre public*), a saúde pública ou a moral e os direitos e liberdades de outros. Para serem permitidas, as restrições devem ser previstas em lei, devem ser necessárias em uma sociedade democrática para a proteção desses propósitos e devem ser consistentes com todos os outros direitos reconhecidos no Pacto (ver parágrafo 18 abaixo).
>
> 12. A própria lei deve estabelecer as condições sob as quais os direitos podem ser limitados. Os relatórios dos Estados devem, portanto, especificar as normas legais nas quais as restrições são fundamentadas. As restrições que não estejam previstas na lei ou não estejam em conformidade com os requisitos do artigo 12, parágrafo 3, violariam os direitos garantidos pelos parágrafos 1 e 2.[2]

No Brasil, o próprio comando constitucional já indica, ao declarar o direito em tela, que situações de restrição podem ser enunciadas, como, de fato, já o foram. Como exemplos, podem citar-se: a possibilidade de limitação do direito de ir e vir de brasileiros e estrangeiros, em tempo de guerra; o estabelecimento de exigências para a entrada e saída de estrangeiros do território nacional; e a prisão em flagrante delito, neste caso com a estipulação dos requisitos constantes do próprio texto constitucional (art. 5º, LXI, da CF).

A regularidade do ato que resulta na privação da liberdade é objeto de análise nas **audiências de custódia**. A sua realização decorre do art. 7º da Convenção Americana sobre Direitos Humanos, que exige que o preso seja levado, sem demora, à presença da autoridade judicial, para que seja verificada a legalidade da sua detenção. As audiências de custódia, no Brasil, somente foram implementadas após o deferimento de pedido de liminar na ADPF 347 (Estado de Coisas Inconstitucional), no ano de 2015. A Resolução nº 213/15 do Conselho Nacional de Justiça (CNJ) veio no sentido de instrumentalizar a prática do ato. Vale mencionar que a Convenção Americana sobre Direitos Humanos não restringe as audiências de custódia às prisões em flagrante, tampouco o faz a normativa do CNJ (art. 13). A rigor, as audiências devem ser realizadas também em casos de prisões provisórias (temporária e preventiva) e definitivas. Em dezembro de 2020, o Min. Edson Fachin deferiu liminar na Rcl 29.303, determinando que as audiências de custódia fossem realizadas obrigatoriamente para toda e qualquer modalidade de prisão, não somente na hipótese de flagrante delito.

Com o julgamento das ADPFs 395 e 444, em 2018, o STF entendeu que a condução coercitiva de investigado ou réu para a realização de seu interrogatório, prevista no art. 260 do CPP, não foi recepcionada pela CF/88. De acordo com o entendimento majoritário, ela configura uma prática violadora da liberdade de locomoção e do direito à não incriminação, dado que o investigado ou réu tem o direito de comparecer e permanecer em silêncio, sem que isso seja interpretado em seu desfavor. Demais disso, a Lei nº 13.869/19 (Lei de Abuso de Autoridade) tipificou a conduta de "decretar a condução coercitiva de testemunha ou investigado manifestamente descabida ou sem prévia intimação de comparecimento ao juízo" (art. 10).

---

[2] Id. Ibid., p. 115.

A pandemia de Covid-19, que acometeu o mundo, a partir da China, em 2020, suscitou importantes embates sobre o poder estatal de restrição da locomoção de indivíduos, uma vez que a controle da crise sanitária se espraia a partir das contaminações havidas pela proximidade física entre pessoas. Desde restrições mais brandas até a proibição de circulação em vias públicas (*lockdown*) se transformaram em estratégias governamentais de imposição do distanciamento. No Brasil, a situação, conduzida de modo desconcertado pelos poderes públicos das diferentes unidades da Federação, favoreceu a judicialização da questão.

No mês de maio de 2020, o STF concluiu o julgamento da ADI 6.343 e entendeu que os estados e municípios podem adotar medidas que restrinjam a locomoção, circulação e transporte interestadual e intermunicipal no curso da pandemia de Covid-19, independentemente de autorização do Ministério da Saúde para a decretação de isolamento social, quarentena e outras providências. Em outubro do mesmo ano, na ADPF 672, o Plenário do STF confirmou decisão liminar do Min. Alexandre de Moraes que, proferida no mês de abril de 2020, garantia a competência dos estados, Distrito Federal e municípios para adotarem medidas de combate à Covid-19, como o funcionamento de escolas, a restrição de comércios e de atividades culturais, circulação de pessoas etc.

Nos dois julgados referidos, também foi reconhecida a competência da União para implementar medidas restritivas em todo o território nacional, caso entendesse necessário. Da mesma forma, ficou estabelecido que todas as providências em torno da restrição à liberdade devem se fundamentar em pareceres e orientações de órgãos técnicos, sendo ressalvada, ainda, a locomoção de produtos e serviços essenciais, definidos como tais por ato federal.

Em decisão liminar na SS 5.460, ainda em dezembro de 2020, o Min. Luiz Fux suspendeu decisão do Tribunal de Justiça de São Paulo que, afastando os efeitos de decreto estadual, liberava o funcionamento de bares e restaurantes no território paulista durante as festas de final de ano, momento em que a região se encontrava na fase mais restritiva do combate à pandemia.

2. LIBERDADE DE EXPRESSÃO E DIREITO DE RESPOSTA

2.1. Normativa básica constitucional e internacional

Constituição Federal

art. 5º.(...)

IV. é livre a manifestação do pensamento, sendo vedado o anonimato;

V. é assegurado o direito de resposta, proporcional ao agravo, além da indenização por dano material, moral ou à imagem (...)

IX. é livre a expressão da atividade intelectual, artística, científica e de comunicação, independentemente de censura ou licença;

art. 220. A manifestação do pensamento, a criação, a expressão e a informação, sob qualquer forma, processo ou veículo não sofrerão qualquer restrição, observado o disposto nesta Constituição.

§ 1º. Nenhuma lei conterá dispositivo que possa constituir embaraço à plena liberdade de informação jornalística em qualquer veículo de comunicação social, observado o disposto no art. 5º, IV, V, X, XIII e XIV.

§ 2º. É vedada toda e qualquer censura de natureza política, ideológica e artística. (...)

§ 6º A publicação de veículo impresso de comunicação independe de licença de autoridade.

art. 221. A produção e a programação das emissoras de rádio e televisão atenderão aos seguintes princípios: I. preferência a finalidades educativas, artísticas, culturais e informativas; II. promoção da cultura nacional e regional e estímulo à produção independente que objetive sua divulgação; III. regionalização da produção cultural, artística e jornalística, conforme percentuais estabelecidos em lei; IV. respeito aos valores éticos e sociais da pessoa e da família;

art. 222. A propriedade de empresa jornalística e de radiodifusão sonora e de sons e imagens é privativa de brasileiros natos ou naturalizados há mais de dez anos, ou de pessoas jurídicas constituídas sob as leis brasileiras e que tenham sede no País.

§ 1º. Em qualquer caso, pelo menos setenta por cento do capital total e do capital votante das empresas jornalísticas e de radiodifusão sonora e de sons e imagens deverá pertencer, direta ou indiretamente, a brasileiros natos ou naturalizados há mais de dez anos, que exercerão obrigatoriamente a gestão das atividades e estabelecerão o conteúdo da programação.

§ 2º. A responsabilidade editorial e as atividades de seleção e direção da programação veiculada são privativas de brasileiros natos ou naturalizados há mais de dez anos, em qualquer meio de comunicação social.

§ 3º. Os meios de comunicação social eletrônica, independentemente da tecnologia utilizada para a prestação do serviço, deverão observar os princípios enunciados no art. 221, na forma de lei específica, que também garantirá a prioridade de profissionais brasileiros na execução de produções nacionais.

art. 223. Compete ao Poder Executivo outorgar e renovar concessão, permissão e autorização para o serviço de radiodifusão sonora e de sons e imagens, observado o princípio da complementaridade dos sistemas privado, público e estatal.

Declaração Universal dos Direitos Humanos

art. 19. Todo o homem tem direito à liberdade de opinião e expressão; este direito inclui a liberdade de, sem interferências, ter opiniões e de procurar, receber e transmitir informações e ideias por quaisquer meios, independentemente de fronteiras.

Declaração Americana dos Direitos e Deveres do Homem

art. IV. Toda pessoa tem direito à liberdade de investigação, de opinião e de expressão e difusão do pensamento, por qualquer meio.

Pacto Internacional sobre Direitos Civis e Políticos

art. 19

1. Ninguém poderá ser molestado por suas opiniões.

2. Toda pessoa terá direito à liberdade de expressão; esse direito incluirá a liberdade de procurar, receber e difundir informações e ideias de qualquer natureza, independentemente de considerações de fronteiras, verbalmente ou por escrito, em forma impressa ou artística, ou por qualquer outro meio de sua escolha.

3. O exercício do direito previsto no parágrafo 2 do presente artigo implicará deveres e responsabilidades especiais. Consequentemente, poderá estar sujeito a certas restrições, que devem, entretanto, ser expressamente previstas em lei e que se façam necessárias para: a) assegurar o respeito dos direitos e da reputação das demais pessoas; b) proteger a segurança nacional, a ordem, a saúde ou a moral públicas.

Convenção Americana sobre Direitos Humanos

art. 13. Liberdade de Pensamento e de Expressão

1. Toda pessoa tem direito à liberdade de pensamento e de expressão. Esse direito compreende a liberdade de buscar, receber e difundir informações e ideias de toda natureza, sem consideração de fronteiras, verbalmente ou por escrito, ou em forma impressa ou artística, ou por qualquer outro processo de sua escolha.

2. O exercício do direito previsto no inciso precedente não pode estar sujeito a censura prévia, mas a responsabilidades ulteriores, que devem ser expressamente fixadas pela lei e ser necessárias para assegurar: a. o respeito aos direitos ou à reputação das demais pessoas; ou b. a proteção da segurança nacional, da ordem pública, ou da saúde ou da moral públicas.

3. Não se pode restringir o direito de expressão por vias ou meios indiretos, tais como o abuso de controles oficiais ou particulares de papel de imprensa, de frequências radioelétricas ou de equipamentos e aparelhos usados na difusão de informação, nem por quaisquer outros meios destinados a obstar a comunicação e a circulação de ideias e opiniões.

4. A lei pode submeter os espetáculos públicos a censura prévia, com o objetivo exclusivo de regular o acesso a eles, para proteção moral da infância e da adolescência, sem prejuízo do disposto no inciso 2.

5. A lei deve proibir toda propaganda a favor da guerra, bem como toda apologia ao ódio nacional, racial ou religioso que constitua incitação à discriminação, à hostilidade, ao crime ou à violência.

art. 14. Direito de Retificação ou Resposta

1. Toda pessoa atingida por informações inexatas ou ofensivas emitidas em seu prejuízo por meios de difusão legalmente regulamentados e que se dirijam ao público em geral, tem direito a fazer, pelo mesmo órgão de difusão, sua retificação ou resposta, nas condições que estabeleça a lei.

2. Em nenhum caso a retificação ou a resposta eximirão das outras responsabilidades legais em que se houver incorrido.

3. Para a efetiva proteção da honra e da reputação, toda publicação ou empresa jornalística, cinematográfica, de rádio ou televisão, deve ter uma pessoa responsável que não seja protegida por imunidades nem goze de foro especial.

2.2. Apontamentos sobre conteúdo do direito[3]

A liberdade de expressão tutela toda e qualquer comunicação falada, escrita, representada (inclusive artisticamente) ou comportamental (o silêncio, por exemplo, pode comunicar opinião), utilizada para externar o pensamento sobre qualquer tema; e o direito de reparação em caso de ofensa de outrem. Consoante aponta o Comentário Geral nº 34 do Comitê de Direitos Humanos da ONU, tratando do art. 19 do PIDCP:

> 1. Liberdade de opinião e liberdade de expressão são condições indispensáveis para o desenvolvimento completo de uma pessoa. São essenciais para toda sociedade e constituem a pedra angular para toda sociedade livre e democrática. Os dois tipos de

[3] Temas de liberdade de expressão aplicadas ao ensino encontram-se abordados no tópico adiante dedicado ao direito à educação.

liberdade são extremamente relacionadas entre si, visto que a liberdade de expressão constitui o caminho para a troca e o desenvolvimento de opiniões.
2. Liberdade de expressão é uma condição necessária para a realização dos princípios de transparência e para a prestação de contas que são, por sua vez, essenciais para a promoção e proteção dos direitos humanos.[4]

Especificamente sobre os diferentes conteúdos da liberdade de opinião e da liberdade de expressão, ressalta tal Comentário Geral:

8. O parágrafo 1 do artigo 19 requer proteção ao direito de se sustentar opiniões sem interferência. Esse é um direito que o Pacto não permite exceções ou restrições. A liberdade de opinião se estende ao direito de mudar de opinião a qualquer momento e por qualquer razão que a pessoa livremente escolher. Nada pode impedir os direitos protegidos pelo Pacto em razão de opiniões expressadas, atribuídas ou supostas. Todas as formas de opinião são protegidas, incluindo opiniões políticas, científicas, históricas, morais ou de natureza religiosa. É incompatível com o parágrafo 1 a criminalização por ter uma opinião. O assédio, a intimidação ou a estigmatização de uma pessoa, incluindo prisão, detenção ou julgamento por motivos de opinião constituem uma violação ao artigo 19, parágrafo 19.
9. É proibida qualquer tentativa coercitiva de fazer que se sustente ou não uma opinião. A liberdade de expressar opinião própria compreende necessariamente a liberdade de não a expressar.
10. O parágrafo 2 exige que os Estados partes garantam o direito à liberdade de expressão, incluindo o direito a buscar, receber e transmitir informações e ideias de todos os tipos, independentemente de fronteiras. Esse direito inclui a expressão e o recebimento de comunicações de toda forma de ideia e opinião capazes de transmitir a outros, sujeito ao disposto no artigo 19, parágrafo 3 e no artigo 20. Isso inclui pensamento político, os comentários pessoais ou públicos, as campanhas de porta em porta, os debates sobre direitos humanos, o jornalismo, expressão cultural ou artística, o ensino e discurso religioso. Pode também incluir publicidade comercial. O alcance do parágrafo 2 engloba até mesmo a expressão que pode ser considerada profundamente ofensiva, embora tal expressão possa ser restringida de acordo com as disposições do artigo 19, parágrafo 3 e artigo 20.[5]

O Comentário Geral ainda contempla, no marco da liberdade de expressão: a imprensa livre, correlacionando-a com a manutenção de um ambiente democrático, o direito de acesso a informações junto a órgãos públicos e a "importância da liberdade de expressão para a condução dos assuntos públicos e o exercício efetivo do direito de voto". Sobre a possibilidade de restrições à liberdade de expressão, o Comentário Geral, ao recordar que são permitidos apenas 2 (dois) tipos de restrições – quais sejam, por força de respeito aos direitos ou à reputação de

[4] NÚCLEO DE ESTUDOS INTERNACIONAIS DA CLÍNICA DE DIREITO INTERNACIONAL DOS DIREITOS HUMANOS DA FACULDADE DE DIREITO DA UNIVERSIDADE DE SÃO PAULO; DEFENSORIA PÚBLICA DO ESTADO DE SÃO PAULO; MINISTÉRIO PÚBLICO FEDERAL. **Comentários Gerais dos Comitês de Tratados de Direitos Humanos da ONU:** Comitê de Direitos Humanos. Comitê de Direitos Econômicos, Sociais e Culturais. São Paulo: Defensoria Pública do Estado de São Paulo; Ministério Público Federal, 2018, p. 163. Disponível em: https://www.defensoria.sp.def.br/dpesp/repositorio/0/Coment%c3%a1rios%20Gerais%20da%20ONU.pdf. Acesso em: 02 jan. 2021.

[5] Id. Ibid., p. 164.

outras pessoas ou em razão da proteção da segurança nacional ou da ordem pública ou da saúde ou moral pública –, pontua que tais restrições não podem colocar em risco o direito propriamente dito, de modo que a "relação entre o direito e a restrição, ou entre a norma e a exceção não deve ser revertida".[6]

A liberdade de expressão (doravante encampando a liberdade de opinião), examinada sob a ótica do dever estatal, confere ao indivíduo o direito de não sofrer **censura** pelo Estado. Retira, portanto, do Estado qualquer competência para determinar quais as opiniões aceitáveis. Esse julgamento cabe somente ao público a que se dirige a manifestação. "Convém compreender que censura, no texto constitucional, significa ação governamental, de ordem prévia, centrada sobre o conteúdo de uma mensagem. Proibir a censura significa impedir que as ideias e fatos que o indivíduo pretende divulgar tenham de passar, antes, pela aprovação de um agente estatal"[7].

Apesar de o art. 5º, V, da Constituição Federal consagrar o direito fundamental de caráter geral à resposta proporcional ao abuso cometido por terceiro, incluindo indenização em caso de lesão material, moral ou à imagem, tal dispositivo tem sua compreensão facilitada se abordado à vista de agravo perpetrado no pretenso exercício da Liberdade de Expressão.

Por certo, como qualquer outro direito humano, a liberdade de expressão pode sofrer limitações, inclusive por ato legislativo do Estado, se constitucional, dentro da lógica do Princípio da Legalidade (por exemplo, na própria CF, art. 220, § 4º: "A propaganda comercial de tabaco, bebidas alcoólicas, agrotóxicos, medicamentos e terapias estará sujeita a restrições legais, nos termos do inciso II do parágrafo anterior, e conterá, sempre que necessário, advertência sobre os malefícios decorrentes de seu uso").

De antemão, contudo, já se pode afirmar que a livre manifestação encontra-se protegida enquanto exercida no plano das ideias, ou seja, enquanto impactar o(s) interlocutor(es) na sua dimensão espiritual, razão pela qual a liberdade em questão não abrange a coação física ou a violência.[8] A situação já se altera se a ideia, ainda que aponte para condutas não concretizas, tenha em sua comunicação, *per si*, um ato legalmente reprovado, como no caso dos crimes contra a honra, injúria racial e incitação à violência, previstos no Código Penal brasileiro.

A lógica, então, da limitação da liberdade de expressão propugna, em regra, pela coibição do abuso *a posteriori* (depois do agravo), mediante a concessão, ao ofendido, de direito de resposta e/ou de indenização proporcional ao dano experimentado.

Até por isso, a Liberdade de Expressão é salvaguardada com a condição da proibição do anonimato. Por tal razão, o STF entende que a "denúncia anônima", por si só, é insuficiente para ensejar a imediata instauração de inquérito policial ou do processo criminal, sendo imprescindíveis diligências preliminares voltadas à prévia averiguação dos fatos noticiados (dentre outros precedentes, cf. Inq 1.987, HC 84827/TO e HC 95.244/PE).

O exame da reprovabilidade da expressão, a ponto de gerar direito de resposta, indenização ou até mesmo enquadramento criminal, é tarefa complexa, como se pode verificar a partir de manifestações polêmicas como a crítica satírica ou humorística, a queima de

---

6 Id. Ibid., p. 165-167.

7 MENDES, Gilmar; COELHO, Inocêncio Mártires; BRANCO, Paulo Gustavo Gonet. **Curso de direito constitucional**. 5. ed. São Paulo: Saraiva, 2010, p. 452.

8 Id. Ibid.

símbolos nacionais (*v.g.*, a bandeira nacional), a manifestação de ideias discriminatórias[9], ou a prática de atos obscenos.[10]

A difusão de informações e opiniões pelos meios de comunicação é tida por manifestação peculiar da Liberdade de Expressão. Na ADPF 130/DF, o STF assentou importantes conclusões sobre o tema. Primeiramente, estabeleceu que o Capítulo V – "Da Comunicação Social", do Título VIII – "Da Ordem Social", da Constituição Federal, onde figura o já referido art. 220, é "segmento prolongador das liberdades de manifestação de pensamento, de informação e de expressão artística, cientifica, intelectual e comunicacional", havendo "transpasse da fundamentalidade dos direitos prolongados ao capítulo prolongador", reconhecendo, portanto, a existência de direitos fundamentais fora da declaração dos arts. 5º a 17 da CF.

A partir daí, uma vez dispondo o art. 220, § 1º, que "nenhuma lei conterá dispositivo que possa constituir embaraço à plena liberdade de informação jornalística", o STF constata que a liberdade de informação jornalística é manifestação da Liberdade de Expressão, motivo pelo qual todos os dispositivos da Lei de Imprensa (Lei nº 5.250/67), por serem dirigidos a regular a difusão de informações e opiniões pelos veículos de comunicação, não foram recepcionados pela Constituição Federal de 1988. Com esta decisão, a liberdade de informação dos meios de comunicação passa a sofrer os mesmos limites atinentes à Liberdade de Expressão, coibindo-se os abusos mediante direito de resposta e indenização de danos causados, a serem arbitrados, casuisticamente.

No ano de 2011, em votação unânime, o STF entendeu que a "marcha da maconha" não pode configurar apologia ao crime. Em verdade, afirmou-se que o movimento promove debates em torno da descriminalização das drogas, fazendo-o justamente por meio do exercício da liberdade de expressão e de reunião. Então, foi dada interpretação conforme à constituição ao art. 287 do Código Penal para impedir que manifestações públicas pela defesa da legalização das drogas fossem consideradas criminosas (ADPF 187).

No caso de biografias não autorizadas (ADI 4815), à unanimidade de votos, o STF, no ano de 2015, conferiu interpretação conforme à Constituição para os artigos 20 e 21 do Código Civil, entendendo não ser exigível a prévia autorização do biografado ou de terceiros mencionados na obra para a sua publicação, o que restringiria injustificadamente a liberdade de expressão. Continuam assegurados, em caso de abuso, o direito de resposta e indenização posterior.

Também em 2015, o STF entendeu ser inconstitucional disposição de leis ou editais de concurso público que proíba a existência de tatuagem pelo corpo como requisito para o exercício do cargo público (RE 898.450/SP). Na ocasião, ficou decidido que o candidato ao cargo somente pode ser impedido de exercê-lo quando o conteúdo estampado na tatuagem for ofensivo aos valores constitucionais, incite a violência ou viole os direitos humanos, tendo de haver, ainda, lei que o preveja. De resto, afirmou o STF, a tatuagem representa legítimo exercício da liberdade de expressão e o candidato não pode ser barrado por ela.

Na Rcl 28.747/PR, julgada em 2018, a Primeira Turma do STF reafirmou a impossibilidade de qualquer tipo de censura prévia. Em tal oportunidade, os Ministros suspenderam a eficácia da decisão que, em primeiro grau, determinava a retirada de uma matéria publicada

---

9 Cf., uma vez mais, o já estudado Caso Ellwanger, no qual o STF reprovou publicação de conteúdo antissemita, tendo ficado assentado que a Liberdade de Expressão sofre "limites morais e jurídicos" (HC 82.424/RS).

10 O STF, no HC 83.996/RJ, afastou a tipificação do crime de ato obsceno por famoso diretor teatral que reagiu a vaias da plateia ao seu espetáculo mostrando, no palco, as nádegas e simulando masturbação.

num *blog* e proibia a publicação de novos materiais igualmente reputados como ofensivos à honra de um delegado federal.

Ainda em 2018, o STF debruçou-se, mais uma vez, sobre os limites da liberdade de expressão. Tratava-se de um caso em que Jair Bolsonaro, então Deputado Federal, ao fazer menção aos integrantes de uma comunidade quilombola, disse: "eu fui em um quilombo em Eldorado Paulista. Olha, o afrodescendente mais leve lá pesava sete arrobas. Não fazem nada. Acho que nem para procriador eles servem mais". Para o caso, o entendimento prevalecente foi o de que o discurso não configurava discurso de ódio ou racismo, sendo abarcado pela liberdade de expressão, a despeito do uso de palavras "grosseiras e vulgares" (Inq. 4694/DF).

Em um movimento criticado por parte significativa da comunidade jurídica quanto ao procedimento – abertura de Inquérito *ex officio*, sem provocação por parte do Ministério Público, titular da ação penal –, o STF instaurou o Inq. 4.781/DF ("Inquérito das *Fake News*"), com o qual tem apurado a existência de notícias falsas, ofensas e ameaças contra os Ministros e seus familiares. Instaurado com base no art. 43 do Regimento Interno do STF e mesmo com o pedido de arquivamento por parte da PGR, órgão acusador, a constitucionalidade do inquérito foi contestada na ADPF 572. Os Ministros reputaram o procedimento como constitucional. De sua parte, o Min. Celso de Mello entendeu que a liberdade de expressão não ampara atos criminosos, tampouco resguarda a incitação ao ódio público contra os ministros do STF. O referido Inquérito tem potencial para ser um *leading case* da Suprema Corte brasileira sobre os limites da liberdade de expressão em tempos digitais, porquanto a investigação em curso já atingiu, diretamente, conhecidos influenciadores digitais que atacam, publicamente, a instituição e seus Ministros, não raro incitando comportamentos que podem colocar em risco a vida e a integridade física dos Magistrados.

Ainda sobre o tema das responsabilidades sobre a disseminação de *fake news*, tramita no Congresso Nacional o Projeto de Lei nº 2630/2020, que pretende estabelecer normas relativas à transparência de redes sociais e de serviços de mensagens privadas, sobretudo quanto à responsabilidade dos provedores pelo combate à desinformação e pelo aumento da transparência na internet, à transparência em relação a conteúdos patrocinados e à atuação do poder público. Tal projeto comportou, em 30 de junho de 2020, aprovação pelo Senado Federal, aguardando-se, até o momento, apreciação pela Câmara dos Deputados.

No plano internacional, registre-se que a CIDH e a Corte IDH se posicionam pela inconvencionalidade de normas nacionais que criminalizam o desacato, por entenderem que restringem, previamente, manifestações críticas e conferem, injustificadamente, maior proteção ao agente público, conforme argumentos expostos pela Corte IDH, na sentença do Caso Palamara Iribarne vs. Chile. Por seu turno, a jurisprudência brasileira oscilava com relação ao tema, até solução definitiva recente, dada pelo STF.

Em 2016, a 5.ª Turma do STJ afastou a tipificação do crime previsto no art. 331 do Código Penal, julgando-o incompatível com o art. 13 da Convenção Americana sobre Direitos Humanos (Resp. 1.640.084/SP). O *decisum* sufragou a tese de que, diante de condutas reputadas como ofensivas ao funcionário público no exercício de suas funções, é cabível posterior indenização civil ou a responsabilização criminal, por crimes contra a honra (calúnia, difamação ou injúria). No ano seguinte, entretanto, a 3.ª Seção daquele mesmo Tribunal entendeu que é constitucional e convencional a tipificação do desacato, já que, dentre outros motivos, o crime em questão não tutela a honra do agente público em particular, mas a dignidade, o prestígio e o respeito à Administração Pública em geral (HC 379.269/MS). Em 2020, o STF seguiu este último posicionamento e julgou que o crime de desacato foi recepcionado pela Constituição Federal, não sendo, portanto, violador da liberdade de expressão (ADPF 496).

Neste ponto, existe uma significativa divergência entre a Suprema Corte e a Jurisprudência Interamericana de Direitos Humanos.

No caso Olmedo Bustos e Outros vs. Chile ("A Última Tentação de Cristo"), a Corte IDH condenou, em sentença de 2001, o Estado chileno por impedir a exibição de um filme que, supostamente, desabonava a honra e a imagem de Jesus Cristo. Por mais que a proibição inicial fosse autorizada pela normativa constitucional chilena, a Corte IDH declarou a configuração de censura prévia, incompatível com a liberdade de expressão prevista na Convenção Americana sobre Direitos Humanos.

Em situação bastante assemelhada, mas envolvendo produção humorística, o STF, no ano de 2020, suspendeu e depois cassou, por unanimidade, duas decisões do Tribunal de Justiça do Rio de Janeiro que determinavam a suspensão da exibição de um vídeo humorístico de natal da produtora "Porta dos Fundos", oferecida em plataforma de conteúdo disponibilizado via *streaming*. A produção, supostamente, desonraria a figura religiosa Jesus Cristo. De acordo com os Ministros, impedir que o material fosse veiculado representaria um tipo de censura, incompatível com a preferência dada constitucionalmente à liberdade de expressão artística (Rlc 38.782).

Ainda no que tange à liberdade de expressão humorística, o STJ já havia, em 2015, mantido condenação por danos morais sofrida por um conhecido humorista, o qual, ao fazer menção a uma cantora e atriz grávida, disse, em programa nacional de televisão transmitido ao vivo, que: "Eu comeria ela e o bebê, não tô nem aí! Tô nem aí!" (Resp. 1.487.089/SP).

Consigne-se, ainda, que, ao decidir a ADI 4.451, em 2018, o STF entendeu ser inconstitucional as restrições impostas às rádios e emissoras de televisão no sentido de não veicular programas de humor envolvendo candidatos, partidos políticos e coligações, nos meses antecedentes ao pleito eleitoral, o que era feito para evitar que os candidatos fossem ridicularizados ou satirizados. Tais restrições foram declaradas inconstitucionais, dado que inexiste qualquer tipo de permissibilidade para com a censura prévia. Entretanto, isso não exclui eventual responsabilização posterior, em caso de exercício abusivo da liberdade de expressão.

Mais especificamente sobre o direito de resposta ou retificação do ofendido em matéria divulgada, publicada ou transmitida por veículo de comunicação social, ao apreciar, conjuntamente, as ADIs 5415, 5418 e 5436, ajuizadas em face de dispositivos da Lei nº 13.188/2015, o STF assentou importantes interpretações acerca desse instrumento de coibição *a posteriori* de abuso da liberdade de comunicação. A Suprema Corte corroborou que o direito de resposta deve observar os princípios da equivalência e da imediatidade, bem como asseverou que o ato espontâneo de retratação do veículo de comunicação não substitui o direito de resposta do ofendido (contanto que observada a proporcionalidade entre conteúdo e extensão da notícia e da resposta), tampouco elide a pretensão à reparação da vítima pelos danos materiais e morais experimentados.

A propósito da menção aos veículos de comunicação, em consonância com o direito fundamental à liberdade de expressão, o tratamento da **Comunicação Social** pela Constituição Federal parte daquela mesma premissa da proibição de qualquer restrição não prevista em lei da manifestação do pensamento, da criação, da expressão e da informação, "sob qualquer forma, processo ou veículo". Como consequência, nenhuma lei poderá constituir embaraço à plena liberdade de informação jornalística em qualquer veículo de comunicação social, sendo absolutamente vedada toda e qualquer censura de natureza política, ideológica e artística.

A lei federal poderá, contudo, restringir a propaganda de produtos, práticas e serviços que possam ser nocivos à saúde e ao meio ambiente, a exemplo da propaganda comercial de tabaco, bebidas alcoólicas, agrotóxicos, medicamentos e terapias, situações expressamente previstas no texto constitucional. É vedada a instituição de monopólio ou oligopólio dos meios de comunicação, certo, porém, que "a publicação de veículo impresso de comunicação independe de licença de autoridade".

Já o serviço de radiodifusão sonora e de sons e imagens (emissoras de rádio e televisão) depende de concessão outorgada pelo Poder Executivo e deve atender aos seguintes princípios: preferência a finalidades educativas, artísticas, culturais e informativas; promoção da cultura nacional e regional e estímulo à produção independente que objetive sua divulgação; regionalização da produção cultural, artística e jornalística; respeito aos valores éticos e sociais da pessoa e da família. "A propriedade de empresa jornalística e de radiodifusão sonora e de sons e imagens é privativa de brasileiros natos ou naturalizados há mais de dez anos, ou de pessoas jurídicas constituídas sob as leis brasileiras e que tenham sede no País", caso em que ao menos 70% do capital total e do capital votante das empresas deverá pertencer, direta ou indiretamente, a "brasileiros natos ou naturalizados há mais de dez anos, que exercerão obrigatoriamente a gestão das atividades e estabelecerão o conteúdo da programação". A participação de capital estrangeiro nas referidas empresas está a cargo de lei específica (Lei nº 10.610/02).

Ainda dentro do tema da Comunicação Social, o Brasil editou a Lei nº 9.612/98, que instituiu o Serviço de Radiodifusão Comunitária, regulando tal atividade. O art. 4º, § 1º, dessa lei vedou "o proselitismo de qualquer natureza na programação das emissoras de radiodifusão comunitária". Ação Direita de Inconstitucionalidade foi proposta em face de tal dispositivo, o que respondeu o STF, em 2018, por meio de voto da lavra do Min. Edson Fachin, decretando a inconstitucionalidade da norma em questão em face da liberdade de expressão de veículos de comunicação, consagrada no art. 220 da Constituição Federal (ADI 2.566/DF).

3. LIBERDADE DE CONSCIÊNCIA E RELIGIOSA

3.1. Normativa básica constitucional e internacional

Constituição Federal

art. 5º.(...)

VI. "é inviolável a liberdade de consciência e de crença, sendo assegurado o livre exercício dos cultos religiosos e garantida, na forma da lei, a proteção aos locais de culto e a suas liturgias;

VII. é assegurada, nos termos da lei, a prestação de assistência religiosa nas entidades civis e militares de internação coletiva;

VIII. ninguém será privado de direitos por motivo de crença religiosa ou de convicção filosófica ou política, salvo se as invocar para eximir-se de obrigação legal a todos imposta e recusar-se a cumprir prestação alternativa, fixada em lei;

art. 19. É vedado à União, aos Estados, ao Distrito Federal e aos Municípios:

I. estabelecer cultos religiosos ou igrejas, subvencioná-los, embaraçar-lhes o funcionamento ou manter com eles ou seus representantes relações de dependência ou aliança, ressalvada, na forma da lei, a colaboração de interesse público;

art. 143. O serviço militar é obrigatório nos termos da lei.

§ 1º Às Forças Armadas compete, na forma da lei, atribuir serviço alternativo aos que, em tempo de paz, após alistados, alegarem imperativo de consciência, entendendo-se como tal o decorrente de crença religiosa e de convicção filosófica ou política, para se eximirem de atividades de caráter essencialmente militar.

art. 210.

§ 1º. O ensino religioso, de matrícula facultativa, constituirá disciplina dos horários normais das escolas públicas de ensino fundamental.

art. 226.
§ 2º. O casamento religioso tem efeito civil, nos termos da lei.

Declaração Universal dos Direitos Humanos

art. 18. Todo o homem tem direito à liberdade de pensamento, consciência e religião; este direito inclui a liberdade de mudar de religião ou crença e a liberdade de manifestar essa religião ou crença, pelo ensino, pela prática, pelo culto e pela observância, isolada ou coletivamente, em público ou em particular.

Declaração Americana dos Direitos e Deveres do Homem

art. III. Toda a pessoa tem o direito de professar livremente uma crença religiosa e de manifestá-la e praticá-la pública e particularmente.

Pacto Internacional sobre Direitos Civis e Políticos

art. 18.

1. Toda pessoa terá direito a liberdade de pensamento, de consciência e de religião. Esse direito implicará a liberdade de ter ou adotar uma religião ou uma crença de sua escolha e a liberdade de professar sua religião ou crença, individual ou coletivamente, tanto pública como privadamente, por meio do culto, da celebração de ritos, de práticas e do ensino.
2. Ninguém poderá ser submetido a medidas coercitivas que possam restringir sua liberdade de ter ou de adotar uma religião ou crença de sua escolha.
3. A liberdade de manifestar a própria religião ou crença estará sujeita apenas a limitações previstas em lei e que se façam necessárias para proteger a segurança, a ordem, a saúde ou a moral públicas ou os direitos e as liberdades das demais pessoas.
4. Os Estados Partes do presente Pacto comprometem-se a respeitar a liberdade dos pais e, quando for o caso, dos tutores legais – de assegurar a educação religiosa e moral dos filhos que esteja de acordo com suas próprias convicções.

Convenção Americana sobre Direitos Humanos

art. 12. Liberdade de Consciência e de Religião

1. Toda pessoa tem direito à liberdade de consciência e de religião. Esse direito implica a liberdade de conservar sua religião ou suas crenças, ou de mudar de religião ou de crenças, bem como a liberdade de professar e divulgar sua religião ou suas crenças, individual ou coletivamente, tanto em público como em privado.
2. Ninguém pode ser objeto de medidas restritivas que possam limitar sua liberdade de conservar sua religião ou suas crenças, ou de mudar de religião ou de crenças.
3. A liberdade de manifestar a própria religião e as próprias crenças está sujeita unicamente às limitações prescritas pela lei e que sejam necessárias para proteger a segurança, a ordem, a saúde ou a moral públicas ou os direitos ou liberdades das demais pessoas.
4. Os pais, e quando for o caso os tutores, têm direito a que seus filhos ou pupilos recebam a educação religiosa e moral que esteja acorde com suas próprias convicções".

3.2. Apontamentos sobre conteúdo do direito

Em um nível mais amplo, a liberdade de consciência é "faculdade de o indivíduo formular juízos e ideias sobre si mesmo e sobre o meio externo que o circunda" ; e, como aspecto particular da liberdade de consciência, tem-se a liberdade religiosa, composta pela liberdade de crença (de escolha da religião, de mudar de religião e, até mesmo, de não aderir a qualquer religião), pela liberdade de culto (prática de ritos atinentes à religião adotada e respeito ao local destinado a esses ritos) e pela liberdade de organização religiosa (possibilidade de estabelecimento e organização de entidades religiosas, sem intervenção estatal). Cuida-se, pois, de um direito "abrangente e profundo; [que] engloba a liberdade de pensamento sobre todas as matérias, convicção pessoal e o compromisso com a religião ou crença, seja manifestada individualmente ou em comunidade com outros" (Comentário Geral nº 20 do Comitê de Direitos Humanos da ONU sobre o art. 18 do PIDESC).[11]

O Comentário Geral nº 20 do Comitê de Direitos Humanos da ONU bem delineia distinção entre liberdade de crença e liberdade de manifestação de crença, ambas protegidas pelo direito em comento:

> 3. O Artigo 18 distingue a liberdade de pensamento, consciência, religião ou crença da liberdade de manifestar religião ou crença. Não permite quaisquer limitações sobre a liberdade de pensamento e consciência ou sobre a liberdade de ter ou adotar uma religião ou crença da escolha de um indivíduo. Essas liberdades são protegidas incondicionalmente, como é o direito de todos terem opiniões sem interferência como disposto no artigo 19 (1). De acordo com os artigos 18 (2) e 17, ninguém pode ser obrigado a revelar seus pensamentos ou adesão a uma religião ou a uma crença.
>
> 4. A liberdade de manifestar religião ou crença pode ser exercida "seja individualmente ou em comunidade com outros e em público ou privado". A liberdade de manifestar religião ou crença em culto, observância, prática e ensino engloba uma ampla gama de atos. O conceito de adoração se estende a atos rituais e cerimoniais dando expressão direta à crença, bem como várias práticas integrantes de tais atos, incluindo a construção de locais de adoração, o uso de fórmulas e objetos rituais, a exibição de símbolos e a observância de feriados e dias de descanso. A observância e prática de religião ou crença podem incluir não apenas atos cerimoniais, mas também a observância de restrições alimentares, o uso de roupas distintas ou véus/turbantes, participação em rituais associados a certos estágios de vida e uso de uma língua em particular habitualmente falada por um grupo. Além disso, a prática e o ensino de religião ou crença incluem atos que são integrantes da conduta dos grupos religiosos em seus assuntos básicos, tais como: *inter alia*, a liberdade de escolher os seus líderes religiosos, sacerdotes e professores, a liberdade de estabelecer seminários ou escolas religiosas e a liberdade para preparar e distribuir textos ou publicações religiosas.[12]

O art. 18 do PIDESC tolera restrições à liberdade de manifestar religião ou crença somente se as limitações forem prescritas por lei e forem necessárias para proteger a segurança pública, ordem, saúde ou moral, ou os direitos e liberdades fundamentais de outrem. Sobre a noção de ordem para tais fins restritivos, o mesmo Comentário Geral nº 20 pontua que "o conceito de moral deriva de muitas tradições sociais, filosóficas e religiosas; consequentemente, as limitações à liberdade de manifestar uma religião ou crença com o propósito de proteger a moral devem basear-se em princípios não derivados exclusivamente de uma única tradição".[13]

---

11 NÚCLEO DE ESTUDOS INTERNACIONAIS DA CLÍNICA DE DIREITO INTERNACIONAL DOS DIREITOS HUMANOS DA FACULDADE DE DIREITO DA UNIVERSIDADE DE SÃO PAULO et. al, op. cit., p. 90.

12 Id. Ibid., p. 90-91.

13 Id. Ibid., p. 92.

O Brasil autodeclara-se um Estado laico (não adotante de uma religião oficial), desde a primeira Constituição republicana, de 1891. A laicidade da República brasileira é mais uma dentre as dimensões da liberdade religiosa, porquanto traduz que o dever estatal de abstenção de intervir na faculdade de crença do indivíduo refere-se tanto à interferência direta, quanto à imposição de valores religiosos porventura inspiradores dos atos estatais. Dito de outro modo, a laicidade estatal decorre da liberdade religiosa, porque, além do ser humano não poder ser obrigado a aderir a determinada religião, não pode também sequer ser governado segundo princípios religiosos.

Não obstante, a Constituição Federal admite a existência de espaços de aproximação entre Estado e religião, a começar pelo próprio preâmbulo, ao afirmar que a promulgação da Carta Política se dá "sob a proteção de Deus", e, igualmente, pelo inciso VII do art. 5º, assegurador de assistência religiosa em entidades públicas de internação coletiva. No mesmo sentido, os demais dispositivos supratranscritos da Constituição Federal.

Consequentemente, o limite a ser observado diz respeito à impossibilidade de o Estado cumprir seus misteres imbuído de orientação religiosa, bem como à preservação, nos espaços delimitados de aproximação com as religiões, da liberdade de consciência e de crença de qualquer indivíduo.

É dentro deste tema que se desenvolve fervoroso debate acerca da presença de crucifixos em repartições públicas, entre elas a do próprio STF, que já assentou posição no sentido de que o preâmbulo da Constituição Federal e, por conseguinte, sua invocação da proteção de Deus, não tem força normativa (ADI 2.076/AC). Embora não tenha havido, ainda, pronunciamento oficial da Suprema Corte a respeito dos crucifixos, o Conselho Nacional de Justiça, em 2007, por ocasião dos Pedidos de Providências nºs 1344, 1345, 1346 e 1362, negou a existência de afronta à laicidade do Estado brasileiro na manutenção de símbolos religiosos em órgãos da Justiça, por entender que sua aposição remete a símbolos culturais da sociedade brasileira e não representações que direcionam a prestação jurisdicional.

No que toca ao ensino religioso, o § 1º do art. 210 da Constituição Federal permite o ensino religioso, contanto que de matrícula facultativa, como disciplina dos horários normais das escolas públicas de ensino fundamental. A existência de escolas particulares confessionais é admitida sob o entendimento de não haver imposição religiosa, na medida em que os responsáveis pela aluna e pelo aluno contam com outras opções de escola que professam religiões diversas ou mesmo religião alguma.

A propósito, na ADI 4.439, o STF entendeu, em decisão de 2017, que o ensino religioso em escolas públicas pode ter natureza confessional, isto é, pode estar vinculado a religiões específicas. De acordo com o entendimento prevalecente (julgamento por 6x5), o conteúdo confessional e a facultatividade da matrícula para a disciplina de ensino religioso não violam a laicidade do Estado, mas, antes, consagram o direito à liberdade de crença e religião.

Estas diretrizes estão alinhadas com o estatuído no Comentário Geral nº 20 do Comitê de Direitos Humanos da ONU sobre a laicidade da educação pública:

> 6. O Comitê é da opinião que o artigo 18(4) permite a escola pública ensinar assuntos como a história geral das religiões e da ética, se o conteúdo for repassado de maneira neutra e objetiva. A liberdade dos pais ou guardiões legais para garantir que seus filhos recebam uma educação moral em conformidade com suas próprias convicções, estabelecidas no artigo 18(4), está relacionada às garantias da liberdade de ensinar uma religião ou crença expressa no artigo 18 (1). O Comitê observa que educação pública que inclui educação em uma determinada religião ou crença é inconsistente com o artigo

> 18(4), a menos que haja provisão para exceções ou alternativas não discriminatórias que acomodariam os desejos dos pais e responsáveis.[14]

Já em 2018, por ocasião da ADI 5.257, a Suprema Corte entendeu inconstitucional lei do Estado de Rondônia que determinou que a Bíblia fosse tomada como livro-base e fonte doutrinária a fundamentar princípios, usos e costumes de comunidades, igrejas e grupos naquele Estado, o que não poderia ocorrer sem nítida violação à laicidade estatal.

Ao apreciar o RHC 134.682/BA, a 1.ª Turma do STF entendeu, em 2016, pelo trancamento de ação penal movida contra um padre acusado da prática do crime previsto no art. 20, §§ 2º e 3º da Lei nº 7.716/89. Discutia-se a publicação do livro em que o religioso pregava a retomada dos fiéis a preceitos da religião católica, quando simpatizavam com práticas de outras religiões, como a espírita. No entanto, foi considerado que o livro não continha sinalização de violência, dominação, exploração, escravização, eliminação, supressão ou redução de direitos fundamentais que afetassem devotos ou sacerdotes de outras religiões; a rigor, entendeu o STF que a publicação trazia a crítica a elas, como era de se esperar através da atividade do proselitismo religioso. Com isso, a publicação do livro foi reputada como exercício da liberdade de expressão e de religião, trancando-se a ação penal.

Pouco tempo depois, em 2018, examinado o RHC 146.303/RJ, a 2.ª Turma do STF negou provimento ao recurso e manteve a condenação de um pastor pelo delito do art. 20, § 2º da Lei 7.716/89. O paciente pregava o fim de diversas religiões (como católica, judaica, islâmica, espírita, wicca, umbandista e até mesmo outras denominações de religião evangélica), através de vídeos e postagens na Internet, inclusive imputando fatos ofensivos a fiéis e sacerdotes dessas mesmas religiões, como assassinato, estupro, prostituição, roubo, furto manipulação etc. De acordo com o entendimento prevalecente, tal conduta foi reputada como discriminatória e incentivadora do ódio, algo incompatível com uma sociedade pluralista.

Na ADI 2.566, julgada em 2018, o STF entendeu ser inconstitucional a norma do art. 4º, § 1º da Lei nº 9.612/98, que proibia o proselitismo religioso em rádios comunitárias. Ficou assentado que qualquer tipo de controle prévio do conteúdo a ser veiculado nas rádios constitui uma espécie de censura, violadora, portanto, da liberdade de expressão e da liberdade religiosa.

No ano de 2019, o STF julgou o RE 494.601/RS e fixou a tese de que "é constitucional a lei de proteção animal que, a fim de resguardar a liberdade religiosa, permite o sacrifício ritual de animais em cultos de religiões de matriz africana".

Quanto à realização de provas e exames em data alternativa, em razão da alegação de motivos religiosos por parte do candidato, o STF fixou, em 2020, este entendimento:

> Nos termos do artigo 5º, VIII, da Constituição Federal é possível a realização de etapas de concurso público em datas e horários distintos dos previstos em edital, por candidato que invoca escusa de consciência por motivo de crença religiosa, desde que presentes a razoabilidade da alteração, a preservação da igualdade entre todos os candidatos e que não acarrete ônus desproporcional à Administração Pública, que deverá decidir de maneira fundamentada. (RE 611.874/DF)

Outras questões altamente controvertidas, envolvendo colisão de determinados direitos humanos com a liberdade religiosa encontram-se aguardando posicionamento do STF.

Com a ADPF 618, ajuizada em setembro de 2018, a Procuradoria-Geral da República busca assegurar o direito de recusa a tratamento médico em virtude de motivo religioso alegado pelo paciente. Em particular, busca garantir às Testemunhas de Jeová, maiores e capazes,

---

[14] Id. Ibid., p. 91.

o direito de não se submeterem a transfusões de sangue se, por consentimento inequívoco, livre e informado, assim não o desejarem. Aqueles que não puderem exprimir livremente a sua vontade (interditados, crianças e adolescentes) não teriam esse poder de decisão. Sob a relatoria do Ministro Nunes Marques, o caso ainda está pendente de julgamento.

A questão da transfusão sanguínea por Testemunha de Jeová também é objeto da controvérsia objeto do RE 1.212.272/AL (Rel. Min. Gilmar Mendes), pendente de julgamento e com repercussão geral reconhecida. No caso, uma mulher foi encaminhada a hospital público para a realização de uma cirurgia de substituição de válvula aórtica. A despeito da concordância da equipe médica quanto à realização do procedimento sem transfusão sanguínea, a direção do hospital condicionou a realização da cirurgia à assinatura de um termo em que a paciente autorizava a transfusão. De igual modo, no RE 979.742/AM (Rel. Min. Luís Roberto Barroso), se discute o dever do Estado em custear tratamento médico diferenciado e indisponível na rede pública aos pacientes que aleguem motivos religiosos para a não transfusão de sangue. Com efeito, o STF também decidirá se os pacientes têm o direito de que os procedimentos médicos, inclusive cirurgias, sejam realizados mesmo sem transfusão de sangue, em razão de motivos religiosos.

Também aguarda julgamento pelo STF o RE 859.379/PR, com repercussão geral reconhecida e sob relatoria do Min. Luís Roberto Barroso. Trata-se, aqui, de uma decisão do Tribunal Regional Federal da 4.ª Região, que reconheceu o direito ao uso de hábito religioso em fotografia de carteira de habilitação, restringindo o alcance de norma administrativa que vedava a utilização de item ou acessório que cubra parcialmente o rosto no momento da foto.

O § 1º do art. 143 da Constituição Federal encampa o "imperativo de consciência" (ou objeção de consciência) religiosa como argumento para que pessoa sujeita ao serviço militar obrigatório solicite a prestação de serviço alternativo. A Lei nº 8.239/91, que regulamenta o aludido dispositivo constitucional disciplina que tal serviço alternativo "incluirá o treinamento para atuação em áreas atingidas por desastre, em situação de emergência e estado de calamidade, executado de forma integrada com o órgão federal responsável pela implantação das ações de proteção e defesa civil" (art. 3º, § 4º). Importa, contudo, consignar a vedação de discriminação em relação à religião objeto do imperativo de consciência, o que decorre, *inter alia*, do art. 18 do PIDCP, conforme deduzido pelo já citado Comentário Geral nº 20 do Comitê de Direitos Humanos da ONU:

> 11. Muitas pessoas reivindicaram o direito de se recusar a prestar serviço militar (objeção de consciência) com base no fato de que tal direito deriva de suas liberdades sob o artigo 18. Em resposta a tais alegações, um número crescente de Estados tem, em suas normas, dispensas de obrigação compulsória de serviço militar a cidadãos que genuinamente mantêm crenças religiosas ou outras que proíbem a prestação do serviço militar e o substituem por um serviço nacional alternativo. O Pacto não se refere explicitamente a um direito de objeção de consciência, mas o Comitê acredita que tal direito pode ser derivado do artigo 18, na medida em que a obrigação de usar força letal pode entrar seriamente em conflito com a liberdade de consciência e com o direito de manifestação de religião ou crença. Quando este direito é reconhecido por lei ou prática, não haverá diferenciação entre os objetores de consciência com base na natureza de suas crenças particulares; do mesmo modo, não haverá discriminação contra os objetores de consciência, porque eles falharam em prestar serviço militar. O Comitê convida os Estados Partes a informar sobre as condições sob as quais as pessoas podem ser dispensadas do serviço militar com base em seus direitos previstos no artigo 18 e na natureza e duração do serviço nacional alternativo.[15]

[15] Id. Ibid., p. 93.

De todo o visto, infere-se que a liberdade religiosa está intimamente ligada à vedação do tratamento discriminatório por motivo de crença, circunstância sobremaneira relevante para se resistir a tendências confessionais hegemônicas em países que adotam crença religiosa oficial do Estado, bem como em países que, conquanto laicos, contam com determinada religião professada pela ampla maioria de sua população ou mesmo pelo governante de ocasião.

4. LIBERDADE DE PROFISSÃO

4.1. Normativa básica constitucional e internacional

Constituição Federal

art. 5º.(...)

XIII. é livre o exercício de qualquer trabalho, ofício ou profissão, atendidas as qualificações profissionais que a lei estabelecer.

Declaração Universal dos Direitos Humanos

art. 4º Ninguém será mantido em escravidão ou servidão; a escravidão e o tráfico de escravos serão proibidos em todas as suas formas.

art. 23.

1. Todo o homem tem direito ao trabalho, à livre escolha de emprego, a condições justas e favoráveis de trabalho e à proteção contra o desemprego.

Declaração Americana dos Direitos e Deveres do Homem

art. XIV. Toda pessoa tem direito ao trabalho em condições dignas e o de seguir livremente sua vocação, na medida em que for permitido pelas oportunidades de emprego existentes.

Pacto Internacional sobre Direitos Civis e Políticos

art. 8º

1. Ninguém poderá ser submetido à escravidão; a escravidão e o tráfico de escravos, em todos as suas formas, ficam proibidos.

2. Ninguém poderá ser submetido à servidão.

3. a) Ninguém poderá ser obrigado a executar trabalhos forçados ou obrigatórios;

b) A alínea a) do presente parágrafo não poderá ser interpretada no sentido de proibir, nos países em que certos crimes sejam punidos com prisão e trabalhos forçados, o cumprimento de uma pena de trabalhos forçados, imposta por um tribunal competente;

c) Para os efeitos do presente parágrafo, não serão considerados "trabalhos forçados ou obrigatórios":

i) qualquer trabalho ou serviço, não previsto na alínea b) normalmente exigido de um indivíduo que tenha sido encarcerado em cumprimento de decisão judicial ou que, tendo sido objeto de tal decisão, ache-se em liberdade condicional;

ii) qualquer serviço de caráter militar e, nos países em que se admite a isenção por motivo de consciência, qualquer serviço nacional que a lei venha a exigir daqueles que se oponham ao serviço militar por motivo de consciência;

iii) qualquer serviço exigido em casos de emergência ou de calamidade que ameacem o bem-estar da comunidade;

iv) qualquer trabalho ou serviço que faça parte das obrigações cívicas normais.

Pacto Internacional sobre Direitos Econômicos, Sociais e Culturais

art. 6.

1. Os Estados Partes do presente Pacto reconhecem o direito ao trabalho, que compreende o direito de toda pessoa de ter a possibilidade de ganhar a vida mediante um trabalho livremente escolhido ou aceito, e tomarão medidas apropriadas para salvaguardar esse direito.

2. As medidas que cada Estado Parte do presente Pacto tomará a fim de assegurar o pleno exercício desse direito deverão incluir a orientação e a formação técnica e profissional, a elaboração de programas, normas e técnicas apropriadas para assegurar um desenvolvimento econômico, social e cultural constante e o pleno emprego produtivo em condições que salvaguardem aos indivíduos o gozo das liberdades políticas e econômicas fundamentais.

Convenção Americana sobre Direitos Humanos

Art. 6º. Proibição da Escravidão e da Servidão

1. Ninguém pode ser submetido à escravidão ou a servidão, e tanto estas como o tráfico de escravos e o tráfico de mulheres são proibidos em todas as formas.

2. Ninguém deve ser constrangido a executar trabalho forçado ou obrigatório. Nos países em que se prescreve, para certos delitos, pena privativa da liberdade acompanhada de trabalhos forçados, esta disposição não pode ser interpretada no sentido de que proíbe o cumprimento da dita pena, importa por juiz ou tribunal competente. O trabalho forçado não deve afetar a dignidade nem a capacidade física e intelectual do recluso.

3. Não constituem trabalhos forçados ou obrigatórios para os efeitos deste artigo:

a) os trabalhos ou serviços normalmente exigidos de pessoal reclusa em cumprimento de sentença ou resolução formal expedida pela autoridade judiciária competente. Tais trabalhos ou serviços de devem ser executados sob a vigilância e controle das autoridades públicas, e os indivíduos que os executarem não devem ser postos à disposição de particulares, companhias ou pessoas jurídicas de caráter privado:

b) o serviço militar e, nos países onde se admite a isenção por motivos de consciências, o serviço nacional que a lei estabelecer em lugar daquele;

c) o serviço imposto em casos de perigo ou calamidade que ameace a existência ou o bem-estar da comunidade; e

d) o trabalho ou serviço que faça parte das obrigações cívicas normais.

Protocolo Adicional à Convenção Americana sobre Direitos Humanos em Matéria de Direitos Econômicos, Sociais e Culturais ("Protocolo de São Salvador")

Artigo 6º. Direito ao Trabalho

1. Toda pessoa tem direito ao trabalho, o que inclui a oportunidade de obter os meios para levar uma vida digna e decorosa através do desempenho de atividade lícita, livremente escolhida ou aceita.

Convenções internacionais específicas

Convenção sobre Escravatura (ONU)

Convenção Suplementar sobre a Abolição da Escravatura, do Tráfico de Escravos e das Instituições e Práticas Análogas à Escravatura (ONU)

Convenção nº 29 sobre Trabalho Forçado ou Obrigatório (OIT)
Convenção nº 105 sobre Abolição do Trabalho Forçado (OIT)
Convenção nº 122 sobre Política de Emprego (OIT)

4.2. Apontamentos sobre conteúdo do direito

A liberdade de profissão tem por objeto a faculdade de escolha pelo indivíduo do trabalho, ofício ou profissão a que queira se dedicar, bem como o livre exercício dessa opção, sem constrangimento estatal. Conforme anota o Comentário Geral nº 18 do Comitê de Direitos Econômicos, Sociais e Culturais da ONU, ao interpretar o art. 6º do PIDESC:

> 1. (...) O direito ao trabalho serve, ao mesmo tempo, à sobrevivência do indivíduo e de sua família e também contribui, desde que o trabalho seja livremente escolhido ou aceito, para sua plena realização e reconhecimento dentro da comunidade.
> (...)
> 4. O direito ao trabalho, tal como garantido no Pacto Internacional de Direitos Econômicos, Sociais e Culturais afirma a obrigação dos Estados Partes de assegurar indivíduos seu direito de escolha ou aceitação trabalho livremente, incluindo o direito a não ser privado de seu trabalho injustamente. Esta definição enfatiza o fato de que o respeito pela pessoa e sua dignidade é expresso pela liberdade do indivíduo de escolher um emprego, enfatizando ao mesmo tempo a importância do trabalho para o desenvolvimento pessoal, bem como para a integração social e econômica.[16]

Desde outras constituições, o Brasil adota o modelo de "reserva legal qualificada" para a admissão, de antemão, de restrição por lei da liberdade de profissão. Diz o art. 22, XVI, da Constituição Federal que "Compete privativamente à União legislar sobre: (...) organização do sistema nacional de emprego e condições para o exercício de profissões". Em princípio, portanto, apenas a lei federal pode promover a aventada restrição. Daí a legalidade, por exemplo, da exigência da aprovação em Exame de Ordem para o exercício da advocacia e da inscrição em conselho profissional (v.g. CREA, CRM etc.) para o exercício de outras profissões.

Acerca da constitucionalidade do ato legal restritivo, manifestou-se o STF, em 2009: "A reserva legal estabelecida pelo art. 5º, XIII, não confere ao legislador o poder de restringir o exercício da liberdade profissional a ponto de atingir o seu próprio núcleo essencial" (RE 511.961/SP). Nesse mesmo acórdão, ao declarar a não recepção pela Constituição Federal do Decreto-lei nº 972/69, que exigia o diploma de curso superior para o exercício da profissão de jornalista, a Suprema Corte assentou:

> A ordem constitucional apenas admite a definição legal das qualificações profissionais na hipótese em que sejam elas estabelecidas para proteger, efetivar e reforçar o exercício profissional das liberdades de expressão e de informação por parte dos jornalistas. Fora

---

16 NÚCLEO DE ESTUDOS INTERNACIONAIS DA CLÍNICA DE DIREITO INTERNACIONAL DOS DIREITOS HUMANOS DA FACULDADE DE DIREITO DA UNIVERSIDADE DE SÃO PAULO; DEFENSORIA PÚBLICA DO ESTADO DE SÃO PAULO; MINISTÉRIO PÚBLICO FEDERAL. **Comentários Gerais dos Comitês de Tratados de Direitos Humanos da ONU:** Comitê de Direitos Humanos. Comitê de Direitos Econômicos, Sociais e Culturais. São Paulo: Defensoria Pública do Estado de São Paulo; Ministério Público Federal, 2018, p. 396. Disponível em: https://www.defensoria.sp.def.br/dpesp/repositorio/0/Coment%c3%a1rios%20Gerais%20da%20ONU.pdf. Acesso em: 02 jan. 2021.

> desse quadro há patente inconstitucionalidade da lei. A exigência de diploma de curso superior para a prática de jornalismo – o qual, em sua essência, é o desenvolvimento profissional das liberdades de expressão e de informação – não está autorizada pela ordem constitucional, pois constitui uma restrição, um impedimento, uma verdadeira supressão do pleno, incondicionado e efetivo exercício da liberdade jornalística, expressamente proibido pelo art. 220, § 1º, da Constituição. (RE 511.961/SP)

Cumpre assinalar que o STF, para esse julgamento, reproduziu, integralmente, entendimento sufragado pela Corte IDH, em 1985, na Opinião Consultiva nº 5, com a qual esclareceu que a exigência de registro profissional obrigatório para o exercício do jornalismo viola o art. 13 da Convenção Americana sobre Direitos Humanos, que trata da liberdade de expressão.[17]

Pode-se concluir, da análise conjunta dos dispositivos constitucionais e do citado aresto do STF, que a liberdade de profissão somente comporta restrição estabelecida por lei federal, com a única finalidade de proteger e reforçar o exercício daquela profissão e, por via reflexa, salvaguardar o interesse daqueles que serão alcançados pelos resultados da atividade profissional. Caso contrário, o Congresso Nacional terá legislado contra a Constituição Federal.

Mantendo as premissas dessa mesma convicção, o STF, em exame datado de 2011, a propósito de assegurar a constitucionalidade do Exame de Ordem como condição para o exercício da advocacia, assentou que a Constituição Federal, ao limitar as restrições à liberdade de ofício às exigências de qualificação profissional, assim o fez:

> (...) precisamente porque o trabalho, além da dimensão subjetiva, também ostenta relevância que transcende os interesses do próprio indivíduo. Em alguns casos, o mister desempenhado pelo profissional resulta em assunção de riscos – os quais podem ser individuais ou coletivos. Quando o risco é predominantemente do indivíduo – exemplo dos mergulhadores, dos profissionais que lidam com a rede elétrica, dos transportadores de cargas perigosas etc. –, para tentar compensar danos à saúde, o sistema jurídico atribui-lhe vantagens pecuniárias (adicional de periculosidade, insalubridade) ou adianta-lhe a inativação. São vantagens que, longe de ferirem o princípio da isonomia, consubstanciam imposições compensatórias às perdas físicas e psicológicas que esses profissionais sofrem. Quando, por outro lado, o risco é suportado pela coletividade, então cabe limitar o acesso à profissão e o respectivo exercício, exatamente em função do interesse coletivo. Daí a cláusula constante da parte final do inciso XIII do artigo 5º da Carta Federal, de ressalva das qualificações legais exigidas pela lei. Ela é a salvaguarda de que as profissões que representam riscos à coletividade serão limitadas, serão exercidas somente por aqueles indivíduos conhecedores da técnica. (RE 603.583/RS)

Em julgamento posterior, o STF, na decisão para o RE 414.426/SC, de 2012, manteve posicionamento de primeira instância segundo o qual a atividade de músico não depende de qualquer registro ou licença e que sua livre expressão não pode ser impedida por interesses da Ordem dos Músicos do Brasil, afastando a alegação da entidade de que a prévia inscrição em seus quadros e o consequente pagamento de anuidade encontram espeque nos mesmos dispositivos do art. 5º, IX e XIII, da Constituição Federal, bem como em seu

17 CORTE INTERAMERICANA DE DIREITOS HUMANOS. **Parecer Consultivo OC-5/85 de 13 de Novembro de 1985. O Registro Profissional Obrigatório De Jornalistas (Artigos 13 e 29 da Convenção Americana sobre Direitos Humanos).** Solicitado pelo Governo da Costa Rica. San José da Costa Rica, 1985. Disponível em: https://www.corteidh.or.cr/docs/opiniones/seriea_05_por.pdf. Acesso em: 14 jan. 2021.

art. 170, parágrafo único. No acórdão, a Suprema Corte, embora reconheça que a liberdade profissão está sujeita a restrições, corrobora sua jurisprudência histórica no sentido de que tais restrições só podem ter lugar com o objetivo inequívoco de atendimento e proteção do interesse público, jamais do interesse particular de uma pessoa física ou jurídica. Acentuou-se, ainda, que a música é forma de arte e é da essência de qualquer manifestação artística a liberdade de expressão, que não pode ser condicionada à inscrição em órgão de classe e ao consequente pagamento de anuidade.

O nível mais radical e deplorável da restrição à liberdade de profissão, sem dúvida alguma, é a submissão do ser humano ao **trabalho escravo,** uma chaga ainda verificada, com recorrência, no Brasil, que, tardiamente, libertou, do ponto de vista formal, seus escravos negros. O tema deve ser tratado, na atualidade, sob a perspectiva das formas contemporâneas de escravidão, que escapam para além da imagem dos grilhões e da chibata.[18]

As formas contemporâneas de escravidão encontram-se reprovadas pela Constituição Federal brasileira em virtude, primeiramente, da salvaguarda dos direitos fundamentais à igualdade e à liberdade (art. 5º, *caput* e I). A escravidão é também repudiada em decorrência do direito fundamental ao livre exercício de qualquer trabalho, ofício ou profissão (art. 5º, XIII) e pela proteção dos direitos fundamentais trabalhistas mais básicos, *v.g.* salário mínimo, limite de jornada de trabalho, períodos de descanso e proteção contra riscos de acidentes (art. 7º e incisos). Essas previsões se desdobram do comando axiológico central de proteção irrestrita à Dignidade Humana, alçada ao *status* de fundamento da República (art. 1º, III).

A proteção constitucional do trabalho livre é corroborada e incrementada pelos tratados internacionais de Direitos Humanos relativos à proibição da escravidão. Agregam-se, pois, ao ordenamento jurídico nacional os conceitos estabelecidos pela Organização das Nações Unidas (ONU) e pela OIT, mediante a ratificação dos respectivos tratados pelo Brasil.

Neste passo, da Convenção sobre a Escravatura de 1926, atualizada pela Convenção Suplementar sobre a Abolição da Escravatura, do Tráfico de Escravos e das Instituições e Práticas Análogas à Escravatura de 1956 – ambas ratificadas pelo Brasil e promulgadas pelo Decreto nº 58.563, de 1º de junho de 1966 –, consta que "a escravidão é o estado ou condição de um indivíduo sobre o qual se exercem, total ou parcialmente, os atributos do direito de propriedade" (art. 1º da Convenção de 1926), havidas na adoção, entre outras, das práticas de servidão por dívidas ou por lei, costume ou acordo que obrigue alguém a trabalhar, contra a sua vontade, para outrem, com paga ou não (art. 1º da Convenção de 1956).

Adicionalmente, por força do Decreto nº 41.721, de 25 de junho de 1957, integra a legislação nacional o conceito de "trabalho forçado ou obrigatório", forjado pela Convenção nº 29 da OIT, de 1930, e que compreende "todo trabalho ou serviço exigido de uma pessoa sob a ameaça de sanção e para o qual não se tenha oferecido espontaneamente". Em reforço a essa norma, adveio a Convenção nº 105 da OIT, de 1957, promulgada, no Brasil, pelo Decreto nº 58.822, de 14 de julho de 1966.

Na legislação pátria, há o conceito do art. 149 do Código Penal, instituído pelo Decreto-Lei nº 2.848, de 1940, quando tipificou o crime de redução a condição análoga à de escravo nestes termos: "Reduzir alguém a condição análoga à de escravo: pena – reclusão, de dois a oito anos". Alteração legislativa de 2003, motivada, entre outras circunstâncias, pelo caso José

---

18 As considerações realizadas a seguir sobre o conceito normativo de trabalho escravo brasileiro reproduzem, em parte, os resultados de pesquisa apresentados em: BELTRAMELLI NETO, Silvio; ADÃO, Felipe da Silva Pinto. Para além do ir e vir: o conceito normativo brasileiro de trabalho escravo ante o direito comparado. **Revista da Faculdade de Direito UFPR**, v. 62, n. 1, p. 113–136, 29 maio 2017.

Pereira, levado a CIDH e encerrado por solução amistosa entre Estado e vítima, atribuiu ao dispositivo a seguinte redação:

> Art. 149. Reduzir alguém a condição análoga à de escravo, quer submetendo-o a trabalhos forçados ou a jornada exaustiva, quer sujeitando-o a condições degradantes de trabalho, quer restringindo, por qualquer meio, sua locomoção em razão de dívida contraída com o empregador ou preposto:
>
> Pena – reclusão, de dois a oito anos, e multa, além da pena correspondente à violência
>
> § 1º Nas mesmas penas incorre quem:
>
> I – cerceia o uso de qualquer meio de transporte por parte do trabalhador, com o fim de retê-lo no local de trabalho;
>
> II – mantém vigilância ostensiva no local de trabalho ou se apodera de documentos ou objetos pessoais do trabalhador, com o fim de retê-lo no local de trabalho.
>
> § 2º A pena é aumentada de metade, se o crime é cometido:
>
> I – contra criança ou adolescente;
>
> II – por motivo de preconceito de raça, cor, etnia, religião ou origem.

A comparação entre os enunciados original e modificado desse artigo denotam a ampliação do espectro de proteção do tipo penal, em especial para alcançar situações outras que não apenas aquelas que suscitem o cerceamento da liberdade de ir e vir, demonstrando sensibilidade à exigência de atualização dos instrumentos normativos de proteção em face das complexas dinâmicas produtivas próprias dos tempos de hoje. Neste passo, reconhecem-se diversas circunstâncias indicativas de privação do direito de ir e vir das vítimas, que não apenas as que denotam claro aprisionamento da vítima. Percebe-se que a legislação e, notadamente, os tribunais internacionais, tem cada vez mais estendido a proteção jurídica a situações para além do ostensivo cerceamento da liberdade de locomoção, mediante coação direta, típico da visão clássica sobre o fenômeno.

Exsurgem da redação vigente do art. 149 do Código Penal 4 (quatro) modalidades de trabalho análogo ao de escravo: trabalho forçado; trabalho em jornada exaustiva; trabalho em condições degradantes; e trabalho com restrição de locomoção em razão de dívidas.

A inclusão do trabalho degradante como uma das elementares do tipo penal sob exame serviu, sem dúvida, à expansão do horizonte de proteção da norma. Segundo VIANA, há 5 (cinco) hipóteses de tipificação de trabalho degradante caracterizador de escravidão: (i) a falta explícita de liberdade, ainda que ausente a figura do fiscal armado ou outra ameaça de violência, haja vista que uma dívida impagável pode tolher a liberdade do trabalhador; (ii) a própria jornada exaustiva (extensa ou intensa), assim como o poder diretivo exacerbado, o assédio moral e situações análogas; (iii) o pagamento de salário aquém do mínimo legal ou reduzido por descontos ilegais: (iv) a exposição da saúde do trabalhador a risco inaceitável, tal qual o fornecimento de água insalubre, de alimentação estragada ou insuficiente e, no caso de alojamento propiciado pelo empregador, a disponibilização de barraca de plástico ou a não disponibilização de colchões ou lençóis; e (v) o trabalhador levado pelo empregador a residir em moradia sem mínimas condições adequadas e sem que ao obreiro seja franqueada opção diferente dessa.[19]

---

19 VIANA, Márcio Túlio. Trabalho escravo e "lista suja": um modo original de se remover uma mancha. In: **Revista do Tribunal Regional do Trabalho da 3ª região**, Belo Horizonte, v.44, n.74 p.189-215, jul./dez 2006, p. 200.

Em assim sendo, a comparação entre os enunciados original e modificado do art. 149 do Código Penal denota a ampliação do espectro de proteção do tipo penal, em especial para alcançar situações outras que não apenas aquelas que coíbam a liberdade de ir e vir. A esse respeito, é crucial perceber que a redação atual daquele artigo não confere protagonismo à restrição de locomoção em vista das demais situações que enuncia. Ao contrário, haverá trabalho escravo se verificadas, individualmente (e não cumulativamente), quaisquer das modalidades arroladas.

Há que se compreender que a passagem da proteção da liberdade à salvaguarda da dignidade responde a uma urgência histórica de recuperação da força jurídica dos preceitos antiescravagistas, face à complexidade atual das formas mais vis de exploração da mão de obra, as quais, no mais das vezes, ainda que sem fazer uso da limitação de locomoção, conduzem o ser humano às condições mais indignas de existência, afrontando sobretudo sua saúde física e mental.

Nessa linha, o exercício dos atributos do direito de propriedade sobre o corpo alheio, hoje mais do que antes, manifesta-se de modo dissimulado, mediante submissão do trabalhador a jornadas extenuantes e a riscos desarrazoados (presentes em ambientes desmesuradamente insalubres, perigosos ou penosos), na falta de fornecimento de equipamentos básicos de proteção individual e coletiva, na disponibilização inadequada de alimentação, no oferecimento de alojamentos degradados, entre outros fatores. Enfim, trata-se do exercício da propriedade (uso, gozo, fruição, disposição) em face da saúde física e mental, do tempo disponível para as relações sociais e da remuneração do trabalhador, superando, por conseguinte, a ideia exclusiva de dominação do ir e vir da vítima, que permanece tutelada.

Nos termos em que atualizada, a normativa brasileira colocou-se um passo adiante do que parece ainda ser a tendência internacional de atrelar a escravidão apenas à tolhida, mesmo que parcial, da locomoção. O exemplo do conceito jurídico brasileiro de escravidão é louvado pela comunidade internacional. Entretanto, em termos de efetiva erradicação da escravidão no território brasileiro, assim como no mundo, ainda há demasiado por ser feito.

A propósito, a Corte IDH condenou o Estado brasileiro no caso Trabalhadores da Fazenda Brasil Verde, na primeira sentença da história daquele tribunal sobre o tema do trabalho escravo. A Corte IDH responsabilizou internacionalmente o Brasil por violação à vedação do trabalho análogo ao de escravo e pela falha na investigação e punição dos violadores. Como examinado, anteriormente, na mencionada sentença, a Corte IDH esclareceu que a proibição ao trabalho análogo ao escravo é norma *jus cogens*, o que implica em obrigação de caráter *erga omnes*.

5. LIBERDADE DE REUNIÃO E DE ASSOCIAÇÃO

5.1. Normativa básica constitucional e internacional

Constituição Federal

art. 5º.(...)

XVI. todos podem reunir-se pacificamente, sem armas, em locais abertos ao público, independentemente de autorização, desde que não frustrem outra reunião anteriormente convocada para o mesmo local, sendo apenas exigido prévio aviso à autoridade competente;

XVII. é plena a liberdade de associação para fins lícitos, vedada a de caráter paramilitar;

XVIII. a criação de associações e, na forma da lei, a de cooperativas independe de autorização, sendo vedada a interferência estatal em seu funcionamento;

XIX. as associações só poderão ser compulsoriamente dissolvidas ou ter suas atividades suspensas por decisão judicial, exigindo-se, no primeiro caso, o trânsito em julgado;

XX. ninguém poderá ser compelido a associar-se ou a permanecer associado;

XXI. as entidades associativas, quando expressamente autorizadas, têm legitimidade para representar seus filiados judicial ou extrajudicialmente;

Art. 8º. É livre a associação profissional ou sindical, observado o seguinte:

I – a lei não poderá exigir autorização do Estado para a fundação de sindicato, ressalvado o registro no órgão competente, vedadas ao Poder Público a interferência e a intervenção na organização sindical;

II – é vedada a criação de mais de uma organização sindical, em qualquer grau, representativa de categoria profissional ou econômica, na mesma base territorial, que será definida pelos trabalhadores ou empregadores interessados, não podendo ser inferior à área de um Município;

III – ao sindicato cabe a defesa dos direitos e interesses coletivos ou individuais da categoria, inclusive em questões judiciais ou administrativas;

IV – a assembleia geral fixará a contribuição que, em se tratando de categoria profissional, será descontada em folha, para custeio do sistema confederativo da representação sindical respectiva, independentemente da contribuição prevista em lei;

V – ninguém será obrigado a filiar-se ou a manter-se filiado a sindicato;

VI – é obrigatória a participação dos sindicatos nas negociações coletivas de trabalho;

VII – o aposentado filiado tem direito a votar e ser votado nas organizações sindicais;

VIII – é vedada a dispensa do empregado sindicalizado a partir do registro da candidatura a cargo de direção ou representação sindical e, se eleito, ainda que suplente, até um ano após o final do mandato, salvo se cometer falta grave nos termos da lei.

Declaração Universal dos Direitos Humanos

art. 20.

1. Todo o homem tem direito à liberdade de reunião e associação pacíficas.

2. Ninguém pode ser obrigado a fazer parte de uma associação.

Art. 23.

4. Todo ser humano tem direito a organizar sindicatos e a neles ingressar para proteção de seus interesses.

Declaração Americana dos Direitos e Deveres do Homem

art. XXI. Toda pessoa tem o direito de se reunir pacificamente com outras, em manifestação pública, ou em assembleia transitória, em relação com seus interesses comuns, de qualquer natureza que sejam.

art. XXII. Toda pessoa tem o direito de se associar com outras a fim de promover, exercer e proteger os seus interesses legítimos, de ordem política, econômica, religiosa, social, cultural, profissional, sindical ou de qualquer outra natureza.

Pacto Internacional sobre Direitos Civis e Políticos

art. 21. O direito de reunião pacífica será reconhecido. O exercício desse direito estará sujeito apenas às restrições previstas em lei e que se façam necessárias, em uma sociedade democrática, no interesse da segurança nacional, da segurança ou da ordem pública, ou para proteger a saúde ou a moral pública ou os direitos e as liberdades das demais pessoas";

art. 22.

1. Toda pessoa terá o direito de associar-se livremente a outras, inclusive o direito de construir sindicatos e de a eles filiar-se, para a proteção de seus interesses.

2. O exercício desse direito estará sujeito apenas às restrições previstas em lei e que se façam necessárias, em uma sociedade democrática, no interesse da segurança nacional, da segurança e da ordem públicas, ou para proteger a saúde ou a moral públicas ou os direitos e liberdades das demais pessoas. O presente artigo não impedirá que se submeta a restrições legais o exercício desse direito por membros das forças armadas e da polícia.

3. Nenhuma das disposições do presente artigo permitirá que Estados Partes da Convenção de 1948 da Organização Internacional do Trabalho, relativa à liberdade sindical e à proteção do direito sindical, venham a adotar medidas legislativas que restrinjam ou aplicar a lei de maneira a restringir as garantias previstas na referida Convenção.

Pacto Internacional sobre Direitos Econômicos, Sociais e Culturais

Art. 8º

1. Os Estados Partes do presente Pacto comprometem-se a garantir:

a) O direito de toda pessoa de fundar com outras, sindicatos e de filiar-se ao sindicato de escolha, sujeitando-se unicamente aos estatutos da organização interessada, com o objetivo de promover e de proteger seus interesses econômicos e sociais. O exercício desse direito só poderá ser objeto das restrições previstas em lei e que sejam necessárias, em uma sociedade democrática, no interesse da segurança nacional ou da ordem pública, ou para proteger os direitos e as liberdades alheias;

b) O direito dos sindicatos de formar federações ou confederações nacionais e o direito destas de formar organizações sindicais internacionais ou de filiar-se às mesmas.

c) O direito dos sindicatos de exercer livremente suas atividades, sem quaisquer limitações além daquelas previstas em lei e que sejam necessárias, em uma sociedade democrática, no interesse da segurança nacional ou da ordem pública, ou para proteger os direitos e as liberdades das demais pessoas

(...)

2. O presente artigo não impedirá que se submeta a restrições legais o exercício desses direitos pelos membros das forças armadas, da política ou da administração pública.

3. Nenhuma das disposições do presente artigo permitirá que os Estados Partes da Convenção de 1948 da Organização Internacional do Trabalho, relativa à liberdade sindical e à proteção do direito sindical, venham a adotar medidas legislativas que restrinjam – ou a aplicar a lei de maneira a restringir as garantias previstas na referida Convenção.

Convenção Americana sobre Direitos Humanos

art. 15. Direito de Reunião

É reconhecido o direito de reunião pacífica e sem armas. O exercício de tal direito só pode estar sujeito às restrições previstas pela lei e que sejam necessárias, numa sociedade democrática, no interesse da segurança nacional, da segurança ou da ordem públicas, ou para proteger a saúde ou a moral públicas ou os direitos e liberdades das demais pessoas.

art. 16. Liberdade de Associação

1. Todas as pessoas têm o direito de associar-se livremente com fins ideológicos, religiosos, políticos, econômicos, trabalhistas, sociais, culturais, desportivos ou de qualquer outra natureza.

2. O exercício de tal direito só pode estar sujeito às restrições previstas pela lei que sejam necessárias, numa sociedade democrática, no interesse da segurança nacional, da segurança ou da ordem públicas, ou para proteger a saúde ou a moral públicas ou os direitos e liberdades das demais pessoas.

3. O disposto neste artigo não impede a imposição de restrições legais, e mesmo a privação do exercício do direito de associação, aos membros das forças armadas e da polícia".

Protocolo Adicional à Convenção Americana sobre Direitos Humanos em Matéria de Direitos Econômicos, Sociais e Culturais ("Protocolo de São Salvador")

Art. 8º. Direitos Sindicais

1. Os Estados-Partes garantirão:

a) o direito dos trabalhadores de organizar sindicatos e de filiar-se ao de sua escolha, para proteger e promover seus interesses. Como projeção deste direito, os Estados-Partes permitirão aos sindicatos formar federações e confederações nacionais e associar-se às já existentes, bem como formar organizações sindicais internacionais e associar-se à de sua escolha. Os Estados-Partes também permitirão que os sindicatos, federações e confederações funcionem livremente;

(...)

2. O exercício dos direitos enunciados acima só pode estar sujeito às limitações e restrições previstas pela lei, que sejam próprias de uma sociedade democráticas e necessárias para salvaguardar a ordem pública e proteger a saúde ou a moral públicas, e os direitos ou liberdades dos demais. Os membros das forças armadas e da polícia, bem como de outros serviços públicos essenciais, estarão sujeitos às limitações e restrições impostas pela lei.

3. Ninguém poderá ser obrigado a pertencer a sindicato.

Convenções internacionais específicas

Convenção nº 87 sobre a Liberdade Sindical e a Proteção do Direito Sindical (OIT)[20]

Convenção nº 98 sobre Direito de Sindicalização e de Negociação Coletiva (OIT)

Convenção: 151 sobre Direito de Sindicalização e Relações de Trabalho na Administração Pública (OIT)

5.2. Apontamentos sobre conteúdo do direito

Na dimensão positiva, o direito de reunião protege a faculdade conferida aos indivíduos de, em local público delimitado, agruparem-se, transitoriamente, para a consecução de objetivo comum, incluindo passeatas e manifestações; já o direito de associação (em sentido amplo, incluindo, portanto, o de constituir cooperativas) diz respeito à possibilidade de adesão a agrupamento de natureza negocial e permanente, congregado para a consecução de objetivo lícito. Na dimensão negativa, ambos os direitos salvaguardam a opção pelo desligamento da reunião ou da associação. Na lição de JOSÉ AFONSO DA SILVA, "a liberdade de reunião é daquelas que podemos denominar de liberdade-condição, porque, sendo um direito em si, constitui também condição para o exercício de outras liberdades: de manifestação do pen-

[20] Não ratificada pelo Brasil.

samento, de expressão de convicção filosófica, religiosa, científica e política, e de locomoção (liberdade de ir, vir e ficar)".[21]

A liberdade de reunião é importante espaço de exercício da liberdade de expressão. Nessa seara, sem embargo da eloquência da Constituição Federal, ainda é controvertida a existência de limites *a priori* para manifestações em locais públicos, seja em relação ao modo como realizadas, seja no que se refere ao conteúdo da opinião coletivamente manifestada.

O STF conta com precedentes que indicam uma postura de preservação do direito de, livremente, realizarem-se manifestações. Na ADI 1969/DF, a Suprema Corte, lastreada na liberdade de reunião, declarou, em 2007, a inconstitucionalidade de decreto distrital que vedava (art. 1º) "a realização de manifestações públicas, com a utilização de carros, aparelhos e objetos sonoros na Praça dos Três Poderes, Esplanada dos Ministérios e Praça do Buriti e vias adjacentes".

Já na ADPF 187/DF, postulou-se fosse dada ao art. 287 do Código Penal ("Fazer, publicamente, apologia de fato criminoso ou de autor de crime") interpretação conforme à Constituição, de forma a excluir conclusão no sentido de ser crime "a defesa da legalização das drogas, ou de qualquer substância entorpecente específica, inclusive através de manifestações e eventos públicos". No julgamento, em 2011, o STF ratificou o entendimento da liberdade de reunião como "direito-meio" à consecução da liberdade de expressão, e fixou "que a mera proposta de descriminalização de determinado ilícito penal não se confunde com o ato de incitação à prática do delito, tampouco com o de apologia de fato criminoso, eis que o debate sobre a abolição penal de determinadas condutas puníveis pode (e deve) ser realizado de forma racional, com respeito entre interlocutores, ainda que a ideia, para a maioria, possa ser eventualmente considerada estranha, extravagante, inaceitável ou, até mesmo, perigosa. É relevante destacar que já se registraram, no ordenamento positivo brasileiro, diversos casos de *abolitio criminis*, cabendo mencionar, dentre eles, em tempos mais recentes, a descaracterização típica do adultério (CP, art. 240), da sedução (CP, art. 217) e do rapto consensual (CP, art. 220)".

Sobre o "prévio aviso à autoridade competente", condicionante do direito de livre reunião que se encontra no final do texto do inciso XVI do art. 5º da Constituição Federal, o STF, em 14 de dezembro de 2020, consagrou tese de repercussão geral sob a lavra do Min. Edson Fachin, nestes termos: "A exigência constitucional de aviso prévio relativamente ao direito de reunião é satisfeita com a veiculação de informação que permita ao poder público zelar para que seu exercício se dê de forma pacífica ou para que não frustre outra reunião no mesmo local" (RE 806339/SE). Em seu julgado, alega a Suprema Corte que basta que haja uma comunicação prévia apta a oportunizar a efetiva segurança da manifestação ou reunião pelas autoridades públicas para que o direito seja exercido licitamente. A Suprema Corte afirmou, ainda, que o Poder Público deve adotar uma postura ativa na busca por saber das reuniões previstas para locais públicos, dado que manifestações espontâneas não estão proibidas pelo texto constitucional, tampouco pelos tratados de direitos humanos. Decorre daí, prosseguiu o STF naquele mesmo acórdão, que a inexistência de notificação não significa, *per si*, ilegalidade da reunião, não se podendo exigir uma notificação pessoal ou registrada como condição para o exercício legal do direito em questão, uma vez que não a reclama a própria Constituição.

---

21 SILVA, José Afonso da. **Curso de direito constitucional positivo**. 11. ed. São Paulo: Malheiros Ed., 1996, p. 257.

No que se refere ao direito à associação, a teor do texto constitucional e na esteira da máxima da proibição de abuso dos direitos humanos, impedida de existir está apenas a associação que se constitua para a consecução de finalidade ilícita ou paramilitar. Reforçando o caráter extraordinário da vedação à associação, o inciso XIX do art. 5º impede a dissolução compulsória de associação, ainda que constituída para fins ilícitos ou paramilitares, instituindo verdadeira "reserva de jurisdição", isto é, prerrogativa exclusiva do Poder Judiciário para proferir decisão a respeito.

Acerca da representação judicial e extrajudicial dos filiados pelas entidades associativas, declarada no inciso XXI do art. 5º, o STF já firmou entendimento no sentido de que a sua regularidade está adstrita à aprovação da representação mediante deliberação em assembleia, sendo prescindível a subscrição individualizada de instrumentos específicos de outorga de mandato pelos representados (cf. RE 193.305/SP, de 1998; e MS 23.879/DF, de 2001).

O Comitê de Liberdade Sindical da OIT (CLS), mecanismo coletivo de monitoramento e apuração de violação de normas da OIT alusivas ao direito de associação sindical e de negociação coletiva edita a uma extensa "recompilação" de suas decisões e princípios, catalogados na forma de enunciados acerca da liberdade de trabalhadoras e trabalhadores associarem-se em sindicatos. A recompilação conta com mais de 1.600 (mil e seiscentos) enunciados, que contemplam, entre outros temas: direitos de reunião e manifestação pacíficas, autonomia de criação, funcionamento, gestão e dissolução de sindicatos e direito de reunião dos sindicatos em federações e confederações.[22]

---

22 ORGANIZACIÓN INTERNACIONAL DEL TRABAJO. COMITÉ DE LIBERTAD SINDICAL. **Libertad sindical: Recopilación de decisiones y princípios del Comité de Libertad Sindical del Consejo de Administración de la OIT**. 5. ed. Ginebra: Oficina Internacional del Trabajo, 2006. Disponível em: https://www.ilo.org/wcmsp5/groups/public/---ed_norm/---normes/documents/publication/wcms_090634.pdf. Acesso em: 12 jan. 2021.

Capítulo XIX

DIREITO DE PROPRIEDADE

1. NORMATIVA BÁSICA CONSTITUCIONAL E INTERNACIONAL

Constituição Federal

art. 1º. A República Federativa do Brasil, formada pela união indissolúvel dos Estados e Municípios e do Distrito Federal, constitui-se em Estado Democrático de Direito e tem como fundamentos:

IV. os valores sociais do trabalho e da livre iniciativa;

art. 5º. Todos são iguais perante a lei, sem distinção de qualquer natureza, garantindo-se aos brasileiros e aos estrangeiros residentes no País a inviolabilidade do direito (...) à propriedade, nos seguintes termos (...):

XXII. é garantido o direito de propriedade;

XXIII. a propriedade atenderá a sua função social;

XXIV. a lei estabelecerá o procedimento para desapropriação por necessidade ou utilidade pública, ou por interesse social, mediante justa e prévia indenização em dinheiro, ressalvados os casos previstos nesta Constituição;

XXV. no caso de iminente perigo público, a autoridade competente poderá usar de propriedade particular, assegurada ao proprietário indenização ulterior, se houver dano;

XXVI. a pequena propriedade rural, assim definida em lei, desde que trabalhada pela família, não será objeto de penhora para pagamento de débitos decorrentes de sua atividade produtiva, dispondo a lei sobre os meios de financiar o seu desenvolvimento;

XXVII. aos autores pertence o direito exclusivo de utilização, publicação ou reprodução de suas obras, transmissível aos herdeiros pelo tempo que a lei fixar;

XXVIII. são assegurados, nos termos da lei: a) a proteção às participações individuais em obras coletivas e à reprodução da imagem e voz humanas, inclusive nas atividades desportivas; b) o direito de fiscalização do aproveitamento econômico das obras que criarem ou de que participarem aos criadores, aos intérpretes e às respectivas representações sindicais e associativas";

XXIX. a lei assegurará aos autores de inventos industriais privilégio temporário para sua utilização, bem como proteção às criações industriais, à propriedade das marcas, aos nomes de empresas e a outros signos distintivos, tendo em vista o interesse social e o desenvolvimento tecnológico e econômico do País;

XXX. é garantido o direito de herança;

XXXI. a sucessão de bens de estrangeiros situados no País será regulada pela lei brasileira em benefício do cônjuge ou dos filhos brasileiros, sempre que não lhes seja mais favorável a lei pessoal do "de cujus";

art. 170. A ordem econômica, fundada na valorização do trabalho humano e na livre iniciativa, tem por fim assegurar a todos existência digna, conforme os ditames da justiça social, observados os seguintes princípios: (...) II – propriedade privada; III – função social da propriedade";

art. 184. Compete à União desapropriar por interesse social, para fins de reforma agrária, o imóvel rural que não esteja cumprindo sua função social, mediante prévia e justa indenização em títulos da dívida agrária, com cláusula de preservação do valor real, resgatáveis no prazo de até vinte anos, a partir do segundo ano de sua emissão, e cuja utilização será definida em lei.

art. 185. São insuscetíveis de desapropriação para fins de reforma agrária: I – a pequena e média propriedade rural, assim definida em lei, desde que seu proprietário não possua outra; II – a propriedade produtiva. Parágrafo único. A lei garantirá tratamento especial à propriedade produtiva e fixará normas para o cumprimento dos requisitos relativos a sua função social".

art. 186. A função social é cumprida quando a propriedade rural atende, simultaneamente, segundo critérios e graus de exigência estabelecidos em lei, aos seguintes requisitos: I – aproveitamento racional e adequado; II – utilização adequada dos recursos naturais disponíveis e preservação do meio ambiente; III – observância das disposições que regulam as relações de trabalho; IV – exploração que favoreça o bem-estar dos proprietários e dos trabalhadores";

art. 243. As propriedades rurais e urbanas de qualquer região do País onde forem localizadas culturas ilegais de plantas psicotrópicas ou a exploração de trabalho escravo na forma da lei serão expropriadas e destinadas à reforma agrária e a programas de habitação popular, sem qualquer indenização ao proprietário e sem prejuízo de outras sanções previstas em lei, observado, no que couber, o disposto no art. 5º. Parágrafo único. Todo e qualquer bem de valor econômico apreendido em decorrência do tráfico ilícito de entorpecentes e drogas afins e da exploração de trabalho escravo será confiscado e reverterá a fundo especial com destinação específica, na forma da lei.

Declaração Universal dos Direitos Humanos

art. 17.

1. Todo o homem tem direito à propriedade, só ou em sociedade com outros.

2. Ninguém será arbitrariamente privado de sua propriedade.

Declaração Americana dos Direitos e Deveres do Homem

art. XXIII. Toda pessoa tem direito à propriedade particular correspondente às necessidades essenciais de uma vida decente, e que contribua a manter a dignidade da pessoa e do lar.

Convenção Americana sobre Direitos Humanos

art. 21. Direito à Propriedade Privada

1. Toda pessoa tem direito ao uso e gozo dos seus bens. A lei pode subordinar esse uso e gozo ao interesse social.

2. Nenhuma pessoa pode ser privada de seus bens, salvo mediante o pagamento de indenização justa, por motivo de utilidade pública ou de interesse social e nos casos e na forma estabelecidos pela lei.

3. Tanto a usura como qualquer outra forma de exploração do homem pelo homem devem ser reprimidas pela lei.

2. APONTAMENTOS SOBRE CONTEÚDO DO DIREITO

O direito à propriedade consiste na prerrogativa do indivíduo de usar, gozar e dispor dos seus bens e relações de índole patrimonial. Pertence a uma categoria *sui generis* de direitos humanos que são instituídos pelo ordenamento jurídico e não simplesmente postos sob a proteção constitucional. O direito à vida, as liberdades de locomoção, reunião, religião, expressão etc., são direitos humanos respeitantes a bens que pertencem à natureza humana. Já o direito de propriedade e suas expressões (direito de herança, propriedade intelectual, proteção contra a desapropriação, entre outros) são criações jurídicas, imprescindíveis para a sustentação e a estabilidade do sistema societal capitalista, baseado na relação patrimonial como base das trocas que realizam lucros.

Ao lado do direito de herança (inciso XXX) e do direito adquirido, do ato jurídico perfeito e da coisa julgada (inciso XXXVI), a propriedade privada é protegida, nos termos do art. 5º da Constituição Federal, como direito fundamental civil e político (de caráter individual), vinculado ao valor segurança jurídica, indispensável ao funcionamento do sistema capitalista vigorante no País com a benção constitucional[1]. Para além de protegida, o direito à propriedade, segundo a Constituição Federal, fundamenta a República e a ordem econômica na livre-iniciativa (arts. 1º, IV, e 170, *caput*).

O conteúdo do direito de propriedade é multifacetado, não comportando, por isso, delimitação simplificada. O artigo 1.228 do Código Civil costuma ser o ponto de partida para a identificação dos elementos conceituais do instituto: "O proprietário tem a faculdade de usar, gozar e dispor da coisa, e o direito de reavê-la do poder de quem quer que injustamente a possua ou detenha".

Certo é que a visão da propriedade não se compatibiliza com um conteúdo meramente estático. Para fins didáticos, em verdade, pode ser a propriedade classificada em *estática*, de natureza imobiliária, e em *dinâmica*, relativa às atividades econômicas, industriais ou empresariais.[2] Esta classificação permite que não apenas os bens móveis e imóveis integrem a ideia de propriedade, mas também todo e qualquer bem (material e imaterial) ou relação que assuma índole patrimonial.

A proteção da propriedade intelectual (art. 5º, XXVII e XXVIII, da CF), da propriedade de inventos, marcas e patentes (art. 5º, XXIX, da CF) e do direito de herança (art. 5º, XXX e XXXI, da CF) são exemplos dessa percepção mais abrangente. A Constituição Federal, portanto, ao proteger o direito de propriedade o faz de modo amplo, alcançado suas categorias estática e dinâmica, subordinando ambas, todavia, à observância da **função social**.

O texto constitucional foi enfático ao reconhecer que o direito de propriedade não é absoluto, tanto que consagra a livre iniciativa, literalmente, ao lado da função social do trabalho (arts. 1º, IV, e 170, *caput*). Com este mesmo objetivo, adota a função social como elemento do próprio conteúdo do direito de propriedade.

Em outras palavras, não há proteção jurídica à propriedade se olvidada a sua função social. Para alguns, trata-se de limitação[3]; para outros, de requisito de manutenção do

---

1 Para o direito de propriedade como direito fundamental de concretização do valor segurança jurídica, cf. MARMELSTEIN, George. **Curso de direitos fundamentais**. 6. ed. São Paulo: Atlas, 2009, p. 157.

2 MIRANDA, Pontes de. **Tratado de Direito Privado**. Tomo XI, § 1.161, n. 1. 3. ed. Rio de Janeiro: Editor Borsoi, 1971, p. 9; e MILAGRES, Marcelo de Oliveira. **Direito à moradia**. São Paulo: Atlas, 2011, p. 43.

3 VENOSA, Silvio de Salvo. **Direito civil:** direitos reais. 2 ed. São Paulo: Atlas, 2002, p. 159; GONÇALVES, Carlos Roberto. **Direito civil brasileiro:** direito das coisas. 5 ed. São Paulo: Saraiva, 2010, p. 22; e SOUZA, Sérgio Iglesias Nunes de. **Direito à moradia e de habitação**: análise comparativa e suas implicações teóricas e práticas com os direitos da personalidade. 2 ed. São Paulo: Revista dos Tribunais, 2009, p. 218.

direito[4], e, para outros ainda, do próprio fundamento da propriedade[5]. Por ser cláusula aberta, a função social demanda preenchimento de sentido.

Já na própria Constituição Federal encontra-se o art. 186, que, referindo-se, expressamente, à propriedade rural, condiciona o atendimento à função social aos seguintes requisitos: aproveitamento racional e adequado; utilização adequada dos recursos naturais disponíveis e preservação do meio ambiente; observância das disposições que regulam as relações de trabalho; exploração que favoreça o bem-estar dos proprietários e dos trabalhadores".

No plano legislativo, embora não de maneira exaustiva, tal preenchimento de sentido verificou-se, em alguma medida, pelos parágrafos 1º e 2º do art. 1.228 do Código Civil:

> Art. 1.228. (...)
>
> § 1º O direito de propriedade deve ser exercido em consonância com as suas finalidades econômicas e sociais e de modo que sejam preservados, de conformidade com o estabelecido em lei especial, a flora, a fauna, as belezas naturais, o equilíbrio ecológico e o patrimônio histórico e artístico, bem como evitada a poluição do ar e das águas (...)
>
> § 2º São defesos os atos que não trazem ao proprietário qualquer comodidade, ou utilidade, e sejam animados pela intenção de prejudicar outrem".

No que tange à propriedade rural, a Lei nº 4.504/64 ("Estatuto da Terra") estabelece, no art. 12: "À propriedade privada da terra cabe intrinsecamente uma função social e seu uso é condicionado ao bem-estar coletivo previsto na Constituição Federal e caracterizado nesta Lei".

A imposição da função social como elementar do direito de propriedade rompe com a natureza eminentemente privada do instituto, para condicioná-lo à não violação do interesse público. O direito de propriedade, portanto, ostenta a peculiaridade de seu delineamento conceitual necessariamente englobar um elemento de autolimitação. Note-se que a função social não é norma que se aplica ao caso concreto de forma isolada, mas vinculada à propriedade, cumprindo a tarefa de incutir nesse direito fundamental, de raiz individualista, uma faceta solidarista (caráter social), evidenciando a opção valorativa do constituinte pelo já mencionado Direito Social. Portanto, a função social, ao mesmo tempo, obsta ao exercício abusivo do direito de propriedade e orienta o seu exercício regular. Nas palavras de Gonçalves, o atual perfil do direito de propriedade "deixou de apresentar as características de direito absoluto e ilimitado para se transformar em um direito de finalidade social."[6]

A desapropriação é o instituto de transferência compulsória de bem particular para o patrimônio público e, segundo o inciso XXIV do art. 5º da Constituição Federal, gera ao desapropriado o direito a "justa e prévia indenização em dinheiro". O mesmo dispositivo condiciona a desapropriação à satisfação de necessidade ou utilidade pública, ou, ainda, de interesse social.

O descumprimento da função social da propriedade configura igual hipótese de desapropriação, podendo comportar tratamento diferenciado, no que diz respeito ao ressarcimento do desapropriado, a teor das disposições constitucionais do art. 184 (finalidade de reforma agrária, mediante prévia e justa indenização em títulos da dívida agrária) e do art. 243 (em

---

4 PAGANI, Elaine Adelina. **Direito de propriedade e direito à moradia**: um diálogo comparativo entre o direito de propriedade urbana imóvel e o direito à moradia. Porto Alegre: EdiPUCRS, 2009, p. 59.

5 MILAGRES, Marcelo de Oliveira, op.cit., p. 45.

6 GONÇALVES, Carlos Roberto, op. cit., p. 22.

razão de culturas ilegais de plantas psicotrópicas ou da exploração de trabalho escravo, hipótese de expropriação, sem qualquer indenização ao proprietário).

A indistinção do comando constitucional quanto à aplicação da função social, imputa-a a qualquer tipo de propriedade, estática ou dinâmica, condicionando, assim, a própria ordem econômica, no que diz respeito ao manejo da propriedade privada, dentro do seu contexto. Esta não é uma simples inferência, mas uma determinação normativa, haja vista que o art. 170, inciso III, da Constituição Federal subordina a ordem econômica ao respeito ao "princípio" da função social da propriedade.

A função social da propriedade, na perspectiva da hermenêutica dos direitos humanos, expressa a característica inerente a qualquer princípio, qual seja, sua relatividade, resultante da gradação típica da realização de todo e qualquer mandamento de otimização, segundo as possibilidades fáticas e jurídicas. Todavia, a própria norma constitucional e algumas normas infraconstitucionais supracitadas orientam, com razoável densidade, o preenchimento de sentido da função social da propriedade.

No mais, sabe-se que não há direito fundamental absoluto; no caso do direito de propriedade, sua relativização já começa pela submissão à função social.

[illegible] de que uma explicação [illegible] da interpretação.

[illegible]

Capítulo XX

DIREITOS ECONÔMICOS, SOCIAIS, CULTURAIS E AMBIENTAIS

1. DIREITO À EDUCAÇÃO E À CULTURA

1.1. Normativa básica constitucional e internacional

Constituição Federal

art. 6º. São direitos sociais a educação (...), na forma desta Constituição;

art. 205. A educação, direito de todos e dever do Estado e da família, será promovida e incentivada com a colaboração da sociedade, visando ao pleno desenvolvimento da pessoa, seu preparo para o exercício da cidadania e sua qualificação para o trabalho;

art. 206. O ensino será ministrado com base nos seguintes princípios:

I. igualdade de condições para o acesso e permanência na escola;

II. liberdade de aprender, ensinar, pesquisar e divulgar o pensamento, a arte e o saber;

III. pluralismo de ideias e de concepções pedagógicas, e coexistência de instituições públicas e privadas de ensino;

IV. gratuidade do ensino público em estabelecimentos oficiais;

V. valorização dos profissionais da educação escolar, garantidos, na forma da lei, planos de carreira, com ingresso exclusivamente por concurso público de provas e títulos, aos das redes públicas;

VI. gestão democrática do ensino público, na forma da lei;

VII. garantia de padrão de qualidade;

VIII. piso salarial profissional nacional para os profissionais da educação escolar pública, nos termos de lei federal.

IX. garantia do direito à educação e à aprendizagem ao longo da vida.

art. 207. As universidades gozam de autonomia didático-científica, administrativa e de gestão financeira e patrimonial, e obedecerão ao princípio de indissociabilidade entre ensino, pesquisa e extensão.

Art. 208. O dever do Estado com a educação será efetivado mediante a garantia de:

I. educação básica obrigatória e gratuita dos 4 (quatro) aos 17 (dezessete) anos de idade, assegurada inclusive sua oferta gratuita para todos os que a ela não tiveram acesso na idade própria;

II. progressiva universalização do ensino médio gratuito;

III. atendimento educacional especializado aos portadores de deficiência, preferencialmente na rede regular de ensino;

IV. educação infantil, em creche e pré-escola, às crianças até 5 (cinco) anos de idade;

V. acesso aos níveis mais elevados do ensino, da pesquisa e da criação artística, segundo a capacidade de cada um;

VI. oferta de ensino noturno regular, adequado às condições do educando;

VII. atendimento ao educando, em todas as etapas da educação básica, por meio de programas suplementares de material didáticoescolar, transporte, alimentação e assistência à saúde.

art. 209. O ensino é livre à iniciativa privada, atendidas as seguintes condições:

I. cumprimento das normas gerais da educação nacional;

II. autorização e avaliação de qualidade pelo Poder Público.

art. 210. Serão fixados conteúdos mínimos para o ensino fundamental, de maneira a assegurar formação básica comum e respeito aos valores culturais e artísticos, nacionais e regionais.

§ 1º. O ensino religioso, de matrícula facultativa, constituirá disciplina dos horários normais das escolas públicas de ensino fundamental.

§ 2º. O ensino fundamental regular será ministrado em língua portuguesa, assegurada às comunidades indígenas também a utilização de suas línguas maternas e processos próprios de aprendizagem.

art. 215. O Estado garantirá a todos o pleno exercício dos direitos culturais e acesso às fontes da cultura nacional, e apoiará e incentivará a valorização e a difusão das manifestações culturais.

§ 1º. O Estado protegerá as manifestações das culturas populares, indígenas e afro-brasileiras, e das de outros grupos participantes do processo civilizatório nacional.

§ 2º. A lei disporá sobre a fixação de datas comemorativas de alta significação para os diferentes segmentos étnicos nacionais.

§ 3º. A lei estabelecerá o Plano Nacional de Cultura, de duração plurianual, visando ao desenvolvimento cultural do País e à integração das ações do poder público que conduzem à: I. defesa e valorização do patrimônio cultural brasileiro; II. produção, promoção e difusão de bens culturais; III. formação de pessoal qualificado para a gestão da cultura em suas múltiplas dimensões; IV. democratização do acesso aos bens de cultura; V. valorização da diversidade étnica e regional.

art. 216. Constituem patrimônio cultural brasileiro os bens de natureza material e imaterial, tomados individualmente ou em conjunto, portadores de referência à identidade, à ação, à memória dos diferentes grupos formadores da sociedade brasileira, nos quais se incluem: I. as formas de expressão; II. os modos de criar, fazer e viver; III. as criações científicas, artísticas e tecnológicas; IV. as obras, objetos, documentos, edificações e demais espaços destinados às manifestações artístico-culturais; V. os conjuntos urbanos e sítios de valor histórico, paisagístico, artístico, arqueológico, paleontológico, ecológico e científico.

art. 216-A. O Sistema Nacional de Cultura, organizado em regime de colaboração, de forma descentralizada e participativa, institui um processo de gestão e promoção conjunta de políticas públicas de cultura, democráticas e permanentes, pactuadas entre os entes da Federação e a sociedade, tendo por objetivo promover o desenvolvimento humano, social e econômico com pleno exercício dos direitos culturais.

§ 1º. O Sistema Nacional de Cultura fundamenta-se na política nacional de cultura e nas suas diretrizes, estabelecidas no Plano Nacional de Cultura, e rege-se pelos seguintes princípios: (Incluído pela Emenda Constitucional nº 71, de 2012)

I. diversidade das expressões culturais;

II. universalização do acesso aos bens e serviços culturais;

III. fomento à produção, difusão e circulação de conhecimento e bens culturais;

IV. cooperação entre os entes federados, os agentes públicos e privados atuantes na área cultural;

V. integração e interação na execução das políticas, programas, projetos e ações desenvolvidas;

VI. complementaridade nos papéis dos agentes culturais;

VII. transversalidade das políticas culturais;

VIII. autonomia dos entes federados e das instituições da sociedade civil;

IX. transparência e compartilhamento das informações;

X. democratização dos processos decisórios com participação e controle social;

XI. descentralização articulada e pactuada da gestão, dos recursos e das ações;

XII. ampliação progressiva dos recursos contidos nos orçamentos públicos para a cultura.

art. 218. O Estado promoverá e incentivará o desenvolvimento científico, a pesquisa, a capacitação científica e tecnológica e a inovação.

art. 219. O mercado interno integra o patrimônio nacional e será incentivado de modo a viabilizar o desenvolvimento cultural e socioeconômico, o bem-estar da população e a autonomia tecnológica do País, nos termos de lei federal.

Parágrafo único. O Estado estimulará a formação e o fortalecimento da inovação nas empresas, bem como nos demais entes, públicos ou privados, a constituição e a manutenção de parques e polos tecnológicos e de demais ambientes promotores da inovação, a atuação dos inventores independentes e a criação, absorção, difusão e transferência de tecnologia.

art. 219-B. O Sistema Nacional de Ciência, Tecnologia e Inovação (SNCTI) será organizado em regime de colaboração entre entes, tanto públicos quanto privados, com vistas a promover o desenvolvimento científico e tecnológico e a inovação.

§ 1º. Lei federal disporá sobre as normas gerais do SNCTI. (Incluído pela Emenda Constitucional nº 85, de 2015)

§ 2º. Os Estados, o Distrito Federal e os Municípios legislarão concorrentemente sobre suas peculiaridades".

Declaração Universal dos Direitos Humanos

art. 26.

1. Toda a pessoa tem direito à educação. A educação deve ser gratuita, pelo menos a correspondente ao ensino elementar fundamental. O ensino elementar é obrigatório. O ensino técnico e profissional dever ser generalizado; o acesso aos estudos superiores deve estar aberto a todos em plena igualdade, em função do seu mérito.

2. A educação deve visar à plena expansão da personalidade humana e ao reforço dos direitos do Homem e das liberdades fundamentais e deve favorecer a compreensão, a tolerância e a amizade entre todas as nações e todos os grupos raciais ou religiosos, bem como o desenvolvimento das atividades das Nações Unidas para a manutenção da paz.

3. Aos pais pertence a prioridade do direito de escolher o género de educação a dar aos filhos.

art. 27.

1. Toda a pessoa tem o direito de tomar parte livremente na vida cultural da comunidade, de fruir as artes e de participar no progresso científico e nos benefícios que deste resultam.

Declaração Americana dos Direitos e Deveres do Homem

art. XII. Toda pessoa tem direito à educação, que deve inspirar-se nos princípios de liberdade, moralidade e solidariedade humana. Tem, outrossim, direito a que, por meio dessa educação, lhe seja proporcionado o preparo para subsistir de uma maneira digna, para melhorar o seu nível de vida e para poder ser útil à sociedade. O direito à educação compreende o de igualdade de oportunidade em todos os casos, de acordo com os dons naturais, os méritos e o desejo de aproveitar os recursos que possam proporcionar a coletividade e o Estado. Toda pessoa tem o direito de que lhe seja ministrada gratuitamente, pelo menos, a instrução primária.

art. XIII. Toda pessoa tem o direito de tomar parte na vida cultural da coletividade, de gozar das artes e de desfrutar dos benefícios resultantes do progresso intelectual e, especialmente, das descobertas científicas. Tem o direito, outrossim, de ser protegida em seus interesses morais e materiais no que se refere às invenções, obras literárias, científicas ou artísticas de sua autoria.

Pacto Internacional sobre Direitos Econômicos, Sociais e Culturais

art. 13.

1.Os Estados Partes do presente Pacto reconhecem o direito de toda pessoa à educação. Concordam em que a educação deverá visar ao pleno desenvolvimento da personalidade humana e do sentido de sua dignidade e fortalecer o respeito pelos direitos humanos e liberdades fundamentais. Concordam ainda em que a educação deverá capacitar todas as pessoas a participar efetivamente de uma sociedade livre, favorecer a compreensão, a tolerância e a amizade entre todas as nações e entre todos os grupos raciais, étnicos ou religiosos e promover as atividades das Nações Unidas em prol da manutenção da paz.

2. Os Estados Partes do presente Pacto reconhecem que, com o objetivo de assegurar o pleno exercício desse direito:

a) A educação primaria deverá ser obrigatória e acessível gratuitamente a todos;

b) A educação secundária em suas diferentes formas, inclusive a educação secundária técnica e profissional, deverá ser generalizada e torna-se acessível a todos, por todos os meios apropriados e, principalmente, pela implementação progressiva do ensino gratuito;

c) A educação de nível superior deverá igualmente torna-se acessível a todos, com base na capacidade de cada um, por todos os meios apropriados e, principalmente, pela implementação progressiva do ensino gratuito;

d) Dever-se-á fomentar e intensificar, na medida do possível, a educação de base para aquelas pessoas que não receberam educação primaria ou não concluíram o ciclo completo de educação primária;

e) Será preciso prosseguir ativamente o desenvolvimento de uma rede escolar em todos os níveis de ensino, implementar-se um sistema adequado de bolsas de estudo e melhorar continuamente as condições materiais do corpo docente.

3. Os Estados Partes do presente Pacto comprometem-se a respeitar a liberdade dos pais e, quando for o caso, dos tutores legais de escolher para seus filhos escolas distintas

daquelas criadas pelas autoridades públicas, sempre que atendam aos padrões mínimos de ensino prescritos ou aprovados pelo Estado, e de fazer com que seus filhos venham a receber educação religiosa ou moral que esteja de acordo com suas próprias convicções.

4. Nenhuma das disposições do presente artigo poderá ser interpretada no sentido de restringir a liberdade de indivíduos e de entidades de criar e dirigir instituições de ensino, desde que respeitados os princípios enunciados no parágrafo 1 do presente artigo e que essas instituições observem os padrões mínimos prescritos pelo Estado.

art. 14.

Todo Estado Parte do presente pacto que, no momento em que se tornar Parte, ainda não tenha garantido em seu próprio território ou territórios sob sua jurisdição a obrigatoriedade e a gratuidade da educação primária, se compromete a elaborar e a adotar, dentro de um prazo de dois anos, um plano de ação detalhado destinado à implementação progressiva, dentro de um número razoável de anos estabelecidos no próprio plano, do princípio da educação primária obrigatória e gratuita para todos.

art. 15.

1. Os Estados Partes do presente Pacto reconhecem a cada indivíduo o direito de: a) Participar da vida cultural; b) Desfrutar o processo científico e suas aplicações; (...)

2. As Medidas que os Estados Partes do Presente Pacto deverão adotar com a finalidade de assegurar o pleno exercício desse direito incluirão aquelas necessárias à convenção, ao desenvolvimento e à difusão da ciência e da cultura.

3. Os Estados Partes do presente Pacto comprometem-se a respeitar a liberdade indispensável à pesquisa cientifica e à atividade criadora.

4. Os Estados Partes do presente Pacto reconhecem os benefícios que derivam do fomento e do desenvolvimento da cooperação e das relações internacionais no domínio da ciência e da cultura.

Protocolo Adicional à Convenção Americana sobre Direitos Humanos em Matéria de Direitos Econômicos, Sociais e Culturais ("Protocolo de São Salvador")

art. 13.

1. Toda pessoa tem direito à educação.

2. Os Estados Partes neste Protocolo convêm em que a educação deverá orientar se para o pleno desenvolvimento da personalidade humana e do sentido de sua dignidade e deverá fortalecer o respeito pelos direitos humanos, pelo pluralismo ideológico, pelas liberdades fundamentais, pela justiça e pela paz. Convêm, também, em que a educação deve capacitar todas as pessoas para participar efetivamente de uma sociedade democrática e pluralista, conseguir uma subsistência digna, favorecer a compreensão, a tolerância e a amizade entre todas as nações e todos os grupos raciais, étnicos ou religiosos e promover as atividades em prol da manutenção da paz.

3. Os Estados Partes neste Protocolo reconhecem que, a fim de conseguir o pleno exercício do direito à educação:

a. O ensino de primeiro grau deve ser obrigatório e acessível a todos gratuitamente;

b. O ensino de segundo grau, em suas diferentes formas, inclusive o ensino técnico e profissional de segundo grau, deve ser generalizado e tornar-se acessível a todos, pelos meios que forem apropriados e, especialmente, pela implantação progressiva do ensino gratuito;

c. O ensino superior deve tornar se igualmente acessível a todos, de acordo com a capacidade de cada um, pelos meios que forem apropriados e, especialmente, pela implantação progressiva do ensino gratuito;

d. Deve se promover ou intensificar, na medida do possível, o ensino básico para as pessoas que não tiverem recebido ou terminado o ciclo completo de instrução do primeiro grau;

e. Deverão ser estabelecidos programas de ensino diferenciado para os deficientes, a fim de proporcionar instrução especial e formação a pessoas com impedimentos físicos ou deficiência mental.

4. De acordo com a legislação interna dos Estados Partes, os pais terão direito a escolher o tipo de educação a ser dada aos seus filhos, desde que esteja de acordo com os princípios enunciados acima.

5. Nada do disposto neste Protocolo poderá ser interpretado como restrição da liberdade dos particulares e entidades de estabelecer e dirigir instituições de ensino, de acordo com a legislação interna dos Estados Partes.

art. 14.

1. Os Estados Partes neste Protocolo reconhecem o direito de toda pessoa a: a) participar na vida cultural e artística da comunidade; b) gozar dos benefícios do progresso científico e tecnológico; (...).

2. Entre as medidas que os Estados Partes neste Protocolo deverão adotar para assegurar o pleno exercício deste direito, figurarão as necessárias para a conservação, desenvolvimento e divulgação da ciência, da cultura e da arte.

3. Os Estados Partes neste Protocolo comprometem se a respeitar a liberdade indispensável para a pesquisa científica e a atividade criadora.

4. Os Estados Partes neste Protocolo reconhecem os benefícios que decorrem da promoção e desenvolvimento da cooperação e das relações internacionais em assuntos científicos, artísticos e culturais e, nesse sentido, comprometem se a propiciar maior cooperação internacional nesse campo.

Convenção internacional específica

Convenção sobre a Proteção e Promoção da Diversidade das Expressões Culturais (ONU)

1.2. Apontamentos sobre conteúdo do direito

1.2.1. Direito à educação

Enquanto direito de todos e dever do Estado e da família, o direito à educação (previsto especificamente entre os art. 195 e 204, para além do art. 6º da Constituição Federal), visa "ao pleno desenvolvimento da pessoa, seu preparo para o exercício da cidadania e sua qualificação para o trabalho", devendo o ensino ser ministrado, na conformidade dos seguintes princípios: igualdade de condições para o acesso e permanência na escola; liberdade de aprender, ensinar, pesquisar e divulgar o pensamento, a arte e o saber; pluralismo de ideias e de concepções pedagógicas, e coexistência de instituições públicas e privadas de ensino; gratuidade do ensino público em estabelecimentos oficiais; valorização dos profissionais da educação escolar, com planos de carreira e, nas redes públicas, ingresso exclusivamente por concurso de provas e títulos; gestão democrática do ensino público; garantia de padrão de qualidade; piso salarial profissional nacional para os profissionais da educação escolar pública.

Às universidades é assegurada autonomia didático-científica, administrativa e de gestão financeira e patrimonial, obedecido o princípio de indissociabilidade entre ensino, pesquisa e extensão. É dever do Estado garantir: educação básica obrigatória e gratuita dos 4 (quatro) aos 17 (dezessete) anos de idade, assegurada inclusive sua oferta gratuita para todos os que a ela não tiveram acesso na idade própria; progressiva universalização do ensino médio gratuito; atendimento educacional especializado às pessoas com deficiência, preferencialmente na rede regular de ensino; educação infantil, em creche e pré-escola, às crianças até 5 (cinco) anos de idade; acesso aos níveis mais elevados do ensino, da pesquisa e da criação artística, segundo a capacidade de cada um; oferta de ensino noturno regular; atendimento ao educando, em todas as etapas da educação básica, por meio de programas suplementares de material didático-escolar, transporte, alimentação e assistência à saúde.

Por certo, assim como vários dos DESCA, a educação é direito que instrumentaliza a fruição de outros direitos humanos, por isso é corriqueira sua referência em diversos tratados internacionais que cuidam de direitos de grupos vulneráveis específicos, como mulheres, negros, pessoas com deficiência e crianças. Neste último caso, estatui a Convenção sobre os Direitos da Criança da ONU:

> Artigo 28.
>
> 1. Os Estados-partes reconhecem o direito da criança à educação e, a fim de que ela possa exercer progressivamente e em igualdade de condições esse direito, deverão especialmente:
>
> a) tornar o ensino primário obrigatório e disponível gratuitamente a todos;
>
> b) estimular o desenvolvimento do ensino secundário em suas diferentes formas, inclusive o ensino geral e profissionalizante, tornando-o disponível e acessível a todas as crianças, e adotar medidas apropriadas tais como a implantação do ensino gratuito e a concessão de assistência financeira em caso de necessidade;
>
> c) tornar o ensino superior acessível a todos, com base na capacidade e por todos os meios adequados;
>
> d) tornar a informação e a orientação educacionais e profissionais disponíveis e acessíveis a todas as crianças;
>
> e) adotar medidas para estimular a frequência regular às escolas e a redução do índice de evasão escolar.
>
> 2. Os Estados-partes adotarão todas as medidas necessárias para assegurar que a disciplina escolar seja ministrada de maneira compatível com a dignidade humana da criança e em conformidade com a presente Convenção.
>
> 3. Os Estados-partes promoverão e estimularão a cooperação internacional em questões relativas à educação, especialmente visando a contribuir para eliminação da ignorância e do analfabetismo no mundo e facilitar o acesso aos conhecimentos científicos e técnicos e aos métodos modernos de ensino. A esse respeito, será dada atenção especial às necessidades dos países em desenvolvimento.
>
> Artigo 29.
>
> 1. Os Estados-partes reconhecem que a educação da criança deverá estar orientada no sentido de:
>
> a) desenvolver a personalidade, as aptidões e a capacidade mental e física da criança e todo o seu potencial;
>
> b) imbuir na criança o respeito aos direitos humanos e às liberdades fundamentais, bem como aos princípios consagrados na Carta das Nações Unidas;

> c) imbuir na criança o respeito aos seus pais, à sua própria identidade cultural, ao seu idioma e seus valores, aos valores nacionais do país em que reside, aos do eventual país de origem e aos das civilizações diferentes da sua;
>
> d) preparar a criança para assumir uma vida responsável em uma sociedade livre, com espírito de compreensão, paz, tolerância, igualdade de sexos e amizade entre todos os povos, grupos étnicos, nacionais e religiosos e pessoas de origem indígena;
>
> e) imbuir na criança o respeito ao meio ambiente.

A Constituição Federal é expressa ao reconhecer o direito à educação como **direito público subjetivo**, sendo que "o não oferecimento do ensino obrigatório pelo Poder Público, ou sua oferta irregular, importa responsabilidade da autoridade competente".

O ensino pode ser oferecido pela iniciativa privada, respeitadas certas condições legais. Cabe à União organizar o sistema federal de ensino; aos Municípios compete atuar, prioritariamente, no ensino fundamental e na educação infantil e aos Estados no ensino fundamental e médio. União, Estados e Municípios devem definir formas de colaboração com vistas à universalização do ensino obrigatório (art. 211 da CF).

Em nível infraconstitucional, a Lei nº 9.394/96 (Lei de Diretrizes e Bases da Educação Nacional ou LDB) traz as diretrizes e os alicerces da educação no país. Além dos princípios estabelecidos no art. 206 da Constituição Federal, a LDB estatui que o ensino será ministrado de acordo com o respeito à liberdade e o apreço à tolerância, com a valorização da experiência extraescolar, com a vinculação entre educação, o trabalho e as práticas sociais, com a consideração com a diversidade étnico-racial e com garantia do direito à educação e à aprendizagem ao longo da vida (art. 3º, incisos IV, X, XI e XII).

Em julgamento de 18 de dezembro de 2020, o STF, tratando da fixação da idade para ingresso no ensino fundamental, corroborou a competência exclusiva da União, nos termos da seguinte tese de repercussão geral: "É inconstitucional lei estadual que fixa critério etário para o ingresso no Ensino Fundamental diferente do estabelecido pelo legislador federal e regulamentado pelo Ministério da Educação" (ADI 6312/RS).

A respeito do direito à educação, o Comitê de Direitos Econômicos, Sociais e Culturais editou 2 (dois) Comentários Gerais sobre as disposições do PIDESC relativas ao direito à educação. O Comentário Geral nº 11 diz respeito ao art. 14 do PIDESC – que obriga os Estados Partes a elaborarem e implementarem plano nacional de educação primária obrigatória e gratuita – e esclarece a natureza multifacetada do direito à educação e sua transversalidade, porquanto sua fruição apoia a proteção de outros direitos humanos:

> 2. O direito à educação, reconhecido nos artigos 13 e 14 do Pacto, bem como em uma variedade de outros tratados internacionais, como a Convenção sobre os Direitos da Criança e a Convenção sobre a Eliminação de Todas as Formas de Discriminação contra Mulheres, é de vital importância. Este direito tem sido classificado como um direito econômico, um direito social e um direito cultural. É tudo isso. É também, em muitos aspectos, um direito civil e um direito político, uma vez que é central para a realização plena e efetiva desses direitos também. Nesse sentido, o direito à educação simboliza a indivisibilidade e a interdependência de todos os direitos humanos.[1]

---

[1] NÚCLEO DE ESTUDOS INTERNACIONAIS DA CLÍNICA DE DIREITO INTERNACIONAL DOS DIREITOS HUMANOS DA FACULDADE DE DIREITO DA UNIVERSIDADE DE SÃO PAULO; DEFENSORIA PÚBLICA DO ESTADO DE SÃO PAULO; MINISTÉRIO PÚBLICO FEDERAL. **Comentários Gerais dos Comitês de Tratados de Direitos Humanos da ONU:** Comitê de Direitos Humanos.

Já o Comentário Geral nº 13, relativo ao art. 13 do PIDESC, reforça que:

> 1. A educação é um direito humano por si só e um meio indispensável para realizar outros direitos humanos. Como um direito no âmbito da autonomia da pessoa, a educação é o principal meio que permite que adultos e crianças marginalizados, econômica e socialmente, escapem da pobreza e participem plenamente de suas comunidades. A educação desempenha um papel decisivo no empoderamento das mulheres, na proteção das crianças contra a exploração de seu trabalho, o trabalho perigoso e a exploração sexual, na promoção dos direitos humanos e da democracia, na proteção ambiental e no controle do crescimento demográfico. É cada vez mais reconhecida a ideia de que a educação é um dos melhores investimentos financeiros que os Estados podem fazer. Mas sua importância não é apenas prática, porque ter uma mente instruída, inteligente e ativa, com liberdade e amplitude de pensamento, é um dos prazeres e recompensas da existência humana.[2]

Este mesmo Comentário Geral pontua que as obrigações estabelecidas no art. 13 do PIDESC são complementadas por outras normas internacionais, citando a Declaração Mundial sobre Educação para Todos (Jomtien, Tailândia, 1990, art. 1º), a Convenção sobre os Direitos da Criança (artigo 29, § 1º), a Declaração e Programa de Ação de Viena (parte I, § 33, e parte II, § 80), e o Plano de Ação para a Década das Nações Unidas para a Educação na esfera dos direitos humanos (nº 2). São, ainda, nominadas e detalhadas 4 (quatro) características "inter-relacionadas e essenciais" à educação em todas as suas formas e níveis, visando o melhor proveito do estudante, quais sejam:

> a) Disponibilidade. Deve haver instituições e programas de ensino em quantidade suficiente dentro do Estado Parte. As condições para o seu funcionamento dependem de numerosos fatores, inclusive do contexto de desenvolvimento em que operam; por exemplo, instituições e programas provavelmente precisam de edifícios ou outras formas de proteção contra os elementos, instalações sanitárias para ambos os sexos, água potável, professores qualificados com salários competitivos, materiais didáticos etc.; alguns também precisarão de bibliotecas, equipamentos de informática e tecnologia da informação;
>
> b) Acessibilidade. Instituições e programas educacionais devem ser acessíveis a todos, sem discriminação, no âmbito do Estado Parte. A acessibilidade consiste em três dimensões que se sobrepõem:
>
> Não discriminação. A educação deve ser acessível a todos, especialmente aos grupos mais vulneráveis, de fato e de direito, sem discriminação por nenhuma das razões proibidas (...).
>
> Acessibilidade física. A educação deve ser materialmente acessível, seja por sua localização geográfica de acesso razoável (por exemplo, uma escola de bairro) ou por tecnologia moderna (através do acesso a programas de educação a distância).
>
> Acessibilidade econômica. A educação deve estar ao alcance de todos. Esta dimensão de acessibilidade é condicionada pelas diferenças na redação do artigo 13, parágrafo 2º,

---

Comitê de Direitos Econômicos, Sociais e Culturais. São Paulo: Defensoria Pública do Estado de São Paulo; Ministério Público Federal, 2018, p. 302. Disponível em: https://www.defensoria.sp.def.br/dpesp/repositorio/0/Coment%c3%a1rios%20Gerais%20da%20ONU.pdf. Acesso em: 02 jan. 2021.

2 Id. Ibid.

> em relação ao ensino primário, secundário e superior: enquanto o ensino primário deve ser gratuito para todos, se requer dos Estados Partes que introduzam gradualmente o ensino secundário e superior gratuito;
>
> c) Aceitabilidade. A forma e o conteúdo da educação, incluindo os currículos e métodos pedagógicos, devem ser aceitáveis (por exemplo, relevantes, culturalmente apropriadas e de boa qualidade) para os estudantes e, quando apropriado, para os pais; este ponto está sujeito aos objetivos educacionais mencionados no artigo 13, parágrafo 1º, e aos padrões mínimos que o Estado aprove em matéria de educação (...);
>
> d) Adaptabilidade. A educação deve ter a flexibilidade necessária para se adaptar às necessidades da sociedade e comunidades em transformação e responder às necessidades dos estudantes em contextos culturais e sociais variados.[3]

O Comentário Geral nº 13 do Comitê de Direitos Econômicos, Sociais e Culturais da ONU é pródigo em enunciados – são mais de 60 (sessenta) –, cujos conteúdos perpassam temas relativos às obrigações estatais acerca de cada um dos níveis educacionais, bem como às diretrizes para sua implementação. Incumbida da cooperação internacional para o fomento da efetivação do direito à educação por meio de políticas públicas nacionais está a Organização das Nações Unidas para a Educação, a Ciência e a Cultura (*United Nations Educational, Scientific and Cultural Organization* ou UNESCO). A UNESCO, desde 1946, é agência especializada da ONU que tem por objetivo a consecução de ações em 5 (cinco) campos: educação, ciências naturais, ciências sociais/humanas, cultura e comunicação/informação.

A Constituição Federal, em termos gerais, apresenta sintonia com os *standards* internacionais em matéria de educação, em especial no que se refere as diretrizes sobre ensino obrigatório, gratuito e não discriminatório, bem como sobre as possibilidades e limites da decisão dos pais acerca do tipo de ensino oferecido aos filhos.

De forma louvável, a Carta Constitucional dedica tópico específico à **ciência, tecnologia e inovação** (arts. 218 a 2019-B) – elementos indissociáveis da educação. Diz o art. 2018 que "O Estado promoverá e incentivará o desenvolvimento científico, a pesquisa, a capacitação científica e tecnológica e a inovação", tendo a Emenda Constitucional nº 85/2015 instituído o Sistema Nacional de Ciência, Tecnologia e Inovação, o qual, passados mais de 5 (cinco) anos de sua previsão constitucional, ainda aguarda regulamentação por lei federal, como determinado pelo § 1º do art. 219-B da Constituição Federal.

Até o momento, cabe à Lei nº 13.243/2016 dispor sobre medidas de estímulos ao desenvolvimento científico, à pesquisa, à capacitação científica e tecnológica e à inovação. O que se constata, contudo, no País, atualmente, é um preocupante retrocesso em termos de financiamento público de pesquisa e tecnologia, sobretudo no campo das ciências humanas e das ciências sociais aplicadas, constantemente menosprezadas, notadamente por agentes políticos que se encontram em posições-chave para a definição das políticas nacionais de pesquisa.

Naquilo que concerne ao direito de acesso à educação e à gratuidade de ensino, o STF considerou, em 2008, proibida a cobrança de taxa para a matrícula em curso de graduação em universidades públicas (RE 500.171/GO e Súmula Vinculante 12). Em contrapartida, no ano de 2017, o STF considerou possível a cobrança por cursos de pós-graduação *lato senso*, sem que isso seja considerada violação ao direito de acesso à educação ou ao princípio da gratuidade

[3] Id. Ibid., p. 317-318.

de ensino. Com o julgamento RE 597.854/GO, foi fixada a tese de repercussão geral de que a "garantia constitucional da gratuidade de ensino não obsta a cobrança por universidades públicas de mensalidade em cursos de especialização".

No trato do princípio da igualdade e sua relação com o direito à educação, em 2012, o STF entendeu pela constitucionalidade do Programa Universidade para Todos (ProUni) e da política de cotas implementadas em universidades públicas, inclusive as raciais (ADIs 3.330 e 3.314, ADPF 186), tema já abordado por ocasião do trato do direito à igualdade e não discriminação.

Ainda na seara do tratamento isonômico, rememore-se a Convenção da ONU sobre Direitos das Pessoas com Deficiência estipula a educação inclusiva em seu art. 24, detalhada pelo Comentário Geral nº 4 do Comitê sobre os Direitos das Pessoas com Deficiência. A esse respeito, a Lei nº 13.146/15 (Estatuto da Pessoa com Deficiência), proíbe expressamente que as instituições privadas de ensino cobrem valores adicionais em suas mensalidades, anuidades e matrículas de alunos com deficiência (art. 28, § 1º).

Em 2016, na ADI 5.357, o STF decidiu pela constitucionalidade das disposições que exigiam das instituições educacionais privadas a promoção da inserção de pessoas com deficiência sem qualquer tipo de repasse do ônus financeiro aos alunos. Ademais, no final do ano de 2020, com o julgamento da ADI 6.590, o STF suspendeu a eficácia do Decreto nº 10.502/2020, que dispunha uma política de educação especial para pessoas com deficiência – em verdade, pugnando por um apartamento. A decisão da Suprema Corte deu destaque para as disposições de direito internacional articuladas com a Constituição Federal, em bem-vindo exercício interativo de normas internacionais e constitucionais de direitos humanos, a saber:

> 1. A Convenção Internacional sobre os Direitos da Pessoa com Deficiência concretiza o princípio da igualdade como fundamento de uma sociedade democrática que respeita a dignidade humana.
>
> 2. À luz da Convenção e, por consequência, da própria Constituição da República, o ensino inclusivo em todos os níveis de educação não é realidade estranha ao ordenamento jurídico pátrio, mas sim imperativo que se põe mediante regra explícita.
>
> 3. Nessa toada, a Constituição da República prevê em diversos dispositivos a proteção da pessoa com deficiência, conforme se verifica nos artigos 7º, XXXI, 23, II, 24, XIV, 37, VIII, 40, § 4º, I, 201, § 1º, 203, IV e V, 208, III, 227, § 1º, II, e § 2º, e 244.
>
> 4. Pluralidade e igualdade são duas faces da mesma moeda. O respeito à pluralidade não prescinde do respeito ao princípio da igualdade. E na atual quadra histórica, uma leitura focada tão somente em seu aspecto formal não satisfaz a completude que exige o princípio. Assim, a igualdade não se esgota com a previsão normativa de acesso igualitário a bens jurídicos, mas engloba também a previsão normativa de medidas que efetivamente possibilitem tal acesso e sua efetivação concreta.
>
> 5. O enclausuramento em face do diferente furta o colorido da vivência cotidiana, privando-nos da estupefação diante do que se coloca como novo, como diferente.
>
> 6. É somente com o convívio com a diferença e com o seu necessário acolhimento que pode haver a construção de uma sociedade livre, justa e solidária, em que o bem de todos seja promovido sem preconceitos de origem, raça, sexo, cor, idade e quaisquer outras formas de discriminação (Art. 3º, I e IV, CRFB).
>
> 7. A Lei nº 13.146/2015 indica assumir o compromisso ético de acolhimento e pluralidade democrática adotados pela Constituição ao exigir que não apenas as escolas públicas,

> mas também as particulares deverão pautar sua atuação educacional a partir de todas as facetas e potencialidades que o direito fundamental à educação possui e que são densificadas em seu Capítulo IV.
>
> 8. Medida cautelar indeferida. (ADI 5357 MC-Ref).

A educação, ademais, está intimamente relacionada com a liberdade de educar, que caminha *pari passu* com a liberdade dos pais e, depois, da própria aluna ou aluno, quanto à escolha sobre o tipo de escola frequentar. A propósito, desde 1999, o já reportado Comentário Geral nº 13 do Comitê de Direitos Econômicos, Sociais e Culturais da ONU, esclarece que "o direito à educação só pode ser desfrutado se for acompanhado pela liberdade acadêmica do corpo docente e dos alunos". Reconhecida a especial condição de vulnerabilidade de alunos e professores universitários a pressões políticas, o Comitê assinala, ainda, que:

> Os membros da comunidade acadêmica são livres, individual ou coletivamente, para buscar, desenvolver e transmitir conhecimentos e ideias por meio de pesquisa, ensino, estudo, debate, documentação, produção, criação ou escrita. A liberdade acadêmica inclui a liberdade do indivíduo de expressar livremente as suas opiniões sobre a instituição ou sistema em que atua, de desempenhar suas funções sem discriminação ou medo de repressão por parte do Estado ou de qualquer outra instituição, de participar de organismos acadêmicos profissionais ou representativos e de desfrutar de todos os direitos humanos internacionalmente reconhecidos que se aplicam a outros habitantes do mesmo território.[4]

Por ocasião do julgamento de Recurso Extraordinário que versava sobre a legalidade da adoção pelos pais do ensino domiciliar – modalidade de ensino em que pais ou tutores responsáveis assumem o papel de professores dos filhos – o STF, em 2018, fixou a seguinte tese de repercussão geral: "Não existe direito público subjetivo do aluno ou de sua família ao ensino domiciliar, inexistente na legislação brasileira". Todavia, a Suprema Corte, no mesmo julgamento, admitiu a possibilidade do ensino domiciliar em determinadas circunstâncias, a saber:

> 3. A Constituição Federal não veda de forma absoluta o ensino domiciliar, mas proíbe qualquer de suas espécies que não respeite o dever de solidariedade entre a família e o Estado como núcleo principal à formação educacional das crianças, jovens e adolescentes. São inconstitucionais, portanto, as espécies de *unschooling* radical (desescolarização radical), *unschooling* moderado (desescolarização moderada) e *homeschooling* puro, em qualquer de suas variações. 4. O ensino domiciliar não é um direito público subjetivo do aluno ou de sua família, porém não é vedada constitucionalmente sua criação por meio de lei federal, editada pelo Congresso Nacional, na modalidade "utilitarista" ou "por conveniência circunstancial", desde que se cumpra a obrigatoriedade, de 4 a 17 anos, e se respeite o dever solidário Família/Estado, o núcleo básico de matérias acadêmicas, a supervisão, avaliação e fiscalização pelo Poder Público; bem como as demais previsões impostas diretamente pelo texto constitucional, inclusive no tocante às finalidades e objetivos do ensino; em especial,

[4] Id. Ibid., p. 324.

evitar a evasão escolar e garantir a socialização do indivíduo, por meio de ampla convivência familiar e comunitária (CF, art. 227). (RE 888815/RS)[5]

Outras questões sobremaneira mais tormentosas sobre liberdade na educação tem se tornado, lamentavelmente, cada vez mais controvertidas, nos tempos atuais de radical polarização político-ideológica. Tempos esses, aliás, que motivam inúmeras ações judiciais, várias ajuizadas perante o STF, problematizando conteúdo ensinado e a liberdade nos espaços das instituições educacionais.

Na ADPF 548, o STF se debruçou, uma vez mais, sobre liberdade de ensino. Às vésperas do segundo turno das eleições de 2018, alguns juízes eleitorais haviam proferido decisões no sentido de interromper manifestações públicas em ambientes universitários e neles realizar busca e apreensão de materiais de campanhas eleitorais. Naquele mesmo ano, a Min. Rel. Cármen Lúcia deferiu o pedido de liminar para suspender a eficácia das decisões eleitorais. O julgamento foi concluído em maio de 2020, à unanimidade de votos. De acordo com os Ministros, é necessário garantir a livre manifestação de ideias nas universidades, não havendo que se admitir a interrupção de debates ou aulas em razão do seu conteúdo ou da eventual reprovação a determinado candidato político. De igual sorte, foi dada interpretação conforme à Constituição aos artigos 24 e 37 da Lei nº 9.504/1997 (Lei das Eleições) para afastar a possibilidade de ingresso de agentes públicos nas universidades para fiscalizar e recolher documentos, interromper aulas e debates, ou então colher irregularmente depoimentos e não permitir a livre circulação de ideias.

Neste particular, apreciando a Rcl 33.137, o STF suspendeu os efeitos de uma decisão judicial do Tribunal de Justiça de Santa Catarina que permitia que certa Deputada Estadual promovesse e estimulasse a "denúncia" por parte de alunos contra seus supostos "professores doutrinadores". No dia seguinte ao resultado das eleições de 2018, em uma publicação nas redes sociais, a Deputada instigava os discentes a gravarem os professores que se manifestassem sob qualquer tipo de viés político-ideológico, em prol daquilo que seria uma "educação de qualidade de verdade", de uma "escola sem partido". Então, o STF afastou qualquer tipo de "polícia ideológica" contra os professores, reafirmando liberdade de aprender, ensinar, pesquisar e divulgar o pensamento, a arte e o saber, e pluralismo de ideias e de concepções pedagógicas (art. 206, incisos II e III, CF).

Em abril de 2020, na ADPF 457, o Plenário da Corte Suprema confirmou medida liminar do Min. Rel. Alexandre de Moraes e declarou, unanimemente, a inconstitucionalidade de dada lei municipal que proibia a utilização, em escolas públicas municipais, de material didático que, em seu conteúdo, contivesse a assim chamada "ideologia de gênero".

Em agosto de 2020, o Plenário do STF julgou as ADIs 5537, 5580 e 6038 e as ADPFs 461, 465 e 600, todas de relatoria do Min. Luís Roberto Barroso.

As ADIs 5537, 5580 e 6038 foram propostas contra lei estadual alagoana que instituía o "Programa Escola Livre", por meio do que se exigia dos docentes "neutralidade política e ideológica", buscando resguardar, inclusive, "o direito dos pais a que seus filhos menores recebam educação moral livre de doutrinação política, religiosa ou ideológica". De igual forma, a lei dispunha que o professor "não abusará da inexperiência, da falta de conhecimento ou da imaturidade dos alunos, com o objetivo de cooptá-los para qualquer tipo de corrente

---

5 O "*homeschooling* utilitarista", citado na ementa transcrita, é a modalidade de ensino domiciliar que não rompe, totalmente, a relação do processo educacional com o Estado, na medida em são observados, em ambiente residencial, os mesmos conteúdos básicos do ensino escolar público e privado, de modo a permitir a supervisão, fiscalização e avaliações periódicas pelo Poder Público.

específica de religião, ideologia ou político-partidária", de forma a "impor" ou "induzir" os alunos a opiniões em determinado sentido. A lei foi considerada inconstitucional, por afrontar o pluralismo de ideias e o "alcance pleno e emancipatório" do direito à educação. Em seu voto, o Min. Rel. Luís Roberto Barroso diagnosticou a desconfiança trazida pela lei contra a figura do docente e fez constar que "só pode ensinar a liberdade quem dispõe de liberdade. Só pode provocar pensamento crítico, quem pode igualmente proferir um pensamento crítico".

Já nas ADPFs 461, 465 e 600 foram examinadas 3 (três) leis municipais, de diferentes locais do país, que vedavam o ensino relativo à questão de gênero e à orientação sexual em escolas públicas (inclusive, chegavam a proibir o emprego das palavras "gênero" e "orientação sexual"). À unanimidade de votos, os Ministros concluíram pela inconstitucionalidade daquelas normas. Repise-se, por relevante, o trecho do voto do Min. Rel. Luís Roberto Barroso, no referido julgamento: "a educação é o principal instrumento de superação da incompreensão, do preconceito e da intolerância que acompanham tais grupos [LGBTQI+] ao longo das suas vidas", bem por isso, "o mero silêncio da escola, nessa matéria, a não identificação do preconceito, a omissão em combater a ridicularização das identidades de gênero e orientações sexuais, ou em ensinar o respeito à diversidade, é replicadora da discriminação e contribui para a consolidação da violência (...)". Na mesma linha caminhou o julgamento da ADPF 467, versando sobre lei do Município de Ipatinga (MG), que excluiu da política municipal de ensino qualquer referência à diversidade de gênero e orientação sexual. Ressalte-se que as citadas decisões lançaram mão, em suas fundamentações, de diversos dispositivos de Direito Internacional dos Direitos Humanos, *v.g.* Declaração Universal dos Direitos Humanos, Convenção Americana sobre Direitos Humanos, PIDCP e Princípios de Yogyakarta.

Como se percebe, o direito à educação vem sendo, cotidianamente, desafiado. Se antes o era em termos de avanço de políticas públicas de acesso, nos dias de hoje, para além disso, a própria liberdade de ensinar e aprender vem sendo colocada contra a parede.

1.2.2. Direito à cultura

O direito à cultura, nos termos da proteção que recebe como direito humano que é, alicerça-se em 2 (dois) pilares: liberdade e diversidade. Suscita, portanto e de saída, ao menos os seguintes direitos: (i) de participar da vida cultural; (ii) de acesso amplo aos bens culturais, ou seja, de todas as pessoas; e (iii) a que à produção dos bens culturais seja diversificada (plural) ou, sob outra perspectiva, o direito a que não haja limitação ou censura na produção cultural por qualquer motivo. A dimensão de liberdade do direito à cultura é ressaltada pelo Comentário Geral nº 21 do Comitê de Direitos Econômicos, Sociais e Culturais da ONU, atinente ao art. 15, item 1, do PIDESC:

> 6 O direito de participar da vida cultural pode ser caracterizado como uma liberdade. Para que esse direito seja assegurado, exige do Estado Parte tanto a abstenção (ou seja, a não interferência no exercício de práticas culturais e no acesso a bens e serviços culturais) quanto a ação positiva (assegurando pré-condições para participação, facilitação e promoção da vida cultural, e acesso e preservação de bens culturais).
>
> 7 A decisão de uma pessoa de exercer ou não o direito de participar na vida cultural individualmente, ou em associação com outros, é uma escolha cultural e, como tal, deve ser reconhecida, respeitada e protegida com base na igualdade. Isto é especialmente importante para todos os povos indígenas, que têm o direito ao pleno gozo,

como um coletivo ou como indivíduos, de todos os direitos humanos e liberdades fundamentais, reconhecidos na Carta das Nações Unidas, na Declaração Universal dos Direitos Humanos, bem como a Declaração das Nações Unidas sobre os Direitos dos Povos Indígenas.[6]

Sobre o conceito de cultura, esclarece o aludido Comentário Geral:

> 11. Na opinião do Comitê, a cultura é um conceito amplo e inclusivo que abrange todas as manifestações da existência humana. A expressão "vida cultural" é uma referência explícita à cultura como um processo vivo, histórico, dinâmico e evolutivo, com um passado, um presente e um futuro.
> 12. O conceito de cultura deve ser visto não como uma série de manifestações isoladas ou compartimentos herméticos, mas como um processo interativo pelo qual os indivíduos e as comunidades, preservando suas especificidades e propósitos, expressam a cultura da humanidade. Este conceito leva em conta a individualidade e alteridade da cultura como a criação e produto da sociedade.
> 13. O Comitê considera que a cultura, com o propósito de implementar o artigo 15 (1) (a), abrange, *inter alia*, modos de vida, linguagem, literatura oral e escrita, música e canção, comunicação não verbal, religião ou sistemas de crenças, ritos e cerimônias, esporte e jogos, métodos de produção ou tecnologia, ambientes naturais e artificiais, comida, vestuário e abrigo e as artes, costumes e tradições através dos quais indivíduos, grupos de indivíduos e comunidades expressam sua humanidade e o significado que dão a sua existência e construir sua visão de mundo representando seu encontro com as forças externas que afetam suas vidas. A cultura modela e reflete os valores do bem-estar e da vida econômica, social e política dos indivíduos, grupos de indivíduos e comunidades. [7]

A despeito da ampla liberdade de participação e produção cultural albergada pelo direito à cultura, admite-se a possibilidade de limitação em circunstâncias excepcionalíssimas. A respeito, pugna o Comitê de Direitos Econômicos, Sociais e Culturais da ONU:

> 19. Aplicar limitações ao direito de todos de participarem da vida cultural pode ser necessário em certas circunstâncias, em particular no caso de práticas negativas, incluindo aquelas atribuídas a costumes e tradições, que infringem outros direitos humanos. Tais limitações devem perseguir um objetivo legítimo, ser compatíveis com a natureza desse direito e ser estritamente necessárias para a promoção do bem-estar geral em uma sociedade democrática, de acordo com o artigo 4 do Pacto. Quaisquer limitações devem, portanto, ser proporcionais, o que significa que as medidas menos restritivas devem ser tomadas quando vários tipos de limitações podem ser impostas. O Comitê também deseja enfatizar a necessidade de levar em consideração as normas internacionais de direitos humanos existentes sobre limitações que podem ou não ser legitimamente impostas a direitos que estão intrinsecamente ligados ao direito de participar da vida cultural, como os direitos à privacidade, a liberdade de pensa-

---

6 NÚCLEO DE ESTUDOS INTERNACIONAIS DA CLÍNICA DE DIREITO INTERNACIONAL DOS DIREITOS HUMANOS DA FACULDADE DE DIREITO DA UNIVERSIDADE DE SÃO PAULO et. al, op. cit., p. 442.

7 Id. Ibid., p. 443.

mento, consciência e religião, à liberdade de opinião e expressão, à reunião pacífica e à liberdade de associação.[8]

Tal como previsto nos arts. 215 a 216-A, no que se refere ao direito à cultura, o Estado brasileiro há de garantir "o pleno exercício dos direitos culturais e acesso às fontes da cultura nacional", apoiando e incentivando a valorização e a difusão das manifestações culturais.

O patrimônio cultural brasileiro é composto por bens materiais e imateriais, dentre eles: as formas de expressão; os modos de criar, fazer e viver; as criações científicas, artísticas e tecnológicas; as obras, objetos, documentos, edificações e demais espaços destinados às manifestações artístico-culturais; e os conjuntos urbanos e sítios de valor histórico, paisagístico, artístico, arqueológico, paleontológico, ecológico e científico.

A Emenda Constitucional nº 71/2012 instituiu o Sistema Nacional de Cultura, visando a implementação conjunta (entes da Federação e sociedade) de políticas públicas voltadas ao pleno exercício dos direitos culturais. Este Sistema rege-se pelos seguintes princípios: diversidade das expressões culturais; universalização do acesso aos bens e serviços culturais; fomento à produção, difusão e circulação de conhecimento e bens culturais; cooperação entre os entes federados e os agentes públicos e privados atuantes na área cultural; integração e interação na execução das políticas, programas, projetos e ações desenvolvidas; complementaridade nos papéis dos agentes culturais; transversalidade das políticas culturais; autonomia dos entes federados e das instituições da sociedade civil; transparência e compartilhamento das informações; democratização dos processos decisórios com participação e controle social; descentralização articulada e pactuada da gestão, dos recursos e das ações; ampliação progressiva dos recursos contidos nos orçamentos públicos para a cultura.

Quanto ao acesso à cultura, a Confederação Nacional do Comércio – CNC ajuizou junto ao STF a ADI 1.950-3/SP, com pedido de medida cautelar, contestando a constitucionalidade do art. 1º da Lei n. 7.844/92, do Estado de São Paulo, que estabelecia aos estudantes regularmente matriculados em estabelecimentos de ensino de primeiro, segundo e terceiro graus o pagamento de meia-entrada do valor efetivamente cobrado para o ingresso em casas de diversão, de espetáculos teatrais, musicais e circenses, em casas de exibição cinematográfica, praças esportivas e similares das áreas de esporte, cultura e lazer do Estado de São Paulo. O autor da ação sustentou que o preceito impugnado colidia com os arts. 170 e 174 da Constituição Federal, porque instituiu indevida intervenção estatal no domínio econômico.

O STF julgou improcedente a ação, ao argumento de que, se de um lado, a Constituição assegura a livre iniciativa (art. 170), de outro determina ao Estado a adoção de todas as providências tendentes a garantir o efetivo exercício do direito à educação, à cultura e ao desporto (arts. 23, inciso V, 205, 208, 215 e 217 § 3º). Diz, ainda, o acórdão, que, no exame do confronto entre os princípios e regras apontados, há de ser preservado o interesse da coletividade (interesse público primário), destacando-se que o direito ao acesso à cultura, ao esporte e ao lazer, são meios de complementar a formação dos estudantes.

A decisão fez prevalecer os DESCA sobre o direito à propriedade (que se desdobra no direito à livre iniciativa), reafirmando, a uma, estarem no mesmo patamar hierárquico os direitos humanos ditos de primeira e segunda dimensões e, a duas, a força normativa DESCA (não meramente programáticos), sendo certo que o critério de decisão sempre haverá de privilegiar o interesse da coletividade.

---

8 Id. Ibid., p. 444.

2. DIREITO À SAÚDE

2.1. Normativa básica constitucional e internacional

Constituição Federal

art. 6º. São direitos sociais (...) à saúde, (...) na forma desta Constituição.

art. 196. A saúde é direito de todos e dever do Estado, garantido mediante políticas sociais e econômicas que visem à redução do risco de doença e de outros agravos e ao acesso universal e igualitário às ações e serviços para sua promoção, proteção e recuperação.

art. 197. São de relevância pública as ações e serviços de saúde, cabendo ao Poder Público dispor, nos termos da lei, sobre sua regulamentação, fiscalização e controle, devendo sua execução ser feita diretamente ou através de terceiros e, também, por pessoa física ou jurídica de direito privado.

art. 198. As ações e serviços públicos de saúde integram uma rede regionalizada e hierarquizada e constituem um sistema único, organizado de acordo com as seguintes diretrizes: I. descentralização, com direção única em cada esfera de governo; II. atendimento integral, com prioridade para as atividades preventivas, sem prejuízo dos serviços assistenciais; III. participação da comunidade.

art. 199. A assistência à saúde é livre à iniciativa privada.

§ 1º. As instituições privadas poderão participar de forma complementar do sistema único de saúde, segundo diretrizes deste, mediante contrato de direito público ou convênio, tendo preferência as entidades filantrópicas e as sem fins lucrativos.

§ 2º. É vedada a destinação de recursos públicos para auxílios ou subvenções às instituições privadas com fins lucrativos.

§ 3º. É vedada a participação direta ou indireta de empresas ou capitais estrangeiros na assistência à saúde no País, salvo nos casos previstos em lei.

§ 4º. A lei disporá sobre as condições e os requisitos que facilitem a remoção de órgãos, tecidos e substâncias humanas para fins de transplante, pesquisa e tratamento, bem como a coleta, processamento e transfusão de sangue e seus derivados, sendo vedado todo tipo de comercialização.

art. 200. Ao sistema único de saúde compete, além de outras atribuições, nos termos da lei:

I. controlar e fiscalizar procedimentos, produtos e substâncias de interesse para a saúde e participar da produção de medicamentos, equipamentos, imunobiológicos, hemoderivados e outros insumos;

II. executar as ações de vigilância sanitária e epidemiológica, bem como as de saúde do trabalhador;

III. ordenar a formação de recursos humanos na área de saúde;

IV. participar da formulação da política e da execução das ações de saneamento básico;

V. incrementar em sua área de atuação o desenvolvimento científico e tecnológico;

V. incrementar, em sua área de atuação, o desenvolvimento científico e tecnológico e a inovação;

VI. fiscalizar e inspecionar alimentos, compreendido o controle de seu teor nutricional, bem como bebidas e águas para consumo humano;

VII. participar do controle e fiscalização da produção, transporte, guarda e utilização de substâncias e produtos psicoativos, tóxicos e radioativos;

VIII. colaborar na proteção do meio ambiente, nele compreendido o do trabalho.

Declaração Universal dos Direitos Humanos

art. 25

1. Toda a pessoa tem direito a um nível de vida suficiente para lhe assegurar e à sua família a saúde e o bem-estar, principalmente quanto à alimentação, ao vestuário, ao alojamento, à assistência médica e ainda quanto aos serviços sociais necessários, e tem direito à segurança no desemprego, na doença, na invalidez, na viuvez, na velhice ou noutros casos de perda de meios de subsistência por circunstâncias independentes da sua vontade.

Declaração Americana dos Direitos e Deveres do Homem

art. XI. Toda pessoa tem direito a que sua saúde seja resguardada por medidas sanitárias e sociais relativas à alimentação, roupas, habitação e cuidados médicos correspondentes ao nível permitido pelos recursos públicos e os da coletividade.

Pacto Internacional sobre Direitos Econômicos, Sociais e Culturais

art. 12.

1. Os Estados Partes do presente Pacto reconhecem o direito de toda pessoa de desfrutar o mais elevado nível possível de saúde física e mental.

2. As medidas que os Estados Partes do presente Pacto deverão adotar com o fim de assegurar o pleno exercício desse direito incluirão as medidas que se façam necessárias para assegurar:

a) A diminuição da mortinatalidade e da mortalidade infantil, bem como o desenvolvimento é das crianças;

b) A melhoria de todos os aspectos de higiene do trabalho e do meio ambiente;

c) A prevenção e o tratamento das doenças epidêmicas, endêmicas, profissionais e outras, bem como a luta contra essas doenças;

d) A criação de condições que assegurem a todos assistência médica e serviços médicos em caso de enfermidade.

Protocolo Adicional à Convenção Americana sobre Direitos Humanos em Matéria de Direitos Econômicos, Sociais e Culturais ("Protocolo de São Salvador")

art. 10.

1. Toda pessoa tem direito à saúde, entendida como o gozo do mais alto nível de bem-estar físico, mental e social.

2. A fim de tornar efetivo o direito à saúde, os Estados Partes comprometem se a reconhecer a saúde como bem público e, especialmente, a adotar as seguintes medidas para garantir este direito:

a. Atendimento primário de saúde, entendendo se como tal a assistência médica essencial colocada ao alcance de todas as pessoas e famílias da comunidade;

b. Extensão dos benefícios dos serviços de saúde a todas as pessoas sujeitas à jurisdição do Estado;

c. Total imunização contra as principais doenças infecciosas;

d. Prevenção e tratamento das doenças endêmicas, profissionais e de outra natureza;

e. Educação da população sobre prevenção e tratamento dos problemas da saúde; e

f. Satisfação das necessidades de saúde dos grupos de mais alto risco e que, por sua situação de pobreza, sejam mais vulneráveis.

2.2. Apontamentos sobre conteúdo do direito

Assinala o preâmbulo da Constituição da Organização Mundial de Saúde – agência especializada da ONU – que "a saúde é um estado de completo bem-estar físico, mental e social, e não consiste apenas na ausência de doença ou de enfermidade".

O Comentário Geral nº 14 do Comitê de Direitos Econômicos, Sociais e Culturais da ONU sobre o art. 12 do PIDESC é enfático ao asseverar que "todo ser humano tem direito ao gozo do mais elevado nível possível de saúde que lhe permita viver dignamente".[9] O mesmo documento, ao comparar a sua noção de direito à saúde com aquela contemplada na Constituição da OMS, pontua:

> 8. O direito à saúde não deve ser entendido como um direito a estar saudável. O direito à saúde contém liberdades e direitos. Entre as liberdades figuram o direito à autodeterminação da própria saúde e do próprio corpo, incluindo a liberdade sexual e reprodutiva, e o direito de ser livre de interferências, tais como o direito de não ser submetido à tortura nem a tratamentos médicos e experimentos médicos não consensuais. Por sua vez, entre os direitos figura o direito a um sistema de proteção da saúde que ofereça às pessoas igualdade de oportunidades para desfrutar do mais elevado nível possível de saúde.
>
> 9. A noção de "o mais elevado nível possível de saúde", ao qual se refere o artigo 12.1, leva em conta tanto as condições biológicas e socioeconômicas essenciais do indivíduo, como os recursos com os quais conta o Estado. Existem vários aspectos que não podem ser abordados unicamente sob o ponto de vista da relação do Estado com os indivíduos; particularmente, um Estado não pode assegurar a boa saúde nem pode fornecer proteção contra todas as causas possíveis de problemas de saúde de um indivíduo. Assim, os fatores genéticos, a propensão individual a uma doença e a adoção de estilos de vida insalubres ou arriscados costumam desempenhar um papel importante no que diz respeito à saúde de um indivíduo. Consequentemente, o direito à saúde deve ser entendido como um direito ao gozo de toda uma variedade de estabelecimentos, bens, serviços e condições necessários para alcançar o mais elevado nível possível de saúde.[10]

O direito humano à saúde é amplamente compreendido como condição para a fruição dos demais direitos, recordando sua referência em outras normas internacionais não específicas sobre o tema: Convenção Internacional sobre a Eliminação de Todas as Formas de Discriminação Racial (art. 5), Convenção sobre a Eliminação de Todas as Formas de Discriminação contra a Mulher (arts. 11 e 12) e Convenção sobre os Direitos da Criança (art. 24).

Sob um prisma obrigacional estatal, afirmou-se que o direito à saúde, enquanto direito de todos e dever do Estado, há de ser garantido mediante políticas sociais e econômicas "que visem à redução do risco de doença e de outros agravos e ao acesso universal e igualitário às ações e serviços para sua promoção, proteção e recuperação". Nesse trecho, o Min. Gilmar Mendes expôs cada um dos componentes do conceito de direito à saúde, tal como constitucionalmente previsto no art. 196 (STA-AgR 175/CE).

Nesta toada, o referido Comentário Geral nº 14 do Comitê de Direitos Econômicos, Sociais e Culturais da ONU enuncia "elementos essenciais e inter-relacionados [do direito à

---

[9] NÚCLEO DE ESTUDOS INTERNACIONAIS DA CLÍNICA DE DIREITO INTERNACIONAL DOS DIREITOS HUMANOS DA FACULDADE DE DIREITO DA UNIVERSIDADE DE SÃO PAULO et. al, op. cit., p. 332.

[10] Id. Ibid., p. 333-334.

saúde], cuja aplicação dependerá das condições prevalecentes em um determinado Estado Parte", quais sejam:

> A) Disponibilidade. Cada Estado Parte deverá contar com um número suficiente de estabelecimentos, bens e serviços de saúde e centros de atenção à saúde, assim como de programas. A natureza precisa dos estabelecimentos, bens e serviços dependerá de diversos fatores, em particular o nível de desenvolvimento do Estado Parte. Contudo, esses serviços incluirão os fatores básicos determinantes de saúde, como água limpa potável e condições sanitárias adequadas, equipe médica e profissionais de saúde capacitados e bem remunerados, tendo em conta as condições salariais existentes no país, assim como os medicamentos essenciais definidos no Programa de Ação sobre Medicamentos essenciais da OMS5.
>
> (B) Acessibilidade. Os estabelecimentos, bens e serviços de saúde6 devem ser acessíveis a todos, sem discriminação alguma, dentro da jurisdição do Estado Parte. A acessibilidade tem quatro dimensões sobrepostas:
>
> i. Não discriminação: os estabelecimentos, bens e serviços de saúde devem ser acessíveis, de fato e de direito, aos setores mais vulneráveis e marginalizados da população, sem discriminação alguma por qualquer dos motivos proibidos.
>
> ii. Acessibilidade física: os estabelecimentos, bens e serviços de saúde devem estar ao alcance geográfico de todos os setores da população, em especial os grupos vulneráveis ou marginalizados, como as minorias étnicas e as populações indígenas, as mulheres, as crianças, os adolescentes, os idosos, as pessoas com deficiência e as pessoas com HIV/AIDS. A acessibilidade também implica que os serviços médicos e os fatores básicos determinantes da saúde, tais como água limpa e potável e instalações sanitárias adequadas, encontrem-se a uma distância geográfica razoável, inclusive no que se refere a áreas rurais. Ademais, a acessibilidade compreende o acesso adequado a edifícios para as pessoas com deficiência.
>
> iii. Acessibilidade econômica: os estabelecimentos, bens e serviços de saúde devem estar ao alcance de todos. Os pagamentos por serviços de atenção à saúde e serviços relacionados com os fatores básicos determinantes da saúde deverão se basear no princípio da equidade, garantindo que estes serviços, sejam públicos ou privados, estejam ao alcance de todos, incluindo os grupos socialmente desfavorecidos. A equidade exige que as famílias mais pobres não sejam desproporcionalmente sobrecarregadas com despesas de saúde, em comparação com as famílias mais ricas.
>
> iv. Acesso à informação: esse acesso compreende o direito de solicitar, receber e transmitir informação e ideias8 sobre as questões relacionadas à saúde. No entanto, o acesso à informação não deve prejudicar o direito de ter dados de saúde pessoais tratados com confidencialidade.
>
> (C) Aceitabilidade. Todos os estabelecimentos, bens e serviços de saúde têm de respeitar a ética médica e ser culturalmente apropriados, ou seja, respeitar a cultura dos indivíduos, das minorias, dos povos e comunidades, sensíveis aos requisitos de gênero e do ciclo de vida, bem como serem concebidos para respeitar a confidencialidade e melhorar o estado de saúde das pessoas em questão.
>
> (D) Qualidade. Para além de serem culturalmente aceitáveis, os estabelecimentos, bens e serviços de saúde também devem ser apropriados do ponto de vista científico e médico, e ser de boa qualidade. Isso exige, entre outras coisas, pessoal médico capacitado,

medicamentos e equipamentos hospitalares cientificamente aprovados e em bom estado, água limpa potável e condições sanitárias adequadas.[11]

O Comitê de Direitos Econômicos, Sociais e Culturais da ONU ainda infere do art. 12 do PIDESC diversas obrigações relacionadas ao **direito à saúde sexual e reprodutiva**, que "implica um conjunto de liberdades e direitos", a saber:

> 5. (...) Entre as liberdades figura o direito a adotar decisões e fazer escolhas livres e responsáveis, sem violência, coação nem discriminação com respeito a assuntos relativos ao próprio corpo e à própria saúde sexual e reprodutiva. Entre os direitos cabe mencionar o acesso desimpedido a toda uma série de estabelecimentos, bens, serviços e informação relativos à saúde, que assegure a todas as pessoas o pleno aproveitamento do direito à saúde sexual e reprodutiva.
>
> 6. A saúde sexual e a saúde reprodutiva são distintas, ainda que estejam estreitamente relacionadas. A saúde sexual, segundo a definição da Organização Mundial da Saúde (OMS) é "um estado de bem-estar físico, emocional, mental e social em relação com a sexualidade". A saúde reprodutiva, tal como se descreve no Programa de Ação da Conferência Internacional sobre a População e o Desenvolvimento, se refere à capacidade de reproduzir-se e à liberdade de adotar decisões informadas, livres e responsáveis. Também inclui o acesso a uma série de informações, bens, estabelecimentos e serviços de saúde reprodutiva que permitam às pessoas adotarem decisões informadas, livres e responsáveis, sobre seu comportamento reprodutivo.[12]

O direito à saúde sexual e reprodutiva deve ser protegido sem qualquer discriminação, sobretudo em razão de identidade de gênero ou sexualidade, de modo que "as normas que dispõem que as lésbicas, gays, bissexuais, transgêneros e intersexuais sejam tratadas como doentes mentais ou psiquiátricos, ou que sejam "curadas" mediante um "tratamento", constituem uma clara violação de seu direito à saúde sexual e reprodutiva".[13] Especificamente no caso das mulheres, o Comitê, forte no art. 11 do PIDESC, preceitua:

> 28. A realização dos direitos da mulher e igualdade de gênero, tanto na legislação quanto na prática, requer a derrogação ou modificação de leis, políticas e práticas discriminatórias na esfera da saúde sexual e reprodutiva. É necessário eliminar todos os obstáculos de acesso das mulheres a serviços, bens, educação e informação integrais em matéria de saúde sexual e reprodutiva. A fim de reduzir as taxas de mortalidade e morbidade maternas é necessário o cuidado obstétrico de urgência e assistência qualificada nos partos, particularmente nas zonas rurais e distantes, e medidas de prevenção dos abortos em condições de risco. A prevenção de gravidez não desejada e abortos em condições de risco requerem que os Estados: adotem medidas legais e políticas para garantir a todas as pessoas o acesso a contraceptivos seguros e eficazes e uma educação integral sobre a sexualidade, em particular para os adolescentes; liberalizem as leis restritivas do aborto; garantam o acesso das mulheres e meninas a serviços de aborto sem risco e assistência de qualidade posterior em casos de aborto, especialmente capacitado aos

11 Id. Ibid., p. 334-335.

12 Id. Ibid., p. 459-460.

13 Id. Ibid., p. 463.

provedores de serviços de saúde; e respeitem o direito das mulheres de adotar decisões autônomas sobre sua saúde sexual e reprodutiva.[14]

Relembre-se, na seara do direito à saúde sexual e reprodutiva que, para além das permissões de abortamento em hipóteses em que há risco de morte para a gestante ou quando a gravidez é decorrente de estupro (art. 128, CP), no ano de 2012, o STF se posicionou no sentido de permitir a interrupção da gravidez em caso de feto anencefálico (ADPF 54) e, em 2016, abriu precedente histórico, no sentido da descriminalização do aborto praticado até o terceiro mês de gestação (HC 124.306/RJ).

O direito à saúde, no Brasil, conta com especial atenção da Constituição Federal, que o consagra como direito social de todas e todos.

A grande façanha constitucional, em termos institucionais, foi a criação do Sistema Único de Saúde (SUS) –, rede regionalizada e hierarquizada, que congrega as ações e serviços públicos de saúde sob as diretrizes de descentralização, atendimento integral e participação da comunidade. O SUS é, prevalentemente, financiado com recursos dos orçamentos públicos destinados ao custeio da seguridade social. Não obstante, a assistência à saúde é franqueada à iniciativa privada (*v.g.* hospitais e convênios médicos particulares), contanto que respeitadas as condições e limites impostos por lei.

Seria por demais extenso para os propósitos deste curso reconstruir todo o arcabouço jurisprudencial em torno do direito à saúde, por isso, foram mencionados alguns julgados que merecem destaque pela controvérsia que animou e ainda anima os objetos examinados.

No ano de 2000, por ocasião do AgRg no RE 271.286-8/RS, de relatoria do Min. Celso de Mello, o STF manteve a condenação do Município de Porto Alegre e do Estado do Rio Grande do Sul para o fornecimento de medicamentos contra o vírus da AIDS, o HIV. Em tal oportunidade, o STF reconheceu a existência de um "direito público subjetivo à saúde", entendido como "prerrogativa jurídica indisponível assegurada à generalidade de pessoas pela própria Constituição da República (art. 196)". Afirmou, ainda, que:

> (...) o Poder Público, qualquer que seja a esfera institucional de sua atuação no plano da organização federativa brasileira, não pode mostrar-se indiferente ao problema da saúde da população" e que "o caráter programático da regra inscrita no art. 196 da Carta Política – que tem por destinatários todos os entes políticos que compõem, no plano institucional, a organização federativa do Estado brasileiro – não pode converter-se em promessa constitucional inconsequente, sob pena de o Poder Público, fraudando justas expectativas nele depositadas pela coletividade, substituir, de maneira ilegítima, o cumprimento de seu impostergável dever, por um gesto irresponsável de infidelidade governamental ao que determina a própria Lei Fundamental do Estado. (AgRg-RE 271.286-8/RS)

Já em 2010, o Plenário do STF indeferiu 9 (nove) recursos manejados pelo Poder Público contra decisões judiciais que determinavam que o SUS fornecesse medicamentos de alto custo e tratamentos antes não oferecidos a pacientes de doenças graves (STAs 175, 211 e 278, SSs 3724, 2944, 2361, 3345 e 3355 e SL 47).

Relator da citada STA-AgR 175, o Min. Gilmar Mendes fez constar em seu voto que, já naquela época, no âmbito do STF, existiam diversos pedidos para o fornecimento de distintas prestações de saúde – *v.g.* fornecimento de medicamentos, suplementos alimen-

---

[14] Id. Ibid., p. 464.

tares, órteses e próteses, criação de vagas em UTIs e leitos hospitalares, contratação de servidores da saúde, realização de cirurgias e exames, custeio de tratamento fora do domicílio, inclusive no exterior, dentre outras. O julgamento da STA 175 permite a inferência de certas características do direito à saúde, como: a sua natureza dúplice, individual e coletiva; a responsabilidade solidária e a competência comum de todos os entes federativos para com sua efetivação; a distinção entre medicamento novo (não registrado pela ANVISA, mas testado e liberado no país de origem, podendo ser concedido judicialmente no Brasil de forma excepcional) e medicamento experimental (que ainda se encontra em fase de testes e sem comercialização, não passível de concessão por vias judiciais nacionais) para fins de custeio.

Em 2016, na ADI 5.501, foi cautelarmente determinada pelo STF a suspensão da eficácia da Lei nº 13.269/16, que, mesmo sem a conclusão dos estudos científicos, possibilitava o uso de fosfoetanolamina sintética, conhecida como "pílula do câncer". O julgamento foi concluído no ano de 2020, com a declaração pelo Plenário da Suprema Corte no sentido da inconstitucionalidade da lei. De acordo com o entendimento firmado, o controle de eficácia e qualidade, bem como a aprovação e o registro de medicamentos pela ANVISA constitui uma resguarda ao direito à saúde e **não mera etapa burocrática.**

Em 2019, o Plenário do STF entendeu que, em regra, não é possível coagir, judicialmente, o Estado ao fornecimento de medicamentos não registrados pela ANVISA. Entretanto, o Estado estará obrigado a tanto em certas situações excepcionais, como no caso de doenças raras e ultrarraras, quando nem sempre há interesse comercial do laboratório farmacêutico em pedir o registro do medicamento perante a agência reguladora. Com esse julgamento, foi fixada a tese de repercussão geral no sentido de que:

> 1. O Estado não pode ser obrigado a fornecer medicamentos experimentais.
>
> 2. A ausência de registro na ANVISA impede, como regra geral, o fornecimento de medicamento por decisão judicial.
>
> 3. É possível, excepcionalmente, a concessão judicial de medicamento sem registro sanitário, em caso de mora irrazoável da ANVISA em apreciar o pedido (prazo superior ao previsto na Lei n° 13.411/2016), quando preenchidos três requisitos: (i) a existência de pedido de registro do medicamento no Brasil (salvo no caso de medicamentos órfãos para doenças raras e ultrarraras); (ii) a existência de registro do medicamento em renomadas agências de regulação no exterior; e (iii) a inexistência de substituto terapêutico com registro no Brasil. 4. As ações que demandem fornecimento de medicamentos sem registro na ANVISA deverão necessariamente ser propostas em face da União. (RE 657.718/MG)

Na mesma linha, em 2020, o STF retomou o julgamento do RE 566.471/RN. Em tal caso, decidiu que o Estado não pode ser obrigado a fornecer medicamentos de alto custo não previstos no Programa de Dispensação de Medicamentos em Caráter Excepcional, do SUS. As exceções serão disciplinadas por uma tese de repercussão geral específica, que ainda está por ser definida, uma vez ter havido a suspensão do julgamento por pedido de vista do Min. Gilmar Mendes.

De sua parte, o STJ estabelece critérios próprios para o fornecimento gratuito pelo Poder Público de medicamentos não incorporados em atos normativos do SUS. No ano de 2018, em julgamento de recurso repetitivo, a 1.ª **Seção do STJ decidiu que, excepcionalmente, é possível** tal fornecimento, contanto que preenchidos todos os seguintes requisitos: (a) comprovação, por meio de laudo médico fundamentado e circunstanciado, expedido por médico que assiste o paciente, da imprescindibilidade ou necessidade do medicamento, assim como da ineficácia, para o tratamento da moléstia, dos fármacos fornecidos pelo SUS; (b) incapacidade financeira do paciente de arcar com o custo do medicamento prescrito; e (c) existência de registro do medicamento na ANVISA. Nada obstante, ficou entendido que tais requisitos somente serão exigidos nos processos distribuídos a partir da data da decisão (Resp. 1.657.156/RJ).

Com o objetivo de preservar a vida e a saúde da população carcerária e de todos aqueles que trabalham no sistema de justiça criminal frente à Covid-19, o Conselho Nacional de Justiça (CNJ) editou a Recomendação nº 62, em março de 2020. O CNJ reafirmou a máxima excepcionalidade das prisões provisórias, indicando, *inter alia*: (a) a preferência por medidas socioeducativas em meio aberto; (b) a reavaliação de decisões que decretavam a internação ou a semiliberdade; (c) a reavaliação das prisões provisórias, notadamente daqueles que integravam os grupos de riscos ou que se encontravam em estabelecimentos prisionais superlotados, com equipe ou instalações de saúde insuficientes, ou daqueles que tenham cometido crime sem violência ou grave ameaça; e (d) a concessão de saída antecipada a presos dos regimes fechado e semiaberto, nos termos da Súmula Vinculante 56. A disposição do CNJ foi largamente descumprida pelo Poder Judiciário pátrio, sob a alegação de se tratar de uma "mera recomendação", desprovida de vinculatividade.

Em pedido de medida liminar formulado na ADPF 347 (Estado de Coisas Inconstitucional), também em março de 2020, o Min. Marco Aurélio Mello, com fulcro no direito à saúde, "conclamou" os juízes e tribunais a examinarem: (a) a liberdade condicional a encarcerados com sessenta anos de idade; (b) o regime domiciliar aos com HIV, diabéticos, portadores de tuberculose, câncer, doenças respiratórias, cardíacas, imunodepressoras ou outras suscetíveis de agravamento a partir do contágio pela COVID-19, (c) o regime domiciliar às gestantes e lactantes; (d) regime domiciliar a presos por crimes cometidos sem violência ou grave ameaça; (e) substituição da prisão provisória por medida alternativa em razão de delitos praticados sem violência ou grave ameaça; (f) medidas alternativas a presos em flagrante ante o cometimento de crimes sem violência ou grave ameaça; (g) progressão de pena a quem, atendido o critério temporal, aguarda exame criminológico; e (h) progressão antecipada de pena a submetidos ao regime semiaberto. Entretanto, o Plenário do STF não referendou a decisão.

Em julho de 2020, na ADPF 709, o STF determinou, em caráter de liminar, que o Governo Federal adotasse medidas para conter a propagação da Covid-19 entre os povos indígenas, ainda mais vulneráveis ao novo coronavírus. Em agosto, o Plenário confirmou a medida cautelar.

Em dezembro de 2020, por ocasião do julgamento das ADIs 6586 e 6587 e do ARE 1.267.879, o Plenário do STF entendeu que é constitucional a determinação de vacinação compulsória contra a Covid-19, **à luz do previsto** na Lei nº 13.979/19, que "Dispõe sobre as medidas para enfrentamento da emergência de saúde pública de importância internacional decorrente do coronavírus responsável pelo surto de 2019". Nessa oportunidade, ficou esclarecido que o Estado não pode realizar a imunização da população com o emprego de força física ou violência. Todavia, o Estado pode se valer de determinadas medidas restritivas indiretas previstas em lei, como multa, impedimento de frequentar determinados lugares e a matrícula em escolas públicas ou privadas.

No voto condutor desse julgamento, o relator das ADIs, Min. Ricardo Lewandowski, ressaltou que o caráter compulsório da vacinação não é uma inovação no ordenamento jurídico, mas uma prática já prevista, por exemplo, no art. 3º da Lei nº 6.259/75 (que instituiu o Plano Nacional de Imunizações – PNI), no art. 4º da Portaria nº 597/04 do Ministério da Saúde e no art. 14, § 1º do Estatuto da Criança e do Adolescente (ECA). Adicionalmente, afirmou o Ministro que "a saúde coletiva não pode ser prejudicada por pessoas que deliberadamente, se recusam a ser vacinadas, acreditando que, ainda assim, serão beneficiárias da imunidade de rebanho" e ressaltou que "a compulsoriedade da imunização não é, contudo, a medida mais restritiva de direitos para o combate do novo coronavírus. Na verdade, ela pode acarretar menos restrições de direitos do que outras medidas mais drásticas, a exemplo do isolamento social".

Ademais, foi reafirmado, na mesma assentada, que os diversos entes federativos têm competência para realizarem a vacinação compulsória e instituírem medidas restritivas. A razão disso se encontra em sua competência comum para cuidar da saúde e da assistência pública (art. 23, II, CF), bem como na competência concorrente entre União e Estados/DF para a proteção da saúde (art. 24, XII, CF), ressalvada, ainda, a competência suplementar dos Municípios (art. 30, II, CF), o que, de resto, **já havia sido esclarecido na ADI 6.341 e na ADPF 672.**

Dando interpretação conforme à constituição ao art. 3º, inciso III, "d", da Lei nº 13.979/19, as teses fixadas pelo STF sobre o tema foram as seguintes:

> (I) A vacinação compulsória não significa vacinação forçada, porquanto facultada sempre a recusa do usuário, podendo, contudo, ser implementada por meio de medidas indiretas, as quais compreendem, dentre outras, a restrição ao exercício de certas atividades ou à frequência de determinados lugares, desde que previstas em lei, ou dela decorrentes, e (i) tenham como base evidências científicas e análises estratégicas pertinentes, (ii) venham acompanhadas de ampla informação sobre a eficácia, segurança e contraindicações dos imunizantes, (iii) respeitem a dignidade humana e os direitos fundamentais das pessoas, (iv) atendam aos critérios de razoabilidade e proporcionalidade e (v) sejam as vacinas distribuídas universal e gratuitamente; e (II) tais medidas, com as limitações acima expostas, podem ser implementadas tanto pela União como pelos Estados, Distrito Federal e Municípios, respeitadas as respectivas esferas de competência. (ADI 6586 e ADI 6587)

Em particular no ARE 1.267.879/SP, de relatoria do Min. Luís Roberto Barroso, o STF discutiu se os pais de uma criança teriam o direito de recusar a submetê-la à imunização compulsória, por convicções morais, filosóficas ou existenciais. No caso, o Ministério Público do Estado de São Paulo ajuizou uma ação civil pública contra o casal de pais, buscando regularizar a vacinação da criança. À unanimidade de votos, os ministros do STF negaram provimento do recurso extraordinário manejado pelos genitores. A tese fixada, em 2020, foi a de que:

> É constitucional a obrigatoriedade de imunização por meio de vacina que, registrada em órgão de vigilância sanitária, tenha sido incluída no plano nacional de imunizações; ou tenha sua aplicação obrigatória decretada em lei; ou seja objeto de determinação da União, dos estados, do Distrito Federal ou dos municípios com base em consenso médico-científico. Em tais casos, não se caracteriza violação à liberdade de consciência e de convicção filosófica dos pais ou responsáveis, nem tampouco ao poder familiar. (ARE 1.267.879/SP)

A primeira aplicação da vacina contra a Covid-19, em território brasileiro, após aprovação para uso emergencial pela agência reguladora, aconteceu em 17 de janeiro de 2021. A maneira como será tratada a obrigatoriedade da vacinação pelo Poder Público certamente deverá trazer à tona mais debates judiciais acerca do assunto.

3. DIREITO À ALIMENTAÇÃO

3.1. Normativa básica constitucional e internacional

Constituição Federal

art. 6º. São direitos sociais (...) à alimentação, (...) na forma desta Constituição.

Declaração Universal dos Direitos Humanos

art. 25

1. Toda a pessoa tem direito a um nível de vida suficiente para lhe assegurar e à sua família a saúde e o bem-estar, principalmente quanto à alimentação, ao vestuário, ao alojamento, à assistência médica e ainda quanto aos serviços sociais necessários, e tem direito à segurança no desemprego, na doença, na invalidez, na viuvez, na velhice ou noutros casos de perda de meios de subsistência por circunstâncias independentes da sua vontade.

Declaração Americana dos Direitos e Deveres do Homem

art. XI. Toda pessoa tem direito a que sua saúde seja resguardada por medidas sanitárias e sociais relativas à alimentação, roupas, habitação e cuidados médicos correspondentes ao nível permitido pelos recursos públicos e os da coletividade.

Pacto Internacional sobre Direitos Econômicos, Sociais e Culturais

art. 11.

1. Os Estados Partes do presente Pacto reconhecem o direito de toda pessoa a um nível de vida adequando para si próprio e sua família, inclusive à alimentação, vestimenta e moradia adequadas, assim como a uma melhoria contínua de suas condições de vida. Os Estados Partes tomarão medidas apropriadas para assegurar a consecução desse direito, reconhecendo, nesse sentido, a importância essencial da cooperação internacional fundada no livre consentimento.

2. Os Estados Partes do presente Pacto, reconhecendo o direito fundamental de toda pessoa de estar protegida contra a fome, adotarão, individualmente e mediante cooperação internacional, as medidas, inclusive programas concretos, que se façam necessárias para:

a) Melhorar os métodos de produção, conservação e distribuição de gêneros alimentícios pela plena utilização dos conhecimentos técnicos e científicos, pela difusão de princípios de educação nutricional e pelo aperfeiçoamento ou reforma dos regimes agrários, de maneira que se assegurem a exploração e a utilização mais eficazes dos recursos naturais;

b) Assegurar uma repartição equitativa dos recursos alimentícios mundiais em relação às necessidades, levando-se em conta os problemas tanto dos países importadores quanto dos exportadores de gêneros alimentícios.

Protocolo Adicional à Convenção Americana sobre Direitos Humanos em Matéria de Direitos Econômicos, Sociais e Culturais ("Protocolo de São Salvador")

art. 12.

1. Toda pessoa tem direito a uma nutrição adequada que assegure a possibilidade de gozar do mais alto nível de desenvolvimento físico, emocional e intelectual.

2. A fim de tornar efetivo esse direito e de eliminar a desnutrição, os Estados Partes comprometem se a aperfeiçoar os métodos de produção, abastecimento e distribuição de alimentos, para o que se comprometem a promover maior cooperação internacional com vistas a apoiar as políticas nacionais sobre o tema.

3.2. Apontamentos sobre conteúdo do direito

Como é intuitivo imaginar, o direito à alimentação é mais um, dentre vários dos DESCA, que se afirma como um "direito-condição" para a fruição de outros tantos direitos humanos, a exemplo da saúde e educação. Sua relação direta com a vida e a saúde são evidentes e dispensa maiores explicações. Por outro lado, a fome é uma das privações mais cruéis que se pode impingir ao ser humano, seja criança, jovem, adulto ou idoso.

As ações de cooperação internacional de alcance mundial para a promoção de políticas públicas voltadas para a segurança alimentar são protagonizadas pela A Organização das Nações Unidas para a Alimentação e a Agricultura (FAO). A FAO é uma agência especializada das ONU criada em 1945 para liderar os esforços internacionais para combater a fome.

Sobre o conteúdo do direito do direito humano à alimentação, previsto no art. 11, itens 1 e 2, do PIDESC, esclarece o Comitê de Direitos Econômicos, Sociais e Culturais ONU, em seu Comentário Geral nº 12:

> 6. O direito à alimentação adequada é observado quando todo homem, mulher ou criança, seja sozinho ou junto com os outros, tem acesso físico e econômico, em todos os momentos, à alimentação adequada ou meios para obtê-la. O direito à alimentação adequada não deve ser interpretado, portanto, de forma estrita ou restritiva, equiparando-o a uma quantidade de calorias, proteínas e outros nutrientes específicos. O direito à alimentação adequada terá que ser alcançado progressivamente. No entanto, os Estados têm a obrigação elementar de tomar as medidas necessárias para mitigar e aliviar a fome, conforme previsto no parágrafo 2 do artigo 11, inclusive no caso de um desastre natural ou outro desastre.[15]

Como se vê, a alimentação deve ser adequada para que o direito em questão seja efetivado, descartando-se, portanto, a ideia de acesso a qualquer tipo de alimento. A respeito, explica o referido Comentário Geral que:

> 7. O conceito de adequação é particularmente importante no caso do direito à alimentação, pois abrange uma variedade de fatores que devem ser levados em conta para determinar se um certo alimento ou dieta disponível pode ser considerado o mais adequado diante de determinadas circunstâncias, na acepção do Artigo 11 do Pacto. A noção de sustentabilidade está intrinsecamente ligada àquela de alimentação adequada ou segurança alimentar e implica a possibilidade de acesso à comida pelas gerações presentes e futuras. O conceito de "adequação" é, em grande medida, determinado pelas condições predominantes sociais, econômicas, culturais, climáticas, ecológicas e outras, enquanto "sustentabilidade" contém a ideia de disponibilidade e acessibilidade a longo prazo.
>
> 8. O Comitê considera que o conteúdo essencial do direito à alimentação adequada significa:
>
> A disponibilidade de alimentos em quantidade e qualidade suficientes para satisfazer as necessidades alimentares dos indivíduos, livres de substâncias nocivas, e aceitáveis dentro de uma dada cultura;
>
> A acessibilidade de tais alimentos de forma sustentável e que não interfiram com o gozo de outros direitos humanos.[16]

---

15 NÚCLEO DE ESTUDOS INTERNACIONAIS DA CLÍNICA DE DIREITO INTERNACIONAL DOS DIREITOS HUMANOS DA FACULDADE DE DIREITO DA UNIVERSIDADE DE SÃO PAULO et. al, op. cit., p. 306.

16 Id. Ibid.

O Comentário Geral nº 12 ainda instiga os Estados Partes do PIDESC a estabelecerem uma "legislação-quadro" que estabeleça diretrizes e estratégias para a promoção da alimentação adequada de sua população.[17] O Comitê de Direitos Econômicos, Sociais e Culturais da ONU ainda deduz dos arts. 11 e 12 do PIDESC o direito humano à água potável, que abrange tanto o acesso à água, sem interferências, quanto "um sistema de abastecimento e gestão de água que proporcione igualdade de oportunidade para as pessoas usufruírem do direito à água".[18]

No Brasil, anteriormente à própria Emenda Constitucional nº 90/2015, que inseriu a alimentação no rol de direitos do art. 6º da Constituição Federal, a Lei nº 11.346/06 criou o Sistema Nacional de Segurança Alimentar e Nutricional, definindo o direito à alimentação adequada como um "direito fundamental do ser humano, inerente à dignidade da pessoa humana e indispensável à realização dos direitos consagrados na Constituição Federal, devendo o poder público adotar as políticas e ações que se façam necessárias para promover e garantir a segurança alimentar e nutricional da população" (art. 1º).

Em consonância com a posição do Comitê de Direitos Econômicos, Sociais e Culturais da ONU, conceitua que "a segurança alimentar e nutricional consiste na realização do direito de todos ao acesso regular e permanente a alimentos de qualidade, em quantidade suficiente, sem comprometer o acesso a outras necessidades essenciais, tendo como base práticas alimentares promotoras de saúde que respeitem a diversidade cultural e que sejam ambiental, cultural, econômica e socialmente sustentáveis" (art. 3º).

Não obstante, entre 2013 e 2018, dados do Instituto Brasileiro de Geografia e Estatística (IBGE), obtidos com pela Pesquisa Nacional por Amostra de Domicílios (PNAD), mostram que o Brasil retrocedeu em 62,4% (sessenta e dois vírgula quatro porcento) em matéria de segurança alimentar quanto a acesso a alimentos da população, invertendo um processo virtuoso de melhora, iniciado em 2004. Os dados do período 2017-2018 demonstram que, neste período, mais de 10 (dez) milhões de pessoas viveram em domicílios em que houve privação severa de alimentos, ao menos em alguns momentos, e que 84,9 milhões de pessoas experimentaram algum grau de insegurança alimentar, dentre as quais, 6,5 (seis vírgula cinco) milhões são crianças com até 5 (cinco) anos de idade.[19]

4. DIREITO AO TRABALHO

4.1. Normativa básica constitucional e internacional

Constituição Federal

> art. 1º. A República Federativa do Brasil, formada pela união indissolúvel dos Estados e Municípios e do Distrito Federal, constitui-se em Estado Democrático de Direito e tem como fundamentos: (...)
>
> IV. os valores sociais do trabalho e da livre iniciativa;
>
> art. 6º. São direitos sociais (...) o trabalho, (...) na forma desta Constituição;

---

17 Id. Ibid., p. 312.

18 Id. Ibid., p. 355.

19 INSTITUTO BRASILEIRO DE GEOGRAFIA E ESTATÍSTICA. 10,3 milhões de pessoas moram em domicílios com insegurança alimentar grave. Rio de Janeiro, 17 set. 2020. Disponível em: https://agenciadenoticias.ibge.gov.br/agencia-noticias/2012-agencia-de-noticias/noticias/28903-10-3-milhoes-de--pessoas-moram-em-domicilios-com-inseguranca-alimentar-grave. Acesso em: 13 jan. 2021.

art. 7º. São direitos dos trabalhadores urbanos e rurais, além de outros que visem à melhoria de sua condição social:

I. relação de emprego protegida contra despedida arbitrária ou sem justa causa, nos termos de lei complementar, que preverá indenização compensatória, dentre outros direitos;

II. seguro-desemprego, em caso de desemprego involuntário;

III. fundo de garantia do tempo de serviço;

IV. salário mínimo, fixado em lei, nacionalmente unificado, capaz de atender a suas necessidades vitais básicas e às de sua família com moradia, alimentação, educação, saúde, lazer, vestuário, higiene, transporte e previdência social, com reajustes periódicos que lhe preservem o poder aquisitivo, sendo vedada sua vinculação para qualquer fim;

V. piso salarial proporcional à extensão e à complexidade do trabalho;

VI. irredutibilidade do salário, salvo o disposto em convenção ou acordo coletivo;

VII. garantia de salário, nunca inferior ao mínimo, para os que percebem remuneração variável;

VIII. décimo terceiro salário com base na remuneração integral ou no valor da aposentadoria;

IX. remuneração do trabalho noturno superior à do diurno;

X. proteção do salário na forma da lei, constituindo crime sua retenção dolosa;

XI. participação nos lucros, ou resultados, desvinculada da remuneração, e, excepcionalmente, participação na gestão da empresa, conforme definido em lei;

XII. salário-família pago em razão do dependente do trabalhador de baixa renda nos termos da lei;

XIII. duração do trabalho normal não superior a oito horas diárias e quarenta e quatro semanais, facultada a compensação de horários e a redução da jornada, mediante acordo ou convenção coletiva de trabalho;

XIV. jornada de seis horas para o trabalho realizado em turnos ininterruptos de revezamento, salvo negociação coletiva;

XV. repouso semanal remunerado, preferencialmente aos domingos;

XVI. remuneração do serviço extraordinário superior, no mínimo, em cinquenta por cento à do normal;

XVII. gozo de férias anuais remuneradas com, pelo menos, um terço a mais do que o salário normal;

XVIII. licença à gestante, sem prejuízo do emprego e do salário, com a duração de cento e vinte dias;

XIX. licença-paternidade, nos termos fixados em lei;

XX. proteção do mercado de trabalho da mulher, mediante incentivos específicos, nos termos da lei;

XXI. aviso prévio proporcional ao tempo de serviço, sendo no mínimo de trinta dias, nos termos da lei;

XXII. redução dos riscos inerentes ao trabalho, por meio de normas de saúde, higiene e segurança;

XXIII. adicional de remuneração para as atividades penosas, insalubres ou perigosas, na forma da lei;

XXIV. aposentadoria;

XXV. assistência gratuita aos filhos e dependentes desde o nascimento até 5 (cinco) anos de idade em creches e pré-escolas;

XXVI. reconhecimento das convenções e acordos coletivos de trabalho;

XXVII. proteção em face da automação, na forma da lei;

XXVIII. seguro contra acidentes de trabalho, a cargo do empregador, sem excluir a indenização a que este está obrigado, quando incorrer em dolo ou culpa;

XXIX. ação, quanto aos créditos resultantes das relações de trabalho, com prazo prescricional de cinco anos para os trabalhadores urbanos e rurais, até o limite de dois anos após a extinção do contrato de trabalho;

XXX. proibição de diferença de salários, de exercício de funções e de critério de admissão por motivo de sexo, idade, cor ou estado civil;

XXXI. proibição de qualquer discriminação no tocante a salário e critérios de admissão do trabalhador portador de deficiência;

XXXII. proibição de distinção entre trabalho manual, técnico e intelectual ou entre os profissionais respectivos;

XXXIII. proibição de trabalho noturno, perigoso ou insalubre a menores de dezoito e de qualquer trabalho a menores de dezesseis anos, salvo na condição de aprendiz, a partir de quatorze anos;

XXXIV. igualdade de direitos entre o trabalhador com vínculo empregatício permanente e o trabalhador avulso;

Parágrafo único. São assegurados à categoria dos trabalhadores domésticos os direitos previstos nos incisos IV, VI, VII, VIII, X, XIII, XV, XVI, XVII, XVIII, XIX, XXI, XXII, XXIV, XXVI, XXX, XXXI e XXXIII e, atendidas as condições estabelecidas em lei e observada a simplificação do cumprimento das obrigações tributárias, principais e acessórias, decorrentes da relação de trabalho e suas peculiaridades, os previstos nos incisos I, II, III, IX, XII, XXV e XXVIII, bem como a sua integração à previdência social.

art. 9º. É assegurado o direito de greve, competindo aos trabalhadores decidir sobre a oportunidade de exercê-lo e sobre os interesses que devam por meio dele defender.

§ 1º. A lei definirá os serviços ou atividades essenciais e disporá sobre o atendimento das necessidades inadiáveis da comunidade.

§ 2º. Os abusos cometidos sujeitam os responsáveis às penas da lei.

art. 170. A ordem econômica, fundada na valorização do trabalho humano e na livre iniciativa, tem por fim assegurar a todos existência digna, conforme os ditames da justiça social, observados os seguintes princípios: (...) VIII – busca do pleno emprego".

Declaração Universal dos Direitos Humanos

art. 23

1. Toda a pessoa tem direito ao trabalho, à livre escolha do trabalho, a condições equitativas e satisfatórias de trabalho e à proteção contra o desemprego.

2. Todos têm direito, sem discriminação alguma, a salário igual por trabalho igual.

3. Quem trabalha tem direito a uma remuneração equitativa e satisfatória, que lhe permita e à sua família uma existência conforme com a dignidade humana, e completada, se possível, por todos os outros meios de proteção social.

art. 24

Todo ser humano tem direito a repouso e lazer, inclusive a limitação razoável das horas de trabalho e a férias remuneradas periódicas.

Declaração Americana dos Direitos e Deveres do Homem

art. XIV. Toda pessoa tem direito ao trabalho em condições dignas e o de seguir livremente sua vocação, na medida em que for permitido pelas oportunidades de emprego existentes. Toda pessoa que trabalha tem o direito de receber uma remuneração que, em relação à sua capacidade de trabalho e habilidade, lhe garanta um nível de vida conveniente para si mesma e para sua família.

Pacto Internacional sobre Direitos Econômicos, Sociais e Culturais

art. 6º.

1. Os Estados Partes do presente Pacto reconhecem o direito ao trabalho, que compreende o direito de toda pessoa de ter a possibilidade de ganhar a vida mediante um trabalho livremente escolhido ou aceito, e tomarão medidas apropriadas para salvaguardar esse direito";

art. 7º Os Estados Partes do presente Pacto reconhecem o direito de toda pessoa de gozar de condições de trabalho justas e favoráveis, que assegurem especialmente: a) Uma remuneração que proporcione, no mínimo, a todos os trabalhadores: i) Um salário equitativo e uma remuneração igual por um trabalho de igual valor, sem qualquer distinção; em particular, as mulheres deverão ter a garantia de condições de trabalho não inferiores às dos homens e perceber a mesma remuneração que eles por trabalho igual; ii) Uma existência decente para eles e suas famílias, em conformidade com as disposições do presente Pacto; b) À segurança e a higiene no trabalho; c) Igual oportunidade para todos de serem promovidos, em seu trabalho, à categoria superior que lhes corresponda, sem outras considerações que as de tempo de trabalho e capacidade; d) O descanso, o lazer, a limitação razoável das horas de trabalho e férias periódicas remuneradas, assim como a remuneração dos feridos.

Protocolo Adicional à Convenção Americana sobre Direitos Humanos em Matéria de Direitos Econômicos, Sociais e Culturais ("Protocolo de São Salvador")

art. 6º.

1. Toda pessoa tem direito ao trabalho, o que inclui a oportunidade de obter os meios para levar uma vida digna e decorosa por meio do desempenho de uma atividade lícita, livremente escolhida ou aceita.

2. Os Estados Partes comprometem se a adotar medidas que garantam plena efetividade do direito ao trabalho, especialmente as referentes à consecução do pleno emprego, à orientação vocacional e ao desenvolvimento de projetos de treinamento técnico profissional, particularmente os destinados aos deficientes. Os Estados Partes comprometem se também a executar e a fortalecer programas que coadjuvem um adequado atendimento da família, a fim de que a mulher tenha real possibilidade de exercer o direito ao trabalho.

art. 7º. Os Estados Partes neste Protocolo reconhecem que o direito ao trabalho, a que se refere o artigo anterior, pressupõe que toda pessoa goze do mesmo em condições justas, equitativas e satisfatórias, para o que esses Estados garantirão em suas legislações, de maneira particular:

a. Remuneração que assegure, no mínimo, a todos os trabalhadores condições de subsistência digna e decorosa para eles e para suas famílias e salário equitativo e igual por trabalho igual, sem nenhuma distinção;

b. O direito de todo trabalhador de seguir sua vocação e de dedicar se à atividade que melhor atenda a suas expectativas e a trocar de emprego de acordo com a respectiva regulamentação nacional;

c. O direito do trabalhador à promoção ou avanço no trabalho, para o qual serão levadas em conta suas qualificações, competência, probidade e tempo de serviço;

d. Estabilidade dos trabalhadores em seus empregos, de acordo com as características das indústrias e profissões e com as causas de justa separação. Nos casos de demissão injustificada, o trabalhador terá direito a uma indenização ou à readmissão no emprego ou a quaisquer outras prestações previstas pela legislação nacional;

e. Segurança e higiene no trabalho;

f. Proibição de trabalho noturno ou em atividades insalubres ou perigosas para os menores de 18 anos e, em geral, de todo trabalho que possa pôr em perigo sua saúde, segurança ou moral. Quando se tratar de menores de 16 anos, a jornada de trabalho deverá subordinar se às disposições sobre ensino obrigatório e, em nenhum caso, poderá constituir impedimento à assistência escolar ou limitação para beneficiar se da instrução recebida;

g. Limitação razoável das horas de trabalho, tanto diárias quanto semanais. As jornadas serão de menor duração quando se tratar de trabalhos perigosos, insalubres ou noturnos;

h. Repouso, gozo do tempo livre, férias remuneradas, bem como remuneração nos feriados nacionais.

art. 8º.

1. Os Estados Partes garantirão: (...) b. O direito de greve.

2. O exercício dos direitos enunciados acima só pode estar sujeito às limitações e restrições previstas pela lei que sejam próprias a uma sociedade democrática e necessárias para salvaguardar a ordem pública e proteger a saúde ou a moral pública, e os direitos ou liberdades dos demais. Os membros das forças armadas e da polícia, bem como de outros serviços públicos essenciais, estarão sujeitos às limitações e restrições impostas pela lei.

Convenções internacionais específicas[20]

Convenção Internacional sobre a Proteção dos Direitos de Todos os Trabalhadores Migrantes e dos Membros das suas Famílias (ONU)

Convenção nº 29 sobre Trabalho Forçado ou Obrigatório (OIT)

Convenção nº 87 sobre a Liberdade Sindical e a Proteção do Direito Sindical (OIT)[21]

Convenção nº 98 sobre Direito de Sindicalização e de Negociação Coletiva (OIT)

Convenção nº 100 sobre Igualdade de Remuneração de Homens e Mulheres Trabalhadores por Trabalho de Igual Valor (OIT)

Convenção nº 105 sobre Abolição do Trabalho Forçado (OIT)

Convenção nº 111 sobre Discriminação em Matéria de Emprego e Ocupação (OIT)

Convenção nº 138 sobre Idade Mínima para Admissão (OIT)

---

20 Diante das 190 (cento e noventa) convenções internacionais aprovadas no âmbito da OIT, optou-se pela indicação, nesta oportunidade, apenas das 8 (oito) consideradas fundamentais pela própria organização internacional.

21 Não ratificada pelo Brasil.

4.2. Apontamentos sobre conteúdo do direito

O **trabalho humano**, em sentido universal, pode ser historicamente compreendido como o dispêndio de energia física e intelectual humana empregada um processo de interação com a natureza, com vistas a transformá-la em prol da satisfação de necessidades de sobrevivência e melhoria de vida do ser humano. Já o **trabalho remunerado** se consolida com o estabelecimento global da sociedade capitalista, na qual aquela mesma energia humana é vendida e dirigida, no mais das vezes, a atividades que conformam ou apoiam dado processo produtivo estabelecido com finalidade lucrativa.

O Direito do Trabalho sistematizou-se como ramo do Direito, com finalidades e princípios próprios, sobretudo após o avanço tecnológico experimentado pelos processos produtivos industriais, por consequência das duas primeiras Revoluções Industriais, havidas, aproximadamente, entre a segunda metade do século XVIII e o início do século XX. Antes submetido às regras gerais de compra e venda de mercadorias e, depois, às leis liberais de contratos civis de prestação de serviços, o contrato de trabalho remunerado passou a contar com regulação própria, por força da convulsão social erigida dos contextos de intensa exploração de mão de obra, materializada em extensas jornadas laborais, baixos salários, alta acidentalidade e frequente adoecimento, além de ampla utilização de trabalho infantil, em um ambiente discriminatório em relação a mulheres, negros e não nacionais. Era preciso, pois, que a assimetria econômica entre os contratantes fosse limitada por uma legislação que tivesse por premissa a hipossuficiência de quem vivem da venda da força de trabalho frente aos donos dos meios de produção.

Neste contexto, os direitos trabalhistas, atinentes ao trabalho humano remunerado, autonomizam-se, na passagem do século XIX para o século XX, em movimento bifurcado: nas legislações nacionais e internacionais. No primeiro caso, exemplos eloquentes foram as breves Constituições do México de 1917 e de Weimar (Alemanha) de 1919. No plano internacional, 1919 marca a criação da OIT, que se estabelece como organização internacional dedicada, exclusivamente, a mediar, pela via diplomática e da regulação convencional, a tensão permanente entre capital e trabalho, procurando estabelecer padrões internacionalmente aceitos para frear o ímpeto da exploração obreira, inerente à dinâmica capitalista.

Esta contextualização é importante para que os direitos trabalhistas sejam compreendidos, efetivamente, como uma das primeiras expressões (senão a primeira) de direitos humanos de cunho social, cruciais para a proteção de todos os componentes do hoje consagrado Princípio da Dignidade da Pessoa Humana, em especial do componente do mínimo existencial, na medida em que esmagadora maioria da população mundial não detém meios de produção ou de investimento, dependendo da venda da própria força de trabalho para custear sua sobrevivência.

Direitos trabalhistas são, portanto, direitos humanos por natureza e excelência e, bem por isso, a OIT, nascida antes mesmo da ONU, deve ser reconhecida como a primeira organização internacional interestatal de proteção dos direitos humanos.

Em uma sociedade capitalista, o direito ao trabalho, ou seja, do direito a ter trabalho, é uma questão de sobrevivência, mas também o são todos os outros direitos da pessoa que trabalha. Em sendo assim, a expressão "direito ao trabalho" deve ser compreendida em sua dupla dimensão: por um lado, direito a ter acesso a recursos provenientes da venda da força de trabalho, e, por outro, direito a, na relação de trabalho, fruir as diversas proteções jurídicas que, em diferentes circunstâncias, salvaguardam a dignidade humana no contexto da exploração da mão de obra.

Atualmente, quando se fala em uma Quarta Revolução Industrial em marcha, caracterizada pelas vicissitudes da Era Digital-Informacional, os modos e meios de trabalho têm alterado substancialmente, mas a essência da compra e venda da força de trabalho permanece inalterada, exigindo zelo ainda maior com os direitos "ao" trabalho e "no" trabalho.

A Constituição Federal dedica atenção especial aos direitos trabalhistas, fazendo-o no âmbito do próprio capítulo sobre os direitos sociais. A natureza e a importância dos direitos humanos ligados ao contrato de trabalho justificam, porém, seu tratamento em separado.

É de se perceber, ainda, que o Poder Constituinte originário fez questão de contemplar, no texto constitucional, um rol de direitos fundamentais trabalhistas bastante extenso, protegido contra retrocessos (cláusulas pétreas), evidenciando a intenção de salvaguardar tais direitos dos ímpetos econômicos redutores, valendo-se, para tanto, da rigidez constitucional. Em tendo sido assim, a Constituição Federal de 1988 mostrou robusto compromisso com os direitos trabalhistas, bem como sintonia com as normas internacionais de direitos humanos, em mais uma viva expressão do Estado Social implantado.

A centralidade do trabalho do ser humano, individualmente considerada ou em sociedade, por certo, se faria representar nas normas de Direito Internacional dos Direitos Humanos globais e regionais, permeando, desde a Declaração Universal dos Direitos Humanos, os tratados gerais e específicos, o costume, as declarações, as resoluções de organizações internacionais e as normas de *jus cogens* (a exemplo da proibição de escravidão). Tal caráter pervasivo da proteção jurídica do trabalho pode ser ilustrada pelo Comentário Geral nº 18 do Comitê de Direitos Econômicos, Sociais e Culturais acerca do art. 6º do PIDESC:

> 3. (...) Desde a adoção do Pacto pela Assembleia Geral em 1966, vários instrumentos internacionais e regionais de direitos humanos reconheceram o direito ao trabalho. No nível internacional, o direito ao trabalho está incluído no inciso (a) do parágrafo (3) do artigo 8º do Pacto Internacional sobre Direitos Civis e Políticos; no inciso (i) do parágrafo (e) do Artigo 5 da Convenção Internacional sobre a Eliminação de Todas as Formas de Discriminação Racial; no parágrafo 1 (a) do artigo 11 da Convenção sobre a Eliminação de Todas as Formas de Discriminação contra a Mulher; no artigo 32 da Convenção sobre os Direitos da Criança; e nos artigos 11,25, 26, 40, 52 e 54 da Convenção Internacional sobre a Proteção dos Direitos de Todos os Trabalhadores Migrantes e Membros de Suas Famílias. Vários instrumentos regionais reconhecem o direito de trabalhar na sua dimensão geral, incluindo a Carta Social Europeia de 1961 e a Carta Social Europeia Revisada de 1996 (parte II, artigo 1), a Carta Africana dos Direitos Humanos e dos Povos (art. 15) e do Protocolo Adicional à Convenção Americana sobre Direitos Humanos em matéria de direitos econômicos, sociais e culturais, de 1988 (artigo 6), e reafirmam o princípio de que o respeito ao direito ao trabalho impõe aos Estados Partes a obrigação de adotar medidas destinadas a alcançar o pleno emprego. Da mesma forma, o direito ao trabalho foi proclamado pela Assembleia Geral das Nações Unidas na Declaração sobre Progresso e Desenvolvimento Social, aprovada pela resolução 2542 (XXIV), de 11 de dezembro de 1969 (art. 6).[22]

---

[22] NÚCLEO DE ESTUDOS INTERNACIONAIS DA CLÍNICA DE DIREITO INTERNACIONAL DOS DIREITOS HUMANOS DA FACULDADE DE DIREITO DA UNIVERSIDADE DE SÃO PAULO et. al., op. cit., p. 369.

Além do art. 6º, o capítulo constitucional dedicado à declaração dos direitos sociais, a Constituição Federal fez questão de enunciar e proteger, nos arts. 7º a 11, os direitos trabalhistas mais importantes, seja na sua dimensão individual, seja na coletiva.

Notam-se duas importantes características da proteção dos direitos trabalhistas na Carta Constitucional brasileira. Primeiro: trata-se de um rol exemplificativo. Na esteira do viés expansivo da proteção dos direitos humanos, o art. 7º, dedicado aos direitos individuais básicos do trabalhador, tem, em seu *caput,* a expressa admissão da natureza exemplificativa do rol que estabelece ("São direitos dos trabalhadores urbanos e rurais, **além de outros que visem à melhoria de sua condição social**"). Segundo: os direitos trabalhistas constitucionalmente protegidos desmistificam a equivocada ideia segundo a qual os DESCA acarretam obrigações prestacionais apenas ao Estado, porquanto, à toda evidência, dizem respeito, em princípio, à relação privada de emprego, importando em ônus ao empregador, manifestado ora por intermédio de obrigação de fazer (*v.g.*, pagar salário mínimo e conceder intervalos de descanso e repouso), ora por obrigação de não fazer (não reduzir salário, não discriminar, não exigir jornada além dos limites fixados, etc.).

Os arts. 8º a 11 são dedicados à proteção dos meios de representação dos interesses dos trabalhadores, na perspectiva coletiva, já examinados quando estudada a liberdade de associação. Ainda assim, não custa pontuar que o art. 8º lança as premissas da representação sindical, as quais podem ser assim sintetizadas: liberdade de associação, protagonismo da representação pelos sindicatos e exclusividade desses para a negociação coletiva, liberdade sindical (não intervenção estatal nos sindicatos), unicidade sindical (apenas um sindicato por base territorial) e garantia de emprego ao empregado que exerça direção ou representação sindical.

Já o art. 9º salvaguarda um importante direito fundamental dos trabalhadores: o **direito de greve**. A greve é a paralisação coletiva e voluntária do trabalho, com vistas à obtenção de melhorias nas respectivas condições.

O fenômeno da greve, em sua essência, é fático e não propriamente jurídico, isto é, a greve não é um instituto criado pelo Direito, mas um acontecimento típico da tensão inerente às partes da relação de trabalho e que mereceu regulamentação jurídica. Tanto é assim que os intensos e frequentes movimentos grevistas, resultantes da intensa exploração da mão de obra impulsionada pelas Revoluções Industriais, no século XIX, antecederam e, de certa forma, ensejaram o próprio direito do trabalho.

Fazer greve é, portanto, o exercer de um dos poucos instrumentos de autotutela ainda admitidos pelo ordenamento jurídico brasileiro, tendo em vista consubstanciar defesa unilateral de interesses, manifestada pela pressão igualmente unilateral que resulta da promoção intencional de prejuízo econômico (decorrente da própria paralisação) à parte adversa.[23]

O estabelecimento dos requisitos e limites do exercício do direito de greve foram delegados pela Constituição Federal à lei infraconstitucional (Lei nº 7.783/89). Por ocasião do julgamento dos MIs 610, 708 e 712, foi reconhecida pelo STF a omissão legislativa quanto à regulamentação do exercício do direito de greve pelo servidor público, sendo aplicável, supletivamente, a Lei 7.783/89, que versa sobre o exercício desse direito por trabalhadores da iniciativa privada. No ARE 564.432, o STF entendeu pela vedação do exercício do direito de greve de policiais civis e de todos os servidores públicos que atuem diretamente na área de segurança pública.

---

23 A autotutela, juntamente com a autocomposição (acordo envolvendo concessão) e a heterocomposição (solução de conflito mediada ou imposta por terceiro), é um dos três reconhecidos métodos de solução de conflitos, o qual, por importar no exercício das próprias razões, é, em regra (salvo tolerância legal, como com a greve, no Brasil), repelido pelos ordenamentos jurídicos em prestígio aos outros dois métodos.

O art. 10 assegura "a participação dos trabalhadores e empregadores nos colegiados dos órgãos públicos em que seus interesses profissionais ou previdenciários sejam objeto de discussão e deliberação". Já o art. 11 institui, como modalidade de representação de trabalhadores – concorrente, e não alternativa, ao modelo sindical – a possibilidade, nas empresas com mais de 200 (duzentos) empregados, da eleição de um representante dos trabalhadores, "com a finalidade exclusiva de promover-lhes o entendimento direto com os empregadores".

Conquanto normas autônomas sejam, desde sempre, altamente prestigiadas pelo Direito do Trabalho, no mundo, como instrumentos de incremento de direitos, por meio da autonomia privada coletiva que subjaz ao reconhecido poder legiferante dos acordos coletivos trabalho e convenções coletivas de trabalho celebrados por sindicatos e empregadores, a norma heterônoma (de origem estatal) sempre manteve, historicamente, protagonismo na regulação das relações de trabalho, desde o início do século XX. Em tese, o Estado é menos suscetível às pressões desregulamentadoras dos capitalistas.

O impulso político, econômico e ideológico neoliberal, que se expandiu no mundo ocidental, a partir dos anos 1980, retomou e intensificou o clamor capitalista pela flexibilização de direitos pela via privada individual e coletiva, estabelecendo uma forte pressão para que o Estado tolerasse e até mesmo incentivasse relativizações de normas estatais por meio de acordos individuais ou coletivos privados. Esta pressão é ainda mais forte e eficaz em países com economia em desenvolvimento, como é o caso do Brasil.

Tal constrição experimentou seu melhor resultado, no Brasil, com a edição da Lei nº 13.467, de 13 de julho de 2017, também conhecida como "Lei da Reforma Trabalhista" (LRT), que alterou centenas de disposições da Consolidação das Leis do Trabalho (CLT), após um processo legislativo polêmico e acelerado, levado a efeito sem que qualquer debate público fosse estabelecido. Dentre as várias alterações promovidas, sem dúvida alguma a mais representativa da adoção do modelo neoliberal foi a substancial ampliação das hipóteses de flexibilização de direitos trabalhistas por intermédio de acordos coletivos de trabalho, convenções coletivas de trabalho e, em alguns casos, acordo individual entre empregador e empregada ou empregado.[24]

O art. 611-A, inserido pela LRT na CLT, protagoniza o que se pode afirmar tenha sido a alteração de maior impacto estrutural do Direito do Trabalho nacional: a sobreposição das normas acordadas coletivamente em face da legislação heterônoma, no que se refere a temas elencados em um rol exemplificativo . Ou seja, constitui-se novo sistema de hierarquia normativa, em âmbito juslaboral[25], pautado pela prevalência do negociado sobre o legislado. Por força desse dispositivo, passaram a ser objeto de negociação coletiva a jornada de trabalho, o banco de horas anual, o intervalo intrajornada, a adesão ao Programa Seguro-Emprego (PSE), o plano de cargos, salários e funções, a representação dos trabalhadores no local de trabalho, o teletrabalho, o regime de sobreaviso e trabalho intermitente, a remuneração por produtividade, a modalidade de registro de jornada de trabalho, o enquadramento do grau de insalubridade, a prorrogação de jornada em ambientes insalubres, os prêmios de incentivo em bens ou serviços e a participação nos lucros ou resultados da empresa.

---

24 Esta análise da LRT reproduz, em parte, os resultados de pesquisa publicados em BELTRAMELLI NETO, Silvio; BARBOZA, Thais S. O negociado sobre o legislado na CLT e seu controle de convencionalidade por violação ao Trabalho Decente. *In*: GÜNTHER, Eduardo L.; ALVARENGA, Rúbia Z. de (orgs.). **O controle de convencionalidade da reforma trabalhista: aplicação das normas internacionais do direito do trabalho**. Belo Horizonte: Dialética, 2020. p. 541–567.

25 LEITE, Carlos Henrique Bezerra. **Curso de Direito do Trabalho**. São Paulo: Saraiva Educação, 2018, p. 699-700.

Releva perceber que a disposição sobre direitos atinentes à limitação de jornada de trabalho (*v.g.* direitos relativos a intervalos, bancos de horas e férias) dizem respeito à saúde e segurança do trabalho e, por conseguinte, à vida de quem vende a força de trabalho.

A reforma levada a efeito, naquilo em que toca ao intento de fragilização do império da lei heterônoma foi muito além dos permissivos do art. 611-A da CLT e suplantou a prevalência do negociado coletivo, fortalecendo, outrossim, a precedência do acordo individual sobre a normativa estatal, assim aproximando nosso tempo dos idos do século XIX.

A esse respeito, espantosamente alijando, em distintas situações, a norma coletiva do processo de flexibilização de direitos trabalhistas, o recém-incluído parágrafo único do art. 444 da CLT legitima acordos individuais que disponham sobre direitos previstos no rol do art. 611-A, quando tratar-se de trabalhador com diploma de nível superior e que perceba salário mensal igual ou superior a duas vezes o limite máximo dos benefícios do Regime Geral de Previdência Social, figura agora conhecida, não sem trágica ironia, como "hipersuficiente".

A redação reformada do art. 59 ganhou o acréscimo do parágrafo 6º, que, dispondo sobre a compensação de jornada, autoriza que essa pode ser concretizada mediante negociação coletiva ou acordo individual escrito, conforme já dispunha entendimento pacificado do TST na súmula 85, I, porém, amplia seu alcance com a possibilidade de ajuste por meio de acordo tácito, caracterizando mais uma hipótese de facilitação da flexibilização do contrato de trabalho.[26]

A jornada de trabalho conhecida como "12x36" sai enfatizada pela LRT. Antes apenas tida como controversa exceção jurisprudencialmente tolerada, por ser considerada prejudicial à saúde dos trabalhadores, e permitida somente quando prevista em negociação coletiva – conforme súmula 444, do TST –, o novel art. 59-A da CLT estende a admissão da jornada 12x36 por acordo individual escrito e, quando tomada em conjunto com o parágrafo único do art. 60, da CLT, dispensa até mesmo licença prévia das autoridades competentes em matéria de higiene do trabalho para sua adoção em atividades insalubres, exigida pelo art. 60 do mesmo Diploma Legal.

A LRT perpetrou, pois, flagrante afronta à proteção de direitos humanos nas relações de trabalho, uma vez que a possibilidade de mitigação ou mesmo renúncia a direitos básicos trabalhistas, como aqueles constantes do rol aberto do art. 611-A, logicamente confronta a ideia de proteção, ainda mais frente ao disposto no seu §. 2º sobre a desnecessidade de existência de contrapartidas recíprocas ao despojamento efetivado.

Diferente seria se a norma fosse expressamente consonante com o caráter expansivo das normas coletivas, no sentido da obtenção apenas e tão somente de patamares de direitos trabalhistas mais elevados do que aqueles estatuídos pela lei estatal, assim obedecendo os cânones principiológicos tanto do direito individual quanto do direito coletivo do trabalho, devidamente insculpidos na Constituição Federal e nos tratados internacionais celebrados pelo Estado Brasileiro, sobretudo à luz do já examinado Princípio da Proibição do Retrocesso.

O Comitê de Liberdade Sindical da OIT, em exercício de interpretação da Convenção nº 154, prescreveu que o direito de negociar livremente com os empregadores as condições de trabalho compõe o âmago da liberdade de associação, mas sempre tendo em vista a melhoria das condições de vida e de trabalho dos trabalhadores, sendo essa a razão motriz da

---

26 DELGADO, Maurício Godinho; DELGADO, Gabriela Neves. **A Reforma Trabalhista no Brasil com os comentários à lei nº 13.467/2017**. São Paulo: LTR Editora, 2017, p. 128-129.

negociação coletiva. O contrário implica em violação à máxima segundo a qual incumbe aos empregados e empregadores a organização de suas atividades e programas.[27]

Não por outra razão, já em 2018, logo após a vigência da LRT, o Comitê de Peritos sobre Aplicação de Convenções e Recomendações da OIT, responsável pelo monitoramento do cumprimento das normas da organização pelos Estados Membros, confirmando advertência que já havia dirigido do Estado brasileiro, quando ainda tramitava o projeto de lei reformador, recomendou ao Brasil a revisão da LRT, no que permite a prevalência do negociado sobre o legislado, de forma a possibilitar a redução de direitos previstos na lei heterônoma, com isso violando o art. 4º da Convenção nº 98, além de dispositivos das Convenções nºs 151 e 154, todas da OIT.[28]

As manifestações da OIT sugerem, por conseguinte, a inconvencionalidade das aludidas alterações da LRT.

Melhor sorte não socorre a subversão patrocinada pela LRT à vista da Constituição Federal, que, como visto, no *caput* do art. 7º, evidencia a proteção de um rol aberto e **progressivo** de direitos fundamentais trabalhistas alcançados pela petrificação do inciso IV do § 4º do art. 60. Do rol de 34 (trinta e quatro) incisos do art. 7º, apenas 3 (três) - quais sejam, VI (redução salarial), XIII (compensação de jornada de trabalho) e XIV (elastecimento do limite reduzido de jornada de trabalho por turno ininterrupto) - admitem relativização por meio de acordo coletivo de trabalho ou convenção coletiva de trabalho, denotando que esse tipo de regulamentação privada flexibilizadora é excepcionalmente tolerada, todavia permanecendo vinculada à obrigação de não retrocesso, de modo que deve haver real contrapartida que justifique a mitigação acordada, sob pena de afronta ao dispositivo constitucional das cláusulas pétreas.

Por todo o exposto, já passam de 30 (trinta) as ações de controle de convencionalidade ajuizadas perante o STF acerca de diferentes dispositivos da LRT - mais especificamente 38 (trinta e oito) ações, 34 (trinta e quatro) ADIs e 4 (quatro) ADCs -, a maioria ainda aguardando julgamento.[29]

E uma dessas, a ADI 5938, o STF declarou a inconstitucionalidade da exigência de apresentação de atestado médico que recomende o afastamento de atividades laborais insalubres, estabelecida nos incisos II e III do art. 394-A da Consolidação das Leis do Trabalho (CLT), inseridos pela LRT. A decisão prolatada prestigiou o direito da mulher gestante e lactante de se proteger contra atividades insalubres, bem como a efetivação da integral proteção da criança, pondo-se ambos enquanto direitos fundamentais e irrenunciáveis. A decisão associou a proteção da diferentes interesses tutelados pelos DESCA e protegidos pela Constituição Federal, reforçando e garantindo sua irrenunciabilidade. São eles: direito à saúde da mulher, direito à proteção e não discriminação da mulher no mercado de trabalho, direito à saúde do feto e da criança.

---

27 ORGANIZACIÓN INTERNACIONAL DEL TRABAJO. COMITÉ DE LIBERTAD SINDICAL. **Libertad sindical: Recopilación de decisiones y princípios del Comité de Libertad Sindical del Consejo de Administración de la OIT**, cit., p. 189.

28 INTERNATIONAL LABOUR ORGANIZATION. **Application of International Labour Standards 2018:** Report of the Committee of Experts on the Application of Conventions and Recommendations. Geneve: ILO, 2018. Disponível em: https://www.ilo.org/wcmsp5/groups/public/---ed_norm/---relconf/documents/meetingdocument/wcms_617065.pdf. Acesso em: 5 jul. 2020, p. 58-59.

29 HIGÍDIO, José; VOLTARE, Emerson. Ações sobre a reforma trabalhista, 3 anos, repousam no Supremo. **Consultor Jurídico**, 28 nov. 2020. Disponível em: https://www.conjur.com.br/2020-nov-28/acoes-reforma-trabalhista-anos-caducam-supremo#author. Acesso em: 10 jan. 2021.

5. DIREITO À MORADIA

5.1. Normativa básica constitucional e internacional

Constituição Federal

art. 6º. São direitos sociais (...) a moradia, (...) na forma desta Constituição;

art. 23. É competência comum da União, dos Estados, do Distrito Federal e dos Municípios: (...) IX – promover programas de construção de moradias e a melhoria das condições habitacionais e de saneamento básico;

art. 182. A política de desenvolvimento urbano, executada pelo Poder Público municipal, conforme diretrizes gerais fixadas em lei, tem por objetivo ordenar o pleno desenvolvimento das funções sociais da cidade e garantir o bem- estar de seus habitantes.

art. 183. Aquele que possuir como sua área urbana de até duzentos e cinquenta metros quadrados, por cinco anos, ininterruptamente e sem oposição, utilizando-a para sua moradia ou de sua família, adquirir-lhe-á o domínio, desde que não seja proprietário de outro imóvel urbano ou rural.

art. 191. Aquele que, não sendo proprietário de imóvel rural ou urbano, possua como seu, por cinco anos ininterruptos, sem oposição, área de terra, em zona rural, não superior a cinquenta hectares, tornando-a produtiva por seu trabalho ou de sua família, tendo nela sua moradia, adquirir-lhe-á a propriedade.

Declaração Universal dos Direitos Humanos

art. 13

1. Todo ser humano tem direito à liberdade de locomoção e residência dentro das fronteiras de cada Estado.

Declaração Americana dos Direitos e Deveres do Homem

art. VIII. Toda pessoa tem direito de fixar sua residência no território do Estado de que é nacional, de transitar por ele livremente e de não abandoná-lo senão por sua própria vontade.

Pacto Internacional sobre Direitos Econômicos, Sociais e Culturais

art. 12.

1. Toda pessoa que se ache legalmente no território de um Estado terá o direito de nele livremente circular e escolher sua residência.

3. os direitos supracitados não poderão em lei e no intuito de restrições, a menos que estejam previstas em lei e no intuito de proteger a segurança nacional e a ordem, a saúde ou a moral pública, bem como os direitos e liberdades das demais pessoas, e que sejam compatíveis com os outros direitos reconhecidos no presente Pacto.

Pacto Internacional sobre Direitos Econômicos, Sociais e Culturais

art. 11

1. Os Estados Partes do presente Pacto reconhecem o direito de toda pessoa a um nível de vida adequando para si próprio e sua família, inclusive à alimentação, vestimenta e moradia adequadas, assim como a uma melhoria continua de suas condições de vida. Os Estados Partes tomarão medidas apropriadas para assegurar a consecução desse di-

reito, reconhecendo, nesse sentido, a importância essencial da cooperação internacional fundada no livre consentimento.

Convenção Americana sobre Direitos Humanos

art. 22. - Direito de Circulação e de Residência

1. Toda pessoa que se ache legalmente no território de um Estado tem direito de circular nele e de nele residir conformidade com as disposições legais.

3. O exercício dos direitos acima mencionados não pode ser restringido senão em virtude de lei, na medida indispensável, numa sociedade democrática, para prevenir infrações penais ou para proteger a segurança nacional, a segurança ou a ordem públicas, a moral ou a saúde públicas, ou os direitos e liberdades das demais pessoas.

4. O exercício dos direitos reconhecidos no inciso 1 pode também ser restringido pela lei, em zonas determinadas, por motivos de interesse público.

5.2. Apontamentos sobre conteúdo do direito

O acesso ao direito à moradia, representa, na verdade, um signo de reconhecimento social do indivíduo, principalmente, enquanto sujeito de direitos. Dessa maneira, além de constituir um aspecto básico para o desenvolvimento humano, o direito à moradia ressignifica a própria condição individual.

O papel da moradia como direito ligado à dignidade humana costuma ser inferido de enunciados normativos constantes das principais cartas jurídicas que se dedicam à proteção dos direitos humanos, no plano internacional, e dos direitos fundamentais, no plano nacional.

A doutrina nacional civilista voltada ao estudo do direito à moradia mais frequentemente o conceitua como um entre os demais direitos da personalidade - que são imateriais -, visando contrapô-lo ao resultado de uma certa associação intuitiva das ideias de moradia e de prédio, que naturalmente remete ao terreno das relações jurídicas em que se definem direitos reais, como o direito de propriedade ou o direito de posse.[30] A partir daí se pode distinguir o direito à moradia do direito de habitação (mais ligado à posse).

A posição nuclear da pessoa em vista do direito à moradia é o elemento que permite compreendê-lo como direito da personalidade, já que é na morada que o indivíduo encontra o ponto geográfico que se torna a sua referência de segurança (em termos de proteção à vida e à saúde), de privacidade, de descanso e de vida familiar, predicados sem os quais se afiguram impossíveis a sobrevivência e o desenvolvimento do ser humano com dignidade.

É de se ver, contudo, que o direito imaterial à moradia e o direito de habitação, embora inconfundíveis do ponto de vista semântico, aproximam-se na medida em que aquele, como este, concretiza-se ordinária e materialmente em um imóvel. Não se está a tratar, pois, de direito de imediata expressão patrimonial, razão pela qual a concretização do direito à moradia não se resume à obrigação prestacional de entrega de um bem à utilização do titular desse suposto direito subjetivo.

---

30 Assim em: SOUZA, Sérgio Iglesias Nunes de. **Direito à moradia e de habitação**: análise comparativa e suas implicações teóricas e práticas com os direitos da personalidade. 2 ed. São Paulo: Ed. Revista dos Tribunais, 2009; PAGANI, Elaine Adelina. **Direito de propriedade e direito à moradia**: um diálogo comparativo entre o direito de propriedade urbana imóvel e o direito à moradia. Porto Alegre: EdiPUCRS, 2009; NOLASCO, Loreci Gottschalk. **Direito fundamental à moradia**. São Paulo: Pillares, 2008; AINA, Eliane Maria Barreiros. **O direito à moradia nas relações privadas**. Rio de Janeiro: Lumen Juris, 2009; e MILAGRES, Marcelo de Oliveira. Direito à moradia. São Paulo: Atlas, 2011.

A transversalidade do direito à moradia em relação aos demais direitos humanos evidencia-se de sua menção explícita em diversas normas internacionais específicas sobre outros temas, por exemplo: Convenção Internacional sobre a Eliminação de Todas as Formas de Discriminação Racial (art. 5º), Convenção Sobre a Eliminação de Todas as Formas de Discriminação Contra a Mulher (art. 14, item 2), Convenção sobre os Direitos das Crianças (art. 16, item 1 e art. 27, item 3), Princípios das Nações Unidas para Moradia e Restituição de Posses para Refugiados e Pessoas Deslocadas, Convenção sobre o Status dos Refugiados (art. 21), Quarta Convenção de Genebra (quarta) sobre Proteção de Civis em Tempo de Guerra de 1949 (arts. 49, 53 e 85) e Convenção Internacional para a Proteção dos Direitos de todos os Trabalhadores Migrantes e Membros de suas Famílias (art. 43, item 1).

O Comentário Geral nº 4 do Comitê de Direitos Econômicos, Sociais e Culturais da ONU[31], relativo ao item 1 do art. 11 do PIDESC, traz o principal contributo interpretativo para a identificação do conteúdo do direito à moradia, ao atrelá-la predicado da adequação, de modo que não mais se possa admitir salvaguardado o direito à moradia sem que seu exercício se desenvolva dentro de um feixe de circunstâncias ou fatores que, reunidos, permitam que a morada possa ser tida por adequada. O mesmo Comentário-Geral vai mais além, ao apontar, com nível de detalhes, as circunstâncias que condicionam a adequação da moradia:

- ➔ segurança legal de posse.
- ➔ disponibilidade de serviços, materiais, facilidades e infraestrutura.
- ➔ custo acessível.
- ➔ habitabilidade, isto é, espaço adequado e proteção do frio, umidade, calor, chuva, vento ou outras ameaças à saúde, riscos estruturais e riscos de doença).
- ➔ acessibilidade a grupos desfavorecidos, como idosos, crianças, deficientes físicos, doentes terminais, portadores de HIV, pessoas com problemas crônicos de saúde, doentes mentais, vítimas de desastres naturais, pessoas vivendo em áreas propensas a desastres etc.).
- ➔ localização que dê acesso a opções de trabalho, serviços de saúde, escolas, creches e outras facilidades sociais.
- ➔ adequação cultural, relativa à maneira como a habitação é construída, os materiais de construção usados e as políticas em que se baseiam devem possibilitar apropriadamente a expressão da identidade e diversidade cultural da habitação).[32]

Os trabalhos preparatórios que levaram à aprovação da Proposta de Emenda à Constituição – PEC que inseriu a moradia no texto do art. 6º da Constituição Federal comprovam

[31] Aprovado na sexta sessão do Comitê, no ano de 1991, e constante do documento E/1992/23. O Comitê de Direitos Econômicos, Sociais e Culturais foi estabelecido pela Resolução nº 1985/17, de 28 de maio de 1985, do Conselho Econômico e Social da ONU, tendo sido incumbido do desempenho das funções de supervisão do cumprimento do PIDESC pelos Estados Partes (entre eles, o Brasil), nos termos da parte IV do Pacto. Cf. UNITED NATIONS HIGH COMMISSIONER FOR HUMAN RIGHTS. **Committee on Economic, Social and Cultural Rights. General comment 4. (General Comments)** – The right to adequate housing (Art. 11 (1)). Sixth session, 1991. E/1992/23. Disponível em: http://tbinternet.ohchr.org/Treaties/CESCR/Shared%20Documents/1_Global/INT_CESCR_GEC_4759_E.doc. Acesso em: 06 jan. 2021.

[32] NÚCLEO DE ESTUDOS INTERNACIONAIS DA CLÍNICA DE DIREITO INTERNACIONAL DOS DIREITOS HUMANOS DA FACULDADE DE DIREITO DA UNIVERSIDADE DE SÃO PAULO et. al, op. cit., p. 258-260.

que subjaz ao seu conteúdo exatamente essa noção de **moradia adequada**. É que, consoante explicita o voto da Relatora da PEC[33], a alteração legislativa proposta objetivou honrar o compromisso assumido pelo Estado brasileiro, juntamente com os outros 170 (cento e setenta) países, quando da adoção da Agenda Habitat II e da Declaração de Istambul de 1996, documentos que acatam os parâmetros do Comentário-Geral nº 4 do Comitê de Direitos Econômicos, Sociais e Culturais da ONU.

A propósito, com vistas ao planejamento e à execução de providências, a Conferência das Nações Unidas para Assentamentos Humanos ("Habitat II"), realizada em 1996 - dando sequência à Conferência "Habitat I", de 1976, gestora de um plano de ação com 64 (sessenta e quatro) recomendações e da Declaração de Vancouver sobre Assentamentos Humanos -, foi a segunda de uma série de conferências voltadas a temas relacionados ao desenvolvimento global. A Conferência culminou com a "Agenda Habitat II", que contém mais de 100 (cem) compromissos e 600 (seiscentas) recomendações sobre assentamentos humanos, e com a Declaração de Istambul, adotadas por 171 (cento e setenta e um) países, reafirmando a concepção de que a satisfação do direito à moradia pressupõe a moradia adequada, conforme os parâmetros estipulados no Comentário Geral nº 4 do Comitê de Direitos Econômicos, Sociais e Culturais. A terceira Conferência ("Habitat III") realizou-se em 2016, em Quito, com a presença de 167 (cento e sessenta e sete) Estados, oportunidade em que os compromissos anteriores foram renovados e projetados a partir da adoção da Declaração de Quito Sobre Cidades Sustentáveis e Assentamentos Urbanos para Todos e da "Nova Agenda Urbana", documentos que vão orientar a urbanização sustentável pelos próximos 20 anos.

O direito à moradia, portanto, não estava no rol original do art. 6º da Constituição Federal. Contudo, por ser um atributo essencial para a vida digna e para o alinhamento da Constituição aos compromissos internacionais já assumidos pelo Brasil, o direito à moradia foi adicionado ao artigo 6º pelo legislador constituinte derivado, por força da Emenda Constitucional n º 26/2000.

Há de ser percebido que o direito à moradia, na Constituição Federal de 1988, é consagrado em articulação sistemática com outras disposições constitucionais, subsistindo, na constelação normativa-constitucional, um alinhamento estrutural nos comandos constitucionais para a efetivação desse direito na concretude da História. São exemplos:

- ➔ O art. 7º, inciso IV, que está relacionado, em um primeiro momento, aos direitos dos trabalhadores, também aduz que a moradia está incluída entre as "necessidades vitais básicas" do trabalhador e sua família.
- ➔ O art. 23, IX, que trata esse direito social como uma política pública de competência comum da União, dos Estados, do Distrito Federal e dos Municípios ao estabelecer a promoção de programas de construção de moradias e a melhoria das condições de habitação e de saneamento básico por todos os entes federados.
- ➔ Os arts. 183 e 191, tratam, respectivamente, das hipóteses da usucapião urbana especial e da usucapião rural especial. Assim, com a criação de condições mais específicas para a aquisição da propriedade por meio da posse, intenta-se garantir o Direito à Moradia.

A Lei nº 10.257/01 ("Estatuto da Cidade") foi criada com a finalidade de regulamentar os arts. 182 e 183 da Constituição Federal, que cuidam da política de desenvolvimento urbano e da função social da propriedade.

---

33 Deputada Almerinda Carvalho. Voto apresentado à Comissão Especial designada para proferir parecer acerca PEC nº 601-A/98.

A propósito, o STF tem entendimento assentado sobre a inexistência de ingerência do Poder Judiciário quando, em circunstâncias excepcionais de omissão ou desídia do Poder Executivo Federal, Estadual ou Municipal, determina o custeio e a implementação de políticas públicas de promoção do direito à moradia, como nas hipóteses de reassentamento de pessoas (ARE 925.712-AgR, decisão de 2017) ou assistência a pessoas desabrigadas por catástrofe natural (ARE 948.601-AgR, decisão de 2017).

Para além da inviolabilidade do domicílio, já abordada no capítulo sobre direito à vida privada e intimidade, questão extremamente sensível é a remoção de pessoas de seu domicílio, em especial, quando se trata de ocupação não calcada em direito de propriedade do local de residência ou em posse formalmente concedida.

No Brasil, o tema remete às ocupações por pessoas desprovidas de condições materiais de moradia, que ocupam prédios de propriedade alheia, em geral forçadas a se retirarem por ordem judicial de reintegração de posse, não raro cumprida com extrema violência policial, ante a recusa das pessoas em abandonarem o único local de abrigo seu e de sua família. No mais das vezes, está-se a falar de indivíduos economicamente vulneráveis e que tiveram negados por parte do Estado o direito à moradia, notadamente pela falha no cumprimento da obrigação estatal de prover a fruição desse direito humano. O Comitê de Direitos Econômicos, Sociais e Culturais da ONU editou o Comentário Geral nº 7 especificamente a situação de remoções forçadas, em face do art. 11, item 1, do PIDESC.

O Comentário Geral nº 7 principia relembrando que, desde 1976, quando da Conferência das Nações Unidas sobre Assentamentos Humanos, a comunidade internacional reclamou atenção especial ao tema da remoção forçada e que consta da na Agenda Habitat compromisso dos Governos em "proteger todas as pessoas contra remoções forçadas que sejam contrárias à lei, levando em consideração os direitos humanos, e a promover a proteção e reparação judicial nesses casos; e, quando as remoções sejam inevitáveis, garantir, apropriadamente, que alternativas viáveis para a solução sejam encontradas". Cita, ainda, precedente da Comissão de Direitos Humanos (órgão de monitoramento do PIDCP) no sentido de que "a prática das remoções forçadas são uma grave violação aos direitos humanos".[34]

O Comentário Geral prossegue adotando a regra geral de proibição de remoções forçadas, instigando o diálogo e o encontro de solução com a participação dos ocupantes:

> 13. Antes que se realize qualquer remoção forçada, em particular aquelas que afetam grandes grupos de pessoas, os Estados Partes devem assegurar que todas as alternativas viáveis sejam estudadas em consulta com as pessoas afetadas, com vistas a evitar, ou ao menos minimizar, a necessidade do uso da força. Devem ser previstos recursos ou procedimentos legais às pessoas afetadas pelas ordens de remoção. Os Estados Partes devem garantir também que todos os indivíduos afetados tenham direito à devida indenização por todos seus bens pessoais, móveis e imóveis, que lhes tenham sido privados.[35]

Não obstante, o Comitê admite que possa haver situações em que a remoção decorra, legitimamente, de lei nacional, hipótese em que preceitua sejam observados parâmetros para que a remoção aconteça da forma menos gravosa possível para as pessoas removidas:

---

[34] NÚCLEO DE ESTUDOS INTERNACIONAIS DA CLÍNICA DE DIREITO INTERNACIONAL DOS DIREITOS HUMANOS DA FACULDADE DE DIREITO DA UNIVERSIDADE DE SÃO PAULO et. al, op. cit., p. 285.

[35] Id. Ibid., p. 288.

> 14. Nos casos em que o desalojamento é considerado justificado, ele deve ser realizado em estrita conformidade com as disposições do direito internacional dos direitos humanos e de acordo com os princípios gerais da razoabilidade e proporcionalidade. Nesse sentido é especialmente pertinente lembrar o Comentário geral nº 16 do Comitê de Direitos Humanos relativo ao artigo 17 do Pacto Internacional de Direitos Civis e Políticos, que prevê que a ingerência na casa de uma pessoa só pode ocorrer "nos casos previstos em lei". O Comitê observou que a lei "deve estar de acordo com as disposições, objetivos e metas do Pacto". O Comitê também indicou que "uma legislação pertinente deve especificar em detalhes as circunstâncias precisas nas quais tais ingerências podem ser permitidas".
>
> 15. Proteção processual apropriada e devido processo legal são aspectos essenciais em todos os direitos humanos, mas eles são especialmente pertinentes para a questão das remoções forçadas, que guarda uma relação direta com muitos direitos reconhecidos nos dois Pactos Internacionais sobre Direitos Humanos. O Comitê considera que entre as garantias processuais que se devem aplicar no contexto de remoções forçadas estão (a) uma oportunidade genuína para consultar as pessoas afetadas; (b) um prazo suficiente e adequado para notificação de todos os afetados, com antecedência à data prevista para o desalojamento; (c) informações sobre as remoções previstas e, quando aplicável, sobre a finalidade alternativa para a qual as terras ou casas serão utilizadas, sendo que tais informações devem ser disponibilizadas em tempo razoável e à todas as pessoas interessadas; (d) especialmente nos casos em que grupos de pessoas estão envolvidos, os oficiais do governo ou seus representantes devem estar presentes durante a remoção; (e) identificação exata de todas as pessoas que efetuarão a remoção; (f) os desalojamentos não devem ocorrer em um clima particularmente ruim ou durante a noite, ao menos que as pessoas afetadas com isso tenham concordado; (g) previsão de recursos efetivos e (h) prestação, quando possível, de apoio jurídico para as pessoas que dele precisam para obter reparação dos tribunais.
>
> 16. As remoções não devem resultar que indivíduos permaneçam sem moradia ou vulneráveis à violação de outros direitos humanos. Quando as pessoas afetadas são incapazes de se auto sustentar, o Estado Parte deve tomar todas as medidas apropriadas, no máximo de seus recursos disponíveis, para garantir que uma alternativa adequada de moradia, reassentamento ou acesso a terras produtivas, conforme o caso, esteja disponível.[36]

O STF vem apresentando sucessivos deferimentos de medidas de urgência em litígios envolvendo ordens de reintegração de posse imóveis rurais e urbanos, com consequente desalojamento de um número expressivo de pessoas despossuídas de moradia própria que ocupam os imóveis em vias de reintegração. As medidas liminares têm sido concedidas nas situações em que não se vislumbra qualquer providência antecipadamente planejada de assistência do Poder Público aos iminentes desalojados, seja no momento da reintegração, seja após. Em 2016, ao deferir uma medida liminar desta natureza, o Min. Dias Toffoli, rememorando experiências anteriores trágicas, pontuou:

> Como é cediço, a jurisdição é atividade estatal que tem como escopo principal a pacificação de conflitos sociais, garantindo os direitos que os atores sociais já não podem mais defendê-los ou tutelá-los individualmente.

---

[36] Id. Ibid., p. 288-289.

> Na hipótese, a retomada da posse pode ser vista como fator de exacerbação do litígio em questão, em especial quando o cumprimento da ordem judicial é levada a efeito por força policial desacompanhada de maiores cuidados com o destino dos evictos.
>
> Nesse contexto, considerando as informações trazidas aos autos, de que é iminente o cumprimento de mandado de reintegração de posse (agendado para o dia 17/1/2016) para a retirada de mais de 10.000 (dez mil) pessoas, sem a apresentação dos meios para a efetivação da remoção (como caminhões e depósitos), sem qualquer indicação de como será realizado o reassentamento das famílias, e tendo em conta o risco considerável de conflitos sociais, exemplificados por episódios recentes como a desocupação da área do Pinheirinho, em São José dos Campos/SP, bem como a de um antigo prédio na Avenida São João, em São Paulo/SP entendo que o imediato cumprimento da decisão, poderá catalisar conflitos latentes, ensejando violações aos fundamentais daqueles atingidos por ela. (AC 4085-MC/SP)

O Superior Tribunal de Justiça, em decisão de 2015 para o Recurso em MS 48.316/MG, examinou o cumprimento de ordem judicial de reintegração de posse da área ocupada denominada "Ocupação do Isidoro", localizada na Mata do Isidoro, em Belo Horizonte, por 30.000 (trinta mil) pessoas, sem atendimento às determinações básicas previstas no Estatuto da Criança e do Adolescente, no Estatuto do Idoso e em tratados internacionais dos quais o Brasil é signatário. Em que pese não tenha decidido sobre o mérito do caso específico em razão de questões processuais, o STJ articulou precedentes jurisprudenciais seus para assentar a imposição legal da adoção por quem está incumbido do cumprimento da ordem judicial de providências prévias que visem respeitar e proteger os direitos fundamentais das pessoas que são o alvo da desocupação, de modo a evitar o desencadeamento de conflito social muito maior que o prejuízo do particular favorecido pela reintegração.

Afirma o acórdão que a matéria envolve a proteção dos direitos à dignidade da pessoa humana, especialmente no tocante à integridade física, à segurança e à moradia, consoante o disposto nos arts. 17 do PIDCP, 16 da Convenção dos Direitos das Crianças e 6º da Constituição Federal. Sobre a remoção de assentamentos, o *decisum* cita como referências o Comentário Geral nº 7 do Comitê de Direitos Econômicos, Sociais e Culturais da ONU e o guia elaborado pela Relatoria Especial da ONU sobre Habitação, sob o título "Como atuar em projetos que envolvem despejos e remoções?". Estas referências normativas internacionais orientam a adoção de diversas providências precedentes ao cumprimento da desocupação, entre elas: (i) notificação adequada e razoável para todos os afetados, antes da data da remoção; (ii) um local de assentamento deve estar pronto (construção de casas, fornecimento de água, saneamento, eletricidade, escolas, alocação de terras e moradias), antes da remoçao da comunidade; (iii) a comunidade deve ter tempo hábil para fazer inventário de bens a serem removidos; (iv) as pessoas devem receber assistência para saída e transporte pessoal e de seus parentes; (v) deve-se considerar a situação peculiar de grupos vulneráveis, tais como crianças, idosos, pessoas com deficiência, gestantes etc.; e (vi) o local de reassentamento deve cumprir condições dignas de moradia e localizar-se o mais próximo possível do local original, visando propiciar que as famílias removidas tenham acesso à rede de serviços de seu entorno.

A fundamentação dessa decisão do STJ consagra a percepção de que o cumprimento de uma ordem de reintegração de posse de espaço ocupado por coletividade de indivíduos socialmente vulneráveis deve lançar foco de atenção nas pessoas removidas (e não no interesse patrimonial do proprietário do espaço), garantindo a máxima mitigação dos prejuízos por elas experimentados e a integral salvaguarda de seus direitos fundamentais.

Mais recentemente, no ano de 2020, acatando pedido do Ministério Público Federal em decisão suspensiva liminar da desocupação forçada da área do Parque Municipal João Alberto Xavier (Município de Carazinho/RS), ocupada por indígenas da etnia Kaingang, o mesmo Ministro Dias Toffoli adicionou aos argumentos já citados a necessidade de cautela especial com a remoção de população indígena, em decorrência de processos de demarcação de área, uma vez que a relação dos índios com a terra difere daquela mantida pela dita "população civilizada". Alerta a decisão: "há que se considerar que a proteção social, antropológica, econômica e cultural conferida aos índios pela Constituição Federal, preconizada em seu artigo 231, tem como tema central em debate e pressuposto fundamental para sua aplicação, a garantia à terra e o vínculo estabelecido entre essa e as comunidades indígenas" (Suspensão de Liminar 1.216).

A proteção irrestrita do direito à moradia experimentou, no entanto, relativização no exame pelo STF do RE 407.688-8/SP, no qual se discutiu a validade da exceção legal à impenhorabilidade do bem de família, no caso de obrigação decorrente de fiança concedida em contrato de locação, estabelecida pelo art. 3º, VII, da Lei nº 8.009/90. O STF decidiu pela admissibilidade da exceção legal, afastando o argumento da afronta ao direito à moradia, inserido pela Emenda Constitucional nº 26/2000 no rol dos direitos fundamentais sociais do art. 6º da CF. Para tanto, argumentou que a locação é meio de concretização do direito à moradia, o qual, ao invés de afrontado, vê-se fomentado pela possibilidade de penhora do bem do fiador, o que representa reforço de garantia contratual, a estimular e incrementar a oferta de imóveis dados em aluguel. Admitiu-se, ainda que, implicitamente, a produção de efeitos dos direitos fundamentais - e, particularmente, do direito social à moradia (substrato da impenhorabilidade do bem de família) - às relações entre particulares (no caso, a fiança em contrato locatício). Proclamou-se, outrossim, que a validade da exceção legal importa no reconhecimento da renúncia pelo fiador ao direito fundamental em questão.

6. DIREITO À SEGURIDADE SOCIAL

6.1. Normativa básica constitucional e internacional

Constituição Federal

art. 6º. São direitos sociais (...) a previdência social, (...) na forma desta Constituição;

art. 194. A seguridade social compreende um conjunto integrado de ações de iniciativa dos Poderes Públicos e da sociedade, destinadas a assegurar os direitos relativos à saúde, à previdência e à assistência social;

Parágrafo único. Compete ao Poder Público, nos termos da lei, organizar a seguridade social, com base nos seguintes objetivos:

I. universalidade da cobertura e do atendimento;

II. uniformidade e equivalência dos benefícios e serviços às populações urbanas e rurais;

III. seletividade e distributividade na prestação dos benefícios e serviços;

IV. irredutibilidade do valor dos benefícios;

V. equidade na forma de participação no custeio;

VI. diversidade da base de financiamento, identificando-se, em rubricas contábeis específicas para cada área, as receitas e as despesas vinculadas a ações de saúde, previdência e assistência social, preservado o caráter contributivo da previdência social;

VII. caráter democrático e descentralizado da administração, mediante gestão quadripartite, com participação dos trabalhadores, dos empregadores, dos aposentados e do Governo nos órgãos colegiados.

art. 195. A seguridade social será financiada por toda a sociedade, de forma direta e indireta, nos termos da lei, mediante recursos provenientes dos orçamentos da União, dos Estados, do Distrito Federal e dos Municípios, e das seguintes contribuições sociais (...)

art. 201. A previdência social será organizada sob a forma do Regime Geral de Previdência Social, de caráter contributivo e de filiação obrigatória, observados critérios que preservem o equilíbrio financeiro e atuarial, e atenderá, na forma da lei, a:

I. cobertura dos eventos de incapacidade temporária ou permanente para o trabalho e idade avançada;

II. proteção à maternidade, especialmente à gestante;

III. proteção ao trabalhador em situação de desemprego involuntário;

IV. salário-família e auxílio-reclusão para os dependentes dos segurados de baixa renda;

V. pensão por morte do segurado, homem ou mulher, ao cônjuge ou companheiro e dependentes, observado o disposto no § 2º.

§ 1º. É vedada a adoção de requisitos ou critérios diferenciados para concessão de benefícios, ressalvada, nos termos de lei complementar, a possibilidade de previsão de idade e tempo de contribuição distintos da regra geral para concessão de aposentadoria exclusivamente em favor dos segurados:

I. com deficiência, previamente submetidos a avaliação biopsicossocial realizada por equipe multiprofissional e interdisciplinar;

II. cujas atividades sejam exercidas com efetiva exposição a agentes químicos, físicos e biológicos prejudiciais à saúde, ou associação desses agentes, vedada a caracterização por categoria profissional ou ocupação.

art. 202. O regime de previdência privada, de caráter complementar e organizado de forma autônoma em relação ao regime geral de previdência social, será facultativo, baseado na constituição de reservas que garantam o benefício contratado, e regulado por lei complementar.

art. 203. A assistência social será prestada a quem dela necessitar, independentemente de contribuição à seguridade social, e tem por objetivos:

I. a proteção à família, à maternidade, à infância, à adolescência e à velhice;

II. o amparo às crianças e adolescentes carentes;

III. a promoção da integração ao mercado de trabalho;

IV. a habilitação e reabilitação das pessoas portadoras de deficiência e a promoção de sua integração à vida comunitária;

V. a garantia de um salário mínimo de benefício mensal à pessoa portadora de deficiência e ao idoso que comprovem não possuir meios de prover à própria manutenção ou de tê-la provida por sua família, conforme dispuser a lei.

Declaração Universal dos Direitos Humanos

art. 22. Toda a pessoa, como membro da sociedade, tem direito à segurança social; e pode legitimamente exigir a satisfação dos direitos econômicos, sociais e culturais indispensáveis, graças ao esforço nacional e à cooperação internacional, de harmonia com a organização e os recursos de cada país.

art. 25.

1. Toda a pessoa tem direito a um nível de vida suficiente para lhe assegurar e à sua família a saúde e o bem-estar, principalmente quanto à alimentação, ao vestuário, ao alojamento, à assistência médica e ainda quanto aos serviços sociais necessários, e tem

direito à segurança no desemprego, na doença, na invalidez, na viuvez, na velhice ou noutros casos de perda de meios de subsistência por circunstâncias independentes da sua vontade

Declaração Americana dos Direitos e Deveres do Homem

art. XVI. Toda pessoa tem direito à previdência social de modo a ficar protegida contra as consequências do desemprego, da velhice e da incapacidade que, provenientes de qualquer causa alheia à sua vontade, a impossibilitem física ou mentalmente de obter meios de subsistência.

Pacto Internacional sobre Direitos Econômicos, Sociais e Culturais

art. 9. Os Estados Partes do presente Pacto reconhecem o direito de toda pessoa à previdência social, inclusive ao seguro social.

Protocolo Adicional à Convenção Americana sobre Direitos Humanos em Matéria de Direitos Econômicos, Sociais e Culturais ("Protocolo de São Salvador")

art. 9º

1. Toda pessoa tem direito à previdência social que a proteja das consequências da velhice e da incapacitação que a impossibilite, física ou mentalmente, de obter os meios de vida digna e decorosa. No caso de morte do beneficiário, as prestações da previdência social beneficiarão seus dependentes.

2. Quando se tratar de pessoas em atividade, o direito à previdência social abrangerá pelo menos o atendimento médico e o subsídio ou pensão em caso de acidentes de trabalho ou de doença profissional e, quando se tratar da mulher, licença remunerada para a gestante, antes e depois do parto.

Convenções internacionais específicas[37]

Convenção nº 102 sobre Normas Mínimas da Seguridade Social (OIT)

Convenção nº 103 sobre Proteção à Maternidade (OIT)

Convenção nº 118 sobre Igualdade de Tratamento entre Nacionais e Estrangeiros em Previdência Social (OIT)

Convenção nº 121 sobre Acidentes de Trabalho e Doenças Ocupacionais (OIT)

Convenção nº 128 sobre Prestações de Invalidez, Velhice e Sobreviventes (OIT)

Convenção nº 130 sobre Assistência à Saúde (OIT)

Convenção nº 157 sobre Preservação dos Direitos em Matéria de Seguridade Social (OIT)

Convenção nº 168 sobre Promoção do Emprego e Proteção Contra o Desemprego (OIT)

6.2. Apontamentos sobre conteúdo do direito

O surgimento dos sistemas de seguridade social estruturados possui intrínseca relação com a evolução e consolidação do chamado Estado de Bem-Estar Social (*Welfare State*), termo disseminado a partir do período pós-Segunda Guerra Mundial. O Estado de Bem-Estar Social pode ser entendido aquele que, em resposta às vulnerabilidades econômicas típicas da

[37] As Convenções nºs 121, 128, 130 e 157 não foram ratificadas pelo Brasil até o momento.

expansão capitalista, por meio de suas instituições, intervém ativamente na economia, com a finalidade específica de redução do grau de insegurança dos indivíduos frente a contingências sociais derivadas da fragilidade econômica, através da redistribuição de renda e riqueza e garantia de acesso a bens e serviços básicos a toda a população.[38]

Por outro lado, o *Welfare State* também é aquele que provê assistência às vítimas da insegurança econômica, em especial aquelas que dependem da venda da força de trabalho para sobreviver, mas estão alijadas, temporária ou definitivamente, do mercado de trabalho por diferentes motivos alheios à própria vontade – tais como saúde, idade, deficiência física ou mental e desemprego estrutural – ou mesmo por decorrência de situação familiar, como a maternidade. Com este propósito, no século XX se expandiram as iniciativas estatais de instituição de sistemas securitários públicos (modelos previdenciários de custeio repartido entre Estado, empregadores e trabalhadores), um fenômeno típico do Estado de Bem-Estar Social.[39]

A seguridade social é, então, reconhecida como direito humano pela Declaração Universal de Direitos Humanos e, posteriormente, pelo PIDESC. Os verdadeiros avanços na formulação técnica e jurídica do conceito de seguridade social e das ações internacionais para a sua promoção se verificaram na OIT, que, desde sua criação, em 1919, vinha editando recomendações em matéria de proteção social de trabalhadores. O tema, contudo, seria objeto de um tratado específico em 1952, qual seja, a Convenção nº 102 sobre Normas Mínimas da Seguridade Social, que obriga a seus Estados Partes a promoção da seguridade social, pela via de um sistema organizado para tanto, que atinja o maio número possível de pessoas que sofram de insegurança social por motivo de doença, desemprego, velhice, incapacidade laborativa, acidentes e doenças do trabalho, encargos familiares, maternidade, morte e saúde.

A Convenção nº 102 abriu caminho para disposições acerca do assunto em outros tratados sobre situações específicas demandantes de proteção social, no âmbito da OIT, a exemplo da Convenção nº 103 sobre Proteção à Maternidade, Convenção nº 118 sobre Igualdade de Tratamento entre Nacionais e Estrangeiros em Previdência Social, Convenção nº 121 sobre Acidentes de Trabalho e Doenças Ocupacionais, Convenção nº 128 sobre Prestações de Invalidez, Velhice e Sobreviventes, Convenção nº 130 sobre Assistência à Saúde, Convenção nº 157 sobre Preservação dos Direitos em Matéria de Seguridade Social e Convenção nº 168 sobre Fomento do Emprego e Prevenção do Desemprego).

Ademais, a ampliação da proteção social acaba por ser consagrado, conforme já estudado, um dos 4 (quatro) objetivos estratégicos da promoção do Trabalho Decente.

Consoante o Comentário Geral nº 19 do Comitê sobre Direitos Econômicos, Sociais e Culturais da ONU, referindo-se ao art. 9º do PIDESC, "a seguridade social deve ser tratada como um bem social, e não primariamente como um mero instrumento de política econômica ou financeira". No mesmo documento, é esclarecido que o sistema de seguridade social deve acobertar saúde, incapacidade para o trabalho decorrente de doença, idosos, desemprego, assistentes de trabalho, apoio familiar e infantil, maternidade, deficiência, sobreviventes e órfãos, principais ramos da seguridade social. O extenso Comentário Geral nº 19 tece, em 84

---

38 BRIGGS, ASA. The Welfare State in Historical Perspective. **European Journal of Sociology**, v. 2, n. 2, p. 221–258, 1961, p. 228.

39 IBRAHIM, Fábio Zambitte. A Previdência Social como Direito Fundamental. **Revista EPD**, v. 5, p. 187-219, 2008.

(oitenta e quatro) verbetes, considerações sobre as obrigações e a operacionalização de cada uma dessas circunstâncias objeto de cobertura.[40]

A seguridade social, tal como prevista constitucionalmente nos art. 194 e 195, "compreende um conjunto integrado de ações de iniciativa dos Poderes Públicos e da sociedade, destinadas a assegurar os direitos relativos à saúde, à previdência e à assistência social". Os seus objetivos centrais são os seguintes: universalidade da cobertura e do atendimento; uniformidade e equivalência dos benefícios e serviços às populações urbanas e rurais; seletividade e distributividade na prestação dos benefícios e serviços; irredutibilidade do valor dos benefícios; equidade na forma de participação no custeio; diversidade da base de financiamento; e caráter democrático e descentralizado da administração. O custeio da seguridade social cabe a toda a sociedade, direta ou indiretamente, mediante recursos provenientes dos orçamentos federal, distrital, estaduais e municipais, além de contribuições sociais a cargo dos empregadores e dos trabalhadores e demais segurados da previdência social (bem como incidentes sobre a receita de concursos de prognósticos ou devidas por importadores de bens ou serviços do Exterior).

Saúde, previdência social e assistência social são, portanto, direitos cuja salvaguarda incumbe à seguridade social, contando com abordagem específica da Constituição Federal. O direito à saúde já foi examinado em tópico próprio.

A **previdência social** (arts. 201 e 202, da CF) está organizada sob a forma de regime geral, de caráter contributivo e filiação obrigatória. A previdência social objetiva atender às seguintes situações, além da aposentadoria: cobertura dos eventos de doença, invalidez, morte e idade avançada; proteção à maternidade, especialmente à gestante; proteção ao trabalhador em situação de desemprego involuntário; salário-família e auxílio-reclusão para os dependentes dos segurados de baixa renda; pensão por morte do segurado. É admitido o regime de previdência privada, organizado de forma autônoma e complementar à previdência social, além de facultativo, observados os parâmetros fixados legais.

As instabilidades econômicas e o receituário neoliberal de austeridade fiscal vêm, ao longo das últimas décadas, vêm conseguindo impulsionar diversas alterações no regime geral e em regimes especiais de servidores públicos de previdência social, cada uma fazendo progredir mais do que a sua antecessora o intento de dificultar o acesso de pessoas a benefícios previdenciários, com destaque para a aposentadoria. A última e mais voraz dessas alterações foi levada a efeito pela Emenda Constitucional nº 103, de 12 de novembro de 2019, conhecida, popularmente, por "Reforma da Previdência".

Já a assistência social (arts. 203 e 204, CF) será prestada a quem dela necessite, independentemente de contribuição à seguridade social. São seus objetivos: a proteção à família, à maternidade, à infância, à adolescência e à velhice; o amparo às crianças e adolescentes carentes; a promoção da integração ao mercado de trabalho; a habilitação e a reabilitação das pessoas portadoras de deficiência e a promoção de sua integração à vida comunitária; a garantia de um salário mínimo de benefício mensal à pessoa portadora de deficiência e ao idoso que comprovem não possuir meios de prover à própria manutenção ou de tê-la provida por sua família. As ações de assistência social serão custeadas, prioritariamente, pelos recursos orçamentários destinados à seguridade social.

---

40 NÚCLEO DE ESTUDOS INTERNACIONAIS DA CLÍNICA DE DIREITO INTERNACIONAL DOS DIREITOS HUMANOS DA FACULDADE DE DIREITO DA UNIVERSIDADE DE SÃO PAULO et. al, op. cit., p. 411-428.

Esses mesmos objetivos são replicados no art. 2º da Lei nº 8.742/93 (Lei Orgânica da Assistência Social ou apenas LOAS), marco normativo que dispõe sobre a assistência social. Em particular, a referida lei define que assistência social é "direito do cidadão e dever do Estado, é Política de Seguridade Social não contributiva, que provê os mínimos sociais, realizada através de um conjunto integrado de ações de iniciativa pública e da sociedade, para garantir o atendimento às necessidades básicas" (art. 1º).

Segundo, ainda, o art. 4º da LOAS, a assistência social, no Brasil, rege-se pelos seguintes princípios:

> I – supremacia do atendimento às necessidades sociais sobre as exigências de rentabilidade econômica;
>
> II – universalização dos direitos sociais, a fim de tornar o destinatário da ação assistencial alcançável pelas demais políticas públicas;
>
> III – respeito à dignidade do cidadão, à sua autonomia e ao seu direito a benefícios e serviços de qualidade, bem como à convivência familiar e comunitária, vedando-se qualquer comprovação vexatória de necessidade;
>
> IV – igualdade de direitos no acesso ao atendimento, sem discriminação de qualquer natureza, garantindo-se equivalência às populações urbanas e rurais;
>
> V – divulgação ampla dos benefícios, serviços, programas e projetos assistenciais, bem como dos recursos oferecidos pelo Poder Público e dos critérios para sua concessão.

Demais disso, a Constituição garante de um salário mínimo mensal às pessoas com deficiência sem condições de subsistência (art. 203, inciso V, CF). Daí o fundamento constitucional para o benefício de prestação continuada (BPC) e para o auxílio-inclusão (art. 20, Lei 8.742/93 e art. 94, Lei 13.146/15, respectivamente).

A judicialização de controvérsias relativas ao recebimento dos mais variados benefícios previdenciários ou de assistência social mobiliza, historicamente, boa parte das atividades do STF. **À guisa de mera ilustração**, ainda que um tanto quanto cientificamente imprecisa, pesquisa realizada no mês de janeiro de 2021, utilizando-se a ferramenta de busca de jurisprudência por palavra-chave, disponível no site da Suprema Corte, retornou nada menos do que 1.055 (mil e cinquenta e cinco) acórdãos para o termo "seguridade social", sendo 72 (setenta e dois) processos com repercussão geral admitida; e 6.053 (seis mil e cinquenta e três) acórdãos e 41 (quarenta e um) com repercussão geral quanto ao mérito.

7. DIREITOS DA FAMÍLIA, CRIANÇA, ADOLESCENTE, JOVEM E IDOSO

7.1. Normativa básica constitucional e internacional

> **Constituição Federal**
>
> art. 226. A família, base da sociedade, tem especial proteção do Estado.
>
> § 1º. O casamento é civil e gratuita a celebração.
>
> § 2ºO casamento religioso tem efeito civil, nos termos da lei.
>
> § 3º. Para efeito da proteção do Estado, é reconhecida a união estável entre o homem e a mulher como entidade familiar, devendo a lei facilitar sua conversão em casamento.
>
> § 4º. Entende-se, também, como entidade familiar a comunidade formada por qualquer dos pais e seus descendentes.

§ 5º. Os direitos e deveres referentes à sociedade conjugal são exercidos igualmente pelo homem e pela mulher.

§ 6º. O casamento civil pode ser dissolvido pelo divórcio.

§ 7º. Fundado nos princípios da dignidade da pessoa humana e da paternidade responsável, o planejamento familiar é livre decisão do casal, competindo ao Estado propiciar recursos educacionais e científicos para o exercício desse direito, vedada qualquer forma coercitiva por parte de instituições oficiais ou privadas.

§ 8º. O Estado assegurará a assistência à família na pessoa de cada um dos que a integram, criando mecanismos para coibir a violência no âmbito de suas relações.

art. 227. É dever da família, da sociedade e do Estado assegurar à criança, ao adolescente e ao jovem, com absoluta prioridade, o direito à vida, à saúde, à alimentação, à educação, ao lazer, à profissionalização, à cultura, à dignidade, ao respeito, à liberdade e à convivência familiar e comunitária, além de colocá-los a salvo de toda forma de negligência, discriminação, exploração, violência, crueldade e opressão.

(...)

§ 3º O direito a proteção especial abrangerá os seguintes aspectos:

I. idade mínima de quatorze anos para admissão ao trabalho, observado o disposto no art. 7º, XXXIII;

II. garantia de direitos previdenciários e trabalhistas;

III. garantia de acesso do trabalhador adolescente e jovem à escola;

IV. garantia de pleno e formal conhecimento da atribuição de ato infracional, igualdade na relação processual e defesa técnica por profissional habilitado, segundo dispuser a legislação tutelar específica;

V. obediência aos princípios de brevidade, excepcionalidade e respeito à condição peculiar de pessoa em desenvolvimento, quando da aplicação de qualquer medida privativa da liberdade;

VI. estímulo do Poder Público, através de assistência jurídica, incentivos fiscais e subsídios, nos termos da lei, ao acolhimento, sob a forma de guarda, de criança ou adolescente órfão ou abandonado;

VII. programas de prevenção e atendimento especializado à criança, ao adolescente e ao jovem dependente de entorpecentes e drogas afins.

§ 4º. A lei punirá severamente o abuso, a violência e a exploração sexual da criança e do adolescente.

§ 5º. A adoção será assistida pelo Poder Público, na forma da lei, que estabelecerá casos e condições de sua efetivação por parte de estrangeiros.

§ 6º. Os filhos, havidos ou não da relação do casamento, ou por adoção, terão os mesmos direitos e qualificações, proibidas quaisquer designações discriminatórias relativas à filiação.

(...)

§ 8º. A lei estabelecerá:

I. o estatuto da juventude, destinado a regular os direitos dos jovens;

II. o plano nacional de juventude, de duração decenal, visando à articulação das várias esferas do poder público para a execução de políticas públicas.

art. 228. São penalmente inimputáveis os menores de dezoito anos, sujeitos às normas da legislação especial.

art. 229. Os pais têm o dever de assistir, criar e educar os filhos menores, e os filhos maiores têm o dever de ajudar e amparar os pais na velhice, carência ou enfermidade.

art. 230. A família, a sociedade e o Estado têm o dever de amparar as pessoas idosas, assegurando sua participação na comunidade, defendendo sua dignidade e bem-estar e garantindo-lhes o direito à vida.

§ 1º. Os programas de amparo aos idosos serão executados preferencialmente em seus lares.

§ 2º. Aos maiores de sessenta e cinco anos é garantida a gratuidade dos transportes coletivos urbanos.

Declaração Universal dos Direitos Humanos

art. 16.

1. A partir da idade núbil, o homem e a mulher têm o direito de casar e de constituir família, sem restrição alguma de raça, nacionalidade ou religião. Durante o casamento e na altura da sua dissolução, ambos têm direitos iguais.
2. O casamento não pode ser celebrado sem o livre e pleno consentimento dos futuros esposos.
3. A família é o elemento natural e fundamental da sociedade e tem direito à proteção desta e do Estado.

art. 25.

1. Toda a pessoa tem direito a um nível de vida suficiente para lhe assegurar e à sua família a saúde e o bem-estar, principalmente quanto à alimentação, ao vestuário, ao alojamento, à assistência médica e ainda quanto aos serviços sociais necessários, e tem direito à segurança no desemprego, na doença, na invalidez, na viuvez, na velhice ou noutros casos de perda de meios de subsistência por circunstâncias independentes da sua vontade.
2. A maternidade e a infância têm direito a ajuda e a assistência especiais. Todas as crianças, nascidas dentro ou fora do matrimônio, gozam da mesma proteção social.

Declaração Americana dos Direitos e Deveres do Homem

art. VI. Toda pessoa tem direito a constituir família, elemento fundamental da sociedade e a receber proteção para ela.

art. VII. Toda mulher em estado de gravidez ou em época de lactação, assim como toda criança, têm direito à proteção, cuidados e auxílios especiais.

Pacto Internacional sobre Direitos Civis e Políticos

art. 23.

1. A família é o elemento natural e fundamental da sociedade e terá o direito de ser protegida pela sociedade e pelo Estado.
2. Será reconhecido o direito do homem e da mulher de, em idade núbil, contrair casamento e constituir família.
3. Casamento algum será celebrado sem o consentimento livre e pleno dos futuros esposos".

art. 24.

1. Toda criança terá direito, sem discriminação alguma por motivo de cor, sexo, língua, religião, origem nacional ou social, situação econômica ou nascimento, às medidas de

proteção que a sua condição de menor requerer por parte de sua família, da sociedade e do Estado.

2. Toda criança deverá ser registrada imediatamente após seu nascimento e deverá receber um nome.

3. Toda criança terá o direito de adquirir uma nacionalidade.

Pacto Internacional sobre Direitos Econômicos, Sociais e Culturais

art. 10. Os Estados Partes do presente Pacto reconhecem que:

1. Deve-se conceder à família, que é o elemento natural e fundamental da sociedade, as mais amplas proteção e assistência possíveis, especialmente para a sua constituição e enquanto ele for responsável pela criação e educação dos filhos. O matrimonio deve ser contraído com o livre consentimento dos futuros cônjuges.

2. Deve-se conceder proteção especial às mães por um período de tempo razoável antes e depois do parto. Durante esse período, deve-se conceder às mães que trabalham licença remunerada ou licença acompanhada de benefícios previdenciários adequados.

3. Devem-se adotar medidas especiais de proteção e de assistência em prol de todas as crianças e adolescentes, sem distinção alguma por motivo de filiação ou qualquer outra condição. Devem-se proteger as crianças e adolescentes contra a exploração econômica e social. O emprego de crianças e adolescentes em trabalhos que lhes sejam nocivos à moral e à saúde ou que lhes façam correr perigo de vida, ou ainda que lhes venham a prejudicar o desenvolvimento norma, será punido por lei.

Os Estados devem também estabelecer limites de idade sob os quais fique proibido e punido por lei o emprego assalariado da mão de obra infantil.

Convenção Americana sobre Direitos Humanos

art. 17.

1. A família é o elemento natural e fundamental da sociedade e deve ser protegida pela sociedade e pelo Estado.

2. É reconhecido o direito do homem e da mulher de contraírem casamento e de fundarem uma família, se tiverem a idade e as condições para isso exigidas pelas leis internas, na medida em que não afetem estas o princípio da não discriminação estabelecido nesta Convenção.

3. O casamento não pode ser celebrado sem o livre e pleno consentimento dos contraentes.

4. Os Estados Partes devem tomar medidas apropriadas no sentido de assegurar a igualdade de direitos e a adequada equivalência de responsabilidades dos cônjuges quanto ao casamento, durante o casamento e em caso de dissolução do mesmo. Em caso de dissolução, serão adotadas disposições que assegurem a proteção necessária aos filhos, com base unicamente no interesse e conveniência dos mesmos.

5. A lei deve reconhecer iguais direitos tanto aos filhos nascidos fora do casamento como aos nascidos dentro do casamento.

art. 19. Toda criança tem direito às medidas de proteção que a sua condição de menor requer por parte da sua família, da sociedade e do Estado.

Protocolo Adicional à Convenção Americana sobre Direitos Humanos em Matéria de Direitos Econômicos, Sociais e Culturais ("Protocolo de São Salvador")

art. 15.

1. A família é o elemento natural e fundamental da sociedade e deve ser protegida pelo Estado, que deverá velar pelo melhoramento de sua situação moral e material.

2. Toda pessoa tem direito a constituir família, o qual exercerá de acordo com as disposições da legislação interna correspondente.

3. Os Estados Partes comprometem se, mediante este Protocolo, a proporcionar adequada proteção ao grupo familiar e, especialmente, a:

a) Dispensar atenção e assistência especiais à mãe, por um período razoável, antes e depois do parto;

b) Garantir às crianças alimentação adequada, tanto no período de lactação quanto durante a idade escolar;

c) Adotar medidas especiais de proteção dos adolescentes, a fim de assegurar o pleno amadurecimento de suas capacidades físicas, intelectuais e morais;

d) Executar programas especiais de formação familiar, a fim de contribuir para a criação de ambiente estável e positivo no qual as crianças percebam e desenvolvam os valores de compreensão, solidariedade, respeito e responsabilidade.

art. 16. Toda criança, seja qual for sua filiação, tem direito às medidas de proteção que sua condição de menor requer por parte da sua família, da sociedade e do Estado. Toda criança tem direito de crescer ao amparo e sob a responsabilidade de seus pais; salvo em circunstâncias excepcionais, reconhecidas judicialmente, a criança de tenra idade não deve ser separada de sua mãe. Toda criança tem direito à educação gratuita e obrigatória, pelo menos no nível básico, e a continuar sua formação em níveis mais elevados do sistema educacional.

art. 17.

Toda pessoa tem direito à proteção especial na velhice. Nesse sentido, os Estados Partes comprometem se a adotar de maneira progressiva as medidas necessárias a fim de pôr em prática este direito e, especialmente, a:

a) Proporcionar instalações adequadas, bem como alimentação e assistência médica especializada, às pessoas de idade avançada que careçam delas e não estejam em condições de provê-las por seus próprios meios;

b) Executar programas trabalhistas específicos destinados a dar a pessoas idosas a possibilidade de realizar atividade produtiva adequada às suas capacidades, respeitando sua vocação ou desejos;

c) Promover a formação de organizações sociais destinadas a melhorar a qualidade de vida das pessoas idosas.

Convenções internacionais específicas

Convenção sobre os Direitos da Criança (ONU)

Convenção nº 138 sobre Idade Mínima para Admissão (OIT)

Convenção nº 182 sobre Proibição das Piores Formas de Trabalho Infantil e Ação Imediata para sua Eliminação (OIT)

Convenção Interamericana sobre a Proteção dos Direitos Humanos das Pessoas Idosas (OEA)[41]

---

41 Ainda não ratificada pelo Estado brasileiro.

7.2. Apontamentos sobre conteúdo do direito

A **família** é declarada pela Constituição Federal como a base da sociedade e, por isso, deve ser objeto de especial proteção estatal. A fim de salvaguardar e reconhecer, juridicamente, os diferentes modos de formação da família, já consta do texto constitucional (art. 226 da CF) : a gratuidade da celebração do casamento civil; o efeito civil do casamento religioso; o reconhecimento da união estável entre o homem e a mulher como entidade familiar (lembrando-se que o STF decidiu pelo reconhecimento da união homoafetiva na ADPF 132), devendo a lei facilitar sua conversão em casamento; o entendimento como entidade familiar da comunidade formada por qualquer dos pais e seus descendentes. Por outro lado, admite-se a dissolução do casamento civil pelo divórcio.

A despeito da abertura constitucional a distintas modalidades de formação da entidade familiar, a monogamia ainda pauta a proteção legal das uniões no Brasil, na medida em que a bigamia segue criminalizada (art. 235 do Código Penal). Nesta esteira, o STF, em 19 de dezembro de 2020, fixou, por maioria escassa de votos (6x5), a seguinte tese de repercussão geral, lavrada sob relatoria do Min. Alexandre de Moraes:

> A preexistência de casamento ou de união estável de um dos conviventes, ressalvada a exceção do artigo 1.723, § 1º, do Código Civil, impede o reconhecimento de novo vínculo referente ao mesmo período, inclusive para fins previdenciários, em virtude da consagração do dever de fidelidade e da monogamia pelo ordenamento jurídico-constitucional brasileiro. (RE 1045273/SE)

Diferentemente de alguns países que instituem política de controle de natalidade, no Brasil, o planejamento familiar "é livre decisão do casal, competindo ao Estado propiciar recursos educacionais e científicos para o exercício desse direito, vedada qualquer forma coercitiva por parte de instituições oficiais ou privadas". A respeito da diversidade da compreensão de família, tem-se, ainda o Comentário Geral nº 19 do Comitê de Direitos Humanos da ONU sobre o art. 23 do PIDCP, que aponta:

> 2. O Comitê observa que o conceito de família pode variar em alguns aspectos de Estado para Estado, e mesmo de região para região dentro de um Estado, e que, portanto, não é possível dar ao conceito uma definição padrão. Contudo, o Comitê enfatiza que, quando um grupo de pessoas é considerado como uma família sob a legislação e a prática de um Estado, deve receber a proteção mencionada no artigo 23. Por conseguinte, os Estados partes devem relatar como o conceito e o escopo da família é interpretada ou definida em sua própria sociedade e sistema jurídico. Quando diversos conceitos de família, "nuclear" e "estendida", existem dentro de um Estado, isso deve ser indicado com uma explicação do grau de proteção conferido a cada uma. Tendo em vista a existência de várias formas de família, como casais não casados e seus filhos ou pais solteiros e seus filhos, os Estados Partes também devem indicar se e em que medida, tais tipos de família e seus membros são reconhecidos e protegidos pela legislação interna e práticas nacionais.[42]

---

[42] NÚCLEO DE ESTUDOS INTERNACIONAIS DA CLÍNICA DE DIREITO INTERNACIONAL DOS DIREITOS HUMANOS DA FACULDADE DE DIREITO DA UNIVERSIDADE DE SÃO PAULO et. al, op. cit., p. 82.

O reconhecimento da diversidade familiar pelo Comitê não implica, contudo, tolerância com práticas discriminatórias, ainda que sob justificativa cultural:

> 7. No que diz respeito à igualdade no casamento, o Comitê deseja salientar, em particular, que não deve ocorrer discriminação em razão do sexo no que diz respeito à aquisição ou perda da nacionalidade em razão do casamento. Da mesma forma, o direito de cada cônjuge de manter o uso de seu nome de família original ou de participar em igualdade de condições na escolha de um novo sobrenome deve ser salvaguardado.
>
> 8. Durante o casamento, os cônjuges devem ter direitos e responsabilidades iguais na família. Essa igualdade se estende a todas as questões decorrentes do vínculo matrimonial, como a escolha da residência, a gestão de assuntos domésticos, a educação dos filhos e a administração do patrimônio. Tal igualdade continua a ser aplicável aos acordos relativos à separação legal ou dissolução do casamento.
>
> 9. Assim, qualquer tratamento discriminatório em relação aos motivos e procedimentos para separação ou divórcio, guarda dos filhos, gastos domésticos ou pensão alimentícia, direitos de visita ou a perda ou recuperação da autoridade parental deve ser proibido, tendo em mente o interesse superior das crianças neste contexto.[43]

Dos mandamentos constitucionais brasileiros sobre crianças, adolescentes, jovens e idosos decorreram, em ordem cronológica, o Estatuto da Criança e do Adolescente – ECA (Lei nº 8.069/90), o Estatuto do Idoso (Lei nº 10.741/03) e o Estatuto da Juventude (Lei nº 12.852/13).

Nos termos da Constituição Federal, incumbe à família, à sociedade e ao Estado assegurar os direitos fundamentais à **criança, ao adolescente e ao jovem**, com absoluta prioridade. Em se posicionando assim, a Carta Constitucional brasileira se alinha com os *standards* normativos internacionais da proteção da criança (a normativa internacional, no geral, não adota a distinção que a legislação pátria acata entre criança e adolescente).[44] O conjunto de disposições jurídicas protetivas sobre o tema constitui o cerne do que se convencionou chamar **Princípio da Proteção Integral da Criança e do Adolescente**, que tem no art. 227 da Constituição Federal seu fundamento mais direto e que se justifica em razão de se tratar de pessoas em especial condição de desenvolvimento, e, bem por isso, merecedoras de regime de proteção jurídica próprio.

Na seara internacional, sem dúvida, cabe à Convenção sobre Direitos da Criança o protagonismo na proteção dos direitos de crianças e adolescentes, também porque conta com uma profusão de artigos que protegem diferentes situações envolvendo desde saúde e educação e alcançando outros temas como registro de nascimento, não discriminação, nacionalidade etc.

O Comentário Geral nº 17 do Comitê de Direitos Humanos da ONU, alusivo ao art. 24 do PIDCP, salienta que os direitos da criança exigem que todas as medidas sejam tomadas para "reduzir a mortalidade infantil, erradicar a desnutrição entre as crianças e para evitar que sejam submetidas a atos de violência e tratamento cruel e desumano ou que sejam exploradas por meio de trabalho forçado ou prostituição, ou que sejam utilizadas no tráfico ilícito de entorpecentes ou por qualquer outro meio" e para "promover o desenvolvimento de

---

[43] Id. Ibid., p. 83.

[44] Diz o art. 1º da Convenção dos Direitos da Criança da ONU: "Para efeitos da presente Convenção considera-se como criança todo ser humano com menos de dezoito anos de idade, a não ser que, em conformidade com a lei aplicável à criança, a maioridade seja alcançada antes".

sua personalidade e proporcionar-lhes um nível de educação que lhes permita usufruir" de seus direitos". O documento também ressalta que a responsabilidade de garantir às crianças a proteção necessária é do Estado, da sociedade e da família, destacando-se principalmente o papel desta. Trata, por fim, do direito à não discriminação, ao registro e à concessão de nacionalidade, no momento do nascimento.[45]

Importante precedente jurisprudencial relativo à proteção da criança, com rechaço de qualquer tratamento discriminatório, foi firmado, em 2016, pelo STF, no julgamento do RE 778.889/PE, em que se cunho a seguinte tese de repercussão geral: "Os prazos da licença adotante não podem ser inferiores aos prazos da licença gestante, o mesmo valendo para as respectivas prorrogações. Em relação à licença adotante, não é possível fixar prazos diversos em função da idade da criança adotada".

A respeito do **trabalho infantil**, chaga que ainda acomete, desgraçadamente, o Brasil, a Constituição Federal proibiu o trabalho a menores de 16 (dezesseis) anos, salvo na condição de aprendiz, a partir dos 14 (quatorze) anos (art. 7º, XXXIII, CF). Em qualquer caso, quando ainda civilmente incapaz, a pessoa deverá contar com a representação ou assistência legal para celebrar contrato de trabalho, o que inclui a aprendizagem. Exceção a estes limites constitucionais é encontrada na possibilidade de trabalho artístico, mas adstrito a autorização judicial (arts. 405, § 3º, "a" e "b", e 406 da CLT).

Acerca ainda do trabalho de crianças e adolescentes, a Convenção nº 182 sobre as Proibição das Piores Formas de Trabalho Infantil e a Ação Imediata para a sua Eliminação da OIT estabelece:

> Art. 3
>
> Para efeitos da presente Convenção, a expressão "as piores formas de trabalho infantil" abrange:
>
> a) todas as formas de escravidão ou práticas análogas à escravidão, tais como a venda e tráfico de crianças, a servidão por dívidas e a condição de servo, e o trabalho forçado ou obrigatório, inclusive o recrutamento forçado ou obrigatório de crianças para serem utilizadas em conflitos armados;
>
> b) a utilização, o recrutamento ou a oferta de crianças para a prostituição, a produção de pornografia ou atuações pornográficas;
>
> c) a utilização, recrutamento ou a oferta de crianças para a realização de atividades ilícitas, em particular a produção e o tráfico de entorpecentes, tais com definidos nos tratados internacionais pertinentes; e,
>
> d) o trabalho que, por sua natureza ou pelas condições em que é realizado, é suscetível de prejudicar a saúde, a segurança ou a moral das crianças.
>
> Art. 4
>
> 1. Os tipos de trabalhos a que se refere o Artigo 3, d, deverão ser determinados pela legislação nacional ou pela autoridade competente, após consulta às organizações de empregadores e de trabalhadores interessadas e levando em consideração as normas internacionais na matéria, em particular os parágrafos 3 e 4 da Recomendação sobre as piores formas de trabalho infantil, 1999.

---

45 NÚCLEO DE ESTUDOS INTERNACIONAIS DA CLÍNICA DE DIREITO INTERNACIONAL DOS DIREITOS HUMANOS DA FACULDADE DE DIREITO DA UNIVERSIDADE DE SÃO PAULO et. al, op. cit., p. 76.

Tendo ratificado esta Convenção e no cumprimento da determinação contida no transcrito art. 4º, o Estado brasileiro editou o Decreto nº 6.481, de 12 de junho de 2008, pelo qual arrola as situações definidas como piores formas de trabalho infantil, no País.

No que se refere ao **sistema socioeducativo**, é de se apontar que as consequências para a eventual prática de ato infracional são, basicamente: advertência, obrigação de reparar o dano, prestação de serviços à comunidade, liberdade assistida, semiliberdade e internação (art. 112, da Lei nº 8.069/90 – ECA). Esta última, configura-se como medida da mais absoluta brevidade e excepcionalidade, atentando-se, sempre, à condição peculiar de pessoa em desenvolvimento.

De igual forma, a Lei 12.594/12 regula a execução das medidas socioeducativas no país. Dentre os princípios que devem reger a execução, destaca-se aqui a impossibilidade de o adolescente receber tratamento mais gravoso àquele conferido ao adulto (art. 35, inciso I).

Quanto ao assunto, destacam-se, ademais, 2 (dois) documentos normativos aprovados por resoluções da Assembleia Geral da ONU que se dirigem exatamente à condição de jovens em condição de restrição de liberdade, quais sejam, as Regras Mínimas das Nações Unidas para Administração da Justiça Juvenil (Regras de Beijing ou de Pequim) e as Regras Mínimas das Nações Unidas para a Proteção dos Jovens Privados de Liberdade.

Em agosto de 2020, a 2.ª Turma do STF apreciou caso sobre superlotação em estabelecimentos socioeducativos (Rel. Min. Edson Fachin). O *Habeas Corpus* coletivo foi impetrado em favor de todos os adolescentes internados na Unidade de Internação Regional Norte (UNINORTE, em Linhares/ES), onde se encontravam 201 (duzentos e um) adolescentes, alocados em espaço projetado para apenas 90 (noventa) vagas e com histórico de rebeliões, motins e conflitos entre os adolescentes, sem qualquer separação entre eles em razão da idade, compleição física, espécie de ato infracional cometido ou modalidade de internação (HC 413.988/ES). Relataram-se agressões, maus-tratos e torturas, além do falecimento de 4 (quatro) adolescentes, entre 2011 e 2016 (sendo a morte, em um dos casos, ocorrida em apenas um dia depois do jovem ingressar no sistema).

A situação não é nova, visto que Corte IDH já havia concedido, em 2011, medidas provisórias por conta de situação similar encontrada na Unidade de Internação Socioeducativa, localizada no município de Cariacica/ES. Naquela oportunidade, a Corte IDH determinou ao Estado brasileiro que: (i) adotasse, de forma imediata, as medidas necessárias para proteger, eficazmente, a vida e a integridade pessoal de todas as crianças e adolescentes privados de liberdade na Unidade de Internação Socioeducativa, bem como de qualquer pessoa que se encontrasse em dito estabelecimento; e (ii) realizasse as gestões pertinentes para que as medidas de proteção à vida e à integridade pessoal sejam planificadas e implementadas com a participação dos representantes dos beneficiários e que, em geral, os mantivessem informados sobre o avanço de sua execução.

No julgamento do HC 413.988/ES, o STF estabeleceu que as unidades de execução de medida socioeducativa de internação de adolescentes nao podem ultrapassar a capacidade máxima projetada para o local. Ainda, o STF fixou alguns critérios e parâmetros a serem observados no combate à superlotação. Dentre outros, propôs-se: (i) a adoção do princípio do *numerus clausus* como estratégia de gestão; (ii) a reavaliação da internação de adolescentes em razão de ato infracional sem violência ou grave ameaça à pessoa, com a designação de audiência e oitiva da equipe técnica; e (iii) a transferência dos adolescentes sobressalentes para outras unidades que não estejam em superlotação, contanto que em localidade próxima à residência de seus familiares.

Demais disso, o art. 124 do ECA traz um amplo leque de direitos dos adolescentes privados de liberdade, dentre os quais: ser tratado com respeito e dignidade, permanecer internado na mesma localidade ou naquela mais próxima ao domicílio de seus pais ou responsável, receber visitas ao menos semanalmente, corresponder-se com seus familiares e amigos, ter acesso aos objetos necessários à higiene e asseio pessoal, habitar alojamento em condições adequadas de higiene e salubridade, receber escolarização e profissionalização; realizar atividades culturais, esportivas e de lazer, ter acesso aos meios de comunicação social, receber assistência religiosa, segundo a sua crença, e desde que assim o deseje; manter a posse de seus objetos pessoais e dispor de local seguro para guardá-los, receber os documentos pessoais indispensáveis à vida em sociedade quando da sua desinternação (incisos V a XVI).

Em termos históricos, a proteção das crianças e adolescentes sempre teve lugar nos debates sobre normatização dos direitos humanos. Já o tema dos **direitos dos idosos** vem se afirmando mais recentemente, desde o início do século XXI, ao menos em termos de regulação.

O Brasil, quanto ao ponto, saiu na frente de ONU e OEA, ao adotar a Lei nº 10.741/2003, que dispõe sobre o Estatuto do Idoso, assim entendidas as pessoas com 60 (sessenta) anos ou mais. O Estatuto do idoso estipula obrigação compartilhada entre família, comunidade, sociedade e Poder Público a respeito da efetivação "com absoluta prioridade (...) do direito à vida, à saúde, à alimentação, à educação, à cultura, ao esporte, ao lazer, ao trabalho, à cidadania, à liberdade, à dignidade, ao respeito e à convivência familiar e comunitária" (art. 3º). A referida "prioridade" corresponde a:

> art. 3º. (...)
>
> § 1º. A garantia de prioridade compreende:
>
> I. atendimento preferencial imediato e individualizado junto aos órgãos públicos e privados prestadores de serviços à população;
>
> II. preferência na formulação e na execução de políticas sociais públicas específicas;
>
> III. destinação privilegiada de recursos públicos nas áreas relacionadas com a proteção ao idoso;
>
> IV. viabilização de formas alternativas de participação, ocupação e convívio do idoso com as demais gerações;
>
> V. priorização do atendimento do idoso por sua própria família, em detrimento do atendimento asilar, exceto dos que não a possuam ou careçam de condições de manutenção da própria sobrevivência;
>
> VI. capacitação e reciclagem dos recursos humanos nas áreas de geriatria e gerontologia e na prestação de serviços aos idosos;
>
> VII. estabelecimento de mecanismos que favoreçam a divulgação de informações de caráter educativo sobre os aspectos biopsicossociais de envelhecimento;
>
> VIII. garantia de acesso à rede de serviços de saúde e de assistência social locais.
>
> IX. prioridade no recebimento da restituição do Imposto de Renda.
>
> § 2º. Dentre os idosos, é assegurada prioridade especial aos maiores de oitenta anos, atendendo-se suas necessidades sempre preferencialmente em relação aos demais idosos.

Demais disso, o Estatuto, quanto aos idosos, veda "qualquer tipo de negligência, discriminação, violência, crueldade ou opressão, e todo atentado aos seus direitos, por ação ou omissão, será punido na forma da lei" (art. 4º).

O Estatuto do Idoso detalha diversos direitos, desde à vida até à saúde, passando por educação, cultura, esporte e lazer, profissionalização e trabalho, previdência social, assistência social, habitação e transporte.

Releva pontuar que essa lei trata o envelhecer como uma condição individual de interesse coletivo, ao estatuir que "o envelhecimento é um direito personalíssimo e a sua proteção um direito social" (art. 8º).

Nesta trilha foi adotada pela OEA, em 2015, a Convenção Interamericana Sobre a Proteção dos Direitos Humanos dos Idosos (ainda não ratificada pelo Brasil), que enuncia diversos direitos sob o manto dos seguintes princípios gerais: promoção e defesa dos direitos humanos e liberdades fundamentais do idoso; valorização do idoso, seu papel na sociedade e sua contribuição ao desenvolvimento; dignidade, independência, protagonismo e autonomia do idoso; igualdade e não discriminação; participação, integração e inclusão plena e efetiva na sociedade; bem-estar e cuidado; segurança física, econômica e social; autorrealização; equidade e igualdade de gênero e enfoque do curso de vida; solidariedade e o fortalecimento da proteção familiar e comunitária; bom tratamento e a atenção preferencial; enfoque diferencial para o gozo efetivo dos direitos do idoso; respeito e a valorização da diversidade cultural; proteção judicial efetiva; responsabilidade do Estado e a participação da família e da comunidade na integração ativa, plena e produtiva do idoso dentro da sociedade, bem como em seu cuidado e atenção, de acordo com a legislação interna.

Mais recente ainda é a proteção jurídica dos **direitos do jovem**. Não há dúvidas de que esse grupo de pessoas vem sofrendo demasiadamente com a desigualdade e exclusão sociais provocada pelo modelo societal capitalista, assim como com os padrões neoliberais impostos de comportamento, os quais, associados, colocam os jovens de cara com um mercado de trabalho com poucas vagas e um contexto de relações humanas baseadas na livre (e impiedosa) concorrência entre pessoas, na busca de um sucesso pessoal que é apresentado como resultado único de esforço e competência individuais.

A Lei nº 12.852, de 05 de agosto de 2013, instituiu, no Brasil, o Estatuto da Juventude e criou o Sistema Nacional de Juventude, cuja atuação foi regulamentada pelo Decreto nº 9.306/2018. Nos termos legais, não consideradas jovens as pessoas com idade entre 15 (quinze) e 29 (vinte e nove) anos (art. 1º, § 1º). Logo de início o Estatuto da Juventude esclarece:

> Art. 2º O disposto nesta Lei e as políticas públicas de juventude são regidos pelos seguintes princípios:
>
> I. promoção da autonomia e emancipação dos jovens;
>
> II. valorização e promoção da participação social e política, de forma direta e por meio de suas representações;
>
> III. promoção da criatividade e da participação no desenvolvimento do País;
>
> IV. reconhecimento do jovem como sujeito de direitos universais, geracionais e singulares;
>
> V. promoção do bem-estar, da experimentação e do desenvolvimento integral do jovem;
>
> VI. respeito à identidade e à diversidade individual e coletiva da juventude;
>
> VII. promoção da vida segura, da cultura da paz, da solidariedade e da não discriminação; e
>
> VIII. valorização do diálogo e convívio do jovem com as demais gerações.
>
> Parágrafo único. A emancipação dos jovens a que se refere o inciso I do caput refere-se à trajetória de inclusão, liberdade e participação do jovem na vida em sociedade, e não ao instituto da emancipação disciplinado pela Lei nº 10.406, de 10 de janeiro de 2002 – Código Civil.

Este Estatuto, a exemplo do Estatuto do Idoso, aborda e corrobora diferentes direitos dos jovens, enfocando a importância de políticas públicas que propiciem a efetiva fruição desses direitos. A lei trata de: o direito à cidadania, à participação social e política e à representação juvenil; direito à educação; direito à profissionalização, ao trabalho e à renda; direito à diversidade e à igualdade; direito à saúde; direito à cultura; direito à comunicação e à liberdade de expressão; direito à comunicação e à liberdade de expressão; direito ao território e à mobilidade; direito à sustentabilidade e ao meio ambiente; e direito à segurança pública e ao acesso à justiça.

8. DIREITOS DOS INDÍGENAS

8.1. Normativa básica constitucional e internacional

Constituição Federal

art. 215. O Estado garantirá a todos o pleno exercício dos direitos culturais e acesso às fontes da cultura nacional, e apoiará e incentivará a valorização e a difusão das manifestações culturais.

art. 231. São reconhecidos aos índios sua organização social, costumes, línguas, crenças e tradições, e os direitos originários sobre as terras que tradicionalmente ocupam, competindo à União demarcá-las, proteger e fazer respeitar todos os seus bens.

§ 1º. São terras tradicionalmente ocupadas pelos índios as por eles habitadas em caráter permanente, as utilizadas para suas atividades produtivas, as imprescindíveis à preservação dos recursos ambientais necessários a seu bem-estar e as necessárias a sua reprodução física e cultural, segundo seus usos, costumes e tradições.

§ 2º. As terras tradicionalmente ocupadas pelos índios destinam-se a sua posse permanente, cabendo-lhes o usufruto exclusivo das riquezas do solo, dos rios e dos lagos nelas existentes.

§ 3º. O aproveitamento dos recursos hídricos, incluídos os potenciais energéticos, a pesquisa e a lavra das riquezas minerais em terras indígenas só podem ser efetivados com autorização do Congresso Nacional, ouvidas as comunidades afetadas, ficando-lhes assegurada participação nos resultados da lavra, na forma da lei.

§ 4º. As terras de que trata este artigo são inalienáveis e indisponíveis, e os direitos sobre elas, imprescritíveis.

§ 5º. É vedada a remoção dos grupos indígenas de suas terras, salvo, "ad referendum" do Congresso Nacional, em caso de catástrofe ou epidemia que ponha em risco sua população, ou no interesse da soberania do País, após deliberação do Congresso Nacional, garantido, em qualquer hipótese, o retorno imediato logo que cesse o risco.

§ 6º. São nulos e extintos, não produzindo efeitos jurídicos, os atos que tenham por objeto a ocupação, o domínio e a posse das terras a que se refere este artigo, ou a exploração das riquezas naturais do solo, dos rios e dos lagos nelas existentes, ressalvado relevante interesse público da União, segundo o que dispuser lei complementar, não gerando a nulidade e a extinção direito a indenização ou a ações contra a União, salvo, na forma da lei, quanto às benfeitorias derivadas da ocupação de boa-fé.

art. 232. Os índios, suas comunidades e organizações são partes legítimas para ingressar em juízo em defesa de seus direitos e interesses, intervindo o Ministério Público em todos os atos do processo.

Pacto Internacional sobre Direitos Civis e Políticos

art. 27. Nos Estados em que haja minorias étnicas, religiosas ou linguísticas, as pessoas pertencentes a essas minorias não poderão ser privadas do direito de ter, conjuntamente com outros membros de seu grupo, sua própria vida cultural, de professar e praticar sua própria religião e usar sua própria língua.

Convenções internacionais específicas

Convenção nº 104 sobre Abolição das Sanções Penais no Trabalho Indígena (OIT)

Convenção nº 169 sobre Povos Indígenas e Tribais (OIT)

8.2. Apontamentos sobre conteúdo do direito

A proteção das comunidades indígenas – em especial no que diz respeito a seu modo de vida, cultura e área de ocupação territorial – foi erigida ao patamar de interesse social. Compete à União demarcar as terras tradicionalmente ocupadas pelos índios, em respeito ao que a Constituição reconhece ser "direito originário".

As riquezas minerais e os recursos hídricos, incluindo os potenciais energéticos, existentes em terras indígenas, apenas podem ser dados à pesquisa ou exploração mediante autorização do Congresso Nacional, com prévia consulta às comunidades afetadas, ficando a estas assegurada a participação nos resultados da autorização. As terras indígenas são "inalienáveis e indisponíveis, e os direitos sobre elas, imprescritíveis".

É proibida a retirada dos grupos indígenas de suas terras, salvo, mediante aprovação do Congresso Nacional, em caso de catástrofe ou epidemia que ponha em risco sua população, ou no interesse da soberania do País, garantido, em qualquer hipótese, o retorno imediato ao local, logo que cesse o motivo da remoção.

Sob a ótica processual, "os índios, suas comunidades e organizações são partes legítimas para ingressar em juízo em defesa de seus direitos e interesses, intervindo o Ministério Público em todos os atos do processo". Com esta previsão, a Carta Constitucional criou mais um ente coletivo processualmente legítimo para a tutela de interesses metaindividuais, ao lado do Ministério Público, da Defensoria Pública, de órgãos da Administração Pública Direta e Indireta e associações civis de objeto específico (art. 5º da Lei nº 7.347/85).

Ademais, a Constituição Federal também trouxe a proteção das manifestações culturais indígenas (art. 215, § 1º) e o reconhecimento da organização social, dos costumes, das línguas, das crenças, das tradições, e dos direitos originários sobre as terras ocupadas por eles, a serem devidamente demarcadas pela União (art. 231).

No plano infraconstitucional, a principal norma que regula a relação da sociedade brasileira com a comunidade indígena ainda é a Lei nº 6.001, de 19 de dezembro de 1973 (Estatuto do Índio)

O Estatuto do Índio estabelece como objetivo a integração do índio ou do silvícola à comunhão nacional (art. 1º), o que desperta debates em torno da sua recepção ou não pela Constituição Federal de 1988. Essa normativa classifica os povos indígenas de acordo com o seu grau de integração, retratando-os, de forma estereotipada, como aqueles pertencentes a ambientes de selva e que se encontrariam num estágio mais primitivo do desenvolvimento civilizacional (art. 4º).

Em seu art. 3º, inciso I, o Estatuto conceitua que índio ou silvícola "é todo indivíduo de origem e ascendência pré-colombiana que se identifica e é identificado como pertencente a um grupo étnico cujas características culturais o distinguem da sociedade nacional".

Em contrapartida, a Convenção nº 169 da OIT dispõe que o principal critério a ser observado nessa matéria é a autoidentificação: "A consciência de sua identidade indígena ou tribal deverá ser considerada como critério fundamental para determinar os grupos aos que se aplicam as disposições da presente Convenção" (art. 1º, item 2). Vale mencionar que a mesma Convenção assegura o pluralismo jurídico e o respeito aos costumes indígenas, que devem ser levados em consideração conjuntamente com o ordenamento estatal na garantia dos direitos humanos das populações indígenas (art. 8º).

Ainda no ambiente internacional, mas de maneira menos específica, o PIDCP define que: "nos Estados em que haja minorias étnicas, religiosas ou linguísticas, as pessoas pertencentes a essas minorias não poderão ser privadas do direito de ter, conjuntamente com outros membros de seu grupo, sua própria vida cultural, de professar e praticar sua própria religião e usar sua própria língua" (art. 27).

Em 2011, a Comissão Interamericana de Direitos Humanos impôs contra o Brasil uma Medida Cautelar para proteger a vida, saúde e as integridades física e culturais dos indígenas que vivem na região do Rio Xingú, no Pará, sensivelmente afetados com a construção da hidroelétrica de Belo Monte. Já no ano de 2018, a Corte IDH condenou internacionalmente o Estado brasileiro no Caso Povo Xucuru vs. Brasil, por violação ao direito à propriedade coletiva dos membros daquela comunidade.

A jurisprudência do Supremo Tribunal Federal possui importantes julgados envolvendo povos indígenas.

Em 2009, o STF se debruçou sobre a definição das "terras tradicionalmente ocupadas pelos índios", tidas como bens da União, nos termos do art. 20, XI, da Constituição Federal.

No ano de 2005, foi homologada por decreto presidencial portaria do Ministério da Justiça que demarcou a área conhecida como Terra Indígena Raposa Serra do Sol, em Roraima/RR, que abriga 194 (cento e noventa e quatro) comunidades com uma população de cerca de 19 mil índios, integrantes dos povos Macuxi, Taurepang, Patamona, Ingaricó e Wapichana. A portaria assinou prazo de 1 (um) ano para os não índios abandonarem a terra indígena demarcada. Todavia, em especial por causa de produtores de arroz estabelecidos na região e com a saída de lá determinada, diversas ações foram ajuizadas com o intento de contestar a demarcação, dentre elas, uma ação popular movida por 2 (dois) senadores da época e aforada junto ao STF, dando azo ao emblemático caso da Terra Indígena Raposa Serra do Sol (Pet. 3.388/RR).

A Suprema Corte, antes de enfrentar o mérito da lide, fixou o significado do substantivo "índios", presente na Constituição Federal, nos seguintes termos constantes da ementa do acórdão, ainda ligados ao léxico do Estatuto do Índio:

> O substantivo "índios" é usado pela Constituição Federal de 1988 por um modo invariavelmente plural, para exprimir a diferenciação dos aborígenes por numerosas etnias. Propósito constitucional de retratar uma diversidade indígena tanto interétnica quanto intraétnica. Índios em processo de aculturação permanecem índios para o fim de proteção constitucional. Proteção constitucional que não se limita aos silvícolas, estes, sim, índios ainda em primitivo estádio de habitantes da selva. (Pet. 3.388/RR – ementa)

O STF reafirma que todas as terras indígenas, no Brasil, são um bem público federal (inciso XI do art. 20 da CF), contudo, reconhece a preexistência de "direitos originários dos índios sobre as terras por eles 'tradicionalmente ocupadas'"). Segundo a decisão, a expressão "direitos originários" corresponde a uma situação que deve ser reconhecida e não outorgada por ato estatal, a esse cabendo apenas formalizar a constatação de sua vigência preexistente. Daí que não se deve confundir a titularidade de bens com o "senhorio de um território político".

Assim, diz a ementa do acórdão, "cuida-se, cada etnia indígena, de realidade sociocultural, e não de natureza político-territorial". Sobre a diretriz constitucional correlata às terras indígenas, o STF esclarece que a Constituição Federal procede a uma regulação de finalidade fraternal-solidária, portanto sem escopo de eliminação da cultura indígena:

> Os arts. 231 e 232 da Constituição Federal são de finalidade nitidamente fraternal ou solidária, própria de uma quadra constitucional que se volta para a efetivação de um novo tipo de igualdade: a igualdade civil-moral de minorias, tendo em vista o protovalor da integração comunitária. Era constitucional compensatória de desvantagens historicamente acumuladas, a se viabilizar por mecanismos oficiais de ações afirmativas. No caso, os índios a desfrutar de um espaço fundiário que lhes assegure meios dignos de subsistência econômica para mais eficazmente poderem preservar sua identidade somática, linguística e cultural. Processo de uma aculturação que não se dilui no convívio com os não índios, pois a aculturação de que trata a Constituição não é perda de identidade étnica, mas somatório de mundividências. Uma soma, e não uma subtração. Ganho, e não perda. Relações interétnicas de mútuo proveito, a caracterizar ganhos culturais incessantemente cumulativos. Concretização constitucional do valor da inclusão comunitária pela via da identidade étnica. (Pet. 3.388/RR – ementa)

Em polêmica passagem, a ementa do acórdão aduz haver um "falso antagonismo" entre os interesses indígenas e o desenvolvimento econômico, sustentando que "ao Poder Público de todas as dimensões federativas o que incumbe não é subestimar, e muito menos hostilizar comunidades indígenas brasileiras, mas tirar proveito delas para diversificar o potencial econômico-cultural dos seus territórios (dos entes federativos)". O que a Suprema Corte coloca como condição para tanto é a justamente a participação dos indígenas, ao afirmar que "o desenvolvimento que se fizer sem ou contra os índios, ali onde eles se encontrarem instalados por modo tradicional, à data da Constituição de 1988, desrespeita o objetivo fundamental do inciso II do art. 3º da Constituição Federal, assecuratório de um tipo de 'desenvolvimento nacional' tão ecologicamente equilibrado quanto humanizado e culturalmente diversificado, de modo a incorporar a realidade indígena".

Por consequência, o *decisum* entende conciliável a exclusividade de usufruto indígena das riquezas do solo, dos rios e dos lagos em suas terras com "a eventual presença de não índios, bem assim com a instalação de equipamentos públicos, a abertura de estradas e outras vias de comunicação, a montagem ou construção de bases físicas para a prestação de serviços públicos ou de relevância pública, desde que tudo se processe sob a liderança institucional da União, controle do Ministério Público e atuação coadjuvante de entidades tanto da Administração Federal quanto representativas dos próprios indígenas".

Desde essas premissas, o STF, então, impôs uma série de condições e providências a serem adotadas em ordem a determinar um processo demarcatório que supostamente concilie o direito originário (preexistente) das comunidades indígenas com a presença de agentes do Estado e de demais não índios na região fronteiriça. A fixação de sentido de vários termos como "índios", "direito originário", "terras tradicionalmente ocupadas", entre outros, associada à admissão da possibilidade de conciliação entre interesses indígenas de preservação e não indígenas de desenvolvimento econômico, a partir do estabelecimento de ações orientadas ao processo demarcatório fazem o caso Terra Indígena Raposa Terra do Sol um *leading case* na matéria, no Brasil, a despeito das inúmeras críticas que possam ser dirigidas ao entendimento sufragado.

Na ocasião deste julgamento, os Ministros definiram como "marco temporal" de ocupação das terras pelas comunidades indígenas atingidas a data da promulgação da Constituição Federal (05 de outubro de 1988). Esta data, portanto, marcaria, segundo STF, o reconhecimento da existência dos direitos originários indígenas de permanência no local. A partir daí, tal posicionamento passou a ser tomado como referência para a negação de direito originário a indígenas que estavam fora de suas terras naquela data de 1988, ainda que em virtude de esbulho (ou seja, forçadamente expulsos).

Eis que, em outro caso, com repercussão geral reconhecida e ainda pendente de julgamento, o STF discute não só uma reintegração de posse movida contra o Povo Xokleng, como também a revisão de sua própria jurisprudência acerca do tema do marco temporal. No caso, a pretensão é que não mais seja exigido o marco temporal, porquanto se mostrou elemento que impede o direito à terra e que, por conseguinte, a demarcação de terras indígenas paute-se em estudo antropológico, suficiente, *per si*, para atestar a tradicionalidade da ocupação. O relator, Min. Edson Fachin, suspendeu os efeitos do Parecer nº 01/17 da Advocacia Geral da União (AGU), que consagrava e instrumentalizava a temporalidade como condicionante da demarcação (RE 1.017.365/SC). Já em 2020, o Ministro Relator também determinou a suspensão de todos os processos que tratem de demarcação de terras indígenas, até o final da pandemia do novo coronavírus (Covid-19), dado que eventual reintegração de posse colocaria as comunidades em situação de ainda maior vulnerabilidade frente ao vírus.

Igualmente no curso da pandemia da Covid-19, o STF determinou que o governo federal adotasse medidas para conter o avanço vírus entre indígenas, em razão do alto risco de contágio e de morte nas suas comunidades (ADPF 709).

9. DIREITO AO MEIO AMBIENTE ECOLOGICAMENTE EQUILIBRADO

9.1. Normativa básica constitucional e internacional

Constituição Federal

art. 5º. (...)

LXXIII. qualquer cidadão é parte legítima para propor ação popular que vise a anular ato lesivo ao patrimônio público ou de entidade de que o Estado participe, à moralidade administrativa, ao meio ambiente e ao patrimônio histórico e cultural, ficando o autor, salvo comprovada má-fé, isento de custas judiciais e do ônus da sucumbência;

art. 23. É competência comum da União, dos Estados, do Distrito Federal e dos Municípios: (...) VI. proteger o meio ambiente e combater a poluição em qualquer de suas formas;

art. 129. São funções institucionais do Ministério Público: (...) III. promover o inquérito civil e a ação civil pública, para a proteção do patrimônio público e social, do meio ambiente e de outros interesses difusos e coletivos;

art. 170. A ordem econômica, fundada na valorização do trabalho humano e na livre iniciativa, tem por fim assegurar a todos existência digna, conforme os ditames da justiça social, observados os seguintes princípios: (...) VI. defesa do meio ambiente, inclusive mediante tratamento diferenciado conforme o impacto ambiental dos produtos e serviços e de seus processos de elaboração e prestação;

art. 186. A função social é cumprida quando a propriedade rural atende, simultaneamente, segundo critérios e graus de exigência estabelecidos em lei, aos seguintes requisitos: (...) II. utilização adequada dos recursos naturais disponíveis e preservação do meio ambiente;

art. 200. Ao sistema único de saúde compete, além de outras atribuições, nos termos da lei: (...) VIII. colaborar na proteção do meio ambiente, nele compreendido o do trabalho.

art. 216. Constituem patrimônio cultural brasileiro os bens de natureza material e imaterial, tomados individualmente ou em conjunto, portadores de referência à identidade, à ação, à memória dos diferentes grupos formadores da sociedade brasileira, nos quais se incluem: I. as formas de expressão; II. os modos de criar, fazer e viver; III. as criações científicas, artísticas e tecnológicas; IV. as obras, objetos, documentos, edificações e demais espaços destinados às manifestações artístico-culturais; V. os conjuntos urbanos e sítios de valor histórico, paisagístico, artístico, arqueológico, paleontológico, ecológico e científico.

art. 225. Todos têm direito ao meio ambiente ecologicamente equilibrado, bem de uso comum do povo e essencial à sadia qualidade de vida, impondo-se ao Poder Público e à coletividade o dever de defendê-lo e preservá-lo para as presentes e futuras gerações.

§ 1º. Para assegurar a efetividade desse direito, incumbe ao Poder Público:

I. preservar e restaurar os processos ecológicos essenciais e prover o manejo ecológico das espécies e ecossistemas;

II – preservar a diversidade e a integridade do patrimônio genético do País e fiscalizar as entidades dedicadas à pesquisa e manipulação de material genético;

III – definir, em todas as unidades da Federação, espaços territoriais e seus componentes a serem especialmente protegidos, sendo a alteração e a supressão permitidas somente através de lei, vedada qualquer utilização que comprometa a integridade dos atributos que justifiquem sua proteção;

IV – exigir, na forma da lei, para instalação de obra ou atividade potencialmente causadora de significativa degradação do meio ambiente, estudo prévio de impacto ambiental, a que se dará publicidade;

V – controlar a produção, a comercialização e o emprego de técnicas, métodos e substâncias que comportem risco para a vida, a qualidade de vida e o meio ambiente;

VI – promover a educação ambiental em todos os níveis de ensino e a conscientização pública para a preservação do meio ambiente;

VII – proteger a fauna e a flora, vedadas, na forma da lei, as práticas que coloquem em risco sua função ecológica, provoquem a extinção de espécies ou submetam os animais a crueldade.

§ 2º. Aquele que explorar recursos minerais fica obrigado a recuperar o meio ambiente degradado, de acordo com solução técnica exigida pelo órgão público competente, na forma da lei.

§ 3º. As condutas e atividades consideradas lesivas ao meio ambiente sujeitarão os infratores, pessoas físicas ou jurídicas, a sanções penais e administrativas, independentemente da obrigação de reparar os danos causados.

§ 4º. A Floresta Amazônica brasileira, a Mata Atlântica, a Serra do Mar, o Pantanal Mato-Grossense e a Zona Costeira são patrimônio nacional, e sua utilização far-se-á, na forma da lei, dentro de condições que assegurem a preservação do meio ambiente, inclusive quanto ao uso dos recursos naturais.

§ 5º. São indisponíveis as terras devolutas ou arrecadadas pelos Estados, por ações discriminatórias, necessárias à proteção dos ecossistemas naturais.

§ 6º. As usinas que operem com reator nuclear deverão ter sua localização definida em lei federal, sem o que não poderão ser instaladas.

§ 7º. Para fins do disposto na parte final do inciso VII do § 1º deste artigo, não se consideram cruéis as práticas desportivas que utilizem animais, desde que sejam manifestações culturais, conforme o § 1º do art. 215 desta Constituição Federal, registradas como bem de natureza imaterial integrante do patrimônio cultural brasileiro, devendo ser regulamentadas por lei específica que assegure o bem-estar dos animais envolvidos.

Pacto Internacional sobre Direitos Econômicos, Sociais e Culturais

art. 12.

1. Os Estados Partes do presente Pacto reconhecem o direito de toda pessoa de desfrutar o mais elevado nível possível de saúde física e mental.

2. As medidas que os Estados Partes do presente Pacto deverão adotar com o fim de assegurar o pleno exercício desse direito incluirão as medidas que se façam necessárias para assegurar: (...) b) A melhoria de todos os aspectos de higiene do trabalho e do meio ambiente; (...).

Protocolo Adicional à Convenção Americana sobre Direitos Humanos em Matéria de Direitos Econômicos, Sociais e Culturais ("Protocolo de São Salvador")

art. 11. Direito ao Meio Ambiente Sadio

1. Toda pessoa tem direito a viver em meio ambiente sadio e a dispor dos serviços públicos básicos.

2. Os Estados-Partes promoverão a proteção, preservação e melhoramento do meio ambiente.

Convenções internacionais específicas

Convenção sobre Zonas Úmidas de Importância Internacional, especialmente como Habitat de Aves Aquáticas – Convenção de RAMSAR (autônoma)

Convenção de Viena para a Proteção da Camada de Ozônio (autônoma)

Convenção Internacional para a Prevenção da Poluição Causada por Navios – MARPOL 73/78 (ONU)

Convenção de Roterdã sobre o Procedimento de Consentimento Prévio Informado para o Comércio Internacional de Certas Substâncias Químicas e Agrotóxicos Perigosos – Convenção PIC (ONU)

Convenção Internacional para Preparo, Resposta e Cooperação em Caso de Poluição por Óleo (OPCR-90) (ONU)

Convenção Internacional para a Conservação do Atum e Afins do Atlântico (ONU)

Convenção sobre Diversidade Biológica (ONU)

Protocolo de Cartagena sobre Biossegurança da Convenção sobre Diversidade Biológica (ONU)

Protocolo de Cartagena sobre Biossegurança da Convenção sobre Diversidade Biológica (ONU)

Convenção da Basileia sobre o Controle de Movimentos Transfronteiriços de Resíduos Perigosos e seu Depósito (ONU)

Convenção Internacional de Combate à Desertificação nos Países Afetados por Seca Grave e/ou Desertificação, Particularmente na África (ONU)

Convenção para a Salvaguarda do Patrimônio Cultural Imaterial (ONU)

Convenção de Estocolmo sobre Poluentes Orgânicos Persistentes (ONU)

Convenção Quadro das Nações Unidas sobre Mudanças Climáticas (ONU)
Protocolo de Quioto à Convenção Quadro das Nações Unidas sobre Mudanças Climáticas (ONU)
Convenção sobre as medidas as serem adotadas para proibir e impedir a importação, exportação e transferência de propriedade ilícitas dos bens culturais (ONU)
Convenção nº 155 sobre Segurança e Saúde dos Trabalhadores (OIT)
Convenção nº 161 sobre Serviços de Saúde no Trabalho (OIT)
Convenção nº 162 sobre Utilização do Amianto com Segurança (OIT)
Convenção nº 164 sobre Proteção à Saúde e Assistência Médica aos Trabalhadores Marítimos (OIT)
Convenção nº 167 sobre Segurança e Saúde na Construção (OIT)
Convenção nº 170 sobre Segurança no Trabalho com Produtos Químicos (OIT)
Convenção nº 176 sobre Segurança e Saúde nas Minas (OIT)
Convenção Interamericana para a Proteção e Conservação das Tartarugas Marinhas (OEA)
Convenção para a Proteção da Flora, da Fauna e das Belezas Cênicas Naturais dos Países da América (OEA)
Acordo-Quadro sobre Meio-Ambiente do Mercosul (MERCOSUL)
Convenção sobre comércio Internacional das Espécies da Flora e Fauna Selvagens em Perigo de Extinção – CITES (União Mundial para a Conservação da Natureza)
Acordo Constitutivo do Instituto Interamericano para Pesquisa em Mudanças Globais – Ata de Montevidéu (Instituto Interamericano para Pesquisa em Mudanças Globais)
Convenção sobre as medidas as serem adotadas para proibir e impedir a importação, exportação e transferência de propriedade ilícitas dos bens culturais (ONU)

9.2. Apontamentos sobre conteúdo do direito

A desconfiança de que o modelo de sociedade estabelecida nos últimos 200 (duzentos) anos não se relacionava de maneira sinérgica com o meio ambiente sempre esteve presente, mas os debates internacionais, sobretudo no campo regulatório de proteção ambiental, foram desencadeados, fundamentalmente, pela descoberta do buraco na camada de ozônio.[46]

Usualmente, a proteção do meio ambiente é inserida dentre os chamados direitos humanos de solidariedade ou de fraternidade, transmutando-se em direito humano a um meio ambiente ecologicamente equilibrado.

Como estudado nos capítulos sobre a afirmação histórica dos direitos humanos e a Teoria das Gerações dos Direitos Humanos, importantes conferências internacionais sobre o tema resultaram em diversas declarações e tratados internacionais específicos sobre o tema, dentre os principais a Declaração do Rio sobre Meio Ambiente e Desenvolvimento, a Convenção da Biodiversidade e a Convenção-Quadro sobre Mudança do Clima, todas aprovadas pela Conferência das Nações Unidas sobre o Meio Ambiente e Desenvolvimento – "Cúpula da Terra" (*Earth Summit*), realizada no Rio de Janeiro, em 1992, a qual, por sua vez, tem como precursora a Conferência das Nações Unidas sobre o Meio Ambiente Humano, havida em Estocolmo, no ano de 1972. É na Declaração do Rio sobre Meio Ambiente e Desenvolvimento

46 DONNELLY, Jack. **International Human Rights**. 2. ed. Colorado: Westview Press; 1998, p. 14.

de 1992 que se encontra consagrada a expressão "Desenvolvimento Sustentável", noção construída a partir da interessante e pertinente associação da proteção ambiental com a igualdade social, mas que, nos dias de hoje, encampa um conteúdo mais largo, como será examinado no tópico seguinte, sobre direito ao desenvolvimento.

A Conferência das Partes da Convenção-Quadro sobre Mudança do Clima (COPs) abriga análises e tratativas periódicas da comunidade internacional visando ao enfrentamento do aquecimento global, notadamente pela redução da emissão de gases nocivos ao meio ambiente, do que são os exemplos mais notórios os compromissos firmados por força do Protocolo de Kyoto de 1997 e do recente Acordo de Paris, de 2015.

Os *standards* internacionais sobre proteção ambiental enfatizam o papel das corporações, ao lado dos Estados, como atores fundamentais para a efetivação do direito ao meio ambiente equilibrado em escala global.

O já examinado Pacto Global, proposto pela Conferência das Nações Unidas sobre Comércio e Desenvolvimento (UNCTAD) em conjunto com o Fórum Econômico Mundial de Davos, lançado em 2000, e que possui mais de 14.000 (quatorze mil) adesões de atores distribuídos por 160 (cento e sessenta) países, é como uma iniciativa voluntária para empresas comprometidas com a promoção do desenvolvimento sustentável e cidadania.[47] Um dos 4 (quatro) focos é, justamente, a preservação do meio ambiente por empresas, indicando que as empresas: "devem apoiar uma abordagem preventiva aos desafios ambientais"; "desenvolver iniciativas para promover maior responsabilidade ambiental" e "incentivar o desenvolvimento e difusão de tecnologias ambientalmente amigáveis", além de "combater a corrupção em todas as suas formas, inclusive extorsão e propina".

Já no âmbito do Sistema Interamericano de Proteção dos Direitos Humanos, em novembro de 2019, a Relatoria Especial sobre Direitos Econômicos, Sociais, Culturais e Ambientais (REDESCA) da Comissão Interamericana de Direitos Humanos (CIDH) editou o anteriormente referido Informe Empresas e Direitos Humanos: *Standards* Interamericanos.[48] Em 211 (duzentas e onze) páginas, o Informe enuncia e comenta o conteúdo dos critérios interamericanos fundamentais para o tema das empresa, entre os quais está o direito ao meio ambiente. No plano nacional, o Decreto nº 9.571/2018, que estabelece as diretrizes nacionais sobre empresas e direitos humanos, enfatiza o compromisso das empresas com a manutenção do meio ambiente de trabalho saudável e seguro.

O Brasil, em razão de sua riquíssima diversidade natural, tem projeção internacional a respeito do assunto e ostenta proteção constitucional enfática e diferenciada em matéria ambiental. O art. 225 da Constituição Federal é emblemático ao consagrar o meio ambiente como "bem comum do povo" brasileiro e a compartilhar a responsabilidade por sua preservação entre Estado e sociedade civil.

No desempenho desta obrigação, incumbe ao Poder Público: preservar e restaurar os processos ecológicos essenciais e prover o manejo ecológico das espécies e ecossistemas; preservar a diversidade e a integridade do patrimônio genético do País e fiscalizar as entidades dedicadas à pesquisa e manipulação de material genético; definir, em todas as unidades da Federação, espaços territoriais e seus componentes a serem especialmente protegidos; exigir,

---

47 PACTO GLOBAL. **A iniciativa.** Disponível em: https://www.pactoglobal.org.br/a-iniciativa. Acesso em: 11 set. 2020.

48 COMISIÓN INTERAMERICANA DE DERECHOS HUMANOS; RELATORÍA ESPECIAL SOBRE DERECHOS ECONÓMICOS SOCIALES CULTURALES Y AMBIENTALES. **Informe sobre Empresas y Derechos Humanos: Estándares Interamericanos.** Washington: OEA, 2019. Disponível em: https://www.oas.org/es/cidh/informes/pdfs/EmpresasDDHH.pdf. Acesso em: 10 jan. 2021.

para instalação de obra ou atividade potencialmente causadora de significativa degradação do meio ambiente, estudo prévio de impacto ambiental, a que se dará publicidade; controlar a produção, a comercialização e o emprego de técnicas, métodos e substâncias que comportem risco para a vida, a qualidade de vida e o meio ambiente; promover a educação ambiental em todos os níveis de ensino e a conscientização pública para a preservação do meio ambiente; proteger a fauna e a flora, vedadas, na forma da lei, as práticas que coloquem em risco sua função ecológica, provoquem a extinção de espécies ou submetam os animais a crueldade.

Aliás, acerca da responsabilidade por degradação ambiental, o próprio texto constitucional houve por bem oferecer seus parâmetros, no § 3º do art. 225, *in verbis*: "as condutas e atividades consideradas lesivas ao meio ambiente sujeitarão os infratores, pessoas físicas ou jurídicas, a sanções penais e administrativas, independentemente da obrigação de reparar os danos causados".

Resultado da fixação do meio ambiente como direito comum do povo brasileiro é a atribuição de sua tutela coletiva (metaindividual), primordial, mas não exclusivamente, ao Ministério Público, para o que dispõe do inquérito civil e da ação civil pública (art. 129, III, da CF).

Costuma-se, ainda, inferir do conjunto de dispositivos internacionais e constitucionais atinentes ao meio ambiente alguns princípios basilares de direito ambiental, entre os quais: prevenção (dever de prevenir), desenvolvimento sustentável (equilíbrio entre economia e meio ambiente), poluidor-pagador (dever de reparar), participação (dever compartilhado entre Estado e sociedade) e ubiquidade (transversal a todos direitos humanos).[49]

A doutrina clássica especializada em direito ambiental costuma reproduzir a classificação do meio ambiente em 4 (quatro) categorias: natural, artificial, cultural e do trabalho. Nestes termos, o meio ambiente natural é constituído por solo, água, ar atmosférico, flora e fauna; o meio ambiente artificial pelos espaços e equipamentos construídos pelo ser humano; o meio ambiente cultural, conformado pelo denominado "patrimônio cultural, composto por elementos materiais e imateriais que traduzem a história, formação e cultura de um povo (*vide* a descrição do art. 216 da Constituição Federal); e, finalmente, o meio ambiente do trabalho, representado, classicamente, pelo local de trabalho e seus agentes de influência sobre a pessoas de quem labora.[50]

Percebe-se, de saída, que tal classificação não é estaque, porquanto as espécies de meio ambiente, na prática, apresentam vários pontos de contato, quando não chegam a se confundir, como é o caso dos meio ambientes artificial e cultural e de todas as 3 (três) primeiras categorias em relação ao meio ambiente de trabalho.

Especificamente sobre o **meio ambiente de trabalho**, na atualidade, tem-se que a concepção de meio ambiente laboral equilibrado está baseada "na salubridade do meio e na ausência de agentes que comprometam a incolumidade físico-psíquica dos trabalhadores"[51]. A manutenção da saúde do trabalhador como direito depende, portanto, da preservação do equilíbrio do meio ambiente laboral, enquanto obrigação jurídica voltada à salvaguarda, em última instância, do próprio direito à vida[52].

Na busca do conceito contemporâneo e mais adequado de meio ambiente do trabalho, que não se circunscreva ao local onde se labora, procura-se conjugar a ideia de local de tra-

49 FIORILLO, Celso A. P. **Curso de Direito Ambiental Brasileiro**. 6. ed. São Paulo: Saraiva, 2005, p. 20-23, p. 26-46.

50 Id. Ibid., p. 20-23.

51 Id. Ibid., p. 23.

52 SILVA, José A. Ribeiro de Oliveira. **A saúde do trabalhador como um direito humano**: conteúdo essencial da dignidade humana. São Paulo: LTr, 2008, p. 99-101.

balho à de conjunto de condições, leis, influências, e interações de ordem física, química e biológica, que incidem sobre o ser humano em sua atividade laboral (conceito da LPNMA). O conceito transcende a concepção meramente espacial (local de trabalho como elemento do contrato de trabalho) e rejeita a dicotomia natural x artificial.[53]

De todo modo, a legislação constitucional e infraconstitucional brasileira não se mostra firmemente apegada àquela tipologia clássica do meio ambiente. As ações de preservação e recuperação ambiental e, por conseguinte, de responsabilização por degradação encontram-se parametrizadas na Lei nº 6.938, de 31 de agosto de 1981 (Lei de Política Nacional do Meio Ambiente ou LPNMA). A terminologia correlata ao tema é legalmente definida pelo art. 3º da LPNMA, desta forma:

➔ **"meio ambiente"** é o conjunto de condições, leis, influências e interações de ordem física, química e biológica, que permite, abriga e rege a vida em todas as suas formas.

➔ **"degradação da qualidade ambiental"** corresponde à alteração adversa das características do meio ambiente.

➔ **"poluição"** significa degradação da qualidade ambiental resultante de atividades que, direta ou indiretamente, prejudiquem a saúde, a segurança e o bem-estar da população, que criem condições adversas às atividades sociais e econômicas, que afetem, desfavoravelmente a biota, que afetem as condições estéticas ou sanitárias do meio ambiente ou que lancem matérias ou energia em desacordo com os padrões ambientais estabelecidos.

➔ **"poluidor"** é a pessoa física ou jurídica, de direito público ou privado, responsável, direta ou indiretamente, por atividade causadora de degradação ambiental.

➔ **"recursos ambientais"** congrega a atmosfera, as águas interiores, superficiais e subterrâneas, os estuários, o mar territorial, o solo, o subsolo, os elementos da biosfera, a fauna e a flora.

É crucial perceber, à luz do conceito legal apresentado, que a noção "poluição" vai muito além da perturbação visível dos elementos da fauna e da flora (fumaça no ar, resíduos descartados em rios, queimadas etc.), como corriqueiramente se compreende. Ademais, os conceitos de poluição e a degradação independem da concretização de dano às pessoas, na medida em que haverá poluição onde houver degradação ambiental e a definição de degradação ambiental é "alteração adversa das características do meio ambiente". Portanto, o que configura a degradação é a alteração adversa das características do meio ambiente, que colocam em risco a saúde e a vida do ser humano, independentemente desse risco traduzir-se em dano pessoal a alguém. Tal compreensão, necessária, impacta, diretamente, na responsabilidade civil por degradação ambiental.

A respeito, a LPNMA é mais detalhada e severa com a responsabilidade civil por degradação ambiental, em comparação com a Constituição Federal, tendo adotado a modalidade objetiva de responsabilização (art. 14, § 1º), ou seja, dispensando a perquirição de dolo ou culpa do poluidor:

> Art. 14 - Sem prejuízo das penalidades definidas pela legislação federal, estadual e municipal, o não cumprimento das medidas necessárias à preservação ou correção dos

[53] FIGUEIREDO, Guilherme José Purvin de. **Direito ambiental e a saúde dos trabalhadores**. 2 ed. São Paulo: LTr, 2007, p. 40.

inconvenientes e danos causados pela degradação da qualidade ambiental sujeitará os transgressores:

I. à multa simples ou diária (...);

II. à perda ou restrição de incentivos e benefícios fiscais concedidos pelo Poder Público;

III. à perda ou suspensão de participação em linhas de financiamento em estabelecimentos oficiais de crédito;

IV. à suspensão de sua atividade.

§ 1º. Sem obstar a aplicação das penalidades previstas neste artigo, é o poluidor obrigado, **independentemente da existência de culpa**, a indenizar ou reparar os danos causados ao meio ambiente e a terceiros, afetados por sua atividade. O Ministério Público da União e dos Estados terá legitimidade para propor ação de responsabilidade civil e criminal, por danos causados ao meio ambiente. (destacado)

No ano de 2020, o STF, reiterando acórdãos anteriores no mesmo sentido, imprimiu repercussão geral a julgamento em que reconhece imprescritível da reparação de dano ambiental. No caso, em voto de lavra do Min. Alexandre de Moraes, examinou-se a colisão entre o princípio da segurança jurídica, que subjaz ao instituto da prescrição e beneficia o poluidor, e o princípios constitucionais da proteção, preservação e reparação do meio ambiente, que beneficiam toda a coletividade, concluindo-se que "a reparação do dano ao meio ambiente é direito fundamental indisponível, sendo imperativo o reconhecimento da imprescritibilidade no que toca à recomposição dos danos ambientais" (RE 654833 / AC).

Também em decisão prolatada em 2020, o STF, por meio de outro voto do Min. Alexandre de Moraes, julgou, com repercussão geral, caso envolvendo acidente de trabalho decorrente de meio ambiente de trabalho poluído pelos riscos à saúde e segurança de quem trabalho, tendo assentado a seguinte tese: "O artigo 927, parágrafo único, do Código Civil é compatível com o artigo 7º, XXVIII, da Constituição Federal, sendo constitucional a responsabilização objetiva do empregador por danos decorrentes de acidentes de trabalho, nos casos especificados em lei, ou quando a atividade normalmente desenvolvida, por sua natureza, apresentar exposição habitual a risco especial, com potencialidade lesiva e implicar ao trabalhador ônus maior do que aos demais membros da coletividade" (RE 828040 / DF).

10. DIREITO AO DESENVOLVIMENTO

10.1. Normativa básica constitucional e internacional

Constituição Federal

PREÂMBULO. Nós, representantes do povo brasileiro, reunidos em Assembleia Nacional Constituinte para instituir um Estado Democrático, destinado a assegurar o exercício dos direitos sociais e individuais, a liberdade, a segurança, o bem-estar, o desenvolvimento, a igualdade e a justiça como valores supremos de uma sociedade fraterna, pluralista e sem preconceitos, fundada na harmonia social e comprometida, na ordem interna e internacional, com a solução pacífica das controvérsias, promulgamos, sob a proteção de Deus, a seguinte CONSTITUIÇÃO DA REPÚBLICA FEDERATIVA DO BRASIL.

art. 3º. Constituem objetivos fundamentais da República Federativa do Brasil: (...) II – garantir o desenvolvimento nacional;

art. 21. Compete à União: (...) IX – elaborar e executar planos nacionais e regionais de ordenação do território e de desenvolvimento econômico e social;

art. 23. É competência comum da União, dos Estados, do Distrito Federal e dos Municípios: (...) Parágrafo único. Leis complementares fixarão normas para a cooperação entre a União e os Estados, o Distrito Federal e os Municípios, tendo em vista o equilíbrio do desenvolvimento e do bem-estar em âmbito nacional.

art. 43. Para efeitos administrativos, a União poderá articular sua ação em um mesmo complexo geoeconômico e social, visando a seu desenvolvimento e à redução das desigualdades regionais. § 1º – Lei complementar disporá sobre: I – as condições para integração de regiões em desenvolvimento; II – a composição dos organismos regionais que executarão, na forma da lei, os planos regionais, integrantes dos planos nacionais de desenvolvimento econômico e social, aprovados juntamente com estes.

art. 48. Cabe ao Congresso Nacional, com a sanção do Presidente da República, não exigida esta para o especificado nos arts. 49, 51 e 52, dispor sobre todas as matérias de competência da União, especialmente sobre: (...) IV – planos e programas nacionais, regionais e setoriais de desenvolvimento;

art. 151. É vedado à União: I – instituir tributo que não seja uniforme em todo o território nacional ou que implique distinção ou preferência em relação a Estado, ao Distrito Federal ou a Município, em detrimento de outro, admitida a concessão de incentivos fiscais destinados a promover o equilíbrio do desenvolvimento sócio-econômico entre as diferentes regiões do País;

art. 192. O sistema financeiro nacional, estruturado de forma a promover o desenvolvimento equilibrado do País e a servir aos interesses da coletividade, em todas as partes que o compõem, abrangendo as cooperativas de crédito, será regulado por leis complementares que disporão, inclusive, sobre a participação do capital estrangeiro nas instituições que o integram.

art. 205. A educação, direito de todos e dever do Estado e da família, será promovida e incentivada com a colaboração da sociedade, visando ao pleno desenvolvimento da pessoa, seu preparo para o exercício da cidadania e sua qualificação para o trabalho.

art. 216-A. O Sistema Nacional de Cultura, organizado em regime de colaboração, de forma descentralizada e participativa, institui um processo de gestão e promoção conjunta de políticas públicas de cultura, democráticas e permanentes, pactuadas entre os entes da Federação e a sociedade, tendo por objetivo promover o desenvolvimento humano, social e econômico com pleno exercício dos direitos culturais.

art. 219. O mercado interno integra o patrimônio nacional e será incentivado de modo a viabilizar o desenvolvimento cultural e sócio-econômico, o bem-estar da população e a autonomia tecnológica do País, nos termos de lei federal.

Pacto Internacional sobre Direitos Civis e Políticos (ONU)

art. 1º

1. Todos os povos têm direito à autodeterminação. Em virtude desse direito, determinam livremente seu estatuto político e asseguram livremente seu desenvolvimento econômico, social e cultural.

Pacto Internacional sobre Direitos Econômicos, Sociais e Culturais (ONU)

art. 1º

1. Todos os povos têm direito à autodeterminação. Em virtude desse direito, determinam livremente seu estatuto político e asseguram livremente seu desenvolvimento econômico, social e cultural.

Protocolo Adicional à Convenção Americana sobre Direitos Humanos em Matéria de Direitos Econômicos, Sociais e Culturais – Protocolo de São Salvador (OEA)

Preâmbulo

Levando em conta que, embora outros instrumentos internacionais, tanto de âmbito universal como regional, tenham reconhecido direitos econômicos, sociais e culturais fundamentais, é muito importante que esses direitos sejam reafirmados, desenvolvidos, aperfeiçoados e protegidos, a fim de consolidar na América, com base no respeito pleno dos direitos da pessoa, o regime democrático representativo de governo, bem como o direito de seus povos ao desenvolvimento, à livre determinação e a utilizar livremente suas riquezas e recursos naturais; (...).

Declarações específicas

Declaração sobre o Direito ao Desenvolvimento (ONU)

Declaração e Programa de Ação da Cúpula Mundial sobre Desenvolvimento Social (ONU)

10.2. Apontamentos sobre conteúdo do direito

10.2.1. Evolução conceitual do desenvolvimento

A discussão sobre o desenvolvimento é impulsionada no pós-Segunda Guerra, estando diretamente vinculada ao processo de descolonização, o que explica sua produção teórica inicial dedicada a caminhos para o progresso econômico e político das nações, divididas, naquele tempo, em "desenvolvidas" (ou "primeiro mundo") e "subdesenvolvidas" (ou "terceiro mundo").[54]

A primeira referência ao direito ao desenvolvimento no âmbito internacional ocorreu na Declaração da Filadélfia da OIT de 1944, ocasião em que foi reconhecido que todos os seres humanos, independentemente de raça, credo ou gênero, têm o direito de buscar tanto o bem-estar material quanto a liberdade, dignidade, segurança econômica e oportunidades iguais[55]. A questão também esteve presente, de modo ainda tímido, nos debates preparatórios da Declaração Universal de Direitos Humanos de 1948, mas a referência expressa a um direito ao desenvolvimento aparece na década de 1960, com a intensificação da descolonização, que fomentou os debates sobre o incremento da capacidade econômica das ex-colônias, integrantes do que à época se convencionou chamar "Nova Ordem Econômica Mundial".[56]

Dentre as razões que ajudam a explicar o interesse da época no conceito de desenvolvimento, pode-se destacar: os desafios enfrentados pela Europa, que, com o apoio do Plano Marshall, visava retomar os caminhos de progresso e riqueza, ou seja, de desenvolvimento econômico; as exigências da Guerra Fria, que levaram à consolidação de uma base de acumu-

---

[54] BRASSEUL, Jacques. **Introduction à l'Économie du Développement**. *2. ed.* Paris: Armand Colin, 1993; BUSTELO, Pablo. **Teorías Contemporáneas Del Desarrollo Económico**. Madrid: Editorial Sintesis, 1999; CYPHER, James M.; DIETZ, James L. **The Process of Economic Development**. London: Routledge, 1997; HUNT, Diana. **Economic Theories of Development**: *An Analysis of Competing Paradigms.* New York: Harvester Wheatsheaf, 1989.

[55] MALHOTRA, Rajeev. Right to development: where are we today? In SENGUPTA, Arjun; NEGI, Archna; BASU, Moushumi. **Reflections on the Right to Development**. Sage: New Delhi and London, 2005, p. 131.

[56] Id. Ibid, p. 129.

lação produtiva que sustentasse a ideologia de resultados pautados em progresso e inovação tecnológica; o novo paradigma econômico advindo da afirmação do keynesianismo e seu papel para realização do progresso e do bem-estar da sociedade; as afirmações em favor do progresso e da paz entre os povos traduzidas pela ONU através da "Década do Desenvolvimento".[57]

Segundo AMARO, a visão teórica originalmente eurocentralizada conduziu à associação da expressão "desenvolvimento" a 11 (onze) mitos que deram início às primeiras concepções de desenvolvimento[58]:

> **Economicismo** → crescimento econômico como única condição essencial ao o desenvolvimento.
>
> **Produtivismo** → tempo e produtividade como necessários ao desenvolvimento.
>
> **Consumismo** → incentivo ao consumo como exigência do crescimento econômico, entendido como sinônimo de desenvolvimento.
>
> **Quantitativismo** → prevalência da quantidade sobre a qualidade.
>
> **Industrialismo** → industrialização como caminho natural para o desenvolvimento.
>
> **Tecnologismo** → avanço tecnológico para aumento da produtividade e do crescimento econômico.
>
> **Racionalismo** → ciência para a eficiência da ação produtiva.
>
> **Urbanicismo** → superioridade do urbano sobre o rural, sendo aquele símbolo do desenvolvimento.
>
> **Antropocentrismo** → o homem no centro do desenvolvimento, de forma individual (capitalismo) ou coletiva (socialismo), mas alheio à natureza.
>
> **Etnocentrismo** → visão eurocêntrica globalizante.
>
> **Uniformismo** → definição de modelos únicos para produção, consumo, modo de vida, cultura, sistemas políticos, excluindo qualquer diversidade.

Durante os primeiros 30 anos após a Segunda Guerra Mundial, o conceito de desenvolvimento remetia, simplesmente, a desenvolvimento econômico, levando a que a medida do desenvolvimento fossem os indicadores de crescimento econômico, notadamente o Produto Interno Bruto (PIB) e a renda *per capita*. O pensamento conforme o qual o contínuo crescimento econômico (como processo de acumulação de bens e serviços) era a condição necessária e suficiente do desenvolvimento predominou à época, negligenciando, por conseguinte, um olhar mais detido sobre o significado prático do crescimento econômico nas diversas dimensões do bem-estar de toda a população, tais como saúde, habitação, sistema político, valores culturais, educação etc.

O tema do desenvolvimento ganha espaço e dimensão prática na ONU, partir de 1965, quando da criação por deliberação da Assembleia Geral do Programa das Nações Unidas para o Desenvolvimento (PNUD).

A chamada Primeira Década das Nações Unidas para o Desenvolvimento, no período dos anos 1960, viu a cooperação internacional apostar na industrialização, sobretudo de países ditos subdesenvolvidos, como principal motor do desenvolvimento, o fazendo, contudo, sem qualquer preocupação ambiental e social.

---

[57] AMARO, Rogério Roque. Desenvolvimento — um conceito ultrapassado ou em renovação? Da teoria à prática e da prática à teoria. **Cadernos de Estudos Africanos**, n. 4, p. 35–70, 2003.

[58] Id. Ibid.

A ideia de desenvolvimento somente sob a ótica do crescimento econômico recebeu severas críticas, desde o início. A este propósito, cite-se o eminente economista brasileiro CELSO FURTADO, que, já na década de 1950, quando integrou os quadros técnicos da recém-criada Comissão Econômica para a América Latina (CEPAL), ligada à ONU, denunciara o mito da ideia de desenvolvimento como um processo evolutivo e de fórmula unicamente economicista.

Alertava FURTADO que os padrões de consumo das sociedades ocidentais jamais seriam universalmente reproduzidos, em razão da desigualdade dentro e entre nações, que é intrínseca ao capitalismo e favorece a acumulação de bens apenas pelas elites econômicas dos países periféricos e pelos países centrais, economicamente hegemônicos. Bem por isso, o crescimento econômico reclama um pensamento dirigido ao desenvolvimento social, que tem no bem-estar do indivíduo seu propósito. Haveria que se distinguir, pois, o mero crescimento econômico do desenvolvimento, esse dependente de projeto social que priorize habitação e educação ao invés do consumo ilimitado de recursos não renováveis.[59]

A plena ascensão e continuidade da Guerra Fria não impediu que tais críticas abrissem caminho para uma ideia regionalizada e multidimensional de desenvolvimento, a considerar valores culturais, sociais e psicológicos juntamente com valores de bens materiais e imateriais peculiares da matriz cultural e histórica de cada região, ainda que o objetivo seja sempre o alcance de padrões de vida mais elevados acessíveis à população, com o propósito de ser ofertar às pessoas proveito para além dos bens e serviços resultantes do aumento da produtividade.[60]

O tempo e o avanço da pobreza em termos globais como resultado da desigualdade social crescente, mesmo em nações com elevados índices de PIB e renda *per capita*, deram razão à crítica furtadiana, estimulando a produção teórica e as discussões diplomáticas sobre o desenvolvimento a se reorientarem à revisão crítica e consequente transformação do escopo do desenvolvimento. Como argumenta SACHS, a ideia de que o simples crescimento econômico seria suficiente para assegurar o desenvolvimento foi superada e conquistou acréscimos, "desenvolvimento econômico, social, cultural, certamente político, em seguida sustentável, por fim, humano".[61]

Nesta esteira, a promoção de políticas públicas dirigidas à redução das desigualdades, com a concomitante sustentabilidade nas dimensões econômica, social e ambiental, passou a dominar as reflexões e propostas. Este movimento gradual expressou-se também no campo do Direito Internacional dos Direitos Humanos.

A conferência da ONU de 1972 inaugurou a Segunda Década das Nações Unidas para o Desenvolvimento, já evidenciando preocupação ambiental e social mais sintonizada com as demandas dos países do dito Terceiro Mundo. Entretanto, o chamado do PNUD não encontrou eco junto às nações desenvolvidas, que, àquela altura, passavam pela reestruturação produtiva capitalista que conduzia o combalido capitalismo fordista de acumulação em massa

---

59 COSAC, Claudia Maria Daher; PEREIRA, Jucimeire Ligia. O desenvolvimento na perspectiva do século XXI. **Serviço Social & Realidade**, v. 17, n. 1, p. 300-321, 2009, p. 305-307.

60 VIEIRA, E. T.; SANTOS, M. J. Desenvolvimento econômico regional: uma revisão histórica e teórica. **Revista Brasileira de Gestão e Desenvolvimento Regional,** v. 8, n. 2, p. 344-369, mai-ago/2012, p 347.

61 SACHS, Ignacy. Desenvolvimento, direitos humanos e cidadania. *In*: PINHEIRO, Paulo S.; GUIMARÃES, Samuel P. (orgs.). **Direitos humanos no século XXI**. Rio de Janeiro: Instituto de Pesquisa de Relações Internacionais Fundação Alexandre de Gusmão, 1998. p. 155–166, p. 157. Disponível em: http://funag.gov.br/loja/download/253-Direitos_Humanos_no_Seculo_XXI_-_Parte_I.pdf#page=155. Acesso em: 7 jan. 2021.

à sua versão toyotista de acumulação flexível, a qual, por sua vez, avançava em um contexto de globalização financeira e internacionalização da produção.[62]

Apenas durante a Terceira Década das Nações Unidas para o Desenvolvimento o conceito abrangeu o desenvolvimento sustentável, a partir da repercussão do relatório *Our Common Future* (ou "Relatório Brundtland"), publicado em 1987[63], o qual atrelou a noção de desenvolvimento sustentável à ideia de justiça social e de satisfação de necessidades atuais sem prejuízo das gerações futuras.

Assim, essa nova dimensão do desenvolvimento abrange a solidariedade intergeracional, a integração da gestão de recursos naturais nas estratégias ligadas ao desenvolvimento e a adoção de um ritmo sustentável de exploração dos recursos, sem deixar de enfatizar a dimensão cultural da natureza humana[64], com isso contemplando a faceta social do desenvolvimento.

10.2.2. Índice de Desenvolvimento Humano: a medida do desenvolvimento sustentável

No final do século XX, já no contexto do desenvolvimentismo socioambiental, as atividades do PNUD foram diretamente influenciadas pelo pensamento e pela contribuição direta do professor indiano de economia e filosofia em Harvard e vencedor do Prêmio Nobel de Economia de 1998, AMARTYA SEN, com destaque para a difusão da noção de Desenvolvimento Humano e para a participação na criação do Índice de Desenvolvimento Humano (IDH), com o qual, até hoje frequentemente publicado, se intenta oferecer uma fonte informacional alternativa ao Produto Interno Bruto (PIB) e à renda *per capita* enquanto dados e medições que subsidiam ações coletivas e escolhas governamentais.

O profícuo pensamento seniano é marcado pela crítica e busca de superação de premissas que protagonizam o pensamento econômico ortodoxo que prevalecera na primeira metade do século XX, notadamente no que se refere às ideias de *homo oeconomicus* (racionalidade e comportamento humanos pautados exclusivamente pelo autointeresse), de desenvolvimento como decorrência de crescimento econômico e de separação entre ética e economia.

Na década de 1970, SEN produz reflexões mais específicas sobre a conceituação e a medição da pobreza e da fome, concluindo que as fomes coletivas – como as experimentadas na África, em Bagladesh e na Índia – não decorrem da escassez de alimentos, senão das imperfeições do mercado e dos sistemas sociais, em ambientes de déficit de controle democrático das ações de governo e de estruturas sociais de acesso a bens.[65]

Já na década de 1980, SEN volta sua atenção para o aprofundamento das questões filosóficas, com vistas ao oferecimento de uma proposta de condição existência do ser humano que possa ser entrevista como o propósito último do desenvolvimento, para tanto, formulando

---

62 HARVEY, David. **Condição Pós-Moderna**. Trad. Adail U. Sobral; Maria Stela Gonçalves. 13. ed. São Paulo: Edições Loyola, 2004, p. 121-176; BELLUZZO, L. G. de M. **Ensaios sobre o capitalismo no século XX.** São Paulo: Editora Unesp, 2004, p 239; MATTOS, F. **Flexibilização do trabalho**: sintomas da crise. São Paulo: Annablume, 2009, p. 236-270.

63 Este relatório foi elaborado pela Comissão Mundial sobre o Meio Ambiente e o Desenvolvimento, instituída pela ONU para estudar o tema da questão ambiental, tendo-o feito sob um ponto de vista crítico do modelo de desenvolvimento adotado por países industrializados e reproduzido pelas nações ditas subdesenvolvidas. A Comissão, à época, foi chefiada pela primeira-ministra da Noruega, Gro Harlem Brundtland.

64 LAYRARGUES, Philippe Pomier. Do Ecodesenvolvimento ao Desenvolvimento Sustentável: evolução de um conceito? **Revista Proposta**, Rio de Janeiro, v. 25, n. 71, p.5-10, abr. 1997. p 6.

65 SEN, Amartya. **Poverty and famines**: an essay on entitlement and deprivation. Oxford University Press, 1982.

sua teoria própria das capacidades (*capabibility approach*), a partir da retomada de inspiração aristotélica da associação entre ética e economia.

A teoria das capacidades de SEN preceitua que o desenvolvimento de um indivíduo é resultado direto da conjugação de suas capacidades, entendida capacidade (*capability*) como "a liberdade substantiva de realizar combinações alternativas de funcionamentos (ou, menos formalmente, a liberdade para ter estilos de vida diversos)". Os "funcionamentos" representam as diversas coisas que uma pessoa pode desejar fazer ou ser. O conjunto de capacidades pode ser delimitado pelo leque mais restrito ou mais amplo de oportunidades de aquisição de distintos funcionamentos, ou seja, de bens e caminhos que, por livre decisão da própria pessoa ("agência"), representem meios para seu bem-estar segundo suas preferências pessoais.[66]

Sob este enfoque, a promoção do Desenvolvimento Humano, em poucas palavras, exige ações orientadas, de um lado, à expansão das capacidades a serem exercidas livremente para além da busca da renda – mirando também a longevidade (com saúde e alimentação) e a educação (com qualificação profissional) – e, de outro, à alimentação, com eliminação de situações de discriminação e em ambiente politicamente democrático. Segundo SEN, mais renda não determina mais capacidades, mas sim o exato contrário, sendo certo que há capacidades básicas cuja privação é sinônimo de pobreza.[67] Em suma, a promoção do Desenvolvimento Humano implica a perseguição da expansão das capacidades (liberdades) individuais de todas e todos.

Decorre da proposta seniana a ampliação do conceito de pobreza, para que passe a ser compreendida como "privação de capacidades básicas", não se restringindo, pois, ao baixo nível de renda.[68] Para SEN, "a relação instrumental entre baixa renda e baixa capacidade é variável entre comunidades e até mesmo entre famílias e indivíduos (o impacto da renda sobre as capacidades é contingente e condicional)".[69]

O pensamento seniano identifica liberdades substantivas e liberdades instrumentais. As liberdades substanciais são aquelas "que temos razão para valorizar"[70], portanto, está atrelado aos interesses livremente eleitos pelo indivíduo.

Cada capacidade à feição seniana (*capability*) é uma liberdade substantiva[71] e as liberdades substantivas incluem "capacidades elementares", *v.g* de evitar privações como a fome e a morte prematura, bem como de saber ler, fazer cálculos aritméticos, ter participação política e fruir da liberdade de expressão.[72]

Já as liberdades instrumentais favorecem as aquisição e expansão das capacidades e das liberdades substanciais, tendo a "contribuir para a capacidade geral de a pessoa viver mais livremente, mas também têm o efeito de complementar umas às outras".[73] No livro "Desenvolvimento como Liberdade", são examinadas 5 (cinco) liberdades instrumentais: liberdades políticas, facilidades econômicas, oportunidades sociais, garantia de transparência e segurança protetora.

---

66 SEN, Amartya. **Sobre ética e economia**. Trad. Laura Teixeira Motta. São Paulo: Companhia das Letras, 1999, p. 18-19 e 56-60; Id. **Desenvolvimento como liberdade**. Trad. Laura Teixeira Motta. São Paulo: Companhia das Letras, 2010, p. 105.

67 Id. **Desenvolvimento como liberdade**, cit., p. 120-149.

68 Id. Ibid., p. 120.

69 Id. Ibid., p. 120-121.

70 Id. Ibid., p. 29.

71 Ibid., p. 105.

72 Ibid., p. 55.

73 Ibid., p. 58.

O caráter social das propostas de SEN sobre o desenvolvimento como expansão das liberdades manifesta-se, no campo empírico, por sua contribuição à construção e aperfeiçoamento do Índice de Desenvolvimento Humano (IDH). A divulgação pelo PNUD, desde 1990, do IDH, de maneira periódica, dentro dos Relatórios de Desenvolvimento Humano (RDHs) globais temáticos, resulta de colaboração direta de SEN com seu amigo e economista paquistanês Mahbub ul Haq.

O advento do IDH e de sua veiculação pelos RDHs representa a manifestação prática do pensamento seniano, naquilo em que preceitua que a formulação da intervenção estatal pela via das políticas públicas deve ser exercitada a partir de uma base informacional adequada, tarefa não cumprida a contento pelas apurações matemáticas e formais típicas dos desenvolvimentistas ortodoxos do século XX. Nas palavras do próprio SEN, o IDH conjuga uma lista mínima de capacidades, reunidas com o único objetivo de oferecer a possibilidade de se apurar, coletivamente, a situação da qualidade básica de vida, com apoio em estatísticas alternativas ao uso exclusivo do PIB e à renda *per capita*.[74]

Atualmente, o IDH é composto, em sua forma básica, pela associação dos seguintes indicadores: expectativa de vida ao nascimento, expectativa de anos de escolarização, média efetiva de anos de escolarização e PIB *per capita*, denotando alusão a algumas das liberdades substantivas mais examinadas por SEN em seus estudos teóricos e ilustrações empíricas.

O IDH afirmou-se, ao longo do tempo, como fonte informativa de políticas públicas globais, nacionais e locais, haja vista ser instrumento de medida do Desenvolvimento Humano que admite cálculo em escalas local, regional, nacional, continental e mundial. Consequentemente, se o Desenvolvimento Humano deve ser o fim último do desenvolvimento social, o IDH contribui para a mensuração dos resultados das providências orientandas a uma concepção de desenvolvimento que respeite a centralidade do ser humano em seu escopo.

No contexto do PNUD, um órgão essencialmente praticante da cooperação internacional indutora da promoção de políticas públicas em âmbito nacional, a adoção da concepção do Desenvolvimento Humano e do IDH (como padrão de aferição daquele) denota a consagração do abandono da ideia meramente economicista de desenvolvimento, resultante de um processo de transformação que perpassa pelas noções de desenvolvimento social e, depois, de desenvolvimento sustentável, transformação tal que se expressou, vivamente, no campo normativo do direito internacional.

10.2.3. *Direito ao desenvolvimento social e desenvolvimento sustentável: previsão e justiciabilidade*

O desenvolvimento social foi tratado pelas Nações Unidas desde a década de 1960, todavia, o espírito de época, ainda atrelado ao economicismo, não permitiu que a ideia fosse levada adiante, em termos práticos e normativos[75].

A I Conferência Mundial de Direitos Humanos aprovou a **Proclamação de Teerã de 1968**, a qual, tratando, explicitamente, sobre o desenvolvimento, estatuiu em seus arts. 12 e 13:

> 12. A crescente disparidade entre os países economicamente desenvolvidos e os países em desenvolvimento impede a realização dos direitos humanos na comunidade

---

[74] SEN, Amartya. Human Rights and Capabilities. **Journal of Human Development**, v. 6, n. 2, p. 151–166, 2005, p. 159.

[75] ALVES, J. A. A cúpula mundial sobre o desenvolvimento social e os paradoxos de Copenhague. **Revista Brasileira de Política Internacional**, v. 40, n. 1, p. 142-166, 1997, p. 144.

> internacional. Dado que o Decênio para o desenvolvimento não tenha alcançado seus modestos objetivos, resulta ainda mais necessário que cada país, em particular os países desenvolvidos, procurem por todos os meios eliminar esta disparidade;
>
> 13. Como os direitos humanos e as liberdades fundamentais são indivisíveis, a realização dos direitos civis e políticos sem o gozo dos direitos econômicos, sociais e culturais resulta impossível. A realização de um progresso duradouro na aplicação dos direitos humanos depende de boas e eficientes políticas internacionais de desenvolvimento econômico e social;

Décadas depois, finalmente contemplando a matéria, de modo específico, no campo jurídico, a **Declaração sobre o Direito ao Desenvolvimento de 1986,** adotada pela Resolução nº 41/128 da Assembleia Geral das Nações Unidas, consagrou a pessoa humana como sujeito central do desenvolvimento (art. 2º, § 2º), afirmando-o direito humano multidimensional, cujo conteúdo abarca os desenvolvimentos econômico, social, cultural e político (art. 1º, § 1º). O documento ainda declara que o desenvolvimento é, concomitantemente, um direito humano em si e um instrumento para a fruição dos demais direitos humanos, oponível aos Estados, inclusive e principalmente no que diz respeito à promoção de políticas públicas nacionais e de cooperação interestatal. A multidimensionalidade do desenvolvimento e suas consequências para as ações estatais nos planos nacional e internacional emergem da literalidade dos dispositivos da Declaração:

> Artigo 1º
>
> § 1. O direito ao desenvolvimento é um direito humano inalienável, em virtude do qual toda pessoa e todos os povos estão habilitados a participar do desenvolvimento econômico, social, cultural e político, para ele contribuir e dele desfrutar, no qual todos os direitos humanos e liberdades fundamentais possam ser plenamente realizados.
>
> (...)
>
> Artigo 4º
>
> Os Estados têm o dever de, individual e coletivamente, tomar medidas para formular as políticas internacionais de desenvolvimento, com vistas a facilitar a plena realização do direito ao desenvolvimento. É necessária ação permanente para promover um desenvolvimento mais rápido dos países em desenvolvimento. Como complemento dos esforços dos países em desenvolvimento, uma cooperação internacional efetiva é essencial para prover esses países de meios e facilidades apropriados para incrementar seu amplo desenvolvimento.
>
> (...)
>
> Artigo 6º
>
> (...)
>
> § 2. Todos os direitos humanos e liberdades fundamentais são indivisíveis e interdependentes; atenção igual e consideração urgente devem ser dadas à implementação, promoção e proteção dos direitos civis, políticos, econômicos, sociais e culturais.
>
> § 3. Os Estados devem tomar providências para eliminar os obstáculos ao desenvolvimento resultantes da falha na observância dos direitos civis e políticos, assim como dos direitos econômicos, sociais e culturais.
>
> (...)

> Artigo 8º
>
> § 1. Os Estados devem tomar, em nível nacional, todas as medidas necessárias para a realização do direito ao desenvolvimento, e devem assegurar, *inter alia*, igualdade de oportunidade para todos no acesso aos recursos básicos, educação, serviços de saúde, alimentação, habitação, emprego e distribuição equitativa da renda. Medidas efetivas devem ser tomadas para assegurar que as mulheres tenham um papel ativo no processo de desenvolvimento. Reformas econômicas e sociais apropriadas devem ser efetuadas com vistas à erradicação de todas as injustiças sociais.
>
> § 2. Os Estados devem encorajar a participação popular em todas as esferas, como um fator importante no desenvolvimento e na plena realização de todos os direitos humanos.
>
> (...)
>
> Artigo 10º
>
> Os Estados deverão tomar medidas para assegurar o pleno exercício e o fortalecimento progressivo do direito ao desenvolvimento, incluindo a formulação, adoção e implementação de políticas, medidas legislativas e outras, em níveis nacional e internacional.

Aprovada pela II Conferência de Direitos Humanos da ONU, **a Declaração e Programa de Ação de Viena de 1993** reafirmou, em seu art. 10, os ditames da Declaração sobre o Direito ao Desenvolvimento de 1986, contudo, seu art. 11 expande o conteúdo do direito ao desenvolvimento, ao dizê-lo intergeracional e, assim, o relaciona também com as demandas ambiental e bioética:

> 11. O direito ao desenvolvimento deve ser realizado de modo a satisfazer equitativamente as necessidades ambientais e de desenvolvimento de gerações presentes e futuras. A Conferência Mundial sobre Direitos Humanos reconhece que a prática de descarregar ilicitamente substâncias e resíduos tóxicos e perigosos constitui uma grave ameaça em potencial aos direitos de todos à vida e à saúde.
>
> Consequentemente, a Conferência Mundial sobre Direitos Humanos apela a todos os Estados para que adotem e implementem vigorosamente as convenções existentes sobre o descarregamento de produtos e resíduos tóxicos e perigosos e para que cooperem na prevenção do descarregamento ilícito.
>
> Todas as pessoas têm o direito de desfrutar dos benefícios do progresso científico e de suas aplicações. A Conferência Mundial sobre Direitos Humanos observa que determinados avanços, principalmente na área das ciências biomédicas e biológicas, podem ter consequências potencialmente adversas para a integridade, dignidade e os direitos humanos do indivíduo e solicita a cooperação internacional para que se garanta pleno respeito aos direitos humanos e à dignidade nessa área de interesse universal.

A Conferência de Copenhague de 1995, aproveitando o fim da Guerra Fria, foi o primeiro encontro internacional multilateral da história dedicado ao tema do desenvolvimento social e na perspectiva do bem-estar de todos. Não por outro motivo o evento deu-se sob o título "Cúpula Mundial sobre o Desenvolvimento Social", resultando na **Declaração e Programa de Ação da Cúpula Mundial sobre Desenvolvimento Social.** Tal Declaração avança na explicitação da amplitude de elementos do desenvolvimento social, associando-o à justiça social como condição da paz mundial e sendo mais enfático no que respeita à dimensão ambiental. Destaca-se, igualmente, a clara inspiração da proposta seniana de desenvolvimento como processo conduzido pelos Estados e pela sociedade civil e orientado à ampliação das capacidades individuais.

Ademais, a Declaração sobre Desenvolvimento Social de 1995 **inova ao contemplar a noção de Desenvolvimento Sustentável como resultante da conjugação do desenvolvimento econômico, do desenvolvimento social e da proteção do meio ambiente,** sem descurar da eliminação das desigualdades de toda natureza, não apenas as econômicas, como é o caso da desigualdade de gênero:

> 5. Partilhamos a convicção de que o desenvolvimento social e a justiça social são indispensáveis para a prossecução e a manutenção da paz e da segurança nas nações e entre elas. Por sua vez, o desenvolvimento social e a justiça social não podem ser alcançadas se não existe paz e segurança ou se não são respeitados todos os direitos humanos e liberdades fundamentais. Esta interdependência básica foi reconhecida há 50 anos na Carta das Nações Unidas e cada vez se reforça mais.
>
> 6. Estamos profundamente convencidos de que o desenvolvimento econômico, o desenvolvimento social e a proteção do meio ambiente são componentes interdependentes do desenvolvimento sustentável e fortalecem-se mutuamente, o que constitui o quadro dos nossos esforços no sentido de alcançar uma melhor qualidade de vida para todas as pessoas. Um desenvolvimento social equitativo, que reconheça aos pobres o poder necessário para utilizar de modo sustentável os recursos ambientais, é o fundamento necessário do desenvolvimento sustentável. Reconhecemos também que para sustentar o desenvolvimento e a justiça social é necessário um crescimento econômico alargado e sustentado, no contexto do desenvolvimento sustentável.
>
> 7. Reconhecemos, por conseguinte, que o desenvolvimento social é um elemento fundamental das necessidades e aspirações das pessoas do mundo inteiro e da responsabilidade dos governos e de todos os sectores da sociedade civil. Declaramos que, em termos econômicos e sociais, as políticas e os investimentos mais produtivos são os que dão poder às pessoas para aproveitar ao máximo as suas capacidades, recursos e oportunidades. Reconhecemos que não é possível assegurar um desenvolvimento social e econômico sustentável sem a plena participação da mulher e que a igualdade e equidade entre a mulher e o homem constituem uma prioridade para a comunidade internacional e, como tal, devem estar no centro do desenvolvimento econômico e social.
>
> (...)
>
> 9. Reunimo-nos aqui para assumir, juntamente com os nossos governos e nações, o compromisso de promover o desenvolvimento social em todo o mundo, a fim de que todos os homens e mulheres, particularmente os que vivem em pobreza, possam exercer os seus direitos, utilizar os recursos, partilhar as responsabilidades que lhes possibilitem viver satisfatoriamente e contribuir para o bem-estar das suas famílias, das suas comunidades e da humanidade. Apoiar esse esforço e promovê-lo devem ser objetivos prioritários da comunidade internacional, particularmente em relação àqueles que são afetados pela pobreza, o desemprego e a exclusão social.

Como era de se esperar para uma organização internacional interestatal prevalentemente composta por países em desenvolvimento, também no âmbito da OEA o tema do desenvolvimento ganho demasiada relevância. O Protocolo de Cartagena das Índias (Colômbia, 1985) emendou a Carta da OEA, para, entre outras alterações, inserir o texto do atual art. 33: "O desenvolvimento é responsabilidade primordial de cada país e deve constituir um processo integral e continuado para a criação de uma ordem econômica e social justa que permita a plena realização da pessoa humana e para isso contribua".

Percebe-se, pois, o quão errática é a redução ainda frequentemente encontrada do desenvolvimento sustentável à proteção do meio ambiente, porquanto este último é apenas um dos relevantes elementos interrelacionados que conformam aquele. Igualmente equivocada é a compreensão do direito ao desenvolvimento (agora sustentável) como fonte de direito a determinados bens da vida, individualmente fruíveis. Tão ou mais importante é a dimensão processual desse direito.

A respeito, argumenta AMARTYA SEN que as liberdades (ou capacidades) envolvem processos e oportunidades: processos que viabilizam ações, decisões e oportunidades que as pessoas têm de se autorrealizar, a depender de suas circunstâncias individuais e sociais.[76] A natureza processual do direito ao desenvolvimento oferece dificuldades à sua percepção como fonte de direitos subjetivos justiciáveis.

Na esteira de SEN, outro economista indiano, ARJUN SENGUPTA, explica, valendo do termo "desenvolvimento social", que a natureza processual do direito ao desenvolvimento não o faz um "direito guarda-chuva" ou a soma de outros direitos, mas um mandamento de providências voltadas à ampliação das capacidades ou liberdades dos indivíduos, em ordem ao incremento de seu bem-estar e à realização de seus valores.

Direito ao processo de desenvolvimento e direito ao desenvolvimento distinguem-se, embora ambos sejam direitos humanos ou faceta de um mesmo direito humano. SENGUPTA alude à possibilidade de realização de vários direitos que compõem o direito ao desenvolvimento social - sustentável, segundo a ONU - a serem promovidos separadamente, *v.g.* direito à educação ou à moradia, com respeito à transparência e responsabilidade, de forma participativa e não discriminatória, com equidade e justiça. Já direito ao processo de desenvolvimento pode não ser realizado se as interrelações entre os direitos não forem levadas em conta. Um programa de políticas pode considerar diferentes direitos e elaborar um processo que facilite a sua realização, diferenciando o processo dos resultados.[77]

O importante desta distinção é perceber que se os direitos que compõem o direito ao desenvolvimento sustentável comportam implementação demorada e desigual, o processo em favor de sua implementação pode e deve desencadear-se de imediato[78], o que demonstra a factibilidade, por exemplo, de um direito subjetivo a políticas públicas estatais ou a comportamentos positivos da sociedade civil que promovam o desenvolvimento social, assim como um direito a medidas que façam frente à omissão estatal ou privada quanto a condutas que afrontem-no.

Sob o prisma da ação estatal, sustenta STEPHEN MARKS que a Declaração sobre o Direito ao Desenvolvimento impõe aos Estados a obrigação de formular políticas nacionais de desenvolvimento que respeitem a participação ativa, livre e substancial dos indivíduos, tendo por objetivo a contínua melhoria do bem-estar de toda a população. Nesse sentido, as políticas de desenvolvimento, se existentes, também estão sujeitas à revisão, para atender a àqueles padrões.[79]

---

[76] "A privação de liberdade pode surgir em razão de processos inadequados (como violação do direito ao voto ou de outros direitos políticos ou civis), ou de oportunidades inadequadas que algumas pessoas têm para realizar o mínimo que gostariam (incluindo a ausência de oportunidades elementares como a capacidade de escapar da morte prematura, morbidez voluntária ou fome involuntária)" (SEN, Amartya. **Desenvolvimento como liberdade**, cit., p. 32).

[77] SENGUPTA, Arjun. On the Theory and Practice of the Right to Development. **Human Rigths Quartely**, vol. 24, n 4, 2002, p.837-889, p. 868.

[78] Id. Ibid.

[79] MARKS, Stephen P. The Human Rights Framework for Development: Seven Approaches. *In*: SENGUPTA, Arjun; NEGI, Archna; BASU, Moushumi (Orgs.). **Reflections on the Right to Development**. New Delhi, India: SAGE Publications India Pvt Ltd, 2005, p. 23–60, p. 15.

De acordo com SENGUPTA, os *standards* básicos dos direitos humanos a serem observados na formulação do processo de desenvolvimento são o respeito aos princípios da equidade, não discriminação, participação, *accountability* (prestação de contas) e transparência.[80]

Ainda para SENGUPTA, o reconhecimento do processo de desenvolvimento como um direito humano tem implicações nas políticas econômicas gerais, pois o objetivo deve ser o aumento da realização de alguns direitos sem lesão a outros. Em razão disso, a efetivação dos direitos deve ser baseada em programas de desenvolvimento abrangentes, com utilização de todos os recursos de produção, tecnologia e finanças, por meio de políticas nacionais e internacionais.

Assim, a realização dos direitos humanos deve ser o objetivo dos programas, já os recursos e as políticas que afetam a tecnologia, as finanças e os arranjos são instrumentos para tanto. Daí autor sustentar que o desenvolvimento social se trata de um "metadireito" (*metaright*) para os direitos humanos.

Planificações com tal abrangência, reconhece o mesmo economista, demandam estrutura de produção e distribuição da economia, para assegurar o crescimento com equidade, resultando em um programa de desenvolvimento e investimento que não dependa somente dos mecanismos de mercado, mas exija uma cooperação internacional substancial. O processo de desenvolvimento refere-se, portanto, ao direito a um programa ou plano de políticas executadas ao longo do tempo, com consistência e sustentabilidade.[81]

É justamente no contexto da dimensão processual do direito ao desenvolvimento (em sua faceta conceitual contemporânea) que a ONU chamou seus Estados Membros a estabelecerem, de modo consensual, metas de desenvolvimento a serem alcançadas por meio de políticas públicas nacionais. Entram em cena os Objetivos do Milênio (ODM) para o período 2000-2015, sucedido pelos Objetivos do Desenvolvimento Sustentável (ODS) ou Agenda 2030 para o período 2015-2030.

Os **Oito Objetivos de Desenvolvimento do Milênio (ODM)** consubstanciam uma agenda de metas e providências que se desdobraram da Declaração do Milênio nos denominados. Pela via dos ODM, estabeleceram-se, com base em indicadores principalmente sociais, metas específicas a serem perseguidas e alcançadas pelos Estados, em especial mediante políticas públicas.

Oito Objetivos do Milênio

1. Erradicar a extrema pobreza e a fome.
2. Atingir o ensino básico universal.
3. Igualdade entre os sexos e a autonomia das mulheres.
4. Reduzir a mortalidade infantil.
5. Melhorar a saúde materna.
6. Combater o HIV/AIDS, a malária e outras doenças.
7. Garantir a sustentabilidade ambiental.
8. Fomentar uma aliança mundial para o desenvolvimento.

---

80 SENGUPTA, Arjun, cit., p. 871.

81 Id. Ibid., p. 874-875.

Ante a iminência do término do prazo fixado para o atingimento da maioria das metas estabelecidas para cada ODM (final de 2015), o Secretário-Geral da ONU divulgou à AGE, ao final de 2014, o "Informe de Síntese sobre a Agenda de Desenvolvimento Sustentável após 2015"[82], colocando em debate a estipulação de novas metas de desenvolvimento.

Essas novas metas, em número de 169 (cento e sessenta e nove), associadas aos dezessete "**Objetivos do Desenvolvimento Sustentável**" (**ODS**), compõem a "**Agenda 2030**", lançada em setembro de 2015, durante a Cúpula de Desenvolvimento Sustentável, com aprovação pela Assembleia Geral da ONU e previsão de cumprimento para os 15 (quinze) anos subsequentes. A Agenda 2030 é explicitamente entendida como programa de ação que dá sentido de continuidade ao ODM.

Objetivos do Desenvolvimento Sustentável (ODS)

1. acabar com a pobreza em todas as suas formas, em todos os lugares.
2. acabar com a fome, alcançar a segurança alimentar e melhoria da nutrição e promover a agricultura sustentável.
3. assegurar uma vida saudável e promover o bem-estar para todos, em todas as idades.
4. assegurar a educação inclusiva e equitativa e de qualidade, e promover oportunidades de aprendizagem ao longo da vida para todos.
5. alcançar a igualdade de gênero e empoderar todas as mulheres e meninas.
6. assegurar a disponibilidade e gestão sustentável da água e saneamento para todos.
7. assegurar o acesso confiável, sustentável, moderno e a preço acessível à energia para todos.
8. promover o crescimento econômico sustentado, inclusivo e sustentável, emprego pleno e produtivo e trabalho decente para todos.
9. construir infraestruturas resilientes, promover a industrialização inclusiva e sustentável e fomentar a inovação.
10. reduzir a desigualdade dentro dos países e entre eles.
11. tornar as cidades e os assentamentos humanos inclusivos, seguros, resilientes e sustentáveis.
12. assegurar padrões de produção e de consumo sustentáveis.
13. tomar medidas urgentes para combater a mudança do clima e seus impactos.
14. conservação e uso sustentável dos oceanos, dos mares e dos recursos marinhos para o desenvolvimento sustentável.
15. proteger, recuperar e promover o uso sustentável dos ecossistemas terrestres, gerir de forma sustentável as florestas, combater a desertificação, deter e reverter a degradação da terra e deter a perda de biodiversidade.
16. promover sociedades pacíficas e inclusivas para o desenvolvimento sustentável, proporcionar o acesso à justiça para todos e construir instituições eficazes, responsáveis e inclusivas em todos os níveis.
17. fortalecer os meios de implementação e revitalizar a parceria global para o desenvolvimento sustentável.

Fonte: elaborada pelo autor

---

[82] ORGANIZAÇÃO DAS NAÇÕES UNIDAS. **El camino hacia la dignidad para 2030:** *acabar con la pobreza y transformar vidas protegiendo el planeta – Informe de síntesis del Secretario General sobre la agenda de desarrollo sostenible después de 2015*. Disponível em: http://www.un.org/en/development/desa/publications/files/2015/01/SynthesisReportSPA.pdf. Acesso em: 20 dez. 2020.

De fato, os ODS são o centro das atividades hodiernas de cooperação internacional do PNUD, na busca de promover políticas públicas nacionais orientadas por esses objetivos.

O Brasil manifestou aquiescência com os ODS e várias instâncias da República têm pautado seus planejamentos e medições com base nos 17 (dezessete) objetivos. O Governo Federal e o Instituto Brasileiro de Geografia e Estatística (IBGE) vêm construindo e mantendo acessíveis indicadores brasileiros para o seguimento de cada um dos ODS.[83]

Já o STF, no ano de 2020, anunciou o formal alinhamento de sua governança com os objetivos e metas da Agenda 2030 e criou um painel público de dados voltados ao monitoramento de ações de controle concentrado de constitucionalidade e de recursos com repercussão geral (com acórdãos publicados a partir de 2020), filtráveis por ramo do Direito ou estado da Federação e classificados de modo a correlacionar cada ação ou recurso com um ou mais ODS.[84]

Na perspectiva da normativa nacional, a Constituição Federal brasileira não declara e protege, de modo autônomo e específico, um direito fundamental ao desenvolvimento. Todavia, a promoção do desenvolvimento consta como finalidade da própria atividade do Poder Constituinte e objetivo fundamental da República Federativa do Brasil, a teor do Preâmbulo e do art. 3º, II, respectivamente. Demais disso, como se pode observar dos artigos acima transcritos, vários outros dispositivos seguem na linha promocional e processual do direito ao desenvolvimento, destacando-o como objeto de políticas públicas a serem implementadas em todos os níveis da Federação, com especial reconhecimento da multidimensionalidade do desenvolvimento e de sua correlação com a disseminação do bem-estar das pessoas, contemplando uma série de DESCA, em sintonia com a noção de direito ao desenvolvimento sustentável, embora não seja essa a expressão utilizada pelo texto constitucional brasileiro.

Por força da Constituição Federal, as providências orientadas ao desenvolvimento é matéria concorrente a ser regulada e implementada por União, Estados e Municípios.

De fato, não há, ainda, tratados internacionais específicos sobre o desenvolvimento, mas disposições expressas sobre direito ao desenvolvimento constam de convenções da ONU e da OEA aplicáveis ao Brasil, bem como há que se reconhecer a força normativa das declarações sobre desenvolvimento celebradas também no marco da ONU.

A justiciabilidade do direito ao desenvolvimento sustentável, conquanto seja tema que oferece desafios, à sua plausibilidade aplicam-se todos os argumentos alinhavados, , no capítulo sobre Hermenêutica dos Direitos Humanos deste curso, em prol da justiciabilidade dos DESCA, notadamente no que diz respeito à eficácia (capacidade de produzir efeitos) imediata dos direitos de caráter processual, a permitir, *incontinenti*, de um lado, a exigibilidade de políticas públicas minimamente idôneas para a sua implementação e, de outro, da coibição de atos e decisões públicas e privadas que contrariem sua efetiva promoção. Este controle, em última instância, pode e deve ser exercido pelo Poder Judiciário, na hipótese de omissão das autoridades competentes tanto para regulação e execução de políticas públicas quanto para a inibição dos atos atentatórios ao direito em questão.

---

83 BRASIL. SECRETARIA DE GOVERNO. IBGE. **Indicadores Brasileiros para os Objetivos de Desenvolvimento Sustentável**. Brasília, s.d. Disponível em: https://odsbrasil.gov.br/. Acesso em: 23 dez. 2020.

84 BRASIL. SUPREMO TRIBUNAL FEDERAL. **Agenda 2030.** Brasília, s.d. Disponível em: http://portal.stf.jus.br/hotsites/agenda-2030/. Acesso em: 23 dez. 2020.

Capítulo XXI

DIREITOS DE NACIONALIDADE

1. NORMATIVA BÁSICA CONSTITUCIONAL E INTERNACIONAL

Constituição Federal

art. 3º. Constituem objetivos fundamentais da República Federativa do Brasil: (...) IV – promover o bem de todos, sem preconceitos de origem, raça, sexo, cor, idade e quaisquer outras formas de discriminação.

art. 4º. A República Federativa do Brasil rege-se nas suas relações internacionais pelos seguintes princípios (...) X – concessão de asilo político.

art. 5º. Todos são iguais perante a lei, sem distinção de qualquer natureza, garantindo-se aos brasileiros e aos estrangeiros residentes no País a inviolabilidade do direito à vida, à liberdade, à igualdade, à segurança e à propriedade, nos termos seguintes (...)

art. 12. São brasileiros:

I – natos:

a) os nascidos na República Federativa do Brasil, ainda que de pais estrangeiros, desde que estes não estejam a serviço de seu país;

b) os nascidos no estrangeiro, de pai brasileiro ou mãe brasileira, desde que qualquer deles esteja a serviço da República Federativa do Brasil;

c) os nascidos no estrangeiro de pai brasileiro ou de mãe brasileira, desde que sejam registrados em repartição brasileira competente ou venham a residir na República Federativa do Brasil e optem, em qualquer tempo, depois de atingida a maioridade, pela nacionalidade brasileira;

II – naturalizados:

a) os que, na forma da lei, adquiram a nacionalidade brasileira, exigidas aos originários de países de língua portuguesa apenas residência por um ano ininterrupto e idoneidade moral;

b) os estrangeiros de qualquer nacionalidade, residentes na República Federativa do Brasil há mais de quinze anos ininterruptos e sem condenação penal, desde que requeiram a nacionalidade brasileira.

§ 1º. Aos portugueses com residência permanente no País, se houver reciprocidade em favor de brasileiros, serão atribuídos os direitos inerentes ao brasileiro, salvo os casos previstos nesta Constituição.

§ 2º. A lei não poderá estabelecer distinção entre brasileiros natos e naturalizados, salvo nos casos previstos nesta Constituição.

§ 3º. São privativos de brasileiro nato os cargos: I – de Presidente e Vice-Presidente da República; II – de Presidente da Câmara dos Deputados; III – de Presidente do Senado Federal; IV – de Ministro do Supremo Tribunal Federal; V – da carreira diplomática; VI – de oficial das Forças Armadas. VII – de Ministro de Estado da Defesa.

§ 4º. Será declarada a perda da nacionalidade do brasileiro que:

I. tiver cancelada sua naturalização, por sentença judicial, em virtude de atividade nociva ao interesse nacional;

II. adquirir outra nacionalidade, salvo nos casos:

a) de reconhecimento de nacionalidade originária pela lei estrangeira;

b) de imposição de naturalização, pela norma estrangeira, ao brasileiro residente em estado estrangeiro, como condição para permanência em seu território ou para o exercício de direitos civis;

art. 13. A língua portuguesa é o idioma oficial da República Federativa do Brasil.

§ 1º. São símbolos da República Federativa do Brasil a bandeira, o hino, as armas e o selo nacionais.

§ 2º. Os Estados, o Distrito Federal e os Municípios poderão ter símbolos próprios.

Declaração Universal dos Direitos Humanos

art. 15.

1.Todo o indivíduo tem direito a ter uma nacionalidade.

2. Ninguém pode ser arbitrariamente privado da sua nacionalidade nem do direito de mudar de nacionalidade.

Declaração Americana dos Direitos e Deveres do Homem

art. XIX. Toda pessoa tem direito à nacionalidade que legalmente lhe corresponda, podendo mudá-la, se assim o desejar, pela de qualquer outro país que estiver disposto a concedê-la.

Pacto Internacional sobre Direitos Civis e Políticos

art. 24.

3. Toda criança terá o direito de adquirir uma nacionalidade.

Convenção Americana sobre Direitos Humanos

art. 20.

1. Toda pessoa tem direito a uma nacionalidade.

2. Toda pessoa tem direito à nacionalidade do Estado em cujo território houver nascido, se não tiver direito a outra.

3. A ninguém se deve privar arbitrariamente de sua nacionalidade nem do direito de mudá-la.

Convenções internacionais específicas

Convenção para a Redução dos Casos de Apatridia (ONU)

Convenção para a Redução dos casos de Apatridia (ONU)

Convenção nº 118 sobre Igualdade de Tratamento entre Nacionais e Estrangeiros em Previdência Social (OIT)

2. APONTAMENTOS SOBRE CONTEÚDO DO DIREITO

Ser nacional é ostentar vínculo jurídico-político com certo Estado. Esse vínculo com determinada sociedade politicamente organizada permite ao indivíduo a titularidade de obrigações e direitos. Por ser tão elementar à pessoa a condição de sujeito de direito, a nacionalidade, em si, também é um direito humano, assim contemplada, no mais das vezes de modo genérico ou associada a outro direito básico, no direito internacional dos direitos humanos.

Não obstante, as regras a respeito da aquisição da nacionalidade sendo prerrogativa do Estado estipular e, no caso do Brasil, tal disciplina encontra-se no Título II da Constituição Federal, arts. 12 e 13.

A questão terminológica é sempre importante em matéria de nacionalidade. Tradicionalmente, a doutrina alude às seguintes definições:

Nacionalidade ➔ vínculo jurídico-político entre o indivíduo e determinado Estado (engloba a nacionalidade originária e a adquirida mediante naturalização)

Estrangeiro ➔ pessoa a quem o ordenamento jurídico interno não reconhece a condição de nacional, mas que ostenta outra nacionalidade

Apátrida (ou *Heimatlos*) ➔ pessoa que não é nacional de Estado algum

Polipátrida ➔ nacional de mais de um Estado

Povo ➔ conjunto de nacionais de determinado Estado

População ➔ conjunto de residentes no território de determinado Estado, incluindo estrangeiros e apátridas

Cidadania ➔ titularidade dos direitos políticos de votar e ser votado, tendo por pressuposto a nacionalidade

Naturalidade ➔ liame da pessoa com seu local de nascimento.

O conjunto das disposições dos arts. 12 e 13 da Constituição Federal permite a identificação de duas espécies de nacionalidade admitidas pelo ordenamento jurídico pátrio: **primária ou originária e secundária ou adquirida**. Essas figuras distinguem-se segundo a existência, ou não, de ato de vontade do indivíduo no que tange à sua nacionalidade. No primeiro caso, a nacionalidade tem relação direta com o nascimento, sendo atribuída independentemente da vontade da pessoa, segundo os critérios fixados em cada país. Na segunda hipótese, o indivíduo manifesta a vontade de adquirir a nacionalidade, obtendo-a, no mais das vezes, pelo processo formal da **naturalização**.

A Constituição Federal de 1988 não fixou um único critério absoluto para a atribuição de nacionalidade primária (ou originária), valendo-se, prioritariamente, do ***ius solis* (ou critério da territorialidade)**, mas admitindo também, e sob determinadas exigências, o ***ius sanguinis***. São, então, **brasileiros natos**:

- ➔ quem nasça no território brasileiro, mesmo que filho de pais estrangeiros, contanto que esses não estejam no Brasil a serviço de seu país (art. 12, I, *a*, da CF) – ***ius solis***
- ➔ os que nasceram em território estrangeiro, filhos de pai brasileiro ou mãe brasileira que esteja (qualquer deles) no outro país a serviço da República Federativa do Brasil (art. 12, I, *b*, da CF) – ***ius sanguinis* + a serviço do Brasil**
- ➔ os nascidos no estrangeiro de pai brasileiro ou de mãe brasileira (que não estão a serviço do Brasil), desde que sejam registrados em repartição brasileira competente

(art. 12, I, *c*, da CF, primeira parte, com redação dada pela EC 54/07) - ***ius sanguinis* + registro em repartição brasileira**

➔ os nascidos no estrangeiro de pai brasileiro ou de mãe brasileira (que não estão a serviço do Brasil), desde que venham a residir na República Federativa do Brasil e optem, em qualquer tempo, depois de atingida a maioridade, pela nacionalidade brasileira. Hipótese conhecida como "opção confirmativa" ou "nacionalidade potestativa" (art. 12, I, *c*, da CF, *in fine*, com redação dada pela EC 54/07) - ***ius sanguinis* + opção confirmativa**

Já a nacionalidade secundária (ou adquirida) pode ser obtida:

➔ pelos que, na forma da lei, adquiram a nacionalidade brasileira, exigidas aos originários de países de língua portuguesa apenas residência por um ano ininterrupto e idoneidade moral (art. 12, II, *a*, da CF) - **Naturalização ordinária;**

➔ pelos estrangeiros de qualquer nacionalidade, residentes na República Federativa do Brasil há mais de quinze anos ininterruptos e sem condenação penal, desde que a requeiram (art. 12, II, *b*, da CF) - **Naturalização extraordinária ou quinzenária.**

O processo de naturalização está disciplinado pela Lei nº 13.445/2017 ("Lei de Imigração"), por sua vez regulamentada pelo Decreto nº 9.199/2017, normas que vieram a revogar a antiga Lei nº 6.815/1980 ("Estatuto do Estrangeiro"). O requerimento deve ser endereçado ao Ministro da Justiça. O art. 223 do referido Decreto impõe as seguintes condições para a obtenção da naturalização ordinária, observada, por certo, no que couber, a distinção realizada pela Constituição Federal em favor dos originários de países de língua portuguesa:

I. capacidade civil, segundo a lei brasileira
II. residência no território nacional, pelo prazo mínimo de quatro anos
III. capacidade de se comunicar em língua portuguesa, consideradas as condições do naturalizando
IV. inexistência de condenação penal ou comprovação de reabilitação, nos termos da legislação vigente

Embora dissesse o art. 111 do Estatuto do Estrangeiro que a concessão da naturalização é "faculdade exclusiva do Poder Executivo", havia tendência doutrinária de reconhecer ao interessado, acaso preenchidos os requisitos legais, um direito subjetivo à naturalização do tipo extraordinária ou quinzenária (art. 12, II, "*b*", da CF). Esta situação parece ter sido superada pelo art. 220 da nova "Lei de Migração", ao estipular que o Ministro da Justiça "**concederá** a naturalização, desde que satisfeitas as condições objetivas necessárias à naturalização, consideradas requisito preliminar para o processamento do pedido" (destacado).

Perde-se a nacionalidade brasileira, nas hipóteses **taxativamente** previstas no § 4º do art. 12 da Constituição Federal, em razão de:

I. cancelamento da naturalização, por sentença judicial, em virtude de atividade nociva ao interesse nacional;

II. aquisição de outra nacionalidade, salvo nos casos: (a) de reconhecimento de nacionalidade originária pela lei estrangeira; e (b) de imposição de naturalização, pela norma estrangeira, ao brasileiro residente em estado estrangeiro, como condição para permanência em seu território ou para o exercício de direitos civis.

Importante, por fim, reparar que, quando o § 1º do art. 12 da Constituição Federal estatui que "aos portugueses com residência permanente no País, se houver reciprocidade em favor de brasileiros, serão atribuídos os direitos inerentes ao brasileiro, salvo os casos previstos nesta Constituição", não está atribuindo nacionalidade, porquanto estas pessoas permanecem nacionais de Portugal. O dispositivo, na verdade, estende aos portugueses **residentes, de forma permanente, no País**, os direitos que, a princípio, tocariam apenas a nacionais brasileiros. A aludida reciprocidade é matéria do Tratado de Amizade, Cooperação e Consulta, entre a República Federativa do Brasil e a República Portuguesa, celebrado em Porto Seguro, em 22 de abril de 2000, e promulgado pelo Decreto 3.927/01.

CAPÍTULO XXII

DIREITO À DEMOCRACIA E DIREITOS POLÍTICOS

1. NORMATIVA BÁSICA CONSTITUCIONAL E INTERNACIONAL

Constituição Federal

art. 1º. A República Federativa do Brasil, formada pela união indissolúvel dos Estados e Municípios e do Distrito Federal, constitui-se em Estado Democrático de Direito e tem como fundamentos: (...) II – a cidadania; (...) V – o pluralismo político.

Parágrafo único. Todo o poder emana do povo, que o exerce por meio de representantes eleitos ou diretamente, nos termos desta Constituição.

art. 14. A soberania popular será exercida pelo sufrágio universal e pelo voto direto e secreto, com valor igual para todos, e, nos termos da lei, mediante: I – plebiscito; II – referendo; III – iniciativa popular.

§ 1º. O alistamento eleitoral e o voto são: I – obrigatórios para os maiores de dezoito anos; II – facultativos para: a) os analfabetos; b) os maiores de setenta anos; c) os maiores de dezesseis e menores de dezoito anos (...)

§ 3º. São condições de elegibilidade, na forma da lei:

I. a nacionalidade brasileira;

II. o pleno exercício dos direitos políticos;

III. o alistamento eleitoral;

IV. o domicílio eleitoral na circunscrição;

V. a filiação partidária;

VI. a idade mínima de:

a) trinta e cinco anos para Presidente e Vice-Presidente da República e Senador;

b) trinta anos para Governador e Vice-Governador de Estado e do Distrito Federal;

c) vinte e um anos para Deputado Federal, Deputado Estadual ou Distrital, Prefeito, Vice-Prefeito e juiz de paz;

d) dezoito anos para Vereador.

§ 4º. São inelegíveis os inalistáveis e os analfabetos.

§ 5º. O Presidente da República, os Governadores de Estado e do Distrito Federal, os Prefeitos e quem os houver sucedido, ou substituído no curso dos mandatos poderão ser reeleitos para um único período subsequente.

§ 6º. Para concorrerem a outros cargos, o Presidente da República, os Governadores de Estado e do Distrito Federal e os Prefeitos devem renunciar aos respectivos mandatos até seis meses antes do pleito.

§ 7º. São inelegíveis, no território de jurisdição do titular, o cônjuge e os parentes consanguíneos ou afins, até o segundo grau ou por adoção, do Presidente da República, de Governador de Estado ou Território, do Distrito Federal, de Prefeito ou de quem os haja substituído dentro dos seis meses anteriores ao pleito, salvo se já titular de mandato eletivo e candidato à reeleição.

art. 15. É vedada a cassação de direitos políticos, cuja perda ou suspensão só se dará nos casos de:

I. cancelamento da naturalização por sentença transitada em julgado;

II. incapacidade civil absoluta;

III. condenação criminal transitada em julgado, enquanto durarem seus efeitos;

IV. recusa de cumprir obrigação a todos imposta ou prestação alternativa, nos termos do art. 5º, VIII;

V. improbidade administrativa, nos termos do art. 37, § 4º".

art. 16. A lei que alterar o processo eleitoral entrará em vigor na data de sua publicação, não se aplicando à eleição que ocorra até um ano da data de sua vigência.

art. 17. É livre a criação, fusão, incorporação e extinção de partidos políticos, resguardados a soberania nacional, o regime democrático, o pluripartidarismo, os direitos fundamentais da pessoa humana e observados os seguintes preceitos: I - caráter nacional; II - proibição de recebimento de recursos financeiros de entidade ou governo estrangeiros ou de subordinação a estes; III - prestação de contas à Justiça Eleitoral; IV - funcionamento parlamentar de acordo com a lei.

§ 1º. É assegurada aos partidos políticos autonomia para definir sua estrutura interna e estabelecer regras sobre escolha, formação e duração de seus órgãos permanentes e provisórios e sobre sua organização e funcionamento e para adotar os critérios de escolha e o regime de suas coligações nas eleições majoritárias, vedada a sua celebração nas eleições proporcionais, sem obrigatoriedade de vinculação entre as candidaturas em âmbito nacional, estadual, distrital ou municipal, devendo seus estatutos estabelecer normas de disciplina e fidelidade partidária.

§ 4º. É vedada a utilização pelos partidos políticos de organização paramilitar.

art. 60. (...)

§ 4º. Não será objeto de deliberação a proposta de emenda tendente a abolir: (...); II - o voto direto, secreto, universal e periódico (...)

Declaração Universal dos Direitos Humanos

art. 21.

1. Toda a pessoa tem o direito de tomar parte na direção dos negócios, públicos do seu país, quer diretamente, quer por intermédio de representantes livremente escolhidos.

2 Toda a pessoa tem direito de acesso, em condições de igualdade, às funções públicas do seu país.

3. A vontade do povo é o fundamento da autoridade dos poderes públicos: e deve exprimir-se através de eleições honestas a realizar periodicamente por sufrágio universal e igual, com voto secreto ou segundo processo equivalente que salvaguarde a liberdade de voto.

Declaração Americana dos Direitos e Deveres do Homem

art. XX. Toda pessoa, legalmente capacitada, tem o direito de tomar parte no governo do seu país, quer diretamente, quer através de seus representantes, e de participar das eleições, que se processarão por voto secreto, de uma maneira genuína, periódica e livre.

Pacto Internacional sobre Direitos Civis e Políticos

art. 25. Todo cidadão terá o direito e a possibilidade, sem qualquer das formas de discriminação mencionadas no artigo 2 e sem restrições infundadas:

a) de participar da condução dos assuntos públicos, diretamente ou por meio de representantes livremente escolhidos;

b) de votar e de ser eleito em eleições periódicas, autênticas, realizadas por sufrágio universal e igualitário e por voto secreto, que garantam a manifestação da vontade dos eleitores;

c) de ter acesso, em condições gerais de igualdade, às funções públicas de seu país.

Convenção Americana sobre Direitos Humanos

art. 23. Direitos Políticos

1. Todos os cidadãos devem gozar dos seguintes direitos e oportunidades:

a) de participar na direção dos assuntos públicos, diretamente ou por meio de representantes livremente eleitos;

b) de votar e ser eleitos em eleições periódicas autênticas, realizadas por sufrágio universal e igual e por voto secreto que garanta a livre expressão da vontade dos eleitores; e

c) de ter acesso, em condições gerais de igualdade, às funções públicas de seu país.

2. A lei pode regular o exercício dos direitos e oportunidades a que se refere o inciso anterior, exclusivamente por motivos de idade, nacionalidade, residência, idioma, instrução, capacidade civil ou mental, ou condenação, por juiz competente, em processo penal"

2. APONTAMENTOS SOBRE CONTEÚDO DO DIREITO

Não há sequer cogitar da possibilidade do respeito, promoção e proteção dos direitos humanos se não em ambiente político democrático, ainda que na forma de democracia representativa, com todas as suas limitações e desafios de ampliação em consonância com uma democratização em sentido verdadeiro e inclusivo, assim como se discutiu no Capítulo sobre o conteúdo do Princípio da Dignidade da Pessoa Humana e sua relação intrínseca com o ímpeto democrático. Em sendo assim, é decorrência lógica da proposta dos direitos humanos, mas também de seus dispositivos específicos acerca de direitos políticos, o reconhecimento de um **direito à democracia**.

Esta é uma premissa ainda mais valiosa para os países latino-americanos, cuja história de democratização tardia e ainda enviesada pelo colonialismo institucional e ideológico, é repleta de episódios de ruptura democrática, por meio de ditaduras que fizeram letra morta dos direitos humanos.

Isso explica a atenção especial que, no âmbito do Sistema Interamericano de Proteção de Direitos Humanos, com a preservação da democracia, manifestada na "cláusula democrática", inserida no artigo 9º da Carta da OEA pelo Protocolo de Washington de 1992 e na subsequente **Carta Democrática Interamericana (CDI)**, a qual, examinada em mais detalhes no Capítulo dedicado ao sistema em tela, impôs aos Estados obrigações de fortalecimento e preservação dos regimes democráticos como condição de promoção e proteção dos direitos humanos.

Diz o artigo 9º da Carta da OEA:

> Um membro da Organização, cujo governo democraticamente constituído seja deposto pela força, poderá ser suspenso do exercício do direito de participação nas sessões da Assembleia Geral, da Reunião de Consulta, dos Conselhos da Organização e das

> Conferências Especializadas, bem como das comissões, grupos de trabalho e demais órgãos que tenham sido criados.
>
> a) A faculdade de suspensão somente será exercida quando tenham sido infrutíferas as gestões diplomáticas que a Organização houver empreendido a fim de propiciar o restabelecimento da democracia representativa no Estado membro afetado;
>
> b) A decisão sobre a suspensão deverá ser adotada em um período extraordinário de sessões da Assembleia Geral, pelo voto afirmativo de dois terços dos Estados membros;
>
> c) A suspensão entrará em vigor imediatamente após sua aprovação pela Assembleia Geral;
>
> d) Não obstante a medida de suspensão, a Organização procurará empreender novas gestões diplomáticas destinadas a coadjuvar o restabelecimento da democracia representativa no Estado membro afetado;
>
> e) O membro que tiver sido objeto de suspensão deverá continuar observando o cumprimento de suas obrigações com a Organização;
>
> f) A Assembleia Geral poderá levantar a suspensão mediante decisão adotada com a aprovação de dois terços dos Estados membros; e
>
> g) As atribuições a que se refere este artigo se exercerão de conformidade com a presente Carta".

De seu lado, como sabido, a CDI não é um tratado internacional aberto a ratificações. No entanto, a obrigação dos Estados para com sua observância decorre da filiação a OEA e seu descumprimento pode levar à suspensão do país dos quadros da Organização. Uma leitura completa da CDI é imprescindível para a compreensão plena do compromisso internacional que os Estados do continente americano estabeleceram com a democracia. Com a finalidade de ilustração da robustez desse comprometimento e da relação entre direitos humanos (gerais e específicos) e democracia, reproduzem-se as seguintes disposições:

> art. 1º. Os povos da América têm direito à democracia e seus governos têm a obrigação de promovê-la e defendê-la. A democracia é essencial para o desenvolvimento social, político e econômico dos povos das Américas.
>
> art. 2º. O exercício efetivo da democracia representativa é a base do Estado de Direito e dos regimes constitucionais dos Estados membros da Organização dos Estados Americanos. A democracia representativa reforça-se e aprofunda-se com a participação permanente, ética e responsável dos cidadãos em um marco de legalidade, em conformidade com a respectiva ordem constitucional.
>
> art. 3º. São elementos essenciais da democracia representativa, entre outros, o respeito aos direitos humanos e às liberdades fundamentais, o acesso ao poder e seu exercício com sujeição ao Estado de Direito, a celebração de eleições periódicas, livres, justas e baseadas no sufrágio universal e secreto como expressão da soberania do povo, o regime pluralista de partidos e organizações políticas, e a separação e independência dos poderes públicos.
>
> art. 4º. São componentes fundamentais do exercício da democracia a transparência das atividades governamentais, a probidade, a responsabilidade dos governos na gestão pública, o respeito dos direitos sociais e a liberdade de expressão e de imprensa. A subordinação constitucional de todas as instituições do Estado à autoridade civil legalmente constituída e o respeito ao Estado de Direito por todas as instituições e setores da sociedade são igualmente fundamentais para a democracia.

art. 5º. O fortalecimento dos partidos e de outras organizações políticas é prioritário para a democracia. Dispensar-se-á atenção especial à problemática derivada dos altos custos das campanhas eleitorais e ao estabelecimento de um regime equilibrado e transparente de financiamento de suas atividades.

(...)

art. 7º. A democracia é indispensável para o exercício efetivo das liberdades fundamentais e dos direitos humanos, em seu caráter universal, indivisível e interdependente, consagrados nas respectivas constituições dos Estados e nos instrumentos interamericanos e internacionais de direitos humanos.

art. 9º. A eliminação de toda forma de discriminação, especialmente a discriminação de gênero, étnica e racial, e das diversas formas de intolerância, bem como a promoção e proteção dos direitos humanos dos povos indígenas e dos migrantes, e o respeito à diversidade étnica, cultural e religiosa nas Américas contribuem para o fortalecimento da democracia e a participação do cidadão.

art. 10. A promoção e o fortalecimento da democracia requerem o exercício pleno e eficaz dos direitos dos trabalhadores e a aplicação de normas trabalhistas básicas, tal como estão consagradas na Declaração da Organização Internacional do Trabalho (OIT) relativa aos Princípios e Direitos Fundamentais no Trabalho e seu Acompanhamento, adotada em 1998, bem como em outras convenções básicas afins da OIT. A democracia fortalece-se com a melhoria das condições de trabalho e da qualidade de vida dos trabalhadores do Hemisfério.

Neste cenário, os direitos políticos são direitos que visam preservar a essência dos direitos humanos contra o abuso do poder estatal pela via da salvaguarda intransigente da **soberania popular**, traduzida no brocardo "todo poder emana do povo" (**Princípio Democrático**), reproduzido pelo art. 1º, § 1º, da Constituição Federal. Em outras palavras, a participação direta e ativa do indivíduo na organização do Estado e na sua gestão é condição para a efetiva proteção contra o arbítrio estatal e só pode concretizar-se pela adoção da democracia. Por isso, os direitos políticos são o corolário do **Princípio Democrático.** Costuma-se identificar, no campo jurídico, três tipos de democracia:

Democracia direta	Poder exercido diretamente pelo povo.
Democracia representativa	Eleição pelo povo de representantes a quem são delegados os poderes de organização do Estado e de seu governo.
Democracia indireta ou participativa	Hibridismo decorrente da adoção da democracia representativa, mas com certos mecanismos característicos da democracia direta.

Ao estabelecer que a soberania popular será exercida pelo sufrágio universal e pelo voto direto e secreto, com valor igual para todos[1], e, nos termos da lei, mediante plebiscito, referendo e iniciativa popular (art. 14), **a Constituição Federal filia-se à democracia indireta ou participativa**, na medida em que institui uma democracia representativa (sufrágio universal e voto direto e secreto), mas garante instrumentos de intervenção direta do povo nos rumos legais e políticos da nação (plebiscito, referendo e iniciativa popular, além da ação popular, prevista no art. 5º, LXXIII, da CF).

[1] Expressão importante da igualdade formal.

Meios de intervenção do povo (exercício direto da soberania popular)	
Plebiscito	Consulta prévia sobre o ato
Referendo	Consulta posterior sobre o ato (ratificação ou rejeição)
Iniciativa popular	Projeto de lei federal subscrito por fração do eleitorado nacional
Ação popular	Ação proposta por cidadão, tendo por objeto a invalidade de ato lesivo ao patrimônio público

O art. 14 da Constituição Federal estabelece direitos políticos positivos e direitos políticos negativos. Os primeiros dizem respeito aos modos de atuação da soberania popular, enquanto os últimos tratam das hipóteses de não exercício dos direitos políticos.

Nessa linha, os **direitos políticos positivos** na Constituição Federal podem ser assim sistematizados: sufrágio universal, voto, elegibilidade, inelegibilidade e perda e suspensão dos direitos políticos.

O sufrágio universal se refere à capacidade eleitoral ativa ou alistabilidade (direito de votar) e à capacidade eleitoral passiva ou elegibilidade (direito de ser eleito). Vê-se, portanto, que o sufrágio é conceito mais amplo que o direito de voto, abarcando, também, a elegibilidade. Não podem alistar-se como eleitores os estrangeiros e, durante o período do serviço militar obrigatório, os conscritos (recrutados), nos termos do § 2º do art. 14.

O direito ao voto é um dos meios de exercício do sufrágio, assim como o são o plebiscito, o referendo e a iniciativa popular. O escrutínio, por sua vez, consiste no modo de exercício do voto. O alistamento eleitoral e o voto são obrigatórios para os maiores de 18 (dezoito) anos e facultativos para os analfabetos, os maiores de 70 (setenta) anos e os maiores de 16 (dezesseis) e menores de 18 (dezoito) anos (art. 14, § 1º).

O voto tem como característica ser direto (o indivíduo escolhe, diretamente, o candidato, salvo o disposto no art. 81, § 1º, da CF – vacância dos cargos de Presidente e Vice-Presidente da República, nos últimos dois anos de mandato), **secreto** (sigilo da opção do eleitor), **universal** (não admite discriminação de qualquer natureza em relação a quem pode exercer o voto), **periódico** (exigência de mandatos por prazo determinado), **livre** (opção isenta de coação, ainda que a escolha seja pelo voto nulo ou em branco, pois a obrigatoriedade é apenas de comparecer às urnas), **personalíssimo** (vedada a votação por procuração) e **igualitário** (valor igual do voto para todos, ou seja, para cada pessoa conta-se apenas um voto).

Por colocar em risco o sigilo e a liberdade do voto, em duas oportunidades o STF entendeu que é inconstitucional a reintrodução do voto impresso no sistema eleitoral brasileiro (ADIs 4.543 e 5.889).

A elegibilidade consiste no direito de ser eleito. São condições de elegibilidade, na forma da lei: a nacionalidade brasileira; o pleno exercício dos direitos políticos; o alistamento eleitoral; o domicílio eleitoral na circunscrição; a filiação partidária; e, a idade mínima de: 35 (trinta e cinco) anos para Presidente e Vice-Presidente da República e Senador; 30 (trinta) anos para Governador e Vice-Governador de Estado e do Distrito Federal; 21 (vinte e um) anos para Deputado Federal, Deputado Estadual ou Distrital, Prefeito, Vice-Prefeito e Juiz de Paz; 18 (dezoito) anos para Vereador (art. 14, § 3º).

Com repercussão geral e ainda pendente de julgamento, no ARE 1.054.490/RJ o STF decidirá a respeito da constitucionalidade e da convencionalidade da "candidatura avulsa", aquela registrada sem qualquer filiação partidária.

Por outro lado, segue o panorama constitucional dos direitos políticos negativos.

As inelegibilidades são circunstâncias de impedimento total ou parcial de exercício da capacidade eleitoral passiva (direito de ser eleito), previstas com o objetivo de "proteger a probidade administrativa, a moralidade para exercício de mandato, considerada vida pregressa do candidato, e a normalidade e legitimidade das eleições contra a influência do poder econômico ou o abuso do exercício de função, cargo ou emprego na administração direta ou indireta" (art. 14, § 9º).

São inelegíveis os inalistáveis (estrangeiros e, durante o período do serviço militar obrigatório, os conscritos) e os analfabetos (art. 14, § 4º), bem como, conforme delegação expressamente prevista no art. 14, § 9º, aqueles que se enquadrem nas hipóteses previstas na Lei Complementar nº 64/90, com as alterações promovidas pela LC 135/10 ("Lei da Ficha Limpa").

Fruto de iniciativa popular, a "Lei da Ficha Limpa" não só trouxe novas hipóteses de inelegibilidades, como também aumentou o prazo da inelegibilidade para oito anos. Da mesma forma, tornou possível a proibição da candidatura de pessoas com condenações judiciais ou com sanções administrativas, mesmo sem o trânsito em julgado, contanto que a decisão tenha sido proferida por órgão colegiado. A lei foi considerada constitucional pelo STF em 2012 (ADCs 29 e 30, ADI 4.758). Nesse julgamento, o acórdão do STF expressamente adotou a técnica da proporcionalidade para aferição da constitucionalidade de restrição de direito fundamental, enunciado como princípio (mandamento de otimização), por norma com estrutura de regra (mandamento definitivo).

A medida – isto é, o estabelecimento das inelegibilidades como previstas– foi considerada, primeiramente, adequada, por ser apta à consecução de seus fins, expressamente fixados pelo § 9º do art. 14 da Constituição Federal. Em seguida, foi tomada a medida por necessária, porquanto, apesar de gravosa, está cercada de vários cuidados e atenuações previstas pelo legislador, como: requisito de decisão colegiada e não singular; imprescindibilidade da existência de dolo, nas hipóteses de condenação administrativa, e a possibilidade da suspensão dos seus efeitos pelo Poder Judiciário, com consequente retomada da elegibilidade. Em sendo assim, o STF entendeu inexistir medida menos gravosa que atingisse a sua finalidade com a mesma ou superior intensidade. Por fim, na análise da proporcionalidade em sentido estrito, o acórdão apontou que "o sacrifício exigido à liberdade individual de candidatar-se a cargo público eletivo não supera os benefícios socialmente desejados em termos de moralidade e probidade para o exercício de cargos públicos", ainda mais porque permanecem rigorosos os requisitos para que se reconheça a inelegibilidade.

Por meio de medida provisória, o Comitê de Direitos Humanos da ONU editou decisão de cunho cautelar, no sentido de permitir a candidatura do ex-presidente Luiz Inácio Lula da Silva nas eleições de 2018. Em 2009, o Estado brasileiro ratificou o Primeiro Protocolo Facultativo ao Pacto Internacional sobre Direitos Civis e Políticos, pelo que reconhece a competência do órgão para o monitoramento das obrigações impostas pelo PIDCP. À época, o candidato estava preso e já ostentava condenação criminal pelo Tribunal Regional Federal da 4.ª Região, motivo pelo qual a medida provisória internacionalmente estipulada colidia com a hipótese de inelegibilidade da "Lei da Ficha Limpa". Vencido o Min. Edson Fachin, o TSE entendeu pela inelegibilidade, mencionando, inclusive, que o entendimento do Comitê não tem caráter vinculante; sendo proferido por órgão administrativo, teria apenas o caráter de recomendação, conclusão que, à vista do aqui estudado, não se sustenta, por se tratar de órgão internacional quase-judicial de composição independente, integrante mecanismo coletivo ao qual decidiu o próprio Estado brasileiro render contas (TSE, Registro de Candidatura 11532, nº 0600903-50.2018.6.00.0000). Eis mais uma hipótese em que a ausência de consonância entre as decisões nacional e internacional enseja a aplicação da anteriormente examinada Teoria do Duplo Crivo, de André de Carvalho Ramos.

Segundo a lei brasileira, são, outrossim, inelegíveis: para um terceiro mandato seguido, o Presidente da República, os Governadores dos Estados e do Distrito Federal, e os Prefeitos, bem como os que os houver substituído ou sucedido no curso dos respectivos mandatos (art. 14, § 5º); para concorrer a outro cargo, quem, na função de Presidente da República, de Governador de Estado ou do Distrito Federal e de Prefeito, não renuncie aos respectivos mandatos até seis meses antes do pleito (art. 14, § 6º); no território de jurisdição do titular, o cônjuge e os parentes consanguíneos ou afins, até o segundo grau ou por adoção, do Presidente da República, de Governador de Estado ou Território, do Distrito Federal, de Prefeito ou de quem os haja substituído dentro dos seis meses anteriores ao pleito, salvo se já titular de mandato eletivo e candidato à reeleição (art. 14, § 7º); o militar alistável que não atenda às seguintes condições: afastar-se da atividade, se contar com menos de 10 anos de serviço ou, se contar com mais de 10 anos de serviço, ser agregado pela autoridade superior e, se eleito, passar automaticamente, no ato da diplomação, para a inatividade (art. 14, § 8º).

Com o julgamento da ADPF 402, o STF entendeu que os políticos que ocupam cargos de eventuais substitutos do Presidente da República (art. 80, CF), ao se tornarem réus em processos criminais, ficarão impossibilitados de assumir o ofício deste, embora possam manter suas respectivas funções no Congresso Nacional

No que pertine à perda e à suspensão dos direitos políticos, o art. 15 da Constituição Federal veda a cassação de direitos políticos, mas arrola hipóteses de sua perda (caráter permanente) ou suspensão (caráter temporário), sem, todavia, associá-las diretamente às hipóteses que enuncia. Apreciando-as, a doutrina, em geral, assim as vincula: cancelamento da naturalização por sentença transitada em julgado (perda); incapacidade civil absoluta (suspensão); condenação criminal transitada em julgado, enquanto durarem seus efeitos (suspensão); recusa de cumprir obrigação a todos imposta ou prestação alternativa, nos termos do art. 5º, VIII (suspensão); e improbidade administrativa, nos termos do art. 37, § 4º (suspensão). Cita-se, ainda, dentre os casos de perda, a circunstância prevista no art. 12, § 4º, II, da Carta Constitucional, qual seja, a perda da nacionalidade brasileira (pressuposto dos direitos políticos) pela aquisição de outra.

A Constituição Federal preocupa-se, ainda, em proteger o processo eleitoral de manipulação ou deturpação em favor de interesses pontuais ou casuísticos, ao estabelecer que "a lei que alterar o processo eleitoral entrará em vigor na data de sua publicação, não se aplicando à eleição que ocorra até um ano da data de sua vigência" (art. 16).

Sobre isso, importante apreciação do STF deu-se por conta da ADI 4.650, proposta pelo Conselho Federal da OAB, pleiteando, em síntese, a declaração de inconstitucionalidade de determinados dispositivos das Leis nºs 9.504/97 (que estabelece normas sobre as eleições) e 9.096/95 (que dispõe sobre os partidos políticos), os quais autorizam a doação por pessoas jurídicas a campanhas eleitorais e a partidos políticos. Requereu, ainda, fosse instado o Congresso Nacional a editar legislação que estabeleça (1) limite *per capita* uniforme para doações a campanha eleitoral ou a partido por pessoa natural, em patamar baixo o suficiente para não comprometer excessivamente a igualdade nas eleições, bem como (2) limite, com as mesmas características, para o uso de recursos próprios pelos candidatos em campanha eleitoral, sob pena de, em não o fazendo o STF, atribuir-se ao Tribunal Superior Eleitoral a competência para regular provisoriamente tal questão.

A Suprema Corte, por maioria de votos, julgou procedente em parte o pedido para declarar a inconstitucionalidade dos dispositivos legais que autorizavam as contribuições de pessoas jurídicas às campanhas eleitorais, aplicando-se a decisão às eleições de 2016 e seguintes. Com relação às pessoas físicas, as contribuições permanecem reguladas pela lei em vigor.

Tal decisão é relevante porque, do ponto de vista prático, enfrenta o cerne do atual sistema político-partidário brasileiro, que tem por característica o protagonismo das empresas privadas como, notoriamente, as maiores financiadoras de partidos políticos. Em tempos de escândalos de relações corruptas entre políticos e detentores de interesses privados (sobretudo empresariais), a fomentar o debate sobre a necessidade de uma reforma política no Brasil, esta decisão do STF sinaliza que a doação de pessoas jurídicas a campanhas eleitorais e a partidos políticos confronta a "moldura" estabelecida pela Constituição Federal para o sistema político-eleitoral.

Nos termos do voto do Min. Relator Luís Roberto Barroso: (1) apenas a participação de pessoas naturais (e não de pessoas jurídicas) é inerente ao regime democrático e ao exercício da cidadania, pelo direito de votar, de ser votado e de influir na formação da vontade política; (2) a doação por pessoas jurídicas consubstancia fator de desequilíbrio das eleições, máxime porque os limites previstos na legislação, ao invés de inibir, estimulam que as maiores empresas façam maiores doações, ferindo os princípios democrático e republicano; (3) a excessiva penetração do poder econômico no processo político privilegia alguns poucos candidatos – que possuem ligações com os grandes doadores – em detrimento dos demais, desequilibrando, no momento da competição eleitoral, a igualdade política entre os concorrentes, repercutindo, consequentemente, na formação dos quadros representativos.

O julgamento também se destaca, na perspectiva da Separação dos Poderes e dos debates sobre o Ativismo Judicial. Especificamente abordado este ponto, o posicionamento vencedor admite que a forja das regras políticas e eleitorais incumbe ao Congresso Nacional, porém, tal não importa na completa impossibilidade da intervenção do Poder Judiciário na contenção de inconstitucionalidades, notadamente para "otimizar e aperfeiçoar o processo democrático, de sorte (i) a corrigir as patologias que desvirtuem o sistema representativo, sobretudo quando obstruam as vias de expressão e os canais de participação política; e (ii) a proteger os interesses e direitos dos grupos políticos minoritários, cujas demandas dificilmente encontram eco nas deliberações majoritárias" (ADI 4.650 – voto do Min. Relator).

Como se percebe dos apontamentos realizados, o arcabouço jurídico usualmente ressaltado a respeito da democracia como direito humano lança luzes sobre os direitos políticos assecuratórios da capacidade de votar e ser votado e de se organizar em partidos políticos. Embora não seja pouco, é preciso que tenha clareza de que o direito à democracia não se esgota na salvaguarda das capacidades eleitorais ativa e passiva e na preservação dos partidos políticos, portanto, na proteção da democracia representativa. Conforme enfatizado no início deste Curso, outras tantas facetas da democracia devem ser resguardadas e ampliadas, sobretudo aquelas que respeitem e propiciem a participação popular direta em espaços deliberativos de interesse público, participação essa qualificada, com voz e voto conferido a representações de todos os diferentes interesses sociais e culturais atingidos pelas decisões daquele espaço deliberativo.

Sob tal prisma, o direito à democracia corresponde também ao direito a um processo de ampliação da participação popular direta ou representada – neste caso observada a diversidade de grupos interessados – em espaços de definição de políticas públicas, legislativas e judiciárias, como imperativo de avanço de um diálogo social efetivamente democrático. Movimentos em sentido contrário consubstanciam afronta ao Princípio do Retrocesso em matéria de direitos humanos e, portanto, violação desses direitos, a demandar respostas institucionais à altura, no campo jurídico.

Capítulo XXIII

GARANTIAS JUDICIAIS

1. NORMATIVA BÁSICA CONSTITUCIONAL E INTERNACIONAL

Constituição Federal

art. 5º.(...)

XXXIV. são a todos assegurados, independentemente do pagamento de taxas: a) o direito de petição aos Poderes Públicos em defesa de direitos ou contra ilegalidade ou abuso de poder" (...);

XXXV. a lei não excluirá da apreciação do Poder Judiciário lesão ou ameaça a direito;

XXXVII. não haverá juízo ou tribunal de exceção;

LIII. ninguém será processado nem sentenciado senão pela autoridade competente;

LIV. ninguém será privado da liberdade ou de seus bens sem o devido processo legal;

LV. aos litigantes, em processo judicial ou administrativo, e aos acusados em geral são assegurados o contraditório e ampla defesa, com os meios e recursos a ela inerentes;

LVI – são inadmissíveis, no processo, as provas obtidas por meios ilícitos;

LVII. ninguém será considerado culpado até o trânsito em julgado de sentença penal condenatória;

LX. a lei só poderá restringir a publicidade dos atos processuais quando a defesa da intimidade ou o interesse social o exigirem;

LXXIV. o Estado prestará assistência jurídica integral e gratuita aos que comprovarem insuficiência de recursos;

LXXVII. são gratuitas as ações de habeas corpus e habeas data e, na forma da lei, os atos necessários ao exercício da cidadania;

art. 93. (...)

IX. todos os julgamentos dos órgãos do Poder Judiciário serão públicos, e fundamentadas todas as decisões, sob pena de nulidade, podendo a lei limitar a presença, em determinados atos, às próprias partes e a seus advogados, ou somente a estes, em casos nos quais a preservação do direito à intimidade do interessado no sigilo não prejudique o interesse público à informação.

art. 95. Os juízes gozam das seguintes garantias: (...) II – inamovibilidade, salvo por motivo de interesse público, na forma do art. 93, VIII.

art. 128. (...)

§ 5º. Leis complementares da União e dos Estados, cuja iniciativa é facultada aos respectivos Procuradores-Gerais, estabelecerão a organização, as atribuições e o estatuto de cada Ministério Público, observadas, relativamente a seus membros: I- as seguintes garantias: (...) b) inamovibilidade, salvo por motivo de interesse público, mediante decisão do órgão colegiado competente do Ministério Público, pelo voto da maioria absoluta de seus membros, assegurada ampla defesa.

art. 134. A Defensoria Pública é instituição permanente, essencial à função jurisdicional do Estado, incumbindo-lhe, como expressão e instrumento do regime democrático, fundamentalmente, a orientação jurídica, a promoção dos direitos humanos e a defesa, em todos os graus, judicial e extrajudicial, dos direitos individuais e coletivos, de forma integral e gratuita, aos necessitados, na forma do inciso LXXIV do art. 5º desta Constituição Federal.

Declaração Universal dos Direitos Humanos

art. 8º. Toda a pessoa tem direito a recurso efetivo para as jurisdições nacionais competentes contra os atos que violem os direitos fundamentais reconhecidos pela Constituição ou pela lei.

art. 9º. Ninguém pode ser arbitrariamente preso, detido ou exilado.

art. 10. Toda a pessoa tem direito, em plena igualdade, a que a sua causa seja equitativa e publicamente julgada por um tribunal independente e imparcial que decida dos seus direitos e obrigações ou das razões de qualquer acusação em matéria penal que contra ela seja deduzida.

art. 11.

1. Toda a pessoa acusada de um ato delituoso presume-se inocente até que a sua culpabilidade fique legalmente provada no decurso de um processo público em que todas as garantias necessárias de defesa lhe sejam asseguradas.

2. Ninguém poderá ser culpado por qualquer ação ou omissão que, no momento, não constituíam delito perante o direito nacional ou internacional. Também não será imposta pena mais forte de que aquela que, no momento da prática, era aplicável ao ato delituoso.

Declaração Americana dos Direitos e Deveres do Homem

art. XVIII. Toda pessoa pode recorrer aos tribunais para fazer respeitar os seus direitos. Deve poder contar, outrossim, com processo simples e breve, mediante o qual a justiça a proteja contra atos de autoridade que violem, em seu prejuízo, qualquer dos direitos fundamentais consagrados constitucionalmente.

art. XXIV. Toda pessoa tem o direito de apresentar petições respeitosas a qualquer autoridade competente, quer por motivo de interesse geral, quer de interesse particular, assim como o de obter uma solução rápida.

art. XXV. Ninguém pode ser privado da sua liberdade, a não ser nos casos previstos pelas leis e segundo as praxes estabelecidas pelas leis já existentes. Ninguém pode ser preso por deixar de cumprir obrigações de natureza claramente civil. Todo indivíduo, que tenha sido privado da sua liberdade, tem o direito de que o juiz verifique sem demora a legalidade da medida, e de que o julgue sem protelação injustificada, ou, no caso contrário, de ser posto em liberdade. Tem também direito a um tratamento humano durante o tempo em que o privarem da sua liberdade.

art. XXVI. Parte-se do princípio que todo acusado é inocente, até provar-se-lhe a culpabilidade. Toda pessoa acusada de um delito tem o direito de ser ouvida numa forma imparcial e pública, de ser julgada por tribunais já estabelecidos de acordo com leis preexistentes, e de que se lhe não inflijam penas cruéis, infamantes ou inusitadas.

Pacto Internacional sobre Direitos Civis e Políticos

art. 9º.

1. Toda pessoa tem direito à liberdade e à segurança pessoais. Ninguém poderá ser preso ou encarcerado arbitrariamente. Ninguém poderá ser privado de liberdade, salvo pelos motivos previstos em lei e em conformidade com os procedimentos nela estabelecidos.

2. Qualquer pessoa, ao ser presa, deverá ser informada das razões da prisão e notificada, sem demora, das acusações formuladas contra ela.

3. Qualquer pessoa presa ou encarcerada em virtude de infração penal deverá ser conduzida, sem demora, à presença do juiz ou de outra autoridade habilitada por lei a exercer funções judiciais e terá o direito de ser julgada em prazo razoável ou de ser posta em liberdade. A prisão preventiva de pessoas que aguardam julgamento não deverá constituir a regra geral, mas a soltura poderá estar condicionada a garantias que assegurem o comparecimento da pessoa em questão à audiência, a todos os atos do processo e, se necessário for, para a execução da sentença.

4. Qualquer pessoa que seja privada de sua liberdade por prisão ou encarceramento terá o direito de recorrer a um tribunal para que este decida sobre a legislação de seu encarceramento e ordene sua soltura, caso a prisão tenha sido ilegal.

5. Qualquer pessoa vítima de prisão ou encarceramento ilegais terá direito à repartição.

art. 14.

1. Todas as pessoas são iguais perante os tribunais e as cortes de justiça. Toda pessoa terá o direito de ser ouvida publicamente e com devidas garantias por um tribunal competente, independente e imparcial, estabelecido por lei, na apuração de qualquer acusação de caráter penal formulada contra ela ou na determinação de seus direitos e obrigações de caráter civil. A imprensa e o público poderão ser excluídos de parte da totalidade de um julgamento, quer por motivo de moral pública, de ordem pública ou de segurança nacional em uma sociedade democrática, quer quando o interesse da vida privada das Partes o exija, que na medida em que isso seja estritamente necessário na opinião da justiça, em circunstâncias específicas, nas quais a publicidade venha a prejudicar os interesses da justiça; entretanto, qualquer sentença proferida em matéria penal ou civil deverá torna-se pública, a menos que o interesse de menores exija procedimento oposto, ou processo diga respeito à controvérsia matrimoniais ou à tutela de menores.

2. Toda pessoa acusada de um delito terá direito a que se presuma sua inocência enquanto não for legalmente comprovada sua culpa.

3. Toda pessoa acusada de um delito terá direito, em plena igualmente, a, pelo menos, as seguintes garantias:

a) De ser informado, sem demora, numa língua que compreenda e de forma minuciosa, da natureza e dos motivos da acusação contra ela formulada;

b) De dispor do tempo e dos meios necessários à preparação de sua defesa e a comunicar-se com defensor de sua escolha;

c) De ser julgado sem dilações indevidas;

d) De estar presente no julgamento e de defender-se pessoalmente ou por intermédio de defensor de sua escolha; de ser informado, caso não tenha defensor, do direito que lhe assiste de tê-lo e, sempre que o interesse da justiça assim exija, de ter um defensor designado *ex-offício* gratuitamente, se não tiver meios para remunerá-lo;

e) De interrogar ou fazer interrogar as testemunhas de acusação e de obter o comparecimento e o interrogatório das testemunhas de defesa nas mesmas condições de que dispõem as de acusação;

f) De ser assistida gratuitamente por um intérprete, caso não compreenda ou não fale a língua empregada durante o julgamento;

g) De não ser obrigada a depor contra si mesma, nem a confessar-se culpada.

4. O processo aplicável a jovens que não sejam maiores nos termos da legislação penal em conta a idade dos menos e a importância de promover sua reintegração social.

5. Toda pessoa declarada culpada por um delito terá direito de recorrer da sentença condenatória e da pena a uma instância superior, em conformidade com a lei.

6. Se uma sentença condenatória passada em julgado for posteriormente anulada ou se um indulto for concedido, pela ocorrência ou descoberta de fatos novos que provem cabalmente a existência de erro judicial, a pessoa que sofreu a pena decorrente desse condenação deverá ser indenizada, de acordo com a lei, a menos que fique provado que se lhe pode imputar, total ou parcialmente, a não revelação dos fatos desconhecidos em tempo útil.

7. Ninguém poderá ser processado ou punido por um delito pelo qual já foi absorvido ou condenado por sentença passada em julgado, em conformidade com a lei e os procedimentos penais de cada país.

art. 15.

1. ninguém poderá ser condenado por atos omissões que não constituam delito de acordo com o direito nacional ou internacional, no momento em que foram cometidos. Tampouco poder-se-á impor pena mais grave do que a aplicável no momento da ocorrência do delito. Se, depois de perpetrado o delito, a lei estipular a imposição de pena mais leve, o delinquente deverá dela beneficiar-se.

2. Nenhuma disposição do presente Pacto impedirá o julgamento ou a condenação de qualquer indivíduo por atos ou omissões que, momento em que forma cometidos, eram considerados delituosos de acordo com os princípios gerais de direito reconhecidos pela comunidade das nações.

Convenção Americana sobre Direitos Humanos

art. 7º Direito à Liberdade Pessoal

2. Ninguém pode ser privado de sua liberdade física, salvo pelas causas e nas condições previamente fixadas pelas constituições políticas dos Estados-Partes ou pelas leis de acordo com elas promulgadas.

3. Ninguém pode ser submetido a detenção ou encarceramento arbitrários.

4. Toda pessoa detida ou retida deve ser informada das razões da sua detenção e notificada, sem demora, da acusação ou acusações formuladas contra ela.

5. Toda pessoa detida ou retida deve ser conduzida, sem demora, à presença de um juiz ou outra autoridade autorizada pela lei a exercer funções judiciais e tem direito a ser julgada dentro de um prazo razoável ou a ser posta em liberdade, sem prejuízo de que prossiga o processo. Sua liberdade pode ser condiciona a garantias que assegurem o seu comparecimento em juízo.

6. Toda pessoa privada da liberdade tem direito a recorrer a um juiz ou tribunal competente, a fim de que este decida, sem demora, sobre ou tribunal competente, a fim de que este decida, sem demora, sobre a legalidade de sua prisão ou detenção e ordene sua soltura se a prisão ou a detenção forem ilegais. Nos Estados-Partes cujas leis preveem que toda pessoa que se vir ameaçada de ser privada de sua liberdade tem direito a recorrer a um juiz ou tribunal competente a fim de que este decida sobre a legalidade

de tal ameaça, tal recurso não pode ser restringido nem abolido. O recurso pode ser interposto pela própria pessoa ou por outra pessoa.

7. Ninguém deve ser detido por dívida. Este princípio não limita os mandados de autoridade judiciária competente expedidos em virtude de inadimplemento de obrigação alimentar.

art. 8º. Garantias judiciais

1. Toda pessoa tem direito a ser ouvida, com as devidas garantias e dentro de um prazo razoável, por um juiz ou tribunal competente, independente e imparcial, estabelecido anteriormente por lei, na apuração de qualquer acusação penal formulada contra ela, ou para que se determinem seus direitos ou obrigações de natureza civil, trabalhista, fiscal ou de qualquer outra natureza.

2. Toda pessoa acusada de delito tem direito a que se presuma sua inocência enquanto não se comprove legalmente sua culpa. Durante o processo, toda pessoa tem direito, em plena igualdade, às seguintes garantias mínimas:

a) direito do acusado de ser assistido gratuitamente por tradutor ou intérprete, se não compreender ou não falar o idioma do juízo ou tribunal;

b) comunicação prévia e pormenorizada ao acusado da acusação formulada;

c) concessão ao acusado do tempo e dos meios adequados para a preparação de sua defesa;

d) direito do acusado de defender-se pessoalmente ou de ser assistido por um defensor de sua escolha e de comunicar-se, livremente e em particular, com seu defensor;

e) direito irrenunciável de ser assistido por um defensor proporcionado pelo Estado, remunerado ou não, segundo a legislação interna, se o acusado não se defender ele próprio nem nomear defensor dentro do prazo estabelecido pela lei;

f) direito da defesa de inquirir as testemunhas presentes no tribunal e de obter o comparecimento, como testemunhas ou peritos, de outras pessoas que possam lançar luz sobre os fatos;

g) direito de não ser obrigado a depor contra si mesma, nem a declarar-se culpada;

h) direito de recorrer da sentença para juiz ou tribunal superior.

3. A confissão do acusado só é válida se feita sem coação de nenhuma natureza.

4. O acusado absolvido por sentença passada em julgado não poderá ser submetido a novo processo pelos mesmos fatos.

5. O processo penal deve ser público, salvo no que for necessário para preservar os interesses da justiça.

art. 9º. Princípio da Legalidade e da Retroatividade

Ninguém pode ser condenado por ações ou omissões que, no momento em que forem cometidas, não sejam delituosas, de acordo com o direito aplicável. Tampouco se pode impor pena mais grave que a aplicável no momento da perpetração do delito. Se depois da perpetração do delito a lei dispuser a imposição de pena mais leve, o delinquente será por isso beneficiado.

art. 25.

1. Toda pessoa tem direito a um recurso simples e rápido ou a qualquer outro recurso efetivo, perante os juízes ou tribunais competentes, que a proteja contra atos que violem seus direitos fundamentais reconhecidos pela constituição, pela lei ou pela presente Convenção, mesmo quando tal violação seja cometida por pessoas que estejam atuando no exercício de suas funções oficiais.

2. APONTAMENTOS SOBRE CONTEÚDO DO DIREITO

Consoante esclarecido na apresentação deste curso, esta Terceira Parte do livro, dedicada aos direitos humanos em espécie, lança-se à apresentação panorâmica de normas, conceitos e decisões jurisprudenciais internacionais e nacionais que se supõe que auxiliem na compreensão do conteúdo e do alcance de boa parte dos direitos humanos individualmente considerados, sem qualquer pretensão de esgotamento dos temas ou das controvérsias jurídicas que os cercam.

Esta opção metodológica se mostra ainda mais presente nesta abordagem sobre as garantias, porquanto a variedade de seus elementos e tipos suscita, por sua vez, um sem número de discussões jurídicas cuja abordagem detida não condiz com o escopo desta obra. Assim, seguem apontamentos perfunctórios sobre assuntos basilares atinentes ao mote das garantias, formulados com vistas a que as garantias sejam apreendidas muito mais em seu sentido de correlação sistêmica e finalidade, do que propriamente em suas vicissitudes particulares.

As garantias já foram examinadas no Capítulo deste curso dedicado às classificações dos direitos humanos, oportunidade em que foram apresentadas como instrumentos que permitam coibir as ameaças de violação aos direitos declarados e reprimir a afronta praticada.

No plano internacional, em geral, as disposições de tratados e declarações corroboram a obrigação estatal de prever e assegurar a existência e o livre exercício das garantias, contudo, sem numerá-las ou especificá-las, remetendo à legislação nacional esse ônus.

A noção de garantias contempla tanto remédios processuais de reivindicação de direitos ou inibitórios de violação quanto regras que limitam o poder do Estado na investigação, processamento e punição de pessoas, nos mais variados campos de regulação (cível, criminal, trabalhista, empresarial, consumerista, tributário etc.). Esta duplicidade de função das garantias autoriza perceber, de um lado, uma dimensão positiva e, de outra, negativa.

Como estudado, anteriormente, a dimensão positiva das garantias fundamentais, no que diz respeito ao Poder Judiciário, está consagrada pelo chamado **Princípio da Inafastabilidade da Jurisdição**, previsto no inciso XXXV do art. 5º da Constituição Federal.

Reforça este dispositivo o **Direito de Petição,** independentemente de pagamento de taxas, declarado nos incisos XXXIII e XXXIV do mesmo art. 5º, assim como pelas **Cláusulas de Reserva de Jurisdição**, hipóteses nas quais a restrição de relevantes direitos fundamentais depende de prévia decisão judicial, v.g. ingresso no domicílio fora das situações de flagrante delito, desastre e prestação de socorro (art. 5º, XI), interceptação telefônica (art. 5º, XII) e *prisão*, salvo flagrante delito (art. 5º, LXI).

A Consolidação das Leis do Trabalho (CLT), de há muito facilita o **acesso à justiça,** facultando que empregados e empregadores possam postular, pessoalmente e sem a assistência advocatícia, perante a Justiça do Trabalho (art. 791), enquanto o processo tramitar nas instâncias ordinárias (Varas do Trabalho e Tribunais Regionais do Trabalho).

Nesta linha facilitadora do acesso à justiça, a Lei nº 9.099/95 (Lei dos Juizados Especiais) foi promulgada com o objetivo de incrementar tal acesso pela simplificação de procedimentos processuais. Por determinação legal, os juizados se orientam pelos critérios de oralidade, simplicidade, informalidade, economia processual e celeridade, buscando, sempre que possível, a conciliação ou a transação, conforme o art. 2º. No âmbito cível, inclusive, é possível que as partes compareçam pessoalmente, sem a assistência de advogado, observados os critérios do art. 9º.

Ainda no horizonte do acesso à justiça, o Brasil conta com um sistema de gratuidade para pessoas que buscam o Poder Judiciário, estabelecido a partir da conjugação da longeva Lei nº 1.060/50 com o art. 98 do Código de Processo Civil.

Neste mesmo espaço, louvável a existência da Defensoria Pública como órgão indispensável à administração da justiça brasileira e essencialmente atuante na promoção do acesso à justiça aos mais necessitados, como foi possível perceber da análise empreendida no Capítulo sobre o alcance subjetivo dos direitos humanos.

No que tange à dimensão negativa das garantias fundamentais, há, na Constituição Federal, vários incisos do art. 5º destinados a orientar e limitar a atividade estatal de investigação e sujeição do indivíduo a processo, com vistas à preservação de seus direitos fundamentais, todos eles alicerçados no direito ao **Devido Processo Legal**. Convém relembrá-los:

- ➔ Proibição a tribunal de exceção (art. 5º, XXXVII)
- ➔ Competência do Júri para crimes dolosos contra a vida (art. 5º, XXXVIII)
- ➔ Princípio da Reserva Legal (art. 5º, XXXIX)
- ➔ Irretroatividade da lei penal (art. 5º, XL)
- ➔ Juiz natural (art. 5º, LIII)
- ➔ Não privação da liberdade sem o devido processo legal (art. 5º, LIV)
- ➔ Contraditório e ampla defesa (art. 5º, LV)
- ➔ Vedação das provas ilícitas (art. 5º, LVI)
- ➔ Presunção de inocência até trânsito em julgado da condenação (art. 5º, LVII)
- ➔ Publicidade dos atos processuais (art. 5º, LX)
- ➔ Prisão em flagrante delito ou mediante ordem judicial (art. 5º, LXI)
- ➔ Comunicação da prisão ao juiz competente e à família (art. 5º, LXII)
- ➔ Direito à informação do preso (art. 5º, LXIII e LXIV)
- ➔ Relaxamento de prisão ilegal e liberdade provisória (art. 5º, LXV e LXVI)
- ➔ Assistência jurídica gratuita (art. 5º, LXXIV)
- ➔ Indenização por erro judiciário ou prisão além da pena (art. 5º, LXXV)
- ➔ Razoável duração do processo (art. 5º, LXXVIII)

Outrossim, interessa recordar as garantias fundamentais atinentes ao processo de execução da pena, consagradas a fim de impedir a imposição de sanção abusiva e desproporcional:

- ➔ Restrição da pena à pessoa do condenado (art. 5º, XLV)
- ➔ Individualização da pena (art. 5º, XLVI)
- ➔ Proibição de penas de morte (exceto em caso de guerra), perpétuas, de trabalhos forçados, de banimento e cruéis (art. 5º, XLVII)
- ➔ Condições dignas para cumprimento da pena (art. 5º, XLVIII, XLIX e L)
- ➔ Proibição de prisão civil por dívida (art. 5º, LXVII)

Cite-se, a propósito da dimensão negativa das garantias, que a abertura pelo STF do já mencionado Inquérito 4.781/DF (Inquérito das *Fake News*) tem sido questionada por especialistas justamente à luz da garantia ao processo justo. Neste Inquérito, o STF investiga a existência de notícias falsas, ofensas e ameaças contra seu Ministros e seus familiares. O procedimento foi instaurado com fundamento no art. 43 do Regimento Interno da Corte. A

PGR promoveu pedido de arquivamento do inquérito, o que foi rejeitado pelo Min. Alexandre de Moraes, designado (não sorteado em procedimento de distribuição aleatória) para presidir a apuração. Em razão de tramitar sem a condução ativa pelo Ministério Público (órgão acusador por natureza, nos termos do art. 129, I, CF) e, portanto, sem a separação de funções entre investigar, acusar e julgar, a constitucionalidade do inquérito foi contestada na ADPF 572. Por ocasião do julgamento desta, os Ministros reputaram o procedimento constitucional, não violador do devido processo legal, vencido o Min. Marco Aurélio Mello.

Mesmo que que de modo não exaustivo, em voto proferido, em 2019, no julgamento conjunto das ADCs 43, 44 e 54, o Min. Celso de Mello pontuou:

> O exame da garantia constitucional do '*due process of law*' permite nela identificar, em seu conteúdo material, alguns elementos essenciais à sua própria configuração, dentre os quais avultam, por sua inquestionável importância, as seguintes prerrogativas: (a) direito ao processo (garantia de acesso ao Poder Judiciário); (b) direito à citação e ao conhecimento prévio do teor da acusação; (c) direito a um julgamento público e célere, sem dilações indevidas; (d) direito ao contraditório e à plenitude de defesa (direito à autodefesa e à defesa técnica); (e) direito de não ser processado e julgado com base em leis "ex post facto"; (f) direito ao benefício da gratuidade; (g) direito ao silêncio (privilégio contra a autoincriminação); (h) direito à prova; (i) direito de não ser processado com fundamento em provas revestidas de ilicitude; (j) direito à igualdade entre as partes; (k) direito ao juiz natural; (l) direito de ser julgado por Juízes e Tribunais imparciais e independentes; e (m) direito de ser presumido inocente até o advento do trânsito em julgado de sentença penal condenatória. (ADCs 43, 44 e 54)

De seu turno, a **presunção de inocência** abarca o direito do investigado ou do acusado em ser tratado como inocente até o final do processo. Daí a lógica da máxima excepcionalidade das prisões provisórias e das cautelares diversas, bem como a lógica de se evitar a exposição midiática exagerada e o uso injustificado de algemas (consagrado, inclusive, pela Súmula Vinculante 11, do STF). Por certo, a presunção de inocência também impõe que, na análise do conjunto probatório, a dúvida não pese contra o acusado (*in dubio pro reo).*

Sobre o mote, ao julgar ADI 4911, o STF entendeu, em 2020, pela inconstitucionalidade do afastamento de servidores públicos de suas funções com o mero indiciamento por crimes de lavagem de dinheiro ou ocultação de bens, direitos e valores.

Todavia, a jurisprudência do STF oscilou muito ao se debruçar sobre o alcance da cláusula do art. 5º, LVII, CF. De 1988 a 2009, o STF entendia que os recursos especial e extraordinário não impediam a execução provisória da pena, já que não possuiriam efeito suspensivo (HC 92.645/PE). Em 2009, o STF passou a entender que a norma da presunção de inocência impedia a imediata execução da pena, afirmando que "a prisão antes do trânsito em julgado da condenação somente pode ser decretada a título cautelar" (HC 84.078/MG). Já em 2016, foi firmado o entendimento de que o acórdão penal condenatório era suficiente para a execução provisória da pena, mesmo que cabíveis os recursos especial e extraordinário (HC 126.292/SP e medida cautelar nas ADCs 43 e 44). No ano de 2019, o STF voltou a entender que a presunção de inocência impedia a prisão em Segunda Instância (ADCs 43, 44 e 54).

Neste último julgamento, o STF declarou a constitucionalidade do art. 283 do Código de Processo Penal, que previa que "ninguém poderá ser preso senão em flagrante delito ou por ordem escrita e fundamentada da autoridade judiciária competente, em decorrência de sentença condenatória transitada em julgado ou, no curso da investigação ou do processo, em virtude de prisão temporária ou prisão preventiva" (à época com redação dada pela Lei nº 12.403/11, hoje com redação da Lei 13.964/19). Em seu voto para o caso, o Min. Celso de Mello destacou que "a presunção de inocência não impede a imposição de prisão cautelar, em suas diversas modalidades". Não obstante, também fez constar que:

> (...) a presunção de inocência não se esvazia progressivamente, à medida em que se sucedem os graus de jurisdição. Isso significa, portanto, que, mesmo confirmada a condenação penal por um Tribunal de segunda instância, ainda assim subsistirá, em favor do sentenciado, esse direito fundamental, que só deixará de prevalecer – repita-se – com o trânsito em julgado da sentença penal condenatória, como claramente estabelece, em texto inequívoco, a Constituição da República.

Entretanto, a Lei nº 13.964/19 (Lei Anticrime) trouxe a previsão de execução provisória da pena em primeiro grau de jurisdição, na hipótese de o acusado, que aguarda o julgamento solto, ser condenado a uma pena superior a 15 anos pelo Tribunal do Júri (art. 492, inciso I, "*e*", CPP). Tal previsão tem a sua constitucionalidade contestada no RE 1.235.340/SC, cujo julgamento se iniciou em 2020. Os Ministros Dias Toffoli e Luís Roberto Barroso entenderam pela constitucionalidade da execução imediata da pena em primeiro grau no júri, afirmando que isso é autorizado pela soberania dos vereditos (art. 5º, inciso XXXVIII, alínea *c*, CF). A respeito, o Min. Gilmar Mendes proferiu voto pela proibição da execução provisória da pena, assentando a tese de que "A Constituição Federal, levando em conta a presunção de inocência (art. 5º, inciso LV), e a Convenção Americana de Direitos Humanos, em razão do direito de recurso do condenado (art. 8.2.h), vedam a execução imediata das condenações proferidas por Tribunal do Júri, mas a prisão preventiva do condenado pode ser decretada motivadamente, nos termos do art. 312 do CPP, pelo Juiz Presidente a partir dos fatos e fundamentos assentados pelos Jurados".

Toda a discussão gira em torno da execução da pena ser imposta, automaticamente, em segunda ou mesmo em primeira instância, sem cautelaridade da prisão. Os debates têm sido claramente influenciados pela opinião pública e de meios hegemônicos de comunicação, cuja parcela significativa insiste em se posicionar sobre o tema a partir de inaceitáveis esquemas de corrupção política desbaratados, portanto formulando conclusões gerais a favor da relativização do princípio da presunção da inocência, a partir do exame de um determinado tipo de crime. Uma grave relativização generalizada, que sequer faz sentido gramatical, à vista da literalidade do inciso LVII do art. 5º da Constituição Federal, e que pode ter resultados catastróficos para o já calamitoso sistema carcerário brasileiro. E nem se argumente que a posição aqui adotada se associa com a perpetuação da impunidade, na medida em que a prisão preventiva do réu solto que aguarda o julgamento definitivo pode ser decretada a qualquer tempo, não de forma automática, mas desde que estejam presentes os requisitos dos art. 312 e 313 do CPP.

Outra garantia relevante é o direito ao **Juiz Natural**, que diz respeito à definição prévia da competência do órgão a quem incumbe o julgamento para cada caso. Assim, não há que se admitir a criação de juízos ou tribunais criados posterior e especificamente para o julgamento de determinado fato (juízo ou tribunal de exceção, vedado constitucional e convencionalmente), tampouco é possível admitir, como regra, que processos sejam direcionados, por conveniência ou interesse, para a condução de tal ou qual magistrado. Dentre vários dispositivos constitucionais que disciplinam as competências dos órgãos do sistema de justiça, destacam-se as competências do STF (art. 102, I), do STJ (art. 105, I), dos TRFs e dos juízes federais de primeiro grau (art. 108, I e art. 109, respectivamente), dos juízes do trabalho (art. 114) e a competência residual da Justiça Estadual. Como direito fundamental do acusado, a Constituição também estabelece a competência do Tribunal do Júri para o julgamento de crimes dolosos contra a vida (art. 5º, inciso XXXVIII, "*d*", CF).

Por paralelismo, depreende-se que também não pode haver a indicação ou nomeação do membro do Ministério Público para a atuação num feito em particular, o que é designado como **Princípio do Promotor Natural**.

Em suma, Juiz Natural e Promotor Natural são garantias que exigem regras prévias e impessoais para a atribuição de casos aos membros, assim contribuindo para o oferecimento de uma atuação imparcial do Poder Público.

Acerca da garantia do **contraditório e ampla defesa,** ao réu devem ser oportunizados todos os meios disponíveis à sua defesa, como ser citado e ter exato conhecimento da acusação, escolher livremente sua assistência advocatícia e se comunicar reservadamente com a pessoa eleita para tanto, acompanhar todos os atos do processo, produzir provas em seu favor, ter a oportunidade de falar ou de permanecer em silêncio em seu interrogatório.

Como desdobramento do direito de defesa, a pessoa acusada tem o direito de não produzir qualquer prova contra si mesmo (direito à não incriminação). Em particular, tem o direito de permanecer em silêncio no curso de seu interrogatório, sem que isso pese em seu desfavor. De igual modo, o STF entendeu que a condução coercitiva do réu ou investigado para interrogatório não foi recepcionada pela Constituição Federal, em razão do direito à ampla defesa e à não incriminação (ADPFs 385 e 444).

Também para salvaguardar o direito de defesa, a conduta de quem insiste em prosseguir no interrogatório quando o sujeito tenha decidido exercer o direito ao silêncio, ou de quem insiste em prosseguir no ato sem a presença do patrono do interrogando, quando ele tenha optado por ser assistido por advogado ou defensor público, configura crime de abuso de autoridade (art. 15, parágrafo único, Lei nº 13.869/19).

Consagrando o direito de defesa, o STF editou a Súmula Vinculante nº 14, em que reafirma o acesso aos elementos probatórios já documentados no curso de investigação: "É direito do defensor, no interesse do representado, ter acesso amplo aos elementos de prova que, já documentados em procedimento investigatório realizado por órgão com competência de polícia judiciária, digam respeito ao exercício do direito de defesa".

Na mesma linha, o STF entendeu que o réu delatado tem o "direito de falar por último", já que a versão do corréu delator assume, inevitavelmente, carga acusatória. Com efeito, o delatado tem o direito de se defender, inclusive, dos fatos contra ele narrados pelo corréu (HC 166.373/PR).

Outra faceta do direito de defesa consiste na proibição da *reformatio in pejus* indireta. Sendo a decisão de primeiro grau anulada pelo tribunal ou por instâncias superiores em virtude de recurso defensivo, a nova decisão não pode ser mais desfavorável ao réu em comparação com a primeira. Se assim fosse, haveria desestímulo ao exercício do direito de recurso por parte da defesa (HC 136.768/SP).

No mais, a Lei nº 13.964/19 (Lei Anticrime) trouxe diversos dispositivos visando, pretensamente, assegurar a imparcialidade do magistrado e a real possibilidade de defesa. Dentre eles, o sistema processual penal acusatório (art. 3º-A do CPP), o juiz das garantias (art. 3º-B a 3º-F, CPP), o novo procedimento para arquivamento de inquérito policial (art. 28, CPP), a impossibilidade de o magistrado proferir sentença ou acórdão depois de tomar contato com prova inadmissível (art. 157, § 5º, CPP) e a impossibilidade de decretação de prisão preventiva de ofício (art. 311, CPP). Dentre dispositivos mencionados, somente este último não teve eficácia suspensa por decisão liminar do Min. Luiz Fux nas ADIs 6.298, 6.299, 6.300 e 6.305, proferida no começo do ano de 2020, durante o plantão judiciário. O

HC 195.807/DF foi impetrado no final daquele ano contra a liminar, cuja força permanece por tempo indeterminado.

Recentemente, 2 (dois) institutos foram introduzidos no processo penal brasileiro, destinados a incrementar a vigilância do cumprimento das garantias fundamentais e dos demais direitos fundamentais das pessoas implicadas em acusação de prática de crime. Trata-se da audiência de custódia e do juiz de garantias.

A instituição da **audiência de custódia** dá cumprimento a uma obrigação desde sempre prevista no art. 9º, item 3, do PIDCP e no art. 7º, item 5, da Convenção Americana sobre Direitos Humanos, segundo do qual "toda pessoa detida ou retida deve ser conduzida, sem demora, à presença de um juiz ou outra autoridade autorizada pela lei a exercer funções judiciais".

No ano de 2015, advieram os primeiros precedentes do STF sobre o tema das audiências de custódia, por força da ADI 5.240/SP e da ADPF 347 (Estados de Coisas Inconstitucional). NA ADI, acórdão de 20 de agosto daquele ano julgou constitucional de Provimento Conjunto da Presidência e da Corregedoria do Tribunal de Justiça do Estado de São Paulo que institui e regrou a audiência de custódia. Logo em seguida, na ADPF, o Plenário da Suprema Corte, em 09 de setembro, deferiu medida cautelar a respeito da situação prisional geral do País e, dentre as providências determinadas, assinalou prazo de 90 (noventa) dias para que juízes e tribunais de todo o Brasil implantassem a audiência de custódia, nos termos dos arts. 9, item 3, do Pacto dos Direitos Civis e Políticos e 7, item 5, da Convenção Interamericana sobre Direitos Humanos, observando diretrizes fixadas pelo CNJ. Em consequência, coube ao Conselho Nacional de Justiça a primeira regulamentação nacional da audiência de custódia, por meio da Resolução nº 213, de 15 de dezembro de 2015.

Quando implantada pela primeira vez, em 2015, a medida causou forte resistência de significativa parcela do Poder Judiciário, sobretudo em razão de alegado incremento substancial do volume de trabalho, sem aumento do efetivo de juízes, promotores e defensores públicos e de estabelecimento de um regime de incerteza em relação à agenda de audiências, uma vez que não se pode prever sequer o número de assentadas para o curso lapso de tempo diário.

Seguiu-se que a Lei nº 13.964/2019, apelidada de "Pacote Anticrime", alterou a redação do art. 310 do Código de Processo Penal, que passou a vigorar nos seguintes termos:

> Art. 310. Após receber o auto de prisão em flagrante, no prazo máximo de até 24 (vinte e quatro) horas após a realização da prisão, o juiz deverá promover audiência de custódia com a presença do acusado, seu advogado constituído ou membro da Defensoria Pública e o membro do Ministério Público, e, nessa audiência, o juiz deverá, fundamentadamente:
>
> I – relaxar a prisão ilegal; ou
>
> II – converter a prisão em flagrante em preventiva, quando presentes os requisitos constantes do art. 312 deste Código, e se revelarem inadequadas ou insuficientes as medidas cautelares diversas da prisão; ou
>
> III – conceder liberdade provisória, com ou sem fiança.
>
> (...)
>
> § 3º. A autoridade que deu causa, sem motivação idônea, à não realização da audiência de custódia no prazo estabelecido no *caput* deste artigo responderá administrativa, civil e penalmente pela omissão.
>
> § 4º. Transcorridas 24 (vinte e quatro) horas após o decurso do prazo estabelecido no *caput* deste artigo, a não realização de audiência de custódia sem motivação idônea

ensejará também a ilegalidade da prisão, a ser relaxada pela autoridade competente, sem prejuízo da possibilidade de imediata decretação de prisão preventiva.

A figura do **juiz de garantias,** já adotada em países como França e Itália, foi criada, no Brasil, por aquela mesma Lei nº 13.964/2019, que determinou a inserção, no CPP, dos seguintes dispositivos:

> Art. 3º-B. O juiz das garantias é responsável pelo controle da legalidade da investigação criminal e pela salvaguarda dos direitos individuais cuja franquia tenha sido reservada à autorização prévia do Poder Judiciário, competindo-lhe especialmente:
>
> I - receber a comunicação imediata da prisão, nos termos do inciso LXII do caput do art. 5º da Constituição Federal;
>
> II - receber o auto da prisão em flagrante para o controle da legalidade da prisão, observado o disposto no art. 310 deste Código;
>
> III - zelar pela observância dos direitos do preso, podendo determinar que este seja conduzido à sua presença, a qualquer tempo;
>
> IV - ser informado sobre a instauração de qualquer investigação criminal;
>
> V - decidir sobre o requerimento de prisão provisória ou outra medida cautelar, observado o disposto no § 1º deste artigo;
>
> VI - prorrogar a prisão provisória ou outra medida cautelar, bem como substituí-las ou revogá-las, assegurado, no primeiro caso, o exercício do contraditório em audiência pública e oral, na forma do disposto neste Código ou em legislação especial pertinente;
>
> VII - decidir sobre o requerimento de produção antecipada de provas consideradas urgentes e não repetíveis, assegurados o contraditório e a ampla defesa em audiência pública e oral;
>
> VIII - prorrogar o prazo de duração do inquérito, estando o investigado preso, em vista das razões apresentadas pela autoridade policial e observado o disposto no § 2º deste artigo;
>
> IX - determinar o trancamento do inquérito policial quando não houver fundamento razoável para sua instauração ou prosseguimento;
>
> X - requisitar documentos, laudos e informações ao delegado de polícia sobre o andamento da investigação;
>
> XI - decidir sobre os requerimentos de:
>
> a) interceptação telefônica, do fluxo de comunicações em sistemas de informática e telemática ou de outras formas de comunicação;
>
> b) afastamento dos sigilos fiscal, bancário, de dados e telefônico;
>
> c) busca e apreensão domiciliar;
>
> d) acesso a informações sigilosas;
>
> e) outros meios de obtenção da prova que restrinjam direitos fundamentais do investigado;
>
> XII - julgar o *habeas corpus* impetrado antes do oferecimento da denúncia;
>
> XIII - determinar a instauração de incidente de insanidade mental;
>
> XIV - decidir sobre o recebimento da denúncia ou queixa, nos termos do art. 399 deste Código;
>
> XV - assegurar prontamente, quando se fizer necessário, o direito outorgado ao investigado e ao seu defensor de acesso a todos os elementos informativos e provas produzidos

> no âmbito da investigação criminal, salvo no que concerne, estritamente, às diligências em andamento;
>
> XVI – deferir pedido de admissão de assistente técnico para acompanhar a produção da perícia;
>
> XVII – decidir sobre a homologação de acordo de não persecução penal ou os de colaboração premiada, quando formalizados durante a investigação;
>
> XVIII – outras matérias inerentes às atribuições definidas no *caput* deste artigo.
>
> (...)
>
> Art. 3º-C. A competência do juiz das garantias abrange todas as infrações penais, exceto as de menor potencial ofensivo, e cessa com o recebimento da denúncia ou queixa na forma do art. 399 deste Código.
>
> (...)
>
> Art. 3º-D. O juiz que, na fase de investigação, praticar qualquer ato incluído nas competências dos arts. 4º e 5º deste Código ficará impedido de funcionar no processo.
>
> Parágrafo único. Nas comarcas em que funcionar apenas um juiz, os tribunais criarão um sistema de rodízio de magistrados, a fim de atender às disposições deste Capítulo. (...)

Como reação, inclusive da Associação dos Magistrados Brasileiros, diversas ações judiciais pretendendo discutir a constitucionalidade da novel disposição foram aforadas no STF e decisão monocrática do Min. Luiz Fux, de 22 de janeiro de 2020, válida para as nas ADIs 6298, 6299, 6300 e 6305, suspendeu, por tempo indeterminado, a eficácia das normas instituidoras do juiz de garantias.

Por fim, cumpre mencionar a garantia traduzida no direito à **fundamentação das decisões judiciais,** tão relevante para os desafios e para o cumprimento da obrigação de proteção dos direitos humanos pela Magistratura. É imperativo constitucional que Poder Judiciário jamais aja discricionariamente, porquanto está adstrito, de modo absoluto, à obrigação de fundamentar suas decisões (art. 93, IX, da CF). No mais, a publicidade dos atos processuais também é interpretada como um instrumento de controle da atividade jurisdicional e da motivação das decisões judiciais. O Código de Processo Civil reforçou o dever de fundamentação das decisões judiciais, nestes termos:

> Art. 489. (...)
>
> § 1º. Não se considera fundamentada qualquer decisão judicial, seja ela interlocutória, sentença ou acórdão, que:
>
> I – se limitar à indicação, à reprodução ou à paráfrase de ato normativo, sem explicar sua relação com a causa ou a questão decidida;
>
> II – empregar conceitos jurídicos indeterminados, sem explicar o motivo concreto de sua incidência no caso;
>
> III – invocar motivos que se prestariam a justificar qualquer outra decisão;
>
> IV – não enfrentar todos os argumentos deduzidos no processo capazes de, em tese, infirmar a conclusão adotada pelo julgador;
>
> V – se limitar a invocar precedente ou enunciado de súmula, sem identificar seus fundamentos determinantes nem demonstrar que o caso sob julgamento se ajusta àqueles fundamentos;

VI – deixar de seguir enunciado de súmula, jurisprudência ou precedente invocado pela parte, sem demonstrar a existência de distinção no caso em julgamento ou a superação do entendimento.

No campo do processo penal, a Lei nº 13.964/19 também fez constar que a decisão proferida nesses mesmos termos não é suficientemente fundamentada para a decretação de medidas cautelares, em especial, para a prisão preventiva (art. 315, *caput* e §§ 1º e 2º do CPP, com redação dada pela Lei nº 13.964/19).

Em tempo: o dever de fundamentação das decisões judiciais não se aplica à decisão dos jurados em Plenário do Júri. Neste caso, a valoração de provas se dá partir do sistema de íntima convicção. No ARE 1.225.185, com repercussão geral reconhecida, o STF trata dos limites da não fundamentação das decisões do júri. Dessa forma, discute-se se o segundo grau de jurisdição, entendendo que o julgamento se deu manifestamente contrário à prova dos autos, pode determinar novo júri quando o acusado for absolvido com base no quesito genérico do art. 483, § 2º, CPP.

APÊNDICE:

JURISPRUDÊNCIA INTERNACIONAL SELECIONADA E COMENTADA (ENVOLVENDO O ESTADO BRASILEIRO)

Maria da Penha – Comissão Interamericana de Direitos Humanos (direito à vida e à integridade física e moral e direito à igualdade e não discriminação)

Ano da decisão: 2001
Órgão prolator: Comissão Interamericana de Direitos Humanos

Síntese do Caso

Em 1998, a Comissão Interamericana de Direitos Humanos recebeu denúncia apresentada por Maria da Penha Maia Fernandes, pelo Centro pela Justiça e pelo Direito Internacional (CEJIL) e pelo Comitê Latino-Americano de Defesa dos Direitos da Mulher (CLADEM).

A denúncia alegava a tolerância do Brasil para com a violência cometida por Marco Antônio Heredia Viveiros contra a sua então esposa, Maria da Penha, no domicílio do casal (em Fortaleza/CE), durante os anos de convivência matrimonial. Esta situação culminou com a tentativa de homicídio de Maria da Penha, em 1983, quando Marco Antônio atirou na vítima enquanto essa dormia. Maria da Penha, em decorrência, adquiriu paraplegia irreversível e outros traumas físicos e psicológicos. Denunciou-se a tolerância do Estado, por não haver, por mais de 15 anos, tomado medidas efetivas para processar e punir o agressor, apesar das várias denúncias efetuadas nos órgãos locais competentes.

A petição alegou, ainda, descumprimento dos preceitos da Declaração Americana dos Direitos e Deveres do Homem, da Convenção Americana sobre Direitos Humanos e da Convenção Interamericana para Prevenir, Punir e Erradicar a Violência contra a Mulher ("Convenção de Belém do Pará"). O Estado brasileiro, apesar de instado pela Comissão mais de uma vez, não apresentou qualquer manifestação em defesa.

A CIDH, após declarar a responsabilidade internacional do Brasil pelo descumprimento direitos às garantias judiciais e à proteção judicial (arts. 8 e 25 da Convenção Americana sobre Direitos Humanos e art. 7.º da Convenção de Belém do Pará), decidiu que o Estado brasileiro: 1. completasse, rápida e efetivamente, o processamento penal do agressor; 2. realizasse investigação séria, imparcial e exaustiva para determinar a responsabilidade pelas irregularidades e atrasos injustificados que impediram o processamento rápido e efetivo do agressor; 3. adotasse, sem prejuízo de eventuais processos civis contra o autor do crime, as medidas necessárias para que o Estado concedesse à vítima uma compensação simbólica e real apropriada para a violência verificada; 4. continuasse e ampliasse o processo de reforma que visa colocar fim à apologia pelo Estado da violência doméstica contra as mulheres no Brasil; 5. adotasse medidas para (i) treinar e sensibilizar os funcionários do judiciário e da polícia especializada, para que possam entender a importância de não tolerar a violência doméstica, (ii) simplificar os procedimentos judiciais penais, reduzindo seus prazos, sem afetar os direitos e garantias de devido processo, (iii) criar mecanismos que sirvam como alternativas aos instrumentos judiciais para a solução do conflito de uma forma rápida e eficaz, (iv) aumentar o número de delegacias especiais para atender aos direitos das mulheres e para lhes fornecer os recursos especiais necessários para a investigação e processamento eficaz de todas as denúncias de violência doméstica; (v) incluir, nos currículos de ensino das escolas, a compreensão da importância de respeitar as mulheres e os seus direitos reconhecidos na Convenção de Belém do Pará.

Comentário

Em cumprimento desta decisão, houve a aprovação interna da Lei n.º 11.340, de 7 de agosto de 2006, conhecida como "Lei Maria da Penha", que busca impedir e reprimir a violência doméstica contra mulheres no Brasil. Do mesmo modo, intensificou-se a instalação de Delegacias da Mulher, em todo o País.

Penitenciária Urso Branco – Corte Interamericana de Direitos Humanos (direito à vida e à integridade física e moral)

Ano da decisão: 2002 (Medidas Provisórias)

Órgão prolator: Corte Interamericana de Direitos Humanos

Síntese do Caso

Decisão prolatada em pleito de medidas provisórias, apresentado, em 6 de junho de 2002, pela CIDH, em favor dos internos da Casa de Detenção José Mario Alves ("Penitenciária Urso Branco"), localizada na cidade de Porto Velho/RO. Alegou a CIDH haver situação de extrema gravidade em virtude de, desde o dia 1.º de janeiro de 2002 até o dia 5 de junho do mesmo ano, terem sido brutalmente assassinadas ao menos 37 (trinta e sete) pessoas no interior da Penitenciária, não tendo o Estado recobrado o controle necessário da unidade prisional, de modo a garantir a vida dos internos.

A urgência da medida foi justificada pelo risco permanente de homicídios no local, agravado pela existência de armas em poder dos internos, associada à superlotação e à falta de ingerência da autoridade estatal brasileira frente à situação. Demonstrou, ainda, a CIDH que editou medida cautelar em face do Estado brasileiro, sem cumprimento.

A Corte IDH, em 18 de junho de 2002, deferiu o pedido e requereu ao Estado brasileiro que: (i) adotasse as medidas necessárias para proteger a vida e integridade pessoal de todos os reclusos da Penitenciária Urso Branco, sendo uma delas a apreensão das armas que se encontrassem em poder dos internos; e (ii) investigasse os acontecimentos que motivaram a adoção destas medidas provisórias pela Corte IDH, com o objetivo de identificar os responsáveis e impor-lhes as sanções correspondentes.

Após monitorar o cumprimento das medidas provisórias pelo Estado brasileiro, em decisão de 25 de agosto de 2011, a Corte IDH interrompeu ("levantou") os efeitos da decisão de 2002, ao constatar que, desde dezembro de 2007, não havia registro de mortes violentas ou motins na Penitenciária Urso Branco e que a população carcerária da unidade experimentou sensível diminuição.

O caso foi, então, arquivado, por deixar de existirem os requisitos de extrema gravidade, urgência e necessidade de prevenir danos irreparáveis, necessários à vigência de qualquer medida provisória da Corte, o que não significa, como explicitamente consignado na decisão de 2011, que o Estado brasileiro tenha sido exonerado de suas obrigações convencionais de proteção dos detentos.

Comentário

Primeira decisão da Corte IDH contra o Estado brasileiro, prolatada com fulcro no art. 1.1 da Convenção Americana sobre DH, segundo o qual é dever dos Estados Partes dessa

Convenção garantir a toda pessoa sujeita à sua jurisdição o livre e completo exercício de todos os direitos consagrados do citado tratado.

A Corte IDH enfatiza que tal obrigação se estende, de modo mais evidente, àqueles que estejam detidos em unidade prisional, portanto sob a custódia do próprio Estado, circunstância que o torna presumivelmente responsável por tudo que aconteça com os internos.

Sobre a natureza e finalidade das medidas provisórias, assentou a Corte IDH que, no Direito Internacional, essas têm "um caráter não só cautelar, no sentido de que preservam uma situação jurídica, senão fundamentalmente tutelar, porquanto protegem direitos humanos".

José Pereira – Comissão Interamericana de Direitos Humanos (direito à vida e à integridade física e moral, direito ao trabalho digno e proibição de escravidão)

Ano da decisão: 2003 (Solução Amistosa)

Órgão prolator: Comissão Interamericana de Direitos Humanos

Síntese do Caso

Em 16 de dezembro de 1994, as ONGs *Américas Watch* e Centro pela Justiça e o Direito Internacional (CEJIL) apresentaram uma petição a CIDH, relatando que, em setembro de 1989, José Pereira, então com então 17 (dezessete) anos de idade, e outros 60 (sessenta) trabalhadores, atraídos com falsas promessas sobre condições de trabalho, foram forçados a laborar sem remuneração e em condições degradantes, em uma propriedade rural no sul do Pará. Durante tentativa de fuga da fazenda, José e outro trabalhador foram atacados com disparos de fuzil pelo seu superior imediato e seus ajudantes armados. O jovem foi atingido pelos disparos, tendo sobrevivido, fortuna que não teve seu colega de fuga, morto pelos mesmos disparos. Tendo pensado que ambos estavam mortos, os criminosos depositaram ambos corpos em terreno distante do local dos fatos. José conseguiu chegar a uma fazenda próxima, foi socorrido e salvo. Os peticionantes alegaram que o caso é ilustrativo de uma prática mais geral e recorrente de trabalho escravo e da falta de garantias judiciais e de segurança no trabalho, havidas no Brasil.

Com base nos fatos denunciados, as peticionárias alegaram violação dos art. I (direito à vida, à liberdade, à segurança e integridade pessoal), XIV (direito ao trabalho e a uma justa remuneração) e XXV (direito à proteção contra a detenção arbitrária) da Declaração Americana sobre Direitos e Obrigações do Homem, bem como dos arts. 6.º (proibição de escravidão e servidão); 8.º (garantias judiciais) e 25 (proteção Judicial), associados ao artigo 1.º da Convenção Americana sobre Direitos Humanos.

Em 18 de setembro de 2003, as peticionárias e o Estado assinaram um acordo de solução amistosa, no qual o Estado reconheceu a responsabilidade internacional pelas violações narradas e firmou uma série de compromissos relacionados com o julgamento e punição dos responsáveis, medidas pecuniárias de reparação das vítimas, medidas de prevenção, modificações legislativas, medidas de fiscalização e punição ao trabalho escravo, e medidas de conscientização contra o trabalho escravo.

Comentário

A solução amistosa para o caso José Pereira registrou, pela primeira vez, o reconhecimento oficial pelo Estado brasileiro da ocorrência de trabalho escravo contemporâneo em seu território.

Resultado direto do resultado deste caso foi a alteração legislativa do conceito de redução à condição análoga à de escravo, tipificada como crime no art. 149 do Código Penal, atualizando-o e detalhando-o, de modo a deixá-lo mais operacional e condizente com as situações de extrema exploração do trabalho humano, a partir da tutela da dignidade humana no trabalho em diferentes situações que não apenas o cerceamento físico da liberdade de ir e vir.

Também por consequência do compromisso assumido pelo Estado brasileiro, foi criada a Comissão Nacional para a Erradicação do Trabalho Escravo – CONATRAE, órgão colegiado ligado ao Poder Executivo Federal, que tem a função primordial de monitorar a execução do Plano Nacional para a Erradicação do Trabalho Escravo, dentro do qual foi criada toda uma estratégia de fiscalização ativa e resgate de trabalhos rurais e urbanos em situação de trabalho análogo ao de escravo, envolvendo Auditores-Fiscais do Trabalho, Polícia Federal e Ministério Público do Trabalho.

Complexo do Tatuapé – Corte Interamericana de Direitos Humanos (direito à vida e à integridade física e moral, direito à saúde e direito à educação)

Ano da decisão: 2005 (Medidas Provisórias)

Órgão prolator: Corte Interamericana de Direitos Humanos

Síntese do Caso

Pedido de medidas provisórias formulado, em 08 de outubro de 2005, pela CIDH contra o Estado brasileiro, com vistas à proteção da vida e da integridade pessoal das crianças e adolescentes internas no "Complexo do Tatuapé" da então FEBEM – Fundação Estadual do Bem-Estar do Menor de São Paulo (atual Fundação CASA), estabelecimento, à época do pedido, constituído por 18 (dezoito) unidades de internação, com uma capacidade declarada entre 80 (oitenta) e 100 (cem) pessoas cada uma, que acolhem em conjunto uma média de 1.600 (mil e seiscentas) crianças e adolescentes, cumpridores de medidas socioeducativas de privação de liberdade, em aplicação do ECA – Estatuto da Criança e do Adolescente.

Narrou a CIDH que: as ameaças entre internos, brigas, pancadarias, alegação de torturas e motins são produzidos com excessiva frequência, sem que as autoridades, a despeito do conhecimento da gravidade do problema, tenham adotado medidas eficientes para remediar a situação; entre janeiro e abril de 2005, quatro internos faleceram; ao longo do ano de 2005, até a data do pedido à Corte, o estabelecimento experimentou inúmeros motins e tentativas de fuga em massa, muitas vezes com captura e tortura de monitores; todo o Complexo do Tatuapé sofria problemas graves de saturação e deficiência nas condições de higiene e saúde, conforme constatação, *in loco*, do então Relator para os Direitos das Pessoas Privadas de Liberdade da CIDH, em visita ao centro de internação, no dia 23 de julho de 2005; os jovens não têm acesso regular à educação, trabalho ou tarefa de ressocialização; e as várias tentativas de adotar medidas no âmbito interno, no entanto, não se têm alcançado resultados eficazes. Disse, ainda, a CIDH que editou medidas cautelares, em 21 de dezembro de 2004, contudo, não observadas, a contento, pelo Brasil.

A Corte IDH, em 17 de novembro de 2005, acolheu o pedido e requereu ao Estado brasileiro que adotasse, de forma imediata, as providências que fossem necessárias para proteger a vida e integridade pessoal de todas as crianças e adolescentes residentes no Complexo do Tatuapé, assim como de todas as pessoas que estejam no interior do estabelecimento.

Em 25 de novembro de 2008, após acompanhar as ações empreendidas pelo Estado brasileiro, a Corte IDH houve por bem interromper ("levantar") as medidas provisórias determinadas e arquivar o feito. Para tanto e em oposição ao defendido pela CIDH, entendeu a Corte que a desativação e destruição do Complexo do Tatuapé (concluída em 2007), com a transferência dos internos para novos centros, de acordo com a maior proximidade com a residência da família de cada qual, bem como a construção de novas unidades de internação em conformidade com o novo padrão estrutural e sistema pedagógico da então já instituída Fundação CASA, cessavam as circunstâncias que consubstanciavam os requisitos da concessão das medidas provisórias.

Comentário

Decisão importante porque contribuiu para a implementação das alterações estruturais e pedagógicas da FEBEM, que culminaram com sua sucessão pela Fundação CASA.

A Corte IDH reafirma os fundamentos lançados na decisão relativa ao Caso Penitenciária Urso Branco, mas, desta feita, aplicando-os ao regime de cumprimento por crianças e adolescentes de medidas socioeducativas restritivas de liberdade, denotando, ante o quadro fático apreciado e ainda que implicitamente, a histórica similitude da natureza carcerária da prisão de adultos e da internação de criança e adolescentes infratores, ao arrepio do Princípio da Proteção Integral da Criança e do Adolescente, consagrado pelo art. 227 da CF brasileira.

Do ponto de vista processual, em sua última decisão de 2008, a Corte IDH deixou assente que, para efeito de manutenção de medidas provisórias, devem ser considerados unicamente os argumentos que se relacionem estrita e diretamente com a extrema gravidade, urgência e necessidade de evitar danos irreparáveis às pessoas.

O Tribunal deve, pois, analisar se persiste a situação de extrema gravidade e urgência que determinou a decisão provisória ou se as novas circunstâncias igualmente graves e urgentes justificam sua manutenção. Bem por isso, qualquer outro assunto só pode ser colocado em conhecimento da Corte através dos casos contenciosos correspondentes.

Daí que a Corte IDH, ao encerrar a demanda, não avaliza as providências adotadas como soluções dos profundos problemas que ainda permeiam a execução de sanções impostas a menores infratores no Brasil, mas tão somente realiza perquirição limitada aos fundamentos da adoção de medidas provisórias.

Penitenciária de Araraquara – Corte Interamericana de Direitos Humanos (direito à vida e à integridade física e moral)

Ano da decisão: 2006 (Medidas Provisórias)

Órgão prolator: Corte Interamericana de Direitos Humanos

Síntese do Caso

Solicitação de medidas provisórias, formulada, em 25 de julho de 2006, pela CIDH à Corte IDH, intentando obter proteção à vida e à integridade de todas as pessoas privadas de liberdade na Penitenciária "Dr. Sebastião Martins Silveira", localizada em Araraquara/SP, assim como das pessoas que viessem a ali ingressar, no futuro.

A CIDH havia recebido 2 (dois) pedidos de medidas cautelares, intentados pelas ONGs Fundação Interamericana de Defesa dos Direitos Humanos (fidDH), Justiça Global, Movimento Nacional de Direitos Humanos (MNDH) – São Paulo, Pastoral Carcerária, Ação dos

Cristãos para Abolição da Tortura (ACAT Brasil) e Grupo Tortura Nunca Mais - São Paulo, no entanto, houve por bem apresentar, diretamente à Corte, pleito de medidas provisórias.

A Penitenciária abrigava, à época, aproximadamente 1.600 (mil e seiscentas) pessoas, em que pese sua capacidade fosse para 750 (setecentas e cinquenta). A situação esteve inserta no contexto da chamada "onda de ataques" coordenados, que teve lugar no estado de São Paulo, a partir de 12 de maio de 2006, em retaliação à decisão do Governo estadual de isolar líderes detidos da facção criminosa PCC – Primeiro Comando da Capital. Segundo os meios de comunicação, durante esse período, teriam ocorrido 251 (duzentos e cinquenta e um) ataques a postos policiais e de corpo de bombeiros, prédios públicos e a veículos de transporte público, incluindo rebeliões em mais de 70 (setenta) presídios, centros de detenção provisória, cadeias públicas e unidades da então FEBEM, eventos perdurados até 15 de maio de 2006. Em consequência, os agentes carcerários se retiraram da penitenciária de Araraquara, soldaram todas as portas de acesso ao estabelecimento e interromperam o fornecimento de energia elétrica, deixando os encarcerados totalmente isolados, no interior da unidade.

A CIDH fundamentou seu pedido nos seguintes fatos: falta de segurança oferecida pelo Estado, em especial em face das diversas rebeliões ocorridas; falta de separação das pessoas privadas de liberdade por categorias (mistura de pessoas processadas com condenadas, jovens com adultos, pessoas com deficiência física e idosos); deficientes condições sanitárias, físicas e médicas (reclusos dormindo no chão, sentados ou em pé); superpopulação; inadequação de alimentação (a comida era lançada de fora por cima dos muros da Penitenciária, duas vezes ao dia) e tratamento de saúde (mais de uma centena de pessoas com enfermidades como HIV/AIDS, tuberculose e pneumonia, sem qualquer assistência ou medicamento). A Corte IDH acatou o pedido, em 28 de julho de 2006, e requereu ao Estado brasileiro que: (i) adotasse, de forma imediata, as medidas necessárias para proteger a vida e integridade de todas as pessoas privadas de liberdade na Penitenciária, bem como daquelas viessem a ali ingressar, devendo, no cumprimento da providência, impedir atos de força indevidos por parte de seus agentes, para que estes recuperassem o controle e reestabelecessem a ordem na Penitenciária; (ii) ao recuperar o controle da unidade prisional, permitisse o acesso ao corpo médico, para que assistisse e reacomodasse, quando preciso, as pessoas com doenças infectocontagiosas, além de fornecer aos internos em quantidade e qualidade suficientes, alimentos, vestimentas e produtos de higiene; (iii) reduzisse, substancialmente, a superpopulação na Penitenciária de Araraquara, separasse as pessoas privadas de liberdade por categorias, conforme os padrões internacionais sobre a matéria, e possibilitasse a visita dos familiares das pessoas privadas de liberdade; (iv) investigasse os fatos que motivam a adoção destas medidas urgentes e, se fosse o caso, identificasse os responsáveis, impondo-lhes as sanções correspondentes, incluindo as administrativas e disciplinares.

Após monitorar o cumprimento das medidas provisórias pelo Estado brasileiro, em decisão de 25 de novembro de 2008, a Corte IDH interrompeu ("levantou") os efeitos da decisão de 2006 e arquivou o caso, consignando que as providências adotadas — entre elas, transferência de reclusos para outras unidades, reforma da Penitenciária e sua operação dentro da capacidade declarada, assim como a adoção de plano de construção de novas penitenciárias — infirmavam a permanência das circunstâncias motivadoras das medidas provisórias.

Comentário

Decisão adotada, na essência, a partir dos mesmos padrões jurídicos utilizados para a apreciação dos casos Penitenciária de Urso Branco e Complexo do Tatuapé. Circunstância distintiva desta demanda foi a apresentação imediata pela CIDH de pedido de medidas provisórias à Corte IDH, sem que tenha havido precedente edição de medidas cautelares pela própria Comissão.

A respeito disso, a Corte IDH pontou que, *in casu*, concorreram excepcionais características, que contribuíram para explicar seu imediato envio ao tribunal, em especial o fato de os agentes estatais retiraram-se do interior da Penitenciária e soldarem suas portas, deixando as pessoas privadas de liberdade sem segurança alguma que pudesse impedir a eclosão de um episódio de violência, com risco real de perda de vidas e de generalizados ataques à integridade pessoal, consubstanciando quadro de urgência extrema, a justificar a provocação imediata de medidas provisórias.

Simone Diniz – Comissão Interamericana de Direitos Humanos (direito à igualdade e não discriminação)

Ano da decisão: 2006
Órgão prolator: Comissão Interamericana de Direitos Humanos
Síntese do Caso

Em 1997, Aparecida Gisele Mota da Silva fez publicar no jornal "A Folha de São Paulo", na parte de Classificados, anúncio de oferta de contratação de empregada doméstica, registrando, literalmente, preferência por pessoa de cor branca. Tomando conhecimento do anúncio, Simone André Diniz ligou para o número indicado, apresentando-se como candidata ao emprego. Em contato com Maria Tereza – pessoa encarregada por Aparecida para atender os telefonemas das candidatas —, Simone foi indagada sobre sua cor de pele, tendo de pronto afirmado ser negra, sendo informada, então, que não preenchia os requisitos para o emprego.

Os fatos foram comunicados à Delegacia de Crimes Raciais, que instaurou inquérito policial para apurar a eventual violação do art. 20 da Lei n.º 7.716/89. Encerrada a instrução após a oitiva de Aparecida, de seu marido, de Maria Tereza e de Simone, os autos do inquérito policial foram encaminhados ao Juiz de Direito, com parecer do Ministério Público pelo arquivamento do caso, ante a inexistência de "base para o oferecimento de denúncia", opinião acatada pelo Magistrado responsável, em abril de 1997.

No mesmo ano, o Centro pela Justiça e o Direito Internacional (CEJIL), a Subcomissão do Negro da Comissão de Direitos Humanos da Ordem dos Advogados do Brasil (OAB/SP) e o Instituto do Negro Padre Batista, apresentaram à CIDH petição, alegando que o Estado não garantiu o pleno exercício do direito à justiça e ao devido processo legal, falhando na condução dos recursos internos para apurar a discriminação racial sofrida por Simone.

A CIDH declarou que o Estado brasileiro é responsável pela violação do direito à igualdade perante a lei, à proteção judicial e às garantias judiciais, consagrados, respectivamente, nos arts. 24, 25 e 8.º da Convenção Americana, em prejuízo de Simone. Asseverou, ainda, que o Estado violou o dever de adotar disposições de direito interno, nos termos do art. 2.º da Convenção Americana sobre Direitos Humanos, violando, também, a obrigação que lhe impõe o art. 1.1, de respeitar e garantir os direitos consagrados na Convenção. Ao final, recomendou ao Estado brasileiro que: (i) reparasse plenamente a vítima, nas dimensões moral e material; (ii) reconhecesse, publicamente, a responsabilidade internacional por violação dos direitos humanos de Simone; (iii) concedesse apoio financeiro à vítima para que esta possa iniciar e concluir curso superior; (iv) realizasse as modificações legislativas e administrativas necessárias para que a legislação antirracismo seja efetiva; (v) realizasse uma investigação completa, imparcial e efetiva dos fatos; (vi) adotasse e instrumentalizasse medidas de educação dos funcionários de justiça e da polícia, a fim de evitar ações que impliquem discriminação nas investigações, no processo ou na condenação civil ou penal das denúncias de discriminação racial e racismo; (vii) promovesse um encontro com organismos representantes da imprensa brasileira, com a participação dos peticionários, com o fim de elaborar um compromisso para evitar a publicidade de denúncias de cunho racista; (viii) organizasse seminários estaduais com representantes do Poder Judiciário, Ministério Público e Secretarias de Segurança Pública locais, com o objetivo de fortalecer a proteção contra a discriminação racial e o racismo; (ix) solicitasse aos governos estaduais a criação de delegacias especializadas na investigação de crimes de racismo e discriminação racial; (x) solicitasse aos Ministérios Públicos Estaduais a criação de Promotorias Públicas Estaduais Especializadas no combate ao racismo e a discriminação racial; (xi) promovesse campanhas publicitárias contra a discriminação racial e o racismo. Tendo permanecido o Brasil inerte frente às recomendações da CIDH, o relatório do caso foi enviado à AGE da OEA, considerando que os fatos ocorreram antes do reconhecimento da jurisdição da Corte IDH pelo Estado brasileiro.

Comentário

O Relatório da CIDH, em seu corpo, analisa a situação racial no Brasil, usando dados estatísticos para demonstrar que a discriminação por motivo de raça é um fato que permeia sociedade brasileira. Examina, ainda, a evolução do ordenamento jurídico brasileiro antirracismo, notando problemas em sua aplicação, como a exigência de prova do ódio racial ou a da intenção de discriminar, a existência de racismo institucional (Polícia, MP, Tribunais etc.) e a tendência de beneficiamento do criminoso pela desclassificação do crime de racismo para injúria genérica ou racista. Em suma, a posição da CIDH evidencia a necessidade de aperfeiçoamento da lei e das instâncias responsáveis pela sua aplicação, em matéria de discriminação racial no Brasil.

Ximenes Lopes – Corte Interamericana de Direitos Humanos (direito à vida e à integridade física e moral e direito à saúde)

Ano da decisão: 2006

Órgão prolator: Corte Interamericana de Direitos Humanos

Síntese do Caso

Demanda apresentada pela CIDH a Corte IDH, relatando que Damião Ximenes Lopes, pessoa com deficiência mental, foi internado, em 1.º de outubro de 1999, para receber tratamento psiquiátrico, na "Casa de Repouso Guararapes", centro de atendimento psiquiátrico privado, que operava no âmbito do Sistema Único de Saúde (SUS), no Município de Sobral/CE, vindo a falecer em 4 de outubro de 1999, após três dias de internação.

A Comissão acusou o Brasil pelas condições desumanas e degradantes da hospitalização da vítima; pelos alegados golpes e ataques contra a sua integridade pessoal, perpetrados pelos funcionários da Casa de Repouso e pela morte havida durante o tratamento psiquiátrico, bem como pela falta de investigação e garantias judiciais, denotando impunidade.

A Corte IDH declarou a responsabilidade internacional do Estado brasileiro pela violação dos direitos à vida e à integridade pessoal consagrados nos arts. 4.1, 5.1 e 5.2, da Convenção Americanada sobre Direitos Humanos, determinando-lhe que: (i) garantisse, em um prazo razoável, que o processo interno destinado a investigar e sancionar os responsáveis pelos fatos desse caso surta seus devidos efeitos; (ii) publicasse, no Diário Oficial e em outro jornal de ampla circulação nacional, uma só vez, os trechos da sentença relativos aos fatos provados e ao nela disposto: (iii) continuasse a desenvolver um programa de formação e capacitação para o pessoal técnico (médicos, psicólogos, enfermeiros e auxiliares de enfermagem) e para todas as pessoas vinculadas ao atendimento de saúde mental, em especial no que tange aos princípios que devem reger o trato das pessoas com deficiência mental, conforme os padrões internacionais sobre a matéria e aqueles dispostos na sentença; (iv) pagasse, em dinheiro, para familiares do falecido, a título de indenização por dano material, quantias individualmente fixadas na sentença; e (v) pagasse, em dinheiro, aos familiares do falecido, a título de custas e gastos gerados no âmbito interno e no processo internacional perante o sistema interamericano de proteção dos direitos humanos, quantia fixada na sentença.

Resolução em procedimento de supervisão de cumprimento de sentença, emitida pela Corte IDH, em 17 de maio de 2010, declarou ainda não totalmente cumpridas pelo Brasil as obrigações de garantir que, em prazo razoável, surta efeitos as providências de investigar e punir os responsáveis pelo fato, bem como de continuar a desenvolver um programa de capacitação para o atendimento em saúde mental, destinado aos profissionais da área médica.

Comentário

Fixou-se a necessidade de zelar o País pela investigação criminal eficaz e isenta, além de incumbir-se o Estado brasileiro da capacitação dos profissionais que atendem a pessoas com deficiência mental.

Cuida-se de exemplo evidente do perfil decisório da Corte IDH, voltado à análise das demandas estratégicas não apenas com enfoque na lesão experimentada pelas vítimas das violações de direitos humanos, mas, igualmente, com preocupação em examinar, de forma aprofundada, o contexto dentro do qual a violação se perpetrou, estabelecendo formas de reparação para além do ressarcimento dos lesados, muitas vezes direcionadas à alteração da conduta estatal frente ao quadro fático favorecedor da repetição da afronta à Dignidade da Pessoa Humana, com vistas à mudança. Assim se passa no Caso Ximenes Lopes, em cuja sentença a Corte IDH determina providências de aperfeiçoamento da capacitação dos profissionais envolvidos no atendimento público aos casos de saúde mental.

Nogueira de Carvalho e Outro – Corte Interamericana de Direitos Humanos (direito à vida e à integridade física e moral)

Ano da decisão: 2006

Órgão prolator: Corte Interamericana de Direitos Humanos

Síntese do Caso

Demanda apresentada pela CIDH, acusando o Brasil de presumida falta de devida diligência no processo de investigação dos fatos e punição dos responsáveis pela morte de Francisco Gilson Nogueira de Carvalho, com violação de direitos dos pais do falecido. A vítima era advogado e defensor de direitos humanos, tendo dedicado parte de seu trabalho profissional a denunciar crimes cometidos pelos "meninos de ouro" – um grupo de extermínio de que fariam parte policiais civis e outros agentes estatais –, além de patrocinar as causas penais iniciadas em decorrência desses crimes. O assassinato deu-se em 20 de outubro de 1996, na cidade de Macaíba/RN.

A Corte IDH, ao analisar todos os procedimentos investigativos e judiciais atinentes ao caso, realizados no âmbito interno, julgou não provado que o Estado brasileiro tivesse agido com omissão, desídia ou ânimo de impunidade para com o dever de apurar o assassinato em questão. O caso foi, então, arquivado.

Comentário:

A Corte reafirmou o caráter subsidiário da sua atuação, em especial ao registrar que "compete aos tribunais do Estado o exame dos fatos e das provas apresentadas nas causas particulares. Não compete a este Tribunal substituir a jurisdição interna, estabelecendo as modalidades específicas de investigação e julgamento num caso concreto para obter um resultado melhor ou mais eficaz, mas constatar se nos passos efetivamente dados no âmbito interno foram ou não violadas obrigações internacionais do Estado decorrentes dos artigos 8 e 25 da Convenção Americana".

Escher e Outros – Corte Interamericana de Direitos Humanos (direito à intimidade e à vida privada e direito à livre associação)

Ano da decisão: 2009

Órgão prolator: Corte Interamericana de Direitos Humanos

Síntese do Caso

Demanda apresentada pela CIDH, acusando o Brasil de interceptação e monitoramento ilegal de linhas telefônicas, realizados, entre abril e junho de 1999, pela Polícia Militar do Estado do Paraná, bem como de divulgação dessas conversas, com posterior denegação da Justiça e da reparação cabíveis em razão desta conduta. Foram arrolados como vítimas Arlei José Escher, Dalton Luciano de Vargas, Delfino José Becker, Pedro Alves Cabral, Celso Aghinoni e Eduardo Aghinoni, membros das organizações ADECON e COANA, envolvidos com o movimento pela reforma agrária no Brasil (Movimento Sem Terra - MST). As escutas contaram com prévia autorização judicial sem fundamentação específica e, após interrompidas, alguns dos trechos gravados foram exibidos no Jornal Nacional, em edição do ano de 1999.

Após tomar conhecimento das gravações, o Ministério Público deu parecer salientando que: (a) um policial militar, sem vínculos com a Comarca dos fatos e que não presidia a nenhuma investigação criminal nessa área, não tinha legitimidade para solicitar a interceptação telefônica; (b) o pedido foi elaborado de modo isolado, sem fundamento em uma ação penal, investigação policial ou ação civil; (c) a interceptação da linha telefônica da ADECON foi requerida por determinado sargento, sem nenhuma explicação; (d) o pedido não foi anexado a um processo penal ou uma investigação policial; (e) as decisões que autorizaram os pedidos não foram fundamentadas; e (f) o Ministério Público não foi notificado acerca do procedimento. Ademais, a Promotoria manifestou que tais "fatos evidenciam que a diligência não possuía o objetivo de investigar e elucidar a prática de crimes, mas sim monitorar os atos do MST, ou seja, possuía cunho estritamente político, em total desrespeito ao direito constitucional a intimidade, a vida privada e a livre associação". Consequentemente, o Ministério Público requereu fosse declarada a nulidade das interceptações realizadas e a inutilização das fitas gravadas.

O mesmo Juízo que autorizou as escutas rechaçou o parecer do Ministério Público, mandando incinerar as fitas com as gravações das conversas, o que ocorreu em 2002. Ações penais e civis ajuizadas perante o Poder Judiciário, visando a punição dos agentes e a reparação das vítimas, não tiveram desfecho repressivo satisfatório.

A Corte IDH declarou a responsabilidade internacional do Brasil pela violação violou o direito à vida privada e o direito à honra e à reputação (art. 11) e os direitos às garantias judiciais e à proteção judicial (arts. 8.1 e 25), todos da Convenção Americana sobre Direitos Humanos, e determinou ao Estado que: (i) pagasse às vítimas montante pecuniário a título de dano imaterial; (ii) publicasse, no Diário Oficial, em outro jornal de ampla circulação nacional, e em um jornal de ampla circulação no Estado do Paraná, uma única vez, bem como em website da União Federal e do Estado do Paraná, determinados trechos da sentença; (iii) investigasse os fatos que geraram as violações do presente caso; e (iv) pagasse o montante fixado pela sentença para restituição de custas e gastos.

Resolução em procedimento de supervisão de cumprimento de sentença, emitida pela Corte IDH, em 19 de junho de 2012, declarou cumpridas pelo Brasil as determinações da sentença.

Comentário

O caso é exemplo da aplicação da "cláusula federal" (art. 28 da Convenção Americana), que impossibilita o Estado de se eximir da responsabilidade internacional por ato de unidade da federação (no caso, o Estado do Paraná) ou de um de seus Poderes (no caso, o Poder Judiciário).

Garibaldi – Corte Interamericana de Direitos Humanos (direito à igualdade e não discriminação)

Ano da decisão: 2009

Órgão prolator: Corte Interamericana de Direitos Humanos

Síntese do Caso

Demanda apresentada pela CIDH, pleiteando a responsabilidade do Estado brasileiro, decorrente do descumprimento da obrigação de investigar e punir o homicídio de Sétimo Garibaldi, ocorrido em 27 de novembro de 1998, durante uma operação extrajudicial de despejo das famílias de trabalhadores sem-terra que ocupavam a "Fazenda São Francisco", no Município de Querência do Norte/PR. Na época dos fatos, a fazenda estava ocupada por cerca de 50 (cinquenta) famílias vinculadas ao MST.

Naquele dia, aproximadamente às 5 (cinco) horas da manhã, um grupo com cerca de vinte homens encapuzados e armados chegou à fazenda e, efetuando disparos para o ar, ordenou aos trabalhadores que deixassem suas barracas, dirigindo-se ao centro do acampamento e permanecendo deitados no chão. Quando Garibaldi saiu de sua barraca, foi ferido na coxa esquerda por um projétil de arma de fogo calibre 12, disparado por um indivíduo encapuzado. O trabalhador não resistiu à ferida e faleceu em decorrência de hemorragia. O grupo armado se retirou sem consumar a desocupação.

A CIDH apontou diversas fragilidades e inconsistências no inquérito policial que investigou os fatos e no parecer originário do Ministério Público que, acatado pelo Juízo, tinha levado o caso ao arquivamento, em 2004. Sustentou-se, assim, a denegação da Justiça e da reparação aos familiares do falecido.

A Corte IDH, após admitir sua competência apenas para os fatos posteriores ao reconhecimento da sua jurisdição pelo Brasil, havida em 1998, igualmente apontando diversas inconsistências da investigação penal, declarou a responsabilidade internacional estatal pela violação de direitos às garantias judiciais e à proteção judicial (arts. 8.1 e 25.1 da Convenção Americana sobre Direitos Humanos) e determinou ao Estado que: (i) publicasse, no Diário Oficial, em outro jornal de ampla circulação nacional, e em um jornal de ampla circulação no Estado do Paraná, uma única vez, bem como em website da União Federal e do Estado do Paraná, determinados trechos da sentença; (ii) conduzisse, eficazmente e dentro de um prazo razoável, o inquérito e qualquer processo que chegasse a abrir, como consequência deste, para identificar, julgar e, eventualmente, sancionar os autores da morte de Garibaldi; (iii) investigasse e, se for o caso, sancionasse as eventuais faltas funcionais nas quais poderiam ter incorrido os funcionários públicos a cargo do Inquérito; (iv) pagasse aos familiares do falecido, nomeados na decisão, valor pecuniário a título de dano material e imaterial; e (v) pagasse à viúva da vítima montante para a restituição de custas e gastos.

Resolução em procedimento de supervisão de cumprimento de sentença, emitida pela Corte IDH, em 20 de fevereiro de 2012, declarou cumpridas pelo Brasil as determinações da sentença relacionadas ao pagamento de indenizações por dano material e moral, determinadas na condenação, remanescendo, contudo, a comprovação da condução eficaz do dever de investigar, processar e punir os autores do assassinato de Garibaldi.

Comentário

Além de uma vez mais reafirmar a "cláusula federal" da Convenção Americana, a Corte IDH ratificou pronunciamentos anteriores, no sentido de elencar os princípios norteadores de uma investigação idônea, quando se está diante de uma morte violenta.

Neste passo, as autoridades estatais que conduzem uma investigação desse tipo devem tentar, no mínimo: (a) identificar a vítima; (b) recuperar e preservar o material probatório relacionado com a morte, com o fim de ajudar em qualquer potencial investigação penal dos responsáveis; (c) identificar possíveis testemunhas e obter suas declarações com relação à morte que se investiga; (d) determinar a causa, forma, lugar e momento da morte, assim como qualquer padrão ou prática que possa ter causado a morte; e (e) distinguir entre morte natural, morte acidental, suicídio e homicídio.

Ademais, é necessário investigar exaustivamente a cena do crime e realizar autópsias e análises dos restos humanos de forma rigorosa, por profissionais competentes e empregando os procedimentos mais apropriados.

Gomes Lund e Outros – Corte Interamericana de Direitos Humanos (direito à vida e à integridade física e moral, direito à liberdade pessoal e direito de acesso à informação)

Ano da decisão: 2010

Órgão prolator: Corte Interamericana de Direitos Humanos

Síntese do Caso

Demanda apresentada pela CIDH, pleiteando a responsabilidade do Estado brasileiro: (a) pela detenção arbitrária, tortura e desaparecimento forçado de 70 (setenta) pessoas, entre membros do Partido Comunista do Brasil e camponeses da região, resultado de operações do Exército brasileiro empreendidas, entre 1972 e 1975, com o objetivo de erradicar a Guerrilha do Araguaia, no contexto da ditadura militar do Brasil (1964–1985); (b) porque, em virtude da Lei n.º 6.683/79 (Lei da Anistia), o Estado não realizou uma investigação penal com a finalidade de julgar e punir as pessoas responsáveis pelo desaparecimento forçado daquelas vítimas e pela execução extrajudicial de Maria Lúcia Petit da Silva; (c) porque os recursos judiciais de natureza civil, com vistas a obter informações sobre os fatos, não foram efetivos para assegurar aos familiares dos desaparecidos e da pessoa executada o acesso à informação sobre a Guerrilha do Araguaia; (d) porque as medidas legislativas e administrativas adotadas pelo Estado restringiram, indevidamente, o direito de acesso à informação pelos familiares; e (e) porque o desaparecimento das vítimas, a execução de Maria Lúcia Petit da Silva, a impunidade dos responsáveis e a falta de acesso à justiça, à verdade e à informação afetaram, negativamente, a integridade pessoal dos familiares dos desaparecidos e da pessoa executada.

A Corte IDH, após admitir que o desaparecimento forçado é violação de caráter continuado, havendo portanto competência para julgamento a esse respeito, em que pese o reconhecimento da jurisdição do tribunal pelo Brasil ter-se dado em 1998, declarou a responsabilidade internacional estatal pela violação da Convenção Americana sobre Direitos Humanos, no que se refere a direitos ao reconhecimento da personalidade jurídica, à vida, à integridade pessoal e à liberdade pessoal (arts. 3, 4, 5 e 7), à obrigação de adequar seu direito interno à Convenção Americana sobre Direitos Humanos quanto ao direito às garantias judiciais (art. 2.º c/c arts. 8.1, 25 e 1.1), ao direito à liberdade de pensamento e de expressão (art. 13) e ao direito à integridade pessoal (art. 5.1).

Consequentemente, determinou ao Estado que: (i) conduzisse, eficazmente, perante a jurisdição ordinária, a investigação penal dos fatos, esclarecendo-os e determinando as correspondentes responsabilidades penais, e então aplicando efetivamente as sanções e consequências que a lei preveja; (ii) realizasse todos os esforços para determinar o paradeiro das vítimas desaparecidas e, se fosse o caso, identificar e entregar os restos mortais a seus familiares; (iii) oferecesse ou custeasse tratamento médico e psicológico ou psiquiátrico que as vítimas requeressem; (iv) realizasse as publicações de trechos da sentenças em distintos meios de comunicação, especificados pela decisão; (v) realizasse um ato público de reconhecimento de responsabilidade internacional a respeito dos fatos do presente caso; (vi) continuasse com as ações desenvolvidas em matéria de capacitação e implementasse, em um prazo razoável, um programa ou curso permanente e obrigatório sobre direitos humanos, dirigido a todos os níveis hierárquicos das Forças Armadas; (vii) adotasse, em um prazo razoável, as medidas necessárias para tipificar o delito de desaparecimento forçado de pessoas, em conformidade com os parâmetros interamericanos, sem prejuízo da adoção, até que cumprida essa medida, de todas as ações que garantam o efetivo julgamento, e se for o caso, a punição em relação aos fatos constitutivos de desaparecimento forçado, com base nos mecanismos já existentes no direito interno; (viii) continuasse desenvolvendo as iniciativas de busca, sistematização e publicação de toda a informação sobre a Guerrilha do Araguaia, assim como da informação relativa a violações de direitos humanos, ocorridas durante o regime militar, garantindo-lhe o acesso público; (ix) pagasse quantias fixadas na sentença, a título de indenização por dano material, por dano imaterial e por restituição de custas e gastos aos familiares dos mortos e desaparecidos, bem como às entidades que os representaram no caso; (x) realizasse uma convocatória, em, ao menos, um jornal de circulação nacional e um da região onde ocorreram os fatos do presente caso, ou mediante outra modalidade adequada, para que, por um período de 24 (vinte e quatro) meses, os familiares dos desaparecidos indicados na sentença aportassem prova suficiente que permitisse ao Estado identificá-los e, conforme o caso, considerá-los vítimas, nos termos da Lei n.º 9.140/95 (que trata do reconhecimento dos desaparecidos, a formalização do seu óbito e demais requerimentos dos familiares).

Na decisão mais recente, de 17 de outubro de 2014, em procedimento de supervisão do cumprimento da sentença prolatada, a Corte IDH considerou, baseada nos informes apresentados pelo Brasil e demais informações colhidas, parcialmente cumprida a decisão, enfatizando que a vigência da Lei de Anistia brasileira ainda dificulta a tomada de providências mais eficazes de investigação, processamento e punição dos delitos ocorridos.

Comentário

Corroborando julgamentos anteriores, a Corte IDH confirmou que a lei interna não isenta o Estado da responsabilidade internacional por violação da Convenção Americana sobre Direitos Humanos.

Em especial, diz a sentença que "as disposições da Lei de Anistia brasileira que impedem a investigação e sanção de graves violações de direitos humanos são incompatíveis com a Convenção Americana, carecem de efeitos jurídicos e não podem seguir representando um obstáculo para a investigação dos fatos do presente caso, nem para a identificação e punição dos responsáveis, e tampouco podem ter igual ou semelhante impacto a respeito de outros casos de graves violações de direitos humanos consagrados na Convenção Americana ocorridos no Brasil".

Esta sentença, portanto, repudiou os efeitos da Lei de Anistia, naquilo em que impede a investigação, processamento e punição dos agentes do regime militar que cometeram graves violações a direitos humanos.

Tal posicionamento conflita com o acórdão do STF, exarado na ADPF n.º 153/ DF, meses antes da sentença da Corte IDH, o qual manteve intacta a interpretação segundo a qual a Lei de Anistia brasileira contempla adversários e agentes do regime militar, denotando claro e indesejável descompasso entre as instâncias internacional e interna.

A despeito da decisão do STF, o Estado brasileiro vem adotando algumas medidas voltadas ao atendimento das determinações da sentença da Corte Interamericana, do que são exemplos a instituição de diversas "Comissões da Verdade" (no plano federal, vide Lei n.º 12.528/11), com certo poder de investigação, e a divulgação de documentos oficiais da época da ditadura militar até então sigilosos.

Em 15 de maio de 2014, o Partido Socialismo e Liberdade - PSOL ingressou junto ao STF com a ADPF n.º 320/DF, com vistas a obrigar a revisão da questão pelo Excelso Pretório, desta feita, contudo, pleiteando o cumprimento da sentença da Corte IDH, proferida no caso Gomes Lund e Outros, por todos os órgãos do Estado brasileiro.

Alyne Pimentel - Comitê sobre Eliminação de Todas as Formas de Discriminação contra a Mulher da ONU (direito à vida e à integridade física e moral, direito à saúde, direitos reprodutivos e direito à igualdade e não discriminação)

Ano da decisão: 2011

Órgão prolator: Comitê sobre Eliminação de Todas as Formas de Discriminação contra a Mulher

Síntese do Caso

Em 11 de novembro de 2002, Alyne da Silva Pimentel Teixeira, uma mulher brasileira, de 28 (vinte e oito) anos, negra, pobre e grávida, não se sentindo bem, dirigiu-se a uma clínica de saúde privada da cidade Belford Roxo, no estado do Rio de Janeiro. Apesar de apresentar traços de gravidez de alto risco, Alyne foi atendida e, prontamente, liberada. Passados alguns dias, seus sintomas se agravaram, tendo, por isso, retornado à clínica, quando, então, não mais foram detectados os batimentos cardíacos do feto, levando a um parto induzido de feto natimorto, horas depois. Todavia, o procedimento de extração da placenta não foi realizado quando do parto, tendo sido objeto de nova cirurgia, 14 (catorze) horas mais tarde. Devido a complicações decorrentes dessa conduta, associadas à falta de estrutura da clínica e a mais de 21 (vinte e uma) horas aguardando transferência e assistência especializada, Alyne faleceu, deixando uma filha de cinco anos de idade.

Em 2007, após 4 (quatro) anos aguardando uma decisão do Poder Judiciário brasileiro, o Centro por Direitos Reprodutivos (*Center for Reproductive Rights*) e a Advocacia Cidadã pelos Direitos Humanos apresentaram petição individual junto ao Comitê sobre Eliminação de Todas as Formas de Discriminação contra a Mulher, em nome da mãe de Alyne, acusando o Estado brasileiro de violação da Convenção para a Eliminação de Todas as Formas de Discriminação Contra a Mulher, mais precisamente de suas disposições que contemplam o direito ao acesso à justiça (art. 2.º), o direito à saúde sem discriminação (art. 12) e o direito à vida (art. 1.º).

O Comitê proferiu decisão em 2011, declarando Brasil internacionalmente responsável pelas violações do direito de acesso à justiça (arts. 2.º, "c"), da obrigação do Estado de regulamentar atividades de provedores de saúde particulares (art. 2.º, "e"), em associação com o direito à não discriminação contra a mulher (art. 1.º).

Em decorrência, foram estabelecidas as seguintes formas de reparação: (i) em relação à mãe e à família da vítima, proporcionar a reparação financeira adequada; como medidas gerais, para além da reparação das vítimas, (ii) garantir a todas as mulheres o direito à maternidade segura e ao acesso a cuidados obstétricos; (iii) fornecer treinamento profissional adequado para profissionais de saúde, especialmente sobre os direitos à saúde reprodutiva das mulheres, incluindo tratamento médico de qualidade durante a gravidez e o parto, bem como cuidados obstétricos de emergência oportunos; (iv) garantir o acesso a soluções eficazes, nos casos em que os direitos de saúde reprodutiva das mulheres tenham sido violados e proporcionar formação ao Poder Judiciário e ao pessoal encarregado da aplicação da lei sobre o tema; (v) assegurar que os estabelecimentos privados de assistência à saúde cumpram os padrões nacionais e internacionais pertinentes à assistência à saúde reprodutiva; (vi) garantir que sanções adequadas sejam impostas aos profissionais de saúde que violem os direitos de saúde reprodutiva das mulheres; (vii) reduzir as mortes maternas evitáveis por meio da implementação do Pacto Nacional pela Redução da Mortalidade Materna, nos níveis estadual e municipal, inclusive estabelecendo comitês de mortalidade materna onde ainda não existem.

Comentário

Cuida-se do o primeiro caso sobre mortalidade materna decidido por um órgão internacional de direitos humanos. A decisão do Comitê é paradigmática na afirmação de direitos reprodutivos da mulher, em especial na dimensão do acesso a um tratamento de saúde adequado, sem qualquer tipo de discriminação, cuja ausência significa descumprimento por parte do Estado dos compromissos assumidos com a ratificação do PIDCP.

Unidade de Internação Socioeducativa – Corte Interamericana de Direitos Humanos (direito à vida e à integridade física e moral)

Ano da decisão: 2011 (Medidas Provisórias)

Órgão prolator: Corte Interamericana de Direitos Humanos

Síntese do Caso

Medidas provisórias solicitadas pela CIDH, em 30 de dezembro de 2010, com vistas a proteger a vida e a integridade pessoal das crianças e dos adolescentes privados de liberdade e de outras pessoas que se encontrem na Unidade de Internação Socioeducativa, localizada no município de Cariacica/ES. Antes, em 15 de julho de 2009, fora intentado pedido de medidas cautelares junto a CIDH, apresentado pelas ONGs Centro de Defesa dos Direitos Humanos da Serra do Estado do Espírito Santo e Justiça Global. Em 25 de novembro de 2009, a Comissão adotou determinadas medidas cautelares, as quais não produziram os efeitos pretendidos, ensejando o pedido à Corte IDH.

O pleito da CIDH foi pautado em diversos eventos ocorridos durante os anos de 2010 e 2011, relacionados às precárias condições de detenção, motins e ameaças de rebeliões; adolescentes mantidos no pátio da Unidade algemados e vigiados; ausência de separação entre os internos por razão de idade, compleição física e gravidade da infração; denúncias de agressões e tortura a adolescentes por parte de funcionários da Unidade e por outros adolescentes do centro; disparos com balas de borracha e atos de agressão verbal e física aos adolescentes durante as revistas, assim como relatos sobre unidades do Grupo de Escolta Tática Prisional, que ingressou na Unidade de madrugada, utilizando spray de pimenta, deixando os adolescentes nus, jogando-lhes água fria e golpeando-lhes.

Sustentou-se, deste modo, que o Estado brasileiro não promovia o devido controle da situação e, por meio de seus agentes, ainda violava direitos humanos dos internos. A Corte IDH acolheu os argumentos e editou, em 25 de fevereiro de 2011, medidas provisórias, requerendo ao Estado brasileiro que: (i) adotasse, de forma imediata, as medidas necessárias para proteger, eficazmente, a vida e a integridade pessoal de todas as crianças e adolescentes privados de liberdade na Unidade de Internação Socioeducativa, bem como de qualquer pessoa que se encontrasse em dito estabelecimento; e (ii) realizasse as gestões pertinentes para que as medidas de proteção à vida e à integridade pessoal sejam planificadas e implementadas com a participação dos representantes dos beneficiários e que, em geral, os mantivessem informados sobre o avanço de sua execução.

Acompanhamento anual das providências de cumprimento das medidas provisórias vem sendo empreendido pela Corte IDH. Em 13 de fevereiro de 2017, a mesma Corte editou resolução única acerca da violência e superpopulação carcerárias, no Brasil, a partir da consideração conjunta do apurado nas demandas envolvendo a Unidade de Internação Socioeducativa, o Complexo Penitenciário de Curado, o Complexo Penitenciário de Pedrinhas e o Instituto Penal Plácido de Sá Carvalho (os três últimos abaixo sumariados).

Nesta resolução, pontuou o tribunal interamericano que "a distância geográfica entre os estabelecimentos penitenciários cujas condições são objeto de medidas provisórias e seu pertencimento a diferentes regiões do país, indicaria que se trata de um fenômeno de maior extensão do que os quatro casos trazidos a esta Corte, o que poderia ser um indício de eventual generalização de um problema estrutural de âmbito nacional do sistema penitenciário".

No mesmo ato, em busca de compreender, sob uma perspectiva mais ampla, o contexto geral do sistema carcerário nacional, a Corte IDH encaminhou ou Estado brasileiro 52 (cinquenta e duas) questões sobre estatísticas pertinentes a população carcerária, encarceramento de mulheres, mortes, mandados de prisão cumpridos e não cumpridos, presos com e sem sentença condenatória transitada em julgado, sindicâncias para apuração de tortura e maus-tratos contra encarcerados, quantitativos de funcionários etc.; e sobre procedimentos acerca de atendimento médico, higiene, revista pessoal, visita íntima, alimentação, uso de arma de fogo por agentes carcerários, consumo de drogas etc. Todas a indagações deveriam ser respondidas considerando a totalidade das unidades prisionais brasileiras e, também, cada uma das citadas quatro unidades demandadas perante a Corte.

Com o escopo de obter, de forma direta, informação pertinente das partes para supervisionar o cumprimento das medidas provisórias, o tribunal, com espeque no art. 27.8 de seu Regulamento, determinou que uma delegação realizasse visita ao Estado brasileiro. Demais disso, a resolução ainda determinou que o Brasil indicasse medidas concretadas adotadas para: "1. Limitar ou reduzir o número de presos em detenção preventiva. 2. Reduzir a superpopulação carcerária. 3. Melhorar o serviço de atenção de saúde. 4. Melhorar a investigação e sanção de faltas ou delitos por parte de pessoal penitenciário. 5. Ampliar o percentual de população penal que trabalha ou estuda. 6. Melhorar as condições de alimentação, higiene e fornecimento de água. 7. Prevenir a introdução de drogas nos estabelecimentos penais. 8. Prevenir a introdução de armas nos estabelecimentos penais. 9. Prevenir ou evitar o enfrentamento de facções criminosas nos institutos penais. 10. Treinar o pessoal no controle não violento de motins e rebeliões nas prisões. 11. Regulamentar racionalmente o uso da violência e o emprego de armas".

Especificamente sobre a unidade em análise, sobreveio uma última decisão, de 15 de novembro de 2017, a qual, apesar de reconhecer os avanços nas medidas adotadas pelo país, concluiu que as providências ainda não foram suficientes para que a decisão primeira deixe de viger, instando, por isso, o Estado brasileiro, a continuar agindo para cumprir o quanto determinado, consignando, inclusive, a possibilidade de uma delegação da Corte novamente diligenciar na Unidade de Internação com o intuito de averiguar o cumprimento das medidas determinadas. Negou, entretanto, a ampliação das Medidas Provisórias que foi requerida pelos representantes dos beneficiários.

Comentário

Decisão adotada, na essência, a partir dos mesmos padrões jurídicos utilizados para a apreciação dos casos Penitenciária de Urso Branco, Complexo do Tatuapé e Penitenciária de Araraquara, evidenciando que a absurda situação carcerária do Brasil é motivo de destaque dentre as condenações por órgãos internacionais de proteção dos Direitos Humanos.

Especialmente neste caso, cumpre enfatizar que a decisão explicitou, entre seus fundamentos, relatórios elaborados por órgãos do próprio Estado brasileiro, especificamente o Conselho Nacional de Justiça, o Ministério Público do estado do Espírito Santo e a própria administração da Unidade Socioeducativa, nos quais se descreveram "a falta de controle da administração em relação ao complexo [como] flagrante [e que] a situação de constante estado de rebelião entre os jovens sugere ineficiência na administração do complexo", além de se referirem às precárias condições de internação das crianças e adolescentes.

Usina Belo Monte – Comissão Interamericana de Direitos Humanos (direito à vida e à integridade física e moral, direitos dos indígenas e direito ao meio ambiente equilibrado)

Ano da decisão: 2011 (Medida Cautelar)

Órgão prolator: Comissão Interamericana de Direitos Humanos

Síntese do Caso

Em 1.º de abril de 2011, a CIDH adotou medidas cautelares em favor dos membros de comunidades indígenas da bacia do Rio Xingu, no Estado do Pará, visando salvaguardar a vida e a integridade pessoal dos índios frente ao impacto da construção da usina hidroelétrica Belo Monte.

A Comissão solicitou ao Governo Brasileiro que suspendesse, imediatamente, o processo de licenciamento do projeto da Usina Belo Monte e impedisse a realização de qualquer obra material de execução até que fossem observadas as seguintes condições mínimas: (i) realização de processos de consulta, em cumprimento das obrigações internacionais do Brasil, cuidando para que a consulta fosse prévia, livre, informativa, de boa-fé, culturalmente adequada, e com o objetivo de chegar a um acordo em relação a cada uma das comunidades indígenas afetadas; (ii) garantia prévia da realização dos citados processos de consulta, para que a consulta fosse informativa, mediante acesso das comunidades indígenas beneficiárias a um Estudo de Impacto Social e Ambiental do projeto, em um formato acessível, incluindo a tradução aos idiomas indígenas respectivos; (iii) adoção de medidas para proteger a vida e a integridade pessoal dos integrantes dos povos indígenas em isolamento voluntário da bacia do Xingú e para prevenir a disseminação de doenças e epidemias entre as comunidades indígenas como consequência da construção da hidroelétrica Belo Monte, tanto no que concerne às doenças derivadas do aumento populacional massivo na zona, como da exacerbação dos vetores de transmissão aquática de doenças como a malária.

Em 29 de julho de 2011, a Comissão, com base na informação enviada pelo Estado e pelos peticionários, modificou o objeto da medida, solicitando, então, ao Estado que: (i) adotasse as medidas para proteger a vida, a saúde e integridade pessoal dos integrantes das comunidades indígenas em situação de isolamento voluntário da bacia do Xingu e a integridade cultural de mencionadas comunidades, incluindo ações efetivas de implementação e execução das medidas jurídico-formais já existentes, assim como o desenho e implementação de medidas especificas de mitigação dos efeitos que terá a construção da represa Belo Monte sobre o território e a vida destas comunidades em isolamento; (ii) adotasse medidas para proteger a saúde dos integrantes das comunidades indígenas da bacia do Xingu afetadas pelo projeto Belo Monte, que incluam a finalização e implementação, de modo célere, do Programa Integrado de Saúde Indígena para a região da Usina de Belo Monte, bem como o desenho e implementação efetivos dos planos e programas especificamente requeridos pela FUNAI em Parecer Técnico, e a garantia da rápida finalização dos processos de regularização das terras ancestrais dos povos indígenas na bacia do Xingu, ainda pendentes, bem como a da adoção de medidas efetivas para a proteção de mencionados territórios ancestrais, ante apropriação ilegítima e ocupação por não-indígenas. Em 27 de outubro de 2011, o Brasil não compareceu à audiência designada pela Comissão para tratar do caso.

Comentário

A Comissão valeu-se da providência de urgência de que dispõe, a Medida Cautelar, para intervir em projeto de construção de grande magnitude, em nome da proteção dos interesses dos indígenas, reafirmando a sua condição de titulares de direitos humanos. Frente à postura refratária do Estado brasileiro quanto à atuação da Comissão, o caso poderá ser levado a Corte Interamericana de Direitos Humanos.

Complexo Penitenciário de Pedrinhas - Corte Interamericana de Direitos Humanos (direito à vida e à integridade física e moral)

Ano da decisão: 2014 (Medidas Provisórias)

Órgão prolator: Corte Interamericana de Direitos Humanos

Síntese do Caso

Em 22 de outubro de 2013, a CIDH recebeu solicitação de medidas cautelares encaminhada pela Sociedade Maranhense de Direitos Humanos e pela Ordem dos Advogados do Brasil, com vistas à determinação de que o Estado brasileiro protegesse a vida e a integridade pessoal das pessoas privadas de liberdade, que se encontravam no "Complexo Penitenciário de Pedrinhas", localizado em São Luís/MA.

Após informações prestadas pelo Brasil, entre outubro e novembro de 2013, os Comissários da CIDH restaram convencidos de que, tão somente no ano de 2013, ocorreram cerca de 40 (quarenta) mortes dentro do aludido Complexo, sendo 17 (dezessete) assassinatos apenas no mês de outubro. A conjugação dos dados apresentados pelos peticionantes e pelo Estado denotaram a superlotação do Complexo, a ausência de condições estruturais mínimas de ocupação pelos custodiados e a completa falta de controle estatal acerca do que ocorre no local, especialmente no que se refere à violência instalada pelo confronto de facções criminosas que dividem o mesmo espaço físico.

A CIDH considerou, então, que a vida e a integridade pessoal dos internos do Complexo Penitenciário de Pedrinhas encontravam-se sob grave risco, tendo sido demonstrados os requisitos da gravidade, da urgência e da irreparabilidade do dano, exigidos para justificar, com base no art. 25.2 do seu Regulamento, o deferimento da pretensão dos peticionários.

Nessa linha, a CIDH aprovou, em 16 de dezembro de 2013, Resolução de Medida Cautelar, cujo cumprimento pelo Estado brasileiro foi reputado insuficiente pela mesma Comissão, motivando-a a requerer, em 23 de setembro de 2013, à Corte IDH a concessão de medidas provisórias de modo a reforçar as recomendações já expedidas pela Comissão.

A Corte IDH, então, acatou o pedido e, em 14 de novembro de 2014, editou decisão em medidas provisórias, determinando que o Brasil adotasse, de forma imediata, "todas as medidas que sejam necessárias para proteger eficazmente a vida e a integridade pessoal de todas as pessoas privadas de liberdade no Complexo Penitenciário de Pedrinhas, assim como de qualquer pessoa que se encontre neste estabelecimento, incluindo os agentes penitenciários, funcionários e visitantes". Deu-se, após, em 13 de fevereiro de 2017, a edição de resolução única acerca da violência e superpopulação carcerárias, no Brasil, a partir da consideração conjunta do apurado na demanda envolvendo a Unidade de Internação Socioeducativa, o Complexo Penitenciário de Curado, o Complexo Penitenciário de Pedrinhas e o Instituto Penal Plácido de Sá Carvalho, já descrita acima, quando sumariado o primeiro caso citado.

Comentário

A CIDH consolidou o entendimento, convergente com a Corte IDH, segundo o qual as medidas cautelares adotadas pela Comissão e as medidas provisórias aprovadas pela Corte têm um duplo caráter: tutelar e cautelar. Tutelam porque "buscam evitar um dano irreparável e preservar o exercício dos direitos humanos"; e são dotadas de cunho cautelar porque "têm o propósito de preservar uma situação jurídica enquanto estiver sendo considerada" pelo órgão ao qual coube decidir cautelar ou provisoriamente.

Complexo Penitenciário de Curado – Corte Interamericana de Direitos Humanos (direito à vida e à integridade física e moral)

Ano da decisão: 2014 (Medidas Provisórias)

Órgão prolator: Corte Interamericana de Direitos Humanos

Síntese do Caso

Pedido de medidas provisórias apresentado pela CIDH, objetivando a proteção da vida e da integridade pessoal das pessoas privadas de liberdade que habitavam o centro penitenciário

"Professor Aníbal Bruno" (integrante do "Complexo Penitenciário do Curado"), localizado em Recife/PE, bem como de qualquer pessoa que ali encontrasse.

Sob alegação da ocorrência, na unidade prisional, de 55 (cinquenta e cinco) mortes violentas, sucessivas rebeliões e inúmeras denúncias de atos de tortura, entre 2008 e 2011, a CIDH adotou medidas cautelares, em 04 de agosto de 2011, todavia sem sucesso.

As medidas provisórias foram solicitadas com base nos seguintes fatos: emprego de práticas disciplinares e atos violentos por parte das autoridades do centro, que configurariam atos de tortura, tratamentos cruéis, desumanos e degradantes; uso indiscriminado da força e armas de fogo por parte dos agentes penitenciários; presença de internos que exercem medidas disciplinares e atos de violência em detrimento de outros privados de liberdade; falta de controle efetivo no interior do centro penitenciário; tráfico de armas entre os internos; falta de atendimento médico em casos urgentes e a transmissão de doenças contagiosas; agravamento da violência decorrente do alto índice de superlotação e da falta de condições mínimas como alimentação e água potável; e falta de resposta judicial efetiva a esses fatos. Em fevereiro de 2014, havia 6.644 (seis mil, seiscentas e quarenta e quatro) pessoas privadas de liberdade no local. O pleito estendeu-se para as demais unidades prisionais componentes do Complexo de Curado.

A Corte IDH acatou, em 22 de maio de 2014, o pedido e requereu ao Estado brasileiro que adotasse, de forma imediata, todas as medidas que sejam necessárias para proteger eficazmente a vida e a integridade pessoal de todas as pessoas privadas de liberdade no Complexo de Curado, assim como de qualquer pessoa que se encontre no estabelecimento, incluindo os agentes penitenciários, funcionários e visitantes.

Decisão de 18 de novembro de 2015 ampliou as medidas adotadas, com a finalidade de proteger a vida e a integridade pessoal de certa representante de vários internos, contra a qual se descobriu um plano de atentado, a ser executado por um dos detentos e que não veio a se concretizar em face da morte desse.

Em 08 de junho de 2016, o Presidente em exercício da Corte, acompanhado de mais um juiz e do secretário do tribunal, realizou diligência *in loco*, a pretexto de acompanhar o cumprimento das medidas provisórias deferidas. Após a inspeção, o tribunal, em decisão de 26 de novembro de 2016, conclui que não teria havido, até então, adimplemento satisfatório das obrigações estabelecidas, inclusive instando o Estado brasileiro a, dentro do prazo improrrogável de 90 (noventa) dias, apresentar um Diagnóstico Técnico para determinar as causas da situação de superlotação e superpopulação verificadas na inspeção realizada.

Na sequência, em 13 de fevereiro de 2017, houve a edição de resolução única acerca da violência e superpopulação carcerárias, no Brasil, a partir da consideração conjunta do apurado nas demandas envolvendo a Unidade de Internação Socioeducativa, o Complexo Penitenciário de Curado, o Complexo Penitenciário de Pedrinhas e o Instituto Penal Plácido de Sá Carvalho, já descrita acima, quando sumariado o primeiro caso citado.

A seguir, mediante resolução de 15 de novembro de 2017, específica para a demanda em tela, a Corte IDH, após analisar manifestações do Estado e dos representantes das vítimas, concluiu que a situação dos beneficiários da medida provisória "continua sendo muito preocupante, e exige mudanças estruturais urgentes no Complexo Penitenciário de Curado", ao mesmo tempo em que "ressalta dois problemas que afetam o sistema carcerário e de Pernambuco. Em primeiro lugar, o crescimento exponencial da população carcerária, o que dificulta as mudanças estruturais. Nesse contexto, o aumento de vagas nos centros penitenciários continuará sendo insuficiente. Em segundo lugar, a persistente falta de controle, por parte das autoridades estatais, da presença de armas de fogo, armas brancas, munições e drogas ilícitas. Isso é especialmente grave numa situação de superlotação e superpopulação, como a que já existe no Complexo de Curado".

Por conseguinte, o tribunal interamericano, nesta resolução, renovou a determinação no sentido de que todas as medidas que sejam necessárias para proteger eficazmente a vida, a saúde e a integridade pessoal de todas as pessoas privadas de liberdade no Complexo de Curado (bem como de qualquer pessoa que se encontre nesse estabelecimento, inclusive os agentes penitenciários, os funcionários e os visitantes) fossem adotadas e solicitou, entre outras ações, que o Estado: (i) pusesse em execução imediatamente o Plano de Contingência elaborado em conjunto por instituições do Governo Federal e do Estado de Pernambuco e apresentado em 07 de março de 2017; (ii) apresentasse uma análise da aplicação do sistema de cotas estabelecido na resolução N° 05/2016, do Conselho Nacional de Política Criminal e Penitenciária, e de sua implementação no Complexo de Curado; e (iii) mantivesse os representantes dos beneficiários informados sobre as medidas adotadas para cumprir as medidas provisórias ordenadas e que lhes garantisse o acesso amplo e irrestrito ao Complexo de Curado, com o exclusivo propósito de acompanhar e documentar, de maneira fidedigna, a implementação dessas medidas.

Comentário

Trata-se de mais uma demanda que expõe a calamidade que assola o sistema carcerário brasileiro, entretanto com a peculiaridade, em relação aos casos pretéritos similares, de haver experimentado ampliação da ordem inicial, para alcançar representante de vítimas, bem como de ter a Corte IDH procedido à verificação de cumprimento das medidas provisórias *in loco*.

Aristeu Guida da Silva – Comissão Interamericana de Direitos Humanos (direito à vida e à integridade física e moral e direito à liberdade de expressão)

Ano da decisão: 2016

Órgão prolator: Comissão Interamericana de Direitos Humanos

Síntese do Caso

Em 23 de setembro de 1999, a CIDH recebeu petição apresentada pela Sociedade Interamericana de Imprensa, narrando que o Aristeu Guida da Silva foi assassinado, em maio de 1995, por motivos ligados ao exercício de sua profissão de jornalista, em particular pelas notícias e críticas que publicava em relação à corrupção e outros atos ilícitos de membros da administração pública e outras pessoas do município de São Fidélis/RJ. Segundo o peticionário, o jornalista já havia sofrido diversas ameaças e chegou a ser fisicamente agredido por pessoas que se sentiam prejudicadas pelas notas publicadas, entre elas um vereador do município.

Do mesmo modo, dias antes de sua morte, Guida da Silva foi publicamente repudiado por vereadores e outras autoridades do município por causa de uma nota na qual denunciava supostos atos de corrupção na Câmara Municipal. Indicou que, em 12 de maio de 1995, aproximadamente às oito horas da noite, o jornalista se encontrava na rua, conversando com um amigo e portando uma pasta com todas as fotografias, artigos e outras informações que pretendia incluir em um artigo a ser publicado na edição seguinte da Gazeta de São Fidélis. No artigo, o jornalista afirmaria que um vereador, seu advogado e outras pessoas estavam envolvidos em uma complexa rede dedicada ao roubo de veículos. O artigo mencionaria também todos os chefes do grupo de extermínio "Cerol".

Na ocasião, um homem encapuzado se aproximou por trás do jornalista e lhe disparou um tiro nas costas e, que, em seguida, surgiram dois homens mascarados em cima de uma motocicleta e um deles disparou novamente no jornalista. Um dos três agressores tomou a pasta da vítima e fugiu. Sustentou, ainda, o peticionário, que o Estado brasileiro não protegeu a vida do jornalista, apesar do fato de que ele estava sofrendo ameaças antes de sua morte. Também não atuou com a devida diligência para investigar o homicídio e julgar e punir os seus responsáveis.

A esse respeito, a petição a CIDH aponta uma série de falhas que teriam ocorrido durante a investigação e o processo penal ocasionado por esses fatos: a investigação iniciou-se efetivamente um mês após o assassinato da suposta vítima; o delegado de polícia inicialmente encarregado da investigação tinha uma ligação pessoal com os acusados, razão pela qual o processo foi transferido a outra divisão da Polícia Civil; as testemunhas sofreram ameaças e atos de intimidação, o que fez com que a família da suposta vítima fosse obrigada a se manter afastada do processo, entre outras consequências; um dos acusados se encontrava foragido, tendo escapado do Batalhão da Polícia Militar, e outro dos acusados esteve foragido por doze anos durante o processo; e o trâmite da investigação e do processo penal foi caracterizado por uma demora injustificada, o que contribuiu para a impunidade dos responsáveis. Bem por isso, nenhuma pessoa foi sancionada pelo ocorrido.

Em decisão de 13 de abril de 2016, a CIDH concluiu que o Brasil é responsável pela violação dos direitos à vida e à liberdade de pensamento e expressão (arts. 4.º e 13 da Convenção Americana sobre Direitos Humanos), em relação ao jornalista, e dos direitos à integridade pessoal, a garantias judiciais e à proteção judicial (arts. 5.º, 8.º e 25 da mesma Convenção), em prejuízo de seus familiares.

Comentário

A decisão reafirma o reiterado posicionamento da CIDH e da Corte IDH no sentido de que a violência contra jornalistas constitui grave violação da liberdade de expressão, constituindo "a mais extrema forma de censura". Assentou, ainda, a CIDH esse tipo de violência "gera um profundo efeito negativo sobre o exercício da liberdade de expressão das pessoas que exercem a profissão jornalística e sobre o direito da sociedade em geral a buscar e receber todo tipo de informação e ideias de forma pacífica e livre".

Centro de Detenção Socioeducativo Casa Cedro – Comissão Interamericana de Direitos Humanos (direito à vida e à integridade física e moral)

Ano da decisão: 2016 (Medida Cautelar)

Órgão prolator: Comissão Interamericana de Direitos Humanos

Síntese do Caso

Em 16 de julho de 2015, a CIDH recebeu uma solicitação de medidas cautelares apresentada pela Defensoria Pública do Estado de São Paulo (doravante denominados "os requerentes"), solicitando fosse determinado ao Brasil a proteção da vida e integridade equipe de jovens detidos no Centro de Atendimento Socioeducativo do Adolescente da Fundação CASA (unidade CASA Cedro), localizado em São Paulo/SP. Segundo dos peticionários, havia uma prática generalizada de violência contra jovens detidos na CASA Cedro, incluindo um ritual chamado "recepção", conforme o qual os ingressante seriam levados para um quarto e severamente agredidos por funcionários da unidade.

Narrou-se, ainda, prática diária e regular, adotada pela equipe do centro de detenção, de tratamento desrespeitoso e agressões físicas por motivos banais, como falar em sala de aula ou compartilhar comida com os pares. Vários episódios dessa natureza foram descritos na petição. Após análise dos fatos e apresentação de manifestação pelo Estado brasileiro, a CIDH, em decisão de 21 de julho de 2016, houve por bem deferir o pedido de medidas cautelares, requerendo ao Brasil que: (i) tomasse as medidas necessárias para preservar a vida e integridade pessoal dos adolescentes internos na unidade CASA Cedro; (ii) prestasse assistência médica adequada para garantir a proteção da integridade pessoal e da vida dos adolescentes; (iii) implementasse medidas específicas para proibir a aplicação de sanções disciplinares contrárias às normas internacionais sobre crianças e adolescentes, incluindo a prática de confinamento solitário; e (iv) organizasse as medidas a serem tomadas com os beneficiários e seus representantes.

Comentário

Outra decisão envolvendo a internação de jovens e adolescentes para cumprimento de sanção restritiva de liberdade, em virtude de prática de ato infracional. Nesta oportunidade, contudo, cumpre destacar o autor do pedido: a Defensoria Pública do Estado de São Paulo, ator estatal que vem se destacando na provocação do Sistema Interamericano de Proteção dos Direitos Humanos.

Trabalhadores da Fazenda Brasil Verde – Corte Interamericana de Direitos Humanos (direito à vida e à integridade física e moral, direito ao trabalho digno e proibição da escravidão e direitos da criança)

Ano da decisão: 2016

Órgão prolator: Corte Interamericana de Direitos Humanos

Síntese do Caso

Em fevereiro de 1989, março de 1993, novembro de 1996, abril e novembro de 1997 e março de 2000, Auditores-Fiscais do Trabalho e outras autoridades estatais fizeram visitas ou fiscalizações à Fazenda Brasil Verde, localizada no Estado do Pará, para constatar as condições em que se encontravam trabalhadores. As fiscalizações de abril de 1997 e março de 2000 concluíram que existia trabalho análogo ao de escravo; a visita policial de 1989 e as fiscalizações de 1993 e 1996 encontraram "irregularidades" trabalhistas; e a fiscalização de novembro de 1997 considerou que havia "algumas falhas" na referida fazenda. Em 1988, foi comunicado à Polícia Federal local o desaparecimento de 2 (dois) adolescentes que tentaram fugir do regime análogo à escravidão, mantido na fazenda. Não se deu prosseguimento à investigação desse desaparecimento.

Além dos autos de infração lavrados pelos Auditores-Fiscais do Trabalho, nas ocasiões das fiscalizações, e uma ação civil pública ajuizada pelo Ministério Público do Trabalho (encerrada por acordo judicial), todas as mencionadas constatações, conquanto repetidas, ensejaram apenas uma ação penal contra o dono da fazenda, referente à fiscalização de 1997 e que experimentou demora de cerca de 10 (dez) anos, apenas para a definição da competência material para o julgamento. Após, a ação penal restou extinta, a pedido do Ministério Público Federal, em razão do decurso do prazo prescricional. Ainda em 1998 o caso foi levado à CIDH pela Comissão Pastoral da Terra (CPT) e Centro pela Justiça e o Direito Internacional (CEJIL/Brasil).

Após análise, a CIDH considerou que a informação disponível permitia qualificar as práticas na fazenda como trabalho forçado e servidão por dívidas como forma contemporânea de escravidão, todavia, suas decisões não foram cumpridas e o caso foi submetido à Corte IDH, em 4 de março de 2015.

Em sentença de 20 de outubro de 2016, o tribunal declarou a responsabilidade internacional do Estado brasileiro pela violação dos seguintes direitos previstos na Convenção Americana sobre os DH: direito a não ser submetido a escravidão e ao tráfico de pessoas (art. 6.1); direito ao reconhecimento da personalidade jurídica (art. 3.º); direito à integridade pessoal (art. 5.º); direito à liberdade pessoal (art. 7.º), direitos da criança (art. 19); proteção da honra e da dignidade (art. 11); direito de circulação e de residência (art. 22); garantias judiciais de devida diligência e de prazo razoável (art. 8.1); e direito à proteção judicial (art. 25).

A Corte IDH impôs, por conseguinte, as seguintes formas de reparação: (i) reiniciar, com a devida diligência, as investigações e/ou processos penais relacionados aos fatos, com vistas a, em um prazo razoável, identificar, processar e, se for o caso, punir os responsáveis; (ii) publicar, no prazo de 6 (seis) meses, o resumo oficial da sentença, elaborado pela Corte, por uma única vez, no Diário Oficial, o mesmo resumo oficial, por uma única vez, em um jornal de ampla circulação nacional e a íntegra da sentença, por um período de um ano, em um sítio web oficial; (iii) dentro de um prazo razoável, adotar as medidas necessárias para garantir que a prescrição não seja aplicada ao delito de direito internacional de escravidão e suas formas análogas; e (iv) pagar às vítimas montantes fixados a título de indenizações por dano imaterial e, aos representantes, valores estabelecidos a propósito de reembolso de custas e gastos.

Comentário

Decisão histórica por ser o primeiro pronunciamento da Corte IDH em matéria de trabalho análogo ao de escravo, de verificação ainda recorrente no Brasil. A sentença contém posicionamentos marcantes.

Inicialmente, em análise de exceções preliminares, assenta que, de acordo com o art. 29.b da Convenção Americana sobre Direitos Humanos e com as regras gerais de interpretação estabelecidas na Convenção de Viena sobre o Direito dos Tratados, ao examinar a compatibilidade das condutas ou normas estatais com a Convenção, a Corte pode interpretar, à luz de outros tratados, as obrigações e os direitos contidos neste instrumento, de modo que pode observar as regulamentações de normas internacionais concretas relativas à proibição da escravidão, da servidão e do tráfico de pessoas para dar aplicação específica à normativa convencional, na definição dos alcances das obrigações estatais.

O Tribunal, em sua fundamentação, ainda se vale da Declaração Universal de Direitos Humanos de 1948 (art. 4.º), da Convenção Suplementar sobre a Abolição da Escravatura de 1956 (art. 1.º), do Pacto Internacional de Direitos Civis e Políticos de 1966 (art. 8.º), da Convenção Europeia de Direitos do Homem de 1950 (art. 4.º), do Estatuto de Roma do Tribunal Penal Internacional de 1998 (art. 7.º), da Convenção n.º 182 da OIT de 1999 (art. 3.º), da Carta Africana de Direitos Humanos e dos Povos de 1981 (art. 5.º) e da Convenção Americana sobre DH de 1969 (art. 6.º) para consagrar a imprescritibilidade do crime de submissão de qualquer pessoa à condição análoga à de escravo, posto que se trata de norma imperativa de Direito Internacional (*jus cogens*), implicando em obrigações *erga omnes*.

A sentença declara, ainda, ter havido manifestação de discriminação estrutural por parte do Estado brasileiro no tratamento das ocorrências, porquanto constatadas, no caso sob análise, algumas características de particular vitimização, compartilhadas pelos trabalhadores resgatados em 15 de março de 2000, quais sejam: se encontravam em uma situação de pobreza; provinham das regiões mais pobres do país, com menor desenvolvimento humano e perspectivas de trabalho e emprego; eram analfabetos e tinham pouca ou nenhuma escolarização.

Segundo a Corte, essas circunstâncias de origens históricas tornavam os resgatados mais suscetíveis a aliciamento mediante falsas promessas e enganos, denotando risco imediato para um grupo determinado de pessoas com características idênticas e originários das mesmas regiões do País, contexto amplamente conhecido, pelo menos, desde 1995, quando o Governo do Brasil expressamente admitiu a existência de "trabalho escravo" em seu território.

No que se refere ao atual marco normativo da escravidão, a Corte IDH traçou o panorama da construção internacional do conceito legal de trabalho escravo contemporâneo, cotejando-o com a legislação brasileira, para declarar a inadequação da redação original do art. 149 do Código Penal (vigente à época dos fatos julgados), contudo, reconhecendo que sua posterior alteração o colocou em sintonia com o padrão normativo internacional.

A respeito da hodierna jurisprudência brasileira, é digno de destaque este pronunciamento: "(...) a Corte observa que a jurisprudência recente do Supremo Tribunal Federal (STF) do Brasil se encontra em consonância com o pronunciamento da Corte Interamericana no presente caso. As decisões apresentadas durante este litígio demonstram que o Tribunal Superior do Trabalho (TST) e o próprio STF interpretam as situações análogas à escravidão de maneira responsável, deixando claro que uma mera violação à legislação trabalhista não atinge o limiar da redução à escravidão, mas é necessário que as violações sejam graves, persistentes e que cheguem a afetar a livre determinação da vítima" (§ 313).

Instituto Penal Plácido de Sá Carvalho – Corte Interamericana de Direitos Humanos (direito à vida e à integridade física e moral)

Ano da decisão: 2017 (Medidas Provisórias)
Órgão prolator: Corte Interamericana de Direitos Humanos
Síntese do Caso

Em 30 de março de 2016, a Defensoria Pública do Estado do Rio de Janeiro apresentou à CIDH pedido de medidas cautelares, visando preservar a vida e a integridade pessoal dos encarcerados no Instituto Penal Plácido de Sá Carvalho, bem como de qualquer pessoa que se encontrasse neste estabelecimento, localizado no Complexo Penitenciário de Gericinó, na capital do Estado.

Alegou a peticionante haver no local superlotação, deficiências em matéria de acesso à saúde, ambiente insalubre das celas, limitação da disponibilidade de água potável, com consequente propagação de enfermidades contagiosas (ainda mais em vista da propagação, no Brasil, de epidemias como as de dengue, zika e chicungunha), alto índice de mortalidade, número reduzido de agentes de segurança, falta de alimentação adequada, infiltração de água da chuva no interior das celas, cabeamento elétrico exposto com risco de incêndio e falta de entradas de ar e luz natural, que geram um calor extremo e sufocante no interior das celas.

Em 13 de maio de 2016, a CIDH solicitou informação ao Estado, no que não foi atendida. Em 19 de julho de 2016, a CIDH adotou medidas cautelares a favor das pessoas privadas de liberdade neste estabelecimento carcerário. Uma vez mais olvidada, a Comissão, em 23 de janeiro de 2017, submeteu à Corte IDH pedido de medidas provisórias.

A decisão da Corte IDH, de 13 de fevereiro de 2017, observou que, a partir da informação apresentada pela CIDH e da completa falta de informação por parte do Estado, foi possível concluir que mais de 30 (trinta) internos faleceram desde janeiro de 2016 até fevereiro de 2017. Segundo a Corte, à época existia uma situação de risco extremamente grave, urgente e de possível dano irreparável aos direitos à vida e à integridade pessoal dos internos do Instituto Penal Plácido de Sá Carvalho, derivada das condições nas quais se encontram o centro penitenciário, em particular, em razão da ocorrência de dezenas mortes, cujas causas não foram informadas pelo Estado e podem ter decorrido da situação de superlotação e insalubridade dos pavilhões, bem como da alegada atenção à saúde deficiente.

Ao final do *decisum*, a Corte IDH requereu ao Estado brasileiro que: (i) adotasse, de forma imediata, todas as medidas que fossem necessárias para proteger, eficazmente, a vida e a integridade pessoal de todas as pessoas privadas de liberdade no Instituto Penal Plácido de Sá Carvalho; e (ii) mantivesse os representantes dos beneficiários informados sobre as providências adotadas para cumprir a presente medida provisória.

Sobreveio, em 13 de fevereiro de 2017, a edição de resolução única acerca da violência e superpopulação carcerárias, no Brasil, a partir da consideração conjunta do apurado nas demandas envolvendo a Unidade de Internação Socioeducativa, o Complexo Penitenciário de Curado, o Complexo Penitenciário de Pedrinhas e o Instituto Penal Plácido de Sá Carvalho, já descrita acima, quando sumariado o primeiro caso citado. Uma delegação da Corte realizou uma diligência *in situ* ao Instituto Penal, em 19 de junho de 2017, com a presença do Juiz Raúl Eugenio Zaffaroni, do Diretor Jurídico da Corte e de um advogado da Secretaria, acompanhados de vários representantes do Estado e dos beneficiários da medida provisória.

Em resolução de 31 de agosto de 2017, a Corte descreveu a inspeção levada a efeito e suas constatações a respeito do descumprimento das providências estabelecidas na decisão proferida. Assim, na mesma resolução, o tribunal reiterou a adoção das medidas provisórias inicialmente estipuladas.

Comentário

Mais uma demanda representativa das condições estruturalmente caóticas do sistema carcerário brasileiro. O caso chama atenção por ao menos 3 (três) motivos: (i) pela postura do Estado brasileiro, nas fases de apuração pela CIDH e de primeira análise do pedido pela Corte IDH, quando, ao contrário da conduta mais recente e condizente com um país que honra seus compromissos internacionais, ignorou, de maneira reprovável, os requerimentos de informações de ambos os órgãos interamericanos; (ii) por ter feito parte do rol de litígios que comportaram resolução conjunta por parte da Corte IDH, de 13 de fevereiro de 2017, denotadora da preocupação do tribunal com o que manifesta ser o entendimento de uma situação generalizada, que acomete todas as unidades prisionais do país; e (iii) por haver comportado inspeção *in loco* por delegação da Corte IDH.

Favela Nova Brasília – Corte Interamericana de Direitos Humanos (direito à vida e à integridade física e moral e direitos da criança)

Ano da decisão: 2017

Órgão prolator: Corte Interamericana de Direitos Humanos

Síntese do Caso

Formalmente conhecido como Cosme Rosa Genoveva, Evandro de Oliveira e Outros vs. Brasil, o presente caso é, na verdade, produto da reunião das apurações de 2 (dois) fatos de mesma natureza, ocorridos no mesmo local, no interregno de 6 (seis) meses. Tratou-se de duas incursões policiais de larga escala na Favela Nova Brasília, localizada no "Complexo de favelas do Alemão", no Rio de Janeiro/RJ, nos anos de 1994 e 1995, a primeira por um grupo de 110 (cento e dez) e a segunda de 14(catorze) policiais civis fortemente armados, à procura de autores de roubo e de tráfico de drogas. Na primeira operação, sustenta-se que policiais teriam invadido pelo menos 5 (cinco) casas da favela, onde sujeitaram os residentes à violência, estupro e detenção arbitrária ou entraram atirando e executaram sumariamente 13 (treze) habitantes. Na segunda incursão, ninguém teria sido detido e apenas três policiais teriam sofrido lesões, enquanto 13 (treze) pessoas teriam sido mortas. De acordo com testemunhas, pelo menos oito supostos traficantes teriam sido executados pelos policiais enquanto imploravam por suas vidas.

Em 1995 e 1996, os casos foram encaminhados à CIDH pelo Centro pela Justiça e o Direito Internacional (CEJIL/Brasil) e por *Human Rights Watch*/Americas, ao fundamento de que mais de 14 (catorze) anos depois dos eventos denunciados, os inquéritos policiais sobre os fatos continuam pendentes, não existe nenhuma ação penal em curso sobre os eventos e ninguém foi sancionado penalmente pelas execuções extrajudiciais e/ou pelo uso excessivo da força. A CIDH, ao final, concluiu que o Estado brasileiro é internacionalmente responsável pela morte de 26 (vinte e seis) vítimas, como resultado do uso excessivo de força letal pela polícia, bem como pela violação sexual e estupro de 3 (três) pessoas e pela resultante impunidade duradoura da qual gozam os perpetradores dessas violações.

Segundo a CIDH, foram desrespeitados os seguintes artigos da Convenção Americana sobre Direitos Humanos: 4.1 (direito à vida), 5.2 (direito à integridade pessoal), 8.1 (garantias judiciais), 11 (proteção da honra e da dignidade), 19 (direitos da criança) e 25.1 (proteção judicial), todos combinados com o art. 1.1 (obrigação estatal de respeitar os direitos), além de dispositivos da Convenção Interamericana para Prevenção da Tortura. Tal motivou decisão da CIDH indicando diversas reparações pelo Estado brasileiro, depois reputadas não atendidas a contento.

O caso foi, por conseguinte, levado à Corte IDH, em 19 de maio de 2015, tendo comportado sentença publicada em 16 de fevereiro de 2017, a qual declarou o Estado brasileiro responsável pela violação aos arts. 5.1 (integridade pessoal); 8.1 (garantias judiciais de independência e imparcialidade da investigação, devida diligência e prazo razoável), 25 (proteção judicial), combinados com o art. 1.1 (obrigação estatal de respeitar os direitos), todos da Convenção Americana sobre Direitos Humanos; aos arts. 1.º, 6.º e 8.º da Convenção Interamericana para Prevenir e Punir a Tortura; e ao art. 7.º da Convenção Interamericana para Prevenir, Punir e Erradicar a Violência contra a Mulher – "Convenção de Belém do Pará".

Consequentemente, como principais formas de reparação, estabeleceu que o Estado brasileiro: (i) conduzisse eficazmente a investigação sobre as mortes ocorridas na incursão de 1994, com a devida diligência e em prazo razoável, e, a respeito das mortes ocorridas na incursão de 1995, iniciasse ou reativasse investigação eficaz, bem como, por intermédio do Procurador-Geral da República, avaliasse se os fatos devem ser objeto de pedido de Incidente de Deslocamento de Competência; (ii) iniciasse uma investigação eficaz a respeito dos fatos de violência sexual; (iii) oferecesse, gratuitamente, por meio de suas instituições de saúde especializadas, e de forma imediata, adequada e efetiva, o tratamento psicológico e psiquiátrico de que as vítimas necessitem; (iv) realizasse um ato público de reconhecimento de responsabilidade internacional, em relação aos fatos do presente caso e sua posterior investigação, durante o qual deverão ser inauguradas duas placas em memória das vítimas, na praça principal da Favela Nova Brasília; (v) publicasse, anualmente, um relatório oficial com dados relativos às mortes ocasionadas durante operações da polícia em todos os estados do País, contendo, também, informação atualizada, anualmente, sobre as investigações realizadas a respeito de cada incidente que redunde na morte de um civil ou de um policial; (vi) estabelecesse os mecanismos normativos necessários para que, na hipótese de supostas mortes, tortura ou violência sexual decorrentes de intervenção policial, em que prima facie policiais apareçam como possíveis acusados, desde a *notitia criminis* se delegue a investigação a um órgão independente e diferente da força pública envolvida no incidente, como uma autoridade judicial ou o Ministério Público, assistido por pessoal policial, técnico criminalístico e administrativo alheio ao órgão de segurança a que pertença o possível acusado, ou acusados;

(vii) adotasse as medidas necessárias para que o estado do Rio de Janeiro estabeleça metas e políticas de redução da letalidade e da violência policial; (viii) implementasse, em prazo razoável, programa ou curso permanente e obrigatório sobre atendimento a mulheres vítimas de estupro, destinado a todos os níveis hierárquicos das Polícias Civil e Militar do Rio de Janeiro e a funcionários de atendimento de saúde, tendo como parte dessa formação o estudo da presente Sentença, da jurisprudência da Corte IDH a respeito da violência sexual e tortura e das normas internacionais em matéria de atendimento de vítimas e investigação desse tipo de caso; (ix) adotasse medidas legislativas ou de outra natureza necessárias para permitir às vítimas de delitos ou a seus familiares participar de maneira formal e efetiva da investigação de delitos conduzida pela polícia ou pelo Ministério Público; (x) adotasse as medidas necessárias para uniformizar a expressão "lesão corporal ou homicídio decorrente de intervenção policial", nos relatórios e investigações da polícia ou do Ministério Público em casos de mortes ou lesões provocadas por ação policial, abolindo-se o conceito de "oposição" ou "resistência" à ação policial; (xi) pagasse as às vítimas quantias fixadas pela Sentença, a título de indenização por dano imaterial e de reembolso de custas e gastos.

Comentário

As razões que fundamentam as conclusões da CIDH e a sentença da Corte IDH estão assentadas em acurada análise da violência policial no Brasil, aprofundando questões procedimentais, de gênero e de políticas públicas e judiciárias relacionadas à segurança pública, com isso dando ainda mais visibilidade internacional às práticas policiais violadoras de direitos humanos, neste País.

Em seu Informe Definitivo, alerta a CIDH que "a violência policial foi e continua sendo um grave problema de direitos humanos no Brasil", identificando como causa remota desse quadro a impunidade, após a redemocratização, de policiais que, por terem participado, ao tempo da ditadura, dos atos criminosos da repressão estatal aos opositores, perpetraram a "continuação de uma mentalidade de 'segurança nacional' por parte dos agentes de segurança do Estado [que] rapidamente encontrou um novo inimigo interno: os pobres, ou como são chamados oficialmente, os criminosos".

Tal assertiva está lastreada em exame amplo e acurado de alarmantes estatísticas acerca de mortes (inclusive execuções sumárias) produzidas pela polícia brasileira, bem como de produções acadêmicas e de relatórios de órgãos internacionais sobre o tema. A ineficácia das autoridades em investigar e punir responsáveis pelas violações apuradas também é minuciosamente abordada, a demonstrar a impunidade como circunstância concorrente e decisiva para a manutenção da violência policial institucionalizada no Brasil, concretizada, no mais das vezes, mediante a tortura e a execução sumária de pessoas inocentes.

A CIDH indica, ainda, que há seletividade discriminatória no emprego da violência policial, porquanto atinge, preferencialmente, jovens pobres e negros e, no caso do estupro como instrumento de tortura, as mulheres. Por tudo isso, este relatório da CIDH afigura-se valiosa fonte de dados e de estudo a respeito do assunto, além de consubstanciar poderoso instrumento jurídico que pode e deve ser utilizado nas disputas judiciais e extrajudiciais domésticas no que tange ao tema. De seu lado, a sentença da Corte IDH faz coro com boa parte das alegações da CIDH.

Já na fase judicial, no exame das exceções preliminares, a Corte reiterou, com base em jurisprudência pretérita, sua competência para interpretação e aplicação de qualquer tratado interamericano que preveja a possibilidade de peticionamento individual para a CIDH, como é o caso, nesta demanda, da Convenção Interamericana para Prevenir e Punir a Tortura e da Convenção Interamericana para Prevenir, Punir e Erradicar a Violência contra a Mulher –

"Convenção de Belém do Pará", não sendo necessário que o Estado que tenha ratificado tal classe de tratados produza declarações específicas individualizadas de reconhecimento da jurisdição da Corte IDH, para tanto bastando a declaração geral exarada no marco da Convenção Americana sobre Direitos Humanos.

No mérito, o tribunal interamericano explicitou que o elemento essencial de uma investigação penal sobre uma morte decorrente de intervenção policial é a garantia de que o órgão investigador seja independente dos policiais acusados, implicando ausência de relação institucional ou hierárquica, bem como sua independência na prática, percepção que motivou as reparações estabelecidas a respeito, no dispositivo do *decisum*.

A Corte, a propósito da inepta ação investigativo-punitiva do Estado brasileiro sobre as violações analisadas, recordou julgados precedentes seus, no sentido de que a existência de recursos judiciais, *per si*, não cumpre a obrigação convencional do Estado de proteção judicial das vítimas (arts. 25 c/c 1.1 da Convenção Americana sobre Direitos Humanos), devendo ser dotados de idoneidade e efetividade, aptos, portanto, a determinar as responsabilidades e reparar as vítimas, se for o caso.

Acerca da prova do estupro, a sentença afirma que, "dada a natureza dessa forma de violência, não se pode esperar a existência de provas gráficas ou documentais e, por isso, a declaração da vítima constitui uma prova fundamental sobre o fato", do mesmo modo que "a ausência de sinais físicos não implica que não tenham ocorrido maus-tratos, já que é frequente que esses atos de violência contra as pessoas não deixem marcas ou cicatrizes permanentes". Ainda sobre o estupro, assentou-se sua condição de modalidade de tortura.

Em vista disso, a Corte IDH aponta procedimentos de apuração de violência contra a mulher que atendem à teleologia da normativa internacional, quais sejam: a vítima deve prestar depoimento em ambiente cômodo e seguro, que lhe ofereça privacidade e confiança; seu depoimento deve ser registrado de forma a se evitar sua repetição; deve ser prestado atendimento médico, sanitário e psicológico à vítima, tanto de emergência como de forma continuada, caso necessário, mediante protocolo de atendimento, cujo objetivo seja reduzir as consequências da violação; há que se realizar, imediatamente, exame médico e psicológico completo e detalhado, por pessoal idôneo e capacitado, se possível do sexo que a vítima indique, facultando-lhe se faça acompanhar por alguém de sua confiança; sejam documentados e coordenados os atos investigativos e seja usada, diligentemente, a prova; seja oferecido acesso a assistência jurídica gratuita à vítima; a investigação penal inclua uma perspectiva de gênero e ser realizada por funcionários capacitados em casos similares e em atendimento de vítimas de discriminação e violência desta natureza.

Vladimir Herzog – Corte Interamericana de Direitos Humanos (direito à vida e à integridade física e moral, direito à liberdade pessoal e direito de acesso à informação)

Ano da decisão: 2018

Órgão prolator: Corte Interamericana de Direitos Humanos

Síntese do Caso

Em 10 de julho de 2009, a CIDH recebeu petição apresentada pelo Centro pela Justiça e o Direito Internacional (CEJIL/Brasil), a Fundação Interamericana de Defesa dos Direitos Humanos (FidDH), o Centro Santos Dias da Arquidiocese de São Paulo e o Grupo Tortura Nunca Mais de São Paulo, alegando a responsabilidade internacional do Estado brasileiro pela prisão arbitrária, tortura e morte do jornalista Vladimir Herzog, ocorrida em uma dependência do Exército, em 25 de outubro de 1975, bem como pela contínua impunidade dos fatos, em virtude de uma Lei de Anistia promulgada durante a ditadura militar brasileira.

Em 28 de outubro de 2015, após longa apuração sob o crivo do contraditório, a CIDH concluiu que o Estado brasileiro é responsável pela violação dos direitos consagrados nos arts. I, IV, VII, XVIII, XXII e XXV da Declaração Americana dos Direitos e Deveres do Homem e dos direitos consagrados nos arts. 5.1, 8.1 e 25.1 da Convenção Americana sobre Direitos Humanos, em conexão com os arts. 1.1 e 2 do mesmo instrumento. A Comissão também concluiu que o Estado é responsável pela violação dos arts. 1.º, 6.º e 8.º da Convenção Interamericana para Prevenir e Punir a Tortura. Tendo a CIDH considerado que o Estado brasileiro não cumpriu, satisfatoriamente, as recomendações constantes do Informe de mérito, submeteu o caso à Corte IDH, em 22 de abril de 2016.

Afastando as inúmeras exceções preliminares apresentadas pelo Estado brasileiro, a Corte IDH o julgou responsável pela violação dos direitos às garantias judiciais, à proteção judicial pela falta de investigação, bem como do julgamento e punição dos responsáveis pela tortura e pelo assassinato de Vladimir Herzog, cometidos em um contexto sistemático e generalizado de ataques à população civil, bem como pela aplicação da Lei n.º 6.683/79 (Lei de Anistia) e de outras excludentes de responsabilidade proibidas pelo Direito Internacional para casos de crimes contra a humanidade; também considerou responsável pela violação à integridade pessoal, e aos direitos de conhecer a verdade, previstos nos artigos 8.º e 25 da Convenção Americana sobre Direitos Humanos. A Corte IDH dispôs, *inter alia*, o dever estatal de (i) reiniciar, com a devida diligência, a investigação e o processo penal cabíveis, (ii) adotar as medidas mais idôneas a imprescritibilidade das ações emergentes de crimes contra a humanidade e internacionais e (iii) realizar um ato público de reconhecimento de responsabilidade internacional.

Comentário

O caso se apresenta como oportunidade adicional à vivenciada no Caso Gomes Lund e Outros para que a Corte IDH amplie e consolide sua jurisprudência sobre alcance e conteúdo das obrigações estatais em matéria de investigação e reparação de graves violações de direitos humanos praticados por agentes do Estado durante a ditadura militar.

Em particular, a Corte IDH reafirma sua jurisprudência sobre a incompatibilidade com a Convenção Americana sobre Direitos Humanos da aplicação da Lei da Anistia brasileira e de figuras legais como a prescrição ou coisa em julgado nestes casos, incrementando, pois, os precedentes que devem auxiliar o Poder Judiciário brasileiro a, ainda que com atraso, investigar, processar e punir os agentes estatais criminosos dos tempos ditatoriais, realizando, assim, a necessária Justiça de Transição.

Margarida Maria Alves – Comissão Interamericana de Direitos Humanos (direito à vida e à integridade física e moral, direito à liberdade de expressão, direito de associação, direito à igualdade e não discriminação)

Ano da decisão: 2018

Órgão prolator: Comissão Interamericana de Direitos Humanos

Síntese do Caso

A mobilização intitulada "Marcha das Margaridas", considerada a maior ação conjunta de mulheres da América Latina, foi incentivada (em memória) pelo assassinato a mando de latifundiários da líder sindical Margarida Maria, em 12 de agosto de 1983. Conforme relata a petição apresentada a CIDH, em 17 de outubro de 2000, a representação de trabalhadores rurais exercida por Margarida em Alagoa Grande moveu mais de 73 reclamações trabalhistas denunciando fábricas e propriedades rurais canavieiras.

Desde que ganhara importância política, passou a sofrer constantes ameaças para que deixasse seu papel no Sindicato, dirigidas por pelo grupo "Grupo de Várzea", cujos participantes foram midiaticamente expostos pela vítima; dentre os mais influentes membros identificavam-se proprietário de terras, donos de fábricas, figuras políticas, e empresários.

Margarida foi assassinada em 12 de agosto de 1983, aos 50 anos, em sua própria residência, sob o olhar de seu filho e marido. Os autores intelectuais e materiais do crime identificados no inquérito eram membros do "Grupo de Várzea"; dois deles foram declarados foragidos, o último foi absolvido pelo júri.

A demora injustificada na investigação dos fatos, bem como o reconhecimento anterior da CIDH sobre a situação de vulnerabilidade de defensores dos direitos humanos, ensejou a denúncia do caso a Comissão Interamericana, lastreada na DADDH (artigo 1) e na CADH (artigos 8 e 25), acusando o Brasil pela investigação ineficaz e lenta, pela impunidade do crime e ineficiência do Estado em adotar medidas preventivas capazes de proteger Margarida.

A Comissão admitiu a denúncia e concluiu que a responsabilidade do Estado brasileiro ocorrera em relação ao direito à vida e integridade pessoal, direito à justiça e garantias judiciais e livre associação conforme os dispositivos já mencionados.

A CIDH aduziu que o dever de investigar abrange o esclarecimento dos fatos do caso concreto, o direito a um júri imparcial, bem como a identificação e a desestruturação de mecanismos de poder (em que se incluem os próprios agentes estatais) para práticas de crimes contra defensores de direitos humanos. O Relatório da Comissão posicionou-se: (i) pela adoção de medidas de não repetição por parte do Estado Brasileiro; (ii) reparação dos familiares da vítima através de compensação pecuniária; (iii) prestação de serviços psiquiátricos e psicológicos para aqueles que assim desejassem; e (iv) pelo comprometimento do Estado de efetuar investigação efetiva sobre o caso, inclusive afastando o instituto da prescrição.

Comentário

A repercussão do caso coloca em pauta o reconhecimento do trabalho histórico feminino na luta sindical, bem como a própria cultura política de participação das mulheres nos sindicatos; luta esta personificada por Margarida e inúmeras outras mulheres participantes ativas do processo de criação e estruturação de sindicatos que as inclua em seus valores e removam os obstáculos cunhados em estereótipos de gênero que as subjuga em determinados papéis sociais. A decisão da CIDH sobre caso demonstra a força dos trabalhadores rurais e colabora para a legitimação de suas lutas, bem como reforça a substancial função dos defensores de direitos humanos nas suas lutas por uma vida digna e segura.

Barbosa de Souza e Outros – Comissão Interamericana de Direitos Humanos (direito à vida e à integridade física e moral e direito à igualdade e não discriminação)

Ano da decisão: 2019

Órgão prolator: Comissão Interamericana de Direitos Humanos (apresentou o caso à Corte Interamericana de Direitos Humanos em 2019)

Síntese do Caso

O caso versa sobre a responsabilidade do Estado brasileiro pelos eventos relacionados ao ato de violência contra mulher sofrido pela estudante Márcia Barbosa de Souza, morta por asfixia pelo então deputado estadual Aércio Pereira de Lima. A Comissão narra que o corpo de Marcia foi encontrado com marcas de violência em um matagal em João Pessoa/PB e que existiram falhas na investigação contra outros indiciados, atraso na abertura e no trâmite de ação contra o deputado envolvido em seu assassinato, bem como sua situação contínua de impunidade permitida pelo Estado.

A CIDH concluiu que a imunidade parlamentar provocou um atraso no processo penal de 9 (nove) anos de Aércio Pereira de Lima, atraso esse que constituiu uma violação dos direitos às garantias judiciais, ao princípio da igualdade e não discriminação e à proteção judicial relacionada ao direito à vida, em prejuízo da mãe e do pai de Márcia Barbosa de Souza. A Comissão concluiu, ainda, que o Estado brasileiro falhou no dever de investigar os fatos com a devida diligência e de maneira justa e é igualmente responsável pela violação do direito à integridade psíquica e moral em prejuízo do pai e da mãe de Márcia Barbosa de Souza. O caso foi submetido a Corte IDH em 2019, para análise de mérito, já tendo sido realizada audiência pública de instrução no início do mês de fevereiro de 2021.

Comentário

O Informe produzido pela Comissão Interamericana, por mais que constantemente dirija-se apenas ao Estado brasileiro de maneira genérica, afeta diretamente as instituições nacionais como a Polícia Civil, o Poder Judiciário, a Assembleia Legislativa e o Governo da Paraíba, o que comprova, nos mais diversos âmbitos, a situação incompatível ao dever estatal de investigar, processar e punir violadores de direitos humanos.

Empregados da Fábrica de Fogos em Santo Antônio de Jesus e Outros – Corte Interamericana de Direitos Humanos (direito à vida e à integridade física e moral e direito à igualdade e não discriminação)

Ano da decisão: 2020

Órgão prolator: Corte Interamericana de Direitos Humanos

Síntese do Caso

Em 19 de setembro de 2018, a CIDH submeteu à Corte IDH caso versando sobre a alegada responsabilidade do Brasil pela suposta violação do direito à vida de 64 (sessenta e quatro) pessoas, como também à integridade pessoal de 6 (seis) indivíduos, incluindo 22 (vinte e duas) crianças, em decorrência da detonação em uma fábrica de fogos de artifício, em 1998, no Recôncavo Baiano.

Concluiu a Comissão que o Estado já considerava a ocorrência de atividades de risco no local antes do advento da explosão, e negligenciou sua devida fiscalização, deixando de tomar providências, inclusive, sobre algumas das piores formas de trabalho infantil praticadas no local – violação dos direitos ao trabalho e da proteção da infância -, para além graves irregularidades que implicavam alto risco e iminente perigo para a vida, a integridade pessoal e a saúde dos demais trabalhadores envolvidos.

A Corte IDH julgou o caso e, em 15 de julho de 2020, condenou o Brasil pelas mortes e violações de direitos humanos dos trabalhadores da Fábrica de Fogos, tendo adotado o entendimento da CIDH de que o Brasil atuou com injustificada demora para solucionar a celeuma. Por unanimidade, a Corte IDH decidiu que o Estado é responsável pela violação dos direitos à vida, à integridade pessoal, às garantias judiciais e proteção judicial, bem como pela violação dos direitos da criança (artigos 1.1, 4.1, 5.1 e 19 da Convenção Americana sobre Direitos Humanos). A sentença ainda condenou o Brasil a dar continuidade ao processo penal existente, em prazo razoável, para que se punam os responsáveis pela explosão; quanto às ações civis de indenização de danos morais, obrigou o Brasil a indenizar as vítimas por danos morais, materiais e trabalhistas, oferecendo, com gratuidade, tratamento médico e acompanhamento psicológico e psiquiátrico às vítimas sobreviventes que os solicitem. Incumbiu, ademais, o Estado de realizar ato público de reconhecimento de responsabilidade internacional, bem como de divulgar, em rádio e televisão, os fatos e a decisão condenatória, comprometendo-se a inspecionar sistematicamente os locais de produção similar. Por fim, determinou que o Brasil elabore e execute programa de desenvolvimento socioeconômico com participação das vítimas sobreviventes e familiares, possibilitando criação de alternativas econômicas em setores distintos de mercado.

Comentário

Para além das questões mencionadas, o caso se relaciona à alegada violação dos princípios de igualdade e não discriminação, levando em conta que a fabricação de fogos artificiais era, no momento dos fatos, a principal – e, aparentemente, a única – opção de trabalho dos habitantes do município, evidenciando não apenas a falta de garantias judiciais e à proteção judicial promovida pelo Estado, como também a falta de compromisso, pelo decurso de tempo, em garantir o acesso à justiça, a determinação da verdade dos fatos, a investigação e a punição dos r:esponsáveis ou a reparação das consequências.

A sentença reconhece os padrões de discriminação estrutural e intersecional agravantes da responsabilidade do Estado Brasileiro. Segundo a Corte, as vítimas "se encontravam em situação de pobreza estrutural e eram, em amplíssima maioria, mulheres e meninas afrodescendentes, quatro delas estavam grávidas e não dispunham de nenhuma alternativa econômica senão aceitar um trabalho perigoso em condições de exploração".

Membros dos Povos Indígenas Guajajara e Awá da Terra Indígena Arariboia – Comissão Interamericana de Direitos Humanos (direito à vida e à integridade física e moral, direito à saúde e direitos indígenas)

Ano da decisão: 2021 (Medida Cautelar)

Órgão prolator: Comissão Interamericana de Direitos Humanos

Síntese do Caso

Em 6 de agosto de 2020, a "Comissão de Caciques e Lideranças da Terra Indígena Arariboia" encaminhou à CIDH solicitação de medidas cautelares em favor dos membros dos Povos Indígenas Guajajara e Awá.

Requereu a tomada das medidas necessárias para proteger os direitos à vida, à integridade pessoal e à saúde das pessoas propostas como beneficiárias que, em razão da pandemia de Covid-19, enfrentam especial situação de vulnerabilidade pela precariedade de atendimento oportuno e adequado em serviços de saúde — o Distrito Sanitário Especial Indígena (DSEI) Maranhão foi considerado o epicentro de casos positivos de COVID-19 entre os povos indígenas —, bem como pela presença de pessoas não autorizadas em seu território e falta de suprimentos alimentícios pela não distribuição suficiente das cestas básicas, fatores agravantes de risco de contaminação das 16.000 (dezesseis mil) pessoas em isolamento voluntário na Terra Indígena Arariboia.

O Estado, em sua defesa, demonstrou os planos de enfrentamento da pandemia de Covid-19 para povos indígenas, contudo, grande parte do conteúdo dos planos constava de ações a serem desenvolvidas ou meras sugestões aos povos indígenas e autoridades locais, com insuficientes medidas implementadas em prol das pessoas beneficiadas.

A decisão da CIDH, de 04 de janeiro de 2021, reconhecendo o contexto de urgência e grave risco à vida, à integridade pessoal e à saúde enfrentado pelos Povos Indígenas Guajajara e Awá, em conformidade com seu Regulamento (art. 25), solicitou ao Brasil que: (i) adotasse as medidas necessárias para proteger os direitos à saúde, à vida e à integridade pessoal dos membros dos Povos Indígenas Guajajara e Awá, implementando, sob uma perspectiva culturalmente adequada, medidas efetivas capazes de prevenir à disseminação da Covid-19, por meio de atendimento médico adequado conforme a disponibilidade, acessibilidade, aceitabilidade e qualidade, nos parâmetros das normas internacionais aplicáveis; (i) coordene as ações adotadas com as pessoas beneficiárias; e (iii) informe sobre as ações implementadas e evite, consequentemente, sua repetição.

Comentário

Decisão emblemática em tempos de pandemia e de crise sanitária, agravada pela forma errática do Poder Público lidar com a questão, a Resolução da CIDH compreendeu que os fatos alegados se enquadram em uma situação particular caracterizada, não só pela pandemia Covid-19, mas também pela alegada situação histórica de violência contra integrantes dos povos indígenas Guajajara e Awá, devido às ações para a defesa dos seus direitos, reconhecendo os diversos assassinatos alegados pelos requerentes, bem como a má condução das investigações pelo Estado brasileiro.

BIBLIOGRAFIA

ACCIOLY, Hildebrando; SILVA, G. E. do Nascimento e; CASELLA, Paulo Borba. **Manual de direito internacional público**. 24. ed. São Paulo: Saraiva Educação, 2019.

AGAMBEN, Giorgio. **Estado de exceção**. 2. ed. Revista. São Paulo: Boitempo, 2011.

AIETA, Vânia Siciliano. **A Garantia da Intimidade como Direito Fundamental**. Rio de Janeiro: Lumen Juris, 1999.

AIETA, Vânia S. Democracia. In: BARRETO, Vicente de P. (Coord.). **Dicionário de filosofia do direito**. São Leopoldo/Rio de Janeiro: Editora Unisinos; Livraria Editora Renovar, 2009.

AINA, Eliane Maria Barreiros. **O direito à moradia nas relações privadas**. Rio de Janeiro: Lumen Juris, 2009.

ALEIXO, Letícia Soares Peixoto. **Implementação das sentenças interamericanas no Brasil:** desafios e perspectivas. Belo Horizonte: Arraes Editores, 2019.

ALEXY, Robert. **Teoria dos direitos fundamentais**. Trad. Virgílio Afonso da Silva. São Paulo: Malheiros, 2008.

ALEXY, Robert. **Teoria da argumentação jurídica**. Trad. Zilda H. Schild Silva. 4. ed. Rio de Janeiro: Forense, 2017.

ALMEIDA, Guilherme de Assis; APOLINÁRIO, Silvia Menicucci de O. S. **Direitos Humanos** – Série Leituras Jurídicas Provas e Concursos. 2. ed. São Paulo: Ed. Atlas, 2011.

ALVARADO, Paola A. Acosta. El Pluralismo Constitucional como respuesta a los desafíos de la protección multinivel en Latinoamérica. Comentarios a la propuesta de René Urueña. **Revista Derecho del Estado**, v. 31, 2013.

ALVARADO, Paola A.; ACOSTA-LÓPEZ, Juana; HUERTAS CÁRDENAS, Julián; RIVAS-RAMÍREZ, Daniel. Diagnóstico sobre las relaciones entre el derecho internacional y el derecho interno. El caso colombiano. **Estudios constitucionales**, v. 16, n. 2, p. 369–402, dez. 2018.

ALVARADO, Paola A.; ACOSTA-LÓPEZ, Juana; HUERTAS CÁRDENAS, Julián; RIVAS-RAMÍREZ, Daniel. Sobre las relaciones entre el derecho internacional y el derecho interno. **Estudios Constitucionales**, v. 14, n. 1, 2016.

ALVES, J. A. Lindgren. **Os Direitos Humanos como Tema Global**. São Paulo: Editora Perspectiva, Funag, 1994.

ALVES, J. A. Lindgren. A cúpula mundial sobre o desenvolvimento social e os paradoxos de Copenhague. **Revista Brasileira de Política Internacional**, v. 40, n. 1, p. 142-166, 1997.

ALVES, Felipe Dalenogare; FRIEDRICH, Denise Bittencourt. O necessário empoderamento do cidadão à efetivação das políticas públicas no brasil: a contribuição do capital social à efetiva participação nos instrumentos democrático-participativo-deliberativos. **Revista de Direito da Cidade**, v. 9, n. 2, p. 725–753, 26 abr. 2017.

AMARAL JÚNIOR, Alberto do. **Curso de Direito Internacional Público**. 5. ed. São Paulo: Atlas, 2015.

AMARO, Rogério Roque. Desenvolvimento — um conceito ultrapassado ou em renovação? Da teoria à prática e da prática à teoria. **Cadernos de Estudos Africanos**, n. 4, p. 35–70, 2003.

ARENDT, Hannah. **Origens do Totalitarismo:** Antissemitismo, Imperialismo, Totalitarismo. Trad. Roberto Raposo. São Paulo: Companhia das Letras, 1989.

ASSY, Bethânia; FERES JÚNIOR, João. Reconhecimento (verbete). In BARRETTO, Vicente de Paulo (Org.). **Dicionário de Filosofia do Direito**. São Leopoldo: Editora Unisinos, 2006.

ATCHABAHIAN, Ana Cláudia Ruy Cardia. **Transterritorialidade:** Uma Teoria de Responsabilização de Empresas por Violações aos Direitos Humanos. Rio de Janeiro: Lumen Juris, 2020.

ÁVILA, Humberto Bergmann. **Teoria dos princípios:** da definição à aplicação dos princípios jurídicos. 12. ed. São Paulo, SP: Malheiros Editores, 2011.

ÁVILA, Humberto Bergmann. "Neoconstitucionalismo": entre a "Ciência do Direito" e o "Direito da Ciência". In: SOUZA NETO, Cláudio Pereira de; SARMENTO, Daniel; BINENBOJM, Gustavo (Coord.). **Vinte anos da Constituição Federal de 1988**. Rio de Janeiro: Ed. Lumen Juris, 2009.

BABIC, Milan; HEEMSKERK, Eelke; FICHTNER, Jan. **Who is more powerful – states or corporations?** The conversation, 2018. Disponível em: https://theconversation.com/who-is-more-powerful-states--or-corporations-99616. Acesso em 03 set. 2020.

BARCELLOS, Ana Paula de. O direito à educação e o STF. In: SARMENTO, Daniel; SARLET, Ingo Wolfgang (Coords.). **Direitos fundamentais no Supremo Tribunal Federal**: balanço e crítica. Rio de Janeiro: Lumen Juris, 2011.

BARCELLOS, Ana Paula de. Normatividade dos princípios e o princípio da dignidade da pessoa humana na Constituição de 1988. **Revista de direito administrativo**, v. 221, p. 159–188, 2000.

BARROSO, Luís Roberto. **Interpretação e aplicação da constituição**: fundamentos de uma dogmática constitucional transformadora. 7. ed. São Paulo: Saraiva. 2009.

BELLUZZO, L. G. de M. **Ensaios sobre o capitalismo no século XX.** São Paulo: Editora Unesp, 2004.

BELTRAMELLI NETO, Silvio. Exclusão social, regulação do trabalho e crise do sindicalismo nas perspectivas crítica e utópica de Boaventura de Sousa Santos. **Revista Direito e Práxis**, v. 11, n. 3, p. 1815–1844, set. 2020.

BELTRAMELLI NETO, Silvio. A efetivação das normas internacionais de direitos humanos em âmbito interno. In: ALVARENGA, Rúbia Zanotelli de; CALSING, Renata de Assis (Coord.). **Direitos Humanos e Relações Sociais Trabalhistas**. São Paulo: LTr, 2017.

BELTRAMELLI NETO, Silvio; ADÃO, Felipe da Silva Pinto. Para além do ir e vir: o conceito normativo brasileiro de trabalho escravo ante o direito comparado. **Revista da Faculdade de Direito UFPR**, v. 62, n. 1, p. 113–136, 29 maio 2017.

BELTRAMELLI NETO, Silvio; MARQUES, Mariele Torres. Controle de convencionalidade na Justiça do Trabalho brasileira: análise jurisprudencial quantitativa e qualitativa. **Revista Opinião Jurídica (Fortaleza)**, v. 18, n. 27, p. 45–70, 19 fev. 2020.

BELTRAMELLI NETO, Silvio; BARBOZA, Thais S. O negociado sobre o legislado na CLT e seu controle de convencionalidade por violação ao Trabalho Decente. *In*: GÜNTHER, Eduardo L.; ALVAREN-GA, Rúbia Z. de (orgs.). **O controle de convencionalidade da reforma trabalhista: aplicação das normas internacionais do direito do trabalho**. Belo Horizonte: Dialética, 2020. p. 541–567.

GÜNTHER, Eduardo L.; BONAMIM, Isadora Rezende; VOLTANI, Julia de Carvalho. Trabalho Decente segundo a OIT: uma concepção democrática? Análise crítica à luz da teoria do contrato social. **Revista Eletrônica do Curso de Direito da UFSM**, v. 14, n. 1, p. 1–36, 6 maio 2019.

GÜNTHER, Eduardo L.; KLUGE, Cesar Henrique. Controle de convencionalidade difuso e concentrado em matéria trabalhista nas perspectivas da OIT e do sistema interamericano de proteção dos direitos humanos. **Revista Direito e Justiça: Reflexões Sociojurídicas**, v. 17, n. 28, p. 105–132, 2 jun. 2017.

GÜNTHER, Eduardo L.; RODRIGUES, Mônica Nogueira. Direitos Humanos e Empresas: uma análise do Decreto nº 9.571/2018 à Luz da Normativa Internacional. In: **Direito Internacional em Expansão:** Direito Internacional e Direito Comparado, v. XVII. Belo Horizonte: Arraes, 2019, p.177-194.

BENHABIB, Seyla. **The claims of culture:** equality and diversity in the Global Era. Princeton: Princeton University Press, 2002.

BENHABIB, Seyla. Another Universalism: On the Unity and Diversity of Human Rights. **Proceedings and Addresses of the American Philosophical Association**, v. 81, n. 2, p. 7-32, 2007.

BERCOVICI, Gilberto. Planejamento e políticas públicas: por uma nova compreensão do papel do Estado. In: BUCCI, Maria Paula Dallari (org.). **Políticas públicas**: reflexões sobre o conceito jurídico. São Paulo: Saraiva, 2006. p. 143-161.

BITTAR, Eduardo C. B. Ética, Cidadania e Constituição: o direito à dignidade e à condição humana. **Revista Brasileira de Direito Constitucional**, v. 8, n. 1, p. 125-155-155, 31 dez. 2006.

BOBBIO, Norberto. **A era dos direitos**. Trad. Carlos Nelson Coutinho. Rio de Janeiro: Elsevier, 2004.

BOBBIO, Norberto. Organicismo e individualismo. **Este País**, v. 74, n. 9, p. 1-10, maio 1997.

BONAVIDES, Paulo. **Curso de Direito Constitucional**. 7. ed. São Paulo: Malheiros: 1998.

BRANT, Leonardo N. C.; BIAZATTI, Bruno de O. A formação do costume internacional na atualidade. **THEMIS: Revista da Esmec**, v. 15, n. 1, p. 125-169, 2017.

BRASSEUL, Jacques. **Introduction à l'Économie du Développement**. 2. ed. Paris: Armand Colin, 1993.

BRIGGS, ASA. The Welfare State in Historical Perspective. **European Journal of Sociology**, v. 2, n. 2, p. 221-258, 1961.

BUERGENTHAL, Thomas. **International Human Rights**. St. Paul: West Publishing, 1995.

BUSTELO, Pablo. **Teorías Contemporáneas Del Desarrollo Económico**. Madrid: Editorial Sintesis, 1999.

CAMPOS, André de. et. al. **Atlas da exclusão social no Brasil**, volume 2: dinâmica e manifestação territorial. São Paulo: Cortez: 2003.

CANARIS, Claude-Whilhelm. **Direitos fundamentais e direito privado**. Trad. Ingo Wolfgang Sarlet e Paulo Mota Pinto. Coimbra: Almedina, 2003.

CANARIS, Claude-Whilhelm. A influência dos direitos fundamentais sobre o direito privado na Alemanha. Trad. Peter Naumann. In: SARLET, Ingo Wolfgang (Org.). **Constituição, direitos fundamentais e direito privado**. Porto Alegre: Livr. do Advogado, 2010.

CAENEGEM, R. C. van. **Uma Introdução Histórica ao Direito Privado**. Trad. Carlos Eduardo Lima Machado. 2. ed. São Paulo: Martins Fontes, 2000.

CANÇADO TRINDADE, Antônio Augusto. **Tratado de Direito Internacional dos Direitos Humanos** - Vol. I. 2. ed. Porto Alegre: Sérgio Antonio Fabris Editor, 2003.

CANÇADO TRINDADE, Antônio Augusto. **Tratado de Direito Internacional dos Direitos Humanos** - Volume III. Porto Alegre: Sergio Antonio Fabris Editor, 2003.

CANÇADO TRINDADE, Antônio Augusto. Apresentação. In PIOVESAN, Flávia. **Direitos Humanos e o Direito Constitucional Internacional**. 12. ed. São Paulo: Saraiva; 2011.

CANÇADO TRINDADE, Antônio Augusto. **A humanização do direito internacional**. 2 ed. Belo Horizonte: Del Rey, 2015.

CANÇADO TRINDADE, Antônio Augusto. O Sistema Interamericano de Direitos Humanos no Limiar do Novo Século: Recomendações Para o Fortalecimento de seu Mecanismo de Proteção. In: Gomes, Luiz Flávio & Piovesan, Flávia. **O Sistema Interamericano de Proteção dos Direitos Humanos e o Direito Brasileiro**. São Paulo: RT; 2000.

CANOTILHO, J. J. Gomes. **Direito constitucional e teoria da constituição**. 7. ed. Coimbra: Almedina, 2003.

CANOTILHO, José Joaquim Gomes. **"Brancosos" e interconstitucionalidade:** itinerários dos discursos sobre a historicidade constitucional. 2. ed. Coimbra: Almedina, 2008.

CARDOSO, Evorah Lusci Costa. **Litígio estratégico e sistema interamericano de direitos humanos**. Belo Horizonte: Fórum, 2012.

CARVALHO, Osvaldo Ferreira de. Os direitos sociais como categoria constitucional. **Revista Direito Público**, v. 14, n. 81, p. 55–83, 2018.

CASTBERG, Frede. Natural Law and Human Rights. An Idea-historical survey. In. **International Protection of Human Rights**. Estocolmo: Interscience Publishers, 1967.

CAVALLARO, James L.; BREWER, Stephanie Erin. O papel da litigância para a justiça social no Sistema Interamericano. **Sur. Revista Internacional de Direitos Humanos**, v. 5, n. 8, p. 84-95, 2008.

CAVALLO, Gonzalo Aguilar. El control de convencionalidad: análisis em derecho comparado. **Revista Direito GV**, São Paulo, n. 9 (2), p. 721-754, jul-dez 2013.

COMPARATO, Fábio Konder. **A afirmação histórica dos direitos humanos**. 7. ed. São Paulo: Saraiva, 2010.

COSAC, Claudia Maria Daher; PEREIRA, Jucimeire Ligia. O desenvolvimento na perspectiva do século XXI. **Serviço Social & Realidade**, v. 17, n. 1, p. 300-321, 2009.

COULANGES, Fustel de. **A Cidade Antiga**. Trad. Jonas Camargo Leite e Eduardo Fonseca. 12. ed. São Paulo: Editora Hemus, 1996.

CRIVELLI, Ericson. **Direito internacional do trabalho contemporâneo**. São Paulo: LTr, 2010.

CUNHA, Renan Severo Teixeira da. **Introdução do Estudo do Direito**. Campinas: Alínea, 2008.

CUNHA, Renan Severo Teixeira da. **Temas de hermenêutica jurídica e de aplicação do direito: uma abordagem operacional**. Campinas: Alínea, 2020.

CYPHER, James M.; DIETZ, James L. **The Process of Economic Development**. London, Routledge, 1997.

DARDOT, Pierre; LAVAL, Christian. **A nova razão do mundo: ensaio sobre a sociedade neoliberal.** Trad. Mariana Echalar. São Paulo: Boitempo, 2016.

DELGADO, Maurício Godinho; DELGADO, Gabriela Neves. **A Reforma Trabalhista no Brasil com os comentários à lei nº 13.467/2017**. São Paulo: LTR Editora, 2017.

DEMARCHI, Clovis; SUZIN, Jaine Cristina. Do castelo para a rede, da Europa para a América: aplicação da teoria da interconstitucionalidade na Corte Interamericana. **JURIS - Revista da Faculdade de Direito**, v. 28, n. 1, p. 137–156, 2018.

DIDIER JR, Fredie; ZANETI JR, Hermes; OLIVEIRA, Rafael Alexandria de. Elementos para uma teoria do processo estrutural aplicada ao processo civil brasileiro. **Revista de Processo**, v. 303, n. 2020, p. 45–81, 2020.

DIMOULIS, Dimitri; MARTINS, Leonardo. **Teoria geral dos direitos fundamentais**. 2. ed. São Paulo: Ed. Revista dos Tribunais, 2009.

D'OCA, Fernando Rodrigues Montes. Política, direito e relações internacionais em Francisco de Vitoria. **Revista Opinião Filosófica**, v. 3, n. 1, 2012, p. 185-187.

DONNELLY, Jack. **International Human Rights**. 2. ed. Colorado: Westview Press; 1998.

DWORKIN, Ronald. **Levando os direitos a sério**. Trad. Nelson Boeira. São Paulo: Martins Fontes, 2002.

FALK, Richard. **Human Rights and State Sovereignty**. New York: Holmes & Meier Publishers, inc., 1981.

FARIA, José Eduardo. O Judiciário e os direitos humanos e sociais: notas para uma avaliação da Justiça brasileira. In FARIA, José Eduardo (Org.). **Direitos humanos, direitos sociais e justiça**. São Paulo: Malheiros, 2010.

FERRAJOLI, Luigi. **A soberania no mundo moderno: nascimento e crise do Estado nacional**. Trad. Carlo Coccioli; Márcio Lauria Filho. São Paulo: Martins Fontes, 2002.

FERREIRA FILHO, Manoel Gonçalves. **Direitos Humanos Fundamentais**. São Paulo: Saraiva; 1998.

FIORILLO, Celso A. P. **Curso de Direito Ambiental Brasileiro**. 6. ed. São Paulo: Saraiva, 2005.

FIGUEIREDO, Guilherme José Purvin de. **Direito ambiental e a saúde dos trabalhadores**. 2 ed. São Paulo: LTr, 2007.

FONSECA, José Roberto Franco da. Especificidades das Regras Jurídicas Internacionais. In: Casella, Paulo Borba (Coord.). **Dimensão Internacional do Direito**. São Paulo: LTr; 2000 p. 202-210.

FONSECA, José Roberto Franco da. Estrutura e Funções da Corte Internacional de Justiça. In: Baptista, Luiz Olavo & Fonseca, José Roberto Franco da coordenadores. **O Direito Internacional no Terceiro Milênio** – Estudos em Homenagem ao Prof. Vicente Marotta Rangel. São Paulo: LTr; 1998.

FLORES, Joaquin Herrera. Direitos humanos, interculturalidade e racionalidade de resistência. **Sequência: Estudos Jurídicos e Políticos**, p. 9–30, 1 jan. 2002.

FRASER, Nancy. Da redistribuição ao reconhecimento? Dilemas da justiça numa era "pós-socialista". Trad. Júlia Assis Simões. **Cadernos de Campo**, v. 15, n. 14-15, 2006.

FRASER, Nancy. A justiça social na globalização: redistribuição, reconhecimento e participação. Trad. Teresa Tavares. **Revista Crítica de Ciências Sociais**, n. 63, p. 07–20, 1 out. 2002.

FRIAS, Lincoln; LOPES, Nairo. Considerações sobre o conceito de dignidade humana. **Revista Direito GV**, v. 11, n. 2, p. 649–670, dez. 2015.

GARCÍA, Fernando Silva. **Jurisprudencia interamericana sobre derechos humanos:** criterios esenciales. México: Dirección General de Comunicación del Consejo de la Judicatura, 2011.

GASPAR, Renata Alvares. **El Impacto del sistema interamericano de protección de los derechos humanos em Brasil: perspectivas políticas e jurídicas**. Dissertação de mestrado defendida em 25 de setembro de 2005. 99 páginas. Instituto de Iberoamerica da Universidade de Salamanca.

GILISSEN, John. **Introdução Histórica ao Direito**. Trad. de A.M. Hespanha e L. M. Macaísta Malheiros. 2. ed. Lisboa: Fundação Calouste Gulbenkian, 1995.

GOMES, Camilla de Magalhães. Os sujeitos do performativo jurídico – relendo a dignidade da pessoa humana nos marcos de gênero e raça. **Revista Direito e Práxis**, v. 10, n. 2, p. 871–905, jun. 2019.

GONÇALVES, Carlos Roberto. **Direito civil brasileiro**: direito das coisas. 5 ed. São Paulo: Saraiva, 2010.

GONÇALVES, Carlos Roberto. **Direito civil brasileiro** – Vol. 1: parte geral. 8. ed. São Paulo: Saraiva, 2010.

GRAU, Eros. **Ensaio e discurso sobre a interpretação/aplicação do direito**. 5 ed. São Paulo: Malheiros, 2009.

GUERRA, Sidney. **Direito internacional dos direitos humanos**. São Paulo: Saraiva, 2011.

GUERRA, Sidney. **O sistema interamericano de proteção dos direitos humanos e o controle de convencionalidade**. São Paulo: Atlas, 2013.

GUSSOLI, Felipe Klein. Critérios para a vinculação aos precedentes de corte internacionais de direitos humanos: um modelo de persuasão. **INTER: Revista de Direito Internacional e Direitos Humanos da UFRJ**, v. 2, n. 2, 23 dez. 2019.

HÄBERLE, Peter. **Hermenêutica constitucional a sociedade aberta dos intérpretes da constituição**: contribuição para a interpretação pluralista e "procedimental" da constituição. trad. Gilmar F. Mendes. Porto Alegre: Fabris, 2002.

HÄBERLE, Peter. **Estado Constitucional Cooperativo**. Trad. Marcos Augusto Maliska e Elisete Antoniuk. Rio de Janeiro: Renovar, 2007.

HARVEY, David. **Condição Pós-Moderna**. Trad. Adail U. Sobral; Maria Stela Gonçalves. 13. ed. São Paulo: Edições Loyola, 2004.

HEGEL, G. W. **Princípios da Filosofia do Direito**. Trad. Orlando Vitorino. São Paulo: Martins Fontes, 1997.

HELLER, Hermann. **La Soberanía** – Contribución a la teoría del derecho estatal y de derecho internacional. Traducción y estudio preliminar de Mario de la Cueva. México, D. F.: Fondo de Cultura Econômica, 1995.

HESSE, Konrad. **A força normativa da constituição**. Trad. Gilmar Ferreira Mendes. Porto Alegre: Sérgio Antonio Fabris Editor, 1991.

HIGÍDIO, José; VOLTARE, Emerson. Ações sobre a reforma trabalhista, 3 anos, repousam no Supremo. **Consultor Jurídico**, 28 nov. 2020. Disponível em: https://www.conjur.com.br/2020-nov-28/acoes-reforma-trabalhista-anos-caducam-supremo#author. Acesso em: 10 jan. 2021.

HOBSBAWN, Eric J. **Era dos Extremos** – O Breve Século XX – 1914-1991. Trad. Luciano Costa Neto. 2. ed. São Paulo: Companhia das Letras, 1996.

HOBSBAWN, Eric J. **A Era do Capital**. Trad. Luciano Costa Neto. 5. ed. São Paulo: Paz e Terra; 1996.

HONNETH, Axel. **Luta por reconhecimento:** a gramática moral dos conflitos sociais. Trad. Luiz Sérgio Repa. São Paulo: Ed. 34, 2011.

HUNT, Diana. **Economic Theories of Development:** An Analysis of Competing Paradigms. New York, Harvester Wheatsheaf, 1989.

IANNI, Octavio. **Teorias da Globalização**. 8. ed. Rio de Janeiro: Civilização Brasileira, 2000.

IBRAHIM, Fábio Zambitte. A Previdência Social como Direito Fundamental. **Revista EPD**, v. 5, p. 187-219, 2008.

JATAHY, Carlos Roberto de Castro. 20 anos de constituição: o novo ministério público e suas perspectivas no estado democrático de direito. In: FARIAS, Cristiano Chaves de; ALVES, Leonardo Barreto Moreira; ROSENVALD, Nelson. **Temas atuais do Ministério Público**. 3. ed. Salvador: Editora Juspodivm, 2012.

KANT, Immanuel. **Fundamentação da metafísica dos costumes e outros escritos**. Trad. Leopoldo Holzbach. São Paulo: Martin Claret, 2005.

KLUGE, Cesar H. O **Ministério Público e o Sistema Interamericano de Proteção dos Direitos Humanos:** possíveis caminhos para atuação interna e internacional. 2020. Mestrado – Universidade Católica de Brasília, Brasília, 2020.

KLUGE, Cesar H.; VITORELLI, Edilson. O processo estrutural no âmbito do sistema interamericano: reflexões a partir do caso Cuscul Pivaral e outros vs. Guatemala. **Processos estruturais**. Salvador: Juspodivm, 2020, p. 275–304.

LAFER, Celso. **A internacionalização dos direitos humanos:** constituição, racismo e relações internacionais. Barueri: Manole, 2005.

LAFER, Celso. **A Reconstrução dos Direitos Humanos**: Um diálogo com o pensamento de Hannah Arendt. São Paulo: Companhia das Letras; 1988.

LAFER, Celso. Declaração Universal dos Direitos Humanos (1948). In MAGNOLI, Demétrio (Org.). **História da paz**: os tratados que desenharam o planeta. São Paulo: Contexto, 2008.

LARENZ, Karl. **Metodologia da ciência do Direito**. Trad. José Lamego. 5 ed. Lisboa: Fundação Calouste Gulbekian, 2009.

LAUXEN, Elis Cristina Uhry; BARRETTO, Vicente de Paulo. A (re)construção da ideia de dignidade humana. **Revista Quaestio Iuris**, v. 11, n. 1, p. 67–88, 11 jan. 2018.

LAURENTIIS, Lucas C. **A proporcionalidade no direito constitucional:** origem, modelos e reconstrução dogmática. São Paulo: Malheiros, 2017.

LAYRARGUES, Philippe Pomier. Do Ecodesenvolvimento ao Desenvolvimento Sustentável: evolução de um conceito? **Revista Proposta**, Rio de Janeiro, v. 25, n. 71, p.5-10, abr. 1997.

LEGALE, Siddharta. Controle de convencionalidade consultivo? Um estudo em homenagem ao Professor Sidney Guerra. In: BUZANELLO, José Carlos; WINTER, Luís A. C. (orgs.). **Um novo Direito:** homenagem aos 25 Anos de Docência no Ensino Superior do Professor Dr. Sidney Guerra. Curitiba: Instituto Memória, 2019. p. 80–101.

LEGALE, Siddharta. Neoconstitucionalismo internacionalizado e internacionalização do direito: o engajamento tardio do direito constitucional do Brasil na esfera internacional. In: Carmen Tirburcio. (Org.). **Direito Internacional** - Coleção 80 anos da UERJ. Rio de Janeiro: Freitas Bastos, 2015, p. 543-570.

LEGALE, Siddharta; BASTOS NETTO, Claudio C. O princípio Pro Persona na jurisprudência da Corte Interamericana de Direitos Humanos: Um enigmático desconhecido. *In*: MENEZES, Wagner (org.). **Tribunais internacionais: extensão e limites da sua jurisdição**. Belo Horizonte: Arraes Editores, 2018. p. 410–421, p. 413-414.

LEIBNIZ, Gottfried Wilhelm. **Los Elementos del Derecho Natural**. Trad. Tomás Guillén Vera. Madrid: Tecnos, 1991.

LEITE, Carlos Henrique Bezerra. **Curso de Direito do Trabalho**. São Paulo: Saraiva Educação, 2018.

LENZA, Pedro. **Direito constitucional sistematizado**. 15 ed. São Paulo: Saraiva, 2011.

LEWANDOWSKI, Enrique R. **Proteção dos Direitos Humanos na Ordem Interna e Internacional**. Rio de Janeiro: Editora Forense, 1984.

LOPES, Ana Maria D´Ávila; CHEHAB, Isabelle Maria Campos Vasconcelos. Bloco de constitucionalidade e controle de convencionalidade: reforçando a proteção dos direitos humanos no Brasil. **Revista Brasileira de Direito**, v. 12, n. 2, p. 82–94, 15 dez. 2016.

LOPES FILHO, Francisco C. A.; MOREIRA, Thiago Oliveira. Há espaço para o Princípio *Pro Persona* no âmbito da racionalidade transversal do transconstitucionalismo? **Revista de Direitos Humanos e Desenvolvimentos Social**, v. 1, p. 1–19, 21 dez. 2020, p. 10-11.

LOPES, José Reinaldo de Lima. **O Direito na História** – Lições Introdutórias. São Paulo: Max Limonad, 2000.

MACCORMICK, Neil. Beyond the Sovereign State. **The Modern Law Review**, v. 56, n. 1, p. 1–18, 1993.

MAGALHÃES, Breno Baía. O sincretismo teórico na apropriação das teorias monista e dualista e sua questionável utilidade como critério para a classificação do modelo brasileiro de incorporação de normas internacionais. **Revista de Direito Internacional**, v. 12, n. 2, p. 77–96, 31 dez. 2015.

MAIA, Antonio Cavalcanti. Nos vinte anos da Carta Cidadã: do Pós-Positivismo ao Neoconstitucionalismo. In: SOUZA NETO, Cláudio Pereira de; SARMENTO, Daniel; BINENBOJM, Gustavo (Coord.). **Vinte anos da Constituição Federal de 1988**. Rio de Janeiro: Ed. Lumen Juris, 2009.

MALHOTRA, Rajeev. Right to development: where are we today? In SENGUPTA, Arjun; NEGI, Archna; BASU, Moushumi. **Reflections on the Right to Development**. Sage: New Delhi and London, 2005.

MALARINO, Ezequiel. Acerca de la pretendida obligatoriedad de la jurisprudencia de los órganos interamericanos de protección de derechos humanos para los tribunales judiciales nacionales. In: GRUPO LATINOAMERICANO DE ESTUDIOS SOBRE DERECHO PENAL INTERNACIONAL (org.). **Sistema Interamericano de Protección de los derechos humanos y derecho penal internacional**. Montevideo: Konrad Adenauer Stiftung, 2011. v. II, p. 435–455.

MALUSCHKE, Günther. A dignidade humana como princípio ético-jurídico. **NOMOS** - Revista do Curso de Mestrado da UFC, v. 37, n. 1, p. 95–117, jun. 2017.

MARKS, Stephen P. The Human Rights Framework for Development: Seven Approaches. In: SENGUPTA, Arjun; NEGI, Archna; BASU, Moushumi (orgs.). **Reflections on the Right to Development**. New Delhi, India: SAGE Publications India Pvt Ltd, 2005, p. 23–60.

MARMELSTEIN, George. **Curso de direitos fundamentais**. 2. ed. São Paulo: Atlas, 2009.

MARMELSTEIN, George. A eficácia incompleta das normas constitucionais: desfazendo um mal-entendido sobre o parâmetro normativo das omissões inconstitucionais. **RJurFA7**, v. 12, n. 1, p. 10–28, 30 jun. 2015.

MARTINS, Pedro Baptista. **Da Unidade do Direito e da Supremacia do Direito Internacional**. Atualizado por Luís Ivani de Amorim Araújo. Rio de Janeiro: Editora Forense, 1998.

MARX, Karl; ENGELS, Friedrich. **A ideologia alemã**. Trad. Álvaro Pina. São Paulo: Expressão Popular, 2009.

MATTOS, F. **Flexibilização do trabalho**: sintomas da crise. São Paulo: Annablume, 2009.

MAXIMILIANO, Carlos. **Hermenêutica e aplicação do direito**. 20. ed. Rio de Janeiro: Forense, 2011.

MENDES, Gilmar; COELHO, Inocêncio Mártires; BRANCO, Paulo Gustavo Gonet. **Curso de direito constitucional**. 5. ed. São Paulo: Saraiva, 2010.

MENDONÇA, Samuel. Objeções à igualdade e à democracia: a diferença como base da educação aristocrática. **ETD - Educação Temática Digital**, v. 14, n. 1, p. 332–350, 2012.

MILAGRES, Marcelo de Oliveira. **Direito à moradia**. São Paulo: Atlas, 2011.

MIRANDA, Pontes de. **Tratado de Direito Privado**. Tomo XI, § 1.161, n. 1. 3. ed. Rio de Janeiro: Editor Borsoi, 1971.

MORAES, Alexandre de. **Direitos humanos fundamentais**. 9. ed. São Paulo: Ed. Atlas, 2011, p. 13-15.

MORAES, Guilherme Peña de. **Curso de direito constitucional**. 4 ed. São Paulo: Atlas, 2012.

MORGENTHAU, Hans J. **Politics Among Nations** – The Struggle for Power and Peace. Revised by Kenneth W. Thompson. Chicago: McGraw Hill, 1993.

NEVES, Marcelo. **Transconstitucionalismo**. São Paulo: WMF Martins Fontes, 2009.

NIETZSCHE, Friedrich. **Escritos sobre Política.** Trad. Noéli Correia de Melo Sobrinho. São Paulo, SP: Loyola, 2007.

NIETZSCHE, Friedrich. **Genealogia da moral**: uma polêmica. Trad. Paulo César de Souza. São Paulo: Companhia das Letras, 2009.

NIKKEN, Pedro. El Derecho Internacional de los Derechos Humanos em el derecho interno. **Revista IIDH 57** (jan-jun2003): 15.

NOLASCO, Loreci Gottschalk. **Direito fundamental à moradia**. São Paulo: Pillares, 2008.

NÚCLEO DE ESTUDOS INTERNACIONAIS DA CLÍNICA DE DIREITO INTERNACIONAL DOS DIREITOS HUMANOS DA FACULDADE DE DIREITO DA UNIVERSIDADE DE SÃO PAULO; DEFENSORIA PÚBLICA DO ESTADO DE SÃO PAULO; MINISTÉRIO PÚBLICO FEDERAL. **Comentários Gerais dos Comitês de Tratados de Direitos Humanos da ONU: Comitê de Direitos Humanos. Comitê de Direitos Econômicos, Sociais e Culturais**. São Paulo: Defensoria Pública do Estado de São Paulo; Ministério Público Federal, 2018, p. 49. Disponível em: https://www.defensoria.sp.def.br/dpesp/repositorio/0/Coment%c3%a1rios%20Gerais%20da%20ONU.pdf. Acesso em: 02 jan. 2021.

OCAMPO, Raúl Granillo. **Direito internacional público da integração**. trad. Sérgio Duarte. Rio de Janeiro: Elsevier, 2009.

OXFAM INTERNACIONAL. **O vírus da desigualdade:** unindo um mundo dilacerado pelo coronavírus por meio de uma economia justa, igualitária e sustentável. Oxford: Oxfam GB, 2021. Disponível em: https://d335luupugsy2.cloudfront.net/cms%2Ffiles%2F115321%2F1611531366bp-the-inequality--virus-110122_PT_Final_ordenado.pdf. Acesso em: 30 jan. 2021.

PÁDUA, Antônio de Mais. O lugar do defensor nacional de direitos humanos na proteção continental dos direitos humanos. **Fórum DPU,** Brasília, v. 4, n. 12, p. 5-6, 2018.

PAGANI, Elaine Adelina. **Direito de propriedade e direito à moradia:** um diálogo comparativo entre o direito de propriedade urbana imóvel e o direito à moradia. Porto Alegre: EdiPUCRS, 2009.

PAREDES, Felipe. El Control de Proporcionalidad en la Jurisprudencia de la Corte Interamericana de Derechos Humanos: Hacia la Reconstrucción de un Modelo Integrado de Control y Deferencia. **Conpedi Law Review**, v. 2, n. 4, p. 147–163, 1 dez. 2016.

PASTOR RIDRUEJO, José A. *Curso de* **Derecho Internacional Publico y Organizaciones Internacionales**. 4. ed. Madrid: Tecnos; 1993.

PEREIRA, Caio Mário da Silva. **Instituições de Direito Civil** – Vol. II. 13. ed. Rio de Janeiro: Editora Forense, 1994.

PERRONE-MOISÉS, Cláudia. **Direito ao Desenvolvimento e Investimentos Estrangeiros**. São Paulo: Editora Oliveira Mendes; 1998.

PÉREZ, Aida Torres. En defensa del pluralismo constitucional. In: ECEIZABARRENA, Juan Ignácio U.; BERECIARTU, Gurutz J. (orgs.). **Derecho Constitucional Europeo**. Valencia: Tirant Lo Blanch, 2011.

PERNICE, Ingolf. Multilevel constitutionalism in the European Union. **European Law Review**, v. 27, n. 1/6, p. 511–529, 2002.

PERNICE, Ingolf. The Treaty of Lisbon: multilevel constitutionalism in action. **Colum. J. Eur. L.**, v. 15, p. 349, 2008.

PERNICE, Ingolf; KANITZ, Ralf. **Fundamental rights and multilevel constitutionalism in Europe**. 2004. Disponível em: http://www.whi-berlin.eu/tl_files/WHI-paper%20bis%202010/whi-paper0704.pdf. Acesso em: 11 set. 2020.

PERUZZO, Pedro Pulzatto. Direitos Humanos, povos indígenas e interculturalidade. **Revista Videre**, v. 8, n. 15, p. 4–18, 1 jul. 2016.

PETERKE, Sven (Coord.). **Manual Prático de Direitos Humanos Internacionais**. Brasília: Escola Superior do Ministério Público do União, 2010.

PETERS, Anne. Los Méritos Del Constitucionalismo Global. **Revista Derecho del Estado**, n. 40, p. 3-20, 2018.

PETERS, Anne. Compensatory constitutionalism: the function and potential of fundamental international norms and structures. **LJIL**, v. 19, p. 579–610, 2006.

PIOVESAN, Flávia. **Direitos humanos e o direito constitucional internacional**. 11 ed. São Paulo: Saraiva, 2010.

PIOVESAN, Flávia. **Temas de direitos humanos**. 11 ed. Saraiva: São Paulo, 2018.

PIOVESAN, Flávia. **Direitos Humanos e Justiça Internacional:** um estudo comparativo dos sistemas regionais europeu, interamericano e africano. 8 ed. São Paulo: Saraiva, 2018.

RAMÍREZ, Sergio García. The Relationship between Inter-American Jurisdiction and States (National Systems): Some Pertinent Questions. **Notre Dame J. Int'l Comp. L.**, v. 5, p. 115, 2015.

RAMÍREZ, Sergio García; SÁNCHEZ, Julieta Morales. Hacia el *ius commune interamericano*: la jurisprudencia de la Corte IDH en 2013-2016. **Anuario iberoamericano de justicia constitucional**, n. 20, seç. Anuario iberoamericano de justicia constitucional, p. 433–463, 2016.

RAMOS, André de Carvalho. **Curso de Direitos Humanos**. 7. ed. São Paulo: Saraiva Educação, 2020.

RAMOS, André de Carvalho. **Processo internacional de Direitos Humanos**. 6. ed. São Paulo: Saraiva Educação, 2019.

RAMOS, André de Carvalho. **Curso de Direitos Humanos**. São Paulo: Saraiva, 2014.

RAMOS, André de Carvalho. **Teoria Geral dos Direitos Humanos na Ordem Internacional**. 3. ed. São Paulo: Saraiva, 2013.

RAMOS, André de Carvalho. **Responsabilidade internacional por violação de direitos humanos**. Rio de Janeiro: Renovar, 2004.

RAMOS, André de Carvalho. **Direitos humanos em juízo:** comentários aos casos contenciosos e consultivos da corte interamericana de direitos humanos. São Paulo: Max Limonad, 2001.

RAMOS, André de Carvalho. Pluralidade das ordens jurídicas: uma nova perspectiva na relação entre o Direito Internacional e o Direito Constitucional. **Revista da Faculdade de Direito, Universidade de São Paulo**, v. 106/107, p. 497–524.

RAMOS, André de Carvalho. O Estatuto do Tribunal Penal Internacional e a Constituição Brasileira. in: CHOUKR, Fauzi & AMBOS, Kai (Organizadores). **Tribunal Penal Internacional**. São Paulo: RT; 2000; p. 245-289.

RÉ, Aluisio Iunes Monti Ruggeri. **Manual do Defensor Público**. Salvador: Juspodivm, 2013.

REALE, Miguel. **Fontes e modelos do direito:** para um novo paradigma hermenêutico. São Paulo: Saraiva, 1994.

REIS, Gustavo Augusto Soares dos. Educação em Direitos e Defensoria Pública: reflexões a partir da Lei Complementar 132/09. In: RÉ, Aluisio Iunes Monti Ruggeri (Org.). **Temas Aprofundados Defensoria Pública.** v. 1. 2. ed. Salvador: Juspodivm, 2014.

RIBEIRO, Daniela Menengoti; ROMANCINI, Malu. A teoria da interconstitucionalidade: uma análise com base na América Latina. **Revista de Direito Internacional**, v. 12, n. 2, p. 159–174, 31 dez. 2015.

ROMANO, Giovanni; PELLEGRINI, Maria Grazia, & PARROTA, Domenico Antonio. **La Nuova Corte Europea dei Diritti Dell'Uomo** – Per un Effettivo Giusto Processo. Milano: Giuffrè; 1999.

ROJAS, Claudio N. La doctrina del margen de apreciación y su nula recepción en la jurisprudencia de la Corte Interamericana de Derechos Humanos. **Anuario Colombiano de Derecho Internacional**, v. 11, 2018, p. 71-100.

ROLAND, Manoela Carneiro et al. Desafios e perspectivas para a construção de um instrumento jurídico vinculante em direitos humanos e empresas. **Revista Direito GV**, 2018, v.14, n.2, p. 398-399.

ROUSSEAU, Jean-Jacques. **Do contrato social.** Trad. Pietro Nassetti. São Paulo: Martin Claret, 2004.

RUDMAN, A. The Value of the Persistent Objector Doctrine in International Human Rights Law. **PER**, Potchefstroom, v. 22, n. 1, p. 1-38, 2019.

RUGGIE, John Gerard. **Quando negócios não são apenas negócios:** as corporações multinacionais e os direitos humanos. São Paulo: Planeta Sustentável, 2014.

SAAVREDRA ALVAREZ, Yuria. **El sistema africano de derechos humanos y de los pueblos: prolegómenos**. Disponível em: http://www.bibliojuridica.org/estrev/pdf/derint/cont/8/cmt/cmt20.pdf. Acesso em: 14 jan. 2021.

SABADELL, Ana Lucia; DIMOULIS, Dimitri. **Tribunal Penal Internacional e direitos fundamentais**: problemas de constitucionalidade. Cadernos de Direito, Piracicaba, 3(5): 241-259, jul./dez. 2003.

SACHS, Ignacy. Desenvolvimento, direitos humanos e cidadania. *In*: PINHEIRO, Paulo S.; GUIMARÃES, Samuel P. (orgs.). **Direitos humanos no século XXI**. Rio de Janeiro: Instituto de Pesquisa de Relações Internacionais Fundação Alexandre de Gusmão, 1998. p. 155–166, p. 157. Disponível em: http://funag.gov.br/loja/download/253-Direitos_Humanos_no_Seculo_XXI_-_Parte_I.pdf#page=155. Acesso em: 7 jan. 2021.

SALCEDO, Juan Antonio Carrillo. **El Derecho Internacional en Perspectiva Histórica**. Madrid: Tecnos, 1991.

SANTOS, Boaventura de Sousa. **Pela mão de Alice:** o social e o político na pós-modernidade. 14. ed. São Paulo: Cortez, 2013.

SANTOS, Boaventura de Sousa. **A gramática do tempo: para uma nova cultura política**. 2. ed. Porto: Edições Afrontamento, 2010.

SANTOS, Boaventura de Sousa. **A crítica da razão indolente**: contra o desperdício da experiência. 2. ed. Porto: Edições Afrontamento, 2002.

SANTOS, Boaventura de Sousa. The resilience of abyssal exclusions in our societies: toward a post--abyssal law. **Tilburg Law Review**, v. 22, n. 1-2, p. 237-258, 2017.

SANTOS, Boaventura de Sousa. Do pós-moderno ao pós-colonial. E para além de um e de outro. **Travessias**, n. 6/7, p. 15–36, 2008.

SANTOS, Boaventura de Sousa. Por uma concepção multicultural de direitos humanos. **Revista crítica de ciência sociais**, n.º 48, jun. 1997, p. 11-32. Coimbra: Centro de Estudos Sociais da Universidade de Coimbra, 1997.

SANTOS, Rafael Padilha dos. O tratamento jurídico e normativo da dignidade da pessoa humana e sua aplicação na cultura jurídica estadunidense, europeia e brasileira. **Revista Direitos Culturais**, v. 13, n. 30, p. 45–72, 16 set. 2018.

SARAIVA, José Flávio Sombra. Dois Gigantes e um Condomínio: da Guerra Fria à Coexistência Pacífica. In. **Relações Internacionais Contemporâneas de 1815 a nossos dias** – Da Construção do Mundo Liberal à Globalização. Brasília: Paralelo 15 Editores, 1997.

SARLET, Ingo W. Controle de convencionalidade dos tratados internacionais. **Consultor Jurídico**, 10 abr. 2015. Disponível em: http://www.conjur.com.br/2015-abr-10/direitos-fundamentais-controle-convencionalidade-tratados-internacionais. Acesso em: 17 jan. 2021.

SARLET, Ingo W. Notas sobre a dignidade da pessoa humana na jurisprudência do Supremo Tribunal Federal. In SARMENTO, Daniel; SARLET, Ingo Wolfgang (Coord.). **Direitos Fundamentais no Supremo Tribunal Federal**: balanço e crítica. Rio de Janeiro: Lumen Juris Editora, 2011.

SARLET, Ingo W. Neoconstitucionalismo e influência dos direitos fundamentais no direito privado: algumas notas sobre a evolução brasileira. In: SARLET, Ingo Wolfgang (Org.). **Constituição, direitos fundamentais e direito privado**. Porto Alegre: Livr. do Advogado, 2010.

SARLET, Ingo W. A influência dos direitos fundamentais sobre o direito privado na Alemanha. In: SARLET, Ingo Wolfgang (Org.). **Constituição, direitos fundamentais e direito privado**. Porto Alegre: Livr. do Advogado, 2010.

SARLET, Ingo W. **Dignidade da Pessoa Humana e Direitos Fundamentais na Constituição Federal de 1988**. 4. ed. Porto Alegre: Livraria do Advogado Editora, 2006.

SARLET, Ingo W. A problemática dos fundamentais sociais como limites materiais ao poder de reforma da constituição. In: SARLET, Ingo Wolfgang (Org.). **Direitos fundamentais sociais**: estudos de Direito Constitucional, Internacional e Comparado. Rio de Janeiro: Renovar, 2003.

SARLET, Ingo W.; MARINONI, Luiz Guilherme; MITIDIERO, Daniel. **Curso de Direito Constitucional**. 9. ed. São Paulo: Saraiva Educação, 2020.

SARLET, Ingo W.; FIGUEIREDO, Mariana Filchtiner. Reserva do possível, mínimo existencial e direito à saúde. **Revista Brasileira de Direitos Fundamentais & Justiça**, v. 1, n. 1, p. 171–213, 2007.

SARMENTO, Daniel. **Dignidade da pessoa humana**: conteúdo, trajetórias e metodologia. 2. ed. Belo Horizonte: Fórum, 2020.

SARMENTO, Daniel. A vinculação dos particulares aos direitos fundamentais. In: SARMENTO, Daniel; SARLET, Ingo Wolfgang (Coords.). **Direitos fundamentais no Supremo Tribunal Federal**: balanço e crítica, cit., p. 133-137.

SEN, Amartya. **Sobre ética e economia**. Trad. Laura Teixeira Motta. São Paulo: Companhia das Letras, 1999.

SEN, Amartya. **Desenvolvimento como liberdade**. Trad. Laura Teixeira Motta. São Paulo: Companhia das Letras, 2010.

SEN, Amartya. Human Rights and Capabilities. **Journal of Human Development**, v. 6, n. 2, p. 151–166, 2005.

SEN, Amartya. **Poverty and famines**: an essay on entitlement and deprivation. Oxford University Press, 1982.

SENGUPTA, Arjun. On the Theory and Practice of the Right to Development. **Human Rigths Quartely**, vol. 24, n 4, 2002, p.837-889.

SILVA, José Afonso da. **Curso de direito constitucional positivo**. 11. ed. São Paulo: Malheiros Ed., 1996.

SILVA, José Afonso da. A dignidade da pessoa humana com valor supremo da democracia. **Revista de direito administrativo**, v. 212, p. 89–94, 1998.

SILVA, José A. Ribeiro de Oliveira. **A saúde do trabalhador como um direito humano**: conteúdo essencial da dignidade humana. São Paulo: LTr, 2008, p. 99-101.

SILVA, Pedro Luiz Barros; MELO, Marcus André Barreto de. O processo de implementação de políticas públicas no Brasil: características de deterrminantes da avaliação de programas e projetos. **Cadernos de Pesquisa NEPP**, v. 48, p. 3–13, 2000.

SILVA, Virgílio Afonso da. O proporcional e o razoável. **Revista dos Tribunais**, n. 798, 2002, p. 23-50.

SILVA, Virgílio Afonso da. Princípios e regras: mitos e equívocos acerca de uma distinção. **Revista Latino-Americana de Estudos Constitucionais**, v. 1, 2003, p. 607-630.

SILVA, Virgílio Afonso da. **Direitos fundamentais**: conteúdo essencial, restrições e eficácia. São Paulo: Malheiros, 2009.

SOARES, Guido F. S. Direitos Humanos e Meio Ambiente. In: AMARAL JÚNIOR, Alberto do & PERRONE-MOISÉS, Cláudia (orgs.). **O Cinquentenário da Declaração Universal dos Direitos do Homem**. São Paulo: Edusp; 1998.

SÓFOCLES. **Antígona**. Trad. Domingos Paschoal Cegalla. 4. ed. Rio de Janeiro: Difel, 2011.

SOUZA, Sérgio Iglesias Nunes de. **Direito à moradia e de habitação**: análise comparativa e suas implicações teóricas e práticas com os direitos da personalidade. 2 ed. São Paulo: Revista dos Tribunais, 2009.

STEINER, Sylvia Helena de Figueiredo. **A Convenção Americana sobre Direitos Humanos e sua Integração ao Processo Penal Brasileiro**. São Paulo: RT, 2000.

STEINMETZ, Wilson. **A vinculação dos particulares a direitos fundamentais**. São Paulo, Malheiros, 2004.

STRECK, Lenio Luiz. **Verdade e consenso:** constituição, hermenêutica e teorias discursivas. 6. ed. São Paulo: Saraiva, 2017.

STRECK, Lenio Luiz. A crise paradigmática do direito no contexto da resistência positivista ao (neo) constitucionalismo. In: SOUZA NETO, Cláudio Pereira de; SARMENTO, Daniel; BINENBOJM, Gustavo (Coord.). **Vinte anos da Constituição Federal de 1988**. Rio de Janeiro: Ed. Lumen Juris, 2009.

URUEÑA, René. Luchas locales, cortes internacionales. Una exploración de la protección multinivel de los derechos humanos en América Latina. **Revista Derecho del Estado**, n. 30, p. 301-328, 2013.

VALE, André Rufino do. **Estrutura das normas dos direitos fundamentais**: repensando a distinção entre regras e princípios. São Paulo: Saraiva, 2009.

VATTEL, Emmerich de. **Droit des gens:** principes de la loi naturelle appliqués à la conduite et aux affaires des nations et des souverains. Washington: Carnegie Institution, 1916.

VENOSA, Silvio de Salvo. **Direito civil**: direitos reais. 2 ed. São Paulo: Atlas, 2002.

VIEIRA, E. T.; SANTOS, M. J. Desenvolvimento econômico regional: uma revisão histórica e teórica. **Revista Brasileira de Gestão e Desenvolvimento Regional**, v. 8, n. 2, p. 344-369, mai-ago/2012.

VIANA, Márcio Túlio. Trabalho escravo e "lista suja": um modo original de se remover uma mancha. In: **Revista do Tribunal Regional do Trabalho da 3ª região**, Belo Horizonte, v.44, n.74 p.189-215, jul./dez 2006.

VITORELLI, Edilson. Levando os conceitos a sério: processo estrutural, processo coletivo, processo estratégico e suas diferenças. **Revista de Processo**, v. 284, p. 333-369, 2018.

VITORIA, Francisco de. **La ley**. Estudio preliminar y traducción de Luis Frayle Delgado. Madrid: Tecnos, 1995.

WALKER, Neil. The idea of constitutional pluralism. **The Modern Law Review**, v. 65, n. 3, p. 317-359, 2002.

WEIS, Carlos. **Direitos Humanos Contemporâneos**. 2. ed. São Paulo: Malheiros, 2011.

ZAGREBELSKY, Gustavo. **El derecho dúctil**: ley, derechos, justicia. Trad. Marina Gascón. 10. ed. Madrid: Editorial Trotta, 2011.

SITES CONSULTADOS

AFRICAN COMMISSION ON HUMAN AND PEOPLES' RIGHTS. **Rules of procedure of the African Commission on Human and Peoples' Rights**. Disponível em: https://www.achpr.org/public/Document/file/English/rules_of_procedure_2010_en.pd. Acesso em: 14 jan. 2021.

AFRICAN COURT ON HUMAN AND PEOPLES' RIGHTS. **AFCHPR Cases**. Arusha, 15 jan. 2021. Disponível em: https://www.african-court.org/wpafc/wp-content/uploads/2020/10/4-RULES-OF--THE-COURT-25-September-2020.pdf. Acesso em: 15 jan. 2021.

AFRICAN COURT ON HUMAN AND PEOPLES' RIGHTS. **Basic Information**. Arusha, s.d. Disponível em: https://www.african-court.org/wpafc/basic-information/. Acesso em: 14 jan. 2021.

AFRICAN COURT ON HUMAN AND PEOPLES' RIGHTS. **Declarations**. Arusha, s.d. Disponível em: https://www.african-court.org/wpafc/declarations/. Acesso em: 15 jan. 2021.

AFRICAN COURT ON HUMAN AND PEOPLES' RIGHTS. **Rules of Court**. Arusha, 01 set. 2020. Disponível em: https://www.african-court.org/wpafc/wp-content/uploads/2020/10/4-RULES-OF--THE-COURT-25-September-2020.pdf. Acesso em: 14 jan. 2021.

AFRICAN UNION. **Protocol on the Statute of the African Court of Justice and Human Rights**. List of Countries Which Have Signed, Ratified/Acceded to the Protocol on the Statute of the African Court of Justice and Human Rights. Addis Abeba, 18 jun. 2020. Disponível em: https://au.int/en/treaties/protocol-statute-african-court-justice-and-human-rights Acesso em: 18 jan. 2021.

ASOCIACIÓN INTERAMERICANA DE DEFENSORÍAS PÚBLICAS (AIDEF). **Acuerdo de entendimiento entre la Corte Interamericana y la AIDEF** -Firmado el 25 de septiembre de 2009 en la ciudad de San José de Costa Rica, Costa Rica. Disponível em: http://www.mpd.gov.ar/users/uploads/Acuerdo_de_Entendimiento_entre_la_CIDH-AIDEF.pdf. Acesso em: 06 jan. 2021.

ASOCIACIÓN INTERAMERICANA DE DEFENSORÍAS PÚBLICAS (AIDEF). **Acuerdo de entendimiento entre la CIDH y la AIDEF** – Firmado el 8 de marzo de 2013 en la ciudad de Washington DC, Estados Unidos de América. Disponível em: http://www.mpd.gov.ar/index.php/component/content/article/126-internacional/aidef/471-acuerdo-de-entendimiento-entre-la-cidh-y-la--aidef-firmado-el-8-de-marzo-de-2013-en-la-ciudad-de-washington-dc-estados-unidos-de--america.html?Itemid=101. Acesso em: 06 jan. 2021.

ASOCIACIÓN INTERAMERICANA DE DEFENSORÍAS PÚBLICAS **Reglamento Unificado AIDEF ante CIDH y CorteIDH**. Santiago, Chile, 4 set. 2018. Disponível em: http://aidef.org/defensores--publicos-interamericanos/reglamentos. Acesso em: 18 jan. 2021.

ASSOCIAÇÃO NACIONAL DAS DEFENSORAS E DEFENSORES PÚBLICOS. **Cartilhas**. Brasília, s.d. Disponível em: https://www.anadep.org.br/wtk/pagina/cartilhas. Acesso em: 18 jan. 2021.

BRASIL. CÂMARA DOS DEPUTADOS. **Comissão de Direitos Humanos e Minorias.** Histórico. Brasília, s.d. Disponível em: https://www2.camara.leg.br/atividade-legislativa/comissoes/comissoes--permanentes/cdhm/atribuicoes/historico. Acesso em: 03 jan. 2021.

BRASIL. CÂMARA DOS DEPUTADOS. **Comissão de Direitos Humanos e Minorias.** Atribuições. Brasília, s.d. Disponível em https://www2.camara.leg.br/atividade-legislativa/comissoes/comissoes--permanentes/cdhm/atribuicoes. Acesso em: 03 jan. 2021.

BRASIL. CONSELHO NACIONAL DE DIREITOS HUMANOS. **Resolução nº 5 de 12 de março de 2020**. Dispõe sobre Diretrizes Nacionais para uma Política Pública sobre Direitos Humanos e Empresas. Brasília, 2020. Disponível em: http://homacdhe.com/wp-content/uploads/2020/03/Resolu%C3%A7%C3%A3o-n%C2%BA5-2020-CNDH.pdf. Acesso em: 09 jan. 2021.

BRASIL. DEFENSORIA PÚBLICA DA UNIÃO. **Apoio à Atuação no Sistema Interamericano de Direitos Humanos**. Brasília, s.d. Disponível em: https://www.dpu.def.br/assistencia-internacional/sistema-interamericano#faqnoanchor. Acesso em: 04 jan. 2021.

BRASIL. MINISTÉRIO DA JUSTIÇA. **Portal de Dados.MJ.** Infopen - Levantamento Nacional de Informações Penitenciárias. Brasília, s.d. Disponível em: http://dados.mj.gov.br/dataset/infopen--levantamento-nacional-de-informacoes-penitenciarias. Acesso em: 18 jan. 2021.

BRASIL. MINISTÉRIO DA MULHER, DA FAMÍLIA E DOS DIREITOS HUMANOS. **Institucional.** Brasília, s.d. Disponível em: https://www.gov.br/mdh/pt-br/acesso-a-informacao/institucional. Acesso em: 03 jan. 2021.

BRASIL. MINISTÉRIO PÚBLICO DO TRABALHO. **Relatório de Atividades da Secretaria de Cooperação Internacional Trabalhista (SCIT)**. Brasília, 2020 (veiculação restrita).

BRASIL. MINISTÉRIO PÚBLICO FEDERAL. PROCURADORIA-GERAL DA REPÚBLICA. **Parecer ADPF 320/DF**. Brasília, 2014. Disponível em: http://portal.stf.jus.br/processos/downloadPeca.asp?id=5102145&ext=.pdf. Acesso em: 03 jan. 2021.

BRASIL. SECRETARIA DE GOVERNO. IBGE. **Indicadores Brasileiros para os Objetivos de Desenvolvimento Sustentável**. Brasília, s.d. Disponível em: https://odsbrasil.gov.br/. Acesso em: 23 dez. 2020.

BRASIL. SUPREMO TRIBUNAL FEDERAL. **Agenda 2030.** Brasília, s.d. Disponível em: http://portal.stf.jus.br/hotsites/agenda-2030/. Acesso em: 23 dez. 2020.

COMISIÓN INTERAMERICANA DE DERECHOS HUMANOS; RELATORÍA ESPECIAL SOBRE DERECHOS ECONÓMICOS SOCIALES CULTURALES Y AMBIENTALES. **Informe sobre Empresas y Derechos Humanos: Estándares Interamericanos.** Washington: OEA, 2019. Disponível em: https://www.oas.org/es/cidh/informes/pdfs/EmpresasDDHH.pdf. Acesso em: 10 jan. 2021.

COMISSÃO INTEARMERICANA DE DIREITOS HUMANOS. **Resolución 14/2013**. Medida Cautelar Nº. 8-13. Asunto Personas Privadas de Libertad en el "Presidio Central de Porto Alegre" respecto de Brasil. 30 de diciembre de 2013 Disponível em: http://www.oas.org/es/cidh/decisiones/pdf/MC8-13Resolucion14-13-es.pdf. Acesso em: 03 jan. 2021.

COMISSÃO INTERAMERICANA DE DIREITOS HUMANOS. **Caso 11.289: José Pereira** versus **Brasil** – Relatório n.º 95/03 (Solução Amistosa), de 24 de outubro de 2003. Washington, 2003. Disponível em: https://cidh.oas.org/annualrep/2003port/Brasil.11289.htm. Acesso em: 24 dez. 2020.

COMISSÃO INTERAMERICANA DE DIREITOS HUMANOS. **Caso 12.051: Maria da Penha Maia Fernandes** versus **Brasil** – Relatório n.º 54/01, de 04 de abril de 2001. Washington, 2001. Disponível em: https://www.cidh.oas.org/annualrep/2000port/12051.htm. Acesso em: 24 dez. 2020.

COMISSÃO INTERAMERICANA DE DIREITOS HUMANOS. **Convenção Americana sobre Direitos** Humanos, Washington, s.d. Disponível em: http://www.cidh.oas.org/basicos/portugues/d.Convencao_Americana_Ratif..htm. Acesso em: 07 jan. 2021.

COMISSÃO INTERAMERICANA DE DIREITOS HUMANOS. **Informe Anual 2019**. Washington, 2020, p. 255. Disponível em: http://www.oas.org/es/cidh/docs/anual/2019/docs/IA2019cap3-es.pdf. Acesso em: 03 jan. 2021.

COMISSÃO INTERAMERICANA DE DIREITOS HUMANOS. **Resolução n.º 1/19**. Revisão Inicial de Petições. Washington, 2019. Disponível em: http://www.oas.org/es/cidh/decisiones/resoluciones.asp. Acesso: 05 jan. 2021.

COMISSÃO INTERAMERICANA DE DIREITOS HUMANOS. **Situação dos direitos humanos no Brasil.** Washington: OEA, 2021. Disponível em: https://www.oas.org/pt/cidh/relatorios/pdfs/Brasil2021-pt.pdf. Acesso em: 06 mar. 2021

COMISSÃO INTERNACIONAL DE JURISTAS; SERVIÇO INTERNACIONAL DE DIREITOS HUMANOS. **Princípios de Yogyakarta:** princípios sobre a aplicação da legislação internacional de direitos humanos em relação à orientação sexual e identidade de gênero. Indonésia: Universidade Gadjah Mada, 2006. Disponível em: http://www.dhnet.org.br/direitos/sos/gays/principios_de_yogyakarta.pdf. Acesso em: 19 nov. 2020.

COMITÊ INTERNACIONAL DA CRUZ VERMELHA. **As Convenções de Genebra de 1949 e seus Protocolos Adicionais:** Panorama. Genebra, 19 out. 2010. Disponível em: https://www.icrc.org/pt/doc/war-and-law/treaties-customary-law/geneva-conventions/overview-geneva-conventions.htm. Acesso em: 27 dez. 2020.

COMITÊ INTERNACIONAL DA CRUZ VERMELHA. **Para servir e proteger:** Direitos Humanos e Direito Internacional Humanitário para forças policiais e de segurança. Manual para instrutores. 4. ed. Genebra: Comitê Internacional da Cruz Vermelha, 2005. Disponível em: https://www.icrc.org/pt/doc/assets/files/other/icrc_007_0698.pdf. Acesso em: 27 dez. 2020.

CONSELHO NACIONAL DO MINISTÉRIO PÚBLICO. **Resolução nº 201, de 4 de novembro de 2019:** altera as Resoluções nº 129/2015 e nº 181/2017, ambas do CNMP, com o objetivo de adequá-las às disposições do Direito Internacional dos Direitos Humanos, especialmente à decisão do caso Favela Nova Brasília vs. Brasil, da Corte Interamericana de Direitos Humanos. Disponível em: https://www.cnmp.mp.br/portal/atos-e-normas-busca/norma/6946. Acesso em: 03 jan. 2021.

CONSELHO NACIONAL DOS PROCURADORES-GERAIS (CNPG). Grupo Nacional de Direitos Humanos – GNDH. Porto Alegre, s.d. Disponível em: https://www.cnpg.org.br/index.php/gndh. Acesso em: 03 jan. 2021.

CORPORATIONS AND HEALTH WATCH. **The 100 Largest Governments and Corporations**, 2015. Disponível em: https://corporationsandhealth.org/2015/08/27/the-100-largest-governments--andcorporations-by-revenue/. Acesso em: 18 nov. 2020.

CORTE INTERAMERICANA DE DIREITOS HUMANOS. **Caso "A Última Tentação de Cristo" (Olmedo Bustos e outros)** vs. **Chile.** Sentença de 5 de fevereiro de 2001, (Mérito, Reparações e Custas). San José da Costa Rica, 2001. Disponível em: https://www.corteidh.or.cr/docs/casos/articulos/seriec_73_por.pdf. Acesso em: 24 dez. 2020.

CORTE INTERAMERICANA DE DIREITOS HUMANOS. **Caso Almonacid Arellano y Otros vs. Chile.** Sentencia de 26 de septiembre de 2006 (Excepciones Preliminares, Fondo, Reparaciones y Costas). San José da Costa Rica, 2006, p. 53 (124). Disponível em: https://www.corteidh.or.cr/docs/casos/articulos/seriec_154_esp.pdf. Acesso em: 02 jan. 2020.

CORTE INTERAMERICANA DE DIREITOS HUMANOS. **Caso Caballero Delgado y Santana vs. Colombia**, Sentencia de 21 enero de 1994 (Excepciones Preliminares). San José, 1994. Disponível em: https://www.corteidh.or.cr/docs/casos/articulos/seriec_17_esp.pdf. Acesso em 07 jan. 2021.

CORTE INTERAMERICANA DE DIREITOS HUMANOS. **Caso Cabrera García e Montiel Flores vs. México: Voto Arrazoado de Eduardo Ferrer Mac-Gregor Poisot (juiz ad hoc).** Sentencia de 26 de noviembre de 2010 (Excepción Preliminar, Fondo, Reparaciones y Costas). San José da Costa Rica, 2010, p. 08 (21). Disponível em: https://www.corteidh.or.cr/docs/casos/articulos/seriec_220_esp.pdf. Acesso em: 02 jan. 2020.

CORTE INTERAMERICANA DE DIREITOS HUMANOS. **Caso Cuscul Pivaral y otros Vs. Guatemala.** Sentencia de 23 de agosto de 2018 (Excepción Preliminar, Fondo, Reparaciones y Costas). San José da Costa Rica, 2018. Disponível em: https://www.corteidh.or.cr/docs/casos/articulos/seriec_378_esp.pdf. Acesso em: 04 jan. 2021.

CORTE INTERAMERICANA DE DIREITOS HUMANOS. **Caso Empregados da Fábrica de Fogos de Santo Antônio de Jesus vs. Brasil.** Sentença de 15 de Julho de 2020 (Exceções Preliminares, Mérito, Reparações e Custas). San José da Costa Rica, 2020. Disponível em: https://www.corteidh.or.cr/docs/casos/articulos/seriec_407_por.pdf. Acesso em: 03 jan. 2021.

CORTE INTERAMERICANA DE DIREITOS HUMANOS. **Caso Favela Nova Brasília Vs. Brasil**. Sentença de 5 de Fevereiro de 2018 (Interpretação da Sentença de Exceções Preliminares, Mérito, Reparações e Custas). San Jose, 2018, p. 12-14 (64-67). Disponível em: https://www.corteidh.or.cr/docs/casos/articulos/seriec_345_por.pdf. Acesso em: 07 jan. 2021.

CORTE INTERAMERICANA DE DIREITOS HUMANOS. **Caso Gomes Lund e Outros ("Guerrilha Do Araguaia") vs. Brasil.** Sentença de 24 de novembro de 2010 (Exceções Preliminares, Mérito, Reparações e Custas). San José da Costa Rica, 2010. Disponível em: https://www.corteidh.or.cr/docs/casos/articulos/seriec_154_esp.pdf. Acesso em: 02 jan. 2020.

CORTE INTERAMERICANA DE DIREITOS HUMANOS. **Caso Herzog e Outros vs. Brasil.** Sentença de 15 de Março de 2018 (Exceções Preliminares, Mérito, Reparações e Custas). San José da Costa Rica, 2018. Disponível em: https://www.corteidh.or.cr/docs/casos/articulos/seriec_353_por.pdf. Acesso em: 24 dez. 2020.

CORTE INTERAMERICANA DE DIREITOS HUMANOS. **Caso Lagos Del Campo** vs. **Perú.** Sentencia de 31 de Agosto de 2017 (Excepciones Preliminares, Fondo, Reparaciones y Costas). San José da

Costa Rica, 2017. Disponível em: https://www.corteidh.or.cr/docs/casos/articulos/seriec_340_esp.pdf. Acesso em: 31 dez. 2020.

CORTE INTERAMERICANA DE DIREITOS HUMANOS. **Caso Loayza Tamayo Vs. Perú.** Sentencia de 17 de septiembre de 1997 (Fondo). San Jose, 1997. Disponível em: https://www.corteidh.or.cr/docs/casos/articulos/seriec_33_esp.pdf. Acesso em: 07 jan. 2021.

CORTE INTERAMERICANA DE DIREITOS HUMANOS. **Caso Poblete Vilches e Outros vs. Chile.** Sentencia de 8 de Marzo de 2018 (Fondo, Reparaciones y Costas). San José da Costa Rica, 2018. Disponível em: https://www.corteidh.or.cr/docs/casos/articulos/seriec_349_esp.pdf. Acesso em: 31 dez. 2020.

CORTE INTERAMERICANA DE DIREITOS HUMANOS. **Caso San Miguel Sosa y Otras vs. Venezuela.** Sentencia de 8 de Febrero de 2018 (Fondo, Reparaciones y Costas). San José da Costa Rica, 2018. Disponível em: https://www.corteidh.or.cr/docs/casos/articulos/seriec_348_esp.pdf.

CORTE INTERAMERICANA DE DIREITOS HUMANOS. **Caso Ticona Estrada e outros vs. Bolivia.** Sentença de 27 de novembro de 2008 (Mérito, Reparações e Custas). San José da Costa Rica, 2008, p. 32 (110). Disponível em: https://www.corteidh.or.cr/docs/casos/articulos/seriec_191_esp.pdf. Acesso em: 06 jan. 2021.

CORTE INTERAMERICANA DE DIREITOS HUMANOS. **Caso Trabajadores Cesados del Congreso (Aguado Alfaro y otros). Vs. Perú.** Sentencia de 24 de noviembre de 2006 (Excepciones Preliminares, Fondo, Reparaciones y Costas). San José da Costa Rica, 2006, p. 47 (128). Disponível em: https://www.corteidh.or.cr/docs/casos/articulos/seriec_158_esp.pdf. Acesso em: 02 jan. 2020.

CORTE INTERAMERICANA DE DIREITOS HUMANOS. **Caso Trabajadores Cesados de Petroperú y Otros vs. Perú.** Sentencia de 23 de Noviembre de 2017 (Excepciones Preliminares, Fondo, Reparaciones y Costas). San José da Costa Rica, 2017. Disponível em: https://www.corteidh.or.cr/docs/casos/articulos/seriec_344_esp.pdf. Acesso em: 31 dez. 2020.

CORTE INTERAMERICANA DE DIREITOS HUMANOS. **Caso Trabalhadores da Fazenda Brasil Verde vs. Brasil.** Sentença de 20 de Outubro de 2016 (Exceções Preliminares, Mérito, Reparações e Custas). San José da Costa Rica, 2016. Disponível em: https://www.corteidh.or.cr/docs/casos/articulos/seriec_318_por.pdf. Acesso em: 24 dez. 2020.

CORTE INTERAMERICANA DE DIREITOS HUMANOS. **Caso Trabalhadores da Fazenda Brasil Verde vs. Brasil.** Resolução do Presidente da Corte de 11 de dezembro de 2015. San José da Costa Rica, 2015. Disponível em: https://www.corteidh.or.cr/docs/asuntos/trabajadores_11_12_15_por.pdf. Acesso em: 03 jan. 2021.

CORTE INTERAMERICANA DE DIREITOS HUMANOS. **Caso Vladimir Herzog e outros vs. Brasil.** Resolução do Presidente da Corte de 07 de abril de 2017. San José da Costa Rica, 2017. Disponível em: https://www.corteidh.or.cr/docs/asuntos/herzog_07_04_17_por.pdf. Acesso em: 03 jan. 2021.

CORTE INTERAMERICANA DE DIREITOS HUMANOS. **Caso Ximenes Lopes versus Brasil.** Sentença de 4 de julho de 2006 (Mérito, Reparações e Custas). San José da Costa Rica, 2006. Disponível em: https://www.corteidh.or.cr/docs/casos/articulos/seriec_149_por.pdf. Acesso em: 03 jan. 2021.

CORTE INTERAMERICANA DE DIREITOS HUMANOS. **Opinión Consultiva OC-14/94, del 9 de Diciembre de 1994, Solicitado por la** Comisión Interamericana De Derechos Humanos: Responsabilidad internacional por expedición y aplicación de leyes violatorias de la Convención (arts. 1 y 2 Convención Americana sobre Derechos Humanos). San José da Costa Rica, 1994. https://www.corteidh.or.cr/docs/opiniones/seriea_14_esp.pdf. Acesso em: 24 dez. 2020.

CORTE INTERAMERICANA DE DIREITOS HUMANOS. **Opinión Consultiva OC-10/89, del 14 de Julio de 1989, Solicitado por la República de Colombia:** Interpretación de la Declaración Americana de los Derechos y Deberes del Hombre en el marco del artículo 64 de la Convención Americana sobre Derechos Humanos. San José da Costa Rica, 1989. https://www.corteidh.or.cr/docs/opiniones/seriea_10_esp.pdf. Acesso em: 04 jan. 2021.

CORTE INTERAMERICANA DE DIREITOS HUMANOS. **Opinión Consultiva OC-13/93 de 16 de julio de 1993**: Ciertas atribuciones de la Comisión Interamericana de Derechos Humanos (Arts. 41, 42, 44, 46, 47, 50 y 51 de la Convención Americana sobre Derechos Humanos). San José da Costa Rica, 1993, parágrafo 56. Disponível em: https://www.corteidh.or.cr/docs/opiniones/seriea_13_esp.pdf. Acesso em: 06 jan. 2021.

CORTE INTERAMERICANA DE DIREITOS HUMANOS. **Opinión Consultiva OC-26/20, de 9 de noviembre de 2020, solicitado por la República de Colômbia:** La denuncia de la Convención Americana sobre Derechos Humanos y de la Carta de la Organización de los Estados Americanos y sus efectos sobre las obligaciones estatales en materia de derechos humanos (Interpretación y alcance de los artículos 1, 2, 27, 29, 30, 31, 32, 33 a 65 y 78 de la Convención Americana sobre Derechos Humanos y 3.l), 17, 45, 53, 106 y 143 de la Carta de la Organización de los Estados Americanos). San Jose da Costa Rica, 2020. Disponível em: https://www.corteidh.or.cr/docs/opiniones/seriea_26_esp.pdf. Acesso em: 05 jan. 2021.

CORTE INTERAMERICANA DE DIREITOS HUMANOS. **Opinión Consultiva OC-20/09 de 29 de Septiembre de 2009.** Solicitada por la República Argentina. Artículo 55 de la Convención Americana sobre Derechos Humanos. San Jose, 2009. Disponível em: https://www.corteidh.or.cr/docs/opiniones/seriea_20_esp1.pdf. Acesso em: 07 jan. 2021.

CORTE INTERAMERICANA DE DIREITOS HUMANOS. **Parecer Consultivo OC-18/03, de 17 de Setembro de 2003, Solicitado pelos Estados Unidos Mexicanos**: A Condição Jurídica e os Direitos dos Migrantes Indocumentados. San José da Costa Rica, 2003. Disponível em: https://www.corteidh.or.cr/docs/opiniones/seriea_18_por.pdf. Acesso em: 24 dez. 2020.

CORTE INTERAMERICANA DE DIREITOS HUMANOS. **Parecer Consultivo OC-5/85 de 13 de Novembro de 1985. O Registro Profissional Obrigatório De Jornalistas (Artigos 13 e 29 da Convenção Americana sobre Direitos Humanos).** Solicitado pelo Governo da Costa Rica. San José da Costa Rica, 1985. Disponível em: https://www.corteidh.or.cr/docs/opiniones/seriea_05_por.pdf. Acesso em: 14 jan. 2021.

CORTE INTERNACIONAL DE JUSTIÇA. Cases. **Barcelona Traction, Light and Power Company, Limited (Belgium v. Spain) (New Application: 1962)**. Genebra, 1962. Disponível em: https://www.icj-cij.org/public/files/case-related/50/050-19640724-JUD-01-00-EN.pdf. Acesso em: 29 dez. 2020.

CORTE INTERNACIONAL DE JUSTIÇA. Cases. **East Timor (Portugal v. Australia)**. Genebra, 1995. Disponível em: https://www.icj-cij.org/public/files/case-related/84/084-19950630-JUD-01-00-EN.pdf. Acesso em: 29 dez. 2020.

COUNCIL OF EUROPE. **Chart of signatures and ratifications of Treaty 005**. Strasbourg, 15 Jan. 2021. Disponível em: http://conventions.coe.int/Treaty/Commun/ChercheSig.asp?NT=005&CM=8&DF=05/10/2013&CL=ENG.. Acesso em: 15 jan. 2021.

COUNCIL OF EUROPE. **Complete list of the Council of Europe's treaties**. Disponível em: http://conventions.coe.int/Treaty/Commun/ListeTraites.asp?CM=8&CL=ENG. Acesso em: 15 jan. 2021.

DEFENSORIA PÚBLICA DO ESTADO DE SÃO PAULO. **Defensoria obtém liminar que obriga Poder Público a disponibilizar vaga em residência terapêutica a idoso em situação de rua**. São Paulo, 19 ago. 2020. Disponível em: https://www.defensoria.sp.def.br/dpesp/Conteudos/Noticias/NoticiaMostra.aspx?idItem=90633&idPagina=3086. Acesso em: 17 jan 2021.

DEFENSORIA PÚBLICA DO ESTADO DE SÃO PAULO. **Defensoria Pública de SP obtém decisão que garante vaga em residência inclusiva para jovem com deficiência física e visual**. São Paulo, 08 set. 2020. Disponível em: https://www.defensoria.sp.def.br/dpesp/Conteudos/Noticias/NoticiaMostra.aspx?idItem=90927&idPagina=3086. Acesso em: 17 jan 2021.

DEFENSORIA PÚBLICA DO ESTADO DE SÃO PAULO. **Informativo NUDDIR Especial Covid-19**. Número 10. Junho de 2020. São Paulo, jun. 2020. Disponível em: https://www.defensoria.sp.def.br/dpesp/Repositorio/39/Documentos/Informativo%20especial%20Covid_numero%2010.pdf. Acesso em: 17 jan. de 2021.

EUROPEAN COURT OF HUMAN RIGHTS. **Composition of the Court**. Strasbourg, s.d. Disponível em: https://www.echr.coe.int/Pages/home.aspx?p=court/judges&c=#n1368718271710%20_pointer. Acesso em: 15 jan. 2021.

EUROPEAN COURT OF HUMAN RIGHTS. **Statistics 2019**. Strasbourg, 2020. Disponível em: https://www.echr.coe.int/Pages/home.aspx?p=reports&c=. Acesso em: 15 jan. 2021.

GONÇALVES FILHO, Edilson Santana; ROCHA, Jorge Bheron; MAIA, Maurilio Casas. Custus Vulnerabilis: a Defensoria Pública e o equilíbrio nas relações político-jurídicas dos vulneráveis. Belo Horizonte, Editora CEI, 2020.

INMETRO. **ISO 26000**. Brasília, s.d. Disponível em: http://www.inmetro.gov.br/qualidade/responsabilidade_social/iso26000.asp#:~:text=Segundo%20a%20ISO%2026000%2C%20a,sociedade%20e%20no%20meio%20ambiente. Acesso em: 02 jan. 2020.

INSTITUTO BRASILEIRO DE GEOGRAFIA E ESTATÍSTICA. 10,3 milhões de pessoas moram em domicílios com insegurança alimentar grave. Rio de Janeiro, 17 set. 2020. Disponível em: https://agenciadenoticias.ibge.gov.br/agencia-noticias/2012-agencia-de-noticias/noticias/28903-10-3-milhoes-de-pessoas-moram-em-domicilios-com-inseguranca-alimentar-grave. Acesso em: 13 jan. 2021.

INSTITUTO DE DERECHOS HUMANOS. **Los Principios de Limburg sobre la Aplicación del Pacto Internacional de Derechos Económicos, Sociales y Culturales**. Buenos Aires, s.d. Disponível em: http://www.derechoshumanos.unlp.edu.ar/assets/files/documentos/los-principios-de-limburg-sobre-la-aplicacion-del-pacto-internacional-de-derechos-economicos-sociales-y-culturales-2.pdf. Acesso em: 30 dez. 2020.

INTERNATIONAL LABOUR ORGANIZATION. **Application of International Labour Standards 2018:** Report of the Committee of Experts on the Application of Conventions and Recommendations. Geneve: ILO, 2018. Disponível em: https://www.ilo.org/wcmsp5/groups/public/---ed_norm/---relconf/documents/meetingdocument/wcms_617065.pdf. Acesso em: 5 jul. 2020.

NACIONES UNIDAS. Asamblea General. **A/RES/48/134 – Instituciones nacionales de promoción y protección de los derechos humanos**. Ginebra, 4 mar. 1994. Disponível em: https://documents-dds-ny.un.org/doc/UNDOC/GEN/N94/116/27/PDF/N9411627.pdf?OpenElement. Acesso em: 18 jan. 2021.

NACIONES UNIDAS. OFICINA DEL ALTO COMISSARIADO PARA LOS DERECHOS HUMANOS. **Grupo de Trabajo sobre la cuestión de los derechos humanos y las empresas transnacionales y otras empresas** – Miembros. Ginebra, 2019. Disponível em: https://www.ohchr.org/SP/Issues/Business/Pages/Members.aspx. Acesso em: 09 jan. 2021.

NACIONES UNIDAS. OFICINA DEL ALTO COMISSARIADO PARA LOS DERECHOS HUMANOS. **Visitas a los países del Grupo de Trabajo sobre la cuestión de los derechos humanos y las empresas transnacionales y otras empresas**. Ginebra, 2019. Disponível em: https://www.ohchr.org/SP/Issues/Business/Pages/WGCountryVisits.aspx. Acesso em: 09 jan. 2021.

NACIONES UNIDAS. **Planes de acción nacionaldes: processos de planes nacionales de acción em curso**, 2020. Ginebra, s.d. Disponível em: https://www.ohchr.org/SP/Issues/Business/Pages/NationalActionPlans.aspx. Acesso em: 01 dez. 2020.

OCDE. **Declaração sobre o Investimento Internacional e as Empresas Multinacionais**, 1976. Disponível em: https://www.oecd.org/corporate/mne/38110590.pdf. Acesso em: 10 nov. 2020.

OIT. **Declaração Tripartite de Princípios sobre Empresas Multinacionais e Política Social**. Genebra: OIT, 2012. Disponível em: https://www.ilo.org/wcmsp5/groups/public/---ed_emp/---emp_ent/---multi/documents/publication/wcms_211136.pdf. Acesso em: 04 jan 2020.

ORGANIZAÇÃO DOS ESTADOS AMERICANOS. Comissão Interamericana de Direitos Humanos. **Relatorias**. Washington, s.d. Disponível em: http://www.oas.org/es/cidh/mandato/relatorias.asp. Acesso em: 05 jan. 2021.

ORGANIZAÇÃO DOS ESTADOS AMERICANOS. **Estados Membros.** Washington, s.d. Disponível em: http://www.oas.org/pt/sobre/estados_membros.asp. Acesso em: 03 jan. 2021.

ORGANIZAÇÃO DOS ESTADOS AMERICANOS. **Organismos Especializados**. Washington, s.d. Disponível em: http://www.oas.org/pt/sobre/organismos_especializados.asp. Acesso em: 03 jan. 2021.

ORGANIZAÇÃO DOS ESTADOS AMERICANOS. **Outras Entidades, Organismos e Dependências Autônomas e Descentralizadas.** Washington, s.d. Disponível em: http://www.oas.org/pt/sobre/outras_entidades.asp. Acesso em: 03 jan. 2021.

ORGANIZAÇÃO INTERNACIONAL DO TRABALHO. **Control de la aplicación de las Normas Internacionales del Trabajo para Brasil**. Ginebra, s.d. Disponível em: http://www.ilo.org/global/standards/applying-and-promoting-international-labour-standards/complaints/lang--es/index.htm. Acesso em: 08 jan. 2021.

ORGANIZAÇÃO INTERNACIONAL DO TRABALHO. **Convenios y recomendaciones**. Ginebra, s.d. Disponível em: http://www.ilo.org/global/standards/introduction-to-international-labour-standards/conventions-and-recommendations/lang--es/index.htm. Acesso em: 08 jan. 2021.

ORGANIZAÇÃO INTERNACIONAL DO TRABALHO. **La libertad sindical – Recopilación de decisiones y principios del Comité de Libertad Sindical del Consejo de Administración de la OIT**. Quinta edición (revisada), 2006. Ginebra, s.d. Disponível em: http://www.ilo.org/global/standards/applying-and-promoting-international-labour-standards/committee-on-freedom-of-association/WCMS_090634/lang--es/index.htm. Acesso em: 08 jan. 2021.

ORGANIZAÇÃO INTERNACIONAL DO TRABALHO. **NORMLEX** – Information System on International Labour Standards. Ginebra, s.d. Disponível em: http://www.ilo.org/dyn/normlex/es/f?p=NORMLEXPUB:1:0::NO:::. Acesso em: 08 jan. 2021.

ORGANIZAÇÃO INTERNACIONAL DO TRABALHO. **Procedimientos especiales de la Organización Internacional del Trabajo para el examen de quejas por violaciones al ejercicio de la libertad sindical**. Ginebra, s.d. Disponível em: https://www.ilo.org/dyn/normlex/es/f?p=1000:62:0::NO:62:P62_LIST_ENTRIE_ID:4046805:NO. Acesso em: 08 jan. 2021.

ORGANIZAÇÃO INTERNACIONAL DO TRABALHO. **Quejas**. Ginebra, s.d. Disponível em: http://www.ilo.org/global/standards/applying-and-promoting-international-labour-standards/complaints/lang--es/index.htm. Acesso em: 08 jan. 2021.

ORGANIZAÇÃO INTERNACIONAL DO TRABALHO. **Reglamento relativo al procedimiento para la discusión de reclamaciones presentadas con arreglo a los artículos 24 y 25 de la Constitución de la OIT**. Ginebra, s.d. Disponível em: http://www.ilo.org/wcmsp5/groups/public/---ed_norm/---normes/documents/meetingdocument/wcm_041901.pdf. Acesso em: 08 jan. 2021.

ORGANIZACIÓN DE LOS ESTADOS AMERICANOS. **Comisión Interamericana de Mujeres**. Washington, s.d. Disponível em: http://www.oas.org/es/CIM/nosotros.asp. Acesso em: 04 jan. 2021.

ORGANIZACIÓN DE LOS ESTADOS AMERICANOS. **Tratados multilaterales.** Convencion Americana sobre Derechos Humanos Suscrita en La Conferencia Especializada Interamericana sobre Derechos Humanos. Estado de Firmas y Ratificaciones. Washington, s.d. Disponível em: http://www.oas.org/dil/esp/tratados_B-32_Convencion_Americana_sobre_Derechos_Humanos_firmas.htm. Acesso em: 06 jan. 2021.

ORGANIZACIÓN INTERNACIONAL DEL TRABAJO. COMITÉ DE LIBERTAD SINDICAL. **Libertad sindical: Recopilación de decisiones y princípios del Comité de Libertad Sindical del Consejo de Administración de la OIT**. 5. ed. Ginebra: Ofi cina Internacional del Trabajo, 2006. Disponível em: https://www.ilo.org/wcmsp5/groups/public/---ed_norm/---normes/documents/publication/wcms_090634.pdf. Acesso em: 12 jan. 2021.

PACTO GLOBAL. **A iniciativa**. Disponível em: https://www.pactoglobal.org.br/a-iniciativa. Acesso em: 11 set. 2020.

PROGRAMA DAS NAÇÕES UNIDAS PARA O DESENVOLVIMENTO. BRASIL. **Objetivos do Desenvolvimento Sustentável.** Sl, sd. Disponível em: https://www.br.undp.org/content/brazil/pt/home/sustainable-development-goals.html. Acesso em: 08 jan. 2021.

PROGRAMA DAS NAÇÕES UNIDAS PARA O DESENVOLVIMENTO. **Sobre o PNUD**. Brasil, s/d. Disponível em: http://www.br.undp.org/content/brazil/pt/home/operations/about_undp.html. Acesso em: 02 mar. 2020.

THE GROUP OF 77 AT THE UNITED NATIONS. **About the group of 77.** New York, 2019. Disponível em: http://www.g77.org/doc/. Acesso em: 10 jan. 2021.

UNHCR. **Global Trends**: forced displacement in 2019. Copenhagen: UNHCR, 2020. Disponível em: https://www.unhcr.org/statistics/unhcrstats/5ee200e37/unhcr-global-trends-2019.html. Acesso em 24 set. 2020.

UNITED NATIONS HIGH COMMISSIONER FOR HUMAN RIGHTS. **Committee on Economic, Social and Cultural Rights. General comment 4. (General Comments)** – The right to adequate housing (Art.11 (1)). Sixth session, 1991. E/1992/23. Disponível em: http://tbinternet.ohchr.org/Treaties/CESCR/Shared%20Documents/1_Global/INT_CESCR_GEC_4759_E.doc. Acesso em: 06 jan. 2021.

UNITED NATIONS HIGH COMMISSIONER FOR HUMAN RIGHTS. Committee on Economic, Social and Cultural Rights. *General comment 4. (General Comments)* – The right to adequate housing (Art.11 (1)). Sixth session, 1991. E/1992/23. Disponível em: http://tbinternet.ohchr.org/Treaties/CESCR/Shared%20Documents/1_Global/INT_CESCR_GEC_4759_E.doc. Acesso em: 20 dez. 2015

UNITED NATIONS HIGH COMMISSIONER FOR HUMAN RIGHTS. COMMITTEE ON ECONOMIC, SOCIAL AND CULTURAL RIGHTS. **General comment No. 3:** The nature of States parties' obligations (art. 2, para. 1, of the Covenant). Geneve, 1990. Disponível em: https://tbinternet.ohchr.org/Treaties/CESCR/Shared%20Documents/1_Global/INT_CESCR_GEC_4758_E.doc. Acesso em: 30 out. 2020.

UNITED NATIONS. COMMITTEE ON ECONOMIC, SOCIAL AND CULTURAL RIGHTS. **General comment No. 3:** The nature of States parties' obligations (art. 2, para. 1, of the Covenant). Genebra, 1990. Disponível em: https://tbinternet.ohchr.org/Treaties/CESCR/Shared%20Documents/1_Global/INT_CESCR_GEC_4758_E.doc. Acesso em: 30 out. 2020.

UNITED NATIONS. COMMITTEE ON ECONOMIC, SOCIAL AND CULTURAL RIGHTS. **General comment No. 20:** Non-discrimination in economic, social and cultural rights (art. 2, para. 2, of the International Covenant on Economic, Social and Cultural Rights). Geneve, 2009. Disponível em: http://docstore.ohchr.org/SelfServices/FilesHandler.ashx?enc=4slQ6QSmlBEDzFEovLCuW1a0Szab0oXTdImnsJZZVQdqeXgncKnylFC%2blzJjLZGhsosnD23NsgR1Q1NNNgs2QindRvh9u9KQV6R%2bo3nU%2fjZ%2bjGCkJ8Qmosooxr8fbCC0. Acesso em: 17 nov. 2020.

UNITED NATIONS. GENERAL ASSEMBLY. **Report of the Working Group on the issue of human rights and transnational corporations and other business enterprises on its mission to Brazil.** New York, 12 may 2016. Disponível em: https://documents-dds-ny.un.org/doc/UNDOC/GEN/G16/096/43/PDF/G1609643.pdf?OpenElement. Acesso em: 10 jan. 2021.

UNITED NATIONS. **Guiding Principles on Business and Human Rights: Implementing the United Nations "Protect, Respect and Remedy" Framework**. New York and Geneva: United Nations, 2011. Disponível em: https://www.ohchr.org/documents/publications/guidingprinciplesbusinesshr_en.pdf. Acesso em: 10 jan. 2021.

UNITED NATIONS. **Human Rights Bodies** - Complaints Procedures. New York, s.d. Disponível em: https://www.ohchr.org/EN/HRBodies/TBPetitions/Pages/HRTBPetitions.aspx. Acesso em: 15 jan. 2021.

UNITED NATIONS. HUMAN RIGHTS COMMITTEE. **Rules of procedure of the Human Rights Committee**. CCPR/C/3/Rev.11. New York, 2019. Disponível em: https://tbinternet.ohchr.org/_layouts/15/treatybodyexternal/TBSearch.aspx?Lang=en&TreatyID=8&DocTypeID=65. Acesso em: 15 jan. 2021.

UNITED NATIONS. HUMAN RIGHTS COUNCIL. **Open-ended intergovernmental working group on transnational corporations and other business enterprises with respect to human rights**. Ginebra, s.d. Disponível em: https://www.ohchr.org/EN/HRBodies/HRC/WGTransCorp/Pages/IGWGOnTNC.aspx. Acesso em: 10 jan. 2021.

UNITED NATIONS. HUMAN RIGHTS COUNCIL. **Universal Periodic Review**. New York, s.d. Disponível em: https://www.ohchr.org/EN/HRBodies/UPR/Pages/UPRMain.aspx. Acesso em: 15 jan. 2021.

UNITED NATIONS. INTERNATIONAL LAW COMMISSION. **Draft articles on Responsibility of States for Internationally Wrongful Acts, with commentaries (2001)**. New York, 2008. Disponível em: https://legal.un.org/ilc/texts/instruments/english/commentaries/9_6_2001.pdf. Acesso em: 05 jan. 2021.

UNITED NATIONS. OFFICE OF THE HIGH COMISSIONER FOR HUMAN RIGHTS. **Basic Principles and Guidelines on the Right to a Remedy and Reparation for Victims of Gross Violations of International Human Rights Law and Serious Violations of International Humanitarian Law**. Adopted and proclaimed by General Assembly Resolution 60/147 of 16 December 2005. New York, s.d. Disponível em: https://www.ohchr.org/en/professionalinterest/pages/remedyandreparation.aspx. Acesso em: 05 jan. 2021.

UNITED NATIONS. SUBCOMMITTEE ON PREVENTION OF TORTURE AND OTHER CRUEL, INHUMAN OR DEGRADING TREATMENT OR PUNISHMENT. **Report on the visit of the Subcommittee on Prevention of Torture and Other Cruel, Inhuman or Degrading Treatment or Punishment to Brazil**. CAT/OP/BRA/1. Geneva, 5 jul. 2012. Disponível em: https://tbinternet.ohchr.org/_layouts/15/treatybodyexternal/Download.aspx?symbolno=CAT%2fOP%2fBRA%2f1&Lang=en. Acesso em: 17 jan. 2021.

UNITED NATIONS. SUBCOMMITTEE ON PREVENTION OF TORTURE AND OTHER CRUEL, INHUMAN OR DEGRADING TREATMENT OR PUNISHMENT. **Visit to Brazil undertaken from 19 to 30 October 2015:** observations and recommendations addressed to the State party. Report of the Subcommittee. CAT/OP/BRA/3. Geneva, 16 fev. 2017. Disponível em: https://tbinternet.ohchr.org/_layouts/15/treatybodyexternal/Download.aspx?symbolno=CAT%2fOP%2fBRA%2f3&Lang=en. Acesso em: 17 jan. 2021.

UNITED NATIONS. United Nations Conference on Housing and Sustainable Urban Development. **The new urban agenda explaner**. 2016. Disponível em: http://uploads.habitat3.org/hb3/New-Urban-Agenda-Explainer_FInal.pdf. Acesso em: 17 jan. 2021.

UNITED NATIONS. **Yearbook of the International Law Commission 1956** - Volume II. Documents of the eighth session including the report of the Commission to the General Assembly. New York, 1957. Disponível em: https://legal.un.org/ilc/publications/yearbooks/english/ilc_1956_v2.pdf. Acesso em: 29 dez. 2020.

2021
1 2 3 4 5 6 7 8 9 10